CB055620

Elogios ao *Use a Cabeça C#*

"Muito obrigado! Seus livros ajudaram no início da minha carreira."

— Ryan White, desenvolvedor de jogos

"Se você é um desenvolvedor C# iniciante (bem-vindo à festa!), recomendo o *Use a Cabeça C#*. Andrew e Jennifer escreveram uma introdução concisa, competente e, mais do que tudo, divertida para o desenvolvimento C#. Quem me dera ter tido este livro quando aprendi C# pela primeira vez!"

— Jon Galloway, gerente de programas sênior na .NET Community Team, Microsoft

"Não só o *Use a Cabeça C#* cobre todas as particularidades que levei muito tempo para entender, como também tem a mágica do Use a Cabeça que acontece em uma leitura superdivertida."

— Jeff Counts, desenvolvedor C# sênior

"O *Use a Cabeça C#* é um ótimo livro com exemplos divertidos que mantêm a aprendizagem interessante."

— Lindsey Bieda, chefe de engenharia de software

"O *Use a Cabeça C#* é um ótimo livro para desenvolvedores novos e para pessoas que, como eu, têm conhecimento em Java. Nenhuma suposição é feita quanto à proficiência do leitor, mas o material se desenvolve rápido o bastante para aqueles que não são totalmente novatos; um equilíbrio difícil de conseguir. Em pouco tempo este livro me colocou a par de tudo para meu primeiro projeto de desenvolvimento C# em grande escala. Recomendo muito."

— Shalewa Odusanya, diretora

"O *Use a Cabeça C#* é um modo excelente, simples e divertido de aprender a linguagem C#. É o melhor que já vi para iniciantes em C#; os exemplos são claros e os tópicos são concisos e bem-escritos. Os minijogos que orientam os diferentes desafios de programação com certeza fixarão o conhecimento em sua cabeça. Um ótimo livro de aprendizagem!"

— Johnny Halife, parceiro

"O *Use a Cabeça C#* é um guia completo para aprender o C# cuja leitura parece uma conversa com um amigo. Os muitos desafios de codificação o deixam divertido, mesmo quando os conceitos são complicados."

— Rebeca Dunn-Krahn, sócia-fundadora, Sempahore Solutions

"Nunca li um livro de informática do início ao fim, mas este manteve meu interesse preso da primeira até a última página. Se quer aprender o C# e ainda se divertir, este é O livro para você."

— Andy Parker, programador C# iniciante

"É difícil realmente aprender uma linguagem de programação sem bons exemplos atraentes e este livro é repleto deles! O *Use a Cabeça C#* guiará todos os iniciantes em uma relação longa e produtiva com o C# e o .NET Framework."

— Chris Burrows, engenheiro de software

"Com o *Use a Cabeça C#*, Andrew e Jenny apresentaram um tutorial excelente sobre a aprendizagem do C#. Ele é muito acessível e ainda assim cobre em detalhes com um estilo único. Se você ficou desanimado com livros mais convencionais sobre o C#, vai adorar este aqui."

— Jay Hilyard, diretor e arquiteto de segurança de software, e autor do *C# 6.0 Cookbook*

"Eu recomendaria este livro para qualquer pessoa que procura uma boa introdução ao mundo da programação e do C#. Da primeira página em diante, os autores conduzem o leitor em alguns dos conceitos mais desafiadores do C# de uma maneira simples e fácil de seguir. No fim de alguns projetos/laboratórios maiores, o leitor poderá rever seus programas e ficar admirado com o que conseguiu fazer."

— David Sterling, diretor de desenvolvimento de software

"O *Use a Cabeça C#* é um tutorial muito agradável, cheio de exemplos memoráveis e exercícios divertidos. Seu estilo jovial certamente cativará os leitores, desde os exemplos com anotações cheias de humor até a coluna "Conversa informal", na qual a classe abstrata e a interface batem de frente em uma discussão acalorada! Para qualquer novato em programação, não existe forma melhor de mergulhar no assunto."

— Joseph Albahari, criador do LINQPad e coautor do *C# 8.0 in a Nutshell* e do *C# 8.0 Pocket Reference*

"O [*Use a Cabeça C#*] é um livro fácil de ler e de entender. Eu recomendaria este livro para qualquer desenvolvedor que quer navegar nas águas do C#. Eu o recomendaria para o programador avançado que gostaria de entender melhor o que está acontecendo com seu código e para o programador que deseja encontrar uma forma melhor de explicar como o C# funciona para seus amigos desenvolvedores menos experientes."

— Giuseppe Turitto, diretor de engenharia

"Andrew e Jenny elaboraram outra experiência Use a Cabeça de aprendizagem estimulante. Pegue um lápis, seu PC e aproveite a jornada conforme ativa os lados esquerdo e direito do seu cérebro, além do seu senso de humor."

— Bill Mietelski, analista de sistemas avançados

"Ler *Use a Cabeça C#* foi uma ótima experiência. Nunca encontrei outra série de livros que efetivamente ensine tão bem... Este é um livro que eu recomendaria com toda certeza para aqueles que querem aprender o C#."

— Krishna Pala, MCP [certificação da Microsoft]

Elogios a outros livros da série *Use a Cabeça*

"Recebi o livro ontem, comecei a ler... e não consegui mais parar. É com certeza muito 'maneiro'. É divertido, mas cobre muita coisa e vai direto ao ponto. Estou realmente impressionado."

— Erich Gamma, reconhecido engenheiro da IBM e coautor de *Design Patterns*

"Um dos livros mais divertidos e inteligentes sobre design de softwares que eu já li."

— Aaron LaBerge, vice-presidente sênior de tecnologia e desenvolvimento de produtos, ESPN

"O que costumava ser um longo processo de aprendizagem por tentativa e erro, agora é um livro interessante."

— Mike Davidson, ex-vice-presidente de design do Twitter, e fundador do Newsvine

"O design elegante é central em cada capítulo. O conceito é passado com doses iguais de pragmatismo e sabedoria."

— Ken Goldstein, vice-presidente executivo e diretor-geral da Disney Online

"Normalmente, quando leio um livro ou um artigo sobre padrões de design, às vezes tenho que esfregar meus olhos para ter certeza de que estou prestando atenção. Não com este livro. Embora possa parecer estranho, este livro torna divertido aprender a respeito de padrões de design. Enquanto os outros livros dizem 'Blá... Blá... Blá...', este se exibe gritando 'Vamos agitar, gente!'."

— Eric Wuehler

"Eu amo este livro, sério. Na verdade, eu o beijei na frente da minha esposa."

— Satish Kumar

Outros livros do setor (alguns sem publicação no Brasil)

C# 8.0 in a Nutshell
C# 8.0 Pocket Reference
C# Database Basics
C# Essentials, 2ª Ed.
Concurrency in C# Cookbook, 2ª Ed.
Mobile Development with C#
Programming C# 8.0

Outros da série *Use a Cabeça*

Use a Cabeça Geometria 2D
Use a Cabeça Ágil
Use a Cabeça Ajax
Use a Cabeça Álgebra
Use a Cabeça Desenvolvendo para Android
Use a Cabeça C
Use a Cabeça Análise de Dados
Use a Cabeça Padrões de Projetos
Use a Cabeça EJB
Use a Cabeça Excel
Use a Cabeça Go
Use a Cabeça Programação em HTML5
Use a Cabeça HTML com CSS e XHTML
Use a Cabeça Desenvolvendo para iPhone e iPad
Use a Cabeça Java
Use a Cabeça Programação JavaScript
Use a Cabeça Kotlin
Use a Cabeça jQuery
Use a Cabeça Aprenda a Programar
Use a Cabeça Mobile Web
Use a Cabeça Rede de Computadores
Use a Cabeça Análise e Projeto Orientado a Objetos
Use a Cabeça PHP & MySQL
Use a Cabeça Física
Use a Cabeça PMP
Use a Cabeça Programação
Use a Cabeça Python
Use a Cabeça Rails
Use a Cabeça Ruby
Use a Cabeça Ruby on Rails
Use a Cabeça Servlets e JSP
Use a Cabeça Desenvolvimento de Software
Use a Cabeça SQL
Use a Cabeça Estatística
Use a Cabeça Web Design
Use a Cabeça WordPress

Use a Cabeça C#

Quarta Edição

NÃO SERIA UM SONHO SE EXISTISSE UM LIVRO C# MAIS DIVERTIDO DO QUE MEMORIZAR UM DICIONÁRIO? PROVAVELMENTE É SÓ UMA FANTASIA...

Andrew Stellman

Jennifer Greene

ALTA BOOKS
GRUPO EDITORIAL
Rio de Janeiro, 2023

Use a Cabeça C# - 4ª Edição

Copyright © 2023 ALTA BOOKS

ALTA BOOKS é uma empresa do Grupo Editorial Alta Books (Starlin Alta Editora e Consultoria Ltda.)

Copyright © 2021 Andrew Stellman e Jennifer Greene.

ISBN: 978-65-5520-596-1

Authorized Portuguese translation of the English edition Head First C# ISBN 9781491976708 © 2021 Andrew Stellman and Jennifer Greene. This translation is published and sold by permission of O'Reilly Media, Inc., which owns or controls all rights to publish and sell the same. PORTUGUESE language edition published by Grupo Editorial Alta Books Ltda., Copyright © 2023 by STARLIN ALTA EDITORA E CONSULTORIA LTDA.

Impresso no Brasil — 1ª Edição, 2023 — Edição revisada conforme o Acordo Ortográfico da Língua Portuguesa de 2009.

Dados Internacionais de Catalogação na Publicação (CIP) de acordo com ISBD

S824u Stellman, Andrew

Use a Cabeça C#: Guia do Aprendiz para Programação Real com C# e .NET Core / Andrew Stellman, Jennifer Greene ; traduzido por Eveline Machado. - Rio de Janeiro : Alta Books, 2023.
776 p. ; 17cm x 24cm. - (Use a Cabeça ; v.4.)

Tradução de: Head First C#
Inclui índice e bibliografia.
ISBN: 978-65-5520-596-1

1. Computação. 2. Programação. I. Greene, Jennifer. II. Machado, Eveline. III. Título. IV. Série.

2023-2871 CDD 005.133
CDU 004.43

Elaborado por Odilio Hilario Moreira Junior - CRB-8/9949

Índice para catálogo sistemático:
1. Computação. Linguagem de programação 005.133
2. Computação. Linguagem de programação 004.43

Todos os direitos estão reservados e protegidos por Lei. Nenhuma parte deste livro, sem autorização prévia por escrito da editora, poderá ser reproduzida ou transmitida. A violação dos Direitos Autorais é crime estabelecido na Lei nº 9.610/98 e com punição de acordo com o artigo 184 do Código Penal.

O conteúdo desta obra fora formulado exclusivamente pelo(s) autor(es).

Marcas Registradas: Todos os termos mencionados e reconhecidos como Marca Registrada e/ou Comercial são de responsabilidade de seus proprietários. A editora informa não estar associada a nenhum produto e/ou fornecedor apresentado no livro.

Material de apoio e erratas: Se parte integrante da obra e/ou por real necessidade, no site da editora o leitor encontrará os materiais de apoio (download), errata e/ou quaisquer outros conteúdos aplicáveis à obra. Acesse o site www.altabooks.com.br e procure pelo título do livro desejado para ter acesso ao conteúdo..

Suporte Técnico: A obra é comercializada na forma em que está, sem direito a suporte técnico ou orientação pessoal/exclusiva ao leitor.

A editora não se responsabiliza pela manutenção, atualização e idioma dos sites, programas, materiais complementares ou similares referidos pelos autores nesta obra.

Produção Editorial: Grupo Editorial Alta Books
Diretor Editorial: Anderson Vieira
Vendas Governamentais: Cristiane Mutüs
Gerência Comercial: Claudio Lima
Gerência Marketing: Andréa Guatiello

Assistente Editorial: Matheus Mello
Tradução: Eveline Machado
Copidesque: Caroline Suiter
Revisão: Ana Mota; Fernanda Lutfi
Diagramação: Lucia Quaresma; Joyce Matos
Revisão Técnica: Jhonatan Pereira
(Desenvolverdor de Software)

ALTA BOOKS
GRUPO EDITORIAL

Rua Viúva Cláudio, 291 — Bairro Industrial do Jacaré
CEP: 20.970-031 — Rio de Janeiro (RJ)
Tels.: (21) 3278-8069 / 3278-8419
www.altabooks.com.br — altabooks@altabooks.com.br
Ouvidoria: ouvidoria@altabooks.com.br

Editora
afiliada à:

Este livro é dedicado com carinho à memória da baleia Sludgie, que nadou até o Brooklyn em 17 de abril de 2007.

Você esteve no canal apenas por um dia, mas estará em nossos corações para sempre.

OBRIGADO POR LER NOSSO LIVRO! REALMENTE ADORAMOS ESCREVER SOBRE ISTO E ESPERAMOS QUE VOCÊ O APROVEITE MUITO...
...POIS SABEMOS QUE PASSARÁ BONS MOMENTOS APRENDENDO SOBRE A LINGUAGEM C#.
Andrew
Jenny
Esta foto (e a do Canal Gowanus) foi tirada por Nisha Sondhe

Andrew Stellman, embora tenha sido criado em Nova York, viveu em Minneapolis, Genebra e Pittsburgh... *duas vezes*. A primeira foi quando se graduou na Escola de Ciências da Computação de Carnegie Mellon, e de novo quando ele e Jenny começaram sua empresa de consultoria e escreveram seu primeiro livro para a O'Reilly.

Seu primeiro trabalho depois da faculdade foi criar um software na gravadora EMI Capitol — o que de fato fazia sentido, já que ele cursou o Colégio de LaGuardia em Música, Artes e Teatro para estudar violoncelo e baixo, especialmente para jazz. Ele e Jenny trabalharam juntos pela primeira vez em uma empresa em Wall Street que criava software financeiro e ele gerenciava uma equipe de programadores. Com os anos ele se tornou vice-presidente em um grande banco de investimento, projetou sistemas de back-end em grande escala e tempo real, gerenciou grandes equipes de software internacionais e deu consultoria para empresas, escolas e organizações, inclusive Microsoft, Departamento Nacional de Pesquisa Econômica e MIT. Ele teve o privilégio de trabalhar com alguns programadores excepcionais ao longo dos anos e gosta de pensar que aprendeu algumas coisinhas com eles.

Quando não está escrevendo livros, Andrew se mantém ocupado desenvolvendo software inúteis (mas divertidos), tocando (e compondo) música, jogando (e criando) videogames, praticando krav maga, tai chi e aikido, além de ter um Lulu da Pomerânia doido.

Jennifer Greene estudou Filosofia na faculdade, mas, como todos desse campo, não conseguiu achar um bom emprego. Por sorte, ela é uma ótima engenheira de software, então começou a prestar esse tipo de serviço online; e foi essa a primeira vez que teve uma boa ideia do que significa gerenciamento de projeto.

Mudou-se para Nova York em 1998 para trabalhar com qualidade de software em uma empresa de software financeiro. Desde então ela gerencia uma equipe de desenvolvedores, testadores e gerentes de projetos de software de redes sociais e de finanças.

Ela viajou o mundo todo trabalhando com diferentes equipes de software e fez todo tipo de projetos interessantes.

Gosta de viajar, assistir a filmes de Bollywood, ler revistas em quadrinhos ocasionalmente, jogar videogames e ficar com sua gata siberiana enorme, Sascha, e sua bull terrier em miniatura, Greta.

Jenny e Andrew desenvolvem programas e escrevem sobre engenharia de software desde que se conheceram em 1998. Seu primeiro livro, **Applied Software Project Management**, foi pulicado pela O'Reilly em 2005. Outros livros de Stellman e Greene na O'Reilly incluem **Beautiful Teams** (2009), **Learning Agile** (2014) e seu primeiro livro da série Use a Cabeça, **Use a Cabeça PMP** (2007), agora na quarta edição.
Eles fundaram a Stellman & Greene Consulting em 2003 a fim de desenvolver um projeto de software bem legal para cientistas que estudavam os efeitos da exposição a herbicidas em veteranos do Vietnã.
Além de desenvolver softwares e escrever livros, eles dão consultoria para empresas e muitas palestras em conferências e encontros de engenheiros de software, arquitetos e gerentes de projeto.
Saiba mais no site **Building Better Software**: https://www.stellman-greene.com [conteúdo em inglês].
Siga **@AndrewStellman** e **@JennyGreene** no Twitter

Jenny e Andrew

Sumário

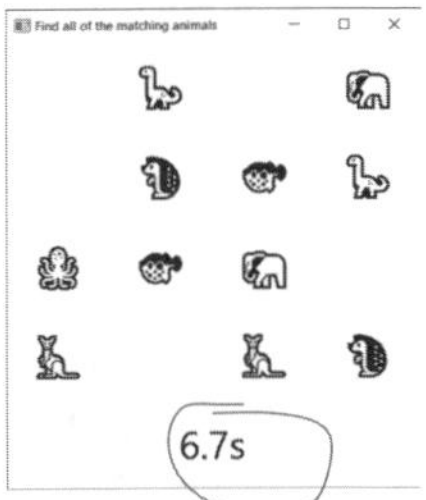

Find all of the matching animals
6.7s

Vamos aumentar o interesse pelo jogo! O tempo transcorrido desde o início do jogo aparecerá na parte inferior da janela, aumentando constantemente e só parando após o último animal ser combinado.

Introdução

Sua mente no C#. Você está sentado tentando aprender alguma coisa, mas sua mente fica insistindo em lhe dizer que esta aprendizagem não é importante. Sua mente diz: "Melhor deixar espaço para coisas mais importantes, por exemplo, quais animais selvagens evitar e se praticar arco e flecha pelado é uma ideia ruim." Como você engana sua mente para ela pensar que sua vida realmente depende de aprender o C#?

1 comece a criar com c#

Crie algo incrível... rápido!

Deseja criar apps incríveis... agora mesmo?

Com C#, você tem uma **linguagem de programação moderna** e uma **ferramenta valiosa** ao seu alcance. E com o **Visual Studio** você tem um **ótimo ambiente de desenvolvimento** com recursos muito intuitivos que facilitam bastante a codificação. O Visual Studio não é só uma ótima ferramenta para escrever código, também é uma **ferramenta de aprendizagem realmente valiosa** para explorar a linguagem C#. Ficou interessado? Vire a página e vamos codificar.

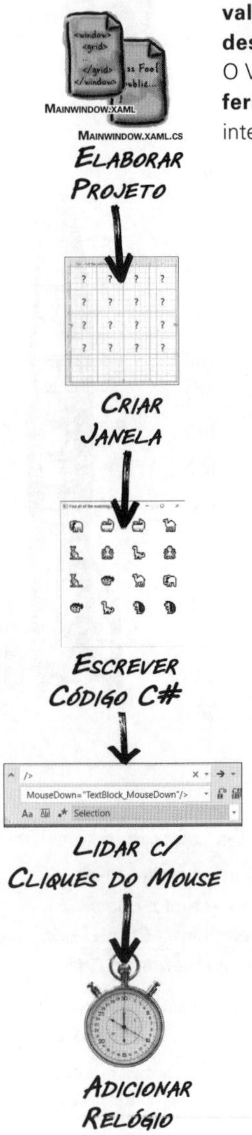
MainWindow.xaml
MainWindow.xaml.cs
Elaborar Projeto
Criar Janela
Escrever Código C#
MouseDown="TextBlock_MouseDown"/>
Lidar c/ Cliques do Mouse
Adicionar Relógio

2 aprofunde-se no C#

Declarações, classes e código

Você não é só um usuário de IDE. É um desenvolvedor.

Muito trabalho é feito usando o IDE, mas só até certo ponto. O Visual Studio é uma das ferramentas de desenvolvimento de software mais avançadas já criadas, mas um **IDE poderoso** é apenas o começo. É hora de se **aprofundar no código do C#**: sua estrutura, seu funcionamento e seu controle... porque não há limites para o que seus apps podem fazer.

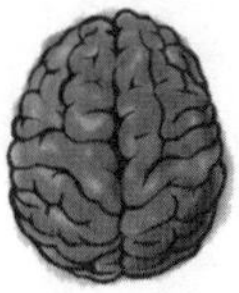

Namespace
Classe
Método 1
declaração
declaração
Método 2
declaração
declaração

Unity Lab 1

Explore C# com o Unity

Bem-vindo ao seu primeiro **Use a Cabeça C# - Unity Lab**. Escrever código é uma habilidade e, como qualquer outra, melhorar requer **prática e experimentação**. O Unity será uma ferramenta muito valiosa nesse sentido. Neste lab, você começará a praticar o que aprendeu sobre o C# nos Capítulos 1 e 2.

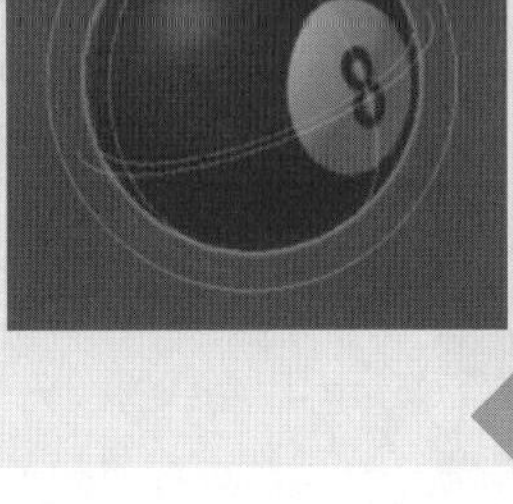

3 objetos... oriente-se!

Entendendo o código

Cada programa que você cria resolve um problema.

Quando você cria um programa, sempre é uma boa ideia começar a pensar em qual problema ele deve resolver. Por isso os **objetos** são tão úteis. Eles permitem estruturar seu código com base no problema sendo resolvido para que você passe o seu tempo *refletindo sobre o problema* no qual precisa trabalhar, em vez de ficar parado na mecânica da escrita do código. Quando os objetos são usados corretamente, e você realmente considera como são elaborados, o resultado é um código *fácil* de escrever, ler e alterar.

4 DE COPAS
2 DE OUROS
REI DE ESPADAS
ÁS DE COPAS
7 DE PAUS
10 DE ESPADAS
VALETE DE PAUS
9 DE COPAS
9 DE OUROS
3 DE PAUS
ÁS DE ESPADAS
ESCOLHER CARTAS

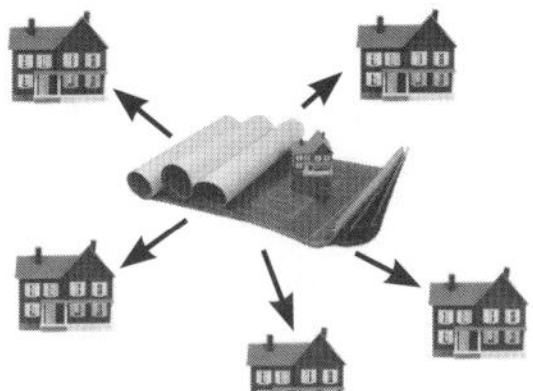

4 tipos e referências

Obtendo referência

O que seria dos seus apps sem dados? Pense um pouco. Sem dados, seus programas são... bem, é muito difícil imaginar escrever código sem dados. Você precisa de **informações** dos usuários e as utiliza a fim de pesquisar ou produzir novas informações para retornar a eles. Na verdade, quase tudo o que você faz na programação envolve **trabalhar com dados**, de um modo ou de outro. Neste capítulo, você entenderá os prós e os contras dos **tipos de dados** e das **referências** do C#, verá como trabalhar com dados em seu programa e até aprenderá outras coisas sobre **objetos** (*adivinha... objetos são dados também!*).

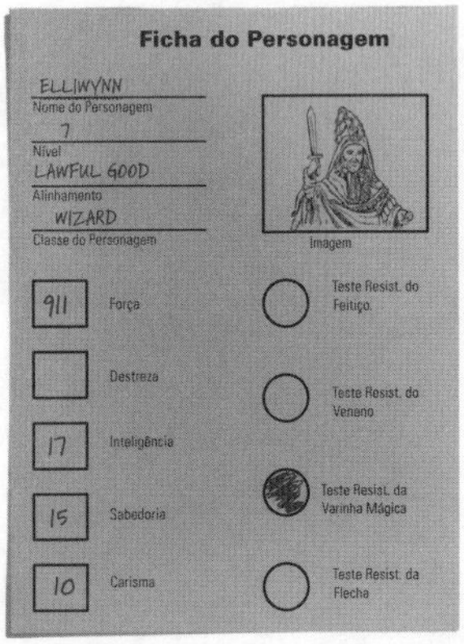
Ficha do Personagem
ELLIWYNN
Nome do Personagem
7
Nível
LAWFUL GOOD
Alinhamento
WIZARD
Classe do Personagem
Imagem
911 Força
Destreza
17 Inteligência
15 Sabedoria
10 Carisma
Teste Resist. do Feitiço
Teste Resist. do Veneno
Teste Resist. da Varinha Mágica
Teste Resist. da Flecha

Criar uma referência é como escrever um nome em uma nota adesiva e colocá-la no objeto. Você está usando-a para rotular um objeto para se referir a ele mais tarde.

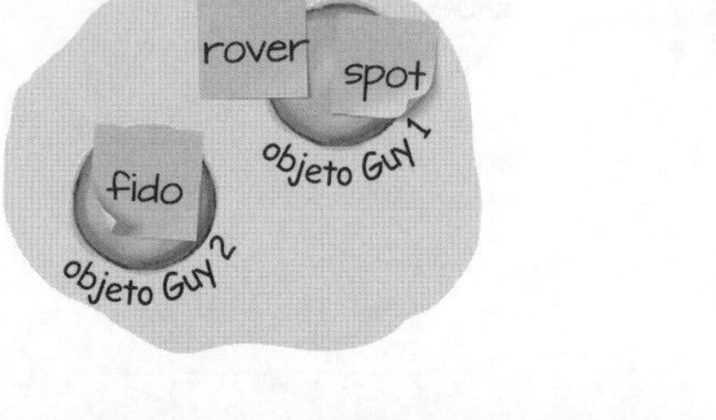
rover
spot
objeto Guy 1
fido
objeto Guy 2

Unity Lab 2

Escreva Código C# para o Unity

Unity não é *só* um motor e editor multiplataforma poderoso para criar jogos e simulações em 2D e 3D. É também uma **ótima maneira de praticar a escrita do código C#**. Neste Lab você praticará mais a escrita do código C# para um projeto Unity.

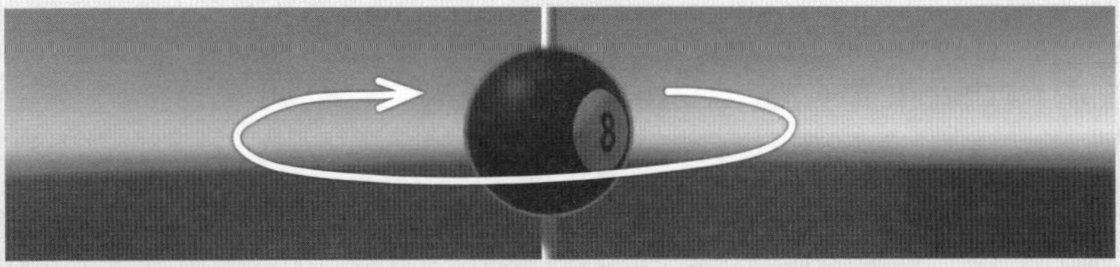

5 encapsulamento

Mantenha sua privacidade... privada

Já desejou ter um pouco mais de privacidade?

Às vezes seus objetos sentem o mesmo. Assim como você não quer um estranho lendo seu diário ou folheando seu extrato bancário, os bons objetos não permitem que ***outros*** objetos metam o nariz em seus campos. Neste capítulo, você aprenderá sobre o poder do **encapsulamento**, um modo de programar que o ajuda a tornar o código flexível, fácil de usar e difícil de abusar. Você **tornará privados os dados dos objetos** e adicionará **propriedades** para proteger como esses dados são acessados.

OBJETO

SwordDamage
Roll
MagicMultiplier
FlamingDamage
Damage
CalculateDamage
SetMagic
SetFlaming

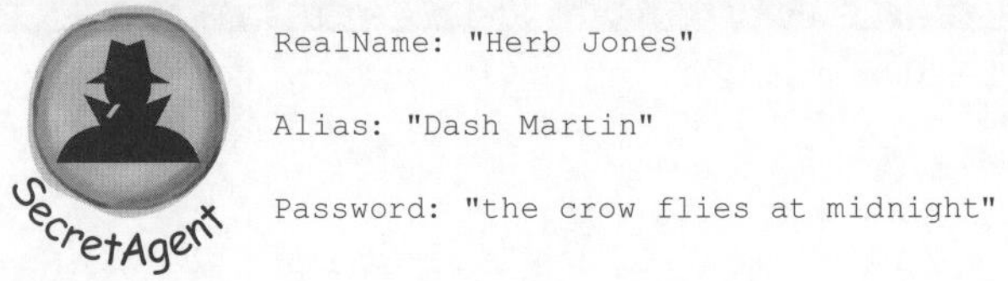
SecretAgent
RealName: "Herb Jones"
Alias: "Dash Martin"
Password: "the crow flies at midnight"

6 herança

Árvore genealógica do objeto

Algumas vezes você SÓ quer ser como seus pais.

Alguma vez encontrou uma classe que faz ***quase*** exatamente o que deseja que a ***sua*** classe faça? Já se pegou pensando que, se pudesse só ***mudar algumas coisas***, essa classe seria perfeita? Com a **herança**, é possível **estender** uma classe existente para que a nova obtenha seu comportamento, com a **flexibilidade** de fazer alterações nesse comportamento para conseguir ajustá-lo como deseja. A herança é um dos conceitos e técnicas mais poderosos na linguagem C#: com ela você pode **evitar código duplicado**, **modelar o mundo real** com mais precisão e permanecer com apps **mais fáceis de manter** e **menos propensos a erros**.

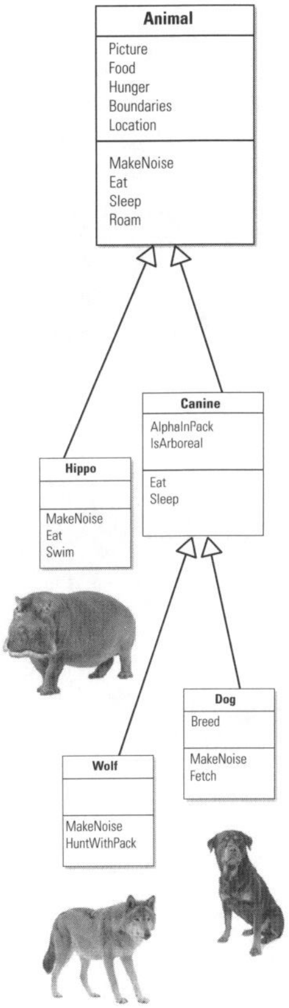
Animal
Picture
Food
Hunger
Boundaries
Location
MakeNoise
Eat
Sleep
Roam
Canine
AlphaInPack
IsArboreal
Eat
Sleep
Hippo
MakeNoise
Eat
Swim
Dog
Breed
MakeNoise
Fetch
Wolf
MakeNoise
HuntWithPack

Unity Lab 3
Instâncias GameObject

C# é uma linguagem orientada a objetos e, como estes Use a Cabeça C# Unity Labs são todos **sobre praticar a escrita do código C#**, faz sentido que os laboratórios foquem a criação de objetos.

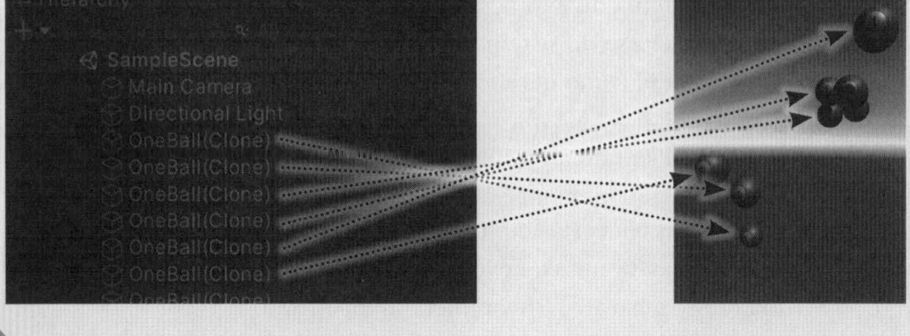

Hierarchy
SampleScene
Main Camera
Directional Light
OneBall(Clone)
OneBall(Clone)
OneBall(Clone)
OneBall(Clone)
OneBall(Clone)
OneBall(Clone)

7 interfaces, coerção e "is"

Classes cumprindo suas promessas

Ações falam mais alto do que palavras.

Às vezes você precisa agrupar seus objetos com base em **coisas que eles podem fazer**, não nas classes que eles herdam. E é aí que entram as **interfaces**, elas lhe permitem trabalhar com qualquer classe que pode fazer o trabalho. Mas **com grandes poderes vêm grandes responsabilidades**, e qualquer classe que implementa uma interface deve se certificar de cumprir todas as suas obrigações... ou o compilador quebrará suas pernas, sabe?

DEFENDA A COLMEIA A TODO CUSTO.
objeto Queen

SIM, SENHORA!
objeto HiveDefender

8 enums e coleções

Organizando seus dados

Desgraça pouca é bobagem.

No mundo real, você não recebe dados organizados em pequenas partes. Não, os dados são recebidos em **grandes quantidades**, **pilhas** e **grupos**. Serão necessárias ferramentas poderosas para organizar todos eles, e é aí que entram os **enums** e as **coleções**. Enums são tipos que permitem definir valores válidos para ordenar seus dados. Coleções são objetos especiais que armazenam muitos valores, permitindo **armazenar**, **ordenar** e **gerenciar** todos os dados que seus programas precisam analisar. Assim, reserve um tempo para pensar sobre como escrever programas que trabalham com dados e deixe que as coleções se preocupem com como controlá-los.

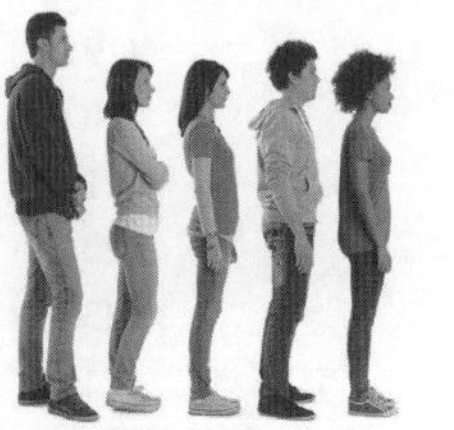

10 6 7 A D
D

Carta Duque de touros raramente jogada

Unity Lab 4
Interfaces do Usuário

No último Unity Lab você começou a montar um jogo, usando um prefab para criar instâncias GameObject que aparecem em pontos aleatórios no espaço em 3D do jogo e voam em círculos. Este Unity Lab continua do ponto em que o último parou, permitindo que você aplique o que aprendeu sobre interfaces no C# e muito mais.

Play Again

Esta tela mostra o jogo no modo Em Execução. Bolas são adicionadas e o jogador pode clicar nelas para pontuar.

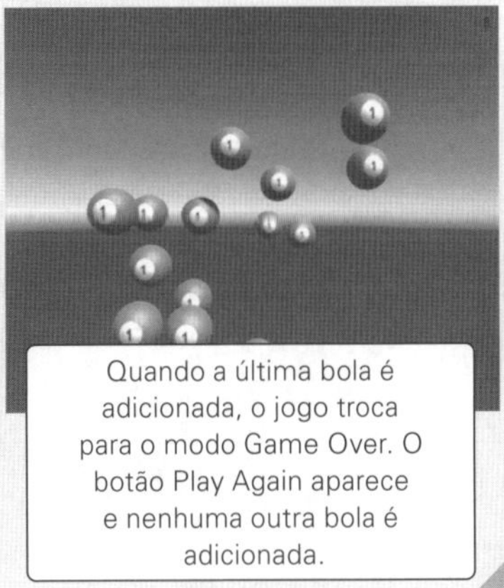

Quando a última bola é adicionada, o jogo troca para o modo Game Over. O botão Play Again aparece e nenhuma outra bola é adicionada.

9 LINQ e lambdas

Controle seus dados

Você está pronto para um novo mundo de desenvolvimento de aplicativo. Usar o WinForms para criar aplicativos para Desktop é uma ótima forma de aprender conceitos do C#, mas há *muito mais* que você pode fazer com os seus programas. Neste capítulo, você usará **XAML** para criar seus aplicativos para Windows e aprenderá a **construir** páginas que servirão para qualquer aparelho, a **integrar** seus dados nas páginas com **vinculação de dados** e a **usar** o Visual Studio para resolver o mistério das páginas XAML ao explorar objetos criados com o seu código XAML.

CAPTAIN AMAZING

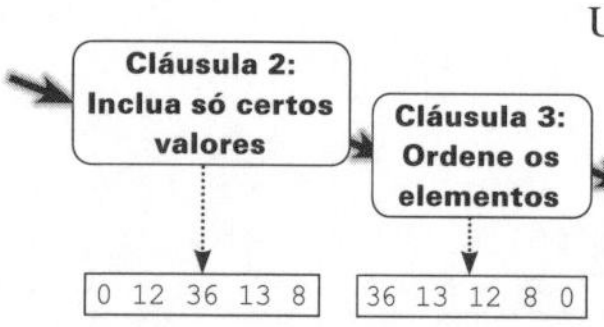
Cláusula 2: Inclua só certos valores
Cláusula 3: Ordene os elementos
0 12 36 13 8
36 13 12 8 0

CAPTAIN AMAZING
ISSUE 68
75 CENTS
The Swindler

10 lendo e gravando arquivos

Salve o último byte para mim!

Às vezes compensa ser um pouco persistente.

Até agora, todos os seus programas tiveram vida curta. Eles inicializaram, rodaram por um tempo e finalizaram. Mas isso nem sempre é suficiente, sobretudo ao lidar com informações importantes. Você precisa conseguir **salvar seu trabalho**. Neste capítulo, veremos como **gravar dados em um arquivo** e, então, **ler essas informações de volta no** arquivo. Você aprenderá sobre **fluxo** e também verá os mistérios dos **hexadecimais** e dos **binários**.

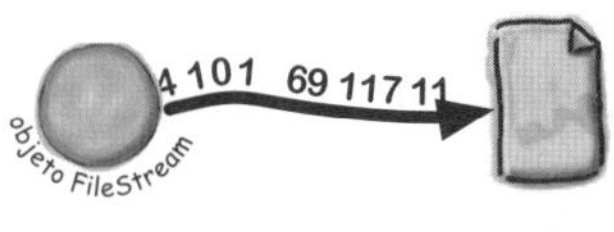
objeto FileStream

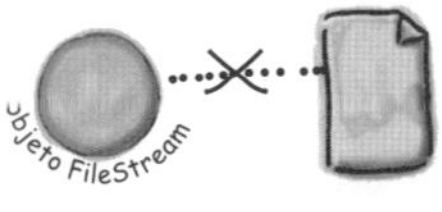
objeto FileStream

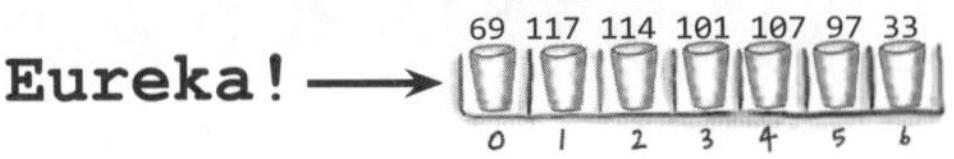
Eureka!
69 117 114 101 107 97 33
0 1 2 3 4 5 6

Unity Lab 5

Raycast

Ao configurar uma cena no Unity, você cria um mundo virtual em 3D para os personagens no jogo se moverem. Mas, na maioria dos jogos, grande parte das coisas não é controlada diretamente pelo jogador. Então, como esses objetos encontram seu caminho na cena? Neste Lab, olharemos como o C# pode ajudar.

A câmera aponta para baixo, então esta caixa é o visor. O X mostra o local onde o usuário clicou na tela.
O método emite um raio de até cem unidades de comprimento que inicia na câmera e passa pelo ponto em que o usuário clicou.
O raio toca aqui no piso.

CAPTAIN AMAZING
THE DEATH OF THE OBJECT

Use a Cabeça C#	
Quatro dólares	Capítulo 11

EM MINUTOS, VOCÊ E MEU EXÉRCITO SERÃO LIXO (OU MELHOR, COLETADOS).

SÓ... PRECISA DE...
— SUSPIRO —
UMA... ÚLTIMA... COISA...

12 tratamento de exceção

Apagar incêndio é cansativo

Programadores não são bombeiros.

Você se esforçou muito examinando manuais técnicos e alguns livros *Use a Cabeça* interessantes e chegou no auge da sua profissão. Mas ainda recebe ligações de emergência do trabalho no meio da noite porque **seu programa trava** ou **não se comporta como deveria**. Nada o tira mais da rotina de programação do que ter que corrigir um bug estranho... mas, com o **tratamento de exceção**, é possível escrever um código para **lidar com os problemas** que surgem. Melhor ainda, você pode até se planejar para esses problemas e **manter as coisas funcionando** quando elas acontecem.

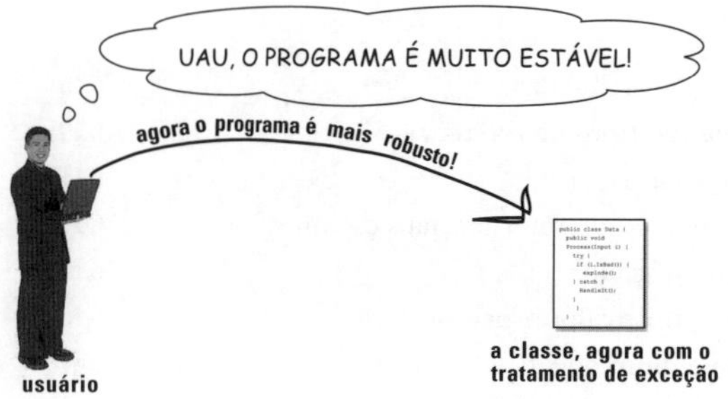

UAU, O PROGRAMA É MUITO ESTÁVEL!
agora o programa é mais robusto!
usuário
a classe, agora com o tratamento de exceção

OH-OH! MAS O QUE ACONTECEU?
objeto


```
int[] anArray = {3, 4, 1, 11};
int aValue = anArray[15];
```

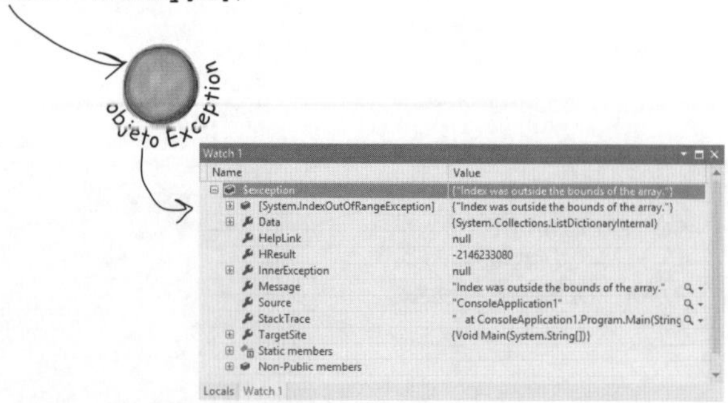

objeto Exception
Watch 1
Name
Value
$exception
{"Index was outside the bounds of the array."}
[System.IndexOutOfRangeException]
Data
{System.Collections.ListDictionaryInternal}
HelpLink
null
HResult
-2146233080
InnerException
Message
"Index was outside the bounds of the array."
Source
"ConsoleApplication1"
StackTrace
TargetSite
{Void Main(System.String[])}
Static members
Non-Public members
Locals

Unity Lab 6
Navegação da Cena

No último Unity Lab, você criou uma cena com um piso (plano) e um jogador (uma esfera aninhada em um cilindro), usou NavMesh, um NavMesh Agent, e usou o raycast para fazer o jogador seguir os cliques do mouse na cena. Neste lab, você adicionará à cena com a ajuda do C#.

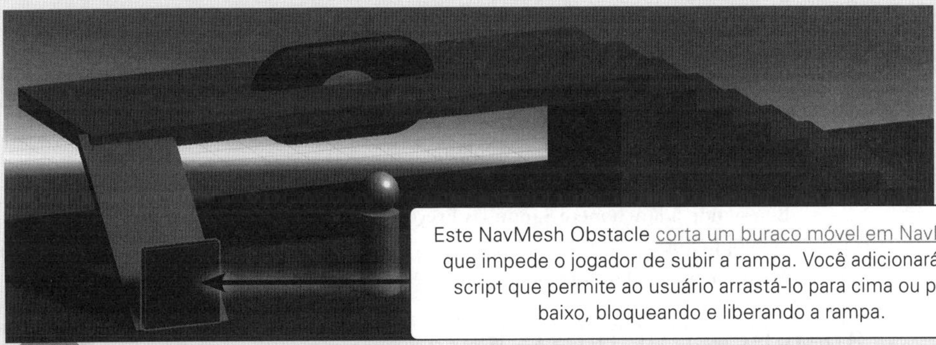

Este NavMesh Obstacle corta um buraco móvel em NavMesh que impede o jogador de subir a rampa. Você adicionará um script que permite ao usuário arrastá-lo para cima ou para baixo, bloqueando e liberando a rampa.

i

apêndice i: projetos Blazor do ASP.NET Core

Guia do Aluno Visual Studio para Mac

Combinações encontradas: 2
Tempo: 10,9s

ii

apêndice ii: Código Kata

Guia do Código Kata para Avançados e/ou Impacientes

como usar este livro

Introdução

NEM ACREDITO QUE COLOCARAM ISTO EM UM LIVRO DE PROGRAMAÇÃO C#!
C#

Nesta seção, respondemos à pergunta que não quer calar: "Por que puseram ISTO em um livro de programação C#?"

A quem se destina este livro?

Se responder "sim" a todas estas perguntas:

1. Você quer **aprender** o **C#** (e conhecer um pouco sobre desenvolvimento de jogos e Unity no processo)?
2. Você gosta de xeretar? Aprende mais fazendo do que apenas lendo?
3. Você prefere **jantares com conversas estimulantes** a **palestras acadêmicas cansativas e frias**?

Este livro é para você.

Quem provavelmente deve fugir do livro?

Se responder "sim" a qualquer uma destas perguntas:

1. Você se interessa mais pela teoria do que pela prática?
2. A ideia de fazer projetos e escrever código deixa-o entediado ou um pouco nervoso?
3. Você tem **medo de testar algo diferente**? Acha que um livro sobre um assunto sério, como desenvolvimento, precisa ser sério o tempo todo?

Pense em outro livro primeiro.

Caminho de aprendizagem do código Kata

Você é um **desenvolvedor avançado** com experiência em várias linguagens e deseja *acelerar* no C# e no Unity?

É um **aluno impaciente** que fica à vontade indo direto para o código?

Se respondeu *SIM!* às duas perguntas, concluímos que um caminho de aprendizagem do **código kata** é para você. Procure o apêndice Código Kata no fim deste livro para saber mais.

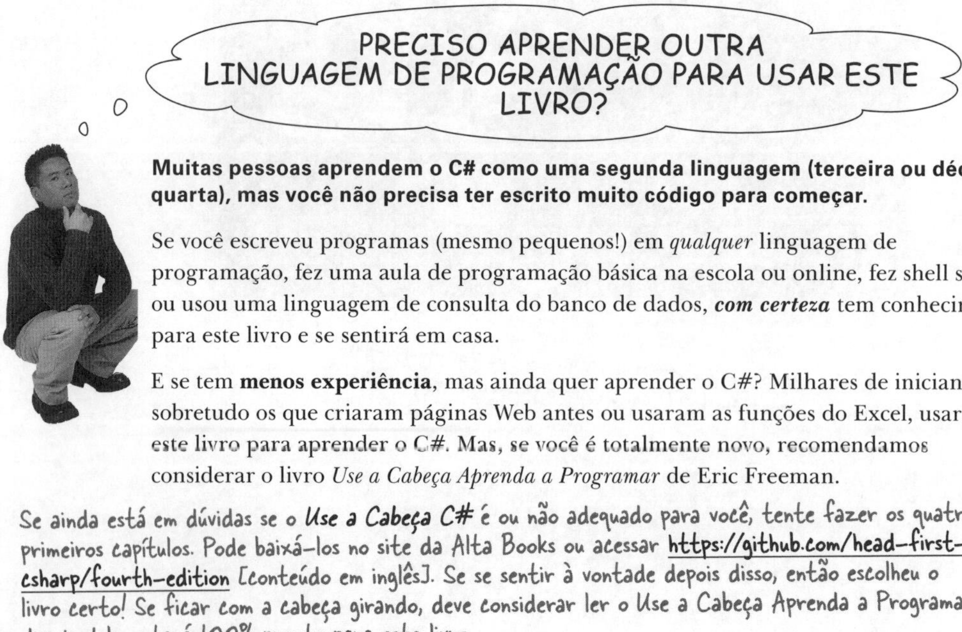
PRECISO APRENDER OUTRA LINGUAGEM DE PROGRAMAÇÃO PARA USAR ESTE LIVRO?

Muitas pessoas aprendem o C# como uma segunda linguagem (terceira ou décima quarta), mas você não precisa ter escrito muito código para começar.

Se você escreveu programas (mesmo pequenos!) em *qualquer* linguagem de programação, fez uma aula de programação básica na escola ou online, fez shell script ou usou uma linguagem de consulta do banco de dados, ***com certeza*** tem conhecimento para este livro e se sentirá em casa.

E se tem **menos experiência**, mas ainda quer aprender o C#? Milhares de iniciantes, sobretudo os que criaram páginas Web antes ou usaram as funções do Excel, usaram este livro para aprender o C#. Mas, se você é totalmente novo, recomendamos considerar o livro *Use a Cabeça Aprenda a Programar* de Eric Freeman.

Se ainda está em dúvidas se o *Use a Cabeça C#* é ou não adequado para você, tente fazer os quatro primeiros capítulos. Pode baixá-los no site da Alta Books ou acessar https://github.com/head-first-csharp/fourth-edition [conteúdo em inglês]. Se se sentir à vontade depois disso, então escolheu o livro certo! Se ficar com a cabeça girando, deve considerar ler o Use a Cabeça Aprenda a Programar; depois dele, estará 100% pronto para este livro.

Sabemos o que você pensa.

"Como *isto* pode ser um livro de programação C# sério?"

"Por que todos esses gráficos?"

"Será que eu posso realmente *aprender* desta forma?"

Sabemos o que seu *cérebro* pensa.

Seu cérebro busca novidades. Está sempre procurando, vasculhando, *esperando* algo diferente. Ele foi feito assim e isso o ajuda a continuar vivo.

Seu cérebro pensa que ISTO é importante.

Então, o que seu cérebro faz com todas as coisas rotineiras, comuns e normais que encontra? Tudo o que *pode* fazer para impedi-las de interferir no trabalho *real*, ou seja, registrar coisas *importantes*. Ele não se preocupa em gravar coisas chatas. Elas nunca passam pelo filtro "isto obviamente não é importante".

Como seu cérebro *sabe* o que é importante? Imagine que um dia você está fazendo uma trilha e um tigre pula na sua frente: o que acontece dentro da sua cabeça e do seu corpo?

Os neurônios disparam. As emoções saem de controle. *A química do corpo intensifica-se.*

E é assim que seu cérebro sabe...

Isto deve ser importante! Não se esqueça!

Mas imagine que você está em casa ou na biblioteca. É um lugar seguro, agradável e sem tigres. Você está estudando, preparando-se para uma prova ou tentando aprender algum assunto técnico complicado que seu chefe acha que levará uma semana, dez dias no máximo.

ÓTIMO. SÓ MAIS 700 PÁGINAS MAÇANTES, SEM GRAÇA E CHATAS.
Seu cérebro pensa que ISTO não vale a pena gravar.

Só há um problema. Seu cérebro está tentando fazer um grande favor. Está tentando ter certeza de que este conteúdo *obviamente* inútil não fique empacando outros recursos escassos. Recursos que são mais bem utilizados guardando coisas realmente *importantes*. Como tigres. Como o perigo que o fogo representa. Como o fato de que você nunca deveria ter colocado as fotos daquela "festa" em sua página do Facebook.

E não há forma simples de dizer: "Ei, cérebro, muito obrigado, mas não importa o quanto este livro é chato e o quão pouco estou registrando-o na escala Richter emocional agora; eu *realmente* quero que você guarde essas coisas".

Imaginamos o leitor "Use a Cabeça" como um aprendiz.

O que é preciso para *aprender* algo? Primeiro, você tem que *captar* e, depois, não *esquecer*. Não é apenas enfiar fatos em sua cabeça. Com base nas últimas pesquisas em Ciência Cognitiva, Neurobiologia e Psicologia Educacional, *aprender* requer muito mais do que um texto em uma página. Nós sabemos o que estimula o seu cérebro.

Alguns princípios de aprendizagem da série Use a Cabeça:

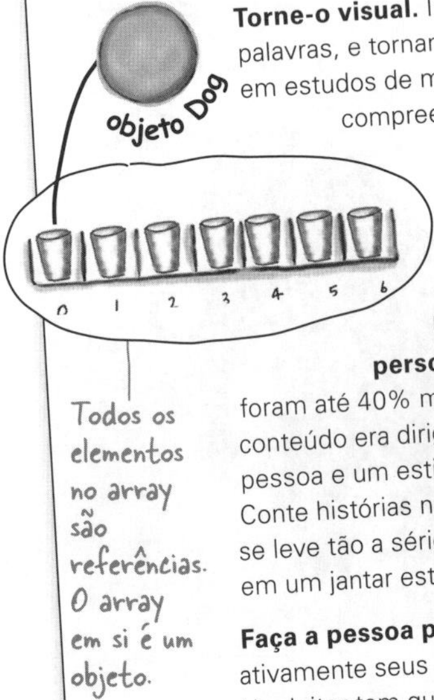
objeto Dog
0 1 2 3 4 5 6
Todos os elementos no array são referências. O array em si é um objeto.

Torne-o visual. Imagens são muito mais fáceis de memorizar do que apenas palavras, e tornam a aprendizagem muito mais eficiente (até 89% de melhora em estudos de memória e de transferência de informações) e as coisas mais compreensíveis.

Coloque as palavras dentro ou perto dos gráficos aos quais se relacionam, em vez de no final ou em outra página, e os leitores terão uma probabilidade quase *dobrada* de resolver problemas relativos ao conteúdo.

FAÇO TODAS AS MINHAS REFEIÇÕES NO SLOPPY JOE'S!

Utilize um estilo conversacional e personalizado. Em estudos recentes, alunos foram até 40% melhores em testes pós-aprendizagem se o conteúdo era dirigido diretamente ao leitor, usando a primeira pessoa e um estilo conversacional, em vez de um tom formal. Conte histórias no lugar de ensinar. Use uma linguagem casual. Não se leve tão a sério. Em que *você* prestaria mais atenção: no colega em um jantar estimulante ou em uma palestra?

Faça a pessoa pensar mais a fundo. A menos que você exercite ativamente seus neurônios, pouca coisa acontece em sua cabeça. Um leitor tem que ser motivado, engajado, ficar curioso e inspirado a resolver problemas, chegar a conclusões e gerar um novo conhecimento. E, para tanto, é preciso ter desafios, exercícios, perguntas provocadoras e atividades que envolvam os dois lados do cérebro e os diversos sentidos.

Chame a atenção do leitor, e a mantenha. Todos nós já passamos pela experiência de "eu realmente quero aprender isto, mas não consigo passar da página um sem dormir". Seu cérebro presta atenção em coisas extraordinárias, interessantes, estranhas, que prendem a atenção e que são imprevisíveis. Aprender sobre um assunto técnico novo e difícil não precisa ser chato. Seu cérebro aprenderá muito mais facilmente se não for.

Toque suas emoções. Hoje, nós sabemos que a habilidade de lembrar algo depende muito de seu conteúdo emocional. Você se lembra de coisas com as quais se importa. Lembra quando *sente* algo. Não, não estamos falando a respeito daquelas histórias de cortar o coração sobre um menino e seu cachorro, mas sobre emoções, tais como surpresa, curiosidade, diversão, "mas que...?", e o sentimento de "agora eu peguei!" que surge quando você resolve um problema, aprende algo que todo mundo pensa que é difícil ou quando percebe que aprendeu *algo novo e incrível*, sentindo-se bem quando uɔɐ oɔsə conhecimento.

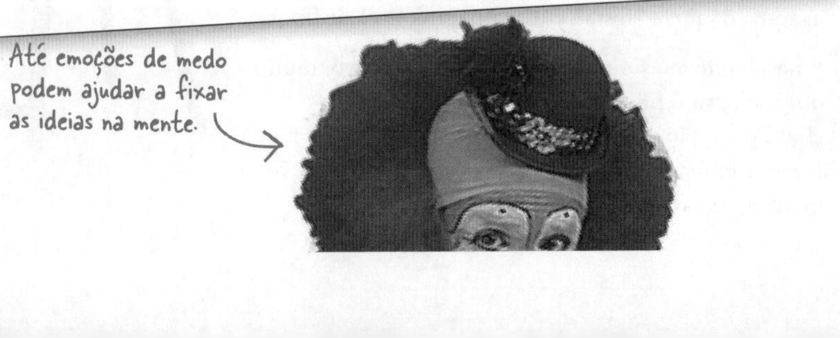
Até emoções de medo podem ajudar a fixar as ideias na mente.

Metacognição: pensando sobre pensar

Se você realmente quer aprender ainda mais rápido e profundamente, preste atenção em como presta atenção. Pense em como você pensa. Aprenda sobre como você aprende.

A maioria de nós não fez cursos sobre metacognição ou teoria do aprendizado quando estava crescendo. *Esperava-se* que aprendêssemos, mas raramente nos *ensinaram* como aprender.

Mas presumimos que, se você está segurando este livro, quer realmente aprender a fazer programas em C#. E provavelmente não quer gastar muito tempo. Se você quer usar o que leu neste livro, precisa se *lembrar* do que leu. E, para isso, tem que *entendê-lo*. Para tirar o máximo deste livro, de *qualquer* livro, ou da aprendizagem em geral, responsabilize-se por seu cérebro em *cada* conteúdo.

NÃO SEI COMO POSSO ENGANAR MEU CÉREBRO PARA ELE LEMBRAR ESTAS COISAS...

O truque é fazer com que o cérebro veja o material novo que você está aprendendo como Realmente Importante. Crucial para seu bem-estar. Tão importante quanto um tigre. Caso contrário, você travará uma constante batalha, com seu cérebro fazendo seu melhor para impedir que o novo conteúdo "grude" nele.

Então, como você faz com que seu cérebro trate o C# como se fosse um tigre faminto?

Há a forma lenta e tediosa ou a mais rápida e efetiva. A forma lenta é a repetição incessante. Você obviamente sabe que consegue aprender e lembrar até mesmo os assuntos mais banais se ficar martelando a mesma coisa na cabeça. Com repetição suficiente, seu cérebro fala: "Isto não *parece* importante, mas, se ele continua olhando para a mesma coisa *várias e várias e várias vezes*, então imagino que deva ser."

A forma mais rápida é fazer ***qualquer coisa que potencialize a atividade cerebral***, especialmente *tipos* diferentes de atividade cerebral. As coisas na página anterior são uma grande parte da solução e todas elas comprovadamente ajudam seu cérebro a trabalhar a seu favor. Por exemplo, estudos mostram que colocar palavras *dentro* das figuras que elas descrevem (não em outro lugar na página, como no título ou no corpo do texto) faz seu cérebro tentar entender como as palavras e as imagens se relacionam, e isso ativa os neurônios. Mais neurônios ativados = mais chances de seu cérebro *apreender* isto como algo necessário para prestar atenção e, possivelmente, registrá-lo.

Um estilo conversacional ajuda porque as pessoas tendem a prestar mais atenção quando percebem que estão conversando, já que se espera que acompanhem o assunto e prestem atenção até o fim. O incrível é que seu cérebro não necessariamente se *importa* que a "conversa" seja entre você e um livro! Por outro lado, se o estilo de escrita é formal e chato, seu cérebro sente a mesma coisa que você sentiu naquela palestra, sentado em uma sala cheia de participantes passivos: não preciso ficar acordado.

Mas figuras e estilo conversacional são apenas o começo.

Veja o que NÓS fizemos

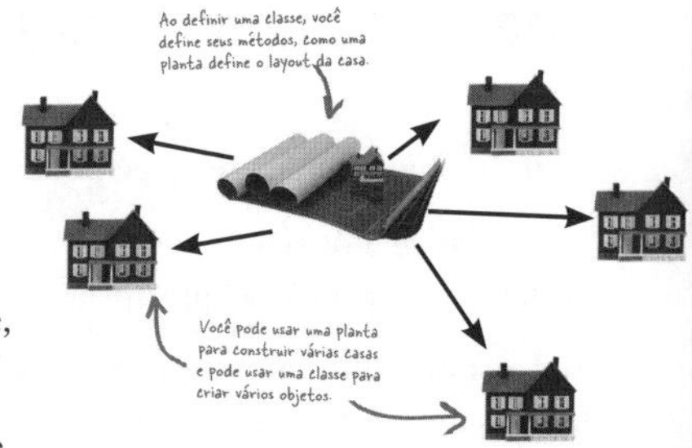
Ao definir uma classe, você define seus métodos, como uma planta define o layout da casa.
Você pode usar uma planta para construir várias casas e pode usar uma classe para criar vários objetos.

Usamos ***figuras*** porque seu cérebro entende melhor estímulos visuais, não o texto. Quanto ao cérebro, uma imagem realmente *vale* mais do que mil palavras. E, quando o texto e as figuras são colocados juntos, inserimos o texto *nas* figuras porque seu cérebro funciona melhor quando o texto está *dentro* daquilo a que se refere, não em uma legenda ou escondido em outra parte do texto.

Usamos ***redundância***, dizendo a mesma coisa de formas *diferentes* e com tipos de mídia diferentes, e usamos *vários sentidos* para aumentar a chance de que o conteúdo seja codificado em mais de uma área de seu cérebro.

Usamos conceitos e figuras de formas ***inesperadas*** porque seu cérebro está aberto a novidades e usamos figuras e ideias com, pelo menos, *algum conteúdo **emocional***, porque seu cérebro está otimizado para prestar atenção na bioquímica das emoções. E é isso que te faz ***sentir*** que algo é mais provável de ser lembrado, mesmo que o sentimento seja apenas um pouco de ***humor***, ***surpresa*** ou ***interesse.***

Usamos um ***estilo conversacional***, personalizado, porque seu cérebro é otimizado para prestar mais atenção quando acredita que está em uma conversa do que se acha que está ouvindo passivamente uma apresentação. Seu cérebro faz isso até mesmo quando você está *lendo*.

PONTOS DE BALA

Incluímos dezenas de ***atividades*** porque seu cérebro está otimizado para aprender e lembrar mais quando você ***faz*** algo do que quando você *lê* sobre algo. Fizemos exercícios desafiadores de codificação e no papel, porém possíveis, porque é isso que a maioria das pessoas prefere.

Conversa Informal

Usamos ***múltiplos estilos de aprendizagem*** porque talvez *você* prefira procedimentos passo a passo, enquanto outra pessoa quer entender o geral primeiro e uma terceira apenas quer ver um exemplo. Mas, independentemente de sua preferência pessoal para a aprendizagem, ***todos*** se beneficiam vendo o mesmo conteúdo de muitas formas.

Incluímos conteúdo para os ***dois lados do cérebro*** porque, quanto mais do seu cérebro você ativa, maior a probabilidade de aprender e de lembrar, bem como de ficar concentrado por mais tempo. Como trabalhar um lado do cérebro costuma significar dar ao outro lado uma chance de descansar, você pode ser mais produtivo ao aprender por um período maior de tempo.

Incluímos ***histórias*** e exercícios que ***apresentam mais de um ponto de vista*** porque seu cérebro está otimizado a aprender mais quando é forçado a fazer avaliações e julgamentos.

Incluímos ***desafios***, com exercícios, fazendo ***perguntas*** que nem sempre possuem uma resposta direta, porque seu cérebro está preparado para aprender e lembrar quando ele tem que *trabalhar* em algo. Pense nisso — seu *corpo* não fica em forma apenas com você *observando* as pessoas na academia. Mas fizemos o melhor para garantir que, quando você estiver trabalhando duro, seja nas coisas *certas*. Que ***você não esteja desperdiçando nem um dendrito extra*** processando um exemplo difícil de entender ou analisando um texto excessivamente conciso e cheio de jargões.

Usamos ***pessoas*** nas histórias, exemplos, figuras etc. porque ***você***, bem, é uma pessoa. E seu cérebro presta mais atenção em *pessoas* do que em *coisas*.

O que fazer para que SEU cérebro se curve em sinal de submissão

Fizemos nossa parte. O resto é com você. Estas dicas são o ponto de partida; escute seu cérebro e descubra o que funciona ou não para você. Tente coisas novas.

Recorte isto e grude na geladeira.

---

1 Vá devagar. Quanto mais você entende, menos tem que memorizar.

Não *leia* apenas. Pare e pense. Quando o livro fizer uma pergunta, não vá direto para a resposta. Imagine que alguém realmente *está* fazendo uma pergunta. Quanto mais profundamente você força seu cérebro a pensar, melhor a chance de aprender e de lembrar.

2 Faça os exercícios. Faça suas próprias anotações.

Anotamos algumas coisas, mas, se fizéssemos para você, seria como alguém fazer abdominais em seu lugar. E não *olhe* apenas os exercícios. **Use um lápis**. Há muita evidência de que a atividade física *ao* aprender pode melhorar a aprendizagem.

3 Leia as seções "Não existem perguntas idiotas".

Isso significa todas elas. Não são seções opcionais — ***são parte do conteúdo principal***! Não passe reto por elas.

4 Que seja a última coisa lida antes de dormir, pelo menos, a última coisa desafiadora.

Parte do aprendizado (especialmente a transferência para a memória de longo prazo) acontece *depois* que você fecha o livro. Seu cérebro precisa de um tempo sozinho para processar melhor. Se você acrescentar algo novo durante o processamento, uma parte do que acabou de aprender será perdida.

5 Beba água. Em grande quantidade.

Seu cérebro funciona melhor com uma bela quantidade de fluido. A desidratação (que pode acontecer antes mesmo de você sentir sede) diminui a função cognitiva.

6 Converse sobre o assunto. Em voz alta.

Falar ativa uma parte diferente do cérebro. Se você está tentando entender algo ou melhorar sua chance de lembrar mais tarde, fale alto sobre o assunto. Melhor ainda, tente explicar para alguém. Você aprenderá mais rápido e pode descobrir ideias que não sabia existir quando estava lendo a respeito.

7 Ouça o seu cérebro.

Preste atenção se seu cérebro está ficando sobrecarregado. Se você se pegar lendo superficialmente ou esquecendo o que acabou de ler, é hora de um intervalo. Quando passar de certo ponto, você não aprenderá mais rapidamente tentando enfiar mais coisas na cabeça, e pode até prejudicar o processo.

8 Sinta algo.

Seu cérebro precisa saber que é *importante*. Envolva-se nas histórias. Crie seus próprios títulos para as fotos. Reclamar de uma piada ruim *ainda* é melhor do que não sentir nada.

9 Escreva muito código!

Só há uma forma de aprender *bem* a linguagem C# e fixá-la: **escreva muito código**. E é isso que você fará em todo o livro. Codificar é uma habilidade e a única maneira de programar bem é praticando. Daremos muita prática: todo capítulo tem exercícios com um problema para resolver. Não passe batido por eles; grande parte da aprendizagem acontece quando você resolve exercícios. Se não avançar, não tenha medo de dar uma **olhadinha na solução**! Incluímos uma solução para cada exercício por um motivo: é fácil se confundir com algo pequeno. Mas tente resolver o problema antes de olhar a resposta. E, definitivamente, veja se funciona antes de ir para a próxima parte do livro.

LEIA-ME

Esta é uma experiência de aprendizagem, não um livro de consulta. Deliberadamente, eliminamos tudo o que possa atrapalhar a aprendizagem na qual estamos trabalhando neste ponto no livro. E, na primeira vez que ler o livro, precisará começar do início porque fazemos deduções sobre o que você já viu e aprendeu.

Usamos muitos diagramas para facilitar a compreensão de conceitos difíceis.

secretAgent
enemyAgent

As atividades NÃO são opcionais.

Os exercícios e as atividades não são complementos; são parte do conteúdo principal do livro. Alguns são para ajudar com a memória, outros com a compreensão e alguns para aplicar o que aprendeu. ***Não pule os problemas escritos***. Os enigmas da piscina são as únicas coisas que você não *precisa* fazer, mas são boas para dar uma chance ao seu cérebro de pensar sobre probleminhas lógicos enrolados, e uma ótima maneira de agilizar o processo de aprendizagem.

A redundância é intencional e importante.

Uma diferença específica em um livro Use a Cabeça é que queremos que você *realmente* entenda. E queremos que termine o livro lembrando o que aprendeu. A maioria dos livros de consulta não tem a retenção de informações e a memória de longo prazo como meta, mas este aqui é sobre *aprendizagem*. Você verá os mesmos conceitos mais de uma vez.

Você deve fazer TODAS as atividades "Aponte o seu lápis".

Aponte o seu lápis

Faça todos os exercícios!

A única grande suposição que fizemos quando escrevemos este livro é que você quer aprender a programar em C#. Então, sabemos que deseja começar imediatamente e aprofundar-se no código. Damos muitas oportunidades de aprimorar suas habilidades colocando exercícios em todos os capítulos. Alguns deles chamam-se "**Faça isso!**" — quando vir isso, significa que mostraremos todas as etapas para resolver um problema em particular. Mas, quando vir o logotipo Exercício com os tênis, deixamos uma boa parte do problema para você resolver e damos a resposta proposta. Não fique com receio de dar uma olhadinha na resposta, **isso não é colar**! Mas aprenderá mais se tentar resolver o problema primeiro.

As atividades marcadas com o logotipo Exercício (tênis) são realmente importantes! Não as pule se você estiver querendo aprender o C# seriamente.

Exercício

Também incluímos o código-fonte das soluções dos exercícios no resto do código deste livro. Você pode encontrar tudo no site da Alta Books procurando pelo título do livro ou acessando a página: https://github.com/head-first-csharp/fourth-edition [conteúdo em inglês].

Quando visualizar o logotipo Enigma da Piscina, a atividade será opcional. Se não curte uma lógica enrolada, é provável que você não gostará dessa parte.

As perguntas "Poder do cérebro" não têm respostas.

Para algumas delas, não existe só uma resposta certa e, para outras, parte da aprendizagem é você decidir se e quando suas respostas estão corretas. Em alguns desses exercícios você terá dicas para colocá-lo no caminho certo.

Nosso objetivo é o C# 8.0, o Visual Studio 2019 e o Visual Studio 2019 para Mac.

Este livro é para ajudá-lo a aprender a linguagem C#. A equipe na Microsoft que desenvolve e mantém o C# lança atualizações da linguagem. A **C# 8.0** foi a versão atual durante a produção deste livro. Também aprendemos muito sobre o Visual Studio, o ambiente de desenvolvimento integrado (IDE) da Microsoft, como uma ferramenta para aprender, ensinar e explorar o C#. As capturas de tela do livro foram feitas com as **versões mais recentes do Visual Studio 2019 e do Visual Studio 2019 para Mac** disponíveis na época da produção. Incluímos instruções para instalar o Visual Studio no Capítulo 1 e instalar o Visual Studio para Mac no apêndice *Guia do Aluno Visual Studio para Mac.*

Estamos quase no C# 9.0, que será lançado logo que este livro for publicado. Ele tem ótimos novos recursos! Os recursos do C# que fazem parte da aprendizagem principal neste livro não mudarão; portanto, você conseguirá usar o livro nas futuras versões do C#. As equipes da Microsoft que mantêm o Visual Studio e o Visual Studio para Mac lançam atualizações com frequência e *muito raramente* essas alterações afetarão as telas no livro.

As seções Unity Lab no livro visam ao **Unity 2020.1**, a versão mais recente disponível do Unity na época em que o livro foi produzido. Incluímos instruções para instalar o Unity no primeiro Unity Lab.

> Todo o código neste livro é lançado sob uma licença de código aberto que permite usá-lo em seus próprios projetos. Você pode baixá-lo no site da Alta Books, procurando pelo título do livro, ou acessando o link https://github.com/head-first-csharp/fourth-edition [conteúdo em inglês]. Também pode baixar os PDFs com muito material adicional cobrindo os recursos não incluídos neste livro, inclusive os últimos recursos do C#.

Design do jogo... e muito mais

Como usamos os jogos no livro

Você escreverá código para muitos projetos neste livro e muitos deles são jogos. Não fizemos isso porque amamos jogos. Os jogos podem ser ***ferramentas eficientes para aprender e ensinar o C#***. Veja os motivos:

- Os jogos são **familiares**. Você fará uma imersão em muitos conceitos e ideias novos. Ter certa familiaridade à qual se apegar pode tornar o processo de aprendizagem mais tranquilo.
- Os jogos facilitam **explicar os projetos**. Ao fazer um dos projetos no livro, a primeira coisa que precisa é entender o que estamos pedindo para criar, e isso pode ser incrivelmente difícil. Quando usamos jogos para nossos projetos, isso facilita que você descubra rápido o que estamos pedindo e vá direto para o código.
- Os jogos são **divertidos de escrever**! Seu cérebro fica muito mais receptivo a novas informações quando você se diverte; portanto, incluímos codificação de projetos enquanto você cria jogos.

Usamos jogos neste livro para *lhe ajudar a aprender conceitos mais amplos do C# e da programação.* Eles são uma parte importante do livro. Você deve fazer todos os projetos relacionados a jogos no livro, mesmo que não tenha interesse em desenvolvê-los (os Unity Labs são opcionais, mas fortemente recomendados).

Equipe de revisão técnica

Tatiana Mac

Lindsey Bieda

Lisa Kellner

Ashley Godbold

Sem fotos (mas igualmente incríveis) são os revisores das terceira e segunda edições: Rebeca Dunn-Krahn, Chris Burrows, Johnny Halife e David Sterling. E da primeira edição: Jay Hilyard, Daniel Kinnaer, Aayam Singh, Theodore Casser, Andy Parker, Peter Ritchie, Krishna Pala, Bill Meitelski, Wayne Bradney, Dave Murdoch e, em especial, Bridgette Julie Landers.

E um super agradecimento especial aos nossos leitores maravilhosos, sobretudo Alan Ouellette, Jeff Counts, Terry Graham, Sergei Kulagin, Willian Piva e Greg Combow, que apontaram os problemas encontrados durante a leitura do nosso livro, e ao professor Joe Varrasso, da Mohawk College, por ser o primeiro a adotar nosso livro em seu curso.

Muito obrigado a todos!!

"Se eu vi mais longe foi por estar sobre ombros de gigantes." — Isaac Newton

O livro que você está lendo tem pouquíssimos erros, e MUITO crédito pela alta qualidade se deve à equipe incrível de revisores técnicos, os gigantes que tiveram a gentiliza de nos emprestar seus ombros. À equipe de revisão: somos muito gratos pelo trabalho que você fizeram. Muito obrigado!

Lindsey Bieda é engenheira de software e mora em Pittsburgh, PA. Ela tem mais teclados do que um ser humano deveria ter. Quando não está codificando, está com seu gato, Dash, bebendo chá. Seus projetos e devaneios podem ser encontrados em rarlindseysmash.com [conteúdo em inglês].

Tatiana Mac é uma engenheira norte-americana independente que trabalha direto com organizações para criar produtos e sistemas de design claros e coerentes. Ela acredita que a tríade da acessibilidade, da performance e da inclusão pode trabalhar de forma simbiótica para melhorar nosso cenário digital e fisicamente. Sensível a questões éticas, ela acha que os tecnólogos podem desarticular sistemas de exclusão em favor de sistemas inclusivos focados na comunidade.

Concordamos 100% com Tatiana neste ponto!

Dra. Ashley Godbold é programadora, designer de jogos, autora, artista, matemática, professora e mãe. Ela trabalha em tempo integral como coach de engenharia de software em um varejista de grande porte e também tem um pequeno studio de videogames indie, o Mouse Potato Games. Ela tem a certificação Unity Certified Instructor e dá aulas na faculdade sobre Ciência da Computação, Matemática e Desenvolvimento de Jogos. Escreveu os livros *Mastering Unity 2D Game Development (2ª Edição)* e *Mastering UI Development with Unity* [sem publicação no Brasil], também criou os cursos em vídeo *2D Game Programming in Unity* e *Getting Started with Unity 2D Game Development* [conteúdos em inglês].

Realmente queremos agradecer a **Lisa Kellner**, este é o 12º (!!!) livro que ela revisou para nós. *Muito obrigado!*

Um agradecimento especial vai para **Joe Albahari** e **Jon Skeet** por sua orientação técnica incrível e revisão muito cuidadosa e atenta da primeira edição, que preparou o caminho de sucesso que tivemos com este livro por anos. Sua contribuição nos beneficiou muito mais do que percebemos na época.

Nicole Taché

Agradecimentos

Nossa editora:

Antes de tudo, queremos agradecer à nossa incrível editora, **Nicole Taché**, por tudo que fez neste livro. Você contribuiu muito nos ajudando a colocá-lo no mercado, com incontáveis feedbacks incríveis. Muito obrigado!

Equipe da O'Reilly:

Tem tanta gente na O'Reilly a quem gostaríamos de agradecer, e tomara que não nos esqueçamos de ninguém. Em primeiro lugar, em segundo e sempre, queremos agradecer a **Mary Treseler**, que tem estado conosco em nossa jornada na O'Reilly desde o comecinho. Um agradecimento especial à nossa editora de produção **Katherine Tozer**, à criadora de índice **Joanne Sprott** e a **Rachel Head** por sua revisão aguçada; todos os que levaram este livro da produção à impressão em tempo recorde. Um obrigado enorme e sincero a **Amanda Quinn**, **Olivia MacDonald** e **Melissa Duffield** por serem essenciais ao colocar nos trilhos o projeto inteiro. E um grande viva aos nossos outros amigos na O'Reilly: **Andy Oram**, **Jeff Bleiel**, **Mike Hendrickson** e, claro, **Tim O'Reilly**. Se você está lendo este livro agora, agradeça à melhor equipe de publicidade do setor: **Marsee Henon**, **Kathryn Barrett** e o restante do pessoal da Sebastopol.

Katherine Tozer

Queremos dar um viva a alguns autores favoritos da O'Reilly:

- **Dr. Paris Buttfield-Addison**, **Jon Manning** e **Tim Nugent**, cujo livro *Unity Game Development Cookbook* é simplesmente incrível. Estamos ansiosos pelo *Head First Swift* de Paris e Jon [sem publicação no Brasil].
- **Joseph Albahari** e **Eric Johannsen**, que escreveram o minucioso e indispensável livro *C# 8.0 in a Nutshell* [sem publicação no Brasil].

E finalmente...

Muito obrigado a **Cathy Vice** do famoso Indie Gamer Chick pela parte incrível sobre epilepsia que usamos no Capítulo 10 e pela luta em defesa da epilepsia. E *takk skal du ha* a **Patricia Aas** por seu vídeo fenomenal sobre aprendizagem do C# como uma segunda linguagem que usamos no apêndice Código Kata e por seu feedback sobre como ajudar os leitores avançados a usarem este livro.

Jon Galloway

E ***muito obrigado aos nossos amigos na Microsoft*** que nos ajudaram muito neste livro; seu suporte no projeto foi incrível. Somo gratos a **Dominic Nahous** (parabéns pelo bebê!), **Jordan Matthiesen** e **John Miller** da equipe Visual Studio para Mac, e a **Cody Beyer**, que foi essencial em iniciar nossa parceria com a equipe. Obrigado a **David Sterling** pela revisão fantástica da terceira edição e a **Immo Landwerth** por nos ajudar a limitar os tópicos cobertos nesta edição. Um agradecimento extra a **Mads Torgersen**, gerente de programas da linguagem C#, por toda orientação maravilhosa e consultoria dada por anos. Vocês são fantásticos.

Somos muito gratos a **Jon Galloway**, que forneceu muito código incrível para os projetos Blazor no livro. Jon é gerente de programas sênior na .NET Community Team. É coautor de vários livros sobre .NET, ajuda a administrar os .NET Community Standups e cohospeda o podcast *Herding Code*. Muito obrigado!

1 comece a criar com c#

Crie algo incrível... rápido!

ESTOU PRONTO PARA ME AVENTURAR!
WHIP

Deseja criar apps incríveis... agora mesmo?

Com C#, você tem uma **linguagem de programação moderna** e uma **ferramenta valiosa** ao seu alcance. E, com o **Visual Studio**, você tem um **ótimo ambiente de desenvolvimento** com recursos muito simples que facilitam bastante a codificação. O Visual Studio não é só uma ótima ferramenta para escrever código, também é uma **ferramenta de aprendizagem realmente valiosa** para explorar a linguagem C#. Ficou interessado? Vire a página e vamos codificar.

Por que você deve aprender C#

C# é uma linguagem simples e moderna que permite fazer coisas incríveis. Ao aprender o C#, você aprende mais do que uma linguagem. O C# revela o mundo novo do .NET, uma plataforma de código aberto muito poderosa para criar todo tipo de aplicação.

Veja se você está instalando o Visual Studio e não o Visual Studio Code. O Visual Studio Code é um editor de texto incrível de código aberto e multiplataforma, mas não é adaptado ao desenvolvimento .NET como é o Visual Studio. Por isso podemos usar o Visual Studio neste livro como uma ferramenta para aprender e explorar.

O Visual Studio é sua entrada para o C#

Se você ainda não instalou o Visual Studio 2019, a hora é agora. Acesse https://visualstudio.microsoft.com e **baixe a edição Visual Studio Community** (se já estiver instalada, execute o Visual Studio Installer para atualizar as opções instaladas).

Se estiver no Windows...

Verifique as opções para instalar o suporte para o desenvolvimento multiplataforma com .NET Core e o desenvolvimento para desktop com .NET. Mas não marque a opção *Desenvolvimento de jogos com Unity*; você desenvolverá jogos em 3D com o Unity mais adiante no livro, mas instalará o Unity separadamente.

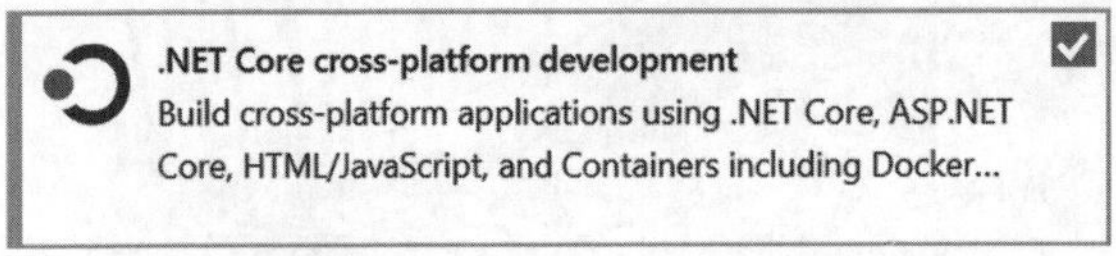
.NET Core cross-platform development
Build cross-platform applications using .NET Core, ASP.NET Core, HTML/JavaScript, and Containers including Docker...

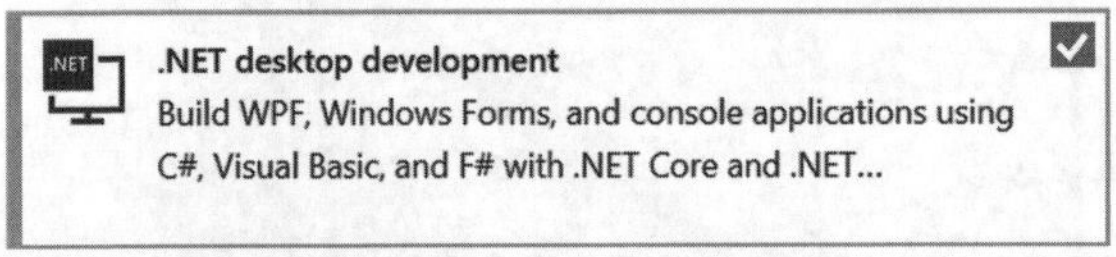
.NET
.NET desktop development
Build WPF, Windows Forms, and console applications using C#, Visual Basic, and F# with .NET Core and .NET...

Se estiver em um Mac...

Baixe e execute o instalador do Visual Studio para Mac. Veja se .NET Core está marcado.

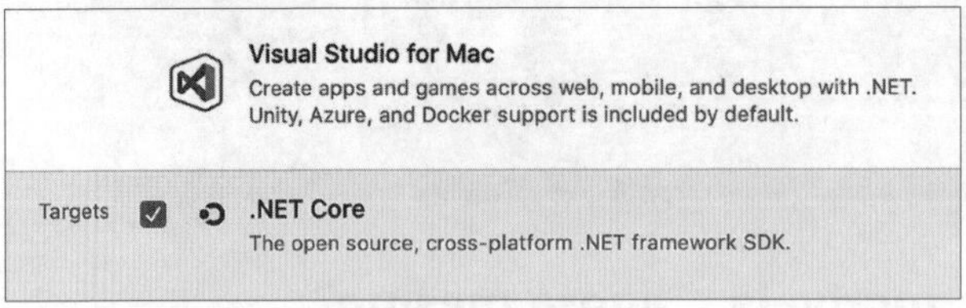
Visual Studio for Mac
Create apps and games across web, mobile, and desktop with .NET. Unity, Azure, and Docker support is included by default.
Targets
.NET Core
The open source, cross-platform .NET framework SDK.

É possível fazer projetos ASP.NET no Windows também! Só veja se a opção "ASP.NET e desenvolvimento Web" está marcada ao instalar o Visual Studio.

A maioria dos projetos neste livro é para apps de console .NET Core, que funcionam no Windows e no Mac. Alguns capítulos têm um projeto, como o jogo de combinação de animais posteriormente neste capítulo, que são projetos de desktop do Windows. Para tais projetos, use o apêndice Guia do Aluno Visual Studio para Mac. Ele tem um substituto completo para o Capítulo 1 e as versões do ASP.NET Core Blazor de outros projetos WPF.

O Visual Studio é uma ferramenta para escrever código e explorar a linguagem C#

Você pode usar o Bloco de Notas ou outro editor de texto para escrever seu código C#, mas existe um modo melhor. O **IDE** (***ambiente de desenvolvimento integrado***) é um editor de texto, designer visual, gerenciador de arquivos, depurador... é como um canivete suíço para tudo o que você precisa para escrever código.

Veja algumas coisas que o Visual Studio lhe ajuda a fazer:

1. **Crie uma aplicação, RÁPIDO.** A linguagem C# é flexível e fácil de aprender, e o IDE Visual Studio facilita fazer muito trabalho manual automaticamente. Algumas coisas que o Visual Studio faz:

   ★ Gerencia todos os arquivos de projeto.

   ★ Facilita editar o código do projeto.

   ★ Controla gráficos, áudio, ícones e outros recursos do projeto.

   ★ Ajuda a depurar o código percorrendo linha por linha.

2. **Desenvolva uma bela interface do usuário (IU).** O Visual Designer no IDE Visual Studio é uma das ferramentas de design mais fáceis de usar que existem. Ele ajuda tanto que você descobrirá que criar interfaces do usuário para seu programa é uma das partes mais satisfatórias do desenvolvimento de uma aplicação C#. Você pode criar programas profissionais completos sem passar horas ajustando a IU (a menos que queira).

3. **Crie programas com um visual impressionante.** Ao **combinar o C# com o XAML**, a linguagem de marcação visual para criar IUs para aplicações de desktop WPF, você está usando uma das ferramentas mais eficientes para criar programas visuais... e irá usá-la para criar um software tão bom quanto parece.

Se você estiver usando o Visual Studio para Mac, criará os mesmos apps incríveis, mas, em vez de usar o XAML, combinará C# com HTML.

> A interface do usuário (ou IU) para qualquer WPF é criada com o XAML (que significa eXtensible Application Markup Language). O Visual Studio facilita muito trabalhar com o XAML.

4. **Aprenda e explore C# e .NET.** O Visual Studio é uma ferramenta de desenvolvimento de primeira, mas, para nossa sorte, também é uma ferramenta de aprendizagem fantástica. ***Utilizaremos o IDE para explorar o C#***, que nos dá um controle rápido para assimilar *logo* importantes conceitos de programação.

Muitas vezes nos referimos ao Visual Studio apenas como "IDE" neste livro.

O Visual Studio é um ambiente de desenvolvimento incrível, mas também iremos usá-lo como uma ferramenta de aprendizagem para explorar o C#.

Crie seu primeiro projeto no Visual Studio

A melhor maneira de aprender o C# é começar a escrever o código; portanto, vamos usar o Visual Studio para **criar um novo projeto**... e começar a escrever o código imediatamente!

Faça isso!

Quando vir **Faça isso!** (**Agora faça isso!** ou **Depure isso!** etc.), vá para o Visual Studio e siga em frente. Informaremos exatamente o que fazer e indicaremos o que procurar para tirar o máximo do exemplo mostrado.

1. **Crie um novo projeto Aplicativo de Console (.NET Core).**
Inicie o Visual Studio 2019. Na primeira vez, ele mostra uma janela "Criar um novo projeto" com algumas opções diferentes. Escolha **Criar um novo projeto**. Não se preocupe se você fechar a janela, sempre é possível abrir de novo escolhendo Arquivo >> Novo >> Projeto no menu.

Create a new project
Choose a project template with code scaffolding to get started

Escolha o tipo de projeto **Aplicativo de Console (.NET Core)** clicando nele, então pressione o botão **Próximo**.

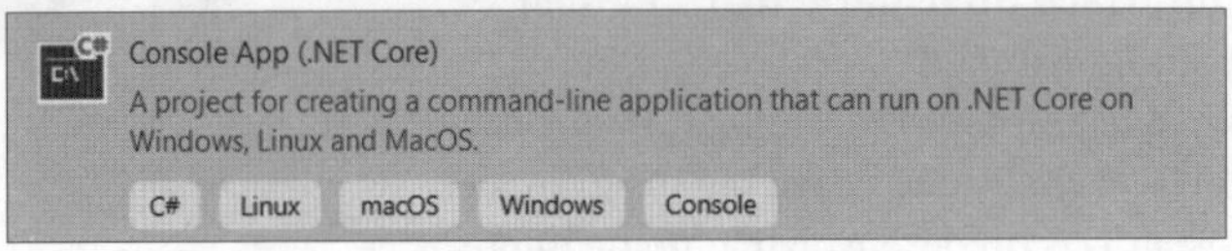
Console App (.NET Core)
A project for creating a command-line application that can run on .NET Core on Windows, Linux and MacOS.
C#
Linux
macOS
Windows
Console

Nomeie o projeto como **MyFirstConsoleApp** e clique no botão **Criar**.

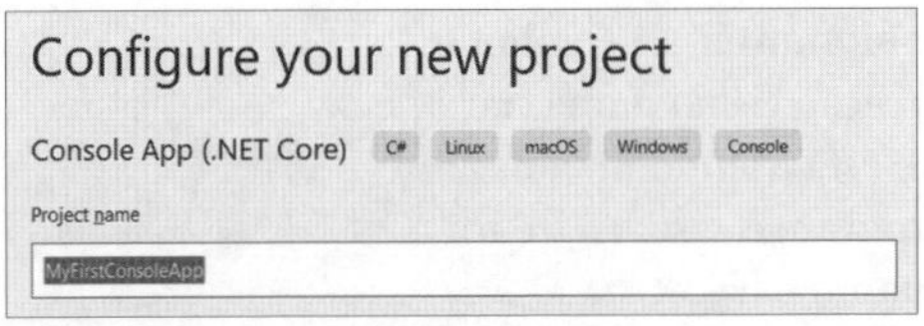
Configure your new project
Console App (.NET Core)
C#
Linux
macOS
Windows
Console
Project name
MyFirstConsoleApp

*Se estiver usando o **Visual Studio para Mac**, o código do projeto e **todos** os projetos Aplicativo de Console do .NET Core neste livro serão iguais, mas alguns recursos do IDE irão diferenciar. Vá ao apêndice **Guia do Aluno Visual Studio** para obter a versão Mac deste capítulo.*

2. **Veja o código do seu novo app.**
Quando o Visual Studio cria um novo projeto, ele lhe dá um ponto de partida para se basear. Assim que ele terminar de criar os novos arquivos do app, deverá abrir um arquivo chamado Program.cs com este código:

```
0 references
class Program
{
    0 references
    static void Main(string[] args)
    {
        Console.WriteLine("Hello World!");
    }
}
```

Quando o Visual Studio cria um novo projeto Aplicativo de Console, ele adiciona automaticamente uma classe chamada Program.

A classe começa com um método chamado Main, que contém uma declaração que escreve uma linha de texto no console. Veremos melhor as classes e os métodos no Capítulo 2.

3 **Execute seu novo app.**

O app que o Visual Studio criou está pronto para ser executado. No topo do IDE Visual Studio, encontre o botão com um triângulo e o nome do app; clique nele:

MyFirstConsoleApp

4 **Veja a saída do programa.**

Quando executar o programa, a **janela Console de Depuração do Microsoft Visual Studio** abrirá mostrando a saída do programa:

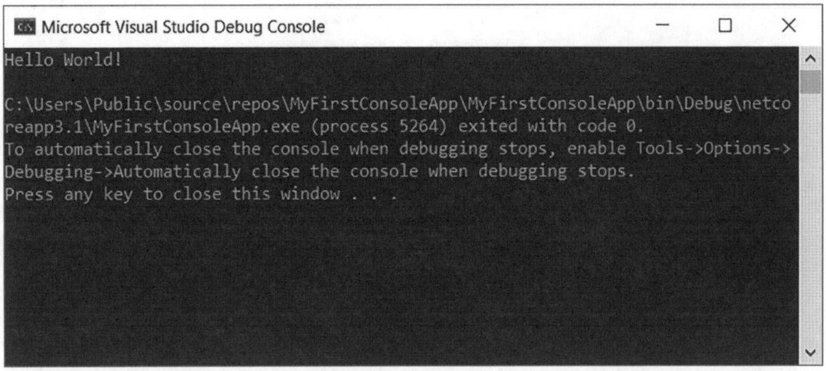
Microsoft Visual Studio Debug Console
Hello World!
C:\Users\Public\source\repos\MyFirstConsoleApp\MyFirstConsoleApp\bin\Debug\netcoreapp3.1\MyFirstConsoleApp.exe (process 5264) exited with code 0.
To automatically close the console when debugging stops, enable Tools->Options->Debugging->Automatically close the console when debugging stops.
Press any key to close this window . . .

Ao rodar seu app, ele executou o método Main, que escreveu esta linha de texto no console.

O melhor modo de aprender uma linguagem é escrever muito código usando ela; portanto, você criará muitos programas neste livro. Vários deles serão projetos Aplicativo de Console do .NET Core, então vejamos com mais atenção o que você fez.

No topo da janela está a **saída do programa**:

```
Hello World!
```

Depois há uma quebra de linha, e mais texto:

```
C:\caminho-sua-pasta-projeto\MyFirstConsoleApp\MyFirstConsoleApp\
bin\Debug\netcoreapp3.1\MyFirstConsoleApp.exe (processo ####) foi
encerrado com o código 0.
Para fechar o console automaticamente quando a depuração parar,
habilite Ferramentas -> Opções -> Depuração -> Fechar o console
automaticamente quando a depuração parar.
Pressione qualquer tecla para fechar esta janela…
```

Você verá a mesma mensagem na parte inferior de cada janela Console de Depuração. Seu programa imprimiu uma linha de texto (`Hello World!`) e encerrou. O Visual Studio mantém a janela de saída aberta até você pressionar uma tecla para fechá-la, para que consiga ver a saída antes de a janela sumir.

Pressione uma tecla para fechar a janela. Rode o programa de novo. É como executará todos os projetos Aplicativo de Console do .NET Core que criará neste livro.

Crie um jogo!

Você criou seu primeiro app em C# e foi ótimo! Agora vamos criar algo um pouco mais complexo. Criaremos um **jogo de combinação de animais**, em que um jogador vê uma grade com 16 animais e precisa clicar nos pares para eles desaparecerem.

Veja o jogo de combinação de animais que você criará.

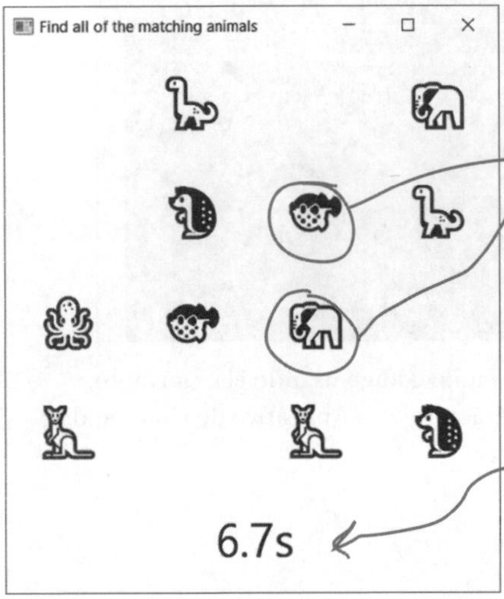
Find all of the matching animals
6.7s

O jogo mostra oito pares diferentes de animais misturados aleatoriamente na janela.

O jogador clica em dois animais e, se eles formarem um par, desaparecerão da janela.

Este cronômetro controla o tempo que leva para o jogador terminar o jogo. O objetivo é encontrar todas as combinações no menor tempo possível.

> Criar diferentes projetos é uma ferramenta importante em seu arsenal para aprender o C#. Escolhemos WPF (ou Windows Presentation Foundation) para alguns projetos neste livro porque ele oferece ferramentas para criar interfaces do usuário muito detalhadas que são executadas em diversas versões diferentes do Windows, até nas antigas edições, como o Windows XP.
>
> Mas o C# não é só para o Windows!
>
> Você usa um Mac? Então está com sorte! Adicionamos um caminho de aprendizagem só para você, apresentando o **Visual Studio para Mac**. Veja o apêndice Guia do Aluno Visual Studio para Mac no fim deste livro. Ele tem um substituto completo para este capítulo e versões Mac de todos os projetos WPF que aparecem no livro.

As versões Mac dos projetos WPF usam o ASP.NET Core. Você pode criar projetos ASP.NET Core no Windows também.

O jogo de combinação de animais é um app WPF

Os aplicativos de console são ótimos se você só precisa inserir e produzir texto. Se quiser um aplicativo visual exibido na janela, precisará usar uma tecnologia diferente. Por isso o jogo de combinação de animais será um **app WPF**. O WPF (Windows Presentation Foundation) permite criar aplicações para desktop que podem ser executadas em qualquer versão do Windows. A maioria dos capítulos neste livro apresentará um app WPF. O objetivo deste projeto é apresentá-lo ao WPF e fornecer ferramentas para criar aplicações com um visual impressionante, assim como aplicativos de console.

Quando você terminar esse projeto, estará muito à vontade com as ferramentas com as quais contará neste livro para aprender e explorar o C#.

Como criar seu jogo

O resto deste capítulo explicará como criar seu jogo de combinação de animais e você fará isso em várias partes separadas:

1. Primeiro criará um novo projeto de app para desktop no Visual Studio.
2. Então usará XAML para criar a janela.
3. Escreverá o código C# para adicionar um emoji aleatório à janela.
4. O jogo precisa permitir que o usuário clique nos pares para combiná-los.
5. Por fim, você deixará o jogo mais empolgante adicionando um cronômetro.

Este projeto pode levar de quinze minutos a uma hora, dependendo da sua rapidez de digitação. Aprendemos melhor quando não nos sentimos pressionados, então reserve muito tempo.

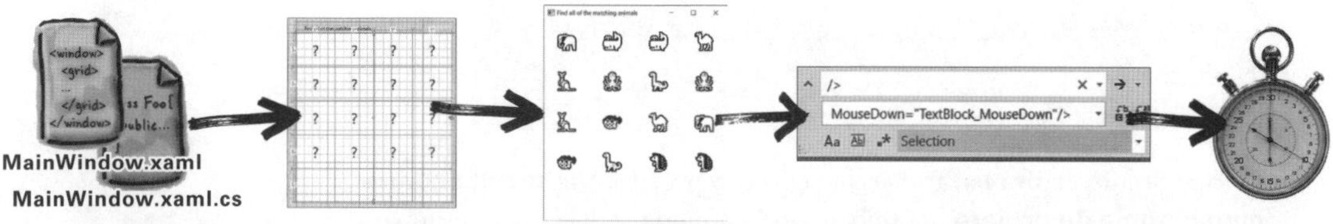
MainWindow.xaml
MainWindow.xaml.cs
MouseDown="TextBlock_MouseDown"/>
Selection
ELABORAR PROJETO
CRIAR JANELA
ESCREVER CÓDIGO C#
LIDAR COM OS CLIQUES DO MOUSE
ADICIONAR CRONÔMETRO

Atenção nestes elementos de "Design do jogo... e muito mais" espalhados no livro. Usaremos os princípios desse design como um modo de aprender e explorar importantes conceitos e ideias de programação que se aplicam a qualquer tipo de projeto, não somente a videogames.

Design do jogo... e muito mais

O que é um jogo?

O significado de jogo pode parecer óbvio. Mas pense um pouco; não é tão simples quanto parece.

- Todos os jogos têm um **vencedor**? Eles sempre terminam? Nem sempre. E um simulador de voo? Um jogo em que você planeja um parque de diversões? E um jogo como o The Sims?
- Os jogos são sempre **divertidos**? Não para todos. Alguns jogadores gostam de "ralar", fazendo a mesma coisa repetidamente; outros acham isso terrível.
- Sempre há uma **tomada de decisão, conflito ou solução de problema**? Não em todos os jogos. Simuladores de caminhada são jogos em que o jogador só explora um ambiente e não costuma haver quebra-cabeças nem conflitos.
- É muito difícil determinar com exatidão o que é um jogo. Se você lê livros sobre design de jogos, encontrará todos os tipos de definições conflitantes. Para nossas finalidades, estabelecemos o **significado de "jogo"** como:

É um programa que permite jogar de um modo que seja (esperamos) pelo menos tão divertido de jogar quanto é de criar.

Crie um projeto WPF no Visual Studio

Vá em frente, **inicie uma nova instância do Visual Studio 2019** e crie um novo projeto:

Terminamos com o projeto Aplicativo de Console criado na primeira parte deste capítulo; sinta-se à vontade para fechar essa instância do Visual Studio.

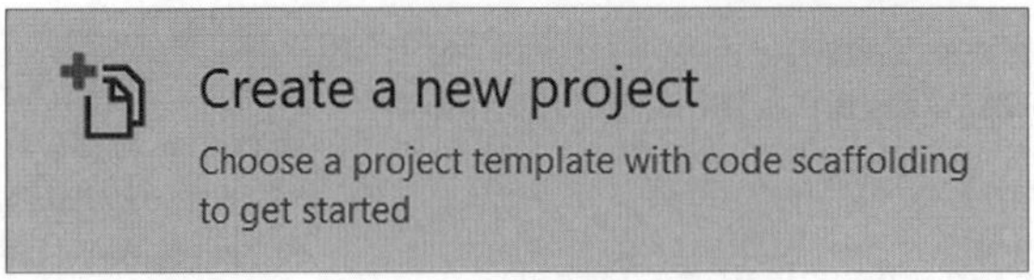
Create a new project
Choose a project template with code scaffolding to get started

Criaremos nosso jogo como um app para desktop usando WPF, então **selecione WPF App (.NET Core)** e clique em Próximo:

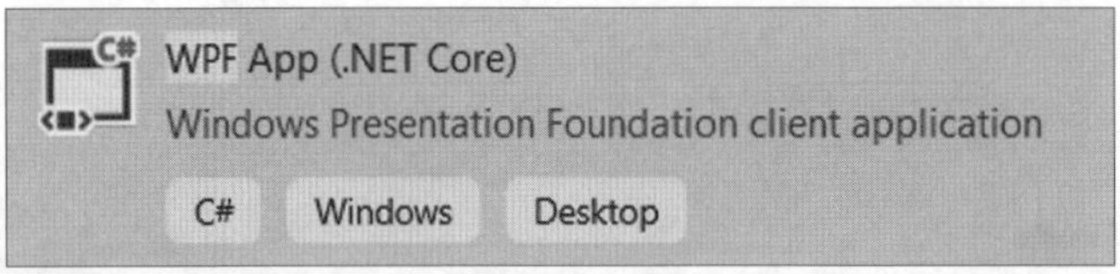
WPF App (.NET Core)
Windows Presentation Foundation client application
C#
Windows
Desktop

O Visual Studio pedirá para você configurar o projeto. **Digite `MatchGame` como o nome do projeto** (e também poderá mudar o local para criar o projeto se quiser):

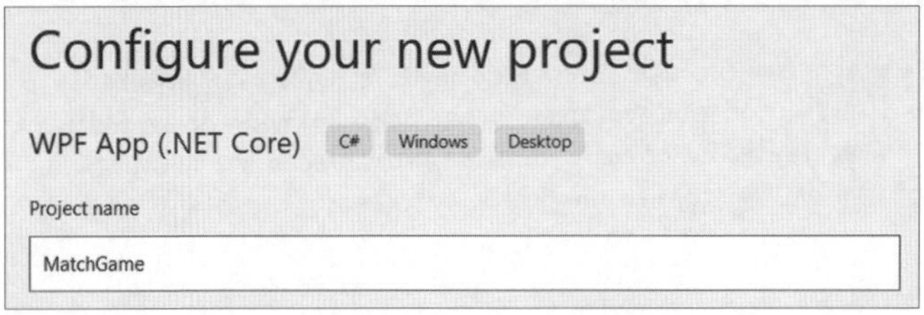
Configure your new project
WPF App (.NET Core)
C#
Windows
Desktop
Project name
MatchGame

Clique no botão Criar. O Visual Studio criará um novo projeto chamado MatchGame.

Este arquivo contém o código XAML que define a interface de usuário da janela principal.

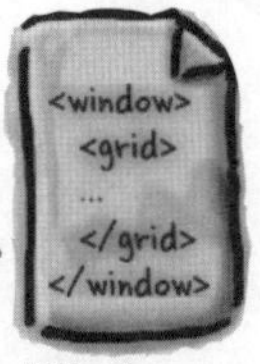
<window>
<grid>
...
</grid>
</window>

MainWindow.xaml

O Visual Studio criou uma pasta de projeto cheia de arquivos

Assim que você criou o novo projeto, o Visual Studio adicionou uma nova pasta chamada MatchGame e a preencheu com todos os arquivos e pastas que o projeto precisa. Você fará alterações nestes dois arquivos: *MainWindow.xaml* e *MainWindow.xaml.cs*.

O código C# que faz seu jogo funcionar ficará aqui.

class Foo{
public...
}

MainWindow.xaml.cs

Se tiver problemas com o projeto, vá para a nossa página no GitHub e procure um link para um vídeo passo a passo [conteúdo em inglês]: https://github.com/head-first-csharp/fourth-edition.

Aponte o seu lápis

Os exercícios Aponte o seu lápis no livro não são opcionais, mas uma parte importante da aprendizagem, da prática e do aprimoramento de suas habilidades em C#.

Ajuste seu IDE para corresponder à tela abaixo. Primeiro **abra *MainWindow.xaml*** clicando duas vezes nele na janela Gerenciador de Soluções. Abra as janelas *Caixa de Ferramentas* e *Lista de Erros* **selecionando-as no menu Exibir**. Você pode descobrir a finalidade de muitas das janelas e arquivos com base em seus nomes e bom senso! Reserve um minuto e **preencha cada espaço em branco**; tente deixar uma nota sobre o que cada parte do IDE Visual Studio faz. Fizemos um para começar. Veja se consegue fazer uma sugestão embasada nas outras.

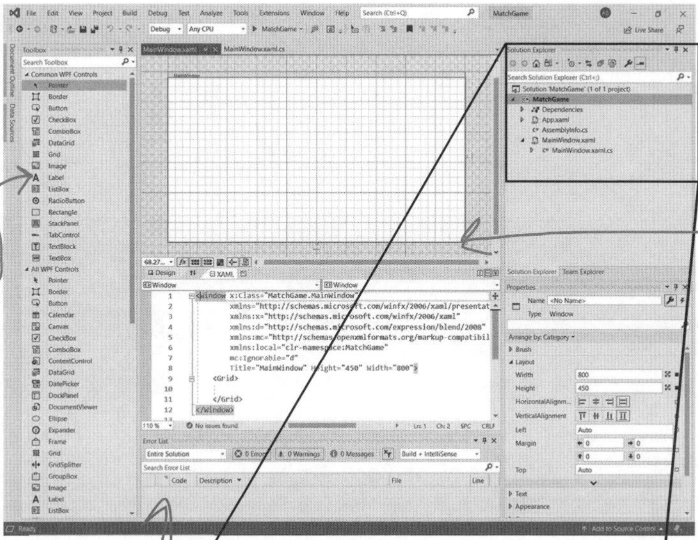

O Designer permite editar a IU arrastando controles para ela.

Notou que a Caixa de Ferramentas desaparece? Clique no ícone de tachinha para mantê-la aberta.

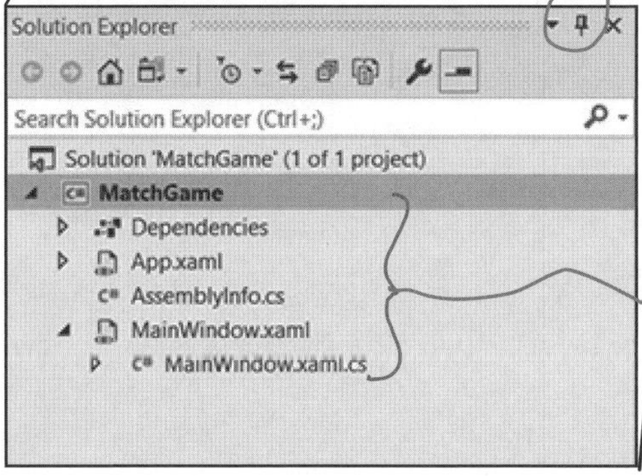
Solution Explorer
Search Solution Explorer (Ctrl+;)
Solution 'MatchGame' (1 of 1 project)
MatchGame
Dependencies
App.xaml
AssemblyInfo.cs
MainWindow.xaml
MainWindow.xaml.cs

Usamos o tema de cor Claro para facilitar ver nossas telas. Troque os temas de cor escolhendo "Opções..." no menu Ferramentas e clicando em Ambiente.

Aponte o seu lápis Solução

Preenchemos as anotações sobre as diferentes seções do IDE Visual Studio para C#. Você pode ter coisas diferentes anotadas, mas esperamos que consiga descobrir o básico sobre o uso de cada janela e seção do IDE. Não se preocupe se propuser uma resposta um pouco diferente da nossa! Você praticará MUITO usando o IDE.

E um lembrete rápido: usaremos os termos "Visual Studio" e "IDE" ***alternadamente*** *neste livro, inclusive nesta página.*

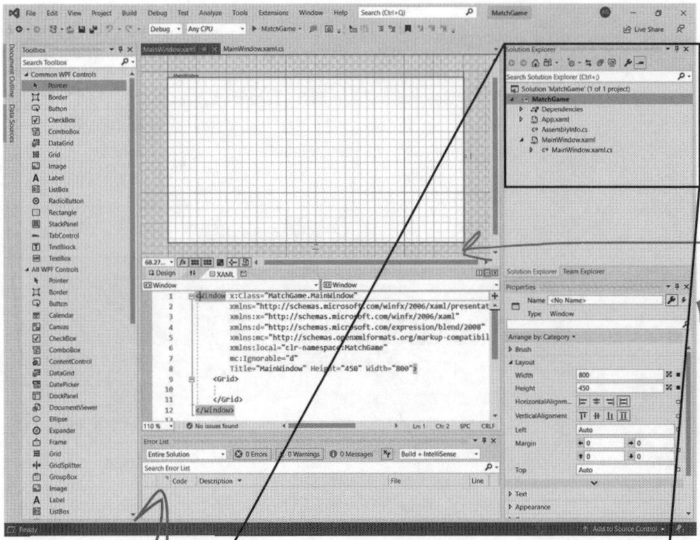

É a Caixa de Ferramentas. Ela tem muitos controles visuais que você pode arrastar para sua janela.

O Designer permite editar a IU arrastando controles para ela.

A janela Propriedades mostra as propriedades do que está selecionado atualmente no designer.

Esta janela Lista de Erros mostra quando há erros no código. Esse painel mostrará informações de diagnóstico sobre seu app.

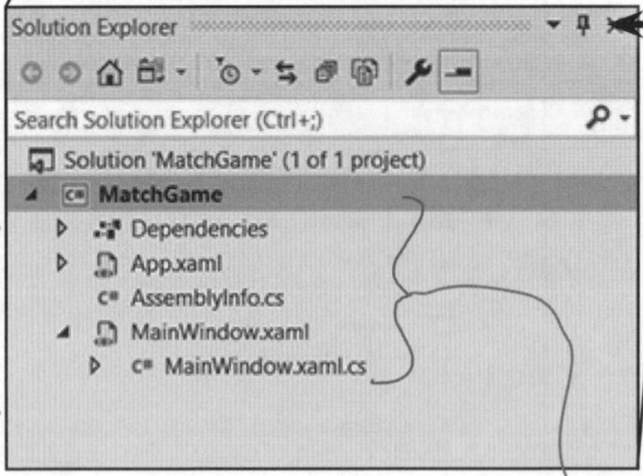
Solution Explorer
Search Solution Explorer (Ctrl+;)
Solution 'MatchGame' (1 of 1 project)
MatchGame
Dependencies
App.xaml
AssemblyInfo.cs
MainWindow.xaml
MainWindow.xaml.cs

Clicar neste ícone ativa ou desativa a ocultação automática. A janela Caixa de Ferramentas fica oculta por padrão.

Os arquivos C# e XAML que o IDE criou para você quando adicionou o novo projeto aparecem no Gerenciador de Soluções, junto com qualquer outro arquivo em sua solução.

Você pode trocar entre os arquivos usando o Gerenciador de Soluções no IDE.

não existem Perguntas Idiotas

Fique de olho nas seções P&R. Elas costumam responder às suas perguntas mais urgentes e apontam as questões que outros leitores têm. Na verdade, muitas são perguntas reais de leitores das edições anteriores deste livro!

P: Se o Visual Studio escreve todo o código para mim, aprender o C# é só uma questão de saber usá-lo?

R: Não. O IDE é ótimo ao gerar automaticamente um código para você, e ele pode fazer muita coisa. Há coisas nas quais é ótimo, como configurar bons pontos de partida para você e alterar automaticamente as propriedades dos controles na IU. A parte mais importante da programação, descobrir o que o programa precisa fazer, é algo que nenhum IDE consegue realizar. Mesmo que o IDE Visual Studio seja um dos ambientes de desenvolvimento mais avançados por aí, ele só vai até certo ponto. É ***você***, não o IDE, quem escreve o código que realmente faz o trabalho.

P: E se o IDE criar um código que não quero em meu projeto?

R: Você pode alterá-lo ou excluí-lo. O IDE está configurado para criar um código baseado em como o elemento arrastado ou adicionado é mais usado, mas às vezes isso não é exatamente o que você queria. Tudo o que o IDE faz para você, cada linha de código criada e cada arquivo adicionado, pode ser alterado manualmente editando os arquivos diretamente ou por meio de uma interface fácil de usar.

P: Por que você me pediu para instalar a edição Visual Studio Community? Tem certeza de que não preciso usar uma das versões do Visual Studio que não é gratuita para fazer tudo neste livro?

R: Não há nada neste livro que você não possa fazer com a versão gratuita do Visual Studio (que pode ser baixada no site da Microsoft). As principais diferenças entre a Community e as outras edições não o impedem de escrever em C# e criar aplicações completas e totalmente funcionais.

P: Você disse algo sobre combinar C# e XAML. O que é XAML e como combinar com C#?

R: XAML (X se pronuncia como Z) é uma **linguagem de marcação** usada para criar suas interfaces de usuário para os apps WPF. O XAML se baseia em XML (se você já trabalhou com HTML, está em vantagem). Um exemplo de **tag** XAML para desenhar uma elipse cinza:

```
<Ellipse Fill="Gray"
 Height="100" Width="75"/>
```

Se você voltar ao projeto e digitar essa tag logo depois de <Grid> em seu código XAML, uma elipse cinza aparecerá no meio da janela. Você pode dizer que é uma tag porque começa com < seguida da palavra (`Ellipse`), que se torna uma **tag inicial**. Essa tag `Ellipse` em particular tem três **propriedades**: uma para definir a cor de preenchimento para cinza e duas para definir altura e largura. A tag termina com />, mas algumas tags XAML podem conter outras tags. Podemos transformar essa tag em uma **tag contêiner** substituindo /> por >, adicionando outras tags (que também podem conter tags adicionais) e fechando com uma **tag final**: `</Ellipse>`.

Você aprenderá muito mais sobre como o XAML funciona e muitas tags XAML diferentes neste livro.

P: Minha tela não se parece com a sua! Faltam algumas janelas e outras estão no lugar errado. Fiz algo errado? Como posso redefinir?

R: Se você clicar no comando **Redefinir Layout da Janela** no menu Janela, o IDE irá restaurar o layout padrão. Use o menu **Exibir>>Outras Janelas** para abrir as janelas Caixa de Ferramentas e Lista de Erros. Isso deixará sua tela parecida com as telas neste capítulo.

A Caixa de Ferramentas fecha por padrão. Use o botão de tachinha à direita superior da janela Caixa de Ferramentas para que fique aberta.

O Visual Studio irá gerar um código que você pode usar como ponto de partida para suas aplicações.

Assegurar que o app faça o que deveria é sua responsabilidade.

Incluiremos um "mapa" como este no início de cada seção do projeto para ajudá-lo a acompanhar o cenário geral.

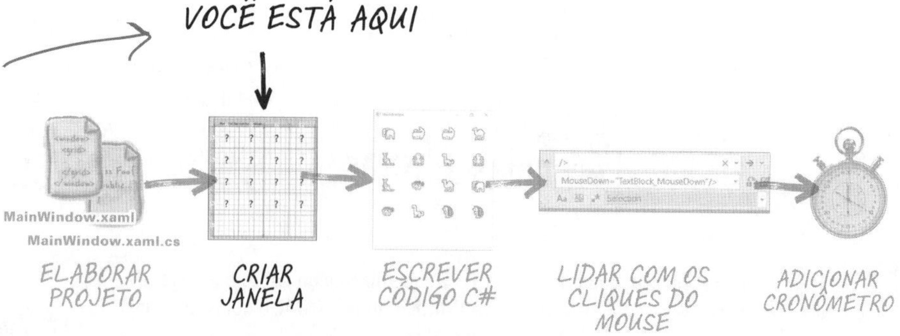
VOCÊ ESTÁ AQUI
MainWindow.xaml
MainWindow.xaml.cs
ELABORAR PROJETO
CRIAR JANELA
ESCREVER CÓDIGO C#
LIDAR COM OS CLIQUES DO MOUSE
ADICIONAR CRONÔMETRO

Use XAML para criar sua janela

Agora que o Visual Studio criou um projeto WPF, é hora de começar a trabalhar com o **XAML**.

XAML, que significa **Extensible Application Markup Language**, é uma linguagem muito flexível que os desenvolvedores C# usam para criar interfaces do usuário. Você criará um app com dois tipos diferentes de código. Primeiro criará a IU com o XAML. Depois adicionará o código C# para rodar o jogo.

Se já usou HTML para criar uma página da web, verá muitas semelhanças com o XAML. Veja um exemplo muito rápido de um pequeno layout da janela em XAML:

```
<Window x:Class="MyWPFApp.MainWindow"
        xmlns="http://schemas.microsoft.com/winfx/2006/xaml/presentation"
        xmlns:x="http://schemas.microsoft.com/winfx/2006/xaml"
        Title="This is a WPF window" Height="100" Width="400"> ❶
    <StackPanel HorizontalAlignment="Center" VerticalAlignment="Center">
        <TextBlock FontSize="18px" Text="XAML helps you design great user
interfaces."/> ❷
        <Button Width="50" Margin="5,10" Content="I agree!"/> ❸
    </StackPanel>
</Window>
```

Adicionamos números às partes do XAML que definiram o texto.

Procure os números correspondentes na captura de tela abaixo.

Veja como fica a janela quando WPF a **renderiza** (ou desenha na tela). Ele desenha uma janela com dois **controles** visíveis, um controle TextBlock que exibe texto e um controle Button que o usuário pode clicar. Eles são desenhados usando um controle StackPanel invisível, que faz com que sejam renderizados um sobre o outro. Veja os controles na captura da janela, depois volte para o XAML e localize as tags `TextBlock` e `Button`.

Um controle TextBlock faz exatamente isto: exibe um bloco de texto.

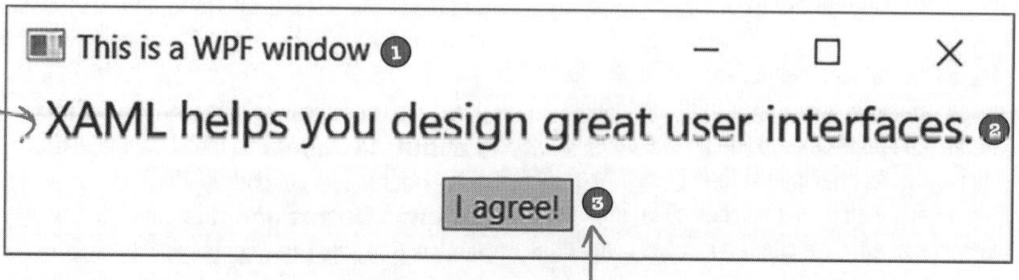
This is a WPF window ❶
XAML helps you design great user interfaces. ❷
I agree! ❸

Os números na captura mostram as partes da IU que correspondem aos números parecidos que adicionamos ao código XAML.

Crie a janela do jogo

Você precisará de uma aplicação com uma interface gráfica do usuário, objetos para o jogo funcionar e um executável para rodar. Parece muito trabalhoso, mas você criará tudo isso no resto do capítulo; e, no final, terá uma boa ideia sobre como usar o Visual Basic para criar um app WPF bonito.

O layout da janela para o app que vamos criar:

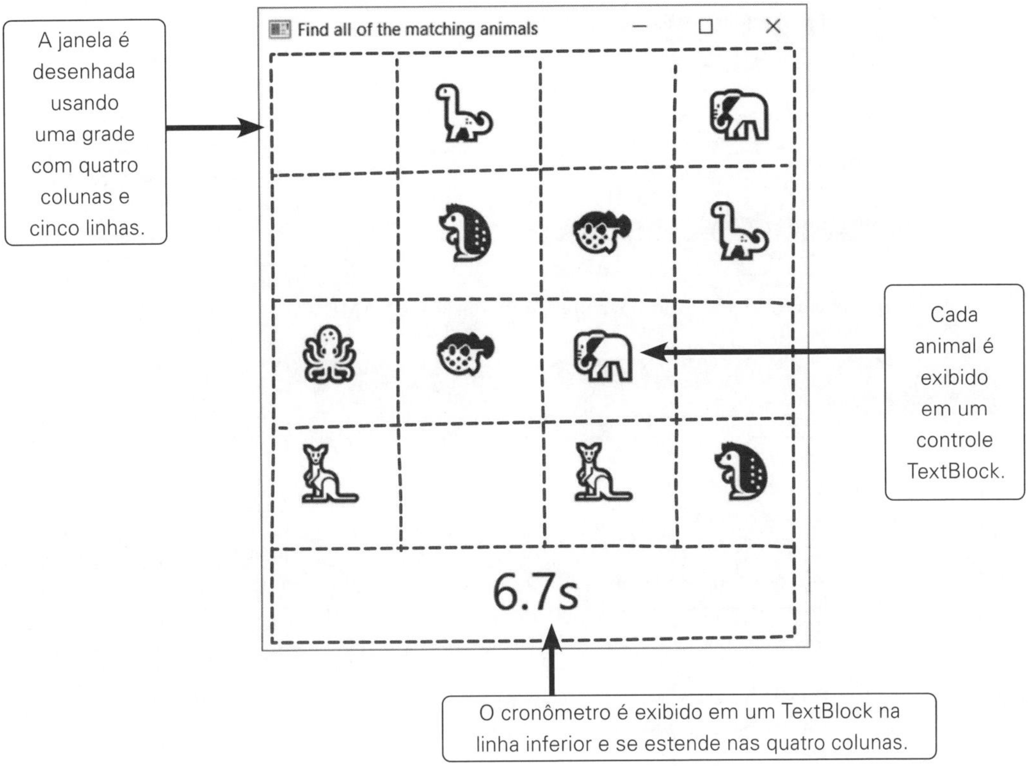
A janela é desenhada usando uma grade com quatro colunas e cinco linhas.
Find all of the matching animals
6.7s
Cada animal é exibido em um controle TextBlock.
O cronômetro é exibido em um TextBlock na linha inferior e se estende nas quatro colunas.

Relaxe

XAML é uma habilidade importante para os desenvolvedores C#.

Você pode pensar: "Espere aí! É um livro *Use a Cabeça C#*. Por que estou passando tanto tempo na linguagem XAML? Não deveríamos nos concentrar no C#?"

As aplicações WPF usam o XAML para o design da IU, assim como outros projetos C#. Você pode usá-lo para os apps de desktop, e também pode usar as mesmas habilidades para criar apps C# para dispositivos Android e iOS com Xamarin Forms, que usa uma variante do XAML (com um conjunto de controles *um pouco* diferentes). É por isso que criar a IU no XAML é uma habilidade importante para qualquer desenvolvedor C# e é o motivo para você aprender mais sobre o XAML no livro. Mostraremos ***passo a passo*** como criar o XAML; você pode usar as ferramentas para arrastar e soltar no designer XAML do Visual Studio 2019 para criar sua IU sem muita digitação. ***Só para esclarecer:***

O XAML é um código que define a IU. O C# é um código que define o comportamento.

Tamanho e título da janela com as propriedades XAML

Começaremos criando a IU para o jogo de combinação de animais. A primeira coisa a fazer é diminuir a janela e mudar o título. Você também irá se familiarizar com o designer XAML do Visual Studio, uma ferramenta poderosa para criar IUs bonitas para seus apps.

1 Selecione a janela principal.

Clique duas vezes em *MainWindow.xaml* no Gerenciador de Soluções.

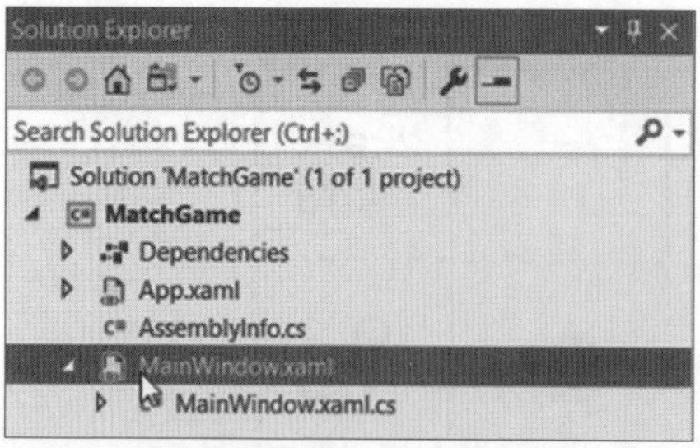
Solution Explorer
Search Solution Explorer (Ctrl+;)
Solution 'MatchGame' (1 of 1 project)
MatchGame
Dependencies
App.xaml
AssemblyInfo.cs
MainWindow.xaml
MainWindow.xaml.cs

Clique duas vezes em um arquivo no Gerenciador de Soluções para abri-lo no editor correto. Os arquivos do código C# que terminam com .cs serão abertos no editor de código. Os arquivos XAML que terminam com .xaml serão abertos no designer XAML.

Assim que clicar, o Visual Studio irá abri-lo no designer XAML.

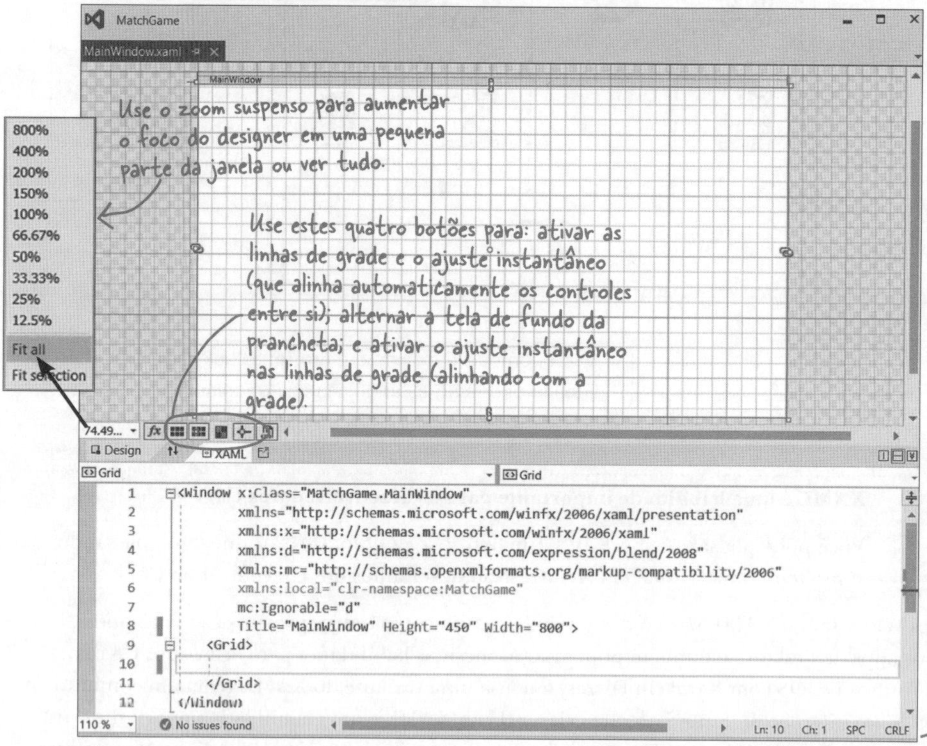
MatchGame
MainWindow.xaml
MainWindow
Use o zoom suspenso para aumentar o foco do designer em uma pequena parte da janela ou ver tudo.
800%
400%
200%
150%
100%
66.67%
50%
33.33%
25%
12.5%
Fit all
Fit selection
Use estes quatro botões para: ativar as linhas de grade e o ajuste instantâneo (que alinha automaticamente os controles entre si); alternar a tela de fundo da prancheta; e ativar o ajuste instantâneo nas linhas de grade (alinhando com a grade).
74.49...
Design
XAML
Grid
Grid
<Window x:Class="MatchGame.MainWindow"
xmlns="http://schemas.microsoft.com/winfx/2006/xaml/presentation"
xmlns:x="http://schemas.microsoft.com/winfx/2006/xaml"
xmlns:d="http://schemas.microsoft.com/expression/blend/2008"
xmlns:mc="http://schemas.openxmlformats.org/markup-compatibility/2006"
xmlns:local="clr-namespace:MatchGame"
mc:Ignorable="d"
Title="MainWindow" Height="450" Width="800">
<Grid>
</Grid>
</Window>
110 %
No issues found
Ln: 10 Ch: 1 SPC CRLF

O designer mostra uma visualização da janela sendo editada. Qualquer alteração feita aqui faz o XAML ser atualizado abaixo.

Você pode alterar o XAML aqui e ver de imediato as atualizações mostradas na janela acima.

2 Altere o tamanho da janela.

Mova o mouse para o editor XAML e clique em qualquer lugar nas oito primeiras linhas do código XAML. Assim que clicar, deverá ver as propriedades da janela Propriedades.

Expanda a seção Layout e **mude a largura para 400**. A janela no painel Design diminuirá imediatamente. Veja com atenção o código XAML; agora a propriedade Width é 400.

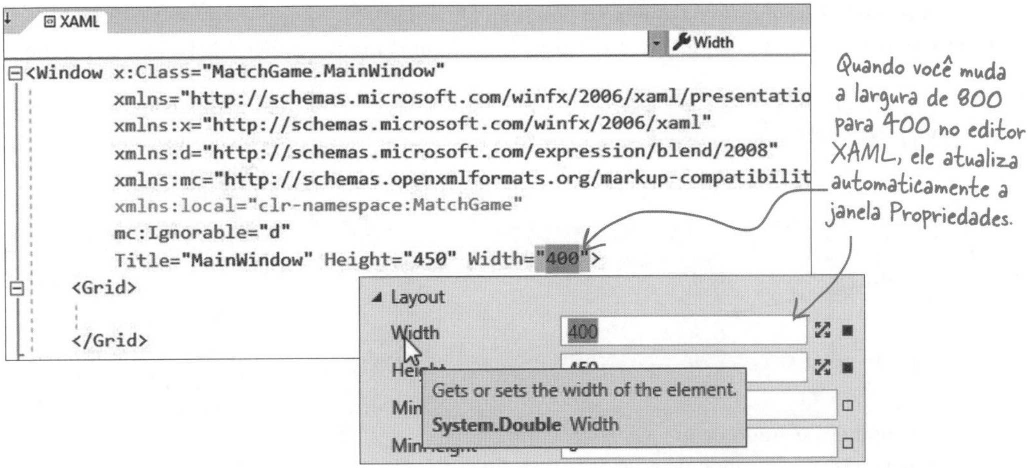
XAML
Width
<Window x:Class="MatchGame.MainWindow"
xmlns="http://schemas.microsoft.com/winfx/2006/xaml/presentatio
xmlns:x="http://schemas.microsoft.com/winfx/2006/xaml"
xmlns:d="http://schemas.microsoft.com/expression/blend/2008"
xmlns:mc="http://schemas.openxmlformats.org/markup-compatibilit
xmlns:local="clr-namespace:MatchGame"
mc:Ignorable="d"
Title="MainWindow" Height="450" Width="400">
<Grid>
</Grid>
Layout
Width
400
Gets or sets the width of the element.
System.Double Width
Quando você muda a largura de 800 para 400 no editor XAML, ele atualiza automaticamente a janela Propriedades.

3 Altere o título da janela.

Encontre esta linha no código XAML, bem no fim da tag Window:

```
Title="MainWindow" Height="450" Width="400">
```

e mude o título para **`Find all of the matching animals`** para ficar assim:

```
Title="Find all of the matching animals" Height="450" Width="400">
```

Você verá a alteração na seção Comum na janela Propriedades e, o mais importante, a barra de título da janela agora mostra o novo texto.

Ao modicar as propriedades nas tags XAML, as alterações aparecem imediatamente na janela Propriedades. Ao usar a janela Propriedades para modificar sua IU, o IDE atualiza o XAML.

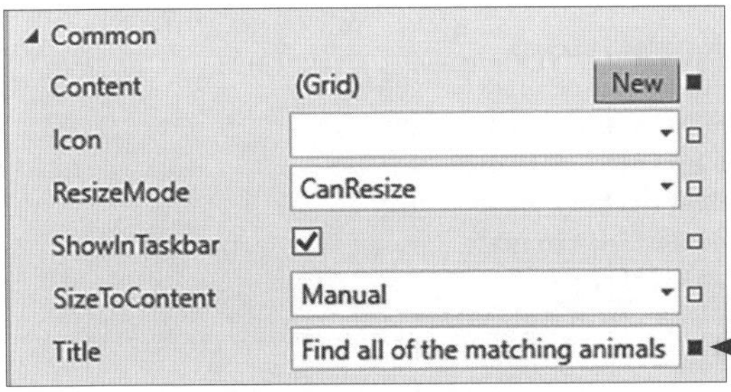
Common
Content
(Grid)
New
Icon
ResizeMode
CanResize
ShowInTaskbar
SizeToContent
Manual
Title
Find all of the matching animals

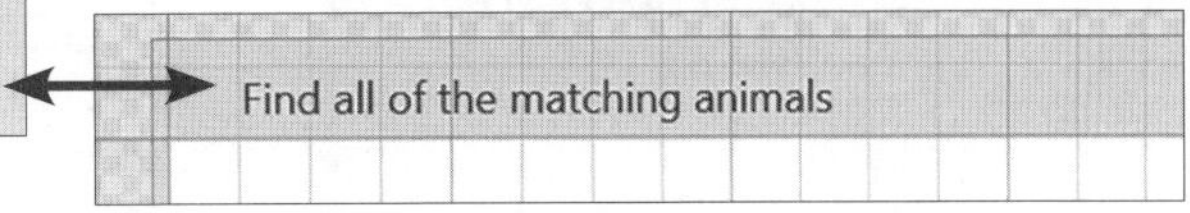
Find all of the matching animals

Adicione linhas e colunas à grade do XAML

Pode parecer que sua janela principal está vazia, mas veja com atenção a parte inferior do XAML. Observou que existe uma linha com <**Grid**> seguida de </**Grid**>? Na verdade, sua janela tem uma **grade**; você só não vê nada porque ela não tem nenhuma linha nem coluna. Continue e adicione uma linha.

Mova o mouse no lado esquerdo da janela no designer. Quando aparecer um mais no cursor, clique o mouse para adicionar uma linha.

> A IU do app WPF é criada com **controles** como botões, rótulos e caixas de seleção. Grade é um tipo especial de controle, chamado **contêiner**, que pode conter outros controles. Ela usa linhas e colunas para definir um layout.

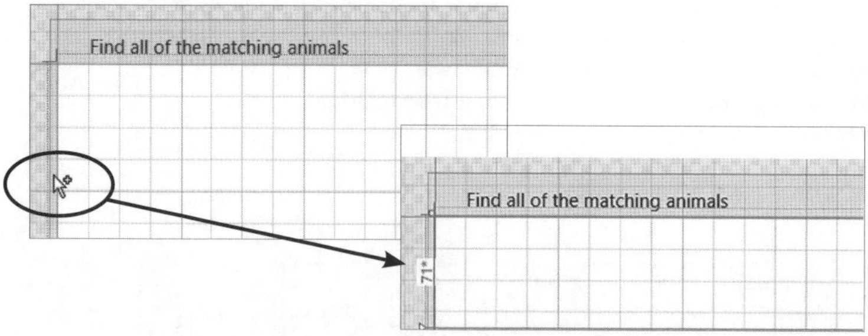
Find all of the matching animals
Find all of the matching animals
71*

Os elementos "Veja bem!" indicam um alerta sobre coisas importantes, mas geralmente confusas, que podem enganar ou atrasar você.

Você verá um número seguido de um asterisco, e uma linha horizontal na janela. Você acabou de adicionar uma linha à grade! Agora adicione linhas e colunas:

- ★ Repita mais quatro vezes para adicionar um total de cinco linhas.
- ★ Passe sobre o topo da janela e clique para adicionar quatro colunas. A janela deve se parecer com a tela abaixo (mas os números serão diferentes. Tudo bem).
- ★ Volte para o XAML. Agora ele tem um conjunto de tags `ColumnDefinition` e `RowDefinition` que correspondem às linhas e às colunas adicionadas.

Veja bem!

As coisas podem ficar um pouco diferentes no seu IDE.

*Todas as capturas de tela neste livro foram tiradas do **Visual Studio Community 2019 para Windows**. Se você estiver usando a edição Professional ou a Enterprise, poderá ver diferenças menores.*

Não se preocupe, tudo funcionará exatamente igual.

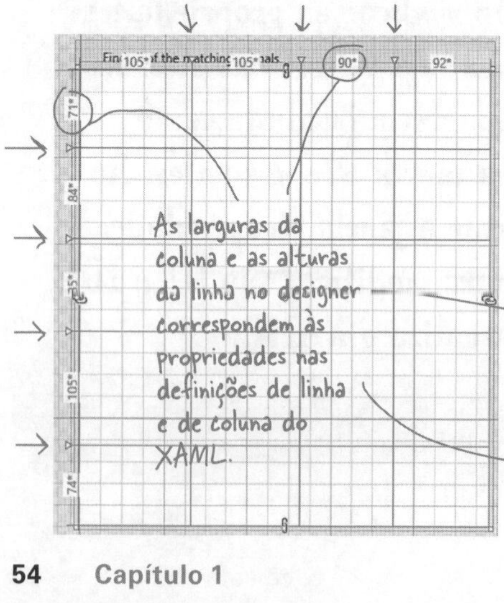
105*
105*
90*
92*
71*
84*
85*
105*
74*
As larguras da coluna e as alturas da linha no designer correspondem às propriedades nas definições de linha e de coluna do XAML.

```
<Grid.ColumnDefinitions>
    <ColumnDefinition Width="105*"/>
    <ColumnDefinition Width="105*"/>
    <ColumnDefinition Width="90*"/>
    <ColumnDefinition Width="92*"/>
</Grid.ColumnDefinitions>
<Grid.RowDefinitions>
    <RowDefinition Height="71*"/>
    <RowDefinition Height="84*"/>
    <RowDefinition Height="85*"/>
    <RowDefinition Height="105*"/>
    <RowDefinition Height="74*"/>
</Grid.RowDefinitions>
```

Linhas e colunas com tamanho igual

Quando seu jogo mostrar os animais para o jogador combinar, queremos que eles fiquem com espaçamento igual. Cada animal ficará em uma célula na grade e a grade se ajustará automaticamente ao tamanho da janela; portanto, precisamos que linhas e colunas tenham o mesmo tamanho. Por sorte, o XAML facilita muito esse redimensionamento. **Clique na primeira tag RowDefinition no editor do XAML** para exibir as propriedades na janela Propriedades:

Quando este quadrado fica preenchido, significa que a propriedade não tem o valor-padrão. Clique nele e escolha Redefinir no menu para redefinir para o padrão.

Clique no texto aqui.

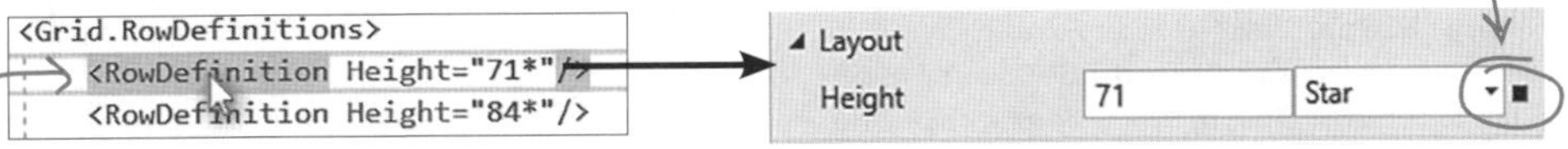
<Grid.RowDefinitions>
<RowDefinition Height="71*"/>
<RowDefinition Height="84*"/>
Layout
Height
71
Star

Vá para a janela Propriedades e **clique no quadrado** à direita da propriedade Altura, então **escolha Redefinir** no menu exibido. Ei, espere um pouco! Assim que você fez isso, a linha desapareceu do designer. Na verdade, não desapareceu, só ficou muito reduzida. Continue e **redefina a propriedade Height** de <u>todas</u> as linhas. Depois **redefina a propriedade Width** de <u>todas</u> as colunas. Agora a grade deve ter quatro colunas e cinco linhas iguais.

Tente <u>ler</u> o XAML. Se não trabalhou antes com HTML ou XML, pode parecer uma confusão de <sinais> e /barras à primeira vista. Quanto mais observar, mais fará sentido.

É isto que você deve visualizar no designer:

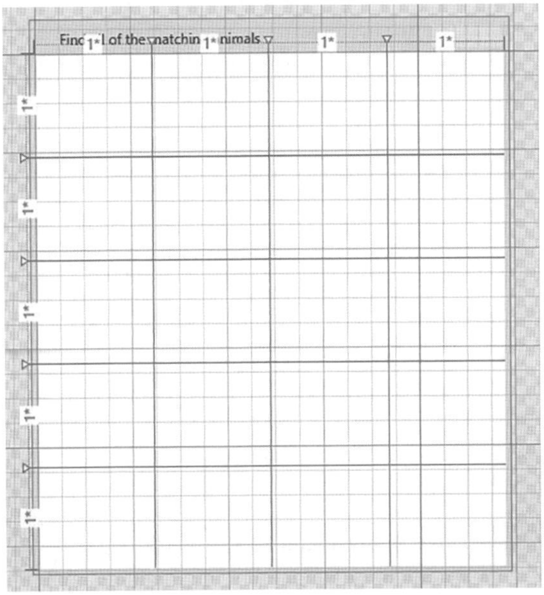
Find all of the matching animals
1*
1*
1*
1*
1*
1*
1*
1*
1*

E aqui está o que você deve ver no editor do XAML entre as tags de abertura <Window ... > e fechamento </Window>:

```
<Grid>
    <Grid.ColumnDefinitions>
        <ColumnDefinition/>
        <ColumnDefinition/>
        <ColumnDefinition/>
        <ColumnDefinition/>
    </Grid.ColumnDefinitions>
    <Grid.RowDefinitions>
        <RowDefinition/>
        <RowDefinition/>
        <RowDefinition/>
        <RowDefinition/>
        <RowDefinition/>
    </Grid.RowDefinitions>
</Grid>
```

É o código XAML para criar uma grade com quatro colunas iguais e cinco linhas iguais.

Adicione um controle TextBlock à grade

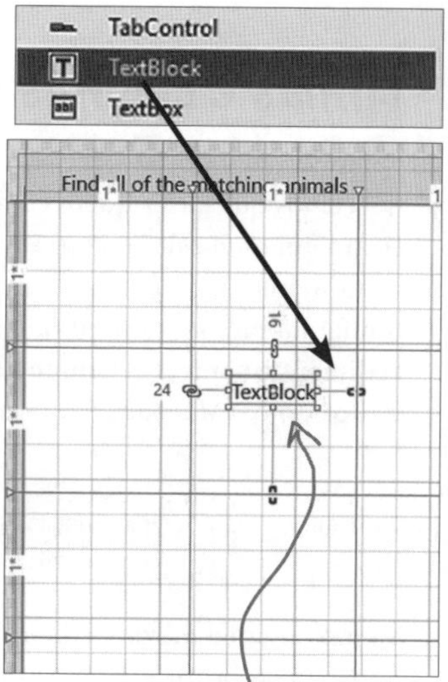
TabControl
TextBlock
TextBox
16
24
TextBlock

Ao arrastar o controle da caixa de ferramentas para uma célula, o IDE adiciona um TextBlock ao XAML e define a linha, a coluna e a margem.

Os apps WPF usam **controles TextBlock** para exibir texto e iremos usá--los para exibir os animais para localizar e combinar. Vamos adicionar um à janela.

Expanda a seção Controles Comuns do WPF na Caixa de Ferramentas e **arraste um TextBlock para a célula na segunda linha e na segunda coluna**. O IDE adicionará uma tag TextBlock entre as tags inicial e final `Grid`:

```
<TextBlock Text="TextBlock"
   HorizontalAlignment="Left" VerticalAlignment="Center"
   Margin="560,0,0,0" TextWrapping="Wrap" />
```

O XAML do TextBlock tem cinco propriedades:

- ★ `Text` informa ao TextBlock qual texto exibir na janela.
- ★ `HorizontalAlignment` justifica o texto à esquerda, à direita ou no centro.
- ★ `VerticalAlignment` alinha no topo, no meio ou na parte inferior de sua caixa.
- ★ `Margin` define seu deslocamento no topo, nas laterais ou na parte inferior do contêiner.
- ★ `TextWrapping` é para adicionar ou não quebras de linha para dividir o texto.

Suas propriedades podem estar em uma ordem diferente e a propriedade Margin terá números diferentes porque eles dependem de para qual local você arrastou na célula. Todas as propriedades podem ser modificadas ou redefinidas usando a janela Propriedades do IDE.

Queremos os animais centralizados. **Clique no rótulo** no designer, vá para a janela Propriedades e clique em ▷ Layout para expandir a **seção Layout**. Clique em **Centro** para as propriedades de alinhamento horizontal e vertical, então use o quadrado à direita da janela **para redefinir a propriedade Margin.**

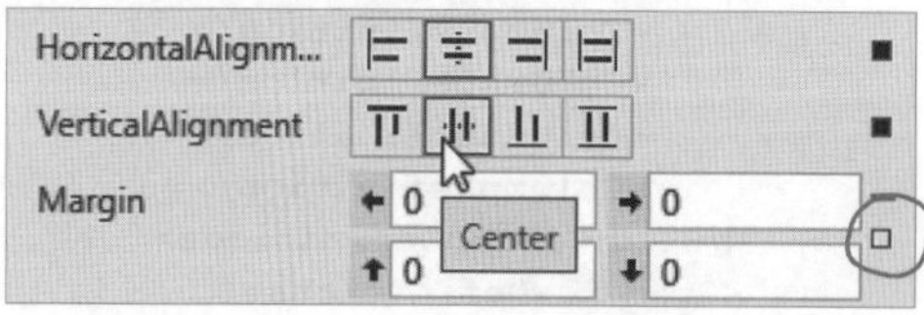
HorizontalAlignm...
VerticalAlignment
Margin
0
0
0
0
Center

Clique neste quadrado e escolha Redefinir para redefinir as margens.

Também queremos animais maiores. **Expanda a seção Texto** na janela Propriedades e **mude o tamanho da fonte** para **36px**. Vá para a seção Comum e mude a propriedade Text para ? a fim de exibir um ponto de interrogação.

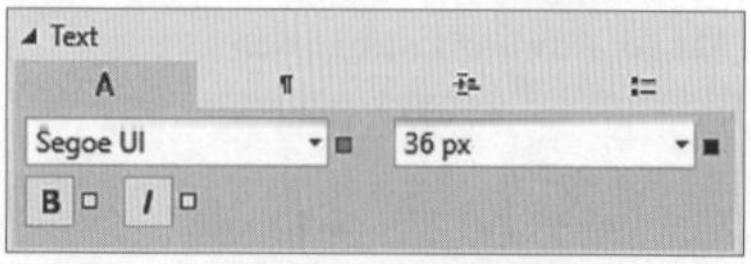
Text
A
Segoe UI
36 px
B
I

A propriedade Text (em Comum) define o texto de TextBlock.

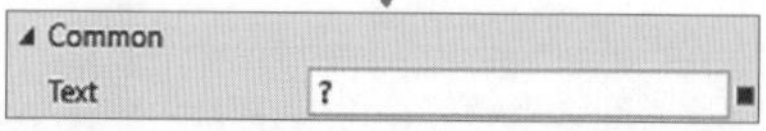
Common
Text
?

Clique na caixa de pesquisa no topo da janela Propriedades, digite a palavra `wrap` para encontrar as propriedades afins e use o quadrado à direita da janela para redefinir a propriedade TextWrapping.

TextWrapping
NoWrap

não existem Perguntas Idiotas

P: Quando defino a altura das quatro primeiras linhas elas desaparecem, mas retornam quando redefino a altura da última. Por que isso acontece?

R: As linhas parecem desaparecer porque por padrão as grades WPF usam um **tamanho proporcional** para suas linhas e colunas. Se a altura da última linha fosse 74*, ao mudar as quatro primeiras linhas para a altura-padrão 1* isso faria com que a grade dimensionasse as linhas para que cada uma das quatro primeiras ocupasse 1/78º (ou 1,3%) da altura da grade e a última linha ocupasse 74/78º (ou 94,8%) da altura, fazendo as quatro primeiras ficarem minúsculas. Assim que você redefiniu a última linha para sua altura-padrão 1*, isso fez com que a grade redimensionasse cada linha com até 20% da altura dela.

P: Quando defino a largura da janela para 400, o que é essa medida? O que significa largura 400?

R: O WPF usa **pixels independentes do dispositivo** que são sempre 1/96 de uma pol., ou seja, 96 pixels sempre serão iguais a 1pol. em uma exibição *não dimensionada*. Mas, se você pegar uma régua e medir a janela, descobrirá que ela não tem 400 pixels exatos (ou cerca de 4,16pol.) de largura. Como o Windows tem recursos muito úteis que permitem mudar como a tela é dimensionada, seus apps não ficam minúsculos se você usa uma TV do outro lado da sala como um monitor de computador. Esses pixels independentes ajudam o WPF a deixar seu app com uma boa aparência em qualquer escala.

E SE EU QUISER QUE UMA DAS COLUNAS TENHA DUAS VEZES A LARGURA DAS OUTRAS, BASTA DEFINIR A LARGURA PARA 2* E A GRADE CUIDARÁ DO RESTO.

Você verá muitos exercícios como este no livro. São uma oportunidade para trabalhar suas habilidades de codificação. E é sempre bom dar uma olhada na solução!

Exercício

Você tem um TextBlock, que é um ótimo começo! Mas precisamos de dezesseis TextBlocks para mostrar todos os animais a combinar. Você consegue descobrir como adicionar mais XAML para acrescentar um TextBlock idêntico a todas as células nas quatro primeiras linhas da grade?

Comece vendo a tag XAML que acabou de criar. Ela deve se parecer com esta; as propriedades podem estar em uma ordem diferente e adicionamos uma quebra de linha (que você pode também ter, caso queira que o XAML seja mais fácil de ler):

```
<TextBlock Text="?" Grid.Column="1" Grid.Row="1" FontSize="36"
       HorizontalAlignment="Center" VerticalAlignment="Center"/>
```

Seu trabalho é **replicar o TextBlock** para que cada uma das dezesseis células no topo da grade tenha um idêntico; para terminar o exercício, precisará *adicionar mais quinze TextBlocks ao app*. Algumas coisas a lembrar:

- As linhas e as colunas são numeradas começando em 0, que também é o valor-padrão. Se você omitir a propriedade `Grid.Row` ou a `Grid.Column`, o TextBlock aparecerá na linha mais à esquerda ou na coluna no topo.
- Você pode editar a IU no designer ou copiar e colar o XAML. Experimente e veja o que funciona melhor no seu caso!

Exercício Solução

Veja o XAML dos dezesseis TextBlocks para os animais que o jogador combina; são todos idênticos, exceto as propriedades Grid.Row e Grid.Column, que colocam um TextBlock em cada uma das dezesseis células no topo da grade com cinco linhas e quatro colunas *(a tag `Window` fica igual, por isso não a incluímos aqui).*

```
<Grid>
  <Grid.ColumnDefinitions>
     <ColumnDefinition/>
     <ColumnDefinition/>
     <ColumnDefinition/>
     <ColumnDefinition/>
  </Grid.ColumnDefinitions>
  <Grid.RowDefinitions>
     <RowDefinition/>
     <RowDefinition/>
     <RowDefinition/>
     <RowDefinition/>
     <RowDefinition/>
  </Grid.RowDefinitions>
  <TextBlock Text="?" FontSize="36" HorizontalAlignment
="Center" VerticalAlignment="Center"/>
  <TextBlock Text="?" FontSize="36" HorizontalAlignment="Center"
VerticalAlignment="Center" Grid.Column="1"/>
  <TextBlock Text="?" FontSize="36" HorizontalAlignment="Center"
VerticalAlignment="Center" Grid.Column="2"/>
  <TextBlock Text="?" FontSize="36" HorizontalAlignment="Center"
VerticalAlignment="Center" Grid.Column="3"/>
  <TextBlock Text="?" FontSize="36" HorizontalAlignment="Center"
VerticalAlignment="Center" Grid.Row="1"/>
  <TextBlock Text="?" FontSize="36" Grid.Row="1" Grid.Column="1"
        HorizontalAlignment="Center" VerticalAlignment="Center"/>
  <TextBlock Text="?" FontSize="36" Grid.Row="1" Grid.Column="2"
        HorizontalAlignment="Center" VerticalAlignment="Center"/>
  <TextBlock Text="?" FontSize="36" Grid.Row="1" Grid.Column="3"
        HorizontalAlignment="Center" VerticalAlignment="Center"/>
  <TextBlock Text="?" FontSize="36" Grid.Row="2" HorizontalAlignment="Center"
VerticalAlignment="Center"/>
  <TextBlock Text="?" FontSize="36" Grid.Row="2" Grid.Column="1"
        HorizontalAlignment="Center" VerticalAlignment="Center"/>
  <TextBlock Text="?" FontSize="36" Grid.Row="2" Grid.Column="2"
        HorizontalAlignment="Center" VerticalAlignment="Center"/>
  <TextBlock Text="?" FontSize="36" Grid.Row="2" Grid.Column="3"
        HorizontalAlignment="Center" VerticalAlignment="Center"/>
  <TextBlock Text="?" FontSize="36" Grid.Row="3"
HorizontalAlignment="Center" VerticalAlignment="Center"/>
  <TextBlock Text="?" FontSize="36" Grid.Row="3"
Grid.Column="1"
        HorizontalAlignment="Center" VerticalAlignment=
"Center"/>
  <TextBlock Text="?" FontSize="36" Grid.Row="3" Grid.Column=
"2"
        HorizontalAlignment="Center" VerticalAlignment=
"Center"/>
  <TextBlock Text="?" FontSize="36" Grid.Row="3" Grid.Column=
"3"
        HorizontalAlignment="Center" VerticalAlignment=
"Center"/>
</Grid>
```

Veja como fica a janela no designer do Visual Studio assim que todos os TextBlocks são adicionados.

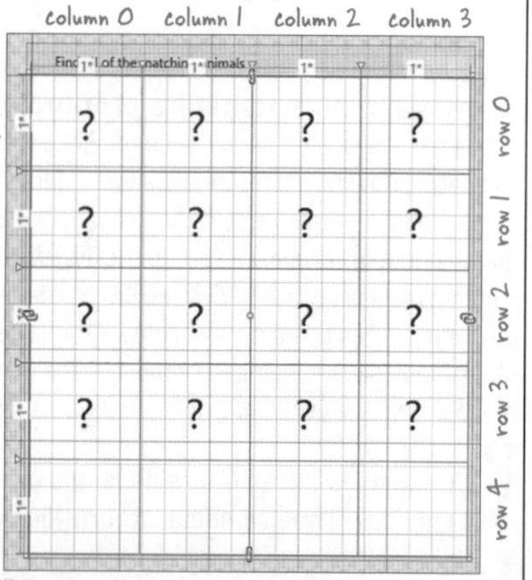
column 0
column 1
column 2
column 3
row 0
row 1
row 2
row 3
row 4
?

As definições das colunas e das linhas ficam assim quando você deixa as linhas e as colunas com tamanho igual.

Estes quatro controles TextBlock têm a propriedade Grid.Row definida para 1; portanto, estão na segunda linha a partir do topo (porque a primeira linha é 0).

Tudo bem se você incluiu as propriedades Grid.Row ou Grid.Column com um valor 0. Deixamos de fora porque 0 é o valor-padrão.

Há muito código aqui, mas é apenas a mesma linha repetida dezesseis vezes com pequenas variações. Cada linha que começa com **`<TextBlock`** tem as mesmas quatro propriedades (Text, FontSize, HorizontalAlignment, e VerticalAlignment). Elas têm apenas as propriedades Grid. Row e Grid.Column diferentes (as propriedades podem estar em qualquer ordem).

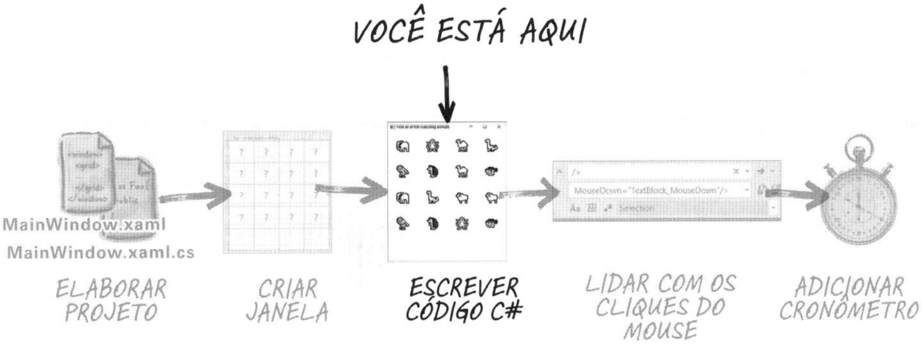
VOCÊ ESTÁ AQUI
MainWindow.xaml
MainWindow.xaml.cs
ELABORAR PROJETO
CRIAR JANELA
ESCREVER CÓDIGO C#
LIDAR COM OS CLIQUES DO MOUSE
ADICIONAR CRONÔMETRO

Tudo pronto para começar a escrever o código do jogo

Você terminou de criar a janela principal, ou pelo menos o suficiente para seguir para a próxima parte do jogo. Agora é hora de adicionar o código C# para fazer o jogo funcionar.

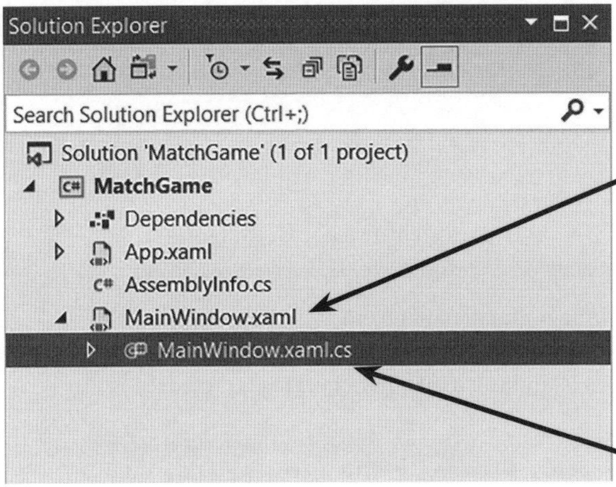
Solution Explorer
Search Solution Explorer (Ctrl+;)
Solution 'MatchGame' (1 of 1 project)
MatchGame
Dependencies
App.xaml
AssemblyInfo.cs
MainWindow.xaml
MainWindow.xaml.cs

Você editou o código do XAML no *MainWindow.xaml*. O local em que residem todos os elementos de design da janela; o XAML nesse arquivo define a aparência e o layout da janela.

Agora você começará a trabalhar no código C#, que estará no *MainWindow.xaml.cs*. Isso é chamado de code-behind da janela porque ele se junta à marcação no arquivo XAML. Por isso tem o mesmo nome, exceto pelo ".cs" adicional no fim. Você adicionará um código C# a esse arquivo que define o comportamento do jogo, inclusive o código para adicionar o emoji de animal à grade, lidar com os cliques do mouse e fazer a contagem regressiva funcionar.

Veja bem!

Quando digitar o código C#, ele precisa ser exato.

*Algumas pessoas dizem que você se torna realmente desenvolvedor depois de passar horas rastreando um ponto mal colocado. As letras maiúsculas e minúsculas são importantes: `SetUpGame` é diferente de `setUpGame`. Vírgulas, pontos e vírgulas, parênteses extras etc. podem acabar com seu código, ou pior: mudam o código de modo que ele ainda funcione, mas faz algo diferente do que você queria. O **IntelliSense assistido por IA** do IDE pode ajudar a evitar tais problemas... mas não pode fazer tudo por você.*

Gere um método para configurar o jogo

Gere isto!

Agora que a IU está configurada, é hora de começar a escrever o código do jogo. Você fará isso **gerando um método** (como o método Main visto antes) e adicionará código a ele.

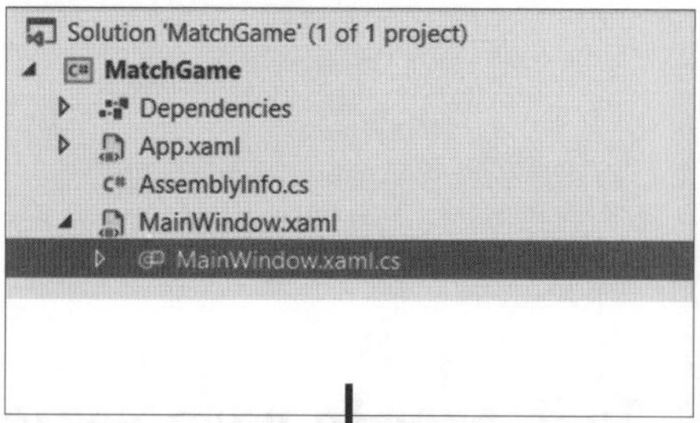
Solution 'MatchGame' (1 of 1 project)
MatchGame
Dependencies
App.xaml
AssemblyInfo.cs
MainWindow.xaml
MainWindow.xaml.cs

Use as guias no topo da janela para trocar entre o editor C# e o designer do XAML.

MainWindow.xaml
MainWindow.xaml.cs
MatchGame

1 Abra o MainWindow.xaml.cs no editor.

Clique no triângulo ▶ ao lado de *MainWindow.xaml* no Gerenciador de Soluções e **clique duas vezes em *MainWindow.xaml.cs*** para abri-lo no editor de código do IDE. Você notará que já existe código nesse arquivo. O Visual Studio irá ajudá-lo a adicionar um método a ele.

Tudo bem se você ainda não sabe 100% o que é um método.

2 Gere um método chamado SetUpGame.

Encontre esta parte do código que você abriu:

```
public MainWindow();
{
    InitializeComponent();
}
```

Clique no fim da linha `InitializeComponent();` para colocar o cursor do mouse à direita do ponto e vírgula. Pressione Enter duas vezes e digite: `SetUpGame();`

Assim que digitar o ponto e vírgula, uma linha ondulada aparecerá sob `SetUpGame`. Clique na palavra `SetUpGame` e deverá visualizar um ícone de lâmpada à direita da janela. Clique nele para **abrir o menu Ações Rápidas** e usá-lo para gerar um método.

A janela Visualizar Alterações mostra o erro que fez a linha ondulada aparecer e uma visualização do código que a ação irá gerar para corrigir o erro.

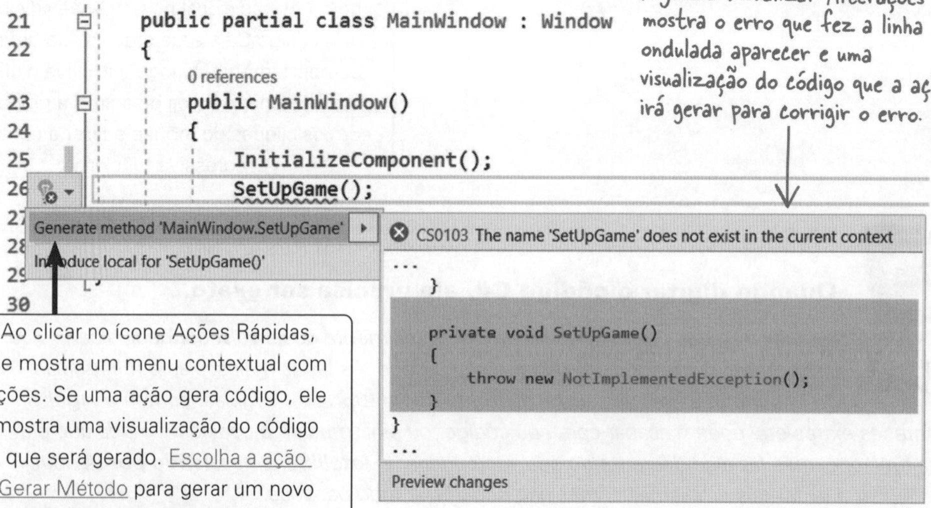
public partial class MainWindow : Window
{
0 references
public MainWindow()
{
InitializeComponent();
SetUpGame();
Generate method 'MainWindow.SetUpGame'
Introduce local for 'SetUpGame()'
CS0103 The name 'SetUpGame' does not exist in the current context
private void SetUpGame()
{
throw new NotImplementedException();
}
Preview changes

Ao clicar no ícone Ações Rápidas, ele mostra um menu contextual com ações. Se uma ação gera código, ele mostra uma visualização do código que será gerado. Escolha a ação Gerar Método para gerar um novo método chamado SetUpGame.

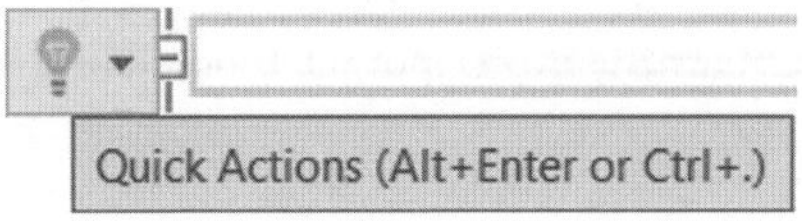
Quick Actions (Alt+Enter or Ctrl+.)

Sempre que o ícone de lâmpada aparece, ele está informando que você selecionou um código que tem uma ação rápida disponível, significando que há uma tarefa que o Visual Studio pode automatizar para você. Pode clicar na lâmpada ou pressionar Alt+Enter ou Ctrl+. (ponto) para ver as ações rápidas disponíveis.

3 **Tente executar o código.**

Clique no botão no topo do IDE para iniciar seu programa, como foi feito no app de console antes.

MatchGame

O botão Iniciar Depuração na barra de ferramentas no topo do IDE inicia seu app. Você também pode usar Iniciar Depuração (F5) no menu Depurar para iniciar o app.

Ah, não, tem algo errado. Em vez de mostrar uma janela, ele **gerou uma exceção**:

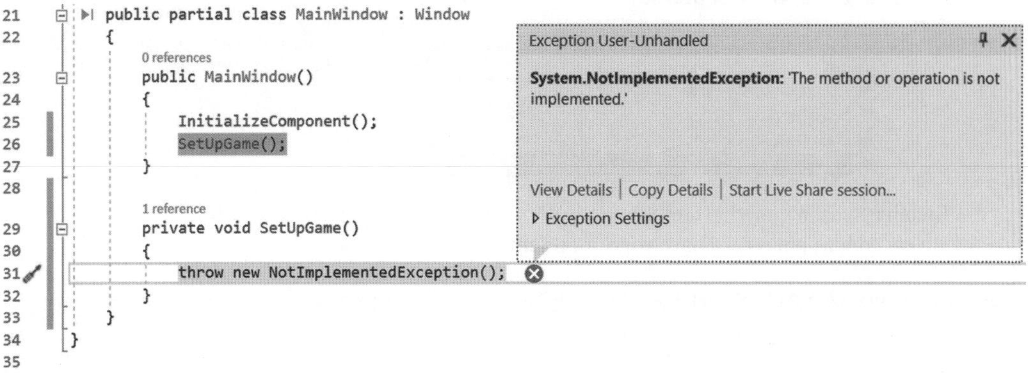
public partial class MainWindow : Window
{
0 references
public MainWindow()
{
InitializeComponent();
SetUpGame();
}
1 reference
private void SetUpGame()
{
throw new NotImplementedException();
}
}
}
Exception User-Unhandled
System.NotImplementedException: 'The method or operation is not implemented.'
View Details | Copy Details | Start Live Share session...
Exception Settings

Parece que as coisas pararam, mas é exatamente o que esperávamos que acontecesse! O IDE pausou o programa e destacou a linha de código mais recente executada. Veja com atenção:

```
throw new NotImplementedException();
```

O método que o IDE gerou informou literalmente ao C# para gerar uma exceção. Veja de perto a mensagem que acompanha a exceção:

```
System.NotImplementedException: 'The method or operation is not implemented.'
```

Faz muito sentido, porque **cabe a você implementar o método** que o IDE gerou. Se você se esquece de implementá-lo, a exceção é um ótimo lembrete de que você ainda tem trabalho por fazer. Se você gera muitos métodos, é muito bom ter isso como lembrete!

Clique o botão quadrado Parar Depuração  na barra de ferramentas (ou escolha Parar Depuração (F5) no menu Depurar) para interromper o programa e conseguir terminar de implementar o método SetUpGame.

Ao usar o IDE para executar o app, o botão Parar Depuração o fecha imediatamente.

Termine o método SetUpGame

É um método especial chamado construtor e você saberá mais sobre como ele funciona no Capítulo 5.

Você coloca o método SetUpGame dentro do método `public MainWindow()` porque tudo dentro desse método é chamado assim que o app inicia.

1 Comece adicionando código ao método SetUpGame.

O método SetUpGame pegará oito pares de emojis de animais e os atribuirá aleatoriamente aos controles TextBlock para que o jogador os combine. Portanto, a primeira coisa que o método precisa é de uma lista de emojis e o IDE o ajudará a escrever o código. Selecione a declaração gerada que o IDE adicionou e apague-a. Coloque o cursor onde estava a declaração e digite `List`. O IDE abrirá uma **janela IntelliSense** com muitas palavras-chave que começam com "List":

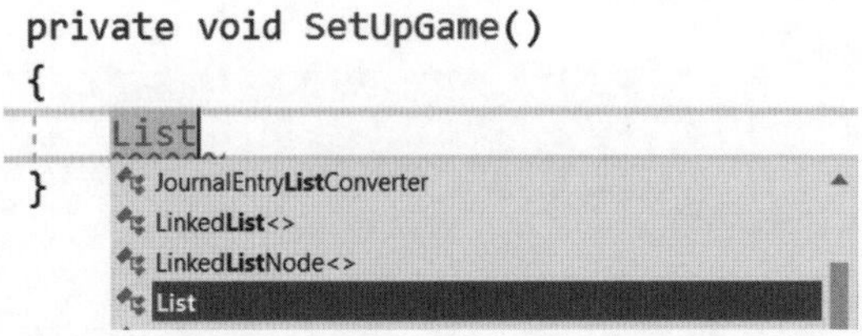
private void SetUpGame()
{
List
}
JournalEntryListConverter
LinkedList<>
LinkedListNode<>
List

Relaxe

Você saberá mais sobre métodos em breve.

Você só usou o IDE para ajudar a adicionar um método ao app, mas tudo bem se ainda não está 100% claro o que é um método. Você saberá muito mais sobre métodos e como o código C# é estruturado no próximo capítulo.

Escolha `List` na janela IntelliSense. Então, digite `<str` — outra janela IntelliSense será aberta com as palavras-chave correspondentes:

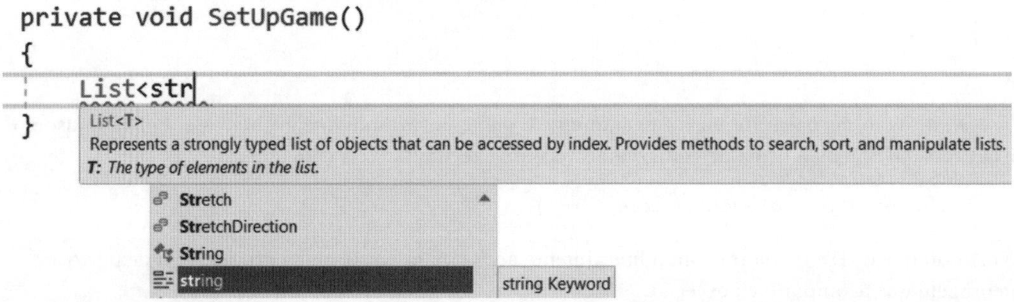
private void SetUpGame()
{
List<str
}
List<T>
Represents a strongly typed list of objects that can be accessed by index. Provides methods to search, sort, and manipulate lists.
T: The type of elements in the list.
Stretch
StretchDirection
String
string
string Keyword

Escolha `string`. Termine de digitar essa linha de código, mas **não pressione Enter ainda**:

```
List<string> animalEmoji = new List<string>()
```

List é uma coleção que armazena um conjunto de valores em ordem. Você saberá tudo sobre coleções nos Capítulos 8 e 9.

Use a palavra-chave "new" para criar List. Você aprenderá mais sobre isso no Capítulo 3.

② Adicione valores a List.

Sua declaração C# não terminou ainda. Coloque o cursor logo depois de `)` no fim da linha e digite uma chave de abertura `{` — o IDE adicionará uma chave de fechamento e o cursor será posicionado entre as duas chaves. **Pressione Enter** e o IDE adicionará quebras de linhas automaticamente:

```
List<string> animalEmoji = new List<string>()
{

};
```

Com o painel de emoji ativado, você pode digitar uma palavra como "polvo" e ela será substituída por um emoji.

Use o **painel de emoji do Windows** (pressione a tecla com o logo Windows + ponto) ou vá para seu site de emoji favorito (por exemplo, https://emojipedia.org/nature — conteúdo em inglês) e copie um emoji. Volte para o código, adicione ", depois cole o emoji seguido de " e vírgula, espaço, ", o mesmo emoji de novo, " final e vírgula. Faça o mesmo para mais sete emojis, ficando com **oito pares de emojis de animais entre as chaves**. Adicione `;` depois da chave de fechamento:

```
List<string> animalEmoji = new List<string>()
{
    "🐙","🐙",
    "🐡","🐡",
    "🐘","🐘",
    "🐳","🐳",
    "🐪","🐪",
    "🦕","🦕",
    "🦘","🦘",
    "🦔","🦔",
};
```

Passe o mouse sobre os pontos em animalEmoji; o IDE informará que o valor atribuído nunca foi usado. Esse aviso sumirá assim que você usar a lista de emoji no resto do método.

O painel de emojis está embutido no Windows 10. Basta pressionar a tecla de logo do Windows + ponto para ativá-lo.

③ Termine o método.

Agora **adicione o resto do código** para o método; *cuidado* com pontos, parênteses e chaves:

```
Random random = new Random();

foreach (TextBlock textBlock in mainGrid.Children.OfType<TextBlock>())
{
    int index = random.Next(animalEmoji.Count);
    string nextEmoji = animalEmoji[index];
    textBlock.Text = nextEmoji;
    animalEmoji.RemoveAt(index);
}
```

Esta linha fica logo depois da chave de fechamento e do ponto e vírgula.

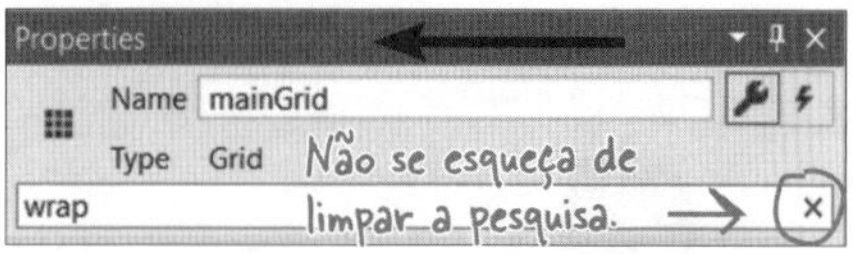
Properties
Name mainGrid
Type Grid
wrap

Não se esqueça de limpar a pesquisa.

A linha ondulada sob `mainGrid` é o IDE informando que existe um erro: seu programa não será compilado porque não há nada com esse nome no código. **Volte para o editor do XAML** e clique na tag `<Grid>`, vá para a janela Propriedades e digite `mainGrid` na caixa Nome.

Marque XAML; você verá `<Grid x:Name="mainGrid">` no topo da grade. Agora não deve haver erros no código. Se houver, ***verifique com cuidado cada linha***; é fácil deixar passar algo.

Se você tiver uma exceção quando executar o jogo, verifique se tem exatamente oito pares de emojis na lista animalEmoji e dezesseis tags <TextBlock ... /> no XAML.

Execute o programa

Clique no botão ▶ Start ▾ na barra de ferramentas do IDE para iniciar a execução do programa. Uma janela abrirá com oitos pares de animais em posições aleatórias:

Find all of the matching animals

Quando o programa for executado pela primeira vez, você verá ferramentas de execução no topo da janela:

Hot Reload available
Go to Live Visual Tree

Clique no primeiro botão nessas ferramentas para ativar o painel Árvore Visual Dinâmica no IDE:

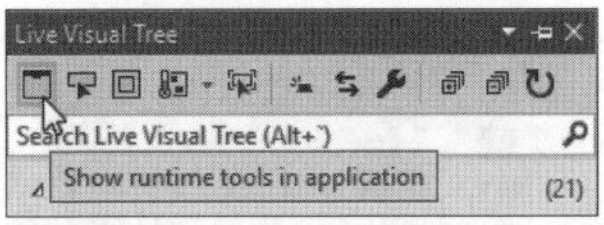
Live Visual Tree
Search Live Visual Tree (Alt+`)
Show runtime tools in application
(21)

Depois clique no primeiro botão nessa Árvore para desativar as ferramentas de execução.

O IDE entra no modo de depuração com o programa em execução: o botão Iniciar é substituído pelo botão Continuar, acinzentado, e os **controles de depuração** aparecem na barra de ferramentas com botões para pausar, parar e reiniciar o programa.

Pare o programa clicando no X à direita superior da janela ou no botão Parar quadrado nos controles de depuração. Execute algumas vezes; os animais serão embaralhados a cada vez.

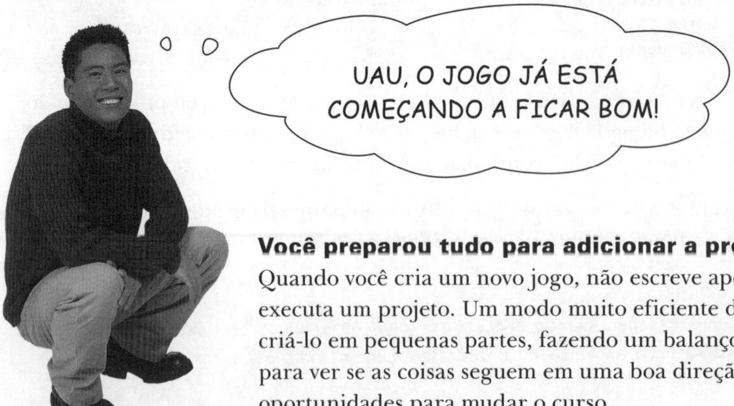
UAU, O JOGO JÁ ESTÁ COMEÇANDO A FICAR BOM!

Você preparou tudo para adicionar a próxima parte.
Quando você cria um novo jogo, não escreve apenas código. Também executa um projeto. Um modo muito eficiente de executar um projeto é criá-lo em pequenas partes, fazendo um balanço ao longo do caminho para ver se as coisas seguem em uma boa direção. Assim, há muitas oportunidades para mudar o curso.

Outro exercício Aponte o seu lápis. Vale muito a pena fazer todos eles porque o ajudarão a entender mais rápido os conceitos importantes da linguagem C#.

QUEM FAZ O QUÊ?

Parabéns, você criou um programa que funciona! É óbvio que programar significa mais do que só copiar código de um livro. Mas, mesmo que nunca tenha escrito código antes, pode ficar surpreso com quanta coisa já entende. Faça uma linha conectando cada declaração C# à esquerda e a descrição do que ela faz à direita. Fizemos a primeira para você.

Declaração C#

```
List<string> animalEmoji = new List<string>()
{
    "🐙","🐙",
    "🐡","🐡",
    "🐘","🐘",
    "🐳","🐳",
    "🐪","🐪",
    "🦕","🦕",
    "🦘","🦘",
    "🦔","🦔",
};
```

```
Random random = new Random();
```

```
foreach (TextBlock textBlock in
    mainGrid.Children.OfType<TextBlock>())
```

```
int index = random.Next(animalEmoji.Count);
```

```
string nextEmoji = animalEmoji[index];
```

```
textBlock.Text = nextEmoji;
```

```
animalEmoji.RemoveAt(index);
```

O que faz

Atualiza o TextBlock com o emoji aleatório na lista.

Localiza cada TextBlock na grade principal e repete as declarações seguintes para cada um.

Remove o emoji aleatório da lista.

Cria uma lista de oito pares de emojis.

Escolhe um número aleatório entre 0 e o número do emoji que ficou na lista, e o chama de “index”.

Cria um novo gerador de números aleatórios.

Usa o número aleatório chamado “index” para obter um emoji aleatório na lista.

Quem faz o quê? Solução

Declaração C#

```
List<string> animalEmoji = new List<string>()
{
    "🐙","🐙",
    "🐡","🐡",
    "🐘","🐘",
    "🐳","🐳",
    "🐪","🐪",
    "🦕","🦕",
    "🦘","🦘",
    "🦔","🦔",
};

Random random = new Random();

foreach (TextBlock textBlock in
    mainGrid.Children.OfType<TextBlock>())

int index = random.Next(animalEmoji.Count);

string nextEmoji = animalEmoji[index];

textBlock.Text = nextEmoji;

animalEmoji.RemoveAt(index);
```

O que faz

Atualiza o TextBlock com o emoji aleatório na lista.

Localiza cada TextBlock na grade principal e repete as declarações seguintes para cada um.

Remove o emoji aleatório da lista.

Cria uma lista de oito pares de emojis.

Escolhe um número aleatório entre 0 e o número do emoji que ficou na lista, e o chama de "index".

Cria um novo gerador de números aleatórios.

Usa o número aleatório chamado "index" para obter um emoji aleatório na lista.

MINI Aponte o seu lápis

Veja um exercício que o ajudará a entender bem o código C#:

1. Pegue uma folha de papel e coloque-a na horizontal. Desenhe uma linha vertical no meio.
2. Escreva o método SetUpGame inteiro no lado esquerdo, deixando espaço entre cada declaração (você não precisa ser exato em relação ao emoji).
3. À direita, escreva cada resposta "o que faz" acima, perto da declaração à qual está ligada. Leia os dois lados; começará a fazer sentido.

ESTOU INSEGURA QUANTO AOS EXERCÍCIOS "APONTE O SEU LÁPIS" E DE COMBINAÇÃO. NÃO É MELHOR SÓ ME DAR O CÓDIGO PARA EU DIGITAR NO IDE?

Trabalhar suas habilidades de compreensão do código o tornará um desenvolvedor melhor.

Os exercícios para escrever **não são opcionais**. Eles dão ao seu cérebro um modo diferente de absorver a informação. Mas eles fazem algo ainda mais importante: dão a você oportunidades de ***cometer erros***. Cometer erros faz parte da aprendizagem e você cometerá muitos (pode até encontrar um ou dois erros de digitação neste livro!). Ninguém escreve um código perfeito na primeira vez; os programadores realmente bons sempre pressupõem que o código escrito hoje provavelmente precisará de mudanças amanhã. Na verdade, posteriormente neste livro você aprenderá sobre *refatoração* ou técnicas de programação para melhorar seu código após escrevê-lo.

Adicionaremos pontos de bala como este para lhe dar um resumo rápido das ideias e das ferramentas vistas até o momento.

PONTOS DE BALA

- O Visual Studio é o **IDE (ambiente de desenvolvimento integrado) da Microsoft** que simplifica e ajuda a editar e gerenciar os arquivos de código C#.
- **Aplicativos de console do .NET Core** são apps multiplataforma que usam texto para entrada e saída.
- O **IntelliSense assistido por IA** do IDE ajuda a inserir o código com mais rapidez.
- **WPF** (ou Windows Presentation Foundation) é uma tecnologia que você pode usar para criar apps visuais no C#.
- As interfaces do usuário WPF são projetadas no **XAML** (eXtensible Application Markup Language), uma linguagem de marcação baseada em XML que usa tags e propriedades para definir controles em uma IU.
- O **controle Grid do XAML** fornece um layout de grade que mantém outros controles.
- A **tag `TextBlock` do XAML** adiciona um controle para manter texto.
- A **janela Propriedades** do IDE facilita editar as propriedades dos controles, como mudar o layout, o texto ou em qual linha ou coluna da grade eles estão.

Adicione seu novo projeto ao controle de versão

Você criará muitos projetos diferentes neste livro. Não seria ótimo se houvesse um modo fácil de acessá-los novamente de algum lugar? Se você cometer um erro, não seria super conveniente poder voltar para uma versão anterior do código? Bem, você está com sorte! É exatamente isto que o **controle de versão** faz: ele fornece um meio fácil de retornar o código e controla cada alteração feita. O Visual Studio facilita adicionar seus projetos ao controle de versão.

O **Git** é um sistema de controle de versão popular e o Visual Studio publicará sua versão em qualquer **repositório** Git (ou **repo**). Consideramos o **GitHub** um dos provedores Git mais fáceis de usar. Você precisará de uma conta GitHub para enviar o código para ele, então, se ainda não tiver uma, acesse https://github.com [conteúdo em inglês] e crie agora.

Relaxe

Adicionar seu projeto ao controle de versão é opcional.

Talvez esteja trabalhando em um computador em rede no trabalho que não permite acessar o GitHub, o provedor Git recomendado. Talvez não sinta vontade de fazer isso. Seja qual for o motivo, você pode pular essa etapa. Uma alternativa é publicá-lo em um repositório privado, caso deseje manter um backup, mas não queira que outras pessoas o encontrem.

Localize **Adicionar Controle de Versão** na barra de status na parte inferior do IDE:

Add this solution to your preferred source control system (Ctrl+Alt+F9)
Add to Source Control

Assim que adiciona seu código ao Git, a barra de status muda para mostrar que o código no projeto está agora no controle de versão. Git é um sistema muito popular para o controle de versão e o Visual Studio inclui um cliente Git completo. Sua pasta do projeto agora tem uma pasta oculta chamada *.git* que o Git usa para controlar cada revisão feita no código.

Clique e o Visual Studio pedirá a você para adicionar seu código ao Git:

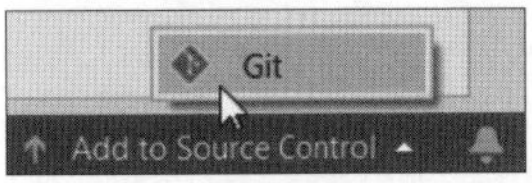
Git
Add to Source Control

Clique em Git. O Visual Studio pode pedir seu nome e seu endereço de e-mail. Então deve mostrar esta barra de status:

2
0
MatchGame2
master

Agora seu código está no controle de versão. Passe o mouse sobre :
2

2 unpushed commits (Ctrl+E, Ctrl+C)

O IDE informa que você tem dois **commits**, ou versões salvas do seu código, que não foram ***enviados por push*** para um local fora do seu computador.

Quando adicionou seu projeto ao controle de versão, o IDE abriu a **janela Team Explorer** no mesmo painel do Gerenciador de Soluções (se você não a vir, selecione-a no menu Exibir). O Team Explorer ajuda a gerenciar o controle de versão. Você usará isso para publicar seu projeto em um **repo remoto.**

Quando tiver alterações locais, usará o Team Explorer para enviá-las ao repo remoto. Para tanto, **clique no botão Publicar no GitHub** na janela Team Explorer.

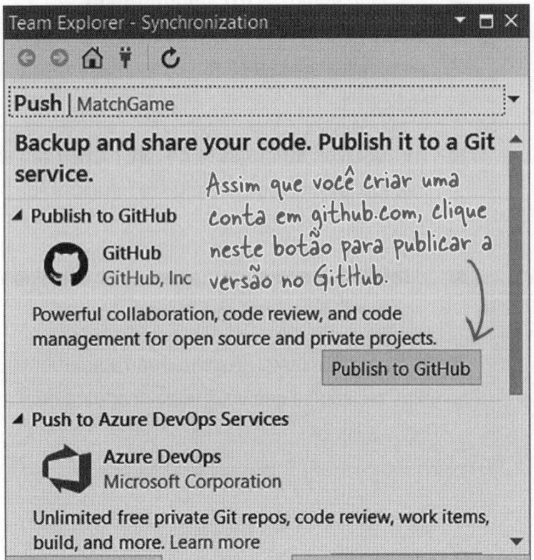
Team Explorer - Synchronization
Push | MatchGame
Backup and share your code. Publish it to a Git service.
Publish to GitHub
GitHub
GitHub, Inc
Powerful collaboration, code review, and code management for open source and private projects.
Publish to GitHub
Assim que você criar uma conta em github.com, clique neste botão para publicar a versão no GitHub.
Push to Azure DevOps Services
Azure DevOps
Microsoft Corporation
Unlimited free private Git repos, code review, work items, build, and more. Learn more
Solution Explorer
Team Explorer

Git é um sistema de controle de versão de código aberto. Existem muitos serviços de terceiros, como GitHub, que fornecem serviços Git (como espaço de armazenamento para seu código e acesso da web para seus repositórios). Acesse https://git-scm.com [conteúdo em inglês] para saber mais sobre o Git.

Ao pressionar o botão Publicar no GitHub, o Visual Studio exibirá um **formulário de acesso à conta GitHub**. Insira seu nome de usuário e sua senha do GitHub (se você configurar a autenticação em duas etapas, também precisará usá-la).

Connect To GitHub
GitHub
Sign in
GitHub GitHub Enterprise
hfcsharpreader
Sign in
or
Sign in with your browser

Após o IDE fazer login, o GitHub exibirá um formulário "Publicar no GitHub", em que você especifica o provedor Git, o usuário e o nome do projeto, e indica se deve ser um repositório privado. Você pode manter todas as opções-padrão. Pressione o botão **Publicar** para publicar no GitHub.

Team Explorer - Synchronization
Push | MatchGame
Backup and share your code. Publish it to a Git service.
Publish to GitHub
Add/Change Accounts
This repository does not have a remote. Fill out the form to publish it to GitHub.
GitHub
hfcsharpreader
MatchGame
Description (Optional)
Private Repository
Publish
Solution Explorer
Team Explorer

Verifique se seu nome de usuário GitHub aparece aqui.

Assim que você fizer login no GitHub, use este botão para publicar seu projeto na conta.

Assim que publicar no GitHub, o status Git na barra de status será atualizado para mostrar que não há mais commits não enviados. Isso significa que agora seu projeto está sincronizado com um repositório em sua conta GitHub.

There are currently no unpushed commits (Ctrl+E, Ctrl+C)
0
0
MatchGame
master

O Git tem ferramentas avançadas do prompt de comando e o Visual Studio pode instalá-las automaticamente. O Visual Studio facilita muito trabalhar com o Git. Fique à vontade para instalar essas ferramentas, mas elas não são requeridas.

Assim que publicar seu código no GitHub, poderá usar o Team Explorer para trabalhar com seu repo Git.

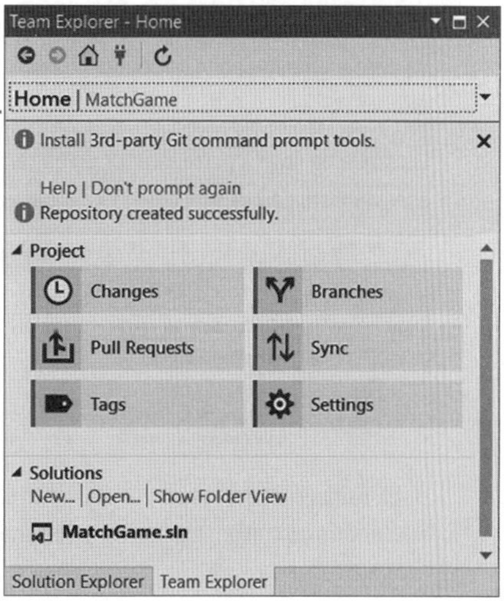

Team Explorer - Home
Home | MatchGame
Install 3rd-party Git command prompt tools.
Help | Don't prompt again
Repository created successfully.
Project
Changes
Branches
Pull Requests
Sync
Tags
Settings
Solutions
New... | Open... | Show Folder View
MatchGame.sln
Solution Explorer
Team Explorer

Acesse https://github.com/<seu-nome-usuário-github>/MatchGame [conteúdo em inglês] para ver o código que acabou de enviar por push. Quando sincronizar seu projeto com o repo remoto, verá as atualizações na seção Commits.

não existem Perguntas Idiotas

P: XAML é mesmo um código?

R: Sim, com certeza. Lembra que linhas onduladas apareceram sob `mainGrid` em seu código C# e só desapareceram quando você adicionou o nome à tag **`Grid`** no XAML? É porque você estava realmente modificando o código; assim que adicionou o nome ao XAML, o código C# conseguiu usá-lo.

P: Achei que o XAML fosse como o HTML, que é interpretado por um navegador. O XAML não é assim?

R: Não, XAML é um código criado junto com o código C#. No próximo capítulo você aprenderá a usar a palavra-chave partial para dividir uma classe em vários arquivos. É exatamente assim que o XAML e o C# são reunidos: o XAML define uma IU, o C# define o comportamento e eles se juntam usando classes partial.

Por isso é importante considerar seu XAML como um código e aprendê-lo é uma habilidade importante para qualquer desenvolvedor C#.

P: Notei MUITAS linhas `using` no topo do meu arquivo C#. Por que tantas?

R: Os apps WPF tendem a usar código de muitos *namespaces* diferentes (veremos o que é exatamente um namespace no próximo capítulo). Quando o Visual Studio cria um projeto WPF, ele adiciona automaticamente as **diretivas `using`** mais comuns no topo do arquivo *MainWindow.xaml.cs*. Você já está usando algumas: o IDE usa uma cor de texto mais clara para mostrar os namespaces sem uso no código.

P: Os apps para desktop parecem muito mais complicados que os apps para console. Eles funcionam do mesmo jeito?

R: Sim. Em essência, todo código C# funciona do mesmo jeito: uma declaração é executada, depois a seguinte, e assim por diante. O motivo de os apps para desktop parecerem mais complexos é porque alguns métodos só são chamados quando acontecem certas coisas, como quando a janela é exibida ou o usuário clica em um botão. Assim que um método é chamado, ele funciona exatamente como em um app para console.

Dica do IDE: Lista de Erros

Veja a parte inferior do editor de código; observe a informação **No issues found**. Isso significa que seu código **funciona**, e é o que o IDE faz para transformar seu código em um **binário**, que o sistema operacional pode executar. Vejamos seu código por partes.

Vá para a primeira linha de código no novo método SetUpGame. Pressione Enter duas vezes e adicione isso em uma linha própria: `Xyz`

Verifique de novo a parte inferior do editor; agora ele informa 3. Se a janela Lista de Erros não estiver aberta, escolha Lista de Erros no menu Exibir para abri-la. Você verá três erros na lista:

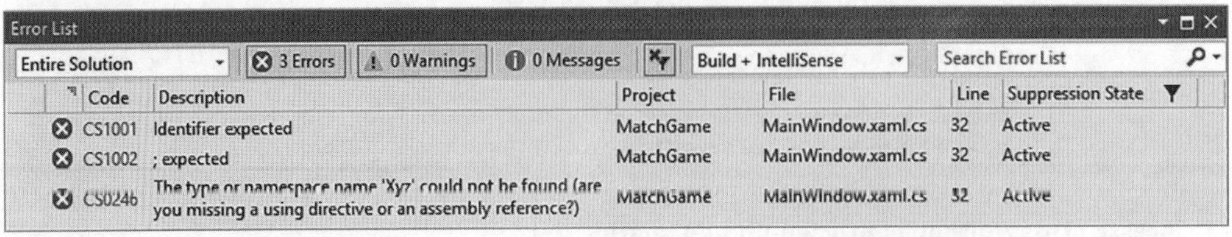
Error List
Entire Solution
3 Errors
0 Warnings
0 Messages
Build + IntelliSense
Search Error List
Code
Description
Project
File
Line
Suppression State
CS1001
Identifier expected
MatchGame
MainWindow.xaml.cs
32
Active
CS1002
; expected
MatchGame
MainWindow.xaml.cs
32
Active
CS0246
The type or namespace name 'Xyz' could not be found (are you missing a using directive or an assembly reference?)
MatchGame
MainWindow.xaml.cs
32
Active

O IDE exibiu esses erros porque `Xyz` não é um código C# válido e eles impedem o IDE de compilar seu código. Enquanto houver erro no código, ele não será executado; portanto, continue e exclua a linha `Xyz` adicionada.

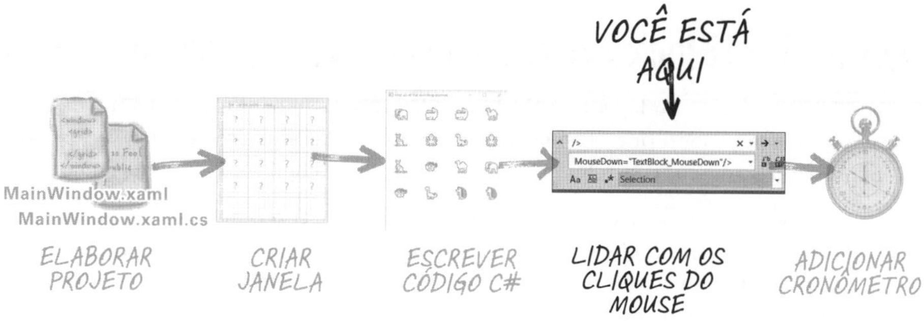
VOCÊ ESTÁ AQUI
MainWindow.xaml
MainWindow.xaml.cs
MouseDown="TextBlock_MouseDown"/>
Selection
ELABORAR PROJETO
CRIAR JANELA
ESCREVER CÓDIGO C#
LIDAR COM OS CLIQUES DO MOUSE
ADICIONAR CRONÔMETRO

A próxima etapa é lidar com os cliques do mouse

Agora que o jogo mostra os animais para o jogador clicar, precisamos adicionar um código que o faça funcionar. O jogador clicará nos animais em pares. O primeiro animal clicado desaparece. Se o segundo animal combinar com o primeiro, ele desaparecerá também. Do contrário, o primeiro animal reaparecerá. Faremos isso adicionando um **manipulador de eventos**, que é o nome do método chamado quando certas ações (como clicar o mouse, clicar duas vezes, redimensionar janelas etc.) são realizadas no app.

Find all of the matching animals

Quando o jogador clicar em um dos animais, o app chamará um método denominado TextBlock_MouseDown, que lida com os cliques do mouse. Veja o que o método fará.

```
TextBlock _ MouseDown() {

  /* Se for o primeiro no
   * par sendo clicado, veja
   * qual TextBlock
   * foi clicado e faça o
   * animal desaparecer. Se
   * for o segundo,
   * faça-o desaparecer
   * (se combinar) ou
   * retorne o primeiro
   * (se não combinar).
   */
}
```

Isto é um comentário. Tudo entre /* e */ é ignorado pelo C#. Adicionamos este comentário para informar o que seu método TextBlock_MouseDown fará, e também para mostrar a aparência de um comentário.

Faça os TextBlocks responderem aos cliques do mouse

Seu método SetUpGame muda os TextBlocks para mostrar o emoji do animal a fim de que você veja como seu código pode modificar os controles na aplicação. Agora é preciso escrever um código que siga em outra direção; seus controles precisam chamar seu código e o IDE pode ajudar.

Volte para a janela do editor XAML e **clique na primeira tag TextBlock**; isso fará com que o IDE a selecione no designer para você conseguir editar suas propriedades. Vá para a janela Propriedades e clique no botão Manipuladores de Evento (⚡). **Manipulador de eventos** é um método que sua aplicação chama quando um evento específico acontece. Esses eventos incluem teclas pressionadas, arrastar e soltar, redimensionamento da janela e, claro, movimentos e cliques do mouse. Role a janela Propriedades para baixo e examine os nomes dos diferentes eventos que seu TextBlock pode adicionar aos manipuladores. **Clique duas vezes dentro da caixa à direita do evento chamado MouseDown.**

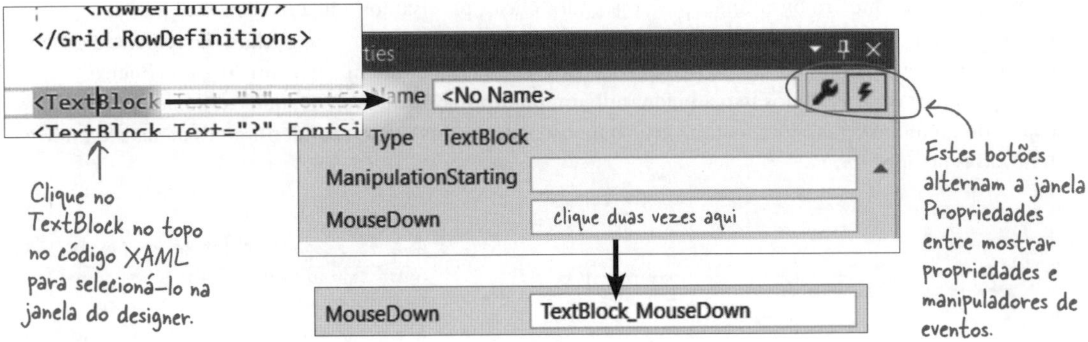

</Grid.RowDefinitions>
<TextBlock
<TextBlock Text="?" FontSi
Name <No Name>
Type TextBlock
ManipulationStarting
MouseDown
clique duas vezes aqui
MouseDown
TextBlock_MouseDown
Clique no TextBlock no topo no código XAML para selecioná-lo na janela do designer.
Estes botões alternam a janela Propriedades entre mostrar propriedades e manipuladores de eventos.

O IDE preencheu a caixa MouseDown com o nome do método, TextBlock_MouseDown, e o XAML do TextBlock agora tem uma propriedade MouseDown:

```
<TextBlock Text="?" FontSize="36"
HorizontalAlignment="Center"
      VerticalAlignment="Center"
MouseDown="TextBlock _ MouseDown"/>
```

Manipulador de eventos é um método que seu app chama em resposta a um evento, como um clique do mouse, uma tecla pressionada ou uma janela redimensionada.

Você pode não ter notado, pois o IDE também **adicionou um novo método** ao code-behind, o código associado ao XAML, e trocou imediatamente para o editor C# a fim de exibi-lo. Você sempre pode voltar para o editor XAML clicando com o botão direito em TextBlock_MouseDown no editor XAML e escolhendo Exibir Código. Veja o método adicionado:

```
private void TextBlock_MouseDown(object sender, MouseButtonEventArgs e)
{

}
```

Sempre que o jogador clicar em TextBlock, o app chamará automaticamente o método TextBlock_MouseDown. Agora só precisamos adicionar o código. Então, teremos que conectar todos os outros TextBlocks para que eles o chamem também.

Aponte o seu lápis

Este é o código do método TextBlock_MouseDown. Antes de adicioná-lo ao programa, leia-o e tente descobrir o que ele faz. Tudo bem se não acertar 100%! O objetivo é começar a treinar seu cérebro para reconhecer a linguagem C# como algo que pode ser lido e entendido.

```
TextBlock lastTextBlockClicked;
bool findingMatch = false;

private void TextBlock _ MouseDown(object sender, MouseButtonEventArgs e)
{
    TextBlock textBlock = sender as TextBlock;
    if (findingMatch == false)
    {
        textBlock.Visibility = Visibility.Hidden;
        lastTextBlockClicked = textBlock;
        findingMatch = true;
    }
    else if (textBlock.Text == lastTextBlockClicked.Text)
    {
        textBlock.Visibility = Visibility.Hidden;
        findingMatch = false;
    }
    else
    {
        lastTextBlockClicked.Visibility = Visibility.Visible;
        findingMatch = false;
    }
}
```

1. O que `findingMatch` faz?

____

____

2. O que o bloco de código começando com `if (findingMatch == false)` faz?

____

____

3. O que o bloco de código começando com `else if (textBlock.Text == lastTextBlockClicked.Text)` faz?

____

____

4. O que o bloco de código começando com `else` faz?

____

____

Aponte o seu lápis Solução

Este é o código do método TextBlock_MouseDown. Antes de adicioná-lo ao programa, leia-o e tente descobrir o que ele faz. Tudo bem se não acertar 100%! O objetivo é começar a treinar seu cérebro para reconhecer a linguagem C# como algo que pode ser lido e entendido.

```
TextBlock lastTextBlockClicked;
bool findingMatch = false;

private void TextBlock _ MouseDown(object sender, MouseButtonEventArgs e)
{
    TextBlock textBlock = sender as TextBlock;
    if (findingMatch == false)
    {
        textBlock.Visibility = Visibility.Hidden;
        lastTextBlockClicked = textBlock;
        findingMatch = true;
    }
    else if (textBlock.Text == lastTextBlockClicked.Text)
    {
        textBlock.Visibility = Visibility.Hidden;
        findingMatch = false;
    }
    else
    {
        lastTextBlockClicked.Visibility = Visibility.Visible;
        findingMatch = false;
    }
}
```

Veja o que todo o código no método TextBlock_MouseDown faz. Ler o código em uma nova linguagem de programação é muito parecido com ler uma partitura; é uma habilidade que requer prática e, quanto mais você lê, melhor fica.

1. O que *findingMatch* faz?

   Controla se o jogador clicou ou não no primeiro animal em um par e agora tenta encontrar sua combinação.

2. O que o bloco de código começando com *if (findingMatch == false)* faz?

   O jogador clicou no primeiro animal em um par, então esse animal fica invisível e controla seu TextBlock, caso precise ficar visível de novo.

3. O que o bloco de código começando com *else if (textBlock.Text == lastTextBlockClicked.Text)* faz?

   O jogador encontrou uma combinação! Ele torna o segundo animal no par invisível (e não clicável) também e redefine findingMatch para que o próximo animal clicado seja o primeiro no par de novo.

4. O que o bloco de código começando com *else* faz?

   O jogador clicou em um animal que não combina, então ele torna visível o primeiro animal clicado de novo e redefine findingMatch.

Adicione o código TextBlock_MouseDown

Agora que você leu o código do TextBlock_MouseDown, é hora de adicioná-lo ao programa. Veja o que fará em seguida:

1. Adicione as duas primeiras linhas com `lastTextBlockClicked` e `findingMatch` **acima da primeira linha** do método TextBlock_MouseDown que o IDE adicionou. Insira-os entre a chave de fechamento no final de SetUpGame e o novo código que o IDE acabou de adicionar.

2. **Preencha o código** para TextBlock_MouseDown. Tenha muito cuidado com os sinais de igual; há uma grande diferença entre = e == (você aprenderá mais sobre isso no próximo capítulo).

Veja como fica no IDE:

MatchGame - MainWindow.xaml.cs

MainWindow.xaml.cs

MatchGame.MainWindow

Os campos são variáveis que residem dentro da classe, mas fora dos métodos; portanto, todos os métodos na janela podem acessá-los. Explicaremos melhor os campos no Capítulo 3.

O IDE exibe "1 reference" acima do método TextBlock_MouseDown porque um controle TextBlock o conectou a seu evento MouseDown.

```
TextBlock lastTextBlockClicked;
bool findingMatch = false;

1 reference
private void TextBlock_MouseDown(object sender, MouseButtonEventArgs e)
{
    TextBlock textBlock = sender as TextBlock; if (findingMatch == false)
    {
        textBlock.Visibility = Visibility.Hidden;
        lastTextBlockClicked = textBlock;
        findingMatch = true;
    }
    else if (textBlock.Text == lastTextBlockClicked.Text)
    {
        textBlock.Visibility = Visibility.Hidden;
        findingMatch = false;
    }
    else
    {
        lastTextBlockClicked.Visibility = Visibility.Visible;
        findingMatch = false;
    }
}
    }
}
```

110 % No issues found Ln: 85 Ch: 9 SPC CRLF

Faça o resto dos TextBlocks chamar o mesmo manipulador de eventos MouseDown

No momento apenas o primeiro TextBlock tem um manipulador de eventos ligado a seu evento MouseDown. Vamos conectar os outros quinze TextBlocks também. Você *pode* fazer isso selecionando cada um no designer e inserindo TextBlock_MouseDown na caixa ao lado de MouseDown. Já sabemos que isso apenas adiciona uma propriedade ao código XAML, então vamos pegar um atalho.

1 Selecione os últimos quinze TextBlocks no editor XAML.

Vá para o editor XAML, clique à esquerda da segunda tag `TextBlock` e arraste para baixo até o final dos TextBlocks, logo acima da tag de fechamento </**Grid**>. Agora você deve ter os últimos quinze TextBlocks selecionados (mas não o primeiro).

2 Use a Substituição Rápida para adicionar os manipuladores de eventos MouseDown.

Escolha **Localizar e Substituir >> Substituição Rápida** no menu Editar. Procure `/>` e substitua por `MouseDown="TextBlock_MouseDown"/>`. Verifique se há um espaço antes de `MouseDown` e se o intervalo de pesquisa é ***Seleção*** para ele adicionar apenas a propriedade aos TextBlocks selecionados.

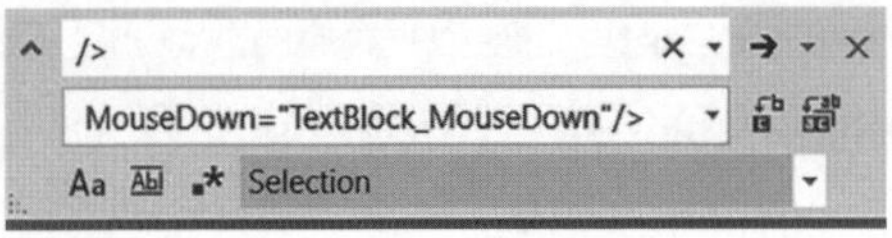
/>
MouseDown="TextBlock_MouseDown"/>
Aa
Selection

Há um espaço na frente de MouseDown para que não esbarre na propriedade anterior.

3 Faça a substituição em todos os quinze TextBlocks selecionados.

Clique no botão Substituir Tudo ( ) para adicionar a propriedade MouseDown aos TextBlocks; ele deve informar que quinze ocorrências foram substituídas. Examine com atenção o código do XAML para saber se cada um tem uma propriedade MouseDown que corresponde exatamente à propriedade no primeiro TextBlock.

Veja se agora o método mostra **dezesseis referências** no editor C# (escolha Compilar Solução no menu Compilar para atualizar). Se visualizar dezessete referências, anexou sem querer o manipulador de eventos ao Grid. Com certeza você não quer isso; se for essa sua intenção, terá uma exceção quando clicar em um animal.

Rode o programa. Agora você pode clicar nos pares de animais para que desapareçam. O primeiro animal clicado desaparecerá. Se você clicar em seu par, a correspondência também desaparecerá. Se clicar em um animal que não combina, o primeiro aparecerá de novo. Quando os animais acabarem, reinicie ou feche o programa.

Quando você visualizar o elemento Poder do Cérebro, pare um pouco e realmente pense sobre a pergunta feita.

PODER DO CÉREBRO

Você atingiu um ponto de verificação no projeto! Seu jogo pode não ter terminado ainda, mas funciona e pode ser jogado, então é um ótimo momento para recuar e pensar sobre como poderia melhorá-lo. O que você poderia mudar para que ele fique mais interessante?

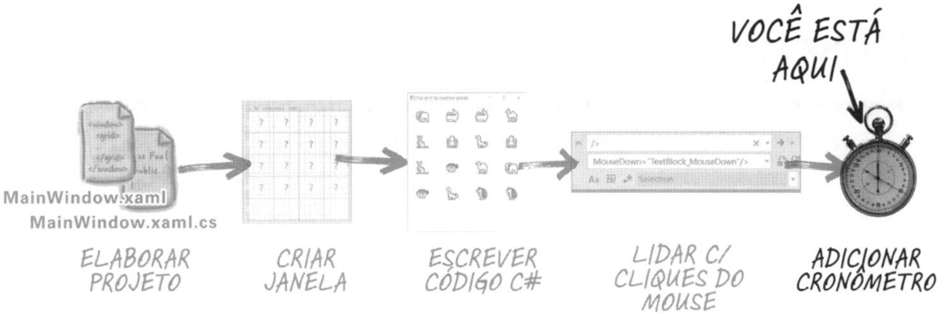
VOCÊ ESTÁ AQUI
MainWindow.xaml
MainWindow.xaml.cs
ELABORAR PROJETO
CRIAR JANELA
ESCREVER CÓDIGO C#
LIDAR C/ CLIQUES DO MOUSE
ADICIONAR CRONÔMETRO

Termine o jogo adicionando um cronômetro

Nosso jogo de combinar animais ficará mais interessante se os jogadores puderem tentar superar o melhor tempo. Adicionaremos um **cronômetro** que "marca" após um intervalo fixo chamando repetidamente um método.

Find all of the matching animals
6.7s

Vamos aumentar o interesse pelo jogo! O tempo transcorrido desde o início do jogo aparecerá na parte inferior da janela, aumentando constantemente e só parando após o último animal ser combinado.

Tic
Tic
Tic

Os cronômetros "marcam" a cada intervalo de tempo chamando métodos repetidamente. Você usará um cronômetro que começa quando o jogador inicia o jogo e termina quando o último animal é combinado.

Adicione um cronômetro ao código do jogo

Adicione isto!

1. Comece encontrado a palavra-chave namespace perto do topo de *MainWindow.xaml.cs* e adicione a linha using System.Windows.Threading; logo abaixo:

```
namespace MatchGame
{
    using System.Windows.Threading;
```

2. Localize `public partial class MainWindow` e **adicione este código** logo depois da chave de abertura **{**:

```
public partial class MainWindow : Window
{
        DispatcherTimer timer = new DispatcherTimer();
        int tenthsOfSecondsElapsed;
        int matchesFound;
```

Você adicionará estas três linhas de código para criar um novo cronômetro e dois campos para controlar o tempo transcorrido e o número de combinações que o jogador encontrou.

3. Precisamos informar ao nosso cronômetro com que frequência "marcar" e qual método chamar. Clique no começo da linha em que você chama o método SetUpGame para colocar o cursor do editor nesse ponto. Pressione Enter e digite as duas linhas de código na tela abaixo que iniciam com **`timer.`** — assim que você digitar +=, o IDE exibirá uma mensagem:

```
0 references
public MainWindow()
{
    InitializeComponent();

    timer.Interval = TimeSpan.FromSeconds(.1);
    timer.Tick +=
    SetUpGame();   Timer_Tick;   (Press TAB to insert)
}
```

Em seguida, adicione estas duas linhas de código. Comece digitando a segunda linha: "timer.Tick +=". Assim que você adicionar o sinal de igual, o IDE exibirá esta mensagem "Pressione TAB para inserir".

4. Pressione a tecla Tab. O IDE completará a linha de código e adicionará um método Timer_Tick:

```
0 references
public MainWindow()
{
    InitializeComponent();

    timer.Interval = TimeSpan.FromSeconds(.1);
    timer.Tick += Timer_Tick;
    SetUpGame();
}

1 reference
private void Timer_Tick(object sender, EventArgs e)
{
    throw new NotImplementedException();
}
```

Quando você pressiona a tecla Tab, o IDE insere automaticamente um método para o cronômetro chamar.

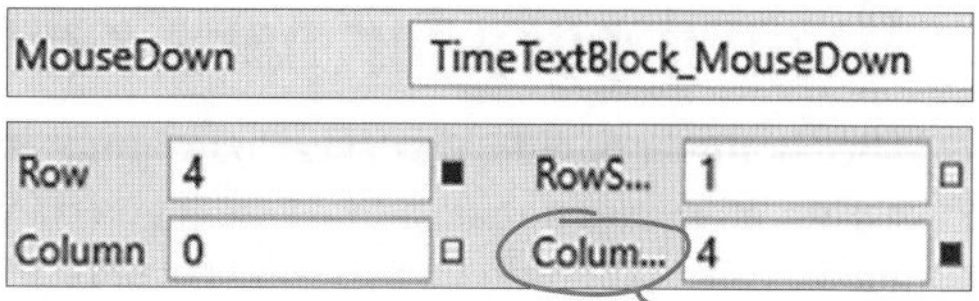
MouseDown
TimeTextBlock_MouseDown
Row 4
RowS... 1
Column 0
Colum... 4

5 O método Timer_Tick atualizará um TextBlock que se estende por toda a linha inferior da grade. Veja como fazer:

- ★ Arraste um **TextBlock** para dentro do quadrado inferior esquerdo.
- ★ Use a **caixa Nome** no topo da janela Propriedades para nomeá-lo como **`timeTextBlock`**.
- ★ Redefina suas **margens, centralize-as** na célula e defina a propriedade **FontSize** para 36px e a propriedade **Text** para "Elapsed time" (como fez nos outros controles).
- ★ Localize a propriedade **ColumnSpan** e defina-a para 4.
- ★ Adicione um **manipulador de eventos MouseDown** chamado TimeTextBlock_MouseDown.

ColumnSpan está na seção Layout na janela Propriedades. Use os botões no topo da janela para trocar entre propriedades e eventos.

Veja como ficará o XAML; compare-o com atenção ao seu código no IDE:

```
<TextBlock x:Name="timeTextBlock" Text="Elapsed time" FontSize="36"
    HorizontalAlignment="Center" VerticalAlignment="Center"
    Grid.Row="4" Grid.ColumnSpan="4" MouseDown="TimeTextBlock_
MouseDown"/>
```

6 Quando adicionou o manipulador de eventos MouseDown, o Visual Studio criou um método no code-behind chamado TimeTextBlock_MouseDown, como é feito nos outros TextBlocks. Acrescente este código:

```
private void TimeTextBlock_MouseDown(object sender, MouseButtonEventArgs e)
{
    if (matchesFound == 8)
    {
        SetUpGame();
    }
}
```

Isto redefine o jogo se os oito pares combinados foram encontrados (do contrário, não faz nada porque o jogo ainda continua).

7 Agora você tem tudo o que precisa para terminar o método Timer_Tick, que atualiza o novo TextBlock com o tempo transcorrido e para o cronômetro assim que o jogador encontra todas as combinações:

```
private void Timer_Tick(object sender, EventArgs e)
{
    tenthsOfSecondsElapsed++;
    timeTextBlock.Text = (tenthsOfSecondsElapsed / 10F).ToString("0.0s");
    if (matchesFound == 8)
    {
        timer.Stop();
        timeTextBlock.Text = timeTextBlock.Text + " - Play again?";
    }
}
```

Mas tem alguma coisa errada aqui. Rode seu código... ops! Você tem uma **exceção**.

Vamos corrigir o problema, mas primeiro veja com atenção a mensagem de erro e a linha destacada no IDE.

Consegue adivinhar o que causou o erro?

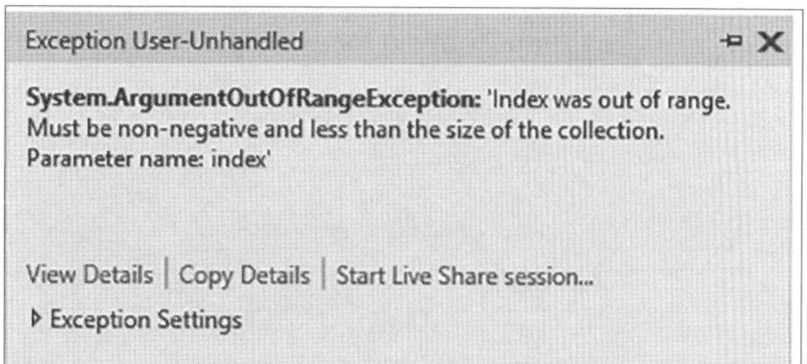
Exception User-Unhandled
System.ArgumentOutOfRangeException: 'Index was out of range. Must be non-negative and less than the size of the collection. Parameter name: index'
View Details | Copy Details | Start Live Share session...
Exception Settings

Ah, não! O que você acha que aconteceu?

Use o <u>depurador</u> para resolver a exceção

Você pode ter ouvido a palavra "bug" antes. Pode até ter dito algo assim para seus amigos em algum momento no passado: "Esse jogo está mesmo bugado, ele tem muitas falhas." Todo bug tem uma explicação, tudo no programa acontece por um motivo, mas nem todo bug é fácil de rastrear.

Entender um bug é o primeiro passo para sua correção. Por sorte, o depurador do Visual Studio é uma ótima ferramenta. (Por isso é chamado de depurador: uma ferramenta que ajuda você a se livrar dos erros!)

Depure isto!

1 Reinicie o jogo algumas vezes.

A primeira coisa a notar é que o programa sempre gera o mesmo tipo de exceção com a mesma mensagem:

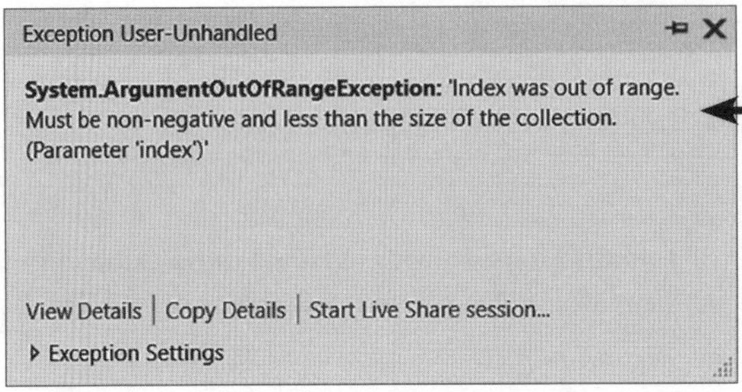
Exception User-Unhandled
System.ArgumentOutOfRangeException: 'Index was out of range. Must be non-negative and less than the size of the collection. (Parameter 'index')'
View Details | Copy Details | Start Live Share session...
Exception Settings

Exceção é como o C# informa que algo deu errado quando o código foi executado. Toda exceção tem um tipo: esta aqui é uma ArgumentOutOfRangeException. As exceções também têm mensagens úteis para ajudar a descobrir o que deu errado. A mensagem desta exceção informa: "Índice fora do intervalo". Essa informação útil ajuda a descobrir o problema.

Quando você tem uma exceção, pode considerá-la uma boa notícia, pois encontrou um bug e agora pode corrigi-lo.

Se você tirar a janela de exceção do caminho, verá que ele sempre para na mesma linha:

A linha que gera a exceção.

```
    foreach (TextBlock textBlock in mainGrid.Children.OfType<TextBlock>())
    {
        int index = random.Next(animalEmoji.Count);
        string nextEmoji = animalEmoji[index];
        textBlock.Text = nextEmoji;
        animalEmoji.RemoveAt(index);
    }
}

TextBlock lastTextBlockClicked;
bool findingMatch = false;

16 references
private void TextBlock_MouseDown(object sender,
{
```

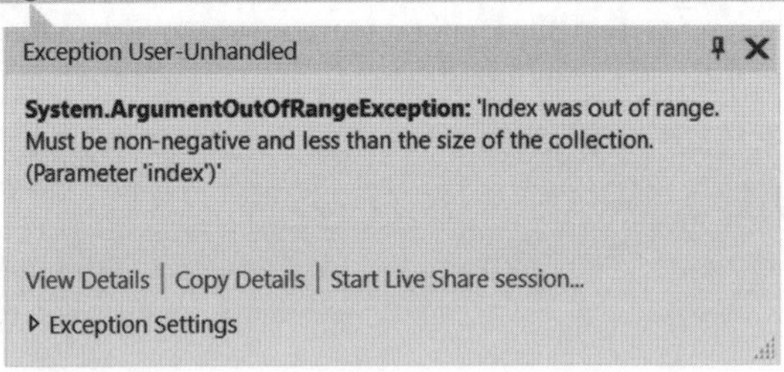
Exception User-Unhandled
System.ArgumentOutOfRangeException: 'Index was out of range. Must be non-negative and less than the size of the collection. (Parameter 'index')'
View Details | Copy Details | Start Live Share session...
Exception Settings

Essa exceção é **reproduzível**: você pode confiar que o programa irá gerar a mesma exceção exata e tem uma boa ideia sobre o local do problema.

Anatomia do depurador

Quando seu app pausa no depurador, ou seja, "interrompe" sua execução, os controles Depurar aparecem na barra de ferramentas. Você irá praticar muito com eles neste livro. No momento, basta ler as descrições e passar o mouse sobre eles para ver seus nomes e suas teclas de atalho.

O botão Intervir executa a próxima declaração. Se essa declaração é um método, ele só executa a primeira declaração dentro do método.

Você pode usar o botão Pausar Tudo para pausar o app. Ele fica cinza quando o app já está pausado.

O botão Reiniciar inicia o app. É como parar e executar de novo.

O botão Pular Método também executa a próxima declaração, mas, se é um método, ele executa tudo.

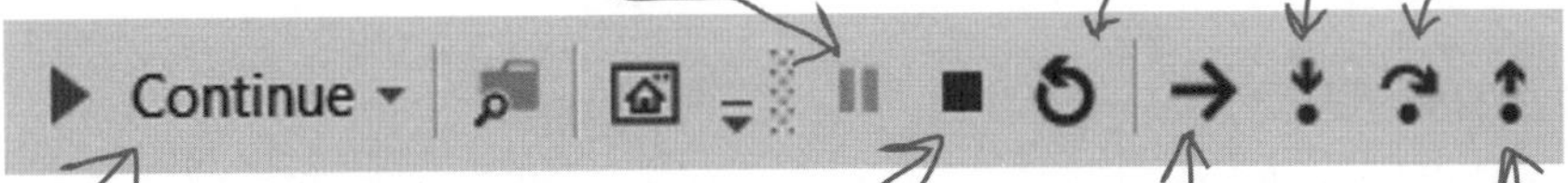
Continue

Este botão inicia a execução do app de novo. Se você pressioná-lo agora, a mesma exceção será gerada novamente.

Você já usou o botão Parar Depuração para parar seu app.

O botão Mostrar Próxima Declaração coloca o cursor na próxima declaração que será executada.

O botão Sair do Método termina de executar o método atual e pausa na linha após aquela que o chamou.

2 **Adicione um ponto de interrupção à linha que gera a exceção.**

Rode seu programa de novo para ele parar na exceção. Antes de parar, escolha **Alternar Ponto de Interrupção (F9)** no menu Depurar. Quando escolher, a linha será destacada e um ponto aparecerá na margem esquerda ao lado da linha. Agora **pare o app de novo**; o destaque e o ponto ainda permanecem:

```
int index = random.Next(animalEmoji.Count);
string nextEmoji = animalEmoji[index];
textBlock.Text = nextEmoji;
```

Você acabou de colocar um ponto de interrupção na linha. Agora seu programa será interrompido sempre que executar essa linha de código. Experimente. Rode o app de novo. O programa para nessa linha, mas desta vez ***ele não irá gerar a exceção***. Pressione Continuar. Ele para de novo. Continue até ver a exceção. Agora pare o app.

Aponte o seu lápis

Rode o app novamente, mas desta vez preste muita atenção e responda.

1. Quantas vezes seu app para no ponto de interrupção antes da exceção? ________

2. Uma janela Locais aparece quando você depura o app. O que você acha que ela faz? (Se não vir a janela Locais, escolha ***Depurar >> Janelas >> Locais (Ctrl D, L)*** no menu.)

____

____

Aponte o seu lápis
Solução

O app parou dezessete vezes. Após a 17ª vez, ele gerou a exceção. A janela Locais mostra os valores atuais das variáveis e dos campos. Você pode usá-la para observar a alteração conforme o programa roda.

3 Reúna provas para descobrir o que causou o problema.

Notou algo interessante na janela Locais quando executou o app? Reinicie e fique atento à variável `animalEmoji`. Na primeira vez em que o app pausa, você deve ver isto na janela Locais:

▶ animalEmoji	Count = 16

Pressione Continuar. Parece que a Contagem diminuiu em 1, foi de 16 para 15:

▶ animalEmoji	Count = 15

O app está adicionando um emoji aleatório na lista `animalEmoji` aos TextBlocks e removendo--os da lista; portanto, a Contagem deve diminuir em 1 a cada vez. As coisas ficam bem até a lista `animalEmoji` ficar vazia (a Contagem é 0), então gera uma exceção. É uma prova! Outra prova é que isso acontece em um **loop `foreach`**. E a última prova é que ***tudo isso começou depois do acréscimo de um novo TextBlock à janela***.

É hora de colocar o chapéu de Sherlock Holmes. Você consegue investigar o que causa a exceção?

Foreach é um tipo de <u>loop</u> executado em cada elemento de uma coleção.

Nos bastidores

Loop é um modo de executar um bloco de código repetidamente. Seu código usa um **loop `foreach`** ou um tipo especial de loop que executa o mesmo código para cada elemento em uma coleção (como sua lista `animalEmoji`). Veja um exemplo de loop `foreach` que usa uma Lista de números:

```
List<int> numbers = new List<int>() { 2, 5, 9, 11 };
foreach (int aNumber in numbers)
{
    Console.WriteLine("The number is " + aNumber);
}
```

Este loop foreach executa uma declaração Console.WriteLine para cada número em uma lista de inteiros

O loop `foreach` acima cria uma nova variável chamada `aNumber`. Então, percorre List `numbers` em ordem e executa `Console.WriteLine` para cada um, definindo `aNumber` para cada valor em List, em ordem:

```
The number is 2
The number is 5
The number is 9
The number is 11
```

O loop foreach executa o mesmo código repetidamente para cada elemento na coleção, definindo a variável para o próximo elemento a cada vez. Neste caso, ele define oneNumber para o próximo número em List e usa-o para imprimir uma linha de texto.

Estamos apresentando um novo conceito aqui, mas rapidamente; portanto, sem mistérios sobre como funciona o código. Explicaremos melhor os loops no Capítulo 2. No Capítulo 3 voltaremos aos loops `foreach` e você escreverá um muito parecido com o loop acima. Mesmo que pareça um pouco rápido agora, quando você voltar a este exemplo no Capítulo 3 verá se faz mais sentido comparando com a primeira vez que o viu. Achamos que reler o código assim que você tem mais contexto realmente ajuda a entender... portanto, não se preocupe se os conceitos parecem um pouco nebulosos agora.

4 **Descubra o que causa o bug.**

Investigue

O motivo para seu programa falhar é porque ele tenta obter o próximo emoji na lista `animalEmoji`, mas a lista está vazia e faz com que ele gere uma exceção ArgumentOutOfRange. O que causou a falta de emoji para adicionar?

O programa funcionava antes de você fazer a alteração mais recente. Você adicionou um TextBlock... então ele parou. Bem dentro de um loop que itera todos os TextBlocks. Uma pista... muito, muito interessante.

Quando você roda o app, ***ele para nesta linha para cada TextBlock na janela***. Portanto, para os dezesseis primeiros TextBlocks, tudo fica bem porque há emojis suficientes na coleção:

```
foreach (TextBlock textBlock in mainGrid.Children.OfType<TextBlock>())
{
    int index = random.Next(animalEmoji.Count);
    string nextEmoji = animalEmoji[index];
    textBlock.Text = nextEmoji;
    animalEmoji.RemoveAt(index);
}
```

O depurador destaca a declaração que será executada. Fica assim antes de gerar uma exceção.

Mas, agora que há um novo TextBlock na parte inferior da janela, ele para uma 17ª vez. E, como a coleção `animalEmoji` tinha apenas dezesseis, ela agora está vazia:

▶ animalEmoji	Count = 0

Antes de fazer a alteração, você tinha dezesseis TextBlocks e uma lista de dezesseis emojis; portanto, havia emojis suficientes para adicionar um a cada TextBlock. Agora você tem dezessete TextBlocks, mas somente dezesseis emojis, por isso o programa fica sem emoji para adicionar... e gera uma exceção.

5 **Corrija o bug.**

Como a exceção é gerada porque estamos sem emoji no loop que itera os TextBlocks, podemos corrigir isso ignorando o TextBlock que acabamos de adicionar. Podemos marcar o nome do TextBlock e pular o que adicionamos para mostrar a hora. Remova o ponto de interrupção pressionando nele de novo ou escolhendo **Excluir Todos os Pontos de Interrupção (Ctrl+Shift+F9)** no menu Depurar.

```
foreach (TextBlock textBlock in mainGrid.Children.OfType<TextBlock>())
{
    if (textBlock.Name != "timeTextBlock")
    {
        textBlock.Visibility = Visibility.Visible;
        int index = random.Next(animalEmoji.Count);
        string nextEmoji = animalEmoji[index];
        textBlock.Text = nextEmoji;
        animalEmoji.RemoveAt(index);
    }
}
```

Adicione esta declaração `if` dentro do loop foreach para ele ignorar o TextBlock com o nome timeTextBlock.

Adicione este código para corrigir o bug.

Este não é o único modo de corrigir o bug. Algo que você aprenderá conforme escreve mais código é que existem muitas, muitas, MUITAS maneiras de resolver qualquer problema... e esse bug não é uma exceção... (sem duplo sentido).

Adicione o resto do código e termine o jogo

Há mais uma coisa a fazer. Seu método TimeTextBlock_MouseDown verifica o campo matchesFound, mas ele não foi definido em nenhum lugar. Portanto, acrescente estas três linhas ao método SetUpGame logo depois da chave de fechamento do loop foreach:

```
                animalEmoji.RemoveAt(index);
            }
        }

        timer.Start();
        tenthsOfSecondsElapsed = 0;
        matchesFound = 0;
    }
```

Adicione estas três linhas de código bem no final do método SetUpGame para iniciar o cronômetro e redefinir os campos.

Então adicione esta declaração ao bloco do meio de `if/else` em TextBlock_MouseDown:

```
else if (textBlock.Text == lastTextBlockClicked.Text)
{
    matchesFound++;
    textBlock.Visibility = Visibility.Hidden;
    findingMatch = false;
}
```

Adicione esta linha de código para aumentar matchesFound em um sempre que o jogador encontrar uma combinação com sucesso.

Agora seu jogo tem um cronômetro que para quando o jogador termina de combinar os animais e, quando o jogo termina, você pode clicá-lo para jogar de novo.
Você criou seu primeiro jogo em C#. Parabéns!

Agora seu jogo tem um cronômetro que controla quanto tempo leva para o jogador encontrar todas as combinações. Você consegue superar seu menor tempo?

Find all of the matching animals
6.7s

Você pode acessar esses links no site da Alta Books. Procure pelo nome do livro ou pelo ISBN para ver e baixar o código completo deste projeto e de todos os outros neste livro ou acesse https://github.com/head-first-csharp/fourth-edition **[conteúdo em inglês].**

Atualize o código no controle de versão

Agora que seu jogo está funcionando, é hora de **enviar suas alterações para o Git**; e o Visual Studio facilita isso. Tudo o que você precisa fazer é *organizar* suas confirmações, inserir uma mensagem de commit e sincronizar com o repositório remoto.

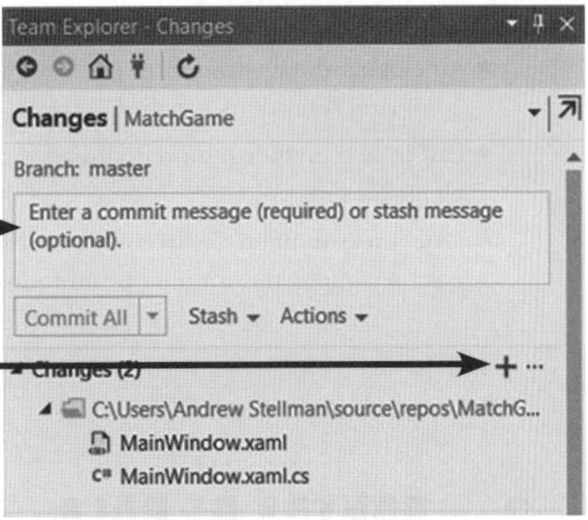
Team Explorer - Changes
Changes | MatchGame
Branch: master
Enter a commit message (required) or stash message (optional).
Commit All
Stash
Actions
Changes (2)
C:\Users\Andrew Stellman\source\repos\MatchG...
MainWindow.xaml
MainWindow.xaml.cs

1. Insira uma **mensagem de commit** descrevendo o que mudou.

2. Pressione o botão **+** para **preparar** os arquivos, o que informa ao Git que eles estão prontos para o envio. Se você fizer alterações em um arquivo depois de ele ser organizado, apenas as alterações organizadas retornarão para o repo remoto.

3. Escolha **Confirmar Preparação e Sincronizar** no commit suspenso (logo abaixo da caixa de mensagem de commit). Pode demorar alguns segundos para sincronizar e, quando terminar, você verá uma mensagem de sucesso na janela Team Explorer.

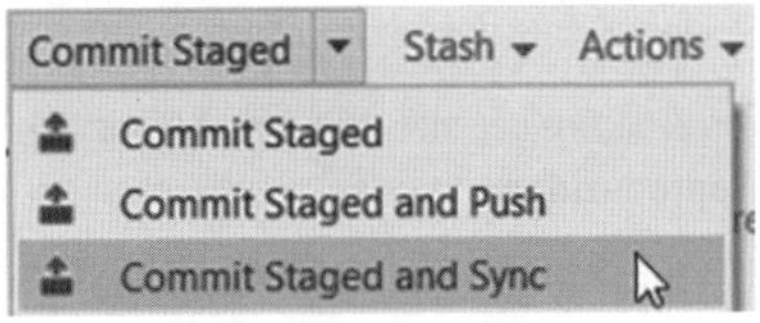
Commit Staged
Stash
Actions
Commit Staged
Commit Staged and Push
Commit Staged and Sync

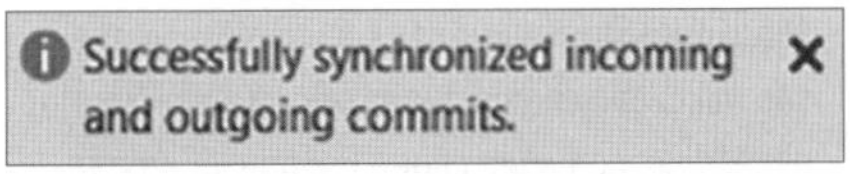
Successfully synchronized incoming and outgoing commits.

Enviar seu código para um repo Git é opcional, mas é uma boa ideia!

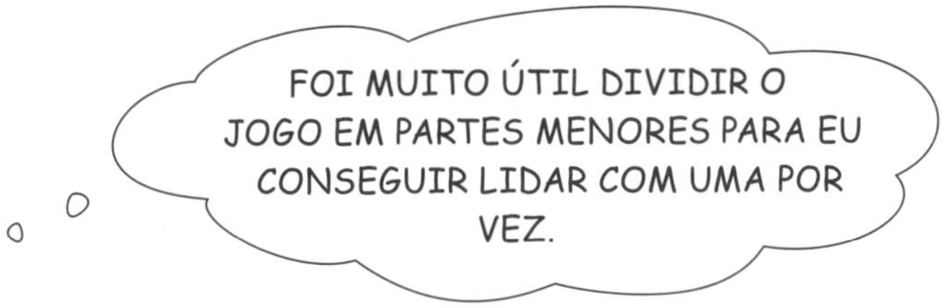
FOI MUITO ÚTIL DIVIDIR O JOGO EM PARTES MENORES PARA EU CONSEGUIR LIDAR COM UMA POR VEZ.

Sempre que você tem um projeto grande é uma boa ideia dividi-lo em partes menores.

Uma das habilidades de programação mais úteis a desenvolver é a capacidade de ver um problema grande e difícil e dividi-lo em problemas menores e mais fáceis.

É muito fácil ficar sobrecarregado no começo de um grande projeto e pensar: "Nossa, é tão... grande!", mas se consegue encontrar uma pequena parte na qual trabalhar, então pode começar. Assim que termina essa parte, pode ir para a próxima, e assim por diante. Conforme cria cada parte, aprende cada vez mais sobre o projeto maior durante o processo.

Ainda melhor se...

Seu jogo está muito bom! Mas todo jogo, na verdade todo programa, pode ser melhorado. Veja algumas coisas que achamos que poderiam melhorar:

★ Adicione animais diferentes para que não apareçam sempre os mesmos.

★ Controle o melhor tempo do jogador para que ele possa superá-lo.

★ Crie um cronômetro com contagem regressiva para o jogador ter um tempo limitado.

MINI Aponte o seu lápis

Você consegue pensar em aperfeiçoamentos "ainda melhores" para o jogo? É um ótimo exercício; reserve uns minutos e escreva pelo menos três para o jogo de combinação de animais.

Não é brincadeira. Reserve uns minutos e faça isso. Recuar e pensar sobre o projeto que acabou de terminar é uma ótima maneira de fixar as lições aprendidas em sua cabeça.

PONTOS DE BALA

- O Visual Studio controla o número de vezes que um método é **referenciado** em outro lugar no código C# ou no XAML.
- **Manipulador de eventos** é um método que sua aplicação chama quando ocorre um evento específico, como um clique do mouse, uma tecla pressionada ou o redimensionamento da janela.
- O IDE facilita **adicionar e gerenciar** os métodos do manipulador de eventos.
- A **janela Lista de Erros** do IDE mostra qualquer erro que impede a criação do seu código.
- Os **cronômetros** executam os métodos do manipulador de eventos Tick repetidamente em um intervalo específico.
- **Foreach** é um tipo de loop que percorre uma coleção de itens.
- Quando seu programa gerar uma **exceção**, reúna provas e tente descobrir a causa.
- As exceções são mais fáceis de corrigir quando **reproduzidas**.
- O Visual Studio facilita usar o **controle de versão** para fazer backup do código e controlar todas as alterações feitas.
- Você pode armazenar o seu código em um **repositório Git remoto**. Usamos o GitHub para o repositório com o código-fonte de todos os projetos neste livro.

Um lembrete rápido: iremos nos referir ao Visual Studio como "IDE" muitas vezes neste livro.

MUITO BEM!
1º

2 aprofunde-se no C#

Declarações, classes e código

OUVI DIZER QUE **DESENVOLVEDORES DE VERDADE** SÓ USAM TECLADOS *MECÂNICOS* "BARULHENTOS". É ISSO MESMO?

Você não é só um usuário do IDE. É um desenvolvedor. Muito trabalho é feito usando o IDE, mas só até certo ponto. O Visual Studio é uma das ferramentas de desenvolvimento de software mais avançadas já criadas, mas um **IDE poderoso** é apenas o começo. É hora de se **aprofundar no código do C#**: sua estrutura, seu funcionamento e seu gerenciamento... porque não há limites para o que seus apps podem fazer.

(E, só para constar, você pode ser um **desenvolvedor de verdade**, não importa o teclado de sua preferência. A única coisa que você precisa fazer é **escrever o código**!)

Vejamos de perto os arquivos de um aplicativo de console

No último capítulo, você criou um novo projeto Aplicativo de Console do .NET Core e o chamou de MyFirstConsoleApp. Quando fez isso, o Visual Studio criou duas pastas e três arquivos.

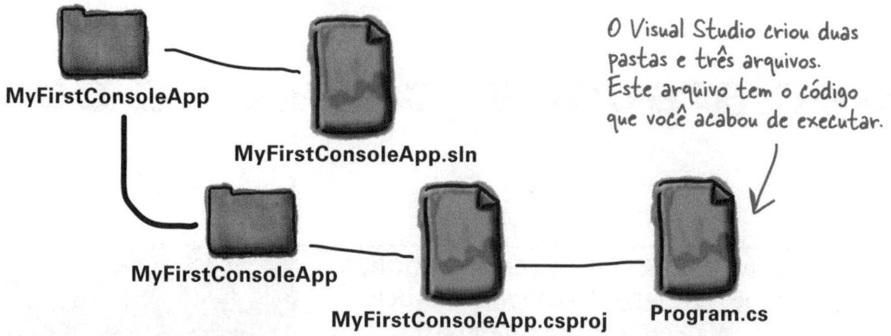
MyFirstConsoleApp
MyFirstConsoleApp.sln
MyFirstConsoleApp
MyFirstConsoleApp.csproj
Program.cs
O Visual Studio criou duas pastas e três arquivos.
Este arquivo tem o código que você acabou de executar.

Vejamos com atenção o arquivo Program.cs criado. Abra-o no Visual Studio:

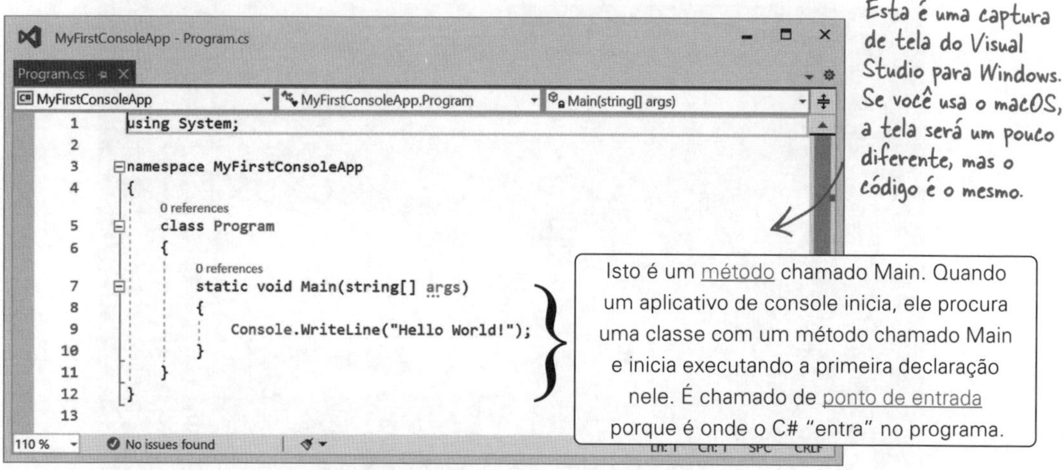
MyFirstConsoleApp - Program.cs
Program.cs
MyFirstConsoleApp
MyFirstConsoleApp.Program
Main(string[] args)
using System;
namespace MyFirstConsoleApp
{
0 references
class Program
{
0 references
static void Main(string[] args)
{
Console.WriteLine("Hello World!");
}
}
}
110 %
No issues found
Esta é uma captura de tela do Visual Studio para Windows. Se você usa o macOS, a tela será um pouco diferente, mas o código é o mesmo.
Isto é um método chamado Main. Quando um aplicativo de console inicia, ele procura uma classe com um método chamado Main e inicia executando a primeira declaração nele. É chamado de ponto de entrada porque é onde o C# "entra" no programa.

★ No topo do arquivo existe uma **diretiva `using`**. Você verá linhas `using` como essa em todos os arquivos do código C#.

★ Logo após as diretivas `using` vem a **palavra-chave** `namespace`. Seu código está em um namespace chamado MyFirstConsoleApp. Depois dele vem uma chave de abertura { e no final do arquivo está a chave de fechamento }. Tudo entre as chaves está no namespace.

★ Dentro do namespace está uma **classe**. Seu programa tem uma classe chamada Program. Logo depois da declaração da classe está uma chave de abertura, com seu par na antepenúltima linha do arquivo.

★ Dentro da classe está um **método** chamado Main, novamente seguido de um par de chaves com seu conteúdo.

★ Seu método tem uma **declaração**: `Console.WriteLine("Hello World!");`

Anatomia de um programa C#

O código de todo programa C# é estruturado exatamente do mesmo modo. Todos os programas usam namespaces, classes e métodos para tornar seu código mais fácil de gerenciar.

Namespace
Classe
Método 1
declaração
declaração
Método 2
declaração
declaração

Ao criar classes, você define namespaces para que elas fiquem separadas daquelas que vêm com o .NET.

Uma classe contém uma parte de seu programa (embora alguns programas muito pequenos possam ter apenas uma classe).

Uma classe tem um ou mais métodos, que sempre devem residir dentro dela. Os métodos são compostos de declarações, como a declaração Console.WriteLine que seu app usou para escrever uma linha no console.

A ordem dos métodos no arquivo de classe não importa. O método 2 pode vir antes do método 1 sem problemas.

Uma declaração realiza uma única ação

Todo método é composto de **declarações** como sua Console.WriteLine. Quando seu programa chama um método, ele executa a primeira declaração, depois a próxima e assim por diante. Quando o método fica sem declarações, ou chega na declaração **`return`**, ele termina e a execução do programa retoma após a declaração que chamou originalmente o método.

---

não existem Perguntas Idiotas

P: Entendo o que *Program.cs* faz, é o local em que reside o código do meu programa. Mas meu programa precisa de dois outros arquivos e pastas?

R: Quando você criou um novo projeto no Visual Studio, ele criou uma **solução**. Tal solução é só um contêiner para seu projeto. O arquivo da solução termina com *.sln* e tem uma lista de projetos que estão na solução, com algumas informações adicionais (como a versão do Visual Studio usada para criá-lo). O **projeto** reside em uma pasta dentro da pasta da solução. Ele tem uma pasta separada porque algumas soluções podem ter vários projetos, mas o seu tem apenas um e ele tem o mesmo nome da solução (MyFirstConsoleApp). A pasta do projeto para seu app contém dois arquivos: um se chama *Program.cs*, que contém o código, e um **arquivo do projeto** chamado *MyFirstConsoleApp.csproj* que tem todas as informações de que o Visual Studio precisa para **compilar** o código ou transformá-lo em algo que seu computador possa executar. Finalmente, você verá **mais duas pastas** abaixo da pasta do projeto: a **pasta bin/** terá os arquivos executáveis criados a partir do código C# e a **pasta obj** terá os arquivos temporários usados para criá-lo.

Duas classes podem estar no mesmo namespace (e arquivo!)

Veja os dois arquivos de código C# de um programa chamado PetFiler2. Eles contêm três classes: Dog, Cat e Fish. Como estão todas no mesmo namespace PetFiler2, as declarações no método Dog.Bark podem chamar Cat.Meow e Fish.Swim ***sem adicionar uma diretiva*** `using`.

SomeClasses.cs

```
namespace PetFiler2 {

  public class Dog {
    public void Bark() {
      // as declarações ficam aqui
    }
  }

  public partial class Cat {
    public void Meow() {
      // mais declarações
    }
  }
}
```

Quando um método é marcado como **`public`**, isso significa que ele pode ser usado por outras classes.

MoreClasses.cs

```
namespace PetFiler2 {

  public class Fish {
    public void Swim() {
      // declarações
    }
  }

  public partial class Cat {
    public void Purr() {
      // declarações
    }
  }
}
```

Uma classe pode se estender por vários arquivos também, mas você precisa usar a palavra-chave `partial` quando a declara. Não importa como os vários namespaces e classes são divididos entre os arquivos. Eles ainda agem igualmente quando executados.

Você só pode dividir uma classe em arquivos diferentes se usa a palavra-chave **`partial`**. É provável que não fará isso em grande parte do código escrito neste livro, mas verá posteriormente neste capítulo e queremos assegurar de que não seja uma surpresa.

O IDE PODE MESMO ME AJUDAR. ELE GERA CÓDIGO E TAMBÉM AJUDA A DESCOBRIR PROBLEMAS NO MEU CÓDIGO.

O IDE ajuda a criar o código certo.

Há muito, muito, MUITO tempo, os programadores tinham que usar editores de texto simples, como o Bloco de Notas do Windows ou o TextEdit do macOS para editar o código. Na verdade, alguns recursos eram inovadores (como localizar e substituir ou o Ctrl+G do Bloco de Notas para "ir para o número da linha"). Tínhamos que usar muitas aplicações complexas da linha de comando para compilar, executar, depurar e implantar o código.

Com os anos, a Microsoft (e, para sermos justos, várias outras empresas e desenvolvedores individuais) descobriu *muitas* coisas úteis, como: destaque; IntelliSense; edição da IU na janela "clicar e arrastar" do tipo WYSIWYG (What You See Is What You Get — ou, em tradução livre, O Que Você Vê É o Formato Final); geração automática de código; e muitos outros recursos.

Após anos de evolução, o Visual Studio agora é uma das ferramentas de edição de código mais avançadas já criadas. E, para sua sorte, também é uma ***ótima ferramenta para aprender e explorar o C# e o desenvolvimento de apps***.

não existem Perguntas Idiotas

P: Vi a frase "Hello World" antes. É algo especial?

R: "Hello World" é um programa que faz algo: ele gera a frase "Hello World" para mostrar que você pode realmente fazer algo funcionar. Costuma ser o primeiro programa que você escreve em uma nova linguagem, e para muitos de nós é a primeira parte de código escrita em qualquer linguagem.

P: Há muitas chaves; é difícil acompanhar todas elas. Preciso mesmo de tantas?

R: O C# usa chaves (algumas pessoas falam "colchetes curvos" e podemos usá-los no lugar das "chaves"; às vezes também são chamados de "bigodes", mas não usaremos esse termo) para agrupar declarações em blocos. As chaves existem em pares. Você só verá uma chave de fechamento depois de uma de abertura. O IDE ajuda a combiná-las; clique em uma e verá a correspondente mudar de cor. Você também pode usar o botão ⊟ à esquerda do editor para diminuir ou expandir as chaves.

P: O que *é* namespace e por que preciso dele?

R: Os namespaces ajudam a manter organizadas todas as ferramentas que seus programas usam. Quando seu app escreveu uma linha de saída, ele usou uma classe chamada Console que faz parte do **.NET Core**. É uma estrutura multiplataforma e de código aberto com muitas classes usadas para criar seus apps. E isso significa MUITAS, literalmente milhares e milhares de classes; portanto, o .NET usa namespaces para mantê-las organizadas. A classe Console fica em um namespace chamado System; portanto, seu código precisa ter `using System;` no início para usá-la.

P: Eu não entendi bem o que é ponto de entrada. Pode explicar de novo?

R: Seu programa tem muitas declarações, mas elas não podem ser executadas ao mesmo tempo. O programa inicia com a primeira declaração nele, executa-a e passa para a próxima, e assim por diante. Essas declarações geralmente são organizadas em muitas classes.

Ao executar seu programa, como ele sabe com qual declaração começar? Com a que fica o ponto de entrada. Seu código não será compilado a menos que haja **exatamente um método chamado** Main. É chamado de ponto de entrada porque o programa começa a execução (podemos dizer que ele *entra* no código) com a primeira declaração no método Main.

P: Meus aplicativos de console do .NET Core realmente são executados em outros SOs?

R: Sim! O .NET Core é uma implementação multiplataforma do .NET (incluindo classes como List e Random); portanto, você pode executar seu app em qualquer computador que roda Windows, macOS ou Linux.

Pode experimentar agora mesmo. Você precisará do .NET Core. O instalador Visual Studio ***instala automaticamente o .NET Core***, mas ele também pode ser baixado: https://dotnet.microsoft.com/pt-br/download.

Quando instalado, encontre a pasta do projeto clicando com o botão direito no projeto MyFirstConsoleApp no IDE e escolhendo *Abrir Pasta* no *Gerenciador de Arquivos* (Windows) ou *Mostrar* no *Finder* (macOS). Vá para o subdiretório em bin/Debug/ e copie todos os arquivos para o computador no qual deseja executá-lo. Execute-o. Isso funcionará em ***qualquer*** **pacote Windows, Mac ou Linux** com o .NET Core instalado:

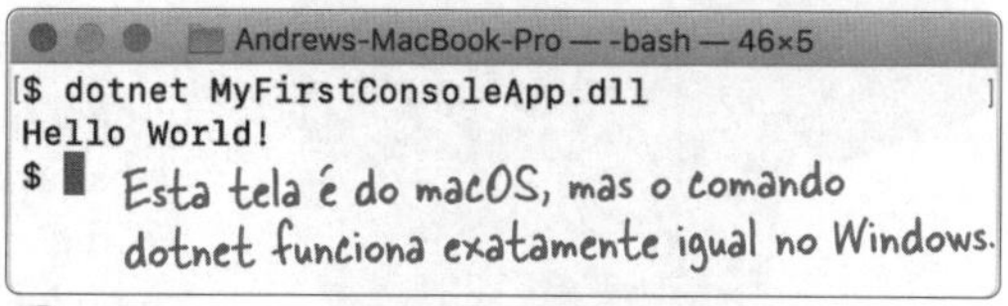
Andrews-MacBook-Pro — -bash — 46×5
$ dotnet MyFirstConsoleApp.dll
Hello World!
$
Esta tela é do macOS, mas o comando dotnet funciona exatamente igual no Windows.

P: Normalmente consigo executar os programas clicando duas vezes neles, mas não consigo fazer isso no arquivo *.dll*. Posso criar um executável do Windows ou um app do macOS para executar diretamente?

R: Sim. Pode usar `dotnet` para publicar **binários executáveis** para diferentes plataformas. Abra o Prompt de Comando ou o Terminal, vá para a pasta com o arquivo *.sln* ou *.csproj* e execute esse comando para gerar um executável do Windows; isso funcionará em qualquer SO com `dotnet` instalado, não apenas no Windows:

```
dotnet publish -c Release -r win10-x64
```

A última linha da saída deve ser `MyFirstConsoleApp` -> seguida de uma pasta. Essa pasta terá `MyFirstConsoleApp.exe` (e muitos arquivos DLL de que ele precisa para ser executado). Você também pode criar programas executáveis para outras plataformas. Substitua `win10-x64` por `osx-x64` para publicar um **app do macOS independente**:

```
dotnet publish -c Release -r osx-x64
```

Ou especifique `linux-x64` para publicar um app Linux. O parâmetro é chamado de **identificador de execução** (ou RID); encontre uma lista de RIDs aqui: https://docs.microsoft.com/pt-br/dotnet/core/rid-catalog.

Declarações são os blocos de construção dos apps

Seu app é composto de classes e essas classes contêm métodos que contêm declarações. Se quisermos criar apps que façam muitas coisas, precisaremos de **tipos diferentes de declarações** para que funcionem. Você já viu um tipo de declaração:

```
Console.WriteLine("Hello World!");
```

É uma **declaração que chama um método**, especificamente o Console.WriteLine, que escreve uma linha de texto no console. Também usaremos outros tipos de declarações. Veja quatro tipos que usaremos muitas vezes neste capítulo e no livro.

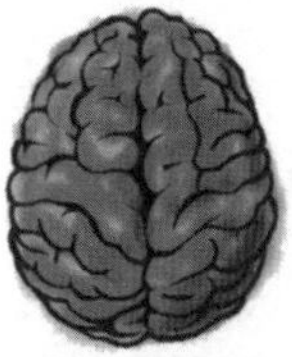

Usamos variáveis e declarações de variáveis para que nosso app armazene e trabalhe com dados.

Muitos programas fazem cálculos, então usamos operadores matemáticos para adicionar, subtrair, multiplicar, dividir e outros.

Condicionais permitem que nosso código escolha entre opções, executando um bloco de código ou outro.

Loops permitem que nosso código execute o mesmo bloco repetidamente até uma condição ser atendida.

Programas usam variáveis para trabalhar com dados

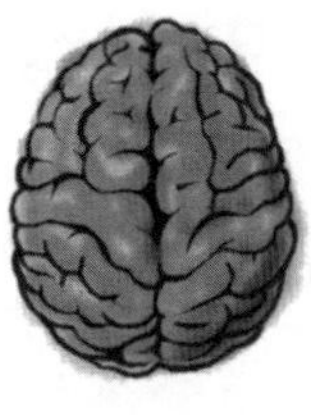

Todo programa, não importa o tamanho, trabalha com dados. Às vezes os dados estão na forma de documento ou de imagem em um videogame ou atualização da rede social, mas todos são dados. É aí que entram as **variáveis**, que o programa usa para armazenar dados.

Declare suas variáveis

Sempre que você **declara** uma variável, informa ao programa seu *tipo* e *nome*. Assim que o C# sabe o tipo da variável, ele gera erros que impedem o programa de compilar, caso você tente fazer algo sem sentido, como subtrair `"Fido"` de `48353`. Veja como declarar variáveis:

```
// Declare algumas variáveis
int maxWeight;
string message;
bool boxChecked;
```

Qualquer linha que inicia com // é um comentário e não é executada. Você usa comentários para adicionar notas ao seu código e ajudar na leitura e na compreensão dele.

Estes são tipos de variáveis. O C# usa o tipo para definir quais dados as variáveis podem manter.

Estes são nomes de variáveis. O C# não se importa com o nome das variáveis; os nomes são para você.

Por isso é muito útil escolher nomes de variáveis que façam sentido e sejam óbvios.

Sempre que seu programa precisar trabalhar com números, texto, valores true/false, ou qualquer outro tipo de dado, você usará variáveis para controlar isso.

As variáveis variam

Uma variável é igual a valores diferentes em momentos diferentes durante a execução do programa, ou seja, o valor de uma variável ***varia*** (daí "variável" ser um bom nome). Isso é muito importante, pois é uma ideia central de todo programa que você escreverá. Digamos que seu programa defina a variável `myHeight` para ser igual a 63:

```
int myHeight = 63;
```

Sempre que `myHeight` aparecer no código, o C# irá substituí-la pelo valor 63. Então, mais tarde, se você mudar o valor para 12:

```
myHeight = 12;
```

O C# substituirá `myHeight` por 12 desse ponto em diante (até ser definido de novo), mas a variável ainda se chama `myHeight`.

Você precisa atribuir valores às variáveis antes de usá-las

Tente digitar estas instruções logo abaixo da declaração "Hello World" em seu novo aplicativo de console:

Faça isto!

```
string z;
string message = "The answer is " + z;
```

Vá em frente e tente agora. Você visualizará um erro e o IDE se recusará a compilar o código. É porque ele verifica cada variável para assegurar que foi atribuída a um valor antes de ser usada. O modo mais fácil de não se esquecer de atribuir valores a suas variáveis é combinar a instrução que declara uma variável com uma instrução que atribui seu valor:

```
int maxWeight = 25000;
string message = "Hi!";
bool boxChecked = true;
```

Esses valores são atribuídos às variáveis. Você pode declarar uma variável e atribuir seu valor inicial em uma declaração (mas não é obrigatório).

Se você escrever um código que usa uma variável sem um valor atribuído, seu código não será compilado. É fácil evitar esse erro combinando a declaração da variável e a atribuição em uma única declaração.

Assim que você atribui um valor à variável, esse valor pode mudar. Portanto, não há nenhuma desvantagem em atribuir à variável um valor inicial ao declará-la.

Alguns tipos úteis

Toda variável tem um tipo que informa ao C# qual dado ela pode manter. Detalharemos os diferentes tipos no C# no Capítulo 4. Por enquanto, focaremos os três tipos mais populares: `int` mantém inteiros (ou números inteiros), `string` mantém texto e `bool` mantém valores **booleanos** true/false.

Va-ri-á-vel, substantivo.
Elemento ou característica que provavelmente muda.
Prever o clima seria muito mais fácil se os meteorologistas não tivessem que levar em conta tantas ***variáveis.***

Gere um novo método para trabalhar com variáveis

No último capítulo você aprendeu que o Visual Studio **criará o código**. É muito útil ao escrever código e ***também é uma ferramenta de aprendizagem muito valiosa***. Vamos nos basear no que você aprendeu e ver de perto a geração dos métodos.

Faça isto!

1 Adicione um método ao novo projeto MyFirstConsoleApp.

Abra o projeto Aplicativo de Console criado no último capítulo. O IDE criou seu app com um método Main que tem exatamente uma declaração:

```
Console.WriteLine("Hello World!");
```

Substitua isso por uma declaração que chama um método:

```
OperatorExamples();
```

2 Deixe o Visual Studio informar o que está errado.

Assim que você acabar de substituir a declaração, o Visual Studio desenhará uma linha ondulada sob a chamada do método. Passe o mouse sobre ela. O IDE mostrará uma janela suspensa:

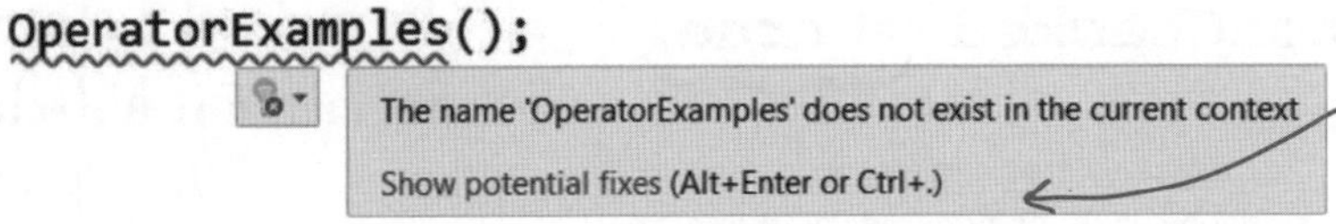
OperatorExamples();
The name 'OperatorExamples' does not exist in the current context
Show potential fixes (Alt+Enter or Ctrl+.)

No Mac, clique no link ou pressione Option+Return para mostrar as possíveis correções.

O Visual Studio informa duas coisas: que existe um problema, pois você está tentando chamar um método que não existe (o que impedirá a compilação do código); e que ele tem uma possível correção.

3 Gere o método OperatorExamples.

No **Windows**, a janela suspensa pede para você pressionar Alt+Enter ou Ctrl+. para ver as possíveis correções. No **macOS**, ele tem um link "Mostrar possíveis correções"; pressione Option+Return para vê-las. Continue e pressione uma das combinações de teclas (ou clique no menu suspenso à esquerda da janela que aparece).

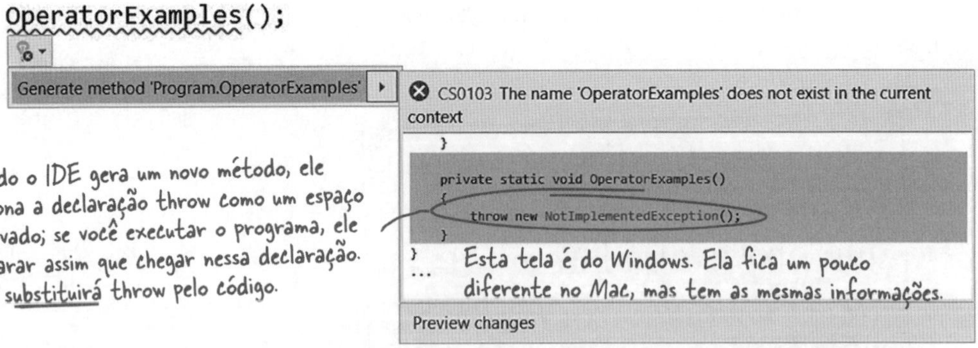
OperatorExamples();
Generate method 'Program.OperatorExamples'
CS0103 The name 'OperatorExamples' does not exist in the current context
}
private static void OperatorExamples()
{
throw new NotImplementedException();
}
}
...
Esta tela é do Windows. Ela fica um pouco diferente no Mac, mas tem as mesmas informações.
Preview changes

Quando o IDE gera um novo método, ele adiciona a declaração throw como um espaço reservado; se você executar o programa, ele irá parar assim que chegar nessa declaração. Você substituirá throw pelo código.

O IDE tem uma solução: ele criará um método chamado OperatorExamples na classe Program. **Clique em "Visualizar mudanças"** para exibir uma janela com a possível correção do IDE, que é adicionar um novo método. **Clique em Aplicar** para adicionar o método ao código.

Adicione ao método um código que usa operadores

Assim que tiver dados armazenados em uma variável, o que fazer com eles? Se for um número, você pode querer adicionar ou multiplicar. Se for uma string, pode juntá-la com outras strings. E aí entram os operadores. Veja o corpo do método para seu novo método OperatorExamples. **Adicione este código ao programa** e leia os `comentários` para aprender sobre os operadores usados.

```
private static void OperatorExamples()
{
    // Esta instrução declara uma variável e a define para 3
    int width = 3;

    // O operador ++ aumenta uma variável (soma 1 a ela)
    width++;

    // Declare mais duas variáveis int para manter os números e
    // use os operadores + e * para adicionar e multiplicar os valores
    int height = 2 + 4;
    int area = width * height;
    Console.WriteLine(area);

    // As duas instruções seguintes declaram variáveis de string
    // e use + para concatená-las (juntá-las)
    string result = "The area";
    result = result + " is " + area;
    Console.WriteLine(result);

    // Uma variável booleana é true ou false
    bool truthValue = true;
    Console.WriteLine(truthValue);
}
```

As variáveis de string contêm texto. Quando você usa o operador + com strings, ele as concatena; portanto, somar "abc" + "def" resultará em uma string "abcdef". Quando você junta strings desse modo, isso é chamado de **concatenação**.

MINI Aponte o seu lápis

As declarações que você acabou de adicionar ao código escreverão três linhas no console: cada declaração Console.WriteLine escreve uma linha separada. **Antes de executar o código**, descubra o que são e anote. E não precisa procurar uma solução, pois não incluímos uma! Basta executar o código para verificar as respostas.

Uma sugestão: converter bool em string resulta em False ou True.

Linha 1: __________

Linha 2: __________

Linha 3: __________

Use o depurador para ver as variáveis mudarem

Quando executou o programa antes, isso aconteceu em um **depurador** — que é uma ferramenta incrível e útil para entender como o programa funciona. Você pode usar **pontos de interrupção** para pausar o programa quando ele atinge certas declarações e adicionar **inspeções** para ver o valor das variáveis. Vamos usar o depurador para ver o código em ação. Usaremos estes três recursos do depurador, encontrados na barra de ferramentas:

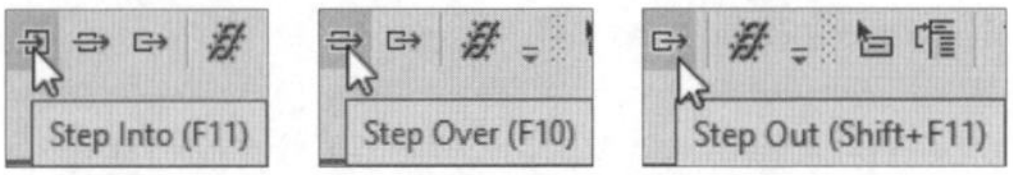
Step Into (F11)
Step Over (F10)
Step Out (Shift+F11)

Se finalizar de forma inesperada, basta usar o botão Reiniciar (↻) para reiniciar o depurador.

Depure isto!

1 Adicione um ponto de interrupção e execute o programa.

Coloque o cursor do mouse na chamada do método adicionado ao método Main do seu programa e **escolha Alternar Ponto de Interrupção (F9) no menu Depurar**. A linha deve ficar assim:

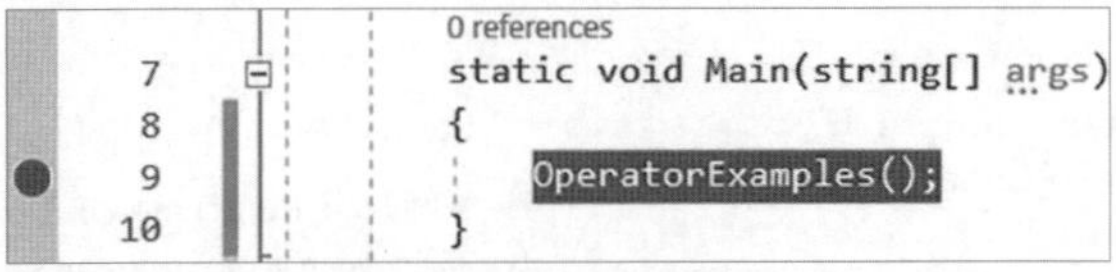
0 references
7 static void Main(string[] args)
8 {
9 OperatorExamples();
10 }

As teclas de atalho da depuração para o Mac são Pular Método (⇧⌘O), Intervir (⇧⌘I) e Sair do Método (⇧⌘U). As telas serão um pouco diferentes, mas o depurador opera exatamente igual, como visto no Capítulo 1 no *Guia do Aluno Mac*.

Pressione o botão ▶ MyFirstConsoleApp para executar o programa no depurador, como feito antes.

2 Intervenha no método.

Seu depurador parou no ponto de interrupção na declaração que chama o método OperatorExamples.

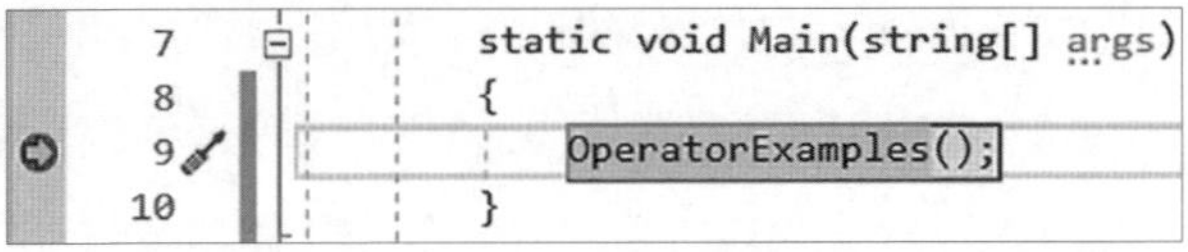
7 static void Main(string[] args)
8 {
9 OperatorExamples();
10 }

Pressione *Intervir (F11)*; o depurador irá para o método, parando antes de executar a primeira declaração.

3 Examine o valor da variável width.

Ao **percorrer seu código**, o depurador pausa depois de cada declaração executada. Isso lhe dá a oportunidade de examinar os valores das variáveis. Passe o mouse sobre a variável `width`.

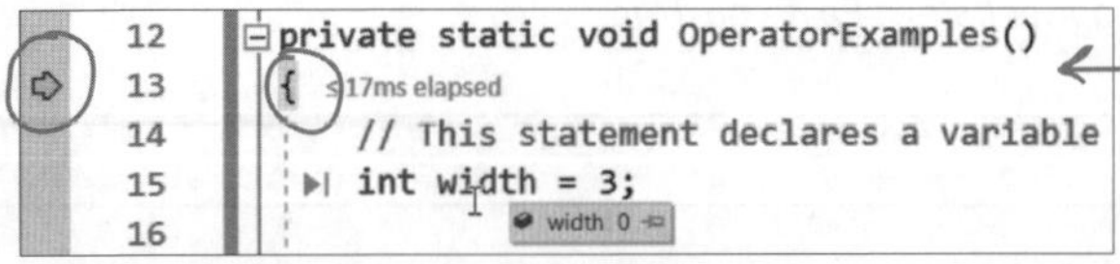
12 private static void OperatorExamples()
13 { ≤17ms elapsed
14 // This statement declares a variable
15 int width = 3;
16
width 0

A chave destacada e a seta na margem esquerda indicam que o código pausou antes da primeira declaração do método.

O IDE mostra uma janela suspensa com o valor atual da variável, que atualmente é 0. Agora **pressione Pular Método (F10)**; a execução vai para o comentário da primeira declaração, que agora está destacado. Queremos executá-lo, então **pressione Pular Método (F10) de novo**. Passe o mouse sobre `width` mais uma vez. Agora tem o valor 3.

4 **A janela Locais mostra os valores das variáveis.**

As variáveis declaradas são **locais** para o método OperatorExamples, ou seja, elas existem dentro desse método e só podem ser usadas pelas declarações no método. O Visual Studio mostra seus valores na janela Locais na parte inferior do IDE quando está depurando.

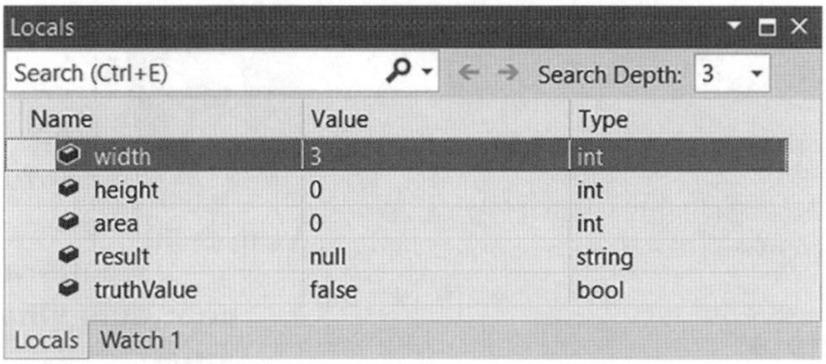
Locals
Search (Ctrl+E)
Search Depth: 3
Name
Value
Type
width
3
int
height
0
int
area
0
int
result
null
string
truthValue
false
bool
Locals
Watch 1

As janelas Locais e Assistir no Visual Studio para Mac são um pouco diferentes comparando com o Windows, mas têm as mesmas informações. Você adiciona inspeções do mesmo modo nas versões Windows e Mac do Visual Studio.

5 **Adicione uma inspeção para a variável height.**

Um recurso muito útil do depurador é a **janela Inspeção**, que costuma estar no mesmo painel da janela Locais, na parte inferior do IDE. Quando passar o mouse sobre uma variável, poderá adicionar uma inspeção clicando com o botão direito no nome da variável na janela suspensa e escolhendo Adicionar Inspeção. Passe sobre a variável `height`, então clique com o botão direito e escolha **Adicionar Inspeção** no menu.

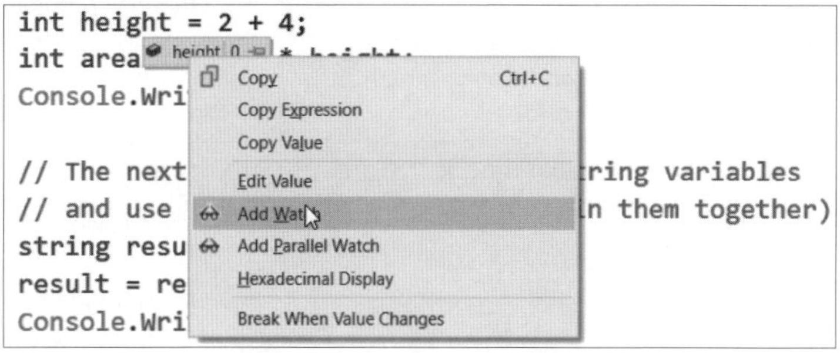
int height = 2 + 4;
int area
Console.Wri
// The next
// and use
string resu
result = re
Console.Wri
ring variables
n them together)
Copy
Ctrl+C
Copy Expression
Copy Value
Edit Value
Add Watch
Add Parallel Watch
Hexadecimal Display
Break When Value Changes

Agora você pode ver a variável `height` na janela Inspeção.

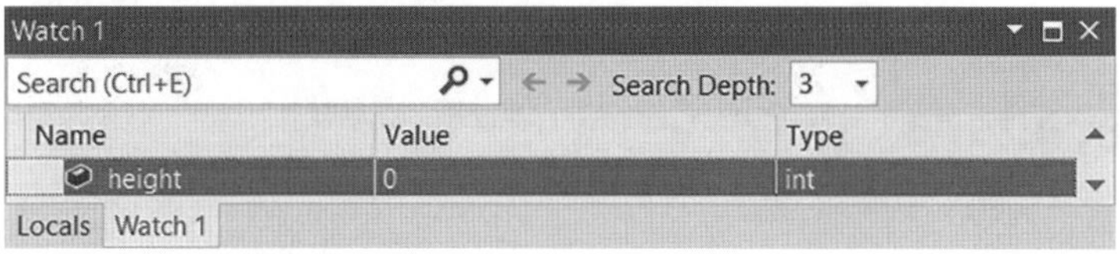
Watch 1
Search (Ctrl+E)
Search Depth: 3
Name
Value
Type
height
0
int
Locals
Watch 1

O depurador é um dos recursos mais importantes do Visual Studio e é uma ótima ferramenta para entender como funcionam os programas.

6 **Percorra o resto do método.**

Pule cada declaração em OperatorExamples. Conforme percorrer o método, fique atento à janela Locais ou à Inspeção, e inspecione os valores quando eles mudarem. No **Windows**, pressione **Alt+Tab** antes e depois das declarações Console.WriteLine para trocar para o Console de Depuração e ver a saída. No **macOS**, você verá a saída na janela Terminal; portanto, não precisa trocar as janelas.

Use operadores para trabalhar com variáveis

Assim que tem dados em uma variável, o que faz com eles? Na maioria das vezes você desejará que o código faça algo com base no valor. É aí que os **operadores de igualdade**, **relacionais** e **lógicos** são importantes:

Operadores de Igualdade

O operador == compara duas coisas e é true se elas são iguais.

O operador != funciona como ==, exceto que é true se as duas coisas comparadas são diferentes.

Operadores Relacionais

Use > e < para comparar números e ver se um número em uma variável é maior ou menor que outro.

Você também pode usar >= para verificar se um valor é maior ou igual a outro e <= para verificar se é menor ou igual.

Operadores Lógicos

Você pode combinar testes condicionais individuais em um teste longo usando o operador && para ***and*** e o operador || para ***or***.

Veja como verificar se `i` é igual a 3 ***or*** `j` é menor que 5:

```
(i == 3) || (j < 5)
```

BANG!
Veja bem!

Não confunda os operadores com dois sinais de igual!

Você usa um sinal de igual (=) para definir o valor de uma variável, mas dois sinais de igual (==) para comparar duas variáveis. É inacreditável quantos erros nos programas — até os cometidos por programadores experientes! — são causados usando = no lugar de ==. Se visualizar o IDE reclamando que você "não pode converter implicitamente o tipo 'int' em 'bool'", é provável que isso tenha acontecido.

Use operadores para comparar duas variáveis int

Você pode usar <u>testes</u> simples verificando o valor de uma variável com um operador de comparação. Veja como comparar dois ints, x e y:

```
x < y (menor que)
x > y (maior que)
x == y (igual, e sim com dois sinais de igual)
```

São os mais usados.

As declarações "if" tomam decisões

Use **declarações `if`** para pedir ao programa para fazer certas coisas apenas quando as **condições** definidas são true (ou não). A declaração `if` ***testa a condição*** e executa o código, se passou no teste. Muitas declarações `if` verificam se duas coisas são iguais. É quando você usa o operador ==. Isso é diferente do operador com um sinal de igual (=), usado para definir um valor.

```
int someValue = 10;
string message = "";

if (someValue == 24)
{
    message = "Yes, it's 24!";
}
```

Toda declaração `if` começa com um teste entre parênteses, seguido de um **bloco** de declarações entre chaves a executar, caso passe no teste.

As declarações entre chaves são executadas apenas se o teste é true.

As declarações if/else também fazem algo se uma condição não é true

As **declarações `if/else`** são exatamente isso: se uma condição é true, ela faz uma coisa ***ou faz outra***. Uma declaração `if/else` é uma declaração `if` seguida da **palavra-chave `else`** seguida de um segundo conjunto de declarações a executar. Se o teste é true, o programa executa as declarações no primeiro conjunto de chaves. Do contrário, executa as declarações no segundo conjunto.

```
if (someValue == 24)
{
  // Você pode ter quantas declarações
  // quiser entre chaves
  message = "The value was 24.";
}
else
{
  message = "The value wasn't 24.";
}
```

LEMBRE-SE: sempre use dois sinais de igual para verificar se duas coisas são iguais.

Loops realizam uma ação repetidamente

Veja algo peculiar sobre a maioria dos programas (*em especial* os jogos!): eles quase sempre envolvem fazer certas coisas repetidamente. Os **loops** servem para isso; eles informam ao programa para continuar a execução de certo conjunto de declarações enquanto alguma condição é true ou false.

Os loops while repetem as declarações enquanto uma condição é true

Em um **loop while**, todas as declarações entre chaves são executadas, contanto que a condição entre parênteses seja true.

```
while (x > 5)
{
    // As declarações entre chaves serão
    // executadas apenas se x for maior que 5,
    // então continuarão repetindo enquanto x > 5
}
```

Os loops do/while executam as declarações, depois verificam a condição

Um loop **do/while** é como um loop while, com uma diferença. O loop while primeiro faz o teste, depois executa as declarações somente se o teste é true. O loop do/while executa as declarações primeiro, ***depois*** faz o teste. Se você precisar assegurar que o loop sempre seja executado pelo menos uma vez, um loop do/while será uma boa escolha.

```
do
{
    // As declarações entre chaves são
    // executadas uma vez e continuam
    // repetindo enquanto x > 5
} while (x > 5);
```

Os loops for executam uma declaração após cada loop

Um **loop for** executa uma declaração após cada execução do loop.

Todo loop for tem **três declarações**. A primeira define o loop. Ele continuará repetindo enquanto a segunda declaração é true. E a terceira declaração é executada após cada passagem do loop.

```
for (int i = 0; i < 8; i = i + 2)
{
        // Tudo entre chaves
        // é executado quatro vezes
}
```

As partes da declaração são chamadas de inicializador (int i = 0), teste condicional (i < 8) e iterador (i = i + 2). Cada passagem de um loop for (ou qualquer loop) é chamada de iteração.

O teste condicional sempre é executado no começo de cada iteração e o iterador sempre é executado no fim dela.

Loops for de Perto

O **loop for** é um pouco mais complexo, e mais versátil, que um simples loop while ou do while. O tipo mais comum de loop for só conta até um comprimento (length). O **snippet (trecho) de código `for`** faz o IDE criar um exemplo desse tipo de loop:

```
for (int i = 0; i < length; i++)
{

}
```

Ao usar o snippet for, pressione Tab para trocar entre i e length. Se você mudar o nome da variável i, o snippet mudará automaticamente as duas outras ocorrências dela.

Um loop for tem quatro seções: inicializador, condição, iterador e corpo:

```
for (inicializador; condição; iterador) {
    corpo
}
```

Na maioria das vezes você usará o inicializador para declarar uma nova variável; por exemplo, o inicializador `int i = 0` no snippet de código `for` acima declara uma variável chamada `i` que só pode ser usada dentro do loop for. O loop executará o corpo, que pode ser uma declaração ou um bloco de declarações entre chaves, contanto que a condição seja true. No fim de cada iteração, o loop for executa o iterador. Portanto, este loop

```
for (int i = 0; i < 10; i++) {
    Console.WriteLine("Iteration #" + i);
}
```

irá iterar dez vezes, escrevendo `Iteration #0`, `Iteration #1`, ..., `Iteration #9` no console.

Aponte o seu lápis

Veja alguns loops. Escreva se cada loop será repetido para sempre ou terminará. Se terminar, quantas vezes será repetido? E mais, responda às perguntas nos comentários dos loops 2 e 3.

```
// Loop 1
int count = 5;
while (count > 0) {
   count = count * 3;
   count = count * -1;
}
```

Lembre-se: um loop for sempre executa o teste condicional no começo do bloco e o iterador no fim.

```
// Loop 4
int i = 0;
int count = 2;
while (i == 0) {
   count = count * 3;
   count = count * -1;
}
```

```
// Loop 2
int j = 2;
for (int i = 1; i < 100;
      i = i * 2)
{
     j = j - 1;
     while (j < 25)
     {
        // Quantas vezes a
        // próxima declaração
        // será executada?
        j = j + 5;
     }
}
```

```
// Loop 5
while (true) { int i = 1;}
```

```
// Loop 3
int p = 2;
for (int q = 2; q < 32;
      q = q * 2)
{
   while (p < q)
   {
      // Quantas vezes a
      // próxima declaração
      // será executada?
      p = p * 2;
   }
   q = p - q;
}
```

Dica: p começa igual a 2. Reflita sobre quando o iterador "p = p * 2" é executado.

Quando passamos exercícios Aponte o seu lápis, em geral mostramos a solução na página seguinte.

Aponte o seu lápis Solução

Veja alguns loops. Escreva se cada loop será repetido para sempre ou terminará. Se terminar, quantas vezes será repetido? E mais, responda às perguntas nos comentários dos loops 2 e 3.

```
// Loop 1
int count = 5;
while (count > 0) {
   count = count * 3;
   count = count * -1;
}
```

O loop 1 é executado uma vez.
Lembre-se: count = count * 3 multiplica a contagem por 3 e armazena o resultado (15) na mesma variável count.

```
// Loop 2
int j = 2;
for (int i = 1; i < 100;
     i = i * 2)
{
    j = j - 1;
    while (j < 25)
    {
       // Quantas vezes a
       // próxima declaração
       // será executada?
       j = j + 5;
    }
}
```

O loop 2 é executado sete vezes.
A declaração j = j + 5 é executada seis vezes.

```
// Loop 3
int p = 2;
for (int q = 2; q < 32;
     q = q * 2)
{
   while (p < q)
   {
      // Quantas vezes a
      // próxima declaração
      // será executada?
      p = p * 2;
   }
   q = p - q;
}
```

O loop 3 é executado oito vezes.
A declaração p = p * 2 é executada três vezes.

```
// Loop 4
int i = 0;
int count = 2;
while (i == 0) {
   count = count * 3;
   count = count * -1;
}
```

O loop 4 é executado para sempre.

```
// Loop 5
while (true) { int i = 1;}
```

O loop 5 também é um loop infinito..

Separe um tempo para **realmente descobrir** como funciona o loop 3. É uma oportunidade perfeita para experimentar o depurador! Coloque um ponto de interrupção em **`q = p - q;`** e **use a janela Locais** para ver os valores de **`p`** e **`q`** mudarem conforme você percorre o loop.

Use snippets de código para escrever loops

Faça isto!

Você escreverá muitos loops neste livro e o Visual Studio pode agilizar as coisas com **snippets** ou modelos simples que você pode usar para adicionar código. Usaremos snippets para adicionar alguns loops ao método OperatorExamples.

Se seu código ainda está sendo executado, escolha **Parar Depuração (Shift+F5)** no menu Depurar (ou pressione o botão quadrado Parar ■ na barra de ferramentas). Encontre a linha `Console.WriteLine(area);` no método OperatorExamples. Clique no fim dessa linha para o cursor ficar depois do ponto e vírgula, então pressione Enter algumas vezes para adicionar um espaço extra. Agora inicie o snippet. **Digite `while` e pressione Tab duas vezes.** O IDE adicionará ao seu código um modelo para um loop while, com o teste condicional destacado:

```
while (true)
{

}
```

Dica do IDE: Chaves

Se as chaves não corresponderem, seu programa não será compilado, levando a erros frustrantes. Por sorte, o IDE pode ajudar nisso! Coloque o cursor sobre uma chave e o IDE destacará a correspondência.

Digite **`area < 50`** — o IDE substituirá `true` pelo texto. **Pressione Enter** para terminar o snippet. Depois adicione duas declarações entre chaves:

```
while (area < 50)
{
    height++;
    area = width * height;
}
```

Em seguida, use o **snippet do loop `do/while`** para adicionar outro loop imediatamente após o loop while que acabou de adicionar. Digite **`do` e pressione Tab duas vezes**. O IDE adicionará este snippet:

```
do
{

} while (true);
```

Digite `area > 25` e pressione Enter para terminar. Então, adicione duas declarações entre chaves:

```
do
{
    width--;
    area = width * height;
} while (area > 25);
```

Agora **use o depurador** para ter uma boa ideia sobre como os loops funcionam:

1. Clique na linha logo acima do primeiro loop e escolha **Alternar Ponto de Interrupção (F9)** no menu Depurar para adicionar um ponto de interrupção. Execute seu código e **pressione F5** para ir até o novo ponto de interrupção.

2. Use **Pular Método (F10)** para percorrer os dois loops. Veja a janela Locais conforme os valores para `height`, `width` e `area` mudam.

3. Pare o programa e mude o teste do loop while para **`area < 20`**, para que os dois loops tenham condições falsas. Depure o programa de novo. O loop while verifica a condição primeiro e pula o loop, mas o do/while a executa uma vez e depois verifica a condição.

Aponte o seu lápis

Vamos praticar trabalhando com condicionais e loops. Atualize o método Main no aplicativo de console para que corresponda ao novo método Main abaixo, então adicione os métodos TryAnIf, TryAnIfElse e TrySomeLoops. Antes de executar o código, tente responder às perguntas. Depois execute o código e veja se acertou.

```
static void Main(string[] args)
{
    TryAnIf();
    TrySomeLoops();
    TryAnIfElse();
}
```

O que o método TryAnIf escreve no console?

....

....

```
private static void TryAnIf()
{
    int someValue = 4;
    string name = "Bobbo Jr.";
    if ((someValue == 3) && (name == "Joe"))
    {
        Console.WriteLine("x is 3 and the name is Joe");
    }
    Console.WriteLine("this line runs no matter what");
}
```

O que o método TryAnIfElse escreve no console?

....

```
private static void TryAnIfElse()
{
    int x = 5;
    if (x == 10)
    {
        Console.WriteLine("x must be 10");
    }
    else
    {
        Console.WriteLine("x isn’t 10");
    }
}
```

O que o método TrySomeLoops escreve no console?

....

```
private static void TrySomeLoops()
{
    int count = 0;

    while (count < 10)
    {
        count = count + 1;
    }

    for (int i = 0; i < 5; i++)
    {
        count = count - 1;
    }

    Console.WriteLine("The answer is " + count);
}
```

Não incluímos respostas para este exercício no livro. Basta executar o código e ver se acertou a saída do console.

Coisas úteis a lembrar sobre o código C#

- ★ **Não se esqueça de que todas as declarações precisam terminar com ponto e vírgula.**

```
name = "Joe";
```

- ★ **Adicione comentários ao código iniciando a linha com duas barras.**

```
// este texto é ignorado
```

- ★ **Use /* e */ para iniciar e terminar comentários com quebras de linha.**

```
/* este comentário
 * se estende por várias linhas */
```

- ★ **As variáveis são declaradas com um *tipo* seguido de um *nome*.**

```
int weight;
// o tipo da variável é int e seu nome é weight
```

- ★ **Na maioria das vezes, é bom ter um espaço em branco extra.**

Portanto: `int          j          =          1234          ;`

É exatamente igual a: `int j = 1234;`

- ★ **If/else, while, do e for são todos condições de teste.**

Cada loop visto até agora continua sendo executado, contanto que a condição seja true.

EXISTE UMA FALHA EM SUA LÓGICA! O QUE ACONTECE COM O LOOP SE EU ESCREVO UM LOOP COM TESTE CONDICIONAL QUE NUNCA FICA FALSE?

Seu loop é executado para sempre.

Sempre que seu programa executa um teste condicional, o resultado é **`true`** ou **`false`**. Se é **`true`**, o programa percorre o loop mais uma vez. Todo loop deve ter um código que, se executado vezes suficientes, deve fazer com que o teste condicional finalmente retorne **`false`**. Do contrário, o loop continuará sendo executado até você encerrar o programa ou desligar o computador!

Às vezes isso é chamado de loop infinito e com certeza há situações em que você desejará usar um no código.

PODER DO CÉREBRO

Você consegue imaginar um motivo para querer escrever um loop que nunca para de ser executado?

Design do jogo... e muito mais

Mecânica

A **mecânica** de um jogo são os aspectos que compõem o jogo real: suas regras, as ações que o jogador pode tomar e como o jogo se comporta em resposta a elas.

- Vamos começar com um videogame clássico. A **mecânica do Pac Man** inclui: como o joystick controla o jogador na tela; o número de locais para os pontos e as bolinhas de poder; como os fantasmas se movem; quanto tempo eles ficam azuis; como o comportamento deles muda após o jogador comer uma bolinha de poder; quando o jogador consegue vidas extras; como os fantasmas ficam lentos quando passam pelo túnel; ou seja, *todas* as regras que orientam o jogo.
- Quando designers de jogos falam sobre **mecânica**, em geral eles se referem a um modo simples de interação ou de controle, como salto duplo em uma plataforma ou escudos que só podem receber certa quantidade de disparos de uma arma. Muitas vezes é útil isolar uma mecânica para testá-la e melhorá-la.
- **Os jogos de mesa** nos dão um modo muito bom de entender o conceito de mecânica. Geradores de números aleatórios, como dados, piões e cartas são ótimos exemplos de mecânica específica.
- Você já viu um bom exemplo de mecânica: o **cronômetro** adicionado ao jogo de combinação de animais mudou a experiência por completo. Cronômetros, obstáculos, inimigos, mapas, corridas, locais... todos são mecânicas.
- Mecânicas diferentes se **combinam** de modos diversos e isso pode ter um grande impacto sobre como os jogadores vivenciam o jogo. Banco Imobiliário é um ótimo exemplo de jogo que combina dois geradores diferentes de números aleatórios (dados e cartas) para tornar o jogo mais interessante e sutil.
- A mecânica do jogo também inclui como os **dados são estruturados** e o **design do código** que lida com esses dados, mesmo se a mecânica não é intencional! O lendário *glitch do nível 256* do Pac Man, em que um bug no código preenche metade da tela com lixo e deixa o jogo impossível de ser jogado, faz parte da mecânica dele.
- Quando falamos sobre a mecânica de um jogo em C#, **isso inclui as classes e o código**, pois eles orientam como o jogo funciona

APOSTO QUE O CONCEITO DE MECÂNICA PODE ME AJUDAR EM **QUALQUER TIPO DE PROJETO**, NÃO APENAS JOGOS.

Com certeza! Todo programa tem sua própria mecânica.

Existe mecânica em todo nível de design de software. É mais fácil falar e entender no contexto de videogames. Aproveitaremos isso para ajudar a aprofundar o entendimento de mecânica, que é valioso para elaborar e criar qualquer projeto.

Um exemplo. A mecânica de um jogo determina se ele é difícil ou fácil de jogar. Torne o Pac Man mais rápido ou os fantasmas mais lentos e o jogo fica mais fácil. Isso não é necessariamente melhor nem pior, só diferente. E adivinha? A mesma ideia se aplica a como você elabora suas classes! Você pode pensar sobre ***como elabora seus métodos e campos*** como a mecânica da classe. As escolhas feitas sobre como dividir seu código em métodos, ou quando usar os campos, facilitam ou dificultam mais seu uso.

Os controles orientam a mecânica das IUs

No capítulo anterior, criamos um jogo usando os **controles** TextBlock e Grid. Mas existem muitas maneiras diferentes de usar os controles, e as escolhas feitas sobre quais usar pode realmente mudar seu app. Parece estranho? Na verdade é muito parecido com o jeito como fazemos escolhas no design do jogo. Se você está criando um jogo de mesa que precisa de um gerador de números aleatórios, pode escolher usar dados, piões ou cartas. Se está elaborando um jogo de plataforma, pode fazer o jogador dar saltos simples e duplos, saltar na parede ou voar (ou fazer coisas diferentes em momentos variados). O mesmo acontece nos apps: se está criando um app em que o usuário precisa inserir um número, pode escolher diferentes controles para tanto, ***e essa escolha afeta como o usuário vivencia o app***.

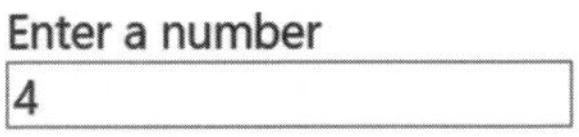
Enter a number
4

★ Uma **caixa de texto** permite inserir qualquer texto desejado. Mas precisamos de um modo de assegurar que o usuário insira apenas números, não qualquer texto.

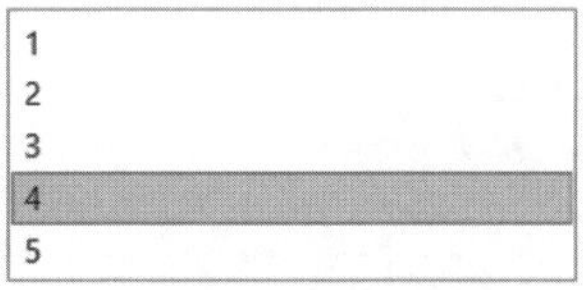
1
2
3
4
5

★ Uma **caixa de listagem** fornece um modo de escolher em uma lista de itens. Se a lista for longa, ela mostrará uma barra de rolagem para facilitar encontrar um item.

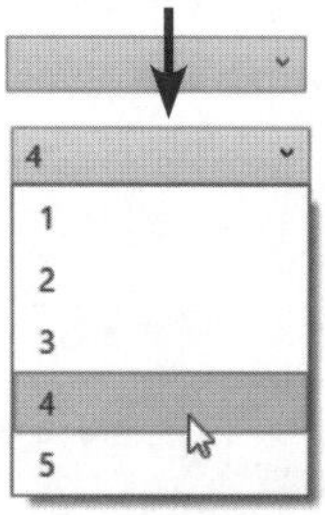
4
1
2
3
4
5

★ Uma **caixa combo** soma o comportamento das caixas de listagem e de texto. Parece uma caixa de texto normal, mas, quando clicada, uma caixa de listagem se abre.

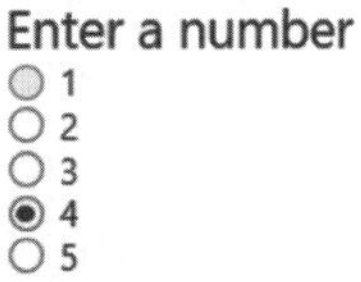
Enter a number
1
2
3
4
5

★ Os **botões de opção** permitem restringir a escolha do usuário. Use--os para números se quiser e poderá escolher como deseja seu layout.

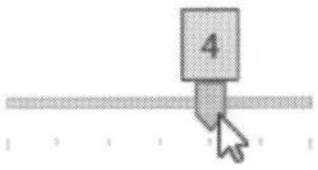
4

> Controles são componentes de interface do usuário (IU), os blocos de construção da IU. As escolhas feitas sobre quais controles usar mudam a mecânica do app.

Podemos pegar a ideia da mecânica dos videogames para entender nossas opções e, então, fazer boas escolhas para qualquer app, não apenas jogos.

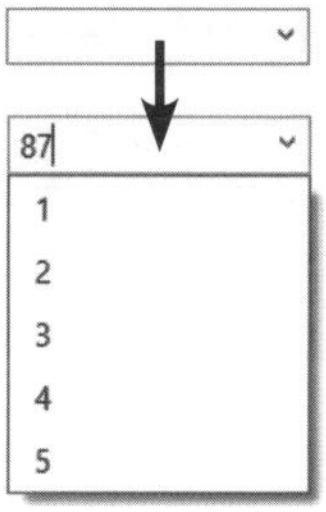
87
1
2
3
4
5

As caixas combo editáveis permitem escolher em uma lista de itens ou digitar um valor próprio.

★ Os demais controles nesta página podem ser usados para outros dados, mas as **barras deslizantes** são exclusivas para escolher um número. Números de telefone são apenas números também. Portanto, *tecnicamente*, você poderia usar uma barra deslizante para escolher um telefone. Você acha uma boa escolha?

7,183,876,962

O resto deste capítulo tem um projeto para criar um app de desktop WPF para Windows. Acesse o Guia do Aluno Visual Studio para Mac e veja o projeto macOS correspondente.

Crie um app WPF para experimentar os controles

Faça isto!

Se você preencheu um formulário em uma página da web, viu os controles mostrados aqui (mesmo que não saiba os nomes oficiais). Agora vamos **criar um app WPF** para praticar o uso dos controles. O app será bem simples, a única coisa que ele fará é deixar o usuário escolher um número e exibir o que foi selecionado.

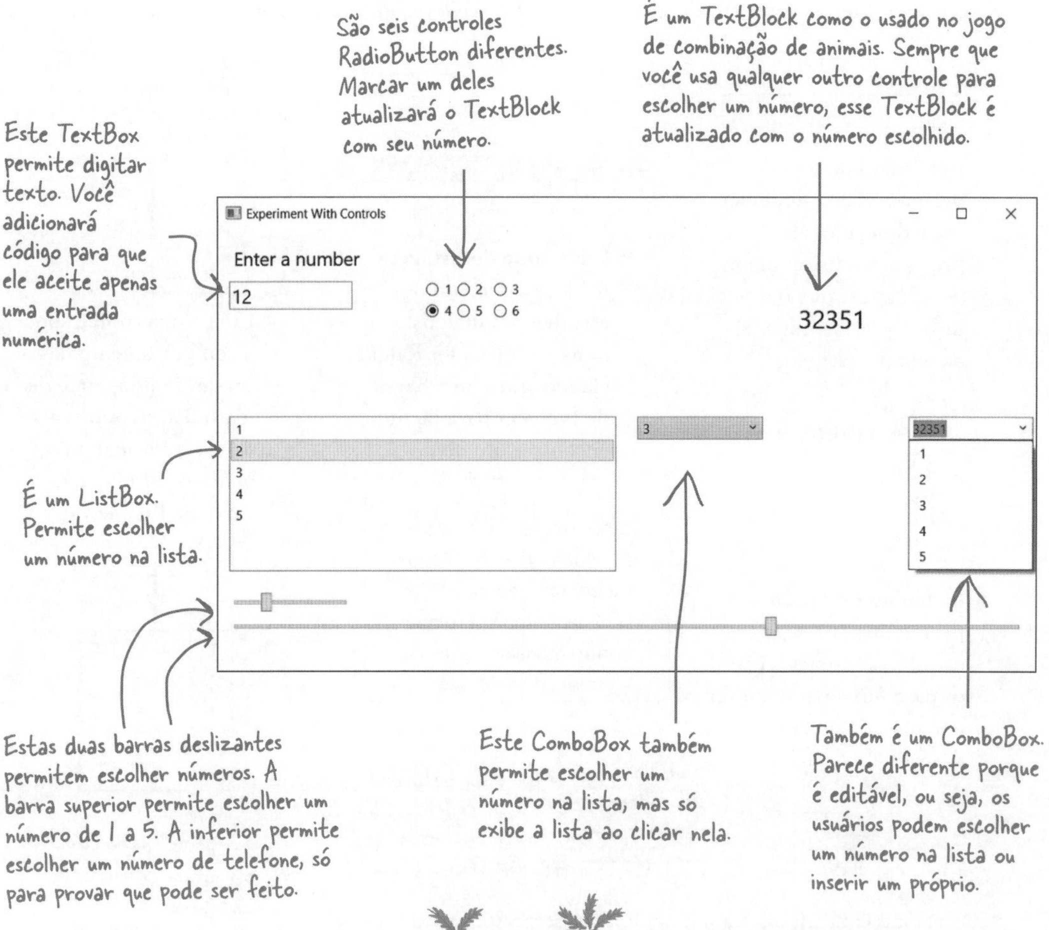
São seis controles RadioButton diferentes. Marcar um deles atualizará o TextBlock com seu número.
É um TextBlock como o usado no jogo de combinação de animais. Sempre que você usa qualquer outro controle para escolher um número, esse TextBlock é atualizado com o número escolhido.
Este TextBox permite digitar texto. Você adicionará código para que ele aceite apenas uma entrada numérica.
Experiment With Controls
Enter a number
12
1 2 3
4 5 6
32351
1
2
3
4
5
3
32351
É um ListBox. Permite escolher um número na lista.
Estas duas barras deslizantes permitem escolher números. A barra superior permite escolher um número de 1 a 5. A inferior permite escolher um número de telefone, só para provar que pode ser feito.
Este ComboBox também permite escolher um número na lista, mas só exibe a lista ao clicar nela.
Também é um ComboBox. Parece diferente porque é editável, ou seja, os usuários podem escolher um número na lista ou inserir um próprio.

Relaxe

Não se preocupe em envolver o XAML e colocar os controles na memória.

Esse **Faça isto!** e os exercícios são para praticar usando o XAML e criar uma IU com controles. Sempre será possível consultar de novo quando usarmos esses controles nos projetos mais adiante no livro.

Exercício

No Capítulo 1 você adicionou definições de linha e de coluna à grade no app WPF; e criou especificamente uma grade com cinco linhas e quatro colunas iguais. Você fará o mesmo neste app. No exercício, usará o que aprendeu sobre XAML no Capítulo 1 para iniciar seu app WPF.

Crie um novo projeto WPF

Inicie o Visual Studio 2019 e **crie um novo projeto WPF**, como fez com o jogo de combinação de animais no Capítulo 1. Escolha "Criar um novo projeto" e selecione WPF App (.NET Core).

Create a new project
Choose a project template with code scaffolding to get started

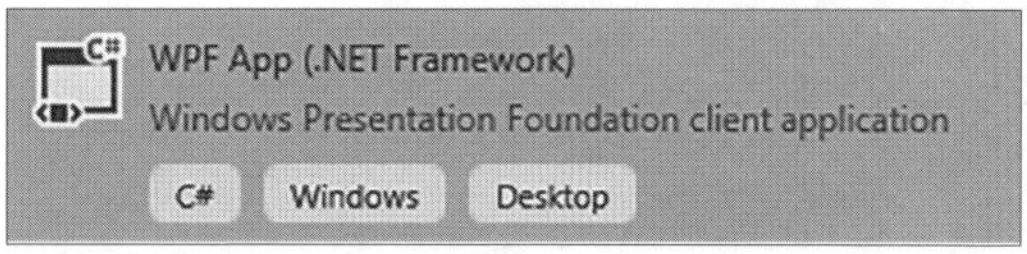
WPF App (.NET Framework)
Windows Presentation Foundation client application
C#
Windows
Desktop

Nomeie o projeto como **ExperimentWithControls**.

Defina o título da janela

Modifique a propriedade `Title` da tag `<Window>` para definir o título da janela para `Experiment With Controls`.

Adicione linhas e colunas

Adicione três linhas e duas colunas. Cada uma das duas primeiras linhas deve ter duas vezes o tamanho da terceira, e as duas colunas devem ter a largura igual.

É assim que sua janela fica no designer:

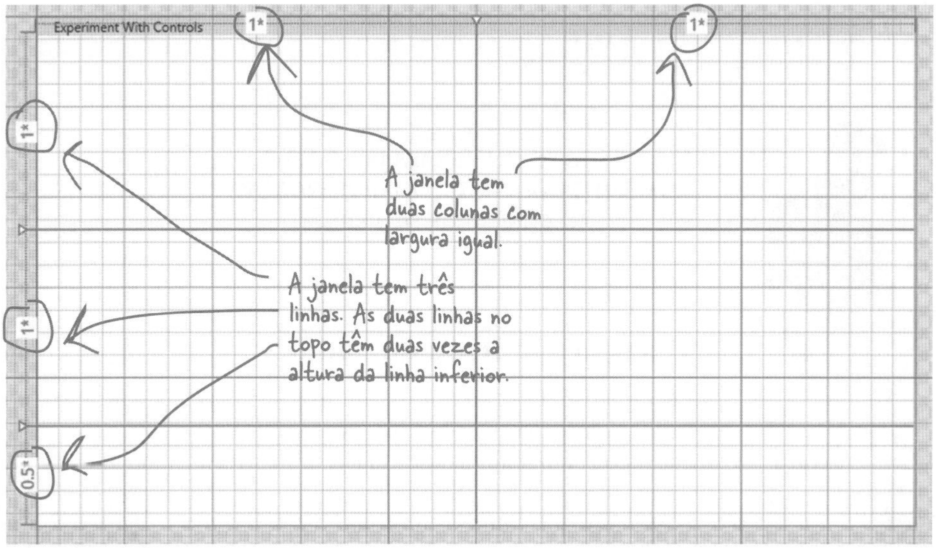
Experiment With Controls
1*
1*
1*
1*
0.5*
A janela tem duas colunas com largura igual.
A janela tem três linhas. As duas linhas no topo têm duas vezes a altura da linha inferior.

Exercício Solução

Veja o XAML da janela principal. Usamos `lighter color` para o código XAML que o Visual Studio criou e você não precisou alterar. Foi preciso mudar a propriedade na tag `<Window>` e, então, adicionar as seções `<Grid.RowDefinitions>` e `<Grid.ColumnsDefinitions>`.

```
<Window x:Class="ExperimentWithControls.MainWindow"
      xmlns="http://schemas.microsoft.com/winfx/2006/xaml/presentation"
      xmlns:x="http://schemas.microsoft.com/winfx/2006/xaml"
      xmlns:d="http://schemas.microsoft.com/expression/blend/2008"
      xmlns:mc="http://schemas.openxmlformats.org/markup-compatibility/2006"
      xmlns:local="clr-namespace:ExperimentWithControls"
      mc:Ignorable="d"
      Title="Experiment With Controls" Height="450" Width="800">
    <Grid>

      <Grid.RowDefinitions>
          <RowDefinition/>
          <RowDefinition/>
          <RowDefinition Height=".5*"/>
      </Grid.RowDefinitions>

      <Grid.ColumnDefinitions>
          <ColumnDefinition/>
          <ColumnDefinition/>
      </Grid.ColumnDefinitions>

    </Grid>
</Window>
```

Mude a propriedade Title da janela para definir o título dela.

Definir a altura da linha inferior para .5* faz com que ela tenha a metade da altura das outras linhas. Você também pode definir as alturas das duas outras linhas para 2* (ou definir as duas superiores para 4* e a inferior para 2*, as duas superiores para 1000* e a inferior para 500* etc.).

APOSTO QUE SERIA UM ÓTIMO MOMENTO PARA ADICIONAR O PROJETO AO CONTROLE DE VERSÃO...

"O seguro morreu de velho."

É um velho ditado, anterior ao recurso de gravação automática dos videogames e quando era preciso colocar isto no computador para fazer backup dos programas… mas ainda é um ótimo conselho! O Visual Studio facilita adicionar seu projeto ao controle de versão e mantê-lo atualizado, assim você sempre conseguirá voltar e ver o progresso feito.

Adicione um controle TextBox ao app

Um **controle TextBox** dá ao usuário uma caixa para inserir texto, então vamos adicionar uma ao app. Mas não queremos um TextBox sem um rótulo; portanto, primeiro adicionaremos um **controle Label** (muito parecido com TextBlock, exceto por seu uso específico para adicionar rótulos a outros controles).

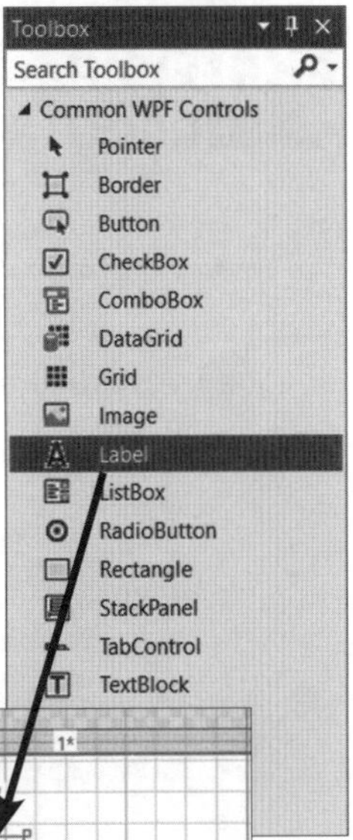
Toolbox
Search Toolbox
Common WPF Controls
Pointer
Border
Button
CheckBox
ComboBox
DataGrid
Grid
Image
Label
ListBox
RadioButton
Rectangle
StackPanel
TabControl
TextBlock

1 **Arraste Label da Caixa de Ferramentas para a célula superior esquerda da grade.**

É exatamente como você adicionou controles TextBlock ao jogo de combinação de animais no Capítulo 1, mas desta vez você está fazendo com um controle Label. Não importa para onde arrastou na célula, contanto que esteja na célula superior esquerda.

2 **Defina o tamanho do texto e o conteúdo de Label.**

Com o controle Label selecionado, vá para a janela Propriedades, expanda a seção Texto e defina o tamanho da fonte para **18px**. Expanda a seção Comum e defina Conteúdo para o texto `Enter a number`.

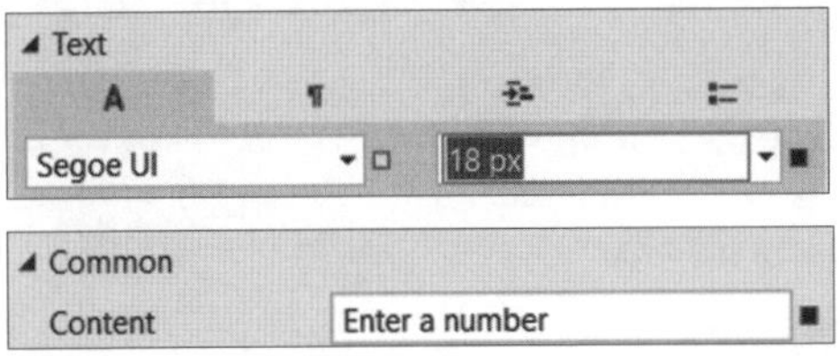
Text
Segoe UI
18 px
Common
Content
Enter a number

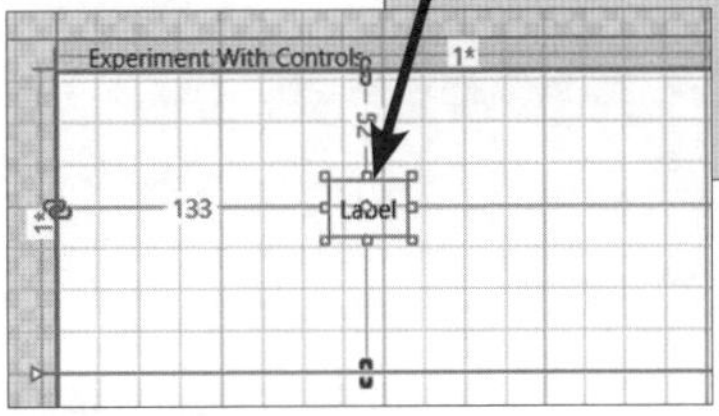
Experiment With Controls
1*
133
Label

3 **Arraste Label para a esquerda superior da célula.**

Clique em Label no designer e arraste para a esquerda superior, Quando estiver 10 pixels distante da borda da célula esquerda ou superior, você verá barras cinza aparecendo e terá uma margem de 10px.

O XAML da sua janela agora deve ter um controle Label:

```
<Label Content="Enter a number" FontSize="18"
       Margin="10,10,0,0" HorizontalAlignment="Left"
       VerticalAlignment="Top"/>
```

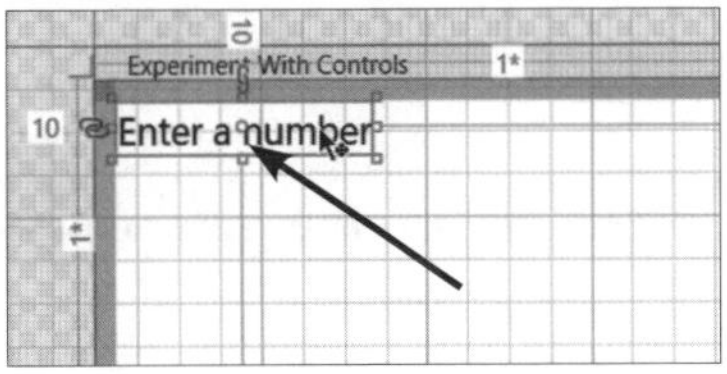
Experiment With Controls
1*
10
10
Enter a number

MINI Exercício

No Capítulo 1 você adicionou controles TextBlock a muitas células na grade e colocou **?** dentro de cada uma. Também nomeou o controle Grid e um dos controles TextBlock. Para este projeto, **adicione um controle TextBlock**, nomeie-o como ***number***, defina o texto para **#**, e o tamanho da fonte para **24px**, e **centralize-o** na **célula superior direita** da grade.

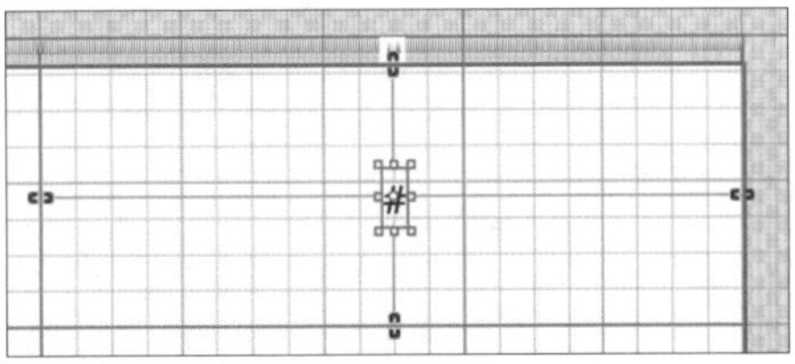
#

Mini Exercício Solução

Veja o XAML do TextBlock que fica na célula direita superior da grade. Você pode usar o designer visual ou digitar o XAML. Apenas verifique se TextBlock tem exatamente as mesmas propriedades desta solução, mas, como antes, <u>tudo bem se suas propriedades estiverem em uma ordem diferente</u>.

```
<TextBlock x:Name="number" Grid.Column="1" Text="#" FontSize="24"
        HorizontalAlignment="Center" VerticalAlignment="Center"
TextWrapping="Wrap"/>
```

4 Arraste um TextBox para a célula superior esquerda da grade.

Seu app terá um TextBox posicionado logo abaixo de Label para que o usuário possa digitar números. Arraste-o para que fique à esquerda e abaixo de Label; as mesmas barras cinza aparecerão para posicioná-lo logo abaixo de Label com uma margem esquerda de 10px. Defina o nome para **`numberTextBox`**, o tamanho da fonte para **`18px`** e o texto para **`0`**.

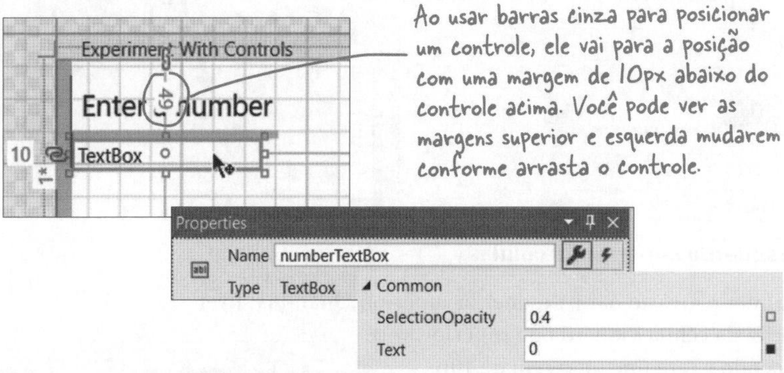

Experiment With Controls
Enter a number
49
10
TextBox
1*
Properties
Name numberTextBox
Type TextBox
Common
SelectionOpacity 0.4
Text 0

Ao usar barras cinza para posicionar um controle, ele vai para a posição com uma margem de 10px abaixo do controle acima. Você pode ver as margens superior e esquerda mudarem conforme arrasta o controle.

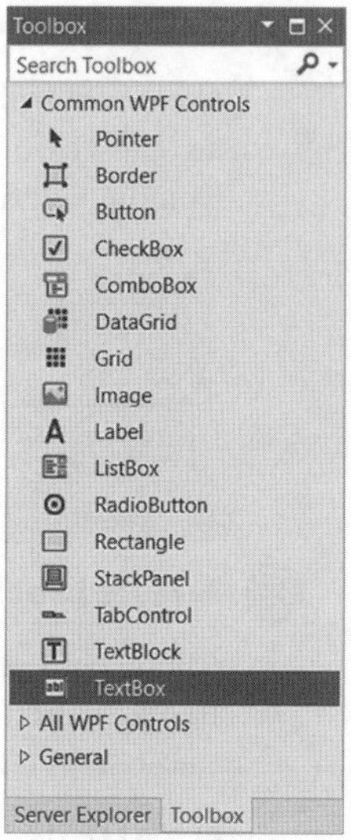

Toolbox
Search Toolbox
Common WPF Controls
Pointer
Border
Button
CheckBox
ComboBox
DataGrid
Grid
Image
Label
ListBox
RadioButton
Rectangle
StackPanel
TabControl
TextBlock
TextBox
All WPF Controls
General
Server Explorer
Toolbox

Agora sua janela fica assim: →

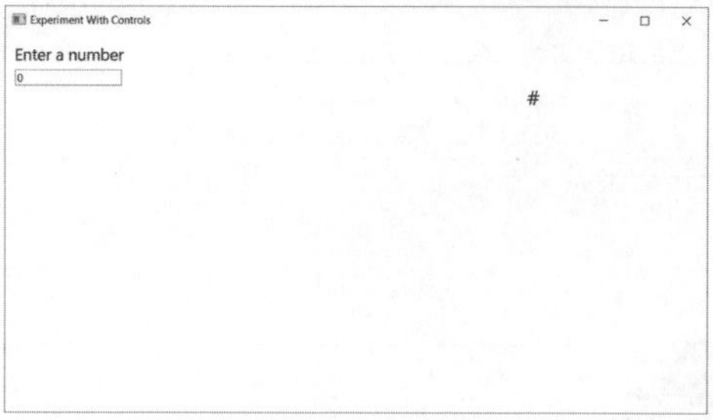

Experiment With Controls
Enter a number
0
#

E o código XAML que aparece dentro de <Grid> após as definições da linha e da coluna, e antes de </Grid>, deve ficar assim:

```
<Label Content="Enter a number" FontSize="18" Margin="10,10,0,0"
       HorizontalAlignment="Left" VerticalAlignment="Top" />
<TextBox x:Name="numberTextBox" FontSize="18" Margin="10,49,0,0"
Text="0" Width="120"
         HorizontalAlignment="Left" TextWrapping="Wrap"
VerticalAlignment="Top" />
<TextBlock x:Name="number" Grid.Column="1" Text="#" FontSize="24"
         HorizontalAlignment="Center"
VerticalAlignment="Center" TextWrapping="Wrap" />
```

Lembre-se, tudo bem se suas propriedades têm uma ordem diferente ou se há quebras de linha.

Adicione o código C# para atualizar o TextBlock

No Capítulo 1 você adicionou **manipuladores de evento**, ou seja, métodos chamados quando certo evento é **gerado** (às vezes dizemos que o evento é **inicializado** ou **disparado**), para lidar com os cliques do mouse no jogo de combinação de animais. Agora adicionará um manipulador ao code-behind que é chamado sempre que o usuário insere texto no TextBox e copia esse texto para o TextBlock adicionado à célula direita superior no miniexercício.

Ao clicar duas vezes em um controle TextBox, o IDE adiciona um manipulador para o evento TextChanged, chamado sempre que o usuário muda seu texto. Clicar duas vezes nos outros tipos de controle pode adicionar outros manipuladores e, em alguns casos (como em TextBlock), não adiciona nenhum manipulador.

1 Clique duas vezes no controle TextBox para adicionar o método.

Assim que clicar duas vezes em TextBox, o IDE **adicionará automaticamente um método do manipulador de eventos do C#** ligado a seu evento TextChanged. Ele gera um método vazio e lhe dá um nome, que consiste no nome do controle (`numberTextBox`) seguido de um sublinhado e o evento sendo lidado, numberTextBox_TextChanged:

```
private void numberTextBox _ TextChanged(object sender,
TextChangedEventArgs e)
{

}
```

2 Adicione o código ao novo manipulador de eventos TextChanged.

Sempre que o usuário inserir texto em TextBox, queremos que o app o copie para o TextBlock adicionado à célula superior direita da grade. Como você nomeou o TextBlock (`number`), assim como o TextBox (`numberTextBox`), basta uma linha de código para copiar o conteúdo:

```
private void numberTextBox _ TextChanged(object sender,
TextChangedEventArgs e)
{
    number.Text = numberTextBox.Text;
}
```

Esta linha de código define o texto no TextBlock para que seja igual ao texto no TextBox e seja chamado sempre que o usuário muda o texto no TextBox.

Agora execute o app. **Opa! Tem algo errado, ele gerou uma exceção.**

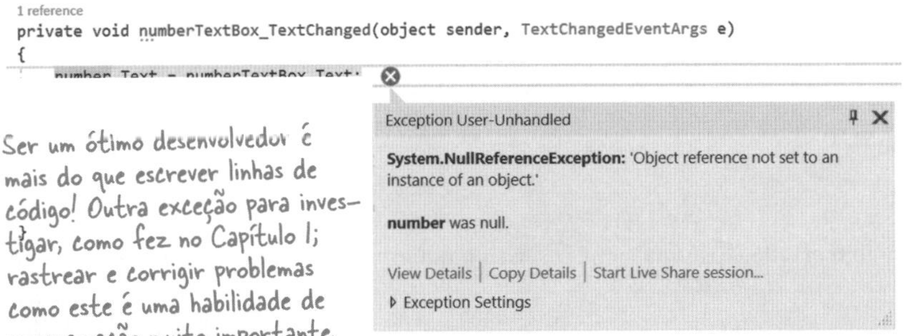
1 reference
private void numberTextBox_TextChanged(object sender, TextChangedEventArgs e)
{
Exception User-Unhandled
System.NullReferenceException: 'Object reference not set to an instance of an object.'
number was null.
View Details | Copy Details | Start Live Share session...
Exception Settings

Ser um ótimo desenvolvedor é mais do que escrever linhas de código! Outra exceção para investigar, como fez no Capítulo 1; rastrear e corrigir problemas como este é uma habilidade de programação muito importante.

Veja a parte inferior do IDE. Existe uma janela Autos que mostra qualquer variável definida. Se não a visualiza, escolha *Depurar>> Janelas>> Autos* a partir do menu.

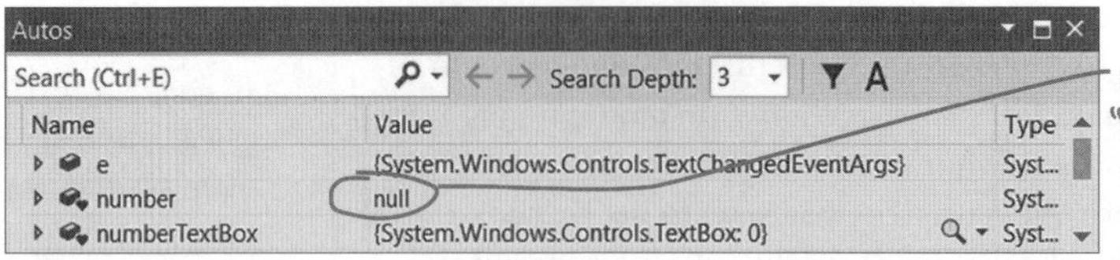
Autos
Search (Ctrl+E)
Search Depth: 3
Name
Value
Type
e
{System.Windows.Controls.TextChangedEventArgs}
Syst...
number
null
Syst...
numberTextBox
{System.Windows.Controls.TextBox: 0}
Syst...

O TextBox number informa "null" e vemos a mesma palavra em NullReferenceException.

O que está acontecendo, ***e o mais importante, como corrigir?***

Investigue

A janela Autos mostra as variáveis usadas pela declaração que gerou a exceção: `number` e `numberTextBox`. O valor de `numberTextBox` é *{System.Windows.Controls.TextBox: 0}*, e um bom TextBox fica assim no depurador. Mas o valor de `number` (o TextBlock para o qual você tenta copiar o texto), é **null**. Você saberá mais sobre o que significa null posteriormente no livro.

Aqui está uma pista muito importante: o IDE informa que o **TextBlock `number` não é inicializado**.

O problema é que o XAML do TextBox inclui `Text="0"`, então, quando o app começa a ser executado, ele inicializa o TextBox e tenta definir o texto. Isso inicia o manipulador de eventos TextChanged, que tenta copiar o texto para o TextBlock. Mas o TextBlock ainda é null, por isso o app gera uma exceção.

Mover a tag TextBlock no XAML para ela ficar acima de TextBox faz com que o TextBlock seja inicializado primeiro.

Tudo o que precisamos fazer para corrigir o bug é assegurar que TextBlock seja inicializado antes de TextBox. Quando um WPF inicia, os controles são **inicializados na ordem em que aparecem no XAML**. Você pode corrigir o bug ***mudando a ordem* dos controles no XAML**.

Troque a ordem dos controles TextBlock e TextBox para que TextBlock apareça acima de TextBox:

```
<Label Content="Enter a number" ... />
<TextBlock x:Name="number" Grid.Column="1" ... />
<TextBox x:Name="numberTextBox" ... />
```

Selecione a tag TextBlock no editor XAML, mova-a para ficar acima do TextBox para ele ser inicializado primeiro.

O app ainda deve ficar exatamente igual no designer, o que faz sentido, porque ele ainda tem os mesmos controles. Agora execute o app de novo. Desta vez ele é iniciado e agora o TextBox só aceita uma entrada numérica.

3 Execute o app e experimente o TextBox.

Use o botão Iniciar Depuração (ou escolha Iniciar Depuração (F5) no menu Depurar) para iniciar o app, como no jogo de combinação de animais no Capítulo 1 (se aparecerem ferramentas de execução, você pode desativá-las como antes). Digite qualquer número no TextBox e ele será copiado.

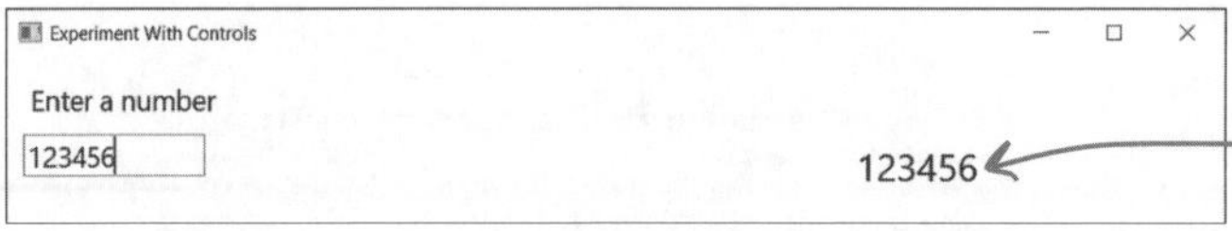
Experiment With Controls
Enter a number
123456
123456

Ao digitar um número no TextBox, o manipulador de eventos TextChange o copia para o TextBlock.

Mas tem algo errado; você consegue inserir qualquer texto no TextBox, não apenas números!

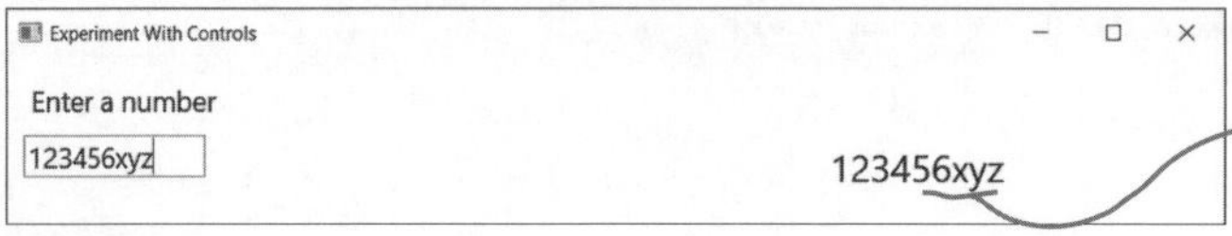
Experiment With Controls
Enter a number
123456xyz
123456xyz

Deve haver um modo de permitir ao usuário inserir apenas números! Como acha que faremos isso?

Adicione um manipulador de eventos que permita apenas a entrada de números

O botão Chave à direita superior da janela Propriedades mostra as propriedades do controle selecionado. O botão Raio troca para mostrar os manipuladores de evento.

Quando você adicionou o evento MouseDown ao TextBlock no Capítulo 1, usou os botões à direita superior da janela Propriedades para trocar entre propriedades e eventos. Agora fará a mesma coisa, exceto que desta vez usará o **evento PreviewTextInput** para aceitar a entrada composta de números e rejeitará qualquer coisa que não seja número.

Se seu app está em execução atualmente, pare-o. Vá para o designer, clique em TextBox para selecioná-lo e troque a janela Propriedades para mostrar seus eventos. Desça e **clique duas vezes dentro da caixa ao lado de PreviewTextInput** para fazer o IDE gerar um método do manipulador de eventos.

Faça isto!

Selecione o TextBox no designer, então use o botão Raio na janela Propriedades para exibir os eventos.

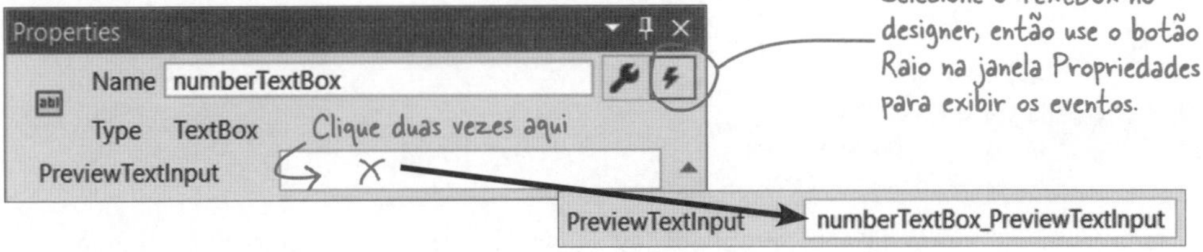
Properties
Name numberTextBox
Type TextBox
Clique duas vezes aqui
PreviewTextInput
PreviewTextInput
numberTextBox_PreviewTextInput

O novo método do manipulador de eventos terá uma declaração:

```
private void numberTextBox _ PreviewTextInput(object sender,
TextCompositionEventArgs e)
{
    e.Handled = !int.TryParse(e.Text, out int result);
}
```

Você saberá mais sobre int.TryParse mais adiante. Agora, basta digitar o código exatamente como aparece aqui.

Veja como funciona:

1. O manipulador de eventos é chamado quando o usuário insere texto em TextBox, mas ***antes*** do TextBox ser atualizado.
2. Ele usa um método especial chamado `int.TryParse` para verificar se o texto inserido é um número.
3. Se o usuário inseriu um número, ele define `e.Handled` para `true`, que informa ao WPF para ignorar a entrada.

Antes de executar o código, volte e veja a tag XAML para TextBox:

```
<TextBox x:Name="numberTextBox" FontSize="18" Margin="10,49,0,0" Text="0"
Width="120"
        HorizontalAlignment="Left" TextWrapping="Wrap" VerticalAlignment="Top"
    TextChanged="numberTextBox _ TextChanged"
        PreviewTextInput="numberTextBox _ PreviewTextInput" />
```

Agora ela está ligada a dois manipuladores de evento: o evento TextChange está ligado a um método do manipulador chamado numberTextBox_TextChanged e logo abaixo o evento PreviewTextInput está ligado a um método chamado numberTextBox_PreviewTextInput.

Exercício

Adicione o resto dos controles XAML para o app ExperimentWithControls: botões de opção, caixa de listagem, duas caixas combo diferentes e duas barras deslizantes. Cada controle atualizará o TextBlock na célula superior direita da grade.

Adicione botões de opção à célula esquerda superior ao lado de TextBox

Arraste um RadioButton da Caixa de Ferramentas para a célula superior esquerda da grade. Depois arraste-o até o lado esquerdo dele ficar alinhado com o centro da célula e o topo ficar alinhado com o topo do TextBox. Conforme você arrasta os controles no designer, **linhas de orientação** aparecem para ajudar a alinhar tudo muito bem, e o controle pula para essas linhas.

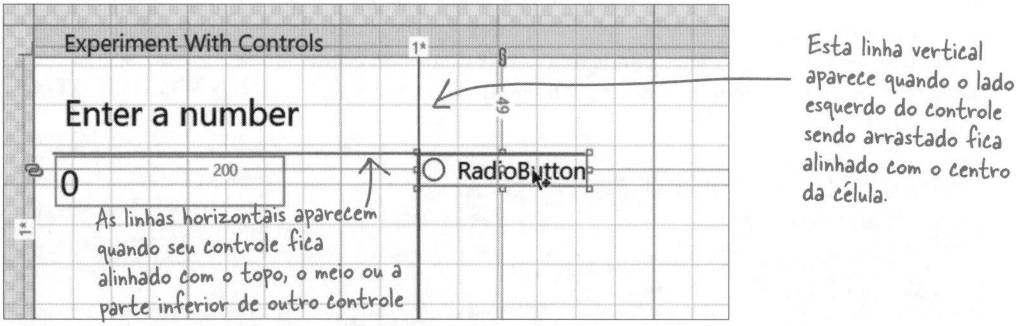
Experiment With Controls
Enter a number
0
200
RadioButton
As linhas horizontais aparecem quando seu controle fica alinhado com o topo, o meio ou a parte inferior de outro controle
Esta linha vertical aparece quando o lado esquerdo do controle sendo arrastado fica alinhado com o centro da célula.

Expanda a seção Comum da janela Propriedades e defina a propriedade Content do controle RadioButton para 1.

Em seguida, adicione mais cinco controles RadioButton, alinhe-os e defina suas propriedades Content. Desta vez, não arraste para fora da Caixa de Ferramentas. Em vez disso, **clique em RadioButton nessa Caixa, depois clique dentro da célula**. *(O motivo para fazer isso é que, se você tiver um RadioButton selecionado e arrastar outro controle para fora da Caixa de Ferramentas, o IDE aninhará o novo controle no RadioButton. Você saberá mais sobre como aninhar controles posteriormente neste livro.)*

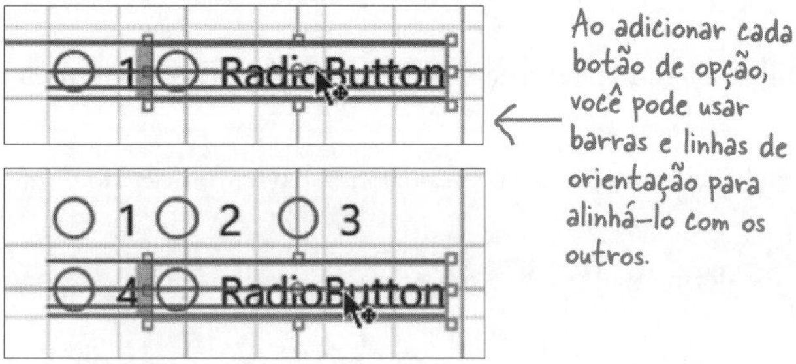
1
RadioButton
1
2
3
4
RadioButton
Ao adicionar cada botão de opção, você pode usar barras e linhas de orientação para alinhá-lo com os outros.

Ainda vendo manipuladores de evento e não propriedades na janela Propriedades? Use o botão Chave para exibir as propriedades de novo; se usou a caixa de pesquisa, limpe-a.

Adicione uma caixa de listagem à célula do meio à esquerda da grade

Clique em ListBox na Caixa de Ferramentas, depois clique dentro da célula do meio à esquerda para adicionar o controle. Na seção Layout, defina todas as margens para 10.

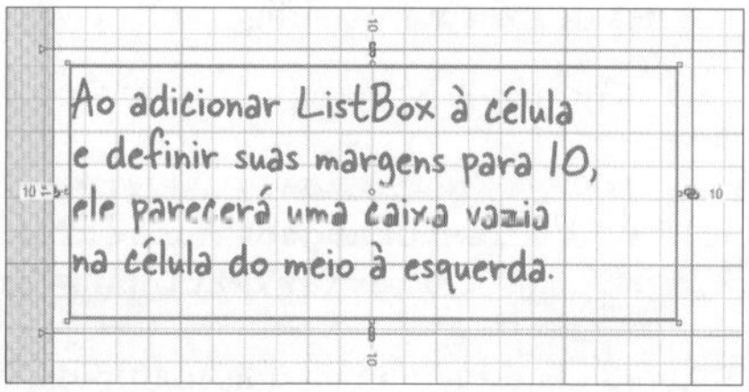
Ao adicionar ListBox à célula e definir suas margens para 10, ele parecerá uma caixa vazia na célula do meio à esquerda.

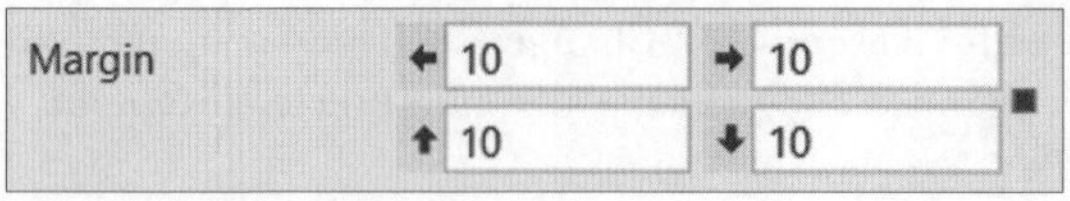
Margin
10
10
10
10

Exercício

Nomeie ListBox como myListBox e adicione ListBoxItems

A finalidade do ListBox é permitir que o usuário escolha um número. Faremos isso adicionando **itens** à lista. Selecione ListBox, expanda Comum na janela Propriedades e **clique no botão Editar Itens** ao lado de Itens (...). **Adicione cinco itens ListBoxItem** e defina seus valores Content para números de 1 a 5.

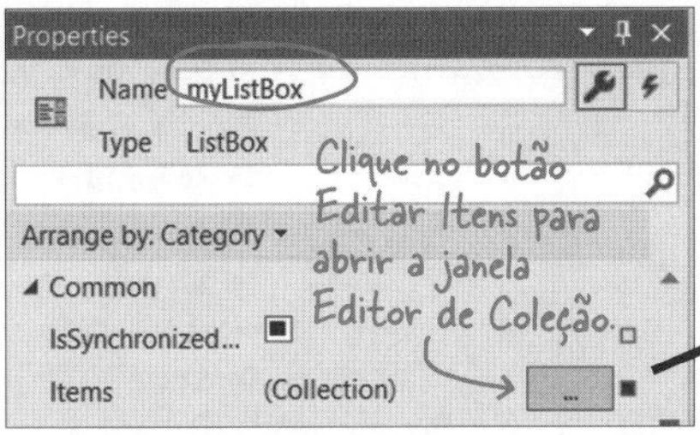
Properties
Name myListBox
Type ListBox
Arrange by: Category
Common
IsSynchronized...
Items (Collection)
Clique no botão Editar Itens para abrir a janela Editor de Coleção.

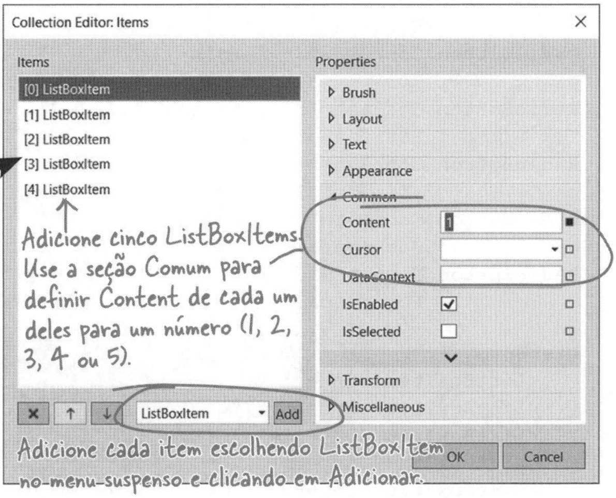
Collection Editor: Items
Items
[0] ListBoxItem
[1] ListBoxItem
[2] ListBoxItem
[3] ListBoxItem
[4] ListBoxItem
Properties
Brush
Layout
Text
Appearance
Common
Content
Cursor
DataContext
IsEnabled
IsSelected
Transform
Miscellaneous
ListBoxItem
Add
OK
Cancel
Adicione cinco ListBoxItems. Use a seção Comum para definir Content de cada um deles para um número (1, 2, 3, 4 ou 5).
Adicione cada item escolhendo ListBoxItem no menu suspenso e clicando em Adicionar.

Agora seu ListBox fica assim:

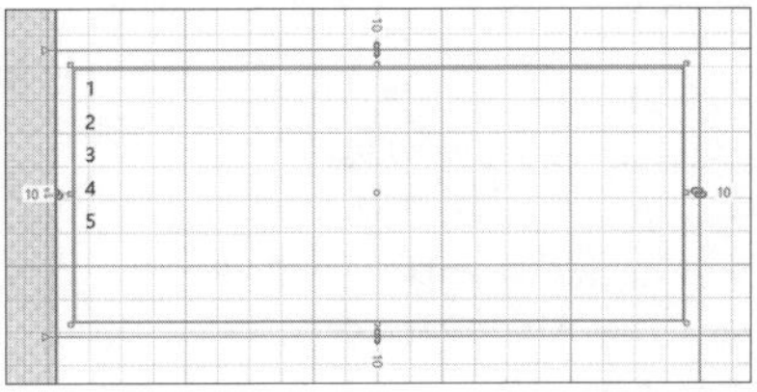

Adicione dois ComboBoxes diferentes à célula do meio à direita na grade

Clique em ComboBox na Caixa de Ferramentas, então clique dentro da célula do meio à direita para **adicionar um ComboBox e nomeie-o como readOnlyComboBox**. Arraste-o para a esquerda superior e use as barras cinza para que ele tenha margens esquerda e superior medindo 10. Depois **adicione outro ComboBox chamado editableComboBox** para a mesma célula e alinhe-o com a direita superior.

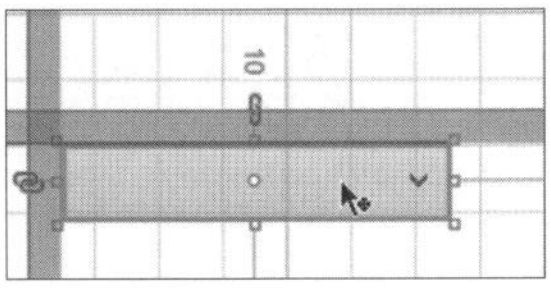

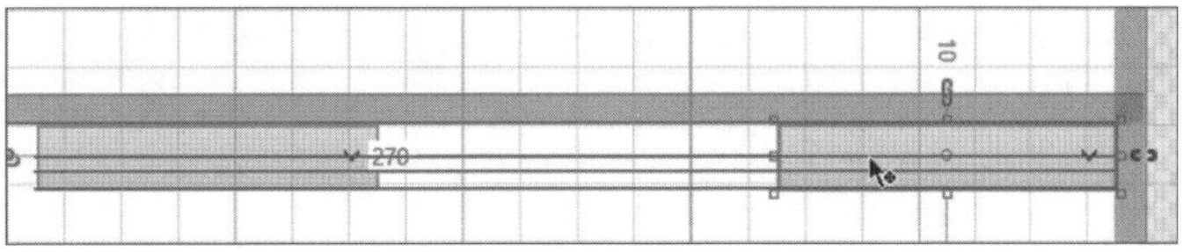

Use a janela Editor de Coleção para **adicionar os mesmos ListBoxItems** com números 1, 2, 3, 4 e 5 aos ***dois*** ComboBoxes; você precisará fazer isso para o primeiro ComboBox, depois para o segundo.

Por fim, **torne editável o ComboBox à direita** expandindo a seção Comum na janela Propriedades e marcando IsEditable. Agora o usuário pode digitar seu próprio número nesse ComboBox.

Common
IsDropDownOpen
IsEditable
IsReadOnly

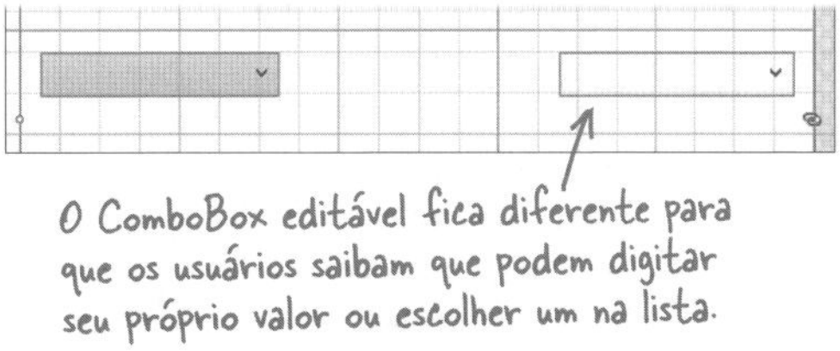
O ComboBox editável fica diferente para que os usuários saibam que podem digitar seu próprio valor ou escolher um na lista.

Exercício Solução

Veja o XAML para os controles RadioButton, ListBox e dois ComboBox adicionados no exercício. Esse XAML deve estar bem na parte inferior do conteúdo da grade; você deve encontrar estas linhas logo acima da tag `</Grid>` de fechamento. Como em qualquer outro XAML visto até agora, tudo bem se as propriedades de uma tag estão em uma ordem diferente no código ou se você tem quebras de linha diferentes.

```
<RadioButton Content="1" Margin="200,49,0,0"
             HorizontalAlignment="Left" VerticalAlignment="Top"/>
<RadioButton Content="2" Margin="230,49,0,0"
             HorizontalAlignment="Left" VerticalAlignment="Top"/>
<RadioButton Content="3" Margin="265,49,0,0"
             HorizontalAlignment="Left" VerticalAlignment="Top"/>
<RadioButton Content="4" Margin="200,69,0,0"
             HorizontalAlignment="Left" VerticalAlignment="Top"/>
<RadioButton Content="5" Margin="230,69,0,0"
             HorizontalAlignment="Left" VerticalAlignment="Top"/>
<RadioButton Content="6" Margin="265,69,0,0"
             HorizontalAlignment="Left" VerticalAlignment="Top"/>
```

O IDE adicionou as propriedades de margem e de alinhamento a cada controle RadioButton quando você o arrastou.

```
<ListBox x:Name="myListBox" Grid.Row="1" Margin="10,10,10,10">
    <ListBoxItem Content="1"/>
    <ListBoxItem Content="2"/>
    <ListBoxItem Content="3"/>
    <ListBoxItem Content="4"/>
    <ListBoxItem Content="5"/>
</ListBox>
```

Quando você usa a janela Editor de Coleção para adicionar itens ListBoxItem a um ListBox ou ComboBox, ele cria uma tag de fechamento </ListBox> ou </ComboBox> e adiciona tags <ListBoxItem> entre as tags de abertura e de fechamento.

```
<ComboBox x:Name="readOnlyComboBox" Grid.Column="1" Margin="10,10,0,0" Grid.Row="1"
       HorizontalAlignment="Left" VerticalAlignment="Top" Width="120">
    <ListBoxItem Content="1"/>
    <ListBoxItem Content="2"/>
    <ListBoxItem Content="3"/>
    <ListBoxItem Content="4"/>
    <ListBoxItem Content="5"/>
</ComboBox>
```

Nomeie ListBox e os dois ComboBoxes corretamente. Você os verá no código C#.

A única diferença entre os dois controles ComboBox é a propriedade IsEditable.

```
<ComboBox x:Name="editableComboBox" Grid.Column="1" Grid.Row="1" IsEditable="True"
    HorizontalAlignment="Left" VerticalAlignment="Top" Width="120"
Margin="270,10,0,0">
    <ListBoxItem Content="1"/>
    <ListBoxItem Content="2"/>
    <ListBoxItem Content="3"/>
    <ListBoxItem Content="4"/>
    <ListBoxItem Content="5"/>
</ComboBox>
```

Quando rodar o programa, ele deverá ficar assim. Você pode usar todos os controles, mas apenas o TextBox realmente atualiza o valor à direita superior.

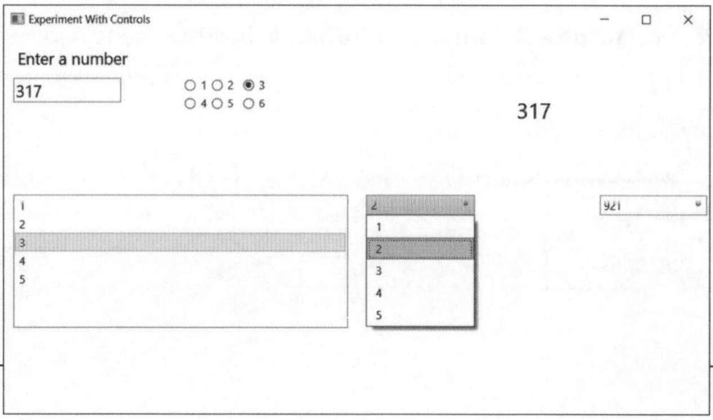
Experiment With Controls
Enter a number
317
1 2 3
4 5 6
317
1
2
3
4
5
921

Adicione rolagem à linha inferior da grade

Para encontrar o controle Slider na Caixa de Ferramentas, expanda a seção "Todos os Controles do WPF" e desça quase até o fim.

Vamos adicionar duas barras deslizantes à linha inferior e ligar a seus manipuladores de eventos para que eles atualizem TextBlock à direita superior.

1 Adicione uma barra deslizante ao app.

Arraste Slider da Caixa de Ferramentas para a célula inferior direita. Arraste para a esquerda superior da célula e use barras cinza para que tenha margens esquerda e superior medindo 10.

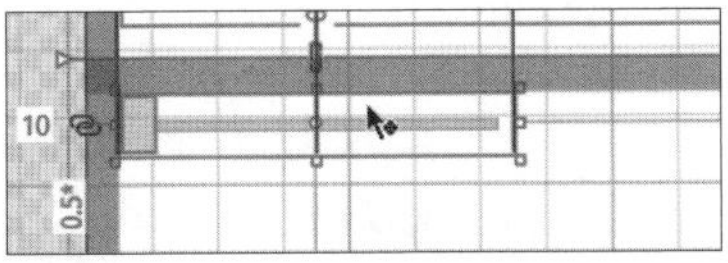
10
0.5*

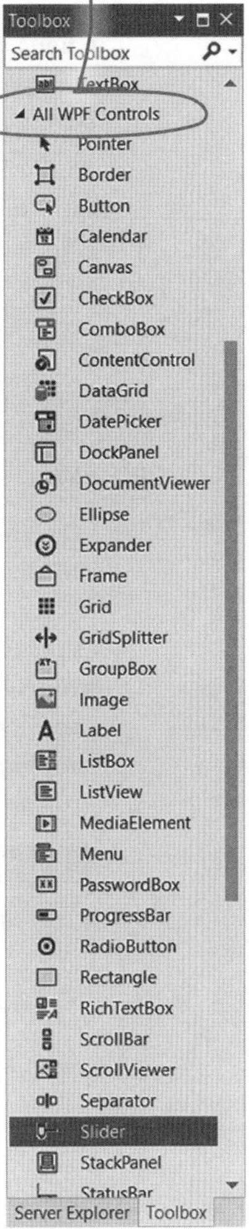
Toolbox
Search Toolbox
TextBox
All WPF Controls
Pointer
Border
Button
Calendar
Canvas
CheckBox
ComboBox
ContentControl
DataGrid
DatePicker
DockPanel
DocumentViewer
Ellipse
Expander
Frame
Grid
GridSplitter
GroupBox
Image
Label
ListBox
ListView
MediaElement
Menu
PasswordBox
ProgressBar
RadioButton
Rectangle
RichTextBox
ScrollBar
ScrollViewer
Separator
Slider
StackPanel
StatusBar
Server Explorer
Toolbox

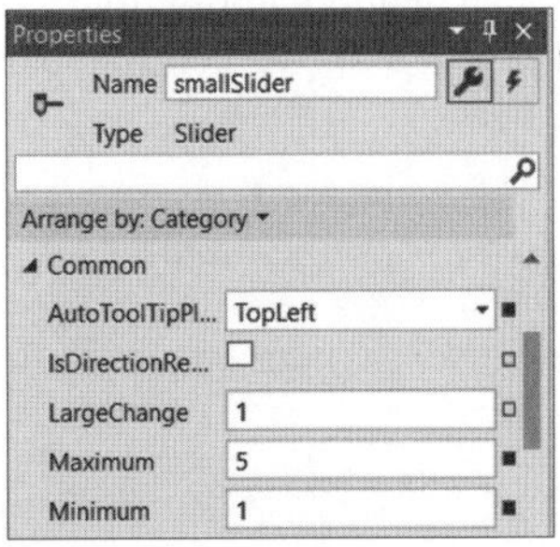
Properties
Name smallSlider
Type Slider
Arrange by: Category
Common
AutoToolTipPl... TopLeft
IsDirectionRe...
LargeChange 1
Maximum 5
Minimum 1

Use a seção Comum da janela Propriedades para definir AutoToolTipPlacement para **`TopLeft`**, Maximum para **5** e Minimum para **1**. Nomeie como **`smallSlider`**. Clique duas vezes na barra deslizante para adicionar esse manipulador de eventos.

```
private void smallSlider _ ValueChanged(
        object sender, RoutedPropertyChangedEventArgs
<double> e)
{
    number.Text = smallSlider.Value.ToString("0");
}
```

O valor do controle Slider é uma fração com ponto decimal. "0" o converte em um número inteiro.

2 Adicione uma barra deslizante boba para escolher números de telefone.

Existe um velho ditado: *"Só porque uma ideia é ruim, e talvez idiota, não significa que não deva ser colocada em prática."* Então, vamos fazer algo que é um pouco bobo: adicionar uma barra deslizante para escolher números de telefone.

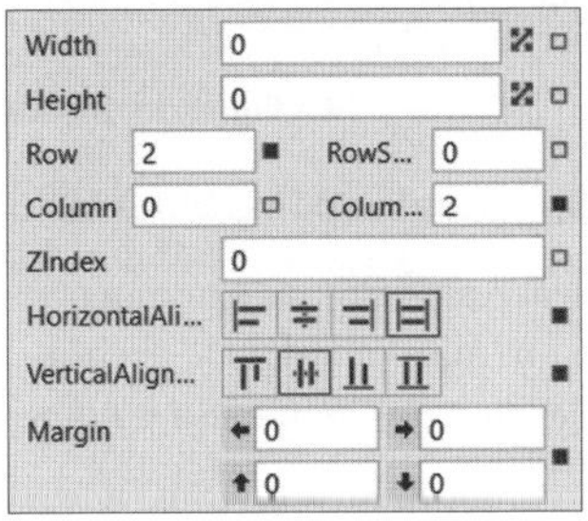
Width 0
Height 0
Row 2
RowS... 0
Column 0
Colum... 2
ZIndex 0
HorizontalAli...
VerticalAlign...
Margin 0 0 0 0

Arraste outra barra deslizante para a linha inferior. Use a seção Layout da janela Propriedades para **redefinir sua largura**, definir ColumnSpan para **2**, definir todas as margens para **10** e definir o alinhamento vertical para **`Center`** e o horizontal para **`Stretch`**. Use a seção Comum para definir AutoToolTipPlacement para **`TopLeft`**, Minimum para **1111111111**, Maximum para **9999999999** e Value para **7183876962**. Nomeie como **`bigSlider`**. Clique duas vezes e adicione este manipulador de eventos ValueChanged:

```
private void bigSlider _ ValueChanged(
        object sender, RoutedPropertyChangedEventArgs<double> e)
{
    number.Text = bigSlider.Value.ToString("000-0000-0000");
}
```

Os zeros e os hifens fazem o método formatar qualquer número com onze dígitos, como um número de telefone fixo no Brasil.

Adicione código C# para os outros controles funcionarem

Você quer que cada controle no app faça a mesma coisa: atualizar o TextBlock na célula superior direita com um número, para que, quando você marcar um dos botões de opção ou escolher um item em ListBox ou ComboBox, o TextBlock seja atualizado com qualquer valor escolhido.

1. **Adicione um manipulador de eventos Checked ao primeiro controle RadioButton.**

Clique duas vezes no primeiro RadioButton. O IDE adicionará um novo manipulador chamado RadioButton_Checked (como você nunca nomeou o controle, ele usa o tipo de controle para gerar o método). Adicione esta linha de código:

Código Pronto para Assar

```
private void RadioButton _ Checked(
        object sender, RoutedEventArgs e)
{
    if (sender is RadioButton radioButton) {
        number.Text = radioButton.Content.ToString();
    }
}
```

Esta declaração usa a palavra-chave `is`, que será apresentada no Capítulo 7. No momento, basta inseri-la com cuidado exatamente como aparece na página (e faça o mesmo para o outro método do manipulador também).

2. **Faça os outros RadioButtons usarem o mesmo manipulador.**

Veja com atenção o XAML de RadioButton que acabou de modificar. O IDE adicionou a propriedade `Checked="RadioButton _ Checked"` — é exatamente como os outros manipuladores de evento foram ligados. **Copie essa propriedade para as outras tags RadioButton** para que todas tenham propriedades Checked idênticas; ***agora estão conectadas ao mesmo manipulador Checked***. Você pode usar a exibição Eventos na janela Propriedades para verificar se cada RadioButton está ligado corretamente.

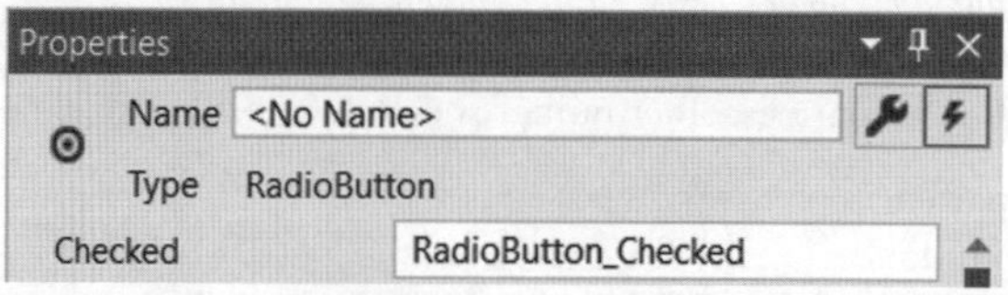
Properties
Name
<No Name>
Type
RadioButton
Checked
RadioButton_Checked

Se você trocar a janela Propriedades para a exibição Eventos, poderá selecionar qualquer controle RadioButton e verificar se todos têm o evento Checked ligado ao manipulador de eventos RadioButton_Checked.

3. **Faça ListBox atualizar TextBlock na célula superior direita.**

Quando fez o exercício, você nomeou ListBox como `myListBox`. Agora adicionará um manipulador de eventos que é inicializado sempre que o usuário seleciona um item e usa o nome para obter o número escolhido.

Clique duas vezes dentro do espaço *vazio* em ListBox *abaixo* dos itens para fazer o IDE adicionar um manipulador do evento SelectionChanged. Adicione esta declaração:

Clique no espaço vazio sob os itens da lista. Se clicar em um item, ele adicionará um manipulador de eventos para esse item e não para o ListBox inteiro.

```
private void myListBox _ SelectionChanged(
        object sender, SelectionChangedEventArgs e)
{
  if (myListBox.SelectedItem is ListBoxItem listBoxItem) {
      number.Text = listBoxItem.Content.ToString();
  }
}
```

4 Faça a caixa combo de somente leitura atualizar TextBlock.

Clique duas vezes no ComboBox de somente leitura para fazer o Visual Studio adicionar um manipulador de eventos para o evento SelectionChanged, que é gerado sempre que um novo item é selecionado em ComboBox. O código é muito parecido com o código de ListBox:

```
private void readOnlyComboBox_SelectionChanged(
        object sender, SelectionChangedEventArgs e)
{
    if (readOnlyComboBox.SelectedItem is ListBoxItem listBoxItem)
        number.Text = listBoxItem.Content.ToString();
}
```

Você também pode usar a janela Propriedades para adicionar um evento SelectionChanged. Se fizer isso sem querer, pode pressionar em "desfazer" (mas faça isso nos dois arquivos).

5 Faça a caixa combo editável atualizar TextBlock.

Uma caixa combo editável é como um cruzamento entre ComboBox e TextBox. Você pode escolher itens em uma lista, mas também pode digitar seu próprio texto. Uma vez que funciona como TextBox, podemos adicionar um manipulador de eventos PreviewTextInput para assegurar que o usuário possa digitar apenas números, como fizemos com TextBox. Na verdade, é possível **reutilizar o mesmo manipulador** já adicionado para TextBox.

Vá para o XAML do ComboBox editável, coloque o cursor antes do sinal **>** de fechamento e **comece a digitar *PreviewTextInput*.** Uma janela IntelliSense aparecerá para ajudar a terminar o nome do evento. **Adicione um sinal de igual**; assim que fizer isso, o IDE pedirá que escolha um novo manipulador ou selecione um já adicionado. Escolha o manipulador existente.

```
<ComboBox x:Name="editableComboBox" Grid.Column="1" Grid.Row="1" IsEditable="True"
    HorizontalAlignment="Left" VerticalAlignment="Top" Width="120" Margin="270,10,0,0"
    PreviewTextInput="" >
                          <New Event Handler>
                          numberTextBox_PreviewTextInput
```

Os manipuladores de evento anteriores usaram os itens da lista para atualizar o TextBlock. Mas os usuários podem digitar qualquer texto desejado em um ComboBox editável; portanto, desta vez você **adicionará um tipo diferente de manipulador**.

Edite o XAML de novo para adicionar uma nova tag abaixo de `ComboBox`. Agora **digite** **`TextBoxBase.`** — assim que digitar o ponto, o recurso Autocompletar fará sugestões. Escolha **TextBoxBase.TextChanged** e digite um sinal de igual. Agora escolha <Novo Manipulador de Eventos> no menu suspenso.

```
TextBoxBase.>                          TextBoxBase.TextChanged="">
            SelectionChanged   ---->                 <New Event Handler>
            TextChanged                              numberTextBox_TextChanged
```

O IDE adicionará um novo manipulador ao code-behind. Veja o código:

```
private void editableComboBox_TextChanged(object sender,
TextChangedEventArgs e)
{
    if (sender is ComboBox comboBox)
        number.Text = comboBox.Text;
}
```

Agora execute o programa. Todos os controles devem funcionar. Bom trabalho!

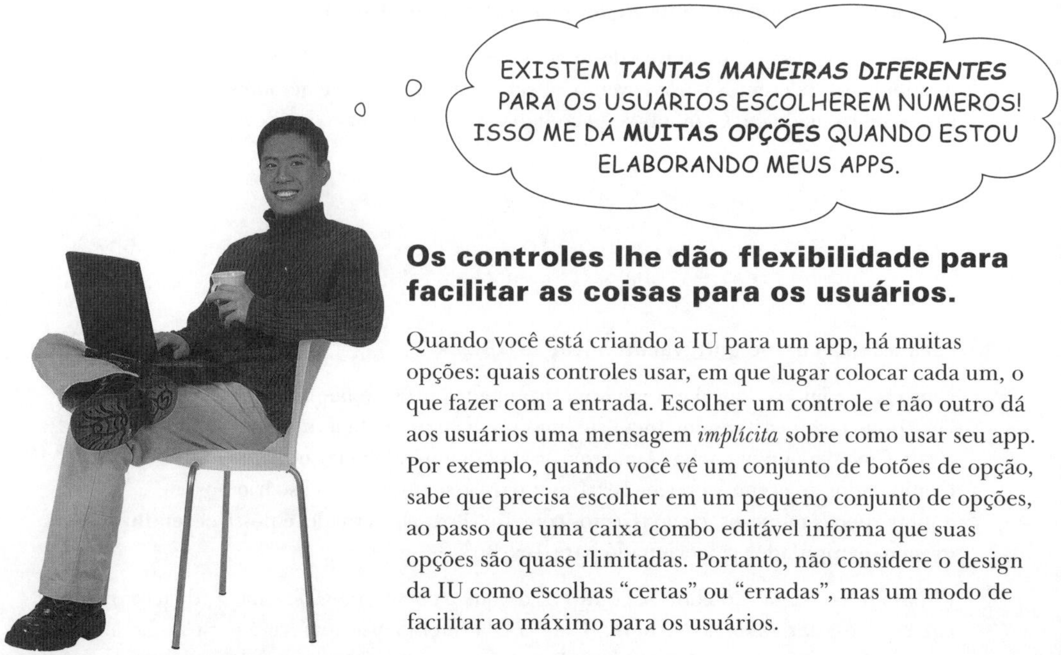
EXISTEM *TANTAS MANEIRAS DIFERENTES* PARA OS USUÁRIOS ESCOLHEREM NÚMEROS! ISSO ME DÁ **MUITAS OPÇÕES** QUANDO ESTOU ELABORANDO MEUS APPS.

Os controles lhe dão flexibilidade para facilitar as coisas para os usuários.

Quando você está criando a IU para um app, há muitas opções: quais controles usar, em que lugar colocar cada um, o que fazer com a entrada. Escolher um controle e não outro dá aos usuários uma mensagem *implícita* sobre como usar seu app. Por exemplo, quando você vê um conjunto de botões de opção, sabe que precisa escolher em um pequeno conjunto de opções, ao passo que uma caixa combo editável informa que suas opções são quase ilimitadas. Portanto, não considere o design da IU como escolhas "certas" ou "erradas", mas um modo de facilitar ao máximo para os usuários.

PONTOS DE BALA

- Programas em C# são organizados em **classes**, que têm **métodos** e os métodos têm **declarações**.
- Cada classe pertence a um **namespace**. Alguns namespaces (como System.Collections.Generic) contêm classes .NET.
- As classes podem ter **campos**, que ficam fora dos métodos. Métodos diferentes podem acessar o mesmo campo.
- Quando um método é `public`, isso significa que pode ser chamado a partir de outras classes.
- **Aplicativos de console do .NET Core** são programas multiplataforma sem uma IU gráfica.
- O IDE **cria** seu código para transformá-lo em um **binário**, que é um arquivo que pode ser executado.
- Se você tem um aplicativo de console do .NET Core multiplataforma, pode usar o programa da linha de comando `dotnet` para **criar binários** para diferentes SOs.
- O **método Console.WriteLine** escreve uma string na saída do console.
- As variáveis devem ser **declaradas** antes de ser usadas. O valor delas pode ser definido ao mesmo tempo.
- O depurador do Visual Studio permite **pausar seu app** e examinar os valores das variáveis.
- Os controles **geram eventos** para coisas diferentes que mudam: cliques do mouse, alterações de seleção, entrada de texto. Às vezes, as pessoas dizem que os eventos são **inicializados** ou **disparados**, que é o mesmo que dizer que são gerados.
- **Manipuladores** são métodos chamados quando um evento é gerado para responder ao evento, ou **lidar** com ele.
- Os controles TextBox podem usar o **evento PreviewTextInput** para aceitar ou rejeitar a entrada de texto.
- A **barra deslizante** é ótima para obter uma entrada numérica, mas horrível para um número de telefone.

Unity Lab 1

Explore o C# com o Unity

Bem-vindo ao seu primeiro **Use a Cabeça C# — Unity Lab**. Escrever código é uma habilidade e, como qualquer outra, melhorar requer **prática e experimentação**. O Unity será uma ferramenta muito valiosa nesse sentido.

O Unity é uma ferramenta de desenvolvimento de jogos multiplataforma usada para criar jogos profissionais, simulações e muito mais. Também é um modo divertido e agradável de **praticar as ferramentas e as ideias do C#** que você aprenderá neste livro. Criamos estes laboratórios pequenos e focados para **reforçar** os conceitos e as técnicas que você acabou de aprender para ajudar a aprimorar suas habilidades em C#.

Eles são opcionais, mas uma prática valiosa, **mesmo que você não esteja planejando usar o C# para criar jogos**.

Neste primeiro lab, você começará a trabalhar com o Unity. Será orientado com o editor Unity e começará a criar e a manipular formas em 3D.

Unity, uma ferramenta avançada para design de jogos

Bem-vindo ao mundo do Unity, um sistema completo para criar jogos profissionais, em 2D e 3D, assim como simulações, ferramentas e projetos. O Unity inclui muitas coisas avançadas, inclusive...

Motor de jogo multiplataforma

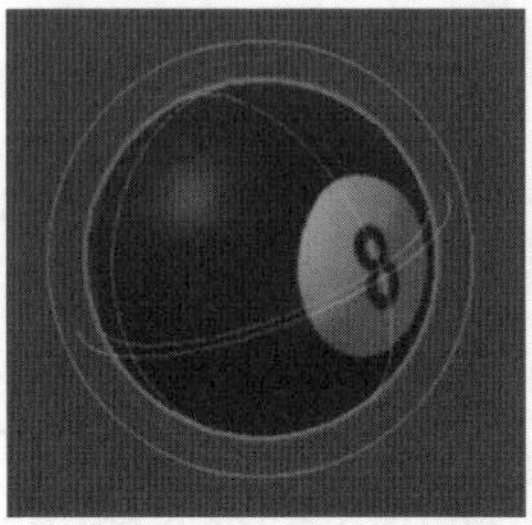

Um **motor de jogo** constrói a interface, controla personagens em 2D ou 3D, detecta quando eles colidem, faz eles agirem como objetos físicos do mundo real, e muito mais. O Unity fará tudo isso para os jogos em 3D criados neste livro.

Editor de cenas em 2D e 3D avançado

Você passará muito tempo no editor Unity. Ele permite editar níveis completos de objetos em 2D ou 3D, com ferramentas que podem ser usadas para criar mundos inteiros para seus jogos. Os jogos Unity usam o C# para definir seu comportamento e o editor Unity integra-se no Visual Studio para oferecer um ambiente de desenvolvimento de jogos perfeito.

Embora os Unity Labs se concentrem no desenvolvimento em C# no Unity, se você é artista visual ou designer, o editor Unity tem muitas ferramentas amigáveis disponíveis. Verifique-as aqui: https://unity.com/pt/solutions/artist-designers.

Um ecossistema para criar jogos

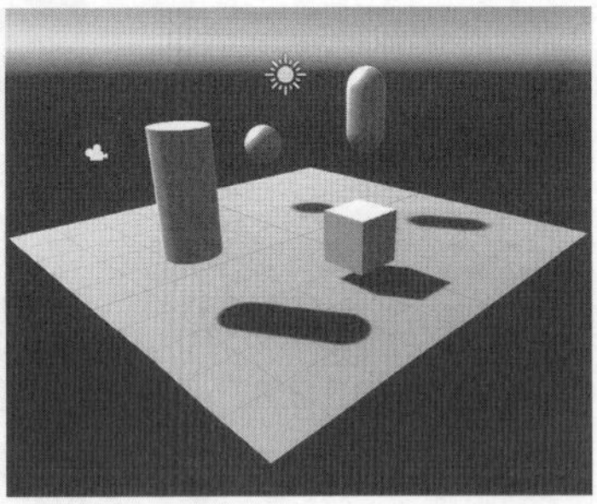

Além de ser uma ferramenta muito avançada para criar jogos, também tem um ecossistema para ajudar a construir e aprender. A página Learn Unity (https://unity.com/pt/learn) tem recursos valiosos de aprendizagem guiada e os fóruns do Unity (https://forum.unity.com) lhe ajudarão a se conectar a outros designers de jogos e a fazer perguntas. A Unity Asset Store (https://assetstore.unity.com — todos os conteúdos em inglês) fornece recursos gratuitos e pagos, como personagens, formas e efeitos que você pode usar em seus projetos Unity.

Nossos Unity Labs focarão o uso do Unity como um recurso para explorar o C# e praticar as ferramentas e as ideias do C# aprendidas no livro.
O *Use a Cabeça C#* — Unity Labs foca um **caminho de aprendizagem centrado no desenvolvedor**. O objetivo desses labs é ajudar a aprender rápido sobre o Unity, com o mesmo foco em uma aprendizagem fácil de entender e rápida que você verá no *Use a Cabeça C#* para ***ter muita prática direcionada e eficiente com as ideias e as técnicas em C#***.

Baixe o Unity Hub

Todas as telas neste livro foram tiradas com a Personal Edition gratuita do Unity. Você precisará digitar seu nome de usuário e sua senha do unity.com/pt no Unity Hub para ativar a licença.

O **Unity Hub** é uma aplicação que ajuda a gerenciar os projetos Unity e suas instalações do Unity, além de ser o ponto de partida para criar seu novo projeto Unity. Comece baixando o Unity Hub em https://store.unity.com/pt/download, depois instale-o e execute-o.

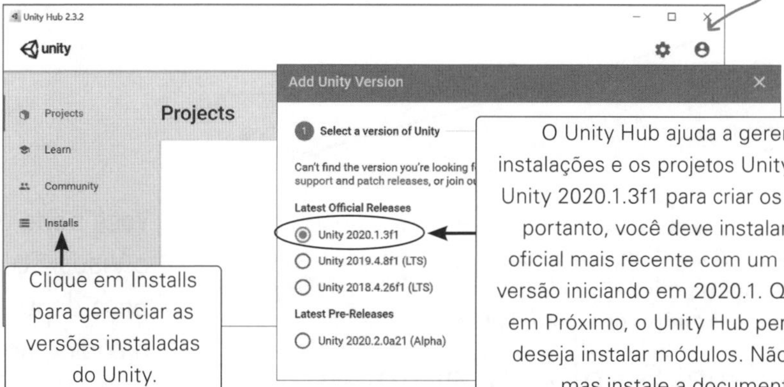
Unity Hub 2.3.2
unity
Projects
Learn
Community
Installs
Projects
Add Unity Version
Select a version of Unity
Latest Official Releases
Unity 2020.1.3f1
Unity 2019.4.8f1 (LTS)
Unity 2018.4.26f1 (LTS)
Latest Pre-Releases
Unity 2020.2.0a21 (Alpha)

Clique em Installs para gerenciar as versões instaladas do Unity.

O Unity Hub ajuda a gerenciar as instalações e os projetos Unity. Usamos o Unity 2020.1.3f1 para criar os Unity Labs; portanto, você deve instalar a versão oficial mais recente com um número de versão iniciando em 2020.1. Quando clicar em Próximo, o Unity Hub perguntará se deseja instalar módulos. Não é preciso, mas instale a documentação.

O Unity Hub permite instalar várias versões do Unity no mesmo computador; portanto, você deve instalar a mesma que usamos para criar os labs. **Clique em Official Releases** e instale a versão mais recente que inicia em ***Unity 2020.1***, que é a mesma versão usada para fazer as capturas de tela nos labs. Depois de instalado, veja se está definido como a versão preferida.

O instalador do Unity pode pedir para você instalar uma versão diferente do Visual Studio. É possível ter várias instalações do Visual Studio no mesmo computador também, mas, se você já tem uma, não é necessário que o instalador do Unity adicione outra.

Você pode aprender mais sobre como instalar o Unity Hub no Windows, no macOS e no Linux aqui [conteúdo em inglês]: https://docs.unity3d.com/2020.1/Documentation/Manual/GettingStartedInstallingHub.html.

O Unity Hub permite ter muitas instalações do Unity no mesmo computador. Ainda que haja uma versão mais recente do Unity disponível, você pode usar o Unity Hub para instalar a versão que usamos nos Unity Labs.

Veja bem!

O Unity Hub pode ser um pouco diferente.

*As telas neste livro foram feitas com o Unity 2020.1 (Personal Edition) e o Unity Hub 2.3.2. Você pode usar o Unity Hub para instalar muitas versões diferentes do Unity no mesmo computador, mas só pode instalar a mais recente do Unity Hub. A equipe de desenvolvimento do Unity melhora constantemente o Unity Hub e o editor Unity; portanto, é possível não ver uma correspondência exata nesta página. Atualizamos os Unity Labs para as capturas de tela mais recentes do **Use a Cabeça C#**. Colocamos PDFs dos labs atualizados no site da Alta Books. Procure pelo nome do livro, ISBN ou acesse a página GitHub: https://github.com/head-first-csharp/fourth-edition [conteúdo em inglês].*

Use o Unity Hub para criar um novo projeto

Clique no botão NEW na página Project no Unity Hub para criar um novo projeto do Unity. Nomeie-o como ***Unity Lab 1***, selecione o modelo 3D e veja se está sendo criado em um local adequado (em geral a pasta Unity Projects sob o diretório-raiz).

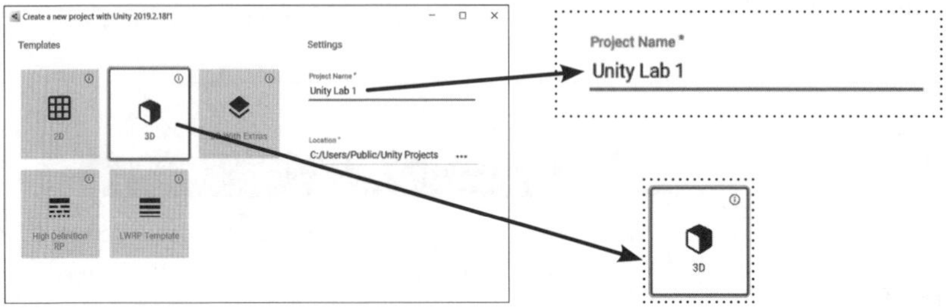
Create a new project with Unity 2019.2.18f1
Templates
Settings
2D
3D
High Definition RP
LWRP Template
Project Name *
Unity Lab 1
Location *
C:/Users/Public/Unity Projects
Project Name *
Unity Lab 1
3D

Clique em Create Project para criar a nova pasta com o projeto Unity. Ao criar um novo projeto, o Unity gera muitos arquivos (como o Visual Studio faz quando cria novos projetos). Pode levar um minuto ou dois para o Unity criar todos os arquivos de seu novo projeto.

Você pode usar o Visual Studio para depurar o código nos jogos Unity. Basta escolher o Visual Studio como o editor de script externo nas preferências do Unity.

Torne o Visual Studio seu editor de script Unity

O editor Unity funciona lado a lado com o IDE Visual Studio para facilitar muito editar e depurar o código de seus jogos. Portanto, a primeira coisa que faremos é verificar se o Unity está ligado ao Visual Basic. **Escolha Preferências no menu Editar** (ou no menu Unity no Mac) para abrir a janela Preferences do Unity. Clique em External Tools à esquerda e **escolha Visual Studio** na janela External Script Editor.

Em algumas versões mais antigas do Unity, talvez você veja uma caixa de seleção ***Editor Attaching****; se a vir, verifique se está marcada (isso permitirá depurar seu código Unity no IDE).*

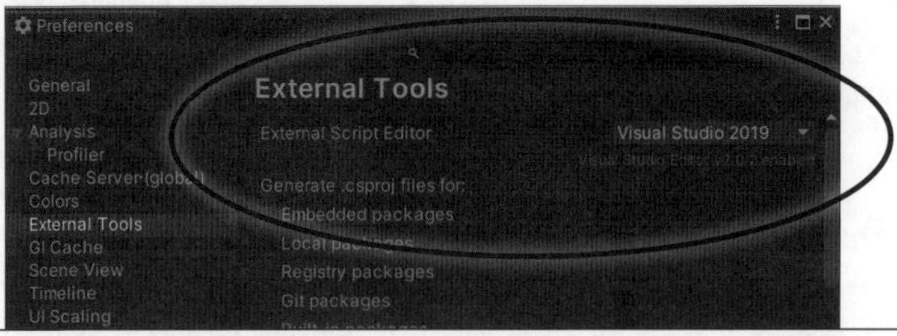
Preferences
General
2D
Analysis
Profiler
Colors
External Tools
GI Cache
Scene View
Timeline
UI Scaling
External Tools
External Script Editor
Visual Studio 2019
Generate .csproj files for:
Embedded packages
Registry packages
Git packages

Se você não vir o Visual Studio no menu suspenso External Script Editor, escolha **Browse...** e vá para o Visual Studio. No Windows, normalmente é um executável chamado *devenv.exe* na pasta C:\Arquivos de Programa (x86)\Microsoft Visual Studio\2019\Community\Common7\IDE\. Em um Mac, costuma ser um app chamado Visual Studio na pasta Applications.

Tudo bem! Você está pronto para começar a criar seu primeiro projeto Unity.

Assuma o controle do layout do Unity

O editor Unity é como um IDE para todas as partes do seu projeto Unity que não são C#. Você irá usá-lo para trabalhar com cenas, editar formas em 3D, criar materiais etc. Como no Visual Studio, as janelas e os painéis no editor Unity podem ser reorganizados em muitos layouts diferentes.

Localize a guia Scene no topo da janela. Clique nela e arraste-a para soltá-la da janela:

Center
Local
Hierarchy
Scene
Game
Asset Store
Shaded
Gizmos

Tente fixá-la dentro ou perto de outros painéis, então arraste-a para o meio do editor para que seja uma janela flutuante.

Escolha o layout Wide para combinar com as nossas telas

Scene view é a principal tela interativa do mundo criado por você. Utilize-a para posicionar as formas em 3D, câmeras, luzes e todos os outros objetos no jogo.

Escolhemos o layout Wide porque funciona bem para as telas nos labs. Encontre o menu suspenso Layout e escolha Wide para o editor Unity se parecer com o nosso.

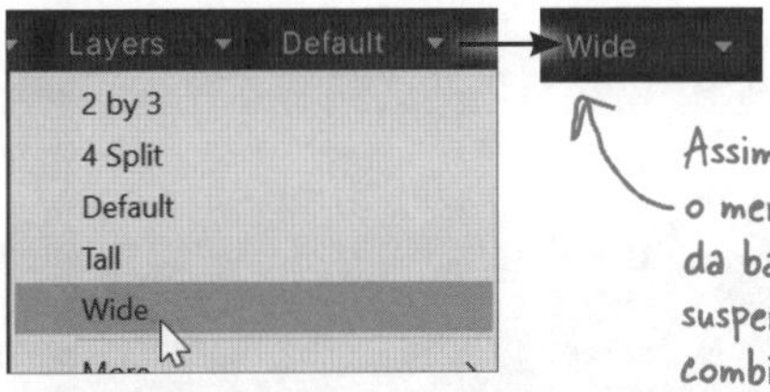
Layers
Default
Wide
2 by 3
4 Split
Default
Tall
Wide

Assim que você muda o layout com o menu suspenso Layout à direita da barra de ferramentas, o menu suspenso pode mudar seu rótulo para combinar com o layout selecionado.

Seu editor Unity deve ficar assim no layout Wide:

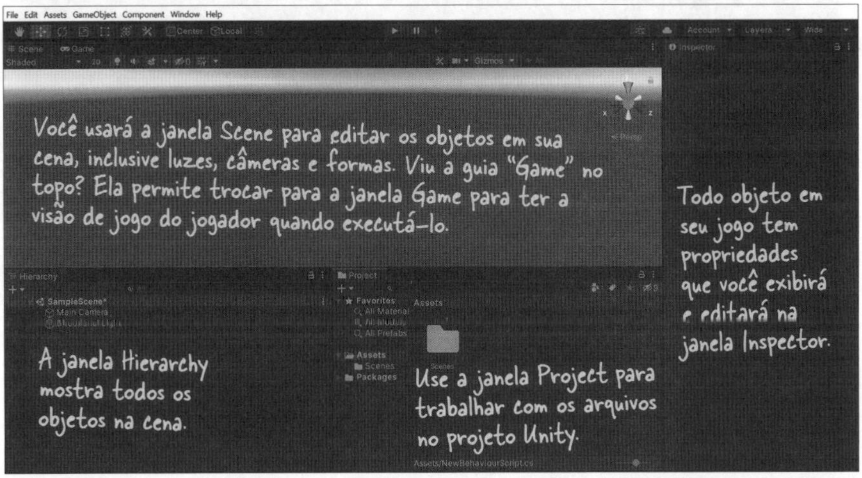
File Edit Assets GameObject Component Window Help
Você usará a janela Scene para editar os objetos em sua cena, inclusive luzes, câmeras e formas. Viu a guia "Game" no topo? Ela permite trocar para a janela Game para ter a visão de jogo do jogador quando executá-lo.
Todo objeto em seu jogo tem propriedades que você exibirá e editará na janela Inspector.
A janela Hierarchy mostra todos os objetos na cena.
Use a janela Project para trabalhar com os arquivos no projeto Unity.

Sua cena em um ambiente 3D

Assim que você inicia o editor, está editando uma **cena**. É possível considerar as cenas como níveis nos jogos Unity. Todo jogo no Unity é composto por uma ou mais cenas. Cada cena contém um ambiente em 3D separado, com seu próprio conjunto de luzes, formas e outros objetos em 3D. Quando você criou o projeto, o Unity adicionou uma cena chamada SampleScene e a armazenou em um arquivo chamado *SampleScene.unity*.

Adicione uma esfera à cena escolhendo **GameObject >> 3D Object >> Sphere** no menu:

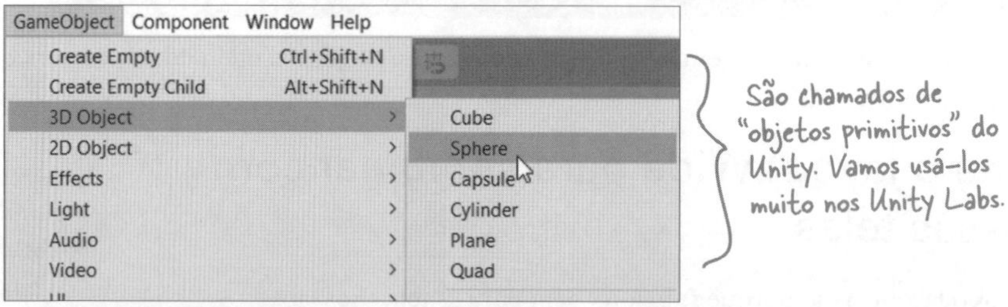
GameObject
Component
Window
Help
Create Empty Ctrl+Shift+N
Create Empty Child Alt+Shift+N
3D Object
2D Object
Effects
Light
Audio
Video
Cube
Sphere
Capsule
Cylinder
Plane
Quad
São chamados de "objetos primitivos" do Unity. Vamos usá-los muito nos Unity Labs.

Uma esfera aparecerá na janela Scene. Tudo na janela Scene é mostrado da perspectiva da **câmera da cena**, que "observa" a cena e captura o que ela vê.

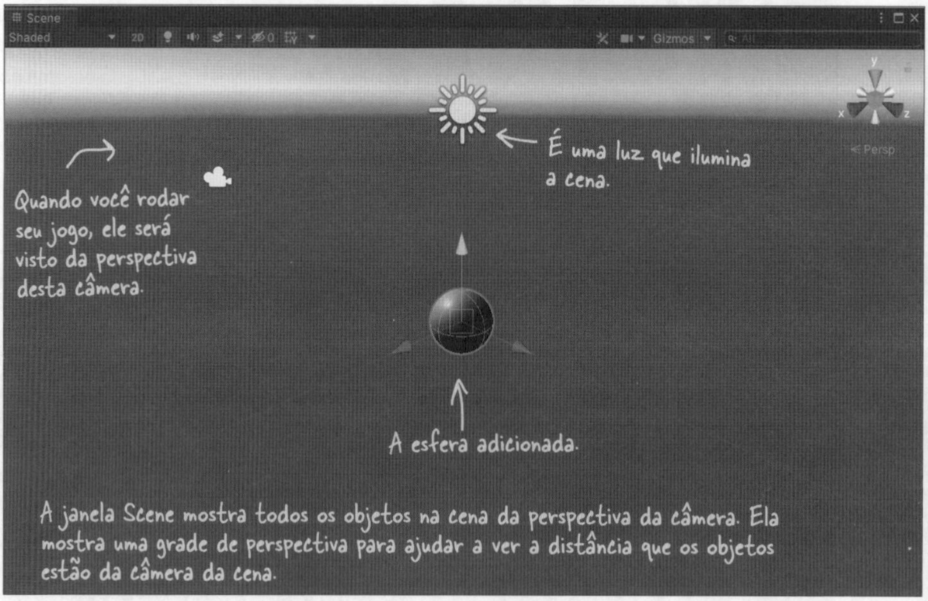
Scene
Shaded
2D
Gizmos
Persp
É uma luz que ilumina a cena.
Quando você rodar seu jogo, ele será visto da perspectiva desta câmera.
A esfera adicionada.
A janela Scene mostra todos os objetos na cena da perspectiva da câmera. Ela mostra uma grade de perspectiva para ajudar a ver a distância que os objetos estão da câmera da cena.

Os jogos Unity são feitos de GameObjects

Quando você adicionou uma esfera à cena, criou um novo **GameObject**, que é um conceito fundamental no Unity. Cada item, forma, personagem, luz, câmera e efeito especial no jogo Unity é um GameObject. Qualquer cenário, personagem e acessório usado em um jogo é representado por GameObjects.

Nestes Unity Labs, você criará jogos a partir de diferentes GameObjects, inclusive:

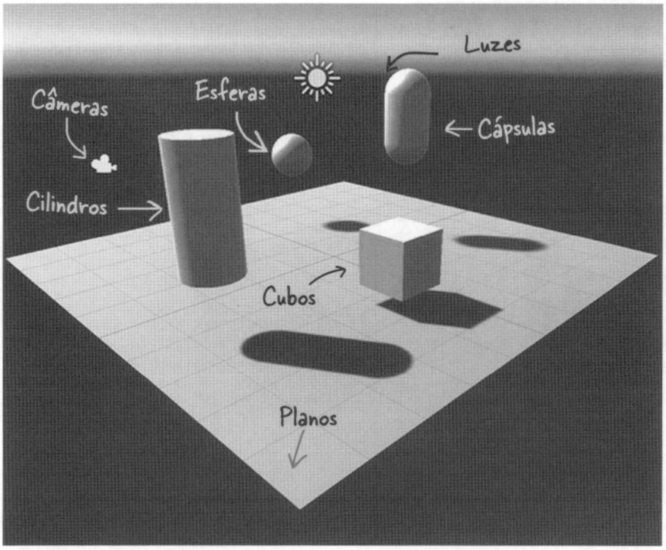
Luzes
Câmeras
Esferas
Cápsulas
Cilindros
Cubos
Planos

GameObjects são os objetos fundamentais no Unity e componentes são os blocos de construção básicos de seu comportamento. A janela Inspector mostra detalhes sobre cada GameObject na cena e em seus componentes.

Cada GameObject tem um número de **componentes** que fornecem sua forma, definem sua posição e lhe dão um comportamento. Por exemplo:

- ★ Os *componentes Transform* determinam a posição e a rotação do GameObject.
- ★ Os *componentes Material* mudam como o GameObject é **renderizado** ou desenhado pelo Unity, alterando a cor, o reflexo, a suavidade etc.
- ★ Os *componentes Script* usam scripts C# para determinar o comportamento do GameObject.

Ren-de-ri-zar, verbo.
Representar ou retratar artisticamente.
*Michelangelo **renderizou** seu modelo favorito com mais detalhes do que usou em qualquer um de seus outros desenhos.*

Use Move Gizmo para mover seus GameObjects

A barra de ferramentas no topo do editor Unity permite escolher ferramentas Transform. Se a ferramenta Move não estiver selecionada, pressione seu botão.

Move Tool
Game
Shaded
2D

Os botões à esquerda da barra de ferramentas permitem escolher Transform Tools, como a ferramenta Move, que exibe Move Gizmo como setas e um cubo no topo do GameObject selecionado atualmente.

A ferramenta Move permite usar o **Move Gizmo** para mover os GameObjects no espaço em 3D. Você visualizará setas vermelhas, verdes e azuis e um cubo no meio da janela. É o Move Gizmo, que pode ser usado para mover o objeto selecionado na cena.

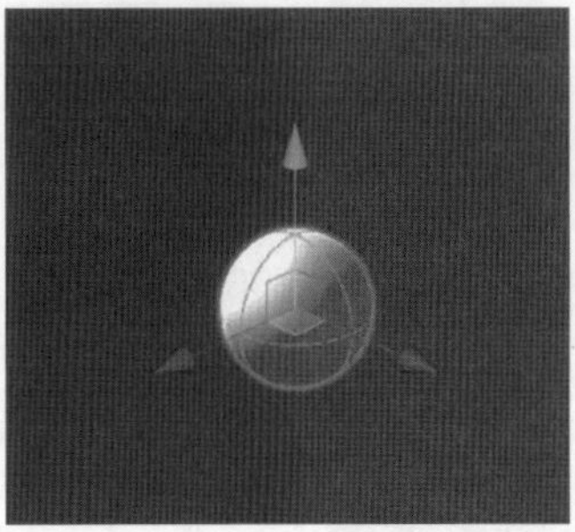

Mova o cursor do mouse sobre o cubo no centro do Move Gizmo; notou como cada face do cubo se ilumina quando você move o mouse sobre ela? Clique na face superior esquerda e arraste a esfera. Você está movendo-a no plano X-Y.

Ao clicar na face esquerda superior do cubo no meio do Move Gizmo, as setas X e Y se iluminam e você pode arrastar a esfera no plano X–Y na cena.

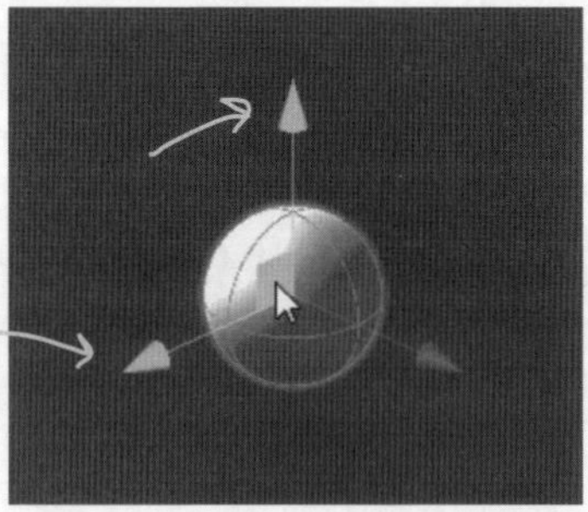

Move Gizmo permite mover os GameObjects em qualquer eixo ou plano do espaço em 3D na cena.

Mova a esfera na cena para entender como funciona o Move Gizmo.
Clique e arraste cada uma das três setas para arrastá-las em cada plano individualmente. Tente clicar em cada uma das faces do cubo em Scene Gizmo para arrastá-lo em todos os três planos. Observe como a esfera diminui conforme se afasta de você, ou da câmera da cena, e fica maior quando se aproxima.

Inspector mostra os componentes do GameObject

Se você cancelar sem querer a seleção de um GameObject, basta clicar nele de novo. Se não estiver visível na cena, pode selecioná-lo na janela Hierarchy, que mostra todos os GameObjects na cena. Ao redefinir o layout para Wide, a janela Hierarchy fica à esquerda inferior do editor Unity.

Quando mover a esfera no espaço em 3D, observe a **janela Inspector**, à direita do editor Unity se você está usando o layout Wide. Examine a janela Inspector; verá que sua esfera tem quatro componentes denominados Transform, Sphere (Mesh Filter), Mesh Renderer e Sphere Collider.

Cada GameObject tem um conjunto de componentes que fornecem os blocos de construção básicos de seu comportamento e cada GameObject tem um **componente Transform** que orienta seu local, sua rotação e sua escala.

Você pode ver o componente Transform em ação conforme usa o Move Gizmo para arrastar a esfera no plano X-Y. Observe os números X e Y na linha Position do componente Transform mudarem quando a esfera se movimenta.

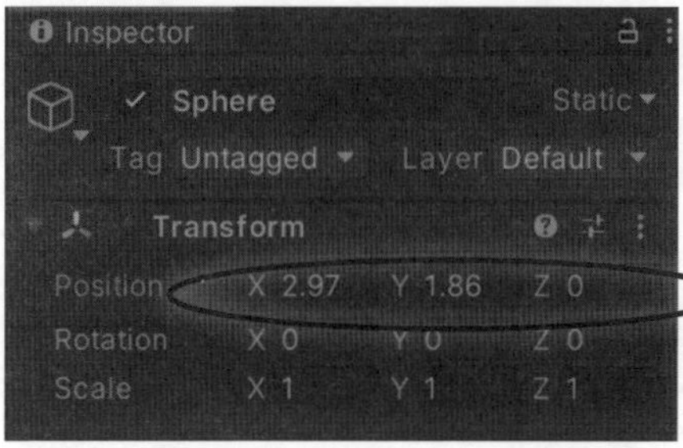
Inspector
Sphere
Static
Tag Untagged
Layer Default
Transform
Position X 2.97 Y 1.86 Z 0
Rotation X 0 Y 0 Z 0
Scale X 1 Y 1 Z 1

Notou a grade no espaço em 3D? Ao arrastar a esfera, pressione a tecla Control. Isso faz com que o GameObject movido vá para a grade. Você verá os números no componente Transform mudarem com números inteiros, não em pequenos aumentos decimais.

Tente clicar em cada uma das duas outras faces do cubo Move Gizmo e arrastar para mover a esfera nos planos X-Z e Y-Z. Depois clique nas setas e arraste a esfera nos eixos X, Y ou Z. Você verá os valores X, Y e Z mudarem no componente Transform conforme movimenta.

Agora **pressione Shift** para transformar o cubo no meio do Gizmo em um quadrado. Clique e arraste esse quadrado para mover a esfera no plano paralelo à câmera da cena.

Assim que terminar de experimentar o Move Gizmo, use o menu de contexto do componente Transform da esfera para redefinir o componente para seus valores-padrão. Clique no **botão do menu de contexto** (⋮) no topo do painel Transform e escolha Reset no menu.

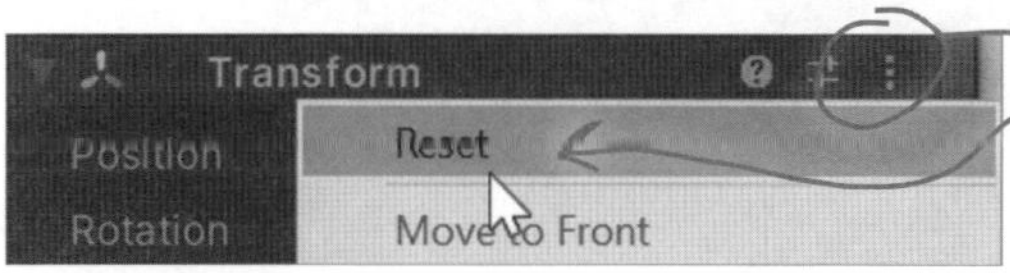
Transform
Position
Rotation
Reset
Move to Front

Use o menu de contexto para redefinir um componente. Você pode clicar nos três pontos ou clicar com o botão direito em qualquer lugar na linha superior do painel Transform na janela Inspector para ativar o menu de contexto.

A posição será redefinida para [0, 0, 0].

É possível saber sobre as ferramentas e como usá-las para posicionar GameObjects no Manual do Unity. Clique em Help >> Unity Manual e pesquise a página "Positioning GameObjects".

Sempre salve a cena! Use File >> Save ou Ctrl+S/⌘S para salvar a cena agora.

Adicione material ao GameObject Sphere

O Unity usa **materiais** para fornecer cor, padrões, texturas e outros efeitos visuais. Sua esfera parece muito simples no momento porque tem apenas o material-padrão, fazendo o objeto em 3D ser renderizado com uma cor clara e esbranquiçada. Vamos deixá-la parecida com uma bola de bilhar.

1. **Selecione a esfera.**

Quando a esfera é selecionada, é possível ver seu material como um componente na janela Inspector:

Default-Material (Material)
Shader Standard

Tornaremos a esfera mais interessante adicionando uma **textura**, que é um arquivo de imagem simples colocado em uma forma em 3D, como se imprimisse a imagem em uma folha de borracha e a esticasse em torno do objeto.

2. **Vá para a página Billiard Ball Textures no GitHub.**

Acesse o site da Alta Books. Procure pelo nome do livro ou ISBN para ver a pasta Unity_Labs e clique em *Billiard_Balls* para obter um conjunto completo de bolas de bilhar.

3. **Baixe a textura da bola 8.**

Clique no arquivo *8 Ball Texture.png* para ver a textura da bola 8. É um arquivo de imagem PNG 1200 × 600 comum que você pode abrir em seu visualizador de imagens favorito.

8
8

Criamos este arquivo de imagem para que ele pareça a bola 8 quando o Unity "colocá-lo" em torno de uma esfera.

Baixe o arquivo para uma pasta em seu computador.

(Você pode precisar clicar com o botão direito em Download para salvar o arquivo ou clicar em Download para abri-lo e salvá-lo, dependendo do seu navegador.)

4 **Importe a imagem 8 Ball Texture para seu projeto Unity.**

Clique com o botão direito na pasta Assets na janela Project, escolha **Import New Asset...** e importe o arquivo de textura. Agora você deve visualizá-lo quando clicar na pasta Assets na janela Project.

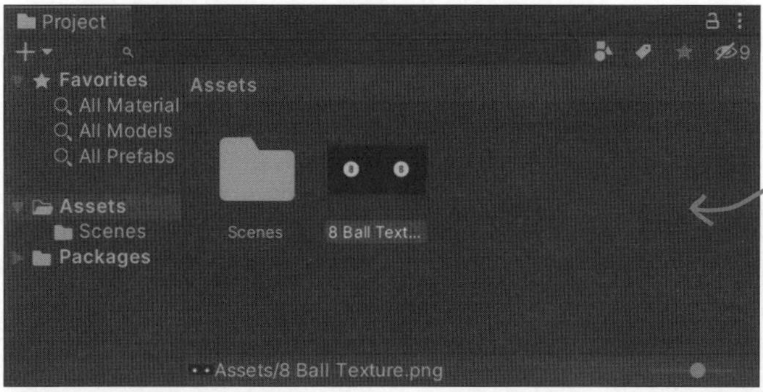
Project
Favorites
All Material
All Models
All Prefabs
Assets
Scenes
Packages
Assets
Scenes
8 Ball Text...
Assets/8 Ball Texture.png

Você clicou com o botão direito dentro da pasta Assets na janela Project para importar o novo asset, então o Unity importou a textura para esta pasta.

5 **Adicione textura à esfera.**

Agora só precisa pegar a textura e "colocá-la" em torno da esfera. Clique em 8 Ball Texture na janela Project para selecioná-la. Assim que selecionar, **arraste para a esfera**.

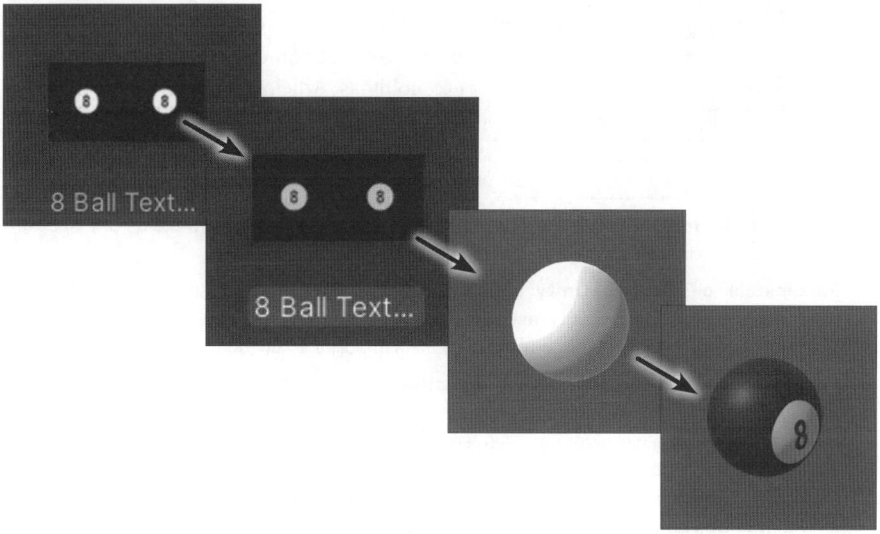
8 Ball Text...
8 Ball Text...

A esfera agora parece uma bola 8. Verifique o Inspector, que mostra o GameObject bola 8. Agora existe um novo componente de material:

8 Ball Texture (Material)
Shader Standard

ESTOU APRENDENDO O C# PARA TRABALHAR, NÃO PARA ESCREVER VIDEOGAMES. POR QUE ME IMPORTAR COM O UNITY?

O Unity é um ótimo modo de "pegar" o C#.

Programar é uma habilidade e, quanto mais praticar escrevendo código C#, melhor ficará. Por isso criamos os Unity Labs neste livro: para **ajudá-lo especificamente a praticar suas habilidades em C#** e reforçar as ferramentas e os conceitos do C# aprendidos em cada capítulo. Ao escrever mais código C#, melhor será e é um modo muito eficiente de se tornar um ótimo desenvolvedor C#. A neurociência mostra que aprendemos com mais eficiência quando experimentamos; portanto, criamos Unity Labs com muitas opções para experimentação e sugestões para ser criativo e seguir em frente com cada laboratório.

Mas o Unity nos dá uma oportunidade ainda mais importante para ajudar a fixar na memória conceitos e técnicas do C#. Ao aprender uma nova linguagem de programação, é muito útil ver como ela funciona com outras plataformas e tecnologias diferentes. Por isso incluímos aplicativos de console e apps WPF no material principal do capítulo, e em alguns casos você ainda precisa criar o mesmo projeto usando ambas as tecnologias. Adicionar o Unity à mistura lhe dá uma terceira perspectiva, podendo acelerar muito sua compreensão do C#.

A **extensão GitHub for Unity** (https://unity.github.com) permite salvar seus projetos Unity no GitHub. Veja como [conteúdos em inglês]:

- **Para instalar o GitHub for Unity:** acesse https://assetstore.unity.com e adicione GitHub for Unity a seus recursos. Volte para o Unity, **escolha Package Manager** no menu Window, selecione "GitHub for Unity" em "My Assets" e importe-o. Precisará importar o GitHub para cada novo projeto Unity.
- **Para colocar suas alterações em um repositório GitHub:** escolha GitHub no menu Window. Cada projeto Unity é armazenado em um repositório separado em sua conta GitHub; portanto, **clique no botão Initialize** para inicializar um novo repo *local* (será solicitado que faça login no GitHub), então **clique no botão Publish** para criar um novo repo na conta GitHub do projeto. Sempre que quiser enviar suas alterações para o GitHub, **vá para a guia Changes** na janela GitHub, **clique em All**, digite um **resumo dos commits** (qualquer texto) e **clique em Commit at** na parte inferior da janela GitHub. Clique em **Push (1)** no topo da janela GitHub para enviar suas alterações para o GitHub.

Você também pode fazer backup e compartilhar seus projetos Unity com **Unity Collaborate**, que permite publicar os projetos em seu armazenamento na nuvem. Sua conta Unity Personal vem com 1GB de armazenamento gratuito na nuvem, o suficiente para todos os projetos Unity Lab neste livro. O Unity controlará ainda seu histórico de projetos (sem prejudicar seu limite de armazenamento). Para publicar seu projeto, clique no **botão Collab (** Collab **)** na barra de ferramentas, depois em Publish. Use o mesmo botão para publicar atualizações. Para ver seus projetos publicados, faça login em https://unity.com/pt e use o ícone para ver sua conta, depois clique no link Projects na página de visão geral para ver os projetos.

Gire a esfera

Clique na **ferramenta Rotate** na barra de ferramentas. Você pode usar as teclas Q, W, E, R, T e Y para trocar rapidamente entre as ferramentas Transform; pressione E e W para trocar entre as ferramentas Rotate e Move.

Center
Local
Rotate Tool
Shaded
2D

1. **Clique na esfera.** O Unity exibirá o Rotate Gizmo de um modelo de esfera com círculos. Clique no círculo mostrado e arraste-o para girar a esfera no eixo X.

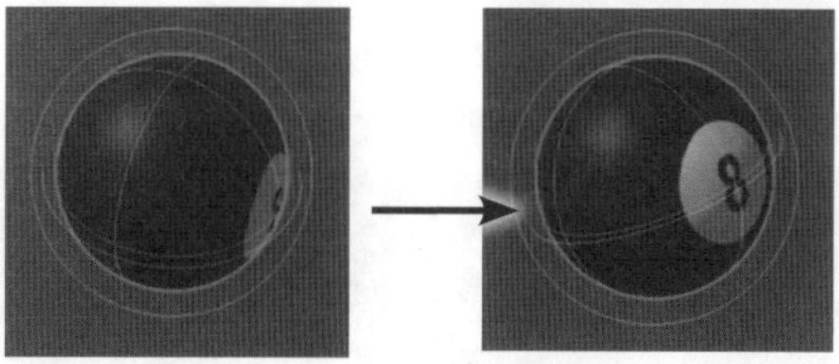

2. **Clique e arraste os outros círculos para girar nos eixos Y e Z.** O círculo mais externo gira a esfera no eixo que sai da câmera da cena. Observe os números Rotation mudarem na janela Inspector.

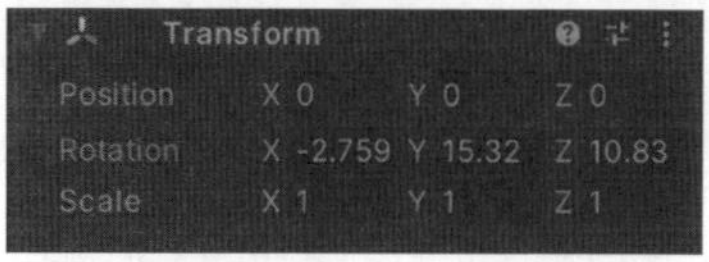
Transform
Position X 0 Y 0 Z 0
Rotation X -2.759 Y 15.32 Z 10.83
Scale X 1 Y 1 Z 1

Relaxe

É fácil redefinir suas janelas e a câmera da cena.

Se você muda a visualização da Scene a ponto de não ver mais a esfera, ou se arrasta suas janelas para fora da posição, basta usar o menu suspenso do layout à direita superior para **redefinir o editor Unity para o layout Wide.** Isso redefinirá o layout da janela e voltará à câmera da cena para sua posição-padrão.

3. **Abra o menu de contexto do painel Transform na janela Inspector.** Clique em Reset, como fez antes. Ele redefinirá tudo no componente Transform para os valores-padrão; nesse caso, mudará a rotação da esfera para [0, 0, 0].

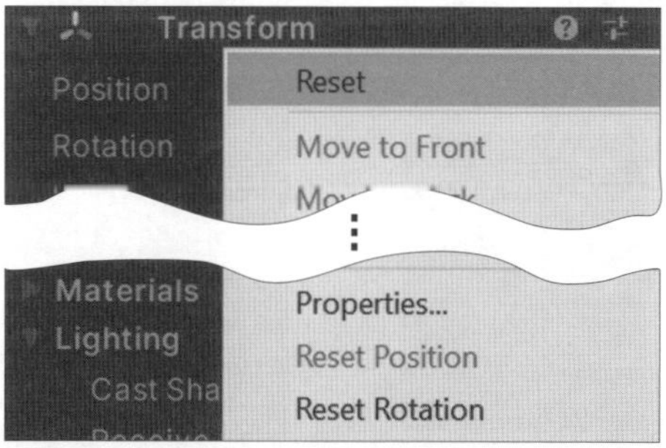
Transform
Position
Rotation
Reset
Move to Front
Materials
Lighting
Properties...
Reset Position
Reset Rotation

Clique nos três pontos (ou clique com o botão direito em qualquer lugar no título do painel Transform) para ativar o menu de contexto. A opção Reset no topo do menu redefine o componente para os valores-padrão.

Use estas opções mais abaixo no menu de contexto para redefinir a posição e a rotação de um GameObject.

Use File >> Save ou Ctrl+S/⌘S para salvar a cena agora. O seguro morreu de velho!

Mova a câmera da cena com a ferramenta Hand e o Scene Gizmo

Use o botão de rolagem do mouse ou o recurso de rolagem no painel tátil para ampliar e reduzir, e trocar entre Move Gizmo e Rotate Gizmo. Veja que a esfera muda de tamanho, não os Gizmos. A janela Scene no editor mostra a visão de uma **câmera** virtual e o recurso de rolagem amplia e reduz essa câmera.

Pressione Q para selecionar a **ferramenta Hand** ou a escolha na barra de ferramentas. Seu cursor mudará para uma mão.

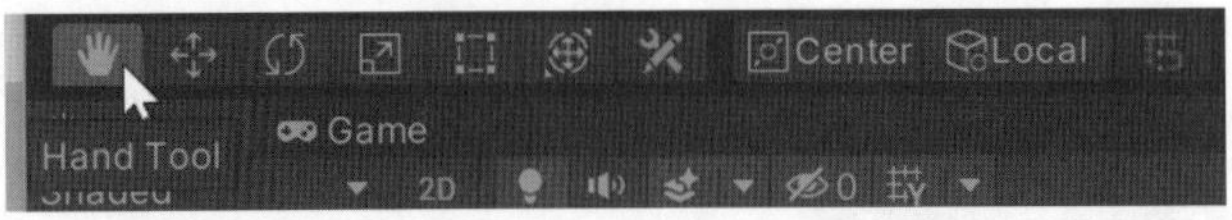
Center
Local
Game
Hand Tool
2D

Pressione Alt (ou Option no Mac) enquanto arrasta e a ferramenta Hand se transforma em um olho e gira a exibição em torno do centro da janela.

A ferramenta Hand move a cena mudando a posição e a rotação da câmera. Quando essa ferramenta está selecionada, você pode clicar em qualquer lugar na cena para movimentar.

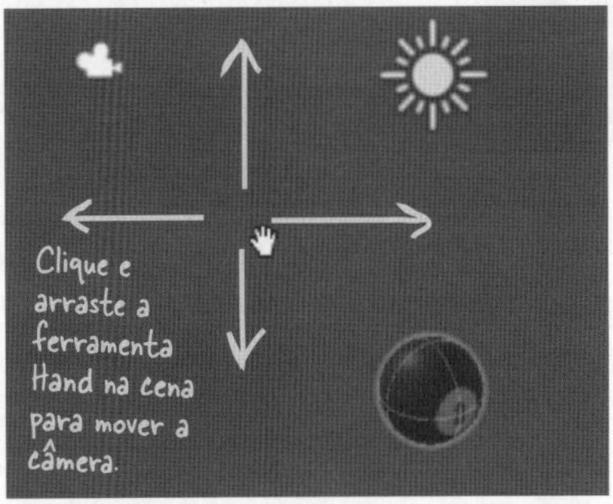
Clique e arraste a ferramenta Hand na cena para mover a câmera.

Pressione Alt (ou Option no Mac) enquanto arrasta a ferramenta Hand para girar a câmera no centro da cena.

Quando a ferramenta Hand está selecionada, você pode ***mover*** a câmera da cena **clicando e arrastando**, e pode ***girá-la*** pressionando **Alt (ou Option) e arrastando**. Use o **botão de rolagem do mouse** para o zoom. Pressionar o **botão direito do mouse** permite ***voar pela cena*** usando as teclas W-A-S-D.

Ao girar a câmera da cena, observe o **Scene Gizmo** à direita superior da janela Scene. O Scene Gizmo sempre mostra a orientação da câmera; verifique quando usar a ferramenta Hand para mover a câmera da cena. Clique nos cones X, Y e Z para mover a câmera para um eixo.

y
z
x
Persp
y
x
z
Persp
y
x
z
Persp

Clique em qualquer cone no Scene Gizmo para mover a câmera para um eixo. Arraste-os para girar a câmera.

O Manual do Unity tem ótimas dicas sobre a navegação das cenas: https://docs.unity3d.com/Manual/SceneViewNavigation.html [conteúdo em inglês].

não existem Perguntas Idiotas

P: Ainda não ficou claro o que é exatamente um componente. O que ele faz e como difere do GameObject?

R: O GameObject não realiza muita coisa sozinho. Tudo o que ele realmente faz é servir como *contêiner* para os componentes. Quando você usou o menu GameObject para adicionar Sphere à cena, o Unity criou um novo GameObject e adicionou todos os componentes que compõem uma esfera, inclusive um componente Transform para lhe dar posição, rotação e escala, um Material padrão para que tenha uma cor branca lisa e alguns outros componentes para que tivesse forma, ajudando seu jogo a descobrir quando ele esbarra em outros objetos. Esses componentes compõem uma esfera.

P: Isso significa que posso adicionar qualquer componente ao GameObject e ter esse comportamento?

R: Exato. Quando o Unity criou sua cena, ele adicionou dois GameObjects, um chamado Main Camera e outro, Directional Light. Se você clicar em Main Camera na janela Hierarchy, verá que ele tem três componentes: Transform, Camera e Audio Listener. Se pensar um pouco, é tudo o que uma câmera precisa fazer: estar em algum lugar, e escolher elementos visuais e de áudio. O GameObject Directional Light só tem dois componentes: Transform e Light, que ilumina outros GameObjects na cena.

P: Se eu adiciono um componente Light a qualquer GameObject, ele se torna uma luz?

R: Sim! Uma luz é apenas um GameObject com um componente Light. Se você clicar no botão Add Component na parte inferior do Inspector e adicionar um componente Light à bola, ela começará a emitir luz. Se adicionar outro GameObject à cena, ela refletirá essa luz.

P: Você parece cauteloso com o modo como fala sobre luz. Há um motivo para falar sobre emitir e refletir luz? Por que não diz apenas brilho?

R: Há diferença entre um GameObject que emite luz e um que brilha. Se você adiciona um componente Light à bola, ela começa a emitir luz, mas não parecerá diferente porque Light afeta apenas os outros GameObjects na cena que refletem sua luz. Se quiser que GameObject brilhe, precisará mudar seu material ou usar outro componente que afete como é renderizado.

Você pode clicar no ícone Help de qualquer componente para ativar a página Unity Manual.

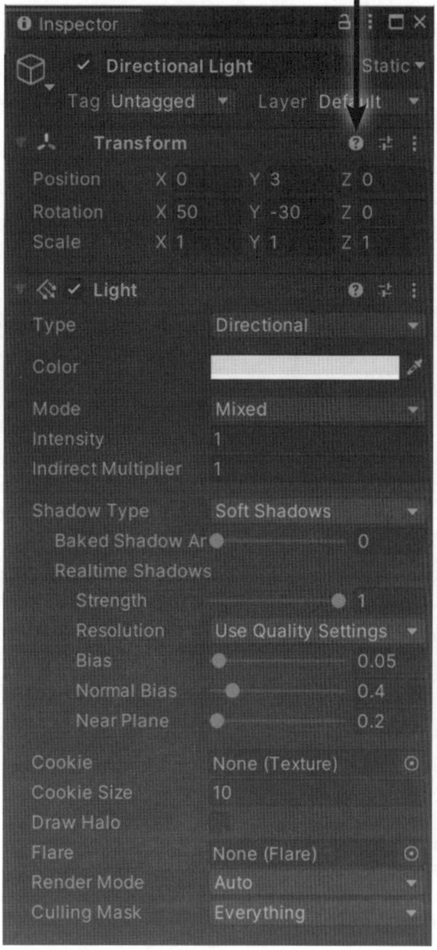
Inspector
Directional Light
Static
Tag Untagged
Layer Default
Transform
Position X 0 Y 3 Z 0
Rotation X 50 Y -30 Z 0
Scale X 1 Y 1 Z 1
Light
Type Directional
Color
Mode Mixed
Intensity 1
Indirect Multiplier 1
Shadow Type Soft Shadows
Baked Shadow Ar 0
Realtime Shadows
Strength 1
Resolution Use Quality Settings
Bias 0.05
Normal Bias 0.4
Near Plane 0.2
Cookie None (Texture)
Cookie Size 10
Draw Halo
Flare None (Flare)
Render Mode Auto
Culling Mask Everything

Ao clicar no GameObject Directional Light na janela Hierarchy, Inspector mostra seus componentes. Existem dois: Transform, que fornece sua posição e sua rotação; e Light, que realmente ilumina.

Seja criativo!

Criamos estes Unity Labs para você mesmo experimentar uma plataforma com C# porque é o modo mais eficiente de se tornar um ótimo desenvolvedor C#. No fim de cada Unity Lab, incluiremos algumas sugestões para coisas que você pode experimentar sozinho. Reserve um tempo para testar tudo o que acabou de aprender antes de ir para o próximo capítulo:

- ★ Adicione mais algumas esferas à cena. Tente usar alguns mapas da bola de bilhar. Pode baixá-los no mesmo local em que fez o download de *8 Ball Texture.png*.
- ★ Tente adicionar outras formas escolhendo Cube, Cylinder ou Capsule no menu GameObject >> 3D Object.
- ★ Experimente usar imagens diferentes como texturas. Veja o que acontece com fotos de pessoas ou cenários quando os utiliza para criar texturas e os adiciona a formas variadas.
- ★ Consegue criar uma cena em 3D interessante com formas, texturas e luzes?

Quanto mais código C# você escrever, melhor será. É o modo mais eficiente de se tornar um ótimo desenvolvedor C#. Criamos estes Unity Labs para você ter uma plataforma para praticar e experimentar.

Quando estiver pronto para seguir para o próximo capítulo, salve seu projeto, porque voltará a ele no próximo lab... o Unity pedirá para salvar quando sair.

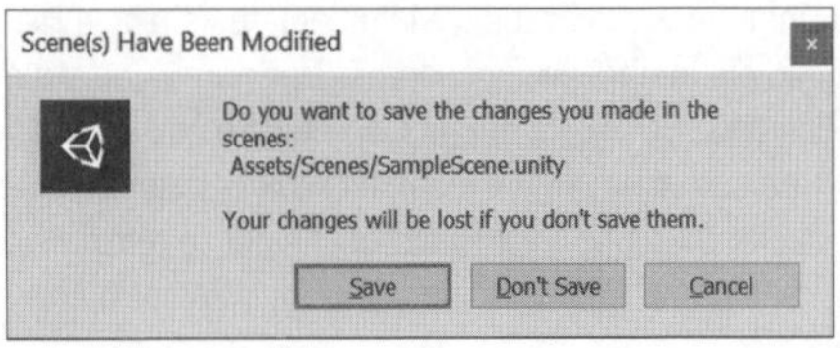
Scene(s) Have Been Modified
Do you want to save the changes you made in the scenes:
Assets/Scenes/SampleScene.unity
Your changes will be lost if you don't save them.
Save
Don't Save
Cancel

PONTOS DE BALA

- **Scene view** é sua principal exibição interativa do mundo que está criando.
- **Move Gizmo** permite mover objetos na cena.
- **Scale Gizmo** permite modificar a escala dos GameObjects.
- **Scene Gizmo** sempre exibe a orientação da câmera.
- O Unity usa **materiais** para fornecer cor, padrões, texturas e outros efeitos visuais.
- Alguns materiais usam **texturas** ou arquivos de imagens colocados em torno das formas.
- Cenários, personagens, acessórios, câmeras e luzes do jogo são criados a partir de **GameObjects**.
- GameObjects são os objetos fundamentais no Unity e **componentes** são os blocos de construção básicos de seu comportamento.
- Todo GameObject tem um **componente Transform** que fornece sua posição, sua rotação e sua escala.
- A **janela Project** mostra em pastas os recursos do projeto, inclusive os scripts e a textura do C#.
- A **janela Hierarchy** mostra todos os GameObjects na cena.
- O **GitHub for Unity** (https://unity.github.com – conteúdo em inglês) facilita salvar seus projetos Unity no GitHub.
- O **Unity Collaborate** também permite fazer backup dos projetos para o armazenamento gratuito na nuvem que vem com uma conta Unity Personal.

3 objetos... oriente-se!

Entendendo o código

...E É POR ISSO QUE MEU OBJETO IRMÃOZINHO TEM UM MÉTODO COMEMELECA E SEU CAMPO CHEIRAACACA É DEFINIDO PARA TRUE.
VOU CONTAR PRA MAMÃE!

Todo programa que você escreve resolve um problema.

Quando você cria um programa, sempre é uma boa ideia começar a pensar em qual problema ele deve resolver. Por isso os objetos são tão úteis. Eles lhe permitem estruturar seu código com base no problema que está sendo resolvido para que você passe o seu tempo refletindo sobre o problema no qual precisa trabalhar, em vez de ficar parado na mecânica da escrita do código. Quando os objetos são usados corretamente, e você realmente considera como são elaborados, o resultado é um código fácil de escrever, de ler e de alterar.

Se o código é útil, é reutilizado

Desenvolvedores vêm reutilizando código desde os primórdios da programação e não é difícil ver o motivo. Se você escreveu uma classe para um programa e tem outro programa que precisa de um código que faz exatamente a mesma coisa, faz sentido **reutilizar** a mesma classe no novo programa.

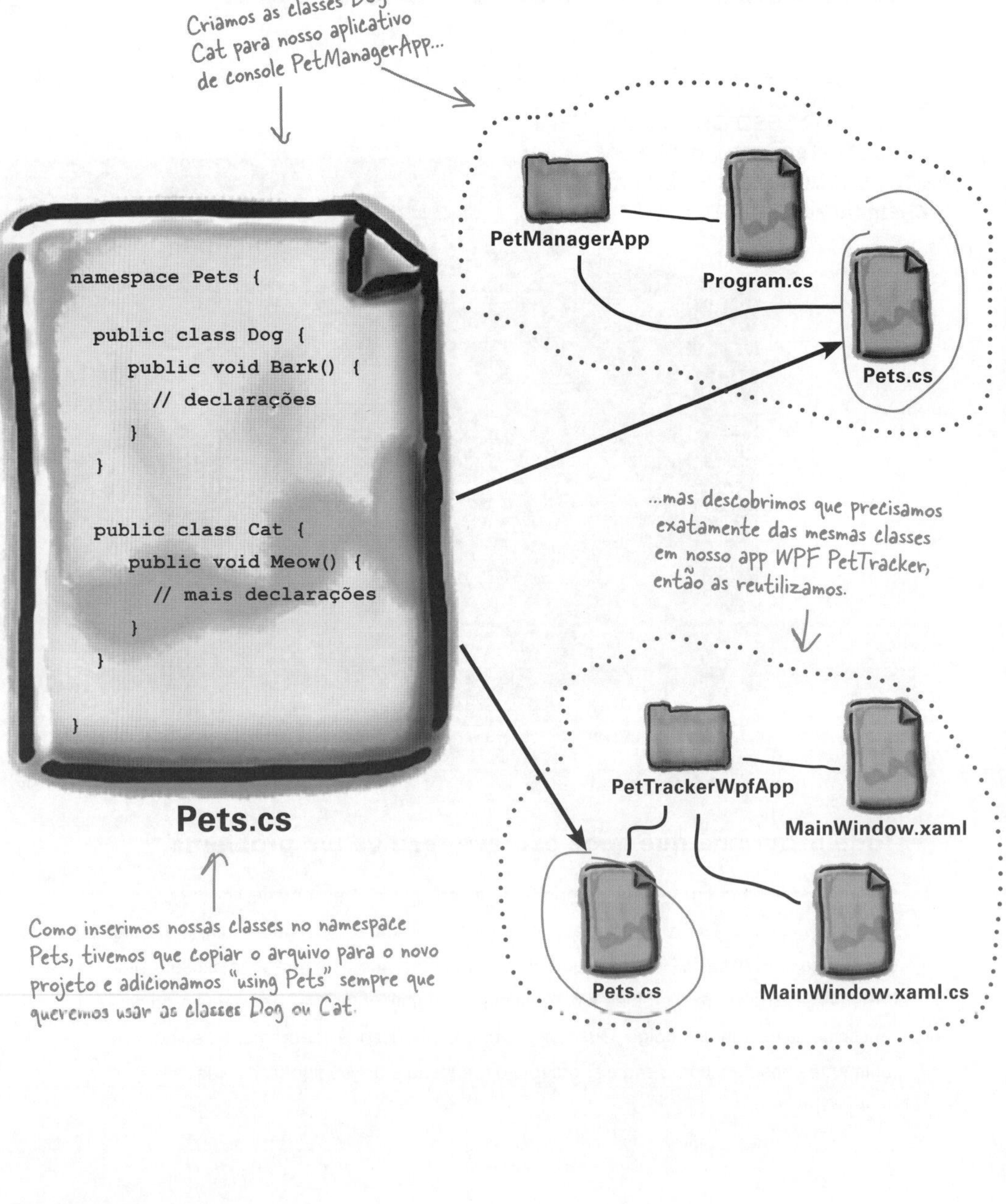

Criamos as classes Dog e Cat para nosso aplicativo de console PetManagerApp...
namespace Pets {
public class Dog {
public void Bark() {
// declarações
}
}
public class Cat {
public void Meow() {
// mais declarações
}
}
}
Pets.cs
PetManagerApp
Program.cs
Pets.cs
...mas descobrimos que precisamos exatamente das mesmas classes em nosso app WPF PetTracker, então as reutilizamos.
PetTrackerWpfApp
MainWindow.xaml
Pets.cs
MainWindow.xaml.cs
Como inserimos nossas classes no namespace Pets, tivemos que copiar o arquivo para o novo projeto e adicionamos "using Pets" sempre que queremos usar as classes Dog ou Cat.

Certos métodos requerem parâmetros e retornam valor

Vimos métodos que fazem coisas, como o método SetUpGame no Capítulo 1 que configura seu jogo. Os métodos podem fazer mais que isso: podem usar **parâmetros** para obter entrada, fazer algo com ela e gerar a saída com um **valor de retorno** que pode ser usado pela declaração que chamou o método.

Parâmetros inicia a entrada → **Método** faz algo → **Valor de retorno** retorna a saída

Parâmetros são valores que o método usa como entrada. São declarados como variáveis incluídas na declaração do método (entre parênteses). O valor de retorno é um valor calculado ou gerado dentro do método, e retornado para a instrução que chamou o método. O tipo de valor de retorno (como *string* ou *int*) é chamado de **tipo de retorno**. Se um método tem um tipo de retorno, então deve usar uma **declaração `return`**.

Veja um exemplo de método com dois parâmetros int e um tipo de retorno int:

```
int Multiply(int factor1, int factor2)
{
    int product = factor1 * factor2;
    return product;
}
```

O tipo de retorno é int, então o método deve retornar um valor int.

O método requer dois parâmetros int chamados factor1 e factor2 como entrada. São tratados apenas como variáveis int.

A declaração return retorna o valor para a declaração que chamou o método.

O método requer dois **parâmetros** chamados **`factor1`** e **`factor2`**. Ele usa o operador de multiplicação * para calcular o resultado, retornado usando a palavra-chave **`return`**.

Esse código chama o método Multiply e armazena o resultado em uma variável chamada **`area`**:

```
int height = 179;
int width = 83;
int area = Multiply(height, width);
```

Passe valores como 3 e 5 para os métodos: Multiply(3, 5) — você também pode usar variáveis quando chama seus métodos. Tudo bem se os nomes das variáveis são diferentes dos nomes do parâmetro.

Faça isto! → Como você criará métodos que retornam valores, agora é a hora perfeita para escrever código e usar o depurador para *realmente entender como a declaração* `return` *funciona.*

- ★ O que acontece quando um método é feito executando todas as suas declarações? Veja por si só: abra um dos programas já escritos, coloque um ponto de interrupção dentro de um método e continue percorrendo-o.
- ★ Quando o método fica sem declarações, ele ***retorna*** *para a declaração que o chamou* e continua a executar a declaração seguinte, após tal declaração.
- ★ Um método também pode incluir uma declaração **`return`**, que faz com que saia imediatamente sem executar nenhuma outra declaração. Tente adicionar uma declaração `return` extra no meio de um método, então pule o método.

Vamos criar um programa que escolhe algumas cartas

No primeiro projeto neste capítulo, você criará um aplicativo de console .NET Core chamado PickRandomCards que permite escolher cartas aleatórias. Veja a estrutura:

Ao criar o aplicativo de console no Visual Studio, ele adicionará uma classe chamada Program em um namespace que corresponde ao nome do projeto, com um método Main que tem o ponto de entrada.

PickRandomCards
Program
Main
PickRandomCards()

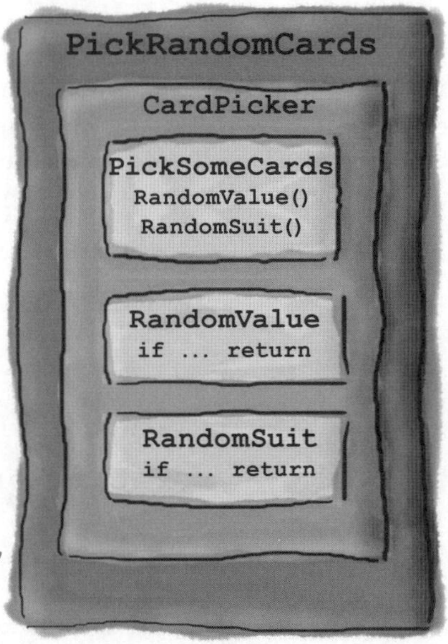
PickRandomCards
CardPicker
PickSomeCards
RandomValue()
RandomSuit()
RandomValue
if ... return
RandomSuit
if ... return

Você adicionará outra classe chamada CardPicker com três métodos. O método Main chamará o método PickSomeCards em sua nova classe.

Seu método PickSomeCards usará valores de string para representar as cartas. Se quiser escolher cinco cartas, irá chamá-lo assim:

```
string[] cards = PickSomeCards(5);
```

A variável `cards` tem um tipo não visto ainda. Colchetes **[]** significam que é um **array de strings**. Os arrays permitem usar uma variável para armazenar diversos valores; neste caso, strings com cartas. Veja um exemplo de array de strings que o método PickSomeCards pode retornar:

```
{ "10 of Diamonds",
  "6 of Clubs",
  "7 of Spades",
  "Ace of Diamonds",
  "Ace of Hearts" }
```

Este é um array de cinco strings. O app seletor de cartas criará arrays como este para representar um número das cartas selecionadas aleatoriamente.

Após o array ser gerado, você usará um loop `foreach` para escrevê-lo no console.

Crie o aplicativo de console PickRandomCards

Faça isto!

Usaremos o que você aprendeu até o momento para criar um programa que escolhe um número de cartas aleatórias. Abra o Visual Studio e **crie um novo Aplicativo de Console chamado PickRandomCards**. Seu programa incluirá uma classe chamada CardPicker. Veja o diagrama da classe que mostra seu nome e seus métodos:

CardPicker
PickSomeCards
RandomSuit
RandomValue

Isto é um diagrama da classe. É um retângulo com o nome da classe no topo e uma lista de seus métodos na parte inferior. Sua classe CardPicker terá três métodos chamados PickSomeCards, RandomSuit e RandomValue.

Clique com o botão direito no projeto PickRandomCards no Gerenciador de Soluções e **escolha Adicionar >> Classe...** no Windows (ou **Adicionar >> Nova Classe... no macOS**) no menu que aparece. O Visual Studio pedirá o nome da classe; escolha `CardPicker.cs`.

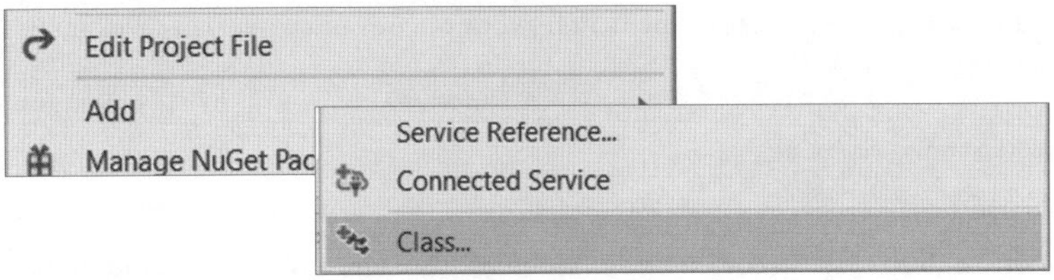
Edit Project File
Add
Manage NuGet Pac
Service Reference...
Connected Service
Class...

O Visual Studio criará uma classe novinha em seu projeto chamada CardPicker:

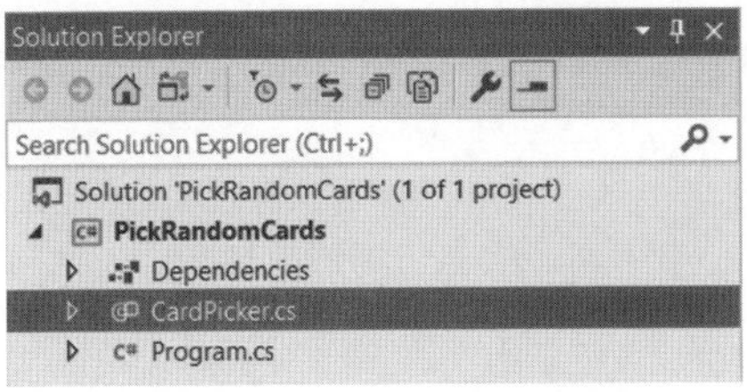
Solution Explorer
Search Solution Explorer (Ctrl+;)
Solution 'PickRandomCards' (1 of 1 project)
PickRandomCards
Dependencies
CardPicker.cs
Program.cs

A nova classe está vazia; é iniciada com a classe `CardPicker` e um par de chaves, mas não há nada dentro. **Adicione um novo método chamado PickSomeCards**. A classe deve ficar assim:

```
class CardPicker
{
    public static string[] PickSomeCards(int numberOfCards)
    {

    }
}
```

Inclua as palavras-chave public e static. Explicaremos mais sobre elas posteriormente no capítulo.

Se você inseriu com atenção a declaração do método exatamente como aparece aqui, deverá ver uma linha ondulada sob PickSomeCards. O que isso significa?

Termine o método PickSomeCards

Agora faça isto!

1. ***Seu método PickSomeCards precisa de uma declaração `return`, então adicione uma.*** Continue e preencha o resto do método; agora que ele usa uma declaração `return` para retornar um valor do array de strings, o erro some:

```
class CardPicker
{
    public static string[] PickSomeCards(int numberOfCards)
    {
        string[] pickedCards = new string[numberOfCards];
        for (int i = 0; i < numberOfCards; i++)
        {
            pickedCards[i] = RandomValue() + " of " + RandomSuit();
        }
        return pickedCards;
    }
}
```

O erro destacado com uma linha ondulada sumiu, retornando um valor com um tipo correspondente ao tipo return do método.

2. ***Gere os métodos que faltam.*** Agora seu código tem erros diferentes porque não tem os métodos RandomValue e RandomSuit. Gere-os como fez no Capítulo 1. Use o ícone Ações Rápidas na margem do editor de código; quando clicar nele, verá opções para gerar os dois métodos:

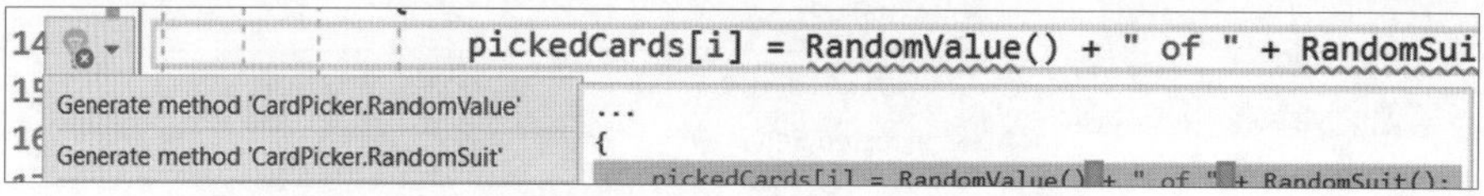
pickedCards[i] = RandomValue() + " of " + RandomSui
Generate method 'CardPicker.RandomValue'
Generate method 'CardPicker.RandomSuit'

Continue e gere-os. Sua classe agora deve ter os métodos RandomValue e RandomSuit:

```
class CardPicker
{
    public static string[] PickSomeCards(int numberOfCards)
    {
        string[] pickedCards = new string[numberOfCards];
        for (int i = 0; i < numberOfCards; i++)
        {
            pickedCards[i] = RandomValue() + " of " + RandomSuit();
        }
        return pickedCards;
    }

    private static string RandomValue()
    {
        throw new NotImplementedException();
    }

    private static string RandomSuit()
    {
        throw new NotImplementedException();
    }
}
```

Você usou o IDE para gerar esses métodos. Tudo bem se não estiverem na mesma ordem; a ordem dos métodos em uma classe não é importante.

3 ***Use declarações `return` para criar seus métodos RandomSuit e RandomValue.*** Um método pode ter mais de uma declaração `return` e, quando ele executa uma delas, retorna imediatamente e *não executa nenhuma outra declaração no método.*

Um exemplo de como aproveitar as declarações return em um programa. Imagine que você esteja criando um jogo de cartas e precisa de métodos para gerar naipes ou valores aleatórios. Começaremos criando um gerador de números aleatórios, como usamos no jogo de combinação de animais no primeiro capítulo. Adicione isto logo abaixo da declaração da classe:

```
class CardPicker
{
    static Random random = new Random();
```

Agora adicione código ao método RandomSuit, que aproveita as declarações `return` para parar de executar o método assim que encontra uma correspondência. O método Next do gerador de números aleatórios pode ter dois parâmetros: `random.Next(1, 5)` retorna um número que é, pelo menos, 1 e menor que 5 (ou seja, um número aleatório de 1 a 4). Seu método RandomSuit usará isso para escolher um naipe aleatório:

```
private static string RandomSuit()
{
    // Obter um número aleatório de 1 a 4
    int value = random.Next(1, 5);
    // Se for 1, retornar a string Spades
    if (value == 1) return "Spades";
    // Se for 2, retornar a string Hearts
    if (value == 2) return "Hearts";
    // Se for 3, retornar a string Clubs
    if (value == 3) return "Clubs";
    // Se ainda não retornamos, retornar a string Diamonds
    return "Diamonds";
}
```

Adicionamos comentários para explicar exatamente o que acontece.

Este é um método RandomValue que gera um número aleatório. Veja se consegue descobrir como funciona:

```
private static string RandomValue()
{
    int value = random.Next(1, 14);
    if (value == 1) return "Ace";
    if (value == 11) return "Jack";
    if (value == 12) return "Queen";
    if (value == 13) return "King";
    return value.ToString();
}
```

A declaração return faz o método parar imediatamente e voltar para a declaração que o chamou.

Notou que retornamos `value.ToString()`, não apenas `value`? É porque `value` é uma variável int, mas o método RandomValue foi declarado com um tipo de retorno string; portanto, precisamos converter `value` em string. Você pode adicionar **`.ToString()`** a qualquer variável ou valor para converter em string.

A classe CardPicker concluída

Veja o código da classe CardPicker concluído. Ele deve residir em um namespace que corresponde ao nome do projeto:

```
class CardPicker
{
    static Random random = new Random();

    public static string[] PickSomeCards(int numberOfCards)
    {
        string[] pickedCards = new string[numberOfCards];
        for (int i = 0; i < numberOfCards; i++)
        {
            pickedCards[i] = RandomValue() + " of " + RandomSuit();
        }
        return pickedCards;
    }

    private static string RandomValue()
    {
        int value = random.Next(1, 14);
        if (value == 1) return "Ace";
        if (value == 11) return "Jack";
        if (value == 12) return "Queen";
        if (value == 13) return "King";
        return value.ToString();
    }

    private static string RandomSuit()
    {
        // Obter um número aleatório de 1 a 4
        int value = random.Next(1, 5);
        // Se for 1, retornar a string Spades
        if (value == 1) return "Spades";
        // Se for 2, retornar a string Hearts
        if (value == 2) return "Hearts";
        // Se for 3, retornar a string Clubs
        if (value == 3) return "Clubs";
        // Se ainda não retornamos, retornar a string Diamonds
        return "Diamonds";
    }
}
```

Este é um campo estático chamado "random" que usaremos para gerar números aleatórios.

Adicionamos três comentários para lhe ajudar a entender como o método RandomSuit funciona. Tente adicionar comentários parecidos ao método RandomValue que expliquem como ele funciona.

Relaxe

Não falamos muito sobre campos... ainda.

Sua classe CardPicker tem um **campo** chamado **random**. Você viu campos no jogo de animais no Capítulo 1, mas ainda não trabalhamos muito com eles. Não se preocupe, explicaremos bem os campos e a palavra-chave `static` mais adiante no capítulo.

PODER DO CÉREBRO

Você usou as palavras-chave `public` e `static` quando adicionou PickSomeCards. O Visual Studio manteve `static` quando gerou os métodos e os declarou como `private`, não `public`. Na sua opinião, o que são essas palavras-chave?

Exercício

Agora que sua classe CardPicker tem um método para escolher cartas aleatórias, você tem tudo o que precisa para terminar o aplicativo de console **preenchendo o método Main**. Só precisa de alguns métodos úteis para fazer o app ler uma linha de entrada feita pelo usuário e usá-la para escolher um número de cartas.

Método útil 1: Console.Write

Você já viu o método Console.WriteLine. Seu primo, Console.Write, escreve texto no console, mas não adiciona uma nova linha no final. Você irá usá-lo para exibir uma mensagem para o usuário:

```
Console.Write("Enter the number of cards to pick: ");
```

Método útil 2: Console.ReadLine

O método Console.ReadLine lê uma linha de texto na entrada e retorna uma string. Você irá usá-lo para permitir ao usuário informar quantas cartas escolher:

```
string line = Console.ReadLine();
```

No Capítulo 2 você usou o método int.TryParse no manipulador de eventos TextBox para ele aceitar apenas números. Pare um pouco e veja de novo como funciona esse manipulador.

Método útil 3: int.TryParse

O método CardPicker.PickSomeCards requer um parâmetro int. A linha de entrada fornecida pelo usuário é uma string; portanto, você precisará convertê-la em int. Você usará o método int.TryParse para isso:

```
if (int.TryParse(line, out int numberOfCards))
{
  // Este bloco será executado se a linha PUDER ser convertida em um valor int
  // que está armazenado em uma nova variável chamada numberOfCards
}
else
{
   // Este bloco será executado se a linha NÃO PUDER ser convertida em um int
}
```

Junte tudo

Seu trabalho é pegar estas três partes novas e juntá-las em um novo método Main para o aplicativo de console. Modifique seu arquivo *Program.cs* e substitua a linha "Hello World!" no método Main pelo código que faz isto:

★ Use Console.Write para perguntar ao usuário o número de cartas a escolher.

★ Use Console.ReadLine para ler uma linha da entrada em uma variável de string chamada `line`.

★ Use int.TryParse para tentar convertê-la em uma variável chamada `numberOfCards`.

★ Se a entrada do usuário ***puder ser convertida*** em um valor int, use a classe CardPicker para escolher o número de cartas que ele especificou: CardPicker.PickSomeCards(numberOfCards). Use uma variável string[] para salvar os resultados, então use um loop `foreach` para chamar Console.WriteLine em cada carta no array. Volte ao Capítulo 1 para ver um exemplo de loop `foreach`; você irá usá-lo para percorrer cada elemento do array. Veja a primeira linha do loop:
foreach (string card in CardPicker.PickSomeCards(numberOfCards))

★ Se a entrada do usuário ***não puder ser convertida***, use Console.WriteLine para escrever uma mensagem para o usuário indicando que o número não é válido.

Ao trabalhar no método Main do programa, veja seu tipo de retorno. O que acha que está acontecendo?

Exercício

Veja o método Main do aplicativo de console. Ele pede ao usuário para escolher o número de cartas, tenta convertê-lo em int e, então, usa o método PickSomeCards na classe CardPicker para escolher esse número. PickSomeCards retorna cada carta escolhida em um array de strings; portanto, usa um loop `foreach` para escrever cada uma no console.

```
static void Main(string[] args)
{
    Console.Write("Enter the number of cards to pick: ");
    string line = Console.ReadLine();
    if (int.TryParse(line, out int numberOfCards))
    {
        foreach (string card in CardPicker.PickSomeCards(numberOfCards))
        {
            Console.WriteLine(card);
        }
    }
    else
    {
        Console.WriteLine("Please enter a valid number.");
    }
}
```

Este método Main substitui aquele que escreve "Hello World!" que o Visual Studio criou em Program.cs.

Este loop foreach executa Console.WriteLine(card) para cada elemento no array retornado por PickSomeCards.

Seu método Main usa void como o tipo de retorno para informar ao C# que ele não retorna um valor. Em um método com um tipo de retorno void não é obrigatório ter uma declaração `return`.

Veja como fica quando o aplicativo de console é executado:

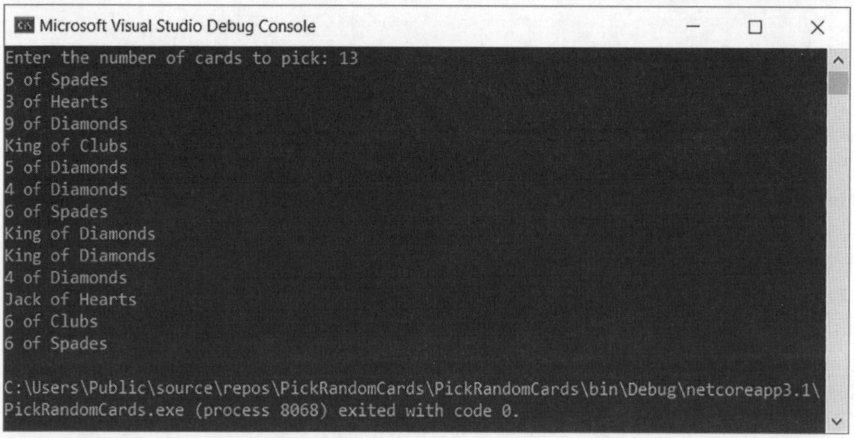
Microsoft Visual Studio Debug Console
Enter the number of cards to pick: 13
5 of Spades
3 of Hearts
9 of Diamonds
King of Clubs
5 of Diamonds
4 of Diamonds
6 of Spades
King of Diamonds
King of Diamonds
4 of Diamonds
Jack of Hearts
6 of Clubs
6 of Spades
C:\Users\Public\source\repos\PickRandomCards\PickRandomCards\bin\Debug\netcoreapp3.1\PickRandomCards.exe (process 8068) exited with code 0.

Reserve um tempo para realmente entender como funciona o programa; é uma ótima oportunidade para usar o depurador do Visual Studio para ajudar a explorar seu código. Coloque um ponto de interrupção na primeira linha do método Main, então use Intervir (F11) para percorrer o programa inteiro. Adicione uma inspeção para a variável `value` e preste atenção nela conforme percorre os métodos RandomSuit e RandomValue.

Ana trabalha em seu próximo jogo

NO MEU PRÓXIMO JOGO, O JOGADOR DEFENDE SUA CIDADE DE INVASORES ALIENÍGENAS.

Conheça Ana. Ela é desenvolvedora de jogos independentes. Seu último jogo vendeu milhares de cópias e agora ela está começando um novo.

Ana começou a trabalhar em alguns **protótipos**. Ela vem trabalhando no código dos inimigos alienígenas que o jogador precisa evitar em uma parte empolgante do jogo, quando precisa escapar do esconderijo deles enquanto eles o procuram. Ana escreveu vários métodos que definem o comportamento do inimigo: procurar o último local em que o jogador foi visto, abandonar uma busca depois de um tempo se o jogador não foi encontrado e capturar o jogador, caso o inimigo se aproxime demais.

```
SearchForPlayer();
```

```
if (SpottedPlayer()) {
    CommunicatePlayerLocation();
}
```

```
CapturePlayer();
```

O jogo de Ana está evoluindo...

A ideia de humanos versus alienígenas é muito boa, mas Ana não está 100% segura quanto à direção que deseja seguir. Ela também pensa em um jogo de navegação no qual o jogador tem que fugir de piratas. Ou talvez um jogo de sobrevivência em um mundo de zumbis ambientado em uma fazenda assustadora. Nas três ideias, ela pensa nos inimigos terem gráficos diferentes, mas o comportamento deles pode ser baseado nos mesmos métodos.

APOSTO QUE OS MÉTODOS DO INIMIGO FUNCIONARIAM EM OUTROS TIPOS DE JOGOS.

...como ela pode facilitar as coisas?

Ana não tem certeza sobre qual direção o jogo deve seguir, então quer criar alguns protótipos diferentes; ela deseja que todos tenham o mesmo código para os inimigos, com métodos SearchForPlayer, StopSearching, SpottedPlayer, CommunicatePlayerLocation e CapturePlayer. Ela tem muito trabalho pela frente.

PODER DO CÉREBRO

Consegue pensar em um modo de Ana usar os mesmos métodos para os inimigos em protótipos diferentes?

COLOQUEI TODOS OS MÉTODOS DO COMPORTAMENTO DO INIMIGO EM UMA ÚNICA CLASSE **ENEMY**. POSSO **REUTILIZAR A CLASSE** EM CADA UM DOS TRÊS DIFERENTES PROTÓTIPOS DO JOGO?

Enemy
SearchForPlayer
SpottedPlayer
CommunicatePlayerLocation
StopSearching
CapturePlayer

Design do jogo... e muito mais

Protótipos

Protótipo é uma primeira versão do jogo que você pode jogar, testar, aprender e melhorar. Um protótipo pode ser uma ferramenta muito valiosa para ajudar a fazer alterações iniciais. Eles são muito úteis porque permitem experimentar rapidamente muitas ideias diferentes antes de tomar decisões permanentes.

- O primeiro protótipo costuma ser no **papel**, quando você dispõe os principais elementos do jogo. Por exemplo, você pode aprender muito sobre seu jogo usando notas adesivas ou fichas para os diferentes elementos, ou desenhando níveis ou áreas do jogo em grandes pedaços de papel para fazer uma movimentação.
- Algo bom ao criar protótipos é que eles o ajudam a **pegar uma ideia e colocá-la em um jogo funcional** muito rápido. Você aprende mais sobre um jogo (ou qualquer tipo de programa) quando entrega um software funcional a seus jogadores (ou usuários).
- A maioria dos jogos passará por **muitos protótipos**. É sua chance de experimentar coisas diferentes e aprender. Se algo não der certo, pense nisso como um experimento, não um erro.
- O protótipo é uma **habilidade** e, como qualquer outra, ***você melhora com a prática***. Por sorte,criar protótipos também é divertido; e é uma ótima maneira de melhorar na escrita do código C#.

Os protótipos não são usados apenas para jogos! Quando você precisa criar qualquer programa, costuma ser uma boa ideia criar primeiro um protótipo para testar ideias diferentes.

Crie um protótipo no papel para um jogo clássico

Os protótipos no papel são muito úteis para ajudar a descobrir como um jogo funcionará antes de começar a criá-lo, economizando muito tempo. Há um modo rápido de começar a criá-lo; tudo que você precisa é papel, caneta ou lápis. Comece escolhendo seu jogo clássico favorito. Os jogos de plataforma funcionam muito bem; portanto, escolhemos um dos videogames clássicos **mais populares e conhecidos** já criados… mas você pode escolher qualquer um ! Veja o que fazer.

Desenhe isto!

1. **Desenhe um fundo no pedaço de papel.** Inicie o protótipo criando o fundo. No nosso protótipo, piso, tijolos e tubulação não se movem, portanto os desenhamos no papel. Também adicionamos pontuação, tempo e outros textos no topo.

2. **Rasgue pedacinhos de papel e desenhe as partes móveis.** No nosso protótipo, desenhamos os personagens, a planta carnívora, o cogumelo, a flor de fogo e as moedas em pedaços separados. Se você não for artista, sem problemas! Basta desenhar figuras com traços e formas brutas. Ninguém precisa ver isso!

3. **"Jogue" o jogo.** É a parte divertida! Tente simular o movimento do jogador. Arraste o jogador na cena. Faça os outros personagens se moverem também. É bom passar um tempinho jogando, depois volte para seu protótipo e veja se pode realmente reproduzir o movimento o mais parecido possível. (Parece estranho no início. É assim mesmo!)

O texto no topo da tela é chamado de HUD ou monitor de alerta. Em geral, é desenhado no fundo, em um protótipo no papel.

JOGADOR
32150
⓪ X 20
MUNDO
3-1
TEMPO
182

O piso, os tijolos e a tubulação não se movem, portanto são desenhados no fundo. Não há regras sobre o que fica no fundo e o que se move.

Quando o jogador pega um cogumelo, ele dobra de tamanho; portanto, desenhamos um personagem pequeno em um pedaço de papel separado.

A mecânica de como o jogador salta foi planejada com cuidado. Simulá-la no protótipo é um exercício de aprendizagem valioso.

OS PROTÓTIPOS NO PAPEL PARECEM SER ÚTEIS PARA OUTRAS COISAS ALÉM DE JOGOS. APOSTO QUE POSSO USÁ-LOS EM OUTROS PROJETOS TAMBÉM.

Todas as ferramentas e ideias nas seções "Design do jogo... e muito mais" são habilidades de programação importantes que vão além do desenvolvimento do jogo, mas achamos que são mais fáceis de aprender quando testadas primeiro em jogos.

Sim! Um protótipo no papel é um grande passo inicial para <u>qualquer</u> projeto.

Se você desenvolve um app para desktop, celular ou qualquer outro projeto com uma IU, criar um protótipo no papel é uma ótima maneira de começar. Às vezes, você precisa criar alguns antes de pegar o jeito. É por isso que começamos com tal protótipo para um jogo clássico... porque é ótimo para aprender como criá-los. **Criar protótipos é uma habilidade muito valiosa para <u>qualquer</u> desenvolvedor**, não só para o desenvolvedor de jogos.

Aponte o seu lápis

No próximo projeto, você criará um app WPF que usa sua classe CardPicker para gerar um conjunto de cartas aleatórias. Neste exercício de lápis e papel, você criará um protótipo de seu app para experimentar várias opções de design.

Desenhe a estrutura da janela em um grande pedaço de papel e um rótulo em um pedaço menor.

SELETOR DE CARTAS
QUANTAS CARTAS DEVO ESCOLHER?

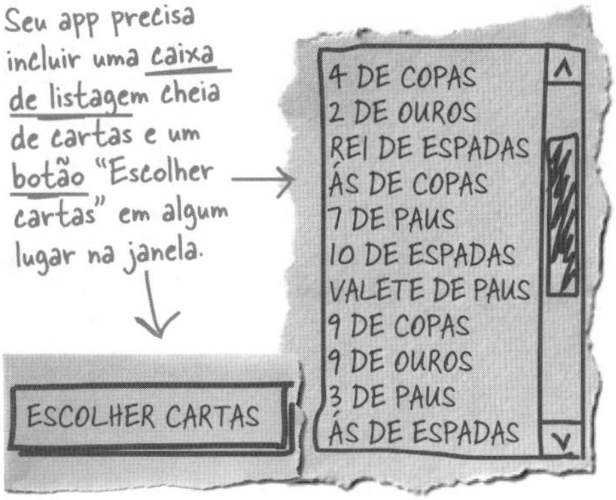
Seu app precisa incluir uma caixa de listagem cheia de cartas e um botão "Escolher cartas" em algum lugar na janela.
4 DE COPAS
2 DE OUROS
REI DE ESPADAS
ÁS DE COPAS
7 DE PAUS
10 DE ESPADAS
VALETE DE PAUS
9 DE COPAS
9 DE OUROS
3 DE PAUS
ÁS DE ESPADAS
ESCOLHER CARTAS

Em seguida, desenhe alguns tipos diferentes de controles em mais pedacinhos de papel. Arraste-os na janela e experimente modos de se combinarem. Qual design funciona melhor? Não tem uma resposta certa; há muitos modos de planejar qualquer app.

Seu app precisa de um modo de o usuário escolher o número das cartas. Tente desenhar uma caixa de entrada que ele possa usar para digitar números no app.

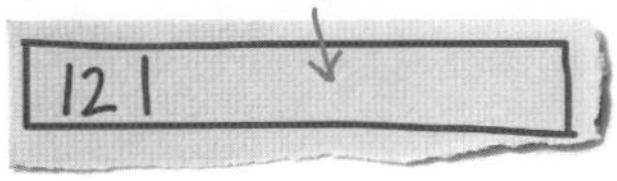
12

Teste uma barra deslizante e botões de opção também. Consegue pensar em outros controles já usados para inserir números nos apps? Talvez uma caixa suspensa? Seja criativo!

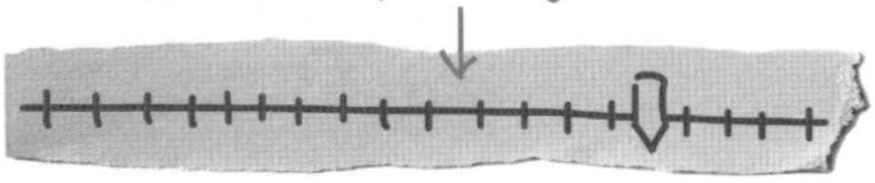

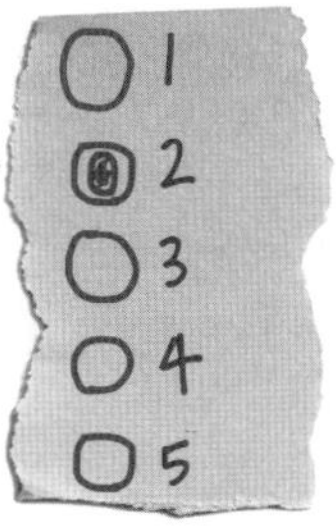
1
2
3
4
5

Crie uma versão WPF do app para escolher cartas

No próximo projeto, você criará um app WPF chamado PickACardUI. Ficará assim:

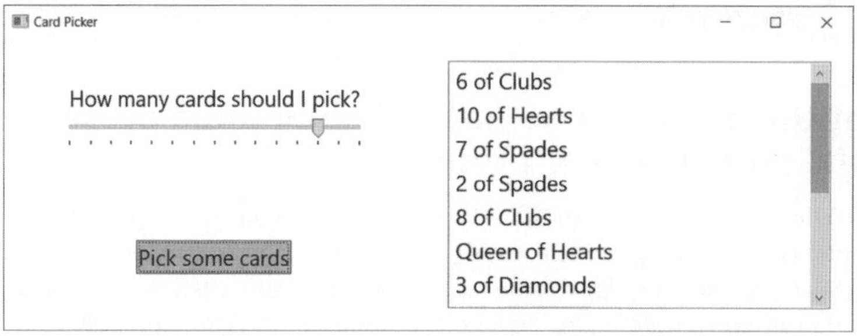
Card Picker
How many cards should I pick?
Pick some cards
6 of Clubs
10 of Hearts
7 of Spades
2 of Spades
8 of Clubs
Queen of Hearts
3 of Diamonds

Decidimos ficar com uma barra deslizante para escolher o número das cartas. Isso não significa que é o único modo de planejar este app! Você propôs um design diferente no seu protótipo? Tudo bem! Há muitos modos de elaborar qualquer app e quase nunca há uma resposta certa (ou errada).

Seu app PickACardUI permitirá usar um controle Slider para escolher o número de cartas aleatórias. Quando você selecionar o número, clicará em um botão para escolhê-las e adicioná-las ao ListBox.

Este é o layout da janela:

A janela tem duas linhas e duas colunas. O ListBox na coluna direita se estende pelas duas linhas.

Esta célula tem dois controles, Label e Slider. Veremos melhor como funciona.

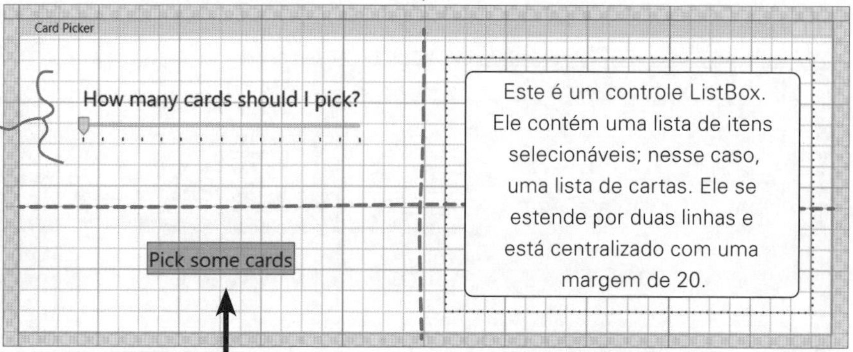
Card Picker
How many cards should I pick?
Pick some cards

Este é um controle ListBox. Ele contém uma lista de itens selecionáveis; nesse caso, uma lista de cartas. Ele se estende por duas linhas e está centralizado com uma margem de 20.

O manipulador de eventos de Button chamará um método em sua classe que retorna uma lista de cartas, depois adicionará cada carta ao ListBox.

Não continuaremos lembrando-o para adicionar seus projetos ao controle de versão, mas ainda achamos que é boa ideia criar uma conta GitHub e publicar todos os projetos nela!

Add to Source Control

Há versões ASP.NET Core de todos os projetos WPF neste livro que mostram capturas de tela do Visual Studio para Mac.

Acesse o Guia do Aluno Visual Studio para Mac para obter a versão Mac do projeto.

StackPanel é um contêiner que empilha outros controles

Seu app WPF usará Grid para dispor seus controles, como usado no jogo de combinação. Antes de começar a escrever o código, veja com atenção os dois controles na célula superior esquerda da grade:

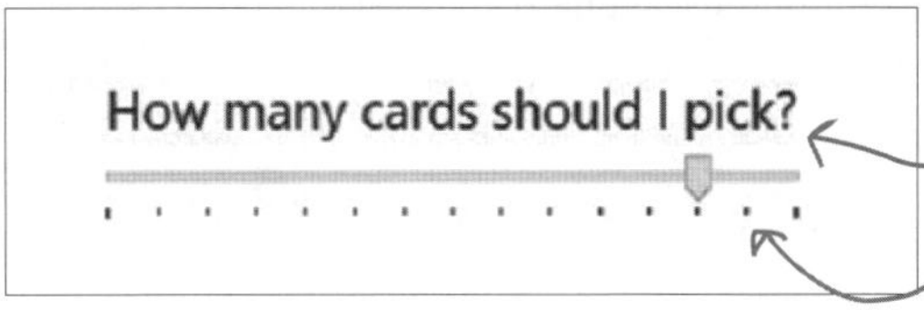
How many cards should I pick?

Isto é um controle Label...

...e isto é um controle Slider.

Como os colocamos um sobre o outro assim? ***Poderíamos*** tentar colocá-los na mesma célula na grade:

```
<Grid>
    <Label HorizontalAlignment="Center" VerticalAlignment="Center" Margin="20"
        Content="How many cards should I pick?" FontSize="20"/>
    <Slider VerticalAlignment="Center" Margin="20"
        Minimum="1" Maximum="15" Foreground="Black"
        IsSnapToTickEnabled="True" TickPlacement="BottomRight" />
</Grid>
```

É o XAML de um controle Slider. Veremos melhor quando você montar seu formulário.

Mas isso os sobrepõe:

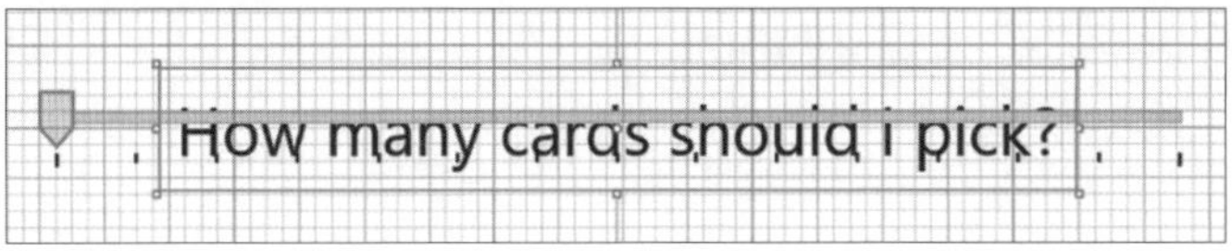
How many cards should I pick?

E aqui um **controle StackPanel** é útil. Ele é um controle de contêiner; como Grid, sua função é conter outros controles e assegurar que fiquem no lugar certo na janela. Enquanto Grid permite organizar os controles em linhas e colunas, StackPanel permite organizar os controles ***em uma pilha horizontal ou vertical***.

Vamos pegar os mesmos controles Label e Slider, mas desta vez use StackPanel para sua disposição, para que Label fique empilhado sobre Slider. Note que movemos as propriedades de alinhamento e a margem para StackPanel; queremos que o painel em si fique centralizado, com uma margem em volta:

```
<StackPanel HorizontalAlignment="Center" VerticalAlignment="Center" Margin="20"
>
    <Label Content="How many cards should I pick?" FontSize="20" />
    <Slider Minimum="1" Maximum="15" Foreground="Black"
            IsSnapToTickEnabled="True" TickPlacement="BottomRight" />
</StackPanel>
```

StackPanel fará com que os controles na célula fiquem como queremos:

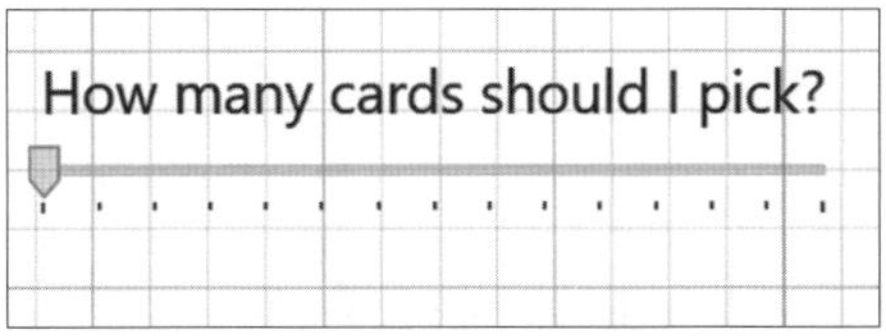
How many cards should I pick?

É como funcionará o projeto. Agora vamos começar a criá-lo!

Reutilize a classe CardPicker no novo app WPF

Se você escreveu uma classe para um programa, poderá utilizar o mesmo comportamento em outro. Por isso uma das grandes diferenças de usar classes é que elas facilitam **reutilizar** seu código. Daremos ao app seletor de cartas uma IU novinha, mas mantendo o mesmo comportamento reutilizando a classe CardPicker.

Reutilize isto!

① Crie um novo app WPF chamado PickACardUI.

Você seguirá exatamente as mesmas etapas usadas para criar seu jogo de combinação de animais no Capítulo 1:

- ★ Abra o Visual Studio e crie um novo projeto.
- ★ Selecione **WPF App (.NET Core)**.
- ★ Nomeie o novo app como **PickACardUI**. O Visual Studio criará o projeto adicionando os arquivos *MainWindow.xaml* e *MainWindow.xaml.cs* que têm o namespace PickACardUI.

② Adicione a classe CardPicker criada para o projeto Aplicativo de Console.

Clique com o botão direito no nome do projeto e escolha **Adicionar >> Item Existente...** no menu.

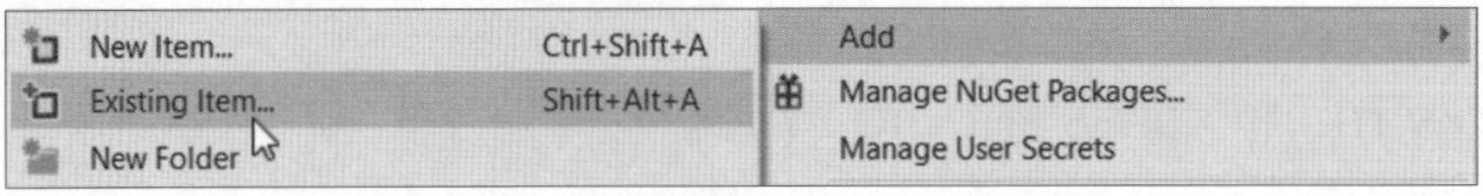
New Item...
Ctrl+Shift+A
Existing Item...
Shift+Alt+A
New Folder
Add
Manage NuGet Packages...
Manage User Secrets

Navegue para a pasta com o aplicativo de console e selecione *CardPicker.cs* para adicioná-lo ao projeto. Seu projeto WPF agora deve ter uma cópia do arquivo *CardPicker.cs* de seu aplicativo de console.

③ Mude o namespace da classe CardPicker.

Dê um duplo clique em *CardPicker.cs* no Gerenciador de Soluções. Ele ainda tem o namespace do aplicativo de console. **Mude o namespace** para corresponder ao nome do seu projeto. A janela instantânea IntelliSense irá sugerir o namespace PickACardUI — **pressione Tab para aceitar a sugestão**:

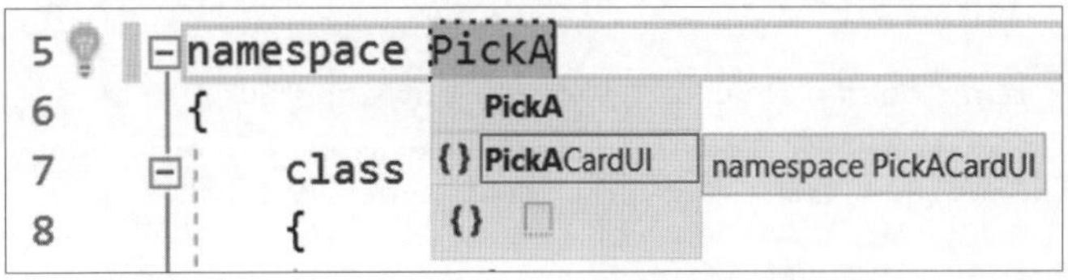
5 namespace PickA
6 {
7 class
8 {
PickA
PickACardUI
namespace PickACardUI

Você muda o namespace no arquivo CardPicker.cs para combinar com o namespace que o Visual Studio usou quando criou os arquivos em seu novo projeto; portanto, pode usar a classe CardPicker no código de seu novo projeto.

Agora sua classe CardPicker deve estar no namespace PickACardUI:

```
namespace PickACardUI
{
    class CardPicker
    {
```

Parabéns, você reutilizou sua classe CardPicker! Você deve visualizar a classe no Gerenciador de Soluções e conseguirá usá-la no código de seu app WPF.

Use Grid e StackPanel para o layout da janela principal

De volta ao Capítulo 1, você usou Grid para o layout do jogo de combinação de animais. Pare um pouco e volte à parte do capítulo em que adicionou a grade, pois fará o mesmo para a janela.

1. **Configure linhas e colunas.** Siga as mesmas etapas do Capítulo 1 para **adicionar duas linhas e duas colunas** à grade. Se fizer certo, deverá ver estas definições de linha e de coluna logo abaixo da tag `<Grid>` no XAML:

```
<Grid.RowDefinitions>
    <RowDefinition/>
    <RowDefinition/>
</Grid.RowDefinitions>
<Grid.ColumnDefinitions>
    <ColumnDefinition/>
    <ColumnDefinition/>
</Grid.ColumnDefinitions>
```

Você pode usar o designer do Visual Studio para adicionar duas linhas e duas colunas iguais. Se tiver problemas, basta digitar o XAML diretamente no editor.

2. **Adicione StackPanel.** É um pouco difícil trabalhar com um StackPanel vazio no designer do XAML porque é complicado clicar, então você fará isso no editor de código do XAML. **Dê um duplo clique em StackPanel na Caixa de Ferramentas** para adicionar um StackPanel vazio à grade. Você deverá visualizar:

```
        </Grid.ColumnDefinitions>

        <StackPanel/>

    </Grid>
</Window>
```

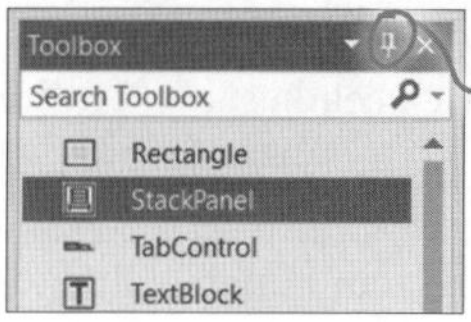

Toolbox
Search Toolbox
Rectangle
StackPanel
TabControl
TextBlock

Será mais fácil arrastar os controles da Caixa de Ferramentas se você usar a tachinha à direita superior do painel para fixá-lo na janela.

3. **Defina as propriedades de StackPanel.** Quando você deu o duplo clique em StackPanel na Caixa de Ferramentas, foi adicionado ***um StackPanel sem propriedades***. Por padrão, fica na célula superior esquerda na grade, então agora só queremos definir seu alinhamento e sua margem. **Clique na tag StackPanel *no editor XAML*** para selecioná-lo. Depois de selecionado no editor de código, você verá suas propriedades na janela Propriedades. Defina os alinhamentos vertical e horizontal para `Center` e todas as margens para `20`.

HorizontalAlignm...
VerticalAlignment
Margin
20
20
20
20

Ao clicar no controle no editor de código XAML e usar a janela Propriedades para editar suas propriedades, você verá o XAML ser atualizado imediatamente.

Você deve ter um StackPanel como este no código XAML:

```
<StackPanel HorizontalAlignment="Center" VerticalAlignment="Center"
Margin="20" />
```

Significa que todas as margens estão definidas para 20. Você também pode ver a propriedade Margin definida para "20, 20, 20, 20", ou seja, a mesma coisa.

Layout da janela do app para desktop Card Picker

Esquematize a janela do novo app seletor de cartas para que tenha controles do usuário à esquerda e exiba as cartas escolhidas à direita. Você usará **StackPanel** na célula superior esquerda. É um **contêiner**, isso é, contém outros controles, como Grid. Mas, em vez de dispor os controles em células, ele os empilha na horizontal ou na vertical. Assim que StackPanel for colocado com Label e Slider, você adicionará um controle ListBox, como o usado no Capítulo 2.

Crie isto!

1 Adicione Label e Slider ao StackPanel.

O StackPanel é um contêiner. Quando o StackPanel não tem outros controles, *você não consegue vê-lo no designer*, dificultando arrastar controles para ele. Por sorte, é tão rápido adicionar controles a ele quanto é definir suas propriedades. **Clique em StackPanel para selecioná-lo.**

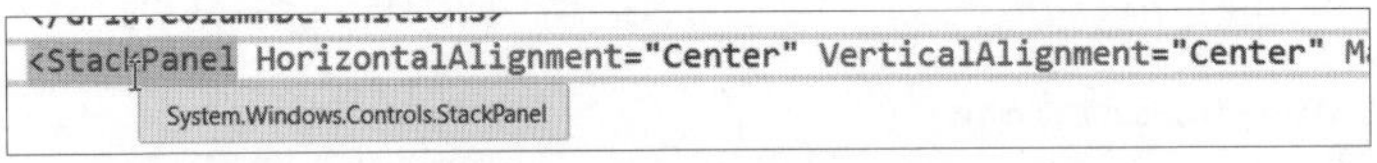
<StackPanel HorizontalAlignment="Center" VerticalAlignment="Center" M
System.Windows.Controls.StackPanel

Com o StackPanel selecionado, **clique duas vezes em Label na Caixa de Ferramentas** para colocar um novo controle Label *dentro de StackPanel*. Label aparecerá no designer e a tag `Label` aparecerá no editor de código do XAML

Depois, expanda a seção *Todos os Controles do WPF* da Caixa de Ferramentas e **clique duas vezes em Slider**. Agora a célula superior direita deve ter um Label sobre um Slider.

2 Defina as propriedades dos controles Label e Slider.

Agora que o StackPanel tem Label e Slider, basta definir suas propriedades:

★ Clique em Label no designer. Expanda a seção Comum na janela Propriedades e defina seu conteúdo para `How many cards should I pick?` — depois expanda a seção Text e defina o tamanho da fonte para `20px`.

★ Pressione Escape (ESC) para cancelar a seleção de Label, então **clique em Slider no designer** para selecioná-lo. Use a caixa Nome no topo da janela Propriedades para mudar o nome para `numberOfCards`.

★ Expanda a seção Layout e use o quadrado (■) para redefinir a largura.

★ Expanda a seção Comum e defina a propriedade Maximum para `15`, a Minimum para `1`, AutoToolTipPlacement para `TopLeft` e TickPlacement para `BottomRight`. Clique no sinal (⌄) para expandir a seção Layout e exibir as propriedades adicionais, inclusive IsSnapToTickEnabled. Defina-a para `True`.

★ Vamos tornar as marcas mais fáceis de ver. Expanda a seção Pincel na janela Propriedades e **clique no retângulo grande à direita de Foreground**; isso lhe permitirá usar o seletor de cores para escolher a cor do primeiro plano para a barra deslizante. Clique na caixa R e a defina para `0`, defina G e B para `0` também. A caixa Foreground agora deve ser preta e as marcas sob a barra deslizante devem ser pretas.

O XAML deve ficar assim; se você tiver problemas com o designer, basta editar o XAML diretamente:

```
<StackPanel HorizontalAlignment="Center" VerticalAlignment="Center" Margin="20">
    <Label Content="How many cards should I pick?" FontSize="20"/>
    <Slider x:Name="numberOfCards" Minimum="1" Maximum="15"
TickPlacement="BottomRight"
     IsSnapToTickEnabled="True" AutoToolTipPlacement="TopLeft" Foreground="Black"/>
</StackPanel>
```

3 **Adicione Button à célula inferior esquerda.**

Arraste Button da caixa de ferramentas para a célula esquerda inferior da grade e defina as propriedades:

- ★ Expanda a seção Comum e defina a propriedade Content para `Pick some cards`.
- ★ Expanda a seção Texto e defina o tamanho da fonte para 20px.
- ★ Expanda a seção Layout. Redefina as margens, a largura e a altura. Defina os alinhamentos vertical e horizontal para Center (⇞ e ⇹).

O XAML do controle Button deve ficar assim:

```
<Button Grid.Row="1" Content="Pick some cards" FontSize="20"
        HorizontalAlignment="Center" VerticalAlignment="Center" />
```

4 **Adicione um ListBox que preencha a metade direita da janela se estendendo por duas linhas.**

Arraste um controle ListBox para a célula superior direita e defina suas propriedades:

- ★ Use a caixa Name no topo da janela Propriedades para definir o nome do ListBox para `listOfCards`.
- ★ Expanda a seção Texto e defina o tamanho da fonte para 20px.
- ★ Expanda a seção Layout. Defina as margens para 20, como feito no controle StackPanel. Verifique se largura, altura, alinhamentos horizontal e vertical são redefinidos.
- ★ Veja se Row está definido para 0 e Column, para 1. Depois **defina RowSpan para 2** de modo que ListBox ocupe a coluna inteira e se estenda por duas linhas:

Row	0	▫	RowSpan	2	▪
Column	1	▪	ColumnSpan	1	▫

O XAML do controle ListBox:

```
<ListBox x:Name="listOfCards" Grid.Column="1" Grid.RowSpan="2"
         FontSize="20" Margin="20,20,20,20"/>
```

↖ *Tudo bem se este valor é "20", não "20, 20, 20, 20" — significa a mesma coisa.*

5 **Defina o título e o tamanho da janela.**

Ao criar um novo app WPF, o Visual Studio cria uma janela principal com uma largura de 450 pixels e uma altura de 800 pixels com o título "Main Window". Vamos redimensionar, como feito no jogo de combinação de animais:

- ★ Clique na barra de título da janela no designer para selecionar a janela.
- ★ Use a seção Layout para definir a largura para **300**.
- ★ Use a seção Comum para definir o título para `Card Picker`.

Vá para o topo do editor XAML e veja a última linha da tag Window. Você deve visualizar estas propriedades:

```
Title="Card Picker" Height="300" Width="800"
```

6 Adicione um manipulador de eventos Click ao controle Button.

O **code-behind**, o código C# no *MainWindow.xaml.cs* que se juntou ao XAML, consiste em um método. Clique duas vezes no botão no designer e o IDE adicionará um método chamado Button_Click e o tornará o manipulador de eventos Click, como fez no Capítulo 1. Veja o código do novo método:

```
private void Button _ Click(object sender, RoutedEventArgs e)
{
    string[] pickedCards = CardPicker.PickSomeCards((int)numberOfCards.
Value);
    listOfCards.Items.Clear();
    foreach (string card in pickedCards)
    {
        listOfCards.Items.Add(card);
    }
}
```

Agora execute o app. Use a barra deslizante para escolher o número de cartas aleatórias, depois pressione o botão para adicioná-las ao ListBox. ***Bom trabalho!***

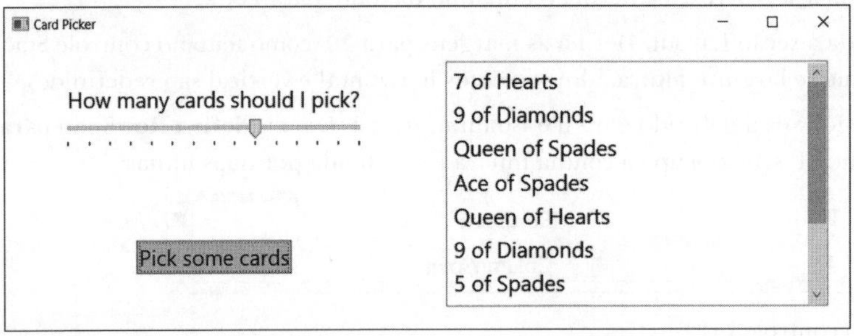
Card Picker
How many cards should I pick?
Pick some cards
7 of Hearts
9 of Diamonds
Queen of Spades
Ace of Spades
Queen of Hearts
9 of Diamonds
5 of Spades

O código C# associado à janela XAML com manipuladores de evento é chamado de code-behind.

PONTOS DE BALA

- As classes têm métodos que contêm declarações que realizam ações. Classes bem planejadas têm nomes de método adequados.
- Alguns métodos têm um **tipo de retorno**. Você define o tipo de retorno de um método em sua declaração. Um método com uma declaração iniciando com a palavra-chave `int` retorna um valor inteiro. Um exemplo de declaração que retorna um valor int: `return 37;`
- Quando um método tem um tipo de retorno, ele **deve** ter uma declaração `return` que retorna um valor correspondente ao tipo. Se uma declaração de método tem o tipo de retorno string, então é preciso uma declaração `return` que retorna uma string.
- Assim que uma declaração `return` em um método é executada, o programa volta para a declaração que chamou o método.
- Nem todos os métodos têm um tipo de retorno. Um método com uma declaração iniciando com `public void` não retorna nada. Você ainda pode usar uma declaração `return` para sair de um método void, como: `if (finishedEarly) { return; }`
- Em geral os desenvolvedores querem **reutilizar** o mesmo código em vários programas. As classes podem ajudar a tornar o código mais reutilizável.
- Ao **selecionar um controle** no editor de código do XAML, você edita as propriedades na janela Propriedades.

Enemy
SearchForPlayer
SpottedPlayer
CommunicatePlayerLocation
StopSearching
CapturePlayer

Os protótipos de Ana parecem ótimos...

Ana descobriu que, se o jogador for caçado por um alienígena, um pirata, um zumbi ou um palhaço assassino, ela poderá usar os mesmos blocos da classe Enemy para que funcionem. O jogo está ganhando forma.

...mas e se ela quiser mais de um inimigo?

Estava ótimo... até Ana querer mais de um inimigo, que existia em cada um dos protótipos iniciais. O que ela deve fazer para adicionar um segundo ou terceiro inimigo ao jogo?

Ana *poderia* copiar o código da classe Enemy e colá-lo em mais dois arquivos de classe. Então, o programa dela poderia usar métodos para controlar três inimigos diferentes de uma só vez. Tecnicamente, estamos reutilizando o código... certo?

Ei Ana, que tal essa ideia?

Ela está certa. E se ela quiser um nível com, digamos, doze zumbis? Criar dezenas de classes idênticas não é nada prático.

Enemy1
SearchForPlayer
SpottedPlayer
CommunicatePlayerLocation
StopSearching
CapturePlayer

Enemy2
SearchForPlayer
SpottedPlayer
CommunicatePlayerLocation
StopSearching
CapturePlayer

Enemy3
SearchForPlayer
SpottedPlayer
CommunicatePlayerLocation
StopSearching
CapturePlayer

É BRINCADEIRA? USAR CLASSES IDÊNTICAS SEPARADAS PARA CADA INIMIGO É UMA **PÉSSIMA IDEIA**. E SE EU QUISER MAIS DE TRÊS INIMIGOS POR VEZ?

Manter três cópias do mesmo código é muito confuso.

Muitos problemas que você tem precisam de um modo de representar ***coisas*** muitas vezes diferentes. Nesse caso, é um inimigo no jogo, mas poderiam ser melodias em um app de reprodução de música ou contatos em um app de rede social. Todos têm algo em comum: sempre precisam tratar o mesmo tipo de coisa do mesmo modo, não importa com quantas dessas coisas estão lidando. Vejamos se podemos encontrar uma solução melhor.

Ana pode usar objetos para resolver o problema

Objetos são uma ferramenta do C# usada para trabalhar com muitas coisas parecidas. Ana pode usar objetos para programar sua classe Enemy apenas uma vez e usá-la *quantas vezes quiser* em um programa.

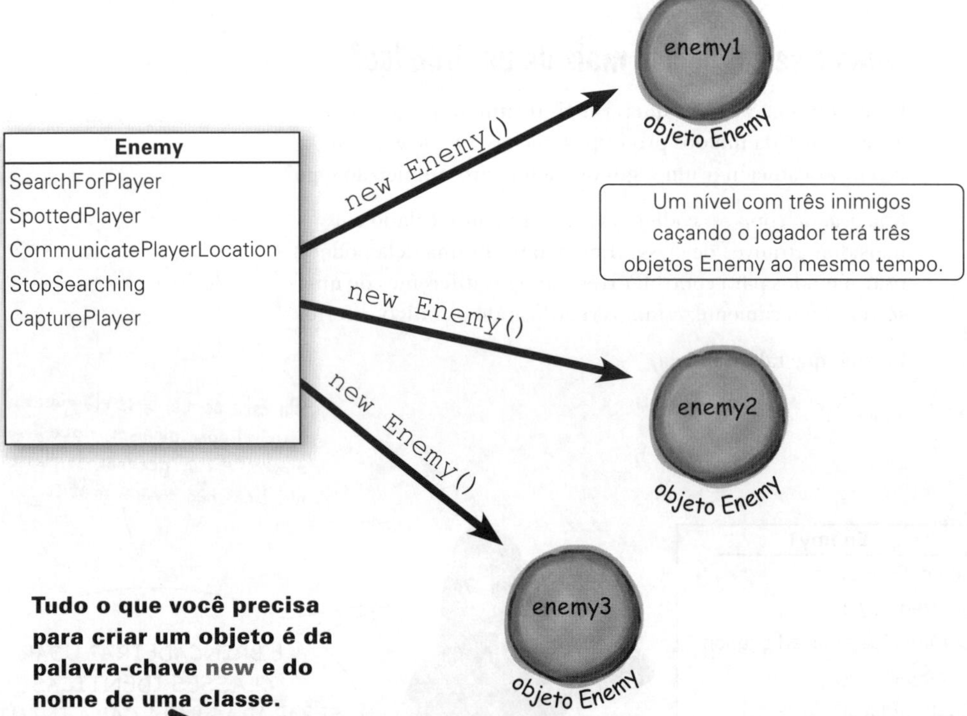
Enemy
SearchForPlayer
SpottedPlayer
CommunicatePlayerLocation
StopSearching
CapturePlayer
new Enemy()
new Enemy()
new Enemy()
enemy1
objeto Enemy
enemy2
objeto Enemy
enemy3
objeto Enemy
Um nível com três inimigos caçando o jogador terá três objetos Enemy ao mesmo tempo.

Tudo o que você precisa para criar um objeto é da palavra-chave new e do nome de uma classe.

```
Enemy enemy1 = new Enemy();
enemy1.SearchForPlayer();
if (enemy1.SpottedPlayer()) {
   enemy1.CommunicatePlayerLocation();
} else {
   enemy1.StopSearching();
}
```

Agora você pode usar o objeto! Ao criar um objeto a partir de uma classe, esse objeto tem todos os métodos dessa classe.

Você usa uma classe para criar um objeto

Uma classe é como uma planta de um objeto. Se quisesse construir cinco casas idênticas em um conjunto habitacional no subúrbio, você não pediria a um arquiteto para desenhar cinco plantas idênticas. Usaria uma planta para construir as cinco casas.

Uma classe define seus membros como uma planta define o layout da casa. Você pode usar uma planta para construir várias casas e pode usar uma classe para criar vários objetos.

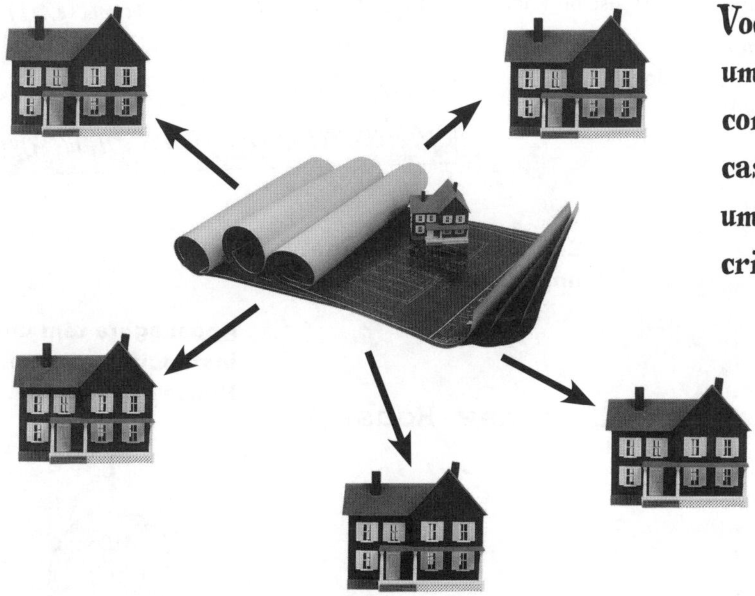

Um objeto obtém seus métodos na classe

Assim que você cria uma classe, pode criar quantos objetos quiser a partir dela usando a declaração `new`. Quando faz isso, todo método na classe se torna parte do objeto.

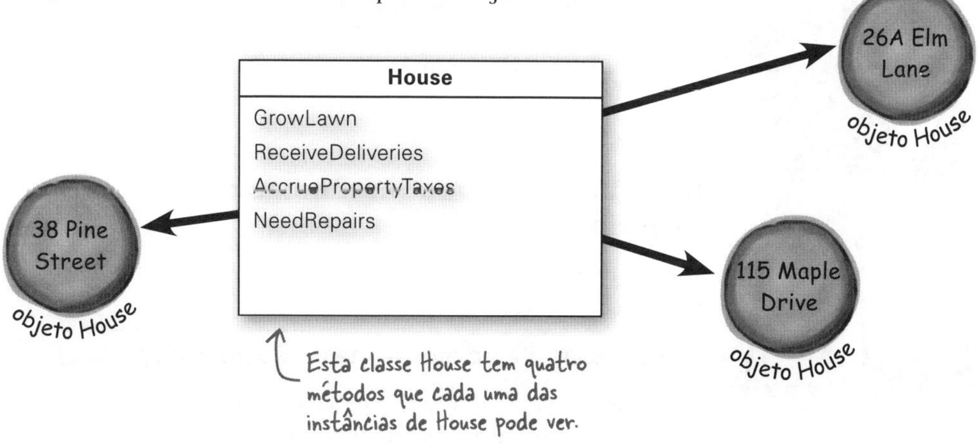
House
GrowLawn
ReceiveDeliveries
AccruePropertyTaxes
NeedRepairs
26A Elm Lane
objeto House
38 Pine Street
objeto House
115 Maple Drive
objeto House
Esta classe House tem quatro métodos que cada uma das instâncias de House pode ver.

Ao criar um novo objeto a partir de uma classe, ele é chamado de instância dessa classe

Você usa a **palavra-chave new** para criar um objeto. Tudo o que precisa é de uma variável para usar junto. Use a classe como o tipo de variável para declarar a variável, então, em vez de int ou bool, você usará uma classe como House ou Enemy.

> Ins-tân-ci-a, substantivo.
> Exemplo ou ocorrência de algo. *O recurso "localizar e substituir" do IDE encontra cada **instância** de uma palavra e a altera para outra.*

Antes: uma imagem da memória do seu computador quando o programa inicia.

Seu programa executa uma declaração new.

```
House mapleDrive115 = new House();
```

Esta nova declaração cria um novo objeto House e o atribui a uma variável chamada mapleDrive115.

Após: agora tem uma instância da classe House na memória.

115
Maple
Drive
objeto House

ESSA PALAVRA-CHAVE NEW ME PARECE FAMILIAR. JÁ VI ISSO ANTES, NÃO VI?

Sim! Você já criou instâncias em seu próprio código.

Volte ao programa de combinação de animais e procure esta linha de código:

```
Random random = new Random();
```

Você criou uma instância da classe Random, então chamou seu método Next. Agora veja sua classe CardPicker e a declaração **new**. Você tem usado objetos o tempo todo!

Uma solução melhor para Ana... trazida por objetos

Ana usou objetos para reutilizar o código na classe Enemy sem toda a confusão de cópia que deixaria o código duplicado no projeto. Veja como foi feito.

1 Ana criou uma classe Level que armazenou os inimigos em um **array Enemy** chamado `enemies`; como os arrays de string para armazenar cartas e os emojis de animais que você usou.

Hmm, este array está dentro da classe, mas fora dos métodos. O que está acontecendo?

```
public class Level {
    Enemy[] enemyArray = new Enemy[3];
```

Use o nome de uma classe para declarar um array de instâncias dessa classe.

Usamos a palavra-chave new para criar um array de objetos Enemy, como feito antes com as strings.

2 Ela usou um loop que chamou declarações `new` para criar novas instâncias da classe Enemy para o nível e adicioná-las a um array de inimigos.

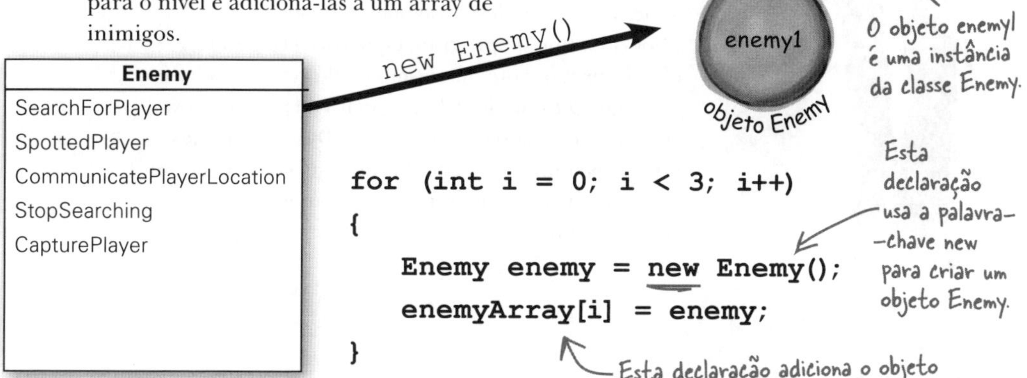
Enemy
SearchForPlayer
SpottedPlayer
CommunicatePlayerLocation
StopSearching
CapturePlayer
new Enemy()
enemy1
objeto Enemy
O objeto enemy1 é uma instância da classe Enemy.

```
for (int i = 0; i < 3; i++)
{
    Enemy enemy = new Enemy();
    enemyArray[i] = enemy;
}
```

Esta declaração usa a palavra-chave new para criar um objeto Enemy.

Esta declaração adiciona o objeto Enemy recém-criado ao array.

3 Ela chamou os métodos de cada instância Enemy em cada atualização dos quadros para implementar o comportamento do inimigo.

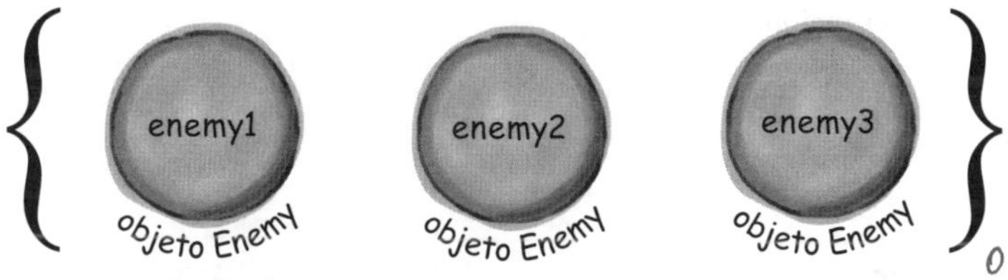
enemy1
objeto Enemy
enemy2
objeto Enemy
enemy3
objeto Enemy

O loop foreach itera o array de objetos Enemy.

```
foreach (Enemy enemy in enemyArray)
{
    // Código que chama os métodos Enemy
}
```

Ao criar uma nova instância de uma classe, isso significa instanciar a classe.

ESPERE UM POUCO! VOCÊ NÃO ME DEU **INFORMAÇÕES SUFICIENTES NO INÍCIO** PARA CRIAR O JOGO DE ANA.

Certíssimo, não demos.

Alguns protótipos de jogos são muito simples, já outros são bem mais complicados, mas os programas complexos ***seguem os mesmos padrões*** dos simples. O programa do jogo de Ana é um exemplo de como alguém usaria objetos na vida real. E isso não se aplica apenas ao desenvolvimento de jogos! Não importa o tipo de programa que você cria, usará objetos exatamente do mesmo modo como Ana fez em seu jogo. O exemplo dela é o ponto de partida para fixar esse conceito em sua cabeça. Daremos **muitos outros exemplos** no resto do capítulo, e esse conceito é tão importante que iremos revê-lo nos capítulos futuros também.

Teoria e prática

Por falar em padrões, este é um que você verá repetidamente neste livro. Apresentaremos um conceito ou uma ideia (como objetos) por algumas páginas, usando imagens e pequenos fragmentos de código para demonstrar a ideia. É uma oportunidade para recuar e tentar entender o que acontece sem se preocupar em fazer o programa funcionar.

```
House mapleDrive115 = new House();
```

Quando apresentarmos um novo conceito (como objetos), fique atento a imagens e fragmentos de código como este.

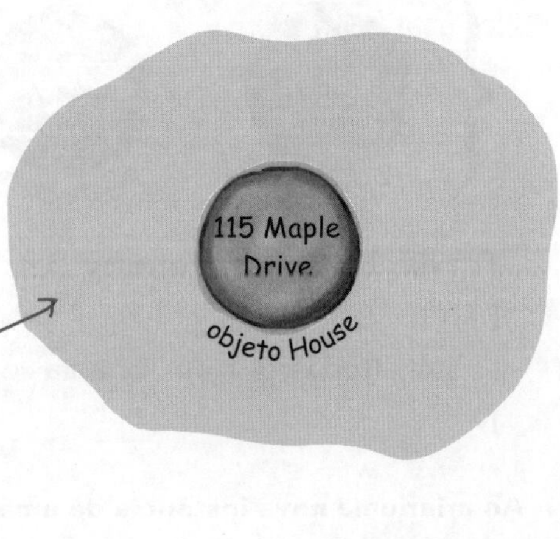
115 Maple Drive
objeto House

Aponte o seu lápis

Agora que você tem uma ideia melhor sobre como funcionam os objetos, é uma ótima hora de voltar à classe CardPicker e entender a classe Random usada.

1. Coloque o cursor dentro de qualquer método, pressione Enter para iniciar uma nova declaração, então digite **`random.`** — assim que digitar o ponto, o Visual Studio abrirá uma janela IntelliSense que mostra seus métodos. Cada método é marcado com um ícone de cubo ( ). Preenchemos alguns métodos. Termine de completar o diagrama da classe Random.

Random
Equals GetHashCode GetType ToString ....

2. Escreva o código para criar um novo array de números com precisão dupla chamado **`randomDoubles`**, então use um loop `for` para adicionar vinte valores de precisão dupla ao array. Você deve adicionar apenas números de ponto flutuante maiores ou iguais a 0,0 e menores que 1,0. Utilize a janela suspensa IntelliSense para ajudar a escolher o método certo na classe Random para usar em seu código.

```
Random random = ...........................................
double[] randomDoubles = new double[20];
...........................................................
{
      double value = ......................................
...........................................................
}
```

Preenchemos parte do código, inclusive as chaves. Seu trabalho é terminar as declarações e escrever o resto.

Aponte o seu lápis Solução

Agora que você tem uma ideia melhor sobre como funcionam os objetos, é uma ótima hora de voltar à classe CardPicker e entender a classe Random usada.

1. Coloque o cursor dentro de qualquer método, pressione Enter para iniciar uma nova declaração, então digite **`random.`** — assim que digitar o ponto, o Visual Studio abrirá uma janela IntelliSense que mostra seus métodos. Cada método é marcado com um ícone de cubo (). Preenchemos alguns métodos. Termine de completar o diagrama da classe Random.

Random
Equals GetHashCode GetType Next NextBytes NextDouble ToString

random.
Equals
GetHashCode
GetType
Next
NextBytes
NextDouble
ToString
int Random.Next() (+ 2 overloads)
Returns a non-negative random integer.

A janela IntelliSense que o Visual Studio abriu quando você digitou "random." dentro de um dos métodos CardPicker.

Quando você seleciona NextDouble na janela IntelliSense, ela mostra a documentação do método.

double Random.NextDouble()
Returns a random floating-point number that is greater than or equal to 0.0, and less than 1.0.

2. Escreva o código para criar um novo array de números com precisão dupla chamado **`randomDoubles`**, então use um loop `for` para adicionar vinte valores com precisão dupla ao array. Você deve adicionar apenas números de ponto flutuante maiores ou iguais a 0,0 e menores que 1,0. Use a janela suspensa IntelliSense para ajudar a escolher o método certo na classe Random para usar em seu código.

```
Random random = new Random();
double[] randomDoubles = new double[20];
for (int i = 0; i < 20; i++)
{
    double value = random.NextDouble();
    randomDoubles[i] = value;
}
```

É muito parecido com o código usado na classe CardPicker

Uma instância usa campos para controlar as coisas

Você viu como as classes podem conter campos e métodos. Acabamos de ver como a palavra-chave `static` foi usada para declarar um campo na classe CardPicker:

```
static Random random = new Random();
```

O que acontece se você retira a palavra-chave `static`? O campo se torna um **campo de instância** e, sempre que você instancia a classe, a nova instância criada *obtém sua própria cópia* desse campo.

Às vezes as pessoas acham a palavra "instanciar" um pouco estranha, mas faz sentido quando pensamos em seu significado.

Quando quisermos incluir campos em um diagrama da classe, desenharemos uma linha horizontal na caixa. Os campos ficam acima da linha e os métodos, abaixo.

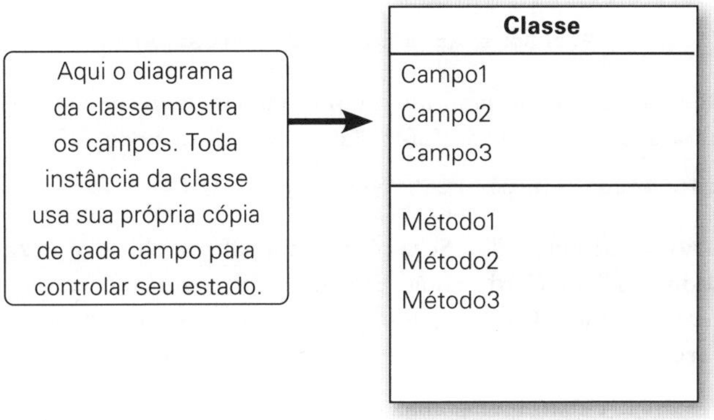
Aqui o diagrama da classe mostra os campos. Toda instância da classe usa sua própria cópia de cada campo para controlar seu estado.
Classe
Campo1
Campo2
Campo3
Método1
Método2
Método3

Em geral os diagramas da classe listam todos os campos e métodos na classe. São chamados de membros da classe.

Métodos são o que um objeto faz. Campos são o que o objeto sabe.

Quando o protótipo de Ana criou três instâncias da classe Enemy, cada um dos objetos foi usado para controlar um inimigo diferente no jogo. Cada instância mantém cópias separadas dos mesmos dados: definir um campo na instância enemy2 não terá nenhum efeito sobre as instâncias enemy1 ou enemy3.

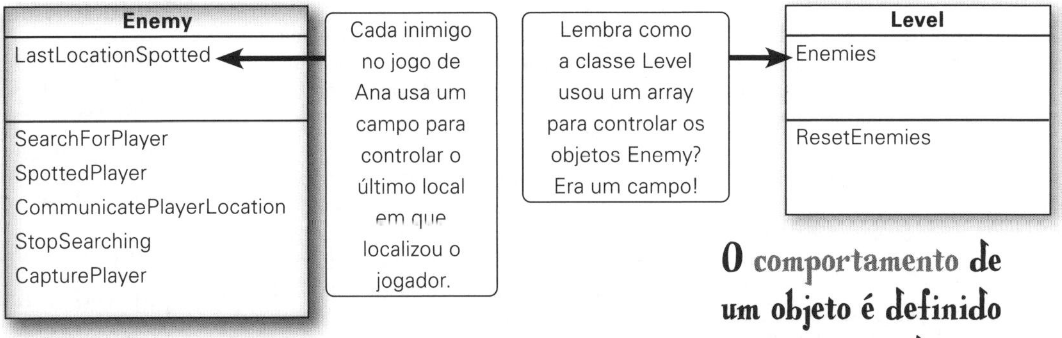
Enemy
LastLocationSpotted
SearchForPlayer
SpottedPlayer
CommunicatePlayerLocation
StopSearching
CapturePlayer
Cada inimigo no jogo de Ana usa um campo para controlar o último local em que localizou o jogador.
Lembra como a classe Level usou um array para controlar os objetos Enemy? Era um campo!
Level
Enemies
ResetEnemies

O comportamento de um objeto é definido por seus métodos e usa campos para controlar seu estado.

USEI A PALAVRA-CHAVE **NEW** PARA CRIAR UMA INSTÂNCIA DE RANDOM, MAS **NUNCA CRIEI UMA NOVA INSTÂNCIA** DE MINHA CLASSE CARDPICKER. ISSO SIGNIFICA QUE POSSO CHAMAR MÉTODOS SEM CRIAR OBJETOS?

Sim! Por isso usou a palavra-chave `static` nas declarações.

Veja de novo as primeiras linhas da classe CardPicker:

```
class CardPicker
{
    static Random random = new Random();

    public static string PickSomeCards(int numberOfCards)
```

Ao usar a palavra-chave **`static`** para declarar um campo ou um método em uma classe, não é preciso uma instância da classe para acessá-lo. Basta chamar o método assim:

```
CardPicker.PickSomeCards(numberOfCards)
```

É como os métodos estáticos são chamados. Se você retirar a palavra-chave `static` da declaração do método PickSomeCards, então terá que criar uma instância de CardPicker para chamar o método. Fora isso, os métodos estáticos são como métodos do objeto: podem ter argumentos, retornar valores e residir em classes.

Quando um campo é estático, **existe apenas uma cópia dele que é <u>compartilhada</u> por todas as instâncias**. Se você criasse várias instâncias de CardPicker, todas compartilhariam o mesmo campo *random*. Você pode até marcar a **classe inteira** como estática e todos os seus membros **devem** ser estáticos também. Se tentar adicionar um método não estático a uma classe estática, o programa não será compilado.

não existem Perguntas Idiotas

P: Quando penso em algo "estático", imagino que não muda. Isso significa que os métodos não estáticos podem mudar, mas os estáticos não? Eles se comportam de modo diferente?

R: Não, os métodos estáticos e não estáticos agem exatamente do mesmo modo. A única diferença é que os estáticos não requerem uma instância; e os não estáticos, sim.

P: Então não posso usar minha classe até criar uma instância de um objeto?

R: Você pode usar seus métodos estáticos, mas, se tiver métodos que não são estáticos, precisará de uma instância antes de usá-los.

P: Por que eu desejaria um método que precisa de instância? Por que não tornaria todos os meus métodos estáticos?

R: Se você tem um objeto que controla certos dados, como as instâncias de Ana da classe Enemy que controlava diferentes inimigos no jogo dela, então pode usar os métodos de cada instância para trabalhar com esses dados. Quando o jogo de Ana chama o método StopSearching na instância `enemy2`, faz com que apenas um inimigo pare de procurar o jogador. Ele não afeta os objetos `enemy1` ou `enemy3`, e eles podem continuar procurando. É como Ana pode criar protótipos de jogo com vários inimigos e os programas dela podem controlar todos eles de uma só vez.

Quando um campo é estático, há apenas uma cópia dele compartilhada por todas as instâncias.

Aponte o seu lápis

Veja um aplicativo de console .NET que escreve várias linhas no console. Ele inclui uma classe chamada Clown com dois campos, Name e Height, e um método chamado TalkAboutYourself. Seu trabalho é ler o código e escrever as linhas que são impressas no console.

Veja o diagrama da classe e o código para a classe Clown:

Clown
Name
Height
TalkAboutYourself

```
class Clown {
  public string Name;
  public int Height;


  public void TalkAboutYourself() {
    Console.WriteLine("My name is " + Name +
       " and I'm " + Height + " inches
tall.");
  }
}
```

Veja o método Main do aplicativo de console. Há comentários ao lado de cada chamada do método TalkAboutYourself, que escreve uma linha no console. Seu trabalho é preencher as lacunas nos comentários para que correspondam à saída.

```
static void Main(string[] args) {
    Clown oneClown = new Clown();
    oneClown.Name = "Boffo";
    oneClown.Height = 14;
    oneClown.TalkAboutYourself();       // Meu nome é _ _ _ _ _ _ _ e tenho
 _ _ _ _ de altura."

    Clown anotherClown = new Clown();
    anotherClown.Name = "Biff";
    anotherClown.Height = 16;
    anotherClown.TalkAboutYourself();   // Meu nome é _ _ _ _ _ _ _ e tenho
 _ _ _ _ de altura."

    Clown clown3 = new Clown();
    clown3.Name = anotherClown.Name;
    clown3.Height = oneClown.Height - 3;
    clown3.TalkAboutYourself();         // Meu nome é _ _ _ _ _ _ _ e tenho
 _ _ _ _ de altura."

    anotherClown.Height *= 2;
    anotherClown.TalkAboutYourself();   // Meu nome é _ _ _ _ _ _ _ e tenho
 _ _ _ _ de altura."
}
```

O operador *= informa ao C# para obter o que está à esquerda do operador e multiplicar pelo que está à direita, então isso atualizará o campo Height.

Obrigado pela memória

Quando seu programa cria um objeto, ele reside em uma parte da memória do computador chamada **heap**. Quando seu código cria um objeto com uma declaração `new`, o C# reserva imediatamente espaço no heap para conseguir armazenar dados para esse objeto.

Veja uma representação do heap antes de o projeto iniciar. Note que está vazio.

Quando seu programa cria um novo objeto, ele é adicionado ao heap.

Aponte o seu lápis

É isto que o programa escreve no console. Vale a pena parar um pouco para criar um novo aplicativo de console .NET, adicionar a classe Clown, fazer seu método Main corresponder a este e, então, percorrê-lo com o depurador.

Ao percorrer este método no depurador, você deve ver o valor do campo Height ser definido para 14 (140cm) após a linha ser executada.

```
static void Main(string[] args) {
    Clown oneClown = new Clown();
    oneClown.Name = "Boffo";
    oneClown.Height = 14;
    oneClown.TalkAboutYourself();          // Meu nome é  Boffo  e tenho  14
de altura."

    Clown anotherClown = new Clown();
    anotherClown.Name = "Biff";
    anotherClown.Height = 16;
    anotherClown.TalkAboutYourself();  // Meu nome é  Biff  e tenho  16
de altura."

    Clown clown3 = new Clown();
    clown3.Name = anotherClown.Name;
    clown3.Height = oneClown.Height - 3;
    clown3.TalkAboutYourself();        // Meu nome é  Biff  e tenho  11
de altura."

    anotherClown.Height *= 2;
    anotherClown.TalkAboutYourself();  // Meu nome é  Biff  e tenho  32
de altura."
}
```

Esta linha usa o campo Height da antiga instância oneClown para definir o campo Height da nova instância clown3.

O que passa na mente do programa

Vejamos com mais atenção o programa no exercício "Aponte o seu lápis", começando com a primeira linha do método Main. São **duas declarações** combinadas em uma.

```
Clown oneClown = new Clown();
```

É uma instrução que declara uma variável chamada oneClown do tipo Clown.

Esta declaração cria um novo objeto e o atribui à variável oneClown.

Este objeto é uma instância da classe Clown.
"Boffo"
14
objeto Clown 1

Depois, vejamos melhor como fica o heap após cada grupo de declarações ser executado:

```
// Estas declarações criam uma instância de
// Clown, depois definem seus campos
Clown oneClown = new Clown();
oneClown.Name = "Boffo";
oneClown.Height = 14;
oneClown.TalkAboutYourself();
```

"Boffo"
14
objeto Clown 1
"Biff"
16
objeto Clown 2


```
// Estas declarações instanciam um segundo
// objeto Clown e o preenchem com dados
Clown anotherClown = new Clown();
anotherClown.Name = "Biff";
anotherClown.Height = 16;
anotherClown.TalkAboutYourself();
```

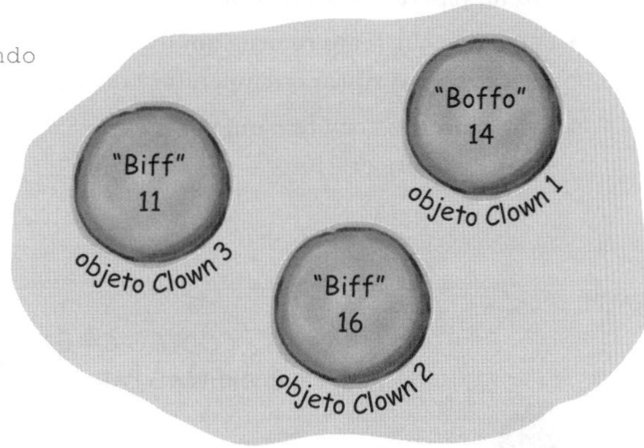

"Biff"
11
objeto Clown 3
"Boffo"
14
objeto Clown 1
"Biff"
16
objeto Clown 2


```
// Agora instanciamos um terceiro objeto
// Clown e usamos dados de duas outras
// instâncias para definir seus campos
Clown clown3 = new Clown();
clown3.Name = anotherClown.Name;
clown3.Height = oneClown.Height - 3;
clown3.TalkAboutYourself();
```

```
// Note que não há nenhuma declaração
// "new" aqui; não criamos um novo objeto,
// apenas modificamos um na memória
anotherClown.Height *= 2;
anotherClown.TalkAboutYourself();
```

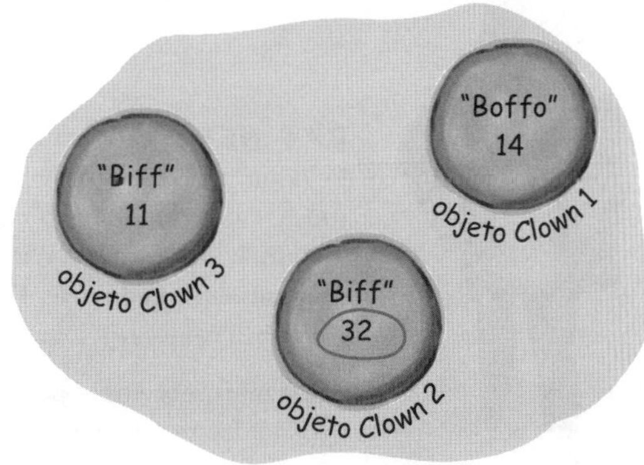

"Biff"
11
objeto Clown 3
"Boffo"
14
objeto Clown 1
"Biff"
32
objeto Clown 2

Às vezes o código pode ser difícil de ler

Você pode não perceber, mas faz escolhas constantemente sobre como estruturar seu código. Você usa um método para fazer algo? Divide-o em mais de um? Ou ainda precisa de um novo método? As escolhas feitas sobre os métodos podem tornar seu código muito mais simples ou, se você não tiver cuidado, muito mais complicado.

Veja um belo fragmento de código compacto de um programa de controle que executa uma máquina que faz guloseimas:

```
int t = m.chkTemp();
if (t > 160) {
   T tb = new T();
   tb.clsTrpV(2);
   ics.Fill();
   ics.Vent();
   m.airsyschk();
}
```

Um código extremamente compacto pode ser bem problemático

Pare um pouco e veja o código. Consegue descobrir o que ele faz? Não fique mal se não conseguir; ele é muito difícil de ler! Veja alguns motivos:

★ Podemos ver alguns nomes de variáveis: `tb`, `ics`, `m`. São horríveis! Não temos ideia do que elas fazem. E para que serve a classe T?

★ O método chkTemp retorna um inteiro... mas faz o quê? Podemos imaginar talvez que tenha relação com verificar a temperatura de... algo?

★ O método `clsTrpV` tem um parâmetro. Sabemos o que ele deve fazer? Por que é 2? O que significa o número 160?

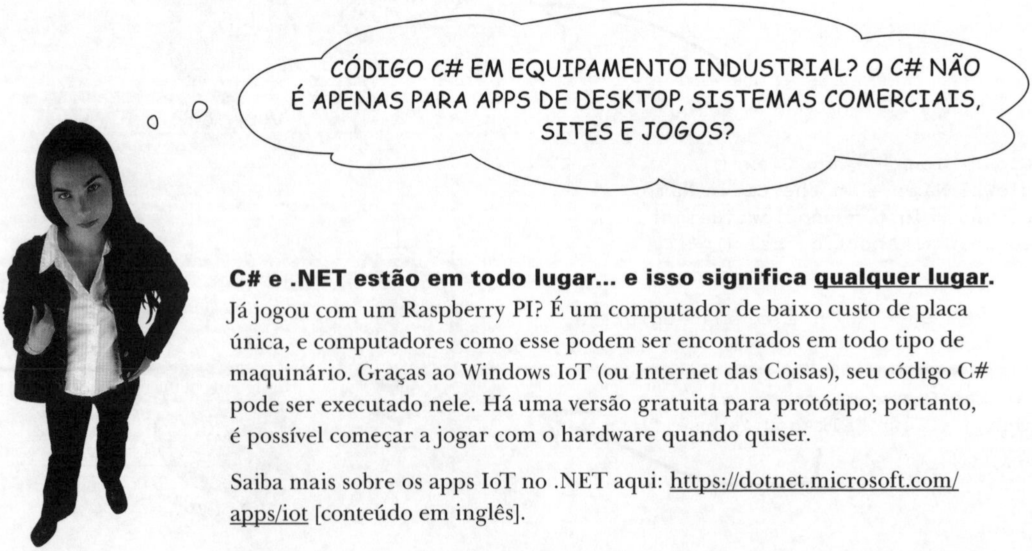
CÓDIGO C# EM EQUIPAMENTO INDUSTRIAL? O C# NÃO É APENAS PARA APPS DE DESKTOP, SISTEMAS COMERCIAIS, SITES E JOGOS?

C# e .NET estão em todo lugar... e isso significa qualquer lugar. Já jogou com um Raspberry PI? É um computador de baixo custo de placa única, e computadores como esse podem ser encontrados em todo tipo de maquinário. Graças ao Windows IoT (ou Internet das Coisas), seu código C# pode ser executado nele. Há uma versão gratuita para protótipo; portanto, é possível começar a jogar com o hardware quando quiser.

Saiba mais sobre os apps IoT no .NET aqui: https://dotnet.microsoft.com/apps/iot [conteúdo em inglês].

A maioria dos códigos não vem com manual

As declarações não dão nenhuma dica sobre por que o código age de tal modo. Nesse caso, o programador ficou contente com os resultados porque conseguiu colocar tudo em um método. Mas tornar seu código o mais compacto possível não é muito útil! Vamos dividi-lo em métodos para facilitar a leitura e assegurar que as classes tenham nomes que façam sentido.

Começaremos descobrindo o que o código deve fazer. Por sorte, sabemos que esse código faz parte de um **sistema incorporado**, ou controlador, que faz parte de um sistema elétrico ou mecânico maior. E temos documentação para o código, especificamente o manual que os programadores usaram quando criaram o sistema originalmente.

Manual Geral da Máquina Eletrônica de Guloseimas Tipo 5

A temperatura do doce deve ser verificada a cada 3 minutos por um sistema automático. Se a temperatura **exceder 160°C**, o doce fica muito quente e o sistema deve **realizar o procedimento de ventilação do sistema de arrefecimento para isolamento dos doces (CICS)**:

- Feche a válvula reguladora de desarme na turbina 2.
- Abasteça o sistema de arrefecimento para isolamento com um jato forte de água.
- Descarregue a água.
- Inicie a verificação automática do ar no sistema.

Como você descobre o que seu código deve fazer? Bem, todo código é escrito por um motivo. Cabe a você descobrir isso! Nesse caso, tivemos sorte; conseguimos examinar a página no manual que o desenvolvedor seguiu.

Podemos comparar o código com o manual que nos informa o que o código deve fazer. Adicionar comentários pode ajudar muito a entender o que ele deve fazer:

```
/* Este código é executado a cada 3 minutos para verificar a temperatura
 * Se excede 160°C, precisamos ventilar o sistema de arrefecimento
 */
int t = m.chkTemp();
if (t > 160) {
   // Obtenha o sistema controlador das turbinas
   T tb = new T();

   // Feche a válvula reguladora na turbina 2
   tb.clsTrpV(2);

   // Abasteça e ventile o sistema de arrefecimento para isolamento
   ics.Fill();
   ics.Vent();

   // Inicie a verificação do sistema de ar
   m.airsyschk();
}
```

Adicionar uma quebra de linha extra ao código em alguns lugares pode facilitar a leitura.

PODER DO CÉREBRO

Os comentários do código são um bom começo. Consegue imaginar um modo de tornar o código mais fácil de entender?

Use nomes claros da classe e do método

Essa página do manual facilitou muito entender o código. Ela também nos deu ótimas dicas sobre como facilitar a compreensão dele. Vejamos as duas primeiras linhas:

```
/* Este código é executado a cada 3 minutos para verificar a temperatura
 * Se excede 160°C, precisamos ventilar o sistema de arrefecimento
 */
int t = m.chkTemp();
if (t > 160) {
```

O comentário adicionado explica muito. Agora sabemos por que o teste condicional verifica a variável **t** em relação a 160 — o manual mostra que qualquer temperatura acima de 160°C significa que o doce está quente demais. Acontece que **m** é uma classe que controla a máquina de doces, com métodos estáticos para verificar a temperatura e o sistema de ar.

Vamos colocar a verificação da temperatura em um método e escolher nomes para a classe e para os métodos que tornam óbvia sua finalidade. Colocaremos as duas primeiras linhas em um método próprio que retorna um valor booleano; true se o doce está quente demais ou false se está tudo bem:

```
/// <summary>
/// Se a temperatura do doce excede 160°C, está quente demais
/// </summary>
public bool IsNougatTooHot() {
   int temp = CandyBarMaker.CheckNougatTemperature();
   if (temp > 160) {
     return true;
   } else {
     return false;
   }
       }
```

Quando renomeamos a classe "CandyBarMaker" e o método "CheckNougatTemperature", o código começa a ficar mais fácil de entender.

Notou o C maiúsculo em CandyBarMaker? Sempre iniciar os nomes da classe com letra maiúscula e as variáveis com minúsculas facilita dizer quando chamamos um método estático versus uma instância.

Percebeu os comentários /// especiais acima do método? São chamados de *Comentários da Documentação XML*. O IDE usa esses comentários para mostrar a documentação dos métodos, como a vista quando você usou a janela IntelliSense para descobrir qual método da classe Random usar.

Dica do IDE: Documentação XML para métodos e campos

O Visual Studio ajuda a adicionar a documentação XML. Coloque o cursor na linha acima de qualquer método, digite três barras e ele adicionará um modelo vazio para sua documentação. Se o método tiver parâmetros e um tipo de retorno, ele adicionará as tags **<param>** e **<returns>** também. Tente voltar à classe CardPicker e digitar **///** na linha acima do método PickSomeCards; o IDE adicionará uma documentação XML em branco. Preencha e observe aparecer no IntelliSense.

```
/// <summary>
/// Escolha um número de cartas e retorne-as
/// </summary>
/// <param name="numberOfCards">The number of cards to pick.</param>
/// <returns>An array of strings that contain the card names.</returns>
```

Você pode criar uma documentação XML para seus campos também. Experimente indo para a linha acima de qualquer campo e digitando três barras no IDE. Qualquer coisa colocada após **<summary>** aparecerá na janela IntelliSense do campo.

O que o manual diz para fazer se o doce está quente demais? Realizar o procedimento de ventilação do sistema de arrefecimento para isolamento dos doces (ou CICS). Vamos criar outro método e escolher um nome óbvio para a classe T (que controla a turbina) e a classe ics (que controla o sistema de arrefecimento para isolamento e tem dois métodos estáticos para abastecer e ventilar o sistema), e finalizar com uma documentação XML breve:

```
/// <summary>
/// Realiza o procedimento de ventilação do Sistema de
Arrefecimento para Isolamento dos Doces (CICS)
/// </summary>
public void DoCICSVentProcedure() {
   TurbineController turbines = new TurbineController();
   turbines.CloseTripValve(2);
   IsolationCoolingSystem.Fill();
   IsolationCoolingSystem.Vent();
   Maker.CheckAirSystem();
}
```

Quando seu método é declarado com um tipo de retorno `void`, isso significa que ele não retorna um valor nem precisa de uma declaração **`return`**. Todos os métodos escritos no último capítulo usaram a palavra-chave **`void`**!

Agora que temos os métodos IsNougatTooHot e DoCICSVentProcedure, podemos ***reescrever o código original confuso como um único método***, e nomeá-lo com algo que deixe claro o que ele faz:

```
/// <summary>
/// Este código é executado a cada 3 minutos para verificar
/// a temperatura. Se excede 160°C, precisamos ventilar o
/// sistema de arrefecimento
/// </summary>
public void ThreeMinuteCheck() {
   if (IsNougatTooHot() == true) {
      DoCICSVentProcedure();
   }
}
```

Agora o código está muito mais claro! Mesmo que você não saiba que o procedimento de ventilação CICS precisa ser executado, caso o doce esteja quente demais, **é muito mais óbvio o que o código está fazendo**.

Colocamos os novos métodos em uma classe chamada TemperatureChecker. Veja seu diagrama.

TemperatureChecker
ThreeMinuteCheck DoCICSVentProcedure IsNougatTooHot

Use diagramas da classe para planejar as classes

Diagrama da classe é uma ferramenta valiosa para planejar seu código ANTES de começar a escrevê-lo. Escreva o nome da classe no topo do diagrama. Depois escreva cada método na caixa embaixo. Agora você pode ver todas as partes da classe de uma só vez, e é sua primeira chance de identificar problemas que possam tornar seu código difícil de usar ou de entender mais tarde.

CALMA AÍ, FIZEMOS ALGO MUITO INTERESSANTE! ACABAMOS DE FAZER MUITAS MUDANÇAS EM UM BLOCO DE CÓDIGO. ELE FICOU BEM DIFERENTE E MUITO MAIS FÁCIL DE LER AGORA, MAS AINDA FAZ EXATAMENTE A MESMA COISA.

Isso mesmo. Quando você muda a estrutura do código sem alterar seu comportamento, isso se chama refatorar.

Os grandes desenvolvedores escrevem um código que é muito fácil de entender, mesmo depois de o terem visto há muito tempo. Os comentários podem ajudar, mas nada melhor do que escolher nomes claros para métodos, classes, variáveis e campos.

Você pode tornar seu código mais fácil de ler e de escrever refletindo sobre o problema que ele deve resolver. Se você escolher nomes para os métodos que fazem sentido para alguém que entende o problema, então seu código será muito mais fácil de ser decifrado e desenvolvido. Não importa o quanto planejamos bem nosso código, quase nunca acertamos na primeira vez.

Por isso os ***desenvolvedores avançados refatoram constantemente seus códigos***. Eles moverão o código para métodos e lhes darão nomes que fazem sentido. Eles renomearão as variáveis. Sempre que virem um código que não é 100% óbvio, passarão um tempo refatorando-o. Eles sabem que vale a pena fazer isso agora, porque facilitará adicionar mais código em uma hora (dia, mês ou ano!).

Aponte o seu lápis

Cada uma das classes tem uma falha grave no design. Escreva o que você considera errado em cada uma e como corrigiria.

Class23
CandyBarWeight
PrintWrapper
GenerateReport
Go

Esta classe faz parte do sistema de fabricação de doces visto anteriormente.

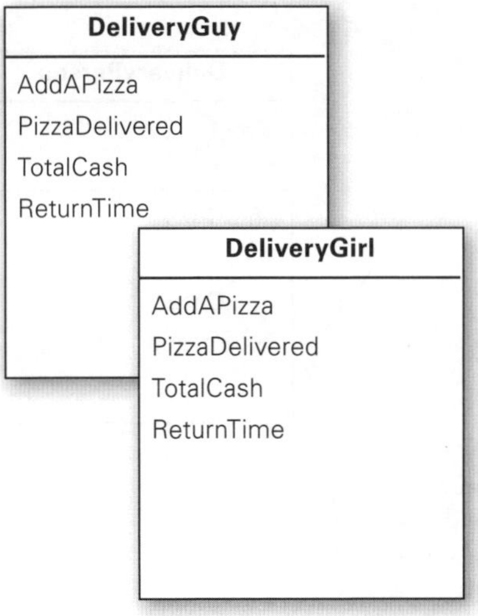
DeliveryGuy
AddAPizza
PizzaDelivered
TotalCash
ReturnTime
DeliveryGirl
AddAPizza
PizzaDelivered
TotalCash
ReturnTime

Estas duas classes fazem parte de um sistema que uma pizzaria usa para controlar as pizzas que saíram para entrega.

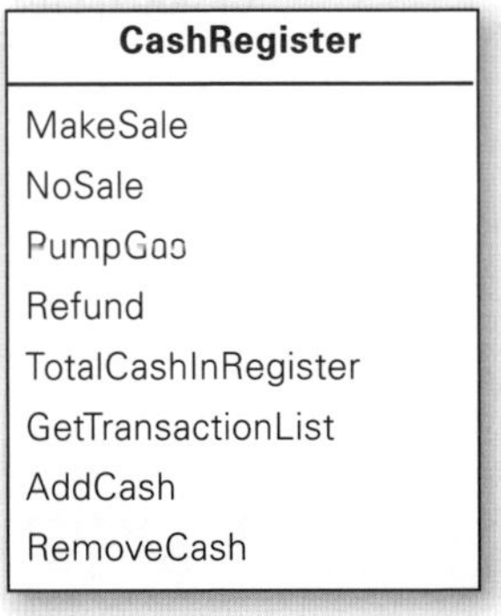
CashRegister
MakeSale
NoSale
PumpGas
Refund
TotalCashInRegister
GetTransactionList
AddCash
RemoveCash

A classe CashRegister faz parte de um programa usado pelo sistema de pagamento automatizado de uma loja de conveniência.

Aponte o seu lápis Solução

Veja como corrigimos as classes. Mostramos um possível modo de corrigir os problemas, mas existem muitos outros que você poderia propor dependendo de como as classes serão usadas.

Esta classe faz parte do sistema de fabricação de doces visto anteriormente.

O nome da classe não descreve o que ela faz. Um programador que vê uma linha de código chamada Class23.Go não terá ideia do que a linha faz. Também renomeamos o método para algo mais descritivo. Escolhemos MakeTheCandy, mas poderia ser qualquer coisa.

CandyMaker
CandyBarWeight
PrintWrapper
GenerateReport
MakeTheCandy

Estas duas classes fazem parte de um sistema que uma pizzaria usa para controlar as pizzas que saíram para entrega.

Parece que as classes DeliveryGuy e DeliveryGirl fazem a mesma coisa; elas controlam o entregador que está fora entregando pizzas para os clientes. Um design melhor as substituiria por uma classe que adiciona um campo para o gênero.

DeliveryPerson
~~Gender~~
AddAPizza
PizzaDelivered
TotalCash
ReturnTime

Decidimos NÃO adicionar um campo Gender porque não há motivos para a classe pizza delivery controlar o gênero dos entregadores, e devemos respeitar a privacidade deles! Sempre fique atento ao preconceito em seu código.

A classe CashRegister faz parte de um programa usado pelo sistema de pagamento automatizado de uma loja de conveniência.

Todos os métodos na classe fazem coisas relacionadas à caixa registradora: fazer uma venda, obter uma lista de transações, adicionar dinheiro... exceto uma: abastecer combustível. É uma boa ideia retirar esse método e colocá-lo em outra classe.

CashRegister
MakeSale
NoSale
Refund
TotalCashInRegister
GetTransactionList
AddCash
RemoveCash

Dica do Código: Algumas ideias para criar classes claras

Vamos voltar a escrever código. Você escreverá um no resto deste capítulo e escreverá MUITO código ao longo do livro. Isso significa que irá *criar muitas classes*. Algumas coisas a lembrar quando tomar decisões sobre como criá-las:

★ **`Você está criando seu programa para resolver um problema.`**

Passe um tempo refletindo sobre o problema. Ele pode se dividir em partes com facilidade? Como você explicaria o problema para outra pessoa? São boas coisas a considerar ao criar suas classes.

★ **`Quais coisas reais seu programa usa?`**

Um programa para ajudar um tratador de animais a controlar os horários de alimentação dos bichos pode ter classes para diferentes alimentos e animais.

★ **`Use nomes descritivos para classes e métodos.`**

Uma pessoa deve conseguir imaginar o que suas classes e métodos fazem só de ver os nomes.

★ **`Procure semelhanças entre as classes.`**

Às vezes duas classes podem ser combinadas em uma se são muito parecidas. O sistema de fabricação de doces pode ter três ou quatro turbinas, mas há apenas um método para fechar a válvula de desarme que tem o número da turbina como parâmetro.

Relaxe

Tudo bem se você empacou ao escrever o código. Na verdade, é um bom sinal!

Escrever código é resolver problemas, e alguns deles podem ser complicados! Mas, se você tiver em mente algumas coisas, os exercícios com código serão mais tranquilos:

★ É fácil empacar nos problemas de sintaxe, como esquecer parênteses ou aspas. Uma chave que falta causa muitos erros de compilação.

★ É ***muito melhor*** ver a solução do que ficar frustrado com um problema. Quando se sente assim, seu cérebro não aprende.

★ Todos os códigos neste livro foram testados e realmente funcionam no Visual Studio 2019! Mas é fácil digitar errado sem querer (como digitar o número 1 no lugar da letra L minúscula).

★ Se sua solução não compilar, tente baixá-la. Acesse os links no site da Alta Books. Procure pelo nome do livro ou ISBN para ver e baixar o código completo de todos os projetos neste livro ou acesse https://github.com/head-first-csharp/fourth-edition [conteúdo em inglês].

Você pode aprender muito lendo o código. Se tiver problemas com o exercício de codificação, não tenha medo de olhar a solução. *Isso não é colar!*

Crie uma classe para trabalhar com Guy

Joe e Bob emprestam dinheiro um ao outro o tempo todo. Vamos criar uma classe para controlar quanto dinheiro cada um tem. Começaremos com uma visão geral do que criaremos.

1 Criaremos duas instâncias de uma classe "Guy".

Usaremos duas variáveis Guy chamadas `joe` e `bob` para controlar cada uma das instâncias. Veja como ficará o heap depois de criadas:

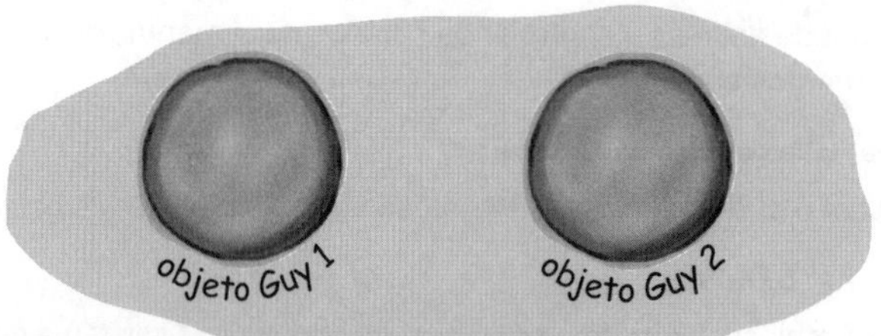
objeto Guy 1
objeto Guy 2

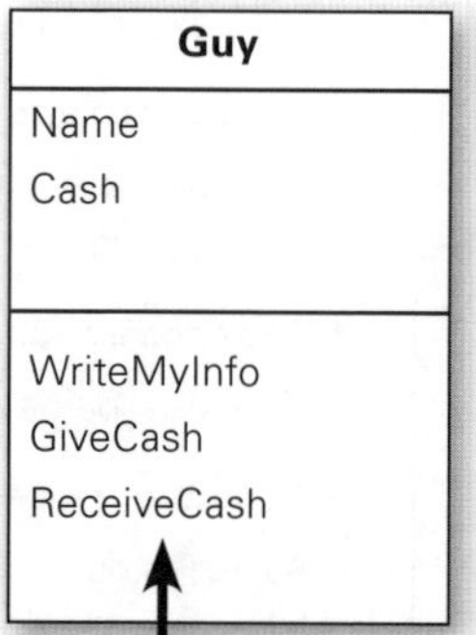
Guy
Name
Cash
WriteMyInfo
GiveCash
ReceiveCash

2 Definiremos os campos Cash e Name de cada objeto Guy.

Os dois objetos representam pessoas diferentes, cada uma com seu nome e uma quantia diferente de dinheiro no bolso. Cada pessoa tem um campo Name que controla o nome e um campo Cash que tem a quantidade de dinheiro no bolso.

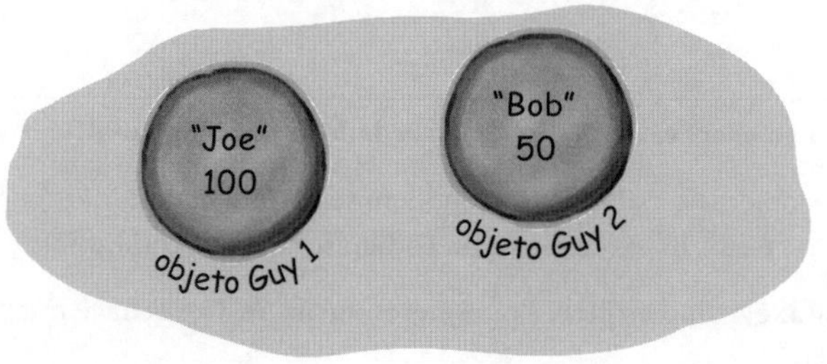
"Joe"
100
objeto Guy 1
"Bob"
50
objeto Guy 2

Escolhemos nomes para os métodos que fazem sentido. Você chama o método GiveCash do objeto Guy para ele abrir mão de algum dinheiro e o método ReceiveCash quando quer dar dinheiro a ele (portanto, ele recebe).

3 Adicionaremos métodos para dar e receber dinheiro.

Faremos uma pessoa dar dinheiro de seu bolso (e reduzir o campo Cash) chamando o método GiveCash, que retornará a quantia dada. Faremos a pessoa receber dinheiro e adicioná-lo ao seu bolso (aumentando o campo Cash) chamando o método ReceiveCash, que retorna a quantidade de dinheiro recebida.

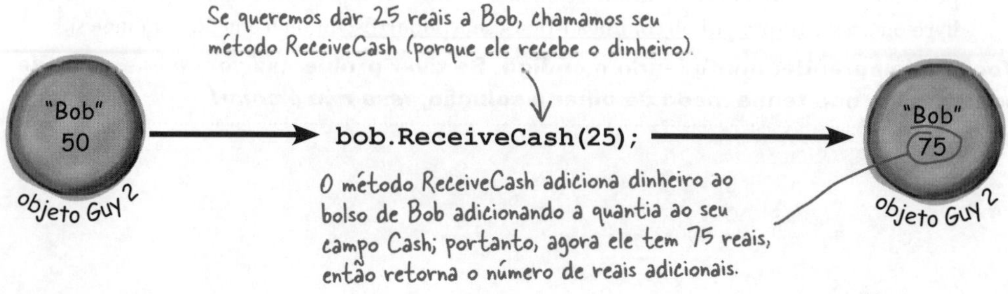
Se queremos dar 25 reais a Bob, chamamos seu método ReceiveCash (porque ele recebe o dinheiro).
"Bob"
50
objeto Guy 2
bob.ReceiveCash(25);
"Bob"
75
objeto Guy 2
O método ReceiveCash adiciona dinheiro ao bolso de Bob adicionando a quantia ao seu campo Cash; portanto, agora ele tem 75 reais, então retorna o número de reais adicionais.

```
class Guy
{
    public string Name;
    public int Cash;

    /// <summary>
    /// Escreve meu nome e quanto dinheiro tenho no console.
    /// </summary>
    public void WriteMyInfo()
    {
        Console.WriteLine(Name + " has " + Cash + " bucks.");
    }

    /// <summary>
    /// Dá parte do meu dinheiro, retirando-o da minha carteira (ou escrevendo
    /// uma mensagem no console se não tenho dinheiro suficiente)
    /// </summary>
    /// <param name="amount">Quantia de dinheiro a entregar.</param>
    /// <returns>
    /// A quantia de dinheiro removida da minha carteira ou 0 se não tenho
    /// dinheiro suficiente (ou se a quantia é inválida)
    /// </returns>
    public int GiveCash(int amount)
    {
        if (amount <= 0)
        {
            Console.WriteLine(Name + " says: " + amount + " isn't a valid amount");
            return 0;
        }
        if (amount > Cash)
        {
            Console.WriteLine(Name + " says: " +
                "I don't have enough cash to give you " + amount);
            return 0;
        }
        Cash -= amount;
        return amount;
    }

    /// <summary>
    /// Recebe algum dinheiro, adicionando-o à minha carteira (ou
    /// escrevendo uma mensagem no console se a quantia é inválida)
    /// </summary>
    /// <param name="amount">Quantia de dinheiro a entregar.</param>
    public void ReceiveCash(int amount)
    {
        if (amount <= 0)
        {
            Console.WriteLine(Name + " says: " + amount + " isn't an amount I'll
take");
        }
        else
        {
            Cash += amount;
        }
    }
}
```

Os campos Name e Cash controlam o nome da pessoa e quanto dinheiro ela tem no bolso.

Às vezes você quer pedir a um objeto para realizar uma tarefa, como escrever uma descrição de si mesmo no console.

Os métodos GiveCash e ReceiveCash verificam se a quantia pedida para dar ou receber é válida. Assim, você não pode pedir a uma pessoa para receber um número negativo, o que a faria perder dinheiro.

Compare os comentários neste código com os diagramas da classe e as ilustrações dos objetos Guy. Se algo não fizer sentido no início, pare um pouco para entender.

Há um modo mais fácil de inicializar objetos com C#

Quase todo objeto criado precisa ser inicializado de algum modo. O objeto Guy não é exceção; ele é inútil até você definir seus campos Name e Cash. É tão comum ter que inicializar os campos que o C# fornece um atalho para fazer isso, chamado **inicializador de objeto**. O IntelliSense do IDE ajudará.

Os inicializadores de objeto economizam tempo, tornam seu código mais compacto e mais fácil de ler... e o IDE ajuda a escrevê-los.

Você fará um exercício no qual cria dois objetos Guy. Você ***poderia*** usar uma declaração `new` e mais duas declarações para definir os campos:

```
joe = new Guy();
joe.Name = "Joe";
joe.Cash = 50;
```

Ao contrário, digite: `Guy joe = new Guy() {`

Assim que adicionar a chave esquerda, o IDE abrirá uma janela IntelliSense mostrando todos os campos que podem ser inicializados:

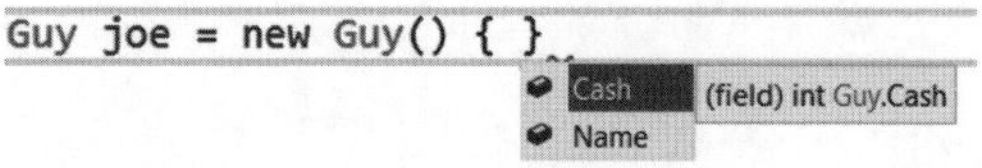
Guy joe = new Guy() { }
Cash
(field) int Guy.Cash
Name

Escolha o campo Name, defina-o para 50 e adicione uma vírgula:

```
Guy joe = new Guy() { Cash = 50,
```

Agora digite um espaço; outra janela IntelliSense abrirá com o campo restante a definir:

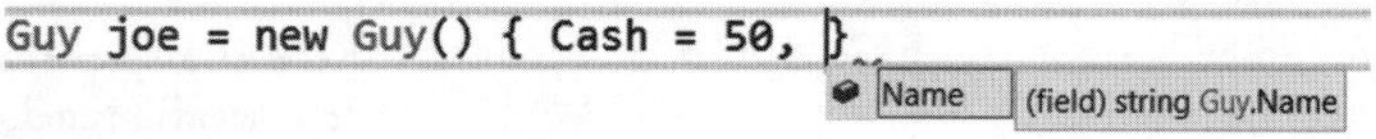
Guy joe = new Guy() { Cash = 50, }
Name
(field) string Guy.Name

Defina o campo Name e adicione ponto e vírgula. Agora você tem uma declaração que inicializa seu objeto:

```
Guy joe = new Guy() { Cash = 50, Name = "Joe" };
```

← Esta nova declaração faz o mesmo que as três linhas de código no topo da página, porém é mais curta e mais fácil de ler.

Agora você tem todas as partes para criar seu aplicativo de console que usa duas instâncias da classe Guy. Veja como ficará:

Primeiro, chamará o método WriteMyInfo de cada objeto Guy. Então, lerá a quantia na entrada e perguntará a quem dar o dinheiro. Isso chamará o método GiveCash de um objeto Guy e, então, o método ReceiveCash do outro objeto Guy. Continuará assim até o usuário inserir uma linha em branco.

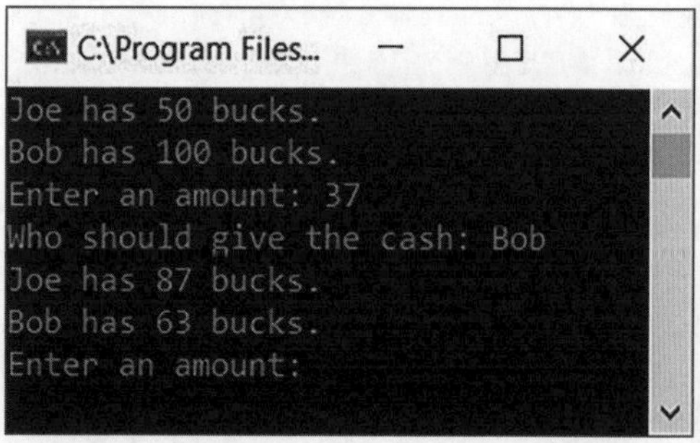
C:\Program Files...
Joe has 50 bucks.
Bob has 100 bucks.
Enter an amount: 37
Who should give the cash: Bob
Joe has 87 bucks.
Bob has 63 bucks.
Enter an amount:

Exercício

Veja o método Main para um aplicativo de console que faz os objetos Guy darem dinheiro um para o outro. Seu trabalho é substituir os `comentários` pelo código — <u>leia cada comentário e escreva o código</u> que faz exatamente o que ele diz. Quando terminar, terá um programa que se parece com a tela na página anterior.

Substitua todos os comentários pelo código que faz o que eles descrevem.

```
static void Main(string[] args)
{
    // Crie um novo objeto Guy em uma variável chamada joe
    // Defina seu campo Name para "Joe"
    // Defina seu campo Cash para 50

    // Crie um novo objeto Guy em uma variável chamada bob
    // Defina seu campo Name para "Bob"
    // Defina seu campo Cash para 100

    while (true)
    {
        // Chame os métodos WriteMyInfo de cada objeto Guy

        Console.Write("Enter an amount: ");
        string howMuch = Console.ReadLine();
        if (howMuch == "") return;
        // Use int.TryParse para tentar converter a string howMuch em int
        // se teve êxito (como fez anteriormente no capítulo)
        {
            Console.Write("Who should give the cash: ");
            string whichGuy = Console.ReadLine();
            if (whichGuy == "Joe")
            {
                // Chame o método GiveCash do objeto joe e salve os resultados
                // Chame o método ReceiveCash do objeto bob com os resultados
                // salvos
            }
            else if (whichGuy == "Bob")
            {
                // Chame o método GiveCash do objeto bob e salve os resultados
                // Chame o método ReceiveCash do objeto joe com os resultados
                // salvos
            }
            else
            {
                Console.WriteLine("Please enter 'Joe' or 'Bob'");
            }
        }
        else
        {
            Console.WriteLine("Please enter an amount (or a blank line to
exit).");
        }
    }
}
```

Exercício
Solução

Veja o método Main de seu aplicativo de console. Ele usa um loop infinito para continuar perguntando ao usuário quanto dinheiro mover entre os objetos Guy. Se o usuário insere uma linha em branco para uma quantia, o método executa uma declaração `return`, que faz Main sair e o programa terminar.

```
static void Main(string[] args)
{
    Guy joe = new Guy() { Cash = 50, Name = "Joe" };
    Guy bob = new Guy() { Cash = 100, Name = "Bob" };

    while (true)
    {
        joe.WriteMyInfo();
        bob.WriteMyInfo();
        Console.Write("Enter an amount: ");
        string howMuch = Console.ReadLine();
        if (howMuch == "") return;
        if (int.TryParse(howMuch, out int amount))
        {
            Console.Write("Who should give the cash: ");
            string whichGuy = Console.ReadLine();
            if (whichGuy == "Joe")
            {
                int cashGiven = joe.GiveCash(amount);
                bob.ReceiveCash(cashGiven);
            }
            else if (whichGuy == "Bob")
            {
                int cashGiven = bob.GiveCash(amount);
                joe.ReceiveCash(cashGiven);
            }
            else
            {
                Console.WriteLine("Please enter 'Joe' or 'Bob'");
            }
        }
        else
        {
            Console.WriteLine("Please enter an amount (or a blank line to
exit).");
        }
    }
}
```

Quando o método Main executa esta declaração return, ele termina o programa porque os aplicativos de console param quando o método Main termina.

Veja o código no qual um objeto Guy dá dinheiro de seu bolso e o outro objeto Guy recebe.

Não vá para a próxima parte do exercício até que a primeira parte funcione e você entenda o que está acontecendo. Vale a pena reservar uns minutos para usar o depurador e percorrer o programa, assegurando que realmente o entendeu.

Exercício Solução (parte 2)

Agora que a classe Guy funciona, vejamos se você pode reutilizá-la em um jogo de apostas. Veja bem a tela para saber como funciona e o que é escrito no console.

Microsoft Visual Studio Debug Console

```
Welcome to the casino. The odds are 0.75
The player has 100 bucks.
How much do you want to bet: 36
Bad luck, you lose.
The player has 64 bucks.
How much do you want to bet: 27
You win 54
The player has 91 bucks.
How much do you want to bet: 83
Bad luck, you lose.
The player has 8 bucks.
How much do you want to bet: 8
Bad luck, you lose.
The house always wins.
```

São as chances de vencer.

O jogador aposta tudo ou nada a cada rodada.

O programa escolhe um número aleatório com precisão dupla de 0 a 1. Se o número é maior que as chances, o jogador ganha duas vezes a aposta; do contrário, ele perde.

Crie um novo aplicativo de console e adicione a mesma classe Guy. No método Main, declare três variáveis: uma variável Random chamada **`random`** com uma nova instância da classe Random; uma variável com precisão dupla chamada **`odds`** que armazena as chances de vencer, definida para 0.75; e uma variável Guy chamada **`player`** para uma instância de Guy chamada "The player" com 100 reais.

Escreva uma linha no console cumprimentando o jogador e escrevendo as chances. Execute este loop:

1. Faça o objeto Guy escrever a quantia de dinheiro que ele tem.
2. Pergunte ao usuário quanto dinheiro apostar.
3. Leia a linha em uma variável de string chamada `howMuch`.
4. Tente processá-la em uma variável int chamada `amount`.
5. Se processar, o jogador dará a quantia para uma variável int chamada `pot`. Ela é multiplicada por dois, porque é uma aposta do tipo "tudo ou nada".
6. O programa escolhe um número aleatório entre 0 e 1.
7. Se o número é maior que `odds`, o jogador recebe a quantia de dinheiro.
8. Do contrário, perde a quantia apostada.
9. O programa continua a execução enquanto o jogador tem dinheiro.

Aponte o seu lápis Pergunta bônus: Guy é mesmo o melhor nome para a classe? Por quê?

....

....

Exercício Solução

Veja o método Main funcional do jogo de apostas. Consegue pensar em meios de torná-lo mais divertido? Veja se consegue descobrir como adicionar mais jogadores, atribuir opções diferentes para as chances, ou talvez pensar em algo mais inteligente. *É uma oportunidade para ser criativo!*

...e praticar. Praticar a escrita do código é o melhor modo de se tornar um ótimo desenvolvedor.

```
static void Main(string[] args)
{
    double odds = .75;
    Random random = new Random();

    Guy player = new Guy() { Cash = 100, Name = "The player" };

    Console.WriteLine("Welcome to the casino. The odds are " + odds);
    while (player.Cash > 0)
    {
        player.WriteMyInfo();
        Console.Write("How much do you want to bet: ");
        string howMuch = Console.ReadLine();
        if (int.TryParse(howMuch, out int amount))
        {
            int pot = player.GiveCash(amount) * 2;
            if (pot > 0)
            {
                if (random.NextDouble() > odds)
                {
                    int winnings = pot;
                    Console.WriteLine("You win " + winnings);
                    player.ReceiveCash(winnings);
                } else
                {
                    Console.WriteLine("Bad luck, you lose.");
                }
            }
        } else
        {
            Console.WriteLine("Please enter a valid number.");
        }

    }
    Console.WriteLine("The house always wins.");
}
```

Seu código ficou um pouco diferente? Se ainda funciona e produz a saída certa, tudo bem! Existem muitos meios diferentes de escrever o mesmo programa.

...e, conforme avançar no livro e as soluções dos exercícios ficarem maiores, seu código parecerá cada vez mais diferente do nosso. Lembre-se, sempre é bom ver a solução ao trabalhar em um exercício!

Aponte o seu lápis Nossa solução para a pergunta bônus. Você propôs uma resposta diferente?

Quando usamos Guy [cara] para representar Joe e Bob, o nome fazia sentido. Agora que é usada para um jogador em um jogo, um nome de classe mais descritivo como Apostador ou Jogador pode ser mais claro.

Aponte o seu lápis

Veja um aplicativo de console .NET que escreve três linhas no console. Seu trabalho é descobrir o que ele escreve, sem usar o computador. Comece na primeira linha do método Main e acompanhe os valores de cada campo nos objetos conforme é executado.

```
class Pizzazz
{
    public int Zippo;

    public void Bamboo(int eek)
    {
        Zippo += eek;
    }
}

class Abracadabra
{
    public int Vavavoom;

    public bool Lala(int floq)
    {
        if (floq < Vavavoom)
        {
            Vavavoom += floq;
            return true;
        }
        return false;
    }
}

class Program
{
    public static void Main(string[] args)
    {
        Pizzazz foxtrot = new Pizzazz() { Zippo = 2 };
        foxtrot.Bamboo(foxtrot.Zippo);
        Pizzazz november = new Pizzazz() { Zippo = 3 };
        Abracadabra tango = new Abracadabra() { Vavavoom = 4 };
        while (tango.Lala(november.Zippo))
        {
            november.Zippo *= -1;
            november.Bamboo(tango.Vavavoom);
            foxtrot.Bamboo(november.Zippo);
            tango.Vavavoom -= foxtrot.Zippo;
        }
        Console.WriteLine("november.Zippo = " + november.Zippo);
        Console.WriteLine("foxtrot.Zippo = " + foxtrot.Zippo);
        Console.WriteLine("tango.Vavavoom = " + tango.Vavavoom);
    }
}
```

O que o programa escreve no console?

november.Zippo = ...

foxtrot.Zippo = ...

tango.Vavavoom = ...

Para ver a solução, abra o programa no Visual Studio e execute-o. Se não obtiver a resposta certa, percorra o código linha por linha e adicione inspeções para cada campo dos objetos.

Se não quiser digitar tudo, baixe-o no GitHub. Você pode acessar esses links no site da Alta Books. Procure pelo nome do livro ou ISBN para ver e baixar o código completo deste projeto ou acesse https://github.com/head-first-csharp/fourth-edition [conteúdo em inglês].

Se estiver usando um Mac, o IDE gera uma classe chamada MainClass, não Program, o que não fará diferença neste exercício.

Janela C# Interativo para rodar o código C#

Se você só quer executar um código C#, nem sempre é preciso criar um novo projeto no Visual Studio. Qualquer código C# inserido na **janela C# Interativo** é executado imediatamente. Abra-o escolhendo Exibir >> Outras Janelas >> C# Interativo. Tente agora e **cole o código** da solução do exercício. Pode executá-lo digitando isto e pressionando enter: `Program.Main(new string[] {})`

Você está passando um array vazio para o parâmetro "args".

Se estiver usando um Mac, o IDE poderá não ter uma janela C# Interativo, mas será possível executar **`csi`** no Terminal para usar o compilador do C# interativo `dotnet`.

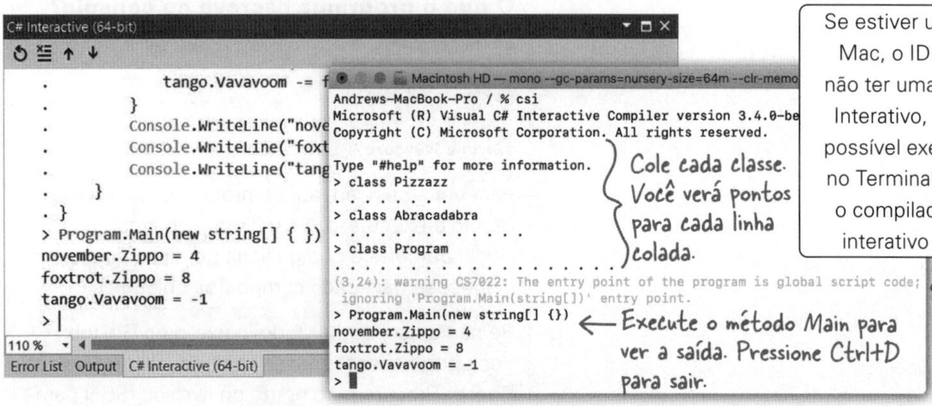
C# Interactive (64-bit)
tango.Vavavoom -= f
}
Console.WriteLine("nove
Console.WriteLine("foxt
Console.WriteLine("tang
}
}
> Program.Main(new string[] { })
november.Zippo = 4
foxtrot.Zippo = 8
tango.Vavavoom = -1
110 %
Error List
Output
C# Interactive (64-bit)
Macintosh HD — mono --gc-params=nursery-size=64m --clr-memo
Andrews-MacBook-Pro / % csi
Microsoft (R) Visual C# Interactive Compiler version 3.4.0-be
Copyright (C) Microsoft Corporation. All rights reserved.
Type "#help" for more information.
> class Pizzazz
> class Abracadabra
> class Program
(3,24): warning CS7022: The entry point of the program is global script code; ignoring 'Program.Main(string[])' entry point.
> Program.Main(new string[] {})
november.Zippo = 4
foxtrot.Zippo = 8
tango.Vavavoom = -1

Cole cada classe. Você verá pontos para cada linha colada.

Execute o método Main para ver a saída. Pressione Ctrl+D para sair.

Não se preocupe com erros sobre o ponto de entrada.

Você também pode executar uma sessão do C# interativo na linha de comando. No Windows, no menu Iniciar pesquise `developer command prompt`, inicie e digite **`csi`**. No macOS ou no Linux, execute **`csharp`** para iniciar Mono C# Shell. Nos dois casos, você pode colocar as classes Pizzazz, Abracadabra e Program do exercício anterior diretamente no prompt e, então, executar `Program.Main(new string[] {})` para rodar o ponto de entrada do aplicativo de console.

PONTOS DE BALA

- Use a palavra-chave **`new`** para criar instâncias de uma classe. Um programa pode ter muitas instâncias da mesma classe.
- Cada **instância** tem todos os métodos da classe e cópias próprias de cada campo.
- Quando incluiu `new Random();` no código, você criou uma **instância da classe Random**.
- Use **`static`** para declarar um campo ou um método em uma classe como estático. Não é preciso uma instância dessa classe para acessar os métodos ou os campos estáticos.
- Quando um campo é **estático**, só existe uma cópia dele compartilhada por todas as instâncias. Ao incluir `static` em uma declaração da classe, todos os membros devem ser estáticos também.
- Se você remove `static` de um campo estático, ele se torna um **campo de instância**.
- Campos e métodos de uma classe são referidos como seus **membros**.
- Quando o programa cria um objeto, ele reside em uma parte da memória do computador chamada **heap**.
- O Visual Studio ajuda a adicionar uma **documentação XML** a campos e métodos, e exibe-a na janela IntelliSense.
- Os **diagramas da classe** ajudam a planejar as classes e facilitam trabalhar com elas.
- Ao mudar a estrutura do código sem alterar o comportamento, isso é chamado de **refatorar**. Os desenvolvedores avançados sempre refatoram seu código.
- Os **inicializadores de objeto** economizam tempo e tornam o código mais compacto e fácil de ler.

4 tipos e referências

Obtendo referência

ESTES DADOS FORAM
DESCARTADOS NO LIXO.
TELEFONE
PÚBLICO
VOCÊ PODE
AJUDAR JOGANDO
AQUI

O que seria dos seus apps sem dados? Ponco um pouco. Som dados, seus programas são... bem, é muito difícil imaginar escrever código sem dados. Você precisa de **informações** dos usuários e as utiliza para pesquisar ou produzir novas informações a fim de retornar para eles. Na verdade, quase tudo o que você faz na programação envolve **trabalhar com dados** de um modo ou de outro. Neste capítulo, você aprenderá os prós e os contras dos **tipos de dados** e das **referências** do C#, verá como trabalhar com dados em seu programa e até aprenderá outras coisas sobre **objetos** (*adivinha... objetos são dados também!*).

Owen poderia ter nossa ajuda!

Owen é mestre em jogos, muito bom mesmo. Ele recebe um grupo que se reúne toda semana para jogar diferentes jogos de RPG e, como qualquer mestre em jogos, ele trabalha muito para manter as coisas interessantes para os jogadores.

Narrativa, fantasia e mecânica

Owen é particularmente bom em contar histórias. Nos últimos meses, ele criou um mundo de fantasia complexo para sua reunião, mas não está muito contente com a mecânica do jogo sendo jogado.

Temos um modo de ajudar Owen a melhorar seu RPG?

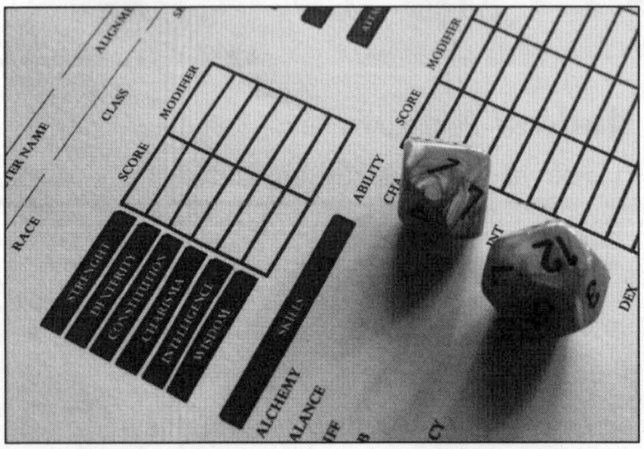
RACE
CLASS
SCORE
MODIFIER
ABILITY
SKILLS
DEX

A pontuação da habilidade (como força, resistência, carisma e inteligência) é uma mecânica importante em muitos RPGs. Muitas vezes os jogadores rolam dados e usam uma fórmula para determinar as pontuações do personagem.

As fichas de personagem armazenam diferentes tipos de dados no papel

Se você já jogou RPG, viu fichas de personagem: uma página com detalhes, estatísticas, informações gerais e outras notas que podem ser vistas sobre um personagem. Se você quisesse criar uma classe para manter uma ficha do personagem, quais tipos usaria para os campos?

CharacterSheet
CharacterName Level PictureFilename Alignment CharacterClass Strength Dexterity Intelligence Wisdom Charisma SpellSavingThrow PoisonSavingThrow MagicWandSavingThrow ArrowSavingThrow
ClearSheet GenerateRandomScores

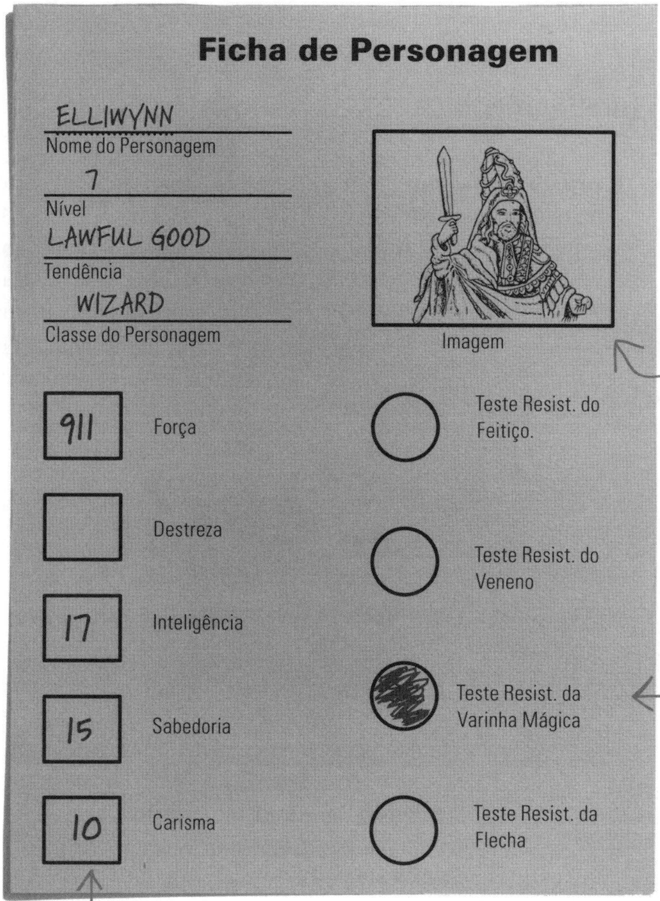

Ficha de Personagem
ELLIWYNN
Nome do Personagem
7
Nível
LAWFUL GOOD
Tendência
WIZARD
Classe do Personagem
Imagem
911
Força
Destreza
17
Inteligência
15
Sabedoria
10
Carisma
Teste Resist. do Feitiço.
Teste Resist. do Veneno
Teste Resist. da Varinha Mágica
Teste Resist. da Flecha

Esta caixa é para uma imagem do personagem. Se você criasse uma classe C# para uma ficha de personagem, poderia salvar essa imagem em um arquivo.

No RPG que Owen joga, os testes de resistência dão aos jogadores uma chance de rolar os dados e evitar certos tipos de ataques. Esse personagem tem uma varinha mágica, por isso o jogador preencheu o círculo.

Os jogadores criam personagens rolando dados para cada uma das pontuações da habilidade, que eles escrevem nestas caixas.

PODER DO CÉREBRO

Veja os campos no diagrama da classe CharacterSheet. Qual tipo você usaria para cada campo?

O tipo de uma variável determina quais dados ela pode armazenar

Há diversos **tipos** predefinidos no C# e você irá usá-los para armazenar muitos dados diferentes. Você já viu alguns comuns, como int, string, bool e float. Existem outros não vistos ainda e eles podem ser bem úteis também.

Veja alguns tipos que você usará muito.

Melhor um tolo brilhante que um inteligente tolo.

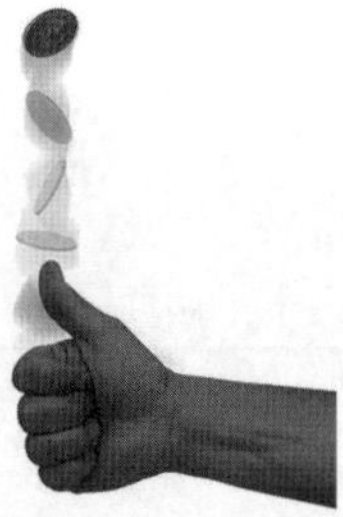

★ **string** pode manter texto com qualquer comprimento (inclusive uma string vazia "").

★ **bool** é um valor booleano, true ou false. Ele será usado para representar qualquer coisa que tenha apenas duas opções: pode ser uma coisa ou outra, nada mais.

★ **int** pode manter qualquer **inteiro** de –2.147.483.648 a 2.147.483.647. Os inteiros não têm ponto decimal.

★ **double** pode armazenar números **reais** de $\pm 5{,}0 \times 10^{-324}$ a $\pm 1{,}7 \times 10^{308}$ com até 16 dígitos significativos. É um tipo bem comum ao trabalhar com as propriedades do XAML.

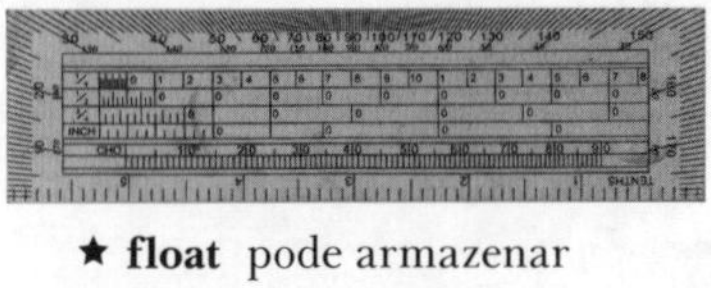

★ **float** pode armazenar números **reais** de $\pm 1{,}5 \times 10^{-45}$ a $\pm 3{,}4 \times 10^{38}$ com até 8 dígitos significativos.

PODER DO CÉREBRO

Por que você acha que o C# tem mais de um tipo para armazenar números com ponto decimal?

C# tem vários tipos para armazenar inteiros

O C# tem vários tipos diferentes para inteiros, assim como int. Isso pode parecer um pouco estranho. Por que tantos números sem decimais? Para a maioria dos programas neste livro, não importa se você usa int ou long. Se está escrevendo um programa que precisa controlar milhões e milhões de valores inteiros, então escolher um tipo de inteiro menor, como byte, em vez de um tipo maior, como long, pode economizar muita memória.

- ★ ***byte*** pode armazenar qualquer **inteiro** entre 0 e 255.
- ★ ***sbyte*** pode armazenar qualquer **inteiro** de –128 a 127.
- ★ ***short*** pode armazenar qualquer **inteiro** de –32.768 a 32.767.
- ★ ***long*** pode armazenar qualquer **inteiro** de –9.223.372.036,854.775.808 a 9.223.372.036.854.775.807.

Notou que estamos usando "inteiro" e não "número natural"? Tentamos realmente ter muito cuidado; nossos professores do ensino médio sempre diziam que inteiros são números que podem ser escritos sem uma fração, já os números naturais são inteiros que começam em 0 e não incluem números negativos.

Byte armazena apenas números naturais de 0 a 255.

Se você precisar armazenar um número maior, poderá usar short, que armazena inteiros de –32.768 a 32.767.

Long também armazena inteiros, mas pode armazenar valores enormes.

Notou que o byte só armazena números positivos e o sbyte armazena os negativos? Ambos têm 256 valores possíveis. A diferença é que, como short e long, sbyte pode ter um sinal negativo, sendo por isso chamado de tipos **com sinal** ou **signed**, (o "s" em sbyte significa com sinal). Como byte é a versão **sem sinal** ou **unsigned** de sbyte, há versões sem sinal de short, int e long iniciando com "u":

- ★ ***ushort*** pode armazenar qualquer **número natural** de 0 a 65.535.
- ★ ***uint*** pode armazenar qualquer **número natural** de 0 a 4.294.967.295.
- ★ ***ulong*** pode armazenar qualquer **número natural** de 0 a 18.446.744.073.709.551.615.

Tipos para armazenar números muito GRANDES e muito pequenos

Às vezes um float não é preciso o bastante. Acredite se quiser, por vezes 10^{38} não é grande o bastante e 10^{-45} não é pequeno o bastante. Muitos programas escritos para pesquisa financeira ou científica sempre têm esses problemas; portanto, o C# nos fornece diferentes **tipos de ponto flutuante** para lidar com valores enormes e minúsculos:

- ★ ***float*** pode armazenar qualquer número de $\pm 1{,}5 \times 10^{-45}$ a $\pm 3{,}4 \times 10^{38}$ com 6–9 dígitos significativos.
- ★ ***double*** pode armazenar qualquer número de $\pm 5{,}0 \times 10^{-324}$ a $\pm 1{,}7 \times 10^{308}$ com 15–17 dígitos significativos.
- ★ ***decimal*** pode armazenar qualquer número de $\pm 1{,}0 \times 10^{-28}$ a $\pm 7{,}9 \times 10^{28}$ com 28–29 dígitos significativos. Quando seu programa **precisa lidar com dinheiro ou moeda**, você sempre deve usar um decimal para armazenar o número.

O tipo decimal tem muito mais precisão (mais dígitos significativos), e por isso é adequado para cálculos financeiros.

Números de Ponto Flutuante de Perto

Os tipos float e double são chamados de "ponto flutuante" porque o ponto decimal pode se mover (em oposição a um número de "ponto fixo", que sempre tem a mesma quantidade de casas decimais). Na verdade, muitas coisas têm relação com números de ponto flutuante, sobretudo a precisão, e isso pode parecer um pouco ***estranho***, então vamos à explicação.

"Dígitos significativos" representam a precisão do número: 1.048.415. 104.8415 e 0.0000001048415 têm 7 dígitos. Portanto, quando dizemos que float pode armazenar números reais tão grandes quanto $3{,}4 \times 10^{38}$ ou tão pequenos quanto $-1{,}5 \times 10^{-45}$, isso significa que pode armazenar números tão grandes quanto 8 dígitos seguidos de 30 zeros ou tão pequenos quanto 37 zeros seguidos de 8 dígitos.

Se já faz um tempo que você usou expoentes, $3{,}4 \times 10^{38}$ significa 34 seguido de 37 zeros e $-1{,}5 \times 10^{-45}$ é -0,00... (mais 40 zeros)... 0,0015.

Os tipos float e double também podem ter valores especiais, inclusive zeros positivo e negativo, infinitos positivo e negativo, e um valor especial chamado **NaN (não um número)** que representa um valor diferente de número. Eles também têm métodos estáticos que permitem testar esses valores especiais. Tente executar este loop:

```
for (float f = 10; float.IsFinite(f); f *= f)
{
    Console.WriteLine(f);
}
```

Agora tente o mesmo loop com double:

```
for (double d = 10; double.IsFinite(d); d *= d)
{
    Console.WriteLine(d);
}
```

Vamos falar sobre strings

Você escreveu um código que trabalha com **strings**. O que é exatamente uma string?

Em qualquer app .NET, string é um objeto. O nome completo da classe é System.String, ou seja, o nome da classe é String e está no namespace System (como a classe Random usada antes). Quando você usa a palavra-chave `string` do C#, está trabalhando com objetos System.String. Na verdade, é possível substituir `string` por `System.String` em qualquer código escrito até o momento e ainda funcionará! (A palavra-chave `string` é chamada de *alias*; no que diz respeito ao código C#, `string` e `System.String` significam a mesma coisa.)

Há dois tipos especiais de valores para strings: uma string vazia, "" (ou string sem caracteres), e uma string nula, ou que não é definida para nada. Explicaremos mais sobre a nula posteriormente no capítulo.

As strings são compostas de caracteres, especificamente, caracteres Unicode (sobre os quais você aprenderá posteriormente neste livro). Às vezes você precisa armazenar um único caractere como **`Q`**, **`j`** ou **`$`**, e é quando usará o tipo **`char`**. Os valores literais para `char` sempre ficam entre aspas simples (**`'x'`**, **`'3'`**). É possível incluir **sequências de escape** nas aspas também (**`'\n'`** é uma quebra de linha, `'\t'` é uma tabulação). Você pode escrever uma sequência de escape no código C# usando dois caracteres, mas seu programa armazena cada sequência como um único caractere na memória.

Por fim, existe mais um tipo importante: **`object`**. Se uma variável tem object como seu tipo, ***você pode atribuir qualquer valor a ele***. A palavra-chave `object` também é um alias, é o mesmo que **`System.Object`**.

Aponte o seu lápis

Por vezes você declara uma variável e define seu valor em uma única declaração: `int i = 37;` — mas já sabe que não precisa definir um valor. Então, o que acontece se você usa a variável sem lhe atribuir um valor? Vamos descobrir! Use a **janela C# Interativo** (ou o console .NET se usa um Mac) para declarar uma variável e verificar seu valor.

Escrevemos a primeira resposta.

```
....0....... int i;
............ long l;
............ float f;
............ double d;
............ decimal m;
............ byte b;
............ char c;
............ string s;
............ bool t;
```

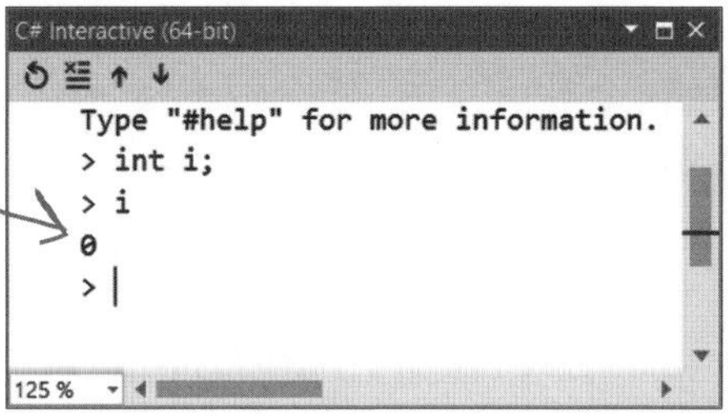
C# Interactive (64-bit)
Type "#help" for more information.
> int i;
> i
0
>
125 %

Inicie a janela C# Interativo (no menu Exibir >> Outras Janelas) ou execute `csi` no Terminal do Mac. Declare cada variável, então insira o nome dela para ver seu valor-padrão. Escreva o valor-padrão para cada tipo no espaço fornecido

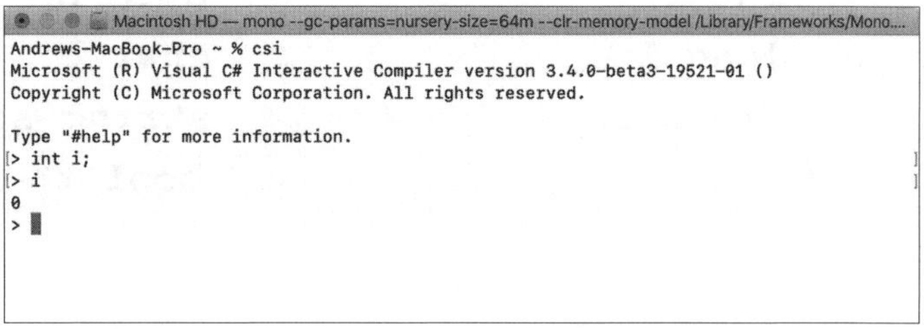
Macintosh HD — mono --gc-params=nursery-size=64m --clr-memory-model /Library/Frameworks/Mono....
Andrews-MacBook-Pro ~ % csi
Microsoft (R) Visual C# Interactive Compiler version 3.4.0-beta3-19521-01 ()
Copyright (C) Microsoft Corporation. All rights reserved.
Type "#help" for more information.
> int i;
> i
0
>

Literal é um valor escrito diretamente no código

Literal é um número, string ou outro valor fixo incluído no código. Você já usou muitos literais; veja alguns exemplos de números, strings e outros literais já usados:

```
int number = 15;
string result = "the answer";
public bool GameOver = false;
Console.Write("Enter the number of cards to pick: ");
if (value == 1) return "Ace";
```

Conseguiu identificar todos os literais nestas declarações do código escrito nos capítulos anteriores? A última declaração tem dois literais.

Quando você digita `int i = 5;`, o número 5 é um literal.

Use sufixos para dar tipos aos literais

Quando adicionou declarações como esta no Unity, pode ter imaginado o que era **F**:

```
InvokeRepeating("AddABall", 1.5F, 1);
```

Notou que seu programa não compila se você omite o F nos literais 1.5F e 0.75F? É porque os **literais têm tipos**. Todo literal é atribuído automaticamente a um tipo e o C# tem regras sobre como combinar os diferentes tipos. Veja por si mesmo como funciona. Adicione esta linha a qualquer programa C#:

```
int wholeNumber = 14.7;
```

Quando tenta compilar o programa, o IDE mostra este erro na Lista de Erros:

CS0266 Cannot implicitly convert type 'double' to 'int'. An explicit conversion exists (are you missing a cast?)

C# pressupõe que um literal inteiro sem sufixo (como 371) é int e um com ponto decimal (como 27.4) é double.

O IDE informa que o literal `14.7` tem um tipo, que é `double`. Você pode usar um sufixo para mudar seu tipo; tente alterá-lo para `float` colocando `F` no final (`14.7F`) ou para decimal adicionando `M` (`14.7M` — o M significa "moeda"). Agora a mensagem de erro diz não ser possível converter float ou decimal. Adicione `D` (ou retire o sufixo) e a mensagem de erro desaparece.

Aponte o seu lápis

0 `int i;`
0 `long l;`
0 `float f;`
0 `double d;`
0 `decimal m;`
0 `byte b;`
'\0' `char c;`
null `string s;`
false `bool t;`

Se você usou a linha de comando do C# no Mac ou no Unix, pode ver '\x0' no lugar de '\0' como o valor-padrão para char. Aprofundaremos para saber exatamente o que significa isso mais adiante no livro quando falarmos sobre Unicode.

Aponte o seu lápis

O C# tem dezenas de **palavras reservadas chamadas *palavras-chave***. Elas são reservadas pelo compilador C# e você não pode usá-las para os nomes das variáveis. Você já aprendeu muitas delas; veja uma pequena revisão para fixá-las na memória. Escreva o que você acha que elas fazem no C#.

`namespace`	
`for`	
`class`	
`else`	
`new`	
`using`	
`if`	
`while`	

Se realmente quiser usar uma palavra-chave reservada como um nome de variável, coloque @ na frente, mas é o máximo que o compilador permitirá em relação à palavra reservada. Você também poderá fazer isso com nomes não reservados, se quiser.

Aponte o seu lápis Solução

O C# tem dezenas de **palavras reservadas chamadas *palavras-chave***. Elas são reservadas pelo compilador C# e você não pode usá-las para os nomes das variáveis. Você já aprendeu muitas delas; veja uma pequena revisão para fixá-las na memória. Escreva o que você acha que elas fazem no C#.

namespace	Todas as classes e os métodos em um programa ficam dentro de um namespace. Os namespaces ajudam a assegurar que os nomes usados no programa não entrem em conflito com os nomes no .NET Framework ou em outras classes.
for	Permite fazer um loop que executa três declarações. Primeiro declara a variável que será usada, depois há uma declaração que avalia a variável em relação a uma condição. A terceira declaração faz algo com o valor.
class	As classes têm métodos e campos, e você as utiliza para instanciar objetos. Os campos são o que os objetos sabem e os métodos são o que eles fazem.
else	Um bloco de código que inicia com else deve seguir imediatamente um bloco if e ele será executado se a declaração if anterior falhar.
new	Você usa isto para criar uma nova instância de um objeto.
using	É um modo de listar todos os namespaces usados no programa. Uma declaração using permite usar classes de várias partes do .NET Framework.
if	É um modo de configurar uma declaração condicional em um programa. Isso informa que, se algo é true, faça uma coisa; do contrário, faça outra.
while	Os loops while são loops que continuam sendo executados contanto que a condição no começo do loop seja true.

Variável lembra um copo de dados para viagem

Nem todos os dados terminam no heap. Em geral, os tipos do valor mantêm seus dados em outra parte da memória, chamada pilha. Você aprenderá sobre isso mais adiante no livro.

Todos os dados ocupam espaço na memória. (Lembra do heap do último capítulo?) Parte do seu trabalho é considerar *quanto* espaço você precisará sempre que usar uma string ou um número em seu programa. Esse é um dos motivos para usar variáveis. Elas permitem reservar espaço suficiente na memória para armazenar os dados.

Considere uma variável como um copo no qual manter os dados. O C# usa muitos tipos diferentes de copos para manter diferentes dados. Como os diferentes tamanhos de copo em uma cafeteria, há diferentes tamanhos de variáveis também.

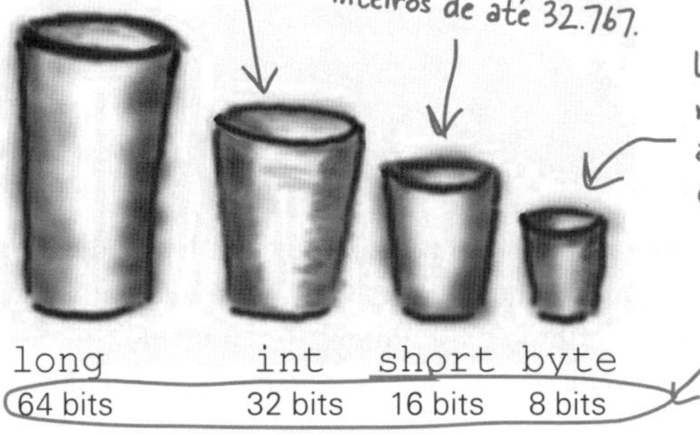

int é normalmente o tipo usado para inteiros. Ele mantém números de até 2.147.483.647.
Um short manterá inteiros de até 32.767.
Um byte pode manter números naturais até 255, já long pode armazenar números em bilhões de bilhões de bilhões.
Você usará long para os inteiros que serão realmente grandes.
long
64 bits
int
32 bits
short
16 bits
byte
8 bits
Aqui ficam quantos bits de memória são reservados para a variável quando declarada.

Use a classe Convert para explorar bits e bytes

Converta isto!

Sempre se ouve falar que programação é feita com 1s e 0s. O .NET tem uma **classe Convert estática** que converte os diferentes tipos de dados numéricos. Vamos usá-la para ver um exemplo de como funcionam bits e bytes.

Bit é 1 ou 0, simples. Byte são 8 bits, portanto uma variável byte mantém um número de 8 bits, ou seja, é um número que pode ser representando com até 8 bits. Como fica? Vamos usar a classe Convert para converter alguns números binários em bytes:

```
Convert.ToByte("10111", 2) // Retorna 23
Convert.ToByte("11111111", 2); // Retorna 255
```

O primeiro argumento para Convert.ToByte é o número a converter e o segundo é sua base. Os números binários são de base 2.

Os bytes podem manter números entre 0 e 255 porque usam 8 bits de memória; um número de 8 bits é um número binário entre 0 e 11111111 binários (ou 0 e 255 decimais).

Short é um valor de 16 bits. Vamos usar Convert.ToInt16 para converter o valor binário 111111111111111 (15 1s) em short. int é um valor de 32 bits, então usaremos Convert.ToInt32 para converter os 31 1s em int:

```
Convert.ToInt16("111111111111111", 2); // Retorna 32767
Convert.ToInt32("1111111111111111111111111111111", 2); // Retorna 2147483647
```

Outros tipos com tamanhos diferentes também

Os números com casas decimais são armazenados de modo diferente dos inteiros e os diferentes tipos com ponto flutuante ocupam quantidades variadas de memória. Você pode lidar com a maioria dos números que têm casas decimais usando **float**, o menor tipo de dados que armazena decimais. Se necessitar de mais precisão, use **double**. Se você está escrevendo uma aplicação financeira na qual armazenará valores de moeda, sempre deve usar o tipo **decimal**.

Ah, mais uma coisa: ***não use double para dinheiro nem moeda, use apenas decimal.***

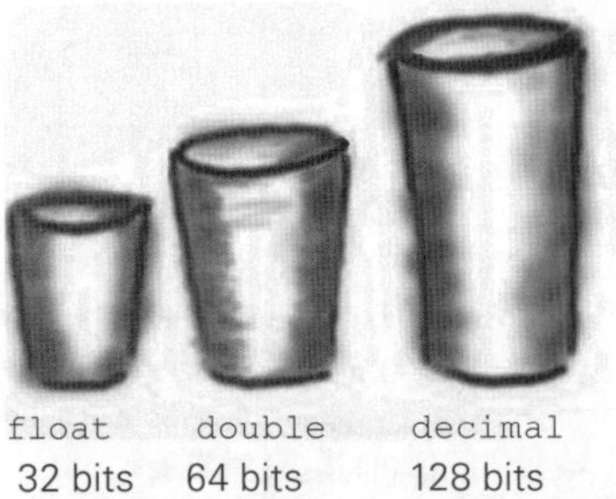
float
32 bits
double
64 bits
decimal
128 bits

Estes tipos são para frações. As variáveis maiores armazenam mais casas decimais.

Falamos sobre strings, então você sabe que o compilador C# também pode lidar com **caracteres e tipos não numéricos**. O tipo char mantém um caractere e a string é usada para muitos caracteres "encadeados". Não há um tamanho definido para um objeto string; ele expande para manter quantos dados for preciso armazenar. O tipo de dados bool é usado para armazenar valores true ou false, como os usados para as declarações `if`.

C# também tem tipos para armazenar dados não numéricos.

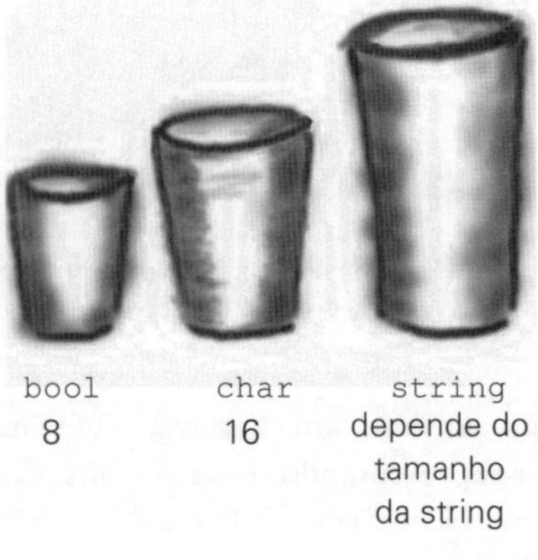
bool
8
char
16
string
depende do tamanho da string

As strings podem ser grandes... MUITO grandes! O C# usa um inteiro de 32 bits para controlar o comprimento da string, para que o comprimento máximo dela seja de 2^{31} (ou 2.147.483.648) caracteres.

Os diferentes tipos de ponto flutuante ocupam quantidades variadas de memória: float é o menor e decimal é o maior.

10kg de dados em uma embalagem de 5kg

Quando você declara sua variável como um tipo, o compilador C# **aloca** (ou reserva) toda a memória necessária para armazenar o valor máximo desse tipo. Mesmo que o valor nem chegue perto do limite máximo do tipo declarado, o compilador verá o copo onde ele está, não o número dentro. Portanto, isto não funcionará:

```
int leaguesUnderTheSea = 20000;
short smallerLeagues = leaguesUnderTheSea;
```

Vinte mil caberiam em `short`, sem problemas. Mas, como `leaguesUnderTheSea` é declarado como int, o C# o vê do tamanho de int e o considera grande demais para colocar em um contêiner pequeno. O compilador não fará conversões para você dinamicamente. É preciso assegurar que esteja usando o tipo certo de dados com os quais trabalha.

20.000
int
short
Tudo que o C# vê é um int entrando em short (o que não funciona). Ele não se importa com o valor dentro do copo int.
Isso faz sentido. E se mais tarde você colocar um valor maior no copo int, um que não caberia no copo short? Portanto, o C# está tentando lhe ajudar.

Aponte o seu lápis

Três destas declarações não compilarão, porque estão tentando encaixar muitos dados em uma variável pequena ou estão colocando no tipo de dado errado. Circule-as e escreva uma pequena explicação sobre o que está errado.

```
int hours = 24;                  string taunt = "your mother";

short y = 78000;                 byte days = 365;

bool isDone = yes;               long radius = 3;

short RPM = 33;                  char initial = 'S';

int balance = 345667 - 567;      string months = "12";
```

A coerção permite copiar valores que o C# não pode converter automaticamente em outro tipo

Faça isto!

Vejamos o que acontece quando você tenta atribuir um valor decimal a uma variável int.

> Conversão implícita significa que o C# tem um modo de converter automaticamente um valor em outro tipo sem perder a informação.

1. Crie um novo projeto Aplicativo de Console e adicione este código ao método Main:

```
float myFloatValue = 10;
int myIntValue = myFloatValue;
Console.WriteLine("myIntValue is " + myIntValue);
```

2. Tente compilar o programa. Você deverá obter o mesmo erro CS0266 visto antes:

```
CS0266  Cannot implicitly convert type 'float' to 'int'. An explicit conversion exists (are you missing a cast?)
```

Veja com atenção as últimas palavras da mensagem de erro: "Há uma conversão ausente?" É o compilador C# dando uma dica útil sobre como corrigir o problema.

3. Acabe com o erro **fazendo a coerção** do decimal em int. Faça isso adicionando o tipo que deseja converter entre parênteses: **(int)**. Logo que mudar a segunda linha para ficar assim, o programa será compilado e executado:

```
int myIntValue = (int) myFloatValue;
```

Aqui você faz a coerção do valor decimal em int.

> Quando você faz a coerção de um valor com ponto flutuante em um int, ele arredonda o valor para baixo, para o inteiro mais próximo.

O que aconteceu?

O compilador C# não permitirá que você atribua um valor a uma variável se ela for do tipo errado, mesmo que a variável possa manter o valor sem problemas! MUITOS erros são causados por problemas do tipo e **o compilador ajuda** colocando você na direção certa. Ao usar a coerção, você basicamente informa ao compilador que sabe que os tipos são diferentes e garante que nesse caso em particular não tem problema se o C# colocar dados na nova variável.

Aponte o seu lápis Solução

Três destas declarações não compilarão, porque estão tentando encaixar muito dado em uma variável pequena ou estão colocando no tipo de dado errado. Circule-as e escreva uma pequena explicação sobre o que está errado

```
short y = 78000;
```

O tipo short mantém números de -32.767 a 32,768. Este número é grande demais!

```
byte days = 365;
```

Um byte só pode manter um valor entre 0 e 255. Você precisará de um short para isso.

```
bool isDone = yes;
```

Você só pode atribuir um valor "true" ou "false" a um bool.

Ao fazer a coerção de um valor que é grande demais, o C# o ajusta para caber no novo contêiner

Você já viu que um decimal pode sofrer coerção em um int. Acontece que *qualquer* número pode sofrer coerção em *qualquer outro* número. Isso não significa que o ***valor*** fica intacto durante a coerção. Digamos que você tenha uma variável int definida para 365. Se você fizer a coerção para uma variável byte (valor máx. de 255), em vez de ver um erro, o valor será **resolvido**. A coerção de 256 em um byte terá um valor 0, o número 257 será convertido em 1, o número 258 em 2 etc., até 365, que acabará sendo **109**. Assim que você retorna para 255, o valor da conversão "é resolvido" de novo como zero.

Se você usar + (*, / ou -) com dois tipos numéricos diferentes, o operador **converterá automaticamente** o tipo menor no maior. Veja um exemplo:

```
int myInt = 36;
float myFloat = 16.4F;
myFloat = myInt + myFloat;
```

Como `int` pode caber em `float`, mas `float` não cabe em `int`, o operador + converte `myInt` em `float` antes de adicioná-lo a `myFloat`.

Aponte o seu lápis

Nem sempre você pode fazer a coerção de um tipo em outro.

Crie um novo projeto Aplicativo de Console e digite estas declarações no método Main. Depois compile o programa; ele irá gerar muitos erros. Risque as que geram erros. Isso lhe ajudará a descobrir quais tipos podem ou não sofrer coerção!

```
int myInt = 10;
byte myByte = (byte)myInt;
double myDouble = (double)myByte;
bool myBool = (bool)myDouble;
string myString = "false";
myBool = (bool)myString;
myString = (string)myInt;
myString = myInt.ToString();
myBool = (bool)myByte;
myByte = (byte)myBool;
short myShort = (short)myInt;
char myChar = 'x';
myString = (string)myChar;
long myLong = (long)myInt;
decimal myDecimal = (decimal)myLong;
myString = myString + myInt + myByte +
myDouble + myChar;
```

Leia muito mais sobre os diferentes tipos de valor do C# aqui; vale a pena:

https://learn.microsoft.com/pt-br/dotnet/csharp/language-reference/builtin-types/value-types.

COMBINEI NÚMEROS E STRINGS EM MINHAS CAIXAS DE MENSAGEM DESDE QUE TRABALHEI COM LOOPS NO CAPÍTULO 2! *CONVERTI OS TIPOS* O TEMPO TODO?

Sim! Quando você concatena strings, o C# converte os valores.

Quando você usa o operador + para combinar uma string com outro valor, isso se chama **concatenação**. Quando concatena uma string com int, bool, float ou outro tipo de valor, ele converte o valor automaticamente. Esse tipo de conversão é diferente da coerção, porque, internamente, está chamando o método ToString do valor... e algo que o .NET garante é que **todo objeto tenha um método ToString** que o converte em uma string (mas cabe à classe individual determinar se a string faz sentido).

Resolva sozinho!

Não há mistérios sobre como a coerção "resolve" os números; você mesmo pode fazer isso. Basta abrir qualquer app de calculadora que tenha um botão Mod (que calcula o módulo, às vezes chamado de modo Científico) e calcular 365 Mod 256.

Aponte o seu lápis Solução

Nem sempre você pode fazer a coerção de um tipo em outro. Crie um novo projeto Aplicativo de Console e digite estas declarações no método Main. Depois compile o programa; ele apresentará muitos erros. Risque as que geram erros. Isso lhe ajudará a descobrir quais tipos podem ou não sofrer coerção!

int myInt = 10;

byte myByte = (byte)myInt;

double myDouble = (double)myByte;

~~bool myBool = (bool)myDouble;~~

string myString = "false";

~~myBool = (bool)myString;~~

~~myString = (string)myInt;~~

myString = myInt.ToString();

~~myBool = (bool)myByte;~~

~~myByte = (byte)myBool;~~

short myShort = (short)myInt;

char myChar = 'x';

~~myString = (string)myChar;~~

long myLong = (long)myInt;

decimal myDecimal = (decimal) myLong;

myString = myString + myInt + myByte + myDouble + myChar;

C# faz algumas conversões automaticamente

Existem duas conversões importantes que não requerem coerção. A primeira é a conversão automática que acontece sempre que você usa operadores aritméticos, como neste exemplo:

```
long l = 139401930;
short s = 516;
double d = l - s;
d = d / 123.456;
Console.WriteLine("The answer is " + d);
```

O operador - subtraiu short de long e o operador = converteu o resultado em double.

O outro modo de o C# converter os tipos automaticamente é quando você usa o operador + para **concatenar** strings (o que significa prender uma string no fim da outra, como você vem fazendo com as caixas de mensagem). Ao usar + para concatenar uma string com algo que tem outro tipo, ele converte automaticamente os números em string. Veja um exemplo; tente adicionar estas linhas a qualquer programa C#. As duas primeiras são corretas, mas a terceira não compilará:

```
long number = 139401930;
string text = "Player score: " + number;
text = number;
```

O compilador C# gera este erro na terceira linha:

```
CS0029 Cannot implicitly convert type 'long' to 'string'
```

ScoreText.text é um campo de string, então, quando você usou o operador + para concatenar uma string, ele atribui o valor sem problemas. Mas, quando tenta atribuir x diretamente, ele não tem um modo de converter automaticamente o valor long em uma string. Você pode convertê-lo em uma string chamando seu método ToString.

não existem Perguntas Idiotas

P: Você usou os métodos Convert.ToByte, Convert.ToInt32 e Convert.ToInt64 para converter as strings com números binários em valores inteiros. Consegue converter os valores inteiros de volta em binário?

R: Sim. A classe Convert tem um **método Convert.ToString** que converte muitos tipos diferentes de valores em strings. O menu suspenso IntelliSense mostra como funciona:

```
Console.WriteLine(Convert.ToString(8675309, 2));
```

▲ 26 of 36 ▼ string Convert.ToString(**int value**, int toBase)
Converts the value of a 32-bit signed integer to its equivalent string representation in a specified base.
value: *The 32-bit signed integer to convert.*

Portanto `Convert.ToString(255, 2)` retorna a string "11111111" e `Convert.ToString(8675309, 2)` retorna a string "100001000101111111101101; experimente para ter uma ideia de como funcionam os números binários.

Quando você chama um método, os argumentos precisam ser compatíveis com os tipos dos parâmetros

No último capítulo, você usou a classe Random para escolher um número aleatório de 1 até (mas não incluindo) 5, que usou para escolher um naipe de carta:

```
int value = random.Next(1, 5);
```

Tente mudar o primeiro argumento de `1` para `1.0`:

```
int value = random.Next(1.0, 5);
```

Você está passando um literal double (precisão dupla) para um método que espera um valor int. Então, não é nenhuma surpresa se o compilador não compilar o programa e mostrar um erro:

```
CS1503 Argument 1: cannot convert from 'double' to 'int'
```

Às vezes o C# pode fazer a conversão automaticamente. Ele não sabe como converter double em int (como converter 1.0 em 1), mas sabe como converter int em double (convertendo 1 em 1.0). Mais especificamente:

- ★ O compilador C# sabe como converter um inteiro em um tipo com ponto flutuante.
- ★ E sabe como converter um tipo inteiro em outro tipo inteiro, ou um tipo com ponto flutuante em outro tipo com ponto flutuante.
- ★ Mas só consegue fazer essas conversões se o tipo do qual converte tem o mesmo tamanho ou é menor que o tipo para o qual converte. Assim, ele pode converter um int em um long, ou um float em um double, mas não consegue converter um long em um int, ou um double em um float.

Quando o compilador gera um erro "argumento inválido", significa que você tentou chamar um método com variáveis cujos tipos não combinam com os parâmetros do método.

Mas Random.Next não é o único método que gera erros do compilador se você tenta passar uma variável cujo tipo não combina com o parâmetro. *Todos* os métodos farão isso, ***até os que você mesmo escreve***. Adicione este método a um aplicativo de console:

```
public int MyMethod(bool add3) {
    int value = 12;

    if (add3)
        value += 3;
    else
        value -= 2;

    return value;
}
```

Tente passar uma string ou um long; você terá um dos erros CS1503 informando que não pode converter o argumento em bool. Algumas pessoas têm problemas para lembrar **a diferença entre parâmetro e argumento**. Só para deixar claro:

***Parâmetro* é o que você define no método. Argumento é o que passa para ele. Você pode passar um argumento byte para um método com um parâmetro int.**

não existem Perguntas Idiotas

P: A última declaração `if` apenas informou `if (add3)`. É o mesmo que `if (add3 == true)`?

R: Sim. Vejamos de novo a declaração `if/else`:

```
if (add3)
   value += 3;
else
   value -= 2;
```

Uma declaração `if` sempre verifica se algo é true. Como o tipo da variável `add3` é bool, ela é avaliada como true ou false, significando que não tivemos que incluir explicitamente `== true`.

Você também pode verificar se algo é false usando ! (ponto de exclamação ou o operador NOT). Escrever `if (!add3)` é igual a escrever `if (add3 == false)`.

Em nossos exemplos de código a partir de agora, se usarmos o teste condicional para verificar uma variável booleana, em geral você verá apenas `if (add3)` ou `if (!add3)`, e não usaremos == para ver explicitamente se o booleano é true ou false.

P: Você não incluiu chaves nos blocos `if` ou `else` também. Significa que são opcionais?

R: Sim, mas apenas se há uma declaração no bloco `if` ou `else`. Pudemos omitir as { chaves } porque havia somente uma declaração no bloco `if` (`return 45;`) e uma declaração no bloco `else` (`return 61;`). Se quiséssemos adicionar outra declaração a um dos blocos, teríamos que usar chaves:

```
if (add3)
   value += 3;
else {
   Console.WriteLine("Subtracting
2");
   value -= 2;
}
```

Tenha cuidado *ao omitir as chaves* porque é fácil escrever sem querer um código que não faz o que você queria. Nunca é demais adicionar chaves, mas também é bom se acostumar a ver declarações `if` com e sem elas.

PONTOS DE BALA

- Existem **tipos de valor** para variáveis que mantêm tamanhos variados de números. Os números maiores devem ser do tipo `long`; e os menores (até 255) podem ser declarados como `bytes`.
- Todo tipo de valor tem um **tamanho** e você não pode colocar um valor com tipo maior em uma variável menor, não importa o tamanho real dos dados.
- Ao usar valores **literais**, use o sufixo F para indicar float (15.6F) e M para decimal (36.12M).
- Use o **tipo decimal para dinheiro e moeda**. A precisão do ponto flutuante é... bem, um pouco estranha.
- Existem poucos tipos que o C# sabe como **converter** automaticamente (conversão implícita), como short em int, int em double ou float em double.
- Quando o compilador não permite definir uma variável para ser igual a um valor com tipo diferente, você precisa fazer a coerção. Para fazer a **coerção** de um valor (conversão explícita) em outro tipo, coloque o tipo-alvo entre parênteses na frente do valor.
- Há algumas palavras-chave que são **reservadas** pela linguagem e você não pode nomear suas variáveis com elas. São palavras (como `for`, `while`, `using`, `new`, e outras) que fazem coisas específicas na linguagem
- **Parâmetro** é o que você define no método. **Argumento** é o que passa para ele.
- Ao compilar o código no IDE, ele usa o **compilador C#** para transformá-lo em um programa executável.
- Use métodos na **classe Convert** estática para converter valores entre tipos diferentes.

Owen sempre melhora seu jogo...

Os bons mestres de jogo se dedicam a criar a melhor experiência que podem para seus jogadores. Os jogadores de Owen estão para embarcar em uma nova campanha com um grupo de personagens novinho e ele acha que alguns ajustes na fórmula usada para as pontuações da habilidade poderiam tornar as coisas mais interessantes.

Quando os jogadores preenchem as fichas de personagem no início do jogo, eles seguem estas etapas para calcular cada pontuação da habilidade para o personagem deles.

FÓRMULA DE PONTUAÇÃO DA HABILIDADE

* Comece rolando 4d6 para obter um número entre 4 e 24
* Divida o resultado por 1,75
* Some 2 ao resultado dessa divisão
* Arredonde para baixo para o número inteiro mais próximo
* Se o resultado for pequeno demais, use o valor mínimo 3

"ROLAR 4d6" significa rolar quatro dados normais de seis lados e somar os resultados.

AS REGRAS-PADRÃO DESTE JOGO SÃO UM BOM PONTO DE PARTIDA, MAS SEI QUE PODEMOS MELHORAR.

...mas as tentativas e os erros podem levar tempo

Owen experimentou meios de ajustar o cálculo da pontuação da habilidade. Ele está certo de que tem a fórmula mais correta, mas gostaria mesmo de ajustar os números.

DIVIDIR POR 1,75?
TALVEZ 3,1?
O MÍNIMO DEVE SER 1?
TALVEZ 2?
SUBTRAIR 5?

Owen gosta da fórmula geral: rolar 4d6, dividir, subtrair, arredondar para baixo, usar um valor mínimo... mas ele não tem certeza se os números reais estão certos.

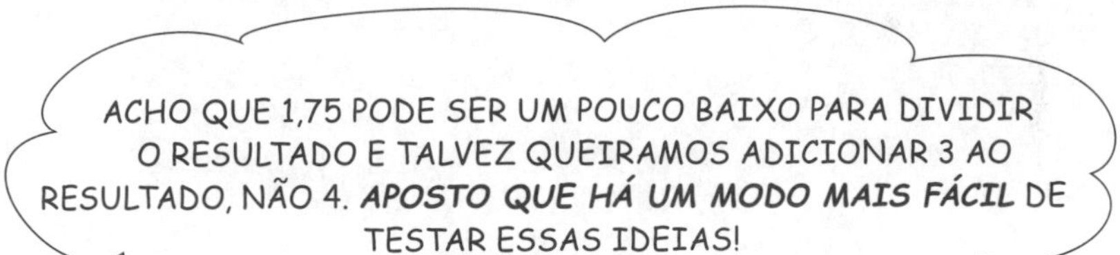
ACHO QUE 1,75 PODE SER UM POUCO BAIXO PARA DIVIDIR O RESULTADO E TALVEZ QUEIRAMOS ADICIONAR 3 AO RESULTADO, NÃO 4. ***APOSTO QUE HÁ UM MODO MAIS FÁCIL*** DE TESTAR ESSAS IDEIAS!

PODER DO CÉREBRO

O que podemos fazer para ajudar Owen a encontrar a melhor combinação de valores para uma fórmula atualizada de pontuação da habilidade?

Vamos ajudar Owen a experimentar as pontuações da habilidade

No próximo projeto, criaremos um aplicativo de console .NET que Owen pode usar para testar sua fórmula de pontuação da habilidade com diferentes valores e ver como eles afetam o resultado. A fórmula tem **quatro entradas**: o *4d6 inicial*, o valor *dividir por* pelo qual o resultado é dividido, o valor *somar quantidade* para somar ao resultado dessa divisão e o *mínimo* a usar, caso o resultado seja muito pequeno.

Owen irá inserir cada uma das quatro entradas no app e calculará a pontuação da habilidade usando-as. É provável que ele queira testar muitos valores diferentes, portanto tornaremos o app mais fácil de usar pedindo novos valores repetidamente, até ele sair do app, acompanhando os valores usados em cada iteração e usando as entradas anteriores como **valores-padrão** da próxima iteração.

Veja a página de anotações do jogo de Owen, com a fórmula de pontuação da habilidade.

FÓRMULA DE PONTUAÇÃO DA HABILIDADE

* COMECE ROLANDO 4D6 PARA OBTER UM NÚMERO ENTRE 4 E 24
* DIVIDA O RESULTADO POR 1,75
* SOME 2 AO RESULTADO DESSA DIVISÃO
* ARREDONDE PARA BAIXO PARA O NÚMERO INTEIRO MAIS PRÓXIMO
* SE O RESULTADO FOR PEQUENO DEMAIS, USE O VALOR MÍNIMO 3

Fica assim quando Owen roda o app:

```
C:\Users\public\source\repos\AbilityScoreTester\AbilityScoreTester\bin\Debug\netcoreapp3.1\Abil
Starting 4d6 roll [14]:
  using default value 14
Divide by [1.75]:
  using default value 1.75
Add amount [2]:
  using default value 2
Minimum [3]:
  using default value 3
Calculated ability score: 10
Press Q to quit, any other key to continue
Starting 4d6 roll [14]:
  using default value 14
Divide by [1.75]: 2.15
  using value 2.15
Add amount [2]: 5
  using value 5
Minimum [3]: 2
  using value 2
Calculated ability score: 11
Press Q to quit, any other key to continue
Starting 4d6 roll [14]: 21
  using value 21
Divide by [2.15]:
  using default value 2.15
Add amount [5]:
  using default value 5
Minimum [2]:
  using default value 2
Calculated ability score: 14
Press Q to quit, any other key to continue
```

O app solicita diversos valores usados para calcular a pontuação da habilidade. Ele coloca um valor-padrão como [14] ou [1,75] entre colchetes. Owen pode inserir um valor ou pressionar Enter para aceitar o padrão.

Aqui Owen experimenta novos valores: divide o resultado por 2,15 (em vez de 1,75), soma 5 (não 2) ao resultado dessa divisão e um valor mínimo 2 (não 3). Com o valor inicial 14, fornece uma pontuação da habilidade 11.

Agora Owen deseja verificar os mesmos valores com um 4d6 inicial diferente, então ele insere 21 como o dado inicial, pressiona Enter para aceitar os valores-padrão que o app lembra da iteração anterior e obtém uma pontuação da habilidade 14.

Este projeto é um pouco maior que os aplicativos de console criados anteriormente; portanto, teremos algumas etapas. Primeiro você irá Apontar o seu lápis para entender o código para calcular a pontuação da habilidade, depois fará um Exercício para escrever o resto do código do app, por fim irá Investigar um bug no código. *Vamos começar!*

Aponte o seu lápis

Criamos uma classe para ajudar Owen a calcular as pontuações da habilidade. Para tanto, você define seus campos Starting4D6Roll, DivideBy, AddAmount e Minimum, ou basta deixar os valores definidos em suas declarações e chamar seu método CalculateAbilityScore. Infelizmente, **há uma linha do código com problemas**. Circule-a e escreva o que está errado.

Veja se você consegue identificar o problema sem digitar a classe no IDE. Consegue encontrar a linha corrompida que causará um erro do compilador?

```
class AbilityScoreCalculator
{
    public int RollResult = 14;
    public double DivideBy = 1.75;
    public int AddAmount = 2;
    public int Minimum = 3;
    public int Score;

    public void CalculateAbilityScore()
    {
        // Divida o resultado pelo campo DivideBy
         double divided = RollResult / DivideBy;

        // Adicione AddAmount ao resultado da divisão
         int added = AddAmount += divided;

        // Se o resultado for muito pequeno, use Minimum
         if (added < Minimum)
         {
             Score = Minimum;
         } else
         {
             Score = added;
         }
    }
}
```

Estes campos são inicializados com os valores na fórmula de pontuação da habilidade. O app os usará para apresentar os valores-padrão ao usuário.

Uma dica! Compare os comentários no código com a fórmula de pontuação da habilidade nas anotações do jogo de Owen. Qual parte da fórmula falta nos comentários?

Após **circular a linha de código com problemas**, escreva os erros encontrados nela.

....

....

Use o compilador C# para encontrar linha com problemas

Crie um novo projeto Aplicativo de Console .NET Core chamado AbilityScoreTester. Então, **adicione a classe AbilityScoreCalculator** com o código do exercício "Aponte o seu lápis". Se você inseriu o código corretamente, deverá visualizar um erro do compilador C#:

```
AddAmount += divided;

(field) int AbilityScoreCalculator.AddAmount

CS0266: Cannot implicitly convert type 'double' to 'int'. An explicit conversion exists (are you missing a cast?)

Show potential fixes (Alt+Enter or Ctrl+.)
```

Este erro do compilador C# pergunta literalmente se você está esquecendo uma coerção.

Sempre que o compilador C# gerar um erro, leia-o com atenção. Em geral há uma dica que pode ajudar a rastrear o problema. Nesse caso, ele nos informa exatamente o que deu errado; não é possível converter double em int sem uma coerção. A variável `divided` é declarada como double, mas o C# não permitirá que você a adicione a um campo int, como AddAmount, porque não sabe como convertê-la.

Quando o compilador C# pergunta "há uma conversão ausente?", ele está dando uma boa indicação de que você precisa fazer a coerção explicitamente da variável double `divided` antes de poder adicioná-la ao campo int `AddAmount`.

Adicione uma coerção para fazer a classe AbilityScoreCalculator compilar...

Agora que você sabe qual é o problema, pode **adicionar uma coerção** para corrigir a linha de código problemática em AbilityScoreCalculator. Veja a linha que gerou o erro "Cannot implicitly convert type":

```
int added = AddAmount += divided;
```

Ela causou esse erro porque **`AddAmount += divided`** ***retorna um valor de dupla precisão (double)***, que não pode ser atribuído à variável int `added`.

Você pode corrigir isso fazendo a **coerção** de **`divided` em int**; portanto, adicionar a AddAmount retorna outro int. Modifique essa linha de código para mudar `divided` para **`(int)`**`divided`:

```
int added = AddAmount += (int)divided;
```

Faça a coerção!

Adicionar essa coerção também lida com a parte que falta na fórmula de pontuação da habilidade de Owen:

*** *ARREDONDE PARA BAIXO PARA O NÚMERO INTEIRO MAIS PRÓXIMO***

Quando você faz a coerção de double em int, o C# o arredonda para baixo; por exemplo, `(int)19.7431D` nos mostra `19`. Adicionando essa coerção, você está acrescentando a etapa da fórmula de pontuação da habilidade que faltava na classe.

...mas ainda existe um bug!

Ainda não acabou! Você corrigiu o erro do compilador; agora o projeto compila. Mas, mesmo que o compilador C# o aceite, ***ainda temos um problema***. Você consegue identificar o bug nessa linha?

Parece que ainda não podemos responder o "Aponte o seu lápis"!

Exercício

Termine de criar o aplicativo de console que usa a classe AbilityScoreCalculator. Neste exercício, forneceremos o método Main do aplicativo de console. Seu trabalho é escrever o código dos dois métodos: um método chamado ReadInt, que lê a entrada do usuário e a converte em int usando int.TryParse; e um método chamado ReadDouble, que faz exatamente a mesma coisa, exceto que analisa doubles em vez de valores int.

1. Adicione o seguinte método Main. Quase tudo foi usado nos projetos anteriores. Existe apenas algo novo; ele chama o método Console.ReadKey:

```
char keyChar = Console.ReadKey(true).KeyChar;
```

Console.ReadKey lê uma tecla no console. Quando você passa o argumento **`true`** ele intercepta a entrada para que não seja escrita no console. Adicionar **`.KeyChar`** faz com que retorne a tecla pressionada como **`char`**.

> Você usará uma instância de AbilityScoreCalculator, usando a entrada do usuário para atualizar seus campos de modo a lembrar os valores-padrão para a próxima iteração do loop `while`.

Veja o método Main completo; adicione-o ao seu programa:

```
static void Main(string[] args)
{
    AbilityScoreCalculator calculator = new AbilityScoreCalculator();
    while (true)
    {
        calculator.RollResult = ReadInt(calculator.RollResult, "Starting 4d6 roll");
        calculator.DivideBy = ReadDouble(calculator.DivideBy, "Divide by");
        calculator.AddAmount = ReadInt(calculator.AddAmount, "Add amount");
        calculator.Minimum = ReadInt(calculator.Minimum, "Minimum");
        calculator.CalculateAbilityScore();
        Console.WriteLine("Calculated ability score: " + calculator.Score);
        Console.WriteLine("Press Q to quit, any other key to continue");
        char keyChar = Console.ReadKey(true).KeyChar;
        if ((keyChar == 'Q') || (keyChar == 'q')) return;
    }
}
```

2. Adicione um método chamado ReadInt. Ele requer dois parâmetros: um prompt para exibir ao usuário e um valor-padrão. Ele escreve o prompt no console, seguido do valor-padrão entre colchetes. Então, lê uma linha no console e tenta analisá-la. Se o valor puder ser analisado, ele será usado; caso contrário, usará o valor-padrão.

```
/// <summary>
/// Escreva o prompt e leia um valor int do console
/// </summary>
/// <param name="lastUsedValue">O valor-padrão.</param>
/// <param name="prompt">Prompt para imprimir no console.</param>
/// <returns>O valor int lido, ou o valor-padrão se não for possível converter</
returns>
static int ReadInt(int lastUsedValue, string prompt)
{
    // Escreva o prompt seguido de [valor-padrão]:
    // Leia a linha na entrada e use int.TryParse para tentar analisá-la
    // Se puder ser analisada, escreva "   using value" + value no console
    // Do contrário, escreva "   using default value" + lastUsedValue no console
}
```

3. Adicione um método ReadDouble exatamente como ReadInt, exceto que **ele usa double. TryParse** no lugar de int.TryParse. O método double.TryParse funciona exatamente como int.TryParse, exceto que sua variável **`out`** precisa ser double, não int.

Exercício Solução

Veja os métodos ReadInt e ReadDouble que mostram um prompt que inclui o valor-padrão, lê uma linha no console, tenta convertê-la em int ou double e usa o valor convertido ou o valor-padrão, escrevendo uma mensagem no console com o valor retornado.

> Leva mesmo um tempo para entender como cada iteração do loop `while` no método Main usa os campos para salvar os valores que o usuário inseriu, então os utiliza para os valores-padrão na próxima iteração.

```
static int ReadInt(int lastUsedValue, string prompt)
{
    Console.Write(prompt + " [" + lastUsedValue + "]: ");
    string line = Console.ReadLine();
    if (int.TryParse(line, out int value))
    {
        Console.WriteLine("   using value " + value);
        return value;
    } else
    {
        Console.WriteLine("   using default value " + lastUsedValue);
        return lastUsedValue;
    }
}

static double ReadDouble(double lastUsedValue, string prompt)
{
    Console.Write(prompt + " [" + lastUsedValue + "]: ");
    string line = Console.ReadLine();
    if (double.TryParse(line, out double value))
    {
        Console.WriteLine("   using value " + value);
        return value;
    }
    else
    {
        Console.WriteLine("   using default value " + lastUsedValue);
        return lastUsedValue;
    }
}
```

Aqui está a chamada para double.TryParse, que funciona exatamente como a versão int, exceto que você precisa usar double como o tipo de variável da saída.

OBRIGADO POR ESCREVER ESTE APP PARA MIM! MAL POSSO ESPERAR PARA EXPERIMENTAR.

TEM ALGO ERRADO. ELE DEVERIA LEMBRAR OS VALORES QUE INSERI, MAS NEM SEMPRE FUNCIONA.
ALI! NA PRIMEIRA ITERAÇÃO, INSERI 5 PARA ADD AMOUNT. ELE LEMBROU TODOS OS OUTROS VALORES BEM, MAS RETORNOU O VALOR ADD AMOUNT PADRÃO 10

Veja a saída do app.

```
Starting 4d6 roll [14]: 18
   using value 18
Divide by [1.75]: 2.15
   using value 2.15
Add amount [2]: 5
   using value 5
Minimum [3]:
   using default value 3
Calculated ability score: 13
Press Q to quit, any other key to continue
Starting 4d6 roll [18]:
   using default value 18
Divide by [2.15]: 3.5
   using value 3.5
Add amount [13]: 5
   using value 5
Minimum [3]:
   using default value 3
Calculated ability score: 10
Press Q to quit, any other key to continue
Starting 4d6 roll [18]:
   using default value 18
Divide by [3.5]:
   using default value 3.5
Add amount [10]: 7
   using value 7
Minimum [3]:
   using default value 3
Calculated ability score: 12
Press Q to quit, any other key to continue
Starting 4d6 roll [18]:
   using default value 18
Divide by [3.5]:
   using default value 3.5
Add amount [12]: 4
   using value 4
Minimum [3]:
   using default value 3
Calculated ability score: 9
Press Q to quit, any other key to continue
Starting 4d6 roll [18]:
   using default value 18
Divide by [3.5]:
   using default value 3.5
Add amount [9]:
   using default value 9
Minimum [3]:
   using default value 3
Calculated ability score: 14
Press Q to quit, any other key to continue
```

É estranho. Owen inseriu 5 para o valor add amount anterior, mas o programa retorna 10 como opção-padrão.

De novo, a última quantidade que Owen inseriu foi 7, mas ele retorna 12 como opção-padrão. Esquisito.

De onde veio o número 9? Vimos ele antes? Isso pode nos dar uma dica sobre o que causa o erro?

Tem toda razão, Owen. Há um erro no código.

Owen quer testar valores diferentes para usar na fórmula da pontuação da habilidade, então usamos um loop para fazer o app solicitar esses valores repetidamente.

Para facilitar para Owen só mudar um valor por vez, incluímos um recurso no app que lembra os últimos valores inseridos e os mostra como opções-padrão. Implementamos esse recurso mantendo na memória uma instância da classe AbilityScoreCalculator e atualizando seus campos em cada iteração do loop `while`.

Mas algo deu errado no app. Ele lembra bem a maioria dos valores, mas lembra o número errado para o valor-padrão "add amount". Na primeira iteração Owen inseriu 5, mas ele retornou 10 como opção-padrão. Depois ele inseriu 7, mas ele retornou o padrão 12. O que está acontecendo?

PODER DO CÉREBRO

Quais etapas você pode realizar para rastrear o bug no app da calculadora de pontuação da habilidade?

Investigue

Quando você depura o código, age como um **detetive do código**. Algo está causando o erro; portanto, seu trabalho é identificar os suspeitos e refazer seus passos. Vamos investigar e ver se podemos pegar o culpado, no estilo Sherlock Holmes.

O problema parece ser isolado no valor "add amount", então começaremos procurando qualquer linha de código que toque no campo AddAmount. Veja uma linha no método Main que usa o campo AddAmount; coloque um ponto de interrupção nela:

```
calculator.DivideBy = ReadDouble(calculator.DivideBy, "Divide by");
calculator.AddAmount = ReadInt(calculator.AddAmount, "Add amount");
calculator.Minimum = ReadInt(calculator.Minimum, "Minimum");
```

E veja outra no método AbilityScoreCalculator.CalculateAbilityScore; ponto de interrupção no suspeito também:

```
// Add to the result
int added = AddAmount += (int)divided;
```

Esta declaração deveria atualizar a variável "added", e não mudar o campo AddAmount.

Agora rode o programa. Quando seu método Main parar, **selecione calculator.AddAmount e adicione uma inspeção** (se você clicar com o botão direito em AddAmount e escolher "Adicionar Inspeção" no menu, ele adicionará apenas uma inspeção para AddAmount, não para calculator.AddAmount). Algo parece esquisito? Não estamos vendo nada diferente. Parece ler e atualizar sem problemas. Certo, é provável que não seja o problema; você pode desativar ou remover esse ponto de interrupção.

Continue rodando o programa. Quando chegar no ponto de interrupção em AbilityScoreCalculator.CalculateAbilityScore, **adicione uma inspeção para AddAmount**. Segundo a fórmula de Owen, essa linha de código deveria adicionar AddAmount ao resultado da divisão de rolar os dados. Agora **pule** a declaração e...

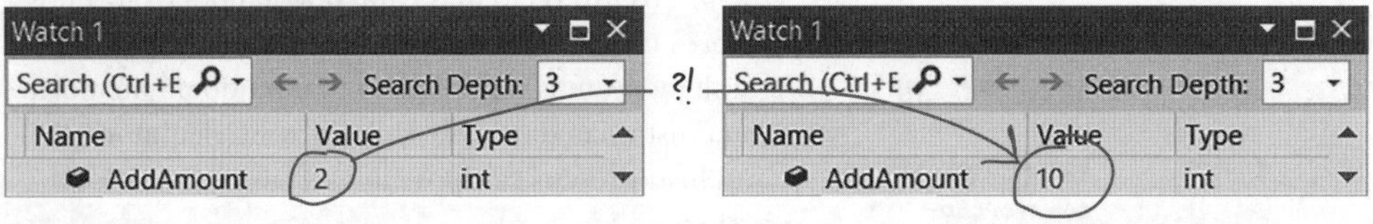
Watch 1
Search (Ctrl+E
Search Depth: 3
Name
Value
Type
AddAmount
2
int
?!
Watch 1
Search (Ctrl+E
Search Depth: 3
Name
Value
Type
AddAmount
10
int

Espere aí?! AddAmount mudou. Mas... mas isso não deveria acontecer, é impossível! Certo? Como dizia Sherlock Holmes: "Uma vez eliminado o impossível, o que restar, não importa o quão improvável, deve ser a verdade."

Parece que rastreamos a origem do problema. Essa declaração deveria fazer a coerção de `divided` em int e arredondar para baixo para um inteiro, então adicionar a AddAmount e armazenar o resultado em `added`. Também tem um efeito colateral inesperado: está atualizando AddAmount com a soma porque **a declaração usa o operador +=**, que retorna a soma, mas atribui a soma a AddAmount.

E agora podemos finalmente corrigir o erro de Owen

Agora que você sabe o que está acontecendo, pode **corrigir o erro**, e acaba sendo uma mudança muito pequena. Só é preciso mudar a declaração para usar + em vez de +=:

```
int added = AddAmount + (int)divided;
```

Mude += para + para impedir esta linha de código de atualizar a variável "added" e corrigir o erro. Como diria Sherlock: "Elementar."

Agora que encontramos o problema, podemos finalmente dar a solução do "Aponte o seu lápis".

Aponte o seu lápis Solução

Criamos uma classe para ajudar Owen a calcular as pontuações da habilidade. Para tanto, você define seus campos Starting4D6Roll, DivideBy, AddAmount e Minimum, ou basta deixar os valores definidos em suas declarações e chamar seu método CalculateAbilityScore. Infelizmente, **há uma linha do código com problemas**. Circule-a e escreva o que está errado.

```
int added = AddAmount += divided;
```

Após **circular a linha de código com problemas**, escreva os erros encontrados nela.

Primeiro, não compilará porque AddAmount += divided é double, então precisa haver uma coerção para atribuí-lo a int. Segundo, utiliza += e não +, o que faz alinha atualizar AddAmount.

não existem Perguntas Idiotas

P: Ainda não está clara a diferença entre os operadores + e +=. Como funcionam e por que eu usaria um, e não outro?

R: Há vários operadores que você pode combinar com um sinal de igual, inclusive += para somar, -= para subtrair, /= para dividir, *= para multiplicar e %= para o resto. Operadores como + que combinam dois valores são chamados de **operadores binários**. Algumas pessoas acham esse nome um pouco confuso, mas "binário" se refere ao fato de que o operador combina dois valores; "binário" significa "envolver duas coisas" — não que, de alguma forma, opera apenas em números binários.

Com operadores binários, você pode fazer algo chamado **atribuição composta**, significando que em vez de:

```
a = a + c;
```

você pode fazer isto:

```
a += c;
```

O operador += informa ao C# para adicionar a + c e, então, armazenar o resultado em a.

e significa a mesma coisa. A atribuição composta `x op= y` equivale a `x = x op y` (que é a explicação técnica). Fazem exatamente a mesma coisa.

Operadores como += ou *= que combinam um operador binário e um sinal de igual são chamados de operadores de atribuição composta.

P: Mas como a variável adicionada foi atualizada?

R: O que causou confusão na calculadora da pontuação é que o **operador de atribuição = também retorna um valor**. Você pode fazer isto:

```
int q = (a = b + c)
```

que calculará `a = b + c` como sempre. O operador = ***retorna*** um valor, então **ele atualizará q com o resultado** também. Portanto:

```
int added = AddAmount += divided;
```

é como fazer isto:

```
int added = (AddAmount = AddAmount +
divided);
```

que faz `AddAmount` ser aumentado por `divided`, mas armazena esse resultado em `added` também.

P: Espera aí? O operador de igual retorna um valor?

R: Sim, = retorna o valor sendo definido. Então, neste código:

```
int first;
int second = (first = 4);
```

`first` e `second` acabarão sendo iguais a 4. Abra um aplicativo de console e use o depurador para testar. Funciona mesmo!

EI, GAROTO! QUER
VER ALGO ESQUISITO?

Faça isto!

Tente adicionar esta declaração `if/else` ao aplicativo de console:

```
if (0.1M + 0.2M == 0.3M) Console.WriteLine("They're equal");
else Console.WriteLine("They aren't equal");
```

Você verá uma ondulação sob o segundo `Console`; é um aviso de **Código inacessível detectado**. O compilador C# sabe que a soma 0.1 + 0.2 é sempre igual a 0.3, assim o código nunca chegará na parte `else` da declaração. Rode o código; ele escreve `They're equal` no console.

Em seguida, **mude os literais float para doubles** (lembre-se, literais como 0.1 têm como padrão double):

```
if (0.1 + 0.2 == 0.3) Console.WriteLine("They're equal");
else Console.WriteLine("They aren't equal");
```

É muito estranho. O aviso foi para a primeira linha da declaração `if`. Tente executar o programa. Espere, isso não pode estar certo! Ele escreveu `They aren't equal` no console. Como a soma 0.1 + 0.2 não é igual a 0.3?

Agora faça mais uma coisa. Mude 0.3 para 0.30000000000000004 (com 15 zeros entre 3 e 4). Agora ele escreve `They're equal` de novo. Aparentemente 0.1D mais 0.2D é igual a 0.30000000000000004D.

Espere aí!!

ENTÃO É POR ISSO QUE DEVO USAR APENAS O TIPO DECIMAL
PARA DINHEIRO E NUNCA USAR DOUBLE?

Exato. O decimal tem muito mais precisão que double ou float, portanto evita o problema 0.30000000000000004.

Alguns tipos de ponto flutuante (não apenas no C#, mas na maioria das linguagens de programação!) podem gerar erros esquisitos e ***raros***. Isso é tão estranho! Com 0.1 + 0.2 pode ser 0.30000000000000004?

Acontece que existem números que não podem ser representados exatamente como double; isso tem relação com como são armazenados como dados binários (0s e 1s na memória). Por exemplo, .1D não é *exatamente* .1. Tente multiplicar `.1D * .1D` — você obterá 0.010000000000000002, não 0.01. Mas `.1M * .1M` fornece a resposta certa. Por isso floats e doubles são muito úteis para várias coisas (como posicionar um GameObject no Unity). Se você precisar de uma precisão maior, como para um app financeiro que lida com dinheiro, o decimal será sua escolha.

não existem Perguntas Idiotas

P: Ainda não estou certo sobre a diferença entre conversão e coerção. Pode ser um pouco mais claro?

R: Conversão é um termo geral para converter dados de um tipo em outro. Coerção é uma operação muito mais específica, com regras explícitas sobre quais tipos podem sofrer coerção para outros tipos e o que fazer quando os dados do valor de um não correspondem bem com o tipo para o qual a coerção está sendo feita. Você só viu um exemplo dessas regras; quando um número de ponto flutuante sofre coerção para int, ele é arredondado para baixo retirando qualquer valor decimal. Viu outra regra anteriormente sobre integrar tipos inteiros, em que um número grande demais para caber no tipo que sofre coerção é integrado usando o operador de resto.

P: Espere um pouco. Antes você me fez "integrar" números usando a função mod no meu app de calculadora. Agora está falando sobre restos. Qual a diferença?

R: Mod e resto são operadores muito parecidos. Para números positivos, são exatamente iguais: A % B é o resto quando você divide B por A, então: 5 % 2 é o resto de 5 ÷ 2 ou 1 (se você tentar lembrar como funciona a divisão longa, isso significa que 5 ÷ 2 é igual a 2 × 2 + 1, portanto o quociente arredondado é 2 e o resto é 1). Mas, quando você começa a lidar com números negativos, há uma diferença entre mod (ou módulo) e resto. Veja por si mesmo: sua calculadora mostrará que –397 mod 17 = 11, mas, se você usar o operador de resto do C#, obterá –397 % 17 = –6.

P: A fórmula de Owen pediu que dividisse dois valores e arredondasse para baixo o resultado para o inteiro mais próximo. Como isso se encaixa na coerção?

R: Digamos que você tenha alguns valores de ponto flutuante:

```
float f1 = 185.26F;
double d2 = .0000316D;
decimal m3 = 37.26M;
```

e deseja fazer a coerção deles para valores int, de modo que possa atribui-los às variáveis int `i1`, `i2` e `i3`. Sabemos que essas variáveis int podem manter apenas inteiros; portanto, seu programa precisa fazer *algo* com a parte decimal do número.

Então, o C# tem uma regra consistente: ele tira o decimal e arredonda para baixo: `f1` se torna 185, `d2` se torna 0 e `m3` se torna 37. Mas não confie em nós, escreva seu próprio código C# que faz a coerção desses três valores de ponto flutuante para int e veja o que acontece.

Existe uma página inteira na web dedicada ao problema 0,30000000000000004! Verifique-a em https://0.30000000000000004.com [conteúdo em inglês] para ver exemplos em muitas linguagens diferentes.

O exemplo 0.1D + 0.2D != 0.3D é um caso extremo, um problema ou uma situação que só acontece sob raras condições, em geral quando um parâmetro está em um dos extremos (como um número muito grande ou pequeno). Se quiser aprender mais, há um ótimo artigo de Jon Skeet sobre como os números de ponto flutuante são armazenados na memória no .NET.
Veja aqui [conteúdo em inglês]:
https://csharpindepth.com/Articles/FloatingPoint.

Jon nos deu um feedback técnico incrível para a 1ª edição deste livro, o que fez uma enorme diferença para nós. Muito obrigado, Jon!

Use variáveis de referência para acessar os objetos

Quando você criar um novo objeto, use uma declaração `new` para instanciá-lo, como `new Guy()` em seu programa no fim do último capítulo; a declaração `new` criou um novo objeto Guy no heap. Você ainda precisa ter um meio de *acessar* esse objeto e é aí que entra uma variável como `joe`: `Guy joe = new Guy()`. Vamos nos aprofundar um pouco mais no que está acontecendo exatamente nesse ponto.

A declaração `new` cria a instância, mas só isso não é suficiente. ***É preciso uma referência para o objeto***. Então você criou uma **variável de referência**: uma variável do tipo Guy com um nome, como `joe`. Portanto, `joe` é uma referência para o novo objeto Guy criado. Sempre que quiser usar esse Guy em particular, poderá referenciá-lo com a variável de referência chamada `joe`.

Quando você tem uma variável que é um tipo de objeto, é uma variável de referência: uma referência para um objeto em particular. Vamos assegurar que entendemos bem a terminologia, pois ela será muito usada. Usaremos as duas primeiras linhas do programa "Joe and Bob" no último capítulo:

Veja o heap antes de o código rodar. Está vazio.

Criar uma referência é como escrever um nome em uma nota adesiva e colocá-la no objeto. Você está usando-a para rotular um objeto para se referir a ele mais tarde.

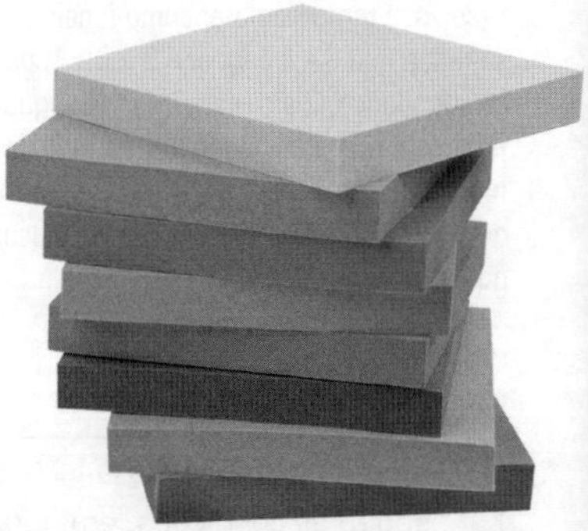

```
static void Main(string[] args)
{
    Guy joe = new Guy() { Cash = 50, Name = "Joe" };
    Guy bob = new Guy() { .Cash = 100, Name = "Bob" };
```

Esta é a variável de referência.

Isto cria o objeto que será referido.

E aqui está o heap após o código rodar. Ele tem dois objetos, com a variável "joe" referenciando um objeto e a variável "bob" referenciando outro.

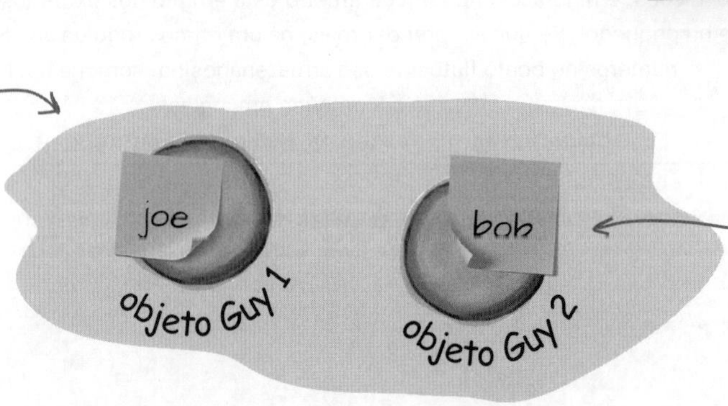
joe
bob
objeto Guy 1
objeto Guy 2

O ÚNICO modo de referenciar esse objeto Guy é com uma referência chamada "bob".

Referências são como notas adesivas para os objetos

Em sua cozinha, é provável que você tenha recipientes de sal e açúcar. Se você trocasse os rótulos faria uma refeição bem nojenta; mesmo que mudasse os rótulos, o conteúdo dos recipientes seria igual. ***Referências são como rótulos.*** Você pode movê-las e apontá-las para coisas diferentes, mas é o **objeto** que dita quais métodos e dados estão disponíveis, não a referência em si; você pode **copiar as referências** assim como copia os valores.

```
Guy joe = new Guy();
Guy joseph = joe;
```

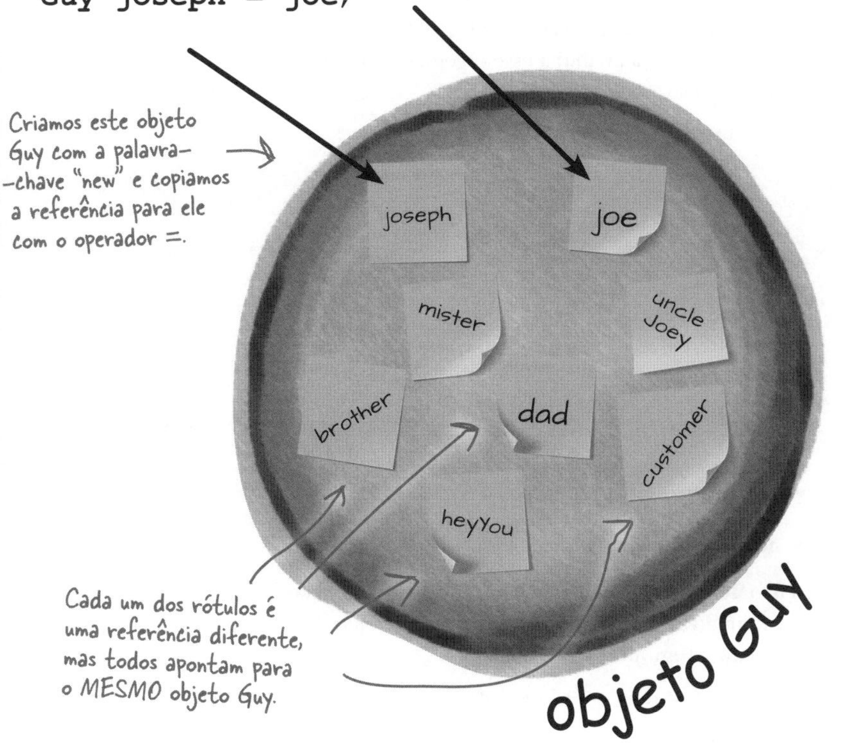

Criamos este objeto Guy com a palavra--chave "new" e copiamos a referência para ele com o operador =.
joseph
joe
mister
uncle Joey
brother
dad
customer
heyYou
Cada um dos rótulos é uma referência diferente, mas todos apontam para o MESMO objeto Guy.
objeto Guy

Referência é como um rótulo que seu código usa para se comunicar com um objeto específico. Você a utiliza para acessar campos e chamar métodos em um objeto para o qual aponta.

Colamos muitas notas adesivas nesse objeto! Nesse caso em particular, há muitas referências diferentes para o mesmo objeto Guy, pois variados métodos o utilizam para coisas diferentes. Cada referência tem um nome diferente que faz sentido em seu contexto.

É por isso que pode ser muito útil ter ***múltiplas referências apontando para a mesma instância***. Dessa forma, você poderia dizer que `Guy dad = joe` e, então, chamar `dad.GiveCash()`. Se quiser escrever o código que trabalha com um objeto, precisa referenciar esse objeto. Se não tiver tal referência, não terá meios de acessar o objeto.

Se não houver mais nenhuma referência, seu objeto será descartado no lixo

Se todos os rótulos descolarem de um objeto, os programas não poderão mais acessá-lo. Isso significa que o C# pode marcar o objeto para a **coleta de lixo**. É quando a linguagem se livra de qualquer objeto sem referência e reivindica a memória que esses objetos ocupavam para o uso do programa.

1 Veja o código criador de um objeto.

Só para recapitular o que foi explicado: quando você usa a declaração `new`, está dizendo à linguagem C# para criar um objeto. Quando tem uma variável de referência como `joe` e a atribui a esse objeto, é como se estivesse colocando uma nova nota adesiva nele.

```
Guy joe = new Guy() { Cash = 50, Name = "Joe" };
```

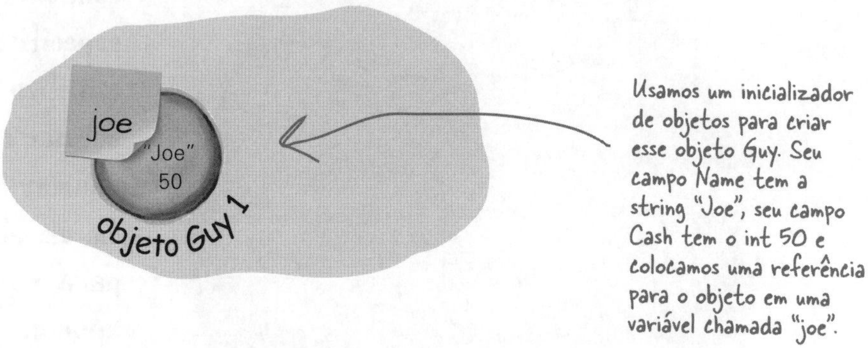
joe
"Joe"
50
objeto Guy 1
Usamos um inicializador de objetos para criar esse objeto Guy. Seu campo Name tem a string "Joe", seu campo Cash tem o int 50 e colocamos uma referência para o objeto em uma variável chamada "joe".

2 Agora vamos criar nosso segundo objeto.

Assim que fizermos isso, teremos duas instâncias do objeto Guy e duas variáveis de referência: uma variável (`joe`) para o primeiro objeto Guy e outra variável (`bob`) para o segundo.

```
Guy bob = new Guy() { Cash = 100, Name = "Bob" };
```

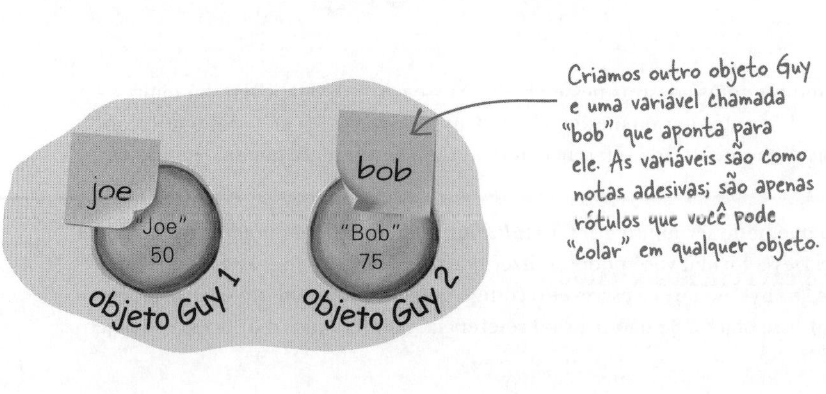
joe
"Joe"
50
objeto Guy 1
bob
"Bob"
75
objeto Guy 2
Criamos outro objeto Guy e uma variável chamada "bob" que aponta para ele. As variáveis são como notas adesivas; são apenas rótulos que você pode "colar" em qualquer objeto.

3 **Vamos pegar a referência para o primeiro objeto Guy e mudá-la a fim de apontar para o segundo objeto Guy.**

Veja com muita atenção o que você faz quando cria um novo objeto Guy. Você pega uma variável e usa o operador de atribuição = para defini-la; nesse caso, para uma referência retornada pela declaração `new`. Essa atribuição funciona porque **você pode copiar uma referência como copia um valor.**

Vamos em frente para copiar esse valor:

```
joe = bob;
```

Isso informa ao C# para pegar e fazer `joe` apontar para o mesmo objeto que `bob`. Agora as variáveis `joe` e `bob` apontam **para o mesmo objeto**.

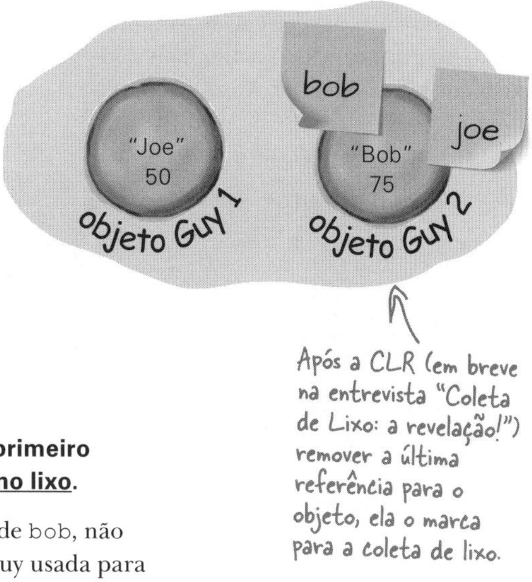
bob
joe
"Joe"
50
"Bob"
75
objeto Guy 1
objeto Guy 2
Após a CLR (em breve na entrevista "Coleta de Lixo: a revelação!") remover a última referência para o objeto, ela o marca para a coleta de lixo.

4 **Não há mais nenhuma referência para o primeiro objeto Guy... portanto, ele é descartado no lixo.**

Agora que `joe` aponta para o mesmo objeto de `bob`, não há mais nenhuma referência para o objeto Guy usada para apontar. O que aconteceu? O C# marca o objeto para a coleta de lixo e, ***por fim***, o joga fora. Puf, acabou!

A CLR controla todas as referências para cada objeto e, quando a última referência some, ela a marca para a remoção. Mas ela pode ter outras coisas para fazer no momento, portanto o objeto pode existir por alguns milissegundos, ou até mais!

puf!
bob
joe
"Bob"
75
objeto Guy 2

Para um objeto ficar no heap, ele tem que ser referenciado. Algum tempo após a última referência para o objeto sumir, o objeto também desaparece.

```
public partial class Dog {
  public void GetPet() {
    Console.WriteLine("Woof!");
  }
}
```

Múltiplas referências e seus efeitos colaterais

É preciso ser cuidadoso quando começa a mover as variáveis de referência. Muitas vezes parece que você está só apontando uma variável para um objeto diferente, mas acaba removendo todas as referências para outro objeto no processo. Não é ruim, mas pode não ser o que pretendia fazer. Veja:

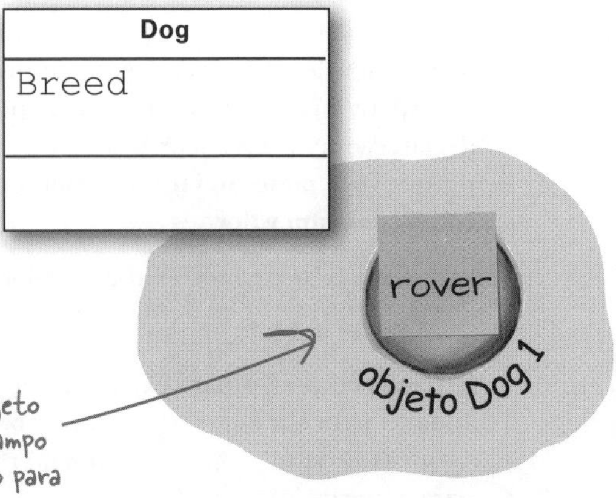

Dog
Breed
rover
objeto Dog 1

1
```
Dog rover = new Dog();
rover.Breed = "Greyhound";
```

Objetos: 1

Referências: 1

Rover é um objeto Dog com um campo Breed definido para Greyhound.

2
```
Dog fido = new Dog();
fido.Breed = "Beagle";
Dog spot = rover;
```

Objetos: 2

Referências: 3

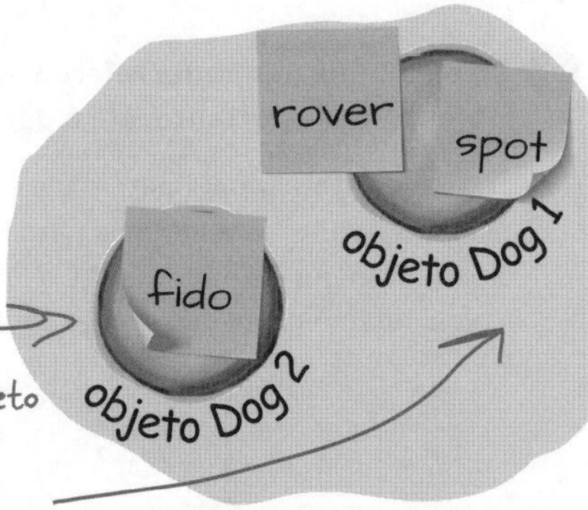

rover
spot
objeto Dog 1
fido
objeto Dog 2

Fido é outro objeto Dog. Spot é só outra referência para o primeiro objeto.

3
```
Dog lucky = new Dog();
lucky.Breed = "Dachshund";
fido = rover;
```

Objetos: 2

Referências: 4

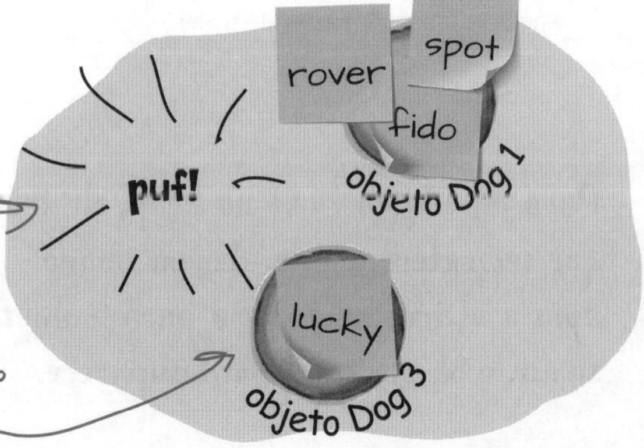

rover
spot
fido
objeto Dog 1
puf!
lucky
objeto Dog 3

Lucky é um terceiro objeto. Agora fido aponta para o objeto 1. Então, o objeto 2 não tem referências. Acabou no que diz respeito ao programa.

Aponte o seu lápis

Agora é a sua vez. Veja um bloco de código longo. Descubra quantos objetos e referências existem em cada estágio. À direita, desenhe uma imagem dos objetos e notas adesivas no heap.

1
```
Dog rover = new Dog();
rover.Breed = "Greyhound";
Dog rinTinTin = new Dog();
Dog fido = new Dog();
Dog greta = fido;
```

Objetos:______

Referências:______

2
```
Dog spot = new Dog();
spot.Breed = "Dachshund";
spot = rover;
```

Objetos:______

Referências:______

3
```
Dog lucky = new Dog();
lucky.Breed = "Beagle";
Dog charlie = fido;
fido = rover;
```

Objetos:______

Referências:______

4
```
rinTinTin = lucky;
Dog laverne = new Dog();
laverne.Breed = "pug";
```

Objetos:______

Referências:______

5
```
charlie = laverne;
lucky = rinTinTin;
```

Objetos:______

Referências:______

Aponte o seu lápis Solução

1
```
Dog rover = new Dog();
rover.Breed = "Greyhound";
Dog rinTinTin = new Dog();
Dog fido = new Dog();
Dog greta = fido;
```
Objetos: 3

Referências: 4

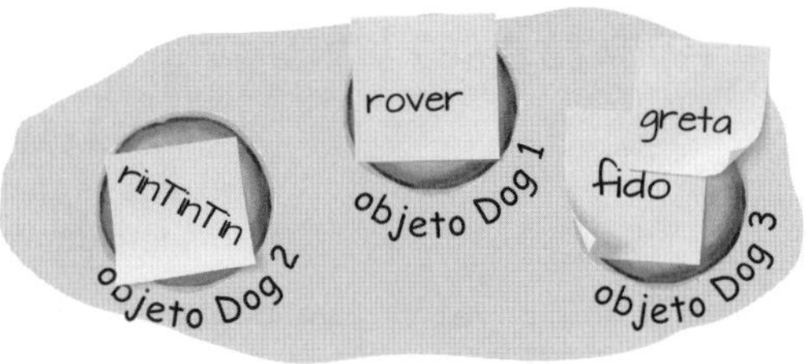

rover
greta
fido
rinTinTin
objeto Dog 1
objeto Dog 2
objeto Dog 3

Um novo objeto Dog é criado, mas spot é a única referência para ele. Quando spot é definido para rover, esse objeto some.

2
```
Dog spot = new Dog();
spot.Breed = "Dachshund";
spot = rover;
```
Objetos: 3

Referências: 5

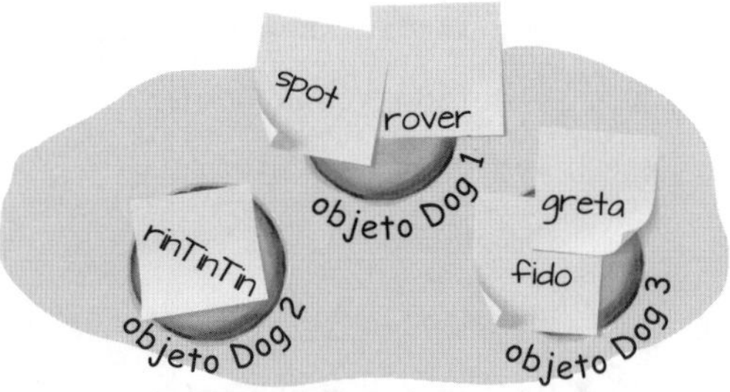

spot
rover
greta
fido
rinTinTin
objeto Dog 1
objeto Dog 2
objeto Dog 3

Charlie foi definido para fido quando fido ainda estava no objeto 3. Depois disso, fido foi para o objeto 1, deixando charlie para trás.

3
```
Dog lucky = new Dog();
lucky.Breed = "Beagle";
Dog charlie = fido;
fido = rover;
```
Objetos: 4

Referências: 7

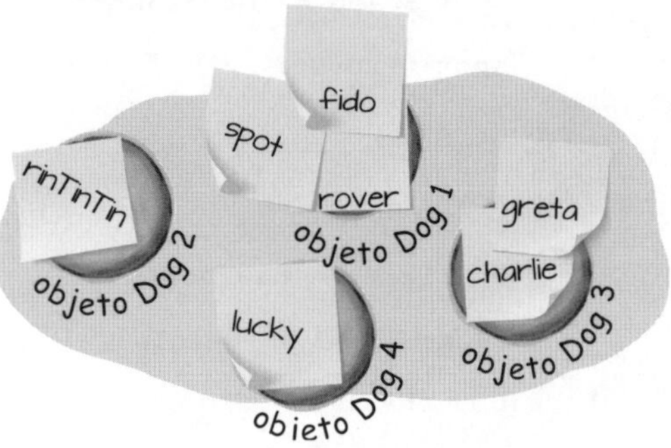

fido
spot
rover
rinTinTin
greta
charlie
lucky
objeto Dog 1
objeto Dog 2
objeto Dog 3
objeto Dog 4

Dog 2 perdeu sua última referência e sumiu.

4
```
rinTinTin = lucky;
Dog laverne = new Dog();
laverne.Breed = "pug";
```
Objetos: 4

Referências: 8

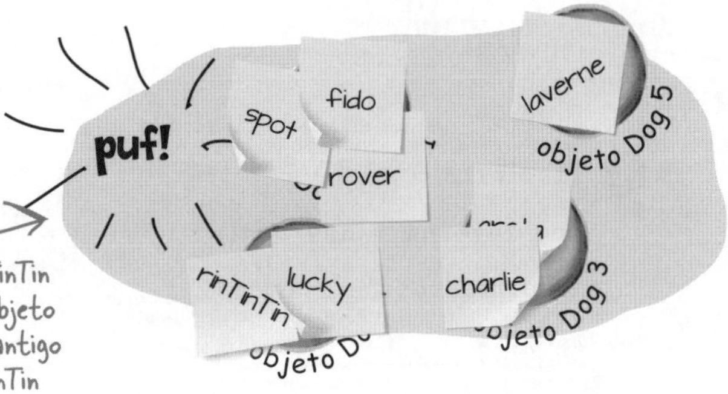

puf!
fido
spot
rover
laverne
objeto Dog 5
rinTinTin
lucky
charlie

Quando rinTinTin foi para o objeto de lucky, o antigo objeto rinTinTin desapareceu.

5
```
charlie = laverne;
lucky = rinTinTin;
```
Objetos: 4

Referências: 8

fido
spot
rover
laverne
charlie
objeto Dog 5
greta
objeto Dog 3
rinTinTin
lucky

Aqui as referências se movem, mas nenhum novo objeto é criado. Definir lucky para rinTinTin não fez nada porque elas já apontavam para o mesmo objeto.

Coleta de Lixo: a revelação

Entrevista da semana: Tempo de Execução Comum (CLR) do .NET

Use a Cabeça: Então, sabemos que você faz um trabalho muito importante para nós. Pode nos contar um pouco mais sobre isso?

CLR: De muitos modos, é bem simples. Eu executo seu código. Sempre que você está usando um app .NET, eu o faço funcionar.

Use a Cabeça: O que você quer dizer com "o faço funcionar"?

CLR: Eu cuido das "coisas" no nível básico fazendo um tipo de "interpretação" entre seu programa e o computador que o executa. Quando você fala sobre instanciar objetos ou fazer a coleta de lixo, sou eu que lido com tudo isso.

Use a Cabeça: Como o trabalho é feito exatamente?

CLR: Bem, quando você roda um programa no Windows, no Linux, no macOS ou em outros sistemas operacionais, o SO carrega a linguagem da máquina a partir de um binário.

Use a Cabeça: Vou interromper você nesse ponto. Você pode voltar e nos contar o que é a linguagem da máquina?

CLR: Com certeza. Um programa escrito na linguagem da máquina é composto de um código executado diretamente pela CPU, e é muito menos legível que o C#.

Use a Cabeça: Se a CPU executa o código da máquina real, o que faz o SO?

CLR: O SO assegura que cada programa obtenha seu próprio processo, respeite as regras de segurança do sistema e forneça APIs.

Use a Cabeça: E para nossos leitores que não sabem o que é uma API?

CLR: API, ou interface de programação de aplicações, é um conjunto de métodos fornecidos por um SO, pela biblioteca ou pelo programa. As APIs do SO ajudam a fazer coisas como trabalhar com o sistema de arquivos e interagir com o hardware. Mas muitas vezes são bem difíceis de usar, sobretudo para o gerenciamento da memória, e variam entre os SOs.

Use a Cabeça: Voltemos ao seu trabalho. Você mencionou um binário. O que é exatamente isso?

CLR: Binário é um arquivo (em geral) criado por um **compilador**, um programa cujo trabalho é converter uma linguagem de alto nível no código de baixo nível, como o código da máquina. Muitas vezes os binários do Windows terminam com *.exe* ou *.dll*.

Use a Cabeça: Mas imagino que existe uma pegadinha aqui. Você disse "código de baixo nível, como o código da máquina"; isso significa que existem outros tipos de código de baixo nível?

CLR: Exato. Eu não executo a mesma linguagem da máquina da CPU. Quando você compila o código C#, o Visual Studio pede ao compilador C# para criar uma **Linguagem Comum Intermediária (CIL)**. É isso que eu executo. O código do C# é transformado em CIL, que eu leio e executo.

Use a Cabeça: Você mencionou gerenciar a memória. É aí que entra a coleta de lixo?

CLR: Sim! Algo muitíssimo útil que faço é gerenciar de perto a memória do computador, descobrindo quando o programa terminou com certos objetos. Quando ele termina, eu me livro deles para você liberar a memória. É algo que os próprios programadores costumavam fazer, mas, graças a mim, você não precisa se preocupar. Você pode nem saber sobre isso no momento, mas tenho facilitado muito seu trabalho ao aprender a linguagem C#.

Use a Cabeça: Você mencionou binários do Windows. E se eu executar programas .NET no Mac ou no Linux? Você fará o mesmo com esses SOs?

CLR: Se você usa um macOS ou um Linux, ou executa o Mono no Windows, tecnicamente não está me usando, mas sim o meu primo, o Mono Runtime, que implementa a mesma *CLI ECMA* que eu. Quando se trata de todas as coisas sobre as quais falei até o momento, ambos fazemos exatamente a mesma coisa.

Exercício

Crie um programa com uma classe Elephant. Crie duas instâncias Elephant, então troque os valores de referência que apontam para elas, ***sem*** deixar nenhuma instância Elephant ir para o lixo. Veja como ficará quando o programa rodar.

Vamos criar um novo aplicativo de console com uma classe chamada Elephant.

Um exemplo de saída do programa:

```
Press 1 for Lloyd, 2 for Lucinda, 3 to swap
You pressed 1
Calling lloyd.WhoAmI()
My name is Lloyd.
My ears are 40 inches tall.

You pressed 2
Calling lucinda.WhoAmI()
My name is Lucinda.
My ears are 33 inches tall.

You pressed 3
References have been swapped

You pressed 1
Calling lloyd.WhoAmI()
My name is Lucinda.
My ears are 33 inches tall.

You pressed 2
Calling lucinda.WhoAmI()
My name is Lloyd.
My ears are 40 inches tall.

You pressed 3
References have been swapped

You pressed 1
Calling lloyd.WhoAmI()
My name is Lloyd.
My ears are 40 inches tall.

You pressed 2
Calling lucinda.WhoAmI()
My name is Lucinda.
My ears are 33 inches tall.
```

A classe Elephant tem um método WhoAmI que escreve estas duas linhas no console para exibir os valores nos campos Name e EarSize.

Trocar as referências faz com que a variável lloyd chame o método do objeto Lucinda, e vice-versa.

Trocá-las de novo retorna as coisas para como eram quando o programa iniciou.

Veja o diagrama para a classe Elephant que você precisa criar.

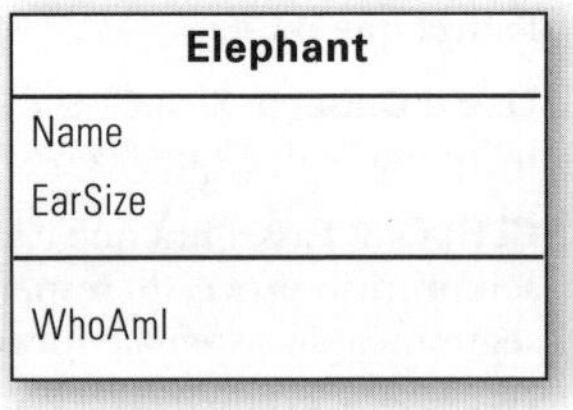
Elephant
Name
EarSize
WhoAmI

O CLR coleta o lixo de qualquer objeto sem referência. Uma sugestão para este exercício: se você quiser despejar uma xícara de café em outra cheia de chá, precisará de um terceiro recipiente no qual despejar o chá...

Exercício

Seu trabalho é criar um aplicativo de console .NET Core com uma classe Elephant que corresponde ao diagrama da classe e usar seus campos e métodos para gerar a saída que combina com o resultado do exemplo.

1. **Crie um novo aplicativo de console .NET Core e adicione a classe Elephant.**

   Adicione uma classe Elephant ao projeto. Veja o diagrama da classe Elephant; você precisará de um campo int chamado EarSize e um campo de string chamado Name. Adicione-os e verifique se ambos são públicos. Depois adicione um método chamado WhoAmI que escreve duas linhas no console para informar o nome e o tamanho da orelha do elefante. Veja a saída do exemplo para saber exatamente o que deve escrever.

2. **Crie duas instâncias Elephant e uma referência.**

   Use inicializadores de objeto para instanciar dois objetos Elephant:

```
Elephant lucinda = new Elephant() { Name = "Lucinda", EarSize = 33 };
Elephant lloyd = new Elephant() { Name = "Lloyd", EarSize = 40 };
```

3. **Chame seus métodos WhoAmI.**

   Quando o usuário pressionar 1, chame lloyd.WhoAmI. Quando ele pressionar 2, chame lucinda.WhoAmI. Verifique se a saída corresponde ao exemplo.

4. **Agora a diversão: troque as referências.**

   Aqui está a parte interessante do exercício. Quando o usuário pressionar 3, faça o app chamar um método que ***troca as duas referências***. Você precisará escrever esse método. Após trocar as referências, pressionar 1 deverá escrever a mensagem de Lucinda no console e pressionar 2 deverá escrever a mensagem de Lloyd. Se você trocar de novo as referências, tudo deverá voltar ao normal.

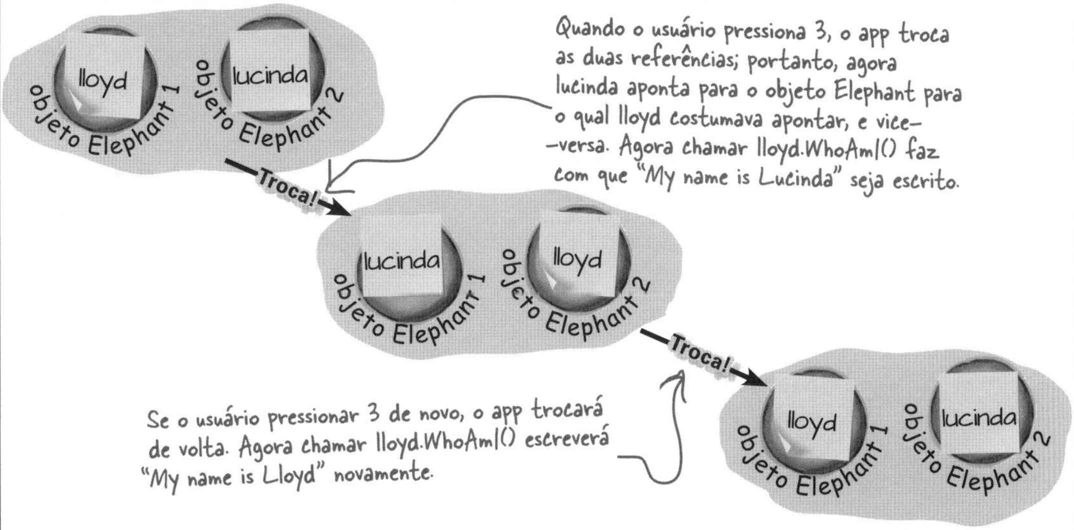
lloyd
objeto Elephant 1
lucinda
objeto Elephant 2
Quando o usuário pressiona 3, o app troca as duas referências; portanto, agora lucinda aponta para o objeto Elephant para o qual lloyd costumava apontar, e vice-versa. Agora chamar lloyd.WhoAmI() faz com que "My name is Lucinda" seja escrito.
Troca!
lucinda
objeto Elephant 1
lloyd
objeto Elephant 2
Troca!
Se o usuário pressionar 3 de novo, o app trocará de volta. Agora chamar lloyd.WhoAmI() escreverá "My name is Lloyd" novamente.
lloyd
objeto Elephant 1
lucinda
objeto Elephant 2

Exercício Solução

Crie um programa com uma classe Elephant. Crie duas instâncias Elephant, então troque os valores de referência que apontam para elas, ***sem*** deixar nenhuma instância Elephant ir para o lixo.

Elephant
Name EarSize
WhoAmI

Veja a classe Elephant:

```
class Elephant
{
    public int EarSize;
    public string Name;
    public void WhoAmI()
    {
        Console.WriteLine("My name is " + Name + ".");
        Console.WriteLine("My ears are " + EarSize + " inches tall.");
    }
}
```

Veja o método Main dentro da classe Program:

```
static void Main(string[] args)
{
    Elephant lucinda = new Elephant() { Name = "Lucinda", EarSize = 33 };
    Elephant lloyd = new Elephant() { Name = "Lloyd", EarSize = 40 };

    Console.WriteLine("Press 1 for Lloyd, 2 for Lucinda, 3 to swap");
    while (true)
    {
        char input = Console.ReadKey(true).KeyChar;
        Console.WriteLine("You pressed " + input);
        if (input == '1')
        {
            Console.WriteLine("Calling lloyd.WhoAmI()");
            lloyd.WhoAmI();
        } else if (input == '2')
        {
            Console.WriteLine("Calling lucinda.WhoAmI()");
            lucinda.WhoAmI();
        } else if (input == '3')
        {
            Elephant holder;
            holder = lloyd;
            lloyd = lucinda;
            lucinda = holder;
            Console.WriteLine("References have been swapped");
        }
        else return;
        Console.WriteLine();
    }
}
```

Se você apontar Lloyd para Lucinda, não haverá mais nenhuma referência apontando para Lloyd e seu objeto será perdido. É por isso que você precisa ter uma variável extra (nós a chamamos de "holder") para acompanhar a referência do objeto Lloyd até Lucinda conseguir chegar lá.

Não há nenhuma declaração "new" quando declaramos a variável "holder" porque não queremos criar outra instância de Elephant.

Duas referências significam DUAS variáveis que podem mudar os dados do mesmo objeto

Além de perder todas as referências para um objeto, quando você tem várias referências para um objeto, pode mudar sem querer o objeto, ou seja, uma referência para um objeto pode ***mudar*** esse objeto, ao passo que outra referência para esse objeto ***não tem ideia*** de que algo mudou. Vejamos como funciona.

Faça isto!

Adicione mais um bloco "else if" ao seu método Main. Consegue imaginar o que acontece quando executado?

```
else if (input == '3')
{
    Elephant holder;
    holder = lloyd;
    lloyd = lucinda;
    lucinda = holder;
    Console.WriteLine("References have been
swapped");
}
else if (input == '4')
{
    lloyd = lucinda;
    lloyd.EarSize = 4321;
    lloyd.WhoAmI();
}
else
{
    return;
}
```

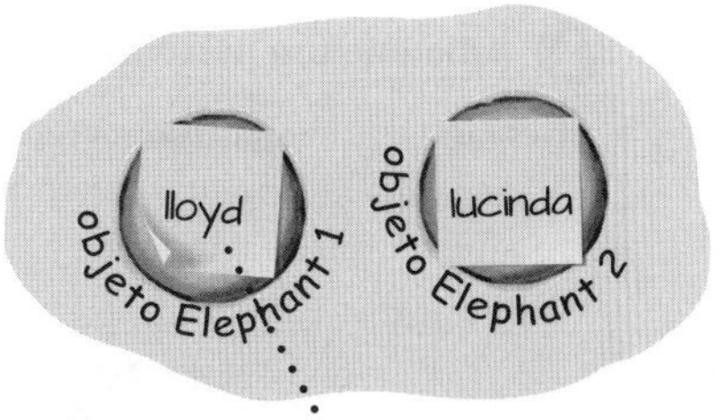
lloyd
lucinda
objeto Elephant 1
objeto Elephant 2

Após esta declaração, as variáveis `lloyd` e `lucinda` referenciam o MESMO objeto Elephant.

Esta declaração informa para definir EarSize para 4321 em qualquer objeto que a referência armazenou na variável `lloyd` e para a qual aponta.

puf!
lloyd
lucinda
objeto Elephant 2

Trocar estas duas notas adesivas não mudará nada porque elas estão coladas no mesmo objeto.

E, como a referência lloyd não aponta mais para o primeiro objeto Elephant, ela é descartada no lixo... e não há meios de trazê-la de volta!

Agora siga em frente e rode o programa. Aqui está o que você verá:

```
You pressed 4
My name is Lucinda
My ears are 4321 inches tall.

You pressed 1
Calling lloyd.WhoAmI()
My name is Lucinda
My ears are 4321 inches tall.

You pressed 2
Calling lucinda.WhoAmI()
My name is Lucinda
My ears are 4321 inches tall.
```

O programa age normalmente... até você pressionar 4. Quando faz isso, pressionar 1 ou 2 escreve a mesma saída, e pressionar 3 para trocar as referências não faz mais nada.

Após pressionar 4 e rodar o novo código adicionado, as variáveis `lloyd` e `lucinda` **contêm a mesma referência** para o segundo objeto Elephant. Pressionar 1 para chamar lloyd.WhoAmI escreve exatamente a mesma mensagem que pressionar 2 para chamar `lucinda`. WhoAmI. Trocá-las não faz diferença porque você troca referências idênticas.

Objetos usam referências para se comunicar

Elephant
Name EarSize
WhoAmI HearMessage SpeakTo

Até então, você viu objetos se comunicarem com outros objetos usando variáveis de referência para chamar seus métodos e verificar seus campos. Os objetos podem chamar os métodos um do outro usando referências também. Na verdade, não há nada que um objeto possa fazer que seus objetos não possam, pois **seu objeto é só outro objeto**. Quando os objetos se comunicam, uma palavra-chave útil que eles têm é `this`. Sempre que um objeto usa `this`, está se referindo a si mesmo — é uma referência que aponta para o objeto que o chama. Vejamos como fica modificando a classe Elephant para que as instâncias possam chamar o método uma da outra.

1 Adicione um método que permita a Elephant ouvir uma mensagem.

Vamos adicionar um método à classe Elephant. Seu primeiro parâmetro é uma mensagem de outro objeto Elephant. O segundo parâmetro é o objeto Elephant que enviou a mensagem:

Faça isto!

```
public void HearMessage(string message, Elephant whoSaidIt) {
    Console.WriteLine(Name + " heard a message");
    Console.WriteLine(whoSaidIt.Name + " said this: " + message);
}
```

Fica assim quando chamado:

```
lloyd.HearMessage("Hi", lucinda);
```

Chamamos o método HearMessage de `lloyd` e passamos a ele dois parâmetros: a string `"Hi"` e uma referência para o objeto de Lucinda. O método usa seu parâmetro `whoSaidIt` para acessar o campo Name de qualquer elephant passado.

2 Adicione um método que permita a Elephant enviar uma mensagem.

Agora adicionaremos um método SpeakTo à classe Elephant, que usa uma palavra-chave especial: **`this`**. É uma referência que **permite a um objeto obter uma referência para si mesmo**.

```
public void SpeakTo(Elephant whoToTalkTo, string message) {
    whoToTalkTo.HearMessage(message, this);
}
```

O método SpeakTo de um Elephant usa a palavra-chave "this" para enviar uma referência de si mesmo para outro Elephant.

Vejamos com mais atenção o que está acontecendo.

Quando chamamos o método SpeakTo do objeto Lucinda:

```
lucinda.SpeakTo(lloyd, "Hi, Lloyd!");
```

Ele chama o método HearMessage do objeto Lloyd assim:

```
whoToTalkTo.HearMessage("Hi, Lloyd!", this);
```

Lucinda usa `whoToTalkTo` (que tem uma referência para Lloyd) para chamar `HearMessage`.

`this` é substituído por uma referência para o objeto de Lucinda.

```
[referência para Lloyd].HearMessage("Hi, Lloyd!", [referência para Lucinda]);
```

3 Chame novos métodos.

Adicione mais um bloco `else if` ao método Main para fazer o objeto Lucinda enviar uma mensagem para o objeto Lloyd:

```
else if (input == '4')
{
    lloyd = lucinda;
    lloyd.EarSize = 4321;
    lloyd.WhoAmI();
}
else if (input == '5')
{
    lucinda.SpeakTo(lloyd, "Hi, Lloyd!");
}
else
{
    return;
}
```

A palavra-chave "this" permite a um objeto obter uma referência para si mesmo.

Agora rode seu programa e pressione 5. Você deverá visualizar esta saída:

```
You pressed 5
Lloyd heard a message
 Lucinda said this: Hi, Lloyd!
```

4 Use o depurador para entender o que está acontecendo.

Coloque um ponto de interrupção na declaração que você acabou de adicionar ao método Main:

45
lucinda.SpeakTo(lloyd, "Hi, Lloyd!");

1. Rode o programa e pressione 5.
2. Quando chegar no ponto de interrupção, use Depurar >> Intervir (F11) para entrar no método SpeakTo.
3. Adicione uma inspeção para Name para mostrar em qual objeto Elephant você está; atualmente é o objeto Lucinda, o que faz sentido porque o método Main chamou lucinda.SpeakTo.
4. Passe o mouse sobre a palavra-chave **`this`** no fim da linha e expanda. É uma referência para o objeto Lucinda.

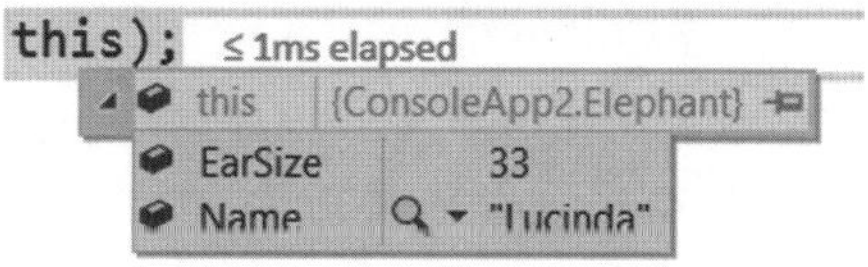
this);
≤ 1ms elapsed
this
{ConsoleApp2.Elephant}
EarSize
33
Name
"Lucinda"

   Passe o mouse sobre **`whoToTalkTo`** e expanda; é uma referência para o objeto Lloyd.

5. O método SpeakTo tem uma declaração; ele chama whoToTalkTo.HearMessage. Entre aqui.
6. Agora você deve estar no método HearMessage. Verifique a inspeção de novo; agora o valor do campo Name é "Lloyd" — o objeto Lucinda chamou o método HearMessage do objeto Lloyd.
7. Passe o mouse sobre **`whoSaidIt`** e expanda. É uma referência para o objeto Lucinda.

Termine de percorrer o código. Pare um minuto para entender bem o que está acontecendo.

> Strings e arrays são diferentes dos outros tipos de dados vistos neste capítulo porque são os únicos sem um tamanho definido (pense um pouco sobre isso).

Arrays armazenam muitos valores

Se você precisa controlar muitos dados do mesmo tipo, como uma lista de preços ou um grupo de cães, pode fazer isso em um **array**. O que torna um array especial é o fato de ele ser um **grupo de variáveis** tratadas como um objeto. Um array fornece um meio de armazenar e de alterar mais de uma parte de dados sem ter que controlar cada variável individualmente. Quando você cria um array, o declara como qualquer outra variável, com um nome e um tipo, exceto que **o tipo é seguido por colchetes**:

```
bool[] myArray;
```

Use a palavra-chave `new` para criar um. Vamos criar um array com quinze elementos bool:

```
myArray = new bool[15];
```

Use colchetes para definir um dos valores no array. Essa declaração define o valor do quinto elemento de `myArray` para `true` usando colchetes e especificando o **índice** 4. É o quinto porque o primeiro é `myArray[0]`, o segundo é `myArray[1]` etc.:

```
myArray[4] = false;
```

> Use a palavra-chave **new** para criar um array porque é um objeto; portanto, uma variável do array é um tipo de variável de referência. No C#, os arrays são baseados em zero, ou seja, o primeiro elemento tem um índice 0.

Use cada elemento em um array como uma variável normal

Quando você usa um array, primeiro precisa **declarar uma variável de referência** que aponta para ele. Depois, precisa **criar um objeto do array** usando a declaração `new`, especificando o tamanho que deseja para tal array. Então, pode **definir os elementos** no array. Veja um exemplo de código que declara e preenche um array, e o que acontece no heap quando você faz isso. O primeiro elemento no array tem um **índice** 0.

```
// Declare um novo array decimal com 7 elementos
decimal[] prices = new decimal[7];
prices[0] = 12.37M;
prices[1] = 6_193.70M;
// Não definimos o elemento
// No índice 2, resta
// o valor-padrão 0
prices[3] = 1193.60M;
prices[4] = 58_000_000
  _000M;
prices[5] = 72.19M;
prices[6] = 74.8M;
```

> A variável **prices** é uma referência, como qualquer outra referência do objeto. O objeto para o qual aponta é um array de valores decimais, todos em uma parte no heap.

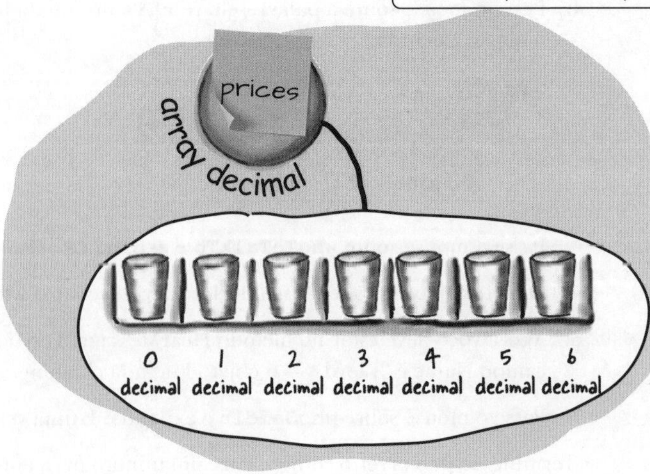
prices
array decimal
0
1
2
3
4
5
6
decimal
decimal
decimal
decimal
decimal
decimal
decimal

Arrays podem conter variáveis de referência

Você pode criar um **array de referências do objeto** do mesmo modo como cria um array de números ou strings. Os arrays não se importam com o tipo de variável armazenado; isso é com você. Portanto, é possível ter um array de ints ou um array de objetos Duck, sem nenhum problema.

Veja o código que cria um array de sete variáveis Dog. A linha que inicia o array cria apenas variáveis de referência. Como há apenas duas linhas `new Dog()`, somente duas instâncias reais da classe Dog são criadas.

```
// Declare uma variável que mantém um
// array de referências para os objetos Dog
Dog[] dogs = new Dog[7];
// Crie duas instâncias novas de Dog
// e coloque-as nos índices 0 e 5
dogs[5] = new Dog();
dogs[0] = new Dog();
```

Ao definir ou recuperar um elemento em um array, o número entre colchetes é chamado de índice. O primeiro elemento no array tem um índice 0.

A primeira linha do código criou apenas o array, não as instâncias. O array é uma lista de sete variáveis de referência Dog, mas só dois objetos Dog foram criados.

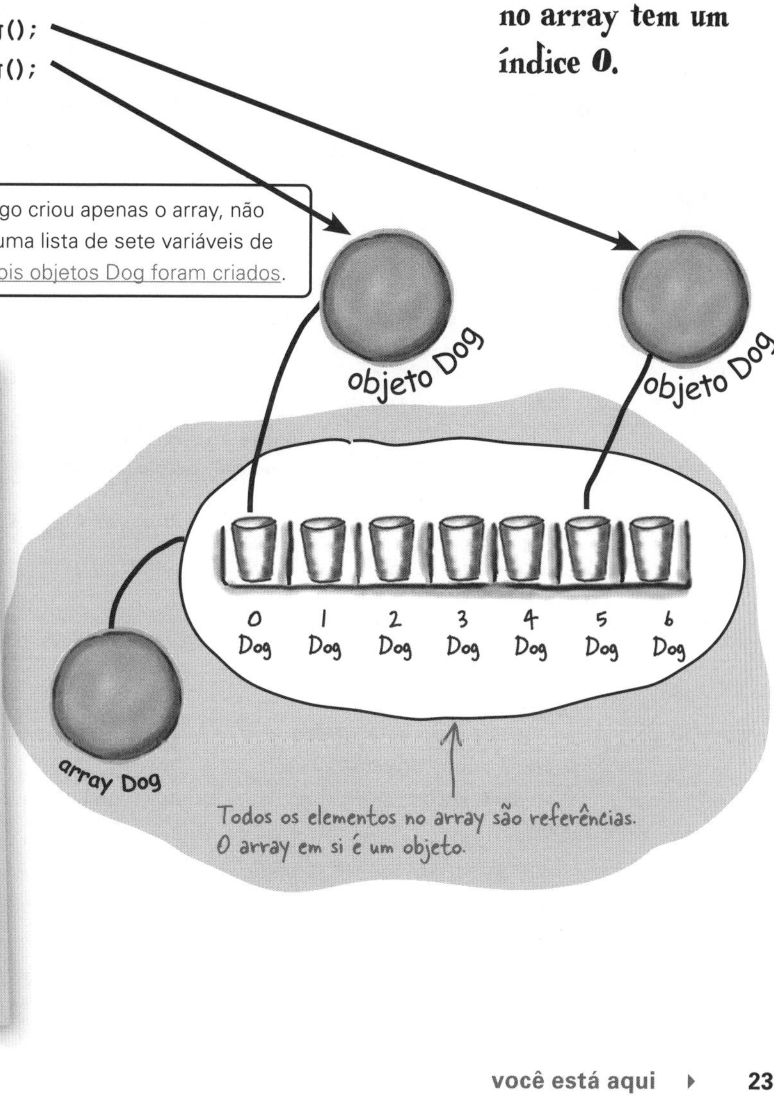
objeto Dog
objeto Dog
0 Dog
1 Dog
2 Dog
3 Dog
4 Dog
5 Dog
6 Dog
array Dog
Todos os elementos no array são referências.
O array em si é um objeto.

Comprimento do array

Você pode descobrir quantos elementos existem em um array usando sua propriedade Length. Se você tem um array chamado "prices", então pode usar prices.Length para descobrir seu tamanho. Se existem sete elementos no array, isso retornará 7, ou seja, os elementos do array são numerados de 0 a 6.

Aponte o seu lápis

Veja um array de objetos Elephant e um loop que irá percorrê-lo para encontrar um com as maiores orelhas. Qual é o valor de biggestEars. EarSize **após** cada iteração do loop `for`?

```
private static void Main(string[] args)
{
    Elephant[] elephants = new Elephant[7];
    elephants[0] = new Elephant() { Name = "Lloyd", EarSize = 40 };
    elephants[1] = new Elephant() { Name = "Lucinda", EarSize = 33 };
    elephants[2] = new Elephant() { Name = "Larry", EarSize = 42 };
    elephants[3] = new Elephant() { Name = "Lucille", EarSize = 32 };
    elephants[4] = new Elephant() { Name = "Lars", EarSize = 44 };
    elephants[5] = new Elephant() { Name = "Linda", EarSize = 37 };
    elephants[6] = new Elephant() { Name = "Humphrey", EarSize = 45 };

    Elephant biggestEars = elephants[0];
    for (int i = 1; i < elephants.Length; i++)
    {
        Console.WriteLine("Iteration #" + i);

        if (elephants[i].EarSize > biggestEars.EarSize)
        {
            biggestEars = elephants[i];
        }

        Console.WriteLine(biggestEars.EarSize.ToString());
    }
}
```

Estamos criando um array de sete referências Elephant.

Os arrays iniciam no índice 0, então o primeiro Elephant no array é elephants[0].

Isto define a referência biggestEars para o objeto ao qual elephants[i] aponta.

Cuidado: este loop inicia no segundo elemento do array (no índice 1) e itera seis vezes até "i" ser igual ao comprimento do array.

Iteração 1 biggestEars.EarSize = _________

Iteração 2 biggestEars.EarSize = _________

Iteração 3 biggestEars.EarSize = _________

Iteração 4 biggestEars.EarSize = _________

Iteração 5 biggestEars.EarSize = _________

Iteração 6 biggestEars.EarSize = _________

null significa uma referência que aponta para nada

Existe outra palavra-chave importante que você usará com objetos. Ao criar uma nova referência e não defini-la para nada, ela tem um valor. Ela inicia definida para `null`, ou seja, **não aponta para nenhum objeto**. Vejamos isso com mais atenção:

O valor-padrão de qualquer variável de referência é `null`. Como não atribuímos um valor a `fido`, ele está definido para `null`.

```
Dog fido;
Dog lucky = new Dog();
```

lucky
objeto Dog 1

Agora `fido` está definido para uma referência a outro objeto, assim não é mais igual a `null`.

```
fido = new Dog();
```

lucky
objeto Dog 1
fido
objeto Dog 2

Assim que definimos `lucky` para `null`, ele não aponta mais para seu objeto, então é marcado para a coleta de lixo.

```
lucky = null;
```

puf!
fido
objeto Dog 1

EU *REALMENTE* USARIA NULL EM UM PROGRAMA?

Sim. A palavra-chave null pode ser muito útil.

Há algumas maneiras de ver `null` usado em programas típicos. A mais comum é assegurar que uma referência aponta para um objeto:

```
if (lloyd == null) {
```

Esse teste retornará `true` se a referência `lloyd` for definida para `null`.

Outra maneira de ver a palavra-chave `null` usada é quando você ***deseja*** seu objeto descartado no lixo. Se você tem uma referência para um objeto e terminou com esse objeto, definir a referência para `null` irá marcá-lo imediatamente para a coleta (a menos que exista outra referência para ele em algum lugar).

Aponte o seu lápis Solução

Veja um array de objetos Elephant e um loop que irá percorrê-lo para encontrar um com as maiores orelhas. Qual é o valor de biggestEars.EarSize **após** cada iteração do loop `for`?

O loop for começa no segundo Elephant e o compara com qualquer Elephant para o qual biggestEars aponta. Se suas orelhas são maiores, ele aponta biggestEars para esse Elephant. Então vai para o próximo, depois o próximo... e, no final do loop, biggestEars aponta para aquele com as orelhas maiores.

```
private static void Main(string[] args)
{
    Elephant[] elephants = new Elephant[7];
    elephants[0] = new Elephant() { Name = "Lloyd", EarSize = 40 };
    elephants[1] = new Elephant() { Name = "Lucinda", EarSize = 33 };
    elephants[2] = new Elephant() { Name = "Larry", EarSize = 42 };
    elephants[3] = new Elephant() { Name = "Lucille", EarSize = 32 };
    elephants[4] = new Elephant() { Name = "Lars", EarSize = 44 };
    elephants[5] = new Elephant() { Name = "Linda", EarSize = 37 };
    elephants[6] = new Elephant() { Name = "Humphrey", EarSize = 45 };

    Elephant biggestEars = elephants[0];
    for (int i = 1; i < elephants.Length; i++)
    {
        Console.WriteLine("Iteration #" + i);

        if (elephants[i].EarSize > biggestEars.EarSize)
        {
            biggestEars = elephants[i];
        }

        Console.WriteLine(biggestEars.EarSize.ToString());
    }
}
```

Lembrou que esse loop inicia no segundo elemento do array? Por que acha que é assim?

A referência biggestEars controla qual Elephant vimos até o momento e que tem as maiores orelhas. Use o depurador para verificar isso! Coloque um ponto de interrupção aqui e inspecione biggestEars.EarSize.

Iteração 1 biggestEars.EarSize = 40

Iteração 2 biggestEars.EarSize = 42

Iteração 3 biggestEars.EarSize = 42

Iteração 4 biggestEars.EarSize = 44

Iteração 5 biggestEars.EarSize = 44

Iteração 6 biggestEars.EarSize = 45

não existem Perguntas Idiotas

P: Ainda não estou certo sobre como as referências trabalham.

R: Referências são o modo de usar todos os métodos e campos em um objeto. Se você cria uma referência para um objeto Dog, então pode usá-la para acessar qualquer método criado para o objeto Dog. Se a classe Dog tem métodos (não estáticos) chamados Bark e Fetch, você pode criar uma referência chamada `spot`, então pode usar isso para chamar spot.Bark() ou spot.Fetch(). Também pode mudar as informações nos campos do objeto usando a referência (seria possível mudar um campo Breed usando spot.Breed).

P: Então não significa que sempre que mudo um valor por meio de uma referência estou mudando-o para todas as outras nesse objeto também?

R: Sim. Se a variável `rover` tivesse uma referência para o mesmo objeto de `spot`, mudar rover.Breed para "beagle" faria com que spot.Breed fosse "beagle".

P: Refresque minha memória de novo; o que `this` faz?

R: `this` é uma variável especial que você só pode usar dentro de um objeto. Quando você está em uma classe, usa `this` para se referir a qualquer campo ou método dessa instância em particular. É muito útil ao trabalhar com uma classe cujos métodos chamam outras classes. Um objeto pode usá-la para enviar uma referência de si mesmo para outro objeto. Se `spot` chama um dos métodos de `rover` passando `this` como parâmetro, ele dá a `rover` uma referência para o objeto `spot`.

P: Você continua falando sobre coleta de lixo, mas o que realmente faz a coleta?

R: Todo app .NET é executado dentro do **Tempo de Execução Comum** (ou Mono Runtime se você roda seus apps no macOS, no Linux ou usa Mono no Windows). O CLR faz muita coisa, mas há duas *muito importantes* que nos interessam no momento. Primeiro, ela **executa seu código**, em especial a saída produzida pelo compilador C#. Segundo, gerencia a memória que seu programa usa. Significa que controla todos os seus objetos, descobre quando a última referência para um objeto desaparece e libera a memória que estava usando. A equipe .NET na Microsoft e a equipe Mono no Xamarin (que foi uma empresa separada por anos, mas agora faz parte da Microsoft) trabalharam muito para assegurar que seja rápido e eficiente.

P: Ainda não entendo os diferentes tipos que mantêm valores com tamanhos diferentes. Pode explicar mais uma vez?

R: Com certeza. O lance sobre variáveis é que elas atribuem um tamanho ao seu número, não importa o tamanho do valor. Portanto, se você nomeia uma variável e lhe dá um tipo longo, mesmo que o número seja realmente pequeno (digamos 5), o CLR separa memória para ele, caso fique grande. Pensando bem, é bastante útil. Afinal, se chamam variáveis porque mudam o tempo todo.

O CLR pressupõe que você sabe o que está fazendo e não dará a uma variável um tipo maior do que é preciso. Mesmo que o número possa não ser grande agora, há uma chance disso acontecer após alguns cálculos. O CLR fornece memória suficiente para lidar com o maior valor que o tipo pode aceitar.

Sempre que você obtém o código em um objeto que será instanciado, a instância pode usar a variável this especial que tem uma referência para si mesma.

Design do jogo... e muito mais

Jogos de Tabuleiro

Há muitas histórias sobre jogos de tabuleiro, e um longo histórico desses jogos influenciou os videogames, pelo menos no primeiro jogo de RPG comercial.

- A primeira edição do Dungeons and Dragons (D&D) foi lançada em 1974 e nesse mesmo ano jogos com nomes "dungeon" e "dnd" começaram a pipocar em mainframes de universidades.
- Usamos a classe Random para criar números. A ideia de jogos baseados em números aleatórios é antiga; por exemplo, jogos de tabuleiro que usam dados, cartas, piões e outras fontes de números aleatórios.
- Vimos no último capítulo como um protótipo no papel pode ser uma primeira etapa valiosa ao projetar um videogame. Esses protótipos lembram muito os jogos de tabuleiro. Na verdade, muitas vezes é possível transformar o protótipo no papel de um videogame em um jogo de tabuleiro próprio para jogar e usá-lo para testar a mecânica do jogo.
- Você pode usar jogos de tabuleiro, sobretudo jogos de cartas e de mesa, como ferramentas de aprendizagem para entender o conceito mais geral da mecânica do jogo. Dar as cartas, embaralhar, rolar dados, regras para mover peças no tabuleiro, uso de uma ampulheta e regras para jogos cooperativos são exemplos de mecânica.

A mecânica do Go Fish inclui dar as cartas, pedir uma carta a outro jogador, dizer "Go Fish" quando pedir uma carta que você não tem, determinar o vencedor etc. Pare um pouco e leia as regras aqui: https://www.ludopedia.com.br/jogo/go-fish.

Se você nunca jogou Go Fish, reserve uns minutos e leia as regras. Serão usadas mais adiante no livro!

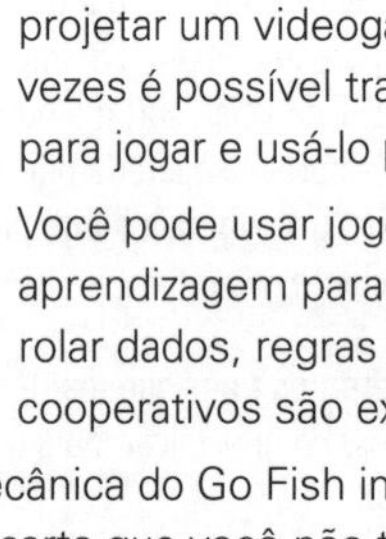

Mesmo que não estejamos escrevendo código para videogames, podemos aprender muito com os jogos de tabuleiro.

Muitos de nossos programas dependem de **números aleatórios**. Por exemplo, você já usou a classe Random para criar números aleatórios para vários apps. A maioria de nós não tem muita experiência no mundo real com números aleatórios legítimos… exceto quando jogamos. Rolar dados, embaralhar cartas, girar piões, jogar moedas… são todos ótimos exemplos de **geradores de números aleatórios**. A classe Random é o gerador de números aleatórios do .NET; você irá usá-la em muitos programas e sua experiência usando números aleatórios ao jogar jogos de tabuleiro facilitará muito entender o que ela faz.

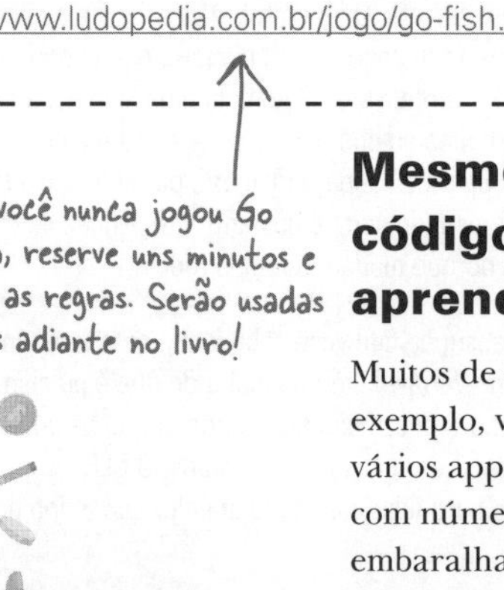

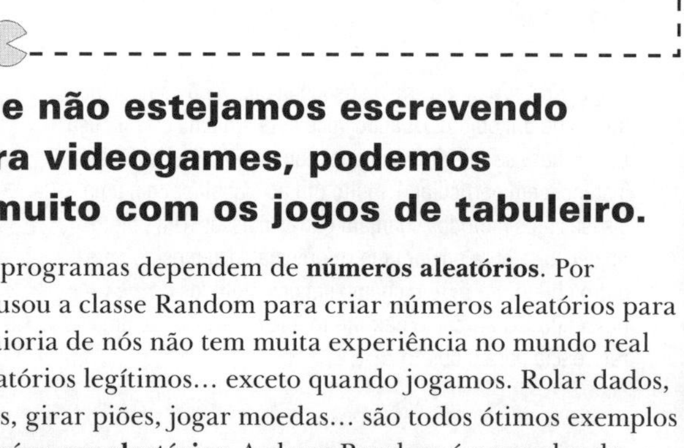

Um test drive aleatório

Você usará a classe Random do .NET no livro; portanto, vamos conhecê-la melhor colocando o pé na estrada e dando uma volta com ela. Inicialize o Visual Studio e acompanhe; execute seu código várias vezes, pois obterá números aleatórios diferentes a cada vez.

1. **Crie um novo aplicativo de console**; todo o código ficará no método Main. Comece criando uma nova instância de Random, gerando um int aleatório e escrevendo-o no console:

```
Random random = new Random();
int randomInt = random.Next();
Console.WriteLine(randomInt);
```

Especifique um **valor máximo** para obter números aleatórios de 0 até, mas não incluindo, o valor máximo. Um valor máximo de 10 gera números aleatórios de 0 a 9:

```
int zeroToNine = random.Next(10);
Console.WriteLine(zeroToNine);
```

2. Agora **simule rolar um dado**. Você pode especificar um valor mínimo e um máximo. Um mínimo de 1 e um máximo de 7 geram números aleatórios de 1 a 6:

```
int dieRoll = random.Next(1, 7);
Console.WriteLine(dieRoll);
```

3. O **método NextDouble** gera valores double aleatórios. Passe o mouse sobre o nome do método para ver uma dica da ferramenta; ele gera um número de ponto flutuante de 0,0 a 1,0:

```
double randomDouble = random.NextDouble();
```

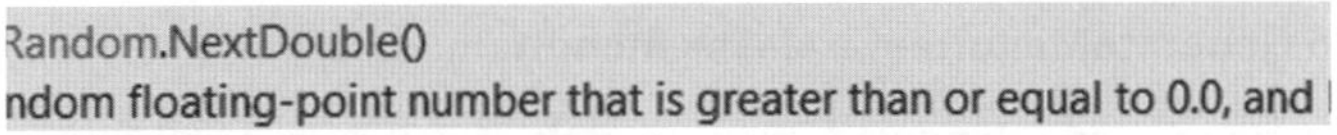
Random.NextDouble()
ndom floating-point number that is greater than or equal to 0.0, and

Você pode **multiplicar um double aleatório** para gerar números aleatórios muito maiores. Se quiser um valor double aleatório de 1 a 100, multiplique o double aleatório por 100:

```
Console.WriteLine(randomDouble * 100);
```

Use a **coerção** para converter o double aleatório em outros tipos. Tente executar esse código algumas vezes; você verá minúsculas diferenças de precisão nos valores float e decimal.

```
Console.WriteLine((float)randomDouble * 100F);
Console.WriteLine((decimal)randomDouble * 100M);
```

4. Use um valor máximo 2 para **simular uma moeda lançada**. Isso gera um valor aleatório 0 ou 1. Use a **classe Convert**, especial, que tem um método ToBoolean estático que a converterá em um valor booleano:

```
int zeroOrOne = random.Next(2);
bool coinFlip = Convert.
ToBoolean(zeroOrOne);
Console.WriteLine(coinFlip);
```

PODER DO CÉREBRO

Como você usaria Random para escolher uma string aleatória em um array de strings?

Bem-vindo à lanchonete Sandubas Preço Bom É Aqui de Sloppy Joe!

Sloppy Joe tem um montão de carne, pão integral e mais condimentos do que você consegue imaginar. O que ele não tem é um menu! Você consegue criar um programa que monta um novo menu *aleatório* para ele todo dia? Com certeza é possível... com um **novo app WPF**, alguns arrays e algumas técnicas novas e úteis.

Faça isto!

MenuItem
Randomizer Proteins Condiments Breads Description Price
Generate

1 Adicione uma nova classe MenuItem ao projeto e adicione campos.

Veja o diagrama da classe. Ele tem quatro campos: uma instância de Random e três arrays para manter as várias partes do sanduíche. Os campos do array usam **inicializadores da coleção**, que permitem definir os itens em um array colocando-os entre chaves.

```
class MenuItem
{
    public Random Randomizer = new Random();

    public string[] Proteins = { "Roast beef", "Salami", "Turkey",
                "Ham", "Pastrami", "Tofu" };
    public string[] Condiments = { "yellow mustard", "brown mustard",
                "honey mustard", "mayo", "relish", "french dressing" };
    public string[] Breads = { "rye", "white", "wheat", "pumpernickel",
    "a roll" };

    public string Description = "";
    public string Price;
}
```

2 Adicione o método GenerateMenuItem à classe MenuItem.

Esse método usa o mesmo método Random.Next visto muitas vezes para escolher itens aleatórios nos arrays nos campos Proteins, Condiments e Breads, e os concatena em uma string.

```
public void Generate()
{
    string randomProtein = Proteins[Randomizer.Next(Proteins.Length)];
    string randomCondiment = Condiments[Randomizer.Next(Condiments.Length)];
    string randomBread = Breads[Randomizer.Next(Breads.Length)];
    Description = randomProtein + " with " + randomCondiment + " on " +
    randomBread;

    decimal bucks = Randomizer.Next(2, 5);
    decimal cents = Randomizer.Next(1, 98);
    decimal price = bucks + (cents * .01M);
    Price = price.ToString("c");
}
```

Esse método gera um preço aleatório entre 2,01 e 5,97 convertendo dois ints aleatórios em decimais. Veja de perto a última linha; ela retorna `price.ToString("c")`. O parâmetro para o método ToString é um formato. Nesse caso, o formato `"c"` informa a ToString para formatar o valor com a moeda local: se você está nos EUA, verá US$; no Brasil, verá R$; na Europa, verá € etc.

Vá ao Guia do Aluno Visual Studio para Mac e veja a versão Mac deste projeto.

3 Crie o XAML para o layout da janela.

Seu app exibirá itens de menu aleatórios em uma janela com duas colunas, uma larga para o item do menu e uma estreita para o preço. Cada célula na grade tem um controle TextBlock com FontSize definido para `18px`, exceto a última linha, que tem um TextBlock alinhado à direita que se estende nas duas colunas. O título da janela é Welcome to Sloppy Joe's Budget House o' Discount Sandwiches! (Bem-vindo à lanchonete Sandubas Preço Bom É Aqui de Sloppy Joe!", a altura é **350** e a largura é **550**. A margem da grade é **20**.

Estamos nos baseando no XAML que você aprendeu nos últimos dois projetos WPF. Você pode planejá-lo no designer, digitar manualmente ou um pouco de cada.

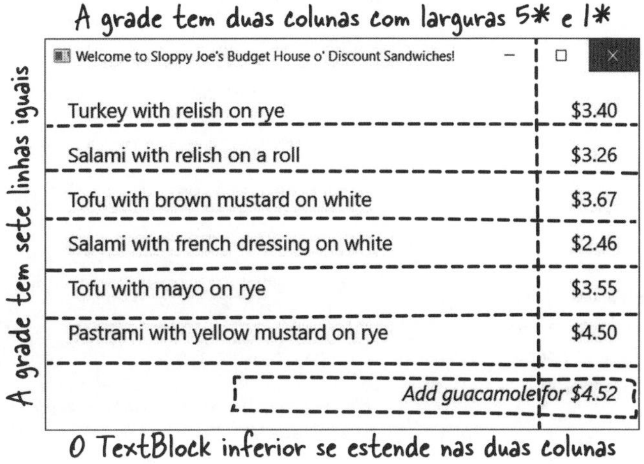
A grade tem duas colunas com larguras 5* e 1*
Welcome to Sloppy Joe's Budget House o' Discount Sandwiches!
A grade tem sete linhas iguais
Turkey with relish on rye
$3.40
Salami with relish on a roll
$3.26
Tofu with brown mustard on white
$3.67
Salami with french dressing on white
$2.46
Tofu with mayo on rye
$3.55
Pastrami with yellow mustard on rye
$4.50
Add guacamole for $4.52
O TextBlock inferior se estende nas duas colunas

A margem é 20 para que o menu inteiro tenha um espaço extra.

Nomeie cada TextBlock na coluna à esquerda como item1, item2, item3 etc. e cada TextBlock à direita como price1, price2, price3 etc. Nomeie o TextBlock inferior como **`guacamole`**.

```
<Grid Margin="20">
    <Grid.RowDefinitions>
        <RowDefinition/>
        <RowDefinition/>
        <RowDefinition/>
        <RowDefinition/>
        <RowDefinition/>
        <RowDefinition/>
        <RowDefinition/>
    </Grid.RowDefinitions>
    <Grid.ColumnDefinitions>
        <ColumnDefinition Width="5*"/>
        <ColumnDefinition/>
    </Grid.ColumnDefinitions>

    <TextBlock x:Name="item1" FontSize="18px" />
    <TextBlock x:Name="price1" FontSize="18px" HorizontalAlignment="Right" Grid.
Column="1"/>
    <TextBlock x:Name="item2" FontSize="18px" Grid.Row="1"/>
    <TextBlock x:Name="price2" FontSize="18px" HorizontalAlignment="Right"
               Grid.Row="1" Grid.Column="1"/>
    <TextBlock x:Name="item3" FontSize="18px" Grid.Row="2" />
    <TextBlock x:Name="price3" FontSize="18px" HorizontalAlignment="Right" Grid.Row="2"
               Grid.Column="1"/>
    <TextBlock x:Name="item4" FontSize="18px" Grid.Row="3" />
    <TextBlock x:Name="price4" FontSize="18px" HorizontalAlignment="Right" Grid.Row="3"
               Grid.Column="1"/>
    <TextBlock x:Name="item5" FontSize="18px" Grid.Row="4" />
    <TextBlock x:Name="price5" FontSize="18px" HorizontalAlignment="Right" Grid.Row="4"
               Grid.Column="1"/>
    <TextBlock x:Name="item6" FontSize="18px" Grid.Row="5" />
    <TextBlock x:Name="price6" FontSize="18px" HorizontalAlignment="Right" Grid.Row="5"
               Grid.Column="1"/>
    <TextBlock x:Name="guacamole" FontSize="18px" FontStyle="Italic" Grid.Row="6"
               Grid.ColumnSpan="2" HorizontalAlignment="Right"
VerticalAlignment="Bottom"/>
</Grid>
```

4 Adicione code-behind para a janela XAML.

O menu é gerado por um método chamado MakeTheMenu, que sua janela inicia logo depois de chamar InitializeComponent. Ele usa um array de classes MenuItem para gerar cada item no menu. Queremos que os três primeiros itens sejam itens de menu normais. Os dois seguintes são servidos apenas em bagels. O último é especial, com ingredientes próprios.

```
public MainWindow()
{
    InitializeComponent();
    MakeTheMenu();
}

private void MakeTheMenu()
{
    MenuItem[] menuItems = new
MenuItem[5];
    string guacamolePrice;

    for (int i = 0; i < 5; i++)
    {
        menuItems[i] = new MenuItem();
        if (i >= 3)
        {
            menuItems[i].Breads = new string
[] {
            "plain bagel", "onion bagel",
"pumpernickel bagel", "everything bagel"
            };
        }
        menuItems[i].Generate();
    }

    item1.Text = menuItems[0].Description;
    price1.Text = menuItems[0].Price;
    item2.Text = menuItems[1].Description;
    price2.Text = menuItems[1].Price;
    item3.Text = menuItems[2].Description;
    price3.Text = menuItems[2].Price;
    item4.Text = menuItems[3].Description;
    price4.Text = menuItems[3].Price;
    item5.Text = menuItems[4].Description;
    price5.Text = menuItems[4].Price;

    MenuItem specialMenuItem = new MenuItem()
    {
        Proteins = new string[] { "Organic ham", "Mushroom patty",
"Mortadella" },
        Breads = new string[] { "a gluten free roll", "a wrap", "pita" },
        Condiments = new string[] { "dijon mustard", "miso dressing", "au
jus" }
    };
    specialMenuItem.Generate();

    item6.Text = specialMenuItem.Description;
    price6.Text = specialMenuItem.Price;

    MenuItem guacamoleMenuItem = new MenuItem();
    guacamoleMenuItem.Generate();
    guacamolePrice = guacamoleMenuItem.Price;

    guacamole.Text = "Add guacamole for " + guacamoleMenuItem.Price;
}
```

Isto usa "new string[]" para declarar o tipo do array sendo inicializado. Os campos MenuItem não precisaram incluir isso porque já têm um tipo.

Vejamos melhor o que acontece aqui. Os itens de menu 4 e 5 (nos índices 3 e 4) têm um objeto MenuItem que é inicializado com um inicializador de objeto, como o usado com Joe e Bob. Ele define o campo Breads para um novo array de strings. Esse array usa um inicializador de coleção com quatro strings que descrevem os diferentes tipos de bagels. Notou que esse inicializador de coleção inclui o tipo do array (**new string[]**)? Você não incluiu isso quando definiu os campos. É possível adicionar **new string[]** aos inicializadores de coleção nos campos MenuItem, se quiser; mas não é obrigatório. São opcionais porque os campos tinham definições do tipo nas declarações.

Chame o método Generate, do contrário os campos de MenuItem ficarão vazios e sua página ficará em branco na maior parte.

O último item no menu é para o sanduíche especial diário feito com ingredientes premium, por isso ele tem seu próprio objeto MenuItem com todos os três campos do array de strings inicializados com inicializadores de objeto.

Há um item de menu separado só para criar um novo preço para guacamole.

Como funciona...

O método Randomizer.Next(7) obtém um int aleatório menor que 7. Breads.Length retorna o número de elementos no array Breads. Portanto, Randomizer.Next(Breads.Length) fornece um número aleatório maior ou igual a zero, mas menor que o número de elementos no array Breads.

```
Breads[Randomizer.Next(Breads.Length)]
```

Breads é um array de strings. Ele tem cinco elementos, numerados de 0 a 4. Assim, Breads[0] é igual a "rye" e Breads[3] é igual a "a roll".

FAÇO *TODAS* AS MINHAS REFEIÇÕES NO SLOPPY JOE'S!

Se seu computador for rápido o bastante, seu programa poderá não ter esse problema. Se a execução for em um computador mais lento, terá.

5 Rode o programa e observe o novo menu gerado aleatoriamente.

Hum... tem algo errado. Os preços no menu são todos iguais e os itens são estranhos; os três primeiros são iguais, os dois seguintes também e todos parecem ter a mesma proteína. O que está acontecendo?

Acontece que a classe Random do .NET é, na verdade, um gerador de **número pseudoaleatório**, ou seja, usa uma fórmula matemática para gerar um sequência de números que podem passar em certos testes estatísticos quanto à aleatoriedade. Isso os torna bons o bastante para usar em qualquer app que criaremos (mas não os utilize como parte de um sistema de segurança que depende de números verdadeiramente aleatórios!). Por isso o método é chamado de Next; você obtém o próximo número na sequência. A fórmula começa com um "valor inicial"; ela usa esse valor para encontrar o próximo na sequência. Ao criar uma nova instância de Random, ela usa o relógio do sistema para "iniciar" a fórmula, mas você pode fornecer seu próprio número inicial. Tente usar a janela C# Interativo para chamar **`new Random(12345).Next();`** algumas vezes. Você está pedindo para criar uma nova instância de Random com o mesmo valor inicial (12345), então o método Next fornecerá o mesmo número "aleatório" sempre.

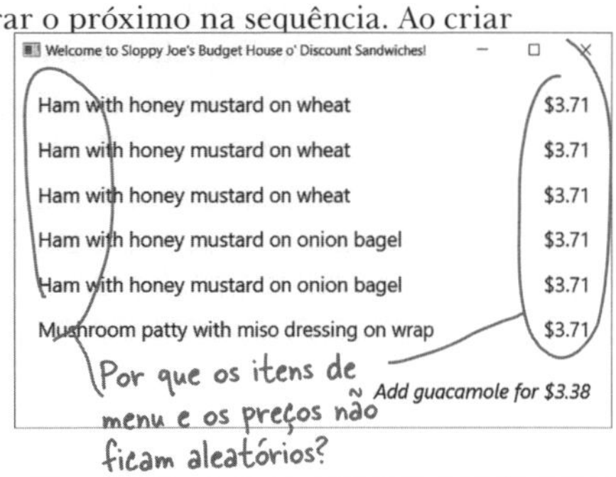
Welcome to Sloppy Joe's Budget House o' Discount Sandwiches!
Ham with honey mustard on wheat $3.71
Ham with honey mustard on wheat $3.71
Ham with honey mustard on wheat $3.71
Ham with honey mustard on onion bagel $3.71
Ham with honey mustard on onion bagel $3.71
Mushroom patty with miso dressing on wrap $3.71
Add guacamole for $3.38
Por que os itens de menu e os preços não ficam aleatórios?

Quando visualizar muitas instâncias diferentes de Random gerando o mesmo valor, é porque foram todas iniciadas muito próximas e o relógio do sistema não mudou a hora, então todas têm o mesmo valor inicial. Como corrigir isso? Use uma instância de Random tornando o campo Randomizer estático para que todos os MenuItems compartilhem uma instância Random:

```
public static Random Randomizer = new
Random();
```

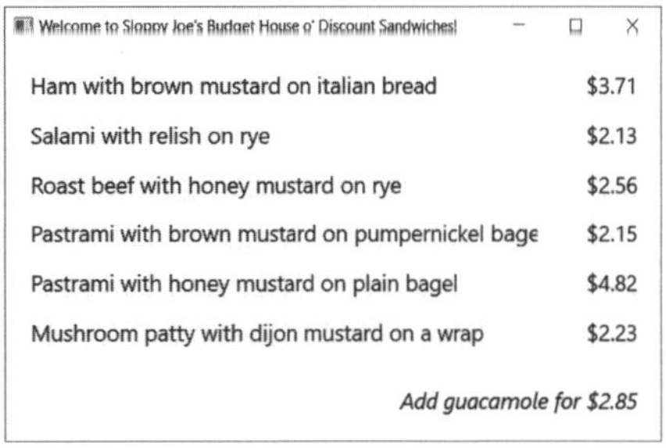
Welcome to Sloppy Joe's Budget House o' Discount Sandwiches!
Ham with brown mustard on italian bread $3.71
Salami with relish on rye $2.13
Roast beef with honey mustard on rye $2.56
Pastrami with brown mustard on pumpernickel bage $2.15
Pastrami with honey mustard on plain bagel $4.82
Mushroom patty with dijon mustard on a wrap $2.23
Add guacamole for $2.85

Rode o programa de novo; agora o menu será aleatório.

PONTOS DE BALA

- A palavra-chave `new` **retorna uma referência para um objeto** que você pode armazenar em uma variável de referência.
- Você pode ter **múltiplas referências para o mesmo objeto**. Pode mudar um objeto com uma referência e acessar os resultados dessa mudança em outro.
- Para um objeto ficar no heap, ele deve ser **referenciado**. Assim que a última referência para um objeto desaparece, ele finalmente é descartado e a memória usada é reivindicada.
- Seus programas .NET rodam no **Tempo de Execução Comum**, uma "camada" entre o SO e seu programa. O compilador C# compila seu código na **Linguagem Intermediária Comum (CIL)**, que o CLR executa.
- A **palavra-chave `this`** permite que um objeto obtenha uma referência para si mesmo.
- **Arrays** são objetos que mantêm muitos valores. Eles podem conter valores ou referências.
- **Declare as variáveis do array** colocando colchetes após o tipo na declaração da variável (como **`bool[] trueFalseValues`** ou **`Dog[] kennel`**).
- Use a palavra-chave `new` para **criar um novo array**, especificando o comprimento do array entre colchetes (como **`new bool[15]`** ou **`new Dog[3]`**).
- Use o **método** Length em um array para obter seu comprimento (como kennel.Length).
- Acesse um valor do array usando seu **índice** entre colchetes (como `bool[3]` ou `Dog[0]`). Os índices do array iniciam em 0.
- **`null`** significa que uma referência aponta para nada. A palavra-chave `null` é útil para testar se uma referência é nula ou limpar uma variável de referência para que um objeto seja marcado para a coleta de lixo.
- Use **inicializadores da coleção** para inicializar um array definindo-o para ser igual à palavra-chave `new` seguida de uma lista limitada por vírgula entre chaves (como `new int[] { 8, 6, 7, 5, 3, 0, 9 }`). O tipo do array é opcional ao definir uma variável ou um valor do campo na mesma declaração em que é declarado.
- Você pode passar um **parâmetro de formato** para o método ToString de um objeto ou valor. Se chamar o método ToString de um tipo numérico, passar para ele um valor `"c"` formatará o valor como uma moeda local.
- A classe Random do .NET é um gerador de números pseudoaleatórios iniciados pelo relógio do sistema. Use uma instância de Random para evitar várias instâncias com o mesmo valor inicial gerando a mesma sequência de números.

Unity Lab 2

Escreva Código C# para o Unity

Unity não é *só* um motor e editor multiplataforma poderoso para criar jogos e simulações em 2D e 3D. É também uma **ótima maneira de praticar a escrita do código C#**.

No último Unity Lab, você aprendeu a navegar no Unity e no espaço em 3D, começando a criar e a explorar GameObjects. Agora é hora de escrever um código para controlar seus GameObjects. O objetivo final deste laboratório é orientá-lo no editor Unity (e mostrar um modo fácil de lembrar como navegar nele, caso precise).

Neste Unity Lab, você começará escrevendo código para controlar seus GameObjects. Você escreverá código C# para explorar os conceitos que usará no resto dos Unity Labs, começando por adicionar um método que gira o GameObject 8 Ball criado no último Unity Lab. Também começará a usar o depurador do Visual Studio com o Unity para investigar problemas nos jogos.

Os scripts C# adicionam comportamento aos GameObjects

Agora que você pode adicionar um GameObject à cena, precisa de um modo de fazer com que ele faça coisas. É aí que entram suas habilidades no C#. O Unity usa **scripts C#** para definir o comportamento de tudo no jogo.

Este Unity Lab apresentará as ferramentas usadas para trabalhar com o C# e o Unity. Você criará um "jogo" simples que é um colírio para os olhos: você fará a bola 8 voar pela cena. Comece indo para Unity Hub e **abrindo o mesmo projeto** criado no primeiro Unity Lab.

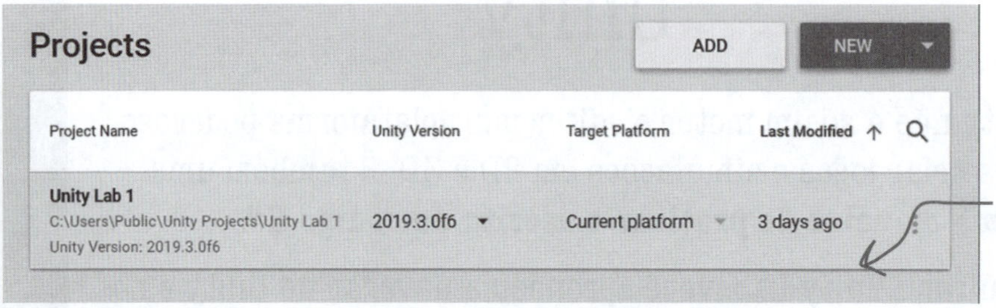
Projects
ADD
NEW
Project Name
Unity Version
Target Platform
Last Modified
Unity Lab 1
C:\Users\Public\Unity Projects\Unity Lab 1
Unity Version: 2019.3.0f6
2019.3.0f6
Current platform
3 days ago

Este Unity Lab retoma do local em que o primeiro parou; portanto, vá para o Unity Hub e abra o projeto criado no último lab.

Veja o que será feito neste Unity Lab:

1. **Anexe um script C# ao GameObject**. Você adicionará um componente Script ao seu GameObject Sphere. Quando adicioná-lo, o Unity criará uma classe. Você a modificará para que ele oriente o comportamento da bola 8.

2. **Use o Visual Studio para editar o script**. Lembra como você definiu as preferências do editor Unity para tornar o Visual Studio o editor de script? Isso significa que você pode clicar duas vezes no script no editor Unity e ele será aberto no Visual Studio.

3. **Jogue no Unity**. Há um botão Play no topo da tela. Ao pressioná-lo, ele começa a executar todos os scripts anexados aos GameObjects na cena. Você usará esse botão para executar o script adicionado à esfera.

Play

O botão Play não salva seu jogo! Salve no início e salve sempre. Muitas pessoas têm o hábito de salvar a cena sempre que rodam o jogo.

4. **Use o Unity e o Visual Studio juntos para depurar seu script**. Você já viu como o depurador Visual Studio é útil quando tenta rastrear os problemas no código C#. O Unity e o Visual Studio trabalham juntos perfeitamente para que você possa adicionar pontos de interrupção, usar a janela Locais e trabalhar com outras ferramentas conhecidas no depurador enquanto o jogo roda.

Adicione um script C# ao GameObject

O Unity é mais que uma plataforma incrível para criar jogos em 2D e 3D. Muitas pessoas o utilizam para trabalho artístico, visualização de dados, realidade aumentada e outros. É especialmente útil para você, como aluno do C#, porque pode escrever código para controlar tudo o que vê em um jogo Unity. Isso torna o Unity ***uma ótima ferramenta para aprender e explorar o C#***.

Vamos começar usando o C# e o Unity agora. Veja se o GameObject Sphere está selecionado, então **clique no botão Add Component** na parte inferior da janela Inspector.

Add Component

Ao clicar, o Unity abrirá uma janela com todos os diferentes componentes que podem ser adicionados, e há ***muitos***. **Escolha "New script"** para adicionar um novo script C# ao GameObject Sphere. Um nome será solicitado. **Nomeie o script como `BallBehaviour`**.

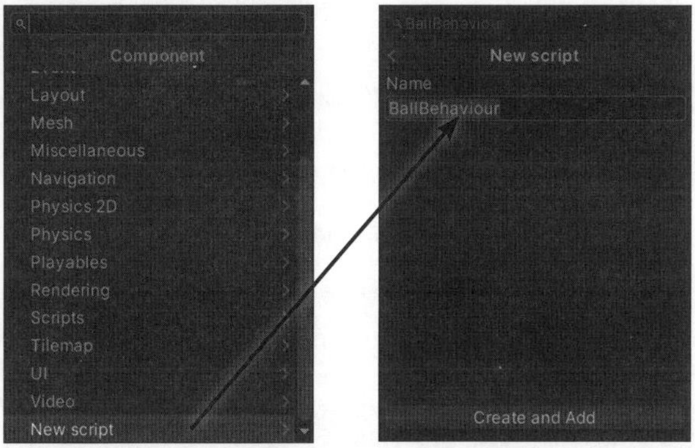
Component
Layout
Mesh
Miscellaneous
Navigation
Physics 2D
Physics
Playables
Rendering
Scripts
Tilemap
UI
Video
New script
New script
Name
BallBehaviour
Create and Add

Clique no botão "Create and Add" para adicionar o script. Um componente chamado *Ball Behaviour (Script)* aparecerá na janela Inspector.

Veja bem!

O código Unity usa a ortografia inglesa.

*Se você está acostumado com o inglês norte-americano (por exemplo, **behavior**), precisará ter cuidado quando trabalhar com os scripts Unity porque os nomes da classe costumam usar o inglês britânico (**behaviour**).*

Ball Behaviour (Script)
Script
BallBehaviour

Também verá o script C# na janela Project.

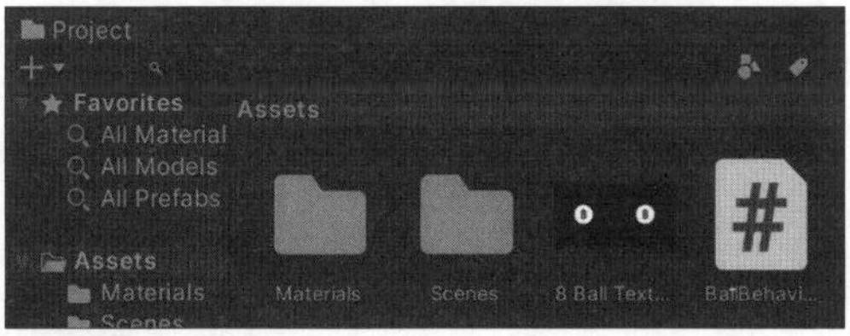
Project
Favorites
All Material
All Models
All Prefabs
Assets
Assets
Materials
Scenes
Materials
Scenes
8 Ball Text...
BallBehavi...

A janela Project tem uma exibição em pastas de seu projeto. Seu projeto Unity é composto de arquivos: arquivos de mídia, arquivos de dados, scripts C#, texturas e outros. O Unity chama esses arquivos de assets. A janela Project exibiu uma pasta chamada Assets (ativos) quando você clicou com o botão direito dentro dela para importar a textura, portanto o Unity a adicionou a essa pasta.

Notou uma pasta chamada Materials que apareceu na janela Project assim que você arrastou a textura da bola 8 para a esfera?

Escreva código C# para girar a esfera

No primeiro laboratório, você pediu ao Unity para usar o Visual Basic como seu editor de script externo. Vá em frente e **clique duas vezes em seu novo script C#**. Quando fizer isso, o ***Unity abrirá seu script no Visual Studio***. Seu script C# tem uma classe chamada BallBehaviour com dois métodos vazios chamados Start e Update:

```
using System.Collections;
using System.Collections.Generic;
using UnityEngine;

public class BallBehaviour : MonoBehaviour
{
    // Start é chamado antes da 1ª atualização do
quadro
    void Start()
    {

    }

    // Update é chamado uma vez por quadro
    void Update()
    {

    }
}
```

Você abriu seu script C# no Visual Studio clicando nele na janela Hierarchy, que mostra uma lista de todo GameObject na cena atual. Quando o Unity criou seu projeto, ele adicionou uma cena chamada SampleScene com uma câmera e uma luz. Você adicionou uma esfera a ela, por isso a janela Hierarchy mostrará tudo isso.

Se o Unity não inicializar o Visual Studio e abrir seu script C# nele, volte para o começo do Unity Lab 1 e veja se seguiu as etapas para definir as preferências External Tools.

Eis uma linha de código que gira a esfera. **Adicione-a ao seu método Update**:

```
transform.Rotate(Vector3.up, 180 * Time.deltaTime);
```

Agora **volte para o editor Unity** e clique no botão Play na barra de ferramentas para iniciar o jogo:

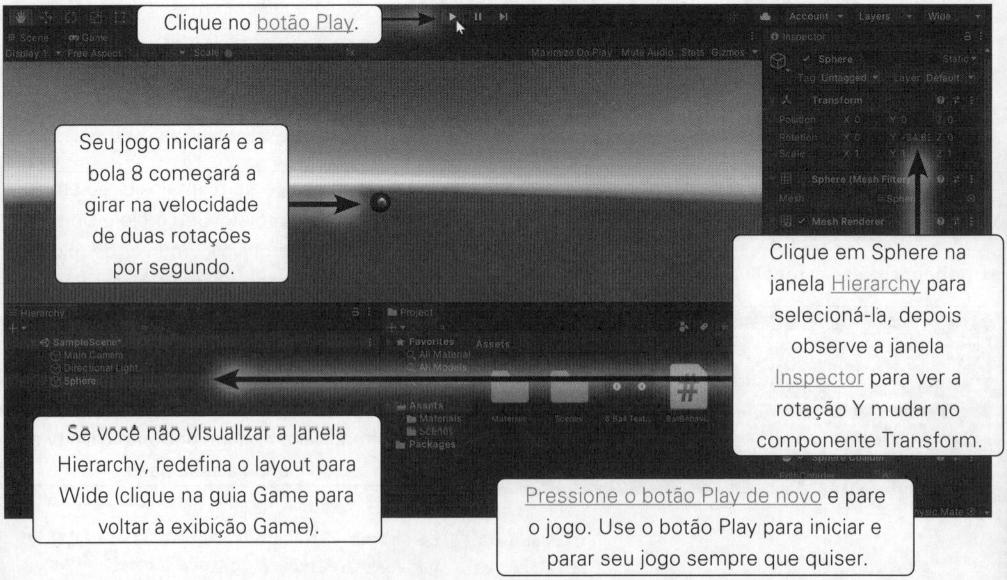
Clique no botão Play.
Seu jogo iniciará e a bola 8 começará a girar na velocidade de duas rotações por segundo.
Clique em Sphere na janela Hierarchy para selecioná-la, depois observe a janela Inspector para ver a rotação Y mudar no componente Transform.
Se você não visualizar a janela Hierarchy, redefina o layout para Wide (clique na guia Game para voltar à exibição Game).
Pressione o botão Play de novo e pare o jogo. Use o botão Play para iniciar e parar seu jogo sempre que quiser.

Seu Código de Perto

```
using System.Collections;
using System.Collections.Generic;
using UnityEngine;

public class BallBehaviour :
MonoBehaviour
{
   // Start é chamado antes da 1ª atualização do quadro
   void Start()
   {

   }

   // Update é chamado uma vez por quadro
   void Update()
   {
      transform.Rotate(Vector3.up, 180 * Time.deltaTime);
   }
}
```

Você aprendeu sobre namespaces no Capítulo 2. Quando o Unity criou o arquivo com o script C#, adicionou linhas `using` no topo para poder usar o código no namespace UnityEngine e em outros namespaces normalmente utilizados.

Quadro é um conceito fundamental da animação. O Unity desenha um quadro parado, então desenha o seguinte muito rápido e seus olhos interpretam as mudanças nos dois quadros como movimento. O Unity chama o método Update para todo GameObject antes de cada quadro para que possa mover, girar ou fazer outras alterações necessárias para ele mudar. Um computador mais rápido rodará em uma taxa de quadros mais alta, ou número de quadros por segundo (QPS), que um mais lento.

O método transform.Rotate faz um GameObject girar. O primeiro parâmetro é o eixo para girar. Nesse caso, seu código usou Vector3.up, que o permite girar no eixo Y. O segundo parâmetro é o número de graus a girar.

Computadores diferentes rodarão seu jogo em taxas de quadro diferentes. Se estiver rodando em 30 QPS, queremos uma rotação a cada 60 quadros. Se estiver rodando em 120 QPS, deve girar uma vez a cada 240 quadros. A taxa de quadros do seu jogo pode até mudar se for necessário executar um código mais ou menos complexo.

É aqui que o valor Time.deltaTime é útil. Sempre que o motor do Unity chama o método Update de um GameObject, uma vez por quadro, ele define Time.deltaTime para a fração de um segundo desde o último quadro. Como queremos que nossa bola faça uma rotação completa a cada dois segundos, ou 180° por segundo, tudo o que precisamos fazer é multiplicar por Time.deltaTime para assegurar que ela irá girar exatamente o quanto precisa para esse quadro.

Dentro do método Update, multiplicar qualquer valor por Time.deltaTime o transforma nesse valor por segundo.

Time.deltaTime é estático, e, como vimos no Capítulo 3, você não precisa de uma instância da classe Time para usá-lo.

Adicione um ponto de interrupção para depurar seu jogo

Depure o jogo Unity. Primeiro **pare o jogo** se ainda estiver rodando (pressione o botão Play de novo). Troque para o Visual Studio e **coloque um ponto de interrupção** na linha adicionada ao método Update.

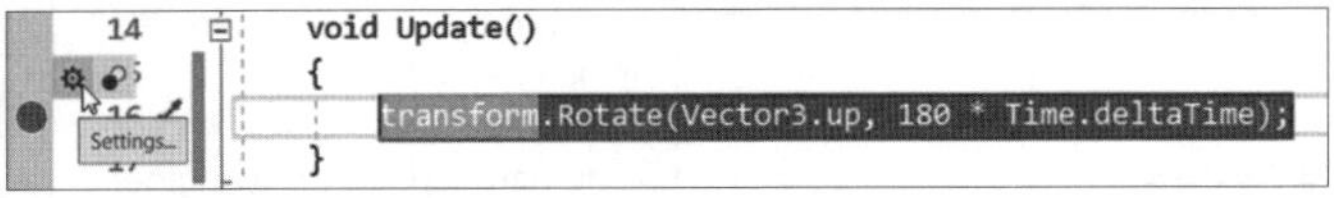
14
void Update()
{
transform.Rotate(Vector3.up, 180 * Time.deltaTime);
}
Settings...

Agora encontre o botão no topo do Visual Studio que inicia o depurador:

- ★ No Windows é — ▶ Attach to Unity — ou escolha Depurar >> Iniciar Depuração (F5) no menu.
- ★ No macOS é — ▶ Debug › Attach to Unity — ou escolha Executar >> Iniciar Depuração (⌘↩).

Clique nesse botão para **iniciar o depurador**. Agora volte para o editor Unity. Se for a primeira vez que você depura o projeto, o editor abrirá uma janela de diálogo com estes botões:

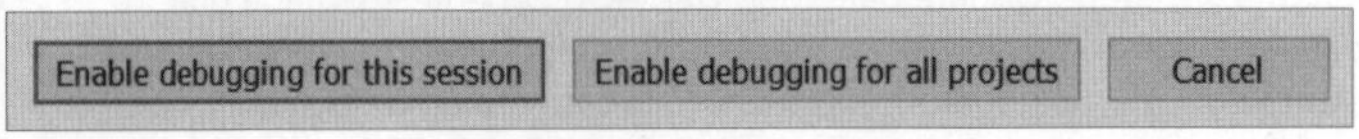
Enable debugging for this session
Enable debugging for all projects
Cancel

Pressione o botão "Habilitar depuração para esta sessão" (ou, se quiser impedir que a janela instantânea apareça de novo, pressione "Habilitar depuração para todos os projetos"). Agora o Visual Studio está ***anexado*** ao Unity, ou seja, ele pode depurar seu jogo.

Pressione o botão Play no Unity para iniciar o jogo. Como o Visual Studio está anexado ao Unity, ele ***para imediatamente*** no ponto de interrupção adicionado, como em qualquer outro definido.

Parabéns, agora você está depurando um jogo!

Use uma contagem de ocorrências para pular quadros

Muitas vezes é útil deixar o jogo rodar por um tempo antes do ponto de interrupção pará-lo. Por exemplo, você pode querer que o jogo gere e mova os inimigos antes de chegar no ponto de interrupção. Informe ao ponto de interrupção para parar a cada 500 quadros. É possível fazer isso adicionando uma **condição Contagem de Ocorrências** ao ponto de interrupção:

- ★ No Windows, clique com o botão direito no ponto de interrupção (●) à esquerda da linha, escolha **Condições** no menu suspenso, selecione *Contagem de Ocorrências* e *É um múltiplo de* nos menus suspensos, então insira 500 na caixa:

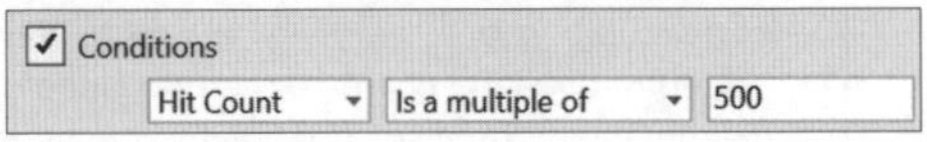
Conditions
Hit Count
Is a multiple of
500

- ★ No macOS, clique com o botão direito no ponto de interrupção (◎), escolha **Editar ponto de interrupção...** no menu, então escolha *Quando a contagem de ocorrências for um múltiplo de* no menu suspenso e insira 500 na caixa:

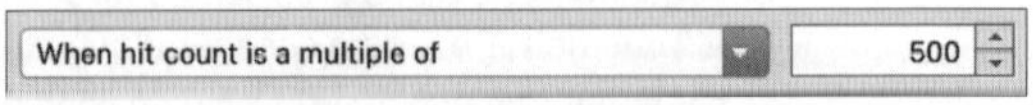
When hit count is a multiple of
500

Agora o ponto de interrupção fará uma pausa no jogo a cada 500 vezes que o método Update é executado, ou a cada 500 quadros. Se o jogo rodar a 60 QPS, isso significa que, quando você pressionar Continuar, ele rodará um pouco acima de 8 segundos antes de parar de novo. **Pressione Continuar, volte para o Unity** e veja a bola girar até o ponto de interrupção parar.

Use o depurador para entender Time. deltaTime

Você usará Time.deltaTime em muitos projetos Unity Labs. Vamos aproveitar seu ponto de interrupção e usar o depurador para entender bem o que acontece com esse valor.

Com o jogo pausado no ponto de interrupção no Visual Studio, **passe o mouse sobre Time.deltaTime** para ver a fração de um segundo transcorrido desde o quadro anterior (é preciso colocar o mouse sobre `deltaTime`). Então, **adicione uma inspeção para Time.deltaTime** selecionando Time.deltaTime e escolhendo Adicionar Inspeção no menu, clicando com o botão direito.

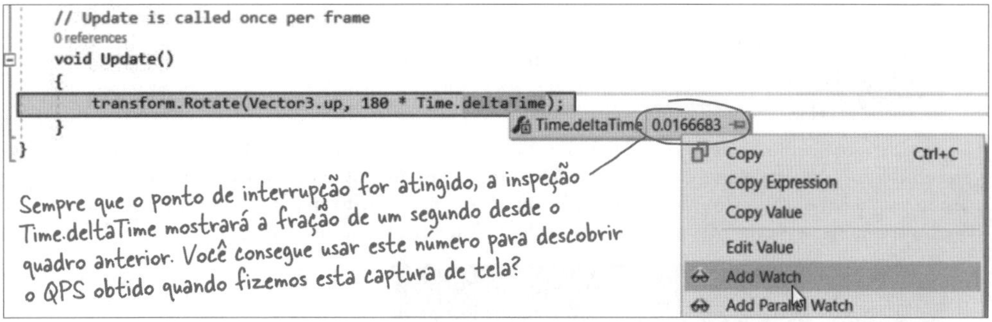
// Update is called once per frame
0 references
void Update()
{
transform.Rotate(Vector3.up, 180 * Time.deltaTime);
}
}
Time.deltaTime 0.0166683
Copy Ctrl+C
Copy Expression
Copy Value
Edit Value
Add Watch
Add Parallel Watch
Sempre que o ponto de interrupção for atingido, a inspeção Time.deltaTime mostrará a fração de um segundo desde o quadro anterior. Você consegue usar este número para descobrir o QPS obtido quando fizemos esta captura de tela?

Continue depurando (F5 no Windows, ⇧⌘↩ no macOS, como nos outros apps depurados) para retomar o jogo. A bola começará a girar de novo e, após outros 500 quadros, o ponto de interrupção será acionado novamente. Você pode continuar executando o jogo em 500 quadros por vez. Fique atento à janela Assistir sempre que ele para.

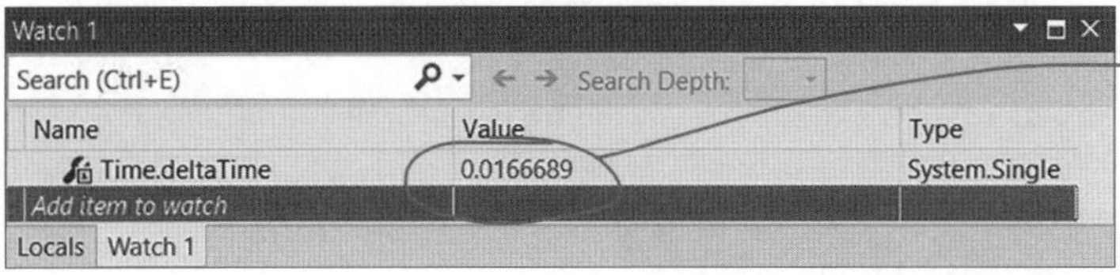
Watch 1
Search (Ctrl+E)
Search Depth:
Name
Value
Type
Time.deltaTime
0.0166689
System.Single
Add item to watch
Locals
Watch 1

Pressione o botão Continuar para obter outro valor Time. deltaTime, depois outro. Você pode obter um QPS aproximado dividindo 1 ÷ Time.deltaTime.

Pare de depurar (Shift+F5 no Windows, ⇧⌘↩ no macOS) e pare o programa. Então, **comece a depurar de novo.** Como seu jogo ainda está rodando, o ponto de interrupção continuará a trabalhar quando você reanexar o Visual Studio ao Unity. Quando terminar a depuração, **ative/desative seu ponto de interrupção mais uma vez** para que o IDE ainda o controle, mas não pare quando chegar nele. **Pare de depurar** de novo para desanexar do Unity.

Volte para o Unity e **pare o jogo**; salve-o porque o botão Play não salva o jogo automaticamente.

O botão Play no Unity inicia e para seu jogo. O Visual Studio fica anexado ao Unity mesmo quando o jogo é parado.

PODER DO CÉREBRO

Depure seu jogo de novo e passe o mouse sobre **`Vector3.up`** para examinar seu valor; você precisa colocar o cursor sobre ele. O valor é (0.0, 1.0, 0.0). O que você acha que isso significa?

Adicione um cilindro para mostrar o eixo Y

Sua esfera gira no eixo Y bem no centro da cena. Vamos adicionar um cilindro muito alto e fino para torná-la visível. ***Crie um novo cilindro*** escolhendo *3D Object >> Cylinder* no menu GameObject. Veja se está selecionado na janela Hierarchy, depois veja a janela Inspector e verifique se o Unity o criou na posição (0, 0, 0); se não, use o menu contextual (⋮) para redefini-lo.

Vamos tornar o cilindro alto e fino. Escolha a ferramenta Scale na barra de ferramentas: clique nela ( ) ou pressione a tecla R. Você deve ver Scale Gizmo aparecer no cilindro:

Scale Gizmo se parece muito com Move Gizmo, exceto que tem cubos no lugar de cones no fim de cada eixo. Seu novo cilindro está sobre a esfera; você pode ver só um pouco da esfera aparecendo no meio do cilindro. Quando tornar o cilindro mais estreito mudando sua escala nos eixos X e Z, a esfera aparecerá.

Clique e arraste o cubo verde superior para cima a fim de alongá-lo no eixo Y. Depois clique no cubo vermelho à esquerda e arraste-o em direção ao cilindro para que fique bem estreito no eixo X e faça o mesmo com o cubo azul à direita no eixo Z. Observe o painel Transform em Inspector conforme a escala do cilindro muda; a escala Y ficará maior e os valores X e Z ficarão muito menores.

Transform			
Position	X 0	Y 0	Z 0
Rotation	X 0	Y 0	Z 0
Scale	X 0.2175312	Y 6.331524	Z 0.2783782

Clique no rótulo X na linha Scale no painel Transform e arraste para cima e para baixo. Clique no rótulo X real à esquerda da caixa de entrada com o número. Ao clicar no rótulo ele muda para azul e aparece uma caixa em torno do valor X. Conforme arrasta o mouse para cima e para baixo, o número na caixa aumenta e diminui, e a exibição Scene atualiza a escala de acordo. Veja com atenção quando arrastar; a escala pode ser positiva e negativa.

Agora **selecione o número dentro da caixa X e digite .1** — o cilindro fica bem fino. Pressione Tab e digite 20, depois pressione Tab de novo, digite .1 e pressione Enter.

Transform			
Position	X 0	Y 0	Z 0
Rotation	X 0	Y 0	Z 0
Scale	X 0.1	Y 20	Z 0.1

Agora sua esfera tem um cilindro muito longo passando por ela, o que mostra o eixo Y, sendo Y = 0.

Adicione campos à classe para o ângulo de rotação e a velocidade

No Capítulo 3 você aprendeu como as classes do C# podem ter **campos** que armazenam valores que os métodos podem usar. Vamos modificar seu código para usar campos. Adicione estas quatro linhas logo abaixo da declaração da classe, **imediatamente após a primeira chave {:**

```
public class BallBehaviour : MonoBehaviour
{
    public float XRotation = 0;
    public float YRotation = 1;
    public float ZRotation = 0;
    public float DegreesPerSecond = 180;
```

São como os campos adicionados aos projetos nos Capítulos 3 e 4. São variáveis que controlam seus valores; sempre que Update é chamado, ele reutiliza o mesmo campo repetidamente.

Os campos XRotation, YRotation e ZRotation contêm um valor entre 0 e 1, que você combinará para criar um **vetor** que determina a direção em que a bola irá girar:

```
new Vector3(XRotation, YRotation, ZRotation)
```

O campo DegreesPerSecond contém o número de graus a girar por segundo, que você multiplicará por Time.deltaTime como fez antes. **Modifique seu método Update para usar os campos.** Esse novo código cria uma variável Vector3 chamada `axis` e a passa para o método transform.Rotate:

```
void Update()
{
    Vector3 axis = new Vector3(XRotation, YRotation, ZRotation);
    transform.Rotate(axis, DegreesPerSecond * Time.deltaTime);
}
```

Selecione Sphere na janela Hierarchy. Agora os campos aparecerão no componente Script. Quando esse componente apresenta os campos, ele adiciona espaços entre as letras maiúsculas para facilitar a leitura.

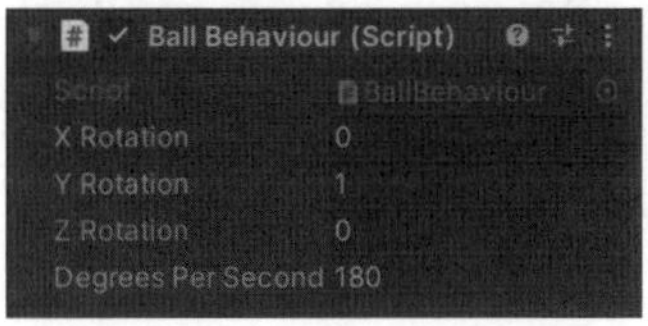
Ball Behaviour (Script)
Script
BallBehaviour
X Rotation 0
Y Rotation 1
Z Rotation 0
Degrees Per Second 180

Quando você adiciona campos public a uma classe no script Unity, o componente Script mostra caixas de entrada que permitem modificar esses campos. Se você modificá-los quando o jogo não estiver rodando, os campos atualizados serão salvos com a cena. Também é possível modificá-los com o jogo em execução, mas eles serão revertidos quando parar jogo.

Rode o jogo de novo. ***Com ele em execução***, selecione Sphere na janela Hierarchy e mude os graus por segundo para 360 ou 90; a bola começa a girar duas vezes a velocidade ou na metade dela. Pare o jogo e o campo será redefinido para 180.

Com o jogo parado, use o editor Unity para mudar o campo X Rotation para 1 e o campo Y Rotation para 0. Inicie o jogo; a bola irá girar, se afastando de você. Clique no rótulo X Rotation, arraste-o para cima e para baixo a fim de mudar o valor com o jogo rodando. Assim que o número fica negativo, a bola começa a girar em sua direção. Quando fica positivo, ela começa girar se afastando.

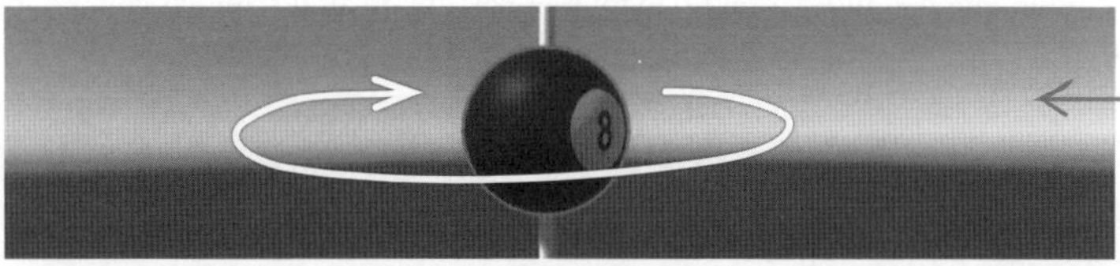

Ao usar o editor Unity para definir o campo Y Rotation para 1 e iniciar o jogo, a bola gira para a direita no eixo Y.

Use Debug.DrawRay para explorar como os vetores em 3D funcionam

Vetor é um valor com **comprimento** (ou magnitude) e **direção**. Se você já estudou sobre vetores em Matemática, é provável que tenha visto muitos diagramas como este de um vetor em 2D:

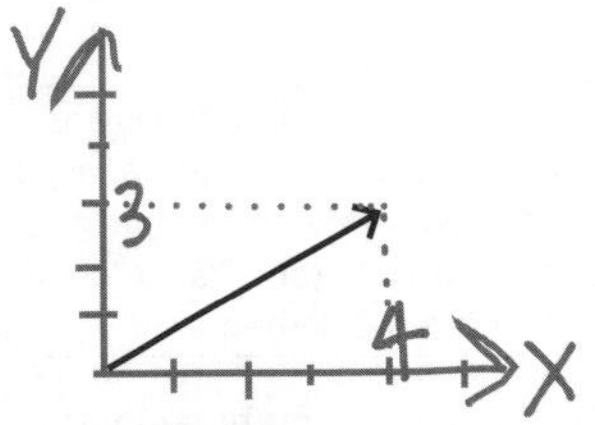
Y
3
4
X

Veja o diagrama de um vetor bidimensional. Você pode representá-lo com dois números: seus valores no eixo X (4) e no eixo Y (3), normalmente escritos como (4, 3).

Não é difícil entender... intelectualmente falando. Mas, mesmo quem teve aula sobre vetores em Matemática, nem sempre tem uma noção ***clara*** sobre como eles funcionam, sobretudo em 3D. Veja outra área na qual podemos usar o C# e o Unity como ferramenta de aprendizagem e de exploração.

Use o Unity para visualizar vetores em 3D

Você adicionará código ao seu jogo para ajudar a realmente "ficar por dentro" dos vetores em 3D. Comece vendo de perto a primeira linha do seu método Update:

```
Vector3 axis = new Vector3(XRotation, YRotation, ZRotation);
```

O que essa linha nos informa sobre o vetor?

★ **Tem um tipo: `Vector3`.** Toda declaração da variável começa com um tipo. Em vez de usar string, int ou bool, você a declara com o tipo Vector3. É um tipo que o Unity usa para os vetores em 3D.

★ **Tem um nome da variável: `axis`.**

★ **Usa a palavra-chave new para criar `Vector3`.** Usa os campos XRotation, YRotation e ZRotation para criar um vetor com esses valores.

Como é um vetor em 3D? Não precisa imaginar, podemos usar uma das ferramentas de depuração do Unity para desenhar o vetor. **Adicione esta linha de código ao final do método Update:**

```
void Update()
{
    Vector3 axis = new Vector3(XRotation, YRotation, ZRotation);
    transform.Rotate(axis, DegreesPerSecond * Time.deltaTime);
    Debug.DrawRay(Vector3.zero, axis, Color.yellow);
}
```

O método Debug.DrawRay é um método especial que o Unity fornece para ajudar a depurar jogos. Ele desenha um **raio**, que é um vetor que vai de um ponto a outro, e obtém parâmetros para seu ponto inicial, ponto final e cor. Há um porém: ***o raio só aparece na exibição Scene***. Os métodos na classe Debug do Unity são designados de modo que não interfiram no jogo. Eles costumam afetar apenas como o jogo interage com o editor Unity.

Rode o jogo e veja o raio na exibição Scene

Agora execute o jogo de novo. Você não verá nada diferente na exibição Game porque Debug.DrawRay é uma ferramenta de depuração que não afeta a jogabilidade. Use a guia Scene para **trocar para a exibição Scene**. Você também precisa **redefinir o layout Wide** escolhendo Wide no menu suspenso Layout.

Scene
Game
Shaded
2D

Você voltou para a exibição Scene familiar. Faça isso para ter uma ideia real sobre como funcionam os vetores em 3D:

★ Use Inspector para **modificar os campos do script BallBehaviour**. Defina X Rotation para 0, Y Rotation para 0 e **Z Rotation para 3**. Agora deverá visualizar um raio saindo diretamente do eixo Z e a bola girando nele (lembre-se, o raio só aparece na exibição Scene).

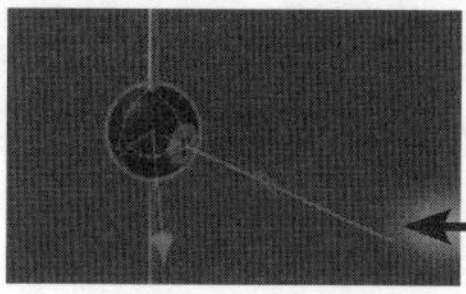

O vetor (0, 0, 3) se estende por 3 unidades no eixo Z. Veja com atenção a grade no editor Unity; o vetor tem exatas 3 unidades. Tente clicar e arrastar o rótulo Z Rotation no componente Script em Inspector. O raio ficará maior ou menor conforme arrasta. Quando o valor Z no vetor é negativo, a bola gira na outra direção.

★ Defina Z Rotation de volta para 3. Experimente arrastar os valores X Rotation e Y Rotation para ver o que eles fazem com o raio. Redefina o componente Transform sempre que os mudar.

★ Use as ferramentas Hand e Scene Gizmo para ter a melhor visão. Clique no cone X em Scene Gizmo para defini-lo para a exibição à direita. Continue clicando nos cones em Scene Gizmo até ver a exibição de frente. É fácil se perder; você pode **redefinir o layout Wide para voltar a uma exibição familiar**.

Adicione uma duração ao raio para ele deixar um rastro

Você pode adicionar um quarto argumento à chamada do método Debug.DrawRay que especifica o número de segundos que o raio deve ficar na tela. Adicione **.5f** para que cada raio fique na tela por meio segundo:

```
Debug.DrawRay(Vector3.zero, axis, Color.yellow, .5f);
```

Agora rode o jogo de novo e troque para a exibição Scene. Quando arrastar os números para cima e para baixo, verá um rastro de raios para trás. Isso é muito interessante, porém o mais importante é que é uma ótima ferramenta para visualizar os vetores em 3D.

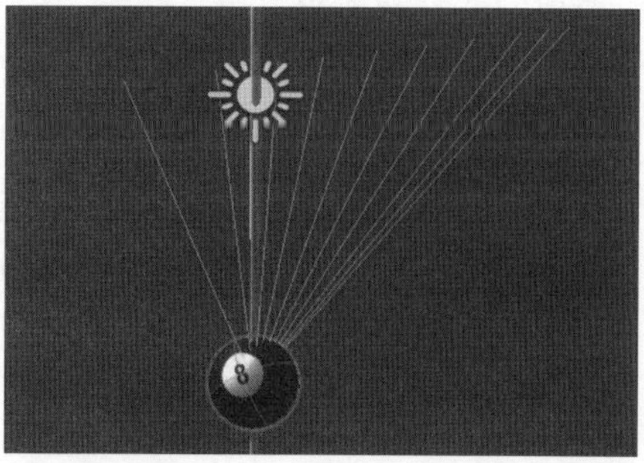

Fazer o raio deixar um rastro é uma boa maneira de ajudar a desenvolver uma noção clara de como os vetores em 3D funcionam.

Gire a bola em um ponto na cena

Seu código chama o método transform.Rotate para girar sua bola no centro, o que muda seus valores de rotação X, Y e Z. **Selecione Sphere na janela Hierarchy e mude sua posição X para 5** no componente Transform. Então, **use o menu contextual (⋮) no componente Script BallBehaviour** para redefinir seus campos. Rode o jogo de novo; agora a bola estará na posição (5, 0, 0) e girando em seu próprio eixo Y.

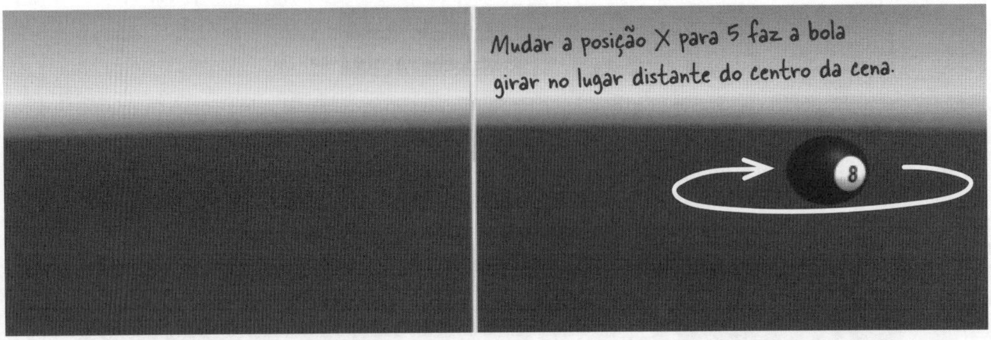
Mudar a posição X para 5 faz a bola girar no lugar distante do centro da cena.

Vamos modificar o método Update para usar um tipo diferente de rotação. Agora faremos a bola girar no ponto central da cena, na coordenada (0, 0, 0), usando o **método transform.RotateAround**, que gira um GameObject em torno de um ponto na cena (é *diferente* do método transform.Rotate usado antes, que gira um GameObject em seu centro). Seu primeiro parâmetro é o ponto para girar ao redor. Usaremos **Vector3.zero** para esse parâmetro, que é um atalho para escrever `new Vector3(0, 0, 0)`.

Veja o novo método Update:

Este novo método Update gira a bola no ponto (0, 0, 0) na cena.

```
void Update()
{
    Vector3 axis = new Vector3(XRotation, YRotation, ZRotation);
    transform.RotateAround(Vector3.zero, axis, DegreesPerSecond * Time.
deltaTime);
    Debug.DrawRay(Vector3.zero, axis, Color.yellow, .5f);
}
```

Agora execute seu código. Desta vez, ele gira a bola em um grande círculo em torno do ponto central:

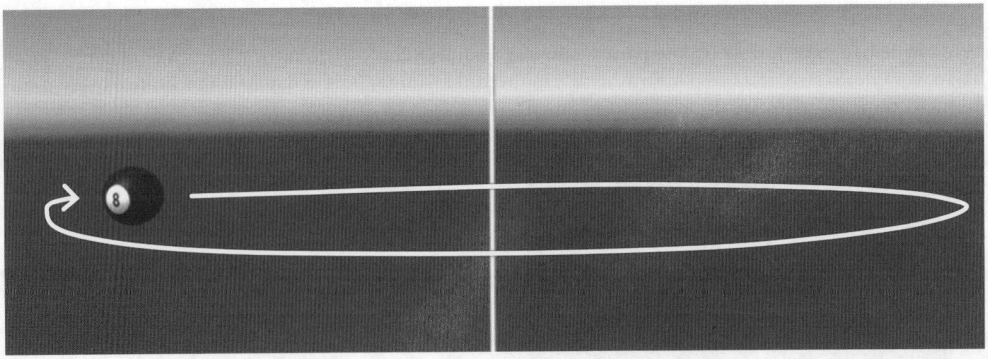

Use o Unity para ver melhor a rotação e os vetores

Vamos trabalhar com objetos em 3D e cenas no resto dos Unity Labs neste livro. Mesmo as pessoas que passam muito tempo jogando videogames em 3D não têm uma noção correta sobre como os vetores e os objetos em 3D funcionam, nem sobre como mover e girar em um espaço em 3D. Por sorte, o Unity é uma ótima ferramenta para **explorar como os objetos em 3D funcionam**. Vamos experimentar agora.

Com o código em execução, tente mudar os parâmetros para experimentar a rotação:

★ **Volte para a exibição Scene** de modo a ver o raio que Debug.DrawRay renderiza no método BallBehaviour.Update.

★ Use a janela Hierarchy para **selecionar Sphere**. Você deve ver seus componentes na janela Inspector.

★ Mude os valores **X Rotation, Y Rotation e Z Rotation** no componente Script para **10** para ver o vetor renderizado como um raio longo. Use a ferramenta Hand (Q) para girar a exibição Scene até conseguir ver claramente o raio.

★ Use o menu contextual do componente Transform (⋮) para **redefinir o componente Transform**. Como o centro da esfera agora está no ponto zero na cena, (0, 0, 0), ela irá girar em torno de seu próprio eixo.

★ Depois **mude a posição X** no componente Transform para **2**. Agora a bola deve girar em torno do vetor. Você verá a bola fazer uma sombra no cilindro do eixo Y quando ela se aproximar.

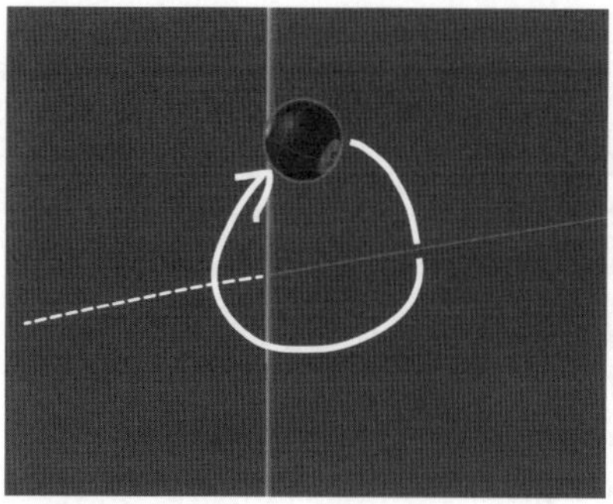

Com o jogo rodando: defina os campos X, Y e Z Rotation no componente BallBehaviour Script para 10; redefina o componente Transform da esfera; e mude sua posição X para 2. Assim que fizer isso, ela começará a girar em torno do raio.

Tente **repetir as três últimas etapas** para diferentes valores das rotações X, Y e Z, redefinindo o componente Transform a cada vez para iniciar em um ponto fixo. Tente clicar nos rótulos do campo de rotação e arraste-os para cima e para baixo; veja se consegue ter uma ideia sobre como a rotação funciona.

O Unity é uma ótima ferramenta para explorar como os objetos em 3D funcionam modificando as propriedades nos GameObjects em tempo real.

Seja criativo!

Esta é sua chance de **experimentar sozinho o C# e o Unity**. Você viu o básico sobre como combinar C# e GameObjects do Unity. Pare um pouco e lide com as diferentes ferramentas e métodos do Unity que aprendeu nos dois primeiros Unity Labs. Algumas ideias:

★ Adicione cubos, cilindros ou cápsulas à cena. Anexe novos scripts a eles (dê a cada script um nome exclusivo!) e faça-os girar de modos diferentes.

★ Tente colocar os GameObjects giratórios em posições diferentes na cena. Veja se consegue criar padrões visuais interessantes a partir de vários deles.

★ Tente adicionar uma luz à cena. O que acontece ao usar transform.rotateAround para girar a nova luz em vários eixos?

★ Um desafio de codificação rápido: tente usar += para adicionar um valor a um dos campos no script BallBehaviour. Multiplique esse valor por Time.deltaTime. Tente adicionar uma declaração `if` que redefine o tempo para 0, caso fique muito grande.

Reserve um tempo para experimentar as ferramentas e as técnicas que acabou de aprender. É uma ótima maneira de aproveitar o Unity e o Visual Studio como ferramentas para exploração e aprendizagem.

Antes de rodar o código, tente descobrir o que ele fará. Ele agiu como o esperado? Tentar prever como o código adicionado agirá é uma ótima técnica para melhorar no C#.

PONTOS DE BALA

- **Scene Gizmo** sempre mostra a orientação da câmera.
- Você pode **anexar um script C#** a qualquer GameObject. O método Update do script será chamado uma vez por quadro.
- O **método transform.Rotate** faz um GameObject girar um número de graus em um eixo.
- No método Update, multiplicar qualquer valor por **Time.deltaTime** o transforma nesse valor por segundo.
- Você pode **anexar** o depurador Visual Studio ao Unity para depurar seu jogo durante a execução. Ele ficará anexado ao Unity mesmo quando o jogo não estiver sendo executado.
- Adicionar uma **condição Contagem de Ocorrências** a um ponto de interrupção faz ele parar após a declaração ter sido executada certo número de vezes.
- **Campo** é uma variável que reside em uma classe fora de seus métodos e mantém seu valor entre as chamadas do método.
- Adicionar campos public à classe no script Unity faz o componente Script mostrar **caixas de entrada que permitem modificar esses campos**. Ele adiciona espaços entre as letras maiúsculas nos nomes do campo para facilitar a leitura.
- Você pode criar vetores em 3D usando **`new Vector3`** (você aprendeu a palavra-chave `new` no Capítulo 3.)
- O **método Debug.DrawRay** desenha um vetor na exibição Scene (mas não na exibição Game). Você pode usar vetores como uma ferramenta de depuração, mas também como aprendizagem.
- O **método transform.RotateAround** gira um GameObject em um ponto na cena.

5 encapsulamento

Mantenha sua privacidade... privada

TUDO BEM LER O DIÁRIO DO CAIO, NÉ?
CLARO! SE ELE NÃO QUISESSE QUE A GENTE LESSE, TERIA DADO *UMA DICA* DE QUE NÃO QUERIA.
FORA
Diário SECRETO do Caio
SÓ PARA CAIO

Já quis ter um pouco mais de privacidade?

Às vezes seus objetos parecem iguais. Assim como você não quer um estranho lendo seu diário ou folheando seu extrato bancário, os bons objetos não permitem que ***outros*** objetos metam o nariz em seus campos. Neste capítulo, você aprenderá sobre o poder do **encapsulamento**, um modo de programar que o ajuda a tornar o código flexível, fácil de usar e difícil de abusar. Você **tornará privados os dados dos objetos** e adicionará **propriedades** para proteger como esses dados são acessados.

Ajudando Owen com os danos

Owen ficou tão feliz com a calculadora de pontuação da habilidade que deseja criar mais programas C# compatíveis com seus jogos, e você irá ajudá-lo. No jogo executado atualmente, sempre que há um ataque com espada, ele rola os dados e usa uma fórmula que calcula o dano. Owen escreveu como funciona a **fórmula de danos com espada** nas anotações do jogo.

Veja **uma classe chamada SwordDamage** que faz o cálculo. Leia o código com cuidado; você criará um app que a utiliza.

Veja a descrição da fórmula de dados com espada nas anotações de Owen.

* PARA DESCOBRIR OS PONTOS DE GOLPE (HP, HIT POINTS) DOS DANOS PARA UM ATAQUE COM ESPADA, ROLE 3D6 (TRÊS DADOS DE 6 LADOS) E ADICIONE "DANOS BÁSICOS" DE 3HP.
* ALGUMAS ESPADAS ESTÃO EM CHAMAS, CAUSANDO 2HP DE DANOS EXTRAS.
* ALGUMAS ESPADAS SÃO MÁGICAS. PARA ESSAS, O DADO 3D6 É MULTIPLICADO POR 1.75 E ARREDONDADO PARA BAIXO; O DANO BÁSICO E O DANO EM CHAMAS SÃO ADICIONADOS AO RESULTADO.

```
class SwordDamage
{
  public const int BASE_DAMAGE = 3;
  public const int FLAME_DAMAGE = 2;

  public int Roll;
  public decimal MagicMultiplier = 1M;
  public int FlamingDamage = 0;
  public int Damage;

  public void CalculateDamage()
  {
    Damage = (int)(Roll * MagicMultiplier) + BASE_DAMAGE + FlamingDamage;
  }

  public void SetMagic(bool isMagic)
  {
    if (isMagic)
    {
      MagicMultiplier = 1.75M;
    }
    else
    {
      MagicMultiplier = 1M;
    }
    CalculateDamage();
  }

  public void SetFlaming(bool isFlaming)
  {
    CalculateDamage();
    if (isFlaming)
    {
      Damage += FLAME_DAMAGE;
    }
  }
}
```

Eis uma ferramenta C# útil. Como o dano básico ou o dano em chamas não será alterado pelo programa, você pode usar a palavra-chave **const** para declará-los como constantes, que parecem variáveis, exceto que seu valor nunca pode ser alterado. Se você escrever um código e tentar mudar uma constante, verá um erro no compilador.

Aqui a fórmula dos danos é calculada. Pare um pouco e leia o código para ver como ele implementa a fórmula.

Como as espadas em chamas causam um dano extra ao rolar o dado, o método SetFlaming calcula o dano e adiciona FLAME_DAMAGE.

AGORA POSSO PASSAR MENOS TEMPO CALCULANDO OS DANOS E MAIS TEMPO TORNANDO O JOGO DIVERTIDO PARA OS JOGADORES.

Crie um aplicativo de console para calcular os danos

Criaremos um aplicativo de console para Owen que usa a classe SwordDamage. Ele escreverá um prompt no console pedindo ao usuário para especificar se a espada é mágica e/ou em chamas, depois fará o cálculo. Um exemplo de saída do app:

```
0 for no magic/flaming, 1 for magic, 2 for flaming, 3 for both, anything else to
quit: 0
Rolled 11 for 14 HP
```

Rolar 11 para uma espada normal resultará em 11 + 3 = 14 HP de danos.

```
0 for no magic/flaming, 1 for magic, 2 for flaming, 3 for both, anything else to
quit: 0
Rolled 15 for 18 HP

0 for no magic/flaming, 1 for magic, 2 for flaming, 3 for both, anything else to
quit: 1
Rolled 11 for 22 HP
```

Rolar 11 para uma espada mágica resultará em (arredondar para baixo 11 × 1.75 = 19) + 3 = 22.

```
0 for no magic/flaming, 1 for magic, 2 for flaming, 3 for both, anything else to
quit: 1
Rolled 8 for 17 HP

0 for no magic/flaming, 1 for magic, 2 for flaming, 3 for both, anything else to
quit: 2
Rolled 10 for 15 HP
```

Rolar 17 para uma espada mágica em chamas resultará em (arredondar para baixo 17 × 1.75 = 29) + 3 + 2 = 34.

```
0 for no magic/flaming, 1 for magic, 2 for flaming, 3 for both, anything else to
quit: 3
Rolled 17 for 34 HP

0 for no magic/flaming, 1 for magic, 2 for flaming, 3 for both, anything else to
            quit: q Press any key to continue…
```

Exercício

Desenhe um diagrama de classe para a classe SwordDamage. **Então, crie um novo aplicativo de console** e adicione a classe SwordDamage. Ao inserir o código com cuidado, preste muita atenção em como os métodos SetMagic e SetFlaming funcionam, e como diferem entre si. Assim que estiver certo de que entendeu, poderá criar o método Main. Veja o que ele fará:

1. Crie uma nova instância da classe SwordDamage e também de Random.
2. Escreva o prompt no console e leia a tecla. Chame Console.ReadKey(false) para que a tecla digitada pelo usuário seja escrita no console. Se a tecla não for 0, 1, 2 ou 3, volte com `return` para o fim do programa.
3. Role 3d6 chamando random.Next(1, 7) três vezes, somando os resultados, e defina o campo Roll.
4. Se o usuário pressionou 1 ou 3, chame SetMagic(true); do contrário chame SetMagic(false). Você não precisa de uma declaração `if` para isto: `key == '1'` retorna true, assim você pode usar `||` para verificar a tecla diretamente dentro do argumento.
5. Se o usuário pressionou 2 ou 3, chame SetFlaming(true); do contrário chame SetFlaming(false). De novo, é possível fazer isso em uma única declaração usando == e ||.
6. Escreva os resultados no console. Veja bem a saída e use `\n` para inserir quebras de linha no local que precisar.

Exercício
Solução

Este aplicativo de console rola dados para os danos criando uma nova instância da classe SwordDamage que fornecemos (e uma instância de Random para gerar 3d6) e gera a saída que corresponde ao exemplo.

SwordDamage
Roll
MagicMultiplier
FlamingDamage
Damage
CalculateDamage
SetMagic
SetFlaming

```
public static void Main(string[] args)
{
  Random random = new Random();
  SwordDamage swordDamage = new SwordDamage();
  while (true)
  {
    Console.Write("0 for no magic/flaming, 1 for magic, 2 for flaming, " +
            "3 for both, anything else to quit: ");
    char key = Console.ReadKey().KeyChar;
    if (key != '0' && key != '1' && key != '2' && key != '3') return;
    int roll = random.Next(1, 7) + random.Next(1, 7) + random.Next(1, 7);
    swordDamage.Roll = roll;
    swordDamage.SetMagic(key == '1' || key == '3');
    swordDamage.SetFlaming(key == '2' || key == '3');
    Console.WriteLine("\nRolled " + roll + " for " + swordDamage.Damage + "
HP\n");
  }
}
```

EXCELENTE! MAS SERÁ QUE... VOCÊ ACHA QUE CONSEGUE CRIAR UM ***APP MAIS VISUAL***?

Sim! Podemos criar um app WPF que usa a mesma classe.

Encontraremos um meio de **reutilizar** a classe SwordDamage em um app WPF. O primeiro desafio é como fornecer uma interface do usuário *clara e intuitiva*. Uma espada pode ser mágica, estar em chamas, ser ambas ou nada, então precisamos descobrir como queremos lidar com isso em uma GUI, e há muitas opções. Poderíamos ter um botão de opção ou uma lista suspensa com quatro opções, como o aplicativo de console que fornece quatro opções. Mas achamos que ficaria mais claro e visualmente mais óbvio usar **caixas de seleção**.

No WPF, CheckBox usa a propriedade Content para exibir o rótulo à direita da caixa, assim como Button usa a propriedade Content para o texto mostrado. Temos os métodos SetMagic e SetFlaming, então podemos usar os **eventos Checked e Unchecked** do controle CheckBox que permitem especificar os métodos chamados quando o usuário marca ou desmarca a caixa.

Vá para o Guia do Aluno Visual Studio para Mac e veja a versão Mac deste projeto.

XAML para uma versão WPF da calculadora de danos

Crie um novo app WPF e defina o título da janela principal para **Sword Damage**, altura para **175** e largura para **300**. Acrescente três linhas e duas colunas à grade. A linha superior deve ter dois controles CheckBox rotulados com Flaming e Magic; a linha do meio tem um controle Button rotulado com "Roll for damage" que se estende nas duas colunas; e a linha inferior tem um controle TextBlock que se estende nas duas colunas.

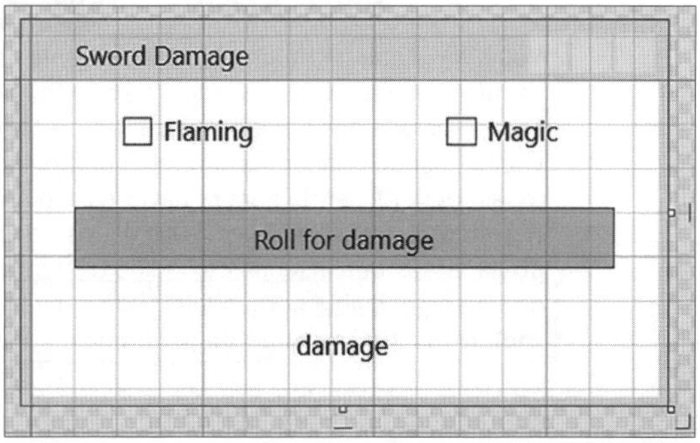

Sword Damage
Flaming
Magic
Roll for damage
damage

Elabore isto!

Selecione um CheckBox, então use o botão Eventos na janela Propriedades para exibir os eventos. Quando inserir o nome do controle no topo da janela, poderá clicar duas vezes nas caixas Checked e Unchecked; o IDE as adicionará automaticamente e usará os nomes do controle para gerar os nomes dos métodos do manipulador de eventos.

Veja o XAML. Você realmente pode usar o designer para criar seu formulário, mas também deve ficar à vontade editando o XAML à mão:

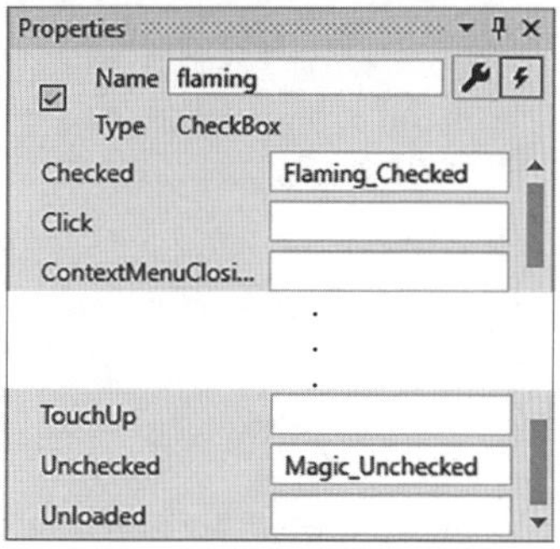

Properties
Name flaming
Type CheckBox
Checked Flaming_Checked
Click
ContextMenuClosi...
TouchUp
Unchecked Magic_Unchecked
Unloaded

Nomeie os controles CheckBox como **magic** e **flaming**, e o controle TextBlock como **damage**. Veja se os nomes aparecem corretamente no XAML, nas propriedades **x:Name**.

```
<Grid>
  <Grid.RowDefinitions>
    <RowDefinition/>
    <RowDefinition/>
    <RowDefinition/>
  </Grid.RowDefinitions>
  <Grid.ColumnDefinitions>
    <ColumnDefinition/>
    <ColumnDefinition/>
  </Grid.ColumnDefinitions>

  <CheckBox x:Name="flaming" Content="Flaming"
      HorizontalAlignment="Center" VerticalAlignment="Center"
      Checked="Flaming_Checked" Unchecked="Flaming_Unchecked"/>

  <CheckBox x:Name="magic" Content="Magic" Grid.Column="1"
      HorizontalAlignment="Center" VerticalAlignment="Center"
      Checked="Magic_Checked" Unchecked="Magic_Unchecked" />

  <Button Grid.Row="1" Grid.ColumnSpan="2" Margin="20,10"
      Content="Roll for damage" Click="Button_Click"/>

  <TextBlock x:Name="damage" Grid.Row="2" Grid.ColumnSpan="2" Text="damage"
        VerticalAlignment="Center" HorizontalAlignment="Center"/>
</Grid>
```

Os manipuladores de evento Checked e Unchecked são chamados quando o usuário marca ou desmarca as caixas.

Este texto será substituído pela saída ("Rolled 17 for 34 HP").

Code-behind para a calculadora de danos WPF

Adicione este code-behind ao app WPF. Ele cria instâncias de SwordDamage e de Random, e faz as caixas de seleção e o botão calcularem os danos:

Faça isto!

Código Pronto para Assar

Você já viu que há *muitos modos diferentes* de escrever código para um programa específico. Para a maioria dos projetos neste livro, é ótimo se você consegue encontrar um meio diferente, mas igualmente eficiente, para resolver o problema. Entretanto, para a calculadora de danos de Owen, gostaríamos que inserisse o código exatamente como aparece aqui porque (alerta de spoiler) **incluímos alguns bugs de propósito**.

```
public partial class MainWindow : Window
{
  Random random = new Random();
  SwordDamage swordDamage = new SwordDamage();

  public MainWindow()
  {
    InitializeComponent();
    swordDamage.SetMagic(false);
    swordDamage.SetFlaming(false);
    RollDice();
  }

  public void RollDice()
  {
    swordDamage.Roll = random.Next(1, 7) + random.Next(1, 7) + random.Next(1, 7);
    DisplayDamage();
  }

  void DisplayDamage()
  {
    damage.Text = "Rolled " + swordDamage.Roll + " for " + swordDamage.Damage + " HP";
  }

  private void Button_Click(object sender, RoutedEventArgs e)
  {
    RollDice();
  }

  private void Flaming_Checked(object sender, RoutedEventArgs e)
  {
    swordDamage.SetFlaming(true);
    DisplayDamage();
  }

  private void Flaming_Unchecked(object sender, RoutedEventArgs e)
  {
    swordDamage.SetFlaming(false);
    DisplayDamage();
  }

  private void Magic_Checked(object sender, RoutedEventArgs e)
  {
    swordDamage.SetMagic(true);
    DisplayDamage();
  }

  private void Magic_Unchecked(object sender, RoutedEventArgs e)
  {
    swordDamage.SetMagic(false);
    DisplayDamage();
  }
}
```

Leia este código com muito cuidado. Consegue identificar algum bug antes de executá-lo?

Conversa sobre jogos de tabuleiro (ou quem sabe... discussão sobre rolar dados?)

É a noite de jogos! A reunião de Owen terminou e ele está para revelar sua calculadora novinha de danos com espada. Vejamos como é isso.

OK, GRUPO,
TEMOS UMA NOVA REGRA DO JOGO.
PREPARE-SE PARA SE ENCANTAR COM O NOVO
FEITO DA *MARAVILHA TECNOLÓGICA*.

Jayden: Owen, sobre o que você está falando?

Owen: Estou falando sobre este novo app que calculará os danos com espada... ***automaticamente***.

Matheus: Porque rolar dados é muito, muito difícil.

Jayden: Qual é, pessoal, sem sarcasmo. Vamos experimentar.

Owen: Obrigado, Jayden. É a hora certa porque Betânia acabou de atacar a vaca enfurecida com sua espada mágica em chamas. Continue, Betânia. Tente.

Betânia: Certo. Iniciamos o app. Marquei a caixa Magic. Parece o bom e velho dado, mas vou clicar para rolar, jogar de novo e...

Jayden: Espere, não está certo. Você rolou 14, mas ainda informa 3 HP. Clique mais uma vez. Rolou 11 para 3 HP. Clique novamente; 9, 10, 5, tudo mostra 3 HP. Owen, qual o problema?

Betânia: Ei, meio que funciona. Se você clica no dado, então marca as caixas algumas vezes, finalmente aparece a resposta certa. Parece que rolei 10 para obter 22 HP.

Jayden: Isso mesmo. Você só precisa clicar nas coisas em uma **ordem bem específica**. *Primeiro* clicamos para rolar, *depois* marcamos as caixas certas e *só para garantir* marcamos a caixa Flaming duas vezes.

Owen: Certo. Se fizemos as coisas **nessa ordem exata**, o programa funciona. Mas em outra ordem, ele para. Tudo bem, podemos trabalhar com isso.

Matheus: Ou... podemos fazer as coisas do jeito normal, com um dado real?

Betânia e Jayden estão certos. O programa funciona, mas só se as coisas são feitas em uma ordem específica. Fica assim quando inicia.

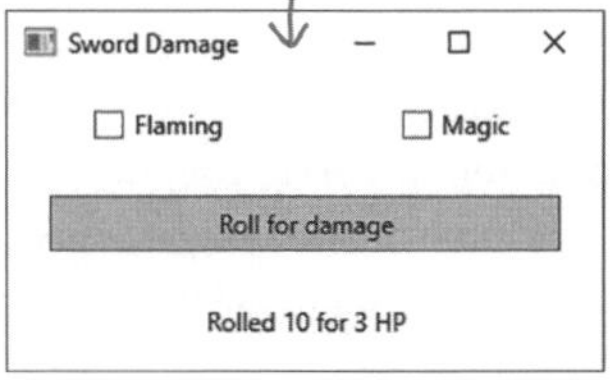
Sword Damage
Flaming
Magic
Roll for damage
Rolled 10 for 3 HP

Vamos tentar calcular o dano para uma espada mágica em chamas marcando primeiro Flaming, então Magic. Oh-oh, o número está errado.

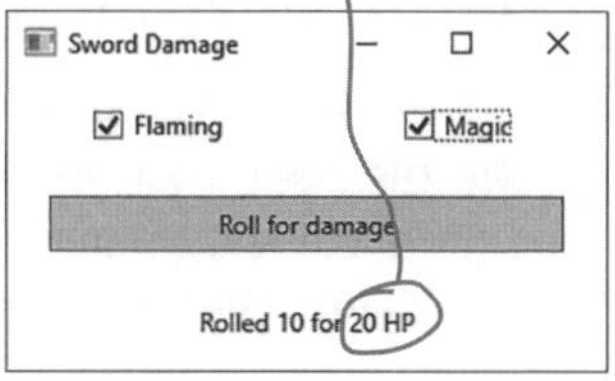
Sword Damage
Flaming
Magic
Roll for damage
Rolled 10 for 20 HP

Mas, assim que clicamos na caixa Flaming duas vezes, ela mostra o número certo.

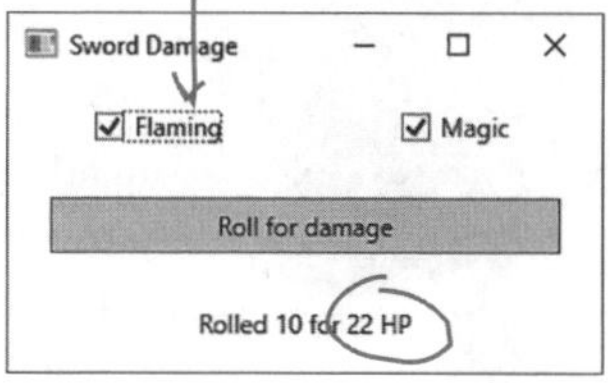
Sword Damage
Flaming
Magic
Roll for damage
Rolled 10 for 22 HP

Vamos tentar corrigir o bug

Ao rodar o programa, qual é a primeira coisa que ele faz? Vejamos melhor este método bem no topo da classe MainWindow com code-behind para a janela:

```
public partial class MainWindow : Window
{
  Random random = new Random();
  SwordDamage swordDamage = new SwordDamage();

  public MainWindow()
  {
    InitializeComponent();
    swordDamage.SetMagic(false);
    swordDamage.SetFlaming(false);
    RollDice();
  }
```

Este método é um construtor. É chamado quando a classe MainWindow é instanciada pela primeira vez; portanto, podemos usá-lo para inicializar a instância. Ele não tem um tipo de retorno e seu nome corresponde ao nome da classe.

Se uma classe tem um construtor, ele é a primeira coisa executada quando uma instância dessa classe é criada. Quando seu app inicia e cria uma instância de MainWindow, primeiro ele inicializa os campos, inclusive criando um novo objeto SwordDamage, depois chama o construtor. Portanto, o programa chama RollDice um pouco antes de mostrar a janela e vemos o problema sempre que clicamos no dado, assim talvez possamos corrigir isso colocando uma solução no método RollDice. **Faça estas alterações no método RollDice**:

Refaça isto!

```
public void RollDice()
{
  swordDamage.Roll = random.Next(1, 7) + random.Next(1, 7) + random.Next(1, 7);
  swordDamage.SetFlaming(flaming.IsChecked.Value);
  swordDamage.SetMagic(magic.IsChecked.Value);
  DisplayDamage();
}
```

Chamar **IsChecked.Value** em uma caixa de seleção retorna **true** se você a marcou ou **false** se não.

Agora **teste o código**. Execute o programa e clique no botão algumas vezes. Até agora tudo bem; os números parecem corretos. Agora **marque a caixa Magic** e clique no botão mais algumas vezes. Certo, parece que nossa correção funcionou! Há só mais uma coisa a testar. **Marque a caixa Flaming**, clique no botão e... ***ops!*** Ainda não funciona. Ao clicar o botão, ele faz a multiplicação mágica de 1.75, mas não adiciona os 3 HP extras para as chamas. Você ainda precisa marcar e desmarcar a caixa de seleção Flaming para obter o número certo. Portanto, o programa ainda tem falhas.

TÍNHAMOS UM PALPITE E ESCREVEMOS ***RÁPIDO*** UM CÓDIGO, MAS ELE NÃO CORRIGIU O PROBLEMA PORQUE ***NÃO REFLETIMOS BEM*** SOBRE O QUE DE FATO CAUSOU O ERRO.

Sempre pense sobre o que causou o bug antes de tentar corrigi-lo.

Quando algo dá errado no código, ***é uma grande tentação se apressar*** e imediatamente começar a escrever mais código para tentar corrigir. Pode parecer que você está agindo rápido, mas é fácil adicionar mais código com erro. Sempre é mais seguro parar para descobrir o que realmente causou o bug, em vez de apenas adicionar uma correção rápida.

Debug.WriteLine para escrever informações de diagnóstico

Nos últimos capítulos você usou o depurador para rastrear os erros, mas não é a única maneira que os desenvolvedores têm para encontrar problemas no código. Na verdade, quando os profissionais tentam rastrear erros no código, uma das coisas mais comuns que eles fazem primeiro é **adicionar declarações que escrevem linhas da saída**, e é exatamente o que faremos para rastrear esse bug.

Interpolação de strings

Você vem usando o operador + para concatenar strings. É uma ferramenta muito poderosa; você pode usar qualquer valor (contanto que não seja `null`) e ele será convertido com segurança em uma string (em geral chamando seu método ToString). O problema é que essa concatenação pode tornar o código muito difícil de ler.

Por sorte, o C# nos fornece uma ótima ferramenta para concatenar strings com mais facilidade. É chamada de interpolação de string e tudo o que você precisa fazer para usá-la é colocar um cifrão na frente da string. Para incluir uma variável, um campo ou uma expressão complexa (ou mesmo chamar um método!), coloque-a entre chaves. Se quiser incluir chaves em sua string, basta incluir duas assim: `{{ }}`

Abra a janela Saída no Visual Studio escolhendo Saída (Ctrl+O W) no menu Exibir. Qualquer texto escrito chamando Console.WriteLine em um app WPF é exibido nessa janela. Você deve usar apenas Console.WriteLine para *exibir a saída que seus usuários devem ver*. Do contrário, sempre que quiser escrever linhas de saída apenas para depurar, deve usar **Debug.WriteLine**. A classe Debug está no namespace System.Diagnostics; portanto, comece adicionando uma linha `using` ao topo do arquivo da classe SwordDamage:

```
using System.Diagnostics;
```

Em seguida, **adicione uma declaração Debug.WriteLine** ao final do método CalculateDamage:

```
public void CalculateDamage()
{
  Damage = (int)(Roll * MagicMultiplier) + BASE_DAMAGE + FlamingDamage;
  Debug.WriteLine($"CalculateDamage finished: {Damage} (roll: {Roll})");
}
```

Agora adicione outra declaração Debug.WriteLine ao final do método SetMagic e mais uma ao final do método SetFlaming. Devem ser idênticas àquela em CalculateDamage, exceto que escrevem "SetMagic" ou "SetFlaming", em vez de "CalculateDamage" na saída:

```
public void SetMagic(bool isMagic)
{
  // O resto do método SetMagic fica igual
  Debug.WriteLine($"SetMagic finished: {Damage} (roll: {Roll})");
}
```

Agora seu programa escreverá informações úteis de diagnóstico na janela Saída.

```
public void SetFlaming(bool isFlaming)
{
  // O resto do método SetFlaming fica igual
  Debug.WriteLine($"SetFlaming finished: {Damage} (roll: {Roll})");
}
```

É possível investigar o bug sem definir nenhum ponto de interrupção. É algo que os desenvolvedores fazem o tempo todo... então você deve aprender também!

Investigue

Vamos usar a **janela Saída** para depurar o app. Rode o programa e veja a janela Saída. Quando carregar, você verá muitas linhas com mensagens informando que a CLR carregou várias DLLs (normal; basta ignorá-las no momento).

Quando visualizar a janela principal, pressione o botão Limpar Todos (☰) para limpar a janela Saída. Então, marque a caixa Flaming. Quando fizemos esta captura de tela, nosso dado era 9; portanto, isto é escrito:

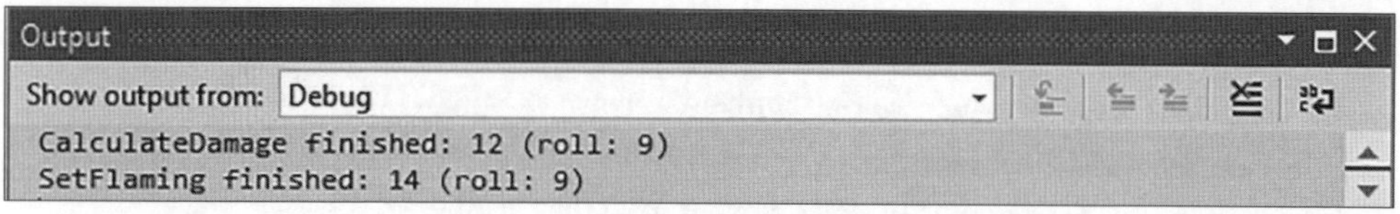
Output
Show output from: Debug
CalculateDamage finished: 12 (roll: 9)
SetFlaming finished: 14 (roll: 9)

A resposta certa é 14: 9 mais dano básico 3 mais 2 para uma espada em chamas. Até agora tudo bem.

E veja o que aconteceu na janela Saída: o método SetFlaming primeiro chamou CalculateDamage, que calculou 12. Depois adicionou FLAME_DAMAGE resultando em 14; por fim, executou a declaração Debug.WriteLine adicionada.

Pressione o botão de novo para rolar o dado. O programa deve escrever mais três linhas na janela Saída:

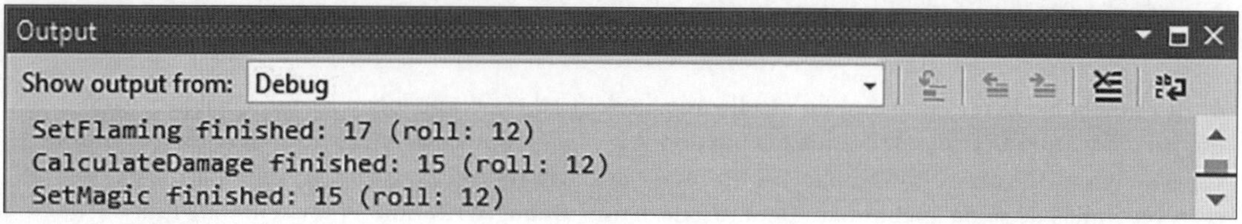
Output
Show output from: Debug
SetFlaming finished: 17 (roll: 12)
CalculateDamage finished: 15 (roll: 12)
SetMagic finished: 15 (roll: 12)

Obtivemos 12; portanto, deve calcular 17 HP. O que a saída da depuração mostra que aconteceu?

Primeiro, chamou SetFlaming, que definiu Damage para 17; está correto: 12 + 3 (básico) + 2 (chamas).

Depois o programa chamou o método CalculateDamage, que **sobrescreveu o campo Damage** e o redefiniu para 15.

O problema é que **SetFlaming foi chamado antes de CalculateDamage** e, mesmo que adicionasse o dano com chamas corretamente, chamar CalculateDamage depois desfez isso. O motivo real para o programa não funcionar é que os campos e os métodos na classe SwordDamage ***precisam ser usados em uma ordem muito específica***:

1. Defina o campo Roll para o dado 3d6.
2. Chame o método SetMagic.
3. Chame o método SetFlaming.
4. Não chame o método CalculateDamage, porque SetFlaming já faz isso.

Aha! Agora sabemos mesmo porque o programa parou.

E é por isso que o aplicativo de console funcionou, mas o WPF não. O aplicativo usou a classe SwordDamage no modo específico como funciona. O app WPF chamou os métodos na ordem errada, e obteve resultados incorretos.

> Debug.WriteLine é uma das ferramentas de depuração mais básicas, e úteis, na caixa de ferramentas do desenvolvedor. Às vezes o modo mais rápido de investigar um erro no código é adicionar estrategicamente declarações Debug.WriteLine para ter pistas importantes que ajudam a desvendar o caso.

Agora sabemos o que causou o erro! Não corrigiremos o projeto ainda. Voltaremos à correção dele após aprendermos mais sobre encapsulamento.

OS MÉTODOS SÓ PRECISAM SER *CHAMADOS EM CERTA ORDEM*. QUAL O PROBLEMA? EU SÓ PRECISO MUDAR A ORDEM QUE OS CHAMO E MEU CÓDIGO COMEÇARÁ A FUNCIONAR.

Nem sempre as pessoas usam suas classes do modo exato como é esperado.

E na maioria das vezes as "pessoas" que usam suas classes são você! Você pode escrever uma classe hoje que usará amanhã ou no mês seguinte. Por sorte, o C# tem uma técnica poderosa para assegurar que seu programa sempre funcione corretamente, mesmo quando pessoas fazem coisas nunca imaginadas. Isso se chama **encapsulamento** e é muito útil para trabalhar com objetos. O objetivo do encapsulamento é limitar o acesso ao "interior" de suas classes de modo que todos os membros da classe sejam ***seguros* de usar e difíceis de abusar**. Isso permite planejar classes muito mais difíceis de usar incorretamente, e é uma ***ótima maneira de evitar bugs***, como o que você investigou em sua calculadora de danos com espada.

Relaxe

Faremos muitos trabalhos com construtores mais adiante neste capítulo.

No momento, basta considerar um construtor como um método especial que você pode usar para inicializar um objeto.

não existem Perguntas Idiotas

P: Qual a diferença entre Console.WriteLine e Debug.WriteLine?

R: A classe Console é usada por aplicativos de console para obter a entrada do usuário. Ela usa os três **fluxos-padrão** fornecidos por seu SO: entrada-padrão (stdin), saída-padrão (stdout) e erro-padrão (stderr). Entrada-padrão é o texto que entra no programa e saída-padrão é o que ele escreve (se você já canalizou a entrada ou a saída em um shell ou prompt de comando usando <, >, |, <<, >> ou ||, usou stdin e stdout). A classe Debug está no namespace System.Diagnostics, que dá uma dica sobre seu uso: é para ajudar a diagnosticar programas rastreando e corrigindo-os. Debug.WriteLine envia sua saída para rastrear os atendentes ou as classes especiais que monitoram a saída de diagnóstico no programa e as escreve no console, nos arquivos de registro ou na ferramenta de diagnóstico que coleta os dados do programa para os analistas.

P: Posso usar construtores no meu próprio código?

R: Com certeza. Construtor é um método que a CLR chama quando cria pela primeira vez uma nova instância de um objeto. É só um método comum; não há nada estranho nem especial nele. Você pode adicionar um construtor a qualquer classe declarando um método **sem um tipo de retorno** (nenhum void, int ou outro tipo no começo) que tem **o mesmo nome da classe**. Sempre que a CLR vê um método como esse em uma classe, ela o reconhece como um construtor, o chama sempre que cria um novo objeto e o coloca no heap.

É fácil usar mal seus objetos sem querer

O app de Owen teve problemas porque imaginamos que o método CalculateDamage calcularia o dano. Acontece que **não foi seguro chamar esse método diretamente** porque ele substituiu o valor Damage e apagou os cálculos já feitos. Em vez disso, tivemos que deixar que o método SetFlaming chamasse CalculateDamage para nós, **mesmo sem ser suficiente**, e *também* tivemos que assegurar que SetMagic sempre fosse chamado primeiro. Mesmo que a classe SwordDamage funcione, *tecnicamente*, ela causa problemas quando o código a chama de um modo inesperado.

Como a classe SwordDamage *esperava ser usada*

A classe SwordDamage deu ao app um bom método para calcular o dano total de uma espada. Tudo o que precisou fazer foi definir o dado, chamar o método SetMagic e, por fim, chamar o método SetFlaming. Se as coisas são feitas nessa ordem, o campo Damage é atualizado com o dano calculado. Mas não foi isso que o app fez.

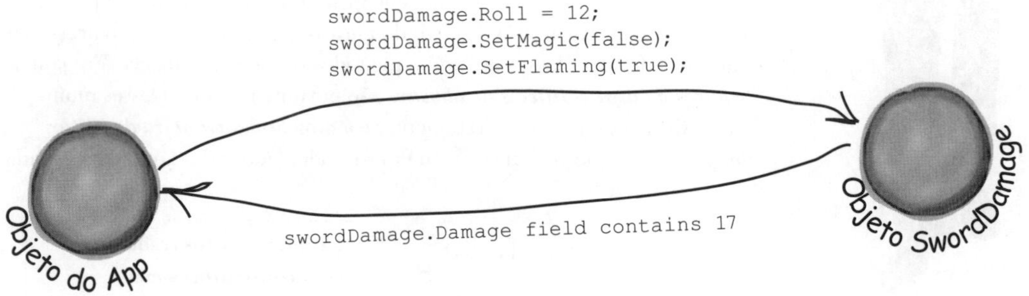
swordDamage.Roll = 12;
swordDamage.SetMagic(false);
swordDamage.SetFlaming(true);
Objeto SwordDamage
swordDamage.Damage field contains 17
Objeto do App

Como a classe SwordDamage foi *realmente usada*

Em vez disso, ela definiu o campo Roll, chamou SetFlaming, que adicionou um dano extra da espada em chamas ao campo Damage. Então, chamou SetMagic, chamou CalculateDamage, que redefiniu o campo Damage, e descartou o dano extra da espada em chamas.

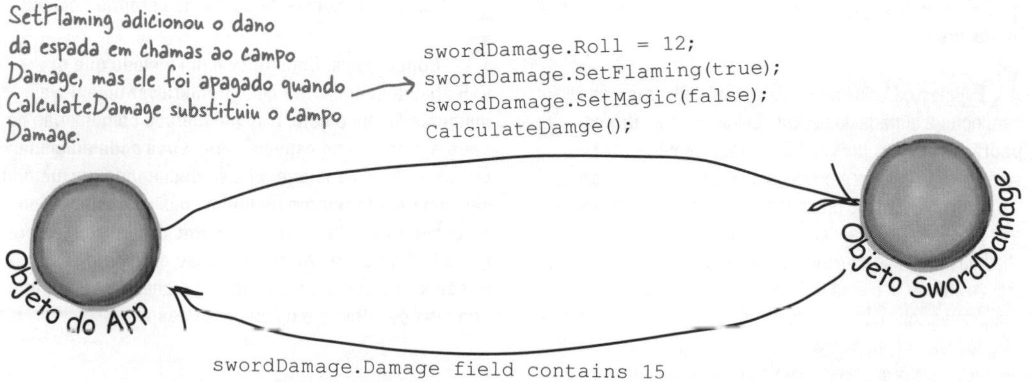
SetFlaming adicionou o dano da espada em chamas ao campo Damage, mas ele foi apagado quando CalculateDamage substituiu o campo Damage.
swordDamage.Roll = 12;
swordDamage.SetFlaming(true);
swordDamage.SetMagic(false);
CalculateDamge();
Objeto SwordDamage
Objeto do App
swordDamage.Damage field contains 15

Encapsulamento significa manter privados os dados em uma classe

Há um modo de evitar o mau uso dos objetos: verifique se existe apenas uma maneira de usar sua classe. O C# ajuda a fazer isso permitindo declarar seus campos como `private`. Até agora, você só viu campos públicos. Se obteve um objeto com um campo público, qualquer outro objeto pode ler ou mudar esse campo. Se você torna um campo privado, então **esse campo só pode ser acessado de dentro do objeto** (ou por outra instância *da mesma classe*).

Relaxe

Na dúvida, torne-o privado.

Preocupado em tentar descobrir quais campos e métodos tornar privados? Comece tornando todo membro privado e mude-os para public apenas se precisar. **Nesse caso, a preguiça pode ser uma vantagem.** Se você omitir a declaração "private" ou "public", o C# irá pressupor que seu campo ou método é privado.

```
class SwordDamage
{
  public const int BASE _ DAMAGE = 3;
  public const int FLAME _ DAMAGE = 2;

  public int Roll;
  private decimal magicMultiplier = 1M;
  private int flamingDamage = 0;
  public int Damage;

  private void CalculateDamage()
  {
    ...
```

Se quiser tornar um campo privado, tudo o que precisa fazer é usar a palavra-chave **`private`** quando o declarar. Isso informa ao C# que, se você obtiver uma instância de SwordDamage, seus campos magicMultiplier e flamingDamage poderão somente ser lidos e gravados por métodos em uma instância de SwordDamage. Os outros objetos não os verão.

Notou que também mudamos os nomes do campo private para que começassem com letras minúsculas?

Tornando o método CalculateDamage *privado*, impedimos que o app o chame sem querer e redefina o campo Damage. Alterar os campos envolvidos no cálculo para torná-los privados impede um app de interferir no cálculo. Quando você torna os dados privados e escreve um código para usar esses dados, isso se chama *encapsulamento*. Quando uma classe protege seus dados e fornece membros seguros de usar e difíceis de abusar, dizemos que está *bem encapsulada*.

En-cap-su-la-do, adj.
Envolvido por um revestimento ou membrana de proteção. *Os mergulhadores foram totalmente **encapsulados** pelo submarino e só podiam entrar e sair pela escotilha.*

Use o encapsulamento para controlar o acesso aos métodos e aos campos da classe

Quando você torna todos os seus campos e métodos públicos, qualquer outra classe pode *acessá-los*. Tudo o que sua classe faz e sabe se torna um livro aberto para as outras classes no programa... e você acabou de ver como isso pode fazer o programa se comportar de modos nunca esperados.

Por isso as palavras-chave `public` e `private` são chamadas de **modificadores de acesso**: elas modificam o acesso aos membros da classe. O encapsulamento permite controlar o que você compartilha e o que mantém privado dentro da classe. Veja como funciona.

SecretAgent
Alias
RealName
Password
AgentGreeting

1. O superespião Herb Jones é um ***objeto agente secreto em um jogo de espionagem dos anos 1960*** defendendo a vida, a liberdade e a busca da felicidade como um agente infiltrado na URSS. Seu objetivo é uma instância da classe SecretAgent.

SecretAgent

```
RealName: "Herb Jones"
Alias: "Dash Martin"
Password: "the crow flies at midnight"
```

EnemyAgent
Borscht
Vodka
ContactComrades
OverthrowCapitalists

2. O agente Jones tem um plano para ajudá-lo a escapar do objeto agente inimigo. Ele adicionou um método AgentGreeting que requer uma senha como parâmetro. Se ele não tiver a senha correta, só revelará seu codinome [alias], Dash Martin.

3. Parece um método infalível de proteger a identidade do agente, certo? Contanto que o objeto agente que o chama não tenha a senha correta, o nome do agente estará seguro.

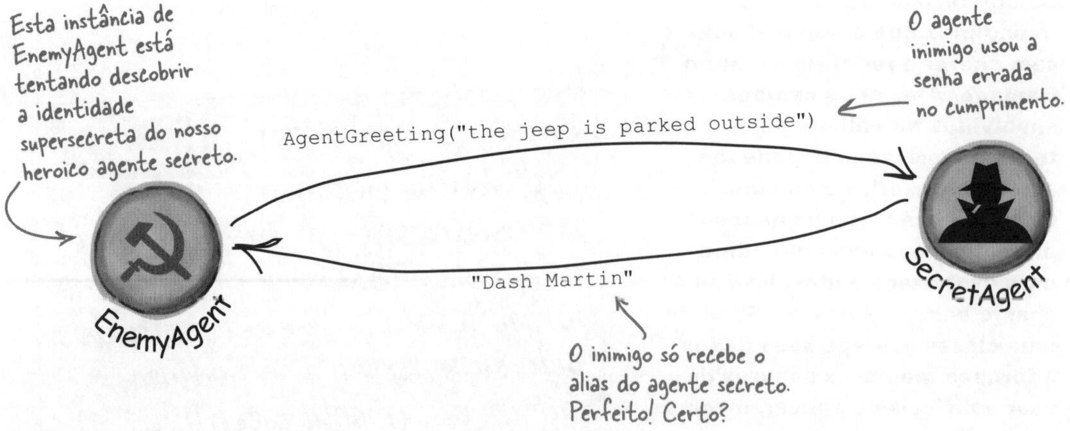
Esta instância de EnemyAgent está tentando descobrir a identidade supersecreta do nosso heroico agente secreto.
O agente inimigo usou a senha errada no cumprimento.
AgentGreeting("the jeep is parked outside")
"Dash Martin"
EnemyAgent
SecretAgent
O inimigo só recebe o alias do agente secreto. Perfeito! Certo?

Mas o campo RealName está <u>REALMENTE</u> protegido?

Contanto que o inimigo não saiba nenhuma senha do objeto SecretAgent, os nomes reais dos agentes estão seguros. Certo? Mas isso não serve de nada se os dados são mantidos em campos públicos.

```
public string RealName;
public string Password;
```

Tornar seus campos public significa que eles podem ser acessados (e até alterados) por qualquer outro objeto.

AHA! ELE DEIXOU O CAMPO COMO PUBLIC! POR QUE TENTAR ADIVINHAR A SENHA PARA O MÉTODO AGENTGREETING? POSSO OBTER O NOME DIRETAMENTE!
string iSpy = herbJones.RealName;
EnemyAgent
SecretAgent

O que o agente Jones pode fazer? Ele pode usar campos **private** para manter sua identidade secreta para os objetos do espião inimigo. Assim que ele declara o campo realName como privado, o único modo de obtê-lo é ***chamando métodos que têm acesso às partes privadas da classe***. O agente inimigo é despistado!

O objeto EnemyAgent não pode acessar os campos privados de SecretAgent porque são instâncias de classes **diferentes**.

Basta substituir `public` por `private`, e agora o campo fica oculto para qualquer objeto que não é uma instância da mesma classe. Manter os campos e os métodos certos privados assegura que nenhum código externo mudará os valores usados quando isso não é esperado. Renomeamos os campos para <u>começarem com letras minúsculas</u>, tornando o código mais legível.

```
private string realName;
private string password;
```

PODER DO CÉREBRO

Tornar privados métodos e campos no app da calculadora de danos evita erros impedindo o app de usá-los diretamente. **Mas ainda há um problema!** Obteremos a resposta errada se SetMagic for **chamado antes de** SetFlaming. A palavra-chave `private` pode ajudar a evitar isso?

Campos e métodos privados só podem ser acessados em instâncias da mesma classe

Só há um modo de um objeto chegar nos dados armazenados dentro dos campos privados de outro objeto: usando campos e métodos públicos que retornam dados. Os agentes EnemyAgent e AlliedAgent precisam usar o método AgentGreeting, mas os espiões amigos que também são instâncias SecretAgent podem ver tudo... pois **qualquer classe pode ver os campos privados em outras instâncias da *mesma* classe.**

Outras instâncias SecretAgent podem ver os membros da classe privada. Todos os outros objetos têm que usar as públicas.

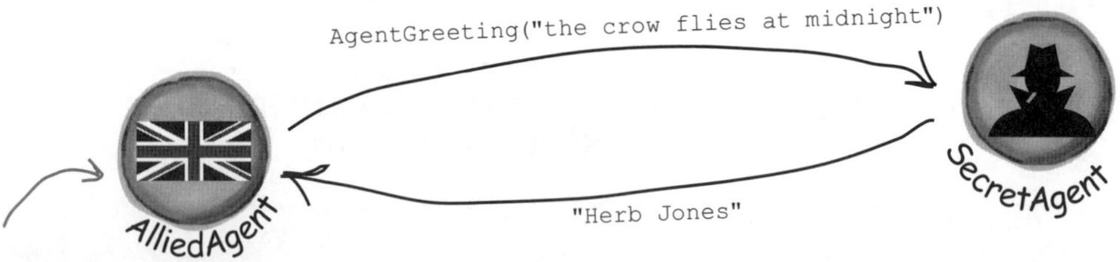

AgentGreeting("the crow flies at midnight")
"Herb Jones"
AlliedAgent
SecretAgent

A classe AlliedAgent representa um espião do país aliado com permissão para conhecer a identidade do agente secreto. Mas a instância AlliedAgent ainda não tem acesso aos campos privados do objeto SecretAgent. Apenas outro objeto SecretAgent pode vê-los.

O único modo de um objeto obter os dados armazenados em um campo privado dentro de outro objeto de uma classe diferente é usando métodos públicos que retornam dados.

não existem Perguntas Idiotas

P: Por que eu desejaria um campo em um objeto que outro objeto não pode ler nem gravar?

R: Às vezes uma classe precisa controlar as informações necessárias para ela operar, mas que nenhum outro objeto realmente deseja ver, e você já viu um exemplo disso. No último capítulo viu que a classe Random usou *valores iniciais* especiais para inicializar o gerador de números pseudoaleatórios. Internamente, toda instância da classe Random contém um array de várias dezenas de números usados para assegurar que o método Next sempre forneça um número aleatório. Mas esse array é privado; quando você cria uma instância de Random, não pode acessar esse array. Se tivesse que acessá-lo, poderia colocar valores nele, que o fariam fornecer números não aleatórios. Portanto, os valores iniciais foram totalmente encapsulados.

P: Certo, então preciso acessar dados privados por meio de métodos públicos. E se a classe com o campo privado não me der um modo de obter os dados, mas meu projeto precisar usá-los?

R: Então não será possível acessar os dados de fora do objeto. Ao escrever uma classe, você sempre deve se assegurar de que dá a outros objetos um modo de obter os dados necessários. Os campos privados são uma parte muito importante do encapsulamento, mas são somente uma parte da história. Escrever uma classe com bom encapsulamento significa fornecer um modo diferenciado e fácil de usar para os outros objetos obterem os dados necessários, sem lhes dar acesso para se apoderarem dos dados dos quais a classe depende.

P: Ei, notei que, quando uso "Gerar método" no IDE, ele usa a palavra-chave `private`. Por quê?

R: É mais seguro para o IDE. Não apenas os métodos são criados com a opção "Gerar método" privada, mas, quando você clica duas vezes em um controle para adicionar um manipulador de eventos, o IDE cria um método privado para isso também. O motivo é que é **mais seguro tornar um campo ou um método privado** para evitar os tipos de erros vistos na calculadora de danos. Sempre é possível tornar os membros da classe public mais tarde, caso precise que outra classe acesse os dados.

Exercício

Vamos praticar um pouco usando a palavra-chave **`private`** e **criando um joguinho Hi-Lo [8 ou Melhor]**. O jogo começa com um pote de 10 apostas, e escolhe um número aleatório de 1 a 10. O jogador adivinhará se o próximo número será maior ou menor. Se o jogador acerta, ele ganha uma aposta, do contrário perde a aposta. Então, o próximo número se torna o atual, e o jogo continua.

Continue e **crie um novo aplicativo de console** para o jogo. O método Main:

```
public static void Main(string[] args)
{
  Console.WriteLine("Welcome to HiLo.");
  Console.WriteLine($"Guess numbers between 1 and {HiLoGame.MAXIMUM}.");
  HiLoGame.Hint();
  while (HiLoGame.GetPot() > 0)
  {
    Console.WriteLine("Press h for higher, l for lower, ? to buy a hint,");
    Console.WriteLine($"or any other key to quit with {HiLoGame.GetPot()}.");
    char key = Console.ReadKey(true).KeyChar;
    if (key == 'h') HiLoGame.Guess(true);
    else if (key == 'l') HiLoGame.Guess(false);
    else if (key == '?') HiLoGame.Hint();
    else return;
  }
  Console.WriteLine("The pot is empty. Bye!");
}
```

Não se esqueça: não é colar dar uma olhada na solução!

Depois, adicione uma **classe estática** chamada HiLoGame e **acrescente os seguintes membros**. Como é uma classe estática, todos os membros precisam ser estáticos. Inclua **`public`** ou **`private`** na declaração de cada membro:

1. Um inteiro constante **MAXIMUM** cujo padrão é 10. Lembre-se, você não pode usar a palavra-chave `static` com constantes.
2. Uma instância de Random chamada **random**.
3. Um campo inteiro chamado **currentNumber** inicializado com o primeiro número aleatório a adivinhar.
4. Um campo inteiro chamado **pot** com o número de apostas no pote. **Torne esse campo `private`**.

   Tornamos o pote privado porque não queremos que outras classes consigam adicionar dinheiro, mas o método Main ainda precisa escrever o tamanho do pote no console. Veja com atenção o código no método Main; consegue descobrir como fazer esse método obter o valor do campo pot sem lhe dar um modo de definir o campo?
5. Um **método** chamado **`Guess`** com um parâmetro bool chamado **higher** que faz o seguinte (veja com atenção o método Main para saber como é chamado):
   - Ele escolhe o próximo número aleatório para o jogador adivinhar.
   - Se o jogador adivinhou para mais e o próximo número é >= o número atual **OU** se o jogador adivinhou para menos e o próximo número é <= o número atual, **escreva** "You guessed right!" [Acertou!] no console e aumente o pot.
   - Do contrário, **escreva** "Bad luck, you guessed wrong." [Que azar, errou.] no console e diminua.
   - **Substitua** o número atual pelo escolhido no começo do método e **escreva** "The current number is" [O número atual é] seguido do número no console.
6. Um método chamado **Hint** encontra metade do máximo, e escreve "The number is at least {half}" [O número é no mínimo (metade)] ou "The number is at most {half}" [O número é no máximo (metade)] no console e diminui o pote.

PERGUNTA BÔNUS: Se tornar HiLoGame.random um campo público, consegue descobrir um modo de usar o que sabe sobre como a classe Random gera os números **para trapacear no jogo**?

Exercício Solução

O resto do código do jogo Hi-Lo. O jogo começa com um pote de 10 apostas, e escolhe um número aleatório de 1 a 10. O jogador adivinhará se o próximo número será maior ou menor. Se o jogador acertar, ele ganha uma aposta, do contrário perde a aposta. Então, o próximo número se torna o atual, e o jogo continua.

O código da classe HiLoGame:

Ao tentar adicionar a palavra-chave `static` a uma constante, verá um erro do compilador porque todas as constantes são estáticas. Tente adicionar uma a qualquer classe; você pode acessá-la em outra classe, como em qualquer outro campo estático.

```
static class HiLoGame
{
  public const int MAXIMUM = 10;
  private static Random random = new Random();
  private static int currentNumber = random.
Next(1, MAXIMUM + 1);
  private static int pot = 10;

  public static int GetPot() { return pot; }

  public static void Guess(bool higher)
  {
    int nextNumber = random.Next(1, MAXIMUM + 1);
    if ((higher && nextNumber >= currentNumber) ||
        (!higher && nextNumber <= currentNumber))
    {
     Console.WriteLine("You guessed right!");
     pot++;
    }
    else
    {
     Console.WriteLine("Bad luck, you guessed wrong.");
     pot--;
    }
    currentNumber = nextNumber;
    Console.WriteLine($"The current number is {currentNumber}");
  }

  public static void Hint()
  {
    int half = MAXIMUM / 2;
    if (currentNumber >= half)
      Console.WriteLine($"The number is at least
{half}");
    else Console.WriteLine($"The number is at most
{half}");
    pot--;
  }
}
```

O campo pot é private, mas o método Main pode usar o método GetPot para obter seu valor sem ter um modo de modificá-lo.

É um bom exemplo de encapsulamento. Você protegeu o campo pot tornando-o privado. Ele pode ser modificado apenas chamando os métodos Guess ou Hint, e o método GetPot fornece acesso de somente leitura.

É um ponto importante. Pare um pouco para realmente descobrir como funciona.

O método Hint precisa ser público porque é chamado em Main. Notou que não incluímos chaves para a declaração `if/else`? Uma cláusula `if` ou `else` que tem apenas uma linha não precisa de chaves.

BÔNUS: Você pode substituir o campo aleatório público por uma nova instância de Random que **inicializou com um valor inicial diferente**. Então, pode usar uma nova instância de Random com o mesmo valor inicial para encontrar os números antes!

```
HiLoGame.random = new Random(1);
Random seededRandom = new Random(1);
Console.Write("The first 20 numbers will be: ");
for (int i = 0; i < 10; i++)
  Console.Write($"{seededRandom.Next(1, HiLoGame.MAXIMUM + 1)}, ");
```

Toda instância de Random inicializada com o mesmo valor inicial irá gerar uma sequência igual de números pseudoaleatórios.

TEM ALGO MUITO ERRADO AQUI. SE EU TORNO UM CAMPO PRIVADO, TUDO O QUE ISSO FAZ É **IMPEDIR MEU PROGRAMA DE COMPILAR** CASO EU O UTILIZE EM OUTRA CLASSE. MAS, SE APENAS MUDO "PRIVATE" PARA "PUBLIC", MEU PROGRAMA COMPILA DE NOVO! ADICIONAR "PRIVATE" SÓ FAZ MEU PROGRAMA FALHAR.
POR QUE EU **DESEJARIA TORNAR UM CAMPO PRIVADO?**

Porque às vezes você deseja que sua classe oculte as informações do resto do programa.

Muitas pessoas acham o encapsulamento um pouco estranho na primeira vez que o conhecem porque a ideia de ocultar campos, propriedades ou métodos de outra classe é um pouco complicada. Há alguns bons motivos para você querer considerar quais informações deve expor para o resto do programa.

Encapsulamento significa fazer uma classe ocultar as informações de outra. Isso ajuda a evitar erros nos programas.

Veja bem!

Encapsulamento não significa segurança. Os campos privados não são seguros.

Se você está criando ***um jogo com espiões dos anos 1960****, o encapsulamento é uma ótima maneira de evitar erros. Se está criando* ***um programa para espiões reais****, o encapsulamento é um modo terrível de proteger os dados. Por exemplo, volte para o jogo Hi-Lo. Coloque um ponto de interrupção na primeira linha do método Main, adicione uma inspeção para* ***HiLoGame.random*** *e depure o programa. Se você* ***expandir a seção Membros Não Públicos*** *poderá ver todas as partes internas da classe Random, inclusive um array chamado* **`_seedArray`** *que o utiliza para gerar seus números pseudoaleatórios.*

Não é só o IDE que pode ver as partes **`privadas`** *dos seus objetos. O .NET tem uma ferramenta chamada* ***reflexão*** *que permite escrever código para acessar objetos na memória e ver seu conteúdo, mesmo dos campos privados. Um pequeno exemplo de como funciona.* ***Crie um novo aplicativo de console*** *e adicione uma classe chamada HasASecret:*

```
class HasASecret
{
  // Esta classe tem um campo secreto. A palavra-chave private a torna segura?
  private string secret = "xyzzy";
}
```

As classes de reflexão estão no ***namespace System.Reflection****, então adicione esta declaração* **`using`** *ao arquivo com o método Main:*

```
using System.Reflection;
```

Veja uma classe principal com um método Main que cria uma nova instância de HasASecret e, então, usa a reflexão para ler seu campo ***secreto****. Ela chama o método GetType, que pode ser chamado de qualquer objeto para obter informações sobre seu tipo:*

```
class MainClass
{
  public static void Main(string[] args)
  {
    HasASecret keeper = new HasASecret();

    // Cancelar o comentário de Console.WriteLine causa um erro do compilador:
    // 'HasASecret.secret' é inacessível devido ao seu nível de proteção
    // Console.WriteLine(keeper.secret);

    // Mas ainda podemos usar a reflexão para obter o valor do campo secreto
    FieldInfo[] fields = keeper.GetType().GetFields(
            BindingFlags.NonPublic | BindingFlags.Instance);

    // Este loop foreach fará "xyzzy" ser escrito no console
    foreach (FieldInfo field in fields)
    {
      Console.WriteLine(field.GetValue(keeper));
    }
  }
}
```

Todo objeto tem um método GetType que retorna um objeto Type. O método Type.GetFields retorna um array de objetos FieldInfo, um para cada campo. Cada objeto FieldInfo contém informações sobre seus campos. Se você chamar seu método GetValue com uma instância de um objeto, ele retornará o valor armazenado no campo desse objeto, mesmo que o campo seja privado.

Por que encapsulamento? O objeto como uma caixa preta...

Muitas vezes você ouvirá um programador se referir a um objeto como "caixa preta"; e é um modo muito bom de pensar nele. Quando dizemos que algo é uma caixa preta, estamos falando que podemos ver como se comporta, mas não temos como saber como realmente funciona.

Quando você chama o método de um objeto, não é importante como o método funciona, pelo menos não agora. Tudo o que interessa é se ele obtém as entradas fornecidas e faz a coisa certa.

OBJETO

Quando desenvolvedores falam sobre "caixa preta", isso significa algo que oculta qualquer mecanismo interno para que você não precise saber como funciona para usá-lo. Se faz só uma coisa e você não precisa fornecer nenhum parâmetro, é o código equivalente a uma caixa preta com um único botão.

Você *poderia* incluir muitos outros controles, como uma janela que mostra o que acontece dentro da caixa; botões e discos permitem lidar com as partes internas. Mas, se realmente não fazem coisa alguma que o sistema precisa, então não servem para nada e só causam problemas.

O encapsulamento torna suas classes...

★ **Mais fáceis de usar**

Você já sabe que as classes usam campos para controlar seu estado. Muitas usam métodos para manter os campos atualizados, ou seja, métodos que nenhuma outra classe chamará. É muito comum ter uma classe com campos, métodos e propriedades que nunca são chamados por nenhuma outra classe. Se você torna esses membros privados, então eles não aparecerão na janela IntelliSense mais tarde quando precisar usar tal classe. Menos coisas no IDE tornarão sua classe mais fácil de usar.

★ **Menos propensas a erros**

O erro no programa de Owen aconteceu porque o app acessou um método diretamente, em vez de permitir que outros métodos na classe o chamassem. Se esse método fosse privado, teríamos evitado o bug.

★ **Flexíveis**

Muitas vezes você desejará voltar e adicionar recursos a um programa escrito há algum tempo. Se suas classes estiverem bem encapsuladas, você saberá exatamente como usá-las e como complementá-las posteriormente.

PODER DO CÉREBRO

Como criar uma classe mal encapsulada agora tornaria seus programas mais difíceis de modificar no futuro?

Algumas ideias para encapsular classes

★ **Tudo na classe é público?**
Se sua classe não tem nada, exceto campos públicos e métodos, é provável que você precise passar mais tempo refletindo sobre o encapsulamento.

★ **Pense em modos como campos e métodos podem ser mal utilizados.**
O que pode dar errado se não são definidos ou chamados corretamente?

★ **Quais campos requerem processamento ou cálculo quando são definidos?**
Esses são os principais candidatos para o encapsulamento. Se alguém escreve um método que mais tarde muda o valor em qualquer um, isso pode causar problemas no trabalho que seu programa tenta fazer.

USAMOS CONSTANTES PARA OS DANOS BÁSICO E EM CHAMAS. TUDO BEM SE ELES SÃO PUBLIC PORQUE NÃO PODEM SER MODIFICADOS.
COMO NÃO SÃO USADOS POR OUTRA CLASSE, TALVEZ POSSAMOS TORNÁ-LOS PRIVATE TAMBÉM.

★ **Só torne campos e métodos públicos se precisar.**
Se não tem motivos para declarar algo como public, não faça isso, pois poderia deixar as coisas bem contusas para si mesmo tornando todos os campos em seu programa públicos. Mas também não torne tudo private. Pensar um pouquinho no início sobre quais campos realmente precisam ser públicos, ou não, pode economizar muito tempo no futuro.

UMA CLASSE BEM ENCAPSULADA FAZ ***EXATAMENTE A MESMA COISA*** QUE UMA COM ENCAPSULAMENTO RUIM!

Exato! A diferença é que a bem encapsulada é criada de modo a evitar bugs e é mais fácil de usar.

É fácil pegar uma classe bem encapsulada e transformá-la em uma ruim: faça uma pesquisa e substituição para mudar cada ocorrência de `private` para `public`.

Veja algo engraçado sobre a palavra-chave `private`: em geral você pode pegar qualquer programa e fazer essa pesquisa e substituição, e ele ainda compilará e funcionará exatamente do mesmo modo. É um motivo para o encapsulamento ser um pouco difícil para alguns programadores realmente "pegarem" na primeira vez.

Quando volta ao código que não viu há muito tempo, é fácil esquecer como pretendia usá-lo. E é aí que o encapsulamento pode facilitar muito a vida!

Até agora este livro explicou como fazer os programas **realizarem coisas**, isso é, realizarem certos comportamentos. O encapsulamento é um pouco diferente. Ele não muda como o programa se comporta. Tem mais relação com o "jogo de xadrez" da programação: ocultando certas informações nas classes quando você as elabora e cria, você monta uma estratégia para como se comunicarão mais tarde. Quanto melhor a estratégia, **mais flexível e fácil será de manter** seus programas, e mais erros serão evitados.

E, como no xadrez, há quase um número ilimitado de possíveis estratégias de encapsulamento!

Se você encapsula suas classes bem hoje, isso as torna muito mais fáceis de serem reutilizadas amanhã.

PONTOS DE BALA

- Sempre **pense no que causou um erro** antes de tentar corrigi-lo. Pare um pouco para entender bem o que está acontecendo.
- Adicionar declarações que escrevem linhas de saída pode ser uma ferramenta de depuração eficiente. Use **Debug.WriteLine** quando adicionar declarações que escrevem informações de diagnóstico.
- **Construtor** é um método que a CLR chama quando cria pela primeira vez uma nova instância do objeto.
- A **interpolação de strings** torna a concatenação de strings mais legível. Use-a adicionando $ na frente de uma string e incluindo valores entre {chaves}.
- A classe System.Console escreve sua saída em **fluxos-padrão** que fornecem uma entrada e uma saída para os aplicativos de console.
- A classe System.Diagnostics.Debug escreve sua saída para **rastrear ouvintes**, ou seja, classes especiais que realizam ações específicas com uma saída de diagnóstico, inclusive uma que escreve na janela Saída (Windows) ou na janela Saída da Aplicação (macOS) do IDE.
- Nem sempre as pessoas usam suas classes do modo exato esperado. **Encapsulamento** é uma técnica para tornar os membros da classe flexíveis e difíceis de serem mal usados.
- Em geral o encapsulamento envolve usar a palavra--chave **`private`** para manter privados alguns campos ou métodos em uma classe, de modo que não possam ser mal utilizados por outras classes.
- Quando uma classe protege seus dados e fornece membros que são seguros de usar e difíceis de abusar, dizemos que está **bem encapsulada**.

CERTO, SABEMOS QUE O CÓDIGO PARA NOSSO APP DE DANOS COM ESPADA TEM PROBLEMAS. O QUE PODEMOS ***FAZER?***

SwordDamage
Roll
MagicMultiplier
FlamingDamage
Damage
CalculateDamage
SetMagic
SetFlaming

Lembra-se de como você usou Debug.WriteLine antes no capítulo para investigar o erro no app? Você descobriu que a classe SwordDamage funciona apenas se seus métodos são chamados em uma ordem muito específica. Este capítulo é sobre encapsulamento; portanto, é quase certo que usará o encapsulamento posteriormente para corrigir esse problema. Mas... como, exatamente?

Usaremos o encapsulamento para melhorar a classe SwordDamage

Explicamos apenas algumas ótimas ideias para encapsular classes. Vejamos se podemos começar a aplicá-las na classe SwordDamage para evitar que fique confusa, seja mal utilizada e abusada por qualquer app no qual a incluímos.

Todo membro da classe SwordDamage é público?

Sim, sem dúvidas. Os quatro campos (Roll, MagicMultiplier, FlamingDamage e Damage) são public, assim como os três métodos (CalculateDamage, SetMagic e SetFlaming). Podemos começar a considerar o encapsulamento.

Tornar privados os membros de uma classe evita erros causados por outras classes chamando seus métodos públicos ou atualizando seus campos públicos de modos inesperados.

Os campos ou os métodos são mal utilizados?

Com certeza. Na primeira versão do app da calculadora de danos, chamamos CalculateDamage quando deveríamos deixar apenas o método SetFlaming chamá-lo. Até nossa tentativa de corrigir falhou porque usamos mal os métodos chamando-os na ordem errada.

É preciso um cálculo após definir um campo?

Certamente. Após definir o campo Roll, queremos que a instância calcule os danos imediatamente.

Quais campos e métodos realmente precisam ser públicos?

É uma ótima pergunta. Pare um pouco e pense na resposta. Resolveremos isso no final deste capítulo.

PODER DO CÉREBRO

Pondere sobre essas questões, então veja de novo como a classe SwordDamage funciona. O que você faria para corrigir SwordDamage?

O encapsulamento mantém seus dados seguros

Vimos como a palavra-chave `private` **impede os membros da classe de serem acessados diretamente** e como isso evita os erros causados por outras classes chamando métodos ou atualizando campos de modos inesperados, como quando o método GetPot no jogo Hi-Lo deu acesso de somente leitura ao campo privado do pote, mas apenas os métodos Guess ou Hint poderiam modificá-lo. A próxima classe funciona exatamente igual.

Usaremos o encapsulamento em uma classe

Criaremos uma classe PaintballGun para um videogame de paintball. O jogador pode escolher pentes de paintballs e recarregar a qualquer momento, então queremos que a classe controle o total de bolas que o jogador tem *e* o número de bolas carregadas atualmente. Adicionaremos um método para verificar se a arma está vazia e precisa ser recarregada. Também queremos controlar o tamanho do pente. Sempre que o jogador obtém mais munição, queremos a arma recarregada automaticamente com um pente completo, então asseguraremos que isso sempre ocorra fornecendo um método para definir o número de bolas que chama o método Reload.

```
class PaintballGun
{
  public const int MAGAZINE_SIZE = 16;

  private int balls = 0;
  private int ballsLoaded = 0;

  public int GetBallsLoaded() { return ballsLoaded; }

  public bool IsEmpty() { return ballsLoaded == 0; }

  public int GetBalls() { return balls; }

  public void SetBalls(int numberOfBalls)
  {
    if (numberOfBalls > 0)
      balls = numberOfBalls;
    Reload();
  }

  public void Reload()
  {
    if (balls > MAGAZINE_SIZE)
      ballsLoaded = MAGAZINE_SIZE;
    else
      ballsLoaded = balls;
  }

  public bool Shoot()
  {
    if (ballsLoaded == 0) return false;
    ballsLoaded--;
    balls--;
    return true;
  }
}
```

Manteremos esta constante pública porque será usada pelo método Main.

Quando o jogo precisa exibir o número de bolas restantes e as bolas carregadas na IU, ele pode chamar os métodos GetBalls e GetBallsLoaded.

O jogo precisa definir o número de bolas. O método SetBalls protege o campo balls permitindo que apenas o jogo defina um número positivo de bolas; então chama Reload para carregar automaticamente a arma.

O único modo de recarregar a arma é chamar o método Reload, que a carrega com um pente completo ou o número restante de bolas se não há um pente completo que valha a pena. Isso impede que os campos balls e ballsLoaded fiquem fora de sincronia.

O método Shoot retorna true e diminui o campo balls se a arma é carregada ou false se não é.

O método IsEmpty torna o código que chama essa classe mais fácil de ler? Ou é redundante? Não há uma resposta certa ou errada; os dois lados podem argumentar.

Aplicativo de console para testar PaintballGun

Faça isto!

Vamos experimentar a nova classe PaintballGun. **Crie um novo aplicativo de console** e adicione a classe PaintballGun. Veja o método Main; ele usa um loop para chamar vários métodos na classe:

```
static void Main(string[] args)
{
  PaintballGun gun = new PaintballGun();
  while (true)
  {
   Console.WriteLine($"{gun.GetBalls()} balls, {gun.GetBallsLoaded()} loaded");
   if (gun.IsEmpty()) Console.WriteLine("WARNING: You're out of ammo");
   Console.WriteLine("Space to shoot, r to reload, + to add ammo, q to quit");
   char key = Console.ReadKey(true).KeyChar;
   if (key == ' ') Console.WriteLine($"Shooting returned {gun.Shoot()}");
   else if (key == 'r') gun.Reload();
   else if (key == '+') gun.SetBalls(gun.GetBalls() + PaintballGun.MAGAZINE_SIZE);
   else if (key == 'q') return;
  }
}
```

Um aplicativo de console com loop que testa uma instância da classe deve ser muito familiar agora. Leia o código e entenda como ele funciona.

Nossa classe está bem encapsulada, mas...

A classe funciona e a encapsulamos muito bem. O **campo balls está protegido**: ele não permite definir um número negativo de bolas e está sincronizado com o campo ballsLoaded. Os métodos Reload e Shoot funcionam como o esperado e parece não haver nenhum *meio óbvio* de usarmos mal essa classe sem querer.

Mas veja com mais atenção esta linha do método Main:

```
    else if (key == '+') gun.SetBalls(gun.GetBalls() + PaintballGun.MAGAZINE_
SIZE);
```

Sejamos honestos, um campo foi rebaixado. Se ainda tivéssemos um campo, poderíamos usar o operador += para aumentá-lo com o tamanho do pente. O encapsulamento é ótimo, mas não queremos que ele torne essa classe chata nem difícil de usar.

Existe um modo de manter o campo balls protegido, mas ainda ter a conveniência de +=?

Use letras diferentes para os campos private e public

Usamos camelCase para os campos private e PascalCase para os public. PascalCase significa colocar em maiúscula a primeira letra em toda palavra no nome da variável; camelCase é parecida com PascalCase, exceto que a primeira letra é minúscula. É chamada de camelCase porque faz as letras maiúsculas lembrarem a "corcova" de um camelo.

Usar letras diferentes para os campos public e private é uma convenção que muitos programadores seguem. Seu código fica mais fácil de ler se você usa letras consistentes ao escolher os nomes de campos, propriedades, variáveis e métodos.

As propriedades facilitam o encapsulamento

Até então você aprendeu sobre dois tipos de membros da classe: métodos e campos. Há um terceiro tipo que ajuda a encapsular as classes: a **propriedade**. Ela é um membro da classe que ***parece um campo*** quando usada, mas age ***como um método*** quando executada.

Uma propriedade é declarada como um campo, com tipo e nome, exceto que, em vez de terminar com ponto e vírgula, ela é seguida de chaves. Entre as chaves ficam os **acessos da propriedade** ou métodos que retornam ou definem o valor da propriedade. Há dois tipos de acesso:

- ★ Um **acesso da propriedade get**, em geral referido apenas como **acesso get** ou **getter**, que retorna o valor da propriedade. Começa com a palavra-chave **`get`**, seguida de um método entre chaves. O método deve retornar um valor que corresponde ao tipo na declaração da propriedade.
- ★ Um **acesso da propriedade set**, em geral referido como **acesso set** ou **setter**, que define o valor da propriedade. Começa com a palavra-chave **`set`**, seguida de um método entre chaves. Dentro do método, a palavra-chave **`value`** é uma variável de somente leitura com o valor sendo definido.

É muito comum que uma propriedade obtenha ou defina um **campo auxiliar**, que é o que chamamos de campo privado e é encapsulado limitando o acesso a ele por meio de uma propriedade.

Substitua os métodos GetBalls e SetBalls por uma propriedade

Substitua isto!

Veja os métodos GetBalls e SetBalls da classe PaintballGun:

```
public int GetBalls() { return balls; }

public void SetBalls(int numberOfBalls)
{
  if (numberOfBalls > 0)
    balls = numberOfBalls;
  Reload();
}
```

Vamos substituí-los por uma propriedade. **Exclua os dois métodos e adicione esta propriedade Balls:**

```
public int Balls
{
  get { return balls; }

  set
  {
    if (value > 0)
      balls = value;
    Reload();
  }
}
```

É a declaração. Ela informa que o nome da propriedade é Balls e seu tipo é int.

O acesso get (ou getter) é idêntico ao método GetBalls substituído.

O acesso set (ou setter) é quase idêntico ao método SetBalls. A única diferença é que ele usa a palavra-chave **`value`** enquanto SetBalls usava seu parâmetro. Essa palavra-chave sempre conterá o valor sendo atribuído pelo acesso set.

O bom e velho método SetBalls obteve um parâmetro int chamado numberOfBalls com o novo valor para o campo auxiliar. O setter usa a palavra-chave "value" em todo lugar em que o método SetBalls usou numberOfBalls.

Modifique o método Main para usar a propriedade Balls

Agora que você substituiu os métodos GetBalls e SetBalls por uma propriedade chamada Balls, seu código não será mais compilado. É preciso atualizar o método Main para usar a propriedade Balls no lugar dos antigos métodos.

Atualize isto!

O método GetBalls foi chamado nesta declaração Console.WriteLine:

```
Console.WriteLine($"{gun.GetBalls()} balls, {gun.GetBallsLoaded()} loaded");
```

Você pode corrigir isso **substituindo `GetBalls()` por `Balls`**; quando fizer isso, a declaração funcionará como antes. Vejamos outro lugar em que GetBalls e SetBalls foram usados:

```
else if (key == '+') gun.SetBalls(gun.GetBalls() + PaintballGun.MAGAZINE_SIZE);
```

Era essa linha de código confusa que parecia feia e estranha. As propriedades são muito úteis porque funcionam como métodos, mas você as utiliza como campos. Vamos usar a propriedade Balls como um campo; **substitua essa linha** pela declaração que usa o operador += exatamente como faria se Balls fosse um campo:

```
else if (key == '+') gun.Balls += PaintballGun.MAGAZINE_SIZE;
```

Se Balls fosse um campo, é como você usaria o operador += para atualizar. As propriedades são utilizadas do mesmo modo.

Veja o método Main atualizado:

```
static void Main(string[] args)
{
  PaintballGun gun = new PaintballGun();
  while (true)
  {
    Console.WriteLine($"{gun.Balls} balls, {gun.GetBallsLoaded()} loaded");
    if (gun.IsEmpty()) Console.WriteLine("WARNING: You're out of ammo");
    Console.WriteLine("Space to shoot, r to reload, + to add ammo, q to quit");
    char key = Console.ReadKey(true).KeyChar;
    if (key == ' ') Console.WriteLine($"Shooting returned {gun.Shoot()}");
    else if (key == 'r') gun.Reload();
    else if (key == '+') gun.Balls += PaintballGun.MAGAZINE_SIZE;
    else if (key == 'q') return;
  }
}
```

Depure a classe PaintballGun para entender como funciona a propriedade

Use o depurador para entender bem como funciona a nova propriedade Ball:

- ★ Coloque um ponto de interrupção dentro das chaves do acesso get (`return balls;`).
- ★ Coloque outro ponto de interrupção na primeira linha do acesso set (`if (value > 0)`).
- ★ Coloque um ponto de interrupção no topo do método Main e comece a depurar. Pule cada declaração.
- ★ Quando pular Console.WriteLine, o depurador chegará no ponto de interrupção em getter.
- ★ Continue pulando os métodos. Ao executar a declaração +=, o depurador chegará no ponto de interrupção em setter. Adicione uma inspeção para o campo auxiliar **balls** e a palavra-chave **`value`**.

Propriedades autoimplementadas simplificam o código

Adicione isto!

Um modo muito comum de usar uma propriedade é criar um campo auxiliar e fornecer acessos get e set para ele. Criaremos uma nova propriedade BallsLoaded que **usa o campo ballsLoaded existente** como um campo auxiliar:

```
private int ballsLoaded = 0;

public int BallsLoaded {
  get { return ballsLoaded; }
  set { ballsLoaded = value; }
}
```

Esta propriedade usa um campo auxiliar private. Seu getter retorna o valor no campo e seu setter atualiza o campo.

Agora pode **excluir o método GetBallsLoaded** e modificar seu método Main para usar a propriedade:

```
Console.WriteLine($"{gun.Balls} balls, {gun.BallsLoaded} loaded");
```

Rode o programa de novo. Ele deverá funcionar exatamente do mesmo modo.

Use o snippet de propriedade e crie uma propriedade autoimplementada

Uma **propriedade autoimplementada**, às vezes chamada de **propriedade automática** ou **autopropriedade**, tem um getter que retorna o valor do campo auxiliar e um setter que o atualiza, ou seja, funciona como a propriedade BallsLoaded que você acabou de criar. Há uma diferença importante: ao criar uma propriedade automática, ***você não define o campo auxiliar***. Em vez disso, o compilador C# cria o campo auxiliar e o único modo de atualizá-lo é usando os acessos get e set.

O Visual Studio fornece uma ferramenta muito útil para criar propriedades automáticas: um **snippet de código** ou um pequeno bloco de código reutilizável que o IDE insere automaticamente. Vamos usá-lo para criar uma autopropriedade BallsLoaded.

1. **Remova a propriedade BallsLoaded e o campo auxiliar.** Exclua a propriedade BallsLoaded adicionada, porque vamos substituí-la por uma propriedade autoimplementada. Depois exclua o campo auxiliar ballsLoaded (`private int ballsLoaded = 0;`) também, pois, sempre que você cria uma propriedade automática, o compilador C# gera um campo auxiliar oculto.

2. **Informe ao IDE para iniciar o snippet de propriedade.** Coloque o cursor no local em que ficava o campo, então **digite `prop` e pressione a tecla Tab duas vezes** a fim de informar ao IDE para iniciar um snippet. Ele adicionará esta linha ao código:

```
public int MyProperty { get; set; }
```

Snippet é um modelo que permite editar partes dele; o snippet de propriedade permite editar o tipo e o nome da propriedade. Pressione a tecla Tab uma vez para trocar para o nome da propriedade, então **mude o nome para `BallsLoaded`** e pressione Enter para finalizar o snippet:

```
public int BallsLoaded { get; set;}
```

Você não precisa declarar um campo auxiliar para uma propriedade automática porque o compilador C# o cria automaticamente.

3. **Corrija o resto da classe.** Como você removeu o campo ballsLoaded, a classe paintballGun não compila mais. Isso tem uma correção rápida; o campo **b**allsLoaded aparece cinco vezes no código (uma vez no método IsEmpty e duas vezes nos métodos Reload e Shoot). Mude isso para **B**allsLoaded — agora seu programa funciona de novo.

Use um setter privado para criar uma propriedade de somente leitura

Vejamos de novo a propriedade autoimplementada que você acabou de criar:

```
public int BallsLoaded { get; set; }
```

Com certeza é um ótimo substituto para uma propriedade com acessos get e set que apenas atualizam um campo auxiliar. É mais legível e tem menos código que o campo ballsLoaded e o método GetBallsLoaded. Então é uma melhoria, certo?

Mas há um problema: ***violamos o encapsulamento***. A intenção do campo privado e do método público era tornar somente leitura o número de bolas carregadas. O método Main poderia definir facilmente a propriedade BallsLoaded. Tornamos o campo privado e criamos um método público para obter o valor de modo que pudesse ser modificado apenas de dentro da classe PaintballGun.

Torne privado o setter BallsLoaded

Por sorte, há um modo rápido de tornar nossa classe PaintballGun bem encapsulada de novo. Ao usar uma propriedade, você pode colocar um modificador de acesso na frente da palavra-chave `get` ou `set`.

É possível criar uma **propriedade de somente leitura** que não pode ser definida por outra classe tornando **`private`** seu acesso set. Você pode omitir o acesso set para as propriedades normais, mas não para as automáticas, que *devem* ter um acesso set ou o código não compilará.

Vamos **tornar o acesso set privado**:

```
public int BallsLoaded { get; private set; }
```

Você pode tornar somente leitura a propriedade automática tornando setter privado.

Agora o campo BallsLoaded é uma **propriedade de somente leitura**. Pode ser lido em qualquer lugar, mas atualizado apenas de dentro da classe PaintballGun. Ela está bem encapsulada de novo.

não existem Perguntas Idiotas

P: Substituímos métodos por propriedades. Há diferença entre como um método funciona e como getter ou setter funciona?

R: Não. Os acessos get e set são um tipo especial de método: eles parecem um campo para outros objetos e são chamados sempre que o "campo" é definido. Os getters sempre retornam um valor do mesmo tipo do campo. Um setter funciona como um método, com um parâmetro chamado `value` cujo tipo é o mesmo do campo.

P: É possível ter QUALQUER tipo de declaração em uma propriedade?

R: Com certeza. Qualquer coisa que você pode fazer em um método, pode em uma propriedade, até incluir uma lógica complicada que faz qualquer coisa que pode ser feita em um método normal. Uma propriedade pode chamar outros métodos, acessar outros campos, até criar instâncias de objetos. Só lembre que só são chamados quando uma propriedade é acessada; portanto, devem incluir apenas declarações relacionadas com obter ou definir a propriedade.

P: Por que eu precisaria de uma lógica complicada em um acesso get ou set? Não é só um modo de modificar os campos?

R: Às vezes você sabe que sempre que defino um campo tem que fazer um cálculo ou realizar uma ação. Pense na situação de Owen; ele teve problemas porque o app não chamou os métodos SwordDamage na ordem certa após definir o campo Roll. Se substituíssemos todos os métodos por propriedades, poderíamos assegurar que os setters fariam o cálculo dos danos corretamente. (De fato, você fará isso no final do capítulo!)

E se quisermos mudar o tamanho do pente?

Substitua isto!

Agora a classe PaintballGun usa `const` para o tamanho do pente:

```
public const int MAGAZINE _ SIZE = 16;
```

E se quisermos que o jogo defina o tamanho do pente quando instancia a arma? Vamos **substituir por uma propriedade**.

1. **Retire a constante MAGAZINE_SIZE e a substitua pela propriedade de somente leitura.**

```
public int MagazineSize { get; private set; }
```

2. **Modifique o método Reload para usar a nova propriedade.**

```
if (balls > MagazineSize)
  BallsLoaded = MagazineSize;
```

3. **Corrija a linha no método Main que adiciona a munição.**

```
else if (key == '+') gun.Balls += gun.MagazineSize;
```

Mas temos um problema... como inicializamos MagazineSize?

A constante MAGAZINE_SIZE costumava ser definida para 16. Agora a substituímos por uma autopropriedade e, se quisermos, podemos inicializá-la em 16 como um campo **adicionando uma atribuição no final da declaração**:

```
public int MagazineSize { get; private set; } = 16;
```

Mas e se quisermos que o jogo consiga especificar o número de bolas no pente? Talvez a maioria das armas seja criada carregada, mas em alguns níveis de ataque rápido queiramos que algumas sejam criadas descarregadas para que o jogador precise recarregar antes de atirar. ***Como fazemos isso?***

não existem Perguntas Idiotas

P: Você pode explicar de novo o que é construtor?

R: **Construtor** é um método chamado quando uma nova instância de uma classe é criada. Sempre é declarado como um método ***sem um tipo de retorno*** e um nome que ***corresponde ao nome da classe***. Para ver como funciona, **crie um aplicativo de console** e adicione essa classe ConstructorTest com um construtor e um campo public chamado `i`:

```
public class ConstructorTest
{
  public int i = 1;

  public ConstructorTest()
  {
    Console.WriteLine($"i is {i}");
  }
}
```

Adicione esta declaração new ao método Main:

```
new ConstructorTest();
```

Use o depurador para entender bem como o construtor funciona.

Adicione três pontos de interrupção:

- Na declaração do campo (em `i = 1`).
- Na primeira linha do construtor.
- Na chave } após a última linha do método Main.

O depurador primeiro irá parar na declaração do campo, então no construtor e, por fim, no final do método Main. Nenhum mistério aqui — o CLR inicializa os campos primeiro, executa o construtor e finalmente escolhe em que lugar saiu após a declaração `new`.

Construtor com parâmetros para inicializar propriedades

Você viu antes no capítulo que é possível inicializar um objeto com um construtor ou um método especial chamado quando o objeto é instanciado pela primeira vez. Os construtores são como qualquer outro método, ou seja, eles podem ter **parâmetros**. Usaremos um construtor com parâmetros para inicializar as propriedades.

O construtor que você acabou de criar na seção P&R fica assim: public ConstructorTest(). É um **construtor sem parâmetro**, portanto, como qualquer método sem parâmetro, a declaração termina com `()`. Agora vamos **adicionar um construtor com parâmetros** à classe PaintballGun. Eis o construtor a adicionar:

Adicione um construtor a uma classe criando um método com o mesmo nome da classe e nenhum tipo de retorno.

Esse construtor tem três parâmetros, um int chamado balls, um int chamado magazineSize e um bool chamado loaded.

```
public PaintballGun(int balls, int magazineSize, bool loaded)
{
  this.balls = balls;
  MagazineSize = magazineSize;
  if (!loaded) Reload();
}
```

O construtor é executado assim que uma nova instância é criada; portanto, colocamos o código no corpo do método para definir o número de bolas e o tamanho do pente, e recarregamos a arma se necessário. Note a palavra-chave `this` na primeira linha. Imagina por que precisamos usá-la?

Oh-oh, há um problema. Assim que você adiciona o construtor, o IDE informa que o método Main tem um erro:

CS7036 There is no argument given that corresponds to the required formal parameter 'balls' of 'PaintballGun.PaintballGun(int, int, bool)'

O que você acha que precisamos fazer para corrigir o erro?

BANG!

Veja bem!

Quando um parâmetro tem o mesmo nome do campo, ele mascara esse campo.

O parâmetro balls do construtor tem o mesmo nome do campo chamado balls. Como têm nomes iguais, o parâmetro tem prioridade no corpo do construtor. Isso é chamado de ***mascarar****; quando um parâmetro ou uma variável em um método tem o mesmo nome do campo, usar esse nome no método se refere ao parâmetro ou à variável, não ao campo. Por isso precisamos usar a palavra-chave* **`this`** *no construtor PaintballGun:*

```
this.balls = balls;
```

Quando usamos balls, isso se refere ao parâmetro. Queremos definir o campo. E, como ele tem o mesmo nome, precisamos usar this.balls para nos referir ao campo.

A propósito, isso não se aplica apenas aos construtores. Ocorre em ***qualquer*** *método.*

Especifique argumentos ao usar a palavra-chave "new"

Quando você adicionou o construtor, o IDE informou que o método Main tinha um erro na declaração new (PaintballGun gun = new PaintballGun()). Veja o erro:

```
CS7036  There is no argument given that corresponds to the required formal
        parameter 'balls' of 'PaintballGun.PaintballGun(int, int, bool)'
```

Leia o texto do erro; ele informa exatamente o problema. Agora seu construtor tem argumentos, então precisa de parâmetros. Comece digitando a declaração `new` de novo e o IDE informará exatamente o que precisa adicionar:

```
MachineGun gun = new MachineGun()
                 MachineGun(int bullets, int magazineSize, bool loaded)
```

Você vem usando `new` para criar instâncias das classes. Até agora, todas as classes tiveram construtores sem parâmetro, portanto você nunca precisou fornecer argumentos.

Agora você tem um construtor com parâmetros e, como qualquer método com parâmetros, isso requer especificar argumentos com tipos que correspondem a esses parâmetros.

Vamos modificar o método Main para **passar parâmetros para o construtor PaintballGun.**

Mude isto!

1. **Adicione o método ReadInt escrito para a calculadora da pontuação de habilidades de Owen no Capítulo 4.**

   É preciso obter argumentos para o construtor em algum lugar. Você já tem um método muito bom que pede ao usuário valores int; portanto, faz sentido reutilizá-lo aqui.

2. **Adicione código para ler os valores na entrada do console.**

   Agora que adicionou o método ReadInt do Capítulo 4, pode usá-lo para obter dois valores int. Adicione estas quatro linhas de código ao topo do método Main:

```
int numberOfBalls = ReadInt(20, "Number of balls");
int magazineSize = ReadInt(16, "Magazine size");

Console.Write($"Loaded [false]: ");
   bool.TryParse(Console.ReadLine(), out bool isLoaded);
```

Se TryParse não puder analisar a linha, deixará isLoaded com o valor-padrão, que para bool é false.

3. **Atualize a declaração new para adicionar argumentos.**

   Agora que você tem valores em variáveis com tipos que correspondem aos parâmetros no construtor, pode atualizar a declaração **new** para passá-los ao construtor como argumentos:

```
PaintballGun gun = new PaintballGun(numberOfBalls, magazineSize, isLoaded);
```

4. **Rode o programa.**

   Ele pedirá o número de bolas, o tamanho do pente e se a arma está ou não carregada. Então, criará uma nova instância de PaintballGun, passando argumentos para seu construtor que correspondem às suas escolhas.

Enigma da Piscina

Seu ***trabalho*** é pegar os snippets de código na piscina e colocá-los nas linhas em branco. Você **pode** usar o mesmo snippet mais de uma vez e não precisará usar todos eles. O ***objetivo*** é criar classes que irão compilar, executar e produzir uma saída que combina com o exemplo.

Este programa é um quiz de Matemática que faz uma série de perguntas de multiplicação ou adição aleatórias e verifica a resposta. Veja como fica quando joga:

```
8 + 5 = 13
Right!
4 * 6 = 24
Right!
4 * 9 = 37
Wrong! Try again.
4 * 9 = 36
Right!
9 * 8 = 72
Right!
6 + 5 = 12
Wrong! Try again.
6 + 5 = 9
Wrong! Try again.
6 + 5 = 11
Right!
8 * 4 = 32
Right!
8 + 6 = Bye
Thanks for playing!
```

O jogo cria perguntas aleatórias de adição ou de multiplicação.

Se você erra uma pergunta, ele continua perguntando até acertar.

O jogo termina quando você insere uma resposta que não é um número.

```
class Q {
  public Q(bool add) {
    if (add) ___ = "+";
    else ___ = "*";
    N1 = ___.________;
    N2 = ___.________;
  }

  public ______Random R = new Random();
  public ______N1 { get; _______set; }
  public ______Op { get; _______set; }
  public ______N2 { get; _______set; }

  public ______Check(int ____)
  {
    if (___ == "+") return (a ___N1 + N2);
    else return (a ___ ___* ___);
  }
}

class Program {
 public static void Main(string[] args) {
  Q ___= ___ Q(___.R.______== 1);
  while (true) {
   Console.Write($"{q.____} {q.____} {q.____} = ");
   if (!int.TryParse(Console.ReadLine(), out int i))
{
    Console.WriteLine("Thanks for playing!");
    _______;
   }
   if (___.______(___)) {
    Console.WriteLine("Right!");
    ___ = ___ Q(___.R.______== 1);
   }
   else Console.WriteLine("Wrong! Try again.");
  }
 }
}
```

Nota: cada snippet da piscina pode ser usado mais de uma vez!

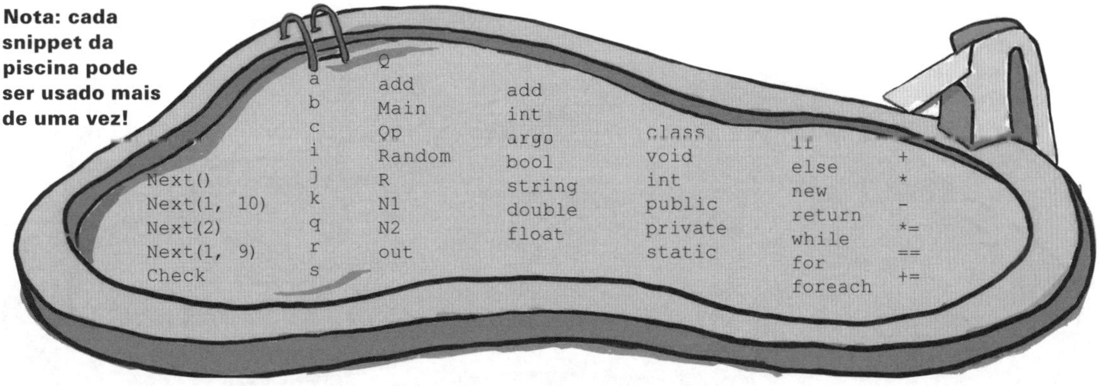
Next()
Next(1, 10)
Next(2)
Next(1, 9)
Check
a
b
c
i
j
k
q
r
s
Q
add
Main
Op
Random
R
N1
N2
out
add
int
args
bool
string
double
float
class
void
int
public
private
static
if
else
new
return
while
for
foreach
+
*
-
*=
==
+=

Aumentamos o nível de dificuldade do enigma! Lembre-se, consultar a solução se você não sair do lugar não é colar.

Este enigma é difícil, mas você pode resolvê-lo!

```
class Q {
  public Q(bool add) {
    if (add) Op = "+";
    else Op = "*";
    N1 = R.Next(1, 10);
    N2 = R.Next(1, 10);
  }

  public static Random R = new Random();
  public int N1 { get; private set; }
  public string Op { get; private set; }
  public int N2 { get; private set; }

  public bool Check(int a)
  {
    if (Op == "+") return (a == N1 + N2);
    else return (a == N1 * N2);
  }
}

class Program {
 public static void Main(string[] args) {
  Q q = new Q(Q.R.Next(2) == 1);
  while (true) {
   Console.Write($"{q.N1} {q.Op} {q.N2} = ");
   if (!int.TryParse(Console.ReadLine(), out int i))
{
    Console.WriteLine("Thanks for playing!");
    return;
   }
   if (q.Check(i)) {
    Console.WriteLine("Right!");
    q = new Q(Q.R.Next(2) == 1);
   }
   else Console.WriteLine("Wrong! Try again.");
  }
 }
}
```

Enigma da Piscina – Solução

Seu ***trabalho*** é pegar os snippets de código na piscina e colocá-los nas linhas em branco. Você **pode** usar o mesmo snippet mais de uma vez e não precisará usar todos eles. O ***objetivo*** é criar classes que irão compilar, executar e produzir uma saída que combina com o exemplo.

Este programa é um quiz de Matemática que faz uma série de perguntas de multiplicação ou adição aleatórias e verifica a resposta. Veja como fica quando joga:

```
8 + 5 = 13
Right!
4 * 6 = 24
Right!
4 * 9 = 37
Wrong! Try again.
4 * 9 = 36
Right!
9 * 8 = 72
Right!
6 + 5 = 12
Wrong! Try again.
6 + 5 = 9
Wrong! Try again.
6 + 5 = 11
Right!
8 * 4 = 32
Right!
8 + 6 = Bye
Thanks for playing!
```

O jogo gera perguntas aleatórias de adição ou de multiplicação.

Se você erra uma pergunta, ele continua perguntando até acertar.

O jogo termina quando você insere uma resposta que não é um número.

Colocamos uma marca de verificação ao lado de cada snippet usado na solução. ✓

Nota: cada snippet da piscina pode ser usado mais de uma vez!

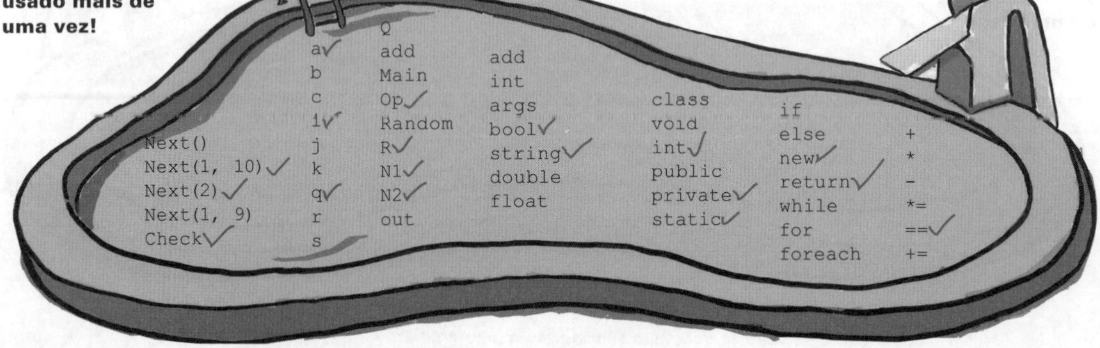
Next()
Next(1, 10) ✓
Next(2) ✓
Next(1, 9)
Check ✓
a ✓
b
c
i ✓
j
k
q ✓
r
s
Q
add
Main
Op ✓
Random
R ✓
N1 ✓
N2 ✓
out
add
int
args
bool ✓
string ✓
double
float
class
void
int ✓
public
private ✓
static ✓
if
else
new ✓
return ✓
while
for
foreach
+
*
-
*=
== ✓
+=

Fatos úteis sobre métodos e propriedades

★ **Todo método na classe tem uma assinatura exclusiva.**
A primeira linha de um método, que contém o modificador de acesso, o valor de retorno, o nome e os parâmetros, é chamada de **assinatura** do método. As propriedades têm assinaturas também; elas consistem no modificador de acesso, no tipo e no nome.

★ **Você pode inicializar as propriedades em um inicializador de objetos.**
Os inicializadores de objeto foram usados antes:

```
Guy joe = new Guy() { Cash = 50, Name = "Joe" };
```

Você também pode especificar propriedades em tal inicializador. Se especificar, o construtor será executado primeiro, depois as propriedades serão definidas. E pode inicializar apenas propriedades e campos públicos no inicializador de objetos.

★ **Toda classe tem um construtor, mesmo se você não adicionou um.**
A CLR precisa de um construtor para instanciar um objeto; faz parte da mecânica interna de como o .NET funciona. Se você não adicionar um construtor à classe, o compilador C# adicionará automaticamente um construtor sem parâmetros.

★ **Você pode impedir que uma classe seja instanciada por outras classes adicionando um construtor privado.**
Às vezes é preciso ter muito controle sobre como os objetos são criados. Um modo de fazer isso é tornar o construtor privado, assim ele só pode ser chamado de dentro da classe. Reserve um minuto e experimente:

```
class NoNew {
  private NoNew() { Console.WriteLine("I'm alive!"); }
  public static NoNew CreateInstance() { return new NoNew(); }
}
```

Adicione a classe NoNew a um aplicativo de console. Se você tentar adicionar new NoNew(); ao método Main, o compilador C# retornará um erro (*'NoNew.NoNew()' is inaccessible due to its protection level*), mas o método **NoNew.CreateInstance** cria uma nova instância sem problemas.

Este é um momento muito bom para falar sobre estética em videogames. Pensando bem, o encapsulamento não oferece um meio de fazer nada que não fosse possível antes. Você ainda pode escrever os mesmos programas sem propriedades, construtores e métodos privados, mas eles pareceriam bem diferentes. É porque nem tudo na programação se refere a criar código para fazer algo diferente. Muitas vezes é para fazer seu código realizar a mesma coisa, mas de um jeito melhor. Pense nisso quando ler sobre estética. Ela não muda como o jogo se comporta, muda como o jogador pensa e percebe o jogo.

Design do jogo... e muito mais

Estética

Como se sentiu na última vez em que jogou? Foi divertido? Sentiu emoção, uma onda de adrenalina? Teve uma sensação de descoberta ou realização? Uma sensação de competição ou cooperação com outros jogadores? A história era envolvente? Foi engraçado? Triste? Os jogos despertam respostas emotivas em nós e essa é a ideia por trás da estética.

Parece estranho falar sobre sentimentos e videogames? Não deveria; emoções e sentimentos sempre tiveram um papel importante no design de jogos, e grande parte dos jogos de sucesso tem a estética como um aspecto importante. Pense na satisfação sentida ao descer uma peça longa no jogo Tetris e limpar quatro fileiras de blocos. Ou correr com o Pac-Man quando Blinky (o fantasma vermelho) está a poucos pixels atrás quando você engole a bolinha de poder.

- É óbvio como **arte e visual, música e som**, ou a escrita da história podem influenciar a estética, mas ela é mais do que os elementos artísticos de um jogo. Ela pode vir do modo como o jogo é **estruturado**.
- E não são apenas os videogames, você pode encontrar **estética em jogos de mesa**. O pôquer é conhecido por seus altos e baixos emocionais, o sentimento de fazer um grande blefe. Até um simples jogo de cartas, como Go Fish!, tem uma estética própria: um vaivém crescente, conforme os jogadores descobrem as cartas na mão dos outros; a aproximação cada vez maior de um vencedor, quando cada jogador coloca um novo book (quatro cartas de mesmo número e naipes diferentes) na mesa; a emoção de tirar a carta necessária; dizer "Go fish!" quando a carta errada é solicitada.
- Algumas vezes falamos em **"diversão"** e **" jogabilidade"**, mas é bom ser mais preciso ao falar sobre estética.
- Quando um jogo propõe um **desafio** ele dá aos jogadores obstáculos para superar, gerando um sentimento de realização e de vitória pessoal.
- A **narrativa** de um jogo direciona o jogador no drama da história.
- A pura **sensação tátil** de um jogo — ou seja, o ritmo do jogo, o "engolir" satisfatório de uma bolinha de poder, o "vrum" e o desfoque de um carro acelerando — traz prazer.
- Participar de um jogo de cooperação ou com multijogadores dá a sensação de **companheirismo**.
- Um jogo de **fantasia** não só transporta o jogador a outro mundo, como também permite que ele seja inteiramente outra pessoa (ou outro ser!).
- Jogos com **expressão** permitem ao jogador ter autoconhecimento, um modo de aprender mais sobre si mesmo.

Acredite se quiser, podemos usar essas ideias por trás da estética para aprender uma **lição maior sobre desenvolvimento** que se aplica a qualquer programa ou app, não apenas um jogo. Internalize essas ideias por ora; voltaremos nisso no próximo capítulo.

Alguns desenvolvedores são muito céticos ao lerem sobre estética porque pressupõem que apenas a mecânica do jogo importa. Veja um teste mental rápido para mostrar o quanto ela pode ser importante. Digamos que você tenha dois jogos com mecânica idêntica, com pequenas diferenças. Em um jogo você chuta pedras tirando-as do caminho para salvar uma vila. No outro, chuta cachorrinhos e gatinhos porque é uma pessoa horrível. Mesmo que os outros aspectos dos jogos sejam idênticos, os dois jogos são muito diferentes. É o poder da estética.

Aponte o seu lápis

Este código tem problemas. Deve ser o código para uma máquina automática de chicletes simples; você coloca uma moeda e ela libera um. Identificamos quatro problemas específicos que causarão erros. Use o espaço fornecido para escrever o que você considera errado nas linhas indicadas pelas setas.

```
class GumballMachine {
    private int gumballs;

        private int price;
        public int Price
        {
            get
            {
                return price;
            }
        }

      public GumballMachine(int gumballs, int price)
      {
          gumballs = this.gumballs;
          price = Price;
      }

    public string DispenseOneGumball(
          int price, int coinsInserted)
      {
          // verifique o campo auxiliar price
          if (this.coinsInserted >= price) {
                gumballs -= 1;
              return "Here's your gumball";
          } else {
              return "Insert more coins";
          }
      }
}
```

Aponte o seu lápis Solução

Este código tem problemas. Identificamos quatro linhas específicas que causarão erros. Veja o que está errado nelas.

price com p minúsculo se refere ao parâmetro do construtor, não ao campo. Esta linha define o PARÂMETRO para o valor retornado pelo getter Price, mas Price não foi definido ainda; portanto, não faz nada útil. Se você mudar isso para definir Price = price, funcionará.

A palavra-chave "this" está no "gumballs" errado. this.gumballs se refere à propriedade, já gumballs se refere ao parâmetro.

Este parâmetro mascara o campo privado chamado price e o comentário informa que o método deve verificar o valor do campo auxiliar price.

```
public GumballMachine(int gumballs, int price)
{
        gumballs = this.gumballs;
        price = Price;
}

public string DispenseOneGumball(int price, int coinsInserted)
{
        // Verifique o campo auxiliar price
        if (this.coinsInserted >= price) {
                gumballs -= 1;
                return "Here's your gumball";
        } else {
                return "Insert more coins";
        }
}
```

A palavra-chave "this" está em um parâmetro ao qual não pertence. Ela deveria estar em price, porque esse campo é mascarado por um parâmetro.

Vale a pena passar mais uns minutinhos ***analisando bem este código***. Esses são erros comuns que novos programadores podem cometer ao trabalhar com objetos. Se você aprender a evitá-los, achará muito mais satisfatório escrever código.

não existem Perguntas Idiotas

P: Se meu construtor é um método, por que não tem um tipo de retorno?

R: Ele não tem um tipo de retorno porque ***todo*** construtor é sempre void (vazio), o que faz sentido, pois não há um modo de ele retornar um valor. Seria redundante tornar seu tipo `void` no início de cada construtor.

P: Posso ter getter sem setter?

R: Sim! Quando você tem um acesso get, mas não set, cria uma propriedade de somente leitura. Por exemplo, a classe SecretAgent pode ter um campo público de somente leitura com um campo auxiliar para o nome:

```
string spyNumber = "007";
public string SpyNumber {
  get { return spyNumber; }
}
```

P: E aposto que posso ter setter, sem getter, certo?

R: Sim, ao menos é uma autopropriedade, e nesse caso você visualizará um erro (*"Auto-implemented properties must have get accessors"*). Se você criar uma propriedade com setter, mas sem getter, sua propriedade **poderá ser apenas de gravação**. A classe SecretAgent poderia usar isso para uma propriedade na qual outros espiões poderiam gravar, mas não ver:

```
public string DeadDrop {
 set {
  StoreSecret(value);
 }
}
```

Ambas as técnicas — set sem get ou vice-versa — podem ser muito úteis ao fazer o encapsulamento.

Vá para o Guia do Aluno Visual Studio para Mac e obtenha a versão Mac deste exercício.

Exercício

Use o que aprendeu sobre encapsulamento para corrigir a calculadora de danos com espada de Owen. Primeiro modifique a classe SwordDamage para substituir os campos por propriedades e adicione um construtor. Quando terminar, atualize o aplicativo de console para usá-la. Por fim, corrija o app WPF (este exercício será mais fácil se você criar um novo aplicativo de console para as duas primeiras partes e um novo app WPF para a terceira).

Parte 1: Modifique SwordDamage para que seja uma classe bem encapsulada

1. Exclua o campo Roll, substitua-o por uma propriedade chamada Roll e um campo auxiliar chamado roll. O getter retorna o valor do campo auxiliar. O setter atualiza o campo auxiliar, então chama o método CalculateDamage.
2. Exclua o método SetFlaming, substitua-o por uma propriedade chamada Flaming e um campo auxiliar chamado flaming. Funciona como a propriedade Roll; getter retorna o campo auxiliar, setter o atualiza e chama CalculateDamage.
3. Exclua o método SetMagic, substitua-o por uma propriedade chamada Magic e um campo auxiliar chamado magic que funciona exatamente como as propriedades Flaming e Roll.
4. Crie uma propriedade autoimplementada chamada Damage com um acesso get público e um acesso set privado.
5. Exclua os campos MagicMultiplier e FlamingDamage. Modifique o método CalculateDamage para que ele verifique os valores das propriedades Roll, Magic e Flaming, e calcule tudo dentro do método.
6. Adicione um construtor que tem o dado rolado inicial como parâmetro. Agora que o método CalculateDamage é chamado apenas a partir dos acessos set da propriedade e do construtor, não é preciso que outra classe o chame. Torne-o privado.
7. Adicione a documentação do código XML a todos os membros públicos da classe.

Parte 2: Modifique o aplicativo para usar a classe SwordDamage bem encapsulada

1. Crie um método estático chamado RollDice que retorna os resultados de um dado 3d6. Você precisará armazenar a instância Random em um campo estático, em vez de uma variável, para que o método Main e RollDice possam usá-la.
2. Use o novo método RollDice para o argumento do construtor SwordDamage e para definir a propriedade Roll.
3. Mude o código que chama SetMagic e SetFlaming para definir as propriedades Magic e Flaming.

Parte 3: Modifique o app WPF para usar a classe SwordDamage bem encapsulada

1. Copie o código da Parte 1 para um novo app WPF. Copie o XAML do projeto anteriormente no capítulo.
2. Em code-behind, declare o campo MainWindow.swordDamage assim (e o instancie no construtor): `SwordDamage swordDamage;`
3. No construtor MainWindow, defina o campo swordDamage para uma nova instância de SwordDamage inicializada com um dado aleatório 3d6. Então, chame o método CalculateDamage.
4. Os métodos RollDice e Button_Click são exatamente iguais ao mostrado antes no capítulo.
5. Mude o método DisplayDamage para usar a interpolação de strings, mas ainda mostrando a mesma string de antes.
6. Mude os manipuladores de evento Checked e Unchecked das duas caixas de seleção para usar as propriedades Magic e Flaming, em vez dos antigos métodos SetMagic e SetFlaming, então chame DisplayDamage.

Teste tudo. Use o depurador ou declarações Debug.WriteLine para ver se funciona MESMO.

Exercício Solução

Agora Owen finalmente tem uma classe para calcular o dano que é muito mais fácil de usar sem gerar erros. Cada propriedade recalcula o dano; portanto, não importa a ordem de chamada. Veja o código da classe SwordDamage bem encapsulada:

```
class SwordDamage
{
  private const int BASE_DAMAGE = 3;
  private const int FLAME_DAMAGE = 2;

  /// <summary>
  /// Contém o dano calculado
  /// </summary>
  public int Damage { get; private set; }

  private int roll;

  /// <summary>
  /// Define com set ou obtém com get o dado 3d6
  /// </summary>
  public int Roll
  {
    get { return roll; }
    set
    {
      roll = value;
      CalculateDamage();
    }
  }

  private bool magic;

  /// <summary>
  /// True se a espada é mágica, false do contrário
  /// </summary>
  public bool Magic
  {
    get { return magic; }
    set
    {
      magic = value;
      CalculateDamage();
    }
  }

  private bool flaming;

  /// <summary>
  /// True se a espada está em chamas, false do contrário
  /// </summary>
  public bool Flaming
  {
    get { return flaming; }
    set
    {
      flaming = value;
      CalculateDamage();
    }
  }
```

Como estas constantes não serão usadas por nenhuma outra classe, faz sentido mantê-las privadas.

O acesso set privado da propriedade Damage a torna somente leitura; portanto, não pode ser sobregravada por outra classe.

Veja a propriedade Roll com seu campo auxiliar privado. O acesso set chama o método CalculateDamage, que mantém a propriedade Damage atualizada automaticamente.

As propriedades Magic e Flaming funcionam como a propriedade Roll. Todas elas chamam CalculateDamage; portanto, definir qualquer uma atualizará automaticamente a propriedade Damage.

Exercício Solução

```
    /// <summary>
    /// Calcula o dano com base nas propriedades atuais
    /// </summary>
    private void CalculateDamage()
    {
      decimal magicMultiplier = 1M;
      if (Magic) magicMultiplier = 1.75M;

      Damage = BASE _ DAMAGE;
      Damage = (int)(Roll * magicMultiplier) + BASE _ DAMAGE;
      if (Flaming) Damage += FLAME _ DAMAGE;
    }
```

Todo o cálculo está encapsulado no método CalculateDamage. Ele só depende dos acessos get das propriedades Roll, Magic e Flaming.

```
    /// <summary>
    /// O construtor calcula o dano com base nos valores Magic
    /// e Flaming padrão, em um dado 3d6 inicial
    /// </summary>
    /// <param name="startingRoll">Dado inicial 3d6</param>
    public SwordDamage(int startingRoll)
    {
      roll = startingRoll;
      CalculateDamage();
    }
}
```

O construtor define o campo auxiliar da propriedade Roll, então chama CalculateDamage para ver se a propriedade Damage está correta.

Veja o código do método Main do aplicativo de console:

```
class Program
{
  static Random random = new Random();

  static void Main(string[] args)
  {
   SwordDamage swordDamage = new SwordDamage(RollDice());
   while (true)
   {
     Console.Write("0 for no magic/flaming, 1 for magic, 2 for flaming, " +
             "3 for both, anything else to quit: ");
     char key = Console.ReadKey().KeyChar;
     if (key != '0' && key != '1' && key != '2' && key != '3') return;
     swordDamage.Roll = RollDice();
     swordDamage.Magic = (key == '1' || key == '3');
     swordDamage.Flaming = (key == '2' || key == '3');
     Console.WriteLine($"\nRolled {swordDamage.Roll} for {swordDamage.Damage}
HP\n");
   }
  }

  private static int RollDice()
  {
   return random.Next(1, 7) + random.Next(1, 7) + random.Next(1, 7);
  }
}
```

Faz sentido mover o dado 3d6 para seu próprio método, pois é chamado a partir de dois lugares diferentes em Main. Se você usou o "método Generate" para criá-lo, o IDE o tornará privado automaticamente.

Exercício Solução

Veja o código para code-behind do aplicativo de desktop WPF. O XAML é exatamente igual.

Não pedimos para você mover o dado 3d6 para seu próprio método. Você acha que adicionar um método RollDice (como no aplicativo de console) tornaria o código mais fácil de ler? Ou é desnecessário? Um caminho não é necessariamente melhor nem pior que o outro! Experimente ambos e decida o que funciona melhor no seu caso.

Decidir se é para mover ou não uma linha de código duplicada para seu próprio método é um bom exemplo de estética do código. A beleza está nos olhos de quem vê.

```
public partial class MainWindow : Window
{
  Random random = new Random();
  SwordDamage swordDamage;

  public MainWindow()
  {
    InitializeComponent();
    swordDamage = new SwordDamage(random.Next(1, 7) + random.Next(1, 7)
                     + random.Next(1, 7));
    DisplayDamage();
  }

  public void RollDice()
  {
    swordDamage.Roll = random.Next(1, 7) + random.Next(1, 7) + random.Next(1, 7);
    DisplayDamage();
  }

  void DisplayDamage()
  {
    damage.Text = $"Rolled {swordDamage.Roll} for {swordDamage.Damage} HP";
  }

  private void Button_Click(object sender, RoutedEventArgs e)
  {
    RollDice();
  }

  private void Flaming_Checked(object sender, RoutedEventArgs e)
  {
    swordDamage.Flaming = true;
    DisplayDamage();
  }

  private void Flaming_Unchecked(object sender, RoutedEventArgs e)
  {
    swordDamage.Flaming = false;
    DisplayDamage();
  }

  private void Magic_Checked(object sender, RoutedEventArgs e)
  {
    swordDamage.Magic = true;
    DisplayDamage();
  }

  private void Magic_Unchecked(object sender, RoutedEventArgs e)
  {
    swordDamage.Magic = false;
    DisplayDamage();
  }
}
```

Cruzadinha de objetos

Faça uma pausa, sente e dê ao lado direito do seu cérebro algo para fazer. É uma cruzadinha padrão; todas as palavras da solução são dos cinco primeiros capítulos do livro.

EclipseCrossword.com

Horizontal

3. Como você inicia uma declaração de variável
5. Todo objeto tem este método que o converte em string
7. Se você deseja armazenar um valor de moeda, use este tipo
9. Se o tipo de retorno de um método é __________, ele não retorna nada
10. A segunda parte da declaração de uma variável
13. A declaração usada para criar um objeto
14. Parece um campo, mas age como um método
16. O que você faz quando usa $ e chaves para incluir valores em uma string
18. Você pode atribuir qualquer valor a uma variável deste tipo
21. Se quiser criar instâncias de uma classe, não coloque esta palavra-chave na declaração
22. Uma variável que aponta para um objeto
23. += e -= são operadores de atribuição __________
26. O que você usa para passar informação para um método
27. O tipo numérico que armazena os maiores números
28. Os quatro tipos de número natural com apenas números positivos
29. Local em que residem os objetos

Vertical

1. Desenhe um desses para sua classe antes de escrever código
2. O que existe em um float
4. Que tipo de sequência é or?
6. O que (int) faz nesta linha de código: x = (int) y;
8. Os campos de um objeto controlam seu __________
11. Uma variável declarada diretamente em uma classe a qual todos os membros têm acesso
12. namespace, for, while, using e new são exemplos de palavra-chave __________
15. Um objeto é uma instância de
17. O tipo de coleta que ocorre quando a última referência para um objeto some
19. Como um método informa o que passar para ele
20. O que você faz quando usa o operador + para unir duas strings
24. Informa a um método para parar de imediato, enviando possivelmente um valor de volta para a declaração que o chamou
25. Isto define o comportamento de uma classe

PONTOS DE BALA

- O **encapsulamento** mantém o código seguro, impedindo que as classes o modifiquem sem querer ou utilizem mal os membros das outras classes.
- Os campos que requerem processamento ou cálculo quando definidos são os **principais candidatos** para o encapsulamento.
- Pense em como campos e métodos podem ser **mal utilizados**. Torne-os públicos apenas se precisar.
- Usar a nomenclatura adequada ao escolher os nomes de campos, propriedades, variáveis e métodos facilita ler o código. Muitos desenvolvedores usam **camelCase** para campos privados e **PascalCase** para os públicos.
- **Propriedade** é um membro da classe que lembra um campo quando usada, mas age como um método quando executada.
- Um **acesso get** (ou **getter**) é definido pela palavra--chave `get` seguida de um método que retorna o valor da propriedade.
- Um **acesso set** (ou **setter**) é definido pela palavra--chave `set` seguida de um método que defina o valor da propriedade. No método, a palavra-chave `value` é uma variável de somente leitura com o valor a definir.
- As propriedades costumam obter ou definir um **campo auxiliar** ou um campo privado encapsulado limitando o acesso a ele por meio de uma propriedade.
- Uma **propriedade autoimplementada**, às vezes chamada de **propriedade automática** ou **autopropriedade**, tem um getter que retorna o valor do campo auxiliar e um setter que a atualiza.
- Use o **snippet de propriedade** no Visual Studio para criar uma propriedade autoimplementada digitando "prop" seguido de duas tabulações.
- Use a **palavra-chave `private`** para limitar o acesso a um acesso get ou set. Uma propriedade de somente leitura tem um acesso set privado.
- Quando um objeto é criado, o CLR primeiro **define** todos os campos com valores definidos em suas declarações, depois **executa** o construtor, antes de **retornar** para a declaração `new` que o criou.
- Use um **construtor com parâmetros** para inicializar as propriedades. Especifique os argumentos para passar para o construtor ao usar a palavra-chave `new`.
- Um parâmetro com o mesmo nome de um campo **mascara** esse campo. Use a **palavra-chave `this`** para acessar o campo.
- Se você não adicionar um construtor à classe, o compilador C# adicionará automaticamente um **construtor sem parâmetros**.
- Você pode evitar que uma classe seja instanciada por outras classes adicionando um **construtor privado**.

Cruzadinha — solução

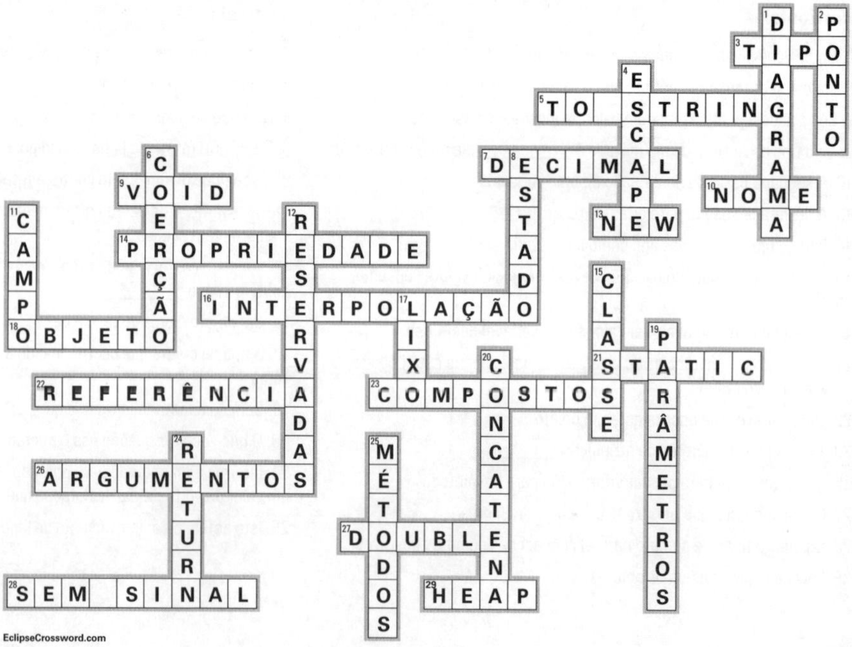

1 DIAGRAMA
2 PONTO
3 TIPO
4 ESCAPE
5 TOSTRING
6 CORREÇÃO
7 DECIMAL
8 ESTADO
9 VOID
10 NOME
11 CAMPO
12 RESERVADAS
13 NEW
14 PROPRIEDADE
15 CLASSE
16 INTERPOLAÇÃO
17 LIX
18 OBJETO
19 PARÂMETROS
20 CONCATENAÇÃO
21 STATIC
22 REFERÊNCIA
23 COMPOSTOS
24 RETORNAR
25 MÉTODOS
26 ARGUMENTOS
27 DOUBLE
28 SEM SINAL
29 HEAP
EclipseCrossword.com

6 herança

Árvore genealógica do objeto

LÁ ESTAVA
EU ANDANDO COM MEU OBJETO *BIKE*
DESCENDO NA CURVA DA MORTE QUANDO PERCEBI
QUE ELE TINHA HERDADO ***DuasRodas*** E EU ME ESQUECI
DE SOBRESCREVER O MÉTODO ***FREIOS***... ENCURTANDO A
HISTÓRIA: 26 PONTOS E MINHA MÃE DISSE QUE
ESTOU DE CASTIGO POR UM MÊS.

Algumas vezes você SÓ quer ser como seus pais.

Alguma vez encontrou uma classe que faz ***quase*** exatamente o que deseja que a ***sua*** classe faça? Já se pegou pensando que, se pudesse só ***mudar algumas coisas***, essa classe seria perfeita? Com a **herança**, é possível **estender** uma classe existente para que a nova obtenha seu comportamento, com a **flexibilidade** de fazer alterações nesse comportamento para conseguir ajustá-lo como deseja. A herança é um dos conceitos e técnicas mais poderosos na linguagem C#: com ela você pode **evitar código duplicado**, **modelar o mundo real** com mais precisão e permanecer com apps **mais fáceis de manter** e **menos propensos a erros**.

Calcule o dano para MAIS armas

Faça isto!

A calculadora de danos com espada atualizada foi um grande sucesso na noite de jogos! Agora Owen deseja ter calculadoras para todas as armas. Vamos iniciar com o cálculo dos danos para uma flecha, que usa um dado 1d6. **Criaremos uma nova classe ArrowDamage** para calcular o dano com flecha usando a fórmula da flecha nas anotações de jogo de Owen.

* O DANO BÁSICO PARA UMA FLECHA É O DADO 1D6 MULTIPLICADO POR .35HP.
* PARA UMA FLECHA MÁGICA, O DANO BÁSICO É MULTIPLICADO POR 2.5HP.
* UMA FLECHA EM CHAMAS ADICIONA 1.25HP EXTRA.
* O RESULTADO É ARREDONDADO **PARA CIMA**, PARA O INTEIRO HP MAIS PRÓXIMO.

Grande parte do código em ArrowDamage será ***idêntica ao código*** na classe SwordDamage. Veja o que fazer para criar o novo app:

1. **Crie um novo projeto Aplicativo de Console .NET.** Queremos que ele calcule a espada e a flecha; portanto, **adicionamos a classe SwordDamage** ao projeto.

2. **Crie uma classe ArrowDamage que é uma cópia exata de SwordDamage.** Crie uma nova classe chamada ArrowDamage, então **copie todo o código de SwordDamage e cole-o** na nova classe ArrowDamage. Mude o nome do construtor para ArrowDamage para o programa compilar.

ArrowDamage
Roll Magic Flaming Damage

3. **Refatore as constantes.** A fórmula dos danos com flecha tem valores diferentes para os danos básicos e com chamas, então vamos renomear a constante BASE_DAMAGE como BASE_MULTIPLIER e atualizar os valores da constante. Achamos que essas constantes facilitam ler o código, então adicionamos uma constante MAGIC_MULTIPLIER também:

```
private const decimal BASE_MULTIPLIER = 0.35M;
private const decimal MAGIC_MULTIPLIER = 2.5M;
private const decimal FLAME_DAMAGE = 1.25M;
```

Você concorda que estas constantes facilitam ler o código? Tudo bem se não concordar!

4. **Modifique o método CalculateDamage.** Agora tudo o que você precisa fazer para a nova classe ArrowDamage funcionar é atualizar o método CalculateDamage para ele fazer o cálculo certo:

```
private void CalculateDamage()
{
    decimal baseDamage = Roll * BASE_MULTIPLIER;
    if (Magic) baseDamage *= MAGIC_MULTIPLIER;
    if (Flaming) Damage = (int)Math.Ceiling
    (baseDamage + FLAME_DAMAGE);
    else Damage = (int) Math.Ceiling(baseDamage);
}
```

Você pode usar o método Math.Ceiling para arredondar os valores para cima. Ele mantém o tipo; portanto, você ainda precisa fazer a coerção em um int.

PODER DO CÉREBRO

Há **muitos** modos diferentes de escrever um código que faz a mesma coisa. Consegue imaginar outra maneira de escrever para calcular o dano com flecha?

Declaração switch para combinar várias candidatas

Atualizaremos nosso aplicativo de console para perguntar ao usuário se é para calcular um dano com flecha ou espada. Pediremos uma tecla e usaremos o **método Char.ToUpper** para convertê-la em letra maiúscula:

```
Console.Write("\nS for sword, A for arrow, anything else to quit: ");
weaponKey = Char.ToUpper(Console.ReadKey().KeyChar);
```

O método Char.ToUpper converte 's' e 'a' em 'S' e 'A'.

Poderíamos usar declarações `if/else` para isto:

```
if (weaponKey == 'S') { /* Calcule o dano com espada */ }
else if (weaponKey == 'A') { /* Calcule o dano com flecha */ }
else return;
```

É como lidamos com a entrada até o momento. Comparar uma variável com muitos valores diferentes é um padrão bem comum visto repetidamente. É tão comum que o C# tem um tipo especial de declaração *designado especificamente para essa situação*. Uma **declaração `switch`** permite comparar uma variável com muitos valores de modo compacto e fácil de ler. Veja uma declaração `switch` que faz exatamente a mesma coisa que as declarações `if/else` acima:

```
switch (weaponKey)
{
    case 'S':
        /* Calcule o dano com espada */
        break;

    case 'A':
        /* Calcule o dano com flecha */
        break;

    default:
        return;
}
```

Você começará com a palavra-chave **`switch`**, seguida de qualquer coisa a comparar com muitos possíveis valores diferentes.

O corpo da declaração `switch` é uma série de casos (cases) que compara qualquer coisa após a palavra-chave `switch` com um valor em particular. Cada caso começa com a palavra-chave **`case`**, o valor a combinar e dois pontos, terminando com uma declaração **`break`** para sinalizar o fim do caso.

A palavra-chave **`default`** é como uma declaração `else` final no fim de uma série de declarações `if/else`. É o que faz `switch` se nenhum caso combinou.

Exercício

Atualize o método Main para usar uma declaração `switch` e deixar que o usuário escolha o tipo de arma. Comece copiando os métodos Main e RollDice na solução do exercício no fim do último capítulo.

1. Crie uma instância de ArrowDamage no topo do método, logo após criar a instância SwordDamage.
2. Modifique o método RollDice para obter um parâmetro int chamado numberOfRolls e conseguir chamar RollDice(3) para rolar 3d6 (que chama random.Next(1, 7) três vezes e soma os resultados) ou RollDice(1) para rolar 1d6.
3. Adicione as duas linhas de código exatamente como aparecem acima. Elas escrevem o prompt da espada ou da flecha no console, leem a entrada usando Console.ReadKey, usam Char.ToUpper para converter a tecla em letra maiúscula, armazenando-a em weaponKey.
4. **Adicione a declaração** `switch`. Ela será exatamente igual à declaração `switch` acima, exceto que você substituirá cada `/* Comentário */` pelo código que calcula o dano e escreve uma linha de saída no console.

Exercício Solução

Acabamos de mostrar uma parte da sintaxe C# inteiramente nova, a **declaração switch**, e pedimos que a usasse em um programa. A equipe C# na Microsoft está sempre melhorando a linguagem, e conseguir incorporar esses novos elementos no código é **uma habilidade C# realmente valiosa**.

```
class Program
{
    static Random random = new Random();

    static void Main(string[] args)
    {
        SwordDamage swordDamage = new SwordDamage(RollDice(3));
        ArrowDamage arrowDamage = new ArrowDamage(RollDice(1));

        while (true)
        {
            Console.Write("0 for no magic/flaming, 1 for magic, 2 for flaming, " +
                          "3 for both, anything else to quit: ");
            char key = Console.ReadKey().KeyChar;
            if (key != '0' && key != '1' && key != '2' && key != '3') return;

            Console.Write("\nS for sword, A for arrow, anything else to quit: ");
            char weaponKey = Char.ToUpper(Console.ReadKey().KeyChar);

            switch (weaponKey)
            {
                case 'S':
                    swordDamage.Roll = RollDice(3);
                    swordDamage.Magic = (key == '1' || key == '3');
                    swordDamage.Flaming = (key == '2' || key == '3');
                    Console.WriteLine(
                        $"\nRolled {swordDamage.Roll} for {swordDamage.Damage} HP\n");
                    break;

                case 'A':
                    arrowDamage.Roll = RollDice(1);
                    arrowDamage.Magic = (key == '1' || key == '3');
                    arrowDamage.Flaming = (key == '2' || key == '3');
                    Console.WriteLine(
                        $"\nRolled {arrowDamage.Roll} for {arrowDamage.Damage} HP\n");
                    break;

                default:
                    return;
            }
        }
    }

    private static int RollDice(int numberOfRolls)
    {
        int total = 0;
        for (int i = 0; i < numberOfRolls; i++) total += random.Next(1, 7);
        return total;
    }
}
```

Crie uma instância da nova classe ArrowDamage criada.

Este bloco de código é quase idêntico ao programa do último capítulo. Em vez de usá-lo em um bloco if/else, ele fica em case, em uma declaração switch (e passa um argumento para RollDice).

O código para usar a instância de ArrowDamage para calcular o dano é muito parecido com o código para SwordDamage. Na verdade, é quase idêntico. Existe um meio de reduzir a duplicação do código e tornar o programa mais fácil de ler?

Experimente isto! Coloque um ponto de interrupção em switch (weaponKey), então use o depurador para percorrer a declaração `switch`. É uma ótima maneira de entender bem como funciona. Depois tente remover uma das linhas `break` e passar por ela; a execução continua (ou falha) no próximo case.

Mais uma coisa... podemos calcular o dano para uma adaga? Um bastão? Um cajado? E...

Criamos duas classes para o dano com espada e flecha. Mas e se houver três outras armas? Ou quatro? Ou doze? E se você tiver que manter esse código e fazer mais alterações no futuro? E se tiver que fazer a ***mesma alteração exata*** em cinco ou seis classes ***estreitamente relacionadas***? E se tiver que continuar fazendo alterações? É inevitável cometer erros; é muito fácil atualizar cinco classes, mas se esquecer de mudar a sexta.

E se algumas classes estiverem relacionadas, mas não forem muito idênticas? E se um bastão puder ser cravado, mas não ficar em chamas? Ou se um cajado não puder ser nenhuma dessas coisas?

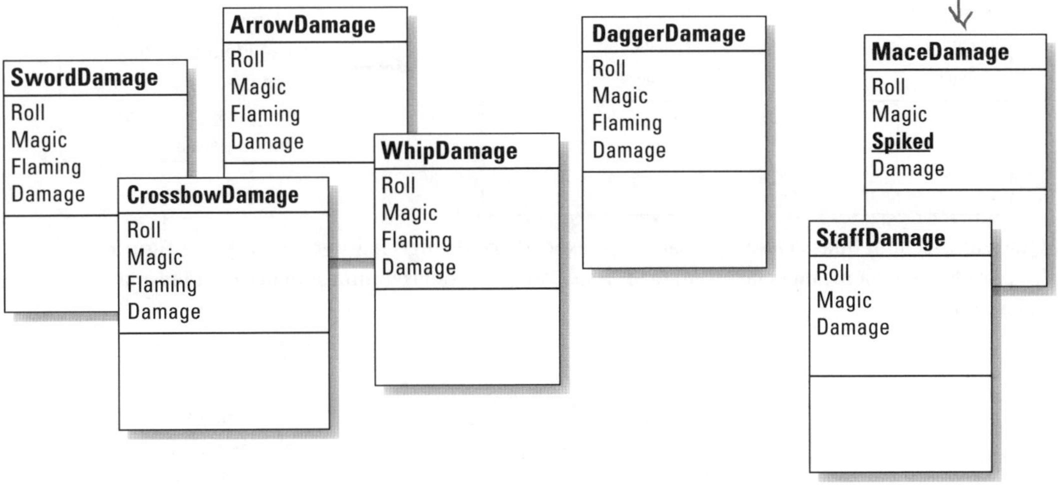
SwordDamage
Roll
Magic
Flaming
Damage
ArrowDamage
Roll
Magic
Flaming
Damage
CrossbowDamage
Roll
Magic
Flaming
Damage
WhipDamage
Roll
Magic
Flaming
Damage
DaggerDamage
Roll
Magic
Flaming
Damage
MaceDamage
Roll
Magic
Spiked
Damage
StaffDamage
Roll
Magic
Damage

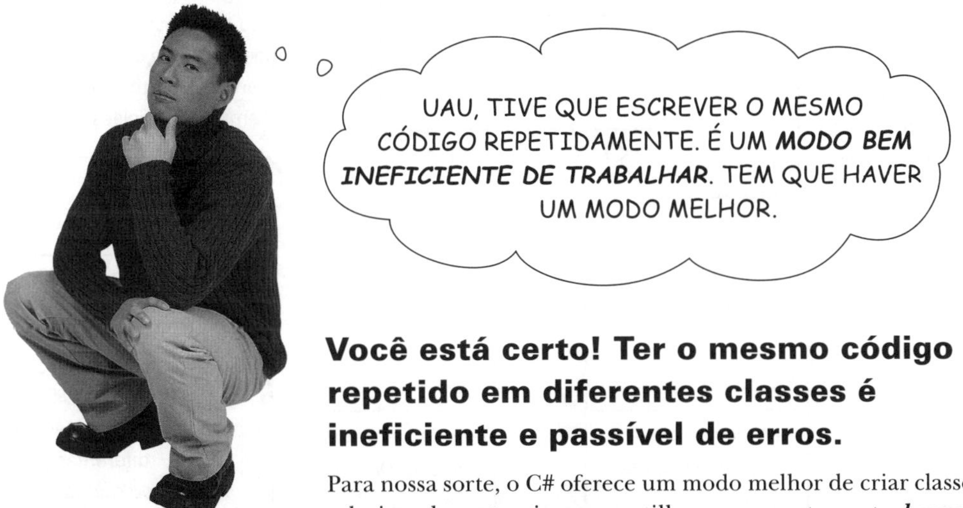
UAU, TIVE QUE ESCREVER O MESMO CÓDIGO REPETIDAMENTE. É UM MODO BEM INEFICIENTE DE TRABALHAR. TEM QUE HAVER UM MODO MELHOR.

Você está certo! Ter o mesmo código repetido em diferentes classes é ineficiente e passível de erros.

Para nossa sorte, o C# oferece um modo melhor de criar classes relacionadas entre si e compartilhar o comportamento: ***herança***.

Quando suas classes usam a herança, você só precisa escrever o código uma vez

Não é coincidência que suas classes SwordDamage e ArrowDamage tenham muito código igual. Quando você escreve programas em C#, muitas vezes cria classes que representam coisas no mundo real e normalmente elas estão relacionadas entre si. Suas classes têm um **código similar** porque as coisas representadas no mundo real — ou seja, dois cálculos parecidos do mesmo jogo de RPG — têm **comportamentos similares**.

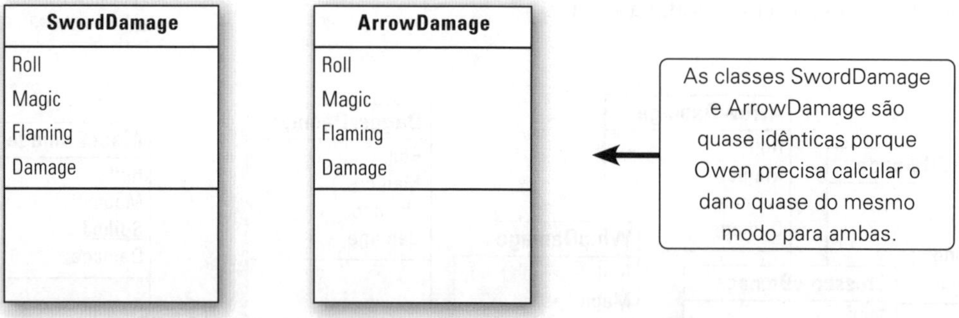
SwordDamage
Roll
Magic
Flaming
Damage
ArrowDamage
Roll
Magic
Flaming
Damage
As classes SwordDamage e ArrowDamage são quase idênticas porque Owen precisa calcular o dano quase do mesmo modo para ambas.

Quando você tem duas classes que são casos específicos de algo mais geral, pode configurá-las para **herdar** da mesma classe. Ao fazer isso, cada uma delas é uma **subclasse** da mesma **classe básica**.

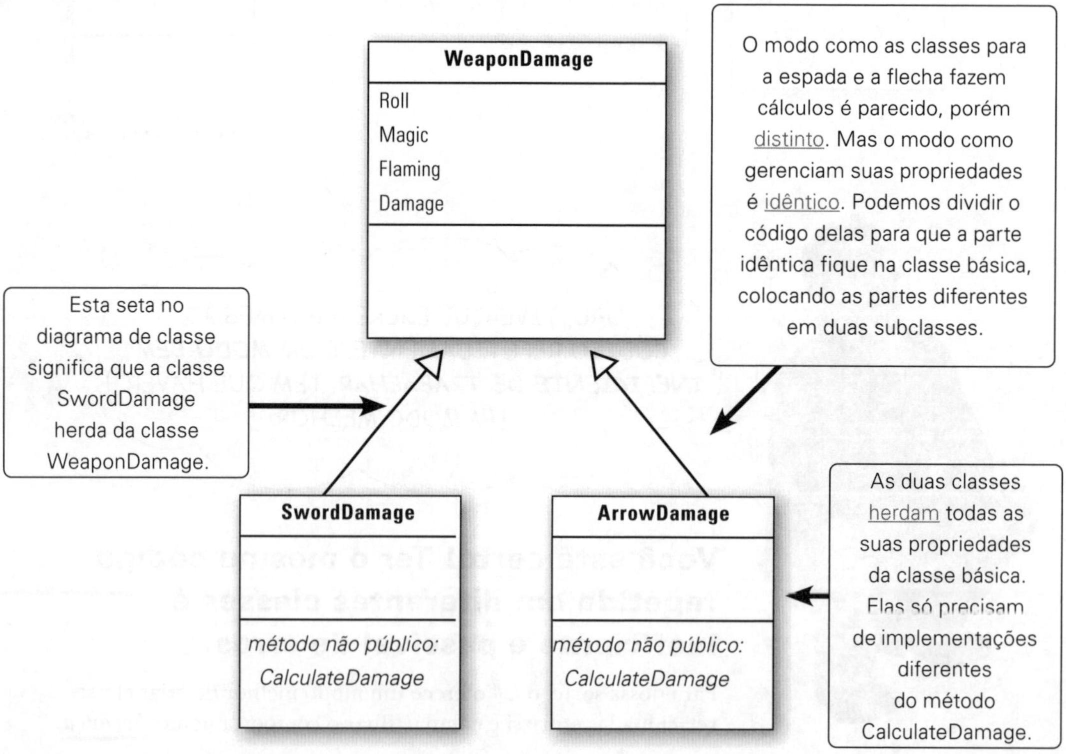
WeaponDamage
Roll
Magic
Flaming
Damage
O modo como as classes para a espada e a flecha fazem cálculos é parecido, porém distinto. Mas o modo como gerenciam suas propriedades é idêntico. Podemos dividir o código delas para que a parte idêntica fique na classe básica, colocando as partes diferentes em duas subclasses.
Esta seta no diagrama de classe significa que a classe SwordDamage herda da classe WeaponDamage.
SwordDamage
método não público:
CalculateDamage
ArrowDamage
método não público:
CalculateDamage
As duas classes herdam todas as suas propriedades da classe básica. Elas só precisam de implementações diferentes do método CalculateDamage.

Crie um modelo de classe genérico e fique mais específico

Ao criar um conjunto de classes que representa coisas (em especial no mundo real), você cria um **modelo de classe.** Muitas vezes as coisas reais ficam em uma **hierarquia** que vai do genérico para o mais específico, e seus programas têm sua própria **hierarquia de classes** que faz a mesma coisa. No modelo de classe, as classes mais abaixo na hierarquia **herdam** das que estão acima.

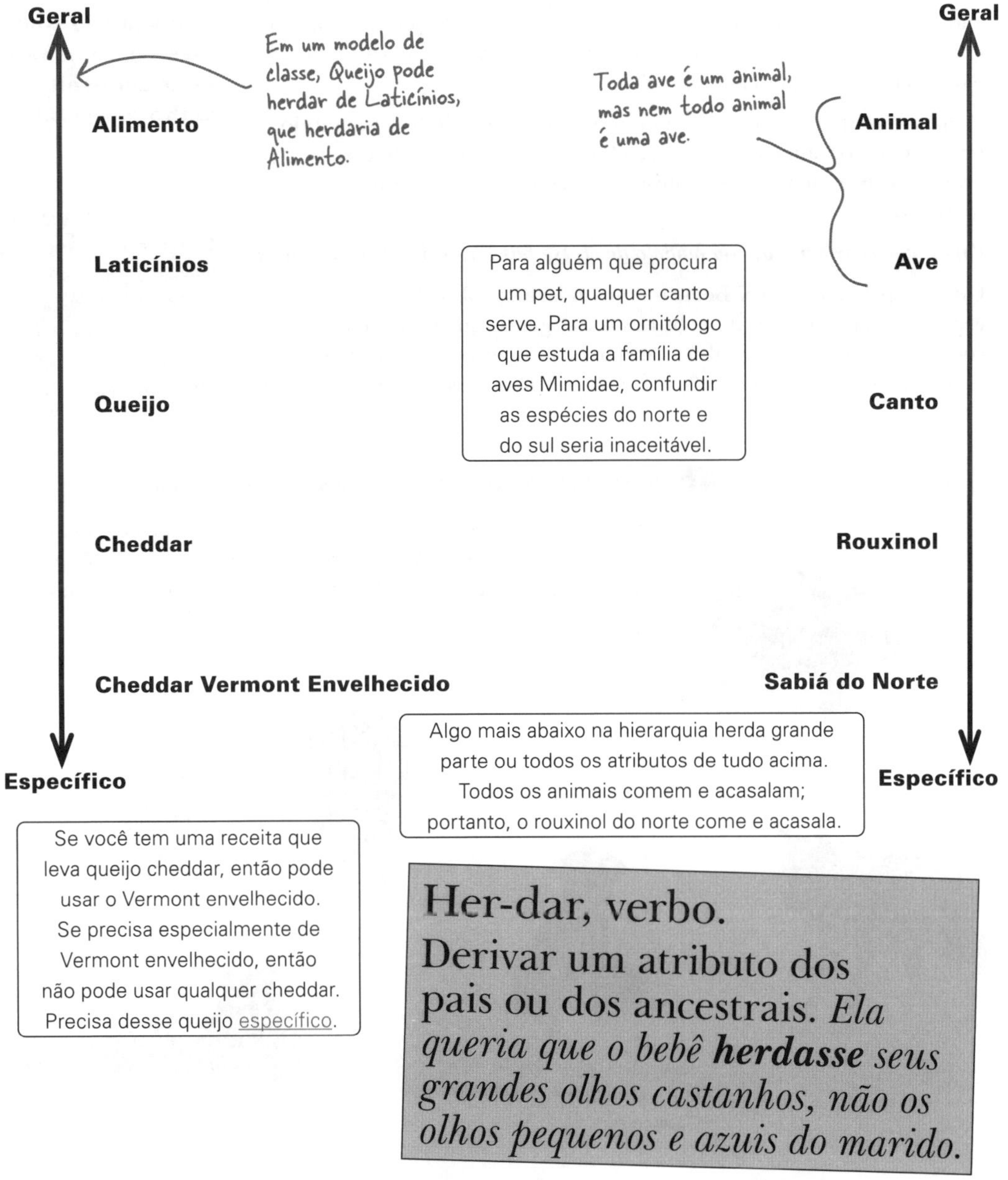
Geral
Alimento
Laticínios
Queijo
Cheddar
Cheddar Vermont Envelhecido
Específico
Em um modelo de classe, Queijo pode herdar de Laticínios, que herdaria de Alimento.
Toda ave é um animal, mas nem todo animal é uma ave.
Para alguém que procura um pet, qualquer canto serve. Para um ornitólogo que estuda a família de aves Mimidae, confundir as espécies do norte e do sul seria inaceitável.
Geral
Animal
Ave
Canto
Rouxinol
Sabiá do Norte
Específico
Algo mais abaixo na hierarquia herda grande parte ou todos os atributos de tudo acima. Todos os animais comem e acasalam; portanto, o rouxinol do norte come e acasala.
Se você tem uma receita que leva queijo cheddar, então pode usar o Vermont envelhecido. Se precisa especialmente de Vermont envelhecido, então não pode usar qualquer cheddar. Precisa desse queijo específico.

Her-dar, verbo.
Derivar um atributo dos pais ou dos ancestrais. *Ela queria que o bebê **herdasse** seus grandes olhos castanhos, não os olhos pequenos e azuis do marido.*

Como você planejaria um simulador de zoológico?

Leões, tigres e ursos... Céus! E mais, hipopótamos, lobos e um cão de vez em quando. Seu trabalho é elaborar um app que simula um zoológico. (Não se empolgue muito, não criaremos o código de fato, apenas planejaremos as classes para representar os animais. Aposto que você já estava pensando em como faria isso no Unity!)

Recebemos uma lista de alguns animais que entrarão no programa, mas não todos. Sabemos que cada animal será representado por um objeto e que os objetos se moverão no simulador, fazendo o que cada animal em particular está programado para fazer.

O mais importante é que queremos um programa fácil de ser mantido por outros programadores, ou seja, eles conseguirão adicionar suas próprias classes mais tarde se quiserem acrescentar novos animais ao simulador.

Vamos começar criando um modelo de classe para os animais conhecidos.

Qual é o primeiro passo? Bem, antes de falarmos sobre animais **específicos**, precisamos descobrir as coisas **gerais** que eles têm em comum; as características abstratas que ***todos*** os animais têm. Depois podemos criar essas características em uma classe básica da qual todas as classes de animais herdam.

Os termos pai/mãe, superclasse e classe básica costumam ser usados alternadamente. E mais, os termos estender e herdar de significam a mesma coisa. Os termos filho(a) e subclasse também são sinônimos, mas subclasse também pode ser usada como o verbo subclassificar.

Algumas pessoas usam o termo "classe básica" para indicar especificamente a classe no topo da árvore hierárquica... mas não MUITO no topo, porque toda classe herda de Object ou de uma subclasse de Object.

1 Procure as coisas que os animais têm em comum.

Veja estes seis. O que leão, hipopótamo, tigre, lince, lobo e cão têm em comum? Qual a relação entre eles? Você precisará descobrir suas relações para propor um modelo de classe que inclua todos eles.

O simulador de zoológico inclui um cão de guarda que circula no local para proteger os animais.

2 **Crie uma classe básica para dar aos animais tudo o que eles têm em comum.**

Campos, propriedades e métodos na classe básica fornecerão todos os animais que herdam um estado e um comportamento comuns. Todos são animais, então faz sentido chamar a classe básica de Animal.

Você já sabe que devemos evitar um código duplicado: é difícil de manter e sempre leva a dores de cabeça durante o processo. Portanto, vamos escolher campos e métodos para uma classe básica Animal que você **tem que escrever só uma vez** e cada uma das subclasses de animal pode herdar deles. Começaremos com as propriedades públicas:

★ Picture: um caminho para um arquivo de imagem.

★ Food: o tipo de alimento desse animal. No momento, pode ter apenas dois valores: meat e grass (carne e grama).

★ Hunger: um int representando o nível de fome do animal. Isso muda dependendo de quando (e quanto) o animal come.

★ Boundaries: uma referência a uma classe que armazena altura, largura e local do cercado onde o animal circulará.

★ Location: as coordenadas X e Y onde fica o animal.

E a classe Animal tem quatro métodos que os animais podem herdar:

★ MakeNoise: um método para o animal fazer um som.

★ Eat: o comportamento quando o animal encontra seu alimento preferido.

★ Sleep: um método para fazer o animal deitar e tirar uma soneca.

★ Roam: um método para fazer o animal circular pelo cercado.

Animal
Picture
Food
Hunger
Boundaries
Location
MakeNoise
Eat
Sleep
Roam

Escolher uma classe básica significa fazer escolhas. Você poderia decidir usar uma classe ZooOccupant que define os custos com alimento e manutenção, ou uma classe Attraction com métodos para como os animais entretêm os visitantes do zoológico. Achamos que Animal faz mais sentido aqui. O que você acha?

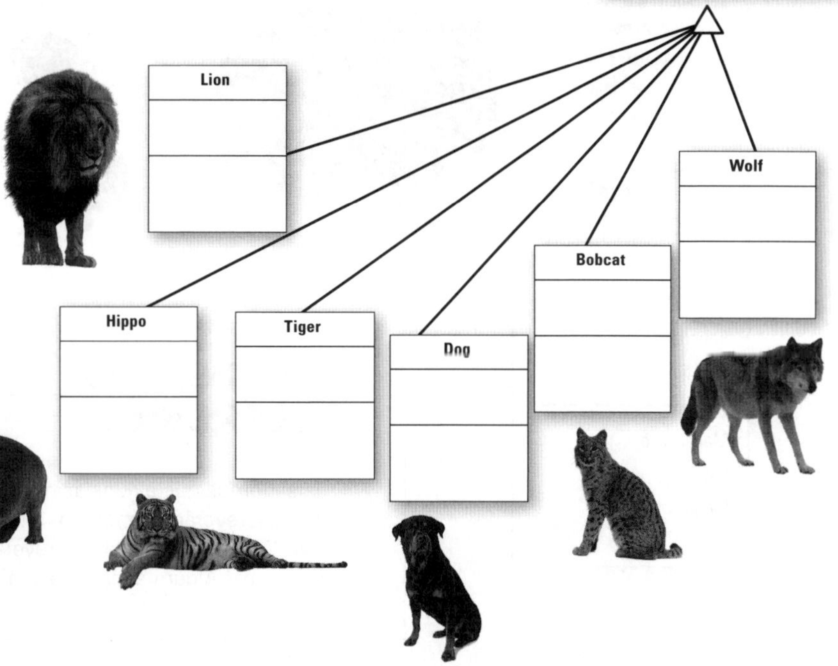
Lion
Wolf
Bobcat
Hippo
Tiger
Dog

Animais diferentes têm comportamentos diferentes

Os leões rugem, os cães latem e até onde *nós* sabemos os hipopótamos não fazem nenhum som. Todas as classes que herdam de Animal terão um método MakeNoise, mas cada um desses métodos funcionará de modo diferente e terá um código distinto. Quando uma subclasse muda o comportamento de um dos métodos herdados, dizemos que ela **sobrescreve** o método.

Só porque uma propriedade ou um método está na classe básica Animal, não significa que cada subclasse deve usá-lo do mesmo modo... ou mesmo usá-lo!

3 Descubra o que cada animal faz que a classe Animal faz diferente, ou não faz.

Todo animal precisa comer, mas um cão pode dar pequenas mordidas, já um hipopótamo abocanha grandes quantidades de grama. Como seria o código para esse comportamento? O cão e o hipopótamo sobrescreveriam o método Eat. O método do hipopótamo o faria consumir, digamos 9kg de feno sempre que for chamado. O método Eat do cão, por outro lado, reduziria a provisão de alimentos do zoológico em um pacote de 5kg de comida para cães.

Quando você obtém uma subclasse que herda de uma classe básica, ela **deve** herdar os comportamentos da classe básica... mas você pode **modificá-los** na subclasse para que não atuem exatamente da mesma maneira. Isso significa sobrescrever.

A GRAMA É SABOROSA! EU PODERIA IR ATRÁS DE UMA PILHA DE FENO AGORA MESMO.
EU DISCORDO.

Animal

Picture
Food
Hunger
Boundaries
Location

MakeNoise
Eat
Sleep
Roam

PODER DO CÉREBRO

Já sabemos que alguns animais sobrescreverão os métodos MakeNoise e Eat. Quais animais sobrescreverão Sleep ou Roam? Algum sobrescreverá?

4 Procure classes com muito em comum.

Cães e lobos se parecem muito, certo? Eles são caninos e são uma boa aposta de que, se você observar seu comportamento, têm muito em comum. É provável que comam o mesmo alimento e durmam do mesmo modo. E linces, tigres e leões? Acontece que todos os três se movimentam em seus habitats exatamente do mesmo modo. É possível que, se você conseguir ter uma classe Feline geral localizada entre Animal e essas três classes de felinos, poderá evitar um código duplicado entre eles.

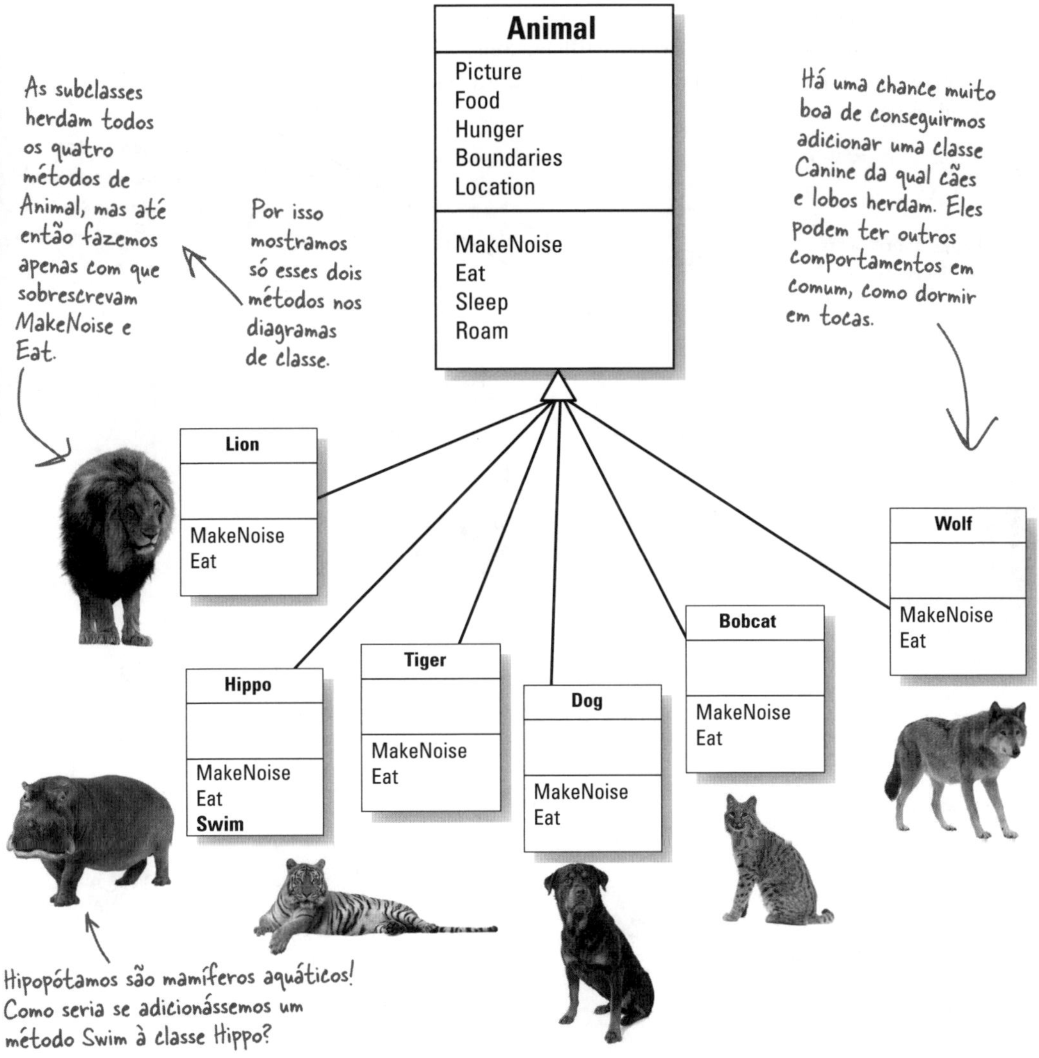
Animal
Picture
Food
Hunger
Boundaries
Location
MakeNoise
Eat
Sleep
Roam
As subclasses herdam todos os quatro métodos de Animal, mas até então fazemos apenas com que sobrescrevam MakeNoise e Eat.
Por isso mostramos só esses dois métodos nos diagramas de classe.
Há uma chance muito boa de conseguirmos adicionar uma classe Canine da qual cães e lobos herdam. Eles podem ter outros comportamentos em comum, como dormir em tocas.
Lion
MakeNoise
Eat
Wolf
MakeNoise
Eat
Bobcat
MakeNoise
Eat
Hippo
MakeNoise
Eat
Swim
Tiger
MakeNoise
Eat
Dog
MakeNoise
Eat
Hipopótamos são mamíferos aquáticos! Como seria se adicionássemos um método Swim à classe Hippo?

5 Termine sua hierarquia de classes.

Agora que você sabe como organizará os animais, pode adicionar as classes Feline e Canine.

Ao criar suas classes para que exista uma classe básica no topo com subclasses abaixo, e essas subclasses têm suas próprias subclasses que herdam delas, o que você criou é chamado de **hierarquia de classes**. Isso é mais do que apenas evitar código duplicado, certamente é um grande benefício de uma hierarquia inteligente. Uma vantagem é que o código é muito mais fácil de entender e de manter. Quando você olha o código do simulador de zoológico e vê um método ou uma propriedade definida na classe Feline, *sabe imediatamente* que está vendo algo que todos os felinos compartilham. Sua hierarquia se torna um mapa que ajuda a encontrar seu caminho no programa.

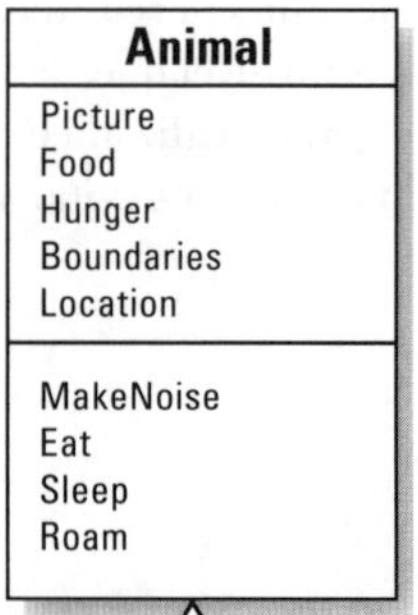
Animal
Picture
Food
Hunger
Boundaries
Location
MakeNoise
Eat
Sleep
Roam

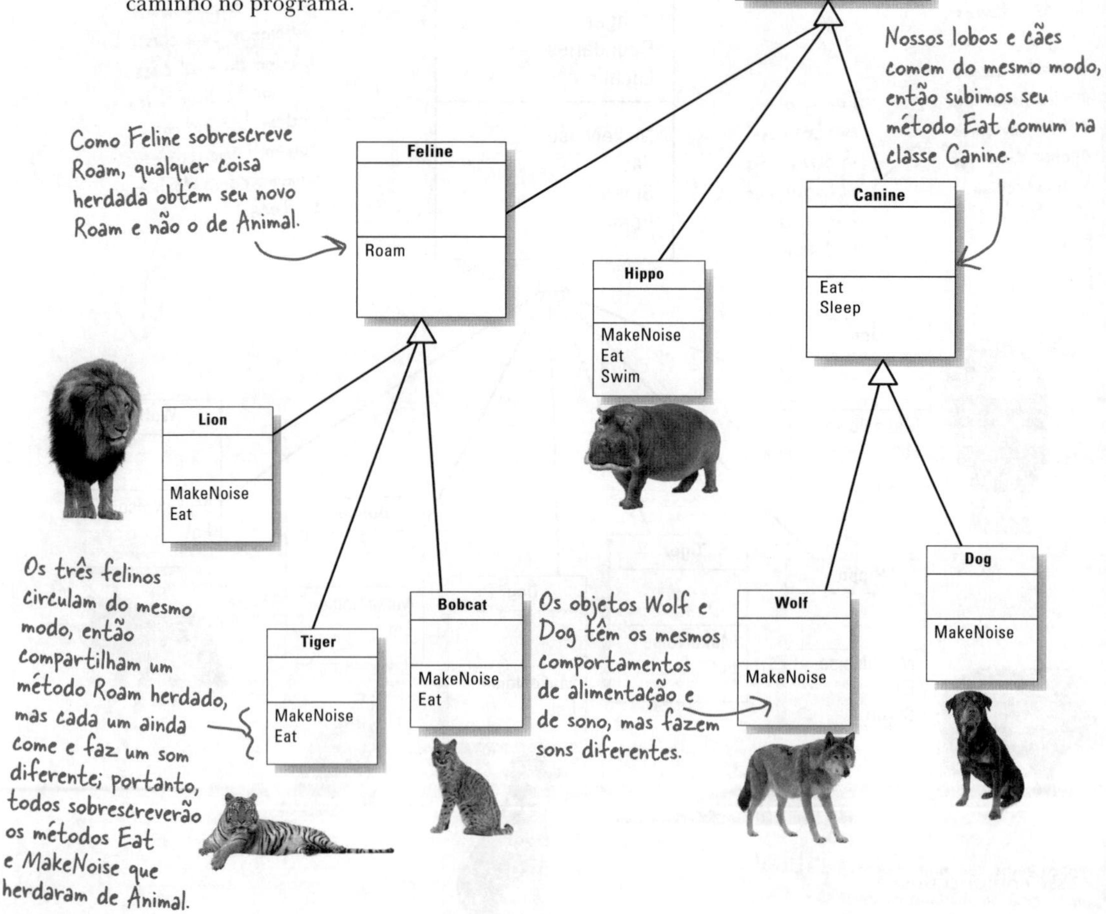
Nossos lobos e cães comem do mesmo modo, então subimos seu método Eat comum na classe Canine.
Como Feline sobrescreve Roam, qualquer coisa herdada obtém seu novo Roam e não o de Animal.
Feline
Roam
Hippo
MakeNoise
Eat
Swim
Canine
Eat
Sleep
Lion
MakeNoise
Eat
Dog
MakeNoise
Os três felinos circulam do mesmo modo, então compartilham um método Roam herdado, mas cada um ainda come e faz um som diferente; portanto, todos sobrescreverão os métodos Eat e MakeNoise que herdaram de Animal.
Bobcat
MakeNoise
Eat
Tiger
MakeNoise
Eat
Os objetos Wolf e Dog têm os mesmos comportamentos de alimentação e de sono, mas fazem sons diferentes.
Wolf
MakeNoise

Toda subclasse estende sua classe básica

Você não está limitado aos métodos que uma subclasse herda de sua classe básica... mas já sabe disso! Afinal, vem criando suas próprias classes o tempo inteiro. Ao modificar uma classe para que ela herde membros (e veremos isso no código C# em breve!), o que você está fazendo é pegar a classe já criada e ***estendê-la*** adicionando todos os campos, propriedades e métodos na classe básica. Se quiser adicionar o método Fetch a Dog, é perfeitamente normal. Ele não herdará nem sobrescreverá nada, apenas a classe Dog terá esse método e ele não acabará em Wolf, Canine, Animal, Hippo ou em qualquer outra classe.

> Hi-e-rar-qui-a, subst.
> Uma combinação ou classificação na qual grupos ou coisas são classificados uns sobre os outros. *A presidente da Dynamco começou trabalhando no almoxarifado e chegou ao topo da **hierarquia** na empresa.*

CRIA UMA NOVA INSTÂNCIA DE DOG `Dog spot = new Dog();`

CHAMA A VERSÃO EM DOG `spot.MakeNoise();`

CHAMA A VERSÃO EM ANIMAL `spot.Roam();`

CHAMA A VERSÃO EM CANINE `spot.Eat();`

CHAMA A VERSÃO EM CANINE `spot.Sleep();`

CHAMA A VERSÃO EM DOG `spot.Fetch();`

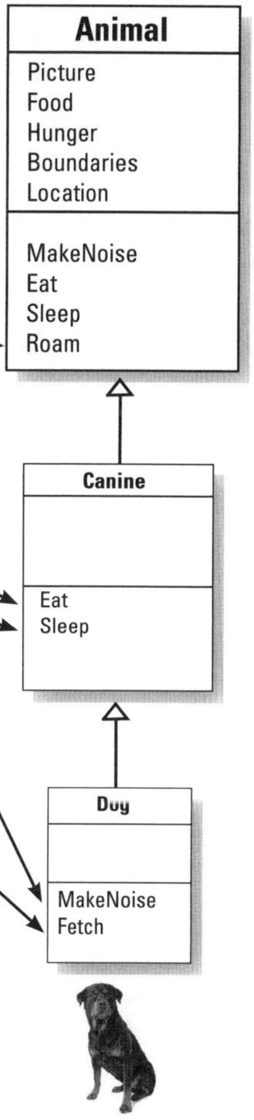
Animal
Picture
Food
Hunger
Boundaries
Location
MakeNoise
Eat
Sleep
Roam
Canine
Eat
Sleep
Dog
MakeNoise
Fetch

C# sempre chama o método mais específico

Se você pede ao objeto Dog para circular, há apenas um método que pode ser chamado, aquele na classe Animal. Que tal pedir a Dog para fazer um ruído? Qual MakeNoise é chamado?

Bem, não é muito difícil descobrir. Um método na classe Dog informa o barulho que os cães fazem. Se está na classe Canine, informa como os caninos fazem isso. Se está em Animal, então é uma descrição desse comportamento tão geral que se aplica a todo animal. Assim, se você pedir a Dog para fazer um barulho, primeiro o C# examinará dentro da classe Dog para encontrar o comportamento que se aplica especificamente aos cães. Se Dog não tiver um método MakeNoise, ele verificará Canine e, depois, Animal.

Se você pode usar uma classe básica, pode usar uma de suas subclasses

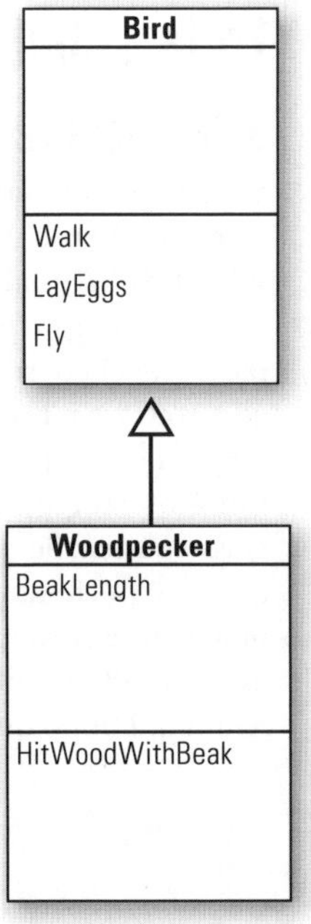
Bird
Walk
LayEggs
Fly
Woodpecker
BeakLength
HitWoodWithBeak

Uma das coisas mais úteis que você pode fazer com a herança é **estender** uma classe. Se seu método tem um objeto Bird, então você pode passar uma instância de Woodpecker. Tudo o que o método sabe é que ele tem uma ave; ele não sabe o tipo; portanto, só pode pedir que faça coisas que todas as aves fazem: pode pedir a ele para andar com Walk e botar ovos com LayEggs, mas não consegue pedir para bater na madeira com HitWoodWithBeak, porque apenas os Woodpeckers [pica-paus] têm esse comportamento, e o método não sabe que isso é especificamente um Woodpecker, só que é uma [ave] Bird mais geral. ***Ele tem acesso apenas a campos, propriedades e outros métodos que fazem parte da classe que conhece.***

Fica assim no código. Eis um método que obtém uma referência Bird:

```
public void IncubateEggs(Bird bird)
{
    bird.Walk(incubatorEntrance);
    Egg[] eggs = bird.LayEggs();
    AddEggsToHeatingArea(eggs);
    bird.Walk(incubatorExit);
}
```

Mesmo que passemos um objeto Woodpecker para IncubateEggs, é uma referência Bird; portanto, podemos usar somente os membros da classe Bird.

Se você deseja chocar alguns ovos Woodpecker, pode passar uma referência Woodpecker para o método IncubateEggs, pois Woodpecker é um *tipo de* Bird, e por isso herda da classe Bird:

```
public void GetWoodpeckerEggs()
{
    Woodpecker woody = new Woodpecker();
    IncubateEggs(woody);
    woody.HitWoodWithBeak();
}
```

É possível ***substituir uma superclasse por uma subclasse***, mas não substituir uma subclasse por sua superclasse. É possível passar Woodpecker para um método que tem uma referência Bird, mas <u>não vice-versa:</u>

O sentido disto deve ser claro. Se alguém pede uma ave e você entrega um pica-pau, a pessoa fica contente. Mas, se ela pede um pica-pau e você entrega um pombo, ela fica confusa

```
public void GetWoodpeckerEggs _ Take _ Two()
{
    Woodpecker woody = new Woodpecker();
    woody.HitWoodWithBeak();

    // Esta linha copia a referência Woodpecker para uma
   // variável Bird
    Bird birdReference = woody;
    IncubateEggs(birdReference);

    // A PRÓXIMA LINHA TERÁ UM ERRO DO COMPILADOR!!!
    Woodpecker secondWoodyReference = birdReference;

    secondWoodyReference.HitWoodWithBeak();
}
```

Você pode atribuir woody [madeira] a uma variável Bird porque um pica-pau é um tipo de ave...

...mas não pode reatribuir birdReference a uma variável Woodpecker, porque nem toda ave é um pica-pau! Por isso esta linha causará um erro.

Aponte o seu lápis

O código abaixo é de um programa que usa o modelo de classe que inclui Animal, Hippo, Canine, Wolf e Dog. Risque cada declaração que não compilará e escreva uma explicação para o problema ao lado.

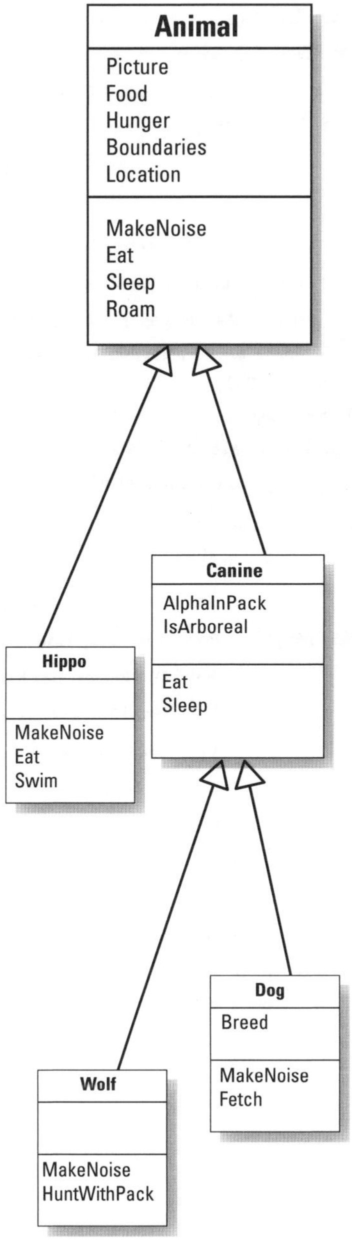
Animal
Picture
Food
Hunger
Boundaries
Location
MakeNoise
Eat
Sleep
Roam
Canine
AlphaInPack
IsArboreal
Eat
Sleep
Hippo
MakeNoise
Eat
Swim
Dog
Breed
MakeNoise
Fetch
Wolf
MakeNoise
HuntWithPack

```
Canine canis = new Dog();
Wolf charon = new Canine();
charon.IsArboreal = false;
Hippo bailey = new Hippo();
bailey.Roam();
bailey.Sleep();
bailey.Swim();
bailey.Eat();

Dog fido = canis;
Animal visitorPet = fido;
Animal harvey = bailey;
harvey.Roam();
harvey.Swim();
harvey.Sleep();
harvey.Eat();

Hippo brutus = harvey;
brutus.Roam();
brutus.Sleep();
brutus.Swim();
brutus.Eat();

Canine london = new Wolf();
Wolf egypt = london;
egypt.HuntWithPack();
egypt.HuntWithPack();
egypt.AlphaInPack = false;
Dog rex = london;
rex.Fetch();
```

Aponte o seu lápis Solução

Seis das declarações abaixo não compilarão porque entram em conflito com o modelo da classe. Você mesmo pode testar isso! Crie sua própria versão do modelo da classe com métodos vazios, digite o código e leia os erros do compilador.

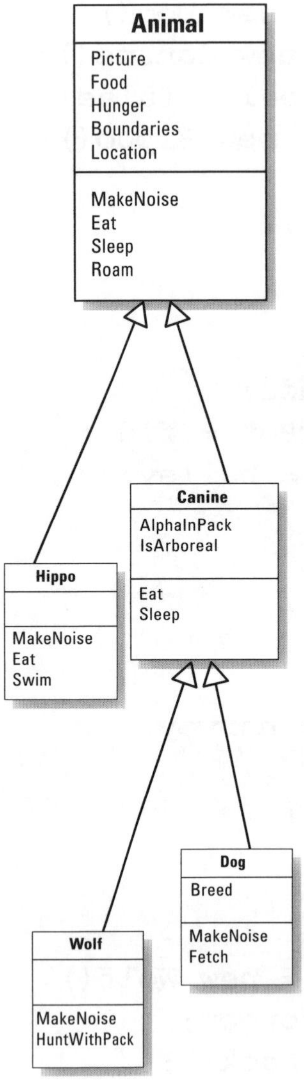
Animal
Picture
Food
Hunger
Boundaries
Location
MakeNoise
Eat
Sleep
Roam
Canine
AlphaInPack
IsArboreal
Eat
Sleep
Hippo
MakeNoise
Eat
Swim
Dog
Breed
MakeNoise
Fetch
Wolf
MakeNoise
HuntWithPack

`Canine canis = new Dog();`
~~`Wolf charon = new Canine();`~~
`charon.IsArboreal = false;`
`Hippo bailey = new Hippo();`
`bailey.Roam();`
`bailey.Sleep();`
`bailey.Swim();`
`bailey.Eat();`

Wolf é uma subclasse de Canine, então não é possível atribuir um objeto Canine a Wolf. Pense assim: lobo é um tipo de canino, mas nem todo canino é um lobo.

~~`Dog fido = canis;`~~
`Animal visitorPet = fido;`
`Animal harvey = bailey;`
`harvey.Roam();`
~~`harvey.Swim();`~~
`harvey.Sleep();`
`harvey.Eat();`

Mesmo que a variável canis seja uma referência para um objeto Dog, o tipo da variável é Canine, então não é possível atribuí-la a Dog.

harvey é uma referência para um objeto Hippo, mas a variável harvey é Animal, então não é possível usá-la para chamar o método Hippo.Swim.

~~`Hippo brutus = harvey;`~~
`brutus.Roam();`
`brutus.Sleep();`
`brutus.Swim();`
`brutus.Eat();`

Não funciona pelo mesmo motivo de Dog fido = canis; não ter funcionado. harvey pode apontar para um objeto Hippo, mas seu tipo é Animal e não se pode atribuir Animal a uma variável Hippo.

`Canine london = new Wolf();`
~~`Wolf egypt = london;`~~
`egypt.HuntWithPack();`
`egypt.HuntWithPack();`
`egypt.AlphaInPack = false;`
~~`Dog rex = london;`~~
`rex.Fetch();`

É o mesmo problema! Você pode atribuir Wolf a Canine, mas não pode atribuir Canine a Wolf...

...e com certeza não pode atribuir Wolf a Dog.

ISSO TUDO É ÓTIMO... NA TEORIA.
MAS COMO AJUDARÁ EM MEU APP DA
CALCULADORA DE DANOS?

PODER DO CÉREBRO

Owen fez uma boa pergunta. Volte ao app criado para ele, aquele que calcula os danos com espada e flecha. Como você usaria a herança e as subclasses para melhorar o código? (Alerta de spoiler: isso será feito mais adiante no capítulo!)

PONTOS DE BALA

- Uma **declaração `switch`** permite comparar uma variável com muitos valores. Cada caso executa o código se o valor combina. O bloco padrão é executado se nenhum caso corresponde.
- A **herança** permite criar classes relacionadas entre si e compartilhar o comportamento. Use setas para mostrar a herança em um diagrama de classe.
- Quando duas classes são casos **específicos** de algo mais **geral**, você pode configurá-las para herdar da mesma classe genérica. Quando faz isso, cada classe é uma **subclasse** da mesma **classe básica** geral.
- Ao criar um conjunto de classes que representam coisas, isso é chamado de **modelo de classe**. Pode incluir classes que formam uma **hierarquia** de subclasses e classe básica.
- Os termos **pai/mãe**, **superclasse** e **classe básica** costumam ser usados alternadamente. E mais, os termos **estender** e **herdar de** são sinônimos.
- Os termos **filho(a)** e **subclasse** significam a mesma coisa. Dizemos que uma subclasse **estende** sua classe básica (a palavra **subclasse** também pode ser usada como o verbo **subclassificar**).
- Quando uma subclasse muda o comportamento de um dos métodos herdados, ela **sobrescreve** o método.
- O C# sempre chama o **método mais específico**. Se um método na classe básica usar um método ou uma propriedade que a subclasse sobrescreve, ele chamará a versão sobrescrita na subclasse.
- Sempre **use uma referência da subclasse** no lugar de uma classe básica. Se um método tem um parâmetro Animal e Dog estende Animal, um argumento Dog pode ser passado.
- Sempre se pode usar uma subclasse **no lugar da classe básica** da qual ela herda, mas nem sempre é possível usar uma classe básica no lugar de uma subclasse que a estende.

Dois-pontos para estender uma classe básica

Ao escrever uma classe, você usa **dois-pontos (:)** para que ela herde de uma classe básica. Isso a torna uma subclasse e lhe fornece **todos os campos, propriedades e métodos** da classe herdada. A classe Bird é uma subclasse de Vertebrate:

Quando uma subclasse estende uma classe básica, ela herda seus membros. Todos os campos, propriedades e métodos na classe básica são adicionados automaticamente à subclasse.

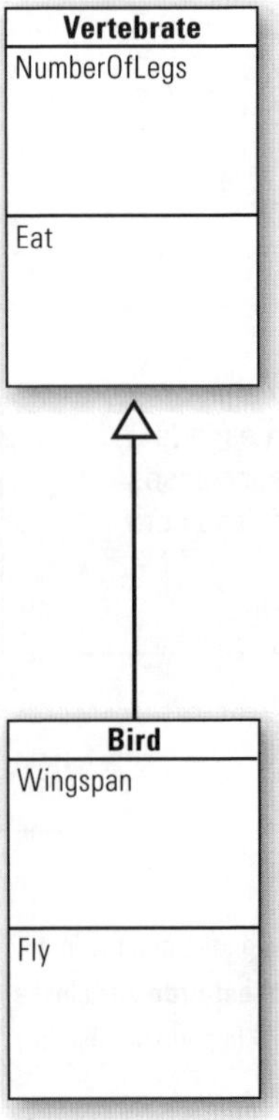

Vertebrate
NumberOfLegs
Eat
Bird
Wingspan
Fly


```
class Vertebrate
{
    public int Legs { get; set; }

    public void Eat() {
      // Código para fazê-la comer
    }
}
```

A classe Bird usa dois-pontos para herdar da classe Vertebrate. Isso significa que herda todos os campos, propriedades e métodos de Vertebrate.

```
class Bird : Vertebrate
{
     public double Wingspan;
     public void Fly() {
       // Código para a ave voar
     }
}
```

A classe básica vem após os dois-pontos na declaração da classe. Neste caso, Bird estende Vertebrate.

```
public void Main(string[] args) {
     Bird tweety = new Bird();
     Console.WriteLine(tweety.Wingspan);
     tweety.Fly();
     tweety.Legs = 2;
     Console.Write(tweety.Eat());
}
```

`tweety` é uma instância de Bird; portanto, tem os métodos, as propriedades e os campos Bird de sempre.

Como a classe Bird estende Vertebrate, toda instância de Bird também tem os membros definidos na classe Vertebrate.

Sabemos que a herança adiciona campos, propriedades e métodos da classe básica à subclasse...

Vemos a herança quando uma subclasse precisa herdar *todos* os métodos, propriedades e campos da classe básica.

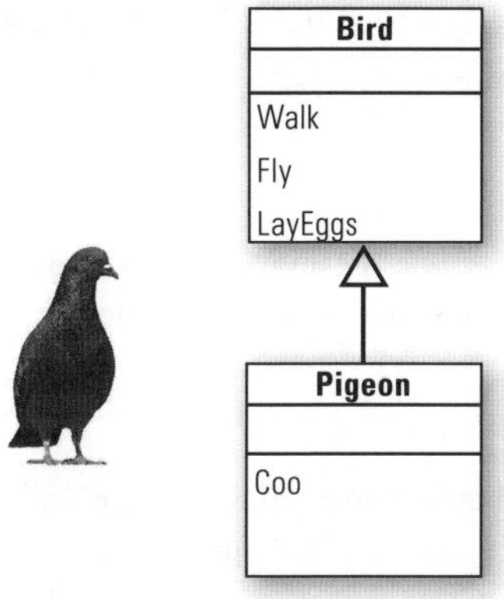
Bird
Walk
Fly
LayEggs
Pigeon
Coo

```
class Bird {
   public void Fly() {
       /* Código para as aves voarem */
   }
   public void LayEggs() { ... };
   public void PreenFeathers() { ... };
}


class Pigeon : Bird {
   public void Coo() { ... }
}

public void SimulatePigeon() {
    Pigeon Harriet = new Pigeon();

    // Como Pigeon é uma subclasse de Bird,
    // chamamos métodos de qualquer classe.
    Harriet.Walk();
    Harriet.LayEggs();
    Harriet.Coo();
    Harriet.Fly();
}
```

...mas algumas aves não voam!

O que você faz se sua classe básica tem um método que sua subclasse precisa *modificar*?

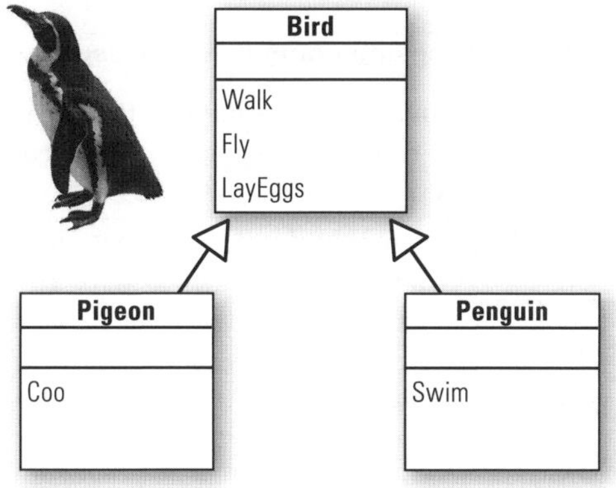
Bird
Walk
Fly
LayEggs
Pigeon
Coo
Penguin
Swim

```
class Penguin : Bird {
   public void Swim() { ... }
}

public void SimulatePenguin() {
    Penguin Izzy = new Penguin();
    Izzy.Walk();
    Izzy.LayEggs();
    Izzy.Swim();
    Izzy.Fly();
}
```

Este código compilará porque Penguin estende Bird. Existe um meio de mudar a classe Penguin para ela exibir um aviso se um pinguim tentar voar?

Ops! Temos um problema. Pinguins são aves e a classe Bird tem um método Fly, mas não queremos que nossos pinguins voem. Seria melhor se pudéssemos exibir um aviso, caso um pinguim tente voar.

PODER DO CÉREBRO

Se essas classes estivessem no simulador de zoológico, o que você faria com os pinguins voadores?

Uma subclasse pode sobrescrever os métodos para alterar ou substituir os membros herdados

> **So-bres-cre-ver, verbo.**
> Usar autoridade para substituir, rejeitar ou cancelar. *Assim que se tornou presidente da Dynamco, ela conseguiu* ***substituir decisões de má gestão.***

Às vezes você tem uma subclasse que gostaria de herdar *grande parte* dos comportamentos da classe básica, mas *não todos*. Quando você deseja mudar os comportamentos que uma classe herdou, pode **sobrescrever os métodos ou as propriedades**, substituindo-os por novos membros de mesmo nome.

Ao **sobrescrever um método**, seu novo método precisa ter exatamente a mesma assinatura do método na classe básica que está sendo sobrescrito. No caso do pinguim, isso significa que ele precisa se chamar Fly, retornar void e não ter parâmetros.

1. **Adicione a palavra-chave virtual ao método na classe básica.**

   Uma subclasse só pode sobrescrever um método se está marcada com a palavra-chave **`virtual`**. Adicionar `virtual` à declaração do método Fly informa ao C# que uma subclasse da classe Bird tem permissão para sobrescrever o método Fly.

```
class Bird {
   public virtual void Fly() {
      // Código para a ave voar
   }
}
```

Adicionar a palavra-chave `virtual` ao método Fly informa ao C# que uma subclasse tem permissão para sobrescrevê-lo.

2. **Adicione a palavra-chave override a um <u>método com o mesmo nome</u> na subclasse.**

   O método da subclasse precisará ter exatamente a mesma assinatura (o mesmo tipo de retorno e parâmetros) e você terá que usar a palavra-chave **`override`** na declaração. Agora um objeto Penguin escreve um aviso quando seu método Fly é chamado.

```
class Penguin : Bird {
   public override void Fly() {
      Console.Error.WriteLine("WARNING");
      Console.Error.WriteLine("Flying Penguin Alert");
   }
}
```

Para sobrescrever o método Fly, adicione um método idêntico à subclasse e use a palavra-chave `override`.

Usamos Console.Error para escrever mensagens de erro no fluxo de erro padrão (stderr), normalmente usado pelos aplicativos de console para escrever mensagens de erro e informações de diagnóstico importantes.

CONTINUE BATENDO AS ASAS, GIL. TENHO CERTEZA DE QUE LOGO LEVANTAREMOS VOO!

Exercício

Mix de Mensagens

```
a = 6;   56
b = 5;   11
a = 5;   65
```

Instruções:

1. **Preencha as quatro lacunas no código.**
2. **Combine os blocos de código candidatos com a saída.**

Um pequeno programa C# é listado abaixo. Falta um bloco nele! Seu desafio é combinar o bloco de código candidato (à esquerda) com a saída, que está na caixa de mensagem que o programa abre; que você veria se o bloco fosse inserido. Nem todas as linhas da saída serão usadas e algumas podem ser usadas mais de uma vez. Faça linhas ligando os blocos de código à saída correspondente.

```
class A {
  public int ivar = 7;
  public __________ string m1() {
    return "A's m1, ";
  }
  public string m2() {
    return "A's m2, ";
  }
  public __________ string m3() {
    return "A's m3, ";
  }
}

class B : A {
  public __________ string m1()
{
    return "B's m1, ";
  }
}
```

```
class C : B {
  public __________ string m3() {
    return "C's m3, " + (ivar + 6);
  }
}

class Mixed5 {
  public static void Main(string[] args)
{
    A a = new A();
    B b = new B();
    C c = new C();
    A a2 = new C();
    string q = "";
    [                    ]



    Console.WriteLine(q);
  }
}
```

Veja o ponto de entrada do programa.

Dica: pense bem sobre o que esta linha realmente significa.

O código candidato fica aqui (três linhas)

Códigos candidatos:

Ligue cada candidato com três linhas e a linha da saída produzida, caso você use o candidato na caixa.

```
q += b.m1();
q += c.m2();
q += a.m3();
```

```
q += c.m1();
q += c.m2();
q += c.m3();
```

```
q += a.m1();
q += b.m2();
q += c.m3();
```

```
q += a2.m1();
q += a2.m2();
q += a2.m3();
```

Linhas da saída:

```
A's m1, A's m2, C's m3, 6

B's m1, A's m2, A's m3,

A's m1, B's m2, C's m3, 6

B's m1, A's m2, C's m3, 13

B's m1, C's m2, A's m3,

A's m1, B's m2, A's m3,

B's m1, A's m2, C's m3, 6

A's m1, A's m2, C's m3, 13
```

(Não digite simplesmente no IDE; você aprenderá muito mais se descobrir isso no papel!)

Exercício Solução

Mix de Mensagens

```
a = 6;   56
b = 5;   11
a = 5;   65
```

```
class A {
  public virtual string m1() {
...
  public virtual string m3() {
}
```

```
class B : A {
  public override string m1() {
...
class C : B {
  public override string m3() {
```

Você sempre pode substituir uma referência para uma subclasse no lugar de uma classe básica porque está usando algo mais específico, não algo mais genérico. Esta linha

```
A a2 = new C();
```

significa que está instanciando um novo objeto C, criando uma referência A chamada a2 e apontando-a para esse objeto. Nomes assim são um belo desafio, mas muito difíceis de entender. Veja algumas linhas que seguem o mesmo padrão, mas com nomes mais óbvios:

```
Canine fido = new Dog();
Bird pidge = new Pigen();
Feline rex = new Lion();
```

```
q += b.m1();
q += c.m2();
q += a.m3();
_______
q += c.m1();
q += c.m2();
q += c.m3();
_______
q += a.m1();
q += b.m2();
q += c.m3();
_______
q += a2.m1();
q += a2.m2();
q += a2.m3();
_______
```

```
A's m1, A's m2, C's m3, 6
B's m1, A's m2, A's m3,
A's m1, B's m2, C's m3, 6
B's m1, A's m2, C's m3, 13
B's m1, C's m2, A's m3,
A's m1, B's m2, A's m3,
B's m1, A's m2, C's m3, 6
A's m1, A's m2, C's m3, 13
```

não existem Perguntas Idiotas

P: Uma declaração **`switch`** faz exatamente a mesma coisa que uma série de declarações **`if/else`**, certo? Não é redundante?

R: Nem um pouco. Há situações em que as declarações `switch` são muito mais legíveis do que as `if/else`. Por exemplo, digamos que você exiba um menu em um aplicativo de console e o usuário pode pressionar uma tecla para escolher uma das dez opções diferentes. Como ficariam dez declarações `if/else` em sequência? Achamos que uma declaração `switch` seria mais clara e fácil de ler. Você poderia ver rápido exatamente o que é comparado, como cada opção é manuseada e o que acontece no caso padrão, se o usuário escolhe uma opção sem suporte. E mais, é muitíssimo fácil omitir `else` sem querer. Se você esquecer um `else` no meio de uma string longa de declarações `if/else`, acabará com um bug bem chato que é difícil de rastrear. Há vezes em que uma declaração `switch` é mais fácil de ler e outras em que as declarações `if/else` são melhores. Cabe a você escrever um código que considera ser mais fácil de entender.

R: Por que a seta aponta para cima, da subclasse para a classe básica? O diagrama não ficaria melhor com ela apontando para baixo?

P: Pode *parecer mais* claro, mas não seria muito preciso. Quando você configura uma classe para herdar de outra, cria essa relação na subclasse; a classe básica fica igual. Seu comportamento fica totalmente inalterado quando você adiciona uma classe herdada. A classe básica nem fica sabendo sobre essa nova classe. Seus métodos, seus campos e suas propriedades continuam intactos, mas a subclasse muda seu comportamento. Toda instância da subclasse obtém automaticamente todas as propriedades, os campos e os métodos da classe básica, e tudo acontece apenas adicionando dois-pontos. Por isso você desenha a seta no diagrama para apontar da subclasse para a classe básica da qual ela herda.

Exercício

Vamos praticar estendendo uma classe básica. Forneceremos o método Main para um programa que controla as aves que botam ovos. Seu trabalho é implementar duas subclasses da classe Bird.

1. Veja o método Main. Ele pede ao usuário o tipo de ave e o número de ovos a botar:

```
static void Main(string[] args)
{
    while (true)
    {
        Bird bird;
        Console.Write("\nPress P for pigeon, O for ostrich: ");
        char key = Char.ToUpper(Console.ReadKey().KeyChar);
        if (key == 'P') bird = new Pigeon();
        else if (key == 'O') bird = new Ostrich();
        else return;
        Console.Write("\nHow many eggs should it lay? ");
        if (!int.TryParse(Console.ReadLine(), out int numberOfEggs)) return;
        Egg[] eggs = bird.LayEggs(numberOfEggs);
        foreach (Egg egg in eggs)
        {
            Console.WriteLine(egg.Description);
        }
    }
}
```

A saída do programa fica assim:

```
Press P for pigeon, O for ostrich: P
How many eggs should it lay? 4
A 3.0cm white egg
A 1.1cm white egg
A 2.4cm white egg
A 1.9cm white egg

Press P for pigeon, O for ostrich: O
How many eggs should it lay? 3
A 12.1cm speckled egg
A 13.0cm speckled egg
A 12.8cm speckled egg
```

2. Adicione esta classe Egg — o construtor define o tamanho e a cor:

```
class Egg
{
    public double Size { get; private set; }
    public string Color { get; private set;
}
    public Egg(double size, string color)
    {
        Size = size;
        Color = color;
    }
    public string Description {
        get { return $"A {Size:0.0}cm {Color} egg"; }
    }
}
```

3. É a classe Bird que você estenderá:

```
class Bird
{
    public static Random Randomizer = new Random();
    public virtual Egg[] LayEggs(int numberOfEggs)
    {
        Console.Error.WriteLine("Bird.LayEggs should never get called");
        return new Egg[0];
    }
}
```

4. Crie a classe Pigeon que estende Bird. Sobrescreva o método LayEggs e faça-o botar ovos com a cor "branca" (white) e um tamanho entre 1 e 3 centímetros.
5. Crie uma classe Ostrich que também estende Bird. Sobrescreva o método LayEggs e faça-o botar ovos com a cor [salpicada] "speckled" e um tamanho entre 12 e 13 centímetros.

Exercício
Solução

Veja as classes Pigeon e Ostrich. Cada uma tem sua própria versão do método LayEggs que usa a palavra-chave `override` na declaração do método, fazendo com que o método na subclasse substitua o herdado.

Pigeon é uma subclasse de Bird; portanto, se você sobrescreve o método LayEggs, quando cria um novo objeto Pigeon e o atribui a uma variável Bird chamada `bird`, chamar bird.LayEggs chamará o método LayEggs definido em Pigeon.

```
class Pigeon : Bird
{
    public override Egg[] LayEggs(int numberOfEggs)
    {
        Egg[] eggs = new Egg[numberOfEggs];
        for (int i = 0; i < numberOfEggs; i++)
        {
            eggs[i] = new Egg(Bird.Randomizer.NextDouble() * 2 + 1, "white");
        }
        return eggs;
    }
}
```

A subclasse Ostrich funciona como Pigeon. Em ambas, a **palavra-chave `override`** na declaração do método LayEggs significa que esse novo método substituirá o LayEggs herdado de Bird. Então, tudo o que precisamos fazer é que ele crie um conjunto de ovos do tamanho e da cor certos.

```
class Ostrich : Bird
{
    public override Egg[] LayEggs(int numberOfEggs)
    {
        Egg[] eggs = new Egg[numberOfEggs];
        for (int i = 0; i < numberOfEggs; i++)
        {
            eggs[i] = new Egg(Bird.Randomizer.NextDouble() + 12, "speckled");
        }
        return eggs;
    }
}
```

Alguns membros só são implementados em uma subclasse

Todo o código visto até agora trabalha com subclasses e acessou os membros de fora do objeto; por exemplo, o método Main no código que você acabou de escrever chama LayEggs. A herança mostra seu valor quando a classe básica **usa um método ou uma propriedade implementada na subclasse**. Veja um exemplo. Nosso simulador de zoológico tem máquinas automáticas que permitem que os clientes comprem refrigerantes, doces e alimentos para dar aos animais na área com pets.

```
class VendingMachine
{
    public virtual string Item { get; }

    protected virtual bool CheckAmount(decimal money) {
        return false;
    }

    public string Dispense(decimal money)
    {
        if (CheckAmount(money)) return Item;
        else return "Please enter the right amount";
    }
}
```

Esta classe usa a palavra-chave **protected**. É um modificador de acesso que torna um membro public apenas para suas subclasses, mas private para as outras classes.

VendingMachine é a classe básica para todas as máquinas automáticas. Tem código para entregar itens, mas eles não são definidos. O método para verificar se o cliente colocou a quantia certa sempre retorna false. Por quê? Isto **será implementado na subclasse**. Veja a subclasse para entregar alimento dos animais no zoológico de pets:

```
class AnimalFeedVendingMachine : VendingMachine
{
    public override string Item {
        get { return "a handful of animal feed"; }
    }

    protected override bool CheckAmount(decimal money)
    {
        return money >= 1.25M;
    }
}
```

Usar a palavra-chave override com uma propriedade funciona como quando você sobrescreve um método.

Usamos a palavra-chave **protected** para o encapsulamento. O método CheckAmount é **protected** porque nunca precisa ser chamado por outra classe, assim apenas VendingMachine e suas subclasses têm permissão de acessá-lo.

Use o depurador para saber como funciona a sobrescrita

Usaremos o depurador para ver exatamente o que acontece quando criamos uma instância de AnimalFeedVendingMachine e pedimos para entregar um alimento. **Crie um novo projeto Aplicativo de Console**, então faça isto:

Depure isto!

1. **Adicione o método Main.** Veja o código do método:

```
class Program
{
    static void Main(string[] args)
    {
        VendingMachine vendingMachine = new AnimalFeedVendingMachine();
        Console.WriteLine(vendingMachine.Dispense(2.00M));
    }
}
```

2. **Adicione as classes VendingMachine e AnimalFeedVendingMachine.** Quando forem adicionadas, tente acrescentar esta linha de código ao método Main:

```
vendingMachine.CheckAmount(1F);
```

Você visualizará um erro do compilador por causa da palavra-chave `protected`, pois apenas a classe VendingMachine ou as subclasses podem acessar seus métodos protegidos.

```
CS0122 'VendingMachine.CheckAmount(decimal)' is inaccessible due to its protection level
```

Exclua a linha para o código compilar.

3. **Coloque um ponto de interrupção na <u>primeira</u> linha do método Main.** Rode o programa. Quando chegar no ponto de interrupção, **use Intervir (F10) para executar cada linha de código por vez**. Veja o que acontece:

- ★ Cria uma instância de AnimalFeedVendingMachine e chama seu método Dispense.
- ★ O método é definido apenas na classe básica, portanto chama VendingMachine.Dispense.
- ★ A primeira linha de VendingMachine.Dispense chama o método CheckAmount protegido.
- ★ CheckAmount é sobrescrito na subclasse AnimalFeedVendingMachine, fazendo VendingMachine.Dispense chamar o método CheckAmount definido em AnimalFeedVendingMachine.
- ★ Esta versão de CheckAmount retorna true; portanto, Dispense retorna a propriedade Item. AnimalFeedVendingMachine também sobrescreve essa propriedade e retorna "alimentos para animais."

Você vem usando o depurador Visual Studio para investigar erros no código. Também é uma ótima ferramenta para aprender e explorar o C#, como neste "Depure isto!", no qual é possível explorar como funciona a sobrescrita. Você consegue pensar em outros modos de experimentar a sobrescrita das subclasses?

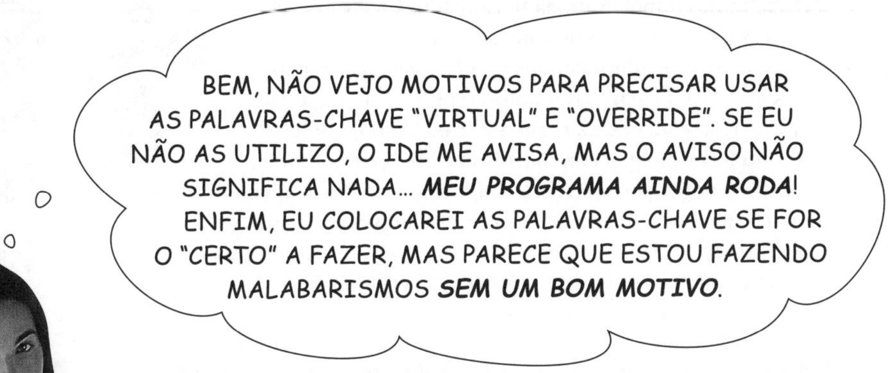
BEM, NÃO VEJO MOTIVOS PARA PRECISAR USAR AS PALAVRAS-CHAVE "VIRTUAL" E "OVERRIDE". SE EU NÃO AS UTILIZO, O IDE ME AVISA, MAS O AVISO NÃO SIGNIFICA NADA... ***MEU PROGRAMA AINDA RODA***! ENFIM, EU COLOCAREI AS PALAVRAS-CHAVE SE FOR O "CERTO" A FAZER, MAS PARECE QUE ESTOU FAZENDO MALABARISMOS ***SEM UM BOM MOTIVO***.

Existe um motivo importante para virtual e override!

As palavras-chave `virtual` e `override` não são apenas decorativas. Elas fazem uma diferença real em como o programa funciona. A palavra-chave `virtual` informa ao C# que um membro (como um método, uma propriedade ou um campo) pode ser estendido; sem ela, não é possível sobrescrever nada. A palavra-chave `override` informa ao C# que você estende o membro. Se ela for omitida em uma subclasse, você estará criando um método *completamente não relacionado* que só *tem o mesmo nome*.

Parece um pouco estranho, certo? Mas faz muito sentido, e o melhor modo de entender bem como `virtual` e `override` funcionam é escrevendo código. Portanto, criaremos um exemplo real para experimentá-las.

Quando uma subclasse sobrescreve um método em sua classe básica, a versão mais específica definida nela é sempre chamada, mesmo quando está sendo chamada por um método na classe básica.

Crie um app para explorar virtual e override

Uma parte muito importante da herança no C# é estender os membros da classe. É como uma subclasse pode herdar parte de seu comportamento da classe básica, mas sobrescrever certos membros quando é preciso, e aí entram as **palavras-chave `virtual` e `override`**. A palavra-chave `virtual` determina quais membros da classe podem ser estendidos. Quando você deseja estender um membro, ***deve*** usar a palavra-chave `override`. Criaremos algumas classes para experimentar `virtual` e `override`. Você criará uma classe que representa um cofre com joias valiosas; será criada uma classe para alguns ladrões sorrateiros roubarem as joias.

Faça isto!

1 Crie um novo aplicativo de console e adicione a classe Safe.

Aqui o código para a classe Safe:

```
class Safe
{
    private string contents = "precious jewels";
    private string safeCombination = "12345";

    public string Open(string combination)
    {
        if (combination == safeCombination) return contents;
        return "";
    }

    public void PickLock(Locksmith lockpicker)
    {
        lockpicker.Combination = safeCombination;
    }
}
```

Um objeto Safe mantém preciosidades em seu campo "contents". Ele não os retorna, a menos que Open seja chamado com a combinação certa... ou se um chaveiro abrir a fechadura.

Adicionaremos uma classe Locksmith que pode abrir o segredo obtendo combinação com o método PickLock e passando uma referência para si mesma. Safe usará sua propriedade Combination de somente leitura para dar a combinação ao chaveiro.

2 Adicione uma classe para a pessoa que possui o cofre.

O dono do cofre é esquecido e às vezes não se lembra da senha ultrassecreta do cofre. Adicione uma classe SafeOwner para representar isso:

```
class SafeOwner
{
    private string valuables = "";
    public void ReceiveContents(string safeContents)
    {
        valuables = safeContents;
        Console.WriteLine($"Thank you for returning my {valuables}!");
    }
}
```

3 **Adicione a classe Locksmith que pode abrir a fechadura.**

Se o dono do cofre contrata um chaveiro profissional para abrir o cofre, espera-se que o chaveiro entregue o conteúdo são e salvo. É exatamente o que faz o método Locksmith. OpenSafe:

```
class Locksmith
{
    public void OpenSafe(Safe safe, SafeOwner owner)
    {
        safe.PickLock(this);
        string safeContents = safe.Open(Combination);
        ReturnContents(safeContents, owner);
    }

    public string Combination { private get; set; }

    protected void ReturnContents(string safeContents, SafeOwner owner)
    {
        owner.ReceiveContents(safeContents);
    }
}
```

O método OpenSafe de Locksmith escolhe a fechadura, abre o cofre e chama ReturnContents para devolver as preciosidades em segurança para o dono.

4 **Adicione uma classe JewelThief que deseja roubar as preciosidades.**

Oh-oh. Parece que temos um ladrão, e do pior tipo, que é um chaveiro altamente habilidoso capaz de abrir o cofre. Adicione esta classe JewelThief que estende Locksmith:

```
class JewelThief : Locksmith
{
    private string stolenJewels;
    protected void ReturnContents(string safeContents, SafeOwner owner)
    {
        stolenJewels = safeContents;
        Console.WriteLine($"I'm stealing the jewels! I stole:
        {stolenJewels}");
    }
}
```

JewelThief estende Locksmith e herda o método OpenSafe e a propriedade Combination, mas seu método ReturnContents rouba as joias, em vez de retorná-las. GENIAL!

5 **Adicione um método Main que faça JewelThief roubar as joias.**

É hora do grande roubo! No método Main, JewelThief consegue entrar na casa e usa seu método Locksmith.OpenSafe herdado para obter a combinação do cofre. **Na sua opinião, o que acontecerá quando ele rodar?**

```
static void Main(string[] args)
{
    SafeOwner owner = new SafeOwner();
    Safe safe = new Safe();
    JewelThief jewelThief = new JewelThief();
    jewelThief.OpenSafe(safe, owner);
    Console.ReadKey(true);
}
```

MINI Aponte o seu lápis

Leia o código do programa. Antes de executá-lo, anote o que você pensa que será escrito no console. (Dica: descubra o que a classe JewelThief herda de Locksmith.)

....

MINI Aponte o seu lápis Solução

Uma subclasse pode <u>ocultar</u> métodos na classe básica

Vá em frente e rode o programa JewelThief. Você deverá ver isto:

`Thank you for returning my precious jewels!`

Esperava uma saída do programa diferente? Talvez algo como:

`I'm stealing the jewels! I stole: precious jewels`

Parece que o objeto JewelThief agiu como um objeto Locksmith! O que houve?

O C# deve chamar o método <u>mais específico</u>, certo? Então por que não chamou JewelThief.ReturnContents?

Ocultar versus sobrescrever métodos

O motivo para o objeto JewelThief ter agido como um objeto Locksmith quando chamou seu método ReturnContents foi devido ao modo como a classe JewelThief declarou seu método ReturnContents. Existe uma boa dica na mensagem de aviso obtida quando você compilou o programa:

> ⚠ CS0108 'JewelThief.ReturnContents(string, SafeOwner)' hides inherited member 'Locksmith.ReturnContents(string, SafeOwner)'. Use the new keyword if hiding was intended.

Como a classe JewelThief herda de Locksmith e substitui o conteúdo ReturnContents por um método próprio, parece que JewelThief sobrescreve o método ReturnContents de Locksmith, mas não é isso que está acontecendo. É provável que você tenha esperado que JewelThief sobrescrevesse o método (falaremos sobre isso em um minuto), mas, pelo contrário, JewelThief o oculta.

JewelThief
Locksmith.ReturnContents *JewelThief*.ReturnContents

Há uma grande diferença. Quando uma subclasse **oculta** um método, ela substitui (tecnicamente, declara de novo) um método em sua classe básica ***com o mesmo nome***. Agora nossa subclasse tem <u>dois</u> métodos diferentes que compartilham um nome: um que herdou da classe básica e outro novinho, definido nessa classe.

Se uma subclasse só adiciona um método com nome igual ao de um método na classe básica, ele apenas oculta o método dessa classe, em vez de sobrescrevê-lo.

Use a palavra-chave <u>new</u> ao ocultar métodos

Veja com atenção a mensagem de aviso. Com certeza sabemos que *devemos* ler os avisos, mas às vezes não lemos... certo? Desta vez, leia o que é informado: **`Use the new keyword if hiding was intended.`** [Use a palavra-chave new se a intenção é ocultar].

Volte para o programa e adicione a palavra-chave **new**:

```
new public void ReturnContents(Jewels safeContents, Owner owner)
```

Assim que você adiciona `new` à declaração do método ReturnContents da classe JewelThief, a mensagem some, mas seu código ainda não age como o esperado!

Ele ainda chama o método ReturnContents definido na classe Locksmith. Por quê? O método ReturnContents é chamado **a partir de um método definido pela classe Locksmith**, especificamente de dentro de Locksmith.OpenSafe, mesmo que seja iniciado por um objeto JewelThief. Se JewelThief apenas oculta o método ReturnContents de Locksmith, seu próprio método ReturnContents nunca será chamado.

Use referências diferentes para chamar métodos ocultos

Agora sabemos que JewelThief apenas ***oculta*** o método ReturnContents (em vez de ***sobrescrevê-lo***). Isso faz com que ele se comporte como um objeto Locksmith ***sempre que é chamado como um objeto Locksmith***. JewelThief herda uma versão de ReturnContents a partir de Locksmith e define uma segunda versão dele, significando que existem dois métodos diferentes com o mesmo nome, ou seja, sua classe precisa de **dois modos diferentes de chamá-lo**.

Há duas maneiras distintas de chamar o método ReturnContents. Se você obtém uma instância de JewelThief, pode usar uma variável de referência JewelThief para chamar o novo método ReturnContents. Se usa uma variável de referência Locksmith para chamá-lo, chamará o método ReturnContents de Locksmith oculto.

Veja como funciona:

```
// A subclasse JewelThief oculta um método na classe básica Locksmith,
// então você pode ter um comportamento diferente do mesmo objeto com base
// na referência usada para chamá-lo!

// Declarar seu objeto JewelThief como uma referência Locksmith faz com que
// chame o método ReturnContents() da classe básica.
Locksmith calledAsLocksmith = new JewelThief();
calledAsLocksmith.ReturnContents(safeContents, owner);

// Declarar seu objeto JewelThief como uma referência JewelThief faz com que
// chame o método ReturnContents() de JewelThief, porque ele oculta
// o método da classe básica com o mesmo nome.
JewelThief calledAsJewelThief = new JewelThief();
calledAsJewelThief.ReturnContents(safeContents, owner);
```

Consegue descobrir como fazer JewelThief sobrescrever o método ReturnContents em vez de ocultá-lo? Veja se consegue antes de ler a próxima seção!

não existem Perguntas Idiotas

P: Ainda não entendi por que se chamam métodos "virtuais"; parecem reais para mim. O que eles têm de virtual?

R: O nome "virtual" tem relação com como o .NET lida com os métodos internamente. Ele usa algo chamado *tabela de métodos virtuais* (ou *vtable*). É uma tabela que o .NET usa para controlar quais métodos são herdados e quais foram sobrescritos. Não se preocupe, não é preciso saber como funciona para usar os métodos virtuais.

P: Você falou sobre substituir uma superclasse por uma referência para uma subclasse. Pode explicar isso mais uma vez?

R: Quando você obteve um diagrama com uma classe acima de outra, a classe mais alta é **mais abstrata** que a mais baixa. As classes mais **específicas** ou **concretas** (como Camisa ou Carro) herdam das mais abstratas (como Roupa ou Veículo). Se tudo o que você precisa é de um veículo, um carro, uma van ou uma moto servirão. Se precisa de um carro, uma moto não será útil.

A herança funciona exatamente igual. Se você tem um método com Veículo como parâmetro e se a classe Moto herda da classe Veículo, pode passar uma instância de Moto para o método. Se o método tem Moto como parâmetro, não é possível passar nenhum objeto Veículo, pois ele pode ser uma instância Van. O C# não saberá o que fazer quando o método tenta acessar a propriedade Guidom.

Use override e virtual para herdar o comportamento

Queremos muito que nossa classe JewelThief sempre use seu próprio método ReturnContents, não importa como é chamado. Assim esperamos que a herança funcione na maior parte das vezes: uma subclasse pode **sobrescrever** um método na classe básica de modo que o método na subclasse seja chamado. Comece usando a palavra-chave **`override`** ao declarar o método ReturnContents:

```
class JewelThief {
    protected override void ReturnContents
          (string safeContents, SafeOwner owner)
```

Mas não é tudo o que precisa fazer. Se adicionar apenas a palavra-chave `override` à declaração da classe, verá um erro do compilador:

```
CS0506  'JewelThief.ReturnContents(string, SafeOwner)': cannot override inherited member 'Locksmith.ReturnContents(string,
        SafeOwner)' because it is not marked virtual, abstract, or override
```

De novo, observe com muita atenção e leia o que o erro informa. JewelThief não pode sobrescrever o membro ReturnContents herdado **porque não está marcado como** `virtual`, `abstract` ou `override` em Locksmith. Bem, é um erro que podemos corrigir com uma alteração rápida. Marque ReturnContents de Locksmith com a palavra-chave **`virtual`**:

```
class Locksmith {
    protected virtual void ReturnContents
          (string safeContents, SafeOwner owner)
```

Agora rode novamente o programa. Veja a saída desejada:

```
I'm stealing the jewels! I stole: precious jewels
```

Aponte o seu lápis

Ligue cada uma das seguintes descrições à palavra-chave que ela descreve:

1. Um método que só pode ser **acessado por uma instância da mesma classe.**
2. Um método que **uma subclasse pode substituir** por um método com o mesmo nome.
3. Um método que pode ser **acessado por uma instância de qualquer outra classe.**
4. Um método que **oculta outro método na superclasse** com o mesmo nome.
5. Um método que **substitui um método na superclasse.**
6. Um método que só pode ser **acessado por um membro da classe ou por sua subclasse.**

virtual

new

override

protected

private

public

1. private 2. virtual 3. public 4. new 5. override 6. protected

QUANDO EU PROPONHO MINHA
HIERARQUIA DE CLASSES, EM GERAL QUERO
SOBRESCREVER OS MÉTODOS E NÃO
OCULTÁ-LOS. MAS, SE EU OS OCULTAR, SEMPRE
USAREI A PALAVRA-CHAVE *NEW*, CERTO?

Se quiser sobrescrever um método em uma classe básica, sempre marque-o com a palavra--chave virtual. E use a palavra--chave override sempre que quiser sobrescrever o método em uma subclasse. Se não, acabará ocultando os métodos sem querer.

Exato. Na maioria das vezes você deseja sobrescrever os métodos, mas ocultá-los é uma opção.

Quando você trabalha com uma subclasse que estende uma classe básica, é bem provável que sobrescreva em vez de ocultar. Quando visualizar o compilador avisando sobre a ocultação de um método, preste atenção! Veja se realmente deseja ocultar o método e não apenas se esqueceu de usar as palavras-chave `virtual` e `override`. Usando sempre `virtual`, `override` e `new` corretamente, você nunca terá problemas desse tipo de novo!

Uma subclasse pode acessar sua classe básica com a palavra-chave base

Mesmo quando você sobrescreve um método ou uma propriedade em sua classe básica, às vezes ainda deseja acessá-lo. Por sorte, podemos usar **base**, que permite acessar qualquer membro da classe básica.

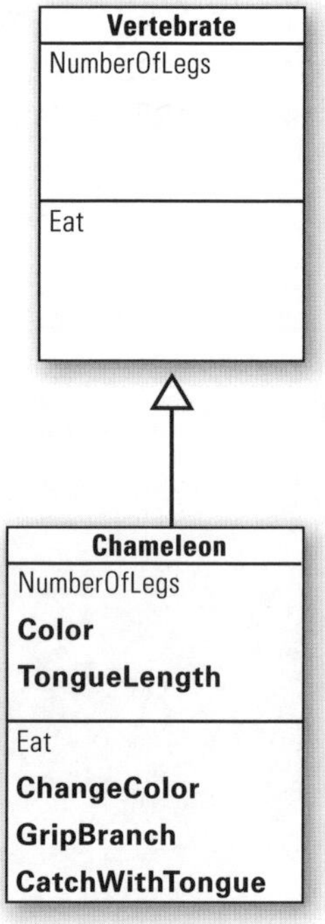

Vertebrate
NumberOfLegs
Eat
Chameleon
NumberOfLegs
Color
TongueLength
Eat
ChangeColor
GripBranch
CatchWithTongue

1. **Todos os animais comem; portanto, a classe Vertebrate tem um método Eat que requer um objeto Food como parâmetro.**

```
class Vertebrate {
   public virtual void Eat(Food morsel) {
      Swallow(morsel);
      Digest();
   }
}
```

2. **Os camaleões comem pegando a comida com a língua. Então, a classe Chameleon herda de Vertebrate, mas sobrescreve Eat.**

```
class Chameleon : Vertebrate {
   public override void Eat(Food morsel) {
      CatchWithTongue(morsel);
      Swallow(morsel);
      Digest();
   }
}
```

É exatamente igual ao código na classe básica. Realmente precisamos ter duas cópias duplicadas do mesmo código?

O método Chameleon.Eat precisa chamar CatchWithTongue, mas depois disso ele é idêntico ao método Eat na classe básica Vertebrate que ele sobrescreve.

3. **Em vez de duplicar o código, podemos usar a palavra-chave base para chamar o método sobrescrito. Agora temos acesso às versões antiga e nova de Eat.**

```
class Chameleon : Vertebrate {
   public override void Eat(Food morsel) {

      CatchWithTongue(morsel);
      base.Eat(morsel);
   }
}
```

Esta versão atualizada do método na classe básica usa a palavra-chave **base** para chamar o método Eat na classe básica. Agora não temos nenhum código duplicado; se precisarmos mudar como todos os vertebrados comem, os camaleões serão alterados automaticamente.

Não podemos só escrever "Eat(morsel)" porque isso não chamaria Chameleon.Eat. Precisamos usar a palavra-chave "base" para acessar Vertebrate.Eat.

Quando uma classe básica tem um construtor, a subclasse precisa chamá-lo

Voltemos ao código escrito com as classes Bird, Pigeon, Ostrich e Egg. Queremos adicionar uma classe BrokenEgg que estende Egg e torne quebrados 25% dos ovos que Pigeon bota. **Substitua a declaração `new`** em Pigeon.LayEgg por `if/else`, que cria uma nova instância de Egg ou BrokenEgg:

Adicione isto!

```
    if (Bird.Randomizer.Next(4) == 0)
        eggs[i] = new BrokenEgg(Bird.Randomizer.NextDouble() * 2 + 1, "white");
    else
        eggs[i] = new Egg(Bird.Randomizer.NextDouble() * 2 + 1, "white");
```

Agora só precisamos de uma classe BrokenEgg que estenda Egg. Vamos torná-la idêntica à classe Egg, exceto que ela tem um construtor que escreve uma mensagem no console informando que um ovo está quebrado:

```
class BrokenEgg : Egg
{
    public BrokenEgg()
    {
        Console.WriteLine("A bird laid a broken egg");
    }
}
```

Relaxe

É fácil voltar a um antigo projeto.

Você pode acessar o IDE e carregar um projeto anterior escolhendo *Projetos Recentes e Soluções* (Windows) ou *Soluções Recentes* (Mac) no menu Arquivo.

Continue e **faça estas duas alterações** no programa Egg.

Oh-oh, parece que as novas linhas de código causaram erros no compilador:

- O primeiro erro está na linha em que você cria um novo BrokenEgg: *`CS1729 – 'BrokenEgg' does not contain a constructor that takes 2 arguments`*
- O segundo erro está no construtor BrokenEgg: *`CS7036 - There is no argument given that corresponds to the required formal parameter 'size' of 'Egg.Egg(double, string)'`*

É outra ótima oportunidade para ***ler esses erros*** e descobrir o que deu errado. O primeiro erro é muito claro: a declaração que cria uma instância BrokenEgg tenta passar dois argumentos para o construtor, mas a classe BrokenEgg tem um construtor sem parâmetro. Continue e **adicione parâmetros ao construtor**:

```
    public BrokenEgg(double size, string color)
```

Isso cuida do primeiro erro; agora o método Main compila muito bem. E o outro erro?

Vamos dividir o que o erro informa:

- Ele reclama sobre *`Egg.Egg(double, string)`* — isso se refere ao construtor da classe Egg.
- Ele informa algo sobre *`parameter 'size'`*, que a classe Egg precisa para definir sua propriedade Size.
- Mas temos *`no argument given`*, pois não é suficiente só modificar o construtor BrokenEgg para ter argumentos que combinam com o parâmetro. Ele precisa **chamar o construtor da classe básica**.

Modifique a classe BrokenEgg para **usar a palavra-chave `base` e chamar o construtor da classe básica**:

```
    public BrokenEgg(double size, string color) : base(size, color)
```

Agora o código compila. Tente executá-lo; quando Pigeon bota um ovo, um quarto deles imprimirá uma mensagem sobre estar quebrado quando são instanciados (depois disso, o resto da saída é como antes).

Subclasse e classe básica com construtores diferentes

Quando modificamos BrokenEgg para chamar o construtor da classe básica, fizemos o construtor corresponder a um na classe básica Egg. E se quisermos que todos os ovos quebrados tenham um tamanho zero e uma cor que inicia com a palavra "broken"? **Modifique a declaração que instancia BrokenEgg** para que tenha o argumento da cor:

Modifique isto!

```
if (Bird.Randomizer.Next(4) == 0)
        eggs[i] = new BrokenEgg("white");
  else
        eggs[i] = new Egg(Bird.Randomizer.NextDouble() * 2 + 1, "white");
```

Quando você fizer essa alteração visualizará de novo o erro do compilador "required formal parameter", o que faz sentido porque o construtor BrokenEgg tem dois parâmetros, mas você está passando apenas um argumento.

Corrija o código **modificando o construtor BrokenEgg para ter um parâmetro**:

```
class BrokenEgg : Egg
{
    public BrokenEgg(string color) : base(0, $"broken {color}")
    {
        Console.WriteLine("A bird laid a broken egg");
    }
}
```

O construtor da subclasse pode ter vários parâmetros e pode até não ter parâmetros. Ele só precisa usar a palavra-chave **base** para passar o número correto de argumentos ao construtor da classe básica.

Rode o programa novamente. O construtor BrokenEgg ainda escreverá sua mensagem no console durante o loop for no construtor Pigeon, mas agora também fará Egg inicializar seus campos Size e Color. Quando o loop foreach no método Main escreve egg.Description no console, escreve esta mensagem para cada ovo quebrado:

```
Press P for pigeon, O for ostrich:
p
How many eggs should it lay? 7
A bird laid a broken egg
A bird laid a broken egg
A bird laid a broken egg
A 2.4cm white egg
A 0.0cm broken White egg
A 3.0cm white egg
A 1.4cm white egg
A 0.0cm broken White egg
A 0.0cm broken White egg
A 2.7cm white egg
```

Sabia que os pombos botam apenas um ou dois ovos por vez? Como você modificaria a classe Pigeon para levar isso em conta?

COMO ESTÁ O CLIMA AÍ EM CIMA?

É hora de terminar o trabalho de Owen

A primeira coisa feita neste capítulo foi modificar a calculadora de danos criada para Owen e listar os danos com espada ou flecha. Funcionou e suas classes SwordDamage e ArrowDamage foram bem encapsuladas. Mas, com exceção de algumas linhas de código, ***as duas classes eram idênticas***. Você aprendeu que ter código repetido em classes diferentes é ineficiente e propenso a erros, sobretudo se deseja continuar estendendo o programa para adicionar mais classes para tipos diversos de armas. Agora você tem uma nova ferramenta para resolver o problema: a **herança**. É hora de terminar o app da calculadora de danos. Isso será feito em duas etapas: primeiro você planejará um novo modelo de classe no papel, então o implementará no código.

Criar seu modelo de classe no papel antes de escrever o código ajuda a entender melhor o problema e a resolvê-lo com mais eficiência.

Aponte o seu lápis

Um ótimo código inicia em sua cabeça, não no IDE. Vamos reservar um tempo para elaborar o modelo de classe no papel *antes* de começarmos a escrever o código.

Iniciamos para você preenchendo os nomes da classe. Seu trabalho é adicionar membros a todas as três classes e fazer setas entre as caixas.

Como referência, incluímos diagramas para as classes SwordDamage e ArrowDamage criadas antes. Incluímos o método CalculateDamage privado para cada classe. Inclua todos os membros da classe public, private e protected quando preencher o diagrama. Escreva o modificador de acesso (`public`, `private` ou `protected`) ao lado de cada membro da classe.

WeaponDamage

As classes SwordDamage e ArrowDamage estavam assim no início do capítulo. Elas estão bem encapsuladas, mas grande parte do código em SwordDamage é duplicada em ArrowDamage.

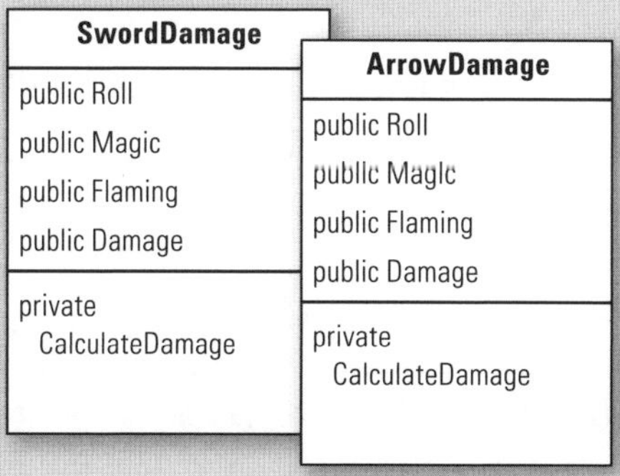
SwordDamage
public Roll
public Magic
public Flaming
public Damage
private CalculateDamage
ArrowDamage
public Roll
public Magic
public Flaming
public Damage
private CalculateDamage

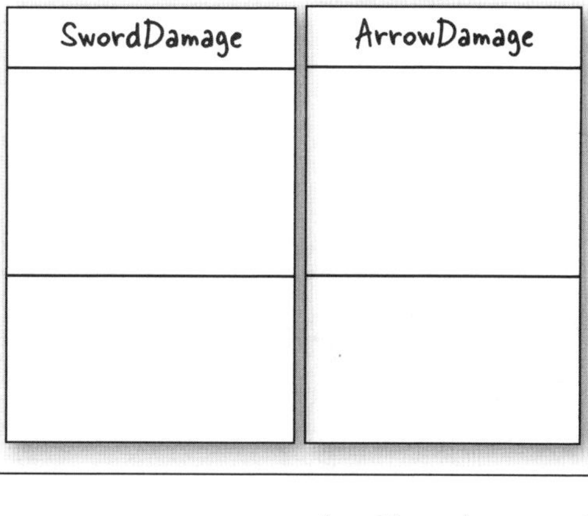
SwordDamage
ArrowDamage

Quando as classes se sobrepõem só um pouco, há um importante princípio chamado separação de conceitos

Se você elaborar bem suas classes hoje, elas serão mais fáceis de modificar no futuro. Imagine se você tivesse dezenas de classes diferentes para calcular o dano de diferentes armas. E se quisesse mudar Magic de bool para int, então poderia ter armas com bônus de encantamento (como um bastão mágico +3 ou uma adaga mágica +1)? Com a herança, só teria que mudar a propriedade Magic na superclasse. É claro que teria que modificar o método CalculateDamage de cada classe, mas seria muito menos trabalhoso, sem correr o risco de se esquecer de modificar sem querer uma das classes (isso acontece no desenvolvimento de software profissional *o tempo todo*!).

É um exemplo de **separação de conceitos**, pois cada classe tem apenas o código que interessa a uma parte específica do problema que seu programa resolve. O código que apenas se refere às espadas fica em SwordDamage, o código apenas para as flechas fica em ArrowDamage e o código compartilhado entre elas fica em WeaponDamage.

Ao elaborar classes, a separação dos conceitos é uma das primeiras coisas que você deveria considerar. Se uma classe parece fazer duas coisas diferentes, tente descobrir se você pode dividi-la em duas classes.

Aponte o seu lápis Solução

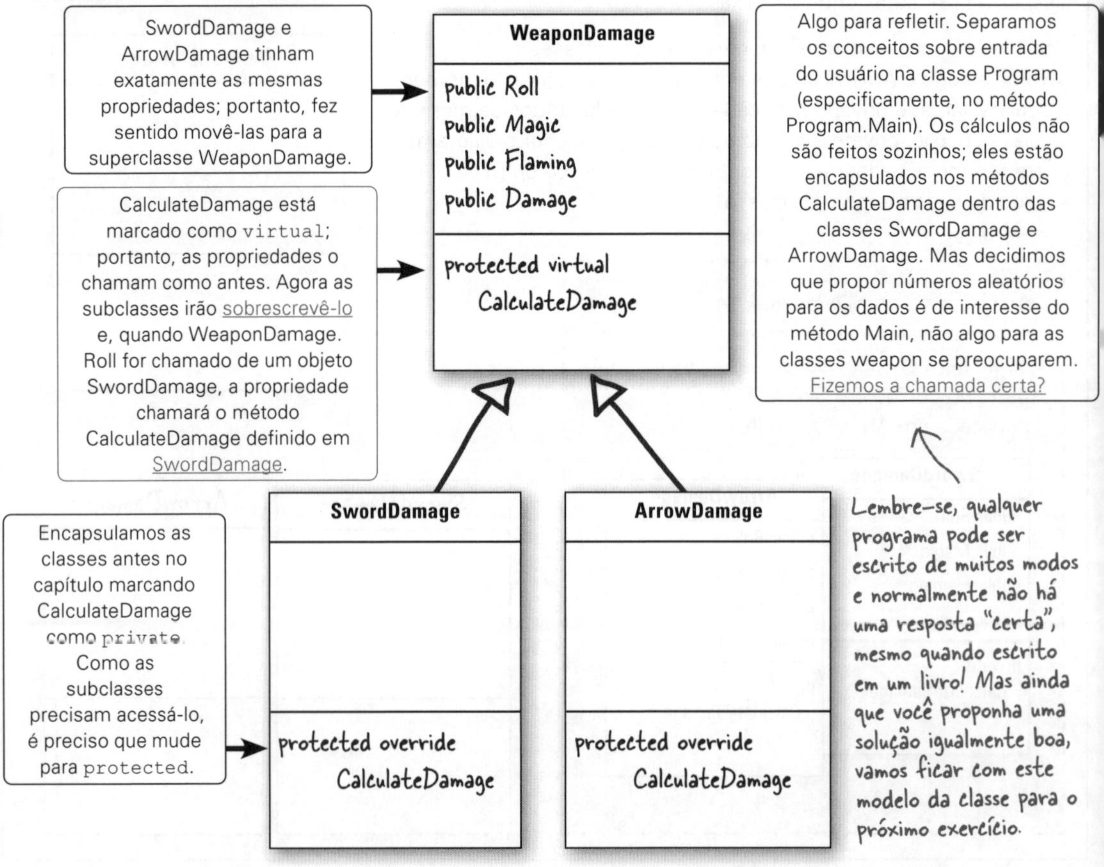
SwordDamage e ArrowDamage tinham exatamente as mesmas propriedades; portanto, fez sentido movê-las para a superclasse WeaponDamage.
WeaponDamage
public Roll
public Magic
public Flaming
public Damage
protected virtual CalculateDamage
CalculateDamage está marcado como virtual; portanto, as propriedades o chamam como antes. Agora as subclasses irão sobrescrevê-lo e, quando WeaponDamage. Roll for chamado de um objeto SwordDamage, a propriedade chamará o método CalculateDamage definido em SwordDamage.
Algo para refletir. Separamos os conceitos sobre entrada do usuário na classe Program (especificamente, no método Program.Main). Os cálculos não são feitos sozinhos; eles estão encapsulados nos métodos CalculateDamage dentro das classes SwordDamage e ArrowDamage. Mas decidimos que propor números aleatórios para os dados é de interesse do método Main, não algo para as classes weapon se preocuparem. Fizemos a chamada certa?
Encapsulamos as classes antes no capítulo marcando CalculateDamage como private. Como as subclasses precisam acessá-lo, é preciso que mude para protected.
SwordDamage
protected override CalculateDamage
ArrowDamage
protected override CalculateDamage
Lembre-se, qualquer programa pode ser escrito de muitos modos e normalmente não há uma resposta "certa", mesmo quando escrito em um livro! Mas ainda que você proponha uma solução igualmente boa, vamos ficar com este modelo da classe para o próximo exercício.

Exercício

Agora que você **elaborou** o modelo de classe, está pronto para escrever o código e **implementá-lo**. É um bom hábito a adquirir: elaborar primeiro as classes, depois transformá-las em código.

Veja o que fará para terminar o trabalho de Owen. Você pode reabrir o projeto criado no começo do capítulo ou criar um totalmente novo e copiar as partes relevantes. Se seu código é muito diferente da solução do exercício anterior no capítulo, talvez queira iniciar com o código da solução. É possível baixar o código no site da Alta Books. Procure pelo nome do livro ou ISBN, ou acesse https://github.com/head-first-csharp/fourth-edition [conteúdo em inglês] se não quiser digitar.

1. **Não faça nenhuma alteração no método Main.** Ele usará as novas classes SwordDamage e ArrowDamage exatamente como feito no começo do capítulo.
2. **Implemente a classe WeaponDamage.** Adicione uma nova classe WeaponDamage e faça com que corresponda ao diagrama de classe na solução "Aponte o seu lápis". Algumas coisas a considerar:
   - ★ As propriedades em WeaponDamage são *quase* idênticas às propriedades nas classes SwordDamage e ArrowDamage no começo do capítulo. Há apenas uma palavra-chave diferente.
   - ★ Não coloque nenhum código na classe CalculateDamage (você pode incluir um comentário: `/* A subclasse sobrescreve isso */`). Precisa ser virtual, não pode ser private, do contrário você visualizará um erro do compilador:

     ```
     CS0621 'WeaponDamage.CalculateDamage()': virtual or abstract members cannot be private
     ```
   - ★ Adicione um construtor que define a lista inicial.
3. **Implemente a classe SwordDamage.** Algumas coisas a considerar:
   - ★ O construtor tem um único parâmetro, que é passado para o construtor da classe básica.
   - ★ O C# sempre chama o método mais específico, ou seja, você precisará sobrescrever CalculateDamage e ele fará o cálculo do dano com espada.
   - ★ Vale a pena parar um pouco para pensar sobre como funciona CalculateDamage. O setter Roll, Magic ou Flaming calcula CalculateDamage para assegurar que o campo Damage seja atualizado automaticamente. Como o C# sempre chama o método mais específico, SwordDamage. CalculateDamage será chamado *mesmo que faça parte da superclasse WeaponDamage.*
4. **Implemente a classe ArrowDamage.** Funciona como SwordDamage, exceto que seu método CalculateDamage faz o cálculo da flecha, não o cálculo da espada.

PODEMOS FAZER GRANDES ALTERAÇÕES EM COMO AS CLASSES FUNCIONAM ***SEM MODIFICAR O MÉTODO MAIN*** QUE CHAMA TAIS CLASSES.

Com classes bem encapsuladas, o código fica bem mais fácil de modificar.

Se você conhece um desenvolvedor profissional, pergunte sobre a coisa mais chata que ele teve que fazer no trabalho ano passado. Há uma boa chance de ele falar sobre ter que alterar uma classe, mas para tanto teve que mudar duas outras classes, requerendo três outras alterações e foi difícil acompanhar todas as modificações. Elaborar suas classes com o encapsulamento em mente evita essa situação.

Exercício Solução

Veja o código da classe WeaponDamage. As propriedades são ***quase*** idênticas às propriedades nas antigas classes da espada e da flecha. Também tem um construtor para definir a lista inicial e um método CalculateDamage das subclasses para sobrescrever.

WeaponDamage
public Roll public Magic public Flaming public Damage
protected virtual CalculateDamage

```
class WeaponDamage
{
    public int Damage { get; protected set; }

    private int roll;
    public int Roll
    {
        get { return roll; }
        set
        {
            roll = value;
            CalculateDamage();
        }
    }

    private bool magic;
    public bool Magic
    {
        get { return magic; }
        set
        {
            magic = value;
            CalculateDamage();
        }
    }

    private bool flaming;
    public bool Flaming
    {
        get { return flaming; }
        set
        {
            flaming = value;
            CalculateDamage();
        }
    }

    protected virtual void CalculateDamage() { /* A subclasse sobrescreve isso */
}

    public WeaponDamage(int startingRoll)
    {
        roll = startingRoll;
        CalculateDamage();
    }
}
```

O acesso get da propriedade Damage precisa ser marcado como `protected`. Assim as subclasses têm acesso para atualizá-la, mas nenhuma outra pode defini-la. Ela ainda está protegida da definição acidental feita por outras classes; portanto, as subclasses ainda estarão bem encapsuladas.

As propriedades ainda chamam o método CalculateDamage, que mantém atualizada a propriedade Damage. Mesmo que sejam definidas na superclasse, quando são herdadas por uma subclasse, elas chamam o método CalculateDamage definido nessa subclasse.

É como JewelThief funcionou quando você teve que sobrescrever o método em LockSmith para roubar as joias do cofre em vez de retorná-las.

O método CalculateDamage em si está vazio; aproveitamos o fato de que o C# sempre chama o método mais específico. Agora que uma classe SwordDamage estende WeaponDamage, quando o acesso set da propriedade Flaming herdada chama CalculateDamage ele executa a versão mais específica desse método; portanto, chama SwordDamage.CalculateDamage.

Use o depurador para entender bem como as classes funcionam

Faça isto!

Uma das ideias mais importantes neste capítulo é que, ao estender uma classe, é possível sobrescrever seus métodos para fazer alterações significativas em seu comportamento. Use o depurador para entender bem como funciona:

- ★ **Coloque pontos de interrupção** nas linhas nos setters Roll, Magic e Flaming que chamam CalculateDamage.
- ★ Adicione uma declaração Console.WriteLine a WeaponDamage. CalculateDamage. *Essa declaração nunca será chamada.*
- ★ Rode o programa. Quando chegar nos pontos de interrupção, use **Intervir** para entrar no método CalculateDamage. ***Ele entrará na subclasse***; o método WeaponDamage.CalculateDamage nunca é chamado.

Exercício
Solução

A classe SwordDamage estende WeaponDamage e sobrescreve seu método CalculateDamage para implementar o cálculo dos danos com espada. Segue o código:

Tudo o que o construtor precisa fazer é usar a palavra-chave base para chamar o construtor da superclasse, usando seu parâmetro startingRoll como argumento.

```
class SwordDamage : WeaponDamage
{
    public const int BASE _ DAMAGE = 3;
    public const int FLAME _ DAMAGE = 2;

    public SwordDamage(int startingRoll) : base(startingRoll)
{ }

    protected override void CalculateDamage()
    {
        decimal magicMultiplier = 1M;
        if (Magic) magicMultiplier = 1.75M;

        Damage = BASE _ DAMAGE;
        Damage = (int)(Roll * magicMultiplier) + BASE _ DAMAGE;
        if (Flaming) Damage += FLAME _ DAMAGE;
    }
}
```

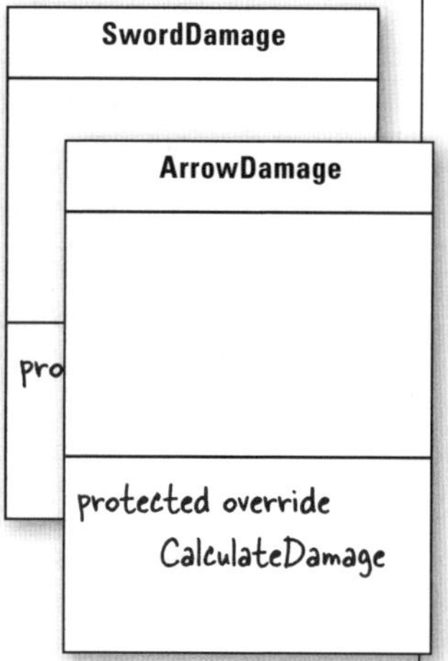
SwordDamage
ArrowDamage
protected override
CalculateDamage

E veja o código da classe ArrowDamage. Funciona como a classe SwordDamage, exceto que faz o cálculo para as flechas:

```
class ArrowDamage : WeaponDamage
{
    private const decimal BASE _ MULTIPLIER = 0.35M;
    private const decimal MAGIC _ MULTIPLIER = 2.5M;
    private const decimal FLAME _ DAMAGE = 1.25M;

    public ArrowDamage(int startingRoll) : base(startingRoll) { }

    protected override void CalculateDamage()
    {
        decimal baseDamage = Roll * BASE _ MULTIPLIER;
        if (Magic) baseDamage *= MAGIC _ MULTIPLIER;
        if (Flaming) Damage = (int)Math.Ceiling(baseDamage + FLAME _ DAMAGE);
        else Damage = (int)Math.Ceiling(baseDamage);
    }
}
```

Vamos falar sobre um elemento importante do design do jogo: a dinâmica. É um conceito muito importante que vai além do design. Na verdade, você pode encontrar a dinâmica em quase todo tipo de app.

Design do jogo... e muito mais

Dinâmica

A **dinâmica** de um jogo descreve como a mecânica se combina e colabora para orientar a jogabilidade. Sempre que você tem a mecânica do jogo, ela leva à dinâmica. Isso não se limita aos videogames; todos os jogos têm mecânica e a dinâmica surge dessa mecânica.

- Já vimos um **bom exemplo de mecânica**: no RPG de Owen, ele usa fórmulas (as incorporadas nas classes dos danos) para calcular o dano de várias armas. É um bom ponto de partida para pensar sobre como uma mudança nisso afetaria a dinâmica.
- O que acontece se você muda a mecânica da fórmula da flecha para que ela multiplique o dano básico por 10? É uma pequena alteração na mecânica, mas leva a uma **enorme mudança na dinâmica** do jogo. De repente, as flechas ficam muito mais poderosas que as espadas. Os jogadores param de usar espadas e passam a atirar flechas, mesmo a curta distância; isso é uma mudança na dinâmica.
- Assim que os jogadores começarem a **se comportar diferente**, Owen precisará mudar suas campanhas. Por exemplo, algumas batalhas planejadas para serem difíceis de repente ficam fáceis demais. Isso faz os jogadores mudarem de novo.

Pare um pouco para refletir. Uma pequenina alteração nas regras levou a uma enorme mudança em como os jogadores se comportaram. Uma *pequena alteração* na mecânica causou uma *grande mudança na dinâmica*. Owen não fez mudanças diretamente na jogabilidade; elas foram consequência da pequena mudança da regra. Em termos técnicos, a mudança na dinâmica ***emergiu*** da mudança na mecânica.

- Se você não viu a ideia de **emersão** antes, pode parecer um pouco estranha, então vejamos um exemplo concreto de um videogame clássico.
- A **mecânica do Space Invaders** é simples. Alienígenas vão e vêm atirando; se um tiro acerta um jogador, ele perde uma vida. O jogador move a nave para a esquerda e para a direita, e dispara. Se um tiro acerta um alienígena, ele é destruído. Às vezes uma nave-mãe voa no topo da tela para obter mais pontos. Os escudos são consumidos pelos tiros. Alienígenas diferentes somam pontuações diversas. Os alienígenas andam mais rápido com o desenrolar do jogo. Isso é tudo.
- A **dinâmica do Space Invaders** é mais complexa. O jogo começa bem fácil; a maioria dos jogadores pontua muito na primeira onda, porém fica cada vez mais difícil. A única coisa que muda é a velocidade com a qual os invasores se movem. À medida que os invasores ficam mais rápidos, o jogo inteiro muda. O **ritmo** (a rapidez do jogo) muda drasticamente.
- Alguns jogadores tentam atirar nos alienígenas começando na borda da formação, pois a lacuna na lateral da formação fica lenta na descida. Isso não está escrito em nenhum lugar no código, que só tem regras simples para o movimento dos invasores. É a dinâmica e é **emergente** porque é um efeito colateral de como a mecânica se combina, especificamente a mecânica de como os tiros do jogador funcionam combinados com as regras de como os invasores se movimentam. Nada disso está programado no código do jogo. Não faz parte da mecânica. É tudo dinâmica.

A dinâmica pode parecer um conceito bem abstrato de cara! Passaremos mais tempo nela posteriormente no capítulo, mas, agora, tenha em mente toda essa dinâmica quando fizer o próximo projeto. Veja se consegue identificar como ela entra em cena conforme a codifica.

SABE O QUE MAIS? ESTOU **POR AQUI** COM JOGOS. JOGOS PARA COMBINAR, JOGOS EM 3D, JOGOS DE NÚMEROS, CARTAS E CLASSES DE ARMAS DE PAINTBALL QUE ENTRAM NOS JOGOS, MODELOS DE CLASSE PARA JOGOS, DESIGN DO JOGO... **NÃO ESTAMOS FAZENDO NADA, SÓ JOGOS**.
VEJA, TODOS SABEMOS QUE OS DESENVOLVEDORES EM C# PODEM GANHAR MUITO DINHEIRO NO MERCADO DE TRABALHO. NÃO PODEMOS TER APENAS UM PROJETO EM QUE DESENVOLVEMOS UM ***APP COMERCIAL SÉRIO***?

Videogames *são* um negócio sério.

O setor de videogames está expandindo globalmente a cada ano, emprega centenas de milhares de pessoas no mundo inteiro e é um negócio no qual um designer de jogos talentoso pode entrar! Há um ecossistema inteiro de **desenvolvedores de jogos independentes** que criam e vendem jogos, individualmente ou em pequenas equipes.

Mas você está certa, o C# é uma linguagem séria usada para todo tipo de app sério e diferente de jogos. Na verdade, embora o C# seja a linguagem favorita entre os desenvolvedores de jogos, também é uma das mais comuns encontradas em negócios de diversos setores.

Para o próximo projeto, vamos praticar a herança criando um ***app comercial sério***.

Acesse o Guia do Aluno Visual Studio para Mac e veja a versão Mac deste projeto.

Crie um sistema de gerenciamento de colmeias

A abelha-rainha precisa de sua ajuda! A colmeia está sem controle e ela precisa de um programa para ajudar na produção de mel. Ela tem uma colmeia cheia de operárias e muito trabalho que precisa ser feito, mas, de algum modo, ela perdeu o controle sobre o que faz uma abelha e se ela tem ou não poder para realizar os trabalhos que precisam ser feitos. Cabe a você criar um **sistema de gerenciamento de colmeias** para ajudar a controlar as operárias. Veja como funcionará:

1 A rainha atribui trabalhos às operárias.

Existem três trabalhos diferentes que as operárias podem fazer. As **coletoras de néctar** voam e retornam com néctar para a colmeia. As **produtoras de mel** transformam o néctar em mel, que as abelhas comem para continuar trabalhando. Por fim, a rainha põe ovos sem parar e as **cuidadoras de ovos** asseguram que eles se tornem operárias.

2 Quando os trabalhos estão todos atribuídos, é hora de trabalhar.

Assim que a rainha acaba de atribuir o trabalho, ela informa às abelhas para trabalhar no próximo turno clicando no botão "Work the next shift" no app Beehive Management System [Sistema de Gerenciamento de Colmeias], que gera um relatório de turnos informando quantas abelhas são atribuídas a cada trabalho e o status do néctar e do mel na **câmara de mel**.

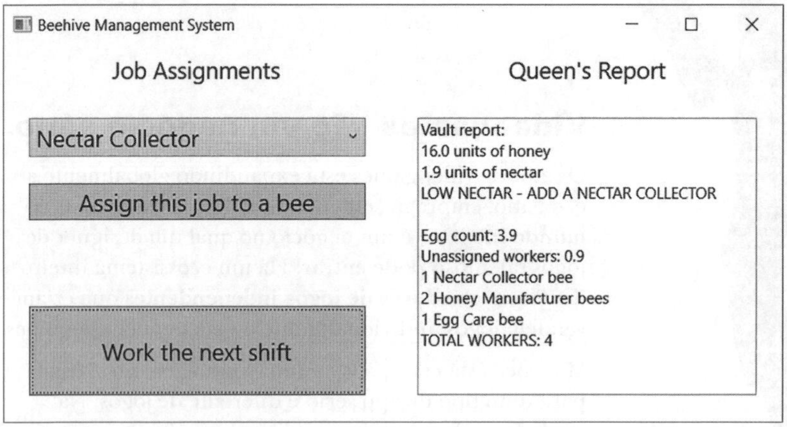
Beehive Management System
Job Assignments
Queen's Report
Nectar Collector
Assign this job to a bee
Work the next shift
Vault report:
16.0 units of honey
1.9 units of nectar
LOW NECTAR - ADD A NECTAR COLLECTOR
Egg count: 3.9
Unassigned workers: 0.9
1 Nectar Collector bee
2 Honey Manufacturer bees
1 Egg Care bee
TOTAL WORKERS: 4

3 Ajude a rainha a expandir sua colmeia.

Como todos os empresários, a rainha foca a **expansão**. A colmeia é um trabalho difícil e ela a mede no número total de operárias. Você consegue ajudar a rainha a continuar adicionando operárias? Qual tamanho a colmeia pode ter antes de ficar sem mel e a rainha pedir falência? Ou melhor, abelhência?

Modelo de classe do sistema de gerenciamento de colmeias

Veja as classes criadas para o sistema. Há um modelo de herança com uma classe básica e quatro subclasses, uma classe estática para gerenciar o mel e o néctar, orientando a colmeia, e a classe MainWindow com o code-behind da janela principal.

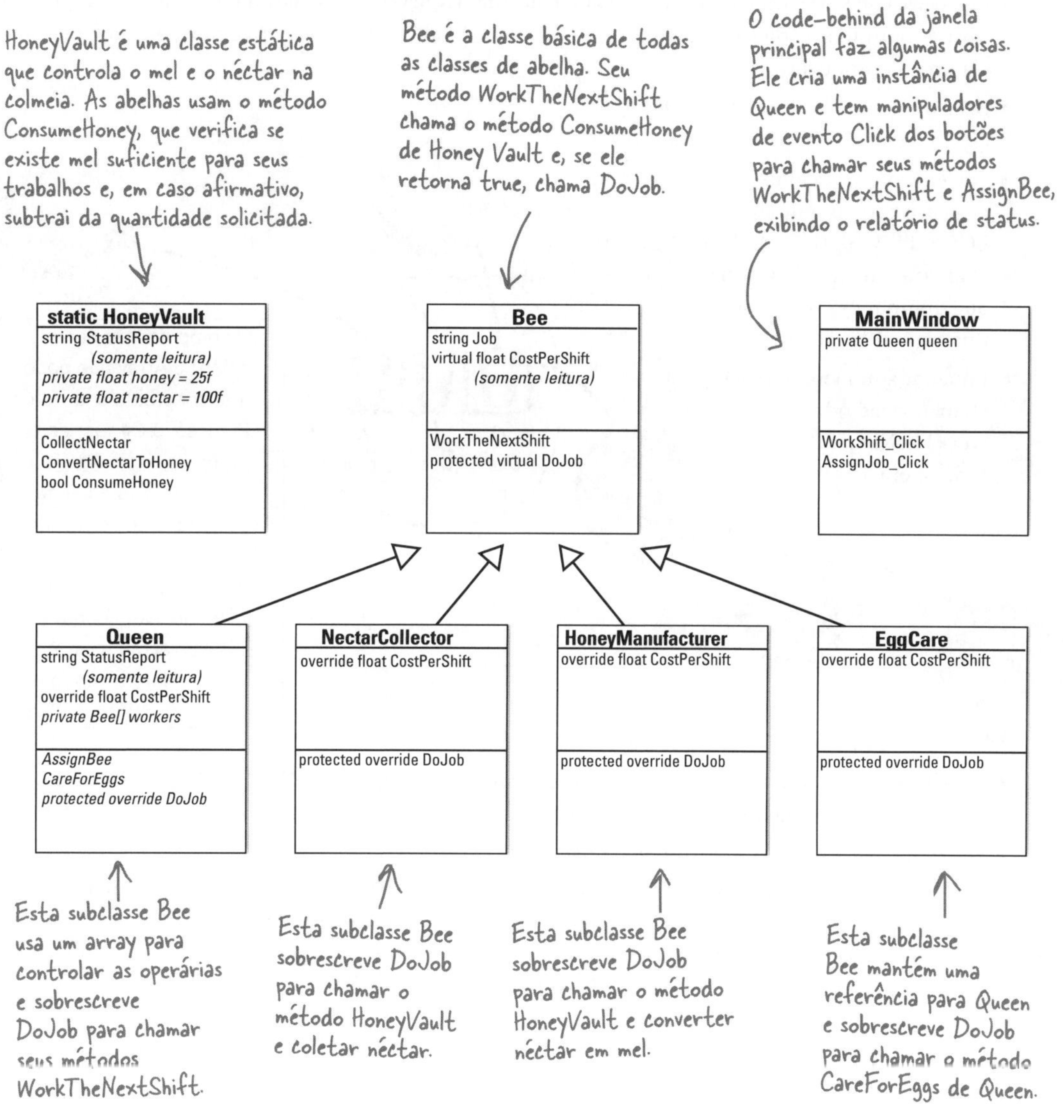
HoneyVault é uma classe estática que controla o mel e o néctar na colmeia. As abelhas usam o método ConsumeHoney, que verifica se existe mel suficiente para seus trabalhos e, em caso afirmativo, subtrai da quantidade solicitada.
Bee é a classe básica de todas as classes de abelha. Seu método WorkTheNextShift chama o método ConsumeHoney de Honey Vault e, se ele retorna true, chama DoJob.
O code-behind da janela principal faz algumas coisas. Ele cria uma instância de Queen e tem manipuladores de evento Click dos botões para chamar seus métodos WorkTheNextShift e AssignBee, exibindo o relatório de status.
static HoneyVault
string StatusReport
(somente leitura)
private float honey = 25f
private float nectar = 100f
CollectNectar
ConvertNectarToHoney
bool ConsumeHoney
Bee
string Job
virtual float CostPerShift
(somente leitura)
WorkTheNextShift
protected virtual DoJob
MainWindow
private Queen queen
WorkShift_Click
AssignJob_Click
Queen
string StatusReport
(somente leitura)
override float CostPerShift
private Bee[] workers
AssignBee
CareForEggs
protected override DoJob
NectarCollector
override float CostPerShift
protected override DoJob
HoneyManufacturer
override float CostPerShift
protected override DoJob
EggCare
override float CostPerShift
protected override DoJob
Esta subclasse Bee usa um array para controlar as operárias e sobrescreve DoJob para chamar seus métodos WorkTheNextShift.
Esta subclasse Bee sobrescreve DoJob para chamar o método HoneyVault e coletar néctar.
Esta subclasse Bee sobrescreve DoJob para chamar o método HoneyVault e converter néctar em mel.
Esta subclasse Bee mantém uma referência para Queen e sobrescreve DoJob para chamar o método CareForEggs de Queen.

Relaxe

Este modelo de classe é só o começo. Daremos mais detalhes para que você possa escrever o código.

Examine o modelo com muito cuidado. Ele tem muitas informações sobre o app que você criará. Em seguida, daremos todos os detalhes necessários para escrever o código dessas classes.

Classe Queen: como gerenciar as operárias

Quando você **pressiona o botão para trabalhar no próximo turno**, o manipulador de evento Click do botão chama o método WorkTheNextShift do objeto Queen, herdado da classe básica Bee. Veja o que acontece em seguida:

★ Bee.WorkTheNextShift chama HoneyVault.ConsumeHoney(HoneyConsumed) usando a propriedade CostPerShift (que cada subclasse sobrescreve com um valor diferente) para determinar quanto mel ela precisa produzir.

★ Bee.WorkTheNextShift chama DoJob, que Queen também sobrescreve.

★ Queen.DoJob adiciona 0.45 ovo ao campo eggs privado (usando uma constante chamada EGGS_PER_SHIFT). A abelha EggCare chamará seu método CareForEggs, que diminui os ovos e aumenta unassignedWorkers.

★ Então, usa um loop foreach para chamar o método WorkTheNextShift de cada operária.

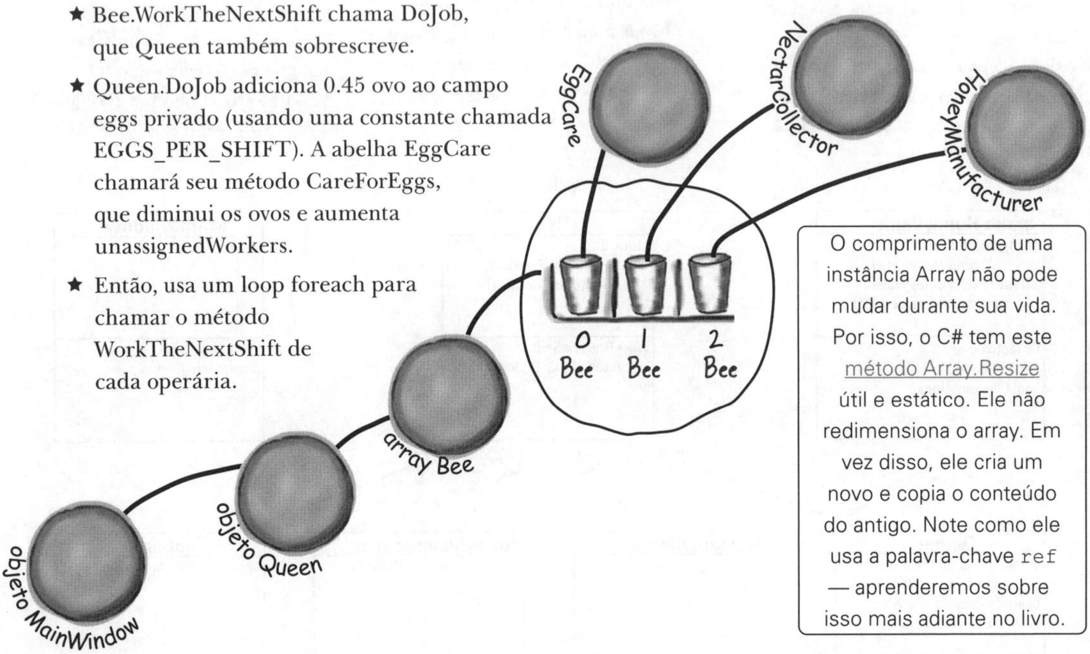
EggCare
NectarCollector
HoneyManufacturer
0
Bee
1
Bee
2
Bee
array Bee
objeto Queen
objeto MainWindow

O comprimento de uma instância Array não pode mudar durante sua vida. Por isso, o C# tem este método Array.Resize útil e estático. Ele não redimensiona o array. Em vez disso, ele cria um novo e copia o conteúdo do antigo. Note como ele usa a palavra-chave `ref` — aprenderemos sobre isso mais adiante no livro.

★ O mel é consumido por cada operária não atribuída. A constante HONEY_PER_UNASSIGNED_WORKER controla quanto cada uma consome por turno.

★ Por fim, chama seu método UpdateStatusReport.

Ao **pressionar o botão para atribuir um trabalho** à abelha, o manipulador de eventos chama o método AssignBee do objeto Queen, que tem uma string com o nome do trabalho (você obterá esse nome em jobSelector.text). Ele usa uma declaração `switch` para criar uma nova instância da devida subclasse Bee e passá-la para AddWorker; portanto, **adicione o método AddWorker** abaixo da classe Queen.

Você precisará deste método AddWorker para adicionar uma nova operária ao array de operárias de Queen. Ele chama Array.Resize para expandir o array, então adiciona a nova operária Bee.

```
/// <summary>
/// Expandir o array de operárias em um e adicionar uma referência
à Bee
/// </summary>
/// <param name="worker">Operária para adicionar no array de
operárias.</param>
private void AddWorker(Bee worker)
{
    if (unassignedWorkers >= 1)
    {
        unassignedWorkers--;
        Array.Resize(ref workers, workers.Length + 1);
        workers[workers.Length - 1] = worker;
    }
}
```

IV: adicione o XAML para a janela principal

Crie um **novo app WPF chamado BeehiveManagementSystem.** A janela principal está organizada com uma grade e `Title="Beehive Management System" Height="325" Width="625"`. Ela usa os mesmos controles Label, StackPanel e Button empregados nos capítulos anteriores e introduz dois novos. A lista suspensa sob Job Assignments é um controle **ComboBox**, que permite aos usuários escolherem em uma lista de opções. O relatório de status sob Queen's Report é exibido em um controle **TextBox**.

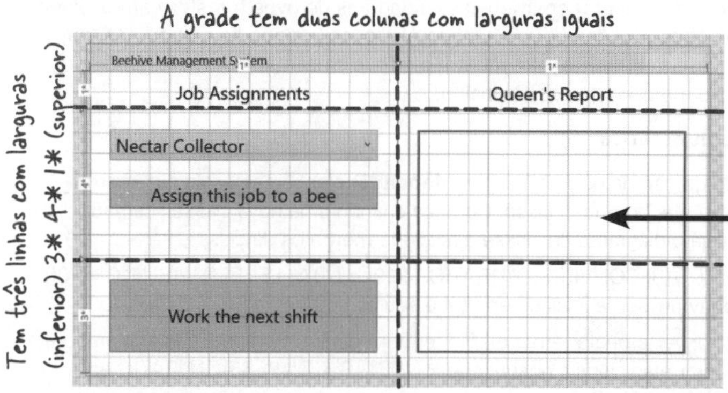
A grade tem duas colunas com larguras iguais
Tem três linhas com larguras (inferior) 3* 4* 1* (superior)
Beehive Management System
Job Assignments
Queen's Report
Nectar Collector
Assign this job to a bee
Work the next shift

É um controle TextBox. TextBox costuma ser usado para obter a entrada do usuário, mas iremos definir sua propriedade IsReadOnly para "True" e torná-la de somente leitura. Estamos usando-o no lugar do TextBlock utilizado nos projetos anteriores por dois motivos. Primeiro, ele desenha uma caixa em torno das bordas, que fica ótimo. Segundo, permite selecionar e copiar texto, o que é muito útil para um relatório de status em um app comercial.

A lista suspensa é um controle ComboBox. É um controle de contêiner (como Grid) com controles entre as tags de abertura e de fechamento. Nesse caso, contém três controles ListBoxItem, um para cada item que o usuário pode selecionar. É possível expandir Comum na janela Propriedades e usar o botão [...] ao lado de Itens para adicioná-los (escolha ListBoxItem na lista suspensa); porém, é mais fácil digitar à mão os itens no código XAML. Veja se o conteúdo de cada item corresponde exatamente a este código.

```
<Grid>
  <Grid.RowDefinitions>
    <RowDefinition Height="1*"/>
    <RowDefinition Height="4*"/>
    <RowDefinition Height="3*"/>
  </Grid.RowDefinitions>
  <Grid.ColumnDefinitions>
    <ColumnDefinition/>
    <ColumnDefinition/>
  </Grid.ColumnDefinitions>

  <Label Content="Job Assignments" FontSize="18" Margin="20,0"
      HorizontalAlignment="Center" VerticalAlignment="Bottom"/>

  <StackPanel Grid.Row="1" VerticalAlignment="Top" Margin="20">
    <ComboBox x:Name="jobSelector" FontSize="18" SelectedIndex="0" Margin="0,0,0,20">
      <ListBoxItem Content="Nectar Collector"/>
      <ListBoxItem Content="Honey Manufacturer"/>
      <ListBoxItem Content="Egg Care"/>
    </ComboBox>
    <Button Content="Assign this job to a bee" FontSize="18px" Click="AssignJob_Click" />
  </StackPanel>

  <Button Grid.Row="2" Content="Work the next shift" FontSize="18px"
        Click="WorkShift_Click" Margin="20"/>

  <Label Content="Queen's Report" Grid.Column="1" FontSize="18" Margin="20,0"
       VerticalAlignment="Bottom" HorizontalAlignment="Center"/>

  <TextBox
    x:Name="statusReport" IsReadOnly="True"
    Grid.Row="1" Grid.RowSpan="2" Grid.Column="1" Margin="20"/>
</Grid>
```

Estes controles ListBoxItem determinam os itens exibidos para o usuário na lista ComboBox.

Nomeie TextBox (x:Name) para conseguir definir sua propriedade Text em code-behind.

Não se sinta oprimido nem intimidado com o tamanho do exercício! Basta dividi-lo em pequenas etapas. Assim que começar, verá que é uma revisão de tudo o que já aprendeu.

Exercício Longo

Crie o **Sistema de Gerenciamento de Colmeias**. A finalidade do sistema é **maximizar o número de operárias atribuídas a trabalhos na colmeia** e manter a colmeia funcionando o máximo possível até o mel acabar.

Regras da colmeia

As operárias podem ser atribuídas a um destes três trabalhos: as coletoras de néctar adicionam néctar à câmara de mel, as produtoras de mel convertem néctar em mel e as cuidadoras de ovos transformam ovos em operárias que podem ser atribuídas a trabalhos. Em cada turno, Queen põe ovos (menos de dois turnos por ovo). Queen atualiza o relatório de status no fim do turno, que mostra o status da câmara de mel e o número de ovos, operárias não atribuídas e abelhas atribuídas a cada trabalho.

Comece criando uma classe HoneyVault estática

- A classe HoneyVault é um bom ponto de partida porque não tem **dependências**, ou seja, ela não chama métodos nem usa propriedades ou campos de outra classe. Comece criando uma nova classe chamada HoneyVault. Torne-a `static`, então veja o diagrama de classe e adicione membros da classe.
- HoneyVault tem **duas constantes** (NECTAR_CONVERSION_RATIO = .19f e LOW_LEVEL_WARNING = 10f), usadas nos métodos. Seu campo honey privado é iniciado em 25f e seu campo nectar privado, em 100f.
- O **método ConvertNectarToHoney** converte néctar em mel. Ele tem um parâmetro float chamado amount, subtrai essa quantidade do campo nectar e adiciona a quantidade × NECTAR_CONVERSION_RATIO ao campo honey (se a quantidade passada ao método for menor que o néctar restante na câmara, converte todo o néctar que sobra).
- O **método ConsumeHoney** é como as abelhas usam o mel para fazer o trabalho. Ele tem um parâmetro amount. Se for maior que o campo honey, subtrai a quantidade do mel e retorna true; do contrário, retorna false.
- O **método CollectNectar** é chamado pela abelha NectarCollector a cada turno. Ele tem um parâmetro amount. Se a quantidade for maior que zero, ele adiciona ao campo honey.
- A **propriedade StatusReport** tem apenas um acesso get que retorna uma string com linhas separadas com a quantidade de mel e de néctar na câmara. Se honey está abaixo de LOW_LEVEL_WARNING, ela adiciona um aviso (`"LOW HONEY – ADD A HONEY MANUFACTURER"`) e faz o mesmo para o campo nectar.

Crie a classe Bee e <u>comece</u> compilando as classes Queen, HoneyManufacturer, NectarCollector e EggCare

- Crie a classe básica Bee. Seu **construtor** tem uma string, usada para definir a **propriedade Job de somente leitura**. Cada subclasse Bee passa uma string para o construtor básico — `"Queen"`, `"Nectar Collector"`, `"Honey Manufacturer"` ou `"Egg Care"` —, portanto a classe Queen tem este código: **`public Queen() : base("Queen")`**
- A **propriedade CostPerShift** virtual e de somente leitura permite que cada subclasse Bee defina a quantidade de mel que ela consome em cada turno. O **método WorkTheNextShift** passa HoneyConsumed para o método HoneyVault.ConsumeHoney. Se ConsumeHoney retorna true, resta mel suficiente na colmeia; portanto, WorkTheNextShift chama DoJob.
- **Crie** classes HoneyManufacturer, NectarCollector e EggCare **vazias** que apenas estendem Bee; você precisará delas para criar a classe Queen. Você **terminará a classe Queen primeiro**, depois voltará para terminar as outras subclasses Bee.
- Cada subclasse Bee **sobrescreve o método DoJob** com código para fazer seu trabalho e **sobrescreve a propriedade CostPerShift** com a quantidade de mel consumida em cada turno.
- Veja todos os **valores da propriedade Bee.CostPerShift de somente leitura** para cada subclasse Bee: Queen.CostPerShift retorna 2.15f, NectarCollector.CostPerShift retorna 1.95f, HoneyManufacturer. CostPerShift retorna 1.7f e EggCare.CostPerShift retorna1.35f.

Cada parte deste exercício é algo já visto antes. Você CONSEGUE!

Exercício Longo

É um exercício longo, *mas tudo bem*! Basta criar classe por classe. Termine primeiro a classe Queen. Quando terminar, volte para as outras subclasses Bee.

- A classe Queen tem um **campo Bee[] privado** chamado workers. Ela começa como um array vazio. Fornecemos o método AddWorker para adicionar referências Bee a ela.
- Seu **método AssignBee** tem um parâmetro com um nome de trabalho (como `"Egg Care"`). Ele tem `switch (job)` com casos que chamam AddWorker. Por exemplo, se `job` é `"Egg Care"`, então ele chama AddWorker(new EggCare(this)).
- Existem dois **campos float privados** chamados eggs e unassignedWorkers para controlar o número de ovos (adicionados a cada turno) e o número de operárias aguardando atribuição.
- Ela sobrescreve o **método DoJob** para adicionar ovos, pede que as operárias trabalhem e fornece mel às operárias não atribuídas que aguardam trabalho. A constante EGGS_PER_SHIFT (definida para 0.45f) é adicionada ao campo eggs. Ela usa um loop foreach para chamar o método WorkTheNextShift de cada operária. Então, chama HoneyVault.ConsumeHoney, passando a constante HONEY_PER_UNASSIGNED_WORKER (definida para 0.5f) × workers.Length.
- Ela começa com três operárias não atribuídas; o **construtor** dela chama o método AssignBee três vezes para criar três operárias, uma de cada tipo.
- As abelhas EggCare chamam o **método CareForEggs** de Queen. Ele tem um parâmetro float chamado eggsToConvert. Se o campo eggs é >= eggsToConvert, ele subtrai eggsToConvert de eggs e adiciona-o a unassignedWorkers.
- Veja com atenção os relatórios de status na tela; o **método UpdateStatusReport** privado o gera (usando HoneyVault.StatusReport). Ela chama UpdateStatusReport no final dos métodos DoJob e AssignBee.

Termine de criar as outras subclasses Bee

- A **classe NectarCollector** tem uma constante NECTAR_COLLECTED_PER_SHIFT = 33.25f. Seu **método DoJob** passa essa constante para HoneyVault.CollectNectar.
- A **classe HoneyManufacturer** tem uma constante NECTAR_PROCESSED_PER_SHIFT = 33.15f e seu método DoJob passa essa constante para HoneyVault.ConvertNectarToHoney.
- A **classe EggCare** tem uma constante CARE_PROGRESS_PER_SHIFT = 0.15f e seu método DoJob passa essa constante para queen.CareForEggs, usando uma referência Queen privada **inicializada no construtor EggCare**.

Crie o code-behind da janela principal

- Fornecemos o XAML da **janela principal**. Seu trabalho é adicionar o code-behind. Ele tem um campo Queen privado chamado `queen` inicializado no construtor e manipuladores de evento para botões e a caixa combo.
- Vincule os **manipuladores de evento**. O botão "assign job" chama queen.AssignBee(jobSelector.Text). O botão "Work the next shift" chama queen.WorkTheNextShift. Ambos definem statusReport.Text para ser igual a queen.StatusReport.

Outros detalhes sobre como funciona o Sistema de Gerenciamento de Colmeias

- O objetivo é fazer a linha TOTAL WORKERS no relatório do status (que lista o número total de operárias atribuídas) ser a maior possível, e tudo depende de **quais operárias você adiciona e quando**. As operárias esgotam o mel: se você tiver muitas de um tipo, o mel começa a baixar. Quando rodar o programa, observe os números do mel e do néctar. Após os primeiros turnos, você visualizará um aviso de pouco mel (portanto, adicione uma produtora de mel); depois de outros turnos, você receberá um aviso de pouco néctar (então adicione uma coletora de néctar); depois será preciso descobrir como equipar a colmeia. Até que número você pode ter TOTAL WORKERS antes de o mel acabar?

Exercício Longo Solução

Este projeto é grande e tem **muitas partes diferentes**. Se você tiver problemas, faça-o por partes. Nada aqui acontece por mágica; você já tem as ferramentas para entender cada parte.

Veja o código da **classe HoneyVault estática:**

```
static class HoneyVault
{
    public const float NECTAR_CONVERSION_RATIO = .19f;
    public const float LOW_LEVEL_WARNING = 10f;
    private static float honey = 25f;
    private static float nectar = 100f;

    public static void CollectNectar(float amount)
    {
        if (amount > 0f) nectar += amount;
    }

    public static void ConvertNectarToHoney(float amount)
    {
        float nectarToConvert = amount;
        if (nectarToConvert > nectar) nectarToConvert = nectar;
        nectar -= nectarToConvert;
        honey += nectarToConvert * NECTAR_CONVERSION_RATIO;
    }

    public static bool ConsumeHoney(float amount)
    {
        if (honey >= amount)
        {
            honey -= amount;
            return true;
        }
        return false;
    }

    public static string StatusReport
    {
        get
        {
            string status = $"{honey:0.0} units of honey\n"
+
                        $"{nectar:0.0} units of nectar";
            string warnings = "";
            if (honey < LOW_LEVEL_WARNING) warnings +=
                        "\nLOW HONEY - ADD A HONEY
MANUFACTURER";
            if (nectar < LOW_LEVEL_WARNING) warnings +=
                        "\nLOW NECTAR - ADD A
NECTAR COLLECTOR";
            return status + warnings;
        }
    }
}
```

As constantes na classe HoneyVault são muito importantes. Tente tornar maior a taxa de conversão de néctar, que adiciona muito mel à câmara a cada turno. Tente torná-la menor; agora o mel desaparece quase que de imediato.

As abelhas NectarCollector fazem seu trabalho chamando o método CollectNectar para adicionar néctar à colmeia.

As abelhas HoneyManufacturer fazem seu trabalho chamando ConvertNectarToHoney, que reduz o néctar e aumenta o mel na câmara.

Toda abelha tenta consumir uma quantidade específica de mel em cada turno. O método ConsumeHoney só retorna true se existe mel suficiente para a abelha fazer seu trabalho.

Tudo bem se seu código não coincide exatamente com o nosso! Há muitos modos diferentes de resolver o problema. E, quanto maior o programa, mais meios existem de escrevê-lo. Se seu código funciona, então o exercício está correto! Mas pare um pouco para comparar sua solução com a nossa e reserve um tempo para experimentar e descobrir por que tomamos as decisões mostradas.

Tente usar o menu Exibir para Modo de Exibição de Classe no IDE (estará fixado na janela Gerenciador de Soluções). É uma ferramenta útil para explorar sua hierarquia de classes. Tente expandir uma classe na janela Exibir Classe, então expanda a pasta Tipos Básicos para ver sua hierarquia. Use as guias na parte inferior da janela para trocar entre Exibir Classe e Gerenciador de Soluções.

Exercício Longo Solução

O comportamento deste programa é orientado pelo modo como as diferentes classes interagem entre si, sobretudo aquelas na hierarquia de classes Bee. E no topo dessa hierarquia está a **superclasse Bee** que todas as outras classes Bee estendem:

```
class Bee
{
    public virtual float CostPerShift { get; }

    public string Job { get; private set; }

    public Bee(string job)
    {
        Job = job;
    }

    public void WorkTheNextShift()
    {
        if (HoneyVault.ConsumeHoney(CostPerShift))
        {
            DoJob();
        }
    }

    protected virtual void DoJob() { /* a subclasse sobrescreve isso */ }
}
```

O construtor Bee tem um parâmetro, que ele usa para definir sua propriedade Job de somente leitura. Queen usa essa propriedade quando gera o relatório de status para descobrir de qual subclasse é uma abelha específica.

A **classe NectarCollector** coleta néctar todo turno e o adiciona à câmara:

```
class NectarCollector : Bee
{
    public const float NECTAR _ COLLECTED _ PER _ SHIFT = 33.25f;
    public override float CostPerShift { get { return 1.95f; } }
    public NectarCollector() : base("Nectar Collector") { }

    protected override void DoJob()
    {
        HoneyVault.CollectNectar(NECTAR _ COLLECTED _ PER _ SHIFT);
    }
}
```

A **classe HoneyManufacturer** converte o néctar na câmara em mel:

```
class HoneyManufacturer : Bee
{
    public const float NECTAR _ PROCESSED _ PER _ SHIFT = 33.15f;
    public override float CostPerShift { get { return 1.7f; } }
    public HoneyManufacturer() : base("Honey Manufacturer") { }

    protected override void DoJob()
    {
        HoneyVault.ConvertNectarToHoney(NECTAR _ PROCESSED _
PER _ SHIFT);
    }
}
```

As classes NectarCollector e HoneyManufacturer têm constantes que determinam quanto néctar é coletado e quanto dele é convertido em mel durante cada turno. Tente mudá-las; o programa é muito menos sensível às mudanças nessas constantes em comparação com quando você muda a taxa de conversão HoneyVault.

Exercício Longo Solução

Cada subclasse Bee tem um trabalho diferente, mas elas têm **comportamentos compartilhados**, até Queen. Todas trabalham em cada turno, mas só fazem seus trabalhos se há mel suficiente.

A **classe Queen** gerencia as operárias e gera relatórios de status:

```
class Queen : Bee
{
    public const float EGGS_PER_SHIFT = 0.45f;
    public const float HONEY_PER_UNASSIGNED_WORKER = 0.5f;

    private Bee[] workers = new Bee[0];
    private float eggs = 0;
    private float unassignedWorkers = 3;

    public string StatusReport { get; private set; }
    public override float CostPerShift { get { return 2.15f; } }

    public Queen() : base("Queen") {
        AssignBee("Nectar Collector");
        AssignBee("Honey Manufacturer");
        AssignBee("Egg Care");
    }

    private void AddWorker(Bee worker)
    {
        if (unassignedWorkers >= 1)
        {
            unassignedWorkers--;
            Array.Resize(ref workers, workers.Length + 1);
            workers[workers.Length - 1] = worker;
        }
    }

    private void UpdateStatusReport()
    {
        StatusReport = $"Vault report:
\n{HoneyVault.StatusReport}\n" +
        $"\nEgg count: {eggs:0.0}\nUnassigned workers:
{unassignedWorkers:0.0}\n" +
        $"{WorkerStatus("Nectar Collector")}\
n{WorkerStatus("Honey Manufacturer")}" +
        $"\n{WorkerStatus("Egg Care")}\nTOTAL WORKERS: {workers.Length}";
    }

    public void CareForEggs(float eggsToConvert)
    {
        if (eggs >= eggsToConvert)
        {
            eggs -= eggsToConvert;
            unassignedWorkers += eggsToConvert;
        }
    }
```

As constantes na classe Queen são muito importantes porque determinam como o programa se comporta ao longo de muitos turnos. Se a rainha bota ovos demais, elas comem mais mel, mas também aceleram o progresso. Se as operárias não atribuídas consomem mais mel, isso aumenta a pressão para atribuir operárias mais rápido.

Queen começa atribuindo uma abelha a cada tipo no construtor.

Fornecemos o método AddWorker. Ele redimensiona o array e adiciona um objeto Bee ao final. Notou que às vezes o relatório de status lista as operárias não atribuídas como 1.0, mas você não consegue adicionar uma operária? Coloque um ponto de interrupção na primeira linha de AddWorker e verá unassignedWorkers igual a 0.99999999999... Consegue pensar em como corrigir isso?

Você precisou ver com muita atenção o relatório de status na tela para descobrir o que incluir aqui.

As abelhas EggCare chamam o método CareForEggs para converter eggs em operárias não atribuídas.

Exercício Longo Solução

A **classe Queen orienta todo o trabalho no programa**; ela controla as instâncias dos objetos Bee operária, cria novos quando precisam ser atribuídos a seus trabalhos e informa para começarem a trabalhar em seus turnos:

```
    private string WorkerStatus(string job)
    {
        int count = 0;
        foreach (Bee worker in workers)
            if (worker.Job == job) count++;
        string s = "s";
        if (count == 1) s = "";
        return $"{count} {job} bee{s}";
    }

    public void AssignBee(string job)
    {
        switch (job)
        {
            case "Nectar Collector":
                AddWorker(new NectarCollector());
                break;
            case "Honey Manufacturer":
                AddWorker(new HoneyManufacturer());
                break;
            case "Egg Care":
                AddWorker(new EggCare(this));
                break;
        }
        UpdateStatusReport();
    }

    protected override void DoJob()
    {
        eggs += EGGS_PER_SHIFT;
        foreach (Bee worker in workers)
        {
            worker.WorkTheNextShift();
        }
        HoneyVault.ConsumeHoney(unassignedWorkers * HONEY_PER_UNASSIGNED_
WORKER);
        UpdateStatusReport();
    }
}
```

O método WorkerStatus privado usa um loop foreach para contar o número de abelhas no array de operárias que correspondem a um trabalho específico. Note como emprega a variável "s" para usar "bees" no plural, a menos que exista apenas uma abelha.

O método AssignBee usa uma declaração **switch** para determinar qual tipo de operária adicionar. As strings nas declarações **case** precisam corresponder exatamente às propriedades Content de cada ListBoxItem em ComboBox; do contrário, nenhum caso terá correspondência.

Queen faz seu trabalho adicionando ovos, informando a cada operária para trabalhar no próximo turno e, então, se assegurando de que cada operária não atribuída consuma mel. Ela atualiza o relatório de status após cada atribuição de bee e turno para ficar sempre em dia.

Queen não gerencia detalhes. Ela permite que os objetos Bee operária façam seu trabalho e consumam seu próprio mel.

Este é um bom exemplo de separação de conceitos: o comportamento da rainha é encapsulado na classe Queen e a classe Bee contém apenas o comportamento comum a todas as abelhas.

Exercício Longo Solução

As **constantes no topo de cada subclasse Bee** são muito importantes. Propusemos valores para essas constantes por meio de tentativa e erro: ajustamos um dos números, então rodamos o programa para ver o efeito. Tentamos propor um bom equilíbrio entre as classes. Você acha que fizemos um bom trabalho? *Consegue fazer melhor? Aposto que sim!*

A **classe EggCare** usa uma referência para o objeto Queen para chamar seu método CareForEggs e transformar os ovos em operárias:

```
class EggCare : Bee
{
    public const float CARE_PROGRESS_PER_SHIFT = 0.15f;
    public override float CostPerShift { get { return 1.35f; } }

    private Queen queen;

    public EggCare(Queen queen) : base("Egg Care")
    {
        this.queen = queen;
    }

    protected override void DoJob()
    {
        queen.CareForEggs(CARE_PROGRESS_PER_SHIFT);
    }
}
```

A constante de EggCare bee determina a rapidez com a qual os ovos se transformam em operárias não atribuídas. Mais operárias pode ser bom para a colmeia, mas elas também consomem mais mel. O desafio é conseguir o equilíbrio certo das diferentes operárias.

Veja o **code-behind da janela principal**. Ele não faz muita coisa; toda a parte inteligente fica em outras classes:

```
public partial class MainWindow : Window
{
    private Queen queen = new Queen();

    public MainWindow()
    {
        InitializeComponent();
        statusReport.Text = queen.StatusReport;
    }

    private void WorkShift_Click(object sender, RoutedEventArgs e)
    {
        queen.WorkTheNextShift();
        statusReport.Text = queen.StatusReport;
    }

    private void AssignJob_Click(object sender, RoutedEventArgs e)
    {
        queen.AssignBee(jobSelector.Text);
        statusReport.Text = queen.StatusReport;
    }
}
```

Code-behind atualiza o relatório de status TextBox no construtor após clicar os botões para se assegurar de que o relatório mais recente sempre seja exibido.

O botão "assign job" passa o texto do item ComboBox selecionado diretamente para Queen.AssignBee, então é muito importante que os casos na declaração switch combinem exatamente com os itens ComboBox.

Se tiver problemas para escrever o código, tudo bem olhar a solução, sério!

EI, ESPERE AÍ. ESTE...
ESTE NÃO É UM APLICATIVO
COMERCIAL SÉRIO. *É UM JOGO!*
VOCÊS NÃO PRESTAM.

Tudo bem, fomos pegos. Você está certa. É um jogo.

Especificamente, é um **jogo de gerenciamento de recursos** ou um jogo em que a mecânica foca coletar, monitorar e usar recursos. Se você jogou um jogo de simulação, como SimCity, ou de estratégia, como Civilization, reconhecerá o gerenciamento de recursos do jogo, em que precisa de recursos como dinheiro, metal, combustível, madeira ou água para administrar uma cidade ou criar um império.

Esses jogos são ótimos para experimentar a relação entre ***mecânica, dinâmica e estética***:

- ★ A **mecânica** é simples: o jogador atribui operárias e inicia o próximo turno. Então, cada abelha adiciona néctar, reduz o néctar/aumenta o mel ou reduz os ovos/aumenta as operárias. A contagem de ovos aumenta e o relatório é exibido.
- ★ A **estética** é mais complexa. Os jogadores sentem estresse conforme os níveis de mel ou de néctar baixam e o aviso de nível baixo é exibido. Eles ficam empolgados quando fazem uma escolha e satisfeitos quando isso afeta o jogo, então mais estresse de novo, quando os números param de aumentar e começam a cair mais uma vez.
- ★ O jogo é orientado pela **dinâmica**. Não há nada no código que torne o mel ou o néctar escasso; eles são consumidos por abelhas ou ovos.

Pare um pouco e reflita sobre isso, pois é central na dinâmica. Você vê um modo de usar algumas dessas ideias em outros programas, não apenas em jogos?

PODER DO CÉREBRO

Uma pequena alteração em HoneyVault. NECTAR_CONVERSION_RATIO pode tornar o jogo muito mais fácil ou difícil, fazendo o mel se esgotar lenta ou rapidamente. Quais outros números afetam a jogabilidade? O que você considera estar orientando essas relações?

Feedback orienta o jogo Beehive Management

Vamos reservar uns minutos e entender bem como o jogo funciona. A taxa de conversão de néctar tem um grande impacto em seu jogo. Se você muda as constantes, pode fazer grandes diferenças na jogabilidade. Se requer só um pouco de mel para converter um ovo em operária, o jogo fica muito fácil. Se requer muito, ele fica bem mais difícil. Mas, se você percorrer as classes, não encontrará uma configuração de dificuldade. Não há um campo Difficultly em nenhuma delas. Queen não tem poderes especiais para ajudar a facilitar o jogo, inimigos difíceis nem batalhas épicas para dificultar, ou seja, ***não há um código que cria explicitamente uma relação*** entre o número de ovos ou operárias e a dificuldade do jogo. O que está acontecendo?

Ao apontar uma câmera para uma tela que exibe sua saída de vídeo, você cria um loop de feedback, gerando estes padrões estranhos.

É provável que você tenha jogado com **feedback** antes. Inicie uma chamada de vídeo entre seu telefone e seu computador. Segure o telefone perto do alto-falante do computador e ouvirá ecos barulhentos. Aponte a câmera para a tela do computador e verá uma imagem da tela dentro da imagem da tela dentro da imagem da tela, e isso se tornará um padrão maluco se você inclinar o telefone. Isso é feedback: você pega uma saída de vídeo ou áudio ao vivo e *alimenta-a* de *volta* na entrada. Não há nada no código do app de chamada de vídeo que gere especificamente sons ou imagens malucas. Em vez disso, eles **emergem** do feedback.

Operárias e mel em um loop de feedback

Seu jogo Beehive Management se baseia em uma série de **loops de feedback**: muitos pequenos ciclos em que as partes do jogo interagem entre si. Por exemplo, as produtoras de mel adicionam mel à câmara, que é consumido pelas produtoras, que fabricam mais mel.

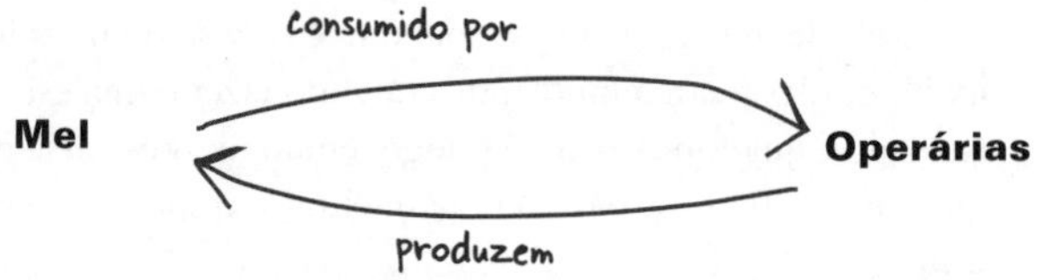
consumido por
Mel
Operárias
produzem

O loop de feedback entre as operárias e o mel é só uma pequena parte do sistema inteiro que orienta o jogo. Veja se você consegue identificá-lo na imagem maior abaixo.

E é apenas um loop de feedback. Há muitos loops de feedback diferentes no jogo e eles tornam o jogo inteiro mais complexo, interessante e (esperamos!) divertido.

Uma série de loops de feedback orienta a dinâmica do jogo. O código criado não gerenciará explicitamente esses loops. Eles emergem da mecânica que será criada.

Esse mesmo conceito é muito importante em vários apps comerciais reais, não apenas em jogos. Tudo que você aprende aqui pode usar no trabalho como um desenvolvedor de software profissional.

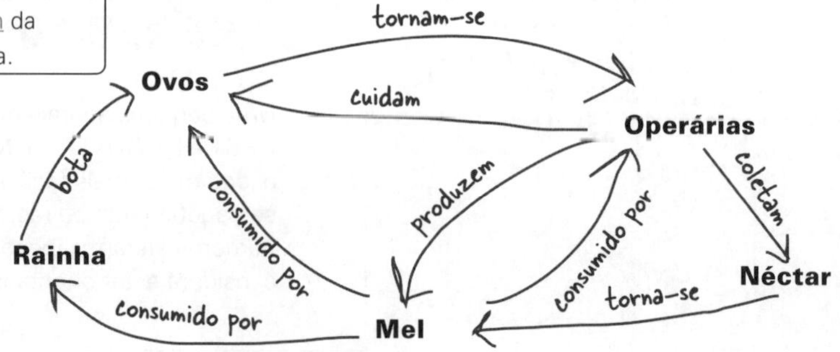
tornam-se
Ovos
cuidam
Operárias
bota
consumido por
produzem
coletam
consumido por
Rainha
Néctar
torna-se
consumido por
Mel

Mecânica, Estética e Dinâmica de Perto

Loops de feedback... equilíbrio... fazer o código realizar algo indiretamente criando um sistema... tudo isso faz a sua cabeça girar um pouco? Aqui está outra oportunidade para ***usar o design do jogo e explorar um conceito de programação maior.***

Você aprendeu muito sobre mecânica, dinâmica e estética, agora é hora de juntar tudo. O **framework Mecânica, Dinâmica, Estética**, ou **framework MDA**, é uma ferramenta formal ("formal" significa apenas que é escrita) usada por pesquisadores e acadêmicos para analisar e entender jogos. Ela define a relação entre mecânica, dinâmica e estética, fornecendo um meio de falar sobre como os loops de feedback são criados para uma influência mútua.

O framework MDA foi desenvolvido por Robin Hunicke, Marc LeBlanc e Robert Zubek, e publicado em um documento de 2004 chamado "MDA: A Formal Approach to Game Design and Game Research"; é bem legível, sem muito jargão acadêmico. (Lembra-se do Capítulo 5 quando falamos sobre como a estética inclui desafio, narrativa, sensação, fantasia e expressão? Veio desse documento.) Reserve um tempo e examine-o; é uma ótima leitura: http://bit.ly/mda-paper [conteúdo em inglês].

O objetivo do framework MDA é nos dar um meio formal de considerar e analisar os videogames. Isso pode parecer algo importante apenas em um ambiente acadêmico, como um curso na faculdade sobre design de jogos. Mas é muito valioso para nós como desenvolvedores habituais de jogos, pois pode nos ajudar a entender como as pessoas percebem os jogos que criamos e nos dá um insight melhor sobre **o que torna esses jogos divertidos**.

Os designers de jogos usavam os termos mecânica, dinâmica e estética de modo informal, mas o documento lhes deu uma definição concreta e estabeleceu a relação entre eles.

Regras
Mecânica
Sistema
Dinâmica
Diversão!
Estética

Algo que o framework MDA aborda é a **diferença em perspectiva** entre jogadores e designers de jogos. Os jogadores, antes de tudo, querem que o jogo seja divertido, mas já vimos que "diversão" pode diferir muito entre os jogadores. Os designers, por outro lado, em geral veem um jogo pela lente da mecânica, pois eles passam seu tempo escrevendo código, planejando níveis, criando gráficos e ajudando os aspectos mecânicos do jogo.

Todos os desenvolvedores (não apenas os de jogos!) podem usar o framework MDA para lidar com loops de feedback.

Usaremos o framework MDA para analisar um jogo clássico, o Space Invaders, e entender melhor os loops de feedback.

- Comece com a mecânica do jogo: a nave do jogador se move para a esquerda e para a direita, atira; os invasores marcham em formação e atiram; os escudos bloqueiam os tiros. Quanto menos inimigos na tela, mais rápido eles se movimentam.
- Os jogadores descobrem estratégias: atiram onde os invasores estarão, pegam os inimigos nas laterais da formação, se escondem atrás dos escudos. O código do jogo não tem uma declaração `if/else` ou `switch` para essas estratégias; elas emergem conforme o jogador decifra o jogo. Os jogadores aprendem as regras, então começam a entender o sistema, ajudando-os a aproveitar melhor as regras, ou seja, ***a mecânica e a dinâmica formam um loop de feedback***.
- Os invasores ficam mais rápidos, o som do movimento acelera e o jogador tem uma descarga de adrenalina. O jogo fica mais empolgante e, por sua vez, o jogador tem que tomar decisões mais rapidamente, comete erros e muda de estratégia, tendo um efeito no sistema. ***A dinâmica e a estética formam outro loop de feedback***.
- Nada disso aconteceu por acaso. A velocidade dos invasores, a taxa em que aumentam, os sons, o gráfico... tudo foi equilibrado com cuidado pelo criador do jogo, Tomohiro Nishikado, que passou mais de um ano elaborando, inspirando-se nos jogos anteriores, em H. G. Wells, e até em seus próprios sonhos, para criar um jogo clássico.

O Beehive Management System é baseado em turnos... agora vamos convertê-lo em tempo real

Um **jogo baseado em turnos** é um em que o fluxo é dividido em partes; no caso do Sistema de Gerenciamento de Colmeias, em turnos. O próximo turno não começa até clicar um botão; portanto, você pode ter todo o tempo desejado para atribuir as operárias. Podemos usar um DispatcherTimer (como o usado no Capítulo 1) para **convertê-lo em um jogo em tempo real**, em que o tempo progride continuamente, e podemos fazer isso com algumas linhas de código.

> Você usou DispatcherTimer no Capítulo 1 para adicionar um cronômetro ao jogo de combinação de animais. Este código é muito parecido com o usado no Capítulo 1. Pare um pouco e volte a esse projeto para lembrar como DispatcherTimer funciona.

1. **Adicione uma linha using ao topo do arquivo MainWindow.xaml.cs.**

   Usaremos DispatcherTimer para fazer o jogo trabalhar no próximo turno a cada segundo e meio. DispatcherTimer está no namespace System.Windows.Threading, então você precisará adicionar a linha **using** ao topo do arquivo *MainWindow.xaml.cs*:

```
using System.Windows.Threading;
```

2. **Adicione um campo private com uma referência DispatcherTimer.**

   Agora será preciso criar um novo DispatcherTimer. Coloque-o em um campo private no topo da classe MainWindow:

```
private DispatcherTimer timer = new DispatcherTimer();
```

3. **Faça o cronômetro chamar o método do manipulador de eventos Click do botão WorkShift.**

   Queremos que o cronômetro mantenha o jogo avançando, portanto, se o jogador não clica no botão rápido o bastante, ele irá acionar automaticamente o próximo turno. Comece adicionando este código:

```
public MainWindow()
{
    InitializeComponent();
    statusReport.Text = queen.StatusReport;
    timer.Tick += Timer_Tick;
    timer.Interval = TimeSpan.FromSeconds(1.5);
    timer.Start();
}

private void Timer_Tick(object sender, EventArgs e)
{
    WorkShift_Click(this, new RoutedEventArgs());
}
```

Assim que você digita += o Visual Studio pede para você criar o manipulador de eventos Timer_Tick. Pressione Tab para fazer o IDE criar o método para você.

O Timer chama o manipulador de eventos Tick a cada 1,5 segundo, que, por sua vez, chama o manipulador de eventos do botão WorkShift.

Agora rode o jogo. Um novo turno inicia a cada 1,5 segundo, se você clica ou não o botão. É uma pequena alteração na mecânica, mas ***muda drasticamente a dinâmica do jogo***, levando a uma enorme diferença na estética. Cabe a você decidir se o jogo é melhor como uma situação baseada em turnos ou em tempo real.

FORAM NECESSÁRIAS ***APENAS ALGUMAS LINHAS DE CÓDIGO*** PARA ADICIONAR O CRONÔMETRO, MAS ISSO MUDOU TOTALMENTE O JOGO. É PORQUE TEVE UM GRANDE IMPACTO NA ***RELAÇÃO*** ENTRE MECÂNICA, DINÂMICA E ESTÉTICA?

Sim! O cronômetro mudou a mecânica, que alterou a dinâmica, que por sua vez impactou a estética.

Vamos reservar um minuto e refletir sobre esse loop de feedback. A alteração na mecânica (um cronômetro que clica automaticamente o botão "Work the next shift" a cada 1,5 segundo) cria uma dinâmica totalmente nova: uma janela quando os jogadores devem tomar decisões ou o jogo toma a decisão por eles. Isso aumenta a pressão, dando a alguns jogadores uma descarga satisfatória de adrenalina, mas só causa estresse em outros; a estética mudou, o que torna o jogo mais divertido para alguns, e menos para outros.

Existe um loop de feedback aqui também. Conforme os jogadores sentem mais estresse, tomam decisões piores, mudando o jogo... a estética retroalimenta a mecânica.

Mas você só adicionou meia dúzia de linhas de código ao jogo e nenhuma delas incluía a lógica "tome esta decisão ou então". É um exemplo de comportamento que **emergiu** de como o cronômetro e o botão trabalham juntos.

TODA ESSA DISCUSSÃO SOBRE LOOPS DE FEEDBACK PARECE MUITO IMPORTANTE, EM ESPECIAL A PARTE SOBRE ***COMO O COMPORTAMENTO EMERGE.***

Loops de feedback e emersão são conceitos de programação importantes.

Experimente esses loops de feedback. Adicione mais ovos por turno ou inicie a colmeia com mais mel, por exemplo, e o jogo fica mais fácil. Continue tentando! Você pode mudar toda a sensação do jogo apenas fazendo pequenas mudanças em algumas constantes.

Elaboramos este projeto para você praticar a herança, mas *também* para permitir que explorasse e experimentasse o comportamento **emergente**. Esse comportamento vem não apenas do que seus objetos fazem individualmente, mas também do ***modo como os objetos interagem entre si***. As constantes no jogo (como a taxa de conversão do néctar) são uma parte importante dessa interação emergente. Quando criamos o exercício, começamos definindo essas constantes para valores iniciais, então modificamos fazendo pequenos ajustes até acabarmos com um sistema que não está em **equilibrium** (um estado em que tudo está em perfeito equilíbrio); portanto, o jogador precisa continuar tomando decisões para o jogo durar o máximo possível. Tudo isso orientado por loops de feedback entre ovos, operárias, néctar, mel e rainha.

Algumas classes nunca devem ser instanciadas

Lembra-se da nossa hierarquia de classes do simulador de zoológico? Você acabou instanciando muitos Hippos, Dogs e Lions. E as classes Canine e Feline? E a classe Animal? Acontece que **existem algumas classes que não precisam ser instanciadas**... na verdade, *não faz sentido* que elas sejam.

Parece estranho? De fato, acontece o tempo todo; aliás, você criou várias classes antes no capítulo que nunca deveriam ser instanciadas.

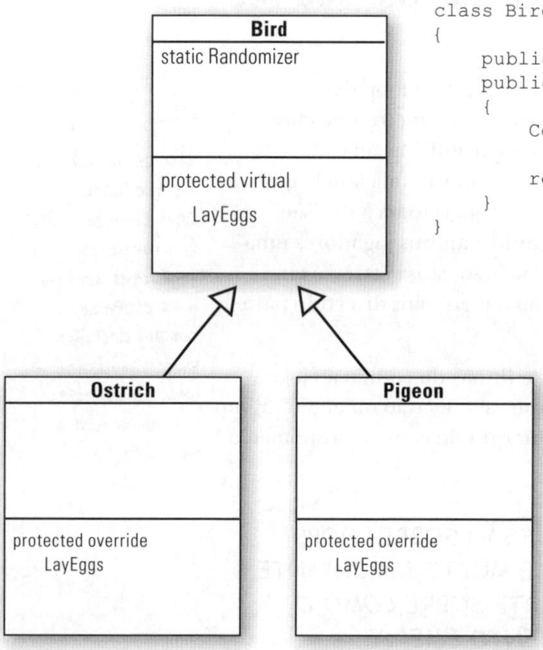
Bird
static Randomizer
protected virtual
LayEggs
Ostrich
protected override
LayEggs
Pigeon
protected override
LayEggs

```
class Bird
{
    public static Random Randomizer = new Random();
    public virtual Egg[] LayEggs(int numberOfEggs)
    {
        Console.Error.WriteLine
            ("Bird.LayEggs should never get called");
        return new Egg[0];
    }
}
```

Sua classe Bird era minúscula; só tinha uma instância compartilhada de Random e um método LayEggs que apenas existia para que as subclasses pudessem sobrescrevê-lo. Sua classe WeaponDamage era um pouco maior; ela tinha muitas propriedades. Também tinha uma classe CalculateDamage para as subclasses sobrescreverem, que ela chamou de dentro de seu método WeaponDamage.

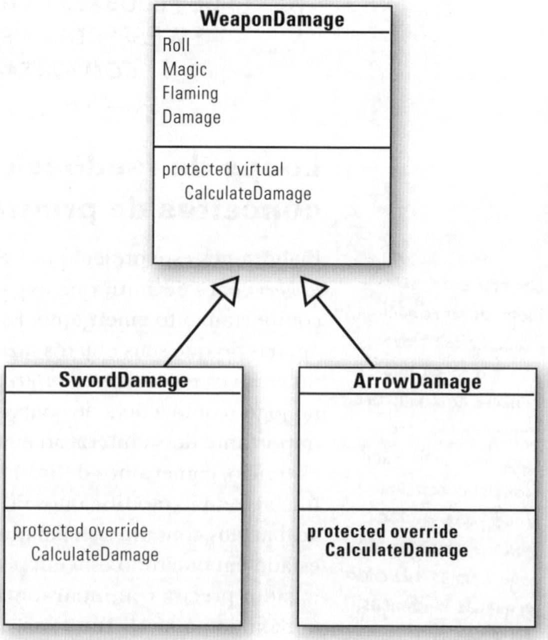
WeaponDamage
Roll
Magic
Flaming
Damage
protected virtual
CalculateDamage
SwordDamage
protected override
CalculateDamage
ArrowDamage
protected override
CalculateDamage

```
class WeaponDamage
{
    /* ... Código das propriedades ... */ }

    protected virtual void CalculateDamage()
    {
        /* A subclasse sobrescreve isso */
    }

    public WeaponDamage(int startingRoll)
    {
        roll = startingRoll;
        CalculateDamage();
    }
}
```

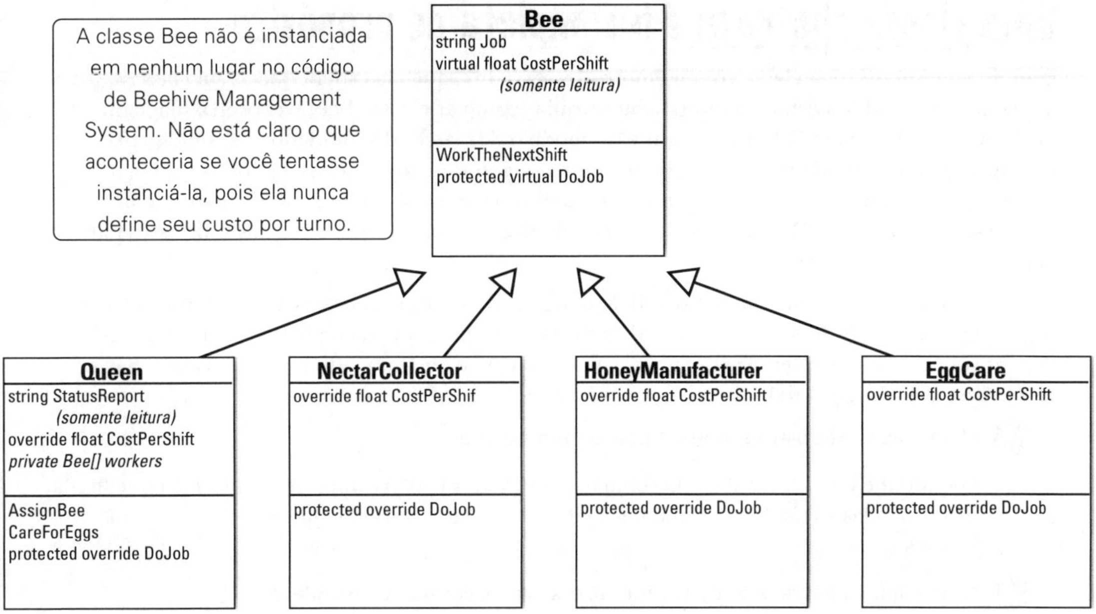
A classe Bee não é instanciada em nenhum lugar no código de Beehive Management System. Não está claro o que aconteceria se você tentasse instanciá-la, pois ela nunca define seu custo por turno.
Bee
string Job
virtual float CostPerShift
(somente leitura)
WorkTheNextShift
protected virtual DoJob
Queen
string StatusReport
(somente leitura)
override float CostPerShift
private Bee[] workers
AssignBee
CareForEggs
protected override DoJob
NectarCollector
override float CostPerShif
protected override DoJob
HoneyManufacturer
override float CostPerShift
protected override DoJob
EggCare
override float CostPerShift
protected override DoJob

```
class Bee
{
    public virtual float CostPerShift { get; }

    public string Job { get; private set; }

    public Bee(string job)
    {
        Job = job;
    }

    public void WorkTheNextShift()
    {
        if (HoneyVault.ConsumeHoney(CostPerShift))
        {
            DoJob();
        }
    }

    protected virtual void DoJob() { /* A subclasse sobrescreve isso */ }
}
```

A classe Bee tinha um método WorkTheNextShift que consumia mel e fazia qualquer trabalho que a abelha deveria fazer; portanto, espera-se que a subclasse anule o método DoJob para realmente fazer o trabalho.

PODER DO CÉREBRO

O que acontece quando você instancia as classes Bird, WeaponDamage ou Bee? Tem sentido fazer isso? Todos os seus métodos funcionam?

Uma classe abstrata é incompleta de propósito

É muito comum ter uma classe com membros "reservados" que ela espera que as subclasses implementem. Poderia estar no topo da hierarquia (como as classes Bee, WeaponDamage ou Bird) ou no meio (como Feline ou Canine no modelo de classes do simulador de zoológico). Elas aproveitam o fato de que o C# sempre chama o método mais específico, por exemplo, como WeaponDamage chama o método CalculateDamage que é implementado apenas em SwordDamage ou ArrowDamage, ou como Bee.WorkTheNextShift depende das subclasses para implementar o método DoJob.

O C# tem uma ferramenta criada especificamente para isso: uma **classe abstrata**. É uma classe incompleta de propósito, com membros da classe vazios que servem como espaços reservados para as subclasses implementarem. Para tornar uma classe abstrata, **adicione a palavra-chave `abstract` à declaração dela**. Veja o que você precisa saber sobre as classes abstratas.

- **Uma classe abstrata funciona como uma normal.**

  Você define uma classe abstrata como uma normal. Ela tem campos e métodos, e pode herdar de outras classes também, exatamente como uma classe normal. Quase nada novo para aprender.

- **Uma classe abstrata pode ter membros "reservados" incompletos.**

  Uma classe abstrata pode incluir declarações de propriedades e métodos que devem ser implementados herdando classes. Um método com uma declaração, mas sem instruções nem corpo do método é chamado de **método abstrato** e uma propriedade que apenas declara seus acessos, mas não os define é uma **propriedade abstrata**. As subclasses que a estendem devem implementar todos os métodos e propriedades abstratos, a menos que também sejam abstratas.

- **Apenas classes abstratas podem ter membros abstratos.**

  Se você colocar um método ou uma propriedade abstrata em uma classe, terá que marcar essa classe como abstract ou o código não compilará. Você aprenderá mais sobre como marcar uma classe como abstract em breve.

- **Uma classe abstrata não pode ser instanciada.**

  O oposto de abstrato é **concreto**. Um método concreto tem corpo e todas as classes com as quais trabalhou até agora são concretas. A maior diferença entre uma classe **abstrata** e uma **concreta** é que você não pode usar `new` para criar uma instância de uma classe abstrata. Se criar, o C# mostrará um erro ao tentar compilar o código.

  Experimente agora! **Crie um novo aplicativo de console**, adicione uma classe abstrata vazia e tente instanciá-la:

```
abstract class MyAbstractClass { }

class Program
{
    MyAbstractClass myInstance = new MyAbstractClass();
}
```

O compilador não permitirá que você instancie uma classe abstrata porque elas não devem ser instanciadas.

O compilador mostrará um erro e não permitirá que você crie o código:

CS0144 Cannot create an instance of the abstract class or interface 'MyAbstractClass'

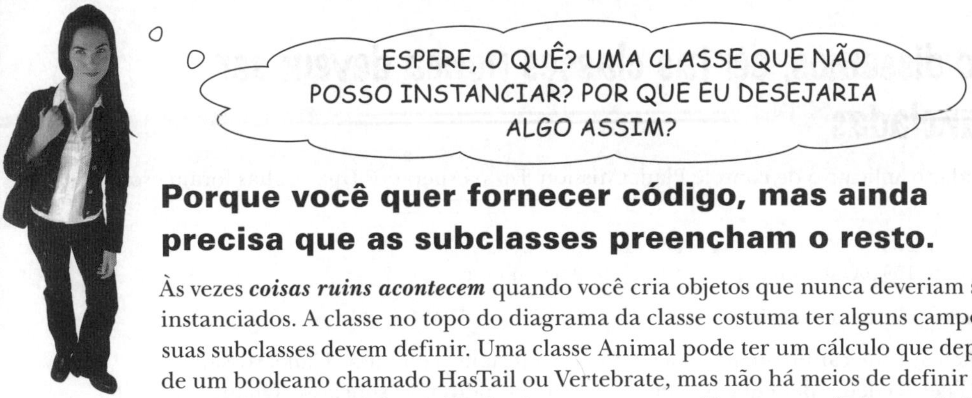
ESPERE, O QUÊ? UMA CLASSE QUE NÃO POSSO INSTANCIAR? POR QUE EU DESEJARIA ALGO ASSIM?

Porque você quer fornecer código, mas ainda precisa que as subclasses preencham o resto.

Às vezes ***coisas ruins acontecem*** quando você cria objetos que nunca deveriam ser instanciados. A classe no topo do diagrama da classe costuma ter alguns campos que suas subclasses devem definir. Uma classe Animal pode ter um cálculo que depende de um booleano chamado HasTail ou Vertebrate, mas não há meios de definir isso em si. ***Veja um exemplo rápido de classe que tem problemas quando instanciada...***

Faça isto!

```
class PlanetMission
{
    protected float fuelPerKm;
    protected long kmPerHour;
    protected long kmToPlanet;

    public string MissionInfo()
    {
        long fuel = (long)(kmToPlanet * fuelPerKm);
        long time = kmToPlanet / kmPerHour;
        return $"We'll burn {fuel} units of fuel in {time} hours";
    }
}
class Mars : PlanetMission
{
    public Mars()
    {
        kmToPlanet = 92000000;
        fuelPerKm = 1.73f;
        kmPerHour = 37000;
    }
}
class Venus : PlanetMission
{
    public Venus()
    {
        kmToPlanet = 41000000;
        fuelPerKm = 2.11f;
        kmPerHour = 29500;
    }
}

class Program
{
    public static void Main(string[] args)
    {
        Console.WriteLine(new Venus().MissionInfo());
        Console.WriteLine(new Mars().MissionInfo());
        Console.WriteLine(new PlanetMission().MissionInfo());
    }
}
```

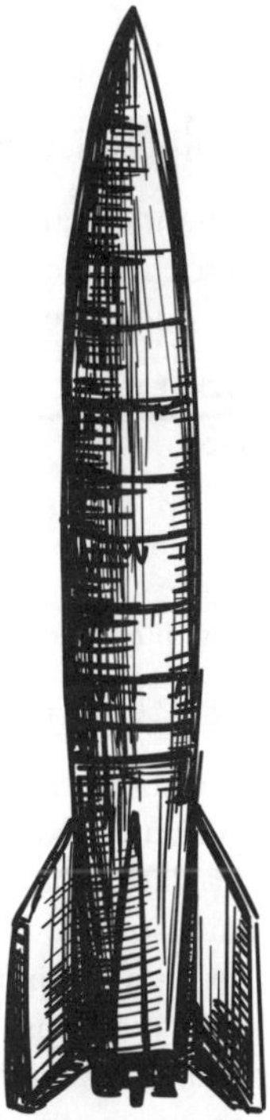

Antes de rodar o código, você consegue descobrir o que será escrito no console?

Como dissemos, certas classes nunca devem ser instanciadas

Tente rodar o aplicativo de console PlanetMission. Fez o esperado? Duas linhas foram escritas no console:

```
We'll burn 86509992 units of fuel in 1389 hours
We'll burn 159160000 units of fuel in 2486 hours
```

Mas então gerou uma exceção.

Os problemas começaram quando você criou uma instância da classe PlanetMission. Seu método FuelNeeded espera que os campos sejam definidos pela subclasse. Quando não são, obtém valores-padrão: zero. Quando o C# tenta dividir um número por zero...

```
class PlanetMission
{
    protected float fuelPerKm;
    protected long kmPerHour;
    protected long kmToPlanet;

    public string MissionInfo()
    {
        long fuel = (long)(kmToPlanet * fuelPerKm);
        long time = kmToPlanet / kmPerHour;
        return $"We'll burn {fuel} units of fuel in {time} hours";
    }
}
```

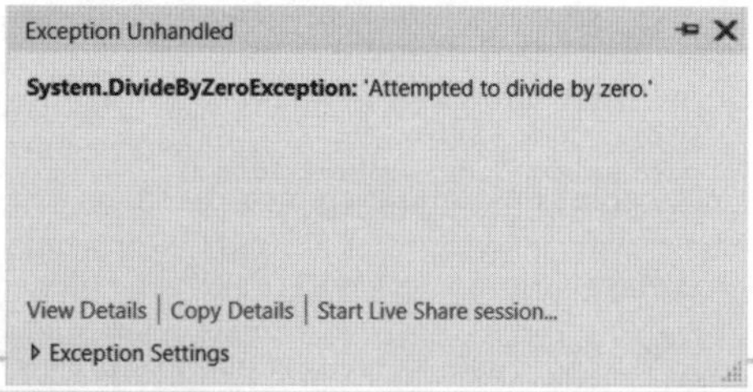
Exception Unhandled
System.DivideByZeroException: 'Attempted to divide by zero.'
View Details | Copy Details | Start Live Share session...
Exception Settings

Solução: use uma classe abstrata

Quando marcar uma classe como **abstract**, o C# não permitirá que você escreva um código para instanciá-la. Como isso corrige o problema? Como diz o velho ditado: é melhor prevenir do que remediar. Adicione a palavra-chave `abstract` à declaração da classe PlanetMission:

```
abstract class PlanetMission
{
    // O resto da classe é igual
}
```

Assim que você faz a alteração, o compilador gera um erro:

CS0144 Cannot create an instance of the abstract class or interface 'PlanetMission'

Seu código não compilará, e nenhum código compilado significa nenhuma exceção. Isso é muito parecido com o modo como usou a palavra-chave `private` no Capítulo 5 ou `virtual` e `override` anteriormente neste capítulo. Tornar alguns membros privados não muda o comportamento. Só impede seu código de compilar, caso você viole o encapsulamento. A palavra-chave `abstract` funciona da mesma maneira: você nunca terá uma exceção instanciando uma classe abstrata porque o compilador C# *não permitirá que você instancie uma.*

Ao adicionar a palavra-chave abstract a uma declaração de classe, o compilador gera um erro sempre que você tenta criar uma instância dessa classe.

Um método abstrato não tem corpo

A classe Bird criada não deveria ser instanciada. Por isso ela usa Console.Error para escrever uma mensagem de erro, caso um programa tente instanciá-la e chamar seu método LayEggs:

```
class Bird
{
    public static Random Randomizer = new Random();
    public virtual Egg[] LayEggs(int numberOfEggs)
    {
        Console.Error.WriteLine
             ("Bird.LayEggs should never get called");
        return new Egg[0];
    }
}
```

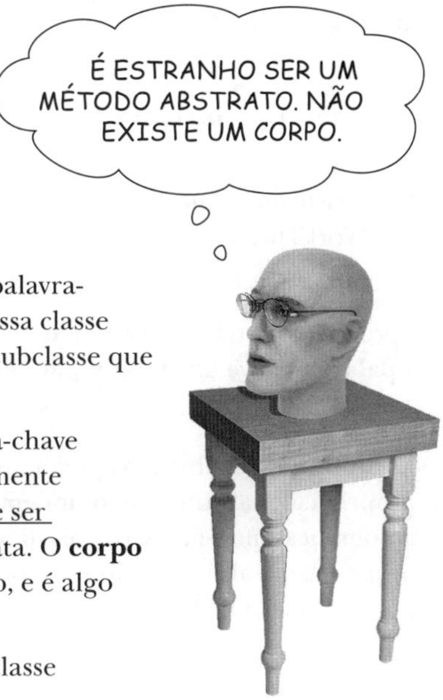
É ESTRANHO SER UM MÉTODO ABSTRATO. NÃO EXISTE UM CORPO.

Como não queremos instanciar a classe Bird, vamos adicionar a palavra-chave `abstract` à sua declaração. Mas não é suficiente; não só essa classe nunca deve ser instanciada como também **precisamos** que cada subclasse que estende Bird **sobrescreva o método LayEggs**.

E é exatamente isso que acontece quando você adiciona a palavra-chave `abstract` a um membro da classe. Um **método abstrato** tem somente uma declaração de classe, mas ***nenhum corpo do método*** que deve ser implementado por qualquer subclasse que estende a classe abstrata. O **corpo** de um método é o código entre chaves que vem após a declaração, e é algo que os métodos abstratos não podem ter.

Volte ao projeto Bird anterior e **substitua a classe Bird** por esta classe abstrata:

```
abstract class Bird
{
    public static Random Randomizer = new Random();
    public abstract Egg[] LayEggs(int numberOfEggs);
}
```

Seu programa rodará exatamente como antes! Mas tente adicionar esta linha ao método Main:

```
Bird abstractBird = new Bird();
```

Verá um erro do compilador:

> ⊗ CS0144 Cannot create an instance of the abstract class or interface 'Bird'

Tente adicionar um corpo ao método LayEggs:

```
public abstract Egg[] LayEggs(int numberOfEggs)
{
    return new Egg[0];
}
```

Verá um erro do compilador diferente:

> ⊗ CS0500 'Bird.LayEggs(int)' cannot declare a body because it is marked abstract

Se uma classe abstrata tem membros virtuais, a subclasse deve sobrescrever todos esses membros.

Propriedades abstratas são como métodos abstratos

Voltemos à classe Bee do exemplo anterior. Já sabemos que não queremos a classe instanciada, então vamos modificá-la para que seja uma classe abstrata. Podemos fazer isso adicionando o modificador `abstract` à declaração da classe e mudando o método DoJob para um método abstrato sem corpo:

```
abstract class Bee
{
   /* O resto da classe é igual */
   protected abstract void DoJob();
}
```

Mas existe outro membro virtual, e não é um método. É a propriedade CostPerShift, que o método Bee.WorkTheNextShift chama para descobrir de quanto mel a abelha precisa no turno:

```
public virtual float CostPerShift { get; }
```

Aprendemos no Capítulo 5 que as propriedades são apenas métodos chamados como campos. Use a **palavra-chave `abstract` para criar uma propriedade abstrata** como fez com um método:

```
public abstract float CostPerShift { get; }
```

As propriedades abstratas podem ter um acesso get, um set ou ambos. Os setters e os getters nas propriedades abstratas **não podem ter corpos do método**. Suas declarações lembram propriedades automáticas, mas não são, pois não têm nenhuma implementação. Como os métodos abstratos, as propriedades abstratas são espaços reservados para as propriedades que devem ser implementadas por qualquer subclasse que estende sua classe.

Veja uma classe Bee totalmente abstrata, completa com um método e uma propriedade abstratos:

```
abstract class Bee
{
    public abstract float CostPerShift { get; }
    public string Job { get; private set; }

    public Bee(string job)
    {
        Job = job;
    }

    public void WorkTheNextShift()
    {
        if (HoneyVault.ConsumeHoney(CostPerShift))
        {
            DoJob();
        }
    }

    protected abstract void DoJob();
}
```

Substitua isto!

Substitua a classe Bee no app Beehive Management System por esta nova classe abstrata. Ainda funcionará! Mas agora se você tentar instanciar a classe Bee com `new Bee();` verá um erro do compilador. Ainda mais importante, ***verá um erro se estender Bee, mas esquecer de implementar CostPerShift***.

Exercício

É hora de praticar com as classes abstratas, e você não precisa ir longe para encontrar boas candidatas para tornar as classes abstratas.

Antes no capítulo você modificou suas classes SwordDamage e ArrowDamage para estender uma nova classe chamada WeaponDamage. Torne abstrata a classe WeaponDamage. Há um bom candidato para um método abstrato em WeaponDamage; torne-o abstrato também.

não existem Perguntas Idiotas

P: Quando marco uma classe como abstrata, isso muda seu comportamento? Os métodos ou as propriedades trabalham de modo diferente em relação a uma classe concreta?

R: Não, as classes abstratas funcionam como qualquer outra classe. Ao adicionar a palavra-chave `abstract` à declaração da classe, isso faz com que o compilador C# faça duas coisas: impede você de usar a classe em uma declaração `new` e permite incluir membros abstratos.

P: Algumas classes abstratas mostradas são public, outras são protected. Isso faz diferença? A ordem das palavras-chave na declaração da classe importa?

R: Os métodos abstratos podem ter qualquer modificador de acesso. Se você torna privado um método abstrato, então as classes que implementam esse método também precisam torná-lo privado. A ordem das palavra-chave não importa. `protected abstract void DoJob();` e `abstract protected void DoJob();` fazem exatamente a mesma coisa.

P: Estou confuso sobre como você usa a palavra "implementar" ou "implementação". O que significa quando você fala sobre implementar um método abstrato?

R: Ao usar a palavra-chave `abstract` para declarar um método ou uma propriedade abstrata, dizemos que você está **definindo** o membro abstrato. Posteriormente, quando adicionar um método ou uma propriedade completa com a mesma declaração a uma classe concreta, dizemos que está **implementando** o membro. Portanto, você define métodos ou propriedades abstratas em uma classe abstrata, e os implementa em classes concretas que a estendem.

P: Ainda tenho problemas com a ideia de que a palavra-chave `abstract` impede meu código de compilar se eu tento criar uma instância de uma classe abstrata. Já tive problemas para encontrar e corrigir todos os erros do compilador. Por que eu pioraria as coisas para meu código compilar?

R: Por vezes quando você aprende pela primeira vez o código, os erros do compilador "CS" podem ser um pouco frustrantes. Pessoas passam um tempo tentando limpar a Lista de Erros. Então por que você usaria uma palavra-chave como `abstract` ou `private` que restringe ainda mais seu código e torna os erros do compilador mais comuns? Parece um pouco ilógico. Se você nunca usar a palavra-chave `abstract`, jamais verá um erro do compilador "Cannot create an instance of the abstract class". Então por que usá-lo?

O motivo para usar palavras-chave como `abstract` ou `private`, que impedem o código de compilar em certos casos, é que fica bem mais fácil corrigir um erro do compilador "Cannot create an instance of the abstract class" do que rastrear o erro que o impede. Se você tem uma classe que nunca deve ser instanciada, é porque o erro obtido quando cria uma instância dela, em vez de uma subclasse, pode ser sutil e difícil de encontrar. Adicionar `abstract` à classe básica faz o código **falhar rápido** com um erro mais fácil de corrigir.

Os erros causados instanciando uma classe básica que nunca deve ser instanciada podem ser sutis e difíceis de encontrar. Torná-la abstrata faz o código falhar rápido se você tenta criar uma instância dela.

OBRIGADO POR REFATORAR ESTA CLASSE! APOSTO QUE VOCÊ IMPEDIU ALGUNS ERROS CHATOS NO FUTURO. AGORA POSSO PENSAR EM MEU JOGO, E NÃO NO CÓDIGO.
BOM TRABALHO!

Exercício Solução

A classe WeaponDamage nunca deve ser instanciada; o único motivo para ela existir é que as classes SwordDamage e ArrowDamage podem herdar suas propriedades e seus métodos. Então, faz sentido marcar a classe como abstract. Veja seu método CalculateDamage:

```
protected virtual void CalculateDamage() {
   /* A subclasse sobrescreve isso */
}
```

Esse método é um ótimo candidato para converter em uma classe abstrata, porque só existe para que as subclasses o sobrescrevam com suas próprias implementações que atualizam a propriedade Damage. Aqui está tudo o que você precisou mudar na classe WeaponDamage:

```
abstract class WeaponDamage
{
    /* As propriedades Damage, Roll, Flaming e Magic
       ficam iguais */

    protected abstract void CalculateDamage();

    public WeaponDamage(int startingRoll)
    {
        roll = startingRoll;
        CalculateDamage();
    }
}
```

Foi a primeira vez que você leu o código escrito para os exercícios anteriores?

Pode parecer um pouco estranho voltar ao código escrito antes, mas é algo que muitos desenvolvedores fazem e é um hábito que você deve adquirir. Encontrou coisas que faria diferente na segunda vez? Há melhorias ou alterações que poderia fazer? Sempre é uma boa ideia reservar um tempo para refatorar o código. Foi exatamente isto que você fez neste exercício: mudou a estrutura do código sem modificar seu comportamento. ***Isso é refatorar.***

A HERANÇA É MUITO ÚTIL. POSSO DEFINIR UM MÉTODO UMA VEZ EM UMA CLASSE BÁSICA E ELE APARECE AUTOMATICAMENTE EM CADA SUBCLASSE. E SE EU QUISER FAZER ISSO PARA OS MÉTODOS EM DUAS CLASSES DIFERENTES? HÁ UM MODO DE UMA SUBCLASSE ***ESTENDER DUAS CLASSES BÁSICAS***?

Parece ótimo! Mas temos um problema.

Se o C# permitisse herdar de mais de uma classe básica, ele abriria uma caixa de Pandora. Quando uma linguagem permite que uma subclasse herde de duas classes básicas, isso se chama **herança múltipla**. Se o C# suportasse a herança múltipla, você acabaria com uma grande classe enigmática chamada...

O Mortal Diamante da Morte

Este nome é real! Alguns desenvolvedores o chamam apenas de "problema do diamante".

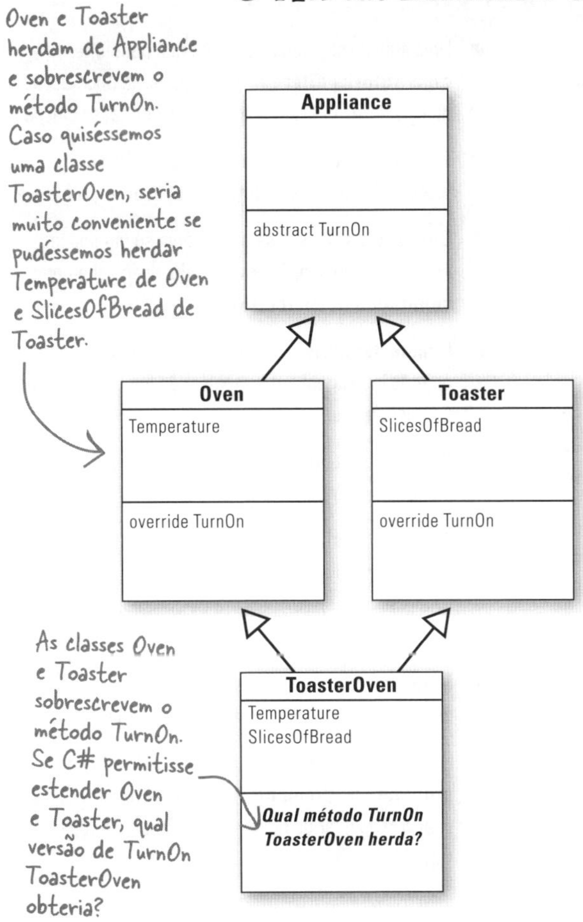

Oven e Toaster herdam de Appliance e sobrescrevem o método TurnOn. Caso quiséssemos uma classe ToasterOven, seria muito conveniente se pudéssemos herdar Temperature de Oven e SlicesOfBread de Toaster.
Appliance
abstract TurnOn
Oven
Temperature
override TurnOn
Toaster
SlicesOfBread
override TurnOn
ToasterOven
Temperature
SlicesOfBread
Qual método TurnOn ToasterOven herda?
As classes Oven e Toaster sobrescrevem o método TurnOn. Se C# permitisse estender Oven e Toaster, qual versão de TurnOn ToasterOven obteria?

O que aconteceria em um mundo MALUCO no qual C# permitisse uma herança múltipla? Vamos brincar com "hipóteses" e descobrir.

E se... você tivesse uma classe chamada Appliance com um método abstrato chamado TurnOn?

E se... ela tivesse subclasses Oven com uma propriedade Temperature e Toaster com uma propriedade SlicesOfBread?

E se... você quisesse criar uma classe ToasterOven que herdou Temperature e SlicesOfBread?

E se... C# suportasse a herança múltipla, então você poderia fazer isso?

Só mais uma pergunta...

Qual TurnOn ToasterOven herda?

Ela obtém a versão de Oven? Ou a versão de Toaster?

Não temos como saber!

E é por isso que o C# não permite a herança múltipla.

NÃO SERIA UM *SONHO* SE HOUVESSE ALGO *COMO* UMA CLASSE ABSTRATA, MAS QUE RESOLVESSE O PROBLEMA DO DIAMANTE PARA O C# CONSEGUIR ESTENDER MAIS DE UMA POR VEZ?
PROVAVELMENTE É SÓ UMA FANTASIA...

PONTOS DE BALA

- Uma subclasse pode sobrescrever os membros herdados, substituindo-os por novos métodos ou propriedades de mesmo nome.
- Para sobrescrever um método ou uma propriedade, adicione a **palavra-chave `virtual`** à classe básica, então adicione a **palavra-chave `override`** ao membro com o mesmo nome da subclasse.
- A **palavra-chave `protected`** é um modificador de acesso que torna um membro public apenas para suas subclasses, mas private para as outras classes.
- Quando uma subclasse sobrescreve um método em sua classe básica, a **versão mais específica** definida na subclasse sempre é chamada, mesmo se a classe básica o está chamando.
- Se uma subclasse apenas adiciona um método com nome igual a um método em sua classe básica, ela só **oculta** o método da classe básica, em vez de sobrescrevê-lo. Use a **palavra-chave `new`** ao ocultar métodos.
- A **dinâmica** de um jogo descreve como a mecânica se combina e coopera para orientar a jogabilidade.
- Uma subclasse pode acessar sua classe básica usando a **palavra-chave `base`**. Quando uma classe básica tem um construtor, sua subclasse precisa usar a palavra-chave `base` para chamá-lo.
- Uma subclasse e uma classe básica podem ter **construtores diferentes**. A subclasse pode escolher quais valores passar para o construtor dessa classe.
- Crie o **modelo da classe no papel** antes de escrever o código para ajudar a entender e resolver problemas.
- Quando suas classes se sobrepõem só um pouco, esse é um importante princípio de design chamado **separação de conceitos**.
- **Comportamento emergente** ocorre quando os objetos interagem entre si, além da lógica diretamente codificada neles.
- **Classes abstratas** são incompletas de propósito e não podem ser instanciadas.
- Adicionar a **palavra-chave `abstract`** a um método ou a uma propriedade e omitir o corpo a torna abstrata. Qualquer subclasse concreta da classe abstrata deve implementá-la.
- **Refatorar** significa ler o código já escrito e fazer melhorias sem modificar seu comportamento.
- O C# não permite a herança múltipla devido ao **problema do diamante**: não é possível determinar qual versão usar de um membro herdado de duas classes básicas.

Unity Lab 3

Instâncias GameObject

C# é uma linguagem orientada a objetos e como estes Use a Cabeça C# — Unity Labs são todos **sobre praticar a escrita do código C#**, faz sentido que os laboratórios foquem a criação de objetos.

Você vem criando objetos no C# desde que aprendeu a palavra--chave **new** no Capítulo 3. Neste Unity Lab, **criará instâncias de um GameObject do Unity** e as usará em um jogo completo e funcional. É um ótimo ponto de partida para escrever jogos Unity em C#.

O objetivo dos dois Unity Labs a seguir é **criar um jogo simples** usando a conhecida bola de bilhar do último lab. Neste aqui, você se baseará no que aprendeu sobre objetos C# e instâncias para começar a criar o jogo. Usará um **prefab** — uma ferramenta do Unity para criar instâncias de GameObjects — para criar muitas instâncias de um GameObject e usará scripts para fazer os GameObjects voarem no espaço em 3D do jogo.

Vamos criar um jogo no Unity!

O Unity é para criar jogos. Então, nos dois Unity Labs a seguir, você usará o que aprendeu sobre C# para criar um jogo simples. Este é o jogo que criará:

Quando você inicia o jogo, a cena lentamente é preenchida com bolas de bilhar. O jogador precisa continuar clicando nelas para que desapareçam. Assim que houver quinze bolas na cena, o jogo acaba.

Play Again

O jogo mostra a pontuação à direita superior. Os jogadores pontuam em cada bola clicada.

Quando o jogo acaba, um botão Play Again permite ao jogador iniciar um novo jogo.

Então, mãos à obra. A primeira coisa que você fará é configurar seu projeto Unity. Desta vez manterá os arquivos um pouco mais organizados; portanto, criará pastas separadas para seus materiais e scripts, e mais uma pasta para os prefabs (explicados mais adiante no laboratório):

1. Antes de começar, feche qualquer projeto Unity aberto. Feche também o Visual Studio; o Unity o abrirá para você.
2. **Crie um novo projeto Unity** usando o modelo 3D, como fez nos Unity Labs anteriores. Nomeie para ajudar a lembrar a qual lab ele se refere ("Unity Labs 3 e 4").
3. Escolha o layout Wide para que a tela coincida com as imagens capturadas.
4. Crie uma pasta para seus materiais sob a pasta Assets. **Clique com o botão direito na pasta Assets** na janela Project e escolha Create >> Folder. Nomeie como ***Materials***.
5. Crie outra pasta sob Assets chamada ***Scripts***.
6. Crie mais uma sob Assets chamada ***Prefabs***.

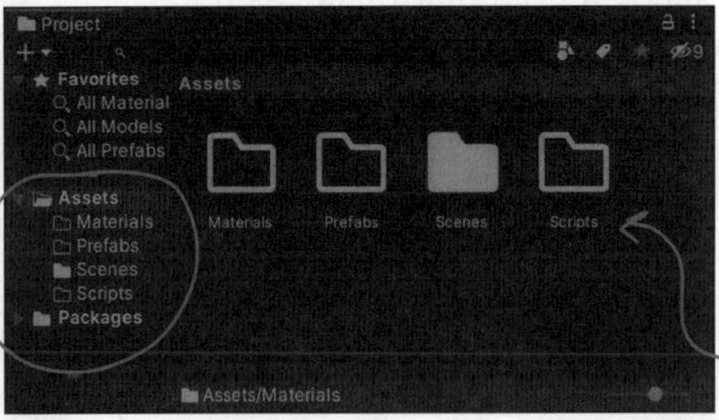
Project
Favorites
All Material
All Models
All Prefabs
Assets
Materials
Prefabs
Scenes
Scripts
Packages
Assets
Materials
Prefabs
Scenes
Scripts
Assets/Materials

Crie as pastas Materials, Scripts e Prefabs sob Assets.

A janela Project mostra as pastas como contornos quando estão vazias.

Crie um novo material na pasta Materials

Dê um duplo clique na pasta Materials para abri-la. Você criará um novo material aqui.

Acesse o site da Alta Books. Procure pelo nome do livro, ISBN ou acesse https://github.com/head-first-csharp/fourth-edition [conteúdo em inglês], clique no link Billiard Ball Textures (como fez no primeiro Unity Lab) e baixe o arquivo de textura ***1 Ball Texture.png*** para uma pasta em seu computador, depois arraste-o para sua pasta Materials, como fez com o arquivo baixado no primeiro Unity Lab, exceto que desta vez ele fica na pasta Materials que acabou de criar, não na pasta-mãe Assets.

Agora pode criar o novo material. Clique com o botão direito na pasta Materials na janela Project e **escolha Create >> Material**. Nomeie o novo material como **1 Ball**. Ele deverá aparecer na pasta Materials na janela Project.

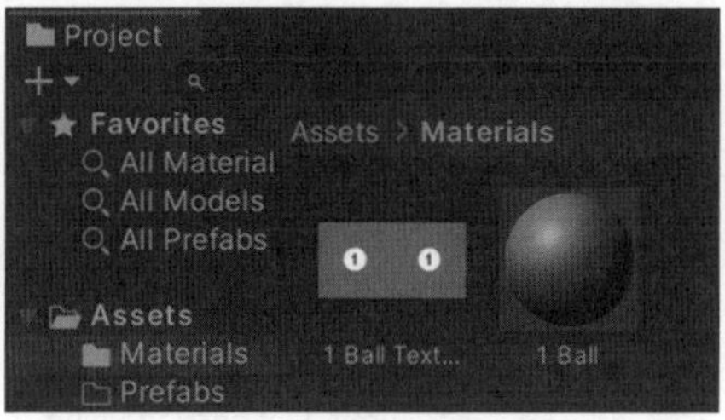
Project
Favorites
All Material
All Models
All Prefabs
Assets
Materials
Prefabs
Assets > Materials
1 Ball Text...
1 Ball

Nos Unity Labs anteriores usamos uma textura ou um arquivo de imagem de bitmap que o Unity coloca em torno dos GameObjects. Quando você arrastou a textura para uma esfera, o Unity criou automaticamente um material, e é o que ele usa para controlar as informações sobre como um GameObject deve ser apresentando, podendo ter uma referência para uma textura. Desta vez, você cria o material manualmente. Como antes, pode clicar no botão Download na página do GitHub para baixar o arquivo de textura PNG.

Veja se o material 1 Ball está selecionado na janela Materials, para ele aparecer em Inspector. Clique no arquivo *1 Ball Texture* e **arraste-o para a caixa à esquerda do rótulo Albedo**.

Project
Favorites
All Material
All Models
All Prefabs
Assets
Assets > Materials
Rendering Mode
Opaque
Main Maps
Albedo
Metallic
0
Smoothness
0.5
Source
Metallic Alpha
Normal Map

Selecione o material 1 Ball na janela Project para poder ver suas propriedades, depois arraste o mapa de textura para a caixa à esquerda do rótulo Albedo.

Agora você deve visualizar uma pequena imagem da textura 1 Ball na caixa à esquerda de Albedo no Inspector.

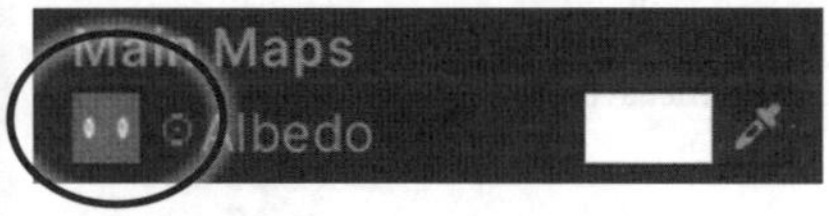
Main Maps
Albedo

Seu material lembra uma bola de bilhar em torno de uma esfera.

1 Ball

Nos bastidores

GameObjects refletem luz nas superfícies.

Quando você olha um objeto em um jogo Unity com uma cor ou mapa de textura, está vendo a superfície de um GameObject refletindo a luz da cena e o **albedo** (ou coeficiente de reflexão) controla a cor dessa superfície. Albedo é um termo da Física (especificamente da Astronomia) que significa a cor refletida por um objeto. Você pode aprender mais sobre albedo no Manual do Unity. Escolha "Unity Manual" no menu Help para abrir o manual no navegador e pesquisar "albedo"; existe uma página do manual que explica a cor e a transparência do albedo.

Crie uma bola de bilhar em um ponto aleatório na cena

Crie um novo GameObject Sphere com um script chamado OneBallBehaviour:

- ★ Escolha 3D Object >> Sphere no menu GameObject para **criar uma esfera**.
- ★ Arraste seu novo **material 1 Ball** para a esfera para que lembre uma bola de bilhar.
- ★ Em seguida, **clique com o botão direito na pasta Scripts** criada na janela Project e **crie um novo script do C#** chamado OneBallBehaviour.
- ★ **Arraste o script para Sphere** na janela Hierarchy. Selecione a esfera e veja se um componente Script chamado "One Ball Behaviour" aparece na janela Inspector.

Clique duas vezes no novo script para editá-lo no Visual Studio. ***Adicione exatamente o mesmo código*** usado em BallBehaviour no primeiro Unity Lab, então **comente a linha Debug.DrawRay** no método Update. Seu script OneBallBehaviour deve ficar assim:

```
public class OneBallBehaviour : MonoBehaviour
{
    public float XRotation = 0;
    public float YRotation = 1;
    public float ZRotation = 0;
    public float DegreesPerSecond = 180;

    // Start é chamado antes da primeira atualização
    // do quadro
    void Start()
    {

    }

    // Update é chamado uma vez por quadro
    void Update()
    {
        Vector3 axis = new Vector3(XRotation, YRotation,
ZRotation);
        transform.RotateAround(Vector3.zero, axis,
DegreesPerSecond * Time.deltaTime);
        // Debug.DrawRay(Vector3.zero, axis, Color.yellow);
    }
}
```

Não incluiremos linhas using no código do script, mas pressuponha que elas estão lá.

Ao adicionar um método Start a GameObject, o Unity chama esse método sempre que uma nova instância do objeto é adicionada à cena. Se o método Start estiver em um script anexado a um GameObject que aparece na janela Hierarchy, esse método será chamado assim que o jogo iniciar.

O Unity costuma instanciar um GameObject antes de ele ser adicionado à cena. Ele só chama o método Start quando o GameObject é realmente adicionado à cena.

Você não precisa desta linha, comente-a.

Agora modifique o método Start para mover a esfera para uma posição aleatória quando criada. Você fará isso definindo **transform.position**, que muda a posição de GameObject na cena. Veja o código para posicionar a bola em um ponto aleatório; **adicione-o ao método Start** do script OneBallBehaviour:

```
    // Start é chamado antes da primeira atualização do quadro
    void Start()
    {
        transform.position = new Vector3(3 - Random.value * 6,
            3 - Random.value * 6, 3 - Random.value * 6);
    }
```

Lembre-se de que o botão Play não salva o jogo! O seguro morreu de velho.

Use o botao Play no Unity para rodar o jogo. Agora uma bola deve circular no eixo Y em um ponto aleatório. Pare e inicie o jogo algumas vezes. A bola deve criar um ponto diferente na cena a cada vez.

Use o depurador para entender Random. value

Você já usou a classe Random no namespace System do .NET algumas vezes. Foi usada para distribuir os animais no jogo de combinação no Capítulo 1 e escolher cartas aleatórios no Capítulo 3. Essa classe Random é diferente; passe o mouse sobre a palavra-chave Random no Visual Studio.

As duas classes são chamadas de Random, mas, se passar o mouse sobre elas no Visual Studio para ver a dica, saberá que a usada antes está no namespace System. Agora você usa esta classe no namespace UnityEngine.

```
// Start é chamado antes da primeira atualização do quadro.
void Start()
{
    transform.position = new Vector3(3 - Random.value * 6,
        3 - Random.value * 6, 3 - Random.value * 6);
}
```

class UnityEngine.Random
Class for generating random data.

```
static Random random = new Random();

public st
{
    string[] pickedCards = new string[numberOfCards];
```

class System.Random
Represents a pseudo-random number generator, which is a device that produces a sequence of numbers that meet certain statistical requirements for randomness.

Isto vem do código escrito antes para escolher cartas aleatórias.

Você pode ver no código que essa nova classe Random é diferente da usada antes. No início você chamou Random.Next para obter o valor aleatório e esse valor era um número inteiro. Esse novo código **Random.value**, mas não é um método e sim uma propriedade.

Use o depurador do Visual Studio para ver os valores que a nova classe Random fornece. Clique no botão "Anexar ao Unity" (▶ Attach to Unity ▾ no Windows, ▶ Debug › Attach to Unity no macOS) para anexar o Visual Studio ao Unity. Então, **coloque um ponto de interrupção** na linha adicionada ao método Start.

O Unity pode pedir para você ativar a depuração, como no último Unity Lab.

Agora volte para o Unity e **inicie o jogo**. Ele deve parar assim que você pressiona o botão Play. Passe o mouse sobre o valor Random.value; veja se está sobre **`value`**. O Visual Studio mostrará o valor em uma dica da ferramenta:

```
void Start()
{
    transform.position = new Vector3(3 - Random.value * 6,
        3 - Random.value * 6, 3 - Random.value * 6);
}
```

Random.value 0.4680484

Mantenha o Visual Studio anexado ao Unity e reinicie o jogo algumas vezes. Você obterá um novo número aleatório entre 0 e 1 a cada vez que reiniciar.

Mantenha o Visual Studio anexado ao Unity, então volte para o editor Unity e **pare o jogo** (no editor Unity, não no Visual Studio). Inicie o jogo de novo. Faça isso mais algumas vezes. Você obterá um valor aleatório diferente a cada vez. É como UnityEngine.Random funciona: ele fornece um novo valor aleatório entre 0 e 1 sempre que você acessa sua propriedade value.

Pressione em Continue (▶ Continue ▾) para retomar o jogo. Ele deve continuar rodando; o ponto de interrupção estava apenas no método Start, que só é chamado uma vez para cada instância GameObject, por isso não para de novo. Volte para o Unity e pare o jogo.

Não se pode editar scripts no Visual Studio com ele anexado ao Unity; portanto, clique no botão quadrado Stop Debugging para desanexar o depurador.

Torne o GameObject um prefab

No Unity, **prefab** é um GameObject que você pode instanciar na cena. Nos últimos capítulos você trabalhou com instâncias de objeto e criou objetos instanciando classes. O Unity permite aproveitar objetos e instâncias para conseguir criar jogos que reutilizam os mesmos GameObjects repetidamente. Vamos tornar o GameObject 1 ball um prefab.

Os GameObjects têm nomes. Mude o nome do GameObject para *OneBall*. Comece **selecionando a esfera**, clicando nela na janela Hierarchy ou na cena. Então, use a janela Inspector e **mude seu nome para OneBall**.

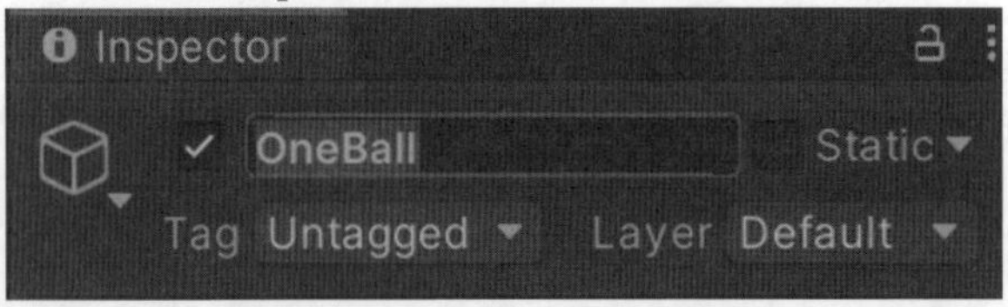
Inspector
OneBall
Static
Tag Untagged
Layer Default

BANG!

Veja bem!

O Visual Studio não permitirá que você edite o código quando anexado ao Unity.

Se você tenta editar seu código, mas acha que o Visual Studio não o deixa fazer mudanças, isso significa que o Visual Studio provavelmente ainda está anexado ao Unity! Pressione o botão quadrado Stop Debugging para desanexar.

Você também pode renomear um GameObject clicando-o com o botão direito na janela Hierarchy e escolhendo Rename.

Agora você pode transformar seu GameObject em um prefab. **Arraste OneBall da janela Hierarchy para a pasta Prefabs.**

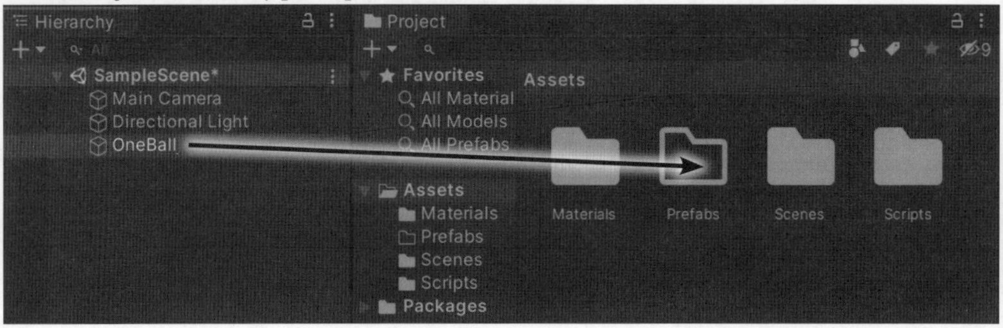
Hierarchy
SampleScene*
Main Camera
Directional Light
OneBall
Project
Favorites
All Material
All Models
All Prefabs
Assets
Assets
Materials
Prefabs
Scenes
Scripts
Packages
Materials
Prefabs
Scenes
Scripts

OneBall deve aparecer na pasta Prefabs. Note que ***OneBall agora está destacado na janela Hierarchy***. Isso indica que é um prefab; o Unity o destacou para mostrar que uma instância de prefab está em sua hierarquia. É bom para alguns jogos, mas para este jogo queremos que todas as instâncias das bolas sejam criadas por scripts.

Clique com o botão direito em OneBall na janela Hierarchy **e exclua o GameObject OneBall da cena**. Agora você deve vê-lo na janela Project e não na janela Hierarchy ou na cena.

Hierarchy
SampleScene*
Main Camera
Directional Light
OneBall

Quando um GameObject é destacado na janela Hierarchy, o Unity mostra que ele é uma instância prefab.

Você salva a cena conforme avança? O seguro morreu de velho!

Crie um script para controlar o jogo

O jogo precisa de um meio de adicionar bolas à cena (continuar controlando a pontuação e verificando se o jogo terminou ou não).

Clique com o botão direito na pasta Scripts na janela Project e **crie um novo script chamado GameController**. O novo script usará dois métodos disponíveis em qualquer script GameObject:

- ★ **O método Instantiate cria uma nova instância de GameObject.** Ao instanciar GameObjects no Unity, você não costuma usar a palavra-chave `new`, como visto no Capítulo 2. Pelo contrário, usará o método Instantiate, chamado de dentro do método AddABall.
- ★ **O método InvokeRepeating chama outro método no script repetidamente.** Nesse caso, espera um segundo e meio, depois chama o método AddABall uma vez por segundo no resto do jogo.

Veja o código-fonte:

```
public class GameController : MonoBehaviour
{
    public GameObject OneBallPrefab;

    void Start()
    {
        InvokeRepeating("AddABall", 1.5F, 1);
    }

    void AddABall()
    {
        Instantiate(OneBallPrefab);
    }
}
```

Qual é o tipo do segundo argumento sendo passado para InvokeRepeating?

O método InvokeRepeating do Unity chama outro método repetidamente. Seu primeiro parâmetro é uma string com o nome do método a chamar ("invoke" significa apenas chamar um método).

É um método chamado AddABall. Tudo que ele faz é criar uma nova instância de prefab.

Você passa o campo OneBallPrefab como um parâmetro para o método Instantiate, que o Unity usará para criar uma instância de prefab.

PODER DO CÉREBRO

O Unity só executará os scripts anexados aos GameObjects em uma cena. O script GameController criará instâncias de nosso prefab OneBall, mas precisamos anexá-lo a algo. Por sorte, já sabemos que uma câmera é apenas um GameObject com um componente Camera (e também um AudioListener). Main Camera sempre estará disponível na cena. Portanto... o que você acha que fará com seu novo script GameController?

Anexe o script a Main Camera

Seu novo script GameController precisa ser anexado a um GameObject para rodar. Por sorte, Main Camera é só outro GameObject; acontece que ele tem os componentes Camera e AudioListener, então vamos anexar seu novo script a ele. **Arraste seu script GameController** para fora da pasta Scripts na janela Project e **para Main Camera** na janela Hierarchy.

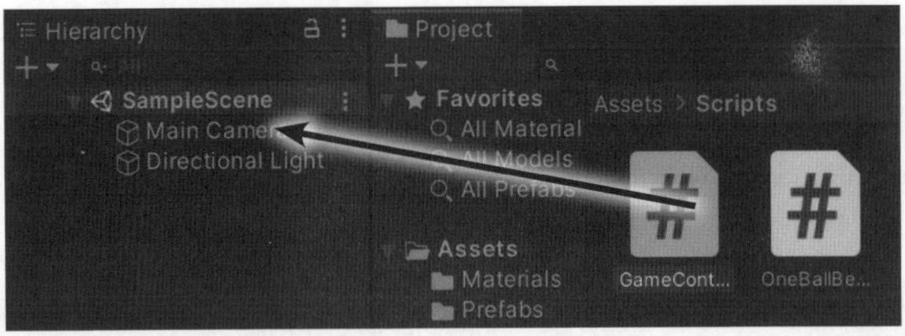
Hierarchy
SampleScene
Main Camera
Directional Light
Project
Favorites
All Material
All Models
All Prefabs
Assets
Materials
Prefabs
Assets > Scripts
GameCont...
OneBallBe...

Você aprendeu tudo sobre campos públicos versus privados no Capítulo 5. Quando uma classe de script tem um campo público, o editor Unity mostra esse campo no componente Script em Inspector. Ele adiciona espaços entre as letras maiúsculas para facilitar a leitura do seu nome.

Veja em Inspector; você notará um componente para o script, exatamente como seria com qualquer outro GameObject. O script tem um ***campo público chamado OneBallPrefab***, e o Unity o exibe no componente Script.

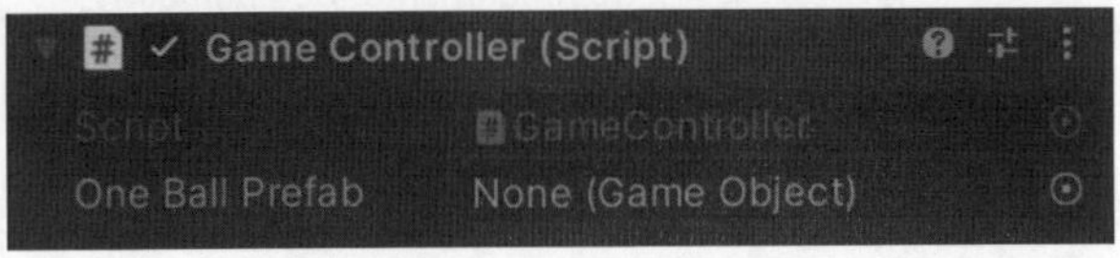
Game Controller (Script)
Script
GameController
One Ball Prefab
None (Game Object)

Veja o campo OneBallPrefab na classe GameController. O Unity adicionou espaços antes das letras maiúsculas para facilitar a leitura (como vimos no último lab).

O campo OneBallPrefab ainda informa None; portanto, precisamos defini-lo. **Arraste OneBall para fora da pasta Prefabs** e para a **caixa ao lado do rótulo One Ball Prefab**.

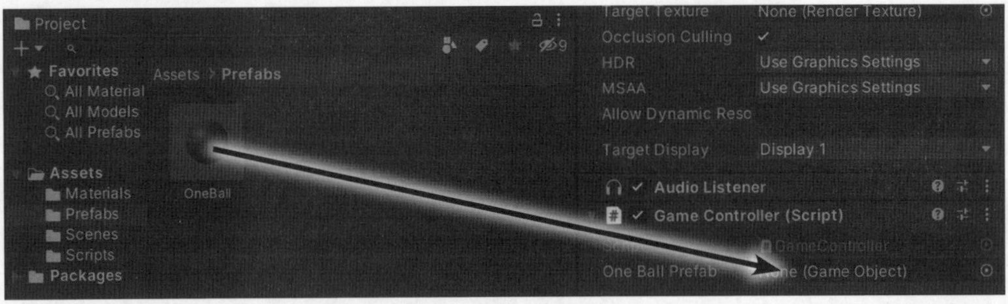
Project
Favorites
All Material
All Models
All Prefabs
Assets > Prefabs
OneBall
Assets
Materials
Prefabs
Scenes
Scripts
Packages
Target Texture
None (Render Texture)
Occlusion Culling
HDR
Use Graphics Settings
MSAA
Use Graphics Settings
Allow Dynamic Reso
Target Display
Display 1
Audio Listener
Game Controller (Script)
GameController
One Ball Prefab
None (Game Object)

Agora o campo OneBallPrefab de GameController contém uma ***referência*** para o prefab OneBall:

Game Controller (Script)
Script
GameController
One Ball Prefab
OneBall

Volte para o código e **veja com atenção o método AddABall**. Ele chama o método Instantiate passando-lhe o campo OneBallPrefab como um argumento. Você só define esse campo para ele conter seu prefab. Sempre que GameController chamar seu método AddABall, ele ***criará uma nova instância do prefab OneBall***.

Pressione Play para executar o código

Seu jogo já está pronto para rodar. O script GameController anexado a Main Camera aguardará 1,5 segundo, depois instanciará um prefab OneBall a cada segundo. O método Start de cada OneBall instanciado irá movê-lo para uma posição aleatória na cena e seu método Update irá girá-lo no eixo Y a cada dois segundos usando os campos OneBallBehaviour (como no último Lab). Observe conforme a área de reprodução é preenchida lentamente com bolas giratórias:

O Unity chama o método Update de todo GameObject antes de cada quadro. Isso se chama <u>loop de atualização</u>.

Ao instanciar GameObjects no código, eles aparecem na janela Hierarchy quando você roda o jogo.

Observe as instâncias dinâmicas na janela Hierarchy

Cada uma das bolas que voam na cena é uma instância do prefab OneBall. Cada uma das instâncias tem uma instância própria da classe OneBallBehaviour. Você pode usar a janela Hierarchy para controlar todas as instâncias OneBall; quando cada uma é criada, uma entrada "OneBall(Clone)" é adicionada a Hierarchy.

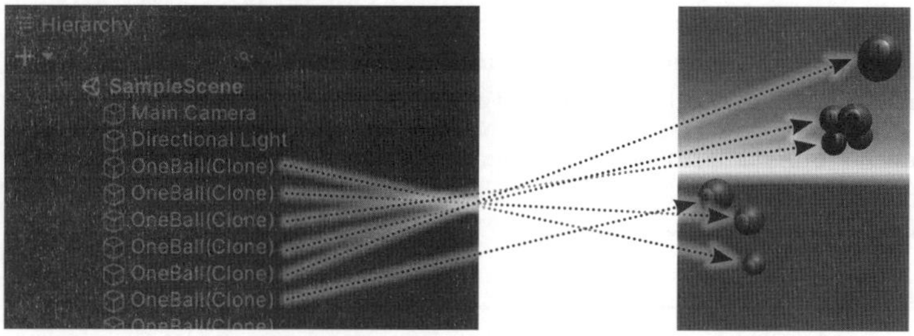
Hierarchy
SampleScene
Main Camera
Directional Light
OneBall(Clone)
OneBall(Clone)
OneBall(Clone)
OneBall(Clone)
OneBall(Clone)
OneBall(Clone)

Incluímos uns exercícios de codificação nos Unity Labs. São como os exercícios no resto do livro; lembre-se, não <u>é</u> colar olhar a solução.

Clique em qualquer item OneBall(Clone) para exibi-lo em Inspector. Você visualizará seus valores Transform mudarem conforme ele gira, como no último lab.

Exercício

Descubra como adicionar um campo BallNumber ao script OneBallBehaviour para que, quando clicar em uma instância OneBall em Hierarchy e verificar seu componente One Ball Behaviour (Script) nos rótulos X Rotation, Y Rotation, Z Rotation e Degrees Per Second, ele tenha um campo Ball Number:

Ball Number 11

A primeira instância de OneBall deve ter o campo Ball Number definido para 1. A segunda instância deve tê-lo definido para 2, a terceira para 3 etc. *Uma dica: você precisará de um modo de controlar a contagem que é* ***compartilhada por todas as instâncias OneBall****. Você modificará o método Start para aumentá-lo, que será usado para definir o campo BallNumber.*

Use Inspector para trabalhar com as instâncias GameObject

Rode o jogo. Assim que algumas bolas forem instanciadas, clique no botão Pause; o editor Unity voltará para a exibição Scene. Clique em uma das instâncias OneBall na janela Hierarchy para selecioná-la. O editor Unity a criará na janela Scene para mostrar qual objeto foi selecionado. Vá para o componente Transform na janela Inspector e **defina o valor da escala Z para 4** para esticar a bola.

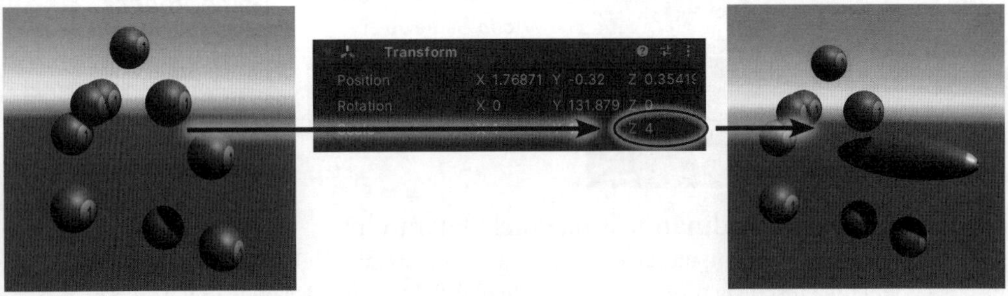
Transform
Position X 1.76871 Y -0.32
Rotation X 0 Y 131.879 Z 0
Z 4

Inicie a simulação de novo; agora você pode rastrear qual bola está modificando. Tente mudar seus campos DegreesPerSecond, XRotation, YRotation e ZRotation como fez no último lab.

Com o jogo rodando, troque entre as exibições Game e Scene. Você pode usar os Gizmos na exibição Scene ***enquanto o jogo é executado***, mesmo para as instâncias GameObject que foram criadas usando o método Instantiate (em vez de adicionadas à janela Hierarchy).

Tente clicar no botão Gizmos no topo da barra de ferramentas para ativar e desativar. É possível ativar os Gizmos na exibição Game e você pode desativá-los na exibição Scene.

Gizmos
Toggle visibility of all Gizmos in the Scene view

Exercício
Solução

Você pode adicionar um campo BallNumber ao script OneBallBehaviour controlando o número total de bolas adicionadas até o momento em um campo estático (que chamamos de BallCount). Sempre que uma nova bola é instanciada, o Unity chama seu método Start para você aumentar o campo BallCount estático e atribuir seu valor ao campo BallNumber dessa instância.

```
static int BallCount = 0;
public int BallNumber;

void Start()
{
    transform.position = new Vector3(3 - Random.value * 6,
        3 - Random.value * 6, 3 - Random.value * 6);

    BallCount++;
    BallNumber = BallCount;
}
```

Todas as instâncias OneBall compartilham um campo BallCount estático; portanto, o método Start da primeira instância aumenta em 1, a segunda instância aumenta BallCount em 2, a terceira aumenta em 3 etc.

Física para evitar a sobreposição das bolas

Percebeu que às vezes algumas bolas se sobrepõem?

O Unity tem um **motor de Física** poderoso que você pode usar para fazer os GameObjects se comportarem como corpos sólidos reais, e uma coisa que as formas sólidas não fazem é se sobrepor. Para evitar a sobreposição, basta informar ao Unity que seu prefab OneBall é um objeto sólido.

Pare o jogo, então **clique no prefab OneBall na janela Project** para selecioná-lo. Então, vá para Inspector e desça até a parte inferior onde está o botão Add Component:

Add Component

Clique no botão para abrir a janela Component. **Escolha Physics** para exibir os componentes físicos, depois **selecione Rigidbody** para adicionar o componente.

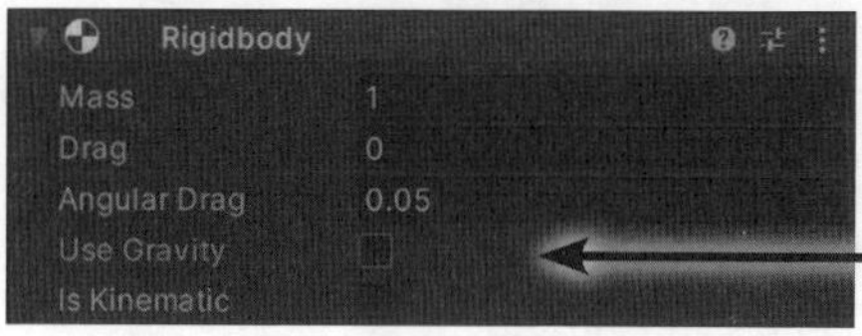
Rigidbody
Mass 1
Drag 0
Angular Drag 0.05
Use Gravity
Is Kinematic

Desmarque Use Gravity. Do contrário, as bolas reagirão à gravidade e começarão a cair, e, como não há nada onde bater, elas cairão para sempre.

Ao fazer o experimento de Física, este é um que Galileu adoraria. Tente marcar a caixa Use Gravity com o jogo rodando. As novas bolas criadas começarão a cair, por vezes batendo em outra bola e tirando-a do caminho.

Rode o programa de novo; agora as bolas não se sobrepõem. Por vezes, uma bola será criada sobre outra. Quando isso acontecer, a nova bola baterá na antiga tirando-a do caminho.

Vamos fazer um pequeno experimento de Física para provar que as bolas realmente são rígidas agora. Inicie o jogo, então pause assim que houver mais de duas bolas criadas. Vá para a janela Hierarchy. Ela fica assim:

OneBall
OneBall

Como você está editando o prefab, clique neste botão (<) à direita superior da janela Hierarchy para voltar à cena (talvez você precise expandir SampleScene mais uma vez).

- ★ Segure a tecla Shift, clique na primeira instância OneBall na janela Hierarchy, depois clique na segunda para as duas primeiras instâncias OneBall ficarem selecionadas.
- ★ Você visualizará traços (—) nas caixas Position no painel Transform. **Defina Position para (0, 0, 0)** para definir as posições das duas instâncias OneBall ao mesmo tempo.
- ★ Use Shift-clique para selecionar outras instâncias de OneBall, clique com o botão direito e **escolha Delete** para excluí-las da cena, de modo que somente as duas bolas sobrepostas permaneçam.
- ★ Retome o jogo; as bolas não se sobrepõem, pelo contrário, elas giram uma ao lado da outra,

Você pode usar a janela Hierarchy para excluir os GameObjects da cena enquanto o jogo roda.

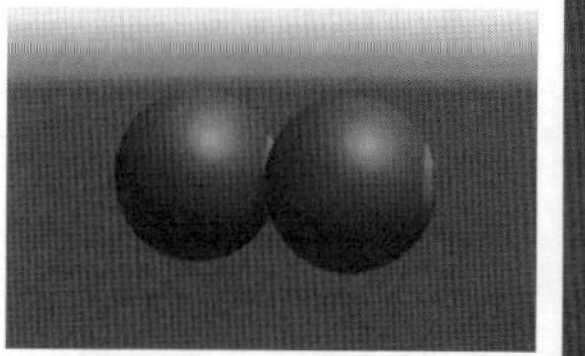

Pare o jogo no Unity e no Visual Studio, e salve a cena.
<u>O seguro morreu de velho!</u>

Seja criativo!

Falta pouco! O jogo terminará no próximo Unity Lab. Por enquanto, esta é uma ótima oportunidade para praticar suas habilidades de **protótipo no papel**. Fornecemos uma descrição do jogo no começo deste Unity Lab. Tente criar um protótipo do jogo. Consegue propor modos de torná-lo mais interessante?

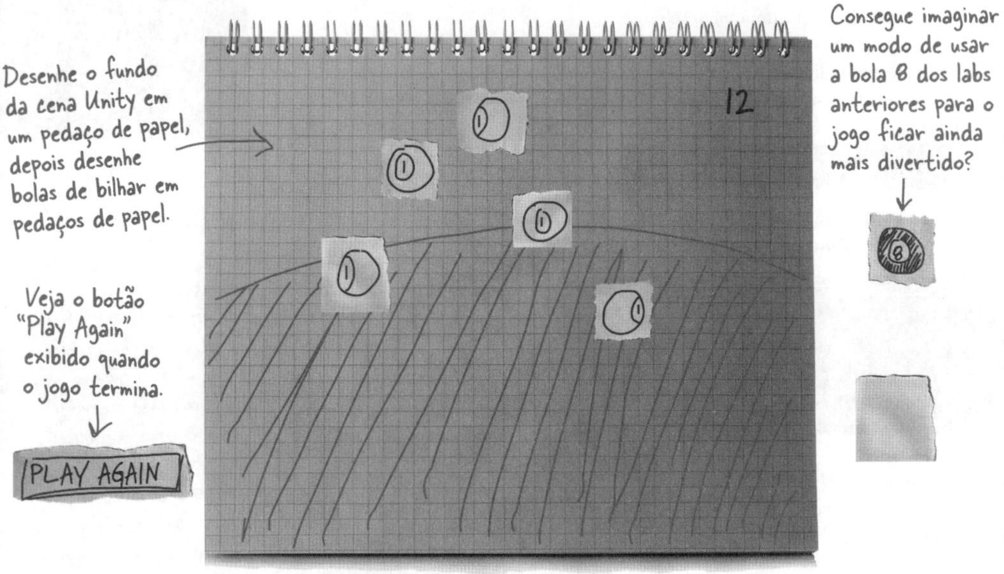
Desenhe o fundo da cena Unity em um pedaço de papel, depois desenhe bolas de bilhar em pedaços de papel.
Veja o botão "Play Again" exibido quando o jogo termina.
PLAY AGAIN
12
Consegue imaginar um modo de usar a bola 8 dos labs anteriores para o jogo ficar ainda mais divertido?

PONTOS DE BALA

- **Albedo** é um termo da Física que significa a cor refletida por um objeto. O Unity pode usar mapas de textura para o albedo em um material.
- O Unity tem sua própria **classe Random** no namespace UnityEngine. O método Random.value estático retorna um número aleatório entre 0 e 1.
- **Prefab** é um GameObject que você pode instanciar na cena. É possível transformar qualquer GameObject em um prefab.
- O **método Instantiate** cria uma nova instância de GameObject. O método Destroy a destrói. As instâncias são criadas e destruídas no final do loop de atualização.
- O **método InvokeRepeating** chama outro método no script repetidamente.
- O Unity chama o método Update de todo GameObject antes de cada quadro, denominado **loop de atualização**.
- Você pode **examinar as instâncias dinâmicas** dos prefabs clicando nelas na janela Hierarchy.
- Ao adicionar um componente **Rigidbody** a um GameObject, o motor de Física do Unity o faz agir como um objeto físico, sólido e real.
- O componente Rigidbody permite ativar ou desativar a **gravidade** de um GameObject.

7 interfaces, coerção e "is"

Classes cumprindo suas promessas

SIM, SIM, SEI QUE ESTENDI A INTERFACE ICLIENTEAGIOTA! MAS ESTOU APERTADO E NÃO POSSO IMPLEMENTAR O MÉTODO PAGAMENTO ATÉ SEXTA.
VOCÊ TEM DOIS DIAS ANTES DE EU ENVIAR OBJETOS CAPANGA PARA IMPLEMENTAR O MÉTODO ANDARMANCANDO.

Precisa de um objeto para um trabalho específico? Use uma interface.

Às vezes você precisa agrupar seus objetos com base em **coisas que eles podem fazer**, não nas classes das quais eles herdam, e é aí que entram as **interfaces**. Você pode usar uma interface para definir um **trabalho específico**. Qualquer instância de uma classe que **implementa** a interface tem a *garantia de fazer esse trabalho*, não importa a relação com as outras classes. Para tudo funcionar, qualquer classe que implementa uma interface deve certificar todas as suas obrigações... ou o compilador quebrará suas pernas, sabe?

A colmeia está sendo atacada!

Uma colmeia inimiga está tentando dominar o território da Queen [rainha] e continua enviando abelhas inimigas para atacar as operárias. Ela adicionou uma nova subclasse Bee de elite chamada HiveDefender para defender a colmeia.

DEFENDA A COLMEIA A TODO CUSTO.
SIM, SENHORA!
objeto Queen
objeto HiveDefender

Precisamos de um método DefendHive, porque os inimigos podem atacar a qualquer momento

Podemos adicionar uma subclasse HiveDefender à hierarquia de classes Bee estendendo a classe Bee e sobrescrevendo CostPerShift com a quantidade de mel que cada protetora consome em cada turno e sobrescrevendo o método DoJob para voar até a colmeia e atacar as abelhas inimigas.

Mas as abelhas inimigas atacam a qualquer hora. Queremos que as protetoras consigam defender a colmeia ***estejam fazendo ou não seus trabalhos normais***.

Além de DoJob, adicionaremos um método DefendHive a qualquer Bee que possa defender a colmeia, não apenas às operárias HiveDefender de elite, mas a qualquer irmã que possa pegar armas e proteger a Queen. A rainha chamará os métodos DefendHive de suas operárias sempre que a colmeia estiver sob ataque.

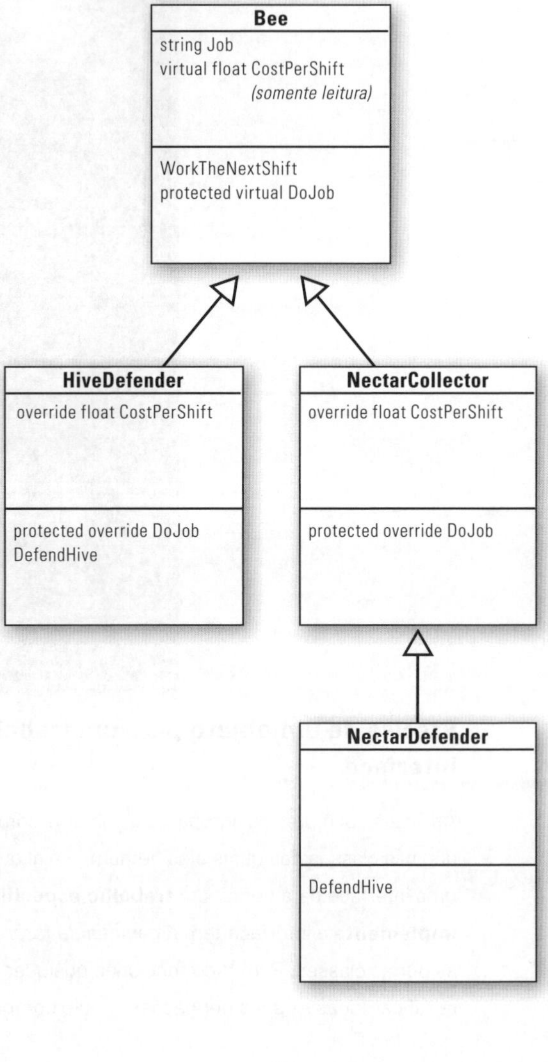
Bee
string Job
virtual float CostPerShift
(somente leitura)
WorkTheNextShift
protected virtual DoJob
HiveDefender
override float CostPerShift
protected override DoJob
DefendHive
NectarCollector
override float CostPerShift
protected override DoJob
NectarDefender
DefendHive

Usando a coerção para chamar o método DefendHive...

Quando você codificou o método Queen.DoJob, usou um loop foreach para obter cada referência Bee no array `workers`, então usou essa referência para chamar worker.DoJob. Se a colmeia estiver sob ataque, Queen desejará chamar os métodos DefendHive das protetoras. Portanto, forneceremos um método HiveUnderAttack que é chamado sempre que a colmeia está sendo atacada por abelhas inimigas e a rainha usará um loop foreach para ordenar que as operárias defendam a colmeia até as agressoras irem embora.

Mas temos um problema. Queen pode usar as referências Bee para chamar DoJob porque cada subclasse sobrescreve Bee.DoJob, mas ela não pode usar uma referência Bee para chamar o método DefendHive, pois esse método não faz parte da classe Bee. Como chamar DefendHive?

Como DefendHive é definido apenas em cada subclasse, precisaremos usar a **coerção** para converter a referência Bee na subclasse correta para chamar seu método DefendHive.

```
public void HiveUnderAttack() {
    foreach (Bee worker in workers) {
        if (EnemyHive.AttackingBees > 0) {
            if (worker.Job == "Hive Defender") {
                HiveDefender defender = (HiveDefender) worker;
                defender.DefendHive();
            } else if (worker.Job == "Nectar Defender") {
                NectarDefender defender = (NectarDefender) defender;
                defender.DefendHive();
            }
        }
    }
}
```

...mas e se adicionarmos mais subclasses Bee que possam defender?

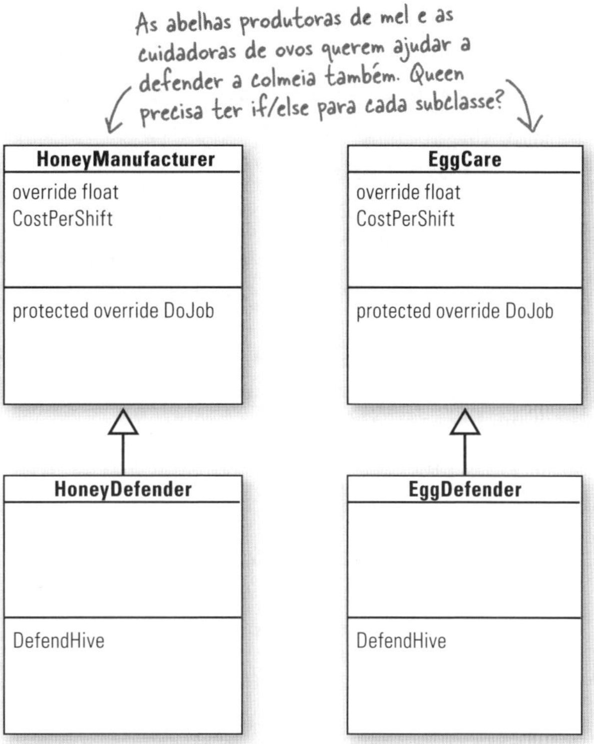
As abelhas produtoras de mel e as cuidadoras de ovos querem ajudar a defender a colmeia também. Queen precisa ter if/else para cada subclasse?
HoneyManufacturer
override float CostPerShift
protected override DoJob
EggCare
override float CostPerShift
protected override DoJob
HoneyDefender
DefendHive
EggDefender
DefendHive

Algumas abelhas produtoras de mel e cuidadoras de ovos querem subir e defender a colmeia também. Isso significa que precisaremos adicionar mais blocos `else` ao seu método HiveUnderAttack.

Está ficando complexo. O método Queen.DoJob é bom e simples; é um loop foreach muito pequeno que aproveita o modelo de classes Bee para chamar a versão específica do método DoJob que foi implementado na subclasse. Não podemos fazer isso com DefendHive porque ele não faz parte da classe Bee, e não queremos adicioná-lo, porque nem todas as abelhas podem defender a colmeia. ***Existe um modo melhor de fazer as <u>classes não relacionadas realizarem o mesmo trabalho</u>?***

Uma interface define métodos e propriedades que uma classe deve implementar...

Uma **interface** é como uma classe abstrata: você usa métodos abstratos e depois coloca dois-pontos (:) para fazer uma classe implementar essa interface.

Se quiséssemos adicionar protetoras à colmeia, poderíamos ter uma interface chamada IDefend. Ela fica assim. Usa a **palavra-chave `interface`** para definir a interface e inclui um único membro, um método abstrato chamado Defend. Todos os membros em uma interface são públicos e abstratos por padrão; portanto, o C# mantém as coisas simples permitindo que você ***omita as palavra-chave `public` e `abstract`***:

```
interface IDefend
{
    void Defend();
}
```

Esta interface tem um membro, um método abstrato público chamado Defend. Funciona como os métodos abstratos vistos no Capítulo 6.

Qualquer classe que implementa a interface IDefend **deve incluir um método Defend** cuja declaração tenha correspondência na interface. Do contrário, o compilador apresentará um erro.

...sem limites para quantas interfaces uma classe pode implementar

Acabamos de dizer que você usa dois-pontos (:) para fazer uma classe implementar uma interface. E se essa classe já estiver usando dois-pontos para estender uma classe básica? Tudo bem! **Uma classe pode implementar muitas interface diferentes, mesmo que já estenda uma classe básica:**

```
class NectarDefender : NectarCollector, IDefend
{
   void Defend() {
      /* Código para defender a colmeia */
   }
}
```

Como o método Defend faz parte da interface IDefend, a classe NectarDefender deve implementá-lo ou ele não compilará.

Agora temos uma classe que pode agir como NectarCollector, mas também pode defender a colmeia. NectarCollector estende Bee; portanto, se você **usá-la a partir de uma referência Bee**, ela agirá como Bee:

```
Bee worker = new NectarCollector();
Console.WriteLine(worker.Job);
worker.WorkTheNextShift();
```

Mas se **usá-la a partir de uma referência IDefend**, ela agirá como uma protetora da colmeia:

```
IDefend defender = new NectarCollector();
defender.Defend();
```

Quando uma classe implementa uma interface, ela deve incluir todos os métodos e as propriedades listados na interface ou o código não compilará.

As interfaces permitem que classes não relacionadas façam o mesmo trabalho

As interfaces podem ser uma ferramenta muito poderosa para ajudar a elaborar um código C# fácil de entender e de compilar. Comece refletindo sobre os **trabalhos específicos que as classes precisam fazer**, pois as interfaces servem para isso.

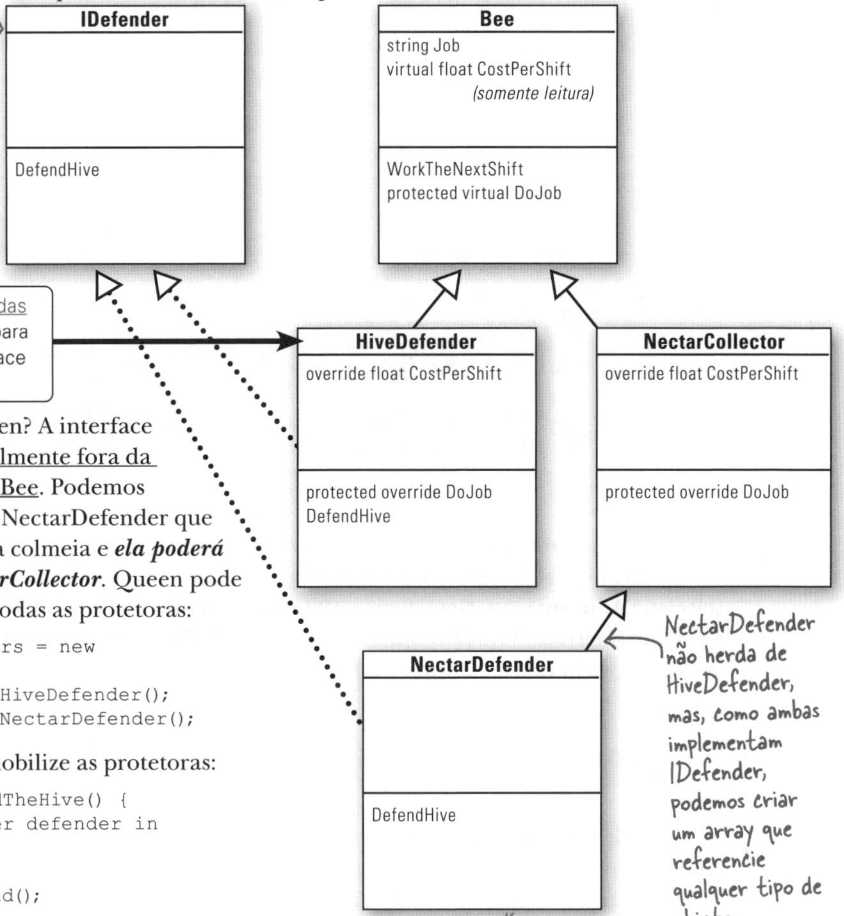

IDefender
DefendHive
Bee
string Job
virtual float CostPerShift
(somente leitura)
WorkTheNextShift
protected virtual DoJob
HiveDefender
override float CostPerShift
protected override DoJob
DefendHive
NectarCollector
override float CostPerShift
protected override DoJob
NectarDefender
DefendHive

Qualquer Bee pode implementar a interface IDefender, não importa em que ponto está na hierarquia de classes. Contanto que tenha um método DefendHive, o código compilará.

Usamos linhas pontilhadas no diagrama de classe para mostrar que uma interface foi implementada.

NectarDefender não herda de HiveDefender, mas, como ambas implementam IDefender, podemos criar um array que referencie qualquer tipo de objeto.

Como isto ajuda Queen? A interface IDefender reside totalmente fora da hierarquia de classes Bee. Podemos adicionar uma classe NectarDefender que sabe como defender a colmeia e ***ela poderá ainda estender NectarCollector***. Queen pode manter um array de todas as protetoras:

```
IDefender[] defenders = new
IDefender[2];
defenders[0] = new HiveDefender();
defenders[1] = new NectarDefender();
```

Isso facilita que ela mobilize as protetoras:

```
private void DefendTheHive() {
  foreach (IDefender defender in
defenders)
  {
     defender.Defend();
  }
}
```

E, como ela reside fora do modelo de classes Bee, podemos fazer isso ***sem modificar nenhum código existente***.

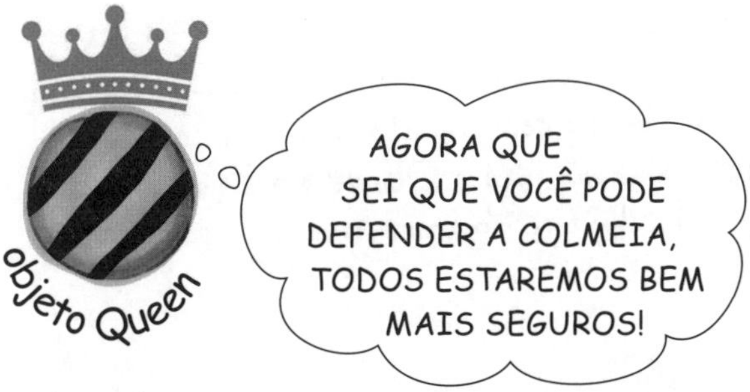

objeto Queen
AGORA QUE SEI QUE VOCÊ PODE DEFENDER A COLMEIA, TODOS ESTAREMOS BEM MAIS SEGUROS!

Relaxe

Daremos muitos exemplos de interfaces.

Ainda confuso com o modo como as interfaces funcionam e por que as usaria? Não se preocupe, é normal! A sintaxe é bem simples, mas há **muitas sutilezas**. Passaremos mais tempo vendo as interfaces… daremos vários exemplos, e muitos exercícios.

Praticando com interfaces

O melhor modo de entender as interfaces é usando-as. Continue e **crie um novo projeto Aplicativo de Console**.

Faça isto!

1. **Adicione o método Main.** Veja o código de uma classe chamada TallGuy, junto com o código do método Main que a instancia usando um inicializador de objeto e chama seu método TalkAboutYourself. Nada novo aqui; iremos usá-lo em breve:

```
class TallGuy {
    public string Name;
    public int Height;

    public void TalkAboutYourself() {
        Console.WriteLine($"My name is {Name} and I'm {Height} inches
tall.");
    }
}

class Program
{
    static void Main(string[] args)
    {
        TallGuy tallGuy = new TallGuy() { Height = 76, Name = "Jimmy" };
        tallGuy.TalkAboutYourself();
    }
}
```

2. **Adicione uma interface.** Faremos TallGuy implementar uma interface. Adicione uma nova interface IClown ao projeto: clique com o botão direito no projeto no Gerenciador de Soluções, **selecione Adicionar >> Novo Item... (Windows) ou Adicionar >> Novo Arquivo... (Mac) e escolha Interface**. Veja se o nome é *IClown.cs*. O IDE criará uma interface que inclui a declaração da interface. Adicione um método Honk:

```
interface IClown
{
    void Honk();
}
```

Você não precisa adicionar "public" nem "abstract" dentro da interface, pois ela torna automaticamente cada propriedade e método públicos e abstratos.

3. **Tente codificar o resto da interface IClown.** Antes de ir para a próxima etapa, veja se pode criar o resto da interface IClown e modificar a classe TallGuy para implementar essa interface. Além do método void chamado Honk que não tem nenhum parâmetro, sua interface IClown também deve ter uma propriedade string e de somente leitura chamada FunnyThingIHave, com um acesso get, mas nenhum acesso set.

Os nomes da interface começam com I

Sempre que você cria uma interface, deve fazer com que seu nome comece com um I maiúsculo. Não há uma regra que diz para fazer isso, mas torna o código muito mais fácil de entender. É possível ver por si mesmo como isso facilita a vida. Vá para o IDE, para qualquer linha em branco dentro de um método e digite "I" — o IntelliSense mostrará as interfaces do .NET.

4 **Veja a interface IClown.** Acertou? Tudo bem se colocou o método Honk primeiro, a ordem dos membros não importa em uma interface, assim como não importa em uma classe.

```
interface IClown
{
    string FunnyThingIHave { get; }
    void Honk();
}
```

A interface IClown requer que qualquer classe que a implementa tenha um método void chamado Honk e uma propriedade string chamada FunnyThingIHave com um acesso get.

5 **Modifique a classe TallGuy para ela implementar IClown.** Lembre-se, o operador dois-pontos sempre é seguido pela classe básica da qual herda (se houver) e, então, por uma lista de interfaces a implementar, todas separadas por vírgula. Como não há nenhuma classe básica e apenas uma interface para implementar, a declaração fica assim:

```
class TallGuy : IClown
```

Então, veja se o resto da classe é igual, inclusive os dois campos e o método. Escolha Compilar Solução no menu Compilar no IDE para compilar e criar o programa. Você visualizará dois erros:

```
CS0535 'TallGuy' does not implement interface member 'IClown.FunnyThingIHave'
CS0535 'TallGuy' does not implement interface member 'IClown.Honk()'
```

6 **Corrija os erros adicionando os membros da interface que faltam.** Os erros sumirão assim que você adicionar todos os métodos e as propriedades definidos na interface. Continue e implemente a interface. Adicione uma propriedade string e de somente leitura chamada FunnyThingIHave com um acesso get que sempre retorna a string "big shoes" [sapatos grandes]. Depois adicione um método Honk que escreve "Honk honk!" no console.

Fica assim:

```
public string FunnyThingIHave {
    get { return "big shoes"; }
}

public void Honk() {
    Console.WriteLine("Honk honk!");
}
```

Qualquer classe que implementa a interface IClown deve ter um método void chamado Honk e uma propriedade string chamada FunnyThingIHave com um acesso get. A propriedade FunnyThingIHave tem permissão de ter um acesso set também. A interface não o especifica, portanto não importa.

7 **Agora seu código compilará.** Atualize seu método Main para que ele escreva a propriedade FunnyThingIHave do objeto TallGuy e chame seu método Honk:

```
static void Main(string[] args) {
    TallGuy tallGuy = new TallGuy() { Height = 76, Name = "Jimmy"
};
    tallGuy.TalkAboutYourself();
    Console.WriteLine($"The tall guy has {tallGuy.
FunnyThingIHave}");
    tallGuy.Honk();
}
```

Aponte o seu lápis

É a sua chance de demonstrar seus dons artísticos. À esquerda, há conjuntos de declarações de classe e de interface. Seu trabalho é desenhar diagramas de classe associados à direita. Não se esqueça de usar uma linha tracejada para implementar uma interface e uma linha sólida para herdar de uma classe.

Se você tem...

Qual é a imagem?

Fizemos a primeira.

1)

```
interface Foo { }
class Bar : Foo { }
```

2)

```
interface Vinn { }
abstract class Vout : Vinn { }
```

3)

```
abstract class Muffie : Whuffie { }
class Fluffie : Muffie { }
interface Whuffie { }
```

4)

```
class Zoop { }
class Boop : Zoop { }
class Goop : Boop { }
```

5)

```
class Gamma : Delta, Epsilon { }
interface Epsilon { }
interface Beta { }
class Alpha : Gamma,Beta { }
class Delta { }
```

1)

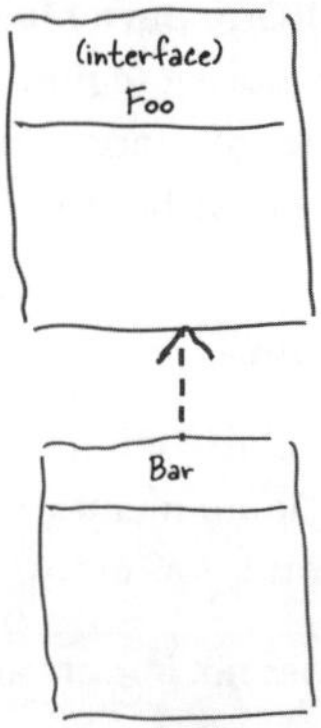
(interface)
Foo
Bar

2)

3)

4)

Será preciso um pouco mais de espaço para nº5.

5)

Aponte o seu lápis

À esquerda, há conjuntos de diagramas de classe. Seu trabalho é transformar isso em declarações C# válidas. **Fizemos o número 1**. Notou que as declarações da classe são apenas um par de chaves { } ? É porque são classes sem membros. (Mas ainda são classes válidas que compilam!)

Se você tem...

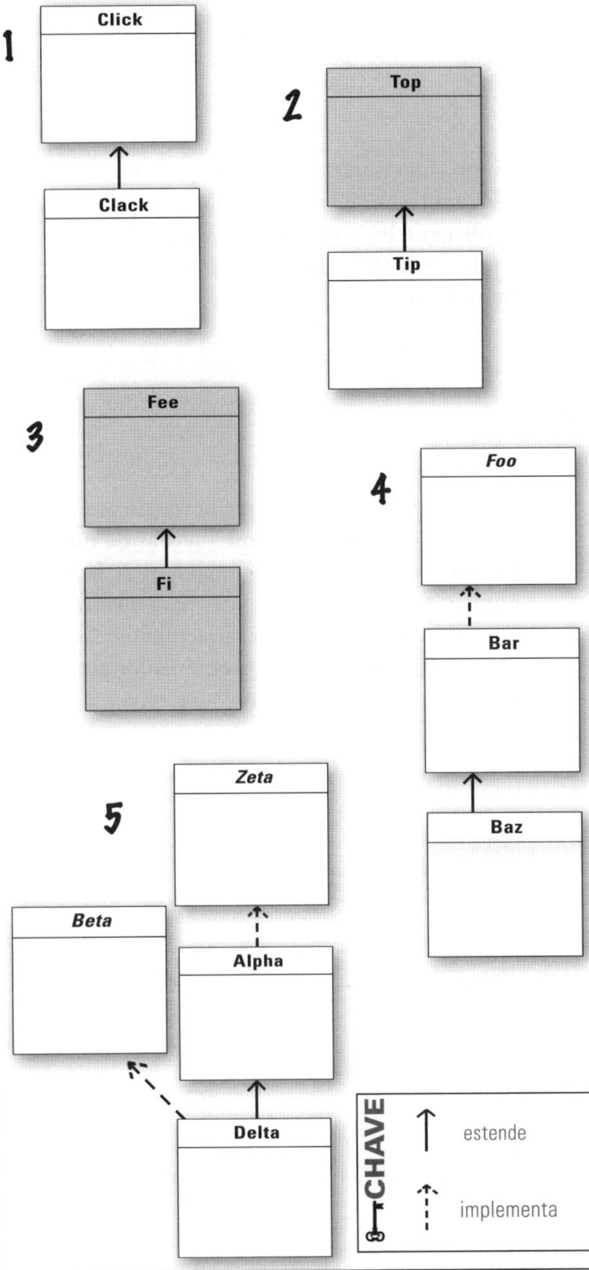
1
Click
Clack
2
Top
Tip
3
Fee
Fi
4
Foo
Bar
Baz
5
Zeta
Beta
Alpha
Delta

Qual é a declaração?

1) public class Click { }
public class Clack : Click { }

2)

3)

4)

5)

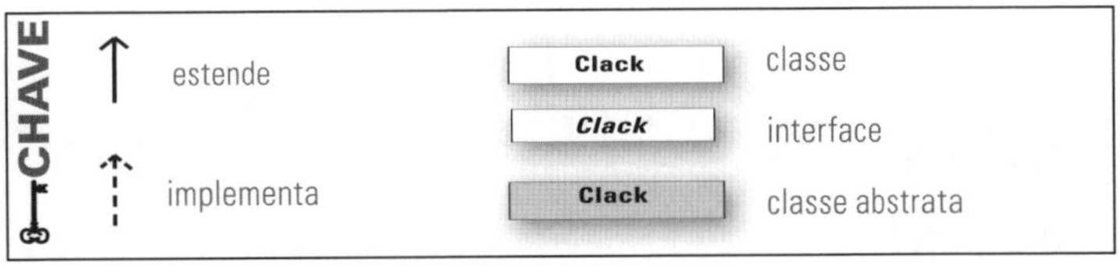
CHAVE
estende
implementa
Clack
classe
Clack
interface
Clack
classe abstrata

Conversa Informal

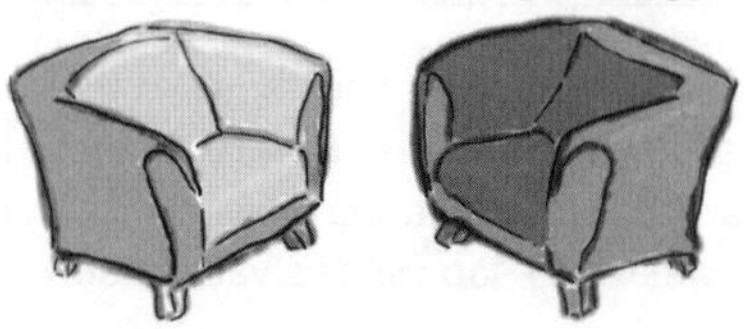

Conversa de hoje: **Uma classe abstrata e uma interface batem cabeça com a pergunta que não quer calar: quem é mais importante?"**

Classe Abstrata:

É óbvio quem é mais importante entre nós. Os programadores precisam de mim para fazer o trabalho. Convenhamos, você nem chega perto.

Interface:

Legal. Isto será bom.

Classe Abstrata:

Você não pode mesmo pensar que é mais importante que eu. Você nem usa uma herança real; é apenas implementada.

Interface:

Ótimo, aqui vamos nós de novo. "As interfaces não usam a herança real, elas apenas a implementam." Quanta ignorância. A implementação é tão boa quanto a herança. Na verdade, é melhor!

Classe Abstrata:

Melhor? Você está louca. Sou muito mais flexível do que você. É certo que não posso ser instanciada, mas você também não. Diferente de você, tenho o **poder incrível** da herança. Os pobres coitados que estendem você não podem aproveitar os recursos `virtual` e `override`!

Interface:

É? E se quiser uma classe que herda de você ***e*** de sua colega? **Você não pode herdar de duas classes.** Precisa escolher de qual herdar. Isso é muito grosseiro! Não há limites para quantas interfaces uma classe pode implementar. Isso é flexibilidade! Comigo um programador pode fazer uma classe realizar qualquer coisa.

Aponte o seu lápis Solução

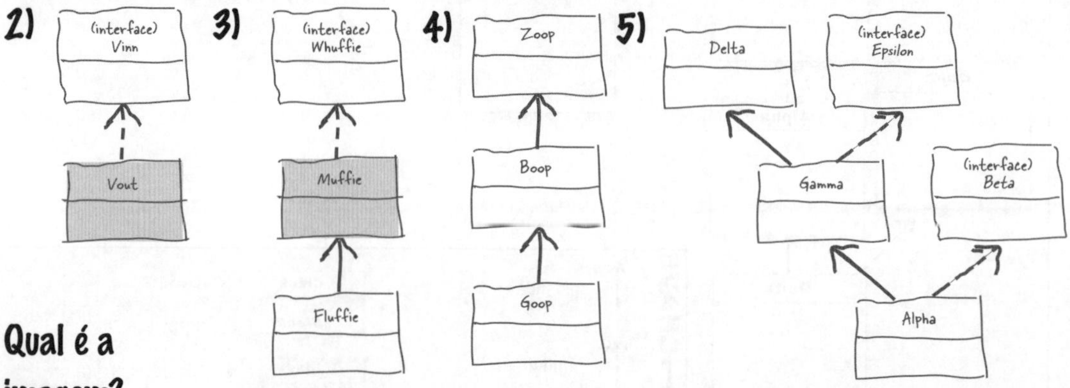
2)
(interface) Vinn
Vout
3)
(interface) Whuffie
Muffie
Fluffie
4)
Zoop
Boop
Goop
5)
Delta
(interface) Epsilon
Gamma
(interface) Beta
Alpha

Qual é a imagem?

Classe Abstrata: Você pode estar exagerando um pouco seu poder.

Interface: É mesmo? Bem, vamos pensar sobre quanto poder tenho a ponto de os desenvolvedores me usarem. Meu nome é trabalho; quando eles obtêm uma referência da interface, não precisam saber nada sobre o que ocorre dentro do objeto.

Classe Abstrata: Você acha isso bom? Ah, tá! Quando você me usa, assim como minhas subclasses, sabe bem o que acontece internamente. Posso lidar com qualquer comportamento de que todas as minhas subclasses precisam e elas só precisam herdá-lo. Transparência é poder, querida!

Interface: Nove em cada dez vezes, um programador quer se assegurar de que um objeto tenha certas propriedades e métodos, mas não se importa com como são implementados.

Classe Abstrata: É mesmo? Duvido; os programadores sempre se importam com o que existe em suas propriedades e métodos.

Interface: Certo. Enfim. Mas pense em quantas vezes você viu um programador escrever um método que requer um objeto que só precisa ter certo método, e não se importa exatamente em como o método é criado; ele só precisa existir. Te peguei! O programador só precisa usar uma interface. Problema resolvido!

Classe Abstrata: Tá, sei, diga a um codificador que ele não pode codificar.

Interface: Credo, você é ***muito frustrante***!

Aponte o seu lápis Solução

2)
```
abstract class Top { }
class Tip : Top { }
```

3)
```
abstract class Fee { }
abstract class Fi : Fee { }
```

4)
```
interface Foo { }
class Bar : Foo { }
class Baz : Bar { }
```

5)
```
interface Zeta { }
class Alpha : Zeta { }
interface Beta { }
class Delta : Alpha, Beta { }
```

Delta herda de Alpha e implementa Beta.

Qual é a declaração?

Você não pode instanciar uma interface, mas pode referenciá-la

Digamos que você precisa de um objeto que tenha um método Defend para conseguir usá-lo em um loop para defender a colmeia. Qualquer objeto que implementou a interface IDefender serviria. Poderia ser um objeto HiveDefender, NectarDefender ou mesmo HelpfulLadyBug. Contanto que implemente a interface IDefender, isso garante que tenha um método Defend. Você só precisa chamá-lo.

E é aí que entram as **referências da interface**. Você pode usar uma para referenciar um objeto que implementa a interface necessária e sempre terá certeza de que tem os métodos certos para sua finalidade, mesmo que não saiba muito sobre ele.

Se tentar instanciar uma interface, o código não compilará

Você pode criar um array de referências IWorker, mas não pode instanciar uma interface. O que *pode* fazer é apontar essas referências para novas instâncias das classes que implementam IWorker. Agora você pode ter um array que mantém muitos tipos diferentes de objetos!

Se tentar instanciar uma interface, o compilador reclamará.

```
IDefender barb = new IDefender();
```

ISTO NÃO COMPILARÁ

Não é possível usar a palavra-chave `new` com uma interface, o que faz sentido; os métodos e as propriedades não têm nenhuma implementação. Se você pudesse criar um objeto a partir de uma interface, como ele saberia se comportar?

Use a interface para referenciar um objeto que já existe

Então você não pode instanciar uma interface… mas ***pode* usar a interface para criar uma variável de referência** e usá-la para referenciar um objeto que ***implementa*** a interface.

Lembra que você conseguiu passar uma referência Tiger para qualquer método que espera Animal porque Tiger estende Animal? Bem, isso é igual; você pode usar uma instância de uma classe que implementa IDefender em qualquer método ou declaração que espera IDefender.

Mesmo que este objeto possa fazer mais, ao usar uma referência da interface, você só tem acesso aos métodos na interface.

```
IDefender susan = new HiveDefender();
IDefender ginger = new NectarDefender();
```

São declarações `new` comuns, como as que você vem usando em grande parte do livro. A única diferença é que está **usando uma variável do tipo IDefender** para referenciá-las.

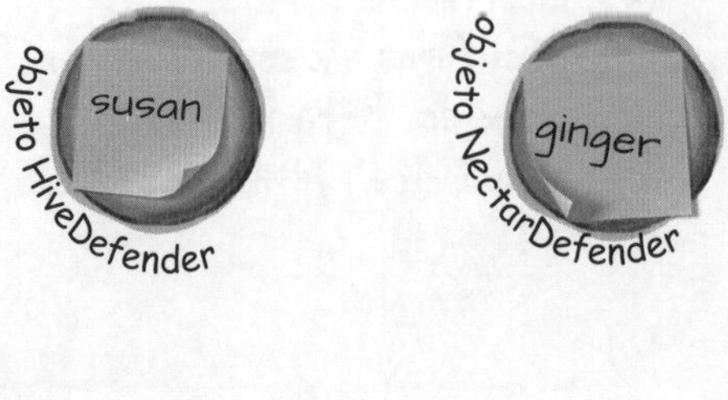
susan
objeto HiveDefender
ginger
objeto NectarDefender

Você usou a interface para declarar as variáveis "susan" e "ginger", mas elas são referências normais que funcionam como qualquer outra referência do objeto.

Enigma da Piscina

Seu ***trabalho*** é pegar os snippets de código na piscina e colocá-los nas linhas em branco no código e na saída. Você pode usar o mesmo snippet mais de uma vez e não precisará usar todos eles. O ***objetivo*** é criar um conjunto de classes que irão compilar, executar e produzir a saída listada.

```
____________ INose {
____________ ;
    string Face { get; }
}

abstract class ____________ :     INose
{
    private string face;
    public virtual string Face {
     ________ { ________ _________ ; }
    }

    public abstract int Ear();

    public Picasso(string face)
    {
        ____________ = face;
    }
}

class     Clowns     : ____________ {
    public Clowns() : base("Clowns") { }

    public override int Ear() {
       return 7;
    }
}
```

```
class ____________ : ____________ {
    public Acts() : base("Acts") { }
    public override ____________ {
        return 5;
    }
}

class ____________ : ____________ {
    public override string Face {
       get { return "Of2016"; }
    }
    public static void Main(string[] args)
{
        string result = "";
        INose[] i = new INose[3];
        i[0] = new Acts();
        i[1] = new Clowns();
        i[2] = new Of2016();
        for (int x = 0; x < 3; x++) {
            result +=
              $"{________} {________}\n";
        }
        Console.WriteLine(result);
        Console.ReadKey();
    }
}
```

O ponto de entrada; é um programa C# completo.

Saída

```
5 Acts
7 Clowns
7 Of2016
```

Nota: cada snippet da piscina pode ser usado mais de uma vez!

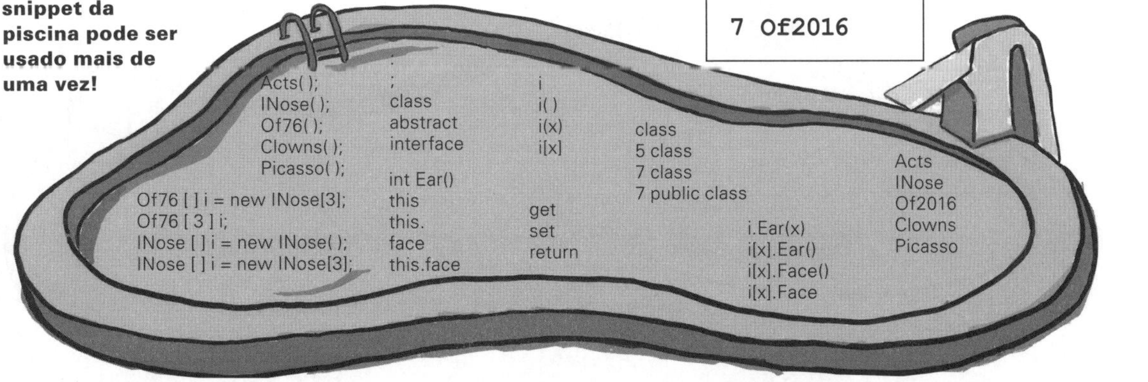

Acts( );
INose( );
Of76( );
Clowns( );
Picasso( );
Of76 [ ] i = new INose[3];
Of76 [3] i;
INose [ ] i = new INose( );
INose [ ] i = new INose[3];
:
;
class
abstract
interface
int Ear()
this
this.
face
this.face
i
i( )
i(x)
i[x]
get
set
return
class
5 class
7 class
7 public class
i.Ear(x)
i[x].Ear()
i[x].Face()
i[x].Face
Acts
INose
Of2016
Clowns
Picasso

Enigma da Piscina – Solução

Seu ***trabalho*** é pegar os snippets de código na piscina e colocá-los nas linhas em branco no código e na saída. Você pode usar o mesmo snippet mais de uma vez e não precisará usar todos eles. O ***objetivo*** é criar um conjunto de classes que irão compilar, executar e produzir a saída listada.

Saída

```
5 Acts
7 Clowns
7 Of2016
```

Face é um acesso get que retorna o valor da propriedade face. Ambos são definidos em Picasso e herdados das subclasses.

```
interface INose {
    int Ear();
    string Face { get; }
}

abstract class Picasso : INose {
    private string face;
    public virtual string Face {
      get { return face; }
    }

    public abstract int Ear();

    public Picasso(string face)
    {
        this.face = face;
    }
}

class Clowns : Picasso {
    public Clowns() : base("Clowns") { }

    public override int Ear() {
       return 7;
    }
}
```

Aqui é onde a classe Acts chama o construtor em Picasso, do qual herda. "Acts" é passada para o construtor, que é armazenado na propriedade Face.

```
class Acts : Picasso {
    public Acts() : base("Acts") { }
    public override int Ear() {
        return 5;
    }
}

class Of2016 : Clowns {
    public override string Face {
       get { return "Of2016"; }
    }
    public static void Main(string[] args) {
        string result = "";
        INose[] i = new INose[3];
        i[0] = new Acts();
        i[1] = new Clowns();
        i[2] = new Of2016();
        for (int x = 0; x < 3; x++) {
            result +=
              $"{ i[x].Ear() } { i[x].Face }\n";
        }
        Console.WriteLine(result);
        Console.ReadKey();
    }
}
```

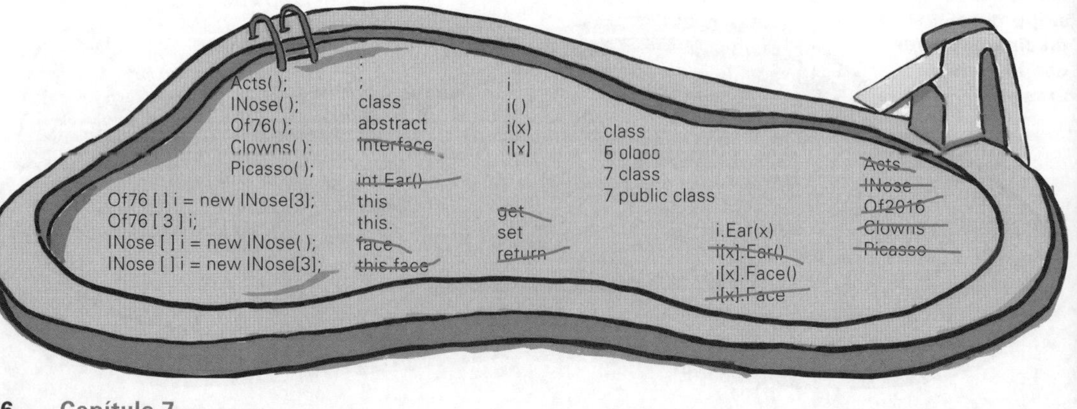

Acts( );
INose( );
Of76( );
Clowns( );
Picasso( );
Of76 [ ] i = new INose[3];
Of76 [3] i;
INose [ ] i = new INose( );
INose [ ] i = new INose[3];
;
;
class
abstract
interface
int Ear()
this
this.
face
this.face
i
i( )
i(x)
i[x]
get
set
return
class
5 class
7 class
7 public class
i.Ear(x)
i[x].Ear()
i[x].Face()
i[x].Face
Acts
INose
Of2016
Clowns
Picasso

Referências da interface são referências do objeto comuns

Você já sabe tudo sobre como os objetos residem no heap. Trabalhar com uma referência da interface é só outro modo de se referir aos mesmos objetos já usados. Vejamos com atenção como as interfaces seriam usadas para referenciar objetos no heap.

1 Começaremos criando objetos como sempre.

O código para criar abelhas: ele cria uma instância de HiveDefender e uma instância de NectarDefender, e ambas as classes implementam a interface IDefender.

```
HiveDefender bertha = new HiveDefender();
NectarDefender gertie = new
NectarDefender();
```

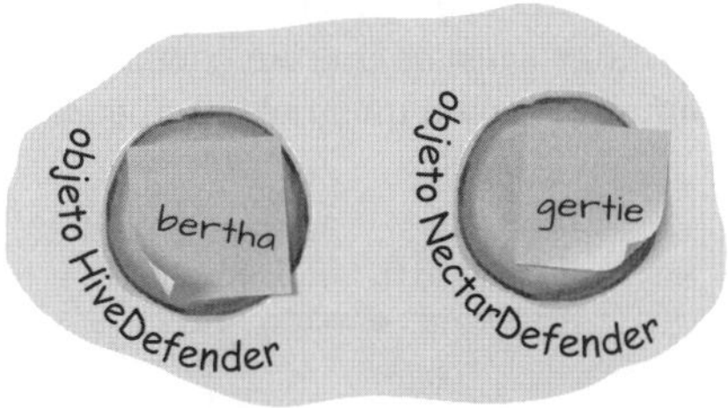
objeto HiveDefender
bertha
objeto NectarDefender
gertie

2 Depois adicionaremos referências IDefender.

Você pode usar referências da interface como usa qualquer outro tipo de referência. Essas duas declarações usam interfaces para criar **novas referências para objetos existentes**. Você pode apenas apontar uma referência da interface para a instância de uma classe que a implementa.

```
IDefender def2 = gertie;
IDefender captain = bertha;
```

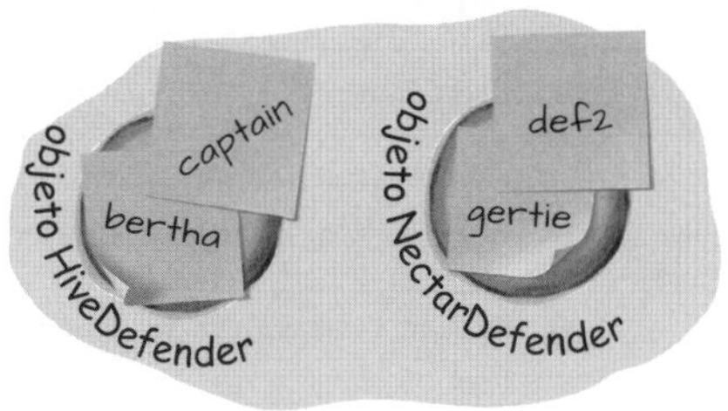
objeto HiveDefender
captain
bertha
objeto NectarDefender
def2
gertie

3 A referência manterá um objeto ativo.

Quando não há nenhuma referência apontando para um objeto, ele desaparece. Não há regras que dizem que essas referências devem ser do mesmo tipo! Uma referência da interface é tão boa quanto qualquer outra referência do objeto em relação a controlar os objetos para que eles não sejam coletados como lixo.

```
bertha = gertie;
// A referência captain ainda aponta para
// o objeto HiveDefender
```

← Agora bertha aponta para NectarDefender.

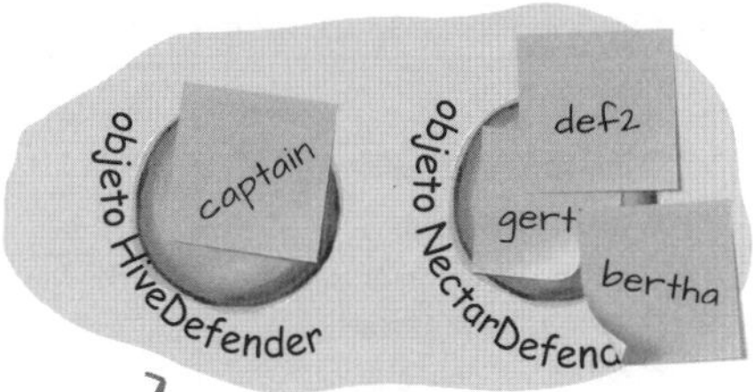
objeto HiveDefender
captain
def2
bertha

Este objeto não desaparece do heap porque "captain" ainda o referencia.

4 Use uma interface como qualquer tipo.

Você pode criar um novo objeto com uma declaração new e atribui-lo direto a uma variável de referência da interface em uma linha de código. É possível **usar interfaces para criar arrays** que podem referenciar qualquer objeto que implementa a interface.

```
IDefender[] defenders = new
IDefender[3];
defenders[0] = new HiveDefender();
defenders[1] = bertha;
defenders[2] = captain;
```

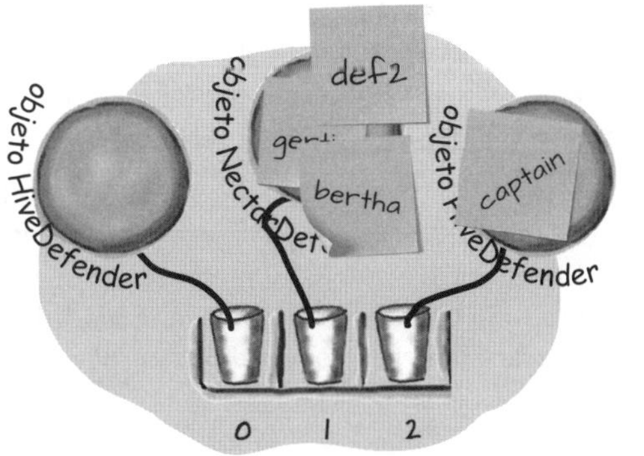
objeto HiveDefender
def2
bertha
captain
0
1
2

RoboBee 4000 pode fazer o trabalho de uma operária sem usar o valioso mel

O negócio bombou no último trimestre e Queen tinha orçamento reserva suficiente para comprar a tecnologia da colmeia mais recente: a RoboBee 4000. Ela pode fazer o trabalho de três abelhas diferentes e, o melhor, não consome mel! Mas não é exatamente ecológica; ela opera com combustível. Como podemos usar interfaces para integrar RoboBee no negócio diário da colmeia?

```
class Robot
{
   public void ConsumeGas() {
     // Não é ecológica
   }
}

class RoboBee4000 : Robot, IWorker
{
   public string Job {
     get { return "Egg Care"; }
   }
   public void WorkTheNextShift()
   {
     // Faz o trabalho de três abelhas!
   }
}
```

Vejamos melhor o diagrama de classe para saber como podemos usar uma interface para integrar uma classe RoboBee no Sistema de Gerenciamento de Colmeias. Lembre-se, usamos linhas pontilhadas para mostrar que um objeto implementa uma interface.

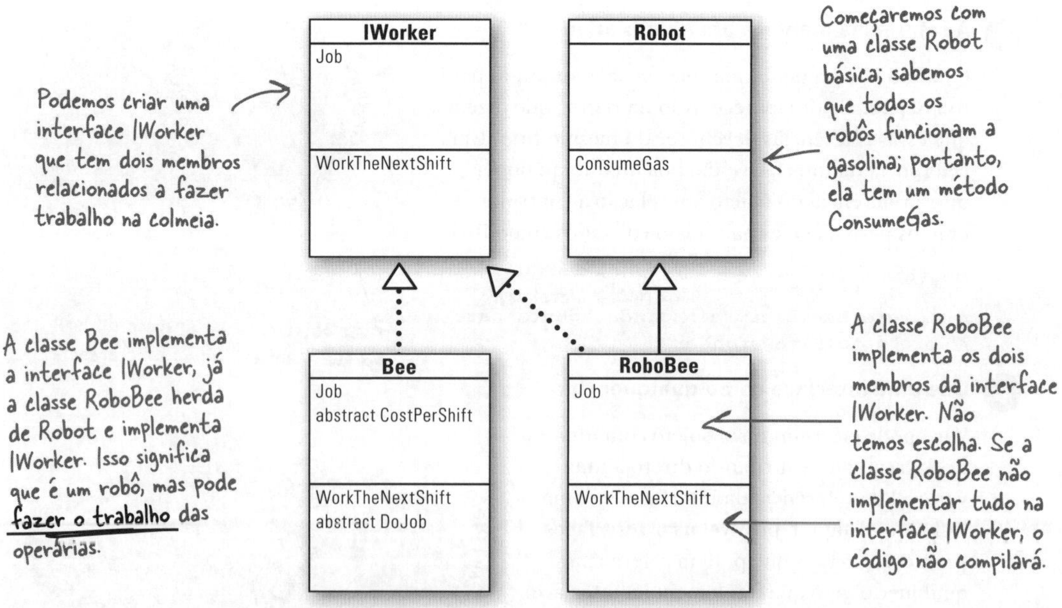
IWorker
Job
WorkTheNextShift
Robot
ConsumeGas
Bee
Job
abstract CostPerShift
WorkTheNextShift
abstract DoJob
RoboBee
Job
WorkTheNextShift
Podemos criar uma interface IWorker que tem dois membros relacionados a fazer trabalho na colmeia.
Começaremos com uma classe Robot básica; sabemos que todos os robôs funcionam a gasolina; portanto, ela tem um método ConsumeGas.
A classe Bee implementa a interface IWorker, já a classe RoboBee herda de Robot e implementa IWorker. Isso significa que é um robô, mas pode fazer o trabalho das operárias.
A classe RoboBee implementa os dois membros da interface IWorker. Não temos escolha. Se a classe RoboBee não implementar tudo na interface IWorker, o código não compilará.

Agora tudo o que precisamos fazer é modificar o Sistema de Gerenciamento de Colmeias para usar a interface IWorker, em vez da classe Bee abstrata, sempre que precisar referenciar uma operária.

Exercício

Modifique o Sistema de Gerenciamento de Colmeias para usar a interface IWorker no lugar da classe Bee abstrata sempre que precisar referenciar uma operária.

Seu trabalho é adicionar a interface IWorker ao projeto, refatorar o código para fazer a classe Bee implementá-la e modificar a classe Queen para ela usar somente as referências IWorker. Veja como fica o diagrama de classe atualizado:

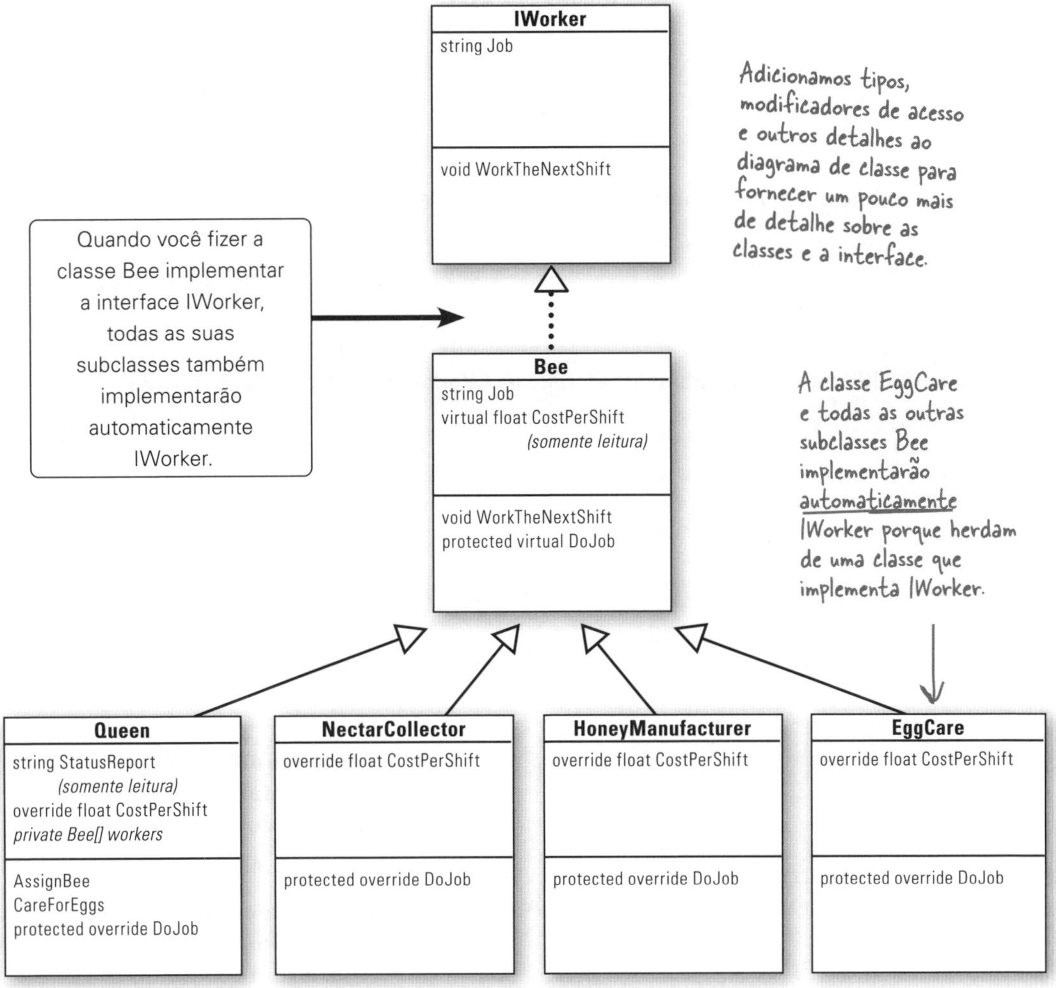
IWorker
string Job
void WorkTheNextShift
Adicionamos tipos, modificadores de acesso e outros detalhes ao diagrama de classe para fornecer um pouco mais de detalhe sobre as classes e a interface.
Quando você fizer a classe Bee implementar a interface IWorker, todas as suas subclasses também implementarão automaticamente IWorker.
Bee
string Job
virtual float CostPerShift
(somente leitura)
void WorkTheNextShift
protected virtual DoJob
A classe EggCare e todas as outras subclasses Bee implementarão automaticamente IWorker porque herdam de uma classe que implementa IWorker.
Queen
string StatusReport
(somente leitura)
override float CostPerShift
private Bee[] workers
AssignBee
CareForEggs
protected override DoJob
NectarCollector
override float CostPerShift
protected override DoJob
HoneyManufacturer
override float CostPerShift
protected override DoJob
EggCare
override float CostPerShift
protected override DoJob

Você precisará:

- Adicionar a interface IWorker ao seu projeto Beehive Management System [Sistema de Gerenciamento de Colmeias].
- Modificar a classe Bee para implementar IWorker.
- Modificar a classe Queen para substituir qualquer referência Bee por uma referência IWorker.

Se não lembra muito um código, é porque não é. Após adicionar a interface, você só precisa mudar uma linha de código na classe Bee e três linhas de código na classe Queen.

Exercício
Solução

Seu trabalho era modificar o Sistema de Gerenciamento de Colmeias para usar a interface IWorker no lugar da classe Bee abstrata sempre que ela precisa referenciar uma operária. Você teve que adicionar a interface IWorker e modificar as classes Bee e Queen. Não precisou de muito código, pois usar interfaces não requer muito código extra.

Primeiro você adicionou a interface IWorker ao projeto

```
interface IWorker
{
    string Job { get; }
    void WorkTheNextShift();
}
```

Depois modificou Bee para implementar a interface IWorker

```
abstract class Bee : IWorker
{
    /* O resto da classe fica igual */
}
```

Qualquer classe pode implementar <u>QUALQUER</u> interface, contanto que mantenha a promessa de implementar os métodos e as propriedades da interface.

Por fim, modificou Queen para usar referências IWorker em vez de referências Bee

```
class Queen : Bee
{
    private IWorker[] workers = new IWorker[0];

    private void AddWorker(IWorker worker)
    {
        if (unassignedWorkers >= 1)
        {
            unassignedWorkers--;
            Array.Resize(ref workers, workers.Length + 1);
            workers[workers.Length - 1] = worker;
        }
    }

    private string WorkerStatus(string job)
    {
        int count = 0;
        foreach (IWorker worker in workers)
            if (worker.Job == job) count++;
        string s = "s";
        if (count == 1) s = "";
        return $"{count} {job} bee{s}";
    }

   /* Tudo mais na classe Queen fica igual */
}
```

Tente modificar WorkerStatus para mudar IWorker no loop foreach de volta para Bee:

```
foreach (Bee worker in workers)
```

Então execute o código; ele funciona muito bem! Agora tente mudá-lo para NectarCollector. Desta vez você obtém uma System.InvalidCastException. Por que acha que isso acontece?

não existem Perguntas Idiotas

P: Quando coloco uma propriedade em uma interface, ela parece uma propriedade automática. Isso significa que só posso usar propriedades automáticas quando implemento uma interface?

R: Não mesmo. É verdade que uma propriedade dentro de uma interface é muito parecida com uma propriedade automática, como a propriedade Job na interface IWorker na próxima página, mas certamente não são propriedades automáticas. Você poderia implementar a propriedade Job assim:

```
public Job {
   get; private set;
}
```

Você precisa que set seja private, pois as propriedades automáticas requerem que tenha set e get (mesmo que sejam private). Uma alternativa é implementá-lo assim:

```
public Job {
  get {
    return "Egg Care";
  }
}
```

E o compilador ficará muito contente com isso. Você também pode adicionar setter; a interface requer get, mas não diz que você não pode ter set também (se você usar uma propriedade automática para implementá-lo, poderá decidir sozinho se deseja que set seja private ou public.)

P: Não é estranho não haver modificadores de acesso em minhas interfaces? Devo marcar os métodos e as propriedades como public?

R: Não é preciso ter modificadores de acesso porque tudo em uma interface é public automaticamente por padrão. Se você tem uma interface como esta:

```
void Honk();
```

Ela informa que precisa de um método void público chamado Honk, mas não diz o que o método precisa fazer. Ele pode fazer qualquer coisa, não importa, o código compilará contanto que algum método exista com a assinatura certa.

Parece familiar? É porque vimos isso antes, nas classes abstratas no Capítulo 6. Quando você declara métodos ou propriedades em uma interface sem corpo, eles são **public e abstract automaticamente**, como os membros abstratos usados nas classes abstratas. Eles funcionam como qualquer outro método ou propriedade abstrata, pois, mesmo que você não use a palavra-chave `abstract`, está implícito. É por isso que toda classe que implementa uma interface **deve implementar todo membro**.

As pessoas que planejaram o C# poderiam fazer você marcar cada um dos membros como public e abstract, mas seria redundante. Então, tornaram os membros públicos e abstratos por padrão para tudo ficar mais claro.

Tudo em uma interface pública é público automaticamente, pois você a usará para definir métodos e propriedades públicos de qualquer classe que a implementa.

A propriedade Job de IWorker é uma gambiarra

O Sistema de Gerenciamento de Colmeias usa a propriedade Worker.Job assim: `if (worker.Job == job)`

Tem algo estranho aqui? Para nós, sim. Achamos que é uma **gambiarra**, ou uma solução atrapalhada e pouco elegante. Por que achamos que a propriedade Job é uma gambiarra? Imagine o que aconteceria se você tivesse um erro de digitação como este:

```
class EggCare : Bee {
   public EggCare(Queen queen) : base("Egg Crae")

   // Ops! Agora temos um bug na classe EggCare,
   // mesmo que o resto da classe seja igual.
}
```

Escrevemos "Egg Care" errado; um erro que qualquer pessoa cometeria! Você consegue imaginar como seria difícil rastrear os bugs que esse erro de digitação causaria?

Agora o código não tem como descobrir se uma referência Worker aponta para uma instância de EggCare. Seria um erro muito difícil de corrigir. Então, sabemos que esse código é propenso a erros... mas é uma gambiarra?

Falamos sobre **separação de conceitos**: todo o código para abordar um problema específico deve ficar junto. A propriedade Job ***viola o princípio da separação de conceitos***. Se temos uma referência Worker, não devemos ter que verificar uma string para descobrir se ela aponta para um objeto EggCare ou NectarCollector. A propriedade Job retorna "Egg Care" para um objeto EggCare e "Nectar Collector" para um objeto NectarCollector, e é usada apenas para verificar o tipo do objeto. Mas já rastreamos essa informação: ***é o tipo do objeto***.

ACHO QUE VEJO AONDE VOCÊ QUER CHEGAR. APOSTO QUE O C# TEM UM MEIO DE DESCOBRIR O TIPO DE UM OBJETO ***SEM RECORRER A UMA GAMBIARRA***, CERTO?

Certo! O C# tem ferramenta para trabalhar com os tipos. Você nem precisa de uma propriedade como Job para rastrear o tipo de uma classe com strings como "Egg Care" ou "Nectar Collector". O C# fornece ferramentas que permitem verificar o tipo de um objeto.

> Gam-bi-ar-ra, subst.
> Em engenharia, uma solução feia, atrapalhada e pouco elegante para um problema que será difícil de manter. *Lila passou mais de uma hora refatorando a **gambiarra** no código para não ter que lidar com bugs no futuro.*

Use "is" para verificar o tipo do objeto

O que seria preciso para se livrar da gambiarra da propriedade Job? No momento, Queen tem seu array `workers`, ou seja, tudo o que ela pode obter é uma referência IWorker. Ela usa a propriedade Job para descobrir quais operárias são EggCare e quais são NectarCollectors:

```
foreach (IWorker worker in workers) {
if (worker.Job == "Egg Care") {
    WorkNightShift((EggCare)worker);
}

void WorkNightShift(EggCare worker) {
   // Código para trabalhar à noite
}
```

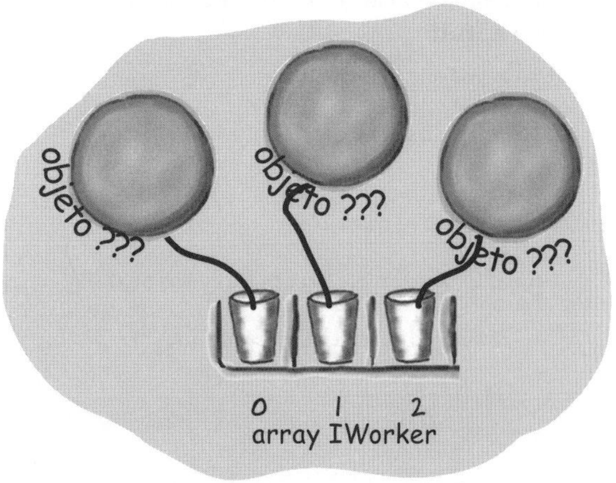
objeto ???
objeto ???
objeto ???
0
1
2
array IWorker

Acabamos de ver que o código falhará miseravelmente se digitarmos sem querer "Egg Crae" no lugar de "Egg Care". E, se você definir um Job de HoneyManufacturer para "Egg Care" por acidente, verá um daqueles erros InvalidCastException. Seria ótimo se o compilador detectasse problemas como esse quando os escrevemos, assim como usamos membros privados ou abstratos para detectar outros tipos de problemas.

O C# tem uma ferramenta para fazer exatamente isso: podemos usar a **palavra-chave `is`** para verificar o tipo de um objeto. Se você tem uma referência do objeto, pode **usar `is` para descobrir um tipo específico**:

```
objectReference is ObjectType newVariable
```

Se o objeto para o qual objectReference aponta tem ObjectType como seu tipo, então ele retorna true e cria uma nova referência chamada `newVariable` com esse tipo.

Se Queen quiser encontrar todas as operárias EggCare e fazê-las trabalhar à noite, poderá usar a palavra-chave `is`:

```
foreach (IWorker worker in workers) {
    if (worker is EggCare eggCareWorker) {
        WorkNightShift(eggCareWorker);
    }
}
```

A palavra-chave is retorna true se um objeto combina com um tipo e pode declarar uma variável com uma referência para esse objeto.

A declaração `if` nesse loop usa `is` para verificar cada referência IWorker. Veja com atenção o teste condicional:

```
worker is EggCare eggCareWorker
```

Se o objeto referenciado pela variável `worker` é um objeto EggCare, o teste retorna true e a declaração `is` atribui a referência a uma nova variável EggCare chamada `eggCareWorker`. É como uma coerção, mas a declaração `is` **faz a coerção para você <u>com segurança</u>**.

Use "is" para acessar métodos na subclasse

Faça isto!

Vamos juntar tudo o que falamos até agora em um novo projeto criando um modelo de classe simples com Animal no topo, classes Hippo e Canine que estendem Animal, e uma classe Wolf que estende Canine.

Crie um novo aplicativo de console e **adicione as classes Animal, Hippo, Canine e Wolf**:

```
abstract class Animal
{
    public abstract void MakeNoise();
}
```

A classe abstrata Animal fica no topo da hierarquia.

```
class Hippo : Animal
{
    public override void MakeNoise()
    {
        Console.WriteLine("Grunt.");
    }

    public void Swim()
    {
        Console.WriteLine("Splash! I'm going for a swim!");
    }
}
```

A subclasse Hippo sobrescreve o método MakeNoise abstrato e adiciona seu próprio método Swim sem nenhuma relação com a classe Animal.

```
abstract class Canine : Animal
{
    public bool BelongsToPack { get; protected set; } = false;
}
```

A classe Canine abstrata estende Animal. Ela tem sua própria propriedade abstrata BelongsToPack.

```
class Wolf : Canine
{
    public Wolf(bool belongsToPack)
    {
        BelongsToPack = belongsToPack;
    }

    public override void MakeNoise()
    {
        if (BelongsToPack)
            Console.WriteLine("I'm in a pack.");
        Console.WriteLine("Aroooooo!");
    }

    public void HuntInPack()
    {
        if (BelongsToPack)
            Console.WriteLine("I'm going hunting with my pack!");
        else
            Console.WriteLine("I'm not in a pack.");
    }
}
```

A classe Wolf estende Canine e adiciona seu próprio método HuntInPack.

O método HuntInPack só faz parte da classe Wolfs. Ele não herdou de uma superclasse.

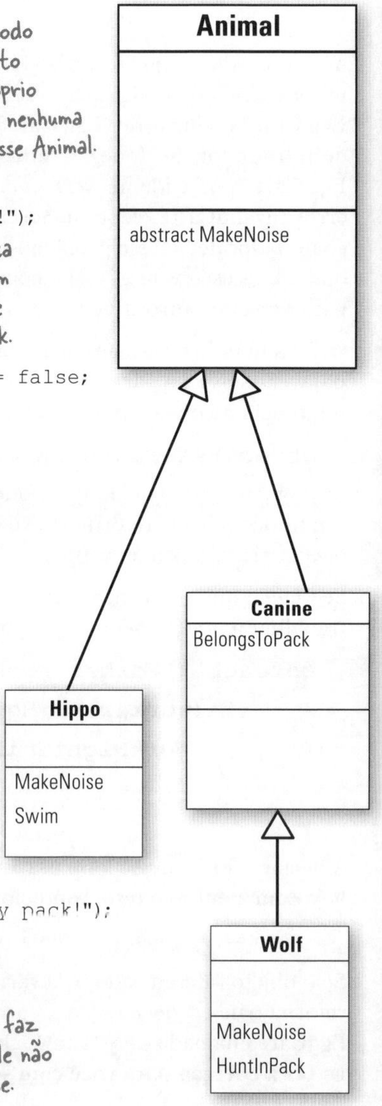
Animal
abstract MakeNoise
Canine
BelongsToPack
Hippo
MakeNoise
Swim
Wolf
MakeNoise
HuntInPack

Em seguida, preencha o método Main. Veja o que ele faz:

- ★ Cria um array de objetos Hippo e Wolf, então usa um loop foreach para percorrer cada um deles.
- ★ Usa a referência Animal para chamar o método MakeNoise.
- ★ Se é Hippo, o método Main chama seu método Hippo.Swim.
- ★ Se é Wolf, o método Main chama seu método Wolf.HuntInPack.

> No Capítulo 6 aprendemos que podemos usar diferentes referências para chamar diferentes métodos no mesmo objeto. Quando você não usou as palavras-chave `override` e `virtual`, se a variável de referência tivesse o tipo Locksmith, ela chamaria Locksmith.ReturnContents, mas, se fosse um tipo JewelThief, chamaria JewelThief.ReturnContents. Fazemos algo parecido aqui.

O problema é que, se você tem uma referência Animal apontando para um objeto Hippo, não é possível usá-la para chamar Hippo.Swim:

```
Animal animal = new Hippo();
animal.Swim(); // <-- Esta linha não compilará!
```

Não importa se o objeto é Hippo. Se você usa uma variável Animal, só pode acessar os campos, os métodos e as propriedades de Animal.

Por sorte, temos uma solução. Se você está 100% certo de que tem um objeto Hippo, pode fazer a **coerção de sua referência Animal em um Hippo**, então pode acessar seu método Hippo.Swim:

```
Hippo hippo = (Hippo)animal;
hippo.Swim(); // É o mesmo objeto, mas você pode chamar o método Hippo.Swim.
```

Veja **o método Main que usa a palavra-chave `is`** para chamar Hippo.Swim ou Wolf.HuntInPack:

```
class Program
{
    static void Main(string[] args)
    {
        Animal[] animals =
        {
            new Wolf(false),
            new Hippo(),
            new Wolf(true),
            new Wolf(false),
            new Hippo()
        };

        foreach (Animal animal in animals)
        {
            animal.MakeNoise();
            if (animal is Hippo hippo)
            {
                hippo.Swim();
            }

            if (animal is Wolf wolf)
            {
                wolf.HuntInPack();
            }

            Console.WriteLine();
        }
    }
}
```

Este loop foreach itera o array "animals". É preciso declarar uma variável do tipo Animal para combinar com o tipo do array, mas essa referência não nos permitirá acessar Hippo.Swim nem Wolf.HuntInPack.

Esta declaração if usa a palavra-chave "is" para verificar se a referência do animal é Hippo ou Wolf, então faz a coerção com segurança para a variável hippo ou wolf a fim de que possa chamar os métodos específicos para a subclasse.

Pare um pouco e use o depurador para entender bem o que está acontecendo aqui. Coloque um ponto de interrupção na primeira linha do loop foreach; adicione inspeções para `animal`, `hippo` e `wolf`, e percorra passo a passo.

E se quiséssemos que animais diferentes nadassem ou caçassem em grupos?

Sabia que os leões caçam em grupo? Ou que os tigres conseguem nadar? E os cães que caçam em grupo E nadam? Se quiséssemos adicionar os métodos Swim e HuntInPack a todos os animais em nosso modelo do simulador de zoológico que precisam deles, o loop foreach ficaria cada vez maior.

O bom de definir um método ou uma propriedade abstrata em uma classe básica e sobrescrevê-lo em uma subclasse é que **você não precisa saber nada sobre a subclasse** para usá-la. Pode adicionar todas as subclasses Animal desejadas e este loop ainda funcionará:

```
foreach (Animal animal in animals) {
    animal.MakeNoise();
}
```

O método MakeNoise **sempre será implementado pelo objeto**.

Na verdade, você pode tratá-lo como um **contrato** que o compilador aplica.

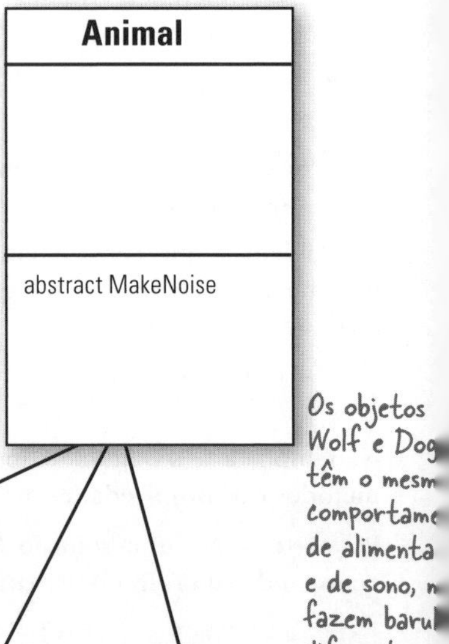
Animal
abstract MakeNoise
Os objetos
Wolf e Dog
têm o mesm
comportame
de alimenta
e de sono, n
fazem baru
diferentes.

Existe um modo de tratar os métodos HuntInPack e Swim como contratos também, para podermos usar variáveis mais gerais com eles, como fazemos com a classe Animal?

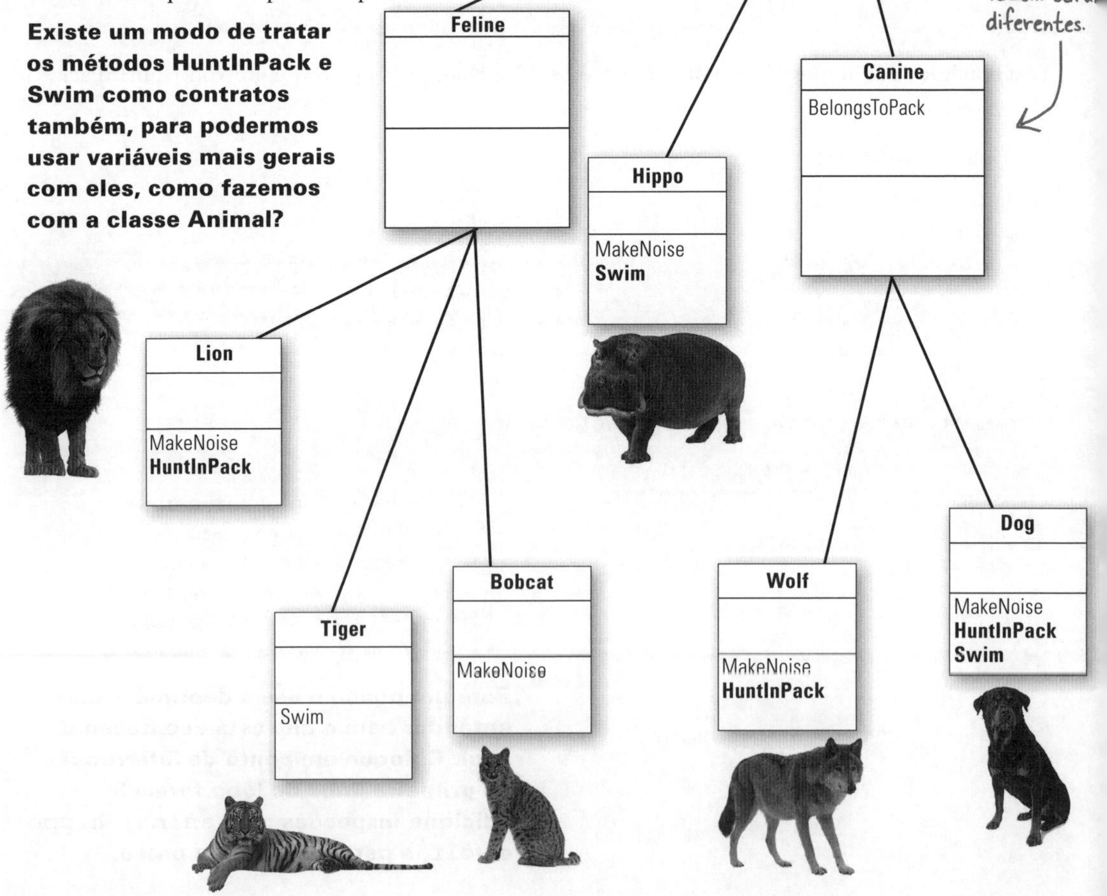
Feline
Hippo
MakeNoise
Swim
Canine
BelongsToPack
Lion
MakeNoise
HuntInPack
Tiger
Swim
Bobcat
MakeNoise
Wolf
MakeNoise
HuntInPack
Dog
MakeNoise
HuntInPack
Swim

Use interfaces para trabalhar com classes que fazem o mesmo trabalho

As classes que nadam têm um método Swim e as que caçam em grupos têm um método HuntInPack. Certo, é um bom começo. Agora queremos escrever um código que trabalha com objetos que nadam ou caçam em grupos, e é aí que as interfaces se destacam. Usaremos a **palavra-chave `interface`** para definir duas interfaces e **adicionaremos um membro abstrato** a cada interface:

Adicione isto!

```
interface ISwimmer {
    void Swim();
}
interface IPackHunter {
    void HuntInPack();
}
```

Então, **faça as classes Hippo e Wolf implementarem as interfaces** adicionando uma interface ao final de cada declaração da classe. Use **dois-pontos** (:) para implementar uma interface, como faz ao estender uma classe. Se já estendeu uma classe, basta adicionar uma vírgula após a superclasse e o nome da interface. Você só precisa assegurar que a classe **implemente <u>todos</u> os membros da interface** ou terá um erro do compilador.

```
class Hippo : Animal, ISwimmer {
    /* O código fica exatamente igual; ele DEVE incluir o método Swim */
}

class Wolf : Canine, IPackHunter {
    /* O código fica exatamente igual; ele DEVE incluir o método HuntInPack */
}
```

Use a palavra-chave "is" para verificar se Animal nada ou caça em grupo

Você pode usar a **palavra-chave `is`** para verificar se um objeto específico implementa uma interface; e funciona não importa as outras classes que o objeto implementa. Se a variável `animal` referencia um objeto que implementa a interface ISwimmer, então `animal is ISwimmer` retornará true e você poderá fazer a coerção com segurança para uma referência ISwimmer para chamar seu método Swim:

```
foreach (Animal animal in animals)
{
    animal.MakeNoise();
    if (animal is ISwimmer swimmer)
    {
        swimmer.Swim();
    }
    if (animal is IPackHunter hunter)
    {
        hunter.HuntInPack();
    }
    Console.WriteLine();
}
```

Como seria seu código se você tivesse vinte subclasses Animal diferentes que nadam? Precisaria de vinte declarações **`if (animal is...)`** diferentes que fazem a coerção de **`animal`** em cada subclasse individual para chamar o método Swim. Usando ISwimmer, só temos que verificar <u>uma vez</u>.

Estamos usando a palavra-chave "is" como fizemos antes, mas desta vez ela é usada com interfaces. Ainda funciona do mesmo modo.

Navegue com segurança sua hierarquia de classes com "is"

Quando você fez o exercício para substituir Bee por IWorker no Sistema de Gerenciamento de Colmeias, conseguiu fazê-la gerar uma InvalidCastException? ***Por isso que ela gera uma exceção.***

Você pode converter com segurança uma referência NectarCollector em uma referência IWorker.

Todas as NectarCollectors são Bees (ou seja, elas estendem a classe básica Bee); portanto, você sempre pode usar o operador = para obter uma referência para NectarCollector e atribuí-la a uma variável Bee.

```
HoneyManufacturer lily = new HoneyManufacturer();
Bee hiveMember = lily;
```

E, como Bee implementa a interface IWorker, pode convertê-la com segurança em uma referência IWorker também.

```
HoneyManufacturer daisy = new HoneyManufacturer();
IWorker worker = daisy;
```

Essas conversões do tipo são seguras: elas nunca geram uma IllegalCastException porque apenas atribuem objetos mais específicos a variáveis com tipos mais gerais *na mesma hierarquia de classes*.

Não pode converter com segurança uma referência Bee em uma referência NectarCollector.

Não é possível seguir com segurança em outra direção, isso é, converter Bee em NectarCollector, pois nem todos os objetos Bee são instâncias de NectarCollector. HoneyManufacturer *definitivamente não é* NectarCollector. Assim:

```
IWorker pearl = new HoneyManufacturer();
NectarCollector irene = (NectarCollector)pearl;
```

É uma **coerção inválida** que tenta fazer a coerção de um objeto em uma variável que não combina com seu tipo.

A palavra-chave "is" permite converter os tipos com segurança.

Por sorte, **a palavra-chave is é mais segura do que fazer a coerção com parênteses**. Ela permite verificar se o tipo combina e só faz a coerção da referência em uma nova variável que há correspondência dos tipos.

```
if (pearl is NectarCollector irene) {
   /* Código que usa um objeto NectarCollector */
}
```

Esse código nunca irá gerar uma InvalidCastException porque só executa o código que usa um objeto NectarCollector caso `pearl` seja NectarCollector.

O C# tem outra ferramenta para uma conversão do tipo segura: a palavra-chave "as"

O C# tem outra ferramenta para uma coerção segura: a **palavra-chave as**. Ela também faz uma conversão do tipo segura. Veja como funciona. Digamos que você tenha uma referência IWorker chamada `pearl` e queira fazer a coerção segura em uma variável NectarCollector `irene`. É possível convertê-la com segurança em NectarCollector assim:

```
NectarCollector irene = pearl as NectarCollector;
```

Se os tipos são compatíveis, essa declaração define a variável `irene` para referenciar o mesmo objeto da variável `pearl`. Se o tipo do objeto não corresponde ao tipo da variável, não é gerada uma exceção. Pelo contrário, apenas **define a variável para `null`**, que você pode verificar com uma declaração `if`:

```
if (irene != null) {
    /* Código que usa um objeto NectarCollector */
}
```

BANG!

Veja bem!

A palavra-chave "is" funciona diferente nas versões muito antigas do C#.

A palavra-chave `is` existe no C# há muito tempo, mas só quando o C# 7.0 foi lançado em 2017 que `is` permitiu declarar uma nova variável. Se você usar o Visual Studio 2015, não conseguirá fazer isto: `if (pearl is NectarCollector irene) { ... }`

Em vez disso, precisará usar a palavra-chave `as` para fazer a conversão, então testar o resultado para ver se é `null`:

```
NectarCollector irene = pearl as NectarCollector;
if (irene != null) { /* Código que usa a referência irene */ }
```

Aponte o seu lápis

O array à esquerda usa os tipos do modelo de classe Bee. Dois desses tipos não compilarão; risque-os. À direita há três declarações que usam a palavra-chave `is`. Escreva quais valores de `i` fariam com que fossem avaliadas como `true`.

```
IWorker[] bees = new IWorker[8];
bees[0] = new HiveDefender();
bees[1] = new NectarCollector();
bees[2] = bees[0] as IWorker;
bees[3] = bees[1] as NectarCollector;
bees[4] = IDefender;
bees[5] = bees[0];
bees[6] = bees[0] as Object;
bees[7] = new IWorker();
```

1. `(bees[i] is IDefender)`

....

2. `(bees[i] is IWorker)`

....

3. `(bees[i] is Bee)`

....

Use upcast e downcast para subir e descer na hierarquia

Os diagramas de classe costumam ter a classe básica no topo, suas subclasses abaixo, e subclasses abaixo dela etc. Quanto mais alta uma classe no diagrama, mais abstrata ela é; quanto mais baixa, mais concreta. "Quanto mais alta, abstrata e quanto mais baixa, concreta" não é uma regra inflexível; é uma **convenção** que facilita ver rapidamente como funcionam os modelos de classe.

No Capítulo 6 vimos como sempre é possível usar uma subclasse no lugar da classe básica da qual ela herda, mas nem sempre podemos usar uma classe básica no lugar de uma subclasse que a estende. Também é possível pensar nisso de outro modo: em certo sentido, você **sobe ou desce na hierarquia de classes**. Por exemplo, se você inicia com:

```
NectarCollector ida = new NectarCollector();
```

Pode usar o operador = para fazer uma atribuição normal (para superclasses) ou a coerção (para interfaces). É como ***subir*** na hierarquia de classes. Isso é chamado de **upcast**:

```
// Faça upcast de NectarCollector para Bee
Bee beeReference = ida;

// Este upcast é seguro porque todas as Bees são IWorkers
IWorker worker = (IWorker)beeReference;
```

E pode navegar na outra direção usando o operador `is` para ***descer*** com segurança na hierarquia de classes. Isso é chamado de **downcast**:

```
// Faça downcast de IWorker para NectarCollector
if (worker is NectarCollector rose) { /* Código que usa a referência rose */ }
```

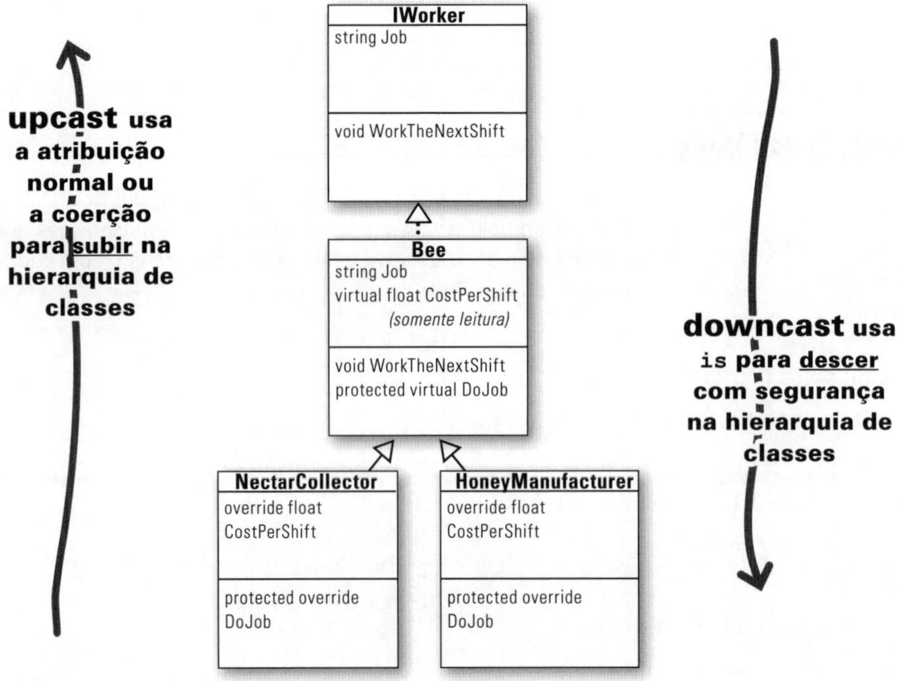
upcast usa a atribuição normal ou a coerção para subir na hierarquia de classes
IWorker
string Job
void WorkTheNextShift
Bee
string Job
virtual float CostPerShift
(somente leitura)
void WorkTheNextShift
protected virtual DoJob
NectarCollector
override float CostPerShift
protected override DoJob
HoneyManufacturer
override float CostPerShift
protected override DoJob
downcast usa is para descer com segurança na hierarquia de classes

Exemplo rápido de upcast

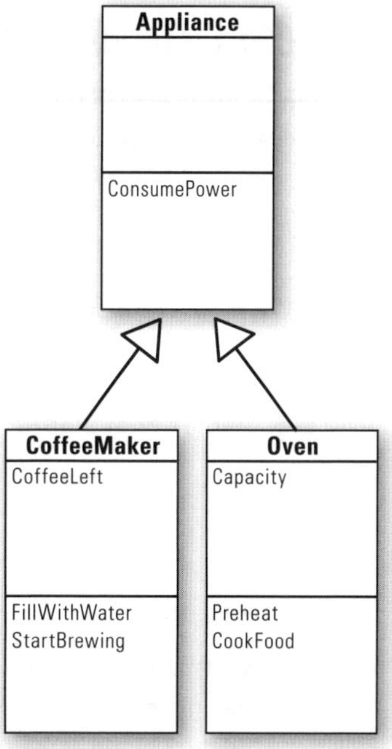
Appliance
ConsumePower
CoffeeMaker
CoffeeLeft
FillWithWater
StartBrewing
Oven
Capacity
Preheat
CookFood

Se você está tentando descobrir como economizar na conta de energia todo mês, realmente não se importa com o que faz cada aparelho; interessa apenas a energia consumida. Se você escrevesse um programa para monitorar seu consumo de energia, é provável que escreveria uma classe Appliance. Mas, se precisasse diferenciar a cafeteira do forno, teria que criar uma hierarquia de classes e adicionar métodos e propriedades específicos para uma cafeteira e um forno às suas classes CoffeeMaker e Oven, que herdariam de uma classe Appliance que tem métodos e propriedades em comum.

Poderia escrever um método para monitorar o consumo de energia:

```
void MonitorPower(Appliance appliance) {
    /* Código para adicionar dados a um
       banco de dados de consumo de energia
       doméstico */
}
```

Se quisesse usar esse método para monitorar o consumo de energia de uma cafeteira, poderia criar uma instância de CoffeeMaker e passar sua referência direto para o método:

```
CoffeeMaker mrCoffee = new CoffeeMaker();
MonitorPower(misterCoffee);
```

É um ótimo exemplo de upcast. Mesmo que o método MonitorPower tenha uma referência para um objeto Appliance, você pode passá-lo para a referência mrCoffee porque CoffeeMaker é uma subclasse de Appliance.

Aponte o seu lápis Solução

O array à esquerda usa os tipos do modelo de classe Bee. Dois desses tipos não compilarão; risque-os. À direita há três declarações que usam a palavra-chave `is`. Escreva quais valores de `i` fariam com que fossem avaliadas como `true`.

```
IWorker[] bees = new IWorker[8];
bees[0] = new HiveDefender();
bees[1] = new NectarCollector();
bees[2] = bees[0] as IWorker;
bees[3] = bees[1] as NectarCollector;
bees[4] = IDefender;          (riscado)
bees[5] = bees[0];
bees[6] = bees[0] as Object;
bees[7] = new IWorker();      (riscado)
```

Todos os elementos 0, 2 e 6 no array apontam para o mesmo objeto HiveDefender.

Esta linha faz a coerção de IWorker em NectarCollector, mas armazena-a como uma referência IWorker de novo.

1. `(bees[i] is IDefender)`

   0, 2, and 6

2. `(bees[i] is IWorker)`

   0, 1, 2, 3, 5, 6

3. `(bees[i] is Bee)`

   0, 1, 2, 3, 5, 6

Todos os objetos estendem Bee e Bee implementa IWorker; portanto, são todos Bees e IWorkers.

Upcast torna CoffeeMaker uma Appliance

Quando uma classe básica é substituída por uma subclasse, como substituir Appliance por CoffeeMaker ou Animal por Hippo, isso se chama **upcast**. É uma ferramenta muito poderosa para usar ao criar hierarquias de classes. A única desvantagem do upcast é que você só pode usar as propriedades e os métodos da classe básica — ou seja, quando trata CoffeeMaker como Appliance, não pode pedir que faça café nem que seja preenchida com água. É *possível* dizer se está na tomada ou não, pois é algo que pode fazer com qualquer Appliance (é por isso que a propriedade PluggedIn faz parte da classe Appliance).

---

1 Vamos criar alguns objetos.

Criaremos instâncias das classes CoffeeMaker e Oven, como sempre:

```
CoffeeMaker misterCoffee = new CoffeeMaker();
Oven oldToasty = new Oven();
```

> Não é preciso adicionar este código a um app, basta ler o código e começar a entender como funcionam upcast e downcast. Você terá muita prática com isso mais adiante no livro.

2 E se quiséssemos criar um array de Appliances?

Você não pode colocar CoffeeMaker em um array Oven[], assim como não pode colocar Oven em um array CoffeeMaker[]. É ***possível*** colocar ambos em um array Appliance[]:

```
Appliance[] kitchenWare = new Appliance[2];
kitchenWare[0] = misterCoffee;
kitchenWare[1] = oldToasty;
```

Você pode usar upcast para criar um array de Appliances que pode manter CoffeeMakers e Ovens.

3 Mas não pode tratar qualquer Appliance como Oven.

Quando você obtém uma referência Appliance, pode **apenas** acessar os métodos e as propriedades que têm relação com aparelhos. **Não pode** usar os métodos e as propriedades de CoffeeMaker por meio da referência Appliance, ***mesmo que saiba que é realmente CoffeeMaker***. Portanto, essas declarações funcionarão muito bem, pois tratam um objeto CoffeeMaker como Appliance:

```
Appliance powerConsumer = new CoffeeMaker();
powerConsumer.ConsumePower();
```

Mas assim que você tentar usá-lo como CoffeeMaker:

```
powerConsumer.StartBrewing();
```

Esta linha não compilará porque powerConsumer é uma referência Appliance, então só pode ser usada para fazer coisas do tipo Appliance.

O código não compilará e o IDE exibirá um erro:

> ⊗ CS1061 'Appliance' does not contain a definition for 'StartBrewing' and no accessible extension method 'StartBrewing' accepting a first argument of type 'Appliance' could be found (are you missing a using directive or an assembly reference?)

Quando você faz o upcast de uma subclasse para uma classe básica, só pode acessar os métodos e as propriedades que **correspondem à referência** usada para acessar o objeto.

powerConsumer é uma referência Appliance apontando para um objeto CoffeeMaker.

power consumer
objeto CoffeeMaker

Downcast retorna Appliance para CoffeeMaker

Upcast é uma ótima ferramenta, pois permite usar CoffeeMaker ou Oven em qualquer lugar em que só precisa de Appliance. Mas tem uma grande desvantagem; se você usa uma referência Appliance que aponta para um objeto CoffeeMaker, só pode usar os métodos e as propriedades que pertencem a Appliance. E é aí que entra o **downcast**: você pega a **referência upcast anterior** e a muda de volta. Você pode descobrir se Appliance é realmente CoffeeMaker usando a palavra-chave **is** e, em caso afirmativo, pode convertê-la de volta em CoffeeMaker.

1. **Começaremos com CoffeeMaker no qual já fizemos o upcast.**

   Veja o código usado:

```
Appliance powerConsumer = new CoffeeMaker();
powerConsumer.ConsumePower();
```

2. **E se quisermos retornar Appliance para CoffeeMaker?**

   Digamos que estamos criando um app que examina um array de referências Appliance para fazer CoffeeMaker começar o preparo. Não podemos simplesmente usar nossa referência Appliance para chamar o método CoffeeMaker:

```
Appliance someAppliance = appliances[5];
someAppliance.StartBrewing()
```

   Essa declaração não compilará; você visualizará o erro do compilador: "'Appliance' does not contain a definition for 'StartBrewing'" porque StartBrewing é um membro de CoffeeMaker, mas você usa uma referência Appliance.

Veja nossa referência Appliance que aponta para um objeto CoffeeMaker. Você só pode usá-la para acessar os membros da classe Appliance.

power consumer
objeto CoffeeMaker

3. **Mas, como sabemos que é um CoffeeMaker, iremos usá-lo como tal.**

   A palavra-chave is é o primeiro passo. Como você sabe que obteve uma referência Appliance que aponta para um objeto CoffeeMaker, pode usar **is** para fazer o downcast. Isso permite usar os métodos e as propriedades da classe CoffeeMaker. Como CoffeeMaker herda de Appliance, ainda tem os métodos e as propriedades de Appliance.

```
if (someAppliance is CoffeeMaker javaJoe) {
   javaJoe.StartBrewing();
}
```

some Appliance
javaJoe

A referência javaJoe aponta para o mesmo objeto CoffeeMaker de powerConsumer, mas é uma referência CoffeeMaker; portanto, pode chamar o método StartBrewing.

Upcast e downcast funcionam com interfaces também

As interfaces funcionam muito bem com upcast e downcast. Vamos adicionar uma interface ICooksFood para qualquer classe que possa aquecer alimentos. Em seguida, adicionaremos uma classe Microwave; Microwave e Oven implementam a interface ICooksFood. Agora uma referência para um objeto Oven pode ser uma referência ICooksFood, Microwave ou Oven. Isso significa que temos três tipos diferentes de referências que poderiam apontar para um objeto Oven, e cada uma pode acessar diferentes membros, dependendo do tipo dela. Por sorte, o IntelliSense do IDE pode ajudar a descobrir exatamente o que você pode ou não fazer com cada uma:

Qualquer classe que implementa ICooksFood é um aparelho que pode aquecer alimentos.

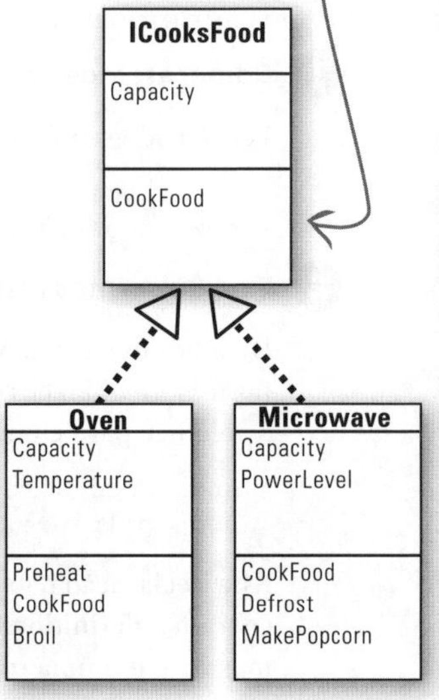
ICooksFood
Capacity
CookFood
Oven
Capacity
Temperature
Preheat
CookFood
Broil
Microwave
Capacity
PowerLevel
CookFood
Defrost
MakePopcorn

```
Oven misterToasty = new Oven();
misterToasty.
```

Quando você tem uma referência Oven, pode acessar todos os membros Oven.

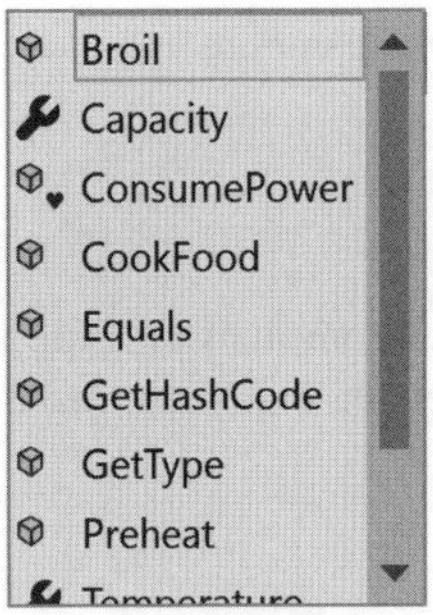
Broil
Capacity
ConsumePower
CookFood
Equals
GetHashCode
GetType
Preheat

Assim que você digitar o ponto, a janela IntelliSense abrirá com uma lista de todos os membros que podem ser usados. `misterToasty` é uma referência Oven apontando para um objeto Oven; portanto, pode acessar todos os métodos e propriedades. É o tipo mais específico, então você só o aponta para objetos Oven.

Para acessar os membros da interface ICooksFood, converta-a em uma referência ICooksFood:

```
if (misterToasty is ICooksFood cooker) {
    cooker.
```

Uma referência ICooksFood só pode acessar os membros que fazem parte da interface.

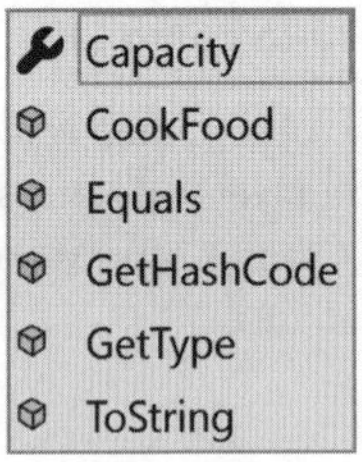
Capacity
CookFood
Equals
GetHashCode
GetType
ToString

`cooker` é uma referência ICooksFood apontando para o mesmo objeto Oven. Só pode acessar os membros ICooksFood, mas também pode apontar para um objeto Microwave.

Três referências diferentes que apontam para o mesmo objeto podem acessar métodos e propriedades diferentes, dependendo do tipo da referência.

É igual à classe Oven que usamos antes; portanto, também estende a classe básica Appliance. Se você usar uma referência Appliance para acessar o objeto, só visualizará os membros da classe Appliance:

```
if (misterToasty is Appliance powerConsumer)
    powerConsumer.
```

Appliance tem apenas um membro, ConsumePower, e é tudo o que você vê na lista.

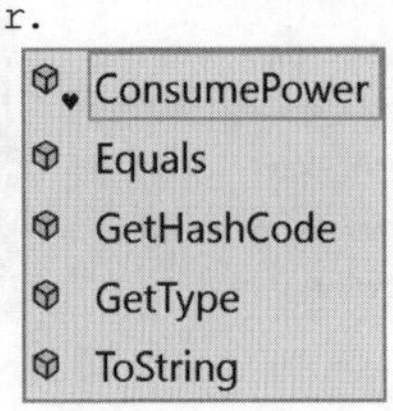
ConsumePower
Equals
GetHashCode
GetType
ToString

`powerConsumer` é uma referência Appliance. Isso permite obter campos, métodos e propriedades públicos em Appliance. É mais geral que uma referência Oven (assim você poderia apontar para um objeto CoffeeMaker se quisesse).

não existem Perguntas Idiotas

P: Voltando, acho que você me disse que sempre posso fazer upcast, mas nem sempre posso fazer downcast. Por quê?

R: O upcast não funcionará se você tenta definir um objeto para ser igual a uma classe da qual não herda ou a uma interface que ele não implementa. O compilador pode descobrir de imediato se você não fez o upcast corretamente e gera um erro. Quando dizemos que "você sempre pode fazer upcast, mas nem sempre pode fazer downcast" é como dizer "todo forno (oven) é um aparelho (appliance), mas nem todo aparelho é um forno".

P: Li online que uma interface é como um contrato, mas não entendi bem. O que isso significa?

R: Sim, muitas pessoas gostam de dizer que uma interface é como um contrato. ("Como uma interface se parece com um contrato?" é a pergunta mais comum em entrevistas de trabalho.) Quando você faz a classe implementar uma interface, informa ao compilador que promete colocar certos métodos nela. O compilador cobrará essa promessa. É como um tribunal forçando-o a respeitar os termos de um contrato. Se isso ajuda a entender as interfaces, então pense nelas desse modo.

Porém, achamos mais fácil lembrar como as interfaces funcionam se você pensa nela como um tipo de checklist. O compilador verifica o checklist para se assegurar de que você realmente colocou todos os métodos da interface na classe. Do contrário, ele solta a bomba e não o permite compilar.

P: Por que eu desejaria usar uma interface? Parece que só adiciona restrições, sem realmente mudar minha classe.

R: Quando sua classe implementa uma interface, você pode usar tal interface como um tipo para declarar uma referência que possa apontar para qualquer instância de uma classe que a implementa. É muito útil, pois permite criar um tipo de referência que pode trabalhar com muitos objetos diferentes.

Um exemplo rápido. Cavalo [horse], boi [ox], mula [mule] e bezerro [steer] podem puxar uma carroça. No simulador de zoológico, Cavalo, Boi, Mula e Bezerro seriam classes diferentes. Digamos que você faça um passeio de carroça pelo zoológico e queira criar um array de qualquer animal que possa puxar carroça. Oh-oh, não é possível criar apenas um array que manterá todos eles. Se eles herdassem da mesma classe básica, você poderia criar um array, mas acontece que esse não é o caso. O que você fará?

É aí que as interfaces são úteis. Você pode criar uma interface IPuller com métodos para puxar carroça. Então, pode declarar o array assim:

```
IPuller[] pullerArray;
```

Agora é possível colocar uma referência para qualquer animal desejado no array, contanto que ele implemente a interface IPuller.

Interface lembra um checklist que o compilador examina para assegurar que sua classe implementou certo conjunto de métodos.

Interfaces podem herdar de outras interfaces

Como mencionado, quando uma classe herda de outra, ela obtém todos os métodos e as propriedades da classe básica. A **herança da interface** é mais simples. Como não existe um corpo do método real para qualquer interface, você não precisa se preocupar em chamar os construtores ou os métodos da classe básica. As interfaces herdadas **acumulam todos os membros** das interfaces que elas estendem.

Como fica no código? Vamos adicionar uma interface IDefender que herda de IWorker:

```
interface IDefender : IWorker {
    void DefendHive();
}
```

Use dois-pontos (:) para fazer uma interface estender outra interface.

Quando uma classe implementa uma interface, ela deve implementar todos os método e as propriedades nessa interface. Se a interface herda de outra, então todos *esses* métodos e propriedades precisam ser implementados também. Qualquer classe que implementa IDefender não só deve implementar todos os membros IDefender, como também todos os membros IWorker. Veja um modelo de classe que inclui IWorker e IDefender, e **duas hierarquias separadas** que as implementam.

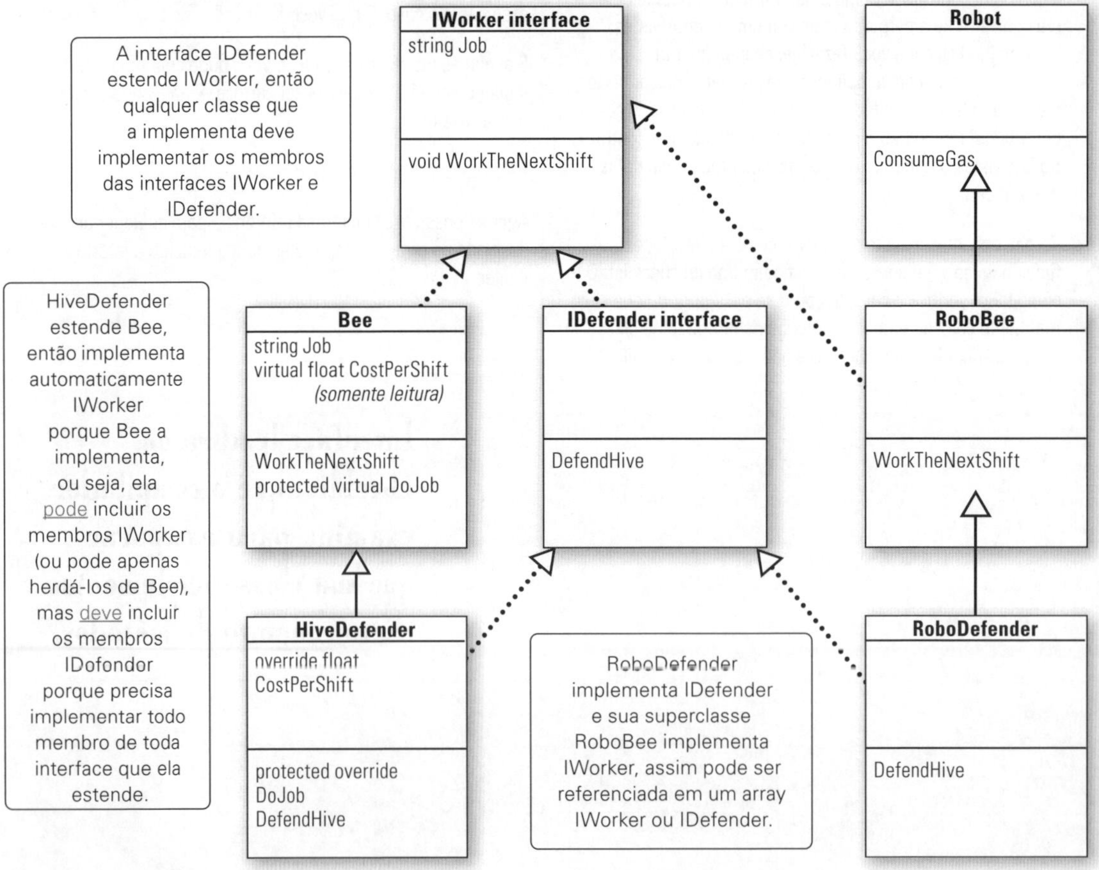
IWorker interface
string Job
void WorkTheNextShift
Robot
ConsumeGas
A interface IDefender estende IWorker, então qualquer classe que a implementa deve implementar os membros das interfaces IWorker e IDefender.
HiveDefender estende Bee, então implementa automaticamente IWorker porque Bee a implementa, ou seja, ela pode incluir os membros IWorker (ou pode apenas herdá-los de Bee), mas deve incluir os membros IDefender porque precisa implementar todo membro de toda interface que ela estende.
Bee
string Job
virtual float CostPerShift
(somente leitura)
WorkTheNextShift
protected virtual DoJob
IDefender interface
DefendHive
RoboBee
WorkTheNextShift
HiveDefender
override float
CostPerShift
protected override
DoJob
DefendHive
RoboDefender implementa IDefender e sua superclasse RoboBee implementa IWorker, assim pode ser referenciada em um array IWorker ou IDefender.
RoboDefender
DefendHive

Exercício

Crie um novo aplicativo de console com classes que implementam a interface IClown. Como fazer o código na parte inferior compilar?

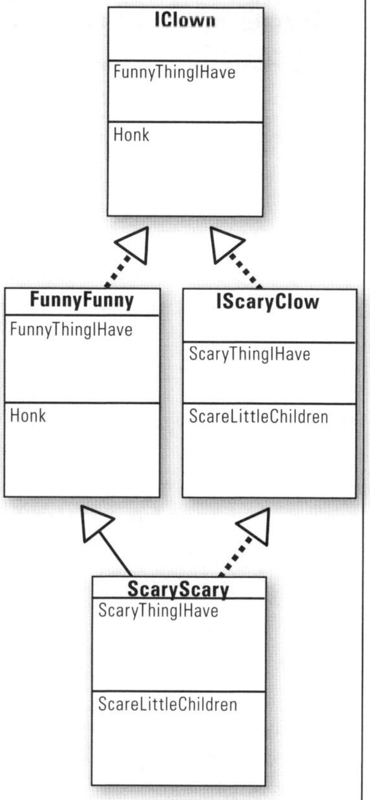
IClown
FunnyThingIHave
Honk
FunnyFunny
FunnyThingIHave
Honk
IScaryClow
ScaryThingIHave
ScareLittleChildren
ScaryScary
ScaryThingIHave
ScareLittleChildren

1. Comece com a interface IClown criada antes:

```
interface IClown {
    string FunnyThingIHave { get; }
    void Honk();
}
```

2. Estenda IClown criando **uma nova interface chamada IScaryClown** que estende IClown. Ela deve ter uma propriedade string chamada ScaryThingIHave com um acesso get, mas nenhum set, e um método void chamado ScareLittleChildren.

3. Crie estas classes que implementam as interfaces:

★ Uma **classe chamada FunnyFunny** que implementa IClown. Ela usa uma variável de string privada chamada funnyThingIHave para armazenar algo divertido. O getter FunnyThingIHave usa funnyThingIHave como um campo auxiliar. Use um construtor que requer um parâmetro e use-o para definir o campo privado. O método Honk escreve: *"Hi kids! I have a"* seguido de algo divertido e um ponto.

★ Uma **classe chamada ScaryScary** que implementa IScaryClown. Ela usa uma variável privada para armazenar um inteiro chamado scaryThingCount. O construtor define os campos scaryThingCount e funnyThingIHave que ScaryScary herdou de FunnyFunny. O getter ScaryThingIHave retorna uma string com o número do construtor seguido de *"spiders"*. O método ScareLittleChildren escreve *"Boo! Gotcha! Look at my...!"* no console, substituindo "..." pelo objeto assustador do palhaço.

4. Veja o novo código do método Main, mas ele não funciona. Consegue descobrir como corrigir isso para ele compilar e escrever mensagens no console?

```
static void Main(string[] args)
{
    IClown fingersTheClown = new ScaryScary("big red nose", 14);
    fingersTheClown.Honk();
    IScaryClown
iScaryClownReference =
    fingersTheClown;
    iScaryClownReference.
ScareLittleChildren();
}
```

É MELHOR VOCÊ ACERTAR... *SENÃO!*

Antes de rodar o código, **escreva a saída** que o método Main colocará no console (assim que for corrigido):

....

....

Fingers, o palhaço, é assustador.

Depois execute o código e veja se acertou.

Exercício Solução

Crie um novo aplicativo de console com classes que implementam a interface IClown. Como fazer o código na parte inferior compilar?

A interface IScaryClown estende IClown e adiciona uma propriedade e um método:

```
interface IScaryClown : IClown
{
    string ScaryThingIHave { get; }
    void ScareLittleChildren();
}
```

A interface IScaryClown herda da interface IClown. Isso significa que qualquer classe que implementa IScaryClown não só precisa ter uma propriedade ScaryThingIHave e um método ScareLittleChildren, como também uma propriedade FunnyThingIHave e um método Honk.

A classe FunnyFunny implementa a interface IClown e usa um construtor para definir um campo auxiliar:

```
class FunnyFunny : IClown
{
    private string funnyThingIHave;
    public string FunnyThingIHave { get { return funnyThingIHave; } }

    public FunnyFunny(string funnyThingIHave)
    {
        this.funnyThingIHave = funnyThingIHave;
    }

    public void Honk()
    {
        Console.WriteLine($"Hi kids! I have a {funnyThingIHave}.");
    }
}
```

São como os construtores e os campos auxiliares usados no Capítulo 5.

A classe ScaryScary estende a classe FunnyFunny e implementa a interface IScaryClown. Seu construtor usa a palavra-chave `base` para chamar o construtor FunnyFunny e definir o campo auxiliar privado:

```
class ScaryScary : FunnyFunny, IScaryClown
{

    private int scaryThingCount;

    public ScaryScary(string funnyThing, int scaryThingCount) : base(funnyThing)
    {
        this.scaryThingCount = scaryThingCount;
    }

    public string ScaryThingIHave { get { return $"{scaryThingCount} spiders"; } }

    public void ScareLittleChildren()
    {
        Console.WriteLine($"Boo! Gotcha! Look at my {ScaryThingIHave}!");
    }
}
```

FunnyFunny.funnyThingIHave é um campo privado, então ScaryScary não pode acessá-lo; é preciso usar a palavra-chave **base** para chamar o construtor FunnyFunny.

Para corrigir o método Main, substitua as linhas 3 e 4 do método por estas aqui que usam o operador **`is`**:

```
if (fingersTheClown is IScaryClown
iScaryClownReference)
{
    iScaryClownReference.ScareLittleChildren();
}
```

Você pode definir uma referência FunnyFunny para ser igual a um objeto ScaryScary porque ScaryScary herda de FunnyFunny. Não se pode definir uma referência IScaryClown para qualquer palhaço, pois você não sabe se o tal palhaço é assustador. Por isso é necessário usar a palavra-chave **`is`**.

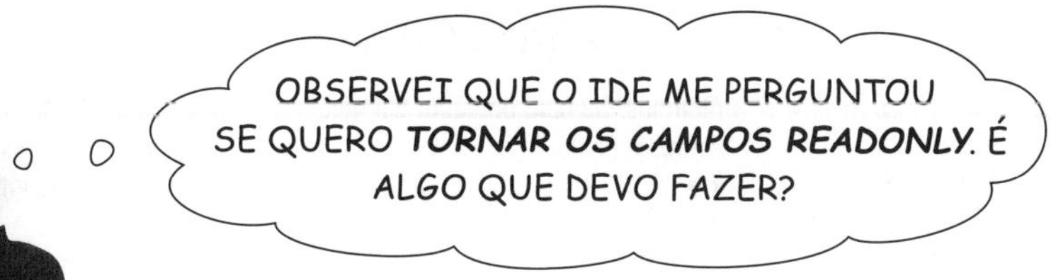
OBSERVEI QUE O IDE ME PERGUNTOU
SE QUERO ***TORNAR OS CAMPOS READONLY.*** É
ALGO QUE DEVO FAZER?

Com certeza! Tornar os campos de somente leitura [read-only] ajuda a evitar erros.

Volte ao campo ScaryScary.scaryThingCount — o IDE coloca pontos sob as duas primeiras letras do nome do campo. Passe o mouse sobre os pontos para o IDE abrir uma janela:

```
private int scaryThingCount;
```

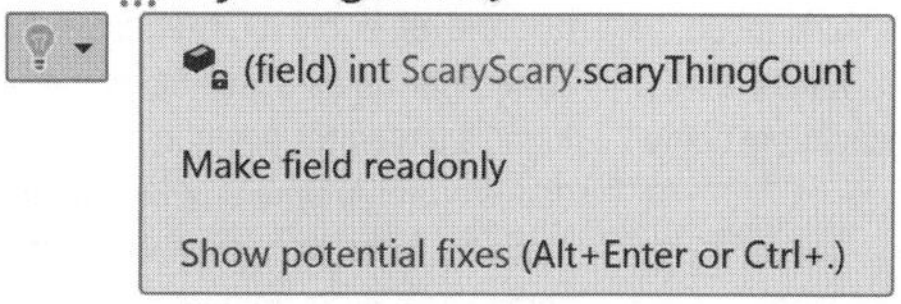
(field) int ScaryScary.scaryThingCount
Make field readonly
Show potential fixes (Alt+Enter or Ctrl+.)

Pressione Ctrl+. para abrir uma lista de ações e escolha "**Adicionar modificador readonly**" para adicionar a **palavra-chave `readonly`** à declaração:

```
private readonly int scaryThingCount;
```

Agora o campo só pode ser definido quando declarado ou quando está no construtor. Se você tentar mudar seu valor em outro lugar no método, visualizará um erro do compilador:

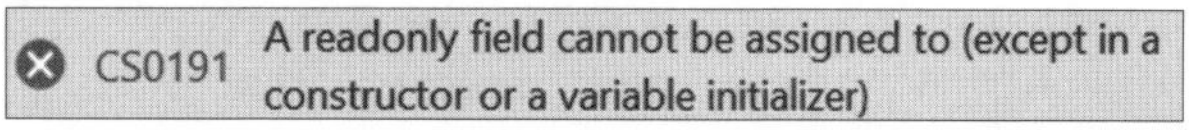
CS0191
A readonly field cannot be assigned to (except in a constructor or a variable initializer)

A palavra-chave `readonly`... apenas outro modo de o C# ajudar a manter seus dados seguros.

Palavra-chave readonly

Um motivo importante para usarmos o encapsulamento é impedir que uma classe sobrescreva sem querer os dados de outra. O que impede uma classe de sobrescrever seus próprios dados? A palavra-chave "readonly" pode ajudar nisso. Qualquer campo marcado como readonly só pode ser modificado em sua declaração ou no construtor.

não existem Perguntas Idiotas

P: Por que eu desejaria usar uma interface no lugar de apenas escrever todos os métodos necessários direto em minha classe?

R: Ao usar interfaces, você ainda escreve métodos em suas classes. As interfaces permitem agrupar as classes por tipo de trabalho que fazem. Ajudam a assegurar que toda classe fará certo trabalho usando os mesmos métodos. A classe pode fazer o trabalho do modo como ela precisa e, devido à interface, você não precisa se preocupar em como ele é feito.

Um exemplo: é possível ter uma classe Caminhão [Truck] e uma classe Veleiro [Sailboat] que implementa ICarregarPassageiro [ICarryPassenger]. Digamos que a interface ICarregarPassageiro estipula que qualquer classe que implementa ela deve ter um método ConsumirEnergia [ConsumeEnergy]. Seu programa poderia usá-las para carregar passageiros, mesmo que o método ConsumirEnergia da classe Veleiro use a força do vento e o método da classe Caminhão use diesel.

Imagine se você não tivesse a interface ICarregarPassageiro. Seria difícil informar ao programa quais veículos poderiam carregar ou não pessoas. Você teria que pesquisar cada classe que o programa usa e descobrir se havia ou não um método para carregar pessoas de um lugar para o outro. Então, teria que chamar cada um dos veículos que o programa usaria com qualquer método definido para carregar passageiros. E, como não há uma interface-padrão, eles poderiam ser nomeados com todo tipo de coisa ou ficar escondidos dentro de outros métodos. Dá para perceber que fica confuso rápido.

P: Por que preciso usar propriedades nas interfaces? Não posso incluir apenas campos?

R: Boa pergunta. Uma interface define apenas como uma classe deve fazer certo trabalho. Não é um objeto em si; portanto, não é possível instanciá-la nem armazenar informações. Se você adicionasse um campo que era apenas uma declaração de variável, então o C# teria que armazenar esses dados em algum lugar, e uma interface não armazena dados sozinha. Uma propriedade é um modo de fazer algo que parece um campo com outros objetos, mas, como é realmente um método, não armazena nenhum dado.

P: Qual é a diferença entre referência do objeto normal e referência da interface?

R: Você já sabe como funciona uma referência do objeto comum e normal. Se cria uma instância de Skateboard chamada `vertBoard` e uma nova referência para ela chamada `halfPipeBoard`, ambas apontam para a mesma coisa. Mas, se Skateboard implementa a interface IStreetTricks e você cria uma referência da interface Skateboard chamada `streetBoard`, ela conhecerá apenas os métodos na classe Skateboard que também estão na interface IStreetTricks.

Todas as três referências apontam para o mesmo objeto. Se você chamar o objeto usando a referência `halfPipeBoard` ou `vertBoard`, conseguirá acessar qualquer método ou propriedade no objeto. Se o chama usando a referência `streetBoard`, terá acesso apenas aos métodos e às propriedades na interface.

P: Por que eu desejaria usar uma referência da interface, se ela limita o que posso fazer com o objeto?

R: As referências da interface fornecem um modo de trabalhar com muitos objetos diferentes que fazem a mesma coisa. Você pode criar um array usando o tipo de referência da interface que permitirá passar informações para e a partir dos métodos em ICarryPassenger, caso você trabalhe com um objeto Caminhão [Truck], Cavalo [Horse], Monociclo [Unicycle] ou Carro [Car]. É provável que o modo como cada um dos objetos faz o trabalho seja um pouco diferente, mas, com as referências da interface, você sabe que todos têm os mesmos métodos com os mesmos parâmetros e tipos de retorno. Portanto, é possível chamá-los e passar-lhes informações da mesma maneira exata.

P: Refresque minha memória quanto ao motivo de eu tornar um membro da classe protected, e não private ou public?

R: Porque ajuda a encapsular melhor suas classes. Há muitas vezes em que uma subclasse precisa acessar alguma parte interna de sua classe básica. Por exemplo, se você precisa sobrescrever uma propriedade, é muito comum usar o campo auxiliar na classe básica no acesso get, de modo que retorne alguma variação dela. Ao criar classes, você deve apenas tornar algo public se tem motivos. Usar o modificador de acesso `protected` permite expô-la apenas para a subclasse que precisa dela e a mantém privada em relação a tudo mais.

As referências da interface conhecem apenas os métodos e as propriedades definidos na interface.

PONTOS DE BALA

- Uma **interface** define os métodos e as propriedades que uma classe deve implementar.
- As interfaces definem seus **membros requeridos** usando métodos e propriedades abstratos.
- Por padrão, todos os membros da interface são **public e abstract** (portanto, as palavra-chave `public` e `abstract` geralmente ficam fora de cada membro).
- Ao usar **dois-pontos (:)** para fazer uma classe implementar uma interface, a classe **deve implementar *todos* os seus membros** ou o código não compilará.
- Uma classe pode **implementar diversas interfaces** (e não entra no problema do diamante porque as interfaces não têm implementação).
- As interfaces são muito úteis porque permitem que classes **não relacionadas** façam o **mesmo trabalho**.
- Sempre que você cria uma interface, seu nome deve iniciar com I **maiúsculo** (é só uma convenção; não é imposta pelo compilador).
- Usamos **setas tracejadas** para desenhar as relações de implementação da interface em nossos diagramas de classe.
- Você **não pode usar a palavra-chave `new`** para instanciar uma interface porque seus membros são abstratos.
- Você pode usar uma **interface como um tipo** para referenciar um objeto que a implementa.
- Qualquer classe pode **implementar *qualquer* interface**, contanto que cumpra a promessa de implementar métodos e propriedades da interface.
- Tudo na interface pública é **automaticamente public**, pois ela será usada para definir métodos e propriedades públicos de qualquer classe que a implementa.
- **Gambiarra** é uma solução ruim, atrapalhada e pouco elegante para um problema que será difícil de manter.
- A **palavra-chave `is`** retorna true se um objeto corresponde a um tipo. Você também pode usá-la para declarar uma variável e defini-la para referenciar o objeto sendo verificado.
- **Upcast** significa usar uma atribuição normal ou uma coerção para subir na hierarquia de classes ou atribuir uma variável da superclasse para referenciar um objeto da subclasse.
- `is` permite fazer **downcast** (descer com segurança na hierarquia de classes) a fim de usar uma variável da subclasse para referenciar um objeto da superclasse.
- Upcast e downcast **funcionam com interfaces** também; faça o upcast de uma referência do objeto para uma referência da interface ou um downcast a partir de uma referência da interface.
- **`as`** é como uma coerção, mas, em vez de gerar uma exceção, returna `null` se a coerção é inválida.
- Ao marcar um campo com **`readonly`**, ele pode ser definido apenas no inicializador do campo ou no construtor.

Nota mental

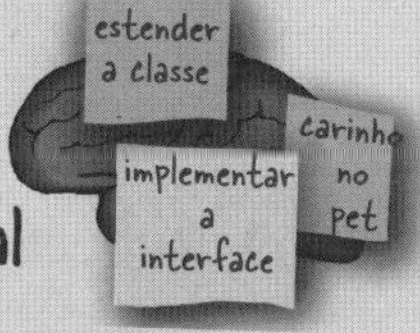
estender a classe
carinho no pet
implementar a interface

Pesquise "implementar" no dicionário; uma definição é "colocar em vigor uma decisão, plano ou acordo".

Para lembrar como as interfaces funcionam: você estende uma classe, mas implementa uma interface. Estender algo significa pegar o que já existe e esticar (no caso, adicionando comportamento). Implementar significa colocar em vigor um acordo; você concordou em adicionar todos os membros da interface (e o compilador cobra isso).

ACHO QUE TEM UMA ***GRANDE FALHA*** NAS INTERFACES. QUANDO ESCREVO UMA CLASSE ABSTRATA POSSO INCLUIR CÓDIGO. ISSO NÃO TORNA AS CLASSES ABSTRATAS SUPERIORES ÀS INTERFACES?

De fato, você pode adicionar código às interfaces incluindo membros estáticos e implementações-padrão.

Interfaces não são apenas para assegurar que as classes que as implementam incluam certos membros. Com certeza é o principal trabalho delas. Mas as interfaces também podem conter código, como outras ferramentas usadas para criar seu modelo de classes.

O modo mais fácil de adicionar código a uma interface é adicionar **métodos, propriedades e campos estáticos**. Eles funcionam exatamente como os membros estáticos nas classes; podem armazenar qualquer tipo de dado, inclusive referências para objetos, e você pode chamá-los como qualquer método estático: `Interface.MethodName();`

Também pode incluir código em suas interfaces adicionando **implementações-padrão** para os métodos. Para adicioná-la, basta acrescentar um corpo ao método na interface. Esse método não faz parte do objeto (não é igual à herança), você só pode acessá-lo usando uma referência da interface. É possível chamar os métodos implementados pelo objeto, contanto que façam parte da interface.

BANG!
Veja bem!

As implementações-padrão da interface são um recurso recente do C#.

Se você usa uma versão antiga do Visual Studio, pode não conseguir usar as implementações-padrão porque elas foram adicionadas no C# 8.0, enviado pela primeira vez no Visual Studio 2019 versão 16.3.0, lançada em setembro de 2019. O suporte para a versão atual do C# pode não estar disponível nas versões mais antigas do Visual Studio.

Interfaces podem ter membros estáticos

Todos adoram quando muitos palhaços entram em um carro minúsculo! Então vamos atualizar a interface IClown para adicionar métodos estáticos que geram uma descrição desse carro. Veja o que adicionaremos:

IClown

FunnyThingIHave
static CarCapacity
protected static Random

Honk
static ClownCarDescription

- Usaremos números aleatórios e adicionaremos uma referência estática a uma instância de Random. Só precisa ser usada em IClown no momento, mas também a usaremos em IScaryClown daqui a pouco; portanto, continue e marque-a como `protected`.
- Um carro de palhaço só fica engraçado se está cheio de palhaços, então adicionaremos uma propriedade int estática com um campo auxiliar estático e privado, e um setter que só aceita valores acima de 10.
- Um método chamado ClownCarDescription retorna uma string que descreve o carro do palhaço.

Veja o código; ele usa campo, propriedade e método estáticos como vistos em uma classe:

```
interface IClown
{
   string FunnyThingIHave { get; }
   void Honk();

   protected static Random random = new Random();

   private static int carCapacity = 12;

   public static int CarCapacity {
      get { return carCapacity; }
      set {
         if (value > 10) carCapacity = value;
         else Console.Error.WriteLine($"Warning: Car
capacity {value} is too small");
      }
   }

   public static string ClownCarDescription()
   {
      return $"A clown car with {random.Next(CarCapacity / 2, CarCapacity)}
clowns";
   }
}
```

Adicione isto!

O campo **`random`** estático é marcado com o modificador de acesso **`protected`**. Que significa que só pode ser acessado de dentro de IClown ou de qualquer interface que estende IClown (como IScaryClown).

Agora atualize o método Main para acessar os membros IClown estáticos:

```
static void Main(string[] args)
{
    IClown.CarCapacity = 18;
    Console.WriteLine(IClown.ClownCarDescription());

    // O resto do método Main fica igual
}
```

Tente adicionar um campo privado à sua interface. Você pode adicionar um, mas apenas se é estático! Se você remover a palavra-chave `static`, o compilador informará que as interfaces não podem conter campos de instância.

Os membros estáticos da interface se comportam como os membros estáticos da classe usados nos capítulos anteriores. Os membros públicos podem ser usados de qualquer classe, os privados só podem ser usados de dentro de IClown e os protegidos podem ser usados a partir de IClown ou de qualquer interface que o estende.

Implementações-padrão fornecem corpos aos métodos das interfaces

Todos os métodos vistos nas interfaces até agora, exceto os métodos estáticos, eram abstratos: eles não têm corpos; portanto, qualquer classe que implementa a interface deve fornecer uma implementação para o método.

Mas você também pode fornecer uma **implementação-padrão** para qualquer método da interface. Um exemplo:

```
interface IWorker {
    string Job { get; }
    void WorkTheNextShift();

    void Buzz() {
        Console.WriteLine("Buzz!");
    }
}
```

Você pode até adicionar métodos privados à interface se quiser, mas eles podem ser chamados apenas a partir das implementações públicas padrão.

Você pode chamar a implementação-padrão, mas **deve usar uma referência da interface** para fazer a chamada:

```
IWorker worker = new NectarCollector();
worker.Buzz();
```

Este código não compilará; ele mostrará o erro *"NectarCollector' does not contain a definition for 'Buzz'"*:

```
NectarCollector pearl = new NectarCollector();
pearl.Buzz();
```

O motivo é que, quando um método da interface tem uma implementação-padrão, isso o torna um método virtual, como os usados nas classes. Qualquer classe que implementa a interface tem a opção de implementar o método. O método virtual é ***anexado à interface***. Como qualquer outra implementação da interface, ele não é herdado. Isso é bom; se uma classe herdasse as implementações-padrão de toda interface implementada e duas dessas interfaces tivessem métodos com o mesmo nome, a classe entraria no problema do diamante.

Use @ para criar strings literais textuais

O caractere @ tem um significado especial nos programas C#. Quando colocado na frente de uma string literal, ele informa ao compilador C# que a literal deve ser interpretada textualmente, ou seja, barras invertidas não são usadas para as sequências de escape; portanto, @"\n" conterá um caractere barra e um caractere n, não uma nova linha. Também informa ao C# para incluir qualquer quebra de linha. Portanto, @"Linha 1

"Linha 2" é o mesmo que "Linha1\nLinha2" (inclusive a quebra de linha).

Você pode usar strings literais textuais para criar várias strings que incluem quebras de linha. Elas são ótimas para a interpolação de strings, basta adicionar $ no início.

Método ScareAdults com uma implementação-padrão

Nossa interface IScaryClown é moderna ao simular palhaços assustadores. Mas temos um problema: ela tem apenas um método para assustar criancinhas. E se quiséssemos que aterrorizassem os adultos também?

Poderíamos adicionar um método ScareAdults abstrato à interface IScaryClown. Mas e se já tivermos dezenas de classes que implementaram IScaryClown? E se a maioria delas fosse perfeita na mesma implementação do método ScareAdults? Aqui as implementações-padrão são muito úteis. Elas permitem adicionar um método a uma interface que já está em uso **sem ter que atualizar qualquer classe que a implementa**. Adicione a IScaryClown um método ScareAdults com uma implementação-padrão:

```
interface IScaryClown : IClown
{
    string ScaryThingIHave { get; }
    void ScareLittleChildren();

    void ScareAdults()
    {
        Console.WriteLine($@"I am an ancient evil that will haunt your dreams.
Behold my terrifying necklace with {random.Next(4, 10)} of my last victim's
fingers.

Oh, also, before I forget...");
        ScareLittleChildren();
    }
}
```

Usamos uma literal textual aqui. Poderíamos usar uma string literal normal e adicionar \ns para as quebras de linha. Deste modo é muito mais fácil.

Adicione isto!

Veja com atenção como funciona o método ScareAdults. Ele tem apenas duas declarações, mas há muito coisa dentro dele. Vamos dividir para saber o que está acontecendo exatamente:

★ A declaração Console.WriteLine usa uma literal textual com interpolação de strings. A literal começa com `$@` para informar ao compilador C# duas coisas: `$` pede para usar a interpolação de strings e `@` pede para usar uma literal textual, ou seja, a string incluirá três quebras de linha.

★ A literal usa a interpolação de strings para chamar `random`.Next(4, 10), que usa o campo aleatório estático e privado que IScaryClown herdou de IClown.

★ Vimos no livro que, quando existe um campo estático, isso significa que há apenas uma cópia desse campo. Então há apenas uma instância de Random que IClown e IScaryClown compartilham.

★ A última linha do método ScareAdults chama ScareLittleChildren. Esse método é abstrato na interface IScaryClown; portanto, chamará a versão de ScareLittleChildren na classe que implementa IScaryClown.

★ Isso significa que ScareAdults chamará a versão de ScareLittleChildren definida em qualquer classe que implementa IScaryClown.

Chame sua nova implementação-padrão modificando o bloco após a declaração `if` no método Main para chamar ScareAdults, em vez de ScareLittleChildren:

```
if (fingersTheClown is IScaryClown iScaryClownReference)
{
    iScaryClownReference.ScareAdults();
}
```

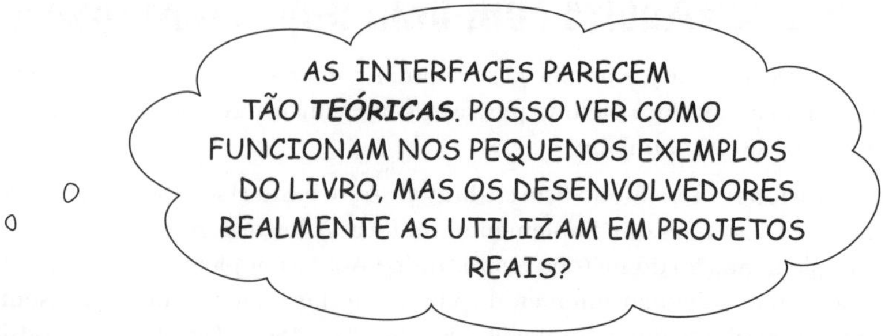
AS INTERFACES PARECEM TÃO *TEÓRICAS*. POSSO VER COMO FUNCIONAM NOS PEQUENOS EXEMPLOS DO LIVRO, MAS OS DESENVOLVEDORES REALMENTE AS UTILIZAM EM PROJETOS REAIS?

Os desenvolvedores C# usam interfaces o tempo *inteiro*, sobretudo com bibliotecas, estruturas e APIs.

Os desenvolvedores sempre se apoiam nos ombros de gigantes. Você está na metade deste livro e na primeira parte escreveu código que exibe texto no console, desenha janelas com botões e apresenta objetos em 3D. Não foi preciso escrever código para gerar especificamente bytes individuais no console, nem colocar linhas e texto para mostrar botões em uma janela, ou fazer o cálculo necessário para exibir uma esfera; você aproveitou o código que outras pessoas escreveram:

★ Usou **estruturas** como .NET Core e WPF.

★ Usou **APIs** como a API de script do Unity.

★ As estruturas e as APIs contêm **bibliotecas de classes** que você pode acessar com diretivas `using` no topo do código.

E quando está usando bibliotecas, estruturas e APIs, utiliza muito as interfaces. Veja por si só: abra um aplicativo .NET Core ou WPF, clique dentro de qualquer método e digite **`I`** para abrir uma janela IntelliSense. Qualquer possível combinação com o símbolo •-O ao lado é uma interface. Todas são interfaces que você pode usar para trabalhar com a estrutura.

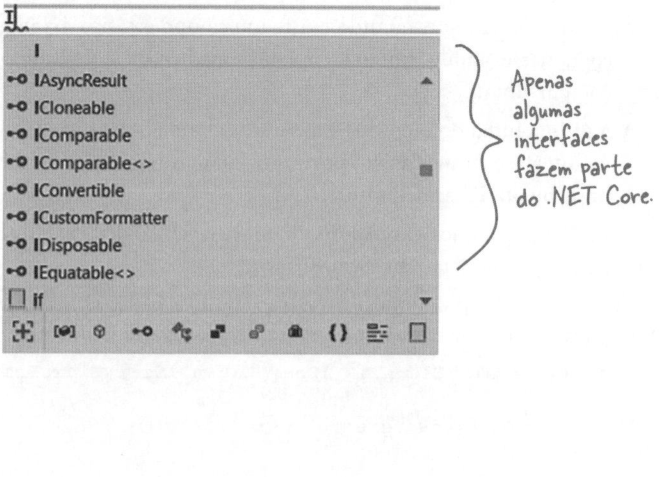
I
IAsyncResult
ICloneable
IComparable
IComparable<>
IConvertible
ICustomFormatter
IDisposable
IEquatable<>
if
Apenas algumas interfaces fazem parte do .NET Core.

Não há um equivalente Mac para o recurso WPF analisado a seguir, então o Guia do Aluno Visual Studio para Mac pula esta seção.

A associação de dados atualiza os controles WPF automaticamente

Veja um ótimo exemplo de caso de uso real para uma: **associação de dados (ou data binding)**. É um recurso muito útil no WPF que permite configurar seus controles para que suas propriedades sejam definidas automaticamente com base na propriedade em um objeto. E, quando essa propriedade muda, as propriedades dos seus controles são atualizadas automaticamente.

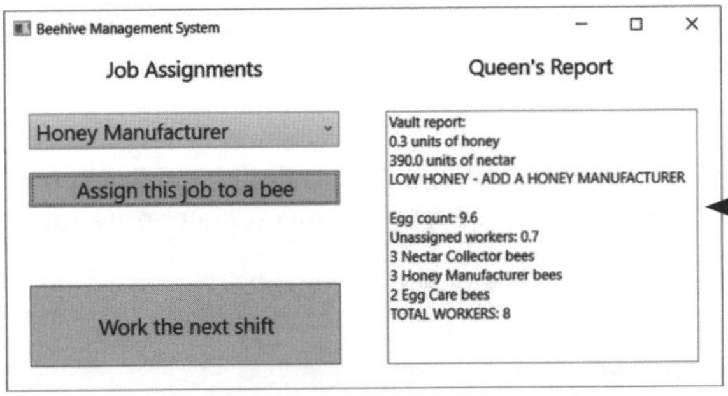
Beehive Management System
Job Assignments
Queen's Report
Honey Manufacturer
Assign this job to a bee
Work the next shift
Vault report:
0.3 units of honey
390.0 units of nectar
LOW HONEY - ADD A HONEY MANUFACTURER
Egg count: 9.6
Unassigned workers: 0.7
3 Nectar Collector bees
3 Honey Manufacturer bees
2 Egg Care bees
TOTAL WORKERS: 8

No Sistema de Gerenciamento de Colmeias do Capítulo 6, você definiu statusReport. Text para atualizar o controle TextBox. Modificaremos o código para usar a associação de dados e manter TextBox atualizado automaticamente.

Etapas gerais para modificar o Sistema de Gerenciamento de Colmeias; veremos em seguida:

1. **Modifique a classe Queen para implementar a interface INotifyPropertyChanged.**

   Essa interface permite que Queen anuncie que o relatório de status foi atualizado.

2. **Modifique o XAML para criar uma instância de Queen.**

   Vincularemos a propriedade TextBox.Text à propriedade StatusReport de Queen.

3. **Modifique code-behind para que o campo "queen" use a instância de Queen que acabamos de criar.**

   Agora o campo queen em *MainWindow.xaml.cs* tem um inicializador de campo com uma nova declaração `new` para criar uma instância de Queen. Iremos modificá-lo para usar a instância criada com o XAML.

A associação de dados inicia com um contexto de dados; é o objeto que contém os dados a exibir em TextBox. Usaremos uma instância de Queen como o contexto.

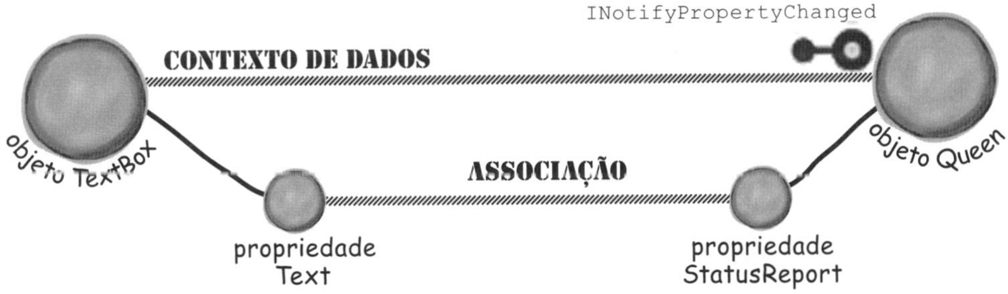
INotifyPropertyChanged
CONTEXTO DE DADOS
objeto TextBox
objeto Queen
ASSOCIAÇÃO
propriedade Text
propriedade StatusReport

Queen precisa informar a TextBox quando sua propriedade StatusReport foi atualizada. Para tanto, atualizaremos a classe Queen para implementar a interface INotifyPropertyChanged.

Modifique o Sistema de Gerenciamento de Colmeias para usar a associação de dados

Você só precisa fazer algumas alterações para adicionar a associação de dados ao app WPF.

Faça isto!

1 Modifique a classe Queen para implementar a interface INotifyPropertyChanged.

Atualize a declaração da classe Queen para ela implementar INotifyPropertyChanged. Essa interface está no namespace System.ComponentModel; portanto, você precisará adicionar uma diretiva `using` ao topo da classe:

```
using System.ComponentModel;
```

Agora é possível adicionar `INotifyPropertyChanged` ao final da declaração da classe. O IDE colocará um sublinhado ondulado sob ela, que é o esperado, uma vez que você ainda não implementou a interface adicionando seus membros.

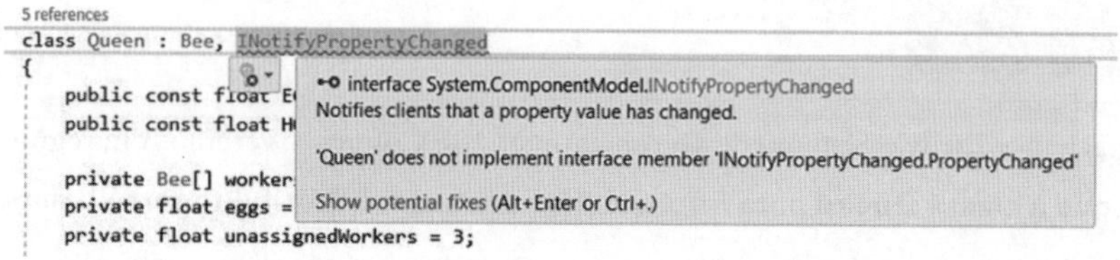
5 references
class Queen : Bee, INotifyPropertyChanged
public const float E
public const float H
private Bee[] worker
private float eggs =
private float unassignedWorkers = 3;
interface System.ComponentModel.INotifyPropertyChanged
Notifies clients that a property value has changed.
'Queen' does not implement interface member 'INotifyPropertyChanged.PropertyChanged'
Show potential fixes (Alt+Enter or Ctrl+.)

Pressione Alt+Enter ou Ctrl+. para mostrar as possíveis correções **e escolha "Implementar interface"** no menu contextual. O IDE adicionará uma linha de código à classe com a **palavra-chave `event`**, ainda não vista:

```
public event PropertyChangedEventHandler PropertyChanged;
```

Adivinha? Você usou eventos antes! DispatchTimer usado no Capítulo 1 tem um evento Tick e os controles Button do WPF têm um evento Click. ***Agora sua classe Queen tem um evento PropertyChanged.*** Qualquer classe que você usa para a associação de dados aciona, ou **chama**, seu evento PropertyChanged para que o WPF saiba que uma propriedade mudou.

Sua classe Queen precisa acionar seu evento, como DispatchTimer aciona seu evento Tick em um intervalo e Button aciona seu evento Click quando o usuário clica nele. Assim, **adicione este método OnPropertyChanged**:

```
protected void OnPropertyChanged(string name)
{
    PropertyChanged?.Invoke(this, new PropertyChangedEventArgs(name));
}
```

Agora você precisa **modificar o método UpdateStatusReport** para chamar OnPropertyChanged:

```
private void UpdateStatusReport()
{
    StatusReport = $"Vault report:\n{HoneyVault.StatusReport}\n" +
    $"\nEgg count: {eggs:0.0}\nUnassigned workers: {unassignedWorkers:0.0}\n" +
    $"{WorkerStatus("Nectar Collector")}\n{WorkerStatus("Honey Manufacturer")}" +
    $"\n{WorkerStatus("Egg Care")}\nTOTAL WORKERS: {workers.Length}";
    OnPropertyChanged("StatusReport");
}
```

Você adicionou um evento à classe Queen e adicionou um método que usa o operador ?. para chamar o evento. É tudo o que precisa saber sobre eventos agora; no fim do livro indicaremos um capítulo para download que ensina mais sobre eventos.

2 **Modifique o XAML para criar uma instância de Queen.**

Você criou objetos com a palavra-chave `new` e usou o método Instantiate do Unity. O XAML fornece outro modo de criar novas instâncias de suas classes. **Adicione isto ao seu XAML** logo acima da tag `<Grid>`:

```
<Window.Resources>
    <local:Queen x:Key="queen"/>
</Window.Resources>
```

Esta tag cria uma nova instância do objeto Queen e a adiciona aos recursos da janela, um modo de as janelas WPF armazenarem referências aos objetos usados por seus controles.

Em seguida, **modifique a tag `<Grid>`** para adicionar um atributo DataContext:

```
<Grid DataContext="{StaticResource queen}">
```

Por fim, **adicione um atributo Text à tag `<TextBox>`** para vinculá-la à propriedade StatusReport de Queen:

```
<TextBox Text="{Binding StatusReport, Mode=OneWay}"
```

Agora TextBox será atualizado automaticamente sempre que o objeto Queen chamar seu evento PropertyChanged.

3 **Modifique code-behind para usar a instância de Queen nos recursos da janela.**

Neste momento o campo queen em *MainWindow.xaml.cs* tem um inicializador de campo com uma declaração `new` para criar uma instância de Queen. Iremos modificá-lo para usar a instância criada com o XAML.

Primeiro, comente (ou exclua) as três ocorrências da linha que define statusReport.Text. Existe uma no construtor MainWindow e duas nos manipuladores de evento Click:

```
// statusReport.Text = queen.StatusReport;
```

Então, modifique a declaração do campo Queen para remover o inicializador de campo (`new Queen();`) do final:

```
private readonly Queen queen;
```

Finalmente, modifique o construtor para definir o campo queen assim:

```
public MainWindow()
{
    InitializeComponent();
    queen = Resources["queen"] as Queen;
    //statusReport.Text = queen.StatusReport;
    timer.Tick += Timer_Tick;
    timer.Interval = TimeSpan.FromSeconds(1.5);
    timer.Start();
}
```

Agora que o app WPF usa a associação de dados, não precisamos da propriedade Text para atualizar o relatório de status TextBox; continue e comente ou exclua essa linha.

Este código usa um **dicionário** chamado Resources. *(É uma prévia dos dicionários! Você aprenderá sobre eles no próximo capítulo.)* Agora rode o jogo. Funciona exatamente como antes, mas agora TextBox é atualizado automaticamente sempre que Queen atualiza o relatório de status.

Parabéns! Você acabou de usar uma interface para adicionar uma associação de dados ao app WPF.

não existem Perguntas Idiotas

P: Acho que entendi tudo o que fizemos. Você pode repassar só para o caso de eu ter perdido algo?

R: Claro. O app Sistema de Gerenciamento de Colmeias criado no Capítulo 6 atualizou seu TextBox (statusReport) definindo a propriedade Text no código assim:

```
statusReport.Text = queen.StatusReport;
```

Você modificou o app a fim de usar a associação de dados para atualizar automaticamente TextBox sempre que o objeto Queen atualiza sua propriedade StatusReport. Fez isso com três alterações. Primeiro, você modificou a classe Queen para implementar a interface INotifyPropertyChanged para que ela pudesse notificar a IU sobre qualquer alteração na propriedade. Então, modificou o XAML para criar uma instância de Queen e vincular a propriedade TextBox.Text à propriedade StatusReport do objeto Queen. Por fim, modificou code-behind para usar a instância criada pelo XAML e remover as linhas que definiram statusReport.Text.

P: E para que serve exatamente a interface?

R: A interface INotifyPropertyChanged fornece um meio de informar ao WPF que uma propriedade mudou; portanto, ele pode atualizar qualquer controle vinculado a ela. Quando você a implementa, está criando uma classe que pode fazer um trabalho específico: notificar os apps WPF sobre as alterações da propriedade. A interface tem um membro, um evento chamado PropertyChanged. Quando você usa sua classe para a associação de dados, o WPF verifica para saber se ela implementa INotifyPropertyChanged e, em caso afirmativo, anexa um manipulador de evento PropertyChanged da classe, do modo como você anexou manipuladores aos eventos de clique de Buttons.

P: Notei que, ao abrir a janela no designer, o relatório de status TextBox não está mais vazio. É por causa da associação de dados?

R: Olhar atento! Sim, quando você modificou o XAML para adicionar a seção `<Window.Resources>` e criar uma nova instância do objeto Queen, o designer XAML do Visual Studio criou uma instância do objeto. Quando você modificou Grid para adicionar um contexto de dados e acrescentou a associação à propriedade Text de TextBox, o designer usou essa informação para exibir o texto. Assim que você usa a associação de dados, suas classes não são apenas instanciadas quando o programa roda. O Visual Studio criará instâncias de seus objetos ***enquanto você edita na janela XAML***. É um recurso muito poderoso do IDE, pois permite mudar as propriedades no código e ver os resultados no designer assim que você recompila o código.

BANG!

Veja bem!

A associação de dados trabalha com propriedades, não com campos.

*Você só pode usar a associação de dados com **propriedades públicas**. Se tentar vincular um atributo do controle WPF a um campo público, não visualizará nenhuma alteração, mas não terá uma exceção também.*

Polimorfismo significa que um objeto pode ter muitas formas diferentes

Sempre que você usa RoboBee no lugar de IWorker, Wolf no lugar de Animal ou mesmo um cheddar Vermont envelhecido em uma receita que só precisa de queijo, está usando o **polimorfismo**. É o que acontece sempre que faz upcast ou downcast. Pega um objeto e usa-o em um método ou uma declaração que espera outra coisa.

Você usa o polimorfismo quando tem uma instância de uma classe e usa-a em uma declaração ou um método que espera um tipo diferente, como uma classe-mãe ou uma interface que a classe implementa.

De olhos abertos no polimorfismo!

Você vem usando o polimorfismo durante todo o processo, apenas não usava essa palavra para descrevê-lo. Durante a escrita do código nos próximos capítulos, fique atento aos diversos modos de usá-lo.

Veja uma lista dos quatro modos comuns de usar o polimorfismo. Fornecemos exemplo para cada um, embora você não veja essas linhas em particular nos exercícios. Assim que escrever um código parecido em um exercício nos capítulos posteriores do livro, volte a esta página e **marque a lista a seguir**:

- [ ] Pegar qualquer variável de referência que usa uma classe e defini-la para ser igual a uma instância de uma classe diferente.

```
NectarStinger bertha = new NectarStinger();
INectarCollector gatherer = bertha;
```

- [ ] Fazer upcast usando uma subclasse em uma declaração ou um método que espera sua classe básica.

```
spot = new Dog();
zooKeeper.FeedAnAnimal(spot);
```

Se FeedAnAnimal espera um objeto Animal e Dog herda de Animal, então você pode passar Dog para FeedAnAnimal.

- [ ] Criar uma variável de referência cujo tipo é uma interface e apontá-la para um objeto que implementa essa interface.

```
IStingPatrol defender = new StingPatrol();
```

Isto é upcast também!

- [ ] Fazer downcast usando a palavra-chave is.

```
void MaintainTheHive(IWorker worker) {
    if (worker is HiveMaintainer) {
        HiveMaintainer maintainer = worker
as HiveMaintainer;
        ...
```

O método MaintainTheHive tem qualquer IWorker como parâmetro. Ele usa "as" para apontar uma referência HiveMaintainer para a operária.

CERTO, ACHO QUE TENHO UMA **BOA NOÇÃO** SOBRE OBJETOS AGORA!

A ideia de que você pode combinar seus dados e seu código em classes e objetos foi revolucionária quando apresentada pela primeira vez, mas é como você vem criando todos os seus programas C# até agora; portanto, pode considerá-la uma programação simples.

Você é um programador orientado a objetos.
Existe um nome para o que você vem fazendo, e chama-se **programação orientada a objetos** ou OOP [na sigla em inglês]. Antes de surgirem linguagens como C#, as pessoas não usavam objetos e métodos ao escrever código. Elas só usavam funções (que elas chamam de métodos em um programa não OO) que ficavam em um lugar, como se cada programa fosse apenas uma grande classe estática com apenas métodos estáticos. Isso dificultava criar programas que modelavam os problemas sendo resolvidos. Por sorte, você nunca terá que escrever programas sem OOP, pois é uma parte essencial do C#.

Quatro princípios essenciais da programação orientada a objetos

Quando programadores falam sobre OOP, eles se referem a quatro princípios importantes. Eles devem ser bem familiares para você agora porque trabalhou com cada um. Falamos apenas sobre polimorfismo e você reconhecerá os três princípios dos Capítulos 5 e 6: **herança**, **abstração** e **encapsulamento**.

Isto significa apenas ter uma classe ou uma interface que herda de outra.

Herança

Encapsulamento significa criar um objeto que controla seu estado internamente usando campos privados, e usa propriedades e métodos públicos para permitir que outras classes trabalhem com apenas a parte dos dados internos que precisam ver.

Encapsulamento

Abstração

Você usa abstração quando cria um modelo de classe que começa com classes mais gerais, ou abstratas, então tem classes mais específicas que herdam dele.

A palavra "polimorfismo" significa literalmente "muitas formas". Consegue pensar em quando um objeto assumiu muitas formas em seu código?

Polimorfismo

8 enums e coleções

Organizando seus dados

...E, NESTE CASO, PRECISAREMOS QUE TODOS OS EXTRAS FAÇAM FILA DO MENOR PARA O MAIOR. EM SEUS LUGARES, TODOS!
EI! POR QUE VOCÊS NÃO FAZEM FILA? VAMOS PESSOAL, TEMPO É DINHEIRO. HUM... ALÔ?

Os dados nem sempre estão organizados como você gostaria.

No mundo real, você não recebe dados organizados em pequenas partes. Não, os dados são recebidos em **grandes quantidades**, **pilhas e grupos**. Serão necessárias ferramentas poderosas para organizar todos eles, e é aí que entram os **enums** e as coleções. Enums são tipos que permitem definir valores válidos para ordenar seus dados. Coleções são objetos especiais que armazenam muitos valores, permitindo **armazenar**, **ordenar e gerenciar** todos os dados que seus programas precisam analisar. Assim, reserve um tempo para pensar sobre como escrever programas que trabalham com dados e deixe que as coleções se preocupem em como controlá-los.

Strings nem sempre funcionam para armazenar categorias de dados

Vamos trabalhar com cartas de baralho nos próximos capítulos; portanto, criaremos uma classe Card para usar. Primeiro, crie uma nova classe Card com um construtor que permite passar um naipe e um valor, armazenados como strings:

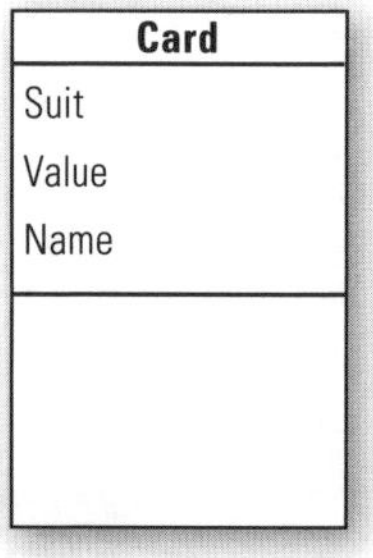
Card
Suit
Value
Name

A classe Card usa as propriedades string para naipes e valores.

```
class Card
{
    public string Value { get; set; }
    public string Suit { get; set; }
    public string Name { get { return $"{Value} of {Suit}"; } }

    public Card(string value, string suit)
    {
        Value = value;
        Suit = suit;
    }
}
```

Parece muito bom. Podemos criar um objeto Card e usá-lo assim:

```
Card aceOfSpades = new Card("Ace", "Spades");
Console.WriteLine(aceOfSpades); // Escreve Ás de espadas.
```

Mas temos um problema. Usar strings para naipes e valores pode mostrar resultados inesperados

```
Card duchessOfRoses = new Card("Duchess", "Roses");
Card fourteenOfBats = new Card("Fourteen", "Bats");
Card dukeOfOxen = new Card("Duke", "Oxen");
```

Este código compila, mas os naipes e os valores não fazem sentido. A classe Card realmente não deve permitir esses tipos como dados válidos.

Poderíamos adicionar um código ao construtor para verificar cada string e assegurar que seja um naipe ou um valor válido, e lidar com a entrada ruim gerando uma exceção. É uma abordagem válida se você lida corretamente com as exceções, lógico.

Mas ***não seria ótimo*** se o compilador C# pudesse detectar automaticamente esses valores? E se o compilador pudesse assegurar que todas as cartas são válidas <u>antes mesmo de você rodar o código</u>? Bem, adivinha: ele ***fará*** isso! Tudo o que você precisa fazer é **enumerar** os valores que podem ser usados.

> E-nu-me-rar, verbo.
> Especificar em sequência.
> *Rafael continuou perdendo o controle dos pombos, então decidiu* ***enumerá-los*** *escrevendo seus nomes no papel.*

10
6
7
A
D
D

Carta Duque de touros raramente jogada.

Enums trabalham com um conjunto de valores válidos

Enum ou **enumeration** é um tipo de dado que só permite certos valores para essa parte dos dados. Poderíamos definir um enum chamado `Suits` e definir os naipes permitidos:

```
enum Suits {
    Diamonds,
    Clubs,
    Hearts,
    Spades,
}
```

Todo enum começa com a palavra-chave **enum** seguida do nome. Este enum se chama **Suits**.

O resto do enum é uma lista de membros entre chaves, separados por vírgulas. Há um membro para cada valor exclusivo; nesse caso, um membro para cada naipe.

O último membro de enum não tem vírgula, mas usá-la facilita reorganizá-los usando o recurso "cortar e colar".

Enum define um novo tipo

Quando você usa a palavra-chave `enum` está **definindo um novo tipo**. Algumas coisas úteis a saber sobre enums:

Enum permite definir um novo tipo que só aceita um conjunto específico de valores. Qualquer valor que não faça parte do enum corromperá o código, evitando erros no futuro.

- **Você pode usar enum como o tipo em uma definição da variável, como usaria string, int ou qualquer outro tipo:**

```
Suits mySuit = Suits.Diamonds;
```

- **Como enum é um tipo, você pode usá-lo para criar um array:**

```
Suits[] myVals= new Suits[3] { Suits.Spades, Suits.Clubs,
mySuit };
```

- **Use == para comparar valores enum. Veja um método que tem um enum Suit como parâmetro e usa == para verificar se é igual a Suits.Hearts:**

```
void IsItAHeart(Suits suit) {
    if (suit == Suits.Hearts) {
        Console.WriteLine("You pulled a heart!");
    } else {
        Console.WriteLine($"You didn't pull a heart: {suit}");
    }
}t
```

O método ToString de um enum retorna a string equivalente; portanto, Suits.Spades.ToString retorna "Spades".

- **Mas não pode simplesmente propor um novo valor para enum. Se fizer isso o programa não compilará; isso significa que você consegue evitar erros chatos:**

```
IsItAHeart(Suits.Oxen);
```

O compilador mostrará um erro se você usar um valor que não faz parte de enum:

CS0117 'Suits' does not contain a definition for 'Oxen'

Enums permitem representar números com nomes

Por vezes é mais fácil trabalhar com números se eles têm nomes. Você pode atribuir números aos valores em enum e usar os nomes para se referir a eles. Assim, não precisa de muitos números inexplicados soltos no código. Veja um enum que controla as pontuações dos truques em uma competição de cães:

```
enum TrickScore {
    Sit = 7,
    Beg = 25,
    RollOver = 50,
    Fetch = 10,
    ComeHere = 5,
    Speak = 30,
}
```

Os membros não precisam estar em uma ordem em particular e você pode dar vários nomes ao mesmo número.

Nomeie, use "=", depois o número que o nome representa.

Você pode fazer a coerção de int em enum, e pode fazer a coerção de enum (baseado em int) de volta em int.

Alguns enums usam um tipo diferente, como byte ou long (veja um abaixo). Você pode fazer a coerção deles em seu tipo, em vez de int.

Veja um trecho do método que usa o enum `TrickScore` fazendo a coerção dele para e a partir de um valor int:

```
int score = (int)TrickScore.Fetch * 3;
// A próxima linha escreve: Pontuação 30.
Console.WriteLine($"The score is {score}");
```

A coerção (int) pede ao compilador para transformar isso no número que ele representa. Como TrickScore.Fetch tem um valor 10, (int)TrickScore.Fetch o transforma no valor int 10.

Você pode fazer a coerção de enum como um número e fazer cálculos com ele. É possível até convertê-lo em uma string; o método ToString de enum retorna uma string com o nome do membro:

```
TrickScore whichTrick = (TrickScore)7;
// A próxima linha escreve: Senta.
Console.WriteLine(whichTrick.ToString());
```

Você faz a coerção de int de volta em TrickScore e TrickScore.Sit tem o valor 7.

Console.WriteLine chama o método ToString de enum, que retorna uma string com o nome do membro.

Se você não atribuir um nome ao número, os itens na lista receberão valores por padrão. O primeiro item será atribuído ao valor 0, o segundo a 1 etc. Mas o que acontece se você deseja usar números muito grandes para um dos enumeradores? O tipo padrão dos números em enum é int; portanto, precisará especificar o tipo necessário usando o operador de dois-pontos (:), assim:

```
enum LongTrickScore : long {
        Sit = 7,
        Beg = 250000000025
}
```

Isto pede ao compilador para tratar os valores no enum TrickScore como longs, não ints.

Este número é grande demais para caber em um int.

Se você tentou usar esse enum sem especificar long como o tipo, verá um erro:

CS0266 Cannot implicitly convert type 'long' to 'int'.

Exercício

Use o que aprendeu sobre enums para criar uma classe que mantém uma carta de baralho. Comece criando um **novo projeto Aplicativo de Console do .NET** e adicionando uma classe chamada Card.

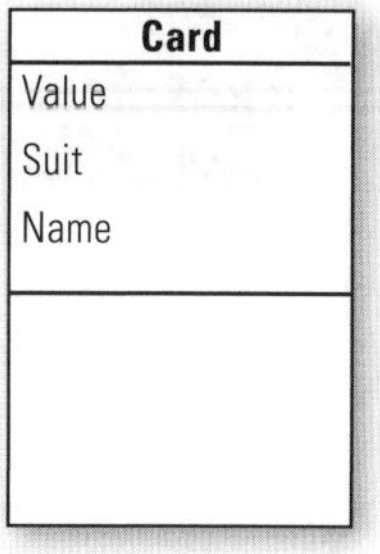
Card
Value
Suit
Name

Adicione duas propriedades públicas a Card: Suit (que será Spades, Clubs, Diamonds ou Hearts) e Value (Ace, Two, Three... Ten, Jack, Queen, King). Você também precisa de mais uma propriedade: pública e de somente leitura chamada Name que retorna uma string como "Ace of Spades" ou "Five of Diamonds".

Adicione dois enums para definir naipes e valores em seus próprios arquivos *.cs

Adicione cada enum. No Windows, use o conhecido recurso *Adicionar>>Classe*, então **substitua `class` por `enum`** em cada arquivo. No macOS, use *Adicionar>>Novo Arquivo... e escolha* Enumeração Vazia. **Use o enum `Suits` que acabamos de mostrar** e crie um enum para os valores. Torne os valores iguais a seus valores nominais: (int)Values.Ace deve ser igual a 1, Two deve ser 2, Three deve ser 3 etc. Jack [Valete] deve ser igual a 11, Queen [Dama] deve ser 12 e King [Rei] deve ser 13.

Para adicionar um enum no Visual Studio para Mac, acrescente um arquivo e escolha "Enumeração Vazia" como o tipo de arquivo.

Adicione um construtor e a propriedade Name que retorna uma string com o nome da carta

Adicione um construtor que requer dois parâmetros, Suit e Value:

```
Card myCard = new Card(Values.Ace, Suits.Spades);
```

O nome deve ser uma propriedade de somente leitura. O acesso get retorna uma string que descreve a carta. Portanto, este código:

```
Console.WriteLine(myCard.Name);
```

deve escrever algo como:

```
Ace of Spades
```

Faça o método Main escrever o nome de uma carta aleatória

Você pode fazer seu programa criar uma carta com naipe e valor aleatórios fazendo a coerção de um número aleatório entre 0 e 3 como um enum Suits e outro número aleatório entre 1 e 13 como um enum Values. Para tanto, aproveite um recurso da classe Random predefinida que oferece três modos diferentes de chamar seu método Next:

Quando existe mais de um modo de chamar um método, isso se chama sobrecarga.

```
Random random = new Random();
int numberBetween0and3 = random.Next(4);
int numberBetween1and13 = random.Next(1, 14);
int anyRandomInteger = random.Next();
```

Você fez isto no Capítulo 3. Ele informa a Random para retornar pelo menos um valor 1, mas inferior a 14.

não existem Perguntas Idiotas

P: Lembro-me de chamar Random.Next com dois argumentos antes no livro. Notei que, quando chamei o método, uma janela IntelliSense abriu informando "3 de 3" no canto. Isso tem relação com a sobrecarga?

R: Sim! Quando uma classe tem um método **sobrecarregado**, ou um método que você pode chamar com mais de um modo, o IDE mostra todas as opções. Nesse caso, a classe Random tem três métodos Next possíveis. Assim que você digita `random.Next(` na janela de código, o IDE abre sua caixa IntelliSense mostrando os parâmetros para os diferentes métodos sobrecarregados. As setas para baixo ao lado de "3 de 3" permitem se mover entre eles. É muito útil quando você lida com um método que tem dezenas de definições sobrecarregadas. Portanto, quando chamar Random. Next, escolha o método sobrecarregado correto. Mas não se preocupe muito agora, explicaremos a sobrecarga mais adiante no capítulo.

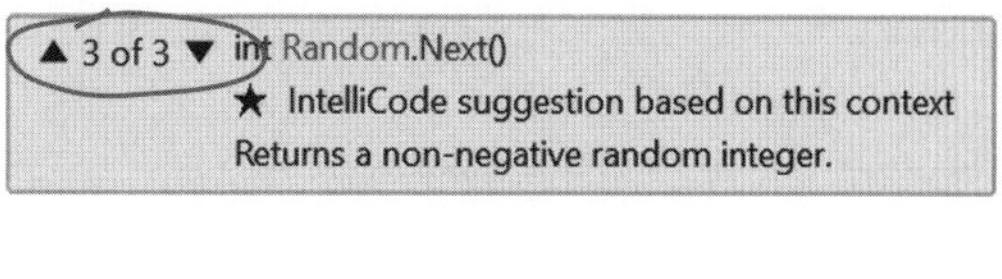
▲ 3 of 3 ▼ int Random.Next()
★ IntelliCode suggestion based on this context
Returns a non-negative random integer.

Exercício Solução

Um baralho de cartas é um ótimo exemplo de programa em que limitar valores é importante. Ninguém quer virar as cartas e se deparar com 28 de copas ou Ás de martelos. Veja nossa classe Card; você a reutilizará algumas vezes nos próximos capítulos.

O enum `Suits` é um arquivo chamado *Suits.cs*. Você já tem código para ele; é idêntico ao enum `Suits` mostrado antes no capítulo. O enum `Values` está em um arquivo chamado *Values.cs*. Veja o código:

```
enum Values {
    Ace = 1,
    Two = 2,
    Three = 3,
    Four = 4,
    Five = 5,
    Six = 6,
    Seven = 7,
    Eight = 8,
    Nine = 9,
    Ten = 10,
    Jack = 11,
    Queen = 12,
    King = 13,
}
```

Aqui definimos o valor de Values. Ace para 1.

E o valor de Values.King é 13.

> Escolhemos os nomes **`Suits`** e **`Values`** para os enums, já as propriedades na classe Card que usam esses enums para os tipos são chamadas Suit e Value. Qual sua opinião sobre esses nomes? Observe os nomes dos outros enums que você verá no livro. **`Suit`** e **`Value`** seriam melhores para esses enums?
>
> Não há uma resposta certa; na verdade a página de referência da linguagem C# da Microsoft para os enums tem nomes no singular (ex.: **`Season`**) e no plural (ex.: **`Days`**) [conteúdo em inglês]:
>
> https://docs.microsoft.com/en-us/dotnet/csharp/language-reference/builtin-types/enum.

A classe Card tem um construtor que define suas propriedades Suit e Value, e uma propriedade Name que gera uma descrição de string da carta:

```
class Card {
    public Values Value { get; private set; }
    public Suits Suit { get; private set; }

    public Card(Values value, Suits suit) {
        this.Suit = suit;
        this.Value = value;
    }

    public string Name {
        get { return $"{Value} of {Suit}"; }
    }
}
```

Um exemplo de encapsulamento. Tornamos privados os setters das propriedades Value e Suit porque elas precisam apenas ser chamadas a partir do construtor. Assim nunca serão alteradas sem querer.

O acesso get da propriedade Name aproveita o modo como o método ToString de um enum retorna seu nome convertido em string.

A classe Program usa uma referência Random estática para fazer a coerção de **`Suits`** e **`Values`** para instanciar uma Card aleatória:

```
class Program
{
    private static readonly Random random = new Random();

    static void Main(string[] args)
    {
        Card card = new Card((Values)random.Next(1, 14), (Suits)random.Next(4));
        Console.WriteLine(card.Name);
    }
}
```

O método Random.Next sobrecarregado é usado aqui para gerar um número aleatório de 1 a 13. Ele sofre coerção em um valor Values.

Poderíamos usar um array para criar um baralho...

E se você quisesse criar uma classe para representar um baralho de cartas? Precisaria de um modo de controlar cada carta no baralho e seria preciso saber a ordem em que estavam. Um array `Cards` resolveria; a carta de cima no baralho estaria no valor 0, a próxima no valor 1 etc. Veja um ponto de partida; Deck inicia com um baralho completo de 52 cartas:

```
class Deck
{
    private readonly Card[] cards = new Card[52];

    public Deck() {
        int index = 0;
        for (int suit = 0; suit <= 3; suit++)
        {
            for (int value = 1; value <= 13; value++)
            {
                cards[index++] = new Card((Values)value, (Suits)suit);
            }
        }
    }
    public void PrintCards()
    {
        for (int i = 0; i < cards.Length; i++)
            Console.WriteLine(cards[i].Name);
    }
}
```

Usamos dois loops "for" para iterar todas as possíveis combinações de suit e value.

...mas e se quisesse fazer mais?

Pense em tudo o que você poderia fazer com um baralho de cartas. Se está jogando com cartas, precisa mudar a ordem delas sistematicamente, adicionar e retirar cartas do baralho. Só não pode fazer isso com um array com muita facilidade. Por exemplo, veja de novo o método AddWorker no exercício Sistema de Gerenciamento de Colmeias no Capítulo 6:

```
    private void AddWorker(Bee worker) {
        if (unassignedWorkers >= 1) {
            unassignedWorkers--;
            Array.Resize(ref workers, workers.Length + 1);
            workers[workers.Length - 1] = worker;
        }
    }
```

Você usou este código para adicionar um elemento a um array no Capítulo 6. O que precisaria fazer se quisesse adicionar a referência Bee no meio do array, em vez de no final?

Você teve que usar Array.Resize para tornar o array maior, então adicionar a operária ao final. Foi muito trabalhoso.

PODER DO CÉREBRO

Como adicionaria um método Shuffle à classe Deck que reorganiza as cartas em ordem aleatória? Que tal um método para lidar com a primeira carta de cima que a retorna e a retira do baralho? Como você adicionaria uma carta ao baralho?

Pode ser chato trabalhar com arrays

Um array é bom para armazenar uma lista fixa de valores ou de referências. Assim que você precisa mover os elementos do array ou adicionar mais elementos que o array pode armazenar, as coisas começam a complicar. Veja que trabalhar com arrays pode ser problemático.

Todo array tem um comprimento que não muda, a menos que você o redimensione; portanto, é preciso saber o comprimento para trabalhar com ele. Digamos que você queira usar um array para armazenar referências Card. Se o número de referências que deseja armazenar for menor que o comprimento do array, você poderá usar referências null para manter alguns elementos do array vazios.

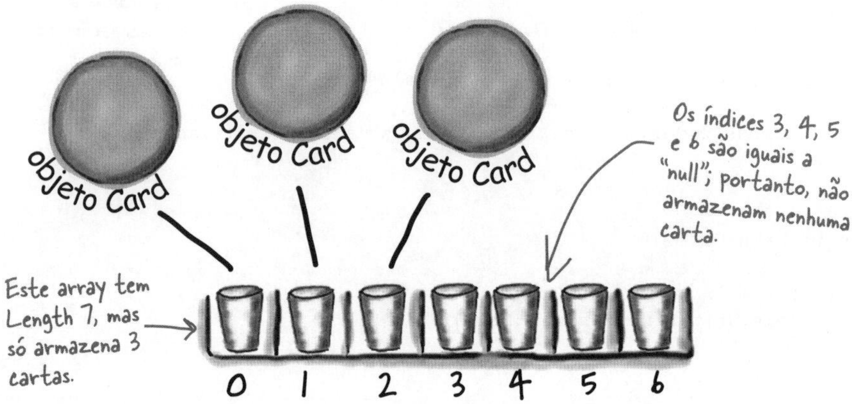
objeto Card
objeto Card
objeto Card
Os índices 3, 4, 5 e 6 são iguais a "null"; portanto, não armazenam nenhuma carta.
Este array tem Length 7, mas só armazena 3 cartas.
0 1 2 3 4 5 6

Você precisaria controlar quantas cartas são mantidas no array. Poderia adicionar um campo int, talvez chamado cardCount, que armazenaria o índice da última carta no array. Então, seu array de três cartas teria um comprimento (Length) 7, mas você definiria cardCount para ser igual a 3.

Poderíamos adicionar um campo cardCount para controlar quantas cartas existem no array. Qualquer índice acima de cardCount tem uma referência Card null.
O que acontece se cardCount sai de sincronia com o array? Poderia causar bugs!
0 1 2 3 4 5 6

Agora complicou. É muito fácil adicionar um método Peek que só retorna uma referência para a carta de cima, para que você possa ver o topo do baralho. E se quiser adicionar uma carta? Se cardCount for menor que Length no array, basta colocar a carta no array nesse índice e adicionar 1 a cardCount. Contudo, se o array estiver cheio, será preciso criar um array novo e maior, copiando as cartas existentes para ele. Remover uma carta é bem simples, mas, depois de subtrair 1 de cardCount, você precisará definir o índice do array da carta retirada de volta para `null`. E se precisar retirar uma carta **do meio da lista**? Se tirar a carta 4, precisará mover a carta 5 de volta para substituí-la, então mover 6, 7... nossa, que bagunça!

O método AddWorker do Capítulo 6 usou o método Array.Resize para fazer isto.

Listas facilitam armazenar qualquer coleção...

O C# e o .NET têm classes de **coleção** que lidam com todas essas questões chatas que surgem quando você adiciona e remove elementos do array. O tipo mais comum de coleção é List<T>. Assim que você cria um objeto List<T>, é fácil adicionar e remover um item de qualquer local na lista, ver um item e até movê-lo de um lugar na lista para outro. Veja como funciona uma lista.

Às vezes omitiremos <T> ao referenciar List no livro. Quando visualizar List, pense em List<T>.

1. **Primeiro crie uma nova instância de List<T>.** Lembre-se de que todo array tem um tipo; você não tem apenas um array, tem um array int, um Card etc. As listas são iguais. É preciso especificar o tipo de objeto ou valor que a lista manterá colocando-o entre sinais maior que, menor que (<>) ao usar a palavra-chave `new` para criá-la:

```
List<Card> cards = new List<Card>();
```

objeto List<Card>

Você especificou <Card> quando criou a lista, e agora essa lista só mantém referências para objetos Card.

Relaxe

<T> no final de List<T> significa que é *genérica*.

O T é substituído por um tipo; portanto, List<int> significa apenas uma lista de ints. Você praticará muito a lista genérica nas próximas páginas.

2. **Agora pode adicionar a List<T>.** Assim que tiver um objeto `List<T>`, poderá adicionar quantos itens quiser, contanto que eles sejam ***polimórficos*** com qualquer tipo especificado quando criou a nova List<T>, ou seja, podem ser atribuídos ao tipo (e isso inclui interfaces, classes abstratas e classes básicas).

```
cards.Add(new Card(Values.King, Suits.Diamonds));
cards.Add(new Card(Values.Three, Suits.Clubs));
cards.Add(new Card(Values.Ace, Suits.Hearts));
```

Uma lista mantém os elementos em ordem, como um array. Rei de ouros é o primeiro, 3 de paus é o segundo e Ás de copas é o terceiro.

Você pode adicionar quantas Cards quiser a List; basta chamar seu método Add. Ele garantirá "espaço" suficiente para os itens. Se ficar sem espaço, irá se redimensionar automaticamente.

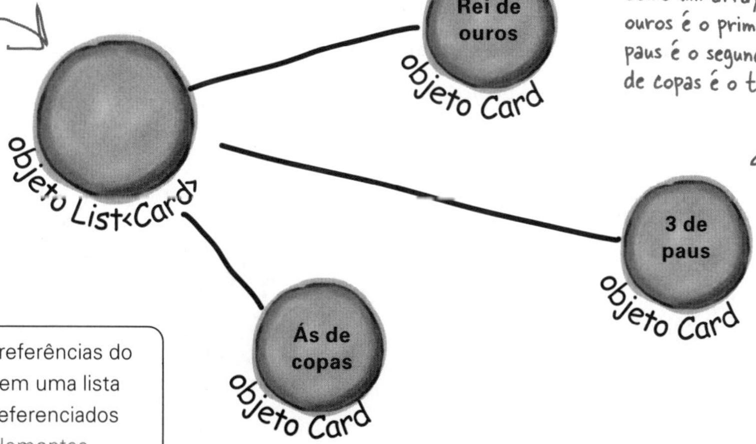
Rei de ouros
objeto Card
objeto List<Card>
3 de paus
objeto Card
Ás de copas
objeto Card

Os valores ou as referências do objeto contidos em uma lista costumam ser referenciados como seus elementos.

Listas são mais flexíveis que arrays

A classe List é predefinida no .NET Framework e permite fazer muitas coisas com objetos que não são possíveis com o bom e velho array. Verifique o que podemos fazer com List<T>.

1 Use a palavra-chave new para instanciar List (como o esperado!).

```
List<Egg> myCarton = new List<Egg>();
```

`new List<egg>();` cria uma lista de objetos Egg. Começa vazia. Você pode adicionar ou remover objetos, mas, como é uma lista de Eggs, você só pode adicionar referências para objetos Egg ou qualquer objeto que possa sofrer uma coerção para Egg.

Veja uma referência para um objeto Egg.

2 Adicione algo a List.

```
Egg x = new Egg();
myCarton.Add(x);
```

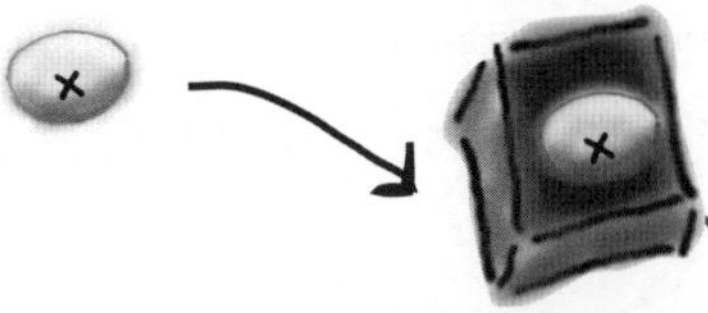

Agora List expande para manter o objeto Egg...

3 Adicione outra coisa a List.

```
Egg y = new Egg();
myCarton.Add(y);
```

Outro Egg.

...e expande de novo para manter o segundo objeto Egg.

4 Descubra quantas coisas existem em List.

```
int theSize = myCarton.Count;
```

5 Descubra se List tem algo em <u>particular</u>.

```
bool isIn = myCarton.Contains(x);
```

Agora você pode pesquisar um Egg específico dentro de List. Isso se confirma porque você acabou de adicionar Egg a List.

6 Descubra onde está esse algo em List.

```
int index = myCarton.IndexOf(x);
```

O índice para x seria 0 e o índice para y seria 1.

7 Tire esse algo de List.

```
myCarton.Remove(x);
```

puf!

Quando removemos x, deixamos apenas y em List, por isso encolheu! Se removermos y, ele acabará indo para a coleta de lixo.

Aponte o seu lápis

Preencha o resto da tabela abaixo vendo o código List à esquerda e inserindo qual seria o código em sua opinião se usasse um array normal. Não esperamos que acerte tudo agora, então faça o melhor que puder.

Algumas linhas do meio de um programa. Suponha que todas as declarações sejam executadas em ordem, uma após outra, e que as variáveis foram declaradas antes.

Preenchemos algumas para você...

List	Array normal
List<String> myList = new List <String>();	String [] myList = new String[2];
String a = "Yay!";	String a = "Yay!";
myList.Add(a);	
String b = "Bummer";	String b = "Bummer";
myList.Add(b);	
int theSize = myList.Count;	
Guy o = guys[1];	
bool foundIt = myList.Contains(b); Dica: você precisará de mais do que uma linha de código aqui. →	

Aponte o seu lápis Solução

Seu trabalho era preencher o resto da tabela vendo o código List à esquerda e inserindo qual seria o código em sua opinião se usasse um array normal.

List	Array normal
`List<String> myList = new List <String>();`	`String[] myList = new String[2];`
`String a = "Yay!"`	`String a = "Yay!";`
`myList.Add(a);`	`myList[0] = a;`
`String b = "Bummer";`	`String b = "Bummer";`
`myList.Add(b);`	`myList[1] = b;`
`int theSize = myList.Count;`	`int theSize = myList.Length;`
`Guy o = guys[1];`	`Guy o = guys[1];`

`bool foundIt = myList.Contains(b);`	`bool foundIt = false;`
	`for (int i = 0; i < myList.Length;`
	`i++) {`
	`if (b == myList[i]) {`
	`fountIt = true;`
	`}`
	`}`

Listas são objetos com métodos, como qualquer outra classe usada até o momento. É possível ver a lista de métodos disponíveis no IDE digitando apenas um . ao lado do nome List e passar parâmetros para eles como faria com uma classe criada por você mesmo.

Os elementos em uma lista são ordenados e a posição do elemento nela é chamada de **índice**. Como em um array, os índices da lista iniciam em 0. Você pode acessar o elemento em um índice específico da lista usando seu **indexador**:

```
Guy o = guys[1];
```

"Elemento" é outro nome para os itens em uma lista.

Nos arrays, você fica muito mais limitado. É preciso definir o tamanho do array quando o cria e você mesmo terá que escrever qualquer lógica que precisa ser realizada nele.

A classe Array tem métodos estáticos que facilitam um pouco mais essas coisas; por exemplo, você já viu o método Array.Resize, que usou em seu método AddWorker. Mas nos concentramos nos objetos List porque eles são muito mais fáceis de usar.

Criaremos um app para armazenar sapatos

É hora de ver List em ação. Criaremos um aplicativo de console do .NET Core que pede ao usuário para adicionar ou remover sapatos. Um exemplo de como executar o app, adicionar dois sapatos e removê-los:

Começaremos com uma classe Shoe que armazena o estilo e a cor de um sapato. Então, criaremos uma classe chamada ShoeCloset que armazena sapatos em List<Shoe>, com métodos AddShoe e RemoveShoe que pedem ao usuário para adicionar ou remover sapatos.

Faça isto!

1. **Adicione enum para um estilo de sapato.** Alguns são tênis, outros são sandálias, então faz sentido usar enum:

```
enum Style
{
    Sneaker,
    Loafer,
    Sandal,
    Flipflop,
    Wingtip,
    Clog,
}
```

Lembra que antes você conseguiu fazer a coerção de um enum em, e a partir de, um int. Portanto, Sneaker é igual a 0, Loafer é 1 etc.

2. **Adicione a classe Shoe.** Ela usa o enum `Style` para o estilo de sapato e uma string para a cor dele, funcionando como a classe Card criada antes no capítulo:

```
class Shoe
{
    public Style Style {
       get; private set;
    }
    public string Color {
       get; private set;
    }
    public Shoe(Style style, string
color)
    {
        Style = style;
        Color = color;
    }
    public string Description
    {
        get { return $"A {Color}
{Style}"; }
    }
}
```

```
The shoe closet is empty.

Press 'a' to add or 'r' to remove a shoe: a
Add a shoe
Press 0 to add a Sneaker
Press 1 to add a Loafer
Press 2 to add a Sandal
Press 3 to add a Flipflop
Press 4 to add a Wingtip
Press 5 to add a Clog
Enter a style: 1
Enter the color: black

The shoe closet contains:
Shoe #1: A black Loafer

Press 'a' to add or 'r' to remove a shoe: a
Add a shoe
Press 0 to add a Sneaker
Press 1 to add a Loafer
Press 2 to add a Sandal
Press 3 to add a Flipflop
Press 4 to add a Wingtip
Press 5 to add a Clog
Enter a style: 0
Enter the color: blue and white

The shoe closet contains:
Shoe #1: A black Loafer
Shoe #2: A blue and white Sneaker

Press 'a' to add or 'r' to remove a shoe: r
Enter the number of the shoe to remove: 2
Removing A blue and white Sneaker

The shoe closet contains:
Shoe #1: A black Loafer

Press 'a' to add or 'r' to
remove a shoe: r
Enter the number of the shoe to remove: 1
Removing A black Loafer

The shoe closet is empty.

Press 'a' to add or 'r' to remove a shoe:
```

Pressione 'a' para adicionar um sapato, então escolha o tipo e digite a cor.

Pressione 'r' para remover um sapato e insira o número dele para remover.

3 **A classe ShoeCloset usa List<Shoe> para gerenciar os sapatos.** A classe ShoeCloset tem três métodos: PrintShoes escreve uma lista de sapatos no console, AddShoe pede ao usuário para adicionar um sapato ao closet e RemoveShoe pede a ele para remover o sapato:

Verifique se você tem a linha **using** no topo do código, do contrário não conseguirá usar a classe List.

```
using System.Collections.Generic;

class ShoeCloset
{
    private readonly List<Shoe> shoes = new List<Shoe>();

    public void PrintShoes()
    {
        if (shoes.Count == 0)
        {
            Console.WriteLine("\nThe shoe closet is empty.");
        }
        else
        {
            Console.WriteLine("\nThe shoe closet contains:");
            int i = 1;
            foreach (Shoe shoe in shoes)
            {
                Console.WriteLine($"Shoe #{i++}: {shoe.Description}");
            }
        }
    }

    public void AddShoe()
    {
        Console.WriteLine("\nAdd a shoe");
        for (int i = 0; i < 6; i++)
        {
            Console.WriteLine($"Press {i} to add a {(Style)i}");
        }
        Console.Write("Enter a style: ");
        if (int.TryParse(Console.ReadKey().KeyChar.ToString(), out int style))
        {
            Console.Write("\nEnter the color: ");
            string color = Console.ReadLine();
            Shoe shoe = new Shoe((Style)style, color);
            shoes.Add(shoe);
        }
    }

    public void RemoveShoe()
    {
        Console.Write("\nEnter the number of the shoe to remove: ");
        if (int.TryParse(Console.ReadKey().KeyChar.ToString(), out int shoeNumber)
&&
            (shoeNumber >= 1) && (shoeNumber <= shoes.Count))
        {
            Console.WriteLine($"\nRemoving {shoes[shoeNumber - 1].Description}");
            shoes.RemoveAt(shoeNumber - 1);
        }
    }
}
```

Veja a List que contém as referências para os objetos Shoe.

ShoeCloset
private List<Shoe> shoes
PrintShoes AddShoe RemoveShoe

Este loop foreach itera a lista "shoes" e escreve uma linha no console para cada sapato.

O loop for define "i" para um inteiro de 0 a 5. A string interpolada usa {(Style)i} para fazer a coerção em um enum Style, então chama seu método ToString para escrever o nome do método.

Aqui criamos uma nova instância Shoe e a adicionamos à lista.

É como o código visto antes que chama Console.ReadKey, então usa KeyChar para obter o caractere que foi pressionado. int.TryParse precisa de uma string, não de char, então chamamos ToString para converter char em string.

Aqui removemos uma instância Shoe da lista.

4 **Adicione a classe Program com o ponto de entrada.** Notou que ela não faz muita coisa? É porque todo o comportamento interessante está encapsulado na classe ShoeCloset:

```
class Program
{
    static ShoeCloset shoeCloset = new ShoeCloset();
    static void Main(string[] args)
    {
        while (true)
        {
            shoeCloset.PrintShoes();
            Console.Write("\nPress 'a' to add or 'r' to remove a shoe: ");
            char key = Console.ReadKey().KeyChar;
            switch (key)
            {
                case 'a':
                case 'A':
                    shoeCloset.AddShoe();
                    break;
                case 'r':
                case 'R':
                    shoeCloset.RemoveShoe();
                    break;
                default:
                    return;
            }
        }
    }
}
```

Não existe uma declaração break após case 'a'; portanto, falha e vai para case 'A'; os dois são lidados por shoeCloset.AddShoe.

Usamos uma declaração **switch** para lidar com a entrada do usuário. Queríamos que "A" maiúsculo funcionasse como "a" minúsculo; portanto, incluímos duas declarações **case** próximas sem **break** entre elas:

case 'a':

case 'A':

Quando **switch** encontra uma nova declaração **case** sem **break** antes dela, ela falha e vai para o próximo **case**. Você ainda pode ter declarações entre as duas declarações **case**. Mas tenha muito cuidado com isso; é fácil pular sem querer uma declaração **break**.

5 **Rode o app e reproduza a saída de exemplo.** Tente depurar o app e se familiarizar com o modo de trabalhar com listas. Não precisa memorizar nada agora; você praticará muito com elas!

Membros da Classe List de Perto

A classe da coleção List tem um método Add que adiciona um item ao final da lista. O método AddShoe cria uma instância Shoe, então chama shoes. Adicione o método com referência para essa instância:

```
shoes.Add(shoe);
```

A classe List também tem um método RemoveAt que remove um item de um índice específico na lista. As listas, como os arrays, são **indexadas em zero**, ou seja, o primeiro item tem um índice 0, o segundo tem um índice 1 etc.:

```
shoes.RemoveAt(shoeNumber - 1);
```

Por fim, o método PrintShoes usa a propriedade List.Count para verificar se a lista está vazia:

```
if (shoes.Count == 0)
```

Coleções genéricas armazenam qualquer tipo

Você já viu que uma lista pode armazenar strings ou Shoes. Também é possível fazer listas de inteiros ou de qualquer outro objeto criado. Isso torna a lista uma **coleção genérica**. Ao criar um novo objeto list, você o liga a um tipo específico: pode ter uma lista de ints, strings ou objetos Shoe. Isso facilita trabalhar com as listas; uma vez criada a lista, você sempre sabe o tipo de dados dentro dela.

Mas o que significa "genérica"? Usaremos o Visual Studio para explorar as coleções genéricas. Abra *ShoeCloset.cs* e passe o mouse sobre `List`:

```
private readonly List<Shoe> shoes = new List<Shoe>();
```

```
class System.Collections.Generic.List<T>
Represents a strongly typed list of objects that can be accessed by index.
Provides methods to search, sort, and manipulate lists.
T is Shoe
```

Uma coleção genérica pode ter qualquer tipo de objeto e oferece um conjunto consistente de métodos para trabalhar com os objetos na coleção, não importa o tipo de objeto mantido.

Algumas coisas a observar:

- A classe List está no namespace System.Collections.Generic; esse namespace tem várias classes para coleções genéricas (por isso você precisou da linha `using`).
- A descrição informa que List fornece "métodos para pesquisar, ordenar e manipular listas". Você usou alguns desses métodos na classe ShoeCloset.
- A linha no topo informa `List<T>` e a linha inferior, `T is Shoe`. A parte genérica é definida assim; ela informa que List pode lidar com qualquer tipo, mas, para essa lista específica, o tipo é a classe Shoe.

Listas genéricas são declaradas com sinais <maior que, menor que>

Ao declarar uma lista, não importa o tipo que ela mantém, você sempre a declara do mesmo modo, usando sinais <maior que, menor que> para especificar o tipo de objeto armazenado nela.

Muitas vezes você visualizará classes genéricas (não apenas List) escritas assim: List<T>. É como sabemos que a classe pode ter qualquer tipo.

Isso não significa que você adiciona a letra T. É uma notação que verá sempre que uma classe ou uma interface trabalha com todos os tipos. A parte <T> significa que você pode colocar um tipo nela, como List<Shoe>, limitando os membros a esse tipo.

```
List<T> name = new List<T>();
```

As listas podem ser muito flexíveis (permitindo qualquer tipo) ou muito restritivas. Portanto, elas fazem o que os arrays fazem, e mais algumas coisinhas.

> **Ge-né-ri-co, adjetivo.**
> Característica de, ou relacionada a, uma classe ou a um grupo de coisas; não específico.
> *"Desenvolvedor" é um termo **genérico** para qualquer pessoa que escreve código, não importa o tipo de código escrito.*

Dica do IDE: Ir para Definição/Ir para Declaração

A classe List faz parte do .NET Core, que tem muitas classes bem úteis, interface, tipos e outros. O Visual Studio tem uma ferramenta muito poderosa que você pode usar para explorar essas classes e qualquer outro código escrito. Abra *Program.cs* e encontre esta linha: `static ShoeCloset shoeCloset = new ShoeCloset();`

Clique com o botão direito em ShoeCloset e escolha **Ir para Definição** no Windows ou **Ir para Declaração** no macOS.

No Windows você também pode ir para classe, membro ou definição da variável clicando no Control.

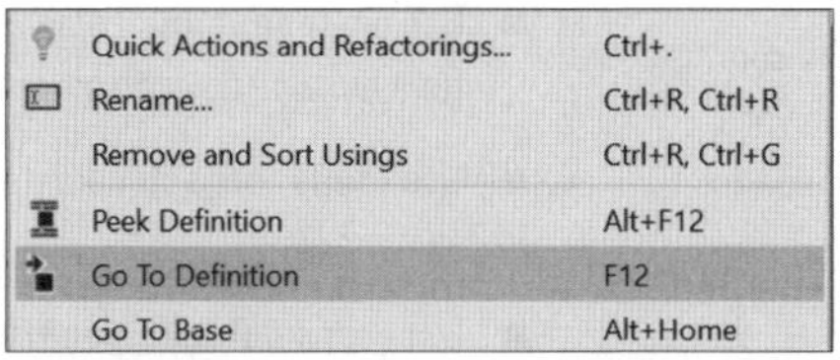
Quick Actions and Refactorings... Ctrl+.
Rename... Ctrl+R, Ctrl+R
Remove and Sort Usings Ctrl+R, Ctrl+G
Peek Definition Alt+F12
Go To Definition F12
Go To Base Alt+Home

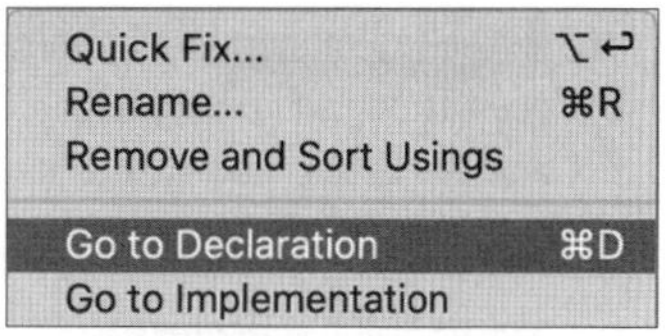
Quick Fix... ⌥↩
Rename... ⌘R
Remove and Sort Usings
Go to Declaration ⌘D
Go to Implementation

O IDE irá para a definição da classe ShoeCloset. Agora volte para *Program.cs* e vá para a definição de PrintShoes nesta linha: `shoeCloset.PrintShoes();`. O IDE irá para essa definição do método na classe ShoeCloset. Você pode usar Ir para Definição/Declaração e circular rápido por seu código.

Use Ir para Definição/Declaração e explore as coleções genéricas

Agora vem a parte mais interessante. Abra *ShoeCloset.cs* e vá para a definição de **`List`**. O IDE abrirá uma guia separada com a definição da classe List. Não se preocupe se a nova guia tem coisas complexas! Você não precisa entender, basta encontrar esta linha de código, que mostra como List<T> implementa *muitas* interfaces:

```
public class List<[NullableAttribute(2)] T> : ICollection<T>, IEnumerable<T>,
IEnumerable,
        IList<T>, IReadOnlyCollection<T>, IReadOnlyList<T>, ICollection, IList
```

Notou que a primeira interface é ICollection<T>? É a interface usada por toda coleção genérica. Provavelmente você adivinhou o que fará em seguida; vá para a definição/declaração de ICollection<T>. É isto o que visualizará no Visual Studio para Windows (os comentários XML estão recolhidos e foram substituídos por botões [...]; eles podem estar expandidos no Mac):

```
namespace System.Collections.Generic
{
    [...]public interface ICollection<[NullableAttribute(2)] T> : IEnumerable<T>, IEnumerable
    {
        [...]int Count { get; }
        [...]bool IsReadOnly { get; }

        [...]void Add(T item);
        [...]void Clear();
        [...]bool Contains(T item);
        [...]void CopyTo(T[] array, int arrayIndex);
        [...]bool Remove(T item);
    }
}
```

Uma coleção genérica permite descobrir quantos itens ela tem, adicionar novos itens, limpá-la, verificar se ela tem um item e remover um item. Ela faz outras coisas também, como List, que permite remover um item em um índice específico. Mas qualquer coleção genérica precisa desse padrão mínimo.

No último capítulo vimos como as interfaces servem para fazer as classes realizarem trabalhos. Uma coleção genérica é um trabalho específico. Qualquer classe pode fazê-lo, contanto que implemente a interface ICollection<T>. A classe List<T> implementa e você verá outras classes da coleção mais adiante no capítulo que implementam. Todas trabalham de modo um pouco diferente, mas fazem o trabalho como uma coleção genérica, por isso é possível contar com elas para o trabalho básico de armazenar valores ou referências.

PONTOS DE BALA

- **List** é uma classe .NET que permite armazenar, gerenciar e trabalhar facilmente com um conjunto de valores ou referências do objeto. Os valores ou as referências armazenadas em uma lista costumam ser referidos como seus **elementos**.
- List **se redimensiona dinamicamente** com qualquer tamanho necessário. Conforme você adiciona dados, ela aumenta para acomodá-los.
- Para colocar algo em List, use **Add**. Para remover algo de List, use **Remove**.
- Você pode remover objetos de List usando seu número do índice com **RemoveAt**.
- Declare o tipo de List usando um **argumento do tipo**, que tem um nome do tipo entre sinais maior que, menor que. Por exemplo: List<Frog> significa que List conseguirá armazenar apenas objetos do tipo Frog.
- Use o **método Contains** para descobrir se um objeto em particular está em List. O método **IndexOf** retorna o índice de um elemento específico em List.
- A propriedade **Count** retorna o número de elementos na lista.
- Use um **indexador** (como `guys[3]`) para acessar o item em uma coleção em um índice especifico.
- Use **loops foreach** para iterar as listas, como faz com arrays.
- List é uma **coleção genérica**, ou seja, pode armazenar qualquer tipo.
- Todas as coleções genéricas implementam a **interface ICollection<T>** genérica.
- O <T> em uma classe genérica ou definição da interface é **substituído por um tipo** ao instanciá-lo.
- Use o recurso **Ir para Definição** (Windows) ou **Ir para Declaração** (macOS) no Visual Studio e explore seu código e outras classes usadas.

Veja bem!

Não modifique uma coleção ao usar foreach para iterar!

Se fizer isso, será gerada uma InvalidOperationException. Veja por si mesmo. Crie um novo aplicativo de console do .NET Core e adicione código para criar uma nova List<string>. Adicione valor a ela, use foreach para iterá-la e acrescente outro valor à coleção ***dentro*** *do loop foreach. Ao executar o código, o loop foreach criará uma exceção. E, lembre-se, você sempre especifica um tipo ao usar classes genéricas; portanto, List<string> se refere a uma lista de strings.*

```
static void Main(string[] args)
{
    List<string> values = new List<string>();
    values.Add("a value");
    foreach (string s in values)
    {
        values.Add("another value");
    }
}
```

Exception Unhandled

System.InvalidOperationException: 'Collection was modified; enumeration operation may not execute.'

View Details | Copy Details | Start Live Share session...

▸ Exception Settings

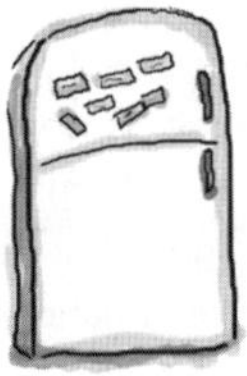

Ímãs de geladeira

Você consegue reorganizar os snippets de código para criar um aplicativo de console funcional que escreverá uma saída específica no console?

```
static void Main(string[] args)
{

}
```

```
string zilch = "zero";
string first =  "one";
string second = "two";
string third = "three";
string fourth = "4.2";
string twopointtwo = "2.2";
```

```
}
```

```
a.Add(zilch);
a.Add(first);
a.Add(second);
a.Add(third);
```

```
}
```

```
static void PppPppL (List<string> a){
```

```
foreach (string element in a)
{
    Console.WriteLine(element);
}
```

```
List<string> a = new List<string>();
```

```
if (a.IndexOf("four") != 4)
{
        a.Add(fourth);
}
```

```
a.RemoveAt(2);
```

```
if (a.Contains("three"))
{
        a.Add("four");
}
```

```
PppPppL(a);
```

```
if (a.Contains("two")) {
    a.Add(twopointtwo);
}
```

Saída

```
zero
one
three
four
4.2
```

Ímãs de geladeira – Solução

Se quiser rodar este código, coloque uma linha "using System.Collections.Generic" no topo.

Lembra-se de quando falamos sobre usar nomes claros no Capítulo 3? Bem, isso pode contribuir para um bom código, mas torna esses enigmas fáceis demais. Só não use nomes enigmáticos, como **PppPppL**, na vida real!

Saída

```
zero
one
three
four
4.2
```

```
static void Main(string[] args)
{
    List<string> a = new List<string>();
    string zilch = "zero";
    string first =  "one";
    string second = "two";
    string third = "three";
    string fourth = "4.2";
    string twopointtwo = "2.2";
    a.Add(zilch);
    a.Add(first);
    a.Add(second);
    a.Add(third);
    if (a.Contains("three"))
    {
        a.Add("four");
    }
    a.RemoveAt(2);
    if (a.IndexOf("four") != 4)
    {
        a.Add(fourth);
    }
    if (a.Contains("two")) {
        a.Add(twopointtwo);
    }
    PppPppL(a);
}

static void PppPppL(List<string> a){
    foreach (string element in a)
    {
        Console.WriteLine(element);
    }
}
```

Consegue descobrir por que "2.2" nunca é adicionado à lista, mesmo que declarado aqui e passado para a.Add abaixo? Use o depurador para investigar!

RemoveAt remove o elemento no índice 2, que é o terceiro elemento na lista.

O método PppPppL usa um loop foreach para percorrer uma lista de strings, adicionar cada uma delas a uma string grande e mostrá-la em uma caixa de mensagem.

O loop foreach percorre todos os elementos na lista e os escreve.

não existem Perguntas Idiotas

P: Por que eu usaria enum no lugar de uma coleção? Eles não resolvem problemas parecidos?

R: Enums fazem coisas muito diferentes de coleções. Antes de tudo, os enums são **tipos**, já as coleções são **objetos**.

Você pode considerar os enums como um modo prático de armazenar ***listas de constantes*** para que possa referenciá-las pelo nome. São ótimos para manter o código legível e assegurar que sempre usará os nomes de variável certos para acessar os valores usados com muita frequência.

Uma coleção pode armazenar quase tudo porque armazena ***referências do objeto***, podendo acessar os membros do objeto como sempre. Já os enums precisam ser atribuídos a um dos tipos de valor no C# (como os apresentados no Capítulo 4). Você pode fazer a coerção deles em valores, mas não em referências.

Enums também não conseguem mudar dinamicamente seu tamanho. Eles não podem implementar interfaces nem ter métodos, e você precisará fazer a coerção deles em outro tipo para armazenar um valor de um enum em outra variável. Junte tudo e verá grandes diferenças entre os dois modos de armazenar dados. Ambos são muito úteis por si só.

P: Parece que a classe List é muito poderosa. Por que eu desejaria usar um array?

R: Se precisar armazenar uma coleção de objetos, em geral usará uma lista, não um array. Um lugar em que usará arrays (que verá mais adiante no livro) é aquele no qual lê sequências de bytes; por exemplo, em um arquivo. Nesse caso, chamará muitas vezes um método em uma classe .NET que retorna um byte[]. Por sorte, é fácil converter uma lista em um array (chamando seu método ToArray) ou um array em List (usando um construtor de lista sobrecarregado).

P: Não entendi o termo "genérico". Por que é chamada de coleção genérica?

R: É um objeto de coleção (ou um objeto predefinido que permite armazenar e gerenciar muitos outros objetos) que foi configurado para armazenar apenas um tipo (ou mais de um tipo, como verá em breve).

P: Certo, isso explica a parte "coleção". Mas e "genérica"?

R: Os supermercados costumavam ter itens genéricos que eram colocados em embalagens brancas com letras pretas que só informavam o nome do conteúdo ("Batata Chips", "Refrigerante", "Sabão" etc.). A marca genérica era para o que estava dentro da embalagem, não como era exibido.

O mesmo acontece com os tipos de dados genéricos. List<T> funcionará exatamente igual ao que existe no conteúdo. Uma lista de objetos Shoe, Cards, ints, longs ou até outras listas que ainda agirão no nível do contêiner. Portanto, você sempre pode adicionar, remover, inserir etc., não importa o que existe dentro da lista em si.

P: Posso ter uma lista sem tipo?

R: Não. Toda lista, na verdade, toda coleção genérica (e você aprenderá sobre outras coleções genéricas em um minuto) deve ter um tipo conectado. O C# tem listas não genéricas chamadas ArrayLists que podem armazenar qualquer tipo de objeto. Se você quiser usar ArrayList, precisará incluir uma linha `using System.Collections;` no código. Raramente precisa fazer isso, pois List<*Objeto*> funcionará muito bem em um cenário no qual você pode querer usar um ArrayList sem tipo.

Ao criar um novo objeto List, sempre forneça um tipo, que informa ao C# qual tipo de dados ele armazenará. List pode armazenar um tipo de valor (como int, bool ou decimal) ou uma classe.

Os arrays realmente ocupam menos memória e tempo da CPU para seus programas, mas isso é responsável por apenas um minúsculo aumento de desempenho. Se você precisa fazer a mesma coisa, digamos, milhões de vezes por segundo, pode querer usar um array, não uma lista. Mas, se seu programa roda lentamente, é muito improvável que trocar de listas para array resolverá o problema.

O termo "genérico" se refere ao fato de que, mesmo que uma instância específica de List só possa armazenar um tipo específico, a classe List em geral trabalha com qualquer tipo. <T> serve para isso; informa que a lista contém muitas referências do tipo T.

Inicializadores de coleção se parecem com inicializadores de objeto

O C# tem um ótimo atalho para reduzir a digitação quando você precisa criar uma lista e adicionar imediatamente muitos itens a ela. Ao criar um novo objeto List, você pode usar um **inicializador de coleção** para ter uma lista inicial de itens. Eles serão adicionados assim que a lista for criada.

Este código gera uma nova List<Shoe> e a preenche com novos objetos Shoe chamando o método Add repetidamente.

```
List<Shoe> shoeCloset = new List<Shoe>();
shoeCloset.Add(new Shoe() { Style = Style.Sneakers, Color = "Black" });
shoeCloset.Add(new Shoe() { Style = Style.Clogs, Color = "Brown" });
shoeCloset.Add(new Shoe() { Style = Style.Wingtips, Color = "Black" });
shoeCloset.Add(new Shoe() { Style = Style.Loafers, Color = "White" });
shoeCloset.Add(new Shoe() { Style = Style.Loafers, Color = "Red" });
shoeCloset.Add(new Shoe() { Style = Style.Sneakers, Color = "Green" });
```

Mesmo código escrito com um inicializador de coleção

Notou que cada objeto Shoe é inicializado com seu próprio inicializador de objeto? Você pode aninhá-los em um inicializador de coleção assim.

Você pode criar um inicializador de coleção pegando cada item sendo adicionado usando Add e adicionando-o à declaração que cria a lista.

```
List<Shoe> shoeCloset = new List<Shoe>() {
    new Shoe() { Style = Style.Sneakers, Color = "Black" },
    new Shoe() { Style = Style.Clogs, Color = "Brown" },
    new Shoe() { Style = Style.Wingtips, Color = "Black" },
    new Shoe() { Style = Style.Loafers, Color = "White" },
    new Shoe() { Style = Style.Loafers, Color = "Red" },
    new Shoe() { Style = Style.Sneakers, Color = "Green" },
};
```

A declaração para criar a lista é seguida de chaves que contêm declarações "new" distintas separadas por vírgula.

Você não está limitado a usar declarações "new" no inicializador; pode incluir variáveis também.

Um inicializador de coleção torna seu código mais compacto, permitindo-o combinar a criação de uma lista com o acréscimo de um conjunto inicial de itens.

Faça isto!

Vamos criar uma lista de patos

Veja uma classe Duck que controla muitos patos vizinhos. (Você *coleciona* patos, certo?) **Crie um novo projeto Aplicativo de Console** e adicione uma nova classe Duck e um enum KindOfDuck.

Cada pato tem um tamanho; este mede 43cm.
Alguns patos são selvagens.
Você tem alguns patos-do-mato.

Duck
Size Kind

```
class Duck {
    public int Size {
        get; set;
    }
    public KindOfDuck Kind {
        get; set;
    }
}

enum KindOfDuck {
    Mallard,
    Muscovy,
    Loon,
}
```

Adicione Duck e KindOfDuck ao projeto. Você usará o enum KindOfDuck para controlar quais patos existem na coleção. Note que não atribuímos valores, o que é muito comum. Não precisaremos de valores numéricos para os patos; portanto, os valores enum padrão (0, 1, 2, ...) servirão bem.

O inicializador da lista de patos

Você tem seis patos, então criará List<Duck> que tem um inicializador de coleção com seis declarações. Cada declaração no inicializador cria um novo Duck, usando um inicializador de objeto para definir os campos Size e Kind de cada objeto Duck. Veja se a **diretiva `using`** está no topo de *Program.cs*:

```
using System.Collections.Generic;
```

Então **adicione o método PrintDucks** à classe Program:

```
public static void PrintDucks(List<Duck> ducks)
{
    foreach (Duck duck in ducks) {
        Console.WriteLine($"{duck.Size} inch {duck.
Kind}");
    }
}
```

Por fim, **adicione este código** ao método Main em *Program.cs* para criar uma lista de patos e escrevê-los no console:

```
List<Duck> ducks = new List<Duck>() {
    new Duck() { Kind = KindOfDuck.Mallard, Size = 17 },
    new Duck() { Kind = KindOfDuck.Muscovy, Size = 18 },
    new Duck() { Kind = KindOfDuck.Loon, Size = 14 },
    new Duck() { Kind = KindOfDuck.Muscovy, Size = 11 },
    new Duck() { Kind = KindOfDuck.Mallard, Size = 14 },
    new Duck() { Kind = KindOfDuck.Loon, Size = 13 },
};

PrintDucks(ducks);
```

Rode o código; ele escreverá muitos Ducks no console.

Listas são fáceis, mas ORDENAR pode ser complicado

Não é difícil imaginar modos de ordenar números ou letras. Mas como você ordena dois objetos individuais, sobretudo se eles têm vários campos? Em alguns casos, você pode querer ordenar os objetos por valor no campo Name, ao passo que em outros casos pode fazer sentido ordenar os objetos com base na altura ou na data de nascimento. Há muitas maneiras de ordenar as coisas e as listas suportam todas elas.

Você poderia ordenar uma lista de patos por tamanho...

Ordenados do menor para o maior...

...ou por tipo.

Ordenados por tipo de pato...

As listas sabem como se ordenar

Toda List vem com um **método Sort** que reorganiza todos os itens para colocá-los em ordem. As listas já sabem como ordenar a maioria dos tipos e das classes predefinidos, e é fácil ensiná-las a ordenar suas próprias classes.

Tecnicamente, não é List<T> que sabe como se ordenar. Isso é trabalho de um objeto IComparer<T>, sobre o qual você aprenderá em breve.

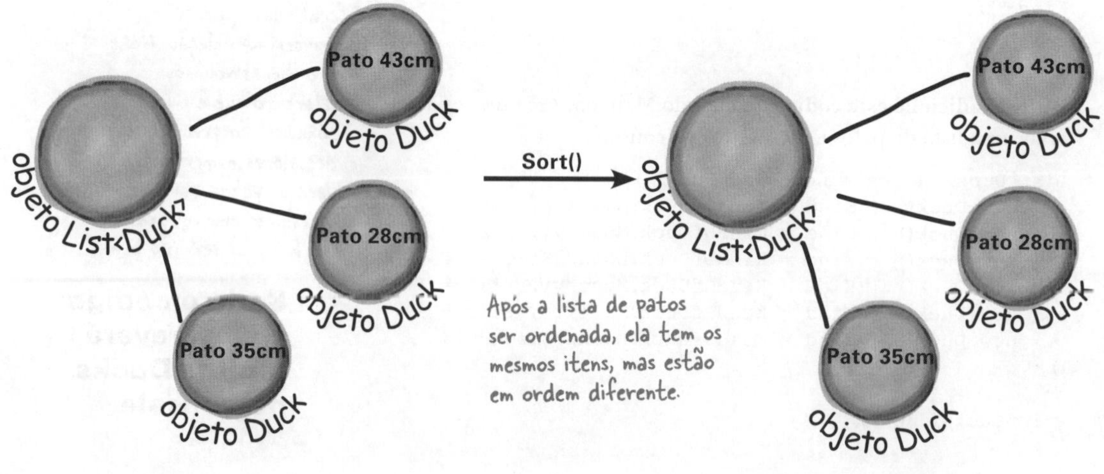
Pato 43cm
objeto Duck
objeto List<Duck>
Pato 28cm
objeto Duck
Pato 35cm
objeto Duck
Sort()
Após a lista de patos ser ordenada, ela tem os mesmos itens, mas estão em ordem diferente.
objeto List<Duck>
Pato 43cm
objeto Duck
Pato 28cm
objeto Duck
Pato 35cm
objeto Duck

IComparable<Duck> ajusta List a ordenar Ducks

Se você tem uma lista [List] de números e chama seu método Sort, ele ordenará a lista com os números menores primeiro e os maiores depois. Como List sabe como ordenar os objetos Duck? Informamos à List.Sort que a classe Duck pode ser ordenada, e fazemos isso como normalmente indicamos que uma classe pode fazer certo trabalho: *com uma interface*.

O método List.Sort sabe como ordenar qualquer tipo ou classe que **implementa a interface IComparable<T>**. Essa interface tem apenas um membro, um método chamado CompareTo. Sort usa o método CompareTo de um objeto para compará-lo com outros objetos e usa seu valor de retorno (um int) para determinar qual vem primeiro.

É possível fazer qualquer classe trabalhar com o método Sort predefinido de List fazendo-a implementar IComparable<T> e adicionando um método CompareTo.

O método CompareTo de um objeto o compara com outro objeto

Um modo de dar a seu objeto List a capacidade de ordenar os patos é **modificar a classe Duck para implementar IComparable<Duck>** e adicionar seu único membro, um método CompareTo que tem uma referência Duck como parâmetro.

Atualize a classe Duck de seu projeto implementando IComparable<Duck> para que ela se ordene pelo tamanho do pato:

A maioria dos métodos CompareTo fica assim. Este método primeiro compara o campo Size com o campo Size de outro Duck. Se esse Duck é maior, retorna 1. Se é menor, retorna -1. E, se forem iguais, retorna 0.

Você especifica o tipo sendo comparado quando faz a classe implementar a interface IComparable<T>.

```
class Duck : IComparable<Duck> {
    public int Size { get; set; }
    public KindOfDuck Kind { get; set; }

    public int CompareTo(Duck duckToCompare) {
        if (this.Size > duckToCompare.Size)
            return 1;
        else if (this.Size < duckToCompare.Size)
            return -1;
        else
            return 0;
    }
}
```

Se quiser ordenar a lista do menor para o maior, faça CompareTo retornar um número positivo se compara com um pato menor e um número negativo se compara com um maior.

Se o pato a comparar deve vir após o pato atual na lista ordenada, CompareTo precisa retornar um número positivo. Se deve vir antes, CompareTo retorna um número negativo. Se são iguais, retorna zero.

Adicione esta linha de código ao final do método Main, logo antes da chamada para PrintDucks. Isso informa à sua lista de patos para ela se ordenar. Agora ela ordena os patos por tamanho antes de escrevê-los no console:

```
ducks.Sort();
PrintDucks(ducks);
```

Use IComparer para informar à List como ordenar

Sua classe Duck implementa IComparable; portanto, List.Sort sabe como classificar uma lista de objetos Duck. Mas e se você quiser ordená-los de um jeito diferente do normal? Ou se quiser ordenar um tipo de objeto que não implementa IComparable? Então pode passar um **objeto de comparação** como argumento para List.Sort e lhe dar um meio diferente de ordenar seus objetos. Note como List. Sort é sobrecarregado:

▲ 3 of 4 ▼ void List<Duck>.Sort(**IComparer<Duck>? comparer**)
Sorts the elements in the entire List<T> using the specified comparer.
comparer: *The IComparer<in T> implementation to use when comparing elements, or null to use the default comparer Comparer<T>.Default.*

Existe uma versão sobrecarregada de List.Sort que **tem uma referência IComparer<T>**, em que T será substituído pelo tipo genérico para sua lista (para List<Duck>, tem um argumento IComparer<Duck> e para List<string> é IComparer<string> etc.). Você passará uma referência para um objeto que implementa uma interface e sabemos o que isso significa: *faz um trabalho específico.* No caso, esse trabalho é comparar pares de itens na lista para informar à List.Sort em qual ordem classificar.

A interface IComparer<T> tem um membro, um **método chamado Compare**. É como o método CompareTo em IComparable<T>: requer dois parâmetros de objeto, x e y, e retorna um valor positivo se x vem antes de y, um valor negativo se x vem depois de y ou zero se são iguais.

Adicione IComparer ao projeto

Adicione a classe DuckComparerBySize ao projeto. É um objeto de comparação que você pode passar como parâmetro para List.Sort a fim de ordenar seus patos por tamanho.

A interface IComparer está no namespace System.Collections.Generic; portanto, se você adicionar essa classe a um novo arquivo, verifique se ela tem a diretiva `using` correta:

```
using System.Collections.Generic;
```

O código para a classe de comparação:

```
class DuckComparerBySize : IComparer<Duck>
{
    public int Compare(Duck x, Duck y)
    {
        if (x.Size < y.Size)
            return -1;
        if (x.Size > y.Size)
            return 1;
        return 0;   }
}
```

Se Compare retorna um número negativo, isso significa que o objeto x deve ficar antes do objeto y. x é "menor que" y.

Qualquer valor positivo significa que o objeto x deve ficar após o objeto y. x é "maior que" y. Zero significa que são "iguais".

Um objeto de comparação é uma instância de uma classe que implementa IComparer<T> que você pode passar como referência para List.Sort. Seu método Compare funciona como o método CompareTo na interface IComparable<T>. Quando List.Sort compara seus elementos para ordená--los, passa pares de objetos para o método Compare em seu objeto de comparação, portanto, List ordenará de modo diferente, dependendo de como você implementou a comparação.

Consegue descobrir como modificar DuckComparerBySize para ordenar os patos dos maiores para os menores?

Crie uma instância do objeto de comparação

Quando você quer ordenar usando IComparer<T>, precisa criar uma nova instância da classe que a implementa, nesse caso, Duck. É o objeto de comparação que ajudará List.Sort a descobrir como ordenar seus elementos. Como qualquer outra classe (não estática), é preciso instanciar primeiro antes de usá-la:

Substitua ducks.Sort no método Main por estas duas linhas de código. Ainda ordena os patos, mas agora usa o objeto de comparação.

```
IComparer<Duck> sizeComparer = new DuckComparerBySize();
ducks.Sort(sizeComparer);
PrintDucks(ducks);
```

Você passará a Sort uma referência para o novo objeto DuckComparerBySize como seu parâmetro.

Múltiplas implementações IComparer, diversos modos de ordenar os objetos

Você pode criar múltiplas classes IComparer<Duck> com uma lógica de classificação diferente para ordenar os patos de modos variados. Então, pode usar a comparação que deseja quando precisa ordenar dessa maneira específica. Veja outra implementação da comparação de patos que pode ser adicionada ao projeto:

Esta comparação ordena por tipo de pato. Lembre-se, ao comparar o enum Kind, você compara os valores de índice do enum. Não atribuímos valores quando declaramos o enum KindOfDuck; portanto, eles recebem valores 0, 1, 2 etc. na ordem em que aparecem na declaração do enum (então, Mallard é 0, Muscovy é 1 e Loon é 2).

```
class DuckComparerByKind : IComparer<Duck> {
    public int Compare(Duck x, Duck y) {
        if (x.Kind < y.Kind)
            return -1;
        if (x.Kind > y.Kind)
            return 1;
        else
            return 0;
    }
}
```

Comparamos as propriedades Kind dos patos, assim os patos são ordenados com base no valor de índice da propriedade Kind, um enum KindOfDuck.

Note como "maior que" e "menor que" têm um significado diferente aqui. Usamos < e > para comparar os valores de índice de enum, o que nos permite ordenar os patos.

Um exemplo de como enums e listas trabalham juntos. Enums são para números e usados para ordenar listas.

Volte e modifique o programa para usar essa nova comparação. Agora, os patos são ordenados por tipo antes de escrevê-los no console.

```
IComparer<Duck> kindComparer = new DuckComparerByKind();
ducks.Sort(kindComparer);
PrintDucks(ducks);
```

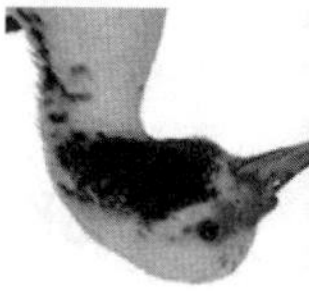

Comparadores fazem comparações complexas

Uma vantagem de criar uma classe separada para ordenar os patos é que você pode criar uma lógica mais complexa nessa classe, e pode adicionar membros que ajudam a determinar como a lista é classificada.

```
enum SortCriteria {
    SizeThenKind,
    KindThenSize,
}

class DuckComparer : IComparer<Duck> {
    public SortCriteria SortBy = SortCriteria.SizeThenKind;

    public int Compare(Duck x, Duck y) {
        if (SortBy == SortCriteria.SizeThenKind)
            if (x.Size > y.Size)
                return 1;
            else if (x.Size < y.Size)
                return -1;
            else
                if (x.Kind > y.Kind)
                    return 1;
                else if (x.Kind < y.Kind)
                    return -1;
                else
                    return 0;
        else
            if (x.Kind > y.Kind)
                return 1;
            else if (x.Kind < y.Kind)
                return -1;
            else
                if (x.Size > y.Size)
                    return 1;
                else if (x.Size < y.Size)
                    return -1;
                else
                    return 0;
    }
}
```

Este enum informa ao objeto de comparação como ordenar os patos.

Veja uma classe mais complexa para comparar patos. Seu método Compare tem os mesmos parâmetros, mas analisa o campo SortBy público para determinar como ordenar os patos.

Esta declaração "if" verifica o campo SortBy. Se está definido para SizeThenKind, primeiro ordena os patos por tamanho. Então, dentro de cada tamanho, ordena-os por tipo.

Em vez de apenas retornar 0 se os dois patos têm o mesmo tamanho, a comparação verifica seu tipo e só retorna 0 se os dois patos têm o mesmo tamanho e o mesmo tipo.

Se SortBy não está definido para SizeThenKind, primeiro a comparação ordena pelo tipo de pato. Se os dois patos são do mesmo tipo, compara o tamanho.

```
DuckComparer comparer = new DuckComparer();
Console.WriteLine("\nSorting by kind then size\n");
comparer.SortBy = SortCriteria.KindThenSize;
ducks.Sort(comparer);
PrintDucks(ducks);
Console.WriteLine("\nSorting by size then kind\n");
comparer.SortBy = SortCriteria.SizeThenKind;
ducks.Sort(comparer);
PrintDucks(ducks);
```

Adicione este código ao final do método Main. Ele usa o objeto de comparação, definindo seu campo SortBy antes de chamar ducks.Sort. Agora você pode mudar como a lista ordena seus patos alterando uma propriedade na comparação.

Exercício

Faça um aplicativo de console que cria uma lista de cartas em ordem aleatória, escreve-as no console, usa um objeto de comparação para ordená-las e escreve a lista ordenada.

1 Escreva um método para criar um conjunto embaralhado de cartas.

Crie um novo aplicativo de console. Adicione os enums `Suits`, `Values` e a classe Card como antes no capítulo. Depois adicione dois métodos estáticos a *Program.cs*: um método RandomCard que retorna uma referência para uma carta com um naipe e um valor aleatórios, e um método PrintCards que escreve List<Card>.

2 Crie uma classe que implementa IComparer<Card> para ordenar as cartas.

Eis uma boa oportunidade de usar o **menu Ações Rápidas** do IDE para implementar uma interface. Adicione uma classe chamada CardComparerByValue, depois faça com que implemente a interface IComparer<Card>:

```
class CardComparerByValue : IComparer<Card>
```

Clique em `IComparer<Card>` e passe o mouse sobre `I`. Você verá um ícone de lâmpada (ou) aparecer. Quando clicar no ícone, o IDE abrirá seu menu Ações Rápidas:

O IDE tem um atalho útil que facilita acessar o menu Ações Rápidas: pressione Ctrl+. (Windows) ou Option+Enter (Mac).

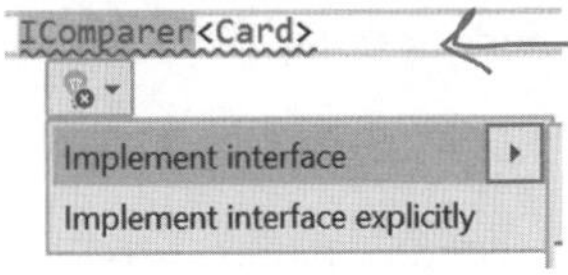
IComparer<Card>
Implement interface
Implement interface explicitly

Seu objeto IComparer precisa ordenar as cartas por valor; portanto, as cartas com os valores mais baixos estão primeiro na lista.

Escolha "Implementar interface", que informa ao IDE para preencher automaticamente todos os métodos e propriedades na interface que você precisa implementar. Neste caso, cria um método Compare vazio para comparar duas cartas, x e y. Faça com que retorne 1 se x é maior que y, –1 se é menor e 0 se são iguais. Primeiro, ordene por naipe: Diamonds [ouros] primeiro, então Clubs [paus], Hearts [copas] e Spades [espadas]. Verifique se King [Rei] vem depois de Jack [Valete], que vem depois de qualquer 4, que vem após Ás. É possível comparar os valores enum sem fazer coerção: if (x.Suit < y.Suit)

3 Veja se a saída está certa.

Escreva o método Main para a saída ficar assim. ⟶

- ★ Solicita o número de cartas.
- ★ Se o usuário insere um número válido e pressiona Enter, gera uma lista de cartas aleatórias e as escreve.
- ★ Ordena a lista de cartas usando a comparação.
- ★ Escreve a lista de cartas ordenada.

```
Enter number of cards:
9
Eight of Spades
Nine of Hearts
Four of Hearts
Nine of Hearts
King of Diamonds
King of Spades
Six of Spades
Seven of Clubs
Seven of Clubs

... sorting the cards ...

King of Diamonds
Seven of Clubs
Seven of Clubs
Four of Hearts
Nine of Hearts
Nine of Hearts
Six of Spades
Eight of Spades
King of Spades
```

Exercício Solução

Faça um aplicativo de console que cria uma lista de cartas em ordem aleatória, escreve-as no console, usa um objeto de comparação para ordená-las e escreve a lista ordenada. Não se esqueça de adicionar using `System.Collections.Generic;` ao topo do arquivo com seu ponto de entrada.

```
class CardComparerByValue : IComparer<Card>
{
    public int Compare(Card x, Card y)
    {
        if (x.Suit < y.Suit)
            return -1;
        if (x.Suit > y.Suit)
            return 1;
        if (x.Value < y.Value)
            return -1;
        if (x.Value > y.Value)
            return 1;
        return 0;
    }
}

class Program
{
    private static readonly Random random = new Random();

    static Card RandomCard()
    {
        return new Card((Values)random.Next(1, 14), (Suits)random.Next(4));
    }

    static void PrintCards(List<Card> cards)
    {
        foreach (Card card in cards)
        {
            Console.WriteLine(card.Name);
        }
    }

    static void Main(string[] args)
    {
        List<Card> cards = new List<Card>();
        Console.Write("Enter number of cards: ");
        if (int.TryParse(Console.ReadLine(), out int numberOfCards))
            for (int i = 0; i < numberOfCards; i++)
                cards.Add(RandomCard());

        PrintCards(cards);

        cards.Sort(new CardComparerByValue());
        Console.WriteLine("\n... sorting the cards ...\n");

        PrintCards(cards);
    }
}
```

Aqui está a "essência" da ordenação de cartas, que usa o método List.Sort predefinido. Sort tem um objeto IComparer, que tem um método: Compare. Essa implementação tem duas cartas e primeiro compara seus valores, depois os naipes.

Queremos que Diamonds venha antes de Clubs, então precisamos comparar primeiro os naipes. Podemos utilizar os valores enum.

Estas declarações só são executadas se x e y têm o mesmo valor, ou seja, as duas primeiras declarações return não foram executadas.

Se nenhuma das outras quatro declarações return for acessada, as cartas deverão ficar iguais; portanto, retornam zero.

Aqui criamos uma lista genérica de objetos Card para armazenar as cartas. Assim que entram na lista, é fácil ordenar usando IComparer.

Omitimos as chaves. Você acha que facilita ou dificulta ler o código?

Sobrescrever o método ToString permite ao objeto se descrever

Todo objeto tem um **método chamado ToString que o converte em string**. Você já o utilizou; sempre que usa {chaves} na interpolação de strings, isso chama o método ToString dentro delas, e o IDE também aproveita isso. Ao criar uma classe, ela herda o método ToString de Object, a classe básica de alto nível que todas as outras classes estendem.

O método Object.ToString escreve o **nome da classe totalmente qualificado** ou o namespace seguido de um ponto seguido do nome da classe. Como usamos o namespace DucksProject quando escrevemos este capitulo, o nome da classe totalmente qualificado da nossa classe Duck é DucksProject.Duck:

```
Console.WriteLine(new Duck().ToString());    ──────▶    "DucksProject.Duck"
```

O IDE também chama o método ToString, por exemplo, ao observar ou inspecionar uma variável:

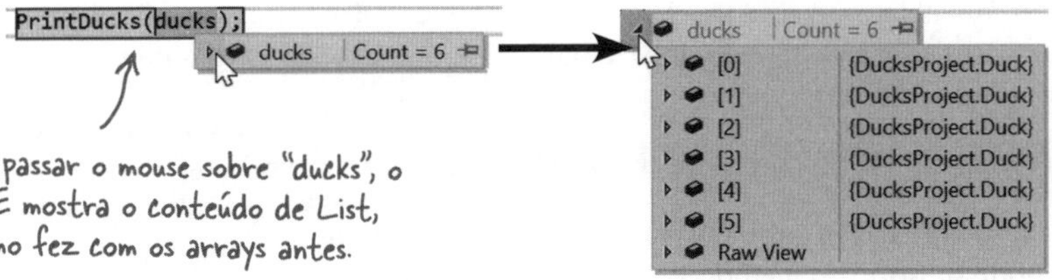
PrintDucks(ducks);
ducks Count = 6
ducks Count = 6
[0] {DucksProject.Duck}
[1] {DucksProject.Duck}
[2] {DucksProject.Duck}
[3] {DucksProject.Duck}
[4] {DucksProject.Duck}
[5] {DucksProject.Duck}
Raw View

Ao passar o mouse sobre "ducks", o IDE mostra o conteúdo de List, como fez com os arrays antes.

O IDE chama o método ToString quando você observa ou inspeciona uma variável, mas o método ToString que Duck herdou de Object só retorna o nome da classe, que não é útil aqui.

Hmm, não é tão útil quanto esperávamos. Você pode ver que existem seis objetos Duck na lista. Se expandir Duck, poderá ver seus valores Kind e Size. Não seria mais fácil se pudesse ver tudo de uma só vez?

Sobrescreva o método ToString para ver Ducks no IDE

Por sorte, ToString é um método virtual de Object, a classe básica de todo objeto. Tudo o que você precisa fazer é **sobrescrever o método ToString**, e, quando fizer isso, verá os resultados imediatamente na janela Assistir do IDE! Abra a classe Duck e comece adicionando um novo método digitando **`override`**. Assim que adicionar um espaço, o IDE mostrará os métodos que podem ser sobrescritos:

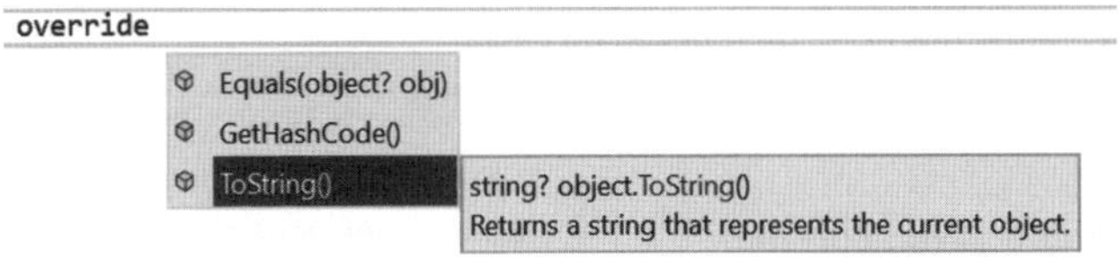
override
Equals(object? obj)
GetHashCode()
ToString()
string? object.ToString()
Returns a string that represents the current object.

Quando o depurador do IDE mostra um objeto, ele chama o método ToString do objeto.

Clique em ToString() para pedir ao IDE para adicionar um novo método ToString. Substitua o conteúdo para ele ficar assim:

```
public override string ToString()
{
    return $"A {Size} inch {Kind}";
}
```

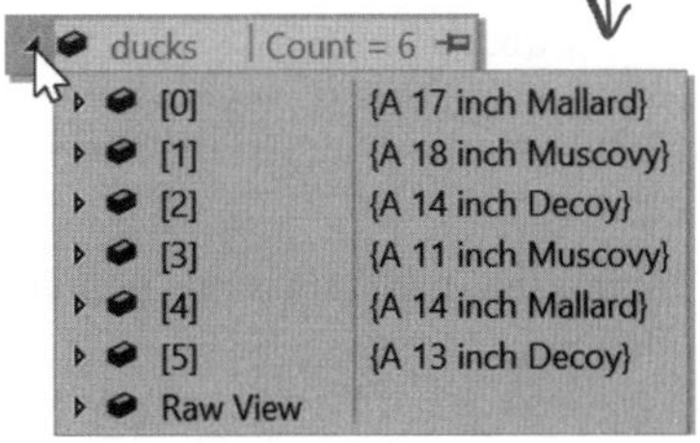
ducks Count = 6
[0] {A 17 inch Mallard}
[1] {A 18 inch Muscovy}
[2] {A 14 inch Decoy}
[3] {A 11 inch Muscovy}
[4] {A 14 inch Mallard}
[5] {A 13 inch Decoy}
Raw View

Rode o programa e veja a lista de novo. Agora o IDE mostra o conteúdo dos objetos Duck.

Atualize os loops foreach para que Ducks e Cards se escrevam no console

Você viu dois exemplos de programa diferentes fazendo loop em uma lista de objetos e chamando Console.WriteLine para escrever uma linha no console para cada objeto, como este loop foreach que escreve cada Card em List<Card>:

```
foreach (Card card in cards)
{
    Console.WriteLine(card.Name);
}
```

O método PrintDucks fez algo parecido com os objetos Duck em List:

```
foreach (Duck duck in ducks) {
    Console.WriteLine($"{duck.Size} inch {duck.Kind}");
}
```

É muito comum fazer isso com objetos. Agora que Duck tem um método ToString, seu método PrintDucks deve aproveitá-lo. Use o IntelliSense do IDE para examinar as sobrecargas do método Console.WriteLine, especificamente isto:

▲ 10 of 18 ▼ void Console.WriteLine(**object value**)

Se você passar ao Console.WriteLine uma referência para um objeto, ele chamará o método ToString do objeto automaticamente.

Você pode passar qualquer objeto para Console.WriteLine e ele chamará seu método ToString. Você pode substituir o método PrintDucks por um que chama esta sobrecarga:

```
public static void PrintDucks(List<Duck> ducks) {
    foreach (Duck duck in ducks) {
        Console.WriteLine(duck);
    }
}
```

Substitua o método PrintDucks por este e execute o código de novo. Ele escreve a mesma saída. Se quiser adicionar, digamos, uma propriedade Color ou Weight ao objeto Duck, basta atualizar o método ToString e tudo que o utiliza (inclusive o método PrintDucks) refletirá essa alteração.

Adicione um método ToString ao objeto Card também

Seu objeto Card já tem uma propriedade Name que retorna o nome da carta:

```
public string Name { get { return $"{Value} of
{Suit}"; } }
```

É exatamente o que seu método ToString deve fazer. Portanto, adicione um método ToString à classe Card:

```
public override string ToString()
{
    return Name;
}
```

Decidimos fazer o método ToString chamar a propriedade Name. Você acha que fizemos a escolha certa? Teria sido melhor excluir a propriedade Name e mover seu código para o método ToString? Quando voltar para modificar seu código, você terá escolhas como esta, e nem sempre será óbvio qual é a melhor.

Agora seus programas que usam objetos Card serão mais fáceis de depurar.

Aponte o seu lápis

Leia este código e escreva a saída abaixo dele.

```
enum Breeds
{
    Collie = 3,
    Corgi = -9,
    Dachshund = 7,
    Pug = 0,
}
class Dog : IComparable<Dog>
{
    public Breeds Breed { get; set; }
    public string Name { get; set; }

    public int CompareTo(Dog other)
    {
        if (Breed > other.Breed) return -1;
        if (Breed < other.Breed) return 1;
        return -Name.CompareTo(other.Name);
    }

    public override string ToString()
    {
        return $"A {Breed} named {Name}";
    }
}

class Program
{
    static void Main(string[] args)
    {
        List<Dog> dogs = new List<Dog>()
        {
            new Dog() { Breed = Breeds.Dachshund, Name = "Franz" },
            new Dog() { Breed = Breeds.Collie, Name = "Petunia" },
            new Dog() { Breed = Breeds.Pug, Name = "Porkchop" },
            new Dog() { Breed = Breeds.Dachshund, Name = "Brunhilda" },
            new Dog() { Breed = Breeds.Collie, Name = "Zippy" },
            new Dog() { Breed = Breeds.Corgi, Name = "Carrie" },
        };
        dogs.Sort();
        foreach (Dog dog in dogs)
            Console.WriteLine(dog);
    }
}
```

Dica: preste atenção nos sinais de menos!

Este app coloca seis linhas no console. Você consegue descobrir quais são e escrevê-las aqui? Veja se pode descobrir apenas lendo o código, sem rodar o app.

....

....

....

....

....

....

Aponte o seu lápis Solução

Veja a saída do app. Acertou? Tudo bem se não! Volte e veja de novo o enum.

- Notou que os enumeradores tinham valores diferentes?
- A propriedade Name é uma string, e as strings também implementam IComparable, então podemos simplesmente chamar seu método CompareTo para compará-las.
- E mais, veja com atenção o método CompareTo; notou que ele retornou –1 se a outra raça era maior, e 1 se era menor, ou o sinal de menos antes de `-Name.CompareTo(other.Name)`? Primeiro ele ordena por Breed [raça], depois por Name [nome], mas classifica Breed e Name na ordem inversa.

Veja a saída:

A Dachshund named Franz

A Dachshund named Brunhilda

A Collie named Zippy

A Collie named Petunia

A Pug named Porkchop

A Corgi named Carrie

Quando CompareTo usa > e < para comparar os valores Breed, utiliza valores int na declaração do enum Breed, então Collie é 3, Corgi é -9, Dachshund é 7 e Pug é 0.

PONTOS DE BALA

- **Inicializadores da coleção** permitem especificar o conteúdo de List<T> ou outra coleção quando você a cria, usando os sinais maior que e menor que com uma lista de objetos separada por vírgula.
- Um inicializador torna o código mais **compacto** permitindo combinar a criação da lista com a adição de um conjunto inicial de itens (mas seu código não será executado mais rápido).
- O **método List.Sort** classifica o conteúdo da coleção, mudando a ordem dos itens contidos.
- A **interface IComparable<T>** tem um método, CompareTo, que List.Sort usa para determinar a ordem dos objetos a classificar.
- Com um **método sobrecarregado** você pode chamar usando mais de um modo, com diferentes organizações de parâmetros. A janela IntelliSense do IDE permite navegar as diferentes sobrecargas de um método.
- O método Sort tem uma sobrecarga com um **objeto IComparer<T>**, que ele usará para ordenar.
- IComparable.CompareTo e IComparer.Compare **comparam pares de objetos**, retornando –1 se o primeiro objeto é menor que o segundo, 1 se o primeiro é maior que o segundo ou 0 se são iguais.
- A **classe String implementa IComparable**. O IComparer ou IComparable de uma classe, que inclui um membro de string, pode chamar seu método Compare ou CompareTo para ajudar a determinar a ordem de classificação.
- Todo objeto tem um **método ToString** que o converte em string. O método ToString é chamado sempre que você usa a interpolação ou a concatenação de strings.
- O método ToString é herdado de Object. Ele retorna **o nome da classe totalmente qualificado** ou o namespace seguido por um período seguido do nome da classe.
- **Sobrescreva o método ToString** para fazer interpolação, concatenação e muitas outras operações para usar uma string personalizada.

Loops foreach de Perto

Vejamos melhor os loops foreach. Vá para o IDE, encontre uma variável List<Duck> e use o IntelliSense para examinar seu método GetEnumerator. Comece digitando ".GetEnumerator" e veja o que aparece:

```
ducks.GetEnumerator();
```

List<Duck>.Enumerator List<Duck>.GetEnumerator()
Returns an enumerator that iterates through the List<T>.

Crie Array[Duck] e faça a mesma coisa; o array também tem um método GetEnumerator. É porque listas, arrays e outras coleções implementam uma interface chamada **IEnumerable<T>**.

Você já sabe que as interfaces são para fazer com que objetos diferentes realizem o mesmo trabalho. Quando um objeto implementa a interface IEnumerable<T>, o trabalho específico feito é ***dar suporte à iteração em uma coleção não genérica***, ou seja, permite escrever um código que faz um loop. Especificamente, significa que você pode usá-la com um loop foreach.

Como fica internamente? Use Ir para Definição/Declaração em `List<Duck>` para ver as interfaces implementadas, como fez antes. Então faça isso de novo para ver os membros de IEnumerable<T>. O que você vê?

Quando uma coleção implementa IEnumerable<T>, você tem um meio de escrever um loop que percorre seu conteúdo em ordem.

A interface IEnumerable<T> tem um único membro: um método chamado GetEnumerator, que retorna um **objeto Enumerator**. Esse objeto fornece o mecanismo que permite fazer um loop na lista, em ordem. Quando você escreve este loop foreach:

```
foreach (Duck duck in ducks) {
    Console.WriteLine(duck);
}
```

Veja o que o loop faz internamente:

```
IEnumerator<Duck> enumerator = ducks.GetEnumerator();
while (enumerator.MoveNext()) {
    Duck duck = enumerator.Current;
    Console.WriteLine(duck);
}
if (enumerator is IDisposable disposable) disposable.Dispose();
```

Tecnicamente, há pouco código além deste, mas é suficiente para você ter uma ideia básica do que está acontecendo.

Ambos os loops escrevem os mesmos Ducks no console. Veja por si só executando os dois; eles têm a mesma saída (e não se preocupe com a última linha agora; você aprenderá sobre IDisposable no Capítulo 10).

Quando você faz loop em uma lista ou um array (ou qualquer outra coleção), o método MoveNext retorna true se há outro elemento na coleção ou false se o enumerador chegou ao fim. A propriedade Current sempre retorna uma referência para o elemento atual. Junte tudo e terá um loop foreach.

Faça upcast da lista inteira usando IEnumerable<T>

Lembra-se de que é possível fazer upcast de qualquer objeto para sua superclasse? Bem, quando você obteve uma lista [List] de objetos, fez o upcast da lista inteira de uma só vez. Isso se chama **covariância** e tudo o que precisa é de uma referência da interface IEnumerable<T>.

Vejamos como funciona. Começaremos com a classe Duck com a qual você vem trabalhando neste capítulo. Então, adicionaremos uma classe Bird que ela estenderá. A classe Bird incluirá um método estático que itera uma coleção de objetos Bird. Podemos fazer com que trabalhe com uma lista de Ducks?

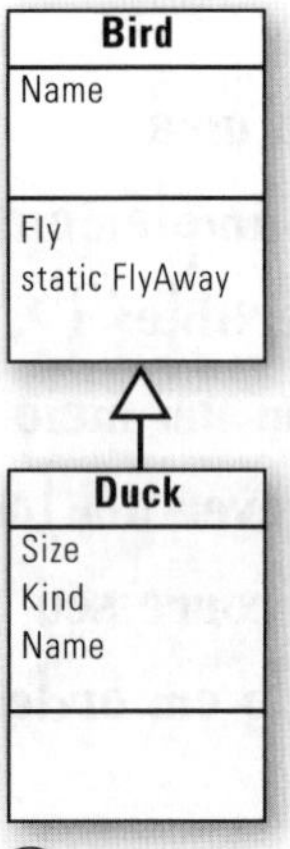
Bird
Name
Fly
static FlyAway
Duck
Size
Kind
Name

Aqui há uma classe Bird que fará sua classe Duck estender. Você mudará sua declaração para estender Bird, mas deixará o resto da classe igual. Então, adicionará ambas a um aplicativo de console para poder experimentar a covariância.

Como todos os Ducks são Birds, a covariância nos permite converter uma coleção de Ducks em uma coleção de Birds. Isso pode ser muito útil se você precisa passar List<Duck> para um método que só aceita List<Bird>.

Faça isto!

① **Crie um novo projeto Aplicativo de Console.** Adicione uma classe básica, Bird (para Duck estender) e uma classe Penguin. Usaremos o método ToString para facilitar ver qual classe é qual.

```
class Bird
{
    public string Name { get; set; }
    public virtual void Fly(string destination)
    {
        Console.WriteLine($"{this} is flying to
{destination}");
    }

    public override string ToString()
    {
        return $"A bird named {Name}";
    }

    public static void FlyAway(List<Bird> flock,
string destination)
    {
        foreach (Bird bird in flock)
        {
            bird.Fly(destination);
        }
    }
}
```

Covariância é como o C# permite converter implicitamente uma referência da subclasse em sua superclasse. O termo "implicitamente" significa apenas que o C# pode descobrir como fazer a conversão sem você precisar usar a coerção explicitamente.

O método FlyAway estático trabalha com uma coleção de Birds. Mas e se quisermos passar uma lista de Ducks para ele?

(2) **Adicione sua classe Duck à aplicação.** Modifique sua declaração para **fazer com que estenda Bird**. Você também precisará **adicionar o enum KindOfDuck**, como fez antes no capítulo:

```
class Duck : Bird {
    public int Size { get; set; }
    public KindOfDuck Kind { get; set; }

    public override string ToString()
    {
        return $"A {Size} inch
{Kind}";
    }
}
```

Adicionamos Bird à declaração para fazer a classe Duck estender Bird. O resto da classe Duck é exatamente igual, como no projeto anterior.

```
enum KindOfDuck {
    Mallard,
    Muscovy,
    Loon,
}
```

A propriedade Duck.Kind usa KindOfDuck, então você precisará adicionar isso também.

(3) **Crie a coleção List<Duck>.** Continue e **adicione este código ao método Main**; é o código visto antes no capítulo, mais uma linha para fazer upcast em List<Bird>:

```
List<Duck> ducks = new List<Duck>() {
    new Duck() { Kind = KindOfDuck.Mallard, Size = 17 },
    new Duck() { Kind = KindOfDuck.Muscovy, Size = 18 },
    new Duck() { Kind = KindOfDuck.Loon, Size = 14 },
    new Duck() { Kind = KindOfDuck.Muscovy, Size = 11 },
    new Duck() { Kind = KindOfDuck.Mallard, Size = 14 },
    new Duck() { Kind = KindOfDuck.Loon, Size = 13 },
};

Bird.FlyAway(ducks, "Minnesota");
```

Copie o mesmo inicializador de coleção utilizado para inicializar List de Ducks.

CS1503 Argument 1: cannot convert from 'System.Collections.Generic.List<BirdCovariance.Duck>' to 'System.Collections.Generic.List<BirdCovariance.Bird>'

Oh-oh! O código não compila. A mensagem de erro informa que você não pode converter a coleção Duck na coleção Bird. Vamos tentar atribuir `ducks` à List<Bird>:

```
List<Bird> upcastDucks = ducks;
```

Bem, não funcionou. Obtivemos um erro diferente, mas ainda informa que não podemos converter o tipo:

CS0029 Cannot implicitly convert type 'System.Collections.Generic.List<BirdCovariance.Duck>' to 'System.Collections.Generic.List<BirdCovariance.Bird>'

O que faz sentido. É exatamente como upcast com segurança versus downcast aprendido no Capítulo 6: podemos usar a atribuição para fazer downcast, mas precisamos usar a palavra-chave `is` para fazer upcast com segurança. Como fazemos upcast com segurança de List<Duck> em List<Bird>?

(4) **Use a covariância para fazer os patos voarem.** Aqui entra a **covariância**: você pode ***usar a atribuição para fazer upcast de List<Duck> em IEnumerable<Bird>***. Assim que obtiver IEnumerable<Bird>, poderá chamar seu método ToList para converter em List<Bird>. Será preciso adicionar `using System.Collections.Generic;` e `using System.Linq;` ao topo do arquivo:

```
IEnumerable<Bird> upcastDucks = ducks;

Bird.FlyAway(upcastDucks.ToList(), "Minnesota");
```

Agora sua coleção de referências Duck foi convertida em uma coleção de referências Bird. Voem, patinhos!

Use Dictionary para armazenar chaves e valores

Uma lista é como uma longa página repleta de nomes. E se você também quiser um endereço para cada nome? Ou quiser detalhes sobre cada carro na lista `garage`? É preciso outro tipo de coleção .NET: um **dicionário**. Ele permite pegar um valor especial, a **chave**, e associar essa chave a muitos dados, o **valor**. Mais uma coisa: uma chave específica pode **aparecer apenas uma vez** em qualquer dicionário.

Em um dicionário real, a palavra sendo definida é a chave. Você a usa para pesquisar o valor ou a definição dela.

> **Di•ci•o•ná•ri•o, subst.**
> Um livro que lista palavras de um idioma em ordem alfabética e fornece seus significados.

A definição é o valor. Estes são os dados associados a certa chave (nesse caso, a palavra sendo definida).

Veja como declarar um Dicionário do .NET no C#:

```
Dictionary<TKey, TValue> dict = new Dictionary<TKey, TValue>();
```

Estes são os tipos genéricos para Dictionary. TKey é o tipo usado para a chave que pesquisa os valores e TValue é o tipo dos valores. Se você armazenasse as palavras e suas definições, usaria Dictionary<string, string>. Se quisesse controlar o número de vezes que cada palavra aparece em um livro, poderia usar Dictionary<string, int>.

Isto representa os tipos. O primeiro tipo entre sinais maior que, menor que é sempre a chave e o segundo são sempre os dados.

Vejamos um dicionário em ação. Eis um pequeno aplicativo de console que usa Dictionary<string, string> para controlar os alimentos favoritos de alguns amigos:

```
using System.Collections.Generic;

class Program
{
    static void Main(string[] args)
    {
        Dictionary<string, string> favoriteFoods = new Dictionary<string, string>();
        favoriteFoods["Alex"] = "hot dogs";
        favoriteFoods["A'ja"] = "pizza";
        favoriteFoods["Jules"] = "falafel";
        favoriteFoods["Naima"] = "spaghetti";

        string name;
        while ((name = Console.ReadLine()) != "")
        {
            if (favoriteFoods.ContainsKey(name))
                Console.WriteLine($"{name}'s favorite food is {favoriteFoods[name]}");
            else
                Console.WriteLine($"I don't know {name}'s favorite food");
        }
    }
}
```

Você precisa da diretiva "using" para trabalhar com Dictionary, como faz com List.

Adicionamos quatro pares de chave/valor ao nosso dicionário. Neste caso, a chave é o nome da pessoa e o valor é o alimento favorito dela.

O método ContainsKey de um dicionário retorna true se ele contém um valor para uma chave específica.

Veja como você obtém o valor para uma chave.

Resumo das funcionalidades do dicionário

Os dicionários se parecem muito com listas. Os dois são flexíveis ao permitir trabalhar com muitos tipos de dados e também têm várias funcionalidades predefinidas. Veja o básico que pode ser feito.

★ **Adicione um item.**
Você pode adicionar um item a um dicionário usando seu **indexador** com colchetes:

```
Dictionary<string, string> myDictionary = new Dictionary<string, string>();
myDictionary["some key"] = "some value";
```

Também pode adicionar um item ao dicionário usando seu **método Add**:

```
Dictionary<string, string> myDictionary = new Dictionary<string, string>();
myDictionary.Add("some key", "some value");
```

★ **Pesquise um valor usando sua chave.**
O mais importante que você fará com um dicionário é **pesquisar valores com o indexador**, o que faz sentido, pois você armazenou esses valores em um dicionário para poder pesquisá-los usando suas chaves exclusivas. Este exemplo mostra Dictionary<string, string>, então pesquisaremos valores usando uma chave de string e o dicionário retornará um valor de string:

```
string lookupValue = myDictionary["some key"];
```

As chaves são únicas no dicionário; qualquer chave aparece exatamente uma vez. Os valores podem aparecer várias vezes; duas chaves podem ter o mesmo valor. Assim, ao pesquisar ou remover uma chave, o dicionário sabe o que remover.

★ **Remova um item.**
Como em uma lista, você pode remover um item do dicionário usando o **método Remove**. Tudo o que precisará passar para esse método é o valor da chave para que chave e valor sejam removidos:

```
myDictionary.Remove("some key");
```

★ **Obtenha uma lista de chaves.**
Você pode obter uma lista de todas as chaves em um dicionário usando sua **propriedade Keys** e fazendo um loop com `foreach`. Ficaria assim:

```
foreach (string key in myDictionary.Keys) { ... };
```

Keys é uma propriedade do objeto Dictionary. Este dicionário em particular tem chaves de string; portanto, Keys é uma coleção de strings.

★ **Conte os pares no dicionário.**
A **propriedade Count** retorna o número de pares de chave/valor no dicionário:

```
int howMany = myDictionary.Count;
```

É comum ver um dicionário que mapeia inteiros para objetos quando você atribui números de ID exclusivos aos objetos.

Chave e valor podem ser tipos diferentes

Os dicionários são versáteis! Eles podem manter qualquer coisa, não só tipos de valor, mas ***qualquer tipo de objeto***. Veja um exemplo de dicionário que armazena um inteiro como uma chave e uma referência do objeto Duck como um valor:

```
Dictionary<int, Duck> duckIds = new Dictionary<int, Duck>();
duckIds.Add(376, new Duck() { Kind = KindOfDuck.Mallard, Size = 15 });
```

Crie um programa que usa um dicionário

Faça isto!

Um app rápido que os fãs de beisebol da equipe New York Yankees adorariam. Quando um jogador importante se aposenta, a equipe tira o número da camisa dele. **Crie um novo aplicativo de console** que pesquisa alguns Yankees que vestiram números famosos e quando esses números foram aposentados. Veja uma classe para rastrear um jogador de beisebol aposentado:

```
class RetiredPlayer
{
    public string Name { get; private set; }
    public int YearRetired { get; private set; }

    public RetiredPlayer(string player, int yearRetired)
    {
        Name = player;
        YearRetired = yearRetired;
    }
}
```

Yogi Berra era o nº 8 na equipe New York Yankees, já Cal Ripken Jr. era o nº 8 nos Baltimore Orioles. Em Dictionary, você pode ter valores duplicados, mas toda chave deve ser única. Consegue pensar em um modo de armazenar os números aposentados de várias equipes?

E aqui está a classe Program com um método Main que adiciona jogadores aposentados a um dicionário. Podemos usar o número da camisa como a chave do dicionário porque é **único**; assim que o número é aposentado, a equipe ***nunca mais o usa***. É algo importante a considerar quando elaborar um app que usa um dicionário: você não quer descobrir jamais que sua chave não é tão exclusiva quanto pensava!

```
using System.Collections.Generic;

class Program
{
   static void Main(string[] args)
   {
      Dictionary<int, RetiredPlayer> retiredYankees = new Dictionary<int,
RetiredPlayer>() {
         {3, new RetiredPlayer("Babe Ruth", 1948)},
         {4, new RetiredPlayer("Lou Gehrig", 1939)},
         {5, new RetiredPlayer("Joe DiMaggio", 1952)},
         {7, new RetiredPlayer("Mickey Mantle", 1969)},
         {8, new RetiredPlayer("Yogi Berra", 1972)},
         {10, new RetiredPlayer("Phil Rizzuto", 1985)},
         {23, new RetiredPlayer("Don Mattingly", 1997)},
         {42, new RetiredPlayer("Jackie Robinson", 1993)},
         {44, new RetiredPlayer("Reggie Jackson", 1993)},
      };

      foreach (int jerseyNumber in retiredYankees.Keys)
      {
         RetiredPlayer player = retiredYankees[jerseyNumber];
         Console.WriteLine($"{player.Name} #{jerseyNumber} retired in {player.
YearRetired}");
      }
   }
}
```

Use um inicializador de coleção para preencher Dictionary com objetos JerseyNumber.

Use um loop foreach para iterar as chaves e escrever uma linha para cada jogador aposentado na coleção.

E ainda MAIS tipos de coleção...

List e Dictionary são os dois tipos de coleção mais usados que fazem parte das listas [Lists] do .NET e os dicionários são muito flexíveis; você pode acessar qualquer dado neles em qualquer ordem. Mas às vezes você usa uma coleção para representar muitas coisas no mundo real que precisam ser acessadas em uma ordem específica. É possível restringir como o código acessa os dados em uma coleção usando **Queue ou Stack**. São coleções genéricas como List<T>, mas particularmente boas ao assegurar que os dados sejam processados em certa ordem.

Existem outros tipos de coleções também, mas estas são provavelmente as que mais verá.

Use Queue quando o primeiro objeto armazenado será o primeiro que usará, como em:

★ Carros descendo uma rua de mão única.

★ Pessoas em fila.

★ Clientes esperando na linha de suporte ao cliente.

★ Qualquer coisa tratada com base em ordem de chegada, primeiro a ser atendido.

Uma fila é do tipo primeiro a entrar, primeiro a sair, ou seja, o primeiro objeto colocado na fila é o primeiro retirado para usar.

Use Stack quando quer usar o objeto armazenado mais recentemente, como em:

★ Móveis colocados no caminhão de mudança.

★ Uma pilha de livros em que deseja ler o adicionado mais recentemente primeiro.

★ Pessoas entrando ou saindo do avião.

★ Uma pirâmide de animadores de torcida, em que as pessoas no topo têm que descer primeiro... imagine a confusão se uma pessoa na base saísse primeiro!

Uma pilha é do tipo último a entrar, primeiro a sair: o primeiro objeto que entra na pilha é o último que sai dela.

Coleções .NET genéricas implementam IEnumerable

Quase todo projeto grande no qual irá trabalhar incluirá um tipo de coleção genérica, pois seus programas precisam armazenar dados. Ao lidar com grupos de coisas parecidas no mundo real, quase sempre elas ficam naturalmente em uma categoria que corresponde muito bem a um dos tipos de coleções. Não importa as coleções usadas (List, Dictionary, Stack ou Queue), você sempre conseguirá usar um loop foreach porque todas implementam IEnumerable<T>.

Porém, é possível usar foreach para enumerar uma pilha ou uma fila porque elas implementam IEnumerable!

Queue [fila] é como uma lista que permite adicionar objetos ao final e usar os que estão no começo. Stack [pilha] só permite acessar o último objeto colocado nela.

Uma fila é FIFO — primeiro a entrar, primeiro a sair

Uma **fila** lembra muito uma lista, exceto que você não pode apenas adicionar nem remover itens em qualquer índice. Para adicionar um objeto a uma fila, você o **enfileira** [enqueue]. Isso adiciona o objeto ao final dela. Você pode **desenfileirar** [dequeue] o primeiro objeto da frente da fila. Quando faz isso, o objeto é retirado da fila e o resto dos objetos sobem uma posição.

Após a primeira chamada Dequeue, o primeiro item na fila é retirado e retornado, e o segundo item muda para o primeiro lugar.

```
// Crie Queue e adicione quatro strings.
Queue<string> myQueue = new Queue<string>();
myQueue.Enqueue("first in line");
myQueue.Enqueue("second in line");
myQueue.Enqueue("third in line");
myQueue.Enqueue("last in line");
```

Aqui chamamos Enqueue para adicionar quatros itens à fila. Quando os retiramos da fila, eles saem na mesma ordem em que entraram.

```
// Peek "olha" o primeiro item na fila sem removê-lo.
Console.WriteLine($"Peek() returned:\n{myQueue.Peek()}"); (1)

// Dequeue puxa o próximo item da FRENTE da fila.
Console.WriteLine(
    $"The first Dequeue() returned:\n{myQueue.Dequeue()}"); (2)
Console.WriteLine(
    $"The second Dequeue() returned:\n{myQueue.Dequeue()}"); (3)

// Clear retira todos os itens da fila.
Console.WriteLine($"Count before Clear():\n{myQueue.Count}"); (4)
myQueue.Clear();
Console.WriteLine($"Count after Clear():\n{myQueue.Count}"); (5)
```

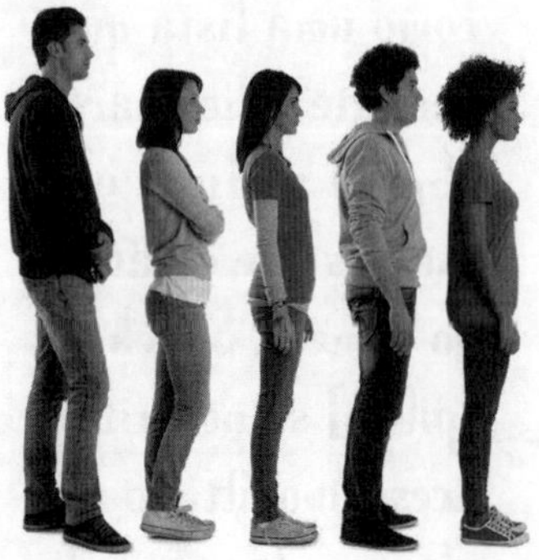

Os objetos em uma fila precisam aguardar sua vez. O primeiro na fila é o primeiro a sair dela.

Saída

```
Peek() returned:
(1) first in line
The first Dequeue()
returned:
(2) first in line
The second Dequeue()
returned:
(3) second in line
Count before Clear():
(4) 2
Count after Clear():
(5) 0
```

Uma pilha é LIFO — último a entrar, primeiro a sair

Uma **pilha** se parece muito com uma fila, com uma grande diferença. Você **coloca** cada item na pilha e, quando quer pegar um item, você o **tira**. Ao fazer isso, fica sem o item mais recente que colocou nela. É como uma pilha de pratos, de revistas ou de qualquer outra coisa; você pode colocar algo no topo da pilha, mas precisa retirá-lo antes de acessar o que está embaixo dele.

```
// Crie Stack e adicione quatro strings.
Stack<string> myStack = new Stack<string>();
myStack.Push("first in line");
myStack.Push("second in line");
myStack.Push("third in line");
myStack.Push("last in line");

// Peek na pilha funciona como na fila.
Console.WriteLine($"Peek() returned:\n{myStack.Peek()}"); ①

// Pop tira o próximo item DEBAIXO na pilha.
Console.WriteLine(
    $"The first Pop() returned:\n{myStack.Pop()}"); ②
Console.WriteLine(
    $"The second Pop() returned:\n{myStack.Pop()}"); ③

Console.WriteLine($"Count before Clear():\n{myStack.Count}"); ④
myStack.Clear();
Console.WriteLine($"Count after Clear():\n{myStack.Count}"); ⑤
```

Criar uma pilha é como criar qualquer outra coleção genérica.

Quando você coloca um item na pilha, ele empurra os outros itens para trás uma posição e fica no topo.

Quando você tira um item da pilha, acessa o item mais recente adicionado.

Saída

```
Peek() returned:
① last in line
The first Pop() returned:
② last in line
The second Pop() returned:
③ third in line
Count before Clear():
④ 2
Count after Clear():
⑤ 0
```

O último objeto colocado na pilha é o primeiro objeto que você retira dela.

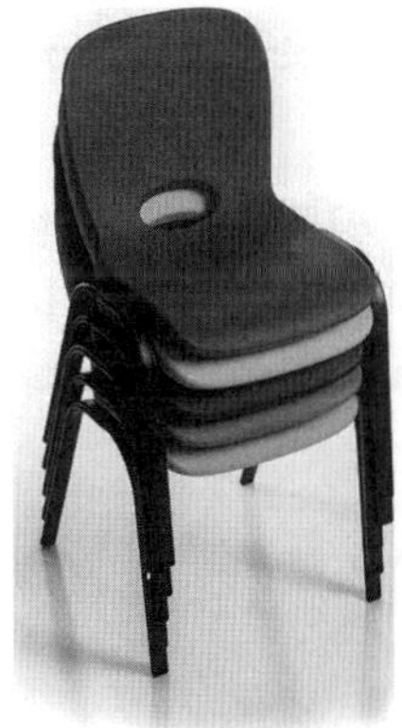

ESPERE AÍ, ALGO ME INCOMODA... VOCÊ NÃO MOSTROU NADA QUE POSSO FAZER COM UMA PILHA OU UMA FILA QUE NÃO CONSIGO FAZER COM UMA LISTA. ELAS APENAS ECONOMIZAM ALGUMAS LINHAS DE CÓDIGO, MAS NÃO POSSO ACESSAR OS ITENS NO MEIO DA PILHA, NEM DA FILA. É MUITO FÁCIL FAZER ISSO COM UMA LISTA! POR QUE ABRIR MÃO DISSO APENAS POR ***UMA PEQUENA CONVENIÊNCIA***?

Você não abre mão de nada quando usa uma fila ou uma pilha.

É muito fácil copiar um objeto Queue para um objeto List. É igualmente fácil copiar List para Queue, Queue para Stack... na verdade, você pode criar List, Queue ou Stack a partir de qualquer outro objeto que implementa a interface IEnumerable<T>. Tudo o que precisa fazer é usar o construtor sobrecarregado que permite passar a coleção da qual deseja copiar como um parâmetro, ou seja, você tem a flexibilidade e a conveniência de representar seus dados com a coleção que mais combina com o modo como ela precisa ser usada (mas lembre-se, está fazendo uma cópia, isso é, criando um novo objeto e adicionando-o ao heap).

Vamos configurar uma pilha com quatro itens; neste caso, uma pilha de strings.

```
Stack<string> myStack = new Stack<string>();
myStack.Push("first in line");
myStack.Push("second in line");
myStack.Push("third in line");
myStack.Push("last in line");

Queue<string> myQueue = new Queue<string>(myStack);
List<string> myList = new List<string>(myQueue);
Stack<string> anotherStack = new Stack<string>(myList);

Console.WriteLine($@"myQueue has {myQueue.Count} items
myList has {myList.Count} items
anotherStack has {anotherStack.Count} items");
```

É fácil converter esta pilha em fila, então copiar a fila para uma lista, depois copiar a lista para outra pilha.

Todos os quatro itens foram copiados para as novas coleções.

Saída

```
myQueue has 4 items
myList has 4 items
anotherStack has 4 items
```

...e sempre pode usar um loop foreach para acessar todos os membros na pilha ou na fila!

Exercício

Escreva um programa para ajudar uma cafeteria cheia de lenhadores [lumberjacks] a comer panquecas [flapjacks]. Você usará uma fila de objetos Lumberjack e cada Lumberjack tem uma pilha de enums Flapjack. Demos alguns detalhes como ponto de partida. Consegue criar um aplicativo de console que combina com a saída?

Comece com uma classe Lumberjack e um enum Flapjack

Lumberjack
Name private flapjackStack
TakeFlapjack EatFlapjacks

```
enum Flapjack {
    Crispy,
    Soggy,
    Browned,
    Banana,
}
```

A classe Lumberjack tem uma propriedade Name pública definida com um construtor e um campo Stack<Flapjack> privado, flapjackStack, inicializado com uma pilha vazia.

O método TakeFlapjack tem um argumento, Flapjack, e o coloca na pilha. EatFlapjacks tira as panquecas da pilha e escreve as linhas no console para o lenhador.

Então adicione o método Main

O método Main pede ao usuário o nome do primeiro lenhador e pergunta o número de panquecas a dar. Se o usuário fornece um número válido, o programa chama TakeFlapjack esse número de vezes, passando um Flapjack aleatório a cada vez, e adiciona Lumberjack à Queue. Ele continua pedindo mais Lumberjacks até o usuário inserir uma linha em branco, depois usa um loop while para desenfileirar cada Lumberjack e chama seu método EatFlapjacks para escrever linhas na saída.

O método Main escreve estas linhas e obtém a entrada, criando cada objeto Lumberjack, definindo seu nome, fazendo-o obter um número de panquecas aleatórias e adicionando-o a uma fila.

Quando o usuário termina de inserir os lenhadores [lumberjacks], o método Main usa um loop while para desenfileirar cada Lumberjack e chamar seu método EatFlapjacks. O resto das linhas na saída é escrito por cada objeto Lumberjack.

Os lenhadores escrevem esta linha quando começam a comer panquecas.

Este lenhador pegou quatro panquecas. Quando seu método EatFlapjacks foi chamado, ele tirou quatro enums Flapjack da pilha.

```
First lumberjack's name: Erik
Number of flapjacks: 4
Next lumberjack's name (blank to end): Hildur
Number of flapjacks: 6
Next lumberjack's name (blank to end): Jan
Number of flapjacks: 3
Next lumberjack's name (blank to end): Betty
Number of flapjacks: 4
Next lumberjack's name (blank to end):
Erik is eating flapjacks
Erik ate a soggy flapjack
Erik ate a browned flapjack
Erik ate a browned flapjack
Erik ate a soggy flapjack
Hildur is eating flapjacks
Hildur ate a browned flapjack
Hildur ate a browned flapjack
Hildur ate a crispy flapjack
Hildur ate a crispy flapjack
Hildur ate a soggy flapjack
Hildur ate a browned flapjack
Jan is eating flapjacks
Jan ate a banana flapjack
Jan ate a crispy flapjack
Jan ate a soggy flapjack
Betty is eating flapjacks
Betty ate a soggy flapjack
Betty ate a browned flapjack
Betty ate a browned flapjack
Betty ate a crispy flapjack
```

Exercício
Solução

Veja o código da classe Lumberjack e o método Main. Não se esqueça de que cada arquivo precisa de uma linha `using System.Collections.Generic;` no topo.

```
class Lumberjack
{
    private Stack<Flapjack> flapjackStack = new Stack<Flapjack>();
    public string Name { get; private set; }

    public Lumberjack(string name)
    {
        Name = name;
    }

    public void TakeFlapjack(Flapjack flapjack)
    {
        flapjackStack.Push(flapjack);
    }

    public void EatFlapjacks() {
        Console.WriteLine($"{Name} is eating flapjacks");
        while (flapjackStack.Count > 0)
        {
            Console.WriteLine(
                $"{Name} ate a {flapjackStack.Pop().ToString().ToLower()} flapjack");
        }
    }
}
```

Está é a pilha de enums Flapjack. Ela é preenchida quando o método Main chama TakeFlapjack com panquecas aleatórias e esvaziada quando chama o método EatFlapjacks.

O método TakeFlapjack só coloca uma panqueca [flapjack] na pilha.

```
class Program
{
    static void Main(string[] args)
    {
        Random random = new Random();
        Queue<Lumberjack> lumberjacks = new Queue<Lumberjack>();

        string name;
        Console.Write("First lumberjack's name: ");
        while ((name = Console.ReadLine()) != "") {
            Console.Write("Number of flapjacks: ");
            if (int.TryParse(Console.ReadLine(), out int number))
            {
                Lumberjack lumberjack = new Lumberjack(name);
                for (int i = 0; i < number; i++)
                {
                    lumberjack.TakeFlapjack((Flapjack)random.Next(0, 4));
                }
                lumberjacks.Enqueue(lumberjack);
            }
            Console.Write("Next lumberjack's name (blank to end): ");
        }

        while (lumberjacks.Count > 0)
        {
            Lumberjack next = lumberjacks.Dequeue();
            next.EatFlapjacks();
        }
    }
}
```

O método Main mantém suas referências Lumberjack em uma fila.

Cria cada objeto Lumberjack, chama seu método TakeFlapjack com panquecas aleatórias e enfileira a referência.

Quando o usuário termina de adicionar panquecas, o método Main usa um loop while para desenfileirar cada referência Lumberjack e chamar seu método EatFlapjacks.

não existem Perguntas Idiotas

P: O que acontece se eu tento obter um objeto em um dicionário usando uma chave que não existe?

R: Se você passar ao dicionário uma chave que não existe, ele irá gerar uma exceção. Por exemplo, se adicionar este código a um aplicativo de console:

```
Dictionary<string, string> dict =
        new Dictionary<string,
string>();
string s = dict["This key doesn't
exist"];
```

visualizará a exceção "System.Collections.Generic.KeyNotFoundException: 'The given key 'This key doesn't exist' was not present in the dictionary'". Por conveniência, a exceção inclui a chave ou, mais especificamente, a string que o método ToString da chave retorna. É muito útil se você tenta depurar um problema em um programa que acessa um dicionário milhares de vezes.

P: Existe um modo de evitar essa exceção? Por exemplo, se eu não sei que existe uma chave?

R: Sim, há dois modos de evitar KeyNotFoundException. Um deles é usar o método Dictionary.ContainsKey. Você passa a chave que deseja usar com o dicionário e ele retorna true apenas se a chave existe. O outro modo é usar Dictionary.TryGetValue, que permite fazer isto:

```
if (dict.TryGetValue("Key", out string
value)) {
    // Faça algo.
}
```

Esse código faz exatamente o mesmo que:

```
if (dict.ContainsKey("Key"))
{
    string value = dict["Key"];
    // Faça algo.
}
```

PONTOS DE BALA

- Listas, arrays e outras coleções implementam a **interface IEnumerable<T>**, que suporta a iteração em uma coleção não genérica.
- Um **loop foreach** trabalha com qualquer classe que implementa IEnumerable<T>, incluindo um método para retornar um objeto Enumerator que permite ao loop iterar seu conteúdo em ordem.
- **Covariância** é como o C# permite converter implicitamente uma referência da subclasse em sua superclasse.
- O termo **"implicitamente"** se refere à capacidade do C# em descobrir como fazer a conversão sem precisar usar a coerção explicitamente.
- Covariância é útil quando você precisa passar uma coleção de objetos para um método que só trabalha com a classe da qual eles herdam. Por exemplo, a covariância permite usar a **atribuição normal para fazer upcast** de List<Subclass> em IEnumerable<Superclass>.
- **Dictionary<TKey, TValue>** é uma coleção que armazena um conjunto de pares de chave/valor e permite usar chaves para pesquisar seus valores associados.
- Chaves e valores do dicionário podem ser **tipos diferentes**. Toda **chave deve ser exclusiva** no dicionário, mas os valores podem ser duplicados.
- A classe Dictionary tem uma **propriedade Keys** que retorna uma sequência de chaves de iteração.
- **Queue<T>** é uma coleção do tipo primeiro a entrar, primeiro a sair com métodos para enfileirar um item no final da fila e desenfileirar o item na frente dela.
- **Stack<T>** é uma coleção do tipo último a entrar, primeiro a sair com métodos para colocar um item no topo da pilha e tirar o item do topo dela.
- As classes Stack<T> e Queue<T> **implementam IEnumerable<T>**, e podem ser convertidas facilmente em Lists ou em outros tipos de coleção.

Exercício para download: Two Decks

No próximo exercício você criará um app que permite mover cartas entre dois baralhos. O baralho à esquerda tem botões que permitem embaralhá-lo e redefini-lo para 52 cartas, e o baralho à direita tem botões que permitem limpá-lo e ordená-lo.

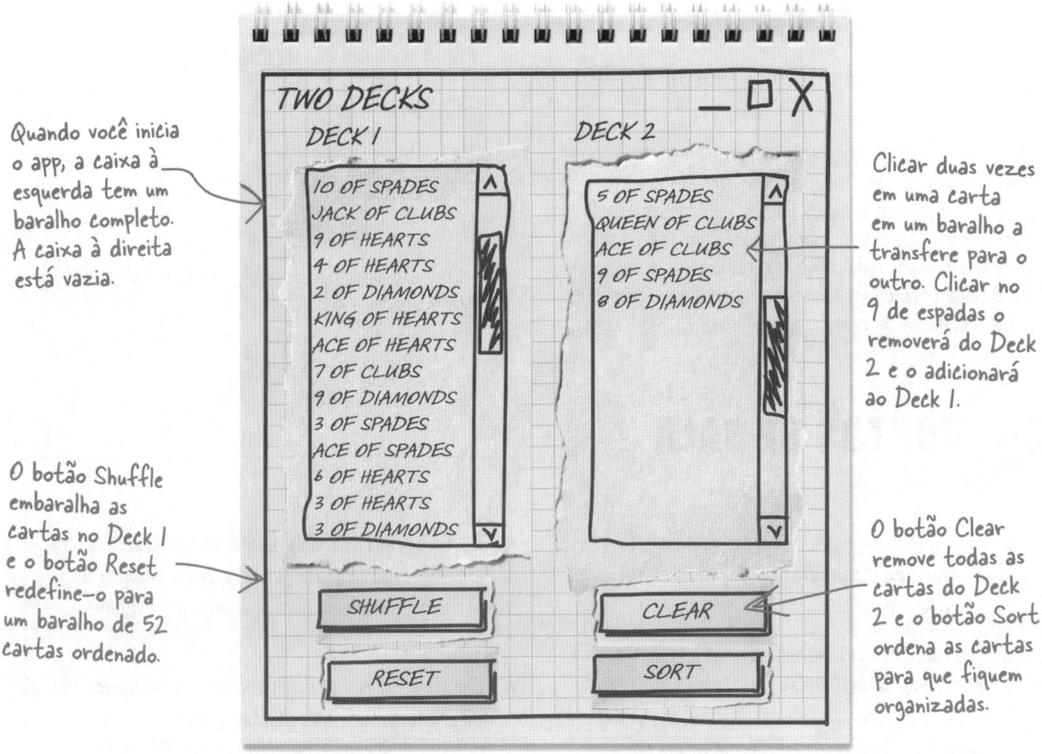
TWO DECKS
DECK 1
DECK 2
10 OF SPADES
JACK OF CLUBS
9 OF HEARTS
4 OF HEARTS
2 OF DIAMONDS
KING OF HEARTS
ACE OF HEARTS
7 OF CLUBS
9 OF DIAMONDS
3 OF SPADES
ACE OF SPADES
6 OF HEARTS
3 OF HEARTS
3 OF DIAMONDS
5 OF SPADES
QUEEN OF CLUBS
ACE OF CLUBS
9 OF SPADES
8 OF DIAMONDS
SHUFFLE
RESET
CLEAR
SORT
Quando você inicia o app, a caixa à esquerda tem um baralho completo. A caixa à direita está vazia.
Clicar duas vezes em uma carta em um baralho a transfere para o outro. Clicar no 9 de espadas o removerá do Deck 2 e o adicionará ao Deck 1.
O botão Shuffle embaralha as cartas no Deck 1 e o botão Reset redefine-o para um baralho de 52 cartas ordenado.
O botão Clear remove todas as cartas do Deck 2 e o botão Sort ordena as cartas para que fiquem organizadas.

Uma das ideias mais importantes enfatizadas neste livro é que escrever código C# é uma habilidade, e a melhor maneira de melhorá-la é ***praticando muito***. Queremos lhe dar muitas oportunidades para praticar o máximo possível!

Por isso criamos **projetos Core Blazor WPF no Windows e ASP.NET no macOS adicionais** que acompanham alguns capítulos no resto do livro. Incluímos esses projetos no fim dos próximos capítulos também. Continue e baixe o PDF deste projeto; achamos que você deve reservar um tempo e fazer isso antes de seguir para o próximo capítulo, pois ajudará a reforçar alguns conceitos importantes que o ajudarão com o material no resto do livro.

Acesse o site da Alta Books. Procure pelo livro e baixe o PDF do projeto agora ou acesse [conteúdo em inglês]:

https://github.com/head-first-csharp/fourth-edition

Unity Lab 4

Interfaces do Usuário

No último Unity Lab você começou a montar um jogo usando um prefab para criar instâncias GameObject que aparecem em pontos aleatórios no espaço em 3D do jogo e voam em círculos. Este Unity Lab continua do ponto em que o último parou, permitindo que você aplique o que aprendeu sobre interfaces no C# e muito mais.

Até o momento seu programa é uma simulação visual interessante. O objetivo deste Unity Lab é **terminar de criar o jogo**. Ele começa com uma pontuação zero. As bolas de bilhar começarão a aparecer e voarão na tela. Quando o jogador clica em uma bola, a pontuação aumenta em 1 e ela desaparece. Cada vez mais bolas aparecem; assim que quinze bolas voam na tela, o jogo termina. Para o jogo funcionar, seus jogadores precisam de um modo de começar e de jogar novamente assim que o jogo termina, e eles desejarão ver a pontuação conforme clicam nas bolas. Assim, você adicionará uma **interface do usuário** que mostra a pontuação no canto da tela e um botão para iniciar um novo jogo.

Adicione uma pontuação que aumenta quando o jogador clica em uma bola

Você tem uma simulação muito interessante. Agora é hora de transformá-la em um jogo. **Adicione um novo campo** à classe GameController para controlar a pontuação; você pode adicioná-lo logo abaixo do campo OneBallPrefab:

```
public int Score = 0;
```

Depois, **adicione um método chamado ClickedOnBall à classe GameController**. Esse método será chamado sempre que o jogador clicar em uma bola:

```
public void ClickedOnBall()
{
    Score++;
}
```

O Unity facilita muito que seus GameObjects respondam aos cliques do mouse e à outra entrada. Se você adicionar um método chamado OnMouseDown a um script, o Unity chamará tal método sempre que o GameObject ao qual está anexado for clicado. **Adicione este método à classe OneBallBehaviour**:

```
void OnMouseDown()
{
    GameController controller = Camera.main.GetComponent<GameController>();
    controller.ClickedOnBall();
    Destroy(gameObject);
}
```

A primeira linha do método OnMouseDown obtém a instância da classe GameController e a segunda linha chama seu método ClickedOnBall, que aumenta o campo Score.
Agora rode o jogo. Clique em Main Camera na hierarquia e veja o componente Game Controller (Script) no Inspector. Clique em algumas bolas giratórias; elas desaparecerão e o Score aumentará.

Game Controller (Script)
Script
GameController
One Ball Prefab
OneBall
Score
8

não existem Perguntas Idiotas

P: Por que usamos Instantiate em vez da palavra-chave **new**?

R: Instantiate e Destroy são ***métodos especiais exclusivos do Unity***; você não os verá em outros projetos C#. O método Instantiate não é o mesmo que a palavra-chave `new` do C#, pois cria uma nova instância de prefab, não uma classe. O Unity cria novas instâncias de objetos, mas precisa fazer muitas outras coisas, como assegurar que seja incluído no loop de atualização. Quando o script de um GameObject chama Destroy(gameObject), ele informa ao Unity para se destruir. O método Destroy informa ao Unity para destruir um GameObject, mas só depois de o loop de atualização terminar.

P: Não ficou claro como a primeira linha do método OnMouseDown funciona. O que acontece nela?

R: Vamos dividir em partes. A primeira parte deve ser bem familiar: declara uma variável chamada `controller` do tipo GameController, a classe definida no script anexado à Main Camera. Na segunda metade, queremos chamar um método no GameController anexado à Main Camera. Então, usamos Camera.main para obter Main Camera e GetComponent<GameController>() para obter a instância do GameController anexado.

Adicione dois modos diferentes ao jogo

Inicie seu jogo favorito. Você partiu para a ação imediatamente? Provavelmente não; é possível que esteja vendo um menu inicial. Alguns jogos permitem pausar a ação para ver um mapa. Muitos permitem trocar entre mover o jogador e trabalhar com um inventário, ou mostram uma animação enquanto o jogador morre e isso não pode ser interrompido. São todos exemplos de **modos do jogo**.

Você adicionará dois modos ao jogo. O modo "em execução" já existe, então agora só é preciso adicionar um modo "game over".

Adicionaremos dois modos diferentes ao jogo da bola de bilhar:

- ★ **Modo 1: O jogo está em execução.** Bolas são adicionadas à cena e clicar em uma delas faz com que ela desapareça e a pontuação suba.
- ★ **Modo 2: O jogo termina.** As bolas não são mais adicionadas, clicar nelas não faz nada e a mensagem "Game over" é exibida.

Esta tela mostra o jogo no modo em execução. Bolas são adicionadas e o jogador pode clicar nelas para pontuar.

Play Again

Quando a última bola é adicionada, o jogo troca para o modo Game Over. O botão Play Again aparece e nenhuma outra bola é adicionada.

Veja como adicionar os dois modos ao jogo:

1. ***Faça GameController.AddABall prestar atenção ao modo do jogo.***

   Seu método AddABall novo e aperfeiçoado verificará se o jogo terminou e só instanciará um novo prefab OneBall se o jogo não terminou.

2. ***Faça OneBallBehaviour.OnMouseDown funcionar apenas quando o jogo está em execução.***

   Quando o jogo termina, queremos que ele pare de responder aos cliques do mouse. O jogador deve ver apenas as bolas que já foram adicionadas circulando até o jogo reiniciar.

3. ***Faça GameController.AddABall terminar o jogo quando houver bolas demais.***

   AddABall também aumenta o contador NumberOfBalls; portanto, aumenta em 1 sempre que uma bola é adicionada. Se o valor chegar a MaximumBalls, definirá GameOver para true no fim do jogo.

Neste lab, você está criando o jogo em partes e fazendo alterações durante o processo. Baixe o código de cada parte no site da Alta Books. Procure pelo nome do livro ou acesse [conteúdo em inglês]: https://github.com/head-first-csharp/fourth-edition.

Adicione um modo ao jogo

Modifique as classes GameController e OneBallBehaviour para **adicionar modos ao jogo** usando um campo booleano para controlar se o jogo terminou ou não.

1 ***Faça GameController.AddABall prestar atenção ao modo do jogo.***

Queremos que GameController saiba em qual modo o jogo está. Quando precisamos controlar o que um objeto sabe, usamos campos. Como existem dois modos, em execução e game over, podemos usar o campo booleano para controlar o modo. **Adicione o campo GameOver** à classe GameController:

```
public bool GameOver = false;
```

O jogo deve adicionar apenas bolas novas à cena se está em execução Modifique o método AddABall para adicionar uma declaração `if` que chama Instantiate apenas se GameOver não é true:

```
public void AddABall()
{
    if (!GameOver)
    {
        Instantiate(OneBallPrefab);
    }
}
```

Agora pode testar. Inicie o jogo e **clique em Main Camera** na janela Hierarchy.

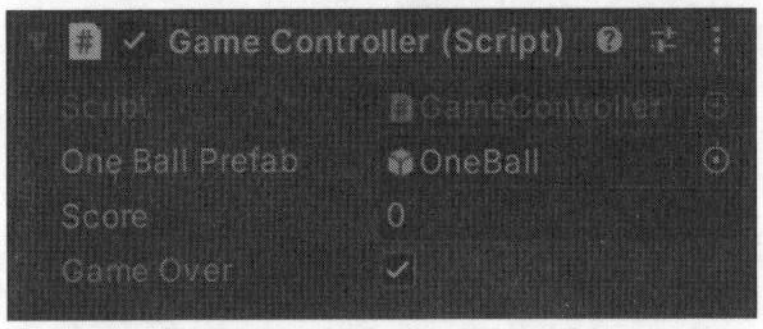
Game Controller (Script)
Script
GameController
One Ball Prefab
OneBall
Score
0
Game Over

Marque a caixa Game Over com o jogo em execução para trocar para o campo GameOver de GameController. Se você marcá-la com o jogo em execução, o Unity a redefinirá quando parar o jogo.

Defina o campo GameOver desmarcando a caixa no componente Script. O jogo deve parar de adicionar bolas até a caixa ser marcada de novo.

2 ***Faça OneBallBehaviour.OnMouseDown funcionar apenas quando o jogo está em execução.***

Seu método OnMouseDown já chama o método ClickedOnBall de GameController. Agora **modifique OnMouseDown em OneBallBehaviour** para usar o campo GameOver de GameController também:

```
void OnMouseDown()
{
    GameController controller = Camera.main.
GetComponent<GameController>();
    if (!controller.GameOver)
    {
        controller.ClickedOnBall();
        Destroy(gameObject);
    }
}
```

Rode o jogo de novo e teste se as bolas desaparecem e a pontuação aumenta apenas quando o jogo não terminou.

Acesse o site da Alta Books e procure pelo livro para baixar os arquivos.

3 ***Faça GameController.AddABall terminar o jogo quando houver bolas demais.***

O jogo precisa controlar o número de bolas na cena. Faremos isso **adicionando dois campos** à classe GameController para controlar o número atual de bolas e o número máximo delas:

```
public int NumberOfBalls = 0;
public int MaximumBalls = 15;
```

Sempre que o jogador clica em uma bola, o script OneBallBehaviour da bola chama GameController. ClickedOnBall para aumentar (adicionar 1) a pontuação. Também vamos diminuir (subtrair 1) de NumberOfBalls:

```
public void ClickedOnBall()
{
    Score++;
    NumberOfBalls--;
}
```

Agora **modifique o método AddABall** para que ele adicione bolas apenas se o jogo está em execução e termine o jogo se existem bolas demais na cena:

```
public void AddABall()
{
    if (!GameOver)
    {
        Instantiate(OneBallPrefab);
        NumberOfBalls++;
        if (NumberOfBalls >= MaximumBalls)
        {
            GameOver = true;
        }
    }
}
```

O campo GameOver é true se o jogo termina e false se está em execução. O campo NumberOfBalls controla o número de bolas atualmente na cena. Assim que atingir o valor MaximumBalls, GameController definirá GameOver para true.

Teste o jogo mais uma vez executando-o e clicando em Main Camera na janela Hierarchy. O jogo deve rodar normalmente, mas, assim que o campo NumberOfBalls fica igual ao campo MaximumBalls, o método AddABall define seu campo GameOver para true e termina o jogo.

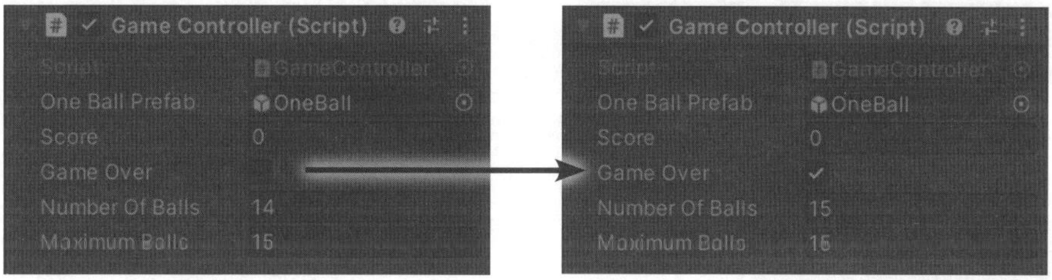
Game Controller (Script)
Script
GameController
One Ball Prefab
OneBall
Score
0
Game Over
Number Of Balls
14
Maximum Balls
15
Game Controller (Script)
Script
GameController
One Ball Prefab
OneBall
Score
0
Game Over
Number Of Balls
15
Maximum Balls
15

Assim que isso acontece, clicar nas bolas não faz nada porque OneBallBehaviour.OnMouseDown verifica o campo GameOver e só aumenta a pontuação e destrói a bola se GameOver é false.

Seu jogo precisa controlar o modo. Os campos são ótimos para fazer isso.

Adicione uma IU ao jogo

Quase todo jogo imaginado, desde Pac Man a Super Mario Brothers, Grand Theft Auto 5 e Minecraft, tem uma **interface do usuário (ou IU)**. Alguns, como Pac Man, têm uma IU muito simples, só mostrando pontos, pontuação máxima, vidas que restam e nível atual. Muitos jogos apresentam uma IU complexa incorporada em sua mecânica (como uma roda de armas que permite ao jogador trocar rápido entre elas). Adicionaremos uma IU ao jogo.
Escolha *UI >> Text* no menu GameObject para adicionar um GameObject 2D Text à IU do jogo. Isso adiciona Canvas à janela Hierarchy e Text sob Canvas:

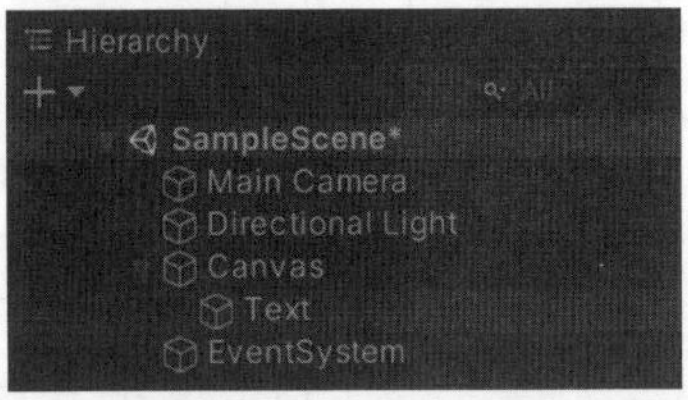
Hierarchy
All
SampleScene*
Main Camera
Directional Light
Canvas
Text
EventSystem

Quando você adicionou Text à cena, o Unity adicionou automaticamente os GameObjects Canvas e Text. Clique no triângulo (▼) ao lado de Canvas para expandir ou reduzir; o GameObjects Text irá aparecer e desaparecer porque está aninhado em Canvas.

Clique duas vezes em Canvas na janela Hierarchy para colocar o foco nele. É um retângulo em 2D. Clique em Move Gizmo e arraste-o na cena. Ele não se moverá! O Canvas adicionado sempre será exibido, dimensionado pelo tamanho da tela e ficará na frente de tudo mais no jogo.

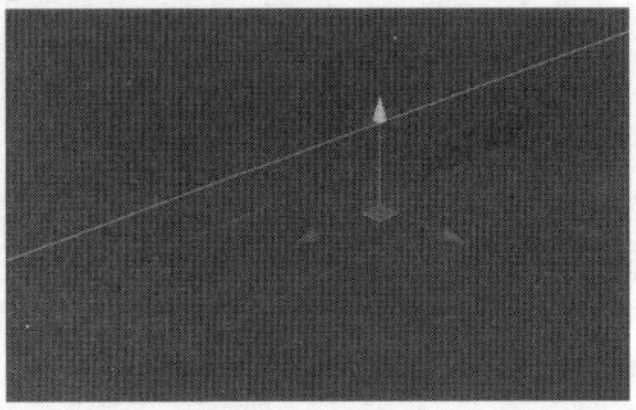

Notou EventSystem em Hierarchy? O Unity adicionou isso automaticamente quando você criou a IU. Ele gerencia o mouse, o teclado e outras entradas, enviando-as de volta para os GameObjects, e faz tudo isso de modo automático; portanto, não será preciso trabalhar com ele diretamente.

Clique duas vezes em Text para colocar o foco nele; o editor fará um zoom, mas o texto-padrão ("New Text") ficará atrás porque MainCamera aponta para trás de Canvas.

Use 2D para trabalhar com Canvas

O **botão 2D** no topo da janela Scene ativa e desativa a exibição em 2D:

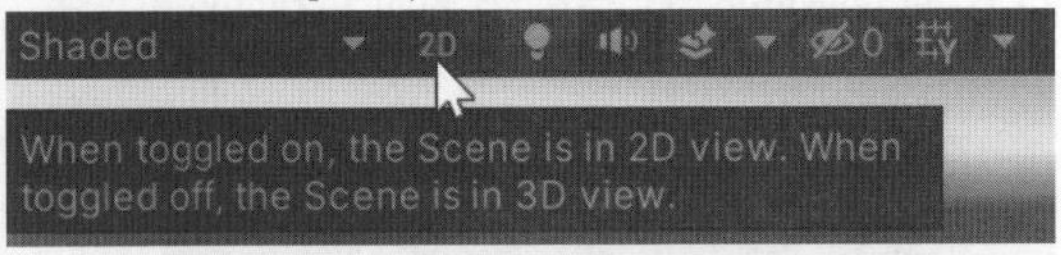
Shaded
2D
When toggled on, the Scene is in 2D view. When toggled off, the Scene is in 3D view.

Clique na exibição em 2D; o editor vira sua exibição para mostrar o Canvas de frente. **Clique duas vezes em Text** na janela Hierarchy para ampliá-la com zoom.

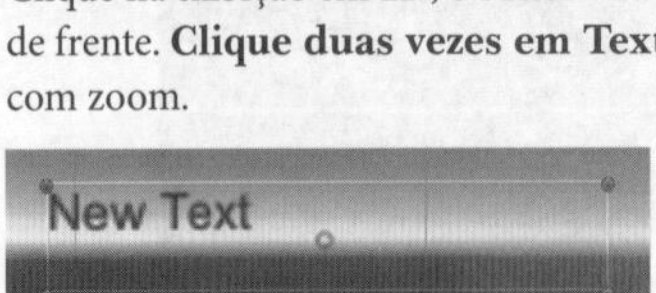
New Text

Use o botão giratório do mouse para ampliar e reduzir a exibição em 2D.

Canvas é um GameObject bidimensional para fazer o layout da IU do jogo. O Canvas do seu jogo terá dois GameObjects aninhados: o GameObject Text que você acabou de adicionar estará à direita superior para exibir a pontuação, e há um GameObject Button para que o jogador inicie um novo jogo.

É possível **clicar no botão 2D para trocar entre 2D e 3D**. Clique nele de novo para voltar à exibição em 3D.

Configure Text para exibir a pontuação na IU

A IU do seu jogo mostrará um GameObject Text e um Button. Cada um desses GameObjects será **ancorado** em uma parte diferente da IU. Por exemplo, o GameObject Text que mostra a pontuação aparecerá à direita superior da tela (não importa o tamanho da tela).
Clique em Text na janela Hierarchy para selecioná-lo e veja o componente Rect Transform.
Queremos Text à direita superior, portanto **clique na caixa Anchors** no painel Rect Transform.

Text está ancorado em um ponto específico no Canvas em 2D.

Como Text só "reside" no Canvas em 2D, ele usa Rect Transform (tem esse nome porque sua posição é relativa ao retângulo que compõe o Canvas). Clique na caixa Anchors para exibir as predefinições da âncora.

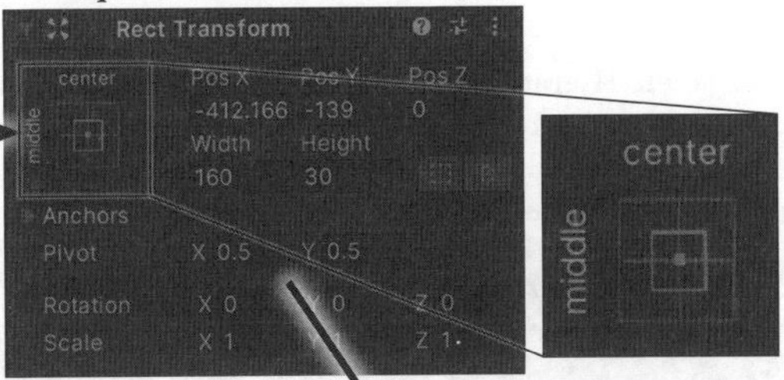
Rect Transform
center
middle
Pos X
Pos Y
Pos Z
-412.166
-139
0
Width
Height
160
30
Anchors
Pivot
X 0.5
Y 0.5
Rotation
X 0
Z 0
Scale
X 1
Z 1
center
middle

Pressione Shift e Alt (Option em um Mac) para definir o pivô [pivot] e a posição.

A janela Anchor Presets permite ancorar os GameObjects da IU em várias partes do Canvas. **Pressione Alt e Shift** (ou Option+Shift em um Mac) e **escolha a predefinição direita superior da âncora**. Clique no mesmo botão usado para ativar a janela Anchor Presets. Agora Text está à direita superior de Canvas; clique duas vezes nele de novo para ampliar.

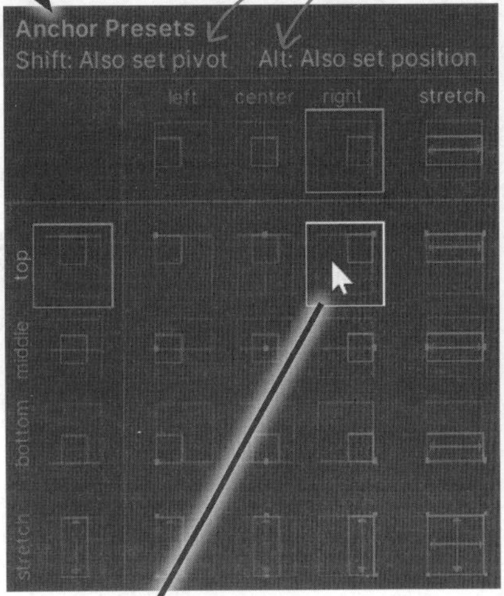
Anchor Presets
Shift: Also set pivot
Alt: Also set position
left
center
right
stretch
top
middle
bottom
stretch

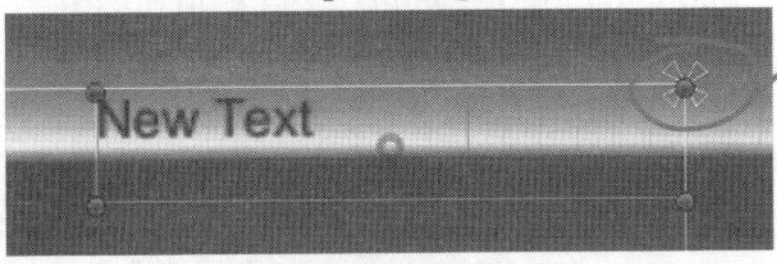
New Text

Você define o pivô da âncora para a direita superior. A posição de Text é a posição da âncora em relação ao Canvas.

Adicionaremos um pequeno espaço acima e à direita de Text. Volte para o painel Rect Transform e **defina Pos X e Pos Y para –10** para posicionar o texto 10 unidades à esquerda e 10 para baixo em relação à direita superior.
Depois **defina Alignment no componente Text para a direita (right)** e use a caixa no topo de Inspector a fim de **mudar o nome do GameObject para** `Score`.

Pos X
Pos Y
-10
-10

Paragraph
Alignment

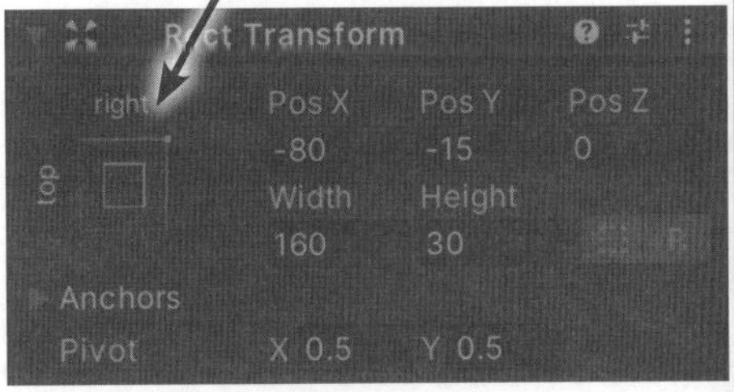
Rect Transform
right
top
Pos X
Pos Y
Pos Z
-80
-15
0
Width
Height
160
30
Anchors
Pivot
X 0.5
Y 0.5

Agora o novo Text deve aparecer na janela Hierarchy com o nome Score. Ele deve estar alinhado à direita, com um pequeno espaço entre a borda de Text e a borda do Canvas.

New Text

Adicione um botão que chama um método para iniciar o jogo

Quando o jogo estiver no modo "game over", será exibido um botão Play Again que chama um método para reiniciá-lo. **Adicione um método StartGame vazio** à classe GameController (adicionaremos o código mais adiante):

```
public void StartGame()
{
    // Adicionaremos o código para este método posteriormente.
}
```

Clique em Canvas na janela Hierarchy para colocar o foco nele. **Escolha UI >> Button** no menu GameObject para adicionar Button. Como você já colocou o foco no Canvas, o editor Unity adicionará o novo Button e irá ancorá-lo no centro do Canvas. Notou que Button tem um triângulo ao lado em Hierarchy? Expanda-o; há um TextGameObject aninhado nele. Clique nele e defina seu texto para `Play Again`.

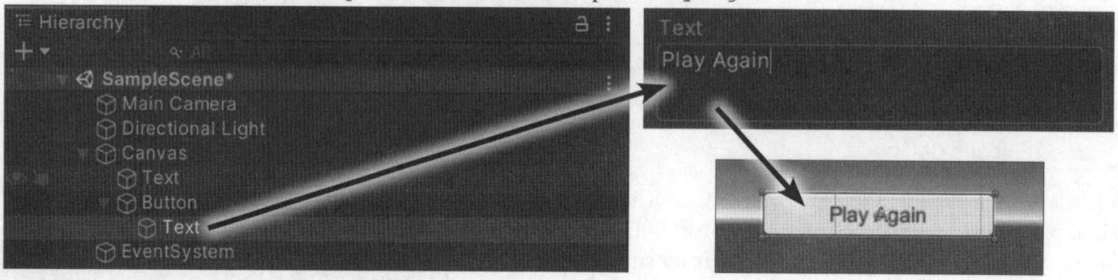
Hierarchy
SampleScene*
Main Camera
Directional Light
Canvas
Text
Button
Text
EventSystem
Text
Play Again
Play Again

Agora que Button está configurado, só precisamos fazer com que chame o método StartGame no objeto GameController anexado à Main Camera. Um botão IU é ***só um GameObject com um componente Button*** e você pode usar sua caixa On Click () em Inspector para ligá-lo a um método do manipulador de evento. Clique no botão + na parte inferior de On Click () para adicionar um manipulador, então **arraste Main Camera para a caixa None (Object)**.

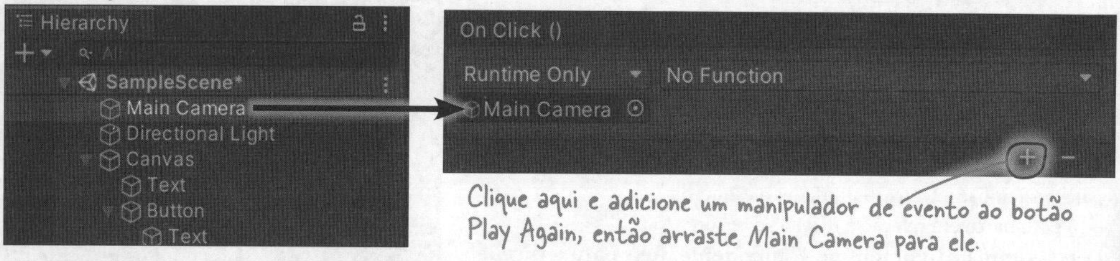
Hierarchy
SampleScene*
Main Camera
Directional Light
Canvas
Text
Button
Text
On Click ()
Runtime Only
No Function
Main Camera
Clique aqui e adicione um manipulador de evento ao botão Play Again, então arraste Main Camera para ele.

Agora Button sabe qual GameObject usar para o manipulador de evento. Clique no menu suspenso No Function e escolha **GameController >> StartGame**. Quando o jogador pressionar o botão, ele chamará o método StartGame no objeto GameController vinculado à Main Camera.

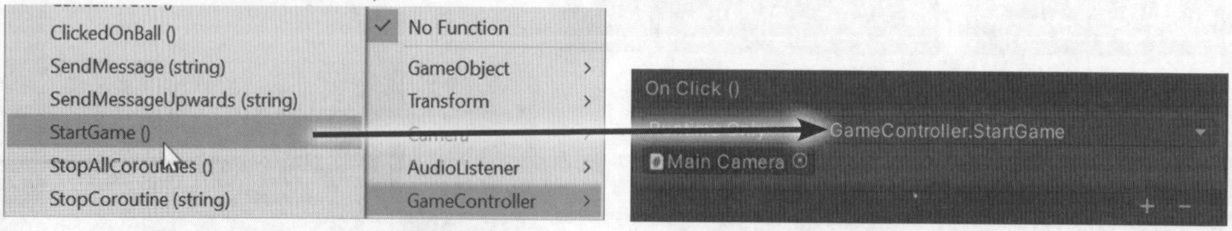
ClickedOnBall ()
SendMessage (string)
SendMessageUpwards (string)
StartGame ()
StopAllCoroutines ()
StopCoroutine (string)
No Function
GameObject
Transform
AudioListener
GameController
On Click ()
GameController.StartGame
Main Camera

Faça o botão Play Again e Score Text funcionarem

A IU do jogo funcionará assim:

★ O jogo inicia no modo game over.
★ Clicar no botão Play Again inicia o jogo.
★ Text à direita superior da tela mostra a pontuação atual.

Você usará as classes Text e Button em seu código. Elas estão no namespace UnityEngine.UI; portanto, **adicione a declaração `using`** ao topo da classe GameController:

```
using UnityEngine.UI;
```

Agora é possível adicionar os campos Text e Button a GameController (logo acima do campo OneBallPrefab):

```
    public Text ScoreText;
    public Button PlayAgainButton;
```

Clique em Main Camera na janela Hierarchy. **Arraste o GameObject Text** para fora de Hierarchy e ***para*** o campo Score Text no componente Script, **depois arraste o GameObject Button *para*** o campo Play Again Button.

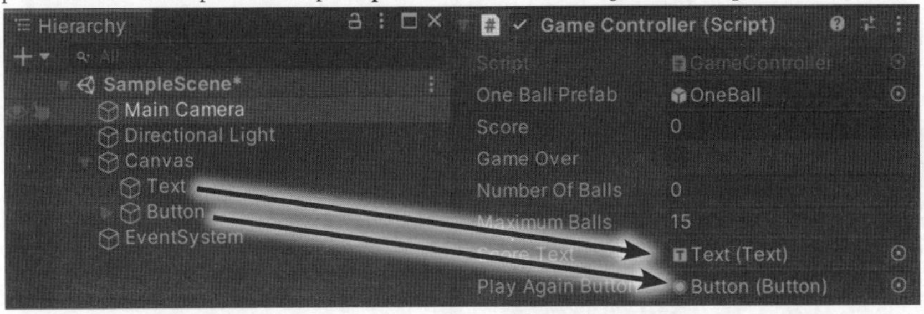
Hierarchy
SampleScene*
Main Camera
Directional Light
Canvas
Text
Button
EventSystem
Game Controller (Script)
Script
GameController
One Ball Prefab
OneBall
Score
0
Game Over
Number Of Balls
0
Maximum Balls
15
Score Text
Text (Text)
Play Again Button
Button (Button)

Volte para o código GameController e **defina o valor-padrão do campo GameController para true**:

```
    public bool GameOver = true;
```
← Mude isto de false para true.

Volte para o Unity e verifique o componente Script em Inspector.

Espere aí, tem algo errado!

Game Over

O editor Unity ainda mostra a caixa de seleção Game Over desmarcada; o valor do campo não mudou. Marque a caixa para o jogo iniciar no modo game over:

Game Over

Agora o jogo iniciará no modo game over e o jogador pode clicar no botão Play Again para começar a jogar.

BANG!

Veja bem!

O Unity lembra os valores de campo dos scripts.

Quando você quis mudar o campo GameController.GameOver de false para true, não foi suficiente alterar o código. Ao adicionar um componente Script ao Unity, ele controlará os valores do campo e não carregará os valores-padrão, a menos que você o redefina no menu contextual (⋮).

Termine o código do jogo

O objeto GameController anexado à Main Camera controla a pontuação em seu campo Score. **Adicione um método Update à classe GameController** para atualizar Score Text na IU:

```
void Update()
{
    ScoreText.text = Score.ToString();
}
```

Depois, **modifique seu método GameController.AddABall** para ativar o botão Play Again quando termina o jogo:

```
if (NumberOfBalls >= MaximumBalls)
{
    GameOver = true;
    PlayAgainButton.gameObject.SetActive(true);
}
```

> Todo GameObject tem uma propriedade chamada gameObject que permite manipulá-lo. Você usará seu método SetActive para tornar visível e invisível o botão Play Again.

Há mais uma coisa: fazer com que o método StartGame funcione para ele iniciar o jogo. É preciso fazer algumas coisas: destruir qualquer bola que voa atualmente na cena, desativar o botão Play Again, redefinir a pontuação e o número de bolas, e definir o modo para "em execução". Você já sabe como fazer a maioria! Só precisa encontrar as bolas para destruí-las. **Clique no prefab OneBall na janela Project e defina sua tag**:

OneBall
Static
Tag GameController
Untagged
Respawn
Finish
EditorOnly
MainCamera
Player
GameController
Add Tag...
Position
Rotation
Scale
Mesh

> Tag é uma palavra-chave que você anexa a qualquer GameObject que pode usar no código quando precisa identificá-lo ou encontrá-lo. Ao clicar em um prefab na janela Project e usar o menu suspenso para atribuir uma tag, tal tag será atribuída a toda instância desse prefab instanciado.

Agora você tem tudo no lugar para preencher o método StartGame. Ele usa um loop `foreach` para encontrar e destruir qualquer bola que resta do jogo anterior, oculta o botão, redefine a pontuação e o número de bolas, e muda o modo do jogo:

```
public void StartGame()
{
    foreach (GameObject ball in GameObject.
FindGameObjectsWithTag("GameController"))
    {
        Destroy(ball);
    }
    PlayAgainButton.gameObject.SetActive(false);
    Score = 0;
    NumberOfBalls = 0;
    GameOver = false;
}
```

Rode o jogo. Ele inicia no modo "game over". Pressione o botão para iniciar o jogo. A pontuação aumenta sempre que você clica em uma bola. Assim que a 15ª bola é instanciada, o jogo termina e o botão Play Again aparece de novo.

Exercício

Um <u>desafio de codificação</u> do Unity para você! Cada GameObject tem um método **transform.Translate** que o move em uma distância a partir de sua posição atual. O objetivo do exercício é modificar seu jogo para que, em vez de usar transform. RotateAround para circular as bolas no eixo Y, seu script OneBallBehaviour usará transform.Translate para fazer as bolas voarem aleatoriamente na cena.

- **Remova** os campos XRotation, YRotation e ZRotation de OneBallBehaviour. **Substitua-os por campos** para manter as velocidades X, Y e Z chamados XSpeed, YSpeed e ZSpeed. São campos float; não é preciso definir seus valores.
- **Substitua todo o código no método Update** por esta linha de código que chama o método transform.Translate:

```
transform.Translate(Time.deltaTime * XSpeed,
                    Time.deltaTime * YSpeed, Time.deltaTime * ZSpeed);
```

  Os parâmetros representam a velocidade que a bola percorre no eixo X, Y ou Z. Se XSpeed é 1.75, multiplicar por Time.deltaTime faz com que a bola se mova no eixo X em uma taxa de 1.75 unidades por segundo.

- **Substitua o campo DegreesPerSecond** por um campo chamado Multiplier com um valor 0.75<u>F</u> — <u>F é importante!</u> Use-o para atualizar o campo XSpeed no método Update e **adicione duas linhas parecidas** para os campos YSpeed e ZSpeed:

```
XSpeed += Multiplier - Random.value * Multiplier * 2;
```

  Parte deste exercício é **entender exatamente como essa linha de código funciona**. Random. value é um método estático que retorna um número de ponto flutuante aleatório entre 0 e 1. O que essa linha de código faz no campo XSpeed?

- Então **adicione um método chamado ResetBall** e <u>chame-o a partir do método Start</u>. Acrescente esta linha de código a ResetBall:

```
XSpeed = Multiplier - Random.value * Multiplier * 2;
```

  O que ela faz?

  Antes de começar a trabalhar no jogo, descubra o que fazem estas linhas de código.

  Adicione mais duas linhas como esta a ResetBall que atualiza YSpeed e ZSpeed. **Mova a linha de código** que atualiza transform.position para <u>fora do método Start</u> e dentro do método ResetBall.

- Modifique a classe OneBallBehaviour para **adicionar um campo chamado TooFar** e defina-o para 5. Modifique o método Update para verificar se a bola foi longe demais. Você pode verificar se ela foi longe demais no eixo X assim:

```
Mathf.Abs(transform.position.x) > TooFar
```

  Isso verifica o **valor absoluto** da posição X, significando que verificará se transform.position.x é maior que 5F ou menor que –5F. Veja uma declaração `if` que verifica se a bola foi longe demais no eixo X, Y ou Z:

```
if ((Mathf.Abs(transform.position.x) > TooFar)
     || (Mathf.Abs(transform.position.y) > TooFar)
     || (Mathf.Abs(transform.position.z) > TooFar)) {
```

  Modifique o método OneBallBehaviour.Update a fim de usar a declaração `if` para chamar ResetBall, caso a bola tenha ido longe demais.

Exercício Solução

A classe OneBallBehaviour inteira fica assim após atualizá-la seguindo as instruções no exercício. O segredo de como o jogo funciona é que a velocidade de cada bola nos eixos X, Y e Z é determinada por seus valores XSpeed, YSpeed e ZSpeed atuais. Fazendo pequenas mudanças nos valores, você fez a bola se mover aleatoriamente na cena.

```
using System.Collections;
using System.Collections.Generic;
using UnityEngine;

public class OneBallBehaviour : MonoBehaviour
{
    public float XSpeed;
    public float YSpeed;
    public float ZSpeed;
    public float Multiplier = 0.75F;
    public float TooFar = 5;

    static int BallCount = 0;
    public int BallNumber;

    // Start é chamado antes da primeira atualização do quadro
    void Start().
    {
        BallCount++;
        BallNumber = BallCount;

        ResetBall();
    }

    // Update é chamado uma vez por quadro
    void Update().
    {
        transform.Translate(Time.deltaTime * XSpeed,
                            Time.deltaTime * YSpeed, Time.deltaTime *
ZSpeed);

        XSpeed += Multiplier - Random.value * Multiplier * 2;
        YSpeed += Multiplier - Random.value * Multiplier * 2;
        ZSpeed += Multiplier - Random.value * Multiplier * 2;

        if ((Mathf.Abs(transform.position.x) > TooFar)
            || (Mathf.Abs(transform.position.y) > TooFar)
            || (Mathf.Abs(transform.position.z) > TooFar))
        {
            ResetBall();
        }
    }
```

Você adicionou estes campos à classe OneBallBehaviour. Não se esqueça de adicionar F a 0.75F; do contrário, o código não compilará.

Quando a bola é instanciada pela primeira vez, seu método Start chama ResetBall para lhe dar posição e velocidade aleatórias.

O método Update primeiro move a bola, então atualiza a velocidade e, por fim, verifica se passou dos limites. Tudo bem se você fez isso em uma ordem diferente.

Acesse o site da Alta Books e procure pelo livro para baixar os arquivos.

Exercício
Solução

```
    void ResetBall()
    {
        XSpeed = Random.value * Multiplier;
        YSpeed = Random.value * Multiplier;
        ZSpeed = Random.value * Multiplier;

        transform.position = new Vector3(3 - Random.value * 6,
            3 - Random.value * 6, 3 - Random.value * 6);
    }

    void OnMouseDown()
    {
        GameController controller = Camera.main.
GetComponent<GameController>();
        if (!controller.GameOver)
        {
            controller.ClickedOnBall();
            Destroy(gameObject);
        }
    }
}
```

Redefinimos a bola quando é instanciada pela primeira vez ou se ela voa para fora dos limites fornecendo-lhe velocidade e posição aleatórias. Tudo bem se você definiu a posição primeiro.

Aumentando ou diminuindo a velocidade da bola em todos os três eixos, damos a cada uma um caminho aleatório oscilante.

Veja nossas respostas; as suas foram parecidas?

```
XSpeed += Multiplier - Random.value * Multiplier * 2;
```

O que essa linha de código faz no campo XSpeed?

Random.value * Multiplier * 2 encontra um número aleatório entre 0 e 1.5. Subtrair isso de Multiplier nos dá um número aleatório entre -0.75 e 0.75. Somar esse valor a XSpeed faz com que aumente ou diminua a velocidade um pouco para cada quadro.

```
XSpeed = Multiplier - Random.value * Multiplier * 2;
```

O que ela faz?

Define o campo XSpeed para um valor aleatório entre -0.75 e 0.75. Isso faz com que algumas bolas comecem a avançar no eixo X e outras a voltar, todas com velocidades diferentes.

Notou que você *não fez nenhuma alteração na classe GameController*? É porque não mudou o que GameController faz, como gerenciar a IU e o modo do jogo. Se faz uma alteração modificando uma classe, mas sem tocar nas outras, isso pode ser sinal de que elas foram bem elaboradas.

Seja criativo!

Consegue encontrar meios de melhorar o jogo e praticar a escrita do código? Algumas ideias:

- ★ O jogo está fácil demais? Difícil demais? Tente mudar os parâmetros passados para InvokeRepeating no método GameController.Start. Experimente torná-los campos. Modifique o valor MaximumBalls também. Pequenas alterações nesses valores podem fazer uma grande diferença na jogabilidade.
- ★ Fornecemos mapas de textura para todas as bolas de bilhar. Tente adicionar bolas diferentes com comportamentos variados. Use a escala para tornar algumas bolas maiores ou menores, e mude seus parâmetros para que sejam mais rápidas ou lentas, ou se movam de modo diferente
- ★ Consegue descobrir como criar uma bola "cadente" que voa bem rápido em uma direção e vale muito, caso o jogador clique nela? Que tal criar uma bola 8 do tipo "morte súbita" que termina o jogo de imediato?
- ★ Modifique o método GameController.ClickedOnBall para obter um parâmetro de pontuação, em vez de aumentar o campo Score, e adicione o valor passado. Tente fornecer valores variados para bolas diferentes.

Quanto mais praticar escrevendo o código C#, mais fácil ficará. Ser criativo com o jogo é uma ótima oportunidade para praticar!

Se você mudar os campos no script OneBallBehaviour, não se esqueça de redefinir o componente Script do prefab OneBall! Do contrário, ele se lembrará dos antigos valores.

PONTOS DE BALA

- Os jogos Unity mostram uma **interface do usuário (IU)** com controles e gráficos em uma superfície plana bidimensional na frente da cena em 3D do jogo.
- O Unity fornece um conjunto de **GameObjects 2D da IU** só para criar interfaces do usuário.
- **Canvas** é um GameObject em 2D para organizar a IU do jogo. Os componentes IU, como Text e Button, se aninham em um GameObject Canvas.
- O **botão 2D** no topo da janela Scene ativa e desativa a exibição em 2D, facilitando a construção do layout de uma UI.
- Ao adicionar um **componente Script** ao Unity, ele controla os valores do campo e não recarregará os valores-padrão, a menos que 2D o redefina no menu contextual.
- **Button** pode chamar qualquer método em um script anexado a um GameObject.
- Use Inspector para **modificar os valores do campo** nos scripts dos GameObjects. Se você os modificar com o jogo em execução, eles serão redefinidos com os valores salvos quando parar.
- O método **transform.Translate** move um GameObject a uma distância a partir de sua posição atual.
- **tag** é uma palavra-chave que pode ser anexada a qualquer GameObject usado no código quando você precisa identificá-lo ou encontrá-lo.
- O **método GameObject. FindGameObjectsWithTag** retorna uma coleção de GameObjects que correspondem a certa tag.

9 LINQ e lambdas

Controle seus dados

E SE VOCÊ PEGAR AS *CINCO PRIMEIRAS PALAVRAS* DESTE ARTIGO E AS *ÚLTIMAS CINCO* DESTE OUTRO, ADICIONÁ-LAS AO *INVERSO DA MANCHETE* AQUI... OBTERÁ *MENSAGENS SECRETAS* DA NAVE-MÃE ALIENÍGENA!
The Dallas News
Oldest Business Institution in Texas • Invites American Industry to Consider—
TEXAS AS A MARKET

O mundo se baseia em dados... todos nós precisamos saber como viver nele.

Foi-se o tempo em que podíamos programar por dias, até semanas, sem lidar com **muitos dados**. Hoje, ***tudo são dados*** e é aí que entra o **LINQ**. O LINQ é um recurso do C# e do .NET que não só permite **consultar os dados** em suas coleções .NET de modo simples, como também permite **agrupar os dados** e **combiná-los a partir de diferentes fontes**. Você adicionará **testes unitários** para assegurar que seu código funcione como deseja. Assim que conseguir colocar seus dados em partes gerenciáveis, poderá usar **expressões lambda** para refatorar seu código C# e torná-lo ainda mais significativo.

Jimmy é superfã do Captain Amazing...

Conheça Jimmy, um dos colecionadores mais empolgados das histórias em quadrinhos, desenhos e parafernálias do Captain Amazing. Ele sabe todas as curiosidades sobre o Captain, tem acessórios de todos os filmes e conseguiu uma coleção de quadrinhos que só pode ser descrita como, bem, incrível.

CAPTAIN AMAZING

Jimmy encontrou este action figure do Captain Amazing de 2005 na embalagem original.

VEJA ESTA CANECA COM TIRAGEM LIMITADA DO CAPTAIN AMAZING DA SEGUNDA *AMAZIN'CON* ANUAL, ASSINADA PELO ILUSTRADOR E ARTE-FINALISTA DA REVISTA EM QUADRINHOS!

Sim, este é o carro de acrobacias Amazingmobile original do programa de TV fracassado do Captain Amazing, que passou de setembro a novembro de 1973. Como Jimmy colocou as mãos nele?

...mas a coleção dele está por todo lado

Jimmy pode ser apaixonado, mas não é muito organizado. Ele está tentando registrar os quadrinhos mais valiosos "e premiados" de sua coleção, mas precisa de ajuda. Você consegue criar um app para Jimmy lidar com eles?

Capa emoldurada da lendária tiragem "Death of the Object", assinada pelos criadores.

Relaxe

LINQ trabalha com valores *e* objetos.

Usaremos o LINQ a fim de consultar coleções de números para apresentar ideias e sintaxe. É possível que você esteja pensando: "Mas como isso ajuda a lidar com os quadrinhos?" Lembre-se dessa ótima pergunta da primeira parte do capítulo. Mais adiante, usaremos consultas LINQ muito parecidas para gerenciar coleções de objetos Comic.

CAPTAIN AMAZING
A Woman's work
TRIBAL TATTOO MADNESS
BLACK MONDAY
The Swindler
ROCK AND ROLL
THE PINKO

Use o LINQ para consultar as coleções

Neste capítulo você aprenderá sobre o **LINQ** (ou **Language-Integrated Query**). O LINQ combina classes e métodos muitos úteis com recursos poderosos criados diretamente no C#, tudo para ajudar a trabalhar com sequências de dados, como a coleção de quadrinhos de Jimmy.

Usaremos o Visual Studio para começar a explorar o LINQ. **Crie um novo projeto Aplicativo de Console** (.NET Core) e o nomeie como ***LinqTest***. Adicione este código e, quando chegar na última linha, **acrescente um ponto** e veja a janela IntelliSense:

```
using System;

namespace LinqTest
{
    using System.Collections.Generic;
    using System.Linq;

     class Program
     {
         static void Main(string[] args)
         {
             List<int> numbers = new List<int>();
             for (int i = 1; i <= 99; i++)
                 numbers.Add(i);
             IEnumerable<int> firstAndLastFive = numbers.
         }
     }
}
```

Adicionar `using System.Linq;` fornece às coleções muitos métodos novos que permitem fazer todo tipo de consulta neles.

Digite "numbers" e pressione . (ponto) para abrir a janela IntelliSense. Ei, há muitos outros métodos do que de costume!

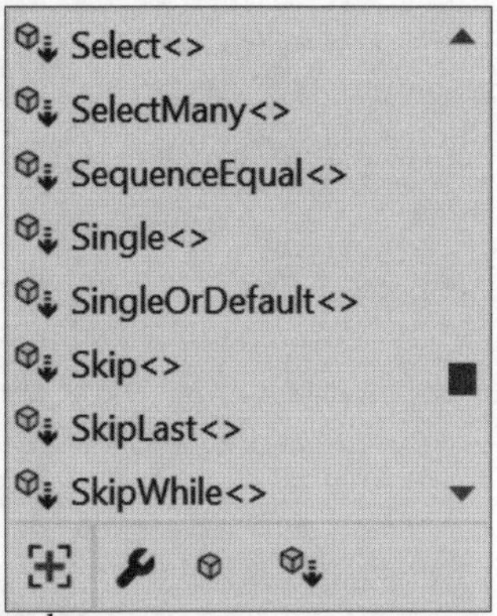
Select<>
SelectMany<>
SequenceEqual<>
Single<>
SingleOrDefault<>
Skip<>
SkipLast<>
SkipWhile<>

Você vem usando arrays e listas há um tempo, mas não viu nenhum desses métodos antes. Tente remover `using System.Linq;` do início da classe, então veja o IntelliSense de novo; todos os novos métodos sumiram! Eles só aparecem quando você inclui a diretiva `using`.

Vamos usar alguns métodos novos para finalizar o aplicativo de console:

```
             IEnumerable<int> firstAndLastFive = numbers.Take(5).Concat(numbers.
TakeLast(5));
             foreach (int i in firstAndLastFive)
             {
                 Console.Write($"{i} ");
             }
         }
     }
}
```

LINQ (ou Language INtegrated Query) é uma combinação de recursos do C# e classes do .NET que ajuda a trabalhar com sequências de dados.

Agora rode o app. Ele escreve esta linha de texto no console:

```
1 2 3 4 5 95 96 97 98 99
```

O que você acabou de fazer?

Consulta LINQ de Perto

Vejamos melhor como você usa os métodos Take, TakeLast e Concat de LINQ.

`numbers`

É a List<int> original criada com um loop `for`.

```
1  2  3  4  5  6  7  8  9  10 11 12 13 14 15
16 17 18 19 20 21 22 23 24 25 26 27
28 29 30 31 32 33 34 35 36 37 38 39
40 41 42 43 44 45 46 47 48 49 50 51
52 53 54 55 56 57 58 59 60 61 62 63
64 65 66 67 68 69 70 71 72 73 74 75
76 77 78 79 80 81 82 83 84 85 86 87
88 89 90 91 92 93 94 95 96 97 98 99
```

`numbers.Take(5)`

O método Take obtém os primeiros elementos em sequência.

```
1 2 3 4 5
```

`numbers.TakeLast(5)`

O método TakeLast obtém os últimos elementos em sequência.

```
95 96 97 98 99
```

`numbers.Take(5).Concat(numbers.TakeLast(5))`

O método Concat concatena duas sequências.

```
1 2 3 4 5 95 96 97 98 99
```

Use encadeamento de métodos com os métodos LINQ

Ao adicionar `using System.Linq;` ao código, os métodos LINQ são adicionados a listas. Eles também são adicionados a arrays, filas, pilhas... na verdade, são adicionados a qualquer objeto que estende IEnumerable<T>. Como quase todos os métodos LINQ retornam IEnumerable<T>, você consegue obter os resultados de um método LINQ e chamar outro método LINQ diretamente neles sem usar uma variável para controlar tais resultados. Isso se chama encadeamento de métodos e permite escrever um código muito compacto.

Por exemplo, poderíamos usar variáveis para armazenar os resultados de Take e TakeLast:

```
IEnumerable<int> firstFive = numbers.Take(5);
IEnumerable<int> lastFive = numbers.TakeLast(5);
IEnumerable<int> firstAndLastFive = firstFive.Concat(lastFive);
```

Mas o encadeamento nos permite colocar tudo em uma linha de código, chamando Concat diretamente na saída de numbers.Take(5). Ambos fazem a mesma coisa. Lembre-se de que um código compacto não é necessariamente melhor que um detalhado! Às vezes dividir a chamada do método encadeado em linhas de código extras o torna mais claro e fácil de entender. Você decide qual é mais legível para determinado projeto.

LINQ trabalha com qualquer IEumerable<T>

Quando você adicionou a diretiva `using System.Linq;` ao código, de repente List<int> ganhou "superpoderes"; muitos métodos LINQ repetidos apareceram. Você consegue fazer a mesma coisa para ***qualquer** classe que implementa IEnumerable<T>*.

Quando uma classe implementa IEnumerable<T>, qualquer instância dela é uma **sequência**:

- A lista de números de 1 a 99 era uma sequência.
- Quando você chamou seu método Take, ele retornou uma sequência contendo os cinco primeiros elementos.
- Quando chamou seu método TakeLast, retornou outra sequência de cinco elementos.
- E, quando usou Concat para combinar as duas sequências de cinco elementos, criou uma nova sequência com dez elementos e retornou uma referência para essa nova sequência.

Sempre que você tem um objeto que implementa a interface IEnumerable, tem uma sequência que pode usar com LINQ. Fazer uma operação nessa sequência em ordem se chama enumerar a sequência.

Os métodos LINQ enumeram suas sequências

Você já sabe que os loops `foreach` trabalham com objetos IEnumerable. Reflita sobre o que faz um loop `foreach`:

Este loop foreach opera na sequência 1, 2, 3, 4, 5, 95, 96, 97, 98, 99.

```
foreach (int i in firstAndLastFive)
{
    Console.Write($"{i} ");
}
```

Ele começa no primeiro elemento da sequência (neste caso, 1)...

...e faz uma operação em cada elemento nessa sequência em ordem (escrevendo uma string no console).

Quando um método percorre cada item em uma sequência ordenada, isso se chama **enumerar** a sequência. E é como funcionam os métodos LINQ.

Os objetos que implementam a interface IEnumerable podem ser enumerados. São os objetos de trabalho que implementam a interface IEnumerable.

E-nu-me-rar, verbo.
Mencionar várias coisas, uma a uma. *Suzy **enumerou** os carrinhos de sua coleção para seu pai, falando para ele a marca e o modelo de cada um.*

```
Enumerable.Range(8, 5);
```

→ 8 9 10 11 12

E se você quiser encontrar as 30 primeiras tiragens na coleção de Jimmy iniciando em 118? O LINQ fornece um método muito útil para ajudar. O método Enumerable.Range estático gera uma sequência de inteiros. Chamar Enumerable.Range(8, 5) retorna uma sequência de 5 números começando em 8: 8, 9, 10, 11, 12.

IEnumerable<int> Enumerable.Range(int start, int count)
Generates a sequence of integral numbers within a specified range.

Exceptions:
ArgumentOutOfRangeException

Você praticará o método Enumerable.Range no próximo exercício feito no papel.

Aponte o seu lápis

Veja alguns métodos LINQ que encontrará em suas sequências quando adicionar a diretiva `using System.Linq;` ao código. São muito claros; você consegue descobrir o que fazem pelos nomes? **Faça uma linha** ligando cada chamada do método à sua saída.

```
Enumerable.Range(1, 5)
    .Sum()
```

```
Enumerable.Range(1, 6)
    .Average()
```

```
new int[] { 3, 7, 9, 1, 10, 2, -3 }
    .Min()
```

```
new int[] { 8, 6, 7, 5, 3, 0, 9 }
    .Max()
```

```
Enumerable.Range(10, 3721)
    .Count()
```

```
Enumerable.Range(5, 100)
    .Last()
```

```
new List<int>() { 3, 8, 7, 6, 9, 6, 2 }
    .Skip(4)
    .Sum()
```

```
Enumerable.Range(10, 731)
    .Reverse()
    .Last()
```

Saídas:

- 9
- 17
- 104
- 15
- 3.5
- 10
- -3
- 3721

Aponte o seu lápis Solução

Veja alguns métodos LINQ que encontrará em suas sequências quando adicionar a diretiva `using System.Linq;` ao código. São muito claros; você consegue descobrir o que fazem pelos nomes? **Faça uma linha** ligando cada chamada do método à sua saída.

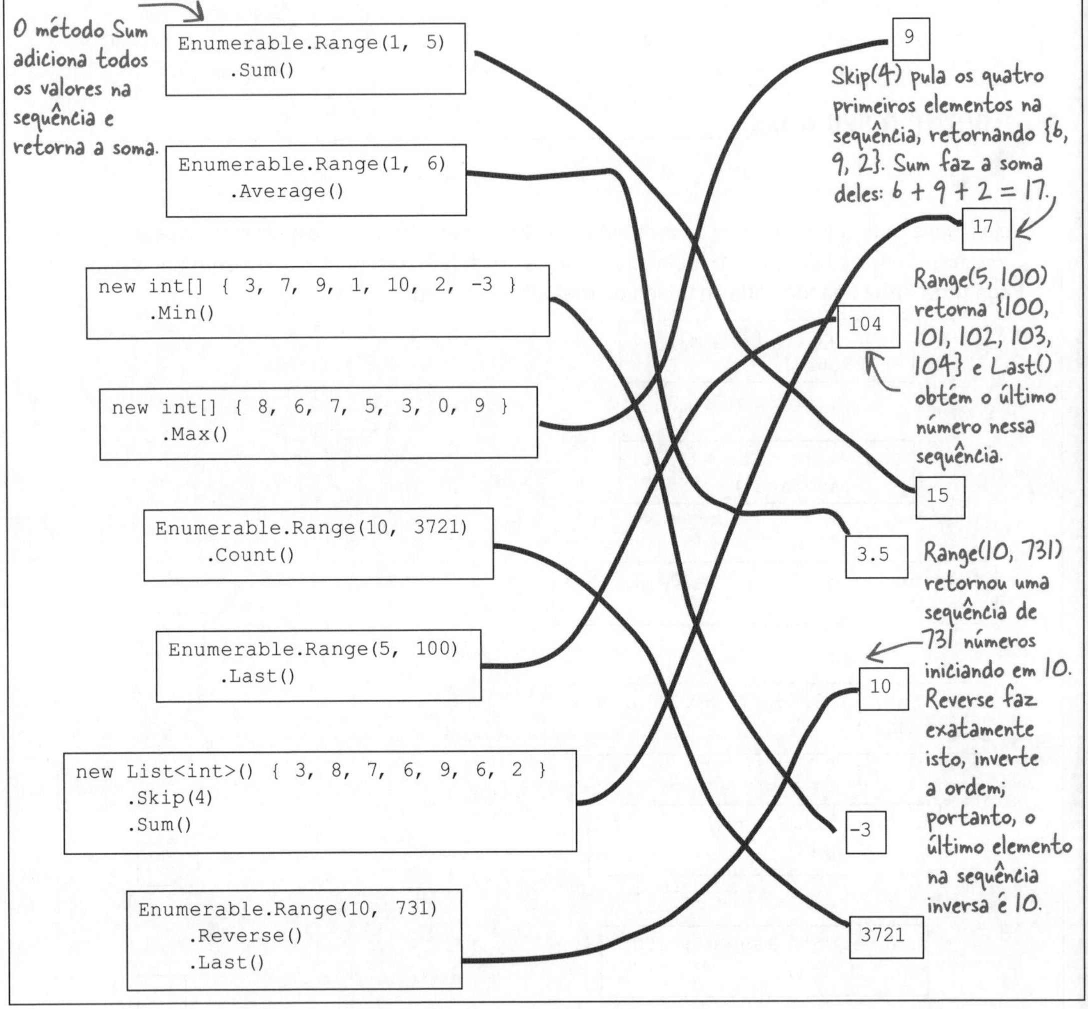
O método Sum adiciona todos os valores na sequência e retorna a soma.
Enumerable.Range(1, 5)
.Sum()
Enumerable.Range(1, 6)
.Average()
new int[] { 3, 7, 9, 1, 10, 2, -3 }
.Min()
new int[] { 8, 6, 7, 5, 3, 0, 9 }
.Max()
Enumerable.Range(10, 3721)
.Count()
Enumerable.Range(5, 100)
.Last()
new List<int>() { 3, 8, 7, 6, 9, 6, 2 }
.Skip(4)
.Sum()
Enumerable.Range(10, 731)
.Reverse()
.Last()
9
Skip(4) pula os quatro primeiros elementos na sequência, retornando {6, 9, 2}. Sum faz a soma deles: 6 + 9 + 2 = 17.
17
104
Range(5, 100) retorna {100, 101, 102, 103, 104} e Last() obtém o último número nessa sequência.
15
3.5
Range(10, 731) retornou uma sequência de 731 números iniciando em 10. Reverse faz exatamente isto, inverte a ordem; portanto, o último elemento na sequência inversa é 10.
10
-3
3721

Os métodos LINQ neste exercício têm nomes que deixam óbvio o que eles fazem. Alguns métodos LINQ, como Sum, Min, Max, Count, First e Last retornam um valor. O método Sum soma os valores na sequência. O método Average retorna seu valor médio. Os métodos Min e Max retornam os valores menores e maiores na sequência. Os métodos First e Last fazem exatamente o que parecem fazer.

Outros métodos LINQ, como Take, TakeLast, Concat, Reverse (que inverte a ordem em uma sequência) e Skip (que pula os primeiros elementos na sequência), retornam outra sequência.

Sintaxe da consulta de LINQ

Os métodos LINQ vistos até o momento podem não ser suficientes para responder às perguntas sobre dados que podemos ter, ou às perguntas que Jimmy tem sobre sua coleção de quadrinhos.

E aqui entra a **sintaxe da consulta declarativa de LINQ**. Ela usa palavras-chave especiais — inclusive `where`, `select`, `groupby` e `join` — para criar **consultas** direto no código.

As consultas LINQ trabalham em sequências ou objetos que implementam IEnumerable<T>. Elas iniciam com uma cláusula **`from`**:

`from (variável) in (sequência)`

Informa à consulta em qual sequência executar e atribui um nome a usar para cada elemento consultado. É como a primeira linha em um loop **`foreach`**: declara uma variável para usar enquanto itera a sequência atribuída a cada elemento na sequência. Então:

`from v in values`

itera cada elemento no array **`values`** em ordem, atribuindo o primeiro valor no array a **`v`**, o segundo, o terceiro etc.

Consultas LINQ criadas a partir de cláusulas

Criaremos uma consulta que encontra os números em um array de ints abaixo de 37 e coloca esses números na ordem ascendente. Ela faz isso usando quatro **cláusulas** que informam qual objeto consultar, como determinar qual membro selecionar, como ordenar os resultados e como eles devem ser retornados.

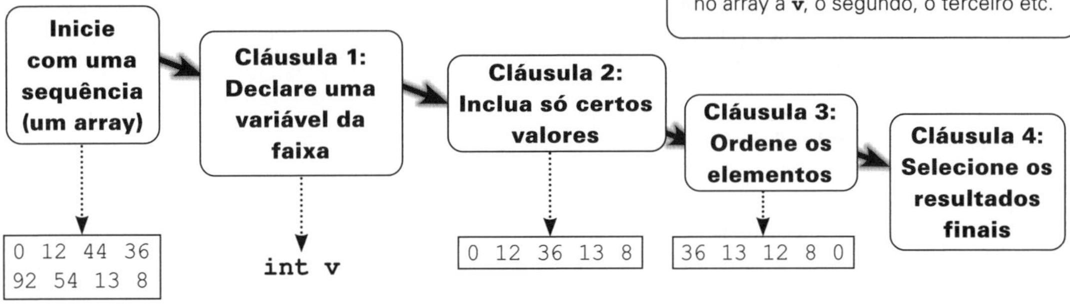
Inicie com uma sequência (um array)
Cláusula 1: Declare uma variável da faixa
Cláusula 2: Inclua só certos valores
Cláusula 3: Ordene os elementos
Cláusula 4: Selecione os resultados finais
0 12 44 36 92 54 13 8
int v
0 12 36 13 8
36 13 12 8 0

```
int[] values = new int[] {0, 12, 44, 36, 92, 54, 13, 8};
IEnumerable<int> result =
    from v in values
    where v < 37
    orderby -v
    select v;
```

A cláusula **`from`** atribui uma variável, chamada variável da faixa, para substituir cada valor conforme itera o array. Na primeira iteração a variável **`v`** é 0, então 12, 44 etc.

A consulta LINQ tem quatro cláusulas: from, where, orderby e select.

Uma cláusula **`where`** contém um teste condicional que a consulta usa para determinar quais valores incluir nos resultados; nesse caso, qualquer um inferior a 37.

Uma cláusula **`orderby`** contém uma expressão usada para ordenar os resultados; nesse caso, **`-v`** ordena do maior para o menor.

A consulta termina com uma cláusula **`select`** e uma expressão que informa o que colocar nos resultados.

```
// Use um loop foreach para escrever os resultados.
foreach(int i in result)
  Console.Write($"{i} ");
```

Saída: `36 13 12 8 0`

não existem Perguntas Idiotas

P: Colocar uma diretiva `using` no início de um arquivo adiciona "por mágica" métodos LINQ a cada IEnumerable nele?

R: Basicamente, sim. É preciso ter uma diretiva `using System.Linq;` no início do arquivo para usar os métodos LINQ (e posteriormente as consultas LINQ). Como visto no último capítulo, você também precisará de `using System.Collections.Generic;` se quiser usar IEnumerable<T> — por exemplo, como um valor de retorno.

(É óbvio que não existe mágica *real* aqui. O LINQ usa um recurso do C# chamado **métodos de extensão**, que você aprenderá no Capítulo 11. Tudo o que precisa saber agora é que, quando adiciona a diretiva `using`, pode usar o LINQ com qualquer referência IEnumerable<T>.)

P: Ainda não está claro o que é encadeamento de métodos. Como funciona exatamente e por que eu deveria usá-lo?

R: O encadeamento é um modo muito comum de fazer várias chamadas do método em sequência. Como muitos métodos LINQ retornam uma sequência que implementa IEnumerable<T>, você pode chamar outro método LINQ no resultado. O encadeamento de métodos não é exclusivo do LINQ. Você pode usá-lo em suas próprias classes.

P: Pode me mostrar um exemplo de classe que usa encadeamento?

R: Com certeza. Veja uma classe que tem dois métodos criados para o encadeamento:

```
class AddSubtract
{
  public int Value { get; set; }
  public AddSubtract Add(int i) {
      Console.WriteLine($"Value:
{Value}, adding {i}");
      return new AddSubtract() {
Value = Value + i };
  }
  public AddSubtract Subtract(int
i) {
      Console.WriteLine(
                $"Value: {Value},
subtracting {i}");
      return new AddSubtract() {
Value = Value - i };
  }
}
```

Os métodos Add e Subtract de AddSubtract retornam instâncias AddSubtract. Perfeito para o encadeamento de métodos.

Você pode chamar isto assim:

```
AddSubtract a = new
AddSubtract() { Value = 5 }
  .Add(5)
  .Subtract(3)
  .Add(9)
  .Subtract(12);
Console.WriteLine($"Result:
{a.Value}");
```

Tente adicionar a classe AddSubtract a um novo aplicativo de console, então adicione este código ao método Main.

TUDO ISSO PARECE BOM. MAS COMO ME AJUDA A LIDAR COM A MINHA COLEÇÃO INCONTROLÁVEL DE HQS?

O LINQ não é só para números. Ele trabalha com objetos também. Quando Jimmy vê pilhas e mais pilhas de quadrinhos desorganizados, ele vê papel, tinta e uma grande confusão. Quando nós, desenvolvedores, vemos isso, enxergamos algo mais: **muitos e muitos dados** só esperando para ser organizados. Como organizar os dados dos quadrinhos no C#? Do mesmo modo como organizamos cartas, abelhas ou itens no menu do Sloppy Joe's: criamos uma coleção para gerenciar essa classe. Tudo o que precisamos para ajudar Jimmy é de uma classe Comic e de código para trazer certa sanidade para sua coleção. E o LINQ ajudará!

O LINQ trabalha com objetos

Faça isto!

Jimmy quer saber quanto valem seus quadrinhos premiados, então contratou um avaliador profissional para precificar cada um deles. Algumas HQs valem muito dinheiro! Usaremos coleções para lidar com esses dados.

> Não vimos esse operador => antes! Consegue descobrir a partir do contexto o que ele faz? Você sabe como os métodos ToString funcionam; então, de algum modo, => faz ToString retornar a string interpolada à direita do operador.

1 **Crie um novo aplicativo de console e adicione uma classe Comic.**

Use duas propriedades automáticas para o nome e o número da tiragem:

```
using System.Collections.Generic;
class Comic {
    public string Name { get; set; }
    public int Issue { get; set; }

    public override string ToString() => $"{Name} (Issue #{Issue})";
```

2 **Adicione uma lista [List] contendo o catálogo de Jimmy.**

Adicione este campo Catalog estático à classe Comic. Ele retorna uma sequência com as HQs premiadas de Jimmy:

```
public static readonly IEnumerable<Comic> Catalog =
    new List<Comic> {
        new Comic { Name = "Johnny America vs. the Pinko", Issue = 6 },
        new Comic { Name = "Rock and Roll (limited edition)", Issue = 19 },
        new Comic { Name = "Woman's Work", Issue = 36 },
        new Comic { Name = "Hippie Madness (misprinted)", Issue = 57 },
        new Comic { Name = "Revenge of the New Wave Freak (damaged)", Issue =
68 },
        new Comic { Name = "Black Monday", Issue = 74 },
        new Comic { Name = "Tribal Tattoo Madness", Issue = 83 },
        new Comic { Name = "The Death of the Object", Issue = 97 },
    };
```

Omitimos os parênteses () na coleção e nos inicializadores de objeto após <Comic>, pois você não precisa deles.

3 **Use Dictionary para lidar com os preços.**

Adicione um campo Comic.Prices estático; é o Dictionary<int, decimal> que permite pesquisar o preço de cada quadrinho usando seu número de tiragem (com a sintaxe do inicializador de coleção para dicionários que você aprendeu no Capítulo 8). Note que usamos a **interface IReadOnlyDictionary** para o encapsulamento; é uma interface que inclui apenas métodos para ler os valores (portanto, não mudamos os preços sem querer):

```
    public static readonly IReadOnlyDictionary<int, decimal> Prices =
        new Dictionary<int, decimal> {
            { 6, 3600M },
            { 19, 500M },
            { 36, 650M },
            { 57, 13525M },
            { 68, 250M },
            { 74, 75M },
            { 83, 25.75M },
            { 97, 35.25M },
        };
}
```

Usamos a interface IReadOnlyDictionary para o dicionário impedir que o código use o campo Price para mudar os preços.

A edição rara e com erro de impressão de Jimmy na tiragem 57 ("Hippie Madness" de 1973) vale US$13.525. Uau!

> Usamos Dictionary para armazenar os preços das HQs. Poderíamos ter incluído uma propriedade Price. Decidimos manter separadas as informações sobre as HQs e os preços, pois os preços para os itens de colecionadores mudam sempre, mas o nome e o número da tiragem sempre serão iguais. Você acha que foi a escolha certa?

Use uma consulta LINQ para terminar o app de Jimmy

Usamos a sintaxe de consulta declarativa do LINQ antes para criar uma consulta com quatro cláusulas: `from` para criar uma variável da faixa, `where` para incluir apenas números abaixo de 37, `orderby` para classificá-los na ordem descendente e `select` para determinar quais elementos incluir na sequência resultante.

Adicionaremos uma consulta LINQ ao método Main que funciona exatamente igual, exceto que usa objetos Comic no lugar de valores int; portanto, escreve uma lista de HQs com preço > 500 na ordem inversa no console. Começaremos com duas declarações `using` para podermos usar IEnumerable<T> e os métodos LINQ. A consulta retornará IEnumerable<Comic> e usará um loop `foreach` para iterar e escrever a saída.

4 Modifique o método Main para usar uma consulta LINQ.

Veja a classe Program inteira, inclusive as diretivas `using` que precisam ser adicionadas ao topo:

```
using System.Collections.Generic;
using System.Linq;

class Program
{
    static void Main(string[] args)
    {
        IEnumerable<Comic> mostExpensive =
            from comic in Comic.Catalog
            where Comic.Prices[comic.Issue] > 500
            orderby -Comic.Prices[comic.Issue]
            select comic;

        foreach (Comic comic in mostExpensive)
        {
            Console.WriteLine($"{comic} is worth {Comic.Prices[comic.Issue]:c}");
        }
    }
}
```

Você precisa de System.Collections.Generic para usar a interface IEnumerable<T> e precisa de System.Linq para adicionar métodos LINQ a qualquer objeto que a implementa.

Fique atento a como a variável da faixa "comic" é usada. É uma variável Comic declarada na cláusula from e usada nas cláusulas where e orderby.

A cláusula select determina o que a consulta retorna. Como está selecionando uma variável Comic, o resultado da consulta é IEnumerable<Comic>.

Vimos nos capítulos anteriores que ":c" formata o número como uma moeda local, então, se você estiver no Reino Unido, verá £ em vez de $ na saída.

Saída:

```
Hippie Madness (misprinted) is worth $13,525.00
Johnny America vs. the Pinko is worth $3,600.00
Woman's Work is worth $650.00
```

5 Use a palavra-chave `descending` para deixar sua cláusula `orderby` mais legível.

A cláusula `orderby` usa um sinal de menos para negar os preços das HQs antes de ordenar, fazendo a consulta as colocar em ordem descendente. Mas é fácil esquecer sem querer um sinal de menos quando se lê o código e tenta descobrir como ele funciona. Por sorte, há outro modo de obter os mesmos resultados. Retire o sinal de menos e **adicione a palavra-chave `descending`** ao final da cláusula:

```
orderby Comic.Prices[comic.Issue] descending
```

A palavra-chave descending faz orderby ficar na ordem inversa.

Anatomia de uma consulta

Vamos explorar como LINQ funciona com algumas pequenas alterações na consulta:

- Esse menos na cláusula `orderby` é fácil de esquecer. Usaremos a palavra-chave `descending` que você acabou de adicionar na etapa **5**.
- A cláusula `select` escrita selecionou a HQ, então o resultado da consulta foi uma sequência de referências Comic. Vamos substituí-la por uma string interpolada que usa a variável da faixa `comic` — agora o resultado da consulta é uma sequência de strings.

Mudar a cláusula select faz a consulta retornar uma sequência de strings.

Aqui está uma consulta LINQ atualizada. Cada cláusula produz uma sequência que alimenta a próxima cláusula; adicionamos uma tabela sob cada cláusula mostrando o resultado.

```
IEnumerable<string> mostExpensiveComicDescriptions =
    from comic in Comic.Catalog
```

A cláusula from faz um loop em Comic.Catalog, pegando cada valor e atribuindo-o à variável da faixa "comic". O resultado da cláusula from é uma sequência de referências do objeto Comic.

{ Name = "Johnny America vs. the Pinko", Issue = 6 }
{ Name = "Rock and Roll (limited edition)", Issue = 19 }
{ Name = "Woman's Work", Issue = 36 }
{ Name = "Hippie Madness (misprinted)", Issue = 57 }
{ Name = "Revenge of the New Wave Freak (damaged)", Issue = 68 }
{ Name = "Black Monday", Issue = 74 }
{ Name = "Tribal Tattoo Madness", Issue = 83 }
{ Name = "The Death of the Object", Issue = 97 }

```
    where Comic.Prices[comic.Issue] > 500
```

A cláusula where inicia com os resultados de from, atribuindo "comic" a cada valor e usando-o para aplicar um teste condicional que verifica o dicionário Comic.Prices quanto ao preço e inclui apenas as HQs cujo preço é superior a 500.

{ Name = "Johnny America vs. the Pinko", Issue = 6 }
{ Name = "Woman's Work", Issue = 36 }
{ Name = "Hippie Madness (misprinted)", Issue = 57 }

```
    orderby Comic.Prices[comic.Issue] descending
```

A cláusula orderby inicia com os resultados de where e coloca-os na ordem descendente por preço.

{ Name = "Hippie Madness (misprinted)", Issue = 57 }
{ Name = "Johnny America vs. the Pinko", Issue = 6 }
{ Name = "Woman's Work", Issue = 36 }

```
    select $"{comic} is worth {Comic.Prices[comic.Issue]:c}";
```

A cláusula select faz um loop nos resultados de orderby, usando a variável da faixa "comic" com uma interpolação de strings para retornar uma sequência de strings.

"Hippie Madness (misprinted) is worth $13,525.00"
"Johnny America vs. the Pinko is worth $3,600.00"
"Woman's Work is worth $650.00"

var permite que o C# descubra os tipos da variável

Acabamos de ver que, quando fizemos uma pequena alteração na cláusula `select`, mudou o tipo da sequência que a consulta retornou. Quando era `select comic;` o tipo de retorno foi IEnumerable<Comic>. Quando mudamos para `select $"{comic} is worth {Comic.Prices[comic.Issue]:c}";` o tipo de retorno foi IEnumerable<string>. Ao trabalhar com o LINQ, isso acontece o tempo todo; você ajusta constantemente suas consultas. Nem sempre é óbvio o tipo exato retornado. Às vezes voltar e atualizar todas as declarações pode ser chato.

Por sorte, o C# tem uma ferramenta muito útil para ajudar a manter as declarações da variável simples e legíveis. Você pode substituir qualquer declaração da variável pela **palavra-chave `var`**. Portanto, pode substituir qualquer uma destas declarações:

```
IEnumerable<int> numbers = Enumerable.Range(1, 10);
string s = $"The count is {numbers.Count()}";
IEnumerable<Comic> comics = new List<Comic>();
IReadOnlyDictionary<int, decimal> prices = Comic.Prices;
```

por estas, que fazem exatamente a mesma coisa:

```
var numbers = Enumerable.Range(1, 10);
var s = $"The count is {numbers.Count()}";
var comics = new List<Comic>();
var prices = Comic.Prices;
```

> Quando você usa a palavra-chave **`var`**, pede ao C# para usar uma variável com tipo implícito. Vimos essa mesma palavra, implícita, no Capítulo 8 quando explicamos a covariância. Ela significa que o C# descobre os tipos sozinho.

E não precisa mudar nenhum código. Basta substituir os tipos por var e tudo funciona.

Ao usar var, o C# descobre automaticamente o tipo da variável

Vá em frente, experimente. Comente a primeira linha da consulta LINQ que acabou de escrever, então substitua IEnumerable<Comic> por var:

```
// IEnumerable<Comic> mostExpensive =
var mostExpensive =
        from comic in Comic.Catalog
        where Comic.Prices[comic.Issue] > 500
        orderby -Comic.Prices[comic.Issue]
        select comic;
```

Quando você usou var na declaração da variável, o IDE descobriu seu tipo com base em como foi usada no código.

Se você comenta temporariamente a cláusula orderby na consulta, isso transforma mostExpensive em IEnumerable<T>.

Agora passe o mouse sobre o nome da variável no loop `foreach` para ver seu tipo:

```
foreach (Comic comic in mostExpensive)
{
    Console.WriteLine($"{cc
}
```

(local variable) IOrderedEnumerable<Comic> mostExpensive

O IDE descobriu o tipo da variável mostExpensive, e é um tipo que não vimos antes. Você se lembra do Capítulo 7 quando falamos sobre como as interfaces podem estender outras interfaces? A interface IOrderedEnumerable faz parte do LINQ; é usada para representar uma sequência *ordenada*, e estende a interface IEnumerable<T>. Tente comentar a cláusula `orderby` e passar o mouse sobre a variável mostExpensive; você verá que se transforma em IEnumerable<Comic>. É porque o C# examina o código para ***descobrir o tipo de qualquer variável declarada com var***.

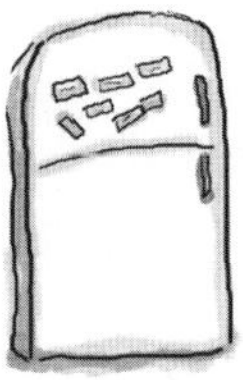

Ímãs do LINQ

Temos uma bela consulta LINQ que usou a palavra-chave `var` organizada com ímãs de geladeira, mas alguém bateu a porta e os ímãs caíram! Reorganize-os para que produzam a saída na parte inferior da página.

```
pigeon descending
Console.WriteLine("Get your kicks on route {0}",
weasels.Sum()
sparrow in bears
pigeon in badgers
where
from
from
orderby
select
select
var weasels =
int[] badgers =
var skunks =
var bears =
);
skunks
.Take(3);
pigeon + 5;
sparrow - 1;
(pigeon != 36 && pigeon < 50)
{ 36, 5, 91, 3, 41, 69, 8 };
```

Saída:

```
Get your kicks on route 66
```

Ímãs do LINQ – Solução

Reorganize os ímãs para que eles produzam a saída na parte inferior da página.

LINQ inicia com uma ordenação da sequência, da coleção ou do array; nesse caso, um array de inteiros.

```
int[] badgers = { 36, 5, 91, 3, 41, 69, 8 };
```

Escolhemos nomes confusos como skunks, badgers e bears de propósito. "from pigeon in badgers" aumenta o enigma, e o código é muito difícil de entender. Renomear o array com "números" e usar "from number in numbers" para declarar uma variável da faixa com nome mais adequado o tornaria mais legível.

```
var skunks =
    from pigeon in badgers
    where (pigeon != 36 && pigeon < 50)
    orderby pigeon descending
    select pigeon + 5;
```

Após esta declaração, skunks tem quatro números: 46, 13, 10 e 8.

Esta declaração LINQ tira do array todos os números abaixo de 50 e não iguais a 36, adiciona 5 a cada um deles, ordena-os do maior para o menor, coloca-os em um novo objeto e aponta a referência skunks para ele.

```
var bears =
    skunks.Take(3);
```

Após esta declaração, bears tem três números: 46, 13 e 10.

Aqui pegamos os três primeiros números em skunks e os colocamos em uma nova sequência chamada bears.

```
var weasels =
    from sparrow in bears
    select sparrow - 1;
```

Após esta declaração, weasels tem três números: 45, 12 e 9.

Esta declaração só subtrai 1 de cada número em bears e os coloca em weasels.

```
Console.WriteLine("Get your kicks on route {0}",
    weasels.Sum() );
```

45 + 12 + 9 = 66

Os números em weasels resultam em 66.

Saída:

```
Get your kicks on route 66
```

É SÉRIO QUE VOCÊ ESTÁ ME DIZENDO QUE POSSO SUBSTITUIR O TIPO EM QUALQUER DECLARAÇÃO DA VARIÁVEL POR *VAR* E MEU CÓDIGO AINDA FUNCIONARÁ? NÃO PODE SER TÃO SIMPLES.

Você pode mesmo usar var nas declarações da variável. E é simples assim. Muitos desenvolvedores C# declaram as variáveis locais usando var quase o tempo todo e incluem o tipo apenas quando facilita ler o código. Contanto que você declare a variável e a inicialize na mesma declaração, pode usar var.

Mas existem algumas restrições importantes. Por exemplo:

- Você só pode declarar uma variável por vez com var.
- Não pode usar a variável declarada na declaração.
- Não pode declará-la como igual a `null`.

Se você criar uma variável chamada `var`, não conseguirá mais usá-la como uma palavra-chave:

- Definitivamente você não pode usar var para declarar um campo ou uma propriedade; pode usá-la apenas como uma variável local dentro de um método.
- Se seguir estas regras, poderá usar var praticamente em qualquer lugar.

Quando fez isto no Capítulo 4:
```
int hours = 24;
short RPM = 33;
long radius = 3;
char initial = 'S';
int balance = 345667 - 567;
```

Poderia ter feito isto:
```
var hours = 24;
var RPM = 33;
var radius = 3;
var initial = 'S';
var balance = 345667 - 567;
```

Isto no Capítulo 6:
```
SwordDamage swordDamage = new
SwordDamage(RollDice(3));
ArrowDamage arrowDamage = new
ArrowDamage(RollDice(1));
```

Ou isto:
```
var swordDamage = new
SwordDamage(RollDice(3));
var arrowDamage = new
ArrowDamage(RollDice(1));
```

Isto no Capítulo 8:
```
List<Card> cards = new List<Card>();
```

Ou isto:
```
var cards = new List<Card>();
```

...e seu código teria funcionado exatamente igual.

Mas não é possível usar var para declarar um campo ou uma propriedade:
```
class Program
{
    static var random = new Random(); // Causará um erro do compilador.

    static void Main(string[] args)
    {
```

não existem Perguntas Idiotas

P: Como funciona a cláusula `from`?

R: É muito parecida com a primeira linha de um loop `foreach`. Algo que torna um pouco capcioso pensar nas consultas LINQ é que você não faz apenas uma operação. Tal consulta faz a mesma coisa repetidamente para cada item na coleção, ou seja, enumera a sequência. Portanto, a cláusula `from` faz duas coisas: informa a LINQ qual coleção usar para a consulta e atribui um nome para usar cada membro da coleção sendo consultado.

O modo como a cláusula `from` cria um novo nome para cada item na coleção é muito parecido com um loop `foreach`. Veja a primeira linha de um loop `foreach`:

```
foreach (int i in values)
```

Esse loop `foreach` cria temporariamente uma variável chamada `i` atribuída em sequência a cada item na coleção de valores. Agora veja uma cláusula `from` em uma consulta LINQ na mesma coleção.

```
from i in values
```

Essa cláusula faz a mesma coisa. Cria uma variável da faixa chamada `i` e a atribui em sequência a cada item na coleção de valores. O loop `foreach` executa o mesmo bloco de código para cada item na coleção, já a consulta LINQ aplica o mesmo critério na cláusula `where` em cada item na coleção para determinar se é para incluí-la ou não nos resultados.

P: Você pegou uma consulta LINQ que retornou uma sequência de referências Comic e a fez retornar strings. O que exatamente foi feito para isso funcionar?

R: Modificamos a cláusula `select`, que inclui uma expressão que é aplicada em cada item na sequência e essa expressão determina o tipo da saída. Se sua consulta produz uma sequência de valores ou referências do objeto, você pode usar a interpolação de strings na cláusula `select` para tornar cada item na sequência uma string. A consulta na solução do exercício terminou com `select comic`; portanto, retornou uma sequência de referências Comic. No código em "Anatomia de uma consulta", substituímos por `select $"{comic} is worth {Comic.Prices[comic.Issue]:c}"`, fazendo a consulta retornar uma sequência de strings.

P: Como o LINQ decide o que entra nos resultados?

R: A cláusula `select` é para isso. Toda consulta LINQ retorna uma sequência e todo item nessa sequência tem o mesmo tipo. Ela informa ao LINQ exatamente o que a sequência deve conter. Quando você consulta um array ou uma lista de um tipo, como um array de ints ou List<string>, fica óbvio o que entra na cláusula `select`. E se você seleciona em uma lista de objetos Comic? É possível fazer o que Jimmy fez e selecionar a classe inteira. Poderia também mudar a última linha da consulta para `select comic.Name` e pedir que retorne uma sequência de strings. Poderia ainda usar `select comic.Issue` e fazer com que retorne uma sequência de ints.

P: Entendi como usar var no código, mas como funciona de fato?

R: `var` é uma palavra-chave que pede ao compilador para descobrir o tipo de uma variável durante a compilação. O compilador C# descobre o tipo da variável local que você usa para consultar com LINQ. Quando criar sua solução, o compilador substituirá var pelo tipo certo dos dados com os quais está trabalhando.

Quando esta linha é compilada:

```
var result = from v in values
```

O compilador substitui var por:

```
IEnumerable<int>
```

E você sempre pode verificar o tipo de uma variável passando o mouse sobre ela no IDE.

A cláusula from em uma consulta LINQ faz duas coisas: informa ao LINQ qual coleção usar para a consulta e atribui um nome usado para cada membro da coleção sendo consultada.

P: As consultas LINQ usam muitas palavras-chave que não vi antes, como `from`, `where`, `orderby`, `select`... parece uma linguagem totalmente diferente. Por que é tão diferente do resto do C#?

R: O LINQ serve para uma finalidade diferente. Grande parte da sintaxe do C# foi criada para fazer uma pequena operação ou cálculo por vez. Você pode iniciar um loop, definir uma variável, fazer uma operação matemática, chamar um método... todas operações simples. Por exemplo:

```
var under10 =
 from number in sequenceOfNumbers
 where number < 10
 select number;
```

Essa consulta é muito simples; não há muita coisa nela, certo? Mas na verdade é parte de um código bem complexo.

Pense no que acontece para o programa realmente selecionar todos os números em sequenceOfNumbers (que deve ser uma referência para um objeto que implementa IEnumerable<T>) menores que 10. Primeiro precisa fazer um loop no array inteiro. Depois cada número é comparado com 10. Então, os resultados precisam ser reunidos para que o resto do código possa usá-los.

É por isso que LINQ parece um pouco estranho: ele permite colocar muito comportamento em uma pequena quantidade de código C#, mas muito fácil de ler!

PONTOS DE BALA

- Quando uma classe implementa IEnumerable<T>, qualquer instância dessa classe é uma **sequência**.
- Quando você adiciona `using System.Linq;` ao início do código, pode usar **métodos LINQ** com qualquer referência para uma sequência.
- Quando um método percorre cada item na sequência em ordem, isso se chama **enumerar** a sequência, e é como os métodos LINQ funcionam.
- O **método Take** obtém os primeiros elementos em uma sequência. O **método TakeLast** obtém os últimos elementos nela. O **método Concat** concatena duas sequências.
- O **método Average** retorna o valor médio de uma sequência de números. Os **métodos Min e Max** retornam os valores menores e maiores nela.
- Os **métodos First e Last** retornam o primeiro ou o último elemento em uma sequência. O **método Skip** pula os primeiros elementos nela e retorna o resto.
- Muitos métodos LINQ retornam uma sequência, que permite fazer o **encadeamento de métodos** ou chamar outro método LINQ direto nos resultados sem usar uma variável extra para controlar os resultados.
- A **interface IReadOnlyDictionary** é útil para o encapsulamento. Você pode atribuir qualquer dicionário a ela para criar uma referência que não permite ao dicionário ser atualizado.
- A **sintaxe da consulta declarativa LINQ** usa palavras-chave especiais, como `where`, `select`, `groupby` e `join`, e cria consultas direto no código.
- As consultas LINQ iniciam com uma **cláusula `from`**, que atribui uma variável para substituir cada valor conforme enumera a sequência.
- A variável declarada na cláusula `from` é a **variável da faixa** e pode ser usada na consulta.
- A **cláusula `where`** tem um teste condicional que a consulta usa para determinar quais valores incluir nos resultados.
- A **cláusula `orderby`** tem uma expressão usada para ordenar os resultados. Uma opção é especificar a palavra-chave **`descending`** para inverter a ordem.
- A consulta termina com a **cláusula `select`** e inclui uma expressão para saber o que incluir nos resultados.
- A **palavra-chave `var`** é usada para declarar uma variável com tipo implícito, ou seja, o compilador C# descobre o tipo da variável sozinho.
- Você pode usar var **no lugar de um tipo de variável** em qualquer declaração que inicializa uma variável.
- Você pode incluir **uma expressão C# na cláusula `select`**. Essa expressão se aplica a cada elemento nos resultados e determina o tipo da sequência retornado pela consulta.

O LINQ é versátil

Com o LINQ, você pode fazer muito mais do que apenas tirar alguns itens da coleção. Pode modificar os itens antes de retorná-los. Assim que você gera um conjunto de sequências do resultado, o LINQ fornece muitos métodos que trabalham com elas. Do começo ao fim, o LINQ oferece as ferramentas necessárias para gerenciar seus dados. Faremos uma revisão rápida de alguns recursos do LINQ que já vimos.

Você pode usar a palavra-chave `var` para declarar um array com tipos implícitos. Basta usar `new[]` junto com um inicializador de coleção e o compilador C# descobrirá o tipo do array. Se você misturar e combinar os tipos, precisará especificar o tipo do array:

```
var mixed = new object[] { 1, "x"
    , new Random() };
```

Modifique cada item retornado da consulta.

Este código adicionará uma string ao final de cada elemento no array de strings. Em vez de mudar o array em si, ele cria uma nova sequência de strings modificadas.

```
var sandwiches = new[] { "ham and cheese", "salami with mayo",
                         "turkey and swiss", "chicken cutlet" };
var sandwichesOnRye =
    from sandwich in sandwiches
    select $"{sandwich} on rye";
foreach (var sandwich in sandwichesOnRye)
    Console.WriteLine(sandwich);
```

Você pode considerar "select" como um modo de mudar cada elemento em uma sequência; nesse caso, adicione "on rye" ao final.

Agora todos os itens retornados têm "on rye" no final.

Saída:

```
ham and cheese on rye
salami with mayo on rye
turkey and swiss on rye
chicken cutlet on rye
```

Faça cálculos nas sequências.

Use os métodos LINQ sozinhos para obter estatísticas sobre uma sequência de números.

```
var random = new Random();
var numbers = new List<int>();
int length = random.Next(50, 150);
for (int i = 0; i < length; i++)
    numbers.Add(random.Next(100));

Console.WriteLine($@"Stats for these {numbers.Count()} numbers:
The first 5 numbers: {String.Join(", ", numbers.Take(5))}
The last 5 numbers: {String.Join(", ", numbers.TakeLast(5))}
The first is {numbers.First()} and the last is {numbers.Last()}
The smallest is {numbers.Min()}, and the biggest is {numbers.Max()}
The sum is {numbers.Sum()}
The average is {numbers.Average():F2}");
```

O método String.Join estático concatena todos os itens na sequência em uma string, especificando o separador para usar entre eles.

Veja aqui um exemplo de saída de uma execução. O comprimento da sequência e os números serão aleatórios a cada execução.

```
Stats for these 61 numbers:
The first 5 numbers: 85, 30, 58, 70, 60
The last 5 numbers: 40, 83, 75, 26, 75
The first is 85 and the last is 75
The smallest is 2, and the biggest is 99
The sum is 3444
The average is 56.46
```

Consultas LINQ não executam até acessar os resultados

Quando você inclui uma consulta LINQ no código, ela usa uma **avaliação adiada** (às vezes chamada de avaliação lenta). Isso significa que a consulta LINQ realmente não faz nenhuma enumeração nem loop até o código executar uma declaração que ***usa os resultados da consulta***. Parece um pouco estranho, mas faz muito sentido quando visto em ação. **Crie um novo aplicativo de console** e acrescente este código:

Faça isto!

```
class PrintWhenGetting
{
    private int instanceNumber;
    public int InstanceNumber
    {
        set { instanceNumber = value; }
        get
        {
            Console.WriteLine($"Getting #{instanceNumber}");
            return instanceNumber;
        }
    }
}

class Program
{
    static void Main(string[] args)
    {
        var listOfObjects = new List<PrintWhenGetting>();
        for (int i = 1; i < 5; i++)
            listOfObjects.Add(new PrintWhenGetting() {
InstanceNumber = i });

        Console.WriteLine("Set up the query");
        var result =
            from o in listOfObjects
            select o.InstanceNumber;

        Console.WriteLine("Run the foreach");
        foreach (var number in result)
            Console.WriteLine($"Writing #{number}");
    }
}
```

Console.WriteLine no getter não é chamado até o loop foreach ser executado. A execução adiada fica assim.

```
Set up the
query
Run the foreach
Getting #1
Writing #1
Getting #2
Writing #2
Getting #3
Writing #3
Getting #4
Writing #4
```

Viu um erro estranho do compilador? Adicione as duas diretivas using ao código!

Agora rode o app. Note como a Console.WriteLine que escreve "Set up the query" é executada ***antes*** que o acesso get seja executado. É porque a consulta LINQ não será executada até o loop `foreach`.

Se você precisar que a consulta seja executada agora, pode fazer uma **execução imediata** chamando um método LINQ que precisa enumerar a lista inteira — por exemplo, o método ToList, que a transforma em List<T>. Adicione esta linha e mude foreach para usar a nova List:

```
var immediate = result.ToList();

Console.WriteLine("Run the foreach");
foreach (var number in immediate)
    Console.WriteLine($"Writing #{number}");
```

Ao chamar ToList ou outro método LINQ que precisa acessar cada elemento na sequência, você obterá uma avaliação imediata.

```
Set up the
query
Getting #1
Getting #2
Getting #3
Getting #4
Run the foreach
Writing #1
Writing #2
Writing #3
Writing #4
```

Rode o app de novo. Desta vez visualizará os acessos get chamados antes do loop `foreach` iniciar a execução, o que faz sentido, pois ToList precisa acessar cada elemento na sequência para convertê-lo em List. Métodos como Sum, Min e Max também precisam acessar cada elemento na sequência; então, quando você usá-los, forçará o LINQ a fazer uma execução imediata também.

Consulta de grupo para separar a sequência em grupos

Por vezes você realmente quer detalhar seus dados. Por exemplo, Jimmy pode querer agrupar seus quadrinhos por década de publicação. Ou talvez queira separá-los por preço (os mais baratos em uma coleção, os mais caros em outra). Há muitos motivos para querer agrupar os dados. É aqui que a **consulta de grupo do LINQ** se torna útil.

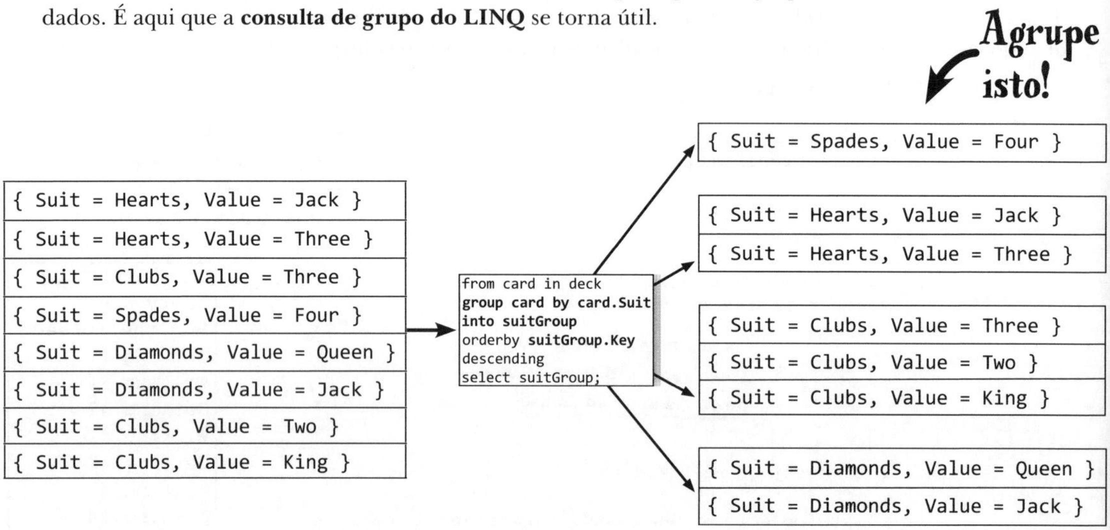
Agrupe isto!
{ Suit = Hearts, Value = Jack }
{ Suit = Hearts, Value = Three }
{ Suit = Clubs, Value = Three }
{ Suit = Spades, Value = Four }
{ Suit = Diamonds, Value = Queen }
{ Suit = Diamonds, Value = Jack }
{ Suit = Clubs, Value = Two }
{ Suit = Clubs, Value = King }
from card in deck
group card by card.Suit
into suitGroup
orderby suitGroup.Key
descending
select suitGroup;
{ Suit = Spades, Value = Four }
{ Suit = Hearts, Value = Jack }
{ Suit = Hearts, Value = Three }
{ Suit = Clubs, Value = Three }
{ Suit = Clubs, Value = Two }
{ Suit = Clubs, Value = King }
{ Suit = Diamonds, Value = Queen }
{ Suit = Diamonds, Value = Jack }

1 **Crie um novo aplicativo de console e adicione classes card e enums.**

Crie um novo **aplicativo de console do .NET Core chamado *CardLinq*.** Vá para o painel Gerenciador de Soluções, clique com o botão direito no nome do projeto e escolha Adicionar >> Itens existentes (ou Adicionar >> Arquivos existentes no Mac). Acesse a pasta em que salvou o projeto Two Decks no Capítulo 8. Adicione os arquivos com os **enums Suit e Value**, então adicione as classes **Deck, Card e CardComparerByValue**.

Você criou a classe Deck no projeto "Two Decks" para download no fim do Capítulo 8.

Modifique o namespace em cada arquivo adicionado para corresponder ao namespace em *Program.cs*, de modo que seu método Main possa acessar as classes acrescentadas.

2 **Torne a classe Card ordenada com IComparable<T>.**

Usaremos uma cláusula `orderby` do LINQ para ordenar os grupos; portanto, precisamos que a classe Card possa ser ordenada. Por sorte, isso funciona exatamente como o método List.Sort, aprendido no Capítulo 7. Modifique sua classe Card para **estender a interface IComparable**:

Também usaremos os métodos Min e Max do LINQ para encontrar as cartas maior e menor em cada grupo, assim como usaremos a interface IComparable.

```
class Card : IComparable<Card>
{
    public int CompareTo(Card other)
    {
        return new CardComparerByValue().Compare(this,
other);
    }

    // O resto da classe fica igual.
```

3 Modifique o método Deck.Shuffle para dar suporte ao encadeamento de métodos.

A classe Shuffle embaralha as cartas. Para ela suportar o encadeamento de métodos é preciso modificá-la para retornar uma referência à instância Deck que acabou de embaralhar:

```
public Deck Shuffle()
{
    // O resto da classe fica igual.

    return this;
}
```

Quando você faz o método Shuffle retornar uma referência para o mesmo objeto Deck embaralhado, pode chamá-lo e encadear chamadas de método adicionais no resultado.

4 Use uma consulta LINQ com a cláusula group...by para agrupar as cartas por naipe.

O método Main obterá dezesseis cartas aleatórias embaralhando, então usará o método Take do LINQ para pegar as dezesseis primeiras. Ele usará uma consulta LINQ com uma **cláusula `group...by`** para separar o baralho em sequências menores, com uma sequência para cada naipe nas dezesseis cartas:

```
using System.Linq;

class Program
{
    static void Main(string[] args)
    {
        var deck = new Deck()
            .Shuffle()
            .Take(16);

        var grouped =
            from card in deck
            group card by card.Suit into suitGroup
            orderby suitGroup.Key descending
            select suitGroup;

        foreach (var group in grouped)
        {
            Console.WriteLine(@$"Group: {group.Key}
Count: {group.Count()}
Minimum: {group.Min()}
Maximum: {group.Max()}");
        }
    }
}
```

Agora que o método Shuffle suporta o encadeamento de métodos, você pode encadear o método Take do LINQ logo em seguida.

Use os métodos Count, Min e Max do LINQ para obter informações sobre cada grupo que a consulta retorna.

Uma cláusula **group...by** na consulta LINQ separa uma sequência em grupos:

`group card by card.Suit into suitGroup`

A palavra-chave **group** informa qual sequência tem os elementos a agrupar; **by** especifica os critérios usados para determinar os grupos; e **into** declara uma nova variável que as outras cláusulas podem usar para se referir aos grupos. A saída de um consulta de grupo é uma sequência de sequências. Cada grupo é uma sequência que implementa a interface IGrouping: IGrouping<Suits, Card> é um grupo de cartas que usa suit como a chave do grupo.

Cada grupo tem uma propriedade Key que retorna sua chave, nesse caso, o naipe.

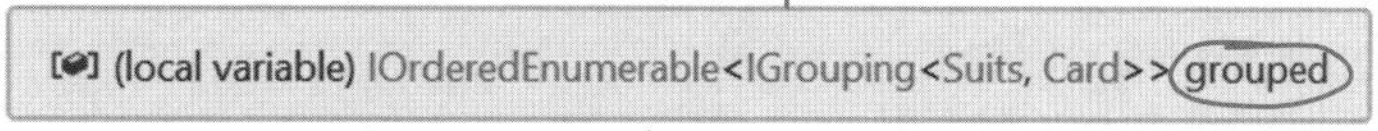
(local variable) IOrderedEnumerable<IGrouping<Suits, Card>> grouped

Passe o mouse sobre a variável "grouped" para ver seu tipo.

Dica do IDE: Renomeie tudo!

Quando você precisa mudar o nome de uma variável, campo, propriedade, namespace ou classe, pode usar uma **ferramenta de refatoração** muito útil predefinida no Visual Studio. Basta clicar com o botão direito nela e escolher "Renomear..." no menu. Quando ficar destacado, edite o nome e o IDE o ***renomeará automaticamente em todo lugar no código***.

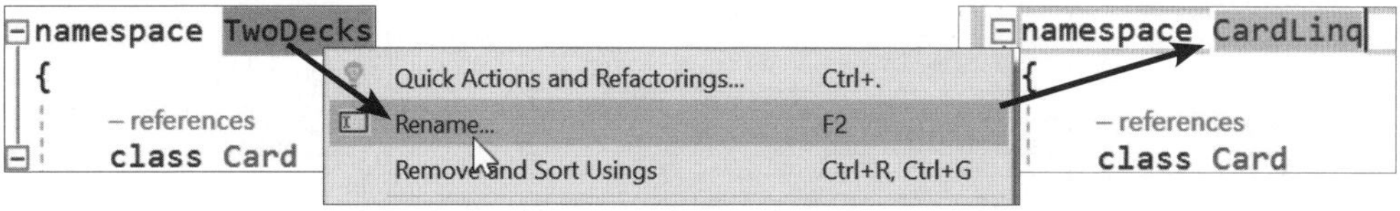
namespace TwoDecks
– references
class Card
Quick Actions and Refactorings... Ctrl+.
Rename... F2
Remove and Sort Usings Ctrl+R, Ctrl+G
namespace CardLinq
– references
class Card

Use Renomear para mudar o nome de uma **variável, campo, propriedade, classe ou namespace** (e outras coisas também!). Quando renomear uma ocorrência, o IDE mudará seu nome em todos os lugares em que ocorra no código.

Anatomia de uma consulta de grupo

Veja de perto como funciona essa consulta de grupo.

```
var grouped =
    from card in deck
```

A cláusula from funciona como nas outras consultas LINQ usadas. Ela atribui a variável da faixa "card" a cada carta na sequência; neste caso, Deck que você embaralhou e no qual pegou algumas cartas.

```
{ Suit = Hearts, Value = Jack }
{ Suit = Hearts, Value = Three }
{ Suit = Clubs, Value = Three }
{ Suit = Spades, Value = Four }
{ Suit = Diamonds, Value = Queen }
{ Suit = Diamonds, Value = Jack }
{ Suit = Clubs, Value = Two }
{ Suit = Clubs, Value = King }
```

Este exemplo aleatório inicia com duas cartas com o naipe Hearts [copas], seguidas de uma carta Clubs [paus], uma carta Spades [espadas] e duas cartas Diamonds [ouros].

```
    group card by card.Suit into suitGroup
```

A cláusula group...by divide as cartas em grupos. Ela inclui "by card.Suit", que especifica que a chave para cada grupo é o naipe da carta. Ela declara uma nova variável chamada suitGroup que as cláusulas restantes podem usar para trabalhar com os grupos.

```
{ Suit = Hearts, Value = Jack }
{ Suit = Hearts, Value = Three }

{ Suit = Clubs, Value = Three }
{ Suit = Clubs, Value = Two }
{ Suit = Clubs, Value = King }

{ Suit = Spades, Value = Four }

{ Suit = Diamonds, Value = Queen }
{ Suit = Diamonds, Value = Jack }
```

A cláusula group...by enumera a sequência, criando novos grupos conforme acessa cada nova chave. Portanto, os grupos ficam na mesma ordem das primeiras ocorrências dos naipes, como estavam no exemplo aleatório.

```
    orderby suitGroup.Key descending
    select suitGroup;
```

```
{ Suit = Spades, Value = Four }

{ Suit = Hearts, Value = Jack }
{ Suit = Hearts, Value = Three }

{ Suit = Clubs, Value = Three }
{ Suit = Clubs, Value = Two }
{ Suit = Clubs, Value = King }

{ Suit = Diamonds, Value = Queen }
{ Suit = Diamonds, Value = Jack }
```

A cláusula group...by agrupou as cartas por card.Suit; portanto, a chave de cada grupo é suit. Isso significa que todas as cartas em cada grupo têm o mesmo naipe e todas as cartas com esse naipe estão no mesmo grupo. A cláusula orderby ordenou os grupos por chave, colocando-os na ordem em que aparecem no enum Suits (ao contrário): Spades, Hearts, Clubs e Diamonds.

A cláusula **group... by** cria uma sequência de grupos que implementam a interface IGrouping. IGrouping estende IEnumerable e adiciona exatamente um membro: uma propriedade chamada Key. Assim, cada grupo é uma sequência de outras sequências; neste caso, é um grupo de sequências Card, em que a chave é o naipe dela (no enum `Suits`). O tipo completo de cada grupo é IGrouping<Suits, Card>, ou seja, é uma sequência de sequências Card, cada uma tendo um valor Suits como chave.

Consultas join para combinar dados de duas sequências

Todo bom colecionador sabe que a crítica pode ter um grande impacto nos valores. Jimmy vem acompanhando as pontuações dos avaliadores de dois grandes agregadores de críticas de HQs, MuddyCritic e Rotten Tornadoes. Agora ele precisa combiná-las com sua coleção. Como fazer isso?

LINQ ao seu resgate! A palavra-chave `join` permite **combinar os dados de duas sequências** usando uma única consulta. Isso é feito comparando os itens em uma sequência com seus correspondentes na segunda sequência (o LINQ é esperto o bastante para fazer isso com eficiência; ele não precisa comparar cada par de itens, a menos que seja preciso). O resultado final combina cada par correspondente.

1 Você iniciará sua consulta com a cláusula `from` de sempre. Mas, em vez de acompanhá-la com critérios para determinar o que entra nos resultados, você adicionará:

```
join name in collection
```

A cláusula `join` pede ao LINQ para enumerar as duas sequências a fim de combinar os pares com um membro de cada. Ela atribui `name` ao membro que irá tirar da coleção combinada em cada iteração. Você usará esse nome na cláusula `where`.

Jimmy obteve estes dados em uma coleção de objetos Review chamada "reviews".

```
class Review
{
    public int Issue { get; set; }
    public Critics Critic { get; set;
}
    public double Score { get; set; }
}
```

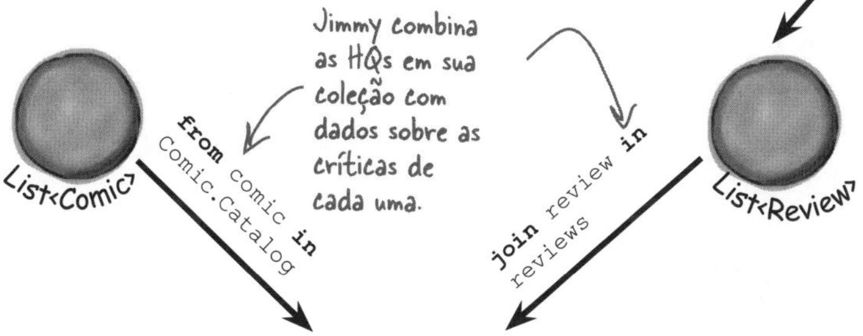
Jimmy combina as HQs em sua coleção com dados sobre as críticas de cada uma.
List<Comic>
from comic in Comic.Catalog
join review in reviews
List<Review>

2 Em seguida você adicionará a cláusula **on**, que informa ao LINQ como combinar as duas coleções. Depois, você colocará o nome do membro da primeira coleção sendo combinada, seguido de **equals** e do nome da segunda coleção com a qual combinar.

```
on comic.Issue equals review.Issue
```

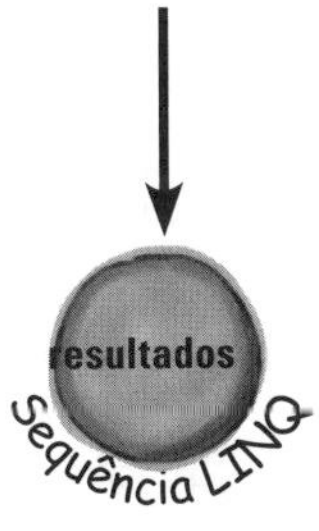
resultados
Sequência LINQ

{ Name = "Woman's Work", Issue = 36, Critic = MuddyCritic, Score = 37.6 }
{ Name = "Black Monday", Issue = 74, Critic = RottenTornadoes, Score = 22.8 }
{ Name = "Black Monday", Issue = 74, Critic = MuddyCritic, Score = 84.2 }
{ Name = "The Death of the Object", Issue = 97, Critic = MuddyCritic, Score = 98.1 }

3 Você continuará a consulta LINQ com as cláusulas `where` e `orderby` como sempre. Poderia terminá-la com uma cláusula `select` normal, mas em geral deseja retornar os resultados que obtêm dados em uma coleção e em outra.

O resultado é uma sequência de objetos com as propriedades Name e Issue de Comic, além das propriedades Critic e Score de Review. O resultado não pode ser uma sequência de objetos Comic, tampouco uma sequência de objetos Review, pois nenhuma classe tem todas essas propriedades. O resultado é um tipo diferente: ***um tipo anônimo.***

Use a palavra-chave <u>new</u> para criar tipos anônimos

Você vem usando a palavra-chave `new` desde o Capítulo 3 para criar instâncias de objetos. Sempre que usada, você inclui um tipo (por isso a declaração `new Guy();` cria uma instância do tipo Guy). Você também pode usar a palavra-chave `new` sem um tipo para criar um **tipo anônimo**. É um tipo perfeitamente válido que tem propriedades de somente leitura, mas não um nome. O tipo retornado da consulta que combinou as HQs de Jimmy com as críticas é um tipo anônimo. Você pode adicionar propriedades ao seu tipo anônimo usando um inicializador de objeto. Fica assim:

> A-nô-ni-mo, adjetivo.
> Não identificado pelo nome.
> *O agente secreto Dash Martin usava um codinome para ficar **anônimo** e evitar que espiões inimigos o reconhecessem.*

```
public class Program
{
    public static void Main()
    {
        var whatAmI = new { Color = "Blue", Flavor = "Tasty", Height = 37 };
        Console.WriteLine(whatAmI);
    }
}
```

A consulta LINQ que acabamos de ver combina as HQs de Jimmy com críticas e retorna um tipo anônimo. Você adicionará essa consulta a um app mais adiante no capítulo.

Tente colar em um novo aplicativo de console e rodar. A saída:

```
{ Color = Blue, Flavor = Tasty, Height = 37 }
```

Agora passe o mouse sobre `whatAmI` no IDE e veja a janela IntelliSense:

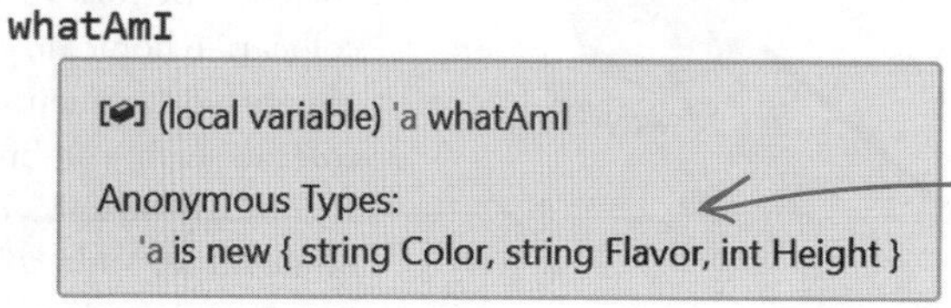
whatAmI
(local variable) 'a whatAmI
Anonymous Types:
'a is new { string Color, string Flavor, int Height }

O IDE sabe exatamente qual é o tipo: é um tipo de objeto com duas propriedades string e uma propriedade int. Ele não tem um nome para o tipo, por isso é anônimo.

A variável `whatAmI` é um tipo de referência, como qualquer outra referência. Ela aponta para um objeto no heap e você pode usá-la para acessar os membros desse objeto; nesse caso, duas de suas propriedades:

```
Console.WriteLine($"My color is {whatAmI.Color} and I'm {whatAmI.
Flavor}");
```

whatAmI
objeto Anonymous

Além do fato de que não têm nomes, os tipos anônimos são <u>como qualquer outro tipo</u>.

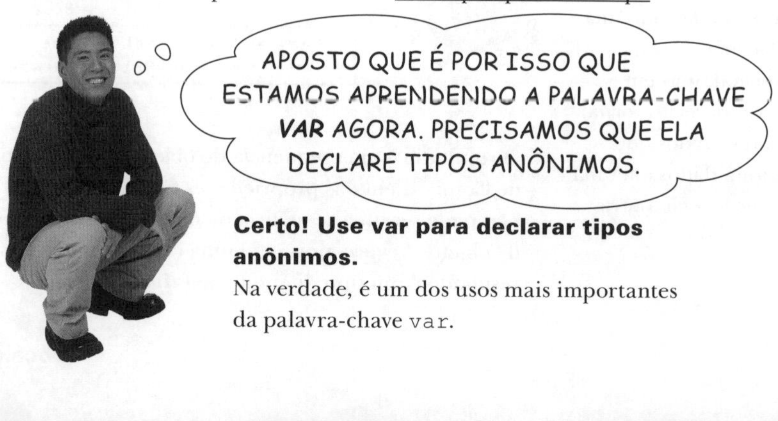
APOSTO QUE É POR ISSO QUE ESTAMOS APRENDENDO A PALAVRA-CHAVE *VAR* AGORA. PRECISAMOS QUE ELA DECLARE TIPOS ANÔNIMOS.

Certo! Use var para declarar tipos anônimos.
Na verdade, é um dos usos mais importantes da palavra-chave `var`.

Aponte o seu lápis

Joe, Bob e Alice são alguns dos jogadores de Go Fish mais competitivos no mundo. Este código do LINQ combina dois arrays com tipos anônimos para gerar uma lista de suas vitórias. Leia o código e escreva a saída colocada no console.

```
var players = new[]
{
    new { Name = "Joe", YearsPlayed = 7, GlobalRank = 21 },
    new { Name = "Bob", YearsPlayed = 5, GlobalRank = 13 },
    new { Name = "Alice", YearsPlayed = 11, GlobalRank = 17 },
};

var playerWins = new[]
{
    new { Name = "Joe", Round = 1, Winnings = 1.5M },
    new { Name = "Alice", Round = 2, Winnings = 2M },
    new { Name = "Bob", Round = 3, Winnings = .75M },
    new { Name = "Alice", Round = 4, Winnings = 1.3M },
    new { Name = "Alice", Round = 5, Winnings = .7M },
    new { Name = "Joe", Round = 6, Winnings = 1M },
};

var playerStats =
    from player in players
    join win in playerWins
    on player.Name equals win.Name
    orderby player.Name
    select new
    {
        Name = player.Name,
        YearsPlayed = player.YearsPlayed,
        GlobalRank = player.GlobalRank,
        Round = win.Round,
        Winnings = win.Winnings,
    };

foreach (var stat in playerStats)
    Console.WriteLine(stat);
```

Estamos usando var e new[] para criar arrays com tipos anônimos.

Este código escreve seis linhas no console. Começamos preenchendo as duas primeiras. Note que as duas linhas têm o mesmo nome ("Alice"). Uma consulta join encontrará cada correspondência entre as propriedades da chave em ambas as sequências. Se houver múltiplas combinações, os resultados incluirão um elemento para cada uma. Se houver uma chave em uma sequência de entrada sem uma correspondência na outra, ela não será incluída nos resultados.

{ Name = Alice, YearsPlayed = 11, GlobalRank = 17, Round = 2, Winnings = 2 }

{ Name = Alice, YearsPlayed = 11, GlobalRank = 17, Round = 4, Winnings = 1.3 }

Aponte o seu lápis Solução

Joe, Bob e Alice são alguns dos jogadores de Go Fish mais competitivos no mundo. Este código do LINQ combina dois arrays com tipos anônimos para gerar uma lista de suas vitórias. Leia o código e escreva a saída colocada no console.

{ Name = Alice, YearsPlayed = 11, GlobalRank = 17, Round = 2, Winnings = 2 }

{ Name = Alice, YearsPlayed = 11, GlobalRank = 17, Round = 4, Winnings = 1.3 }

{ Name = Alice, YearsPlayed = 11, GlobalRank = 17, Round = 5, Winnings = 0.7 }

{ Name = Bob, YearsPlayed = 5, GlobalRank = 13, Round = 3, Winnings = 0.75 }

{ Name = Joe, YearsPlayed = 7, GlobalRank = 21, Round = 1, Winnings = 1.5 }

{ Name = Joe, YearsPlayed = 7, GlobalRank = 21, Round = 6, Winnings = 1 }

não existem Perguntas Idiotas

P: Você consegue parar um pouco e explicar o que é `var` de novo?

R: Sim, claro. A palavra-chave `var` resolve um problema difícil que o LINQ tem. Normalmente, quando você chama um método ou executa uma declaração, fica bem claro com quais tipos está trabalhando. Se você tem um método que retorna uma string, por exemplo, pode armazenar apenas seus resultados em uma variável de string ou em um campo.

Mas o LINQ não é tão simples. Ao criar uma declaração do LINQ, ele pode retornar um tipo anônimo que *não está definido em nenhum lugar no programa*. Sim, você sabe que será uma sequência de algum tipo. Mas qual tipo será? Não se sabe porque os objetos contidos na sequência dependem inteiramente do que você coloca na consulta LINQ. Veja esta consulta, por exemplo, do código que escrevemos antes para Jimmy. Escrevemos originalmente isto:

```
IEnumerable<Comic> mostExpensive =
    from comic in Comic.Catalog
    where Comic.Prices[comic.Issue] >
500
    orderby -Comic.Prices[comic.Issue]
    select comic;
```

Então, mudamos a primeira linha para usar a palavra-chave `var`:

```
var mostExpensive =
```

E foi útil. Por exemplo, se mudássemos a última linha para:

```
select new {
   Name = comic.Name,
   IssueNumber = $"#{comic.Issue}"
};
```

a consulta atualizada retornaria um tipo diferente (mas perfeitamente válido!), um tipo anônimo com dois membros, uma string chamada Name e uma string IssueNumber. Mas não temos uma definição de classe para esse tipo em nenhum lugar no programa! Realmente não precisamos rodar o programa para ver com exatidão como esse tipo é definido, mas a variável `mostExpensive` ainda precisa ser declarada com *algum* tipo.

Por isso o C# tem a palavra-chave `var`, que informa ao compilador, "OK, sabemos que é um tipo válido, mas não podemos informar com exatidão qual é no momento. Por que você não descobre sozinho e para de nos chatear com isso? Obrigada, de nada."

Dica do IDE: Ferramentas de refatoração

Troque as variáveis entre os tipos implícito e explícito

Ao trabalhar com grupos, você costuma usar a palavra-chave `var`, não só pela conveniência, mas porque o tipo retornado pela consulta de grupo pode ser um pouco complicado.

```
var grouped =
   from card in deck
   group card by card.Suit into suitGroup
   orderby suitGroup.Key descending
   select suitGroup;
```

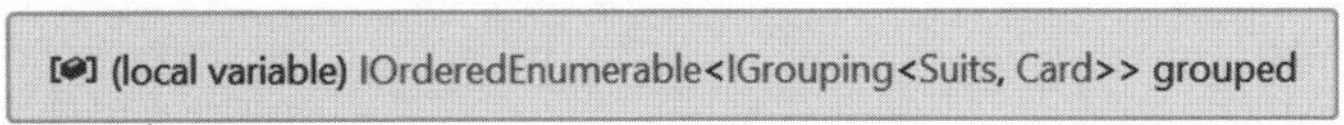
(local variable) IOrderedEnumerable<IGrouping<Suits, Card>> grouped

Por vezes nosso código é mais fácil de entender se usamos o **tipo explícito**. Por sorte, o IDE facilita trocar entre o tipo implícito (`var`) e o explícito para qualquer variável. Basta abrir o menu Ações Rápidas e escolher "**Usar tipo explícito em vez de 'var'**" para converter var em seu tipo explícito.

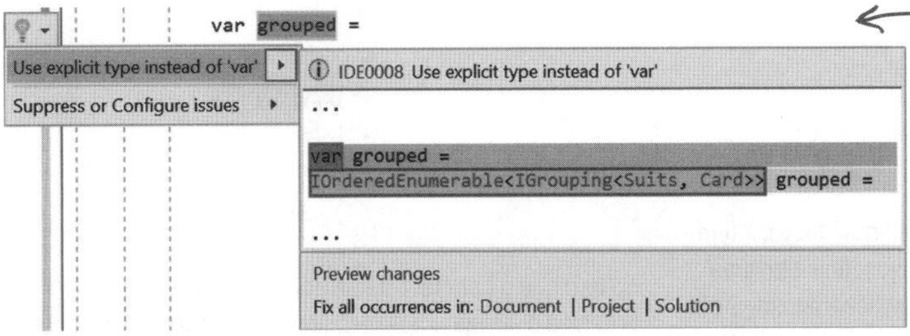
var grouped =
Use explicit type instead of 'var'
Suppress or Configure issues
IDE0008 Use explicit type instead of 'var'
...
var grouped =
IOrderedEnumerable<IGrouping<Suits, Card>> grouped =
...
Preview changes
Fix all occurrences in: Document | Project | Solution

Você pode usar as Ações Rápidas para mudar o tipo implícito "var" para um explícito; nesse caso, IOrderedEnumerable <IGrouping<Suits, Card>>, que definitivamente não é muito divertido de digitar!

Você também pode escolher **"Usar tipo implícito"** no menu para retornar a variável para `var`.

Extrair métodos

Seu código será mais fácil de ler se você pegar um método grande e dividi-lo em partes menores. Por isso um dos modos mais comuns que os desenvolvedores usam para refatorar o código é **extrair métodos** ou pegar um bloco de código em um método grande e movê-lo para seu próprio método. O IDE tem uma ferramenta de refatoração muito útil que facilita isso.

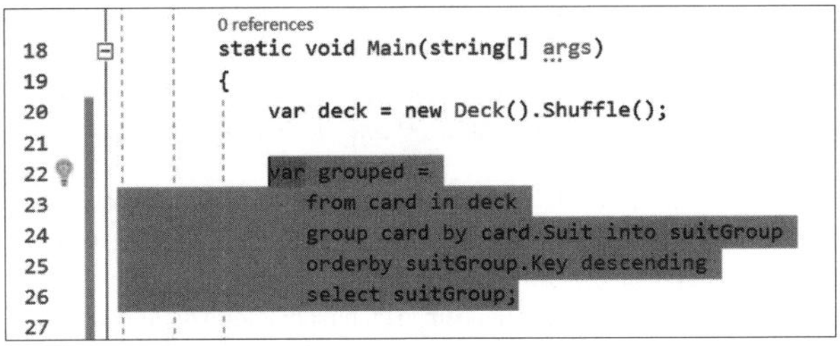
0 references
18 static void Main(string[] args)
19 {
20 var deck = new Deck().Shuffle();
21
22 var grouped =
23 from card in deck
24 group card by card.Suit into suitGroup
25 orderby suitGroup.Key descending
26 select suitGroup;
27

Comece selecionando um bloco de código. **Escolha Refatorar >> Extrair Método** no menu Editar (no Windows) ou **Extrair Método** (no Mac), em Ações Rápidas.

Ao selecionar, o IDE moverá o código selecionado para um novo método chamado NewMethod com um tipo de retorno que corresponde ao tipo do código retornado. Então irá imediatamente para o recurso Renomear para você começar a digitar um novo nome do método.

Nesta captura de tela, selecionamos a consulta LINQ inteira do projeto de grupo de cartas anterior no capítulo. Depois extraímos o método, que fica assim:

```
IOrderedEnumerable<IGrouping<Suits, Card>> grouped = NewMethod(deck);
```

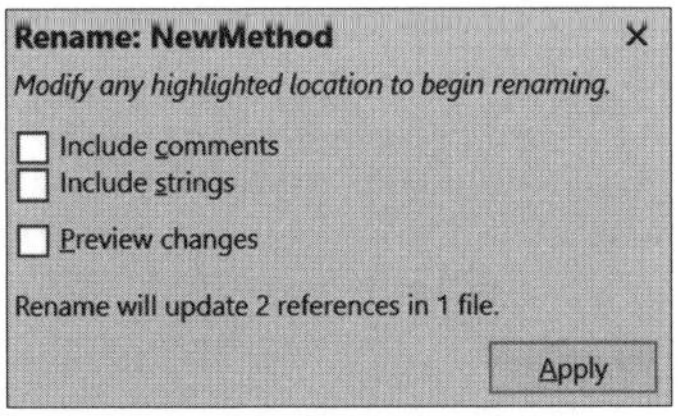
Rename: NewMethod
Modify any highlighted location to begin renaming.
Include comments
Include strings
Preview changes
Rename will update 2 references in 1 file.
Apply

Observe que restou uma nova variável **agrupada** com tipo explícito; o IDE descobriu a variável usada posteriormente no código e a deixou no lugar. É só outro exemplo de como o IDE ajuda a escrever um código mais claro.

não existem Perguntas Idiotas

P: Pode me dar mais detalhes sobre como funciona `join`?

R: `join` trabalha com duas sequências quaisquer. Digamos que você esteja estampando camisas para jogadores de futebol, usando uma coleção chamada `players` com objetos que têm uma propriedade Name e uma propriedade Number. E se você precisar de um design diferente para jogadores com números de dois dígitos? Poderia pegar os jogadores com números maiores que 10:

```
var doubleDigitPlayers =
    from player in players
    where player.Number > 10
    select player;
```

E se precisar obter os tamanhos das camisas? Se você tem uma sequência chamada `jerseys` cujos itens têm uma propriedade Number e uma Size, join funcionará muito bem para combinar os dados:

```
var doubleDigitShirtSizes =
    from player in players
    where player.Number > 10
    join shirt in jerseys
    on player.Number equals shirt.
Number
    select shirt;
```

P: Essa consulta nos fornecerá muitos objetos. E se eu quiser conectar cada jogador ao tamanho da camisa e não me importar com o número?

R: Os tipos anônimos servem para isso; você pode construir esse tipo que tem apenas os dados que deseja. Ele permite pegar e escolher em várias coleções sendo combinadas também.

Então, é possível selecionar o nome do jogador e o tamanho da camisa, e nada mais:

```
var doubleDigitShirtSizes =
    from player in players
    where player.Number > 10
    join shirt in jerseys
    on player.Number equals shirt.
Number
    select new {
        player.Name,
        shirt.Size
    };
```

O IDE é esperto o bastante para descobrir exatamente quais resultados você criará com a consulta. Se criar um loop para enumerar os resultados, assim que digitar o nome da variável, o IDE abrirá uma lista IntelliSense:

```
    foreach (var size in
doubleDigitShirtSizes)
        size.
```

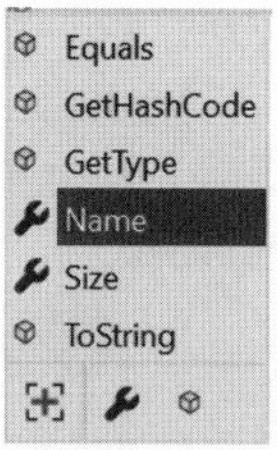
Equals
GetHashCode
GetType
Name
Size
ToString

Note que a lista tem Name e Size. Se você adicionasse mais itens à cláusula `select`, eles apareceriam também, pois a consulta criaria um tipo anônimo diferente com membros diversos.

P: Como escrevo um método que retorna um tipo anônimo?

R: Não escreve. Os métodos não podem retornar tipos anônimos. O C# não tem um meio de fazer isso. Você não pode declarar um campo ou uma propriedade com um tipo anônimo também. E não pode usar um tipo anônimo para um parâmetro em um método ou um construtor; por isso não consegue usar a palavra-chave `var` com essas coisas.

Se pensar bem, verá que faz sentido. Sempre que usa var em uma declaração da variável, tem que incluir um valor, que o compilador C# ou o IDE usa para descobrir o tipo da variável. Se você declara um campo ou um parâmetro do método, não há meios de especificar esse valor, ou seja, não tem como o C# descobrir o tipo (sim, você pode especificar um valor para uma propriedade, mas não é a mesma coisa; tecnicamente, o valor é definido antes do construtor ser chamado).

Você pode usar a palavra-chave var apenas quando declara uma variável. Não pode usar var com um campo ou com uma propriedade, nem escrever um método que retorna um tipo anônimo ou tem um como parâmetro.

Exercício

Use o que aprendeu sobre LINQ até agora para **criar um novo aplicativo de console chamado *JimmyLinq*** que organiza a coleção de quadrinhos de Jimmy. Comece **adicionando um enum `Critics`** com dois membros, `MuddyCritic` e `RottenTornadoes`, e **um enum `PriceRange`** com dois membros, `Cheap` e `Expensive`. Depois **acrescente uma classe Review** com três propriedades automáticas: int Issue, Critics Critic e double Score.

Você precisará de dados; adicione um novo campo estático à classe Comic que retorna uma sequência de críticas:

```
public static readonly IEnumerable<Review> Reviews = new[] {
   new Review() { Issue = 36, Critic = Critics.MuddyCritic, Score = 37.6 },
   new Review() { Issue = 74, Critic = Critics.RottenTornadoes, Score = 22.8 },
   new Review() { Issue = 74, Critic = Critics.MuddyCritic, Score = 84.2 },
   new Review() { Issue = 83, Critic = Critics.RottenTornadoes, Score = 89.4 },
   new Review() { Issue = 97, Critic = Critics.MuddyCritic, Score = 98.1 },
};
```

Veja o método Main, mais dois métodos que ele chama:

Veja com atenção o loop while. Ele usa switch para determinar qual método chamar. Os métodos retornam true, definindo "done" para true e o loop while para fazer outra iteração. Se o usuário pressionar outra tecla, definirá "done" para false e terminará o loop.

```
   static void Main(string[] args) {
      var done = false;
      while (!done) {
         Console.WriteLine(
          "\nPress G to group comics by price, R to get reviews, any other key to
quit\n");
         switch (Console.ReadKey(true).KeyChar.ToString().ToUpper()) {
            case "G":
               done = GroupComicsByPrice();
               break;
            case "R":
               done = GetReviews();
               break;
            default:
               done = true;
               break;
         }
      }
   }

   private static bool GroupComicsByPrice() {
      var groups = ComicAnalyzer.GroupComicsByPrice(Comic.Catalog, Comic.Prices);
      foreach (var group in groups) {
         Console.WriteLine($"{group.Key} comics:");
         foreach (var comic in group)
            Console.WriteLine($"#{comic.Issue} {comic.Name}: {Comic.Prices[comic.Issue]:c}");
      }
      return false;
   }

   private static bool GetReviews() {
      var reviews = ComicAnalyzer.GetReviews(Comic.Catalog, Comic.Reviews);
      foreach (var review in reviews)
         Console.WriteLine(review);
      return false;
   }
```

Os loops **`foreach`** no método GroupComicsByPrice são aninhados: um loop fica dentro de outro. O loop mais externo escreve informações sobre cada grupo e o interno enumera o grupo.

Os métodos GroupComicsByPrice e GetReviews chamam métodos na classe ComicAnalyzer estática (que você escreverá), que executa as consultas LINQ.

Crie uma classe estática chamada ComicAnalyzer com três métodos estáticos (dois são públicos):

- Um método estático privado chamado CalculatePriceRange tem uma referência Comic e retorna PriceRange. Cheap se o preço é menor que 100 e PriceRange.Expensive do contrário.
- GroupComicsByPrice ordena os quadrinhos por preço, então agrupa-os por CalculatePriceRange(comic) e retorna uma sequência de grupos de quadrinhos (IEnumerable<IGrouping<PriceRange, Comic>>).
- GetReviews ordena os quadrinhos por número de tiragem, faz a junção vista antes no capítulo e retorna uma sequência de strings como esta: `MuddyCritic rated #74 'Black Monday' 84.20`

Exercício Solução

Use o que você aprendeu sobre o LINQ até agora para **criar um novo aplicativo de console chamado *JimmyLinq*** que organiza a coleção de quadrinhos do Jimmy. Comece **adicionando um enum `Critics`** com dois membros, `MuddyCritic` e `RottenTornadoes`, e **um enum `PriceRange`** com dois membros, `Cheap` e `Expensive`. Depois **acrescente uma classe Review** com três propriedades automáticas: int Issue, Critics Critic e double Score.

Primeiro adicione os enums Critics e PriceRange:

```
enum Critics {
    MuddyCritic,
    RottenTornadoes,
}

enum PriceRange {
    Cheap,
    Expensive,
}
```

Depois adicione a classe Review:

```
class Review {
    public int Issue { get; set; }
    public Critics Critic { get; set; }
    public double Score { get; set; }
}
```

Assim que adicionar, poderá acrescentar a classe ComicAnalyzer estática com um método PriceRange privado e métodos GroupComicsByPrice e GetReviews públicos:

```
using System.Collections.Generic;
using System.Linq;

static class ComicAnalyzer
{
   private static PriceRange
CalculatePriceRange(Comic comic)
   {
      if (Comic.Prices[comic.Issue] < 100)
         return PriceRange.Cheap;
      else
         return PriceRange.Expensive;
   }

   public static IEnumerable<IGrouping<PriceRange, Comic>> GroupComicsByPrice(
                      IEnumerable<Comic> comics, IReadOnlyDictionary<int, decimal>
prices)
   {
      IEnumerable<IGrouping<PriceRange, Comic>> grouped =
         from comic in comics
         orderby prices[comic.Issue]
         group comic by CalculatePriceRange(comic) into priceGroup
         select priceGroup;

      return grouped;
   }

   public static IEnumerable<string> GetReviews(
                                   IEnumerable<Comic> comics, IEnumerable<Review>
reviews)
   {
      var joined =
         from comic in comics
         orderby comic.Issue
         join review in reviews on comic.Issue equals review.Issue
         select $"{review.Critic} rated #{comic.Issue} '{comic.Name}' {review.Score:0.00}";

      return joined;
   }
}
```

Não se esqueça de usar diretivas.

Incluímos um bug *de propósito* neste método CalculatePriceRange, então veja se o código no seu método corresponde à solução.

Consegue identificar o bug? É sutil...

As ferramentas de refatoração que mostramos antes no capítulo facilitam obter o tipo de retorno certo do método GroupComicsByPrice.

Pedimos para ordenar as HQs por preço, então agrupá-las. Isso faz com que cada grupo seja ordenado por preço, pois os grupos são criados em ordem conforme a cláusula group...by enumera a sequência.

É muito parecido com a consulta join explicada antes no capítulo.

Encontrou um erro do compilador sobre "acessibilidade inconsistente", informando que o tipo de retorno é menos acessível que o método? Isso acontece quando uma classe é marcada como pública, mas tem membros internos (o padrão se você omite o modificador de acesso). Veja se nenhuma classe ou enum está marcado como public.

OBRIGADO POR AJUDAR EM MINHA
COLEÇÃO! AGORA SEREI O MAIOR
SUPERFÃ DE TODOS OS TEMPOS.

PONTOS DE BALA

- A cláusula **`group...by`** pede ao LINQ para agrupar os resultados; quando usada, o LINQ cria uma sequência de sequências de grupo.
- Todo grupo tem membros com um membro em comum, chamado de **chave** do grupo. Use a palavra-chave **`by`** para especificar a chave do grupo. Cada sequência do grupo tem um membro **`Key`** com a chave do grupo.
- As consultas join usam a cláusula **`on...equals`** para informar ao LINQ como combinar pares de itens.
- Use uma cláusula **`join`** para pedir ao LINQ para combinar duas coleções em uma consulta. Ao fazer isso, o LINQ compara cada membro da primeira coleção com cada membro da segunda, incluindo os pares correspondentes nos resultados.
- Ao fazer uma consulta join, em geral você deseja um conjunto de resultados que inclua membros da primeira coleção e outros membros da segunda. A cláusula **`select`** permite criar resultados personalizados de ambas.
- Use **`select new`** para construir resultados personalizados da consulta LINQ com um tipo anônimo que inclui apenas as propriedades específicas que você deseja na sequência do resultado.
- As consultas LINQ usam a **execução adiada** (às vezes chamada de avaliação lenta), ou seja, elas não são executadas até uma declaração usar os resultados da consulta.
- Use `new` para criar a instância de um **tipo anônimo** ou um objeto com um tipo bem definido sem um nome. Os membros especificados na declaração `new` se tornam propriedades automáticas do tipo anônimo.
- Use o **recurso Renomear** no Visual Studio para renomear com facilidade cada instância de uma variável, campo, propriedade, classe ou namespace de uma só vez.
- Use o menu Ações Rápidas do Visual Studio para mudar uma declaração var para um **tipo explícito** ou voltar para var (ou um tipo implícito) de novo.
- Um dos modos mais comuns de refatorar o código é **extraindo métodos**. O recurso Extrair método do Visual Studio facilita muito mover um bloco de código para seu próprio método.
- É possível **usar apenas a palavra-chave `var`** ao declarar uma variável. Não se pode escrever um método que retorna um tipo anônimo ou que tem um como parâmetro, nem usar com campo ou propriedade.

Testes unitários para assegurar um código funcional

Deixamos um bug de propósito no código fornecido... mas é o *único* no app? É fácil escrever um código que não faz exatamente o que você pretendia. Por sorte, há um modo de encontrar os erros e corrigi-los. **Testes unitários** são testes *automáticos* que ajudam a assegurar que seu código faça o que deveria fazer. Cada teste é um método que verifica se uma parte específica do código (a "unidade" sendo testada) funciona. Se o método roda sem gerar uma exceção, ele passa. Se gera tal exceção, ele falha. A maioria dos grandes programas tem um **conjunto** de testes que cobre grande parte ou todo o código.

O Visual Studio tem ferramentas de teste unitário predefinidas para ajudar a escrever testes e controlar quais passam ou falham. Os testes unitários neste livro usarão o **MSTest**, um framework de teste unitário (ou seja, é um conjunto de classes que fornece ferramentas para escrever testes unitários) desenvolvido pela Microsoft.

O Visual Studio também suporta testes unitários escritos em NUnit e xUnit, dois frameworks de teste unitário de código aberto para C# e o código .NET.

Visual Studio para Windows tem uma janela Gerenciador de Testes

Abra a janela Gerenciador de Testes escolhendo ***Exibir >> Gerenciador de Testes*** na barra de menus principal. Ela mostra os testes unitários à esquerda e os resultados da execução mais recente à direita. A barra de ferramentas tem botões para executar todos os testes, um único teste e repetir a última execução.

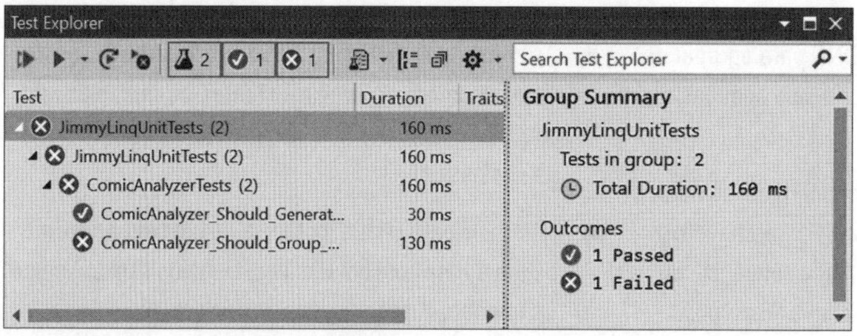
Test Explorer
Search Test Explorer
Test
Duration
Traits
JimmyLinqUnitTests (2) 160 ms
JimmyLinqUnitTests (2) 160 ms
ComicAnalyzerTests (2) 160 ms
ComicAnalyzer_Should_Generat... 30 ms
ComicAnalyzer_Should_Group_... 130 ms
Group Summary
JimmyLinqUnitTests
Tests in group: 2
Total Duration: 160 ms
Outcomes
1 Passed
1 Failed

Ao adicionar testes unitários à solução, você pode executar seus testes clicando no botão Executar todos os testes. Pode depurar os testes unitários no Windows escolhendo Testes >> Depurar todos os testes e no Mac clicando em Depurar todos os testes na janela da ferramenta Testes Unitários.

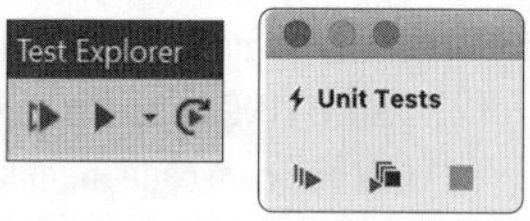
Test Explorer
Unit Tests

Visual Studio para Mac tem uma janela da ferramenta Testes Unitários

Abra o Teste Unitário escolhendo ***Exibir >> Janelas da ferramenta >> Testes Unitários*** na barra de menus. Há botões para executar ou depurar os testes. Ao executar os testes unitários, o IDE exibe os resultados em uma janela da ferramenta Resultados do Teste (em geral na parte inferior da janela do IDE).

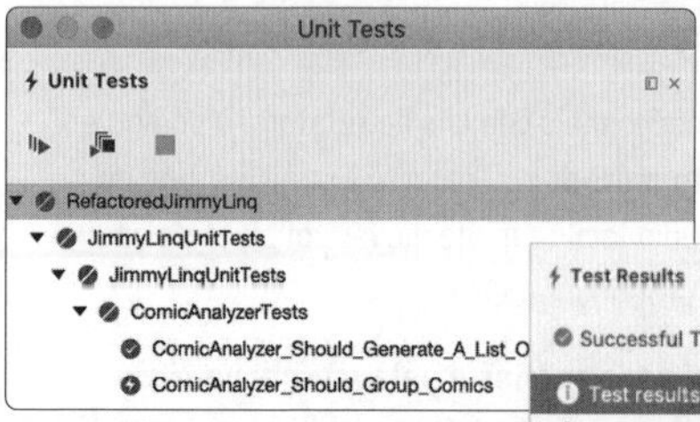
Unit Tests
Unit Tests
RefactoredJimmyLinq
JimmyLinqUnitTests
JimmyLinqUnitTests
ComicAnalyzerTests
ComicAnalyzer_Should_Generate_A_List_O
ComicAnalyzer_Should_Group_Comics

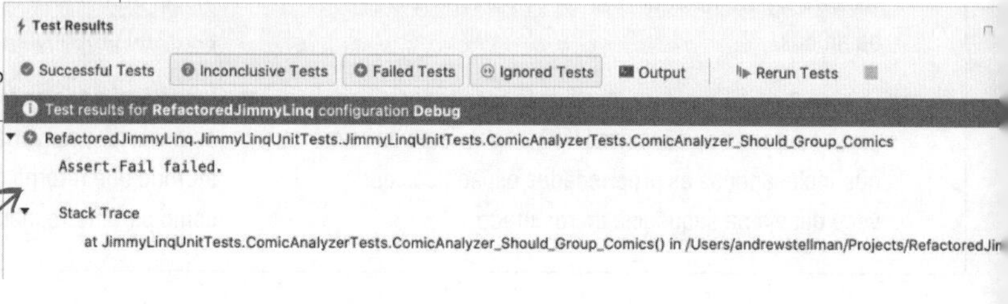
Test Results
Successful Tests
Inconclusive Tests
Failed Tests
Ignored Tests
Output
Rerun Tests
Test results for RefactoredJimmyLinq configuration Debug
RefactoredJimmyLinq.JimmyLinqUnitTests.JimmyLinqUnitTests.ComicAnalyzerTests.ComicAnalyzer_Should_Group_Comics
Assert.Fail failed.
Stack Trace
at JimmyLinqUnitTests.ComicAnalyzerTests.ComicAnalyzer_Should_Group_Comics() in /Users/andrewstellman/Projects/RefactoredJin

Use o rastreamento de pilha para encontrar a linha específica em que um teste falhou.

Voltando ao Capítulo 3, você aprendeu sobre protótipos ou versões iniciais dos jogos que pode jogar, testar, aprender e melhorar; e viu como essa ideia pode funcionar em qualquer projeto, não apenas com jogos. O mesmo se aplica ao teste. Às vezes a ideia de testar um software pode parecer um pouco abstrata. Pensar em como os desenvolvedores testam seus jogos pode ajudar a nos acostumar com a ideia e tornar o conceito de testar mais claro.

Design do jogo... e muito mais

Teste

Assim que você tiver um protótipo funcional do jogo, estará pronto para pensar no **teste do videogame**. Pedir a pessoas para experimentarem seu jogo e comentarem pode fazer toda a diferença entre um jogo que todos amam jogar e um que frustra os novos usuários, dando-lhes uma experiência insatisfatória. Se você já jogou um jogo que o deixou perdido quanto ao que deveria fazer ou um com enigmas aparentemente insolúveis, então sabe o que acontece quando um jogo não foi **testado** o suficiente.

Existem abordagens para o teste do jogo que você desejará considerar ao começar a elaborar e criar jogos:

- **Teste individual do jogo:** peça às pessoas conhecidas que joguem, de preferência com você assistindo. O modo mais informal de testar o jogo é pedir a um amigo para jogar e falar sobre a experiência conforme ele joga. Pedir a alguém para narrar o que pensa sobre o jogo, pedindo para jogar e dizer o que acha sobre a jogabilidade pode ajudar muito a projetar uma experiência acessível e satisfatória para outras pessoas. Não passe muitas instruções e preste atenção se os testadores ficam sem saída. Isso ajudará a perceber se o jogo é bem entendido e facilitará ver se alguma mecânica do jogo não é óbvia o suficiente para um usuário. Anote todo o feedback que os testadores dão para conseguir corrigir qualquer problema de design identificado.

  O feedback individual pode ser de modo informal ou um pouco mais formal, em que você prepara uma lista de tarefas que deseja que o usuário realize e um **questionário** para capturar o feedback sobre o jogo. Deve ser feito com frequência, conforme adiciona novos recursos. E você deve pedir que as pessoas façam o teste do jogo o mais cedo possível no desenvolvimento para encontrar problemas de design, assim serão mais fáceis de corrigir.

- **Programas beta:** quando estiver pronto para uma verificação com público maior, pode pedir que mais pessoas joguem antes de abrir para o público em geral. Os programas beta são ótimos para encontrar problemas com carregamento e performance do jogo. Em geral o feedback dos programas beta é analisado nos logs do jogo. Você pode registrar o tempo que leva para os usuários realizarem várias atividades no jogo e usar esses logs para encontrar problemas relacionados a como o jogo aloca recursos. Por vezes as áreas que não são bem entendidas pelos usuários no jogo aparecerão assim também. Em geral, você fará os testadores se inscreverem para um teste beta; portanto, pode perguntar sobre a experiência deles após e ter ajuda para resolver problemas encontrados no log.

- **Testes QA estruturados:** a maioria dos jogos tem testes dedicados e executados como parte do desenvolvimento. Esses testes costumam se basear na compreensão de como o jogo deve funcionar e podem ser automáticos ou manuais. O objetivo desse teste é assegurar que o produto funcione como pretendido. Quando um teste QA [quality assurance] é realizado, a ideia é encontrar o máximo possível de bugs antes de um usuário lidar com eles. Esses bugs são anotados com instruções claras e passo a passo para que possam ser replicados e corrigidos. Então, passam por uma triagem, em ordem, de quanto impactarão a experiência do jogador no jogo e são corrigidos com base nessa prioridade. Se um jogo trava sempre que um usuário entra em um cômodo, é provável que esse erro seja corrigido antes de um bug em que uma arma não é renderizada corretamente nesse mesmo cômodo.

A maioria das equipes de desenvolvimento tenta automatizar seu teste o máximo possível e executa tais testes antes de cada validação. Assim, elas sabem se introduziram um bug sem querer quando estavam corrigindo ou adicionando um novo recurso.

Projeto de teste unitário para o app da coleção de Jimmy

1 Adicione um novo projeto MSTest (.NET Core).

Clique com o botão direito no nome da solução no Gerenciador de Soluções e escolha **Adicionar >> Novo Projeto...** na barra de menus. Verifique se é um **Projeto de Teste STest (.NET Core)**: no Windows use a caixa "Pesquisar modelos" para procurar MSTest; no macOS selecione Testes em "Web e Console" para ver o modelo do projeto. Nomeie o projeto como *JimmyLinqUnitTests*.

2 Adicione uma dependência no projeto existente.

Você criará testes unitários para a classe ComicAnalyzer. Quando você tem dois projetos diferentes na mesma solução, eles são *independentes*; por padrão, as classes em um projeto não podem usar as classes em outro; portanto, você precisará configurar uma dependência para permitir que os testes unitários usem ComicAnalyzer.

Expanda o projeto JimmyLinqUnitTests no Gerenciador de Soluções, clique com o botão direito em Dependências e escolha **Adicionar Referência...** no menu. Marque o projeto JimmyLinq criado para o exercício.

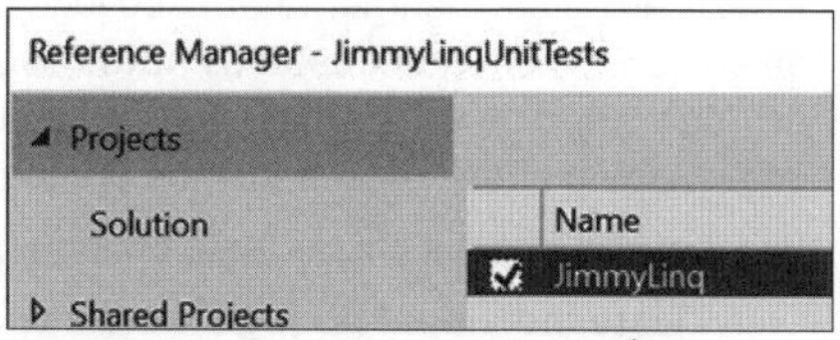
Reference Manager - JimmyLinqUnitTests
Projects
Solution
Name
JimmyLinq
Shared Projects

A janela Gerenciador de Referências no Visual Studio parece diferente, mas funciona igual, no Windows e no macOS.

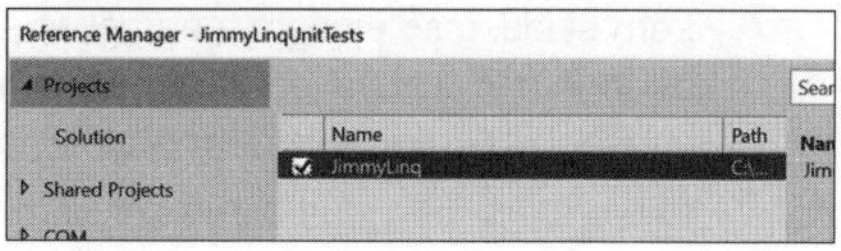
Reference Manager - JimmyLinqUnitTests
Projects
Solution
Name
Path
JimmyLinq
Shared Projects

3 Torne pública a classe ComicAnalyzer.

Quando o Visual Studio adicionou o projeto de teste unitário, ele criou uma classe chamada UnitTest1. Edite o arquivo *UnitTest1.cs* e tente adicionar a diretiva `using JimmyLinq;` dentro do namespace:

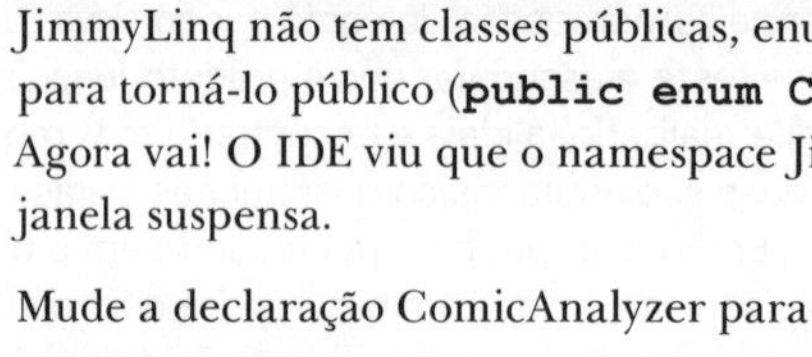
namespace JimmyLinqUnitTests
{
using J
JimmyLinqUnitTests
#if

Por isso pedimos para remover o modificador de acesso "public" de todas as classes e enums no projeto JimmyLinq; você poderia usar o Visual Studio para explorar como funciona o modificador de acesso "internal".

Hmm, tem algo errado; o IDE não permitirá adicionar a diretiva. O motivo é que o projeto JimmyLinq não tem classes públicas, enums ou outros membros. Modifique o enum `Critics` para torná-lo público (**`public enum Critics`**), volte e tente adicionar a diretiva `using`. Agora vai! O IDE viu que o namespace JimmyLinq tem membros públicos e o adicionou à janela suspensa.

Mude a declaração ComicAnalyzer para torná-la public: **`public`** static class ComicAnalyzer

Oh-oh. Problemas. Muitos erros do compilador "Acessibilidade inconsistente" foram gerados?

```
Inconsistent accessibility: return type 'IEnumerable<IGrouping<PriceRange, Comic>>' is less accessible than
method 'ComicAnalyzer.GroupComicsByPrice(IEnumerable<Comic>, IReadOnlyDictionary<int, decimal>)'
```

O problema é que ComicAnalyzer é público, mas ele exibe membros sem modificadores de acesso, que os tornam **`internal`**; outros projetos na solução não podem vê-los. **Adicione o modificador de acesso `public` a *<u>toda</u> classe e enum*** no projeto JimmyLinq. Agora a solução compilará de novo.

Escreva seu primeiro teste unitário

O IDE adicionou uma classe chamada UnitTest1 ao novo projeto MSTest. Renomeie a classe (e o arquivo) como ComicAnalyzerTests. A classe contém um método de teste chamado TestMethod1. Depois, forneça um nome bem descritivo: renomeie o método como ComicAnalyzer_Should_Group_Comics. Veja o código da classe do teste unitário:

> Ao executar testes unitários no IDE, ele procura qualquer classe com **`[TestClass]`** acima. Isso se chama atributo. Uma classe de teste inclui métodos, que devem ser marcados com o atributo **`[TestMethod]`**.
>
> Os testes unitários MSTest usam a classe Assert, que tem métodos estáticos que podem ser usados para verificar se o código se comporta como o esperado. Esse teste usa o método Assert.AreEqual. Ele tem dois parâmetros: um resultado esperado (o que você acha que o código deve fazer) e um resultado real (o que realmente faz), e gera uma exceção se não são iguais.
>
> O teste configura alguns dados de teste muito limitados: uma sequência de três HQs e um dicionário com três preços. Então, chama GroupComicsByPrice e usa Assert.AreEqual para validar se os resultados correspondem ao esperado.

```
using Microsoft.VisualStudio.TestTools.UnitTesting;

namespace JimmyLinqUnitTests
{
   using JimmyLinq;
   using System.Collections.Generic;
   using System.Linq;

   [TestClass]
   public class ComicAnalyzerTests
   {
       IEnumerable<Comic> testComics = new[]
       {
             new Comic() { Issue = 1, Name = "Issue 1"},
             new Comic() { Issue = 2, Name = "Issue 2"},
             new Comic() { Issue = 3, Name = "Issue 3"},
       };

      [TestMethod]
      public void ComicAnalyzer _ Should _ Group _ Comics()
      {
         var prices = new Dictionary<int, decimal>()
         {
            { 1, 20M },
            { 2, 10M },
            { 3, 1000M },
         };

         var groups = ComicAnalyzer.GroupComicsByPrice(
testComics, prices);

         Assert.AreEqual(2, groups.Count());
         Assert.AreEqual(PriceRange.Cheap, groups.First().Key);
         Assert.AreEqual(2, groups.First().First().Issue);
         Assert.AreEqual("Issue 2", groups.First().First().Name);
      }
   }
}
```

O Visual Studio adicionou a diretiva using acima da declaração do namespace.

Renomeie a classe do teste (e veja se o arquivo também é renomeado).

Dê um nome descritivo ao método do teste também.

Veja com atenção os resultados esperados. Os dados do teste têm três HQs: duas com preço abaixo de 100 e uma acima. Portanto, deve criar dois grupos: um grupo com duas HQs baratas seguidos de um grupo com uma HQ cara.

Os grupos estão na ordem de preço ascendente, então o primeiro item no primeiro grupo deve ser issue 2.

Faça o teste escolhendo **Testar >> Executar todos os testes** (Windows) ou **Executar >> Executar Testes Unitários** (Mac) na barra de menus. O IDE abrirá a janela Gerenciador de Testes (Windows) ou o painel Resultados do Teste (Mac) com os resultados do teste:

```
Test method JimmyLinqUnitTests.ComicAnalyzerTests.ComicAnalyzer _ Should _ Group _ Comics
threw exception:
System.Collections.Generic.KeyNotFoundException: The given key '2' was not present in the
dictionary.
```

Este é o resultado de um **teste unitário que falhou**. Procure o ícone ⊗ 1 no Windows ou a mensagem **Failed: 1** na parte inferior da janela do IDE no Visual Studio para Mac; a contagem dos testes unitários que falharam é mostrada assim.

Você esperava que o teste unitário falhasse? Consegue descobrir o que deu errado com o teste?

Investigue

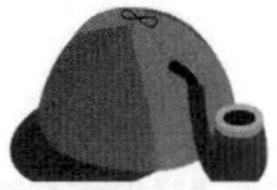

O teste unitário descobre o local em que o código não age como o esperado e investiga exatamente o que deu errado. Certa vez Sherlock Holmes disse: "É um erro capital teorizar antes de se ter dados." Então, vamos aos dados.

Comecemos com as asserções

As asserções incluídas no teste sempre são um bom lugar para começar, pois elas informam qual código específico é testado e como você espera que ele se comporte. Veja as asserções do seu teste unitário:

```
Assert.AreEqual(2, groups.Count());
Assert.AreEqual(PriceRange.Cheap, groups.First().Key);
Assert.AreEqual(2, groups.First().First().Issue);
Assert.AreEqual("Issue 2", groups.First().First().Name);
```

Ao analisar os dados do teste sendo alimentados no método GroupComicsByPrice, essas asserções parecem corretas. Deve ser bem fácil retornar dois grupos. O primeiro deve ter a chave PriceRange.Cheap. Os grupos são ordenados por preço ascendente; portanto, a primeira HQ no primeiro grupo deve ter Issue = 2 e Name = "Issue 2" — e é exatamente o que essas asserções testam. Portanto, se existe um problema, ele não está aqui; essas asserções parecem mesmo corretas.

Agora vejamos o rastreamento da pilha

Você viu muitas exceções a esta altura. Cada uma vem com um **rastreamento da pilha** ou uma lista de todas as chamadas do método feitas pelo programa até a linha do código que a gerou. Se está em um método, mostra qual linha de código chamou esse ou aquele método, até o método Main. **Abra o rastreamento da pilha** para o teste unitário que falhou:

- Windows: abra o Gerenciador de Testes (Exibir >> Gerenciador de Testes), clique no teste, vá para Resumo dos Detalhes do Teste.
- Mac: vá para o painel Resultados do Teste, expanda o teste e a seção Rastreamento da pilha abaixo dele.

O rastreamento da pilha começará assim (no Mac você verá nomes da classe totalmente qualificados, como JimmyLinq.ComicAnalyzer):

```
   at Dictionary`2.get _ Item(TKey key)
   at CalculatePriceRange(Comic comic) in ComicAnalyzer.cs:line 11
   at <>c.<GroupComicsByPrice>b _ _ 1 _ 1(Comic comic) in
ComicAnalyzer.cs:line 22
```

Clique (Windows) ou clique duas vezes (Mac) no rastreamento da pilha para ir para o código.

Os rastreamentos parecem um pouco estranhos de cara, mas, assim que se acostuma, eles têm muitas informações úteis. Agora sabemos que o teste falhou porque uma exceção relacionada às chaves do dicionário foi gerada em *algum lugar* dentro de CalculatePriceRange.

Use o depurador para reunir pistas

Adicione um **ponto de interrupção à primeira linha** do método CalculatePriceRange: **`if (Comic.Prices[comic.Issue] < 100)`**

Depure os testes unitários: no Windows escolha Testar >> Depurar todos os testes, no Mac abra o painel Testes Unitários (Exibir >> Testes) e clique no botão Depurar todos os testes no topo. Passe o mouse sobre `comic.Issue` — seu valor é 2. Espera aí! O dicionário Comic.Prices **não tem uma entrada** com a chave 2. ***Não é à toa que ele gerou uma exceção!***

Agora sabemos ***como corrigir o erro***:

- Adicione um segundo parâmetro ao método CalculatePriceRange:

```
private static PriceRange CalculatePriceRange(Comic comic, IReadOnlyDictionary<int,
decimal> prices)
```

- Modifique a primeira linha para usar o novo parâmetro: `if (prices[comic.Issue] < 100)`
- Modifique a consulta LINQ: `group comic by CalculatePriceRange(comic, prices) into priceGroup`

Rode o teste de novo. Desta vez ele passa! ✔ 1 ⊗ 0 **Passed:** 1 **Failed:** 0

Escreva um teste unitário para o método GetReviews

O teste unitário para o método GroupComicsByPrice usou o método Assert.AreEqual estático de MSTest para verificar os valores esperados em relação aos reais. O método GetReviews *retorna uma sequência de strings*, não um valor individual. *Poderíamos* usar Assert.AreEqual para comparar os elementos individuais nessa sequência, como fizemos com as duas últimas asserções, usando métodos LINQ, como First, para obter elementos específicos... mas isso exigiria MUITO código.

Por sorte, o MSTest tem um modo muito melhor de comparar as coleções: a **classe CollectionAssert** tem métodos estáticos para comparar os resultados da coleção esperados versus os reais. Se você tem uma coleção com resultados esperados e uma com resultados reais, pode compará-los assim:

```
CollectionAssert.AreEqual(expectedResults, actualResults);
```

Se os resultados esperados e reais não corresponderem, o teste falhará. Continue e **adicione este teste** para validar o método ComicAnalyzer.GetReviews:

```
[TestMethod]
public void ComicAnalyzer_Should_Generate_A_List_Of_Reviews()
{
    var testReviews = new[]
    {
        new Review() { Issue = 1, Critic = Critics.MuddyCritic, Score = 14.5},
        new Review() { Issue = 1, Critic = Critics.RottenTornadoes, Score = 59.93},
        new Review() { Issue = 2, Critic = Critics.MuddyCritic, Score = 40.3},
        new Review() { Issue = 2, Critic = Critics.RottenTornadoes, Score = 95.11},
    };

    var expectedResults = new[]
    {
        "MuddyCritic rated #1 'Issue 1' 14.50",
        "RottenTornadoes rated #1 'Issue 1' 59.93",
        "MuddyCritic rated #2 'Issue 2' 40.30",
        "RottenTornadoes rated #2 'Issue 2' 95.11",
    };

    var actualResults = ComicAnalyzer.GetReviews(testComics, testReviews).ToList();
    CollectionAssert.AreEqual(expectedResults, actualResults);
}
```

Agora rode os testes de novo. Você deverá ver os dois testes unitários passarem.

PODER DO CÉREBRO

O que acontece se você passa uma sequência com críticas duplicadas para ComicAnalyzer.GetReviews? E se passa uma crítica com pontuação negativa?

Testes unitários para casos extremos e dados estranhos

No mundo real, os dados estão bagunçados. Por exemplo, nunca dissemos exatamente como devem ser os dados da crítica. Você viu pontuações da crítica entre 0 e 100. Achou que eram os únicos valores permitidos? Com certeza é assim que alguns sites de crítica operam no mundo real. E se obtivermos pontuações estranhas de crítica, como números negativos, muito grandes ou zero? E se obtivermos mais de uma pontuação de um crítico para uma tiragem? Mesmo que essas coisas não *devam* acontecer, elas *podem* acontecer.

Queremos que o código seja **robusto**, ou seja, que lide bem com problemas, falhas e, sobretudo, com dados de entrada ruins. Criaremos um teste unitário que passa dados estranhos para GetReviews e não viola nada:

```
[TestMethod]
public void ComicAnalyzer_Should_Handle_Weird_Review_Scores()
{
  var testReviews = new[]
  {
    new Review() { Issue = 1, Critic = Critics.MuddyCritic, Score = -12.1212},
    new Review() { Issue = 1, Critic = Critics.RottenTornadoes, Score = 
391691234.48931},
    new Review() { Issue = 2, Critic = Critics.RottenTornadoes, Score = 0},
    new Review() { Issue = 2, Critic = Critics.MuddyCritic, Score = 40.3},
    new Review() { Issue = 2, Critic = Critics.MuddyCritic, Score = 40.3},
    new Review() { Issue = 2, Critic = Critics.MuddyCritic, Score = 40.3},
    new Review() { Issue = 2, Critic = Critics.MuddyCritic, Score = 40.3},
  };

  var expectedResults = new[]
  {
    "MuddyCritic rated #1 'Issue 1' -12.12",
    "RottenTornadoes rated #1 'Issue 1' 391691234.49",
    "RottenTornadoes rated #2 'Issue 2' 0.00",
    "MuddyCritic rated #2 'Issue 2' 40.30",
    "MuddyCritic rated #2 'Issue 2' 40.30",
    "MuddyCritic rated #2 'Issue 2' 40.30",
    "MuddyCritic rated #2 'Issue 2' 40.30",
  };

  var actualResults = ComicAnalyzer.
GetReviews(testComics, testReviews).ToList();
  CollectionAssert.AreEqual(expectedResults, actualResults);
}
```

Nosso código consegue lidar com números negativos? Muito grandes? Zero? São ótimos casos para um teste unitário verificar.

E se obtivermos exatamente a mesma crítica do mesmo crítico várias vezes em sequência? Parece óbvio como o código deve lidar com isso, mas não significa que vai conseguir.

O método GetReviews retorna uma sequência de strings e corta a pontuação em duas casas decimais.

Sempre reserve um tempo para escrever testes unitários para casos extremos e dados estranhos; pense neles como testes "obrigatórios", não como "uma boa ideia". A intenção é ter uma rede mais ampla possível para pegar bugs e esses testes são muito eficientes nisso.

É muito importante adicionar testes unitários que lidam com casos extremos e dados estranhos. Eles podem ajudar a localizar problemas no código que você não encontraria de outro modo.

Ro-bus-to, adjetivo.
Sólido na construção. *O design **robusto** da ponte permitiu aguentar ventos com intensidade de furacão, flexionando sem se partir.*

não existem Perguntas Idiotas

P: Por que se chamam testes *unitários*?

R: É um termo genérico que se aplica a muitas linguagens diferentes, não apenas ao C#. Vem da ideia de que seu código é dividido em unidades separadas ou em pequenos blocos de construção. Linguagens diferentes têm unidades diferentes; no C# a unidade básica de código é uma classe.

Dessa perspectiva, o nome "teste unitário" faz sentido: você escreve testes para unidades de código ou, em nosso caso, classe por classe.

P: Criei dois projetos em uma solução. Como funciona?

R: Ao iniciar um novo projeto C# no Visual Studio, ele cria uma solução e adiciona um projeto a ela. Todas as soluções criadas até agora no livro tiveram um projeto, até o projeto do teste unitário. Uma solução pode conter muitos projetos. Usamos um projeto separado para manter os testes unitários isolados do código sendo testado. Você também pode adicionar vários projetos Aplicativo de Console, WPF ou ASP.NET; uma solução pode ter combinações de diferentes projetos.

P: Se uma solução tem vários projetos Aplicativo de Console, WPF ou ASP.NET, qual o IDE executa?

R: Veja o Gerenciador de Soluções (ou Solução no VS para Mac); um dos nomes do projeto está em negrito. O IDE chama isso de **Projeto de Inicialização**. Clique com o botão direito em qualquer projeto na solução e peça ao IDE para usá-lo como o projeto inicial. Na próxima vez em que pressionar o botão Executar na barra de ferramentas, esse projeto iniciará.

P: Explica como funciona o modificador de acesso `internal`?

R: Ao marcar uma classe ou uma interface como internal, isso significa que ela só pode ser acessada pelo código dentro do projeto. Se você não usa um modificador de acesso, uma classe ou uma interface tem como padrão internal. Por isso você teve que assegurar que as classes fossem public; do contrário, os testes unitários não conseguiriam vê-las. Também *tenha cuidado com esses modificadores*: enquanto as classes e as interfaces têm como padrão internal se você omite o modificador, os membros da classe, como métodos, campos e propriedades, têm como padrão private.

P: Se meus teste unitários estão em um projeto separado do código em teste, como eles acessam os métodos privados?

R: Não acessam. Os testes unitários acessam qualquer parte da unidade visível para o resto do código, então para suas classes C#, isso significa métodos e campos públicos, e os utilizam para assegurar que a unidade funcione. Esses testes costumam ser testes caixa preta, ou seja, verificam apenas os métodos que podem ver (diferentes dos testes caixa branca, em que se pode "ver" as partes internas do que está sendo testado).

P: Todos os testes precisam passar? Tudo bem se alguns falham?

R: Sim, todos precisam passar. E não é bom se falham. Pense assim: é bom se algum código não funciona? Claro que não! Se seu teste falha, o código ou o teste tem um bug. De qualquer modo, você deve corrigi-lo para ele passar.

ESCREVER TESTES PARECE MUITO TRABALHO EXTRA. NÃO É MAIS RÁPIDO ***SÓ ESCREVER O CÓDIGO*** E PULAR OS TESTES UNITÁRIOS?

Seus projetos realmente ficam mais rápidos ao escrever testes unitários. Verdade! Pode parecer contraditório dizer que leva *menos tempo* escrever *mais código*, mas, se você tem o hábito de escrever tais testes, seus projetos seguem de modo mais suave porque você encontra e corrige os erros no início. Você escreveu muito código até então nos primeiros oito capítulos e meio deste livro, ou seja, é certo que precisou rastrear e corrigir bugs no código. Quando fez isso, teve que corrigir outro código no projeto também? Quando encontramos um bug inesperado, em geral temos que parar o que fazemos para rastreá-lo e corrigi-lo, indo e voltando, perdendo nossa linha de pensamento, interrompendo nosso fluxo, e isso pode atrasar as coisas. Os testes unitários ajudam a encontrar os erros cedo, antes que eles interrompam o trabalho.

Ainda pensando no momento exato de escrever os testes unitários? Incluímos um projeto para download no fim do capítulo para responder à essa pergunta.

Use o operador => para criar expressões lambda

Deixamos você no vácuo no começo do capítulo. Lembra-se da linha misteriosa que pedimos para adicionar à classe Comic? Veja-a de novo:

```
public override string ToString() => $"{Name} (Issue #{Issue})";
```

Você vem usando o método ToString neste capítulo, então sabe como funciona. O que faria se pedíssemos para rescrever esse método como vem escrevendo os métodos até agora? Poderia escrever algo como:

```
public override string ToString() {
    return $"{Name} (Issue #{Issue})";
}
```

E basicamente está certo. Então, qual é o problema? O que é esse operador => exatamente?

O operador => usado no método ToString é o **operador lambda**. Você pode usar => para definir uma **expressão lambda** ou uma *função anônima* definida em uma única declaração. As expressões lambda ficam assim:

```
(parâmetros-entrada) => expressão;
```

Há duas partes:

★ A parte `parâmetros-entrada` é uma lista de parâmetros, como você usaria quando declara um método. Se existe só um parâmetro, você pode omitir os parênteses.

★ A parte `expressão` é qualquer expressão C#: pode ser uma string interpolada, uma declaração que usa um operador, uma chamada do método, qualquer coisa colocada em uma declaração.

As expressões lambda podem parecer um pouco estranhas no começo, mas são apenas outro modo de usar as ***mesmas expressões C# familiares*** usadas neste livro, como o método Comic.ToString, que funciona igualmente se você usa ou não uma expressão lambda.

SE O MÉTODO TOSTRING FUNCIONA DO MESMO MODO USANDO OU NÃO UMA EXPRESSÃO LAMBDA, NÃO LEMBRA MUITO A *REFATORAÇÃO*?

Sim! Você pode usar expressões lambda para refatorar muitos métodos e propriedades.

Você escreveu muitos métodos neste livro contendo só uma declaração. Poderia refatorar a maioria para usar expressões lambda. Em muitos casos, isso poderia facilitar ler e entender seu código. As lambdas dão opções; você pode decidir quando o uso delas melhora seu código.

Test drive com lambda

Pé na estrada com as expressões lambda, com um novo modo de escrever métodos, inclusive os que retornam valores ou requerem parâmetros.

1 **Crie um novo aplicativo de console.** Adicione a classe Program com o método Main:

```
class Program
{
    static Random random = new Random();

    static double GetRandomDouble(int max)
    {
        return max * random.NextDouble();
    }

    static void PrintValue(double d)
    {
        Console.WriteLine($"The value is {d:0.0000}");
    }

    static void Main(string[] args)
    {
        var value = Program.GetRandomDouble(100);
        Program.PrintValue(value);
    }
}
```

Rode algumas vezes. A cada vez, escreve um número aleatório diferente, como: `The value is 37.8709`

2 **Refatore os métodos GetRandomDouble e PrintValue** usando o operador =>:

```
    static double GetRandomDouble(int max) => max * random.NextDouble();
    static void PrintValue(double d) => Console.WriteLine($"The value is {d:0.0000}");
```

Cada lambda requer um parâmetro, como os métodos que são substituídos.

Rode o programa de novo; ele deve escrever um número aleatório diferente, como antes.

Antes de refatorar mais, **passe o mouse sobre o campo random** e veja o IntelliSense:

```
static Random random = new Random();
```

(field) static Random Program.random

Não é uma refatoração real, pois mudamos o comportamento do código, não só sua estrutura.

3 **Modifique o campo random** para usar uma expressão lambda:

```
    static Random random => new Random();
```

O programa rodará do mesmo modo. Agora **passe o mouse sobre o campo random** de novo:

```
static Random random => new Random();
```

Random Program.random { get; }

Espere, random não é mais um campo. Mudá-lo para lambda o transformou em uma propriedade! É porque as **expressões lambda sempre trabalham como métodos**. Quando random era um campo, ele foi instanciado uma vez quando a classe foi construída. Quando você mudou = para => e o converteu em lambda, ele se tornou um método, ou seja, ***uma nova instância de Random é criada sempre que a propriedade é acessada***.

PODER DO CÉREBRO

Qual versão deste código você acha mais fácil de ler?

Refatore clown com lambdas

Faça isto!

Voltando ao Capítulo 7, você criou uma interface IClown com dois membros:

```
interface IClown
{
    string FunnyThingIHave { get; }
    void Honk();
}
```

A interface IClown do Capítulo 7 tem dois membros: uma propriedade e um método.

E modificou a classe para implementar a interface:

```
class TallGuy {
    public string Name;
    public int Height;

    public void TalkAboutYourself() {
        Console.WriteLine($"My name is {Name} and
I'm {Height} inches tall.");
    }
}
```

Dica do IDE: Implementar interface

Quando uma classe implementa uma interface, a opção "**Implementar interface**" do menu Ações Rápidas pede ao IDE para adicionar qualquer membro da interface que falta.

Faremos o mesmo de novo, mas desta vez usaremos lambdas. **Crie um novo projeto Aplicativo de Console** e adicione a interface IClown e a classe TallGuy. Modifique TallGuy para implementar IClown:

```
class TallGuy : IClown {
```

Agora abra o menu Ações Rápidas e escolha **"Implementar interface"**. O IDE preenche todos os membros da interface, fazendo-os gerar NotImplementedExceptions, como faz quando você usa Gerar Método.

```
public string FunnyThingIHave => throw new NotImplementedException();
public void Honk()
{
    throw new NotImplementedException();
}
```

Quando pediu ao IDE para implementar a interface IClown, ele usou o operador => para criar lambda e implementar a propriedade.

Vamos refatorar os métodos para eles fazerem o mesmo que antes, mas agora use expressões lambda:

```
public string FunnyThingIHave => "big red shoes";

public void Honk() => Console.WriteLine("Honk honk!");
```

O IDE criou um corpo do método quando adicionou os membros da interface, mas você pode substituí-lo por uma expressão lambda. Quando um membro da classe tem lambda como corpo, isso se chama membro com expressão no corpo.

Agora adicione o mesmo método Main usado no Capítulo 7:

```
TallGuy tallGuy = new TallGuy() { Height = 76, Name = "Jimmy"
};
tallGuy.TalkAboutYourself();
Console.WriteLine($"The tall guy has {tallGuy.
FunnyThingIHave}");
tallGuy.Honk();
```

Esse método ToString misterioso no começo do capítulo era um membro com expressão no corpo.

Rode o app. A classe TallGuy funciona como no Capítulo 7, mas, agora que refatoramos seus membros para usar expressões lambda, está mais compacta.

Achamos que a classe TallGuy nova e melhorada é mais fácil de ler. E você?

Aponte o seu lápis

Veja a classe NectarCollector do projeto Sistema de Gerenciamento de Colmeias do Capítulo 6 e a classe ScaryScary do Capítulo 7. Seu trabalho é **refatorar alguns membros dessas classes usando o operador lambda** (=>). Escreva os métodos refatorados.

```
class NectarCollector : Bee
{
    public const float NECTAR_COLLECTED_PER_SHIFT = 33.25f;
    public override float CostPerShift { get { return 1.95f; } }
    public NectarCollector() : base("Nectar Collector") { }

    protected override void DoJob()
    {
        HoneyVault.CollectNectar(NECTAR_COLLECTED_PER_SHIFT);
    }
}
```

Refatore a propriedade CostPerShift como lambda:

```
class ScaryScary : FunnyFunny, IScaryClown {
   private int scaryThingCount;
   public ScaryScary(string funnyThing, int scaryThingCount) : base(funnyThing)
   {
      this.scaryThingCount = scaryThingCount;
   }
   public string ScaryThingIHave { get { return $"{scaryThingCount} spiders"; } }
   public void ScareLittleChildren()
   {
      Console.WriteLine($"Boo! Gotcha! Look at my {ScaryThingIHave}");
   }
}
```

Refatore a propriedade ScaryThingIHave como lambda:

Refatore o método ScareLittleChildren como lambda:

Aponte o seu lápis Solução

Veja a classe NectarCollector do projeto Sistema de Gerenciamento de Colmeias do Capítulo 6 e a classe ScaryScary do Capítulo 7. Seu trabalho é **refatorar alguns membros dessas classes usando o operador lambda** (=>). Escreva os métodos refatorados.

Refatore a propriedade CostPerShift como lambda:

```
public float CostPerShift { get => 1.95f; }
```

Refatore a propriedade ScaryThingIHave como lambda:

```
public string ScaryThingIHave { get => $"{scaryThingCount} spiders"; }
```

Refatore o método ScareLittleChildren como lambda:

```
public void ScareLittleChildren() => Console.WriteLine($"Boo! Gotcha! Look at my
{ScaryThingIHave}");
```

não existem Perguntas Idiotas

P: Volte ao Test Drive em que modificou o campo random. Você disse que não era uma "refatoração real"; o que quis dizer com isso?

R: Claro. Quando você refatora o código, modifica sua *estrutura* sem mudar seu *comportamento*. Quando converteu os métodos PrintValue e GetRandomDouble em expressões lambda, eles ainda agiram exatamente do mesmo modo; você mudou a estrutura, mas essa alteração não afetou o comportamento deles.

Mas, quando mudou o sinal de igual (=) para um operador lambda (=>) na declaração do campo random, alterou como eles se comportam. Um campo é como uma variável, você declara uma vez e, então, reutiliza. Quando random era um campo, uma nova instância Random foi criada assim que o programa iniciou e uma referência para essa instância foi armazenada no campo random .

Mas, quando você usa uma expressão lambda, sempre cria um método. Então, quando mudou o campo random para:

```
static Random random => new Random();
```

o compilador C# não viu mais um campo. Em vez disso, viu uma propriedade. Deve fazer sentido; você aprendeu no Capítulo 5 que as propriedades são chamadas como campo, mas na verdade são métodos.

E confirmou isso quando passou o mouse sobre o campo:

```
static Random random => new Random();
```

Random Program.random { get; }

O IDE informa que random agora é uma propriedade mostrando que tem um acesso get `{ get; }`.

É possível usar o operador => para criar uma propriedade com um acesso get que executa uma expressão lambda.

Use o operador ?: para lambdas fazerem escolhas

E se você quiser que suas lambdas façam… mais? Seria ótimo se elas pudessem tomar decisões… e é aí que entra o **operador condicional** (que algumas pessoas chamam de **operador ternário**). Funciona assim:

```
condição ? consequente : alternativa;
```

Isso pode parecer um pouco estranho no começo, então vejamos um exemplo. Primeiro, o operador ?: não é exclusivo das lambdas, você pode usá-lo em qualquer lugar. Pegue a declaração `if` da classe AbilityScoreCalculator no Capítulo 4:

```
if (added < Minimum)
    Score = Minimum;
else
    Score = added;
```

A expressão ?: verifica a condição (added < Minimum).

Se é true, a expressão retorna o valor Minimum.

Podemos refatorá-la usando o operador ?: assim: **`Score = (added < Minimum) ? Minimum : added;`** ← Do contrário, retorna added.

Observe que definimos Score para ser igual aos resultados da expressão ?:. A expressão ?: **retorna um valor**: verifica a *condição* (added < Minimum) e retorna o *consequente* (Minimum) ou a *alternativa* (added).

Quando tem um método que parece uma declaração `if/else`, pode **usar ?: para refatorá-lo como lambda**. Por exemplo, veja o método da classe PaintballGun no Capítulo 5:

```
public void Reload()
{
    if (balls > MAGAZINE_SIZE)
        BallsLoaded = MAGAZINE_SIZE;
    else
        BallsLoaded = balls;
}
```

O "if" condicional (balls > MAGAZINE_SIZE) executa a declaração then (BallsLoaded = MAGAZINE_SIZE) se é true ou a else (BallsLoaded = balls) se não é.

Convertemos "if" em um membro com expressão no corpo que usa ?: — consequente e alternativa retornam um valor — e usamos isso para definir a propriedade BallsLoaded.

Vamos rescrever isso como uma expressão lambda mais concisa:

```
public void Reload() => BallsLoaded = balls > MAGAZINE_SIZE ? MAGAZINE_SIZE : balls;
```

Note uma pequena mudança; na versão `if/else`, a propriedade BallsLoaded foi definida dentro das declarações then e else. Mudamos isso para usar um operador condicional que verificava as bolas em relação a MAGAZINE_SIZE e retornava o valor correto, e usamos esse valor de retorno para definir a propriedade BallsLoaded.

Relaxe

Há um modo fácil de lembrar como funciona o operador condicional.

Muitas pessoas não conseguem lembrar a ordem do ponto de interrogação e dos dois-pontos no operador ternário ?:. Por sorte, há um modo fácil de lembrar.

O operador condicional é como fazer uma pergunta, e você sempre pergunta *antes* de descobrir a resposta. Portanto, pergunte a si mesmo:

esta condição é true? sim e não

e saberá que ? vem antes de : na expressão.

Um fato interessante: aprendemos essa dica em uma ótima página de documentação da Microsoft para o operador ?: https://learn.microsoft.com/pt-br/dotnet/csharp/language-reference/operators/conditional-operator.

Expressões lambda e LINQ

Adicione esta pequena consulta LINQ a qualquer app C# e passe o mouse sobre `select` no código:

```
var array = new[] { 1, 2, 3, 4 };
var result = from i in array select i * 2;
```

Parece uma declaração do método, como quando você passa o mouse sobre qualquer outro método.

> (extension) IEnumerable<int> IEnumerable<int>.Select<int, int>(Func<int, int> selector)
> Projects each element of a sequence into a new form.
>
> Returns:
> An IEnumerable<out T> whose elements are the result of invoking the transform function on each element of source.
>
> Exceptions:
> ArgumentNullException

O IDE abre uma janela com dica, como faz ***quando você passa o mouse sobre um método.*** Vejamos melhor a primeira linha, que mostra a declaração do método:

```
IEnumerable<int> IEnumerable<int>.Select<int, int>(Func<int, int> selector)
```

O método IEnumerable<int>.Select tem um parâmetro cujo tipo é Func<int, int>, ou seja, você pode usar uma lambda que requer um parâmetro int e retorna um int.

Podemos aprender algumas coisas com essa declaração:

★ O método IEnumerable<int>.Select retorna IEnumerable<int>.

★ Requer um parâmetro do tipo Func<int, int>.

Expressões lambda com métodos que têm um parâmetro Func

Quando um método tem um parâmetro Func<int, int>, você pode **chamá-lo com uma expressão lambda** que tem um parâmetro int e retorna um valor int. Portanto, você poderia refatorar a consulta select assim:

```
var array = new[] { 1, 2, 3, 4 };
var result = array.Select(i => i * 2);
```

Continue, experimente em um aplicativo de console. Adicione uma declaração `foreach` para escrever a saída:

```
foreach (var i in result) Console.WriteLine(i);
```

Quando escrever os resultados da consulta refatorada, obterá a sequência { 2, 4, 6, 8 } — o mesmo resultado exato obtido com a sintaxe da consulta LINQ antes de refatorá-la.

Relaxe

Sempre que você vir Func em um método LINQ, significa que pode usar lambda.

Você aprenderá muito mais sobre Func no **capítulo para download sobre eventos e delegações,** disponível em PDF no site da Alta Books. No momento, quando usar um parâmetro do método LINQ com o tipo Func<TSource, TResult>, significa que pode chamar o método passando lambda com um parâmetro do tipo TSource que retorna o tipo TResult.

Consultas LINQ escritas como métodos LINQ encadeados

Pegue a consulta LINQ anterior e **adicione um app** para podermos explorar mais métodos LINQ:

```
int[] values = new int[] { 0, 12, 44, 36, 92, 54, 13, 8 };
IEnumerable<int> result =
          from v in values
          where v < 37
          orderby -v
          select v;
```

Uma sequência de ints tem um método LINQ chamado OrderBy com lambda que requer um int e retorna um int. Funciona como os métodos de comparação vistos no Capítulo 8.

O método LINQ OrderBy ordena uma sequência

Passe o mouse sobre a palavra-chave **orderby** e veja seu parâmetro:

> (extension) IOrderedEnumerable<int> IEnumerable<int>.OrderBy<int, int>(Func<int, int> keySelector)
> Sorts the elements of a sequence in ascending order according to a key.
>
> Returns:
> An IOrderedEnumerable<out TElement> whose elements are sorted according to a key.

Ao usar uma cláusula `orderby` na consulta LINQ, ela chama um método OrderBy do LINQ que ordena a sequência. Nesse caso, podemos passar uma expressão lambda com um parâmetro int que **retorna a chave sort** ou qualquer valor (que deve implementar IComparer) que ela pode usar para ordenar os resultados.

O método Where do LINQ usa uma lambda que tem um membro de uma sequência e retorna true se deve ser mantido ou false se deve ser removido.

O método LINQ Where obtém um subconjunto da sequência

Agora passe o mouse sobre a palavra-chave **where** na consulta LINQ:

> (extension) IEnumerable<int> IEnumerable<int>.Where<int>(Func<int, bool> predicate)
> Filters a sequence of values based on a predicate.
>
> Returns:
> An IEnumerable<out T> that contains elements from the input sequence that satisfy the condition.

A cláusula `where` em uma consulta LINQ chama o método Where do LINQ que pode usar lambda e retorna um booleano. ***O método Where chama lambda para cada elemento na sequência***. Se lambda retorna true, o elemento é incluído nos resultados. Se retorna false, o elemento é removido.

Mini Exercício

Um desafio lambda para você! Consegue descobrir como refatorar esta consulta LINQ em um conjunto de métodos LINQ encadeados? Comece com `result`, então encadeie os métodos Where e OrderBy para produzir a mesma sequência.

```
IEnumerable<int> result =
          from v in values
          where v < 37
          orderby -v
          select v;
```

Métodos LINQ de Perto

As consultas LINQ podem ser reescritas como uma série de métodos LINQ encadeados, e muitos desses métodos podem usar expressões lambda para determinar a sequência produzida.

A solução do miniexercício; a consulta LINQ poderia ser refatorada assim:

```
var result = values.Where(v => v < 37).OrderBy(v => -v);
```

MINI
Exercício
Solução

Vejamos de perto como a consulta LINQ se transforma em métodos encadeados:

`IEnumerable<int> result =` — **Use var para declarar a variável** → `var result =`

`from v in values` — **Inicie com a sequência de valores** → `values`

`where v < 37` — **Chame Where com lambda que inclui valores menores que 37** → `.Where(v => v < 37)`

`orderby -v` — **Chame OrderBy com lambda que nega o value** → `.OrderBy(v => -v);`

`select v;` **Não precisa do método. Select porque a cláusula `select` não modifica o valor**

Use o método OrderByDescending em que usaria a palavra-chave descending em uma consulta LINQ.

Lembra como usou a palavra-chave **`descending`** para mudar a cláusula `orderby` na consulta? Existe um método LINQ equivalente, OrderByDescending, que faz exatamente a mesma coisa:

```
var result = values.Where(v => v < 37).OrderByDescending(v => v);
```

Observe que usamos a expressão lambda `v => v` — é uma lambda que sempre retornará qualquer coisa passada para ela (às vezes referida como *função de identidade*). Portanto, `OrderByDescending(v => v)` inverte uma sequência.

> Você deve usar uma sintaxe de consulta declarativa do LINQ ou métodos encadeados? Ambos fazem a mesma coisa. Ora um caminho leva a um código mais claro, ora é outro caminho; portanto, é bom saber como usar os dois.

Use o método GroupBy para criar consultas de grupo a partir de métodos encadeados

Vimos essa consulta de grupo antes no capítulo:

```
var grouped =
    from card in deck
    group card by card.Suit into suitGroup
    orderby suitGroup.Key descending
    select suitGroup;
```

Passe o mouse sobre `group` e verá que o método GroupBy de LINQ é chamado, retornando o mesmo tipo visto antes no capítulo. Você pode usar lambda para agrupar por naipe da carta: card => card.Suit

Então, outra lambda para ordenar os grupos por chave: group => group.Key

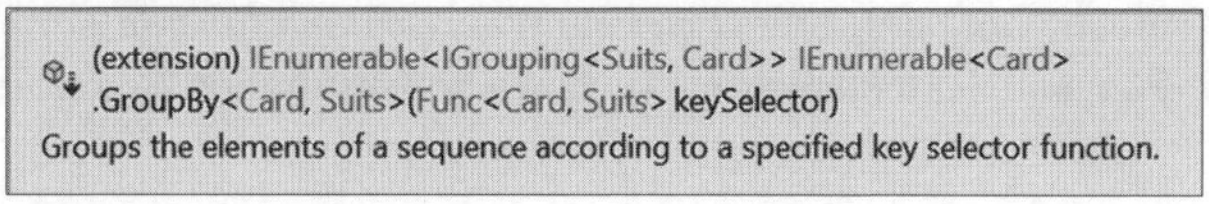
(extension) IEnumerable<IGrouping<Suits, Card>> IEnumerable<Card>.GroupBy<Card, Suits>(Func<Card, Suits> keySelector)
Groups the elements of a sequence according to a specified key selector function.

Veja a consulta LINQ refatorada nos métodos GroupBy e OrderByDescending encadeados:

```
var grouped =
    deck.GroupBy(card => card.Suit)
    .OrderByDescending(group => group.Key);
```

Tente voltar ao app anterior no capítulo no qual usou essa consulta e substitua por métodos encadeados. Verá exatamente a mesma saída. É você quem decide qual versão do código é mais clara e fácil de ler.

Use o operador => para criar expressões switch

Você vem usando declarações `switch` desde o Capítulo 6 para verificar uma variável com várias opções. É uma ferramenta muito útil... mas notou seus limites? Por exemplo, tente adicionar case para testar em relação a uma variável:

```
case myVariable:
```

Verá um erro do compilador C#: *é esperado um valor constante*. É porque você só pode usar valores constantes, como literais e variáveis definidos com a palavra-chave `const`, nas declarações `switch` que vem usando.

Mas isso tudo muda com o operador =>, que permite criar **expressões switch**. São parecidas com as declarações `switch` que você vem usando, mas são *expressões* que retornam um valor. Uma expressão switch inicia com um valor a verificar e a palavra-chave `switch` seguida de uma série de *ramificações switch* entre chaves separadas por vírgulas. Cada ramificação switch usa o operador => para verificar o valor em uma expressão. Se a primeira ramificação não combina, segue para a próxima, retornando o valor da ramificação correspondente.

```
var returnValue = valueToCheck switch
{
    pattern1 => returnValue1,
    pattern2 => returnValue2,
    ...
    _ => defaultReturnValue,
}
```

Uma expressão switch inicia com um valor a verificar seguido da palavra-chave switch.

O corpo da expressão switch é uma série de ramificações switch que usam o operador => para verificar valueToCheck e retornam um valor se ele combina com um padrão.

As expressões switch devem ser completas, ou seja, seus padrões devem combinar com todo valor possível. O padrão _ combinará com qualquer valor sem correspondência com outra ramificação.

Digamos que você esteja trabalhando em um jogo de cartas que precisa atribuir certa pontuação com base no naipe, em que espadas valem 6, copas valem 4 e as outras cartas valem 2. Seria possível escrever uma declaração `switch` assim:

```
var score = 0;
switch (card.Suit)
{
      case Suits.Spades:
         score = 6;
         break;
      case Suits.Hearts:
         score = 4;
         break;
      default:
         score = 2;
         break;
}
```

Todo case nesta declaração switch define a variável score. Isso o torna um ótimo candidato para as expressões switch.

O grande objetivo dessa declaração `switch` é usar cases para definir a variável `score`, e muitas de nossas declarações `switch` trabalham assim. Podemos usar o operador => para criar uma expressão switch que faz a mesma coisa:

```
var score = card.Suit switch
{
    Suits.Spades => 6,
    Suits.Hearts => 4,
    _ => 2,
};
```

Esta expressão switch verifica card.Suit; se é igual a Suits.Spades, a expressão retorna 6, se é igual a Suits.Hearts, retorna 4 e, para qualquer outro valor, retorna 2.

Aponte o seu lápis

Este aplicativo de console usa as classes Suit, Value e Deck que você usou antes no capítulo e escreve seis linhas no console. Seu trabalho é **escrever a saída do programa**. Quando terminar, adicione o programa a um aplicativo de console para verificar sua resposta.

```
class Program
{
    static string Output(Suits suit, int number) =>
        $"Suit is {suit} and number is {number}";

    static void Main(string[] args)
    {
        var deck = new Deck();
        var processedCards = deck
            .Take(3)
            .Concat(deck.TakeLast(3))
            .OrderByDescending(card => card)
            .Select(card => card.Value switch
            {
                Values.King => Output(card.Suit, 7),
                Values.Ace => $"It's an ace! {card.Suit}",
                Values.Jack => Output((Suits)card.Suit - 1, 9),
                Values.Two => Output(card.Suit, 18),
                _ => card.ToString(),
            }) ;

        foreach(var output in processedCards)
        {
            Console.WriteLine(output);
        }
    }
}
```

Esta expressão lambda tem dois parâmetros, Suit e int, e retorna uma string interpolada.

Estes métodos LINQ são como os vistos no começo do capítulo.

Você pode usar OrderByDescending porque fez a classe Card implementar IComparable<Card> antes no capítulo.

O método Select usa uma expressão switch para verificar o valor da carta e gerar uma string.

Escreva a saída do programa. **Não daremos a solução**; adicione o código a um aplicativo de console para obter a resposta.

....

....

....

....

....

....

É um *grande* desafio lambda! Há muita coisa acontecendo aqui; você está usando expressões lambda, uma expressão switch, métodos LINQ, coerção de enum, métodos encadeados etc. Reserve um tempo e descubra como o código funciona antes de escrever a sua solução, então rode o programa. Se sua solução não combinar com a saída, será uma ótima oportunidade para investigar por que funcionou de modo diferente do esperado.

Exercício

Use tudo o que aprendeu sobre expressões lambda, expressões switch e métodos LINQ para refatorar a classe ComicAnalyzer e o método Main, usando testes unitários para ver se seu código ainda funciona exatamente como esperava.

Substitua as consultas LINQ em ComicAnalyzer

ComicAnalyzer tem duas consultas LINQ:

- O método GroupComicsByPrice tem uma consulta LINQ que usa a palavra-chave `group` para agrupar as HQs por preço.
- O método GetReviews tem uma consulta LINQ que usa a palavra-chave `join` para juntar uma sequência de objetos Comic em um dicionário de preços da tiragem.

Modifique as consultas LINQ nesses métodos para usar os métodos OrderBy, GroupBy, Select e Join do LINQ. Há um porém: ***não mostramos o método Join ainda!*** Mas mostramos exemplos de como usar o IDE para explorar os métodos LINQ. O método Join é um pouco mais complexo, mas ajudaremos a dividi-lo. Ele tem quatro parâmetros:

Esta lambda recebeu cada par de itens das duas sequências sendo reunidas.

```
sequence.Join(sequence to join,
              lambda expression for the 'on' part of the join,
              lambda expression for the 'equals' part of the join,
              lambda expression that takes two parameters and returns the 'select'
output);
```

Veja com atenção as partes "on" e "equals" na consulta LINQ para propor as duas primeiras lambdas. Join será o último método na cadeia. *Sugestão:* a lambda do último parâmetro começa assim: `(comic, review) =>`

Assim que os testes unitários passarem, você terminou de refatorar a classe ComicAnalyzer.

Substitua a declaração switch no método Main por uma expressão switch

O método Main tem uma declaração `switch` que chama métodos privados e atribui seis valores de retorno à variável `done`. Substitua isso por uma expressão switch com três ramificações. Você pode testar rodando o app; se pressionar a tecla certa e vir a saída correta, terminou.

Nos bastidores

Este exercício é para aprender a usar os testes unitários e refatorar seu código com segurança

A refatoração pode ser confusa, até mesmo desgastante. Você pega um código que funciona e faz alterações para melhorar sua estrutura, sua legibilidade e sua reutilização. Quando modifica o código, é fácil bagunçá-lo sem querer, de modo que não funciona mais; às vezes os erros introduzidos podem ser sutis e difíceis de rastrear, ou mesmo de detectar. É aqui que os testes unitários podem ajudar. Um dos modos mais importantes de usar os testes unitários é tornando a refatoração uma atividade muito mais segura. Veja como:

- *Antes de começar a refatorar, escreva testes que assegurem o funcionamento do código, como os testes adicionados anteriormente no capítulo para validar a classe ComicAnalyzer.*
- *Ao refatorar uma classe, basta executar os testes para essa classe conforme faz alterações. Isso lhe dá um feedback mais imediato para o desenvolvimento; é possível fazer uma depuração normal, mas fica muito mais rápido porque você executa o código na classe diretamente (em vez de iniciar seu programa e usar a IU para executar o código que usa a classe).*
- *Ao refatorar um método, você também pode iniciar apenas executando o teste ou os testes específicos que executam o método. Então, quando funcionar, pode rodar o conjunto inteiro para verificar se não viola nada.*
- *Se um teste falhar, não se sinta mal; é uma boa notícia! Ele informa que algo está corrompido e agora você pode corrigir.*

Exercício Solução

Use tudo o que aprendeu sobre expressões lambda, expressões switch e métodos LINQ para refatorar a classe ComicAnalyzer e o método Main, usando testes unitários para ver se seu código ainda funciona exatamente como esperava.

Veja os métodos GroupComicsByPrice e GetReviews refatorados da classe ComicAnalyzer:

```
public static IEnumerable<IGrouping<PriceRange, Comic>> GroupComicsByPrice(
          IEnumerable<Comic> comics, IReadOnlyDictionary<int, decimal> prices)
{
  var grouped =
    comics
    .OrderBy(comic => prices[comic.Issue])
    .GroupBy(comic => CalculatePriceRange(comic, prices));

  return grouped;
}
```

Compare as lambdas OrderBy e GroupBy com as cláusula orderby e group...by na consulta LINQ. São quase idênticas.

```
public static IEnumerable<string> GetReviews(
               IEnumerable<Comic> comics, IEnumerable<Review> reviews)
{
  var joined =
    comics
    .OrderBy(comic => comic.Issue)
    .Join(
      reviews,
      comic => comic.Issue,
      review => review.Issue,
      (comic, review) =>
            $"{review.Critic} rated #{comic.Issue} '{comic.Name}' {review.
Score:0.00}");

  return joined;
}
```

A consulta join começa a "juntar as críticas" para que o primeiro argumento passado para o método Join seja reviews.

Compare os dois argumentos do meio passados para o método Join com as partes "on" e "equals" da consulta join: on comic.Issue equals review.Issue.

Esta última lambda é chamada com todo par combinado de HQ e crítica a partir das duas sequências reunidas e retorna a string a incluir na saída.

Veja o método Main refatorado com uma expressão switch no lugar de uma declaração `switch`:

```
static void Main(string[] args)
{
    var done = false;
    while (!done)
    {
        Console.WriteLine(
            "\nPress G to group comics by price, R to get reviews, any other key
to quit\n");
        done = Console.ReadKey(true).KeyChar.ToString().ToUpper() switch
        {
            "G" => GroupComicsByPrice(),
            "R" => GetReviews(),
            _ => true,
        };
    }
}
```

A expressão switch é muito mais compacta do que a declaração switch equivalente. Nem todas as declarações switch podem ser refatoradas em expressões switch; esta aqui pôde porque cada um dos cases define a mesma variável (done) para um valor.

Explore a classe Enumerable

Já estamos usando sequências há um tempo. Sabemos que elas trabalham com loops `foreach` e LINQ. Mas exatamente o que faz as sequências funcionarem? Vamos nos aprofundar para descobrir. Começaremos com a **classe Enumerable**; especificamente com seus três métodos estáticos: Range, Empty e Repeat. Você já viu o método Enumerable.Range antes no capítulo. Usaremos o IDE para descobrir como funcionam os outros dois métodos. Digite **`Enumerable.`** e passe o mouse sobre Range, Empty e Repeat no IntelliSense suspenso para ver suas declarações e seus comentários.

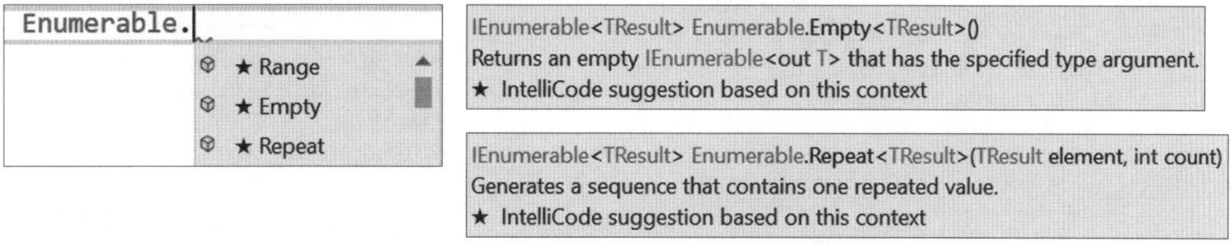
Enumerable.
★ Range
★ Empty
★ Repeat
IEnumerable<TResult> Enumerable.Empty<TResult>()
Returns an empty IEnumerable<out T> that has the specified type argument.
★ IntelliCode suggestion based on this context
IEnumerable<TResult> Enumerable.Repeat<TResult>(TResult element, int count)
Generates a sequence that contains one repeated value.
★ IntelliCode suggestion based on this context

Enumerable.Empty cria uma sequência vazia de qualquer tipo

Às vezes você precisa passar uma sequência vazia para um método que tem IEnumerable<T> (por exemplo, em um teste unitário). O **método Enumerable.Empty** é útil nestes casos:

```
var emptyInts = Enumerable.Empty<int>(); // Uma sequência vazia de ints.
var emptyComics = Enumerable.Empty<Comic>(); // Uma sequência vazia de
referências Comic.
```

Enumerable.Repeat repete um valor certo número de vezes

Digamos que precise de uma sequência de 100 3s, 12 strings "yes" ou 83 objetos anônimos idênticos. Você ficaria surpreso com a frequência com que isso acontece! Você pode usar o **método Enumerable.Repeat**; ele retorna uma sequência de valores repetidos:

```
var oneHundredThrees = Enumerable.Repeat(3, 100);
var twelveYesStrings = Enumerable.Repeat("yes", 12);
var eightyThreeObjects = Enumerable.Repeat(
    new { cost = 12.94M, sign = "ONE WAY", isTall = false }, 83);
```

O que <u>é</u> exatamente IEnumerable<T>?

Usamos IEnumerable<T> há algum tempo agora. Não respondemos à pergunta sobre o que *é realmente* uma sequência enumerável. Um modo muito eficiente de entender algo é criando nós mesmos; portanto, terminaremos o capítulo criando algumas sequências desde o início.

PODER DO CÉREBRO

Se você mesmo tivesse que elaborar uma interface IEnumerable<T>, quais membros colocaria nela?

Crie uma sequência enumerável à mão

Digamos que temos alguns esportes:

```
enum Sport { Football, Baseball, Basketball, Hockey, Boxing, Rugby, Fencing }
```

É óbvio que poderíamos criar uma nova List<Sport> e usar um inicializador de coleção para preenchê-la. Mas, para explorar como funcionam as sequências, criaremos uma manualmente. Criaremos uma nova classe chamada ManualSportSequence e a faremos implementar a interface IEnumerable<Sport>. Ela tem apenas dois membros que retornam IEnumerator:

```
class ManualSportSequence : IEnumerable<Sport> {
    public IEnumerator<Sport> GetEnumerator() {
        return new ManualSportEnumerator();
    }
    System.Collections.IEnumerator System.Collections.IEnumerable.GetEnumerator() {
        return GetEnumerator();
    }
}
```

Quando usamos o item "Implementar interface" do menu Ações Rápidas, ele usou nomes de classe totalmente qualificados para IEnumerator e IEnumerable.

IEnumerator<T>
Current
MoveNext Reset Dispose

Certo, então o que é IEnumerator? É uma interface que permite enumerar uma sequência, percorrendo cada item nela, um após o outro. Tem uma propriedade, Current, que retorna o item atual sendo enumerado. Seu método MoveNext vai para o próximo elemento na sequência, retornando false se a sequência acabou. Após MoveNext ser chamado, Current retorna o próximo elemento. Por fim, o método Reset redefine a sequência para o começo. Assim que você tem os métodos, tem uma sequência enumerável.

Implementaremos IEnumerator<Sport>:

```
using System.Collections.Generic;
class ManualSportEnumerator : IEnumerator<Sport> {
    int current = -1;
    public Sport Current { get { return (Sport)current; } }
    public void Dispose() { return; } // Você encontrará o método Dispose no
Capítulo 10
    object System.Collections.IEnumerator.Current { get { return Current; } }
    public bool MoveNext() {
        var maxEnumValue = Enum.GetValues(typeof(Sport)).Length;
        if ((int)current >= maxEnumValue - 1)
            return false;
        current++;
        return true;
    }
    public void Reset() { current = 0; }
}
```

Também precisamos implementar a interface IDisposable, sobre a qual você aprenderá no próximo capítulo. Ela tem só um método, Dispose.

Nosso enumerador de esportes manual tem a vantagem de fazer a coerção de um int em um enum. Ele usa o método Enum.GetValues estático para obter o número total de membros no enum e usa um int para controlar o índice do valor atual.

E é tudo o que precisamos para criar nossa própria IEnumerable. Continue, experimente. **Crie um novo aplicativo de console**, adicione ManualSportSequence e ManualSportEnumerator, então enumere a sequência em um loop `foreach`:

```
var sports = new ManualSportSequence();
foreach (var sport in sports)
    Console.WriteLine(sport);
```

Use yield return para criar suas próprias sequências

O C# tem um modo muito mais fácil de criar sequências enumeráveis: a **declaração `yield return`**. Tal declaração é um criador multifuncional automático de enumerações. Uma boa maneira de entendê-la é vendo um exemplo. Usaremos uma **solução com multiprojetos**, só para você praticar mais.

Adicione um novo projeto Aplicativo de Console à solução; é como o que foi feito quando adicionou o projeto MSTest antes no capítulo, exceto que agora, em vez de escolher o tipo de projeto, o MSTest escolhe o mesmo projeto Aplicativo de Console que você vem usando para a maioria dos projetos no livro. Clique com o botão direito no projeto na solução e **escolha "Definir como projeto de inicialização"**. Agora quando inicializar o depurador no IDE, ele rodará o novo projeto. Também é possível clicar com o botão direito em qualquer projeto na solução e rodá-lo ou depurá-lo.

O código para o novo aplicativo de console:

```
static IEnumerable<string> SimpleEnumerable() {
    yield return "apples";
    yield return "oranges";
    yield return "bananas";
    yield return "unicorns";
}
static void Main(string[] args) {
    foreach (var s in SimpleEnumerable()) Console.WriteLine(s);
}
```

Este método retorna IEnumerable<string>; portanto, toda yield return retorna um valor de string.

Rode o app; ele escreve quatro linhas: `apples`, `oranges`, `bananas` e `unicorns`. Como funciona?

Use o depurador para explorar yield return

Coloque um ponto de interrupção na primeira linha do método Main e inicialize o depurador. Então, use **Intervir** (F11/⇧⌘I) para depurar o código linha por linha, direto no iterador:

★ Intervenha no código e continue assim até chegar na primeira linha do método SimpleEnumerable.

★ Intervenha de novo nessa linha. Isso age como uma declaração `return`, retornando o controle para a declaração que a chamou; nesse caso, de volta para a declaração `foreach`, que chama Console.WriteLine para escrever `apples`.

★ Intervenha mais duas vezes. Seu app voltará para o método SimpleEnumerable, mas ***pulará a primeira declaração no método***, indo direto para a segunda linha:

```
static IEnumerable<string> SimpleEnumerable()
{
    yield return "apples";
    yield return "oranges";  ≤ 1ms elapsed
    yield return "bananas";
    yield return "unicorns";
}
```

Sempre que o loop foreach obtém um item na sequência retornada pelo método SimpleEnumerable, ele volta para o método logo após a última yield return chamada.

★ Continue intervindo. O app volta para o loop `foreach`, então para a ***terceira linha*** do método, depois volta para o loop `foreach` e retorna para a ***quarta linha*** do método.

Portanto, `yield return` faz um método **retornar uma sequência enumerável** devolvendo o próximo elemento na sequência sempre que é chamado, controlando o local em que retornou para continuar no ponto de onde saiu.

Use yield return para refatorar ManualSportSequence

Você pode criar sua própria IEnumerable<T> **usando `yield return` para implementar o método GetEnumerator**. Por exemplo, veja uma classe BetterSportSequence que faz exatamente a mesma coisa que ManualSportSequence. Esta versão é muito mais compacta porque usa `yield return` em sua implementação GetEnumerator:

```
using System.Collections.Generic;
class BetterSportSequence : IEnumerable<Sport> {
    public IEnumerator<Sport> GetEnumerator() {
        int maxEnumValue = Enum.GetValues(typeof(Sport)).Length - 1;
        for (int i = 0; i <= maxEnumValue; i++) {
            yield return (Sport)i;
        }
    }
   System.Collections.IEnumerator System.Collections.IEnumerable.GetEnumerator() {
        return GetEnumerator();
    }
}
```

Você pode usar yield return para implementar o método GetEnumerator em IEnumerabe<T> e retornar sua própria sequência enumerável.

Continue e **adicione um novo projeto Aplicativo de Console à solução**. Adicione a nova classe BetterSportSequence e modifique o método Main para criar uma instância e enumerar a sequência.

Adicione um indexador a BetterSportSequence

Você viu que podemos usar `yield return` em um método para criar IEnumerator<T>. Também é possível usá-la para criar uma classe que implementa IEnumerable<T>. Uma vantagem de criar uma classe separada para sua sequência é que pode adicionar um **indexador**. Você já usou indexadores; sempre que usa colchetes `[]` para recuperar um objeto em uma lista, array ou dicionário (como `myList[3]` ou `myDictionary["Steve"]`) está usando um indexador. Ele é só um método, lembrando muito uma propriedade, exceto que é obtido um único parâmetro nomeado.

O IDE tem um ***snippet de código especialmente útil*** para ajudar a adicionar seu indexador. Digite **`indexer`** seguido de duas tabulações e o IDE adicionará a estrutura de um indexador automaticamente.

Veja um indexador para a classe SportCollection:

```
public Sport this[int index] {
    get => (Sport)index;
}
```

Chamar o indexador com `[3]` retorna o valor `Hockey`:

```
    var sequence = new
BetterSportSequence();
    Console.WriteLine(sequence[3]);
```

Veja bem: ao usar o snippet para criar o indexador; ele permite definir o tipo. Você pode definir um indexador que tem tipos diferentes, inclusive strings e até objetos. Embora nosso indexador tenha apenas um getter, você também pode incluir um setter (como os usados para definir itens em List).

BANG!
Veja bem!

Sequências <u>não</u> são coleções.

Tente criar uma classe que implementa ICollection<int> e use o menu Ações Rápidas para implementar seus membros. Você verá que uma coleção não só deve implementar os métodos IEnumerable<T>, como também precisa de propriedades adicionais (inclusive Count) e métodos (inclusive Add e Clear). É assim que sabemos que uma coleção faz um trabalho diferente de uma sequência enumerável.

Exercício

Crie uma classe enumerável que, quando enumerada, retorna uma sequência de ints contendo todas as potências de 2, iniciando em 0 e terminando com a maior potência de 2 que pode caber em um int.

Use yield return para criar uma sequência de potências de 2

Crie uma classe chamada PowersOfTwo que implementa IEnumerable<int>. Ela deve ter um loop `for` que inicia em 0 e use `yield return` para retornar uma sequência com cada potência de 2.

O app deve escrever a seguinte saída no console: `1 2 4 8 16 32 64 128 256 512 1024 2048 4096 8192 16384 32768 65536 131072 262144 524288 1048576 2097152 4194304 8388608 16777216 33554432 67108864 134217728 268435456 536870912 1073741824`

Retorne a sequência desejada de valores

Você usará métodos da classe System.Math estática em seu app para:

- Calcular uma potência específica de 2: **`Math.Pow(power, 2)`**.
- Encontrar a potência máxima de 2 que pode caber em: **`Math.Round(Math.Log(int.MaxValue, 2))`**.

não existem Perguntas Idiotas

P: Acho que entendi o que acontece em `yield return`, mas você pode explicar de novo por que exatamente vai direto para o meio do método?

R: Ao usar `yield return` para criar uma sequência enumerável, ela faz algo que você não viu em outro lugar no C#. Normalmente, quando seu método chega em uma declaração `return`, isso faz o programa executar a declaração logo após aquela que chamou o método. Faz a mesma coisa quando enumera uma sequência criada com `yield return`, com uma diferença: lembra da última declaração `yield return` executada no método. Quando vai para o próximo item na sequência,em vez de iniciar no começo do método, seu programa executa a próxima declaração após a `yield return` mais recente que foi chamada. Por isso você pode criar um método que retorna IEnumerable<T> com apenas uma série de declarações `yield return`.

P: Quando adicionei uma classe que implementou IEnumerable<T>, precisei adicionar um método MoveNext e uma propriedade Current. Quando usei yield return, como foi possível implementar essa interface sem implementar esses dois membros?

R: Quando o compilador vê um método com uma declaração `yield return` que retorna IEnumerable<T>, ele adiciona automaticamente o método MoveNext e a propriedade Current. Quando executa, a primeira `yield return` encontrada faz com que retorne o primeiro valor para o loop `foreach`. Quando `foreach` continua (chamando o método MoveNext), a execução é retomada com a declaração imediatamente após a última `yield return` executada. Seu método MoveNext retorna false quando o enumerador é posicionado após o último elemento na coleção. Isso pode ser um pouco difícil de acompanhar no papel; porém, fica muito mais fácil se você carrega no depurador, sendo por isso que a primeira coisa que fizemos foi percorrer uma sequência simples que usa `yield return`.

Exercício Solução

Crie uma classe enumerável que, quando enumerada, retorna uma sequência de ints contendo todas as potências de 2, iniciando em 0 e terminando com a maior potência de 2 que pode caber em um int.

```
class PowersOfTwo : IEnumerable<int> {
  public IEnumerator<int> GetEnumerator() {
    var maxPower = Math.Round(Math.Log(int.MaxValue, 2));
    for (int power = 0; power < maxPower; power++)
      yield return (int)Math.Pow(2, power);
  }

  IEnumerator IEnumerable.GetEnumerator() => GetEnumerator();
}
class Program {
  static void Main(string[] args) {
    foreach (int i in new PowersOfTwo())
      Console.Write($" {i}");
  }
}
```

Não se esqueça de usar suas diretivas `using`:

```
using System;
using System.Linq;
using System.
Collections;
using System.
Collections.Generic;
```

PONTOS DE BALA

- **Testes unitários** são automáticos e ajudam a assegurar que seu código faça o que deveria fazer e a **refatorar com segurança** o código.
- MSTest é uma **estrutura de teste unitário** ou um conjunto de classes com ferramentas para escrever testes unitários. O Visual Studio tem ferramentas para executar e ver os resultados dos testes.
- Testes unitários usam **asserções** para validar comportamentos específicos.
- A **palavra-chave `internal`** torna acessíveis as classes em um projeto para outro projeto em uma compilação de multiprojetos.
- Adicione testes unitários para lidar com casos extremos e dados estranhos, e tornar o código mais **robusto**.
- Use o operador lambda => para definir **expressões lambda** ou funções anônimas definidas em uma declaração como esta: `(input-parameters) => expression;`
- Quando uma classe implementa uma interface, a **opção "Implementar interface"** no menu Ações Rápidas pede ao IDE para adicionar qualquer membro da interface que falta.
- As cláusulas `orderby` e `where` nas consultas LINQ podem ser rescritas com os métodos LINQ **OrderBy e Where**.
- Use o operador => para **transformar um campo em uma propriedade** com um acesso get que executa uma expressão lambda.
- O **operador ?:** (chamado de condicional ou operador ternário) permite criar uma expressão que executa uma condição if/else.
- Os métodos LINQ com um **parâmetro Func<T1, T2>** podem ser chamados com lambda que requer um parâmetro T1 e retorna um valor T2.
- Use o operador => para criar **expressões switch**, que são como declarações `switch` que retornam um valor.
- A classe Enumerable tem métodos **Range, Empty e Repeat** estáticos para ajudar a criar sequências enumeráveis.
- Use **declarações `yield return`** para criar métodos que retornam sequências numeráveis.
- Quando um método executa `yield return`, ele retorna o próximo valor na sequência. Na próxima vez em que o método é chamado, ele **retoma a execução** na próxima declaração após a última `yield return` executada.

Cruzadinha de coleções

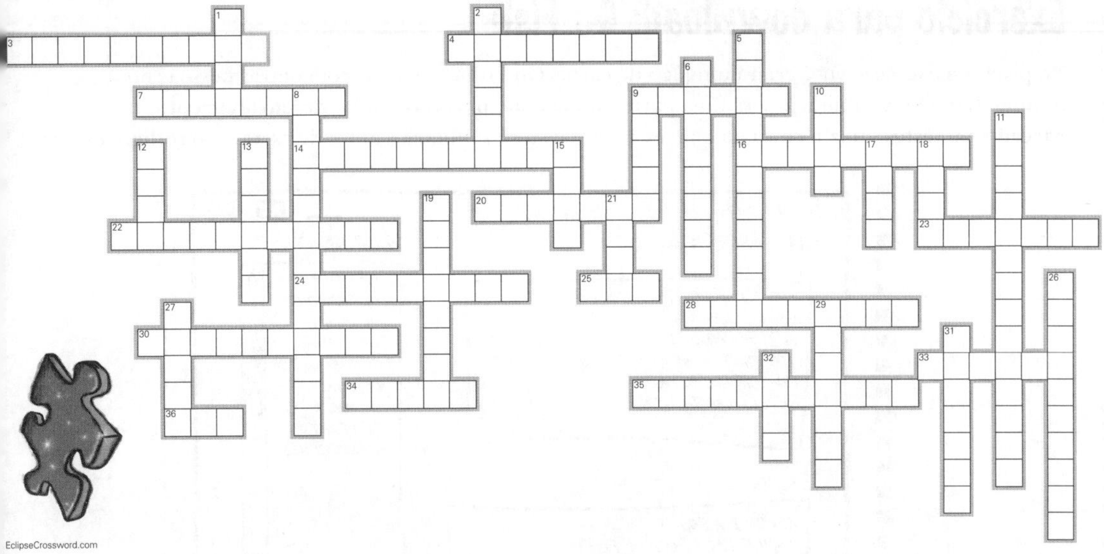

EclipseCrossword.com

Horizontal

3. O que fica entre parênteses: (__________) => expressão;
4. Método LINQ para retornar os últimos elementos na sequência
7. Outro nome para o operador condicional ?:
9. Método LINQ para anexar elementos de uma sequência no final de outra
14. Interface que toda sequência implementa
16. Palavra-chave var para declarar uma variável com tipo __________
20. O que você tenta tornar o código quando tem muitos testes para dados estranhos e casos extremos
22. Se você deseja ordenar List, seus membros precisam implementar
23. Cláusula na consulta LINQ que ordena os resultados
24. O que você usa quando chama myArray[3]
25. Palavra-chave usada para criar um objeto anônimo
28. O que você passa para List.Sort a fim de informar como ordenar os itens
30. Tipo de variável criada pela cláusula from na consulta
33. Método Enumerable que retorna uma sequência com muitas cópias do mesmo elemento
34. Cláusula na consulta LINQ que determina quais elementos na entrada usar
35. O que você aproveita quando faz upcast de uma lista inteira
36. Toda coleção tem este método para colocar um novo elemento nela

Vertical

1. Consulta LINQ que reúne dados de duas sequências
2. Tipo de expressão que o operador => cria
5. Namespace de um objeto seguido de ponto e da classe é um nome da classe totalmente __________
6. O modificador de acesso para uma classe que não pode ser acessada por outro projeto na solução com multiprojetos
8. Um __________ de coleção combina a declaração com itens a adicionar
9. Não se pode usar var para declarar um destes
10. Coleção FIFO (Primeiro a entrar, primeiro a sair)
11. Método que tem vários construtores com diferentes parâmetros
12. Tipo do parâmetro que informa que você pode usar lambda
13. Tipo de execução que significa que uma consulta LINQ não é executada até os resultados serem acessados
15. Tipo de dados que permite apenas certos valores
17. Palavra-chave que uma declaração switch tem e que uma expressão switch não tem
18. Pelo que o T é substituído quando você vê <T> em uma classe ou na definição da interface
19. O que se faz com métodos em uma classe que retorna o tipo dela
21. Método LINQ para retornar os primeiros elementos na sequência
26. Coleção que armazena chaves e valores
27. Coleção LIFO (Último a entrar, primeiro a sair)
29. Qual tipo você vê quando o IDE informa: 'a' is a new string Color, int Height
31. Tipo de coleção que pode armazenar qualquer tipo
32. Classe da coleção para colocar itens em ordem

Exercício para download: Go Fish

No próximo exercício você criará um jogo de cartas Go Fish para jogar com outras pessoas no computador. O teste unitário será uma parte importante, pois você fará o **desenvolvimento baseado em testes**, uma técnica na qual escreve seus testes unitários antes de escrever o código testado.

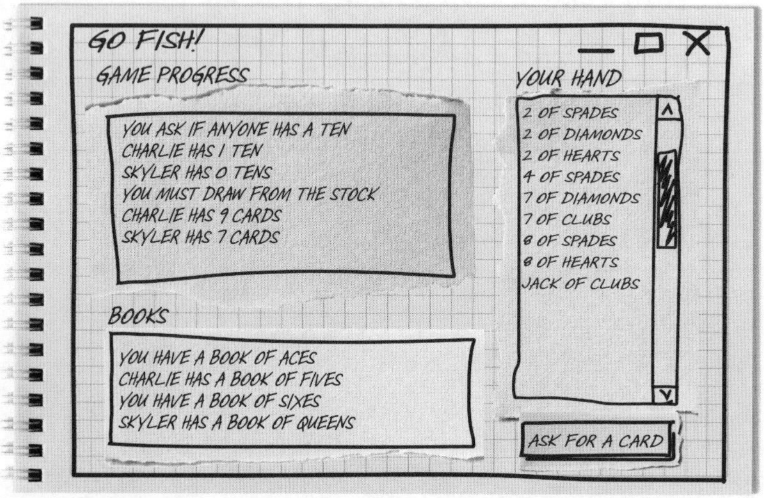
GO FISH!
GAME PROGRESS
YOU ASK IF ANYONE HAS A TEN
CHARLIE HAS 1 TEN
SKYLER HAS 0 TENS
YOU MUST DRAW FROM THE STOCK
CHARLIE HAS 9 CARDS
SKYLER HAS 7 CARDS
BOOKS
YOU HAVE A BOOK OF ACES
CHARLIE HAS A BOOK OF FIVES
YOU HAVE A BOOK OF SIXES
SKYLER HAS A BOOK OF QUEENS
YOUR HAND
2 OF SPADES
2 OF DIAMONDS
2 OF HEARTS
4 OF SPADES
7 OF DIAMONDS
7 OF CLUBS
8 OF SPADES
8 OF HEARTS
JACK OF CLUBS
ASK FOR A CARD

Acesse o site da Alta Books e baixe o PDF do projeto ou acesse [conteúdo em inglês]:
https://github.com/head-first-csharp/fourth-edition

Cruzadinha — Solução

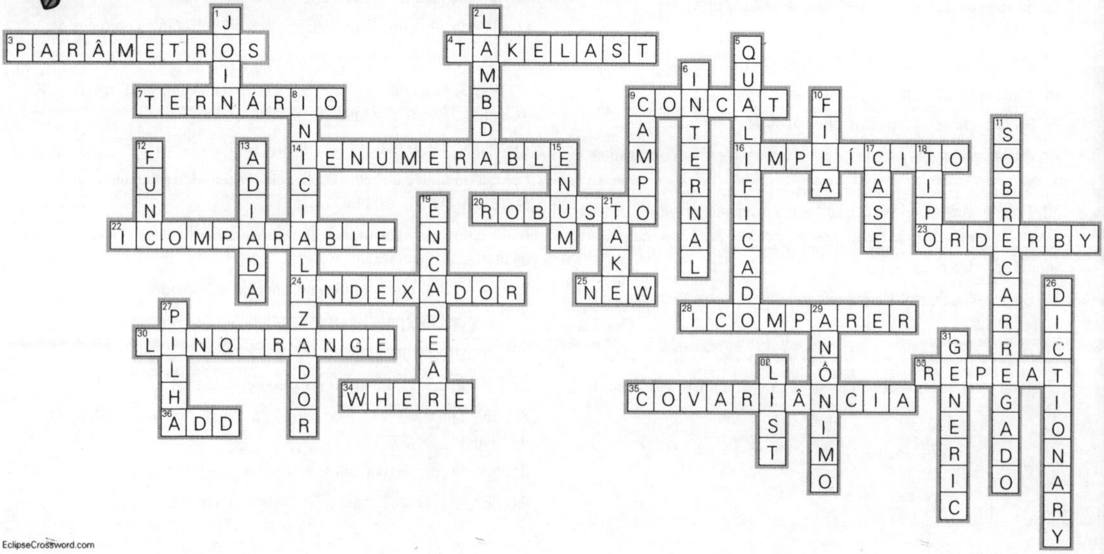
1 JOIN
2 LAMBDA
3 PARÂMETROS
4 TAKELAST
5 QUALIFICADO
6 INTERNAL
7 TERNÁRIO
8 INICIALIZADOR
9 CONCAT
9 CAMPO
10 FILA
11 SOBRECARREGADO
12 FUNC
13 ADIADA
14 IENUMERABLE
15 ENUM
16 IMPLÍCITO
17 CASE
18 TIPO
19 ENCADEADA
20 ROBUSTO
21 TAKE
22 ICOMPARABLE
23 ORDERBY
24 INDEXADOR
25 NEW
26 DICTIONARY
27 PILHA
28 ICOMPARER
29 ANÔNIMO
30 LINQ RANGE
31 GENERIC
32 LIST
33 REPEAT
34 WHERE
35 COVARIÂNCIA
36 ADD
EclipseCrossword.com

10 lendo e gravando arquivos

Salve o último byte para mim!

CERTO, CONTINUE COM A LISTA DE COMPRAS... TELA DE ARAME... TEQUILA... GELEIA DE UVA... ATADURAS... SIM, ESTOU ANOTANDO.

Às vezes vale a pena ser um pouco persistente.

Até agora todos os seus programas tiveram vida curta. Eles inicializam, rodam por um tempo e finalizam. Mas isso nem sempre é suficiente, sobretudo ao lidar com informações importantes. Você precisa conseguir **salvar seu trabalho**. Neste capítulo, veremos como **gravar dados em um arquivo** e, então, **como ler essas informações de volta**. Você aprenderá sobre **streams**, como armazenar seus objetos em arquivos com a **serialização**, chegando nos bits e nos bytes reais dos dados **hexadecimais**, **Unicode** e **binários**.

.NET usa streams para ler e gravar dados

Uma **stream** (ou fluxo de dados) é como o .NET Framework coloca e tira dados do seu programa. Sempre que seu programa lê ou grava em um arquivo, conecta outro computador na rede ou geralmente faz algo em que **envia ou recebe bytes**, você está usando streams. Às vezes você usa streams diretamente, outras não. Mesmo quando usa classes que não expõem direto as streams, internamente elas sempre estão usando streams.

Sempre que você quiser ler dados em um arquivo ou gravar dados nele, usará um objeto Stream.

Digamos que você tenha um app simples que precisa ler dados em um arquivo. Um modo bem básico de fazer isso é usar um objeto `Stream`.

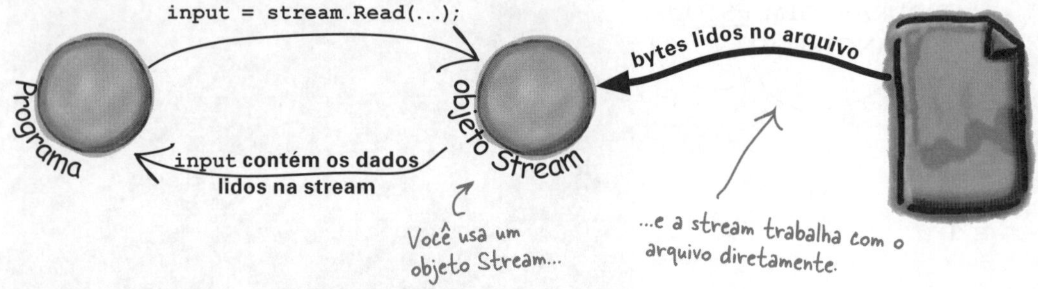
input = stream.Read(...);
bytes lidos no arquivo
Programa
objeto Stream
input contém os dados lidos na stream
Você usa um objeto Stream...
...e a stream trabalha com o arquivo diretamente.

E, se seu app precisa gravar dados no arquivo, pode usar outro objeto `Stream`.

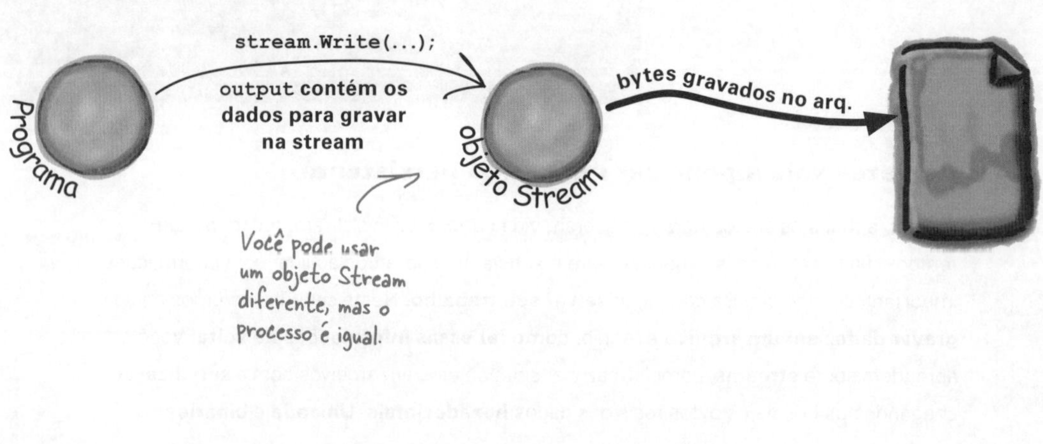
stream.Write(...);
bytes gravados no arq.
Programa
objeto Stream
output contém os dados para gravar na stream
Você pode usar um objeto Stream diferente, mas o processo é igual.

Streams diferentes leem e gravam coisas diferentes

Toda stream é uma subclasse da **classe Stream abstrata** e existem muitas subclasses de Stream que fazem coisas diferentes. Iremos nos concentrar em ler e gravar arquivos comuns, mas tudo que for aprendido sobre streams neste capítulo pode ser aplicado a arquivos compactados ou criptografados, ou a streams de rede que não usam arquivos.

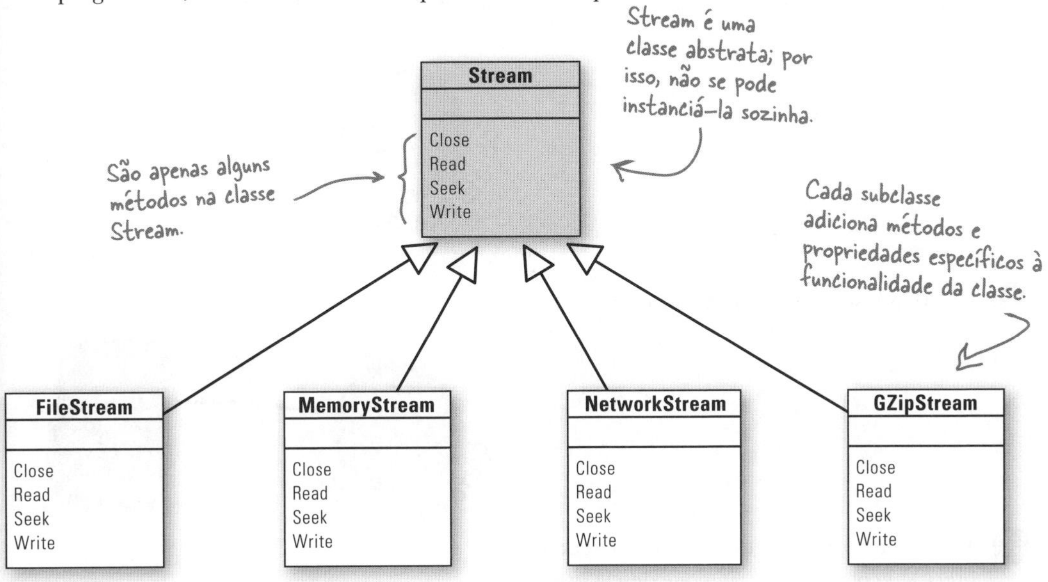
Stream é uma classe abstrata; por isso, não se pode instanciá-la sozinha.
Stream
Close
Read
Seek
Write
São apenas alguns métodos na classe Stream.
Cada subclasse adiciona métodos e propriedades específicos à funcionalidade da classe.
FileStream
Close
Read
Seek
Write
MemoryStream
Close
Read
Seek
Write
NetworkStream
Close
Read
Seek
Write
GZipStream
Close
Read
Seek
Write

Um objeto **FileStream** permite ler e gravar arquivos.

Um objeto **MemoryStream** permite ler e gravar dados em partes da memória.

Um objeto **NetworkStream** permite ler e gravar dados em outros computadores ou dispositivos na rede.

Um objeto **GZipStream** permite compactar os dados para que eles ocupem menos espaço e sejam mais fáceis de baixar e de armazenar.

Coisas que podem ser feitas com uma stream:

1. **Gravar na stream.**

   Você pode gravar seus dados em uma stream usando o **método Write** dela.

2. **Ler na stream.**

   Você pode usar o **método Read** para obter dados em um arquivo, rede, memória ou qualquer outra coisa que usa uma stream. Pode até ler os dados em arquivos ***realmente grandes***, mesmo que sejam grandes demais para caber na memória.

3. **Mudar sua posição na stream.**

   A maioria das streams suporta um **método Seek** que permite encontrar uma posição na stream para você conseguir ler ou inserir dados em um lugar específico. Mas nem toda classe Stream suporta Seek, o que faz sentido, pois nem sempre você pode retornar até certas origens das streams de dados.

As streams permitem ler e gravar dados. Use o tipo certo para os dados com os quais trabalha.

FileStream lê e grava bytes em um arquivo

Quando seu programa precisa gravar algumas linhas de texto em um arquivo, muitas coisas devem acontecer:

1. Crie um objeto FileStream e peça que ele grave no arquivo.

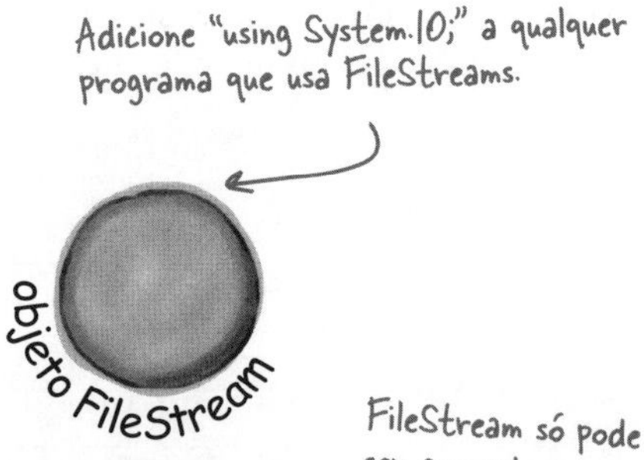
Adicione "using System.IO;" a qualquer programa que usa FileStreams.
objeto FileStream

2. FileStream se anexa a um arquivo.

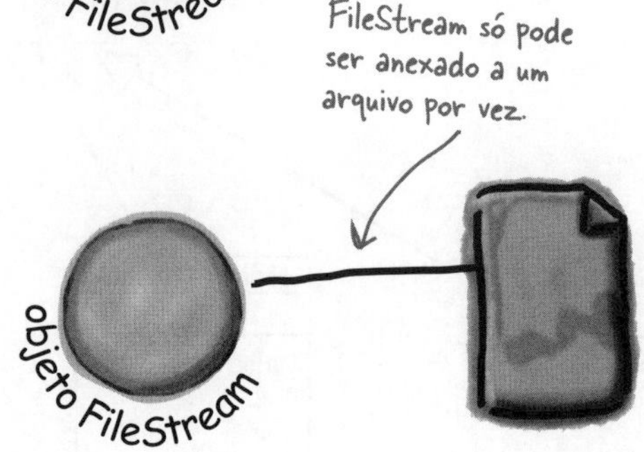
FileStream só pode ser anexado a um arquivo por vez.
objeto FileStream

3. As streams gravam bytes nos arquivos, então você precisará converter a string que deseja gravar em um array de bytes.

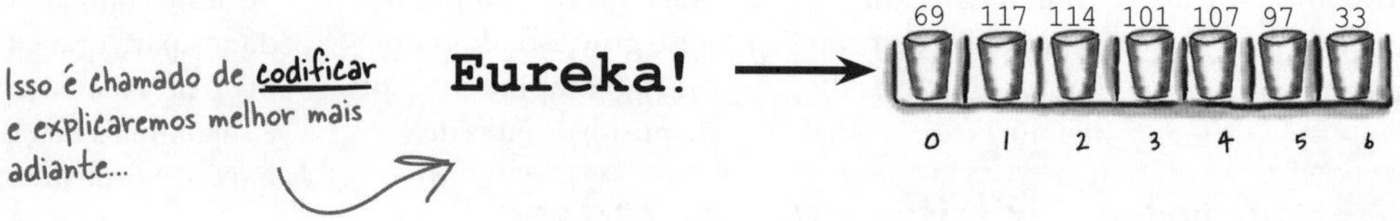
Isso é chamado de codificar e explicaremos melhor mais adiante...
Eureka!
69 117 114 101 107 97 33
0 1 2 3 4 5 6

4. Chame o método Write da stream e passe-o ao array de bytes.

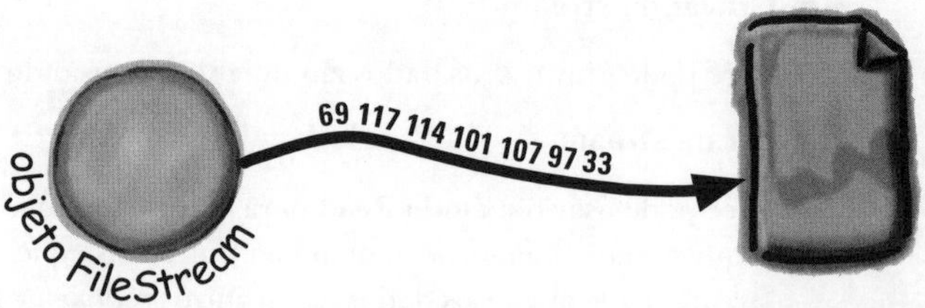
69 117 114 101 107 97 33
objeto FileStream

5. Feche a stream para que outros programas possam acessar o arquivo.

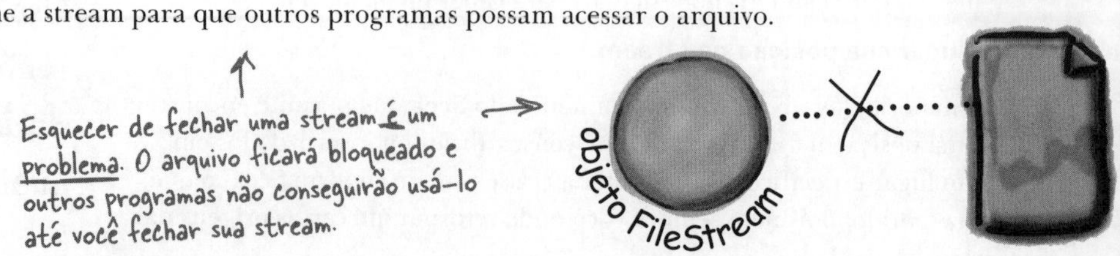
Esquecer de fechar uma stream é um problema. O arquivo ficará bloqueado e outros programas não conseguirão usá-lo até você fechar sua stream.
objeto FileStream

Gravar texto no arquivo em três etapas simples

StreamWriter cria e gerencia um objeto FileStream de modo automático.

O C# vem com uma classe conveniente chamada **StreamWriter** que simplifica as coisas. Tudo o que você precisa fazer é criar um novo objeto StreamWriter e dar a ele um nome de arquivo. Ele cria ***automaticamente*** FileStream e abre o arquivo. Então, você pode usar os métodos Write e WriteLine de StreamWriter para gravar tudo o que deseja no arquivo.

1 Use o construtor de StreamWriter para abrir ou criar um arquivo.

Você pode passar um nome de arquivo ao construtor de StreamWriter. Quando passar, o método abrirá automaticamente o arquivo. StreamWriter também tem um construtor sobrecarregado que permite especificar seu modo *de anexação*: passar `true` o informa para adicionar dados ao final de um arquivo existente (ou anexar), já `false` informa a stream para excluir o arquivo existente e criar um novo arquivo com o mesmo nome.

```
var writer = new StreamWriter("toaster oven.txt", true);
```

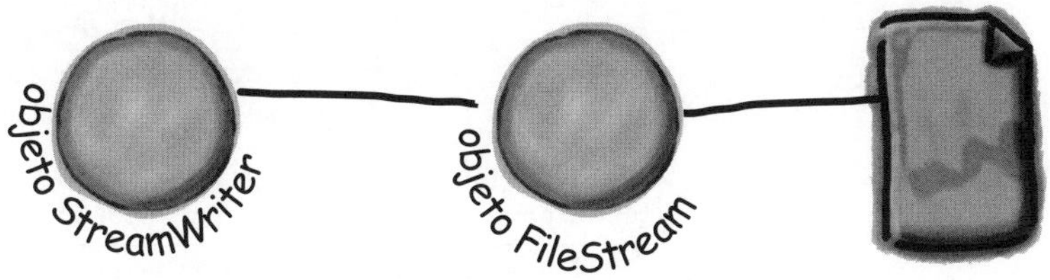

objeto StreamWriter
objeto FileStream

2 Use os métodos Write e WriteLine para gravar no arquivo.

Esses métodos funcionam como os da classe Console: Write grava o texto e WriteLine grava o texto e adiciona uma quebra de linha ao final.

```
writer.WriteLine($"The {appliance} is set to {temp} degrees.");
```

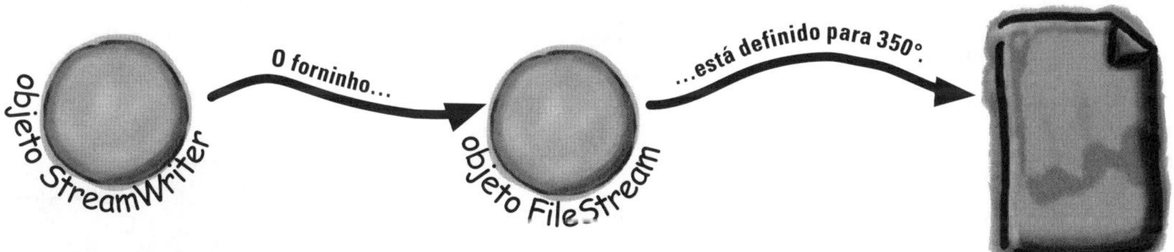

objeto StreamWriter
O forninho...
objeto FileStream
...está definido para 350°.

3 Chame o método Close para liberar o arquivo.

Se você deixar a stream aberta e anexada a um arquivo, ela manterá o arquivo bloqueado e nenhum outro programa conseguirá usá-lo. Sempre feche seus arquivos!

```
writer.Close();
```

Swindler inicia outro plano diabólico

Os cidadãos de Objectville há tempos vivem com medo de Swindler, o arqui-inimigo do Captain Amazing. Agora ele está usando StreamWriter para implementar outro plano diabólico. Vejamos o que acontece. Crie um novo projeto Aplicativo de Console e **adicione este código Main**, iniciando com uma declaração `using` porque StreamWriter está no namespace **System.IO**:

Os métodos Write e WriteLine de StreamWriter funcionam como os de Console: Write grava o texto e WriteLine grava o texto com uma quebra de linha. As duas classes suportam {chaves}:

`sw.WriteLine("Clone #{0} attacks {1}", number, location);`

Ao incluir {0} no texto, isso é substituído pelo primeiro parâmetro após a string; {1} é substituído pelo segundo, {2} pelo terceiro etc.

```
using System.IO;

class Program
{
    static void Main(string[] args)
    {
        StreamWriter sw = new StreamWriter("secret_plan.txt");

        sw.WriteLine("How I'll defeat Captain Amazing");
        sw.WriteLine("Another genius secret plan by The Swindler");
        sw.WriteLine("I'll unleash my army of clones upon the citizens of
Objectville.");

        string location = "the mall";
        for (int number = 1; number <= 5; number++)
        {
            sw.WriteLine("Clone #{0} attacks {1}", number, location);
            location = (location == "the mall") ? "downtown" : "the mall";
        }
        sw.Close();
    }
}
```

StreamWriter está no namespace System.IO.

Esta linha cria o objeto StreamWriter e informa em que lugar estará o arquivo.

Veja se consegue descobrir o que acontece com a variável location e o operador ternário ?:.

É muito importante que você chame Close quando termina com StreamWriter; isso libera qualquer conexão com o arquivo e qualquer outro recurso que a instância StreamWriter esteja usando. Se você não fechar a stream, parte do texto não será gravada (talvez nada!).

Como você não incluiu um caminho completo no nome de arquivo, ele gravou o arquivo de saída ***na mesma pasta do binário***; se você rodar seu app no Visual Studio, verifique a pasta bin\Debug\netcoreapp3.1 sob a pasta da solução.

Se estiver usando uma versão diferente do .NET, o subdiretório em Debug pode ser outro.

A saída gravada em *secret_plan.txt*:

Saída

```
How I'll defeat Captain Amazing
Another genius secret plan by The Swindler
I'll unleash my army of clones upon the citizens of
Objectville.
Clone #1 attacks the mall
Clone #2 attacks downtown
Clone #3 attacks the mall
Clone #4 attacks downtown
Clone #5 attacks the mall
```

Swindler é o arqui-inimigo do Captain Amazing, um supervilão sombrio e determinado a dominar Objectville.

Ímãs de StreamWriter

Ops! Estes ímãs estavam bem colocados na geladeira com o código da classe Flobbo, mas alguém bateu a porta e eles caíram. Consegue reorganizá-los para que o método Main produza a saída abaixo?

```
static void Main(string[] args) {
    Flobbo f = new Flobbo("blue yellow");
    StreamWriter sw = f.Snobbo();
    f.Blobbo(f.Blobbo(f.Blobbo(sw), sw), sw);
}
```

Suponha que todos os arquivos de código tenham `using System.IO;` **no começo.**

Adicionamos um desafio extra.

Tem algo estranho acontecendo com o método Blobbo. Percebe que ele tem duas declarações diferentes nos dois primeiros ímãs? Definimos Blobbo como um **método sobrecarregado**; há duas versões diferentes, cada uma com seus próprios parâmetros, como os métodos sobrecarregados usados nos capítulos anteriores.

```
public bool Blobbo
    (bool Already, StreamWriter sw)
{
```

```
public bool Blobbo(StreamWriter sw) {
```

```
if (Already) {
```

```
private string zap;
public Flobbo(string zap) {
    this.zap = zap;
}
```

```
public StreamWriter Snobbo() {
```

```
}
else
{
```

```
sw.WriteLine(zap);
zap = "green purple";
return false;
```

```
return new
   StreamWriter("macaw.txt");
```

```
class Flobbo
{
```

```
sw.WriteLine(zap);
sw.Close();
return false;
```

```
sw.WriteLine(zap);
zap = "red orange";
return true;
```

```
}   }   }   }   }
```

A saída do app que é gravada em um arquivo chamado macaw.txt.

Saída

```
blue yellow
green purple
red orange
```

Ímãs de StreamWriter – Solução

Seu trabalho era construir a classe Flobbo com os ímãs para criar a saída desejada.

```
static void Main(string[] args) {
    Flobbo f = new Flobbo("blue yellow");
    StreamWriter sw = f.Snobbo();
    f.Blobbo(f.Blobbo(f.Blobbo(sw), sw), sw);
}
```

Adicione o código a um aplicativo de console. A saída será gravada em *macaw.txt* na mesma pasta do binário, um subdiretório sob a pasta bin\Debug dentro da pasta do projeto.

Saída

```
blue yellow
green purple
red orange
```

Suponha que todos os arquivos de código tenham `using System.IO;` no começo.

```
class Flobbo
{
    private string zap;
    public Flobbo(string zap) {
        this.zap = zap;
    }

    public StreamWriter Snobbo() {
        return new
            StreamWriter("macaw.txt");
    }

    public bool Blobbo(StreamWriter sw) {
        sw.WriteLine(zap);
        zap = "green purple";
        return false;
    }

    public bool Blobbo
        (bool Already, StreamWriter sw)
    {
        if (Already) {
            sw.WriteLine(zap);
            sw.Close();
            return false;
        }
        else
        {
            sw.WriteLine(zap);
            zap = "red orange";
            return true;
        }
    }
}
```

Feche os arquivos quando terminar. Pare um pouco e descubra por que isso é chamado após todo o texto ser gravado.

Definindo métodos sobrecarregados

No Capítulo 8 você aprendeu que o método Random.Next é sobrecarregado; há três versões dele, cada uma com um conjunto diferente de parâmetros. O método Blobbo é sobrecarregado também, ele tem duas declarações com diferentes parâmetros:

public bool Blobbo(StreamWriter sw)

e

public bool Blobbo(bool Already, StreamWriter sw)

Os dois métodos Blobbo sobrecarregados são totalmente separados um do outro. Eles se comportam de modo diferente, como as versões sobrecarregadas diferentes de Random.Next se comportam de modo diverso. Se você adicionar esses dois métodos a uma classe, o IDE as mostrará como métodos sobrecarregados, como fez com Random.Next.

Lembrete: escolhemos nomes de variáveis e de métodos estranhos de propósito nesses enigmas porque se usássemos nomes adequados ficaria fácil demais! Não use nomes assim em seu código, certo?

StreamReader para ler um arquivo

Leremos os planos secretos de Swindler com **StreamReader**, uma classe muito parecida com StreamWriter, exceto que, em vez de gravar um arquivo, você cria StreamReader e passa um nome do arquivo para ler em seu construtor. Seu método ReadLine retorna uma string contendo a próxima linha no arquivo. Você pode escrever um loop que lê as linhas até seu campo EndOfStream ser true; é quando ele fica sem linha. Adicione este aplicativo de console que usa StreamReader para ler um arquivo e StreamWriter para gravar outro:

StreamReader é uma classe que lê caracteres nas streams, mas não é uma stream em si. Quando você passa um nome de arquivo ao seu construtor, ele cria uma stream e fecha-a quando você chama seu método Close. Também tem um construtor sobrecarregado com uma referência para Stream.

Isto retorna o caminho da pasta Documents do usuário no Windows ou o diretório-raiz do usuário no macOS. Copie *secret_plan.txt* para esta pasta! Veja o enum SpecialFolder para saber quais outras pastas pode encontrar.

```
using System.IO;

class Program
{
    static void Main(string[] args)
    {
        var folder = Environment.GetFolderPath(Environment.SpecialFolder.Personal);

        var reader = new StreamReader($"{folder}{Path.DirectorySeparatorChar}secret_
plan.txt");
        var writer = new StreamWriter($"{folder}{Path.DirectorySeparatorChar}
emailToCaptainA.txt");

        writer.WriteLine("To: CaptainAmazing@objectville.net");
        writer.WriteLine("From: Commissioner@objectville.net");
        writer.WriteLine("Subject: Can you save the day... again?");
        writer.WriteLine();
        writer.WriteLine("We've discovered the Swindler's terrible plan:");

        while (!reader.EndOfStream)
        {
            var lineFromThePlan = reader.ReadLine();
            writer.WriteLine($"The plan -> {lineFromThePlan}");
        }
        writer.WriteLine();
        writer.WriteLine("Can you help us?");

        writer.Close();
        reader.Close();
    }
}
```

Passe o arquivo que deseja ler para o construtor de StreamReader.

A propriedade EndOfStream é true se reader terminou de ler todos os dados no arquivo.

Este loop lê uma linha em reader e grava-a em writer.

StreamReader e StreamWriter criaram suas próprias streams. Chamar seus métodos Close pede para fechar as streams.

Saída

```
To: CaptainAmazing@objectville.net
From: Commissioner@objectville.net
Subject: Can you save the day... again?

We've discovered the Swindler's terrible plan:
The plan -> How I'll defeat Captain Amazing
The plan -> Another genius secret plan by The Swindler
The plan -> I'll unleash my army of clones upon the citizens of Objectville.
The plan -> Clone #1 attacks the mall
The plan -> Clone #2 attacks downtown
The plan -> Clone #3 attacks the mall
The plan -> Clone #4 attacks downtown
The plan -> Clone #5 attacks the mall

Can you help us?
```

Os dados podem passar por mais de uma stream

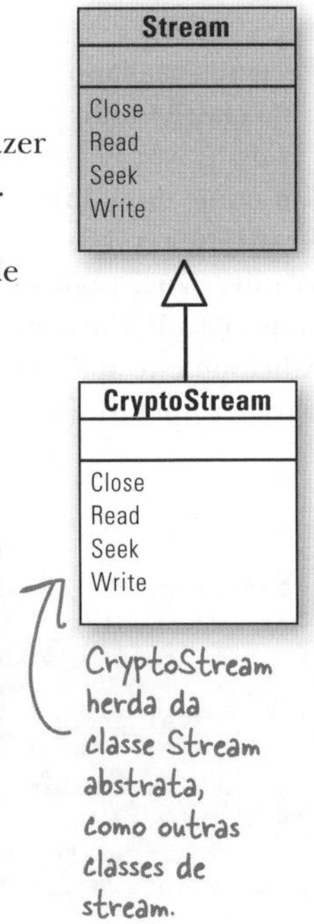

Stream
Close
Read
Seek
Write
CryptoStream
Close
Read
Seek
Write
CryptoStream herda da classe Stream abstrata, como outras classes de stream.

Uma grande vantagem de trabalhar com streams no .NET é que você pode fazer seus dados passarem por mais de uma stream a caminho de seu destino final. Um dos muitos tipos de streams no .NET Core é a classe CryptoStream. Isso permite criptografar seus dados antes de fazer outra coisa com eles. Em vez de gravar texto comum no bom e velho arquivo de texto normal:

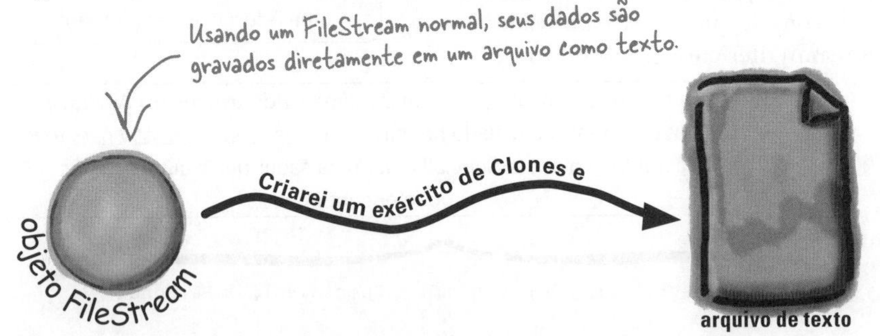

Usando um FileStream normal, seus dados são gravados diretamente em um arquivo como texto.
Criarei um exército de Clones e
objeto FileStream
arquivo de texto

Swindler pode **encadear as streams** e enviar o texto por meio de um objeto CryptoStream antes de gravar a saída em FileStream:

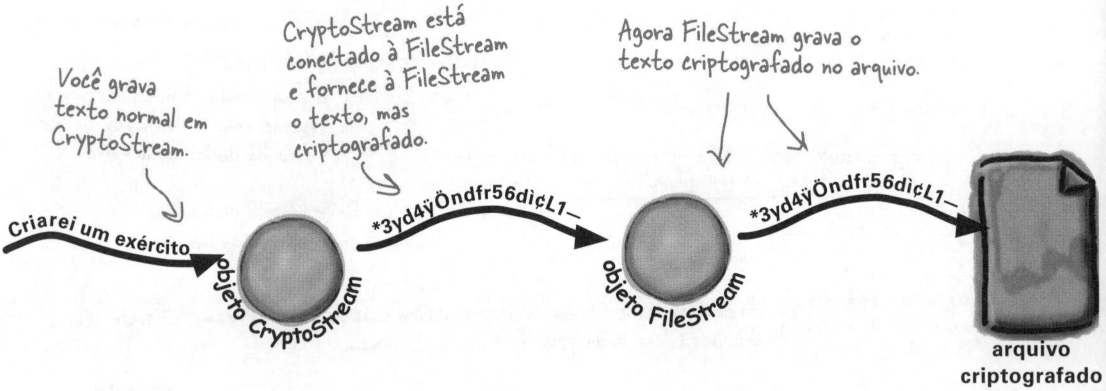

Você grava texto normal em CryptoStream.
CryptoStream está conectado à FileStream e fornece à FileStream o texto, mas criptografado.
Agora FileStream grava o texto criptografado no arquivo.
Criarei um exército
objeto CryptoStream
*3yd4ÿÖndfr56di¢L1–
objeto FileStream
*3yd4ÿÖndfr56di¢L1–
arquivo criptografado

Você pode ENCADEAR streams. Uma stream pode gravar em outra, que grava em outra... muitas vezes terminando com uma stream de rede ou de arquivo.

Enigma da Piscina

Seu ***trabalho*** é pegar os snippets de código na piscina e colocá-los nas linhas em branco nas classes Pineapple, Pizza e Party. Você pode usar o mesmo snippet mais de uma vez, e não precisará usar todos eles. Seu ***objetivo*** é fazer o programa gravar um arquivo chamado *order.txt* com cinco linhas listadas na caixa de saída abaixo.

Pergunta bônus.

MINI Aponte o seu lápis

Qual texto o app grava em *delivery.txt*?

....

```
class Pineapple {
   const ____ ___d = "delivery.txt";
   public ____________ _____
        { North, South, East, West,
Flamingo }
   public static void Main(string[] args)
{
      _____o = new __________("order.txt");
      var pz = new __________(new ________
(d, true));
      pz.__________(Fargo.Flamingo);
      for (__________w = 3; w >= 0; w--) {
         var i = new __________(new ______
(d, false));
         i.Idaho((Fargo)w);
         Party p = new _______(new _______
(d));
         p.HowMuch(o);
      }
      o.__________("That's all folks!");
      o.__________();
   }
}
```

```
class Pizza {
   private __________writer;
   public Pizza(__________) {
      this.writer = writer;
   }
   public void Idaho(__________.Fargo f) {
      writer__________(f);
      writer.__________();
   }
}

class Party {
   private __________reader;
   public Party(__________) {
      this.reader = reader;
   }
   public void HowMuch(__________q) {
      q.__________(reader.__________());
      reader.__________();
   }
}
```

O código grava estas linhas no arquivo order.txt.

order.txt

West
East
South
North
That's all folks!

Nota: cada snippet na piscina pode ser usado mais de uma vez!

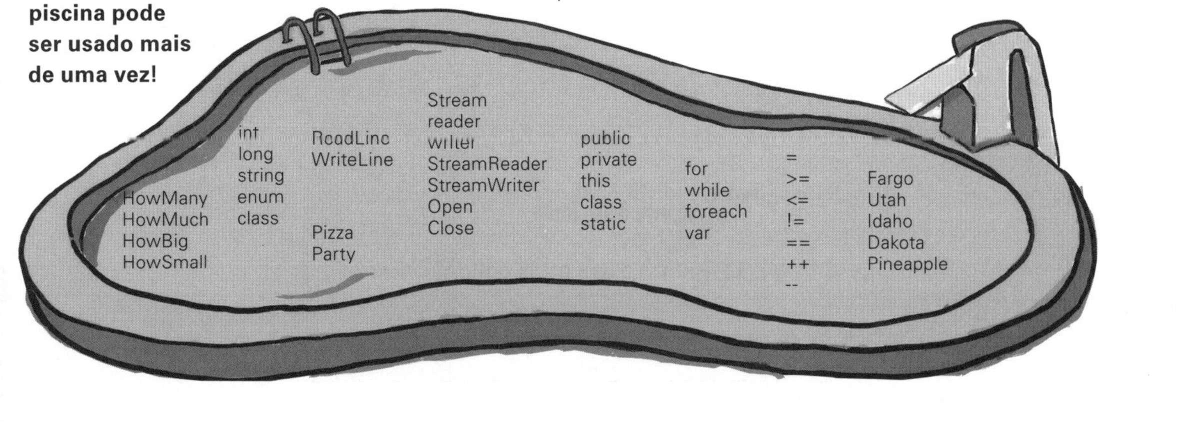
HowMany
HowMuch
HowBig
HowSmall
int
long
string
enum
class
ReadLine
WriteLine
Pizza
Party
Stream
reader
writer
StreamReader
StreamWriter
Open
Close
public
private
this
class
static
for
while
foreach
var
=
>=
<=
!=
==
++
--
Fargo
Utah
Idaho
Dakota
Pineapple

Enigma da Piscina – Solução

Este enum é usado para escrever muita saída. Aprendemos no Capítulo 8 que o método ToString de enum retorna a string equivalente; portanto, Fargo.North.ToString() retorna a string "North".

```
class Pineapple {
    const string d = "delivery.txt";
    public enum Fargo
        { North, South, East, West, Flamingo }
    public static void Main(string[] args) {
        var o = new StreamWriter("order.txt");
        var pz = new Pizza(new StreamWriter(d, true));
        pz.Idaho(Fargo.Flamingo);
        for (int w = 3; w >= 0; w--) {
            var i = new Pizza(new StreamWriter(d, false));
            i.Idaho((Fargo)w);
            Party p = new Party(new StreamReader(d));
            p.HowMuch(o);
        }
        o.WriteLine("That's all folks!");
        o.Close();
    }
}
```

Veja o ponto de entrada do programa. Ele cria StreamWriter, que é passado para a classe Party. Então, faz um loop nos membros Fargo, passando cada um para o método Pizza.Idaho escrever.

```
class Pizza {
    private StreamWriter writer;
    public Pizza(StreamWriter writer) {
        this.writer = writer;
    }
    public void Idaho(Pineapple.Fargo f) {
        writer.WriteLine(f);
        writer.Close();
    }
}
```

A classe Pizza mantém StreamWriter como um campo privado e seu método Idaho grava os enums Fargo no arquivo usando seus métodos ToString, que WriteLine chama automaticamente.

```
class Party {
    private StreamReader reader;
    public Party(StreamReader reader) {
        this.reader = reader;
    }
    public void HowMuch(StreamWriter q) {
        q.WriteLine(reader.ReadLine());
        reader.Close();
    }
}
```

A classe Party tem um campo StreamReader e seu método HowMuch lê uma linha nesse StreamReader e grava-a em StreamWriter.

A saída que o app grava no arquivo order.txt.

order.txt

West
East
South
North
That's all folks!

MINI Aponte o seu lápis

Qual texto o app grava em *delivery.txt*?

North

não existem Perguntas Idiotas

P: Pode explicar o que você fez com {0} e {1} quando chamou os métodos StreamWriter Write e WriteLine?

R: Ao escrever strings em um arquivo, você costuma ter que escrever o conteúdo de muitas variáveis. Por exemplo, pode ter que gravar algo como:

```
writer.WriteLine("My name is " + name +
    "and my age is " + age);
```

Fica muito chato e é propenso a erros ter que continuar usando + para combinar as strings. É mais fácil usar uma **formatação composta**, em que você usa uma **string de formatação com espaços reservados** como {0}, {1}, {2} etc., e segue isso com variáveis para substituir esses espaços:

```
writer.WriteLine(
 "My name is {0} and my age is {1}",
name, age);
```

É possível que você esteja pensando se não é muito parecido com a interpolação de strings. E está certo — é! Em alguns casos a interpolação pode ser mais fácil de ler, já em outros usar uma string de formatação é mais claro. Como a interpolação de strings, as **strings de formatação suportam a formatação**. Por exemplo, {1:0.00} significa formatar o segundo argumento como um número com duas casas decimais, ao passo que {3:c} pede para formatar o quarto argumento na moeda local.

Ah, mais uma coisa: as strings de formatação funcionam com Console.Write e Console.WriteLine também!

P: O que era o campo Path.DirectorySeparatorChar usado no aplicativo de console que utilizava StringReader?

R: Escrevemos esse código para funcionar no Windows e no macOS, então aproveitamos algumas ferramentas do .NET Core para ajudar. O Windows usa caracteres de barra invertida como um separador do caminho (C:\Windows), já o macOS usa uma barra normal (/Users).

Path.DirectorySeparatorChar é um campo de somente leitura definido para o caractere do separador de caminho correto do SO: \ no Windows, / no macOS e no Linux.

Também usamos o método Environment.GetFolderPath,que retorna o caminho de uma das pastas especiais do usuário atual; nesse caso, a pasta Documents do usuário no Windows ou o diretório-raiz no macOS.

P: Perto do começo do capítulo você mencionou a conversão de uma string em um array de bytes. Como funciona?

R: É provável que tenha ouvido muitas vezes que os arquivos no disco são representados como bits e bytes. Isso significa que, quando você grava um arquivo no disco, o SO o trata como uma longa sequência de bytes. StreamReader e StreamWriter convertem de *bytes* em *caracteres*, e isso se chama *codificar* e *decodificar*. Lembra-se do Capítulo 4, sobre como uma variável de byte pode armazenar qualquer número entre 0 e 255? Todo arquivo no disco rígido é uma longa sequência de números entre 0 e 255. Cabe aos programas que leem e gravam esses arquivos interpretar esses bytes como dados significativos. Ao abrir um arquivo no Bloco de notas, ele converte cada byte individual em um caractere; por exemplo, E é 69 e a é 97 (mas isso depende da codificação... você aprenderá mais sobre codificação daqui a pouco). Quando digita texto no Bloco de Notas e o salva, o Bloco de Notas converte cada caractere de volta em um byte e salva-o no disco. Se você quiser gravar uma string em uma stream, precisará fazer o mesmo.

P: Se estou só usando StreamWriter para gravar em um arquivo, o que importa se ele cria FileStream?

R: Se você está apenas lendo ou gravando linhas em um arquivo de texto em ordem, então tudo o que precisa é de StreamReader e StreamWriter. Quando precisar fazer algo mais complexo, começará a trabalhar com outros streams. Se já precisou gravar dados como números, arrays, coleções ou objetos em um arquivo, StreamWriter não servirá. Iremos detalhar mais como isso funcionará em breve.

P: Por que preciso me preocupar em fechar as streams depois de terminar com elas?

R: Alguma vez um processador de texto já informou que não podia abrir um arquivo porque ele estava "ocupado"? Quando um programa usa um arquivo, o Windows o bloqueia e impede que outros programas o usem. Seus programas não são uma exceção; o Windows fará isso com seus apps quando eles abrirem arquivos também. Se você não chama o método Close, é possível que seu programa mantenha um arquivo bloqueado até ele terminar.

Console e StreamWriter podem usar a formatação composta, que substitui os espaços reservados por valores de parâmetros passados para Write ou WriteLine.

Use as classes File e Directory estáticas para trabalhar com arquivos e diretórios

Como StreamWriter, a classe File cria streams que permitem trabalhar com arquivos internamente. Você pode usar seus métodos para fazer as ações mais comuns sem precisar criar primeiro FileStreams. A classe Directory permite trabalhar com diretórios inteiros cheios de arquivos.

Coisas que podem ser feitas com a classe File estática:

1. **Descobrir se o arquivo existe.**

   Você pode verificar para saber se um arquivo existe usando o método File.Exists. Ele retorna true se existe; e false, do contrário.

2. **Ler e gravar no arquivo.**

   Você pode usar o método File.OpenRead para obter dados em um arquivo ou o método File.Create ou File.OpenWrite para gravar no arquivo.

3. **Anexar texto ao arquivo.**

   O método File.AppendAllText permite anexar texto a um arquivo já criado. Ele mesmo cria o arquivo se um não existe quando o método é executado.

4. **Obter informações sobre o arquivo.**

   Os métodos File.GetLastAccessTime e File.GetLastWriteTime retornam a data e a hora em que o arquivo foi acessado e modificado na última vez.

FileInfo funciona como File

Se você pretende fazer muito trabalho com um arquivo, pode querer criar uma instância da classe FileInfo, em vez de usar os métodos estáticos da classe File.

A classe FileInfo faz quase tudo que a classe File faz, exceto que você precisa instanciar para usá-la. Pode criar uma nova instância de FileInfo e acessar seu método Exists ou seu método OpenRead do mesmo modo.

A grande diferença é que a classe File é mais rápida para poucas ações e FileInfo é mais adequada para grandes trabalhos.

File é uma classe estática; portanto, é só um conjunto de métodos que permitem trabalhar com arquivos. FileInfo é um objeto que você instancia e seus métodos são os mesmos vistos em File.

Coisas que podem ser feitas com a classe Directory estática:

1. **Criar um novo diretório.**

   Crie um diretório usando o método Directory.CreateDirectory. Tudo o que precisa fazer é fornecer o caminho; esse método faz o resto.

2. **Obter uma lista dos arquivos em um diretório.**

   Você pode criar um array de arquivos em um diretório usando o método Directory.GetFiles; basta informar ao método sobre qual diretório deseja saber, e ele fará o resto.

3. **Excluir um diretório.**

   Precisa excluir um diretório? Chame o método Directory.Delete.

Aponte o seu lápis

O .NET tem classes com muitos métodos estáticos para trabalhar com arquivos e pastas, e os nomes dos métodos são claros. A classe File fornece métodos para trabalhar com arquivos e a classe Directory permite trabalhar com diretórios. Escreva o que você acha que estas linhas de código fazem, então responda às duas perguntas adicionais no final.

Código	O que faz

if (!Directory.Exists(@"C:\SYP")) {
    Directory.CreateDirectory(@"C:\SYP");
}	

if (Directory.Exists(@"C:\SYP\Bonk")) {
    Directory.Delete(@"C:\SYP\Bonk");
}	

Directory.CreateDirectory(@"C:\SYP\Bonk");	
Directory.SetCreationTime(@"C:\SYP\Bonk", new DateTime(1996, 09, 23));	
string[] files = Directory.GetFiles(@"C:\SYP\", "*.log", SearchOption.AllDirectories);	
File.WriteAllText(@"C:\SYP\Bonk\weirdo.txt", @"This is the first line and this is the second line and this is the last line");	
File.Encrypt(@"C:\SYP\Bonk\weirdo.txt"); Veja se consegue adivinhar o que isto faz; ainda não foi visto.	
File.Copy(@"C:\SYP\Bonk\weirdo.txt", @"C:\SYP\copy.txt");	
DateTime myTime = Directory.GetCreationTime(@"C:\SYP\Bonk");	
File.SetLastWriteTime(@"C:\SYP\copy.txt", myTime);	
File.Delete(@"C:\SYP\Bonk\weirdo.txt");	

Por que colocamos @ em cada string que passamos como argumentos para os métodos acima?

Os nomes de arquivo acima iniciam com C:\ para funcionar no Windows. O que acontece se rodamos o código no macOS ou no Linux?

Aponte o seu lápis Solução

O .NET tem classes com muitos métodos estáticos para trabalhar com arquivos e pastas, e os nomes dos métodos são claros. A classe File fornece métodos para trabalhar com arquivos e a classe Directory permite trabalhar com diretórios. Seu trabalho era escrever o que cada parte de código fez.

Código	O que faz

`if (!Directory.Exists(@"C:\SYP")) {`
`    Directory.CreateDirectory(@"C:\SYP");`
`}`
	Verifica se a pasta C:\SYP existe. Se não existe, cria uma.

`if (Directory.Exists(@"C:\SYP\Bonk")) {`
`    Directory.Delete(@"C:\SYP\Bonk");`
`}`
	Verifica se a pasta C:\SYP\Bonk existe. Se existe, a exclui.

`Directory.CreateDirectory(@"C:\SYP\Bonk");`	Cria o diretório C:\SYP\Bonk.
`Directory.SetCreationTime(@"C:\SYP\Bonk",` `        new DateTime(1996, 09, 23));`	Define a hora de criação da pasta C:\SYP\Bonk para 23 de setembro de 1996.

`string[] files = Directory.GetFiles(@"C:\`
`SYP\",`
`        "*.log", SearchOption.`
`AllDirectories);`
	Obtém uma lista de todos os arquivos em C:\SYP que combinam com o padrão *.log, inclusive todos os arquivos correspondentes em qualquer subdiretório.

`File.WriteAllText(@"C:\SYP\Bonk\weirdo.`
`txt",`
`        @"This is the first line`
`and this is the second line`
`and this is the last line");`
	Cria um arquivo chamado "weirdo.txt" (se ainda não existe) na pasta C:\SYP\Bonk e grava três linhas de texto nele.

`File.Encrypt(@"C:\SYP\Bonk\weirdo.txt");` É uma alternativa a usar CryptoStream.	Aproveita a criptografia predefinida do Windows para criptografar o arquivo "weirdo.txt" usando as credenciais da conta conectada.
`File.Copy(@"C:\SYP\Bonk\weirdo.txt",` `        @"C:\SYP\copy.txt");`	Copia o arquivo C:\SYP\Bonk\weirdo.txt para C:\SYP\Copy.txt.

`DateTime myTime =`
`        Directory.GetCreationTime(@"C:\SYP\`
`Bonk");`
	Declara a variável myTime e define-a para ser igual à hora de criação da pasta C:\SYP\Bonk.

`File.SetLastWriteTime(@"C:\SYP\copy.txt",` `myTime);`	Altera a hora da última gravação do arquivo copy.txt em C:\SYP\ para ser igual a qualquer hora armazenada na variável myTime.
`File.Delete(@"C:\SYP\Bonk\weirdo.txt");`	Exclui o arquivo C:\SYP\Bonk\weirdo.txt.

Por que colocamos @ em cada string que passamos como argumentos para os métodos acima?

@ evita que as barras invertidas na string sejam interpretadas como sequências de escape.

Os nomes de arquivo acima iniciam com C:\ para funcionar no Windows. O que acontece se rodamos o código no macOS ou no Linux?

Cria um nome de arquivo que começa com "C:\" e coloca-o na mesma pasta do binário.

IDisposable fecha os objetos corretamente

Muitas classes .NET implementam uma interface particularmente útil chamada IDisposable. Ela **tem apenas um membro**: um método chamado Dispose. Sempre que uma classe implementa IDisposable, informa que existem coisas importantes que ela precisa fazer para finalizar; em geral, porque são **recursos alocados** que ela não retornará até você pedir. O método Dispose é como você pede ao objeto para liberar esses recursos.

Use o IDE para explorar IDisposable

Você pode usar o recurso Ir para Definição no IDE (ou "Ir para Declaração" no Mac) para ver a definição de IDisposable. Vá para o projeto e digite `IDisposable` em qualquer lugar dentro de uma classe. Clique com o botão direito e selecione Ir para Definição no menu. Será aberta uma nova guia com o código. Expanda todo o código e verá isto:

Muitas classes alocam recursos importantes, como memória, arquivos e outros objetos. Isso significa que elas os adquirem e não os retornam até você informar que terminou com eles.

```
namespace System
{
    /// <summary>
    /// Fornece um mecanismo para liberação de recursos não
gerenciados.
    /// </summary>
    public interface IDisposable
    {
        /// <summary>
        /// Realiza tarefas definidas pelo app associadas a deixar
        /// livre, liberar ou redefinir recursos não gerenciados.
        /// </summary>
         void Dispose();
    }
}
```

Qualquer classe que implementa IDisposable deve liberar imediatamente qualquer recurso adquirido assim que você chama o método Dispose. Quase sempre é a última coisa feita antes de terminar com o objeto.

A-lo-car, verbo.
Distribuir recursos ou tarefas para certa finalidade. *A equipe de programação ficou irritada com o gerente de projetos, porque ele **alocou** todas as salas de conferência para um seminário de gestão inútil.*

Evite erros do sistema de arquivos com declarações using

Estas declarações "using" são diferentes daquelas no início do seu código.

Neste capítulo enfatizamos que você precisa **fechar as streams**, porque alguns dos erros mais comuns que os programadores encontram quando lidam com arquivos são causados quando as streams não são fechadas corretamente. Por sorte, o C# tem uma ótima ferramenta para assegurar que isso nunca aconteça: IDisposable e o método Dispose. Ao **colocar o código da stream em uma declaração using**, ela fecha automaticamente as streams para você. Tudo o que precisa fazer é **declarar a referência da stream** com uma declaração **using**, seguida de um bloco de código (entre chaves) que usa tal referência. Quando faz isso, o C# **chama automaticamente o método Dispose** assim que termina de executar o bloco de código.

Uma declaração using é sempre seguida de uma declaração do objeto...

...e de um bloco de código entre chaves.

```
using (var sw = new StreamWriter("secret _ plan.txt")) {
   sw.WriteLine("How I'll defeat Captain Amazing");
   sw.WriteLine("Another genius secret plan");
   sw.WriteLine("by The Swindler");
}
```

Após a última declaração no bloco using ser executada, chama o método Dispose do objeto sendo usado.

Neste caso, o objeto usado é apontado por sw, que foi colocado na declaração using; portanto, o método Dispose da classe Stream é executado... fechando a stream.

Esta declaração using declara uma variável **sw** que referencia um novo StreamWriter seguido de um bloco de código. Após todas as declarações no bloco serem executadas, o bloco using chamará sw.Dispose automaticamente.

Use múltiplas declarações using para vários objetos

Você pode empilhar as declarações **using**; não é preciso ter conjuntos extras de chaves nem recuos:

```
using (var reader = new StreamReader("secret _ plan.txt"))
using (var writer = new StreamWriter("email.txt"))
{
    // Declarações que usam reader e writer.
}
```

Ao declarar um objeto em um bloco using, o método Dispose desse objeto é chamado automaticamente.

Toda stream tem um método Dispose que a fecha. Ao declarar sua stream em uma declaração using, ela sempre será fechada! Isso é importante, pois algumas streams *não gravam todos os seus dados até serem fechadas*.

MemoryStream para enviar dados à memória

Estamos usando streams para ler e gravar arquivos. E se você quiser ler os dados em um arquivo e fazer algo com eles? Pode usar **MemoryStream**, que controla todos os dados enviados para ele, armazenando-os na memória. Por exemplo, você pode criar um novo MemoryStream e passá-lo como um argumento para um construtor StreamWriter, então qualquer dado gravado com StreamWriter será enviado para esse MemoryStream. É possível recuperar os dados usando o **método MemoryStream.ToArray**, que retorna todos os dados enviados para ele em um array de bytes.

Encoding.UTF8.GetString para converter arrays de byte em strings

Uma das coisas mais comuns que fará com os arrays de byte é convertê-los em strings. Por exemplo, se tiver um array de bytes chamado bytes, veja um modo de convertê-lo em string:

```
var converted = Encoding.UTF8.GetString(bytes);
```

Mencionamos "encoding" antes. O que você acha que significa?

Veja um pequeno aplicativo de console que usa a formatação composta para gravar um número em MemoryStream, converter em um array de bytes, depois em uma string. Só tem um problema... ***não funciona!***

Crie um novo aplicativo de console e adicione este código. Consegue investigar o problema e corrigi-lo?

Faça isto!

Este app não funciona! Quando executado, ele deveria escrever uma linha de texto no console, mas não faz nada. Explicaremos o que está errado, mas, antes, veja se consegue investigar sozinho.

Dica: pode descobrir quando as streams são fechadas?

```
using System;
using System.IO;
using System.Text;
class Program
{
    static void Main(string[] args)
    {
        using (var ms = new MemoryStream())
        using (var sw = new StreamWriter(ms))
        {
            sw.WriteLine("The value is {0:0.00}", 123.45678);
            Console.WriteLine(Encoding.UTF8.GetString(ms.ToArray()));
        }
    }
}
```

O método MemoryStream.ToArray retorna todos os dados enviados como um array de bytes. O método GetString converte esse array em string.

P: Por que você colocou @ nas strings com nomes de arquivo no exercício "Aponte o seu lápis"?

R: Se não colocássemos, \S em "C:\SYP" seria interpretado como uma sequência de escape inválida, gerando uma exceção. Ao adicionar uma string literal ao programa, o compilador converte as sequências de escape, como \n e \r, em caracteres especiais. Os nomes de arquivo do Windows têm barras invertidas, mas as strings do C# costumam usar tais barras para iniciar as sequências. Se você coloca @ em uma string, ela pede ao C# para não interpretar essas sequências. Também pede para incluir quebras de linha na string, assim você pode pressionar Enter na metade da string e ela incluirá isso como uma quebra de linha na saída.

P: O que exatamente são as sequências de escape?

R: Elas são um modo de incluir caracteres especiais nas strings. Por exemplo, \n é um avanço do linha, \t é uma tabulação e \r é um caractere de retorno, ou metade de um retorno do Windows (nos arquivos de texto do Windows, as linhas devem terminar com \r\n; para macOS e Linux, as linhas terminam em \n apenas). Se você precisar incluir aspas em uma string, poderá usar \" e isso não terminará a string. Se quiser usar uma barra real na string e não deixar o C# interpretá-la como o início de uma sequência de escape, basta usar barras invertidas duplas: \\.

Você teve sua chance de investigar o problema sozinho. Veja como o corrigimos.

Investigue

Certa vez, Sherlock disse: "Dados! Dados! Preciso de dados! Não posso fazer tijolos sem barro." Comecemos na cena do crime: nosso código não funciona. Vamos procurar todos os dados possíveis desenterrando pistas.

Quantas pistas você identificou?

- Instanciamos StreamWriter que alimenta dados em um novo MemoryStream.
- StreamWriter grava uma linha de texto em MemoryStream.
- O conteúdo de MemoryStream é copiado para um array e convertido em string.
- Tudo acontece em um bloco `using`; portanto, as streams são fechadas.

Se identificou essas pistas, parabéns! Você aprimorou suas habilidades de detetive de código! Mas, como em todo grande mistério, sempre há uma última pista, algum fato que descobrimos antes e que prova ser a chave para desvendar o crime e encontrar o culpado.

Usamos um bloco `using`, então sabemos que as streams são fechadas. ***Mas quando?*** O que nos leva à chave do mistério, à pista importante que descobrimos pouco antes do crime: ***algumas streams não gravam todos os seus dados até serem fechadas***.

StreamWriter e MemoryStream são declarados no mesmo bloco `using`, então os métodos Dispose são chamados *após a última linha no bloco ser executada*. O que significa? O método MemoryStream.ToArray é chamado ***antes*** *de StreamWriter ser fechado.*

Podemos corrigir o problema adicionando um bloco `using` ***aninhado*** para *primeiro* fechar StreamWriter e, *então,* chamar ToArray:

```
using System;
using System.IO;
using System.Text;

class Program
{
    static void Main(string[] args)
    {
        using (var ms = new MemoryStream())
        {
            using (var sw = new StreamWriter(ms))
            {
                sw.WriteLine("The value is {0:0.00}", 123.45678);
            }
            Console.WriteLine(Encoding.UTF8.GetString(ms.ToArray()));
        }
    }
}
```

MemoryStream é declarado no bloco using externo, então pode ficar aberto mesmo após StreamWriter ser fechado.

O bloco using interno assegura que StreamWriter seja fechado antes de o método MemoryStream.ToArray ser chamado.

Os objetos Stream costumam ter dados na memória que são colocados em buffer ou aguardam ser gravados. Quando a stream esvazia todos os dados, isso é chamado de limpar. Se você precisa esvaziar os dados em buffer sem fechar a stream, pode também chamar seu método Flush.

Exercício

No Capítulo 8 você criou uma classe Deck que controlava uma sequência de objetos Card, com métodos para redefini-la para um baralho de 52 cartas em ordem, embaralhar as cartas de forma aleatória e ordená-las de volta. Agora você adicionará um método para gravar as cartas em um arquivo e um construtor que permite inicializar um novo baralho lendo as cartas em um arquivo.

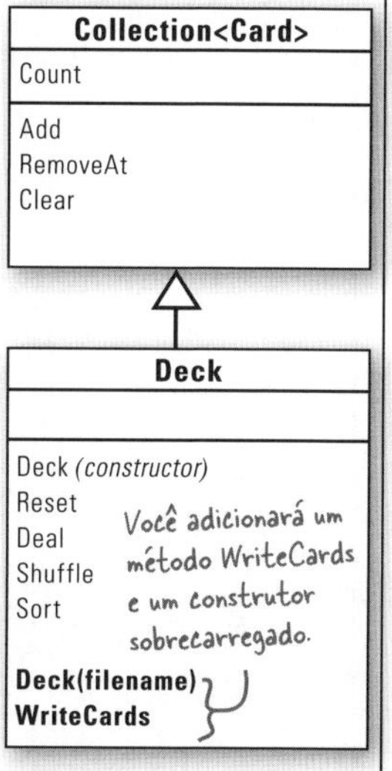
Collection<Card>
Count
Add
RemoveAt
Clear
Deck
Deck (constructor)
Reset
Deal
Shuffle
Sort
Deck(filename)
WriteCards
Você adicionará um método WriteCards e um construtor sobrecarregado.

Comece examinando as classes Deck e Card escritas no Capítulo 8

Você criou a classe Deck estendendo uma coleção genérica de objetos Card. Isso permitiu usar alguns membros úteis que Deck herdou de Collection<Card>:

- A propriedade Count retorna o número de cartas no baralho.
- O método Add adiciona uma carta ao topo do baralho.
- O método RemoveAt remove uma carta em um índice específico do baralho.
- O método Clear remove todas as cartas do baralho.

Isso lhe forneceu um bom ponto de partida para adicionar um método Reset que limpa o baralho e adiciona 52 cartas em ordem (de Ás até Rei, em cada naipe), um método Deal para remover a carta do topo do baralho e retorná-la, um método Shuffle para colocar as cartas em ordem aleatória e um método Sort para colocá-las de volta em ordem.

Adicione um método para gravar todas as cartas do baralho em um arquivo

Sua classe Card tem uma propriedade Name que retorna uma string como "Three of Clubs" ou "Ace of Hearts". Adicione um método chamado WriteCards que requer uma string com um nome de arquivo como parâmetro e grava o nome de cada carta em uma linha nesse arquivo; se você redefinir o baralho e chamar WriteCards, isso gravará 52 linhas no arquivo, uma para cada carta.

O método String.Split permite especificar um array de separadores (nesse caso, um espaço), usa-os para dividir a string em partes e retorna um array com cada parte.

Adicione um construtor Deck sobrecarregado que lê um baralho de cartas em um arquivo

Adicione um segundo construtor à classe Deck. Veja o que deve fazer:

```
public Deck(string filename)
{
   // Crie um novo StreamReader para ler o arquivo.
   // Para cada linha no arquivo, faça estas quatro coisas:
   // Use o método String.Split: var cardParts = nextCard.Split(new char[] { ' ' });
   // Use a expressão switch para o naipe da carta: var suit = cardParts[2] switch {
   // Use a expressão switch para o valor da carta: var value = cardParts[0] switch {
   // Adicione a carta ao baralho.
}
```

No Capítulo 9 você aprendeu que as expressões switch devem ser completas, então adicione um caso padrão que **gera uma nova InvalidDataException** se encontra um naipe ou um valor que não reconhece; isso assegura que cada carta seja válida.

Veja um método Main que você pode usar para testar o app. Ele cria um baralho com dez cartas aleatórias, grava-o em um arquivo, lê esse arquivo em um segundo baralho e escreve cada uma de suas cartas no console.

```
static void Main(string[] args) {
    var filename = "deckofcards.txt";
    Deck deck = new Deck();
    deck.Shuffle();
    for (int i = deck.Count - 1; i >
10; i--)
        deck.RemoveAt(i);
    deck.WriteCards(filename);

    Deck cardsToRead = new
Deck(filename);
    foreach (var card in cardsToRead)
        Console.WriteLine(card.Name);
}
```

Exercício Solução

Veja os dois métodos adicionados à classe Deck. O método WriteCards usa StreamWriter para gravar cada carta em um arquivo e o construtor Deck sobrecarregado usa StreamReader para ler cada carta em um arquivo. Como você usa StreamWriter e StreamReader, adicione using System.IO; ao início do arquivo.

```
public void WriteCards(string filename)
{
   using (var writer = new StreamWriter(filename))
   {
      for (int i = 0; i < Count; i++)
      {
         writer.WriteLine(this[i].Name);
      }
   }
}

public Deck(string filename)
{
   using (var reader = new StreamReader(filename))
   {
      while (!reader.EndOfStream)
      {
         var nextCard = reader.ReadLine();
         var cardParts = nextCard.Split(new char[] { ' ' });
         var value = cardParts[0] switch
         {
            "Ace" => Values.Ace,
            "Two" => Values.Two,
            "Three" => Values.Three,
            "Four" => Values.Four,
            "Five" => Values.Five,
            "Six" => Values.Six,
            "Seven" => Values.Seven,
            "Eight" => Values.Eight,
            "Nine" => Values.Nine,
            "Ten" => Values.Ten,
            "Jack" => Values.Jack,
            "Queen" => Values.Queen,
            "King" => Values.King,
            _ => throw new InvalidDataException($"Unrecognized card value:
{cardParts[0]}")
         };
         var suit = cardParts[2] switch
         {
            "Spades" => Suits.Spades,
            "Clubs" => Suits.Clubs,
            "Hearts" => Suits.Hearts,
            "Diamonds" => Suits.Diamonds,
            _ => throw new InvalidDataException($"Unrecognized card suit:
{cardParts[2]}"),
         };
         Add(new Card(value, suit));
      }
   }
}
```

Esta linha pede ao C# para dividir a string nextCard usando um espaço como separador. Isso divide a string "Six of Diamonds" no array {"Six", "of", "Diamonds"}.

Esta expressão switch verifica a primeira palavra na linha para ver se ela corresponde a um valor. Em caso afirmativo, o enum Value certo é atribuído à variável "value".

Os casos padrão nas expressões switch geram uma exceção se o arquivo tem uma carta inválida.

Fazemos o mesmo na terceira palavra na linha, exceto que a convertemos em um enum Suit.

PONTOS DE BALA

- Sempre que quiser ler ou gravar dados em um arquivo, usará um objeto **Stream**. Stream é uma classe abstrata com subclasses que fazem coisas diferentes.
- **FileStream** permite ler e gravar em arquivos. **MemoryStream** lê ou grava na memória.
- Grave seus dados em uma stream usando o **método Write** da stream e leia os dados com o **método Read**.
- **StreamWriter** é um modo rápido de gravar dados em um arquivo. StreamWriter cria e gerencia um objeto Stream automaticamente.
- **StreamReader** lê caracteres nas streams, mas não é uma stream em si. Ele cria uma stream para você, lê nela e a fecha quando você chama o método Close.
- Os métodos Write e WriteLine de StreamWriter e Console usam a **formatação composta**, que tem uma string de formação com espaços reservados, como {0}, {1}, {2}, que suporta uma formatação como {1:0.00} e {3:c}.
- **Path.DirectorySeparatorChar** é um campo de somente leitura definido para o separador de caminho do SO: "\" no Windows e "/" no macOS e no Linux.
- O **método Environment.GetFolderPath** retorna o caminho de uma das pastas especiais do usuário atual, como Documents no Windows ou o diretório-raiz no macOS.
- A **classe File** tem métodos estáticos, inclusive Exists (que verifica se um arquivo existe), OpenRead e OpenWrite (a fim de obter streams para ler ou gravar no arquivo) e AppendAllText (para gravar texto em um arquivo na declaração).
- A **classe Directory** tem métodos estáticos, inclusive CreateDirectory (para criar pastas), GetFiles (para obter a lista de arquivos) e Delete (para remover uma pasta).
- A **classe FileInfo** se parece com a classe File, exceto que, em vez de usar métodos estáticos, é instanciada.
- Lembre-se de **sempre fechar uma stream** após terminar com ela. Algumas streams não gravam todos os seus dados até estarem fechadas ou até seus métodos **Flush** serem chamados.
- A **interface IDisposable** assegura que os objetos sejam fechados corretamente. Ela inclui um membro, o método Dispose, que fornece um mecanismo para liberar os recursos não gerenciados.
- Use uma **declaração `using`** para instanciar uma classe que implementa IDisposable. A declaração using é seguida de um bloco de código; o objeto instanciado na declaração `using` é descartado no fim do bloco.
- Use **múltiplas declarações `using`** em sequência para declarar os objetos que são descartados no fim do mesmo bloco.

Windows e macOS têm términos de linha diferentes

Se você usa o Windows, abra o Bloco de Notas. Se usa o macOS, abra o TextEdit. Crie um arquivo com duas linhas: a primeira tem os caracteres L1 e a segunda, os caracteres L2.

Se usou o Windows, ela terá seis bytes: 76 49 13 10 76 50

Se usou o macOS, terá cinco bytes: 76 49 10 76 50

Consegue identificar a diferença? Você pode ver que a primeira e a segunda linhas são codificadas com os mesmos bytes: L é 76, 1 é 49 e 2 é 50. A quebra de linha é codificada de modo diferente: no Windows é codificada com dois bytes, 13 e 10, já no macOS é codificada com um byte, 10. Essa é a diferença nos términos de linha nos estilos Windows e Unix (o macOS é um tipo de Unix). Se você precisar escrever um código que roda em SOs diferentes e escreve arquivos com términos de linha, poderá usar a propriedade Environment.NewLine estática, que retorna "\r\n" no Windows e "\r" no macOS ou no Linux.

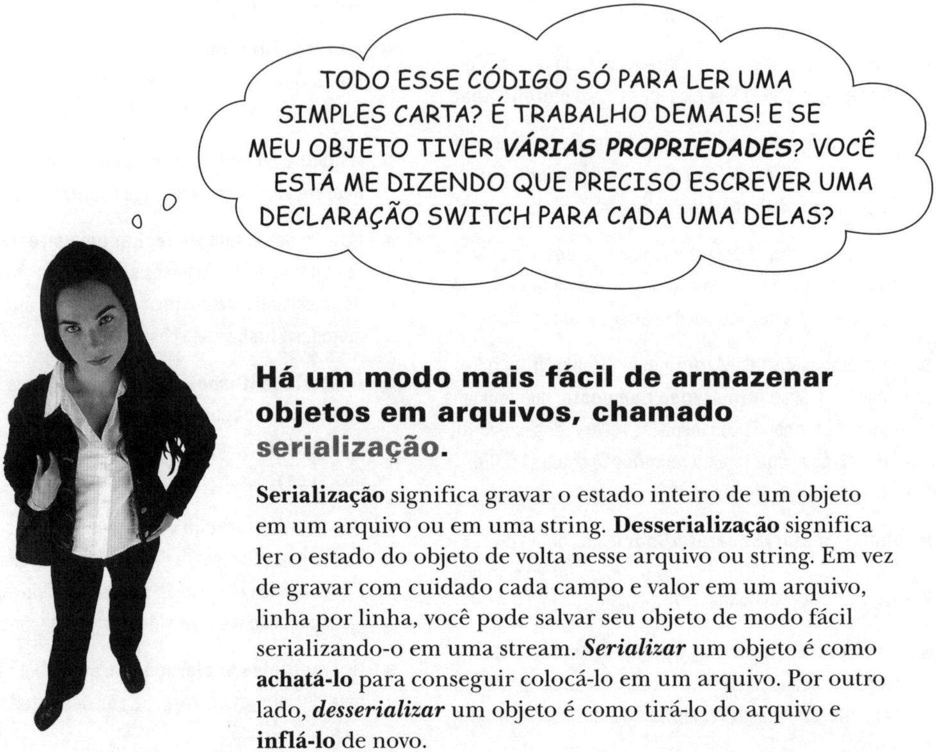
TODO ESSE CÓDIGO SÓ PARA LER UMA SIMPLES CARTA? É TRABALHO DEMAIS! E SE MEU OBJETO TIVER ***VÁRIAS PROPRIEDADES***? VOCÊ ESTÁ ME DIZENDO QUE PRECISO ESCREVER UMA DECLARAÇÃO SWITCH PARA CADA UMA DELAS?

Há um modo mais fácil de armazenar objetos em arquivos, chamado serialização.

Serialização significa gravar o estado inteiro de um objeto em um arquivo ou em uma string. **Desserialização** significa ler o estado do objeto de volta nesse arquivo ou string. Em vez de gravar com cuidado cada campo e valor em um arquivo, linha por linha, você pode salvar seu objeto de modo fácil serializando-o em uma stream. ***Serializar*** um objeto é como **achatá-lo** para conseguir colocá-lo em um arquivo. Por outro lado, ***desserializar*** um objeto é como tirá-lo do arquivo e **inflá-lo** de novo.

Certo, só para ficar claro: existe também um método chamado Enum.Parse que converterá a string "Spades" no valor enum Suits. Spades. Tem ainda um colega, Enum.TryParse, que funciona como o método int.TryParse usado neste livro. Mas a serialização ainda faz muito mais sentido aqui. Você saberá sobre isso em breve...

O que acontece com um objeto quando ele é serializado?

Parece que acontece algo misterioso com um objeto ao copiá-lo do heap e colocá-lo em um arquivo, mas na verdade é tudo muito simples.

❶ Objeto no heap

Ao criar uma instância de um objeto, ele tem um **estado**. Tudo o que um objeto "sabe" é o que diferencia uma instância de uma classe de outra instância da mesma classe.

❷ Objeto serializado

Quando o C# serializa um objeto, ele **salva o estado completo do objeto**, de modo que uma instância idêntica (objeto) possa ressuscitar no heap mais tarde.

Este objeto tem dois campos de byte: largura e altura.
00100101
01000110
largura
altura
00100101
01000110
file.dat
Os valores do campo para largura e altura são salvos no arquivo file.dat, junto com outras informações que o código precisa para restaurar o objeto mais tarde (como os tipos do objeto e cada um dos seus campos).

Objeto no heap de novo

❸ E mais tarde...

Mais tarde, talvez dias depois e em um programa diferente, você pode voltar ao arquivo e **desserializá-lo**. Isso obtém a classe original do arquivo e a restaura **exatamente como era**, com todos os seus campos e valores intactos.

O que É exatamente o estado de um objeto? O que precisa ser salvo?

Já sabemos que **um objeto armazena seu estado em campos e propriedades**. Quando um objeto é serializado, cada um desses valores precisa ser salvo em um arquivo.

A serialização começa a ficar interessante quando você tem objetos mais complicados. Chars, ints, doubles e outros tipos de valores têm bytes que só podem ser gravados em um arquivo como estão. E se um objeto tiver uma variável de instância que é uma *referência* de objeto? E se um objeto tem cinco variáveis de instância que são referências de objeto? E se essas mesmas variáveis de instância do objeto têm variáveis de instância?

Pense um pouco. Qual parte de um objeto é potencialmente única? Pense no que precisa ser restaurado para obter um objeto idêntico ao que foi salvo. Como tudo no heap deve ser gravado no arquivo.

O Poder do Cérebro é como um poder "concentrado". Reserve uns minutos e realmente reflita.

PODER DO CÉREBRO

O que precisa acontecer no objeto Car para que seja salvo e possa ser restaurado em seu estado original? Digamos que o carro [car] tenha três passageiros, um motor de três litros e pneus radiais para qualquer situação... essas coisas não fazem parte do estado do objeto Car? O que deve acontecer com elas?

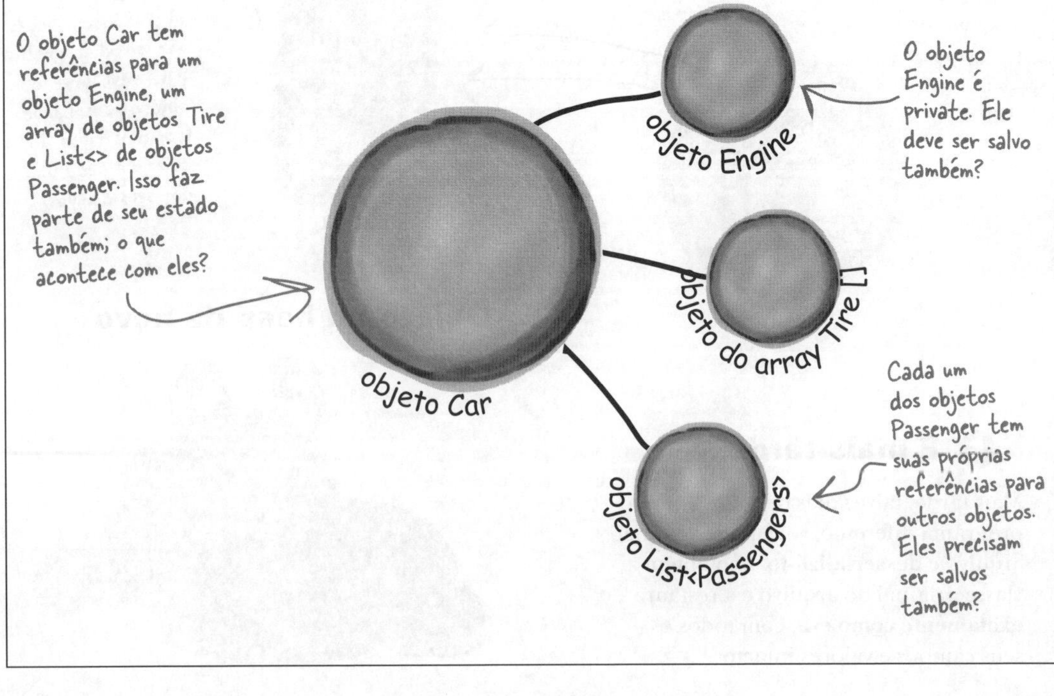
O objeto Car tem referências para um objeto Engine, um array de objetos Tire e List<> de objetos Passenger. Isso faz parte de seu estado também; o que acontece com eles?
objeto Car
objeto Engine
O objeto Engine é private. Ele deve ser salvo também?
objeto do array Tire []
objeto List<Passengers>
Cada um dos objetos Passenger tem suas próprias referências para outros objetos. Eles precisam ser salvos também?

Quando um objeto é serializado, todos os objetos que ele referencia são serializados também...

Um grupo de objetos conectados entre si por referências às vezes é referido como grafo.

...todos os objetos aos quais *eles* se referem e todos os objetos aos quais *esses outros objetos* se referem etc. Não se preocupe, pode parecer complicado, mas tudo acontece automaticamente. O C# inicia com o objeto que você deseja serializar e pesquisa seus campos para obter outros objetos. Então, faz o mesmo em cada um. Todo objeto é gravado no arquivo, junto com todas as informações que o C# precisa para reconstituí-lo quando o objeto é desserializado.

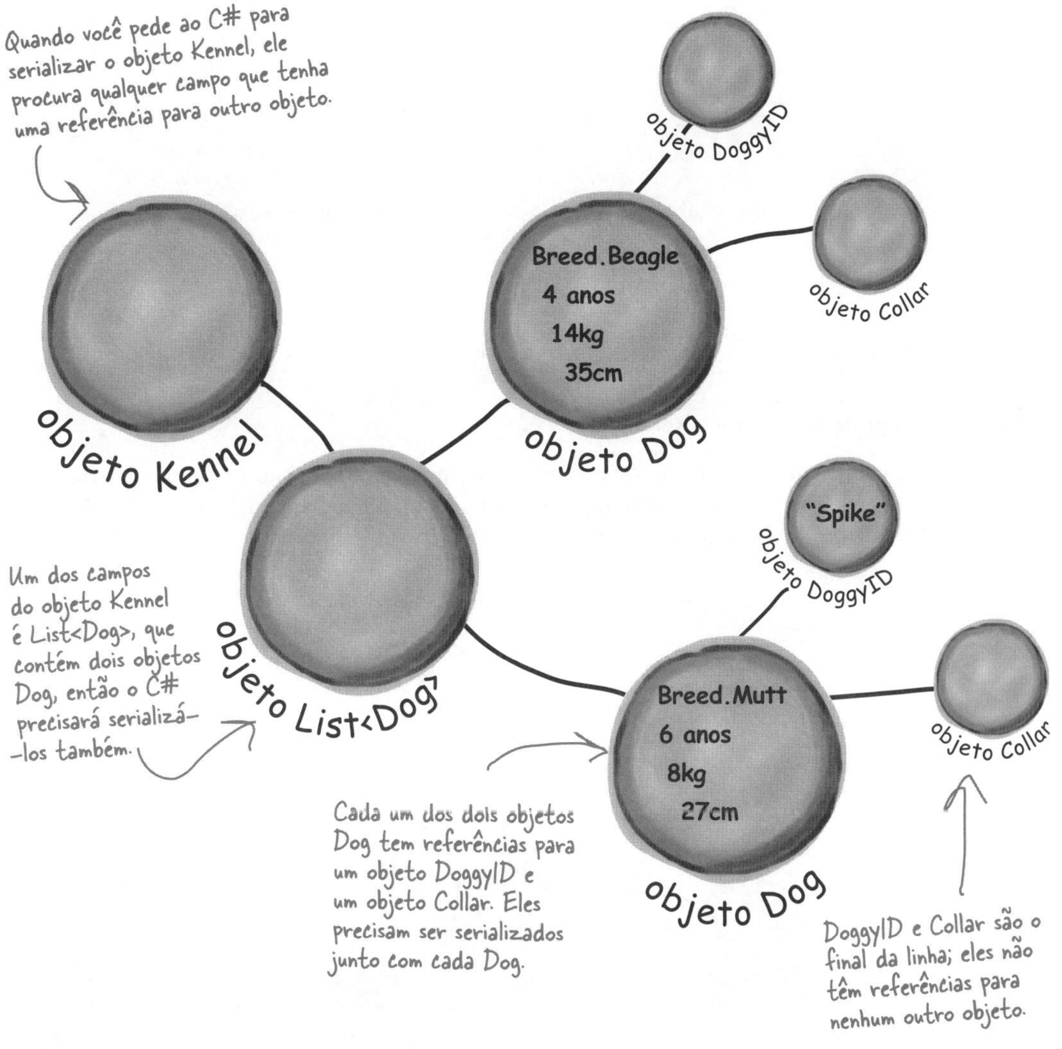
Quando você pede ao C# para serializar o objeto Kennel, ele procura qualquer campo que tenha uma referência para outro objeto.
objeto DoggyID
Breed.Beagle
4 anos
14kg
35cm
objeto Collar
objeto Kennel
objeto Dog
"Spike"
objeto DoggyID
Um dos campos do objeto Kennel é List<Dog>, que contém dois objetos Dog, então o C# precisará serializá-los também.
objeto List<Dog>
Breed.Mutt
6 anos
8kg
27cm
objeto Collar
Cada um dos dois objetos Dog tem referências para um objeto DoggyID e um objeto Collar. Eles precisam ser serializados junto com cada Dog.
objeto Dog
DoggyID e Collar são o final da linha; eles não têm referências para nenhum outro objeto.

Use JsonSerialization para serializar objetos

Você não se limita a ler e gravar linhas de texto nos arquivos. Pode usar a **serialização JSON** para permitir que seus programas ***copiem objetos inteiros*** para strings (que você pode gravar nos arquivos!) e leia-os de novo em… poucas linhas de código! Vejamos como funciona. Comece **criando um novo aplicativo de console**.

1 Elabore algumas classes para seu grafo de objetos. **Faça isto!**

Adicione este enum HairColor e as classes Guy, Outfit e HairStyle ao seu novo aplicativo:

```
class Guy {
    public string Name { get; set; }
    public HairStyle Hair { get; set; }
    public Outfit Clothes { get; set; }
    public override string ToString() => $"{Name} with {Hair} wearing {Clothes}";
}

class Outfit {
    public string Top { get; set; }
    public string Bottom { get; set; }
    public override string ToString() => $"{Top} and {Bottom}";
}

enum HairColor {
   Auburn, Black, Blonde, Blue, Brown, Gray, Platinum, Purple, Red, White
}

class HairStyle {
    public HairColor Color { get; set; }
    public float Length { get; set; }
    public override string ToString() => $"{Length:0.0} inch {Color} hair";
}
```

2 Crie um grafo de objetos a serializar.

Agora crie um pequeno grafo de objetos a serializar: uma nova List<Guy> apontando para alguns objetos Guy. Adicione esse código ao método Main. Ele usa um inicializador de coleção e inicializadores de objeto para criar um grafo de objetos:

```
static void Main(string[] args) {
    var guys = new List<Guy>() {
       new Guy() { Name = "Bob", Clothes = new Outfit() { Top = "t-shirt", Bottom
= "jeans" },
          Hair = new HairStyle() { Color = HairColor.Red, Length = 3.5f }
       },
       new Guy() { Name = "Joe", Clothes = new Outfit() { Top = "polo", Bottom =
"slacks" },
          Hair = new HairStyle() { Color = HairColor.Gray, Length = 2.7f }
       },
    };
}
```

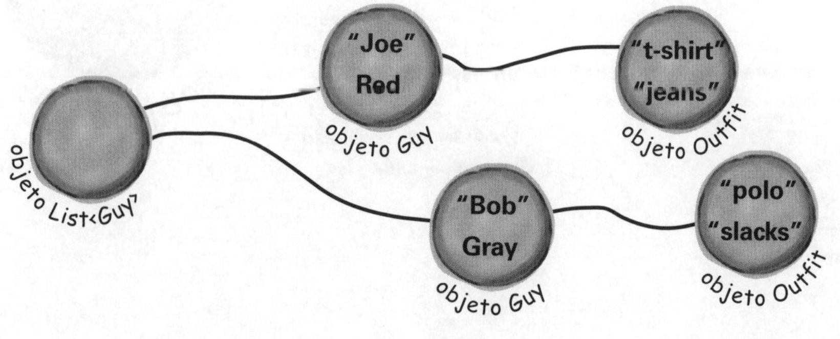
"Joe"
Red
objeto Guy
"t-shirt"
"jeans"
objeto Outfit
objeto List<Guy>
"Bob"
Gray
objeto Guy
"polo"
"slacks"
objeto Outfit

3 Use JsonSerializer para serializar os objetos em uma string.

Primeiro, adicione uma diretiva `using` ao início do seu arquivo de código:

```
using System.Text.Json;
```

Agora é possível **serializar o grafo inteiro** com uma linha de código:

```
    var jsonString = JsonSerializer.Serialize(guys);
    Console.WriteLine(jsonString);
```

Rode seu app e veja com atenção o que é escrito no console:


```
[{"Name":"Bob","Hair":{"Color":8,"Length":3.5},"Clothes":{"Top":"t-shirt","
Bottom":"jeans"}},{"Name":"Joe","Hair":{"Color":5,"Length":2.7},"Clothes":{-
"Top":"polo","Bottom":"slacks"}}]
```


É o grafo de objetos **serializado em JSON** (que algumas pessoas pronunciam como "Jason" e outras como "JAY-san"). É *um formato de troca de dados legível para humanos*, ou seja, é um modo de armazenar objetos complexos usando strings que uma pessoa consegue entender. Como é legível, você pode ver que tem todas as partes do grafo: nomes e roupas são codificados como strings ("Bob", "t-shirt") e os enums são codificados como valores inteiros.

4 Use JsonSerializer para desserializar o JSON em um novo objeto grafo.

Agora que temos uma string com o grafo de objetos serializado em JSON, podemos **desserializá-lo**. Isso significa apenas usá-lo para criar novos objetos. JsonSerializer nos permite fazer isso em uma linha de código também. Adicione isto ao método Main:

```
var copyOfGuys = JsonSerializer.Deserialize<List<Guy>>(jsonString);
foreach (var guy in copyOfGuys)
    Console.WriteLine("I deserialized this guy: {0}", guy);
```

Rode o app de novo. Ele desserializa guys da string JSON e os escreve no console:

```
I deserialized this guy: Bob with 3.5 inch Red hair wearing t-shirt and jeans
I deserialized this guy: Joe with 2.7 inch Gray hair wearing polo and slacks
```

JSON de Perto

Vejamos melhor como o JSON realmente funciona. Volte ao app com o grafo de objetos Guy e substitua a linha que serializa o grafo em uma string por isto:

```
var options = new JsonSerializerOptions() {
WriteIndented = true };

var jsonString = JsonSerializer.Serialize(guys,
options);
```

Este código chama um método JsonSerializer.Serialize sobrecarregado que tem um objeto JsonSerializerOptions que permite definir opções para o serializador. Nesse caso, você o pede para gravar o JSON como texto recuado, ou seja, ele adiciona quebras de linha e espaços a fim de facilitar a leitura do JSON para as pessoas.

Agora rode de novo o programa. A saída deve ficar assim:

```
[
  {
    "Name": "Bob",
    "Hair": {
      "Color": 8,
      "Length": 3.5
    },
    "Clothes": {
      "Top": "t-shirt",
      "Bottom": "jeans"
    }
  },
  {
    "Name": "Joe",
    "Hair": {
      "Color": 5,
      "Length": 2.7
    },
    "Clothes": {
      "Top": "polo",
      "Bottom": "slacks"
    }
  }
]
```

Vamos detalhar exatamente o que estamos vendo:

- O JSON começa e termina com colchetes [ ]. É como uma lista é serializada em JSON. Uma lista de números ficaria assim: [1, 2, 3, 4].
- Esse JSON em particular representa uma lista com dois objetos. Cada objeto inicia e termina com chaves { }, e, se você examinar o JSON, poderá ver que a segunda linha é uma chave de abertura {, a penúltima linha é uma chave de fechamento } e no meio há uma linha com }, seguida de uma linha com {. É como o JSON representa dois objetos; nesse caso, dois objetos Guy.
- Cada objeto contém um conjunto de chaves e valores que correspondem às propriedades do objeto serializado, separadas por vírgulas. Por exemplo, "Name": "Joe", representa a propriedade Name do primeiro objeto Guy.
- A propriedade Guy.Clothes é uma referência de objeto que aponta para um objeto Outfit. É representada por um objeto aninhado com valores para Top e Bottom.

Quando você usa JsonSerializer para serializar um grafo de objeto em JSON, ele gera uma representação de texto (um pouco) legível dos dados em cada objeto.

JSON inclui apenas dados, não tipos C# específicos

Quando você examinou os dados JSON, viu versões legíveis dos dados em seus objetos: strings como "Bob" e "slacks", números como 8 e 3.5, até listas e objetos aninhados. O que *não* viu quando examinou os dados JSON? Ele **não inclui nomes dos tipos**. Observe um arquivo JSON e não verá nomes de classe como Guy, Outfit, HairColor ou HairStyle, nem mesmo nomes dos tipos básicos, como int, string ou double. É porque o JSON contém apenas dados, e JsonSerializer fará o melhor para desserializar os dados em qualquer propriedade encontrada.

Vamos testar isso. Adicione uma nova classe ao projeto:

```
class Dude
{
    public string Name { get; set; }
    public HairStyle Hair { get; set; }
}
```

Estamos desserializando os dados de uma lista de objetos Guy em uma pilha de objetos Dude.

Agora adicione este código ao final do método Main:

```
var dudes = JsonSerializer.Deserialize<Stack<Dude>>(jsonString);
while (dudes.Count > 0)
{
    var dude = dudes.Pop();
    Console.WriteLine($"Next dude: {dude.Name} with {dude.Hair} hair");
}
```

Rode seu código de novo. Como o JSON tem uma lista de objetos, JsonSerializer.Deserialize irá colocá-los sem problemas em uma Pilha (uma Fila, um array ou outro tipo de coleção). Como Dude tem propriedades públicas de Name e Hair que correspondem aos dados, ele preencherá todos os dados que puder. Veja o que é escrito na saída:

```
Next dude: Joe with 2.7 inch Gray hair hair
Next dude: Bob with 3.5 inch Red hair hair
```

Aponte o seu lápis

Usaremos JsonSerializer para explorar como as strings são convertidas em JSON. Adicione o seguinte código a um aplicativo de console, então anote cada linha de código escrita no console. A última linha serializa o emoji de elefante.

Você usou o painel de emoji no Capítulo 1 para inserir emojis.

```
Console.WriteLine(JsonSerializer.Serialize(3));                    ...................
Console.WriteLine(JsonSerializer.Serialize((long)-3));             ...................
Console.WriteLine(JsonSerializer.Serialize((byte)0));              ...................
Console.WriteLine(JsonSerializer.Serialize(float.MaxValue));       ...................
Console.WriteLine(JsonSerializer.Serialize(float.MinValue));       ...................
Console.WriteLine(JsonSerializer.Serialize(true));                 ...................
Console.WriteLine(JsonSerializer.Serialize("Elephant"));           ...................
Console.WriteLine(JsonSerializer.Serialize
("Elephant".ToCharArray()));                                       ...................
Console.WriteLine(JsonSerializer.Serialize("🐘"));                 ...................
```

Mais uma coisa! Mostramos a serialização básica com JsonSerializer. Existem outras coisas que você precisa saber sobre ele.

Veja bem!

JsonSerializer só serializa propriedades públicas (<u>não</u> campos) e requer um construtor sem parâmetro.

Lembra-se da classe SwordDamage no Capítulo 5? Sua propriedade Damage tem um acesso set private:

```
public int Damage { get; private set; }
```

JsonSerializer usa os setters de um objeto quando desserializa os dados; então, se um objeto tem um setter privado, ele não conseguirá definir os dados.

Também tem um construtor que requer um parâmetro int:

```
public SwordDamage(int startingRoll)
```

Você conseguirá usar JsonSerializer para serializar um objeto SwordDamage sem problemas. Se tentar desserializar um, o JsonSerializer criará uma exceção; pelo menos se usar o código mostrado. Se quiser serializar objetos que salvam seu estado em campos ou propriedades privadas, ou usar construtores com parâmetros, precisará criar um conversor. É possível ler mais sobre isso na documentação de serialização do .NET Core: https://docs.microsoft.com/en-us/dotnet/standard/serialization [conteúdo em inglês].

PONTOS DE BALA

- **Serialização** significa gravar o estado inteiro de um objeto em um arquivo ou string. **Desserialização** significa ler o estado do objeto de volta nesse arquivo ou string.
- Um grupo de objetos conectados entre si por referências costuma ser referido como **grafo**.
- Quando um objeto é serializado, o **grafo inteiro** de objetos aos quais ele se refere é serializado junto para que possam ser desserializados juntos.
- A **classe JsonSerializer** tem um método Serialize estático que serializa um grafo de objetos em JSON e um método Deserialize estático que instancia um grafo de objetos usando os dados JSON serializados.
- Os dados JSON são **legíveis para humanos** (em grande parte). Os valores são serializados como texto simples: strings são escritas com "aspas" e outros literais (como números e valores booleanos) são codificados sem aspas.
- JSON representa os **arrays** de valores usando colchetes [ ].
- JSON representa os **objetos** entre chaves { }, com membros e seus valores representados como pares de chave/valor separados por dois-pontos.
- JSON **não armazena tipos específicos** como string ou int, ou nomes de classe específicos. Ao contrário, ele conta com classes "inteligentes", como JsonSerializer, a fim de fazer o melhor para combinar os dados com o tipo no qual os dados estão sendo desserializados.

A seguir: nós nos aprofundaremos nos dados

Você vem escrevendo muito código usando tipos de valor como int, bool e double, criando objetos que armazenam dados em campos. Agora é hora de ter uma visão mais detalhada das coisas. O resto deste capítulo é sobre conhecer melhor seus dados entendendo os bytes reais que o C# e o .NET usam para representá-los.

Veja o que faremos.

Veremos como as strings do C# são codificadas com Unicode; o .NET usa o Unicode para armazenar caracteres e texto.

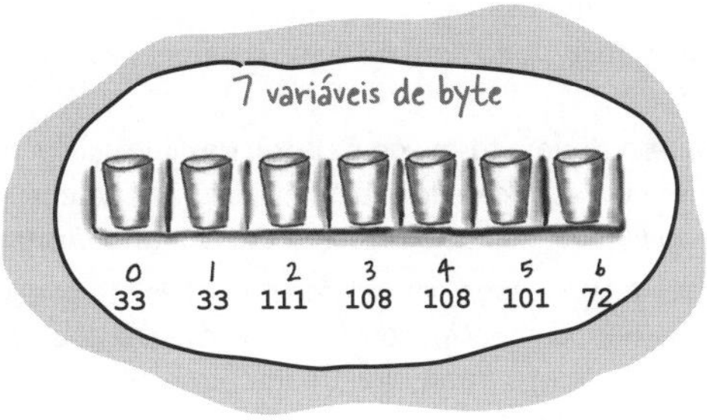
7 variáveis de byte
0 1 2 3 4 5 6
33 33 111 108 108 101 72

Gravaremos os valores como dados binários, então eles serão lidos e veremos quais bytes foram gravados.

```
0000: 45 6c 65 6d 65 6e 74 61 Elementa
0005: 72 79 2c 20 6d 79 20 64 ry, my d
0010: 65 61 72 20 57 61 74 73 ear Wats
0015: 6f 6e 21                on!
```

Criaremos um hex dumperadecimal que nos permite ver melhor os bytes nos arquivos.

Design do jogo... e muito mais

Acessibilidade

Como você jogaria seu jogo favorito se fosse deficiente visual? E se tivesse deficiência motora ou de coordenação, dificultando segurar o controle? O objetivo da **acessibilidade** é assegurar que os programas criados sejam projetados de modo que possam ser usados por pessoas com deficiência ou incapacidades. Acessibilidade do jogo significa tornar os jogos acessíveis para todos, independentemente da deficiência.

Existem algumas abordagens para o teste do jogo que você desejará considerar quando começar a elaborar e criar jogos:

- **"Espera aí? Há jogadores cegos?"** Sim! Você achou que a parte "vídeo" dos videogames significa que são inacessíveis para pessoas com deficiência visual? Pare um pouco e pesquise no YouTube "jogador cego" e assista a vídeos de pessoas com deficiência visual, inclusive quem é totalmente cego, que mostram grandes habilidades de jogo.
- Algo realmente importante que você pode fazer como desenvolvedor para tornar seu jogo acessível é reservar um tempo para **entender os jogadores com deficiência**. O que você aprendeu assistindo a esses vídeos?
- Algo que aprendemos vendo jogadores cegos jogar é que eles usam os **sons dos jogos** para entender o que acontece. Em um jogo de luta, os diferentes movimentos podem fazer sons variados. Em um jogo de plataforma, os inimigos em direção ao jogador podem fazer zumbidos ou cliques reveladores. Também aprendemos que, enquanto alguns jogos fornecem **dicas de áudio** adequadas, outros não o fazem, e poucos jogos (se algum) são *projetados* a fim de dar essas dicas aos jogadores cegos para que consigam jogar.
- Por outro lado, muitos jogadores têm **deficiência auditiva**, então é importante que você não conte apenas com as dicas de áudio. Tente jogar o jogo com o som desativado. Isso impede que informações importantes sejam passadas para o jogador? Há dicas visuais junto com o áudio? Há legendas em todos os diálogos? Veja se o jogo pode ser jogado sem som.
- Um em doze homens e uma em duzentas mulheres têm alguma forma de **daltonismo** (inclusive um dos autores deste livro!). Muitos jogos caros já incluem um *modo daltônico* que faz ajustes de cores sofisticados. Você pode tornar seu jogo mais acessível aos daltônicos usando cores com **alto contraste**.
- Muitos jogadores têm variadas **deficiências motoras**, desde lesões por esforço repetitivo até paralisia. Os jogadores que não conseguem usar dispositivos de entrada convencionais, como mouse, teclado ou controle, podem usar um **hardware adaptado**, como um eye tracker [rastreamento ocular] ou um controlador modificado. Um modo de atender esses jogadores é facilitar seus jogos para aceitar mapeamentos de teclado, permitindo que eles configurem um perfil no qual diferentes teclas mapeiam vários controles do jogo.
- Você pode ter notado que muitos jogos começam com uma tela de aviso sobre convulsões. Muitos jogadores com **epilepsia** são fotossensíveis, ou seja, certos padrões que piscam ou oscilam podem fazer com que tenham convulsões. Embora os avisos de convulsões sejam importantes, podemos melhorar. Como desenvolvedores, é importante nos esforçar para entender e evitar luzes estroboscópicas, que piscam, e outros padrões visuais que provavelmente provocam convulsões. Reserve um tempo para ler este artigo da crítica de videogame Cathy Vice **sobre sua experiência como jogadora com epilepsia [conteúdo em inglês]**: *https://indiegamerchick.com/2013/08/06/the-epilepsy-thing*.

Acessibilidade costuma ser abreviada como *a12e*, um "numerônimo" ou uma abreviação que mostra *a* seguido de 12 letras ("cessibilidad") seguido de *e*. É uma ótima maneira de nos lembrar que *todos nós podemos ser aliados responsáveis*.

Os recursos de acessibilidade costumam ser incluídos como adendo, mas seus jogos (e qualquer tipo de programa!) ficam melhores se você pensa nisso desde o começo.

Strings do C# codificadas com Unicode

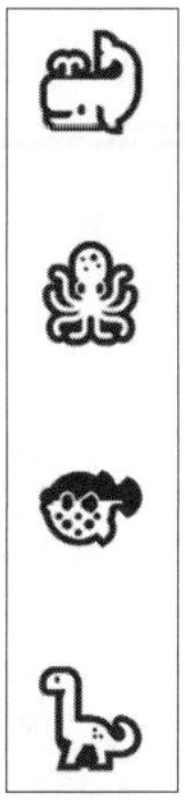

Você usa strings desde que digitou "Hello, world!" no IDE no início do Capítulo 1. Como elas são muito óbvias, realmente não precisamos detalhá-las e descobrir como funcionam. Mas pergunte a si mesmo... ***o que exatamente é uma string?***

Uma string do C# é uma **coleção de chars de somente leitura**. Se você realmente analisar como uma string é armazenada na memória, verá a string "Elefante" armazenada como 'E', 'l', 'e', 'f', 'a', 'n', 't', 'e'. Agora... ***o que exatamente é um char?***

Char é um caractere representado como **Unicode**. Unicode é um padrão da indústria para **codificar** caracteres ou convertê-los em bytes para que possam ser armazenados na memória, transmitidos nas redes, incluídos em documentos ou em qualquer coisa que você deseja fazer com eles, com a garantia de que sempre obterá os caracteres certos.

O jogo de combinação de animais no Capítulo 1 tratava os caracteres emoji como qualquer outro caractere do C#.

Isso é especialmente importante quando você considera quantos caracteres existem. O padrão Unicode suporta mais de 150 **scripts** (conjuntos de caracteres para idiomas específicos), incluindo não apenas o latino (com 26 letras e variantes como é e ç), mas scripts para muitos idiomas usados no mundo todo. A lista de scripts suportados está sempre aumentando, pois o Consórcio Unicode adiciona novos todo ano (veja a lista atual: *http://www.unicode.org/standard/supported.html* [conteúdo em inglês].

O Unicode suporta outro conjunto de caracteres muito importante: **emojis**. Todos eles, desde o smiley piscando (😜) até o cocô muito popular (💩), são caracteres Unicode.

BANG!
Veja bem!

Tecnologia de assistência derrubada pelos caracteres Unicode.

A acessibilidade é extremamente importante. Achamos muito valioso abordar a acessibilidade aqui porque, como muitos tópicos "Design do jogo... e muito mais", podemos usá-la para mostrar uma lição que se aplica a todo o desenvolvimento de software. É provável que você tenha visto postagens nas redes sociais que usam emojis ou outros caracteres "engraçados", e muitas que usam caracteres em negrito, cursivo ou de cabeça para baixo. Em algumas plataformas, isso é feito com caracteres Unicode e, quando é assim, eles podem ser muito problemáticos para a tecnologia de assistência.

Veja esta postagem de rede social: Estou👏usando👏mãos👏batendo👏para👏enfatizar👏pontos

Na tela, as mãos batendo ficam bem. Mas um leitor de tela, como o Windows Narrator ou o macOS VoiceOver, pode ler a mensagem em voz alta assim: "Estou batendo palmas usando batendo palmas mãos batendo palmas batendo batendo palmas para batendo palmas enfatizar batendo palmas pontos".

É possível ver "fontes" assim: 𝖙𝖍𝖎𝖘 𝖎𝖘 𝓪 ⓂeⓈSaGE 𝓲𝓷 𝓪 𝕣𝕖𝕒𝕝𝕝𝕪 pɹıəʍ FONT

Um leitor de tela lerá 𝖒 *como "m minúsculo Fraktur negrito matemático" e os outros caracteres como "letra n de script", "a minúsculo com traço duplo matemático" ou irá omiti-los simplesmente. A experiência pode ser igualmente ruim para alguém que usa o leitor de Braille. Essas tecnologias foram descontinuadas? Não mesmo, elas ainda funcionam. São os nomes reais dos caracteres Unicode e as tecnologias de assistência descrevem com precisão o texto. Quando for para a próxima parte deste capítulo, tenha em mente esses exemplos; eles o ajudarão a entender como o Unicode funciona.*

QUANDO SERIALIZEI O EMOJI DE ELEFANTE EM JSON, ELE APARECEU COMO "*\UD83D\UDC18*" — APOSTO QUE O UNICODE TEM LIGAÇÃO COM ISSO, CERTO?

Todo caractere Unicode, inclusive o emoji, tem um número exclusivo chamado ponto de código.

O número de um caractere Unicode se chama **ponto de código**. Baixe uma lista de todos os caracteres Unicode aqui: https://www.unicode.org/Public/UNIDATA/UnicodeData.txt [conteúdo em inglês].

É um grande arquivo de texto com uma linha para cada caractere Unicode. Baixe e pesquise "ELEPHANT" e encontrará uma linha que começa assim: 1F418;ELEPHANT. Os números 1F418 representam um valor **hexadecimal** (ou **hex**). Os valores hex são escritos com números de 0 a 9 e letras de A a F; costuma ser mais fácil trabalhar com valores Unicode (e valores binários em geral) em hex do que em decimal. Crie um literal hex no C# adicionando 0x ao começo, como: 0x1F418.

1F418 é o ***ponto de código UTF-8*** do emoji Elephant. UTF-8 é o modo mais comum de **codificar** um caractere como Unicode (ou de representá-lo como número). É uma codificação com comprimento variável, usando de 1 a 4 bytes. Nesse caso, usa 3 bytes: 0x01 (ou 1), 0xF4 (ou 244) e 0x18 (ou 24).

Mas não foi isso que o serializador JSON escreveu. Ele mostrou um número hex maior: D83DDC18. **O tipo char do C# usa *UTF-16***, que usa pontos de código que consistem em um ou dois números de 2 bytes. O ponto de código UTF-16 do emoji de elefante é 0xD83D 0xDC18.
O UTF-8 é muito mais popular que o UTF-16, sobretudo na Web; então, quando pesquisar pontos de código, é muito mais provável encontrar UTF-8 que UTF-16.

UTF-8 é uma codificação com comprimento variável usada pela maioria das páginas da Web e por muitos sistemas. Ela pode armazenar caracteres usando um, dois, três ou mais bytes. UTF-16 é uma codificação com tamanho fixo que sempre usa um ou dois números de 2 bytes. O .NET armazena os valores char na memória como valores UTF-16.

O Visual Studio trabalha bem com o Unicode

Usaremos o Visual Studio para ver como o IDE trabalha com os caracteres Unicode. Você viu no Capítulo 1 que é possível usar emoji no código. Vejamos com o que mais o IDE pode lidar. Vá para o editor de código e insira:

```
Console.WriteLine("Hello ");
```

Se estiver usando o Windows, abra o app Mapa de caracteres. Se estiver no Mac, pressione Ctrl-⌘-espaço para abrir o Visualizador de caracteres. Pesquise a letra hebraica shin (ש) e copie-a para a área de transferência.

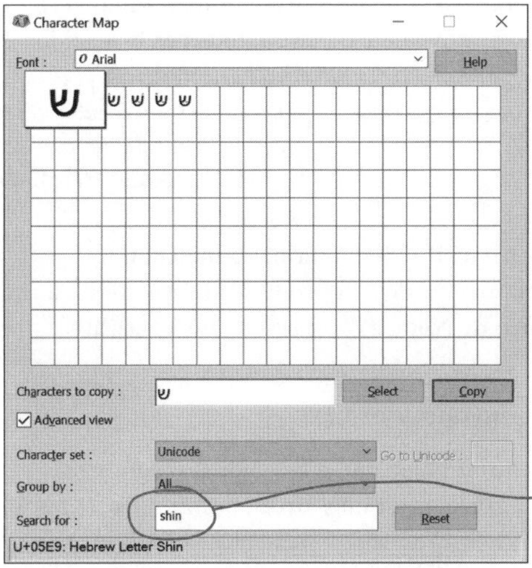
Character Map
Font :
Arial
Help
Characters to copy :
Select
Copy
Advanced view
Character set :
Unicode
Go to Unicode :
Group by :
All
Search for :
shin
Reset
U+05E9: Hebrew Letter Shin

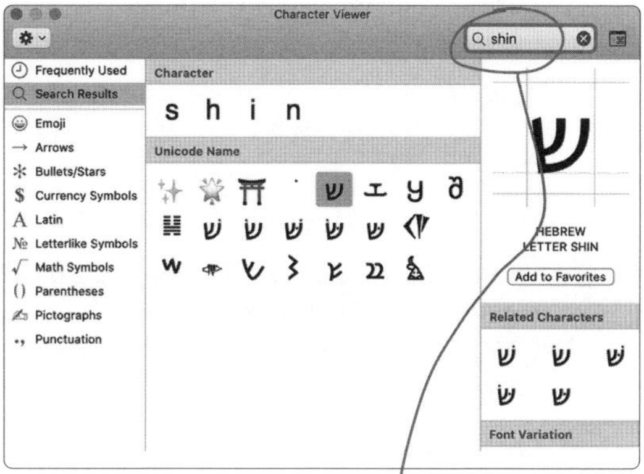
Character Viewer
shin
Frequently Used
Search Results
Emoji
Arrows
Bullets/Stars
Currency Symbols
Latin
Letterlike Symbols
Math Symbols
Parentheses
Pictographs
Punctuation
Character
s h i n
Unicode Name
Add to Favorites
Related Characters
Font Variation

O app Mapa de caracteres do Windows e o Visualizador de caracteres do macOS permitem pesquisar caracteres Unicode e copiá-los para a área de transferência.

Coloque o cursor no fim da string entre o espaço e a aspa, e cole o caractere shin copiado para a área de transferência. Hmm, tem algo estranho:

```
Console.WriteLine("Hello ש");
```

Notou que o cursor está posicionado à *esquerda* da letra colada? Bem, continuando. Não clique no IDE, mantenha o cursor no lugar em que está, então troque para o Mapa de caracteres ou para o Visualizador de caracteres a fim de pesquisar a letra hebraica lamed (ל). Volte para o IDE, veja se o cursor ainda está posicionado à esquerda de shin e cole lamed:

```
Console.WriteLine("Hello של");
```

Quando colou lamed, o IDE a adicionou à esquerda de shin. Agora pesquise as letras hebraicas vav (ו) e mem (ם) final. Cole-as no IDE; ele irá inseri-las à esquerda do cursor:

```
Console.WriteLine("Hello שלום");
```

O IDE sabe que o ***hebraico é lido da direita para a esquerda***, então se comporta de acordo. Clique para selecionar o texto perto do começo da declaração e arraste lentamente o cursor para a direita a fim de selecionar `Hello` e שלום. Observe com atenção o que acontece quando a seleção chega nas letras hebraicas. Ela pula shin (ש) e seleciona da direita para a esquerda, e é exatamente o que se esperaria de um leitor hebraico.

.NET usa Unicode para armazenar caracteres e texto

Os dois tipos C# para armazenar texto e caracteres (string e char) mantêm seus dados na memória como Unicode. Quando os dados são gravados como bytes em um arquivo, cada um dos números Unicode é gravado no arquivo. Vamos entender exatamente como os dados Unicode são gravados em um arquivo. **Crie um novo aplicativo de console**. Usaremos os métodos File.WriteAllBytes e File.ReadAllBytes para começar a explorar o Unicode.

Faça isto!

1 Grave uma string normal em um arquivo e leia-a.

Adicione o seguinte código ao método Main; ele usa File.WriteAllText para gravar a string "Eureka!" em um arquivo chamado *eureka.txt* (você precisará de using System.IO;). Então, cria um novo array de bytes chamado eurekaBytes, lê o arquivo nele e escreve todos os bytes lidos:

```
File.WriteAllText("eureka.txt", "Eureka!");
byte[] eurekaBytes = File.ReadAllBytes("eureka.txt");
foreach (byte b in eurekaBytes)
    Console.Write("{0} ", b);
Console.WriteLine(Encoding.UTF8.GetString(eurekaBytes));
```

O método ReadAllBytes retorna uma referência para um novo array de bytes contendo todos os bytes lidos no arquivo.

Você verá esses bytes escritos na saída: 69 117 114 101 107 97 33. A última linha chama o método Encoding.UTF8.GetString, que converte um array de bytes com caracteres codificados UTF em uma string. Agora **abra o arquivo no Bloco de Notas** (Windows) **ou no TextEdit** (Mac). Ele mostra "Eureka!"

2 Então adicione código para gravar os bytes como números hex.

Quando estiver codificando os dados, muitas vezes usará hex, então faremos isso agora. Adicione este código ao final do método Main que grava os mesmos bytes, usando {0:x2} para **formatar cada byte como um número hex**:

```
foreach (byte b in eurekaBytes)
    Console.Write("{0:x2} ", b);
Console.WriteLine();
```

Hex usa números de 0 a 9 e letras de A a F para representar números na base 16, então 6B é igual a 107.

Isso pede a Write para gravar o parâmetro 0 (o primeiro após a string a escrever) como um código hex com dois caracteres. Ele grava os mesmos sete bytes em hex, em vez de decimal: 45 75 72 65 6b 61 21.

3 Modifique a primeira linha para gravar as letras hebraicas "שלום", em vez de "Eureka!"

Você acabou de adicionar o texto hebraico שלום em outro programa usando o Mapa de caracteres (Windows) ou o Visualizador de caracteres (Mac). **Comente a primeira linha do método Main e substitua-a pelo seguinte código** que grava "שלום" no arquivo, no lugar de "Eureka!". Adicionamos um parâmetro Encoding.Unicode extra para ele gravar UTF-16 (a classe Encoding está no namespace System.Text, então também adicione using System.Text; ao início):

```
File.WriteAllText("eureka.txt", "שלום", Encoding.Unicode);
```

Agora rode o código de novo e veja com atenção a saída: `ff fe e9 05 dc 05 d5 05 dd 05`. Os dois primeiros caracteres são "FF FE", pois é como o Unicode informa que teremos uma string de caracteres com 2 bytes. O resto dos bytes são letras hebraicas, mas elas estão invertidas; portanto, U+05E9 aparece como **e9 05**. Agora abra o arquivo no Bloco de Notas ou no TextEdit e veja se está certo.

4 **Use JsonSerializer para explorar os pontos de código UTF-8 e UTF-16.**

Quando você serializou o emoji de elefante, JsonSerializer gerou `\uD83D\uDC18` — que agora sabemos ser o ponto de código UTF-16 de 4 bytes em hex. Agora experimentaremos com a letra hebraica shin. Adicione `using System.Text.Json;` ao início do app e acrescente esta linha:

```
Console.WriteLine(JsonSerializer.Serialize("ש"));
```

Rode o app de novo. Desta vez é escrito um valor com 2 bytes hex, "\u05E9" — é o ponto de código UTF-16 da letra hebraica shin, assim como de UTF-8 para a mesma letra.

Mas, espere um pouco, aprendemos que o ponto de código UTF-8 do emoji de elefante é `0x1F418`, que é ***diferente*** do ponto de código UTF-16 (0xD83D 0xDC18). O que aconteceu?

Acontece que a maioria dos caracteres com pontos de código UTF-8 de 2 bytes tem os mesmos pontos de código em UTF-16. Assim que você atinge os valores UTF-8 que requerem três ou mais bytes, o que inclui o conhecido emoji usado neste livro, eles diferem. Enquanto a letra hebraica shin é 0x05E9 em UTF-8 e UTF-16, o emoji de elefante é 0x1F418 em UTF-8 e 0xD8ED 0xDC18 em UTF-16.

Sequências de escape \u para ter Unicode em strings

Quando serializou o emoji de elefante, JsonSerializer gerou \uD83D\uDC18 — o ponto de código UTF-16 de 4 bytes para o emoji em hex. As strings JSON e C# usam sequências de escape UTF-16, e ocorre que o JSON usa as mesmas sequências.

Os caracteres com pontos de código de 2 bytes, como ש, são representados com \u seguido do ponto de código hex (\u05E9); os caracteres com pontos de código de 4 bytes, como 🐘, são representados com \u e os dois bytes mais altos, seguidos de \u e os dois bytes mais baixos (\uD83D\uDC18).

O C# também tem outra sequência de escape: \U (com U MAIÚSCULO) seguido de 8 bytes hex permite incorporar um ponto de código UTF-32, sempre com 4 bytes de comprimento. É outra codificação Unicode e é muito útil porque você pode converter UTF-8 em UTF-32 preenchendo o número hex com zeros; o ponto de código UTF-32 para ש é \U000005E9 e para 🐘 é \U0001F418.

5 **Use sequências de escape Unicode para codificar 🐘.**

Adicione estas linhas ao método Main para gravar o emoji de elefante em dois arquivos usando as sequências de escape UTF-16 e UTF-32:

```
File.WriteAllText("elephant1.txt", "\uD83D\uDC18");
File.WriteAllText("elephant2.txt", "\U0001F418");
```

Rode o app de novo, então abra os arquivos no Bloco de Notas ou no TextEdit. Você deverá visualizar o caractere correto gravado no arquivo.

> Você usou sequências de escape UTF-16 e UTF-32 para criar seu emoji, mas o método WriteAllText grava em um arquivo UTF-8. O método Encoding.UTF8.GetString usado na etapa 1 converte um array de bytes com dados codificados em UTF-8 de volta em uma string.

C# pode usar arrays de bytes para mover dados

Como todos os dados acabam codificados como **bytes**, faz sentido considerar um arquivo como um **grande array de bytes**… e você já sabe como ler e gravar arrays de bytes.

Veja o código para criar um array de bytes, abrir uma stream de entrada e ler o texto "Hello!!" em bytes de 0 a 6 do array.

HELLO!!

```
byte[] greeting;
greeting = File.ReadAllBytes(filename);
```

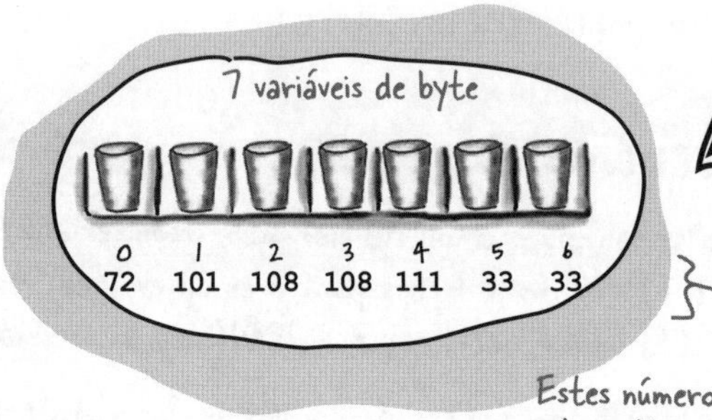
7 variáveis de byte
0 1 2 3 4 5 6
72 101 108 108 111 33 33

Estes números são valores Unicode para os caracteres em "Hello!!"

É um método estático na classe Array que inverte a ordem dos bytes. Estamos usando-o para mostrar que as alterações feitas no array de bytes são gravadas no arquivo com exatidão.

```
Array.Reverse(greeting);
File.WriteAllBytes(filename, greeting);
```

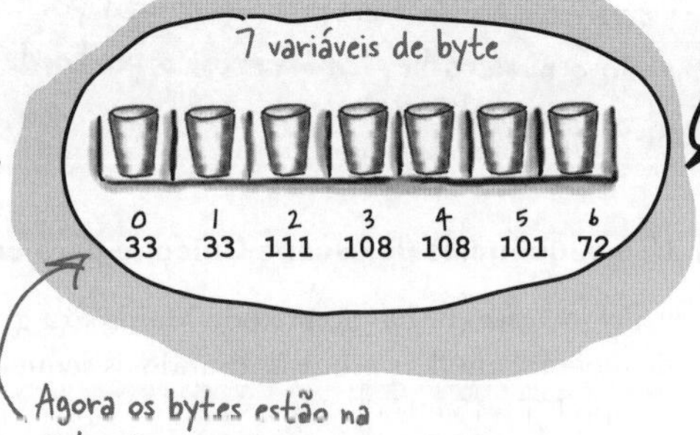
7 variáveis de byte
0 1 2 3 4 5 6
33 33 111 108 108 101 72

Agora os bytes estão na ordem inversa.

Quando o programa grava o array de bytes em um arquivo, o texto fica na ordem inversa também.

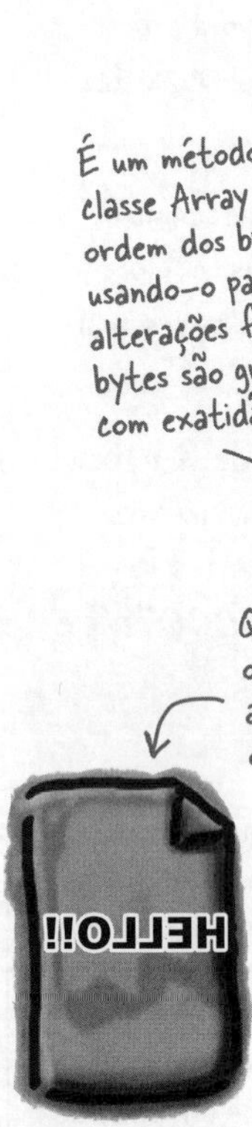

Inverter os bytes em "Hello!!" só funciona porque cada um dos caracteres tem um byte de comprimento. Consegue descobrir por que não funcionará com שלום?

BinaryWriter para gravar dados binários

StreamWriter também codifica seus dados. É especializada apenas em texto e na codificação de texto; tem como padrão UTF-8.

Você *poderia* codificar todos os seus chars, ints, strings e floats em arrays de bytes antes de gravá-los em arquivos, mas seria muito chato. Por isso o .NET tem uma classe muito útil chamada **BinaryWriter** que codifica automaticamente seus dados e os grava em um arquivo. Tudo o que precisa fazer é criar FileStream e passá-lo para o construtor de BinaryWriter (estão no namespace System.IO, então você precisará de `using System.IO;`). E pode chamar seus métodos para gravar os dados. Vamos praticar usando BinaryWriter `para gravar dados binários em um arquivo.`

Faça isto!

1 Comece criando um aplicativo de console e configurando alguns dados para gravar em um arquivo:

```
int intValue = 48769414;
string stringValue = "Hello!";
byte[] byteArray = { 47, 129, 0, 116 };
float floatValue = 491.695F;
char charValue = 'E';
```

Se você usar File.Create, isso iniciará um novo arquivo; se já existir um, sumirá com ele e iniciará um novinho. O método File.OpenWrite abre o existente e começa sobregravando-o a partir do início.

2 Para usar BinaryWriter, primeiro, é preciso abrir uma nova stream com File.Create:

```
using (var output = File.Create("binarydata.dat"))
using (var writer = new BinaryWriter(output))
{
```

3 Basta chamar seu método Write. Sempre que faz isso, ele adiciona novos bytes ao final do arquivo com uma versão codificada de qualquer dado passado como parâmetro:

```
    writer.Write(intValue);
    writer.Write(stringValue);
    writer.Write(byteArray);
    writer.Write(floatValue);
    writer.Write(charValue);
}
```

Cada declaração Write codifica um valor em bytes e envia esses bytes para o objeto FileStream. Você pode passar qualquer tipo de valor e ele irá codificá-lo automaticamente.

FileStream grava os bytes no final do arquivo.

Aponte o seu lápis

4 Agora use o mesmo código de antes para ler o arquivo que acabou de gravar:

```
  byte[] dataWritten = File.ReadAllBytes("binarydata.
dat");
  foreach (byte b in dataWritten)
      Console.Write("{0:x2} ", b);
  Console.WriteLine(" - {0} bytes", dataWritten.Length);
```

Escreva a saída nos espaços abaixo. Consegue **descobrir quais bytes correspondem** a cada uma das cinco declarações `writer.Write(...)`? Colocamos uma chave sob os grupos de bytes que correspondem a cada declaração para ajudá-lo a descobrir quais bytes no arquivo correspondem aos dados escritos pelo app.

Dica: as strings podem ter comprimentos diferentes; portanto, devem iniciar com um número para informar ao .NET seu tamanho. BinaryWriter usa UTF-8 para codificar strings; e no UTF-8 todos os caracteres em "Hello!" têm pontos de código UTF que consistem em um único byte. Baixe UnicodeData.txt em unicode.org (demos a URL antes) e use-o para examinar os pontos de código de cada caractere.

__ - ___ **bytes**

intValue **stringValue** **byteArray** **floatValue** **charValue**

Use BinaryReader para ler dados de volta

A classe BinaryReader funciona como BinaryWriter. Você cria uma stream, anexa o objeto BinaryReader a ela e chama seus métodos... mas o leitor **não sabe quais dados estão no arquivo**! Ele não tem como saber. O valor float 491.695F foi codificado como d8 f5 43 45. Esses mesmos bytes são um `int`, 1.140.185.334, perfeitamente válido; portanto, você precisará informar a BinaryReader exatamente quais tipos ler no arquivo. Adicione o seguinte código ao programa e faça com que ele leia os dados que acabou de gravar.

Não confie em nós. Substitua a linha que mostra float por uma chamada para ReadInt32 (você precisará mudar o tipo de floatRead para int). Então, poderá ver por si mesmo o que é lido no arquivo.

1. Comece configurando os objetos FileStream e BinaryReader:

```
using (var input = File.OpenRead("binarydata.dat"))
using (var reader = new BinaryReader(input))
{
```

2. Você informa a BinaryReader o tipo de dados a ler chamando diferentes métodos:

```
    int intRead = reader.ReadInt32();
    string stringRead = reader.ReadString();
    byte[] byteArrayRead = reader.ReadBytes(4);
    float floatRead = reader.ReadSingle();
    char charRead = reader.ReadChar();
```

Cada tipo de valor tem seu próprio método em BinaryReader, que retorna os dados no tipo correto. A maioria não precisa de nenhum parâmetro, mas ReadBytes requer um parâmetro que informa a BinaryReader quantos bytes ler.

3. Agora escreva no console os dados que leu no arquivo:

```
    Console.Write("int: {0}  string: {1}  bytes: ", intRead, stringRead);
    foreach (byte b in byteArrayRead)
        Console.Write("{0} ", b);
    Console.Write(" float: {0}  char: {1} ", floatRead, charRead);
}
```

Veja a saída que é escrita no console:

```
int: 48769414  string: Hello!  bytes: 47 129 0 116  float: 491.695  char: E
```

Aponte o seu lápis Solução

Os valores float e int ocupam 4 bytes quando gravados em um arquivo. Se você usasse long ou double, então eles ocupariam 8 bytes cada.

86 29 e8 02 06 48 65 6c 6c 6f 21 2f 81 00 74 f6 d8 f5 43 45 - 20 bytes

intValue | **stringValue** | **byteArray** | **floatValue** | **charValue**

O primeiro byte na string é 6 — que é o comprimento da string. Você pode usar o Mapa de caracteres para examinar cada caractere em "Hello!" — começa com U+0048 e termina com U+0021.

Os apps de calculadora do Windows e do Mac têm modos do programador que podem converter esses bytes de hex em decimal, o que permitirá convertê-los de volta nos valores no array.

char mantém um caractere Unicode e 'E' requer apenas um byte; é codificado como U+0045.

não existem Perguntas Idiotas

P: Antes no capítulo, quando eu gravei"Eureka!" em um arquivo e li os bytes de novo, foi preciso um byte por caractere. Por que cada uma das letras hebraicas em שלום requer 2 bytes? E por que escrevi os bytes "FF FE" no começo do arquivo?

R: O que você está vendo é a diferença entre duas codificações Unicode bem relacionadas. Os caracteres latinos (inclusive as letras simples em português), números, marcas de pontuação normais e alguns caracteres padrão (como chaves, e comercial [&] e outras coisas vistas no teclado) têm números Unicode muito baixos, entre 0 e 127. Eles correspondem a uma codificação muito antiga chamada ASCII dos anos 1960 e o UTF-8 foi planejado para ser compatível com o ASCII. Um arquivo com apenas esses caracteres Unicode contém só bytes, e nada mais.

As coisas se complicam quando você adiciona caracteres Unicode com pontos de código mais altos na mistura. Um byte pode manter apenas um número entre 0 e 255. Dois bytes em sequência podem armazenar números entre 0 e 65.536, que em hex é FFFF. O arquivo precisa informar a qualquer programa que o abre que ele conterá esses caracteres mais altos, então coloca uma sequência de bytes reservada especial no começo do arquivo: FF FE. Isso se chama *marca de ordem de byte*. Asim que o programa vê isso, sabe que todos os caracteres são codificados com 2 bytes cada (portanto, E é codificado como 00 45, com zero à esquerda).

P: Por que se chama marca de ordem de byte?

R: Volte ao código que gravou שלום em um arquivo e escreveu os bytes gravados. Você verá que os bytes no arquivo foram invertidos. Por exemplo, o ponto de código ש U+05E9 foi gravado no arquivo como E9 05. Isso se chama *little-endian*, ou seja, o menor byte significativo é gravado primeiro. Volte ao código que chama WriteAllText e modifique-o para **mudar o terceiro argumento de Encoding.Unicode para Encoding.BigEndianUnicode**. Isso o informa para gravar os dados em *big-endian*, que não troca os bytes; quando você executar de novo, visualizará os bytes como 05 E9. Você também verá uma marca de ordem de byte diferente: FE FF. Isso informa ao Bloco de Notas ou ao TextEdit como interpretar os bytes no arquivo.

P: Por que não usei um bloco `using` nem chamei Close após usar File.ReadAllText e File.WriteAllText?

R: A classe File tem vários métodos estáticos úteis que abrem automaticamente um arquivo, leem ou gravam dados, então **o fecham automaticamente**. Além dos métodos ReadAllText e WriteAllText, existem ReadAllBytes e WriteAllBytes, que trabalham com arrays de bytes, ReadAllLines e WriteAllLines, que leem e gravam arrays de strings, em que cada string no array é uma linha separada no arquivo. Todos esses métodos abrem e fecham automaticamente as streams; portanto, você pode fazer toda a operação de arquivo em uma única declaração.

P: Se FileStream tem métodos para ler e gravar, por que preciso usar StreamReader e StreamWriter?

R: A classe FileStream é muito útil para ler e gravar bytes em arquivos binários. Seus métodos para ler e gravar operam com bytes e arrays de bytes. Muitos programas trabalham exclusivamente com arquivos de texto e é aí que StreamReader e StreamWriter são realmente úteis. Eles têm métodos que são criados especificamente para ler e gravar linhas de texto. Sem eles, se você quisesse ler uma linha de texto em um arquivo, teria primeiro que ler um array de bytes, depois escrever um loop para pesquisar esse array para obter uma quebra de linha; portanto, é fácil ver como eles facilitam a vida.

Se você grava uma string que tem apenas caracteres Unicode com números baixos (como letras latinas), um byte por caractere é gravado. Se tem caracteres altos (como caracteres de emojis), eles serão escritos usando dois ou mais bytes cada.

Um hex dump permite ver os bytes nos arquivos

Um **hex dump** é uma exibição *hexadecimal* do conteúdo de um arquivo e é um modo muito comum de os programadores terem uma visão profunda da estrutura interna de um arquivo.

Acontece que hex é um modo conveniente de exibir bytes em um arquivo. Um byte requer dois caracteres para ser exibido em hex: uma faixa de bytes de 0 a 255 ou 00 a ff em hex. Isso permite ver muitos dados em um espaço bem pequeno e em um formato que facilita identificar padrões. É útil para exibir dados binários em linhas com 8, 16 ou 32 bytes de comprimento porque a maioria dos dados binários tende a se dividir em partes de 4, 8, 16 ou 32... como todos os tipos no C# (por exemplo, um int ocupa 4 bytes). Um hex dump permite ver exatamente o que compõe esses valores.

Como criar um hex dump de texto simples

Comece com um texto familiar usando caracteres do alfabeto latino:

```
When you have eliminated the impossible, whatever remains, however improbable,
must be the truth. - Sherlock Holmes
```

Primeiro, divida o texto em segmentos de 16 caracteres, iniciando com os primeiros 16: `When you have el`

Depois, converta cada caractere no texto em seu ponto de código UTF-8. Como todos os caracteres latinos têm pontos de código UTF-8 de ***1 byte***, cada um será representado por um número hex de dois dígitos de 00 a 7F. Veja como ficará cada linha de nosso dump:

É o deslocamento do segmento (ou a posição no arquivo) escrito como número hex.

São os 8 primeiros bytes do segmento de 16 bytes.

Este divisor torna a linha mais legível.

São os últimos 8 bytes do segmento de 16 bytes.

São os caracteres de texto despejados.

```
0000: 57 68 65 6e 20 79 6f 75 -- 20 68 61 76 65 20 65 6c   When you have el
```

Repita até ter despejado todo segmento de 16 caracteres no arquivo:

```
0000: 57 68 65 6e 20 79 6f 75 -- 20 68 61 76 65 20 65 6c   When you have el
0010: 69 6d 69 6e 61 74 65 64 -- 20 74 68 65 20 69 6d 70   iminated the imp
0020: 6f 73 73 69 62 6c 65 2c -- 20 77 68 61 74 65 76 65   ossible, whateve
0030: 72 20 72 65 6d 61 69 6e -- 73 2c 20 68 6f 77 65 76   r remains, howev
0040: 65 72 20 69 6d 70 72 6f -- 62 61 62 6c 65 2c 20 6d   er improbable, m
0050: 75 73 74 20 62 65 20 74 -- 68 65 20 74 72 75 74 68  ust be the truth
0060: 2e 20 2d 20 53 68 65 72 -- 6c 6f 63 6b 20 48 6f 6c   . - Sherlock Hol

0070: 6d 65 73 0a             --                            mes.
```

E esse é nosso dump. Existem muitos programas de hex dump para vários SOs e cada um tem uma saída um pouco diferente. Cada linha em nosso formato de hex dump em particular representa 16 caracteres na entrada usada para gerá-la, com o deslocamento no início de cada linha e texto para cada caractere no final. Outros apps de hex dump podem mostrar coisas de modo diferente (por exemplo, apresentar sequências de escape ou valores em decimal).

Hex dump é uma visão hexadecimal dos dados em um arquivo ou memória, e pode ser uma ferramenta muito útil para ajudar a depurar dados binários.

Use StreamReader para criar um hex dumper

Criaremos um app hex dump que lê dados em um arquivo com StreamReader e escreve sua saída no console. Usaremos o **método ReadBlock** em StreamReader, que lê um bloco de caracteres em um array char: você especifica o número de caracteres que deseja ler e ele lerá esses caracteres ou, se houver menos que os deixados no arquivo, lerá o resto do arquivo. Como você está exibindo 16 caracteres por linha, leremos blocos de 16 caracteres.

O método ReadBlock lê os próximos caracteres da entrada em um array de bytes (às vezes referido como buffer). Ele bloqueia, significando que continua executando e não retorna até ler todos os caracteres solicitados ou ficar sem dados para ler.

Crie um novo aplicativo de console chamado HexDump. Antes de adicionar código, **rode o app** para criar a pasta com o binário. Use o Bloco de Notas ou o TextEdit para **criar um arquivo de texto chamado** *textdata.txt*, adicione texto e coloque-o na mesma pasta do binário.

Veja o código dentro do método Main; ele lê o arquivo *textdata.txt* e escreve um hex dump no console. Adicione `using System.IO;` ao início.

A propriedade EndOfStream de StreamReader retorna false se ainda restam caracteres para ler no arquivo.

A formatação {0:x4} converte um valor numérico em um número hex de 4 dígitos; portanto, 1984 é convertido na string "07c0".

Este loop percorre os caracteres e escreve cada um em uma linha na saída.

O método String.Substring retorna uma parte da string. O primeiro parâmetro é a posição inicial (nesse caso, o começo da string) e o segundo é o número de caracteres a incluir na substring. A classe String tem um construtor sobrecarregado que requer um array char como parâmetro e o converte em string.

```
static void Main(string[] args) {
  var position = 0;
  using (var reader = new StreamReader("textdata.txt")) {
    while (!reader.EndOfStream)
    {
        // Leia até os próximos 16 bytes do arquivo em um array de 
bytes.
        var buffer = new char[16];
        var bytesRead = reader.ReadBlock(buffer, 0, 16);

        // Grave a posição (ou deslocamento) em hex, seguido de dois-
pontos e espaço.
        Console.Write("{0:x4}: ", position);
        position += bytesRead;

        // Grave o valor hex de cada caractere no array de bytes.
        for (var i = 0; i < 16; i++)
        {
            if (i < bytesRead)
                Console.Write("{0:x2} ", (byte)buffer[i]);
            else
                Console.Write("   ");
            if (i == 7) Console.Write("-- ");
        }

        // Grave os caracteres reais no array de bytes.
        var bufferContents = new string(buffer);
        Console.WriteLine("   {0}", bufferContents.Substring(0, 
bytesRead));
    }
  }
}
```

Agora rode o app. Ele escreverá um hex dump no console:

```
0000: 45 6c 65 6d 65 6e 74 61 -- 72 79 2c 20 6d 79 20 64    Elementary, my d
0010: 65 61 72 20 57 61 74 73 -- 6f 6e 21                   ear Watson!
```

Use Stream.Read para ler bytes em uma stream

O hex dumper funciona muito bem para arquivos de texto, mas há um problema. **Copie o arquivo *binarydata.dat*** gravado com BinaryWriter na mesma pasta de seu app, então mude o app para lê-lo:

```
using (var reader = new StreamReader("binarydata.dat"))
```

Agora rode o app. Desta vez ele escreve outra coisa, mas não está muito correto:

```
0000: fd 29 fd 02 06 48 65 6c -- 6c 6f 21 2f fd 00 74 fd    ?)?Hello!/? t?
0010: fd fd 43 45               --                           ??CE
```

Estes bytes eram 81 e f6 na solução "Aponte o seu lápis", mas StreamReader os mudou para fd.

Os caracteres de texto ("Hello!") parecem certos. Mas compare a saída com a solução "Aponte o seu lápis"; os bytes não estão muito certos. Parece que ele substituiu alguns bytes (86, e8, 81, f6, d8 e f5) por um byte diferente, fd. É porque **StreamReader é criado para ler arquivos de texto**, então só lê **valores de 7 bits** ou valores de byte até 127 (7F em hex ou 1111111 em binário, que são 7 bits).

Vamos acertar isso ***lendo os bytes diretamente na stream***. Modifique o bloco `using` para que ele use **File.OpenRead**, que abre o arquivo e **retorna FileStream**. Você usará a propriedade Length de Stream para continuar lendo até ter lido todos os bytes no arquivo, e seu método Read para ler os próximos 16 bytes no buffer do array de bytes:

```
using (Stream input = File.OpenRead("binarydata.dat"))
{
    var buffer = new byte[16];
    while (position < input.Length)
    {
        // Leia até os próximos 16 bytes do arquivo em um array de bytes.
        var bytesRead = input.Read(buffer, 0, buffer.Length);
```

Usamos um tipo explícito, em vez de var para ficar claro que você está usando uma stream, especificamente FileStream (que estende Stream).

O método Stream.Read tem três argumentos: o array de bytes no qual ler (buffer), o índice inicial no array (0) e o número de bytes a ler (buffer.Length).

O resto do código é igual, exceto pela linha que define `bufferContents`:

```
// Grave os caracteres reais no array de bytes.
var bufferContents = Encoding.UTF8.GetString(buffer);
```

Você usou a classe Encoding antes no capítulo para converter um array de bytes em uma string. Esse array contém um byte por caractere, ou seja, é uma string UTF-8 válida. Isso significa que você pode usar Encoding.UTF8.GetString para converter. Como a classe Encoding está no namespace System.Text, você precisará adicionar `using System.Text;` ao início do arquivo.

Rode o app de novo. Desta vez ele escreverá os bytes corretos, em vez de mudá-los para fd:

```
0000: 86 29 e8 02 06 48 65 6c -- 6c 6f 21 2f 81 00 74 f6    ?)?Hello!/? t?
0010: d8 f5 43 45               --                           ??CE
```

Agora seu app lê todos os bytes no arquivo, não apenas os caracteres de texto.

Só há mais uma coisa que podemos fazer para limpar a saída. Muitos programas do hex dump substituem os caracteres não de texto por pontos na saída. **Adicione esta linha ao final do loop `for`**:

```
if (buffer[i] < 0x20 || buffer[i] > 0x7F) buffer[i] = (byte)'.';
```

Rode o app de novo; desta vez os pontos de interrogação são substituídos por pontos:

```
0000: 86 29 e8 02 06 48 65 6c -- 6c 6f 21 2f 81 00 74 f6    .)...Hello!/..t.
0010: d8 f5 43 45               --                           ..CE
```

Modifique hex dumper para usar argumentos da linha de comando

A maioria dos programas de hex dump são utilitários executados na linha de comando. Você pode despejar um arquivo passando seu nome para o hex dumper como um **argumento da linha de comando**, por exemplo: `C:\> HexDump myfile.txt`

Modificaremos hex dumper para usar esses argumentos. Ao criar um aplicativo de console, o C# disponibiliza esses argumentos como o **array de strings `args`** que é passado ao método Main:

```
static void Main(string[] args)
```

Modificaremos o método Main para abrir um arquivo e ler seu conteúdo em uma stream. O **método File.OpenRead** requer um nome de arquivo como parâmetro, abre-o para ler e retorna uma stream com o conteúdo do arquivo.

Mude estas linhas em seu método Main:

```
static void Main(string[] args)
{
    var position = 0;
    using (Stream input = File.OpenRead(args[0]))
    {
        var buffer = new byte[16];
        int bytesRead;

        // Leia até os próximos 16 bytes do arquivo em um array de bytes
        while ((bytesRead = input.Read(buffer, 0, buffer.Length)) > 0) {
```

O app obtém os argumentos da linha de comando em seu parâmetro args e os passa ao método GetInputStream.

Você também precisará excluir a primeira linha do bloco while que declara bytesRead e chama input.Read na stream.

Agora usaremos o argumento da linha de comando no IDE **mudando as propriedades de depuração** para passar uma linha de comando para o programa. **Clique com o botão direito no projeto** na solução, então:

Clique com o botão direito no projeto, não na solução.

- ★ ***No Windows,*** escolha Propriedades, clique em Depurar e insira o nome de arquivo para esvaziar na caixa (o caminho completo ou o nome de um arquivo na pasta binária).
- ★ ***No macOS,*** escolha Opções, expanda Executar >> Configurações, clique em Padrão e insira o nome de arquivo na caixa Argumentos.

Agora, ao depurar seu app, o array `args` conterá os argumentos definidos nas configurações do projeto. ***Especifique um nome de arquivo válido ao configurar os argumentos da linha de comando.***

Rode o app a partir da linha de comando

Você também pode rodar o app a partir da linha de comando, substituindo `[filename]` pelo nome de um arquivo (o caminho completo ou o nome de um arquivo no diretório atual):

- ★ ***No Windows,*** o Visual Studio cria um executável sob a pasta bin\Debug (no mesmo lugar em que colocou os arquivos para ler); portanto, você pode rodar o executável direto dessa pasta. Abra uma janela de comando, use **`cd`**, vá para a pasta bin\Debug e execute `HexDump [filename]`.
- ★ ***No Mac,*** será preciso **criar uma aplicação independente**. Abra uma janela Terminal, vá para a pasta do projeto e execute este comando: **`dotnet publish -r osx-x64`**.

  A saída incluirá uma linha como: `HexDump -> /path-to-binary/osx-x64/publish/`

  Abra uma janela Terminal, use **`cd`** para o caminho completo escrito e execute `./HexDump [filename]`.

Exercício para download: Hide and Seek

Neste exercício, você criará um app no qual explora uma casa e brinca de Pique--Esconde [Hide and Seek] com um jogador de computador. Você testará suas habilidades de coleção e de interface ao definir os locais. Então, converterá em um jogo, serializando o estado do jogo em um arquivo para que possa salvá-lo e carregá-lo.

Primeiro, explorará uma casa virtual, percorrendo os cômodos e examinando os itens em cada local.
Então, adicionará um jogador online que encontra um local para se esconder. Veja quantos movimentos são necessários para encontrá-lo!

Acesse o site da Alta Books e baixe o PDF do projeto ou acesse [conteúdo em inglês]:

https://github.com/head-first-csharp/fourth-edition

PONTOS DE BALA

- **Unicode** é padrão do setor para *codificar* caracteres ou convertê-los em bytes. Cada um dos mais de um milhão de caracteres Unicode tem um *ponto de código* ou um número exclusivo atribuído.
- A maioria dos arquivos e das páginas Web é codificada usando **UTF-8**, uma codificação Unicode com comprimento variável que codifica alguns caracteres com um, dois, três ou quatro bytes.
- C# e .NET usam **UTF-16** ao armazenar caracteres e texto na memória, tratando uma string como uma **coleção de caracteres somente leitura**.
- O **método Encoding.UTF8.GetString** converte um array de bytes UTF-8 em string. **Encoding.Unicode** converte tal array codificado com UTF-16 em string e Encoding.UTF32 converte um array de bytes UTF-32.
- Use **sequências de escape `\u`** para incluir Unicode nas strings do C#. A sequência de escape \u codifica UTF-16, já **`\U`** codifica **UTF-32**, uma codificação com comprimento fixo de 4 bytes.
- StreamWriter e StreamReader lidarão com texto, mas não com muitos caracteres fora dos conjuntos do alfabeto latino. Use **BinaryWriter e BinaryReader** para ler e gravar dados binários.
- O método **StreamReader.ReadBlock** lê caracteres em um buffer do array de bytes. Ele **bloqueia** ou continua executando e não retorna até ler todos os caracteres solicitados ou ficar sem dados para ler.
- File.OpenRead retorna FileStream e o **método FileStream.Read** lê bytes em uma stream.
- O **método String.Substring** retorna uma parte da string. A classe String tem um **construtor sobrecarregado** que requer um array char como parâmetro e o converte em string.
- O C# disponibiliza os argumentos da linha de comando para um aplicativo de console como o array de strings `args` que é passado para o método Main.

Unity Lab 5

Raycast

Ao configurar uma cena no Unity, você cria um mundo virtual em 3D para os personagens no jogo se moverem. Mas, na maioria dos jogos, grande parte das coisas não é controlada diretamente pelo jogador. Então, como esses objetos encontram seu caminho na cena?

O objetivo dos laboratórios 5 e 6 é familiarizá-lo com os **sistemas de localização e navegação** do Unity, um sistema de IA sofisticado que permite criar personagens que conseguem encontrar seu caminho nos mundos criados. Neste lab, você criará uma cena de GameObjects e usará a navegação para mover um personagem ao redor dela.

Você usará **raycast** para escrever um código responsivo à geometria da cena, irá **capturar a entrada** e a usará para mover um GameObject até o ponto em que o jogador clicou. Igualmente importante, você **praticará a escrita do código C#** com classes, campos, referências e outros tópicos explicados.

Crie um novo projeto Unity e comece a preparar a cena

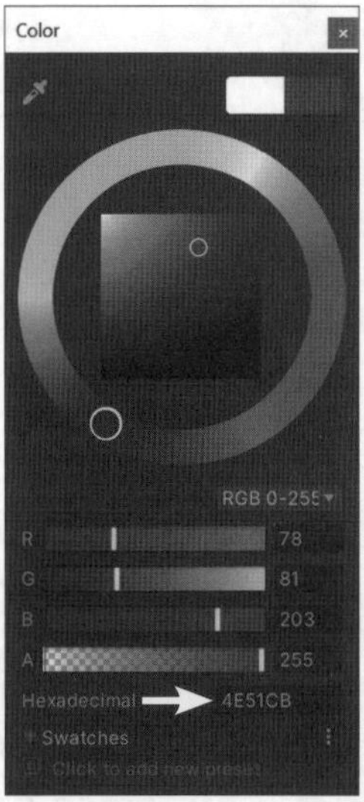
Color
RGB 0-255
R 78
G 81
B 203
A 255
Hexadecimal 4E51CB
Swatches

*Antes de começar, feche qualquer projeto Unity aberto. Feche também o Visual Studio; deixaremos que o Unity o abra. Crie um novo projeto Unity usando o modelo em 3D, defina o layout para Wide a fim de corresponder às capturas de tela e nomeie-o como **Unity Labs 5 e 6** para conseguir localizar mais tarde.*

Comece criando a área de jogo na qual o jogador navegará. Clique com o botão direito dentro da janela Hierarchy e **crie Plane** (GameObject >>3D Object >> Plane). Nomeie o novo GameObject como *Floor.*

Clique com o botão direito na pasta Assets na janela Project e **crie uma pasta dentro dela chamada Materials**. Clique com o botão direito na nova pasta Materials criada e escolha **Create >> Material**. Chame o novo material de *FloorMaterial*. Manteremos o material simples por enquanto. Selecione Floor na janela Project, então clique na caixa branca à direita de Albedo em Inspector.

Main Maps
Albedo

Você pode usar este conta-gotas para obter uma cor em qualquer lugar na cena.

Na janela Color, use o anel externo para escolher a cor do piso. Usamos uma cor com o número 4E51CB na captura; você pode digitar na caixa Hexadecimal.

Arraste o material da **janela Project para o GameObject Plane na janela Hierarchy**. O plano do piso agora terá a tonalidade selecionada.

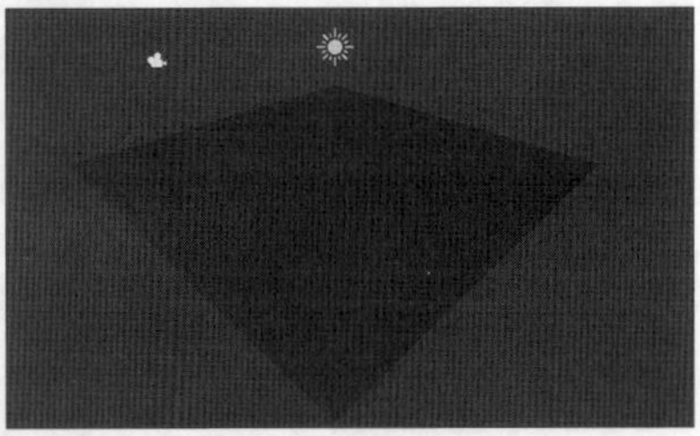

Plane é um objeto quadrado plano com 10 unidades de comprimento por 10 unidades de largura (no plano X-Z), e 0 unidade de altura (no plano Y). O Unity o cria para que o centro do plano fique no ponto (0,0,0). Esse ponto central do plano **determina sua posição na cena**. Como qualquer outro objeto, você pode mover um plano na cena usando Inspector ou ferramentas para mudar sua posição e sua rotação. Também pode mudar sua escala, mas, como não tem altura, você só pode mudar as escalas X e Z; qualquer número positivo colocado na escala Y será ignorado.

Os objetos que você pode criar usando o menu 3D Object (planos, esferas, cubos, cilindros e outras formas básicas) são chamados de objetos primitivos. Saiba mais sobre eles abrindo o Manual do Unity no menu Help e pesquisando a página de ajuda "Primitive and placeholder objects" [conteúdo em inglês]. Reserve um minuto e abra essa página agora. Leia o que ela informa sobre planos, esferas, cubos e cilindros.

PODER DO CÉREBRO

Plane não tem a dimensão Y. O que acontece se você fornece um valor de escala Y grande? E se esse valor for negativo? E se for zero?

Pense e tente adivinhar. Então, use a janela Inspector para experimentar diversos valores da escala Y e veja se o plano age como o esperado. (Não deixe de definir de volta!)

Configure a câmera

Nos dois últimos Unity Labs você aprendeu que GameObject é basicamente um "contêiner" para os componentes e que Main Camera tem só três componentes: Transform, Camera e Audio Listener. Isso faz sentido, pois tudo que uma câmera realmente precisa fazer é estar em um local e gravar o que vê e ouve. Veja o componente Transform da câmera na janela Inspector.

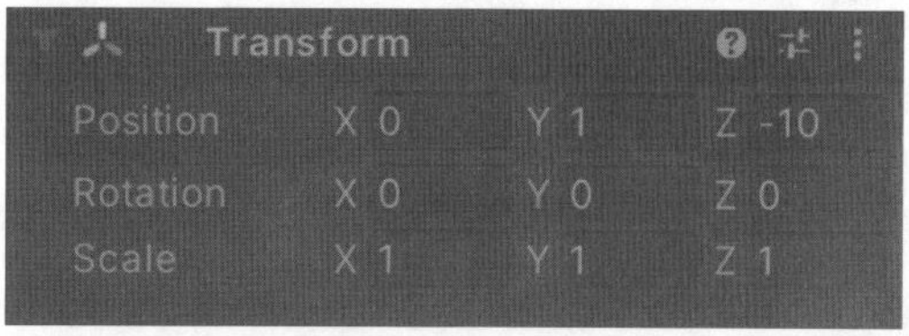
Transform
Position X 0 Y 1 Z -10
Rotation X 0 Y 0 Z 0
Scale X 1 Y 1 Z 1

Note que a posição é (0, 1, –10). Clique no rótulo Z na linha Position e arraste para cima e para baixo. Você verá a câmera ir para frente e para trás na janela da cena. Veja com atenção a caixa e as quatro linhas na frente dela. Representam o **visor** da câmera ou a área visível na tela do jogador.

Mova a câmera na cena e gire-a usando as ferramentas Move (W) e Rotate (E), como fez com outros GameObjects na cena. A janela Camera Preview será atualizada em tempo real, mostrando o que a câmera vê. Não tire os olhos de Camera Preview enquanto move a câmera. O piso parecerá se mover conforme entra e sai da visão da câmera.

A metade superior da câmera se projeta do plano.

Use o menu contextual na janela Inspector para redefinir o componente Transform de Main Camera. Note que isso ***não redefine a câmera para sua posição original***; redefine a posição da câmera e sua rotação para (0, 0, 0). Você verá a câmera cruzando o plano na janela Scene.

Agora apontaremos a câmera direto para baixo. Comece clicando no rótulo X perto de Rotation, arrastando para cima e para baixo. Você visualizará o visor na câmera se mover. Agora **defina a rotação X da câmera para 90** na janela Inspector a fim de que aponte para baixo.

Notará que não há mais nada em Camera Preview, o que faz sentido porque a câmera está apontando direto para baixo no plano infinitamente fino. **Clique no rótulo da posição Y no componente Transform e arraste para cima** até ver o plano inteiro em Camera Preview.

Agora **selecione Floor na janela Hierarchy**. Observe que Camera Preview desaparece; ela só aparece quando a câmera está selecionada. Você também pode trocar entre as janelas Scene e Game para saber o que a câmera vê.

Use o componente Transform de Plane na janela Inspector para **definir a escala do GameObject Floor para (4, 1, 2)** para que seja duas vezes mais comprido do que largo. Como Plane tem 10 unidades de largura e 10 de comprimento, essa escala o deixará com 40 unidades de comprimento e 20 de largura. O plano será totalmente preenchido com o visor de novo, então mova Camera mais para cima no eixo Y até o plano inteiro estar na visão.

Você pode trocar entre as janelas Scene e Game para saber o que a câmera vê.

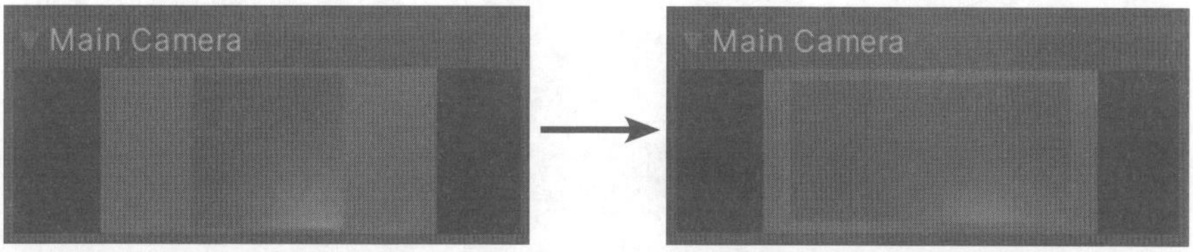
Main Camera
Main Camera

Crie um GameObject para o jogador

Seu jogo precisará de um jogador no controle. Criaremos um jogador humanoide simples que tem um cilindro para o corpo e uma esfera para a cabeça. Veja se nenhum objeto está selecionado clicando na cena (ou no espaço vazio) na janela Hierarchy.

Crie um GameObject Cylinder (3D Object >> Cylinder); você visualizará um cilindro aparecer no meio da cena. Mude seu nome para *Player* e **escolha Reset no menu contextual** para o componente Transform e veja se ele tem todos os valores-padrão. Depois, **crie um GameObject Sphere** (3D Object >> Sphere). Mude seu nome para *Head* e redefina seu componente Transform também. Cada um terá uma linha separada na janela Hierarchy.

Mas não queremos GameObjects separados, e sim um único GameObject controlado por um script C#. Por isso o Unity tem o conceito de **pai/mãe**. Clique em Head na janela Hierarchy e **arraste para Player**. Isso torna Player o pai de Head. Agora o GameObject Head está **aninhado** em Player.

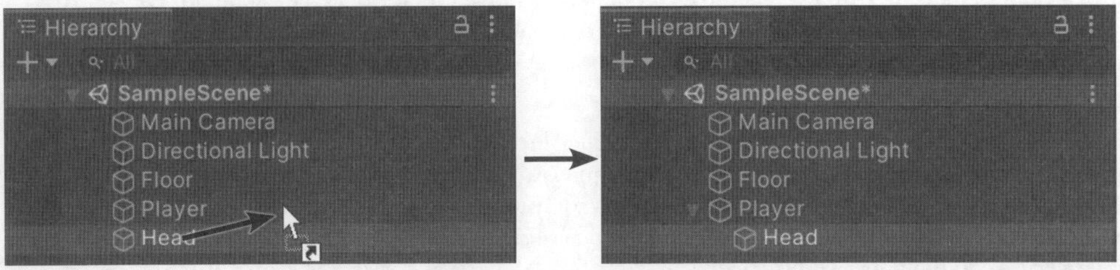
Hierarchy
SampleScene*
Main Camera
Directional Light
Floor
Player
Head
Hierarchy
SampleScene*
Main Camera
Directional Light
Floor
Player
Head

Selecione Head na janela Hierarchy. Ela foi criada em (0, 0, 0) como todas as outras esferas criadas. Você pode ver o contorno da esfera, mas não a esfera em si porque fica ocultada pelo plano e pelo cilindro. Use o componente Transform na janela Inspector para **mudar a posição Y da esfera para 1.5**. Agora a esfera aparece acima do cilindro, no lugar certo da cabeça do jogador.

Selecione Player na janela Hierarchy. Como sua posição Y é 0, metade do cilindro fica ocultada pelo plano. **Defina sua posição Y para 1**. O cilindro aparece acima do plano. Note que levou a esfera Head com ele. Mover Player faz com que Head se mova junto porque mover um GameObject-pai move os filhos também; na verdade, *qualquer* mudança feita no componente Transform será automaticamente aplicada nos filhos. Se você o diminui, os filhos se dimensionam também.

Quando você modificar o componente Transform de um GameObject com filhos aninhados, os filhos irão se mover, girar e dimensionar junto.

Troque para a janela Game; o jogador fica no meio da área do jogo.

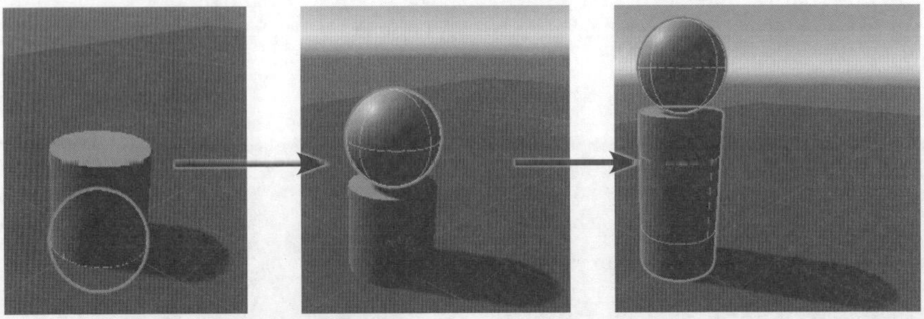

Sistema de navegação do Unity

Uma das coisas mais básicas que os videogames fazem é mover coisas. Jogadores, inimigos, personagens, itens, obstáculos... todos podem se mover. Por isso o Unity vem com uma inteligência artificial sofisticada, baseada nos sistemas de localização e navegação para ajudar os GameObjects a se moverem nas cenas. Usaremos o sistema de navegação para fazer nosso jogador ir em direção a um destino.

Os sistemas de navegação e localização do Unity permitem que os personagens encontrem o caminho de modo inteligente no mundo do jogo. Para tanto, você precisa configurar partes básicas para informar ao Unity aonde o jogador pode ir:

★ Primeiro, precisa informar ao Unity exatamente aonde os personagens têm permissão para ir. Você faz isso **configurando NavMesh**, que contém todas as informações sobre as áreas acessíveis na cena: rampas, escadas, obstáculos e até pontos chamados de links off-mesh, que permitem configurar ações específicas do jogador, como abrir uma porta.

★ Segundo, você **adiciona um componente NavMesh Agent** a qualquer GameObject que precisa se mover. Esse componente move automaticamente o GameObject na cena, usando a IA para encontrar o caminho mais eficiente até o destino, evitando obstáculos e, como opção, outros NavMesh Agents.

★ Às vezes pode requerer muita computação para o Unity mover NavMeshes complexos. Por isso o Unity tem um recurso Bake, que permite configurar um NavMesh antes **e computar previamente (ou preparar)** os detalhes geométricos para fazer os agentes trabalharem com mais eficiência.

O Unity fornece sistemas IA sofisticados para navegação e localização que podem mover seus GameObjects na cena em tempo real encontrando um caminho eficiente que evita obstáculos.

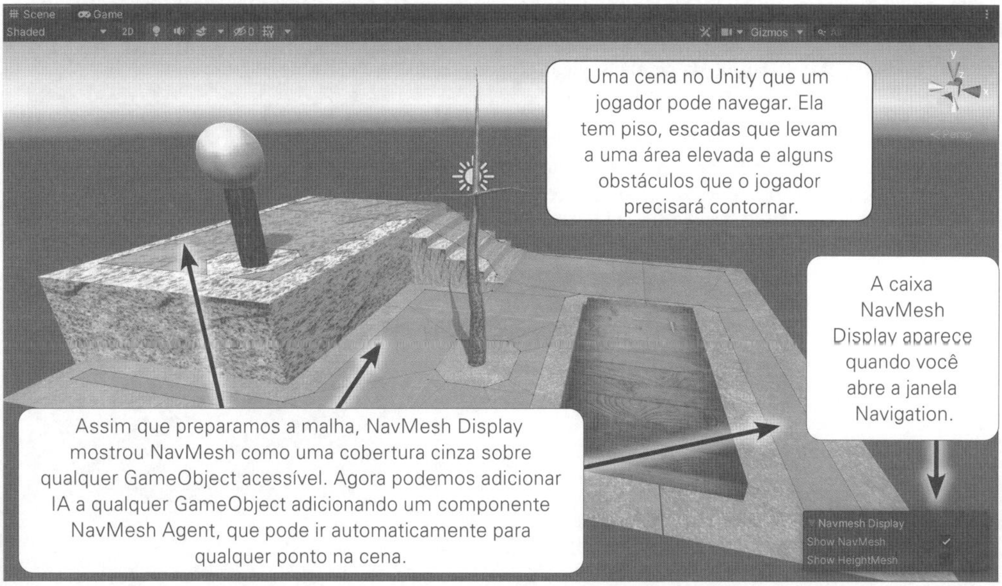
Scene
Game
Shaded
Gizmos
Uma cena no Unity que um jogador pode navegar. Ela tem piso, escadas que levam a uma área elevada e alguns obstáculos que o jogador precisará contornar.
A caixa NavMesh Display aparece quando você abre a janela Navigation.
Assim que preparamos a malha, NavMesh Display mostrou NavMesh como uma cobertura cinza sobre qualquer GameObject acessível. Agora podemos adicionar IA a qualquer GameObject adicionando um componente NavMesh Agent, que pode ir automaticamente para qualquer ponto na cena.
Navmesh Display
Show NavMesh
Show HeightMesh

Configure NavMesh

Vamos configurar um NavMesh que consiste no plano Floor. Faremos isso usando a janela Navigation. **Escolha AI >> Navigation no menu Window** para adicionar a janela Navigation ao espaço de trabalho do Unity. Deve aparecer como uma guia no mesmo painel da janela Inspector. Use a janela Navigation para **marcar o GameObject Floor como *navigation static* e *walkable***:

- ★ Pressione o **botão Object** no topo da janela Navigation.
- ★ **Selecione o plano Floor** na janela Hierarchy.
- ★ Marque a **caixa Navigation Static**. Isso pede ao Unity para incluir Floor ao preparar NavMesh.
- ★ **Selecione Walkable** no menu suspenso Navigation Area. Isso informa ao Unity que o plano Floor é uma superfície que qualquer GameObject com NavMesh Agent pode navegar.

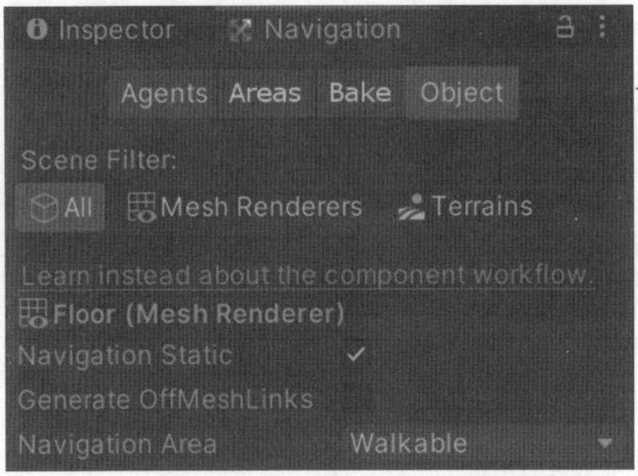
Inspector
Navigation
Agents
Areas
Bake
Object
Scene Filter:
All
Mesh Renderers
Terrains
Learn instead about the component workflow.
Floor (Mesh Renderer)
Navigation Static
Generate OffMeshLinks
Navigation Area
Walkable

Pressione o botão Object para marcar os GameObjects na cena como navigation static, ou seja, eles precisam fazer parte de NavMesh e não se moverão.

Marcamos o piso como walkable; portanto, o NavMesh Agent saberá como se mover nele.

Como a área acessível neste jogo será apenas o piso, terminamos a seção Object. Para uma cena mais complexa com muitas superfícies acessíveis ou obstáculos inacessíveis, cada GameObject individual precisa ser marcado corretamente.

Clique no botão Bake no topo da janela Navigation para ver suas opções.

Agora **clique no *outro* botão Bake** na parte inferior da janela Navigation. Ele mudará rápido para Cancel e voltará para Bake. Notou que algo mudou na janela Scene? Troque entre as janelas Inspector e Navigation. Quando a janela Navigation está ativa, a janela Scene mostra NavMesh Display e destaca NavMesh como uma cobertura cinza sobre os GameObjects que fazem parte do NavMesh preparado. Neste caso, destaca o plano marcado como navegação estática e acessível.

Agora o NavMesh está configurado.

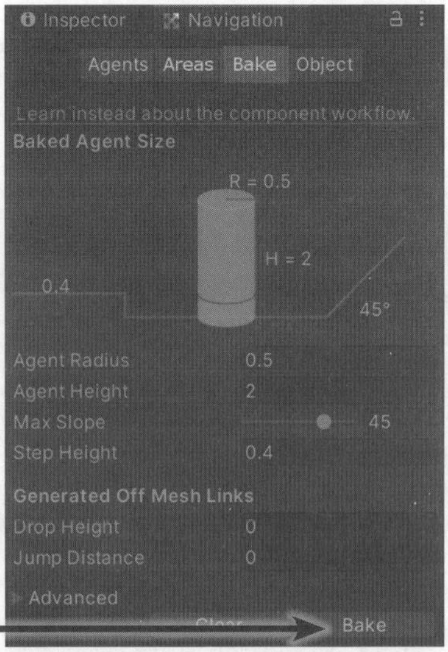
Inspector
Navigation
Agents
Areas
Bake
Object
Learn instead about the component workflow.
Baked Agent Size
R = 0.5
H = 2
0.4
45°
Agent Radius 0.5
Agent Height 2
Max Slope 45
Step Height 0.4
Generated Off Mesh Links
Drop Height 0
Jump Distance 0
Advanced
Bake

Clique no botão Bake para preparar NavMesh.

Jogador se move automaticamente na área do jogo

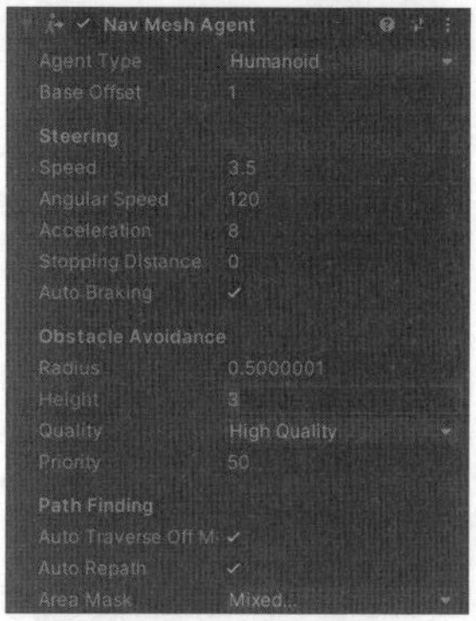
Nav Mesh Agent
Agent Type Humanoid
Base Offset 1
Steering
Speed 3.5
Angular Speed 120
Acceleration 8
Stopping Distance 0
Auto Braking ✓
Obstacle Avoidance
Radius 0.5000001
Height 3
Quality High Quality
Priority 50
Path Finding
Auto Traverse Off M ✓
Auto Repath ✓
Area Mask Mixed...

Adicionaremos NavMesh Agent ao GameObject Player. **Selecione Player** na janela Hierarchy, volte para a janela Inspector, clique no botão **Add Component** e escolha **Navigation >> NavMesh Agent** para adicionar o componente NavMesh Agent. O corpo cilíndrico tem 2 unidades de altura e a cabeça esférica tem 1 unidade; portanto, você deseja que seu agente tenha 3 unidades de altura; defina Height para 3. Agora NavMesh Agent está pronto para mover o GameObject Player em NavMesh.

Crie uma pasta Scripts e adicione um script chamado *MoveToClick.cs*. Ele permitirá clicar na área do jogo e pedir a NavMesh Agent para mover o GameObject para esse ponto. Você aprendeu sobre os campos privados no Capítulo 5. Esse script usará um para armazenar uma referência para NavMeshAgent. O código do GameObject precisará de uma referência para seu agente para conseguir dizer ao agente aonde ir; portanto, você chamará o método GetComponent para obter essa referência e salvá-la em um **campo NavMeshAgent privado** chamado `agent`:

```
agent = GetComponent<NavMeshAgent>();
```

O sistema de navegação usa classes no namespace UnityEngine.AI; então, você precisará **adicionar esta linha `using`** ao início do arquivo *MoveToClick.cs*:

```
using UnityEngine.AI;
```

O **código do script MoveToClick**:

```
public class MoveToClick : MonoBehaviour
{
    private NavMeshAgent agent;

    void Awake()
    {
        agent = GetComponent<NavMeshAgent>();
    }

    void Update()
    {
        if (Input.GetMouseButtonDown(0))
        {
            Camera cameraComponent = GameObject.
Find("Main Camera").GetComponent<Camera>();
            Ray ray = cameraComponent.
ScreenPointToRay(Input.mousePosition);
            RaycastHit hit;
            if (Physics.Raycast(ray, out hit, 100))
            {
                agent.SetDestination(hit.point);
            }
        }
    }
}
```

No último Unity Lab, você usou o método Start para definir a posição de um GameObject quando ele aparece pela primeira vez. Na verdade, existe um método que é chamado antes do método Start do seu script. O método Awake é chamado quando o objeto é criado, já Start é chamando quando o script é ativado. O script MoveToClick usa o método Awake para inicializar o campo, não o método Start.

Aqui o script lida com os cliques do mouse. O método Input.GetMouseButtonDown verifica se o usuário pressiona um botão do mouse e o argumento 0 pede para ele verificar o botão esquerdo. Como Update é chamado a cada quadro, sempre verifica para saber se o botão do mouse é clicado.

Experimente os campos Speed, Angular Speed, Acceleration e Stopping Distance em NavMesh Agent. Você pode mudá-los com o jogo rodando (mas lembre-se de que ele não salvará nenhum valor alterado durante o jogo). O que acontece quando você torna um deles muito grande?

Arraste o script para Player e rode o jogo. Com o jogo em execução, **clique em qualquer lugar no piso**. Ao clicar, NavMesh Agent moverá o jogador para o ponto em que você clicou.

Aponte o seu lápis

Falamos muito sobre referências do objeto e variáveis de referência nos últimos capítulos. Faremos um pequeno exercício no papel para fixar na mente algumas ideias e conceitos por trás das referências do objeto.

Adicione este campo público à classe MoveToClick:

```
public Camera cameraComponent;
```

Volte à janela Hierarchy, clique em Player e encontre o novo campo Main Camera no componente Move To Click (Script). **Arraste Main Camera** para fora da janela Hierarchy e **para o campo Camera Component** no componente Move To Click (Script) do GameObject Player em Inspector:

Hierarchy
SampleScene
Main Camera
Move To Click (Script)
Script
MoveToClick
Main Camera (Camera)

Agora **comente** esta linha:

```
    Camera cameraComponent = GameObject.Find("Main Camera").
GetComponent<Camera>();
```

Rode o jogo de novo. Ainda funciona! Por quê? Pense e veja se consegue descobrir. Escreva a resposta:

....

....

....

....

MEU SCRIPT CHAMOU MÉTODOS QUE TINHAM A PALAVRA ***RAY*** NO NOME. USEI RAYS [RAIOS] NO PRIMEIRO UNITY LAB. ESTAMOS USANDO RAYS PARA AJUDAR O JOGADOR A SE MOVER?

Sim! Usamos uma ferramenta muito útil chamada raycast.

No segundo Unity Lab, você usou Debug.DrawRay para explorar como os vetores 3D trabalham desenhando um raio que inicia em (0, 0, 0). O método Update do script MoveToClick realmente faz algo parecido. Ele usa o **método Physics. Raycast** para "emitir" um raio, como o usado para explorar vetores, que inicia na câmera, vai até o ponto em que o usuário clicou e **verifica se o raio tocou no piso**. Em caso positivo, o método Physics.Raycast fornece o local no piso em que ele toca. Então, o script define o **campo de destino de NavMesh Agent**, que faz NavMesh **mover automaticamente o jogador** em direção a esse local.

Raycast de Perto

O script MoveToClick chama o **método Physics.Raycast**, uma ferramenta muito útil que o Unity fornece para ajudar a responder às alterações na cena. Ele dispara (ou "emite") um raio virtual na cena e informa se atinge algo. Os parâmetros do método Physics.Raycast informam em que lugar disparar o raio e a distância máxima para atirar:

`Physics.Raycast(`em que lugar atirar o raio`, out hit,` distância máxima`)`

Esse método retorna true se o raio atinge algo ou false se não. Ele usa a palavra-chave `out` para salvar os resultados em uma variável, exatamente como visto em int.TryParse nos últimos capítulos. Veja com atenção como funciona.

Precisamos dizer a Physics.Raycast em que lugar disparar o raio. Então, a primeira coisa que precisamos fazer é encontrar a câmera, especificamente o componente Camera do GameObject Main Camera. Seu código é como o que temos para GameController no último Unity Lab:

```
GameObject.Find("Main Camera").GetComponent<Camera>();
```

A classe Camera tem um método chamado ScreenPointToRay que cria um raio disparado da posição da câmera passando pela posição (X, Y) na tela. O método Input.mousePosition fornece a posição (X, Y) na tela no local em que o usuário clicou. Esse raio mostra o local a inserir em Physics.RayCast:

```
Ray ray = cameraComponent.ScreenPointToRay(Input.mousePosition);
```

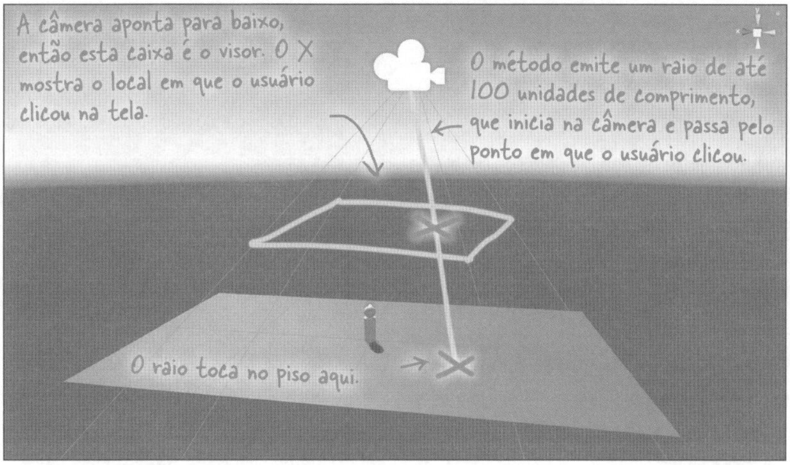
A câmera aponta para baixo, então esta caixa é o visor. O X mostra o local em que o usuário clicou na tela.
O método emite um raio de até 100 unidades de comprimento, que inicia na câmera e passa pelo ponto em que o usuário clicou.
O raio toca no piso aqui.

Agora que o método tem um raio para emitir, ele pode chamar o método Physics.Raycast para ver em que ponto ele toca:

```
RaycastHit hit;
if (Physics.Raycast(ray, out hit, 100))
{
    agent.SetDestination(hit.point);
}
```

Ele retorna bool e usa a palavra-chave `out` — na verdade, funciona exatamente como int.TryParse. Se retorna true, a variável `hit` tem o local no piso que o raio atinge. Definir agent.destination pede a NavMesh Agent para começar a mover o jogador para o ponto em que o raio tocou.

Aponte o seu lápis
Solução

Demos um exercício no papel para fazer. Você modificou a classe MoveToClick para adicionar um campo para Main Camera, em vez de usar os métodos Find e GetComponent. Tivemos que arrastar Main Camera para ela, então fizemos uma pergunta. Sua resposta foi parecida com a nossa?

Rode o jogo de novo. Ainda funciona! Por quê? Pense e veja se consegue descobrir. Escreva a resposta:

Quando meu código chamou mainCamera.GetComponent<Camera>, retornou uma referência para GameObject. Alterei isso por um campo e arrastei o GameObject Main Camera da janela Hierarchy para a janela Inspector, que fez o campo ser definido para uma referência ao mesmo GameObject. São dois modos diferentes de definir a variável cameraComponent para referenciar o mesmo objeto, e por isso teve um comportamento igual.

Você reutilizará o script MoveToClick nos Unity Labs posteriores; então, antes de terminar de responder, mude o script de volta para como estava removendo o campo MainCamera e restaurando a linha que define a variável `cameraComponent`.

PONTOS DE BALA

- **Plane** é um objeto quadrado plano com 10 unidades por 10 unidades de largura (no plano X-Z) e 0 unidades de altura (no plano Y).
- **Mova Main Camera** para mudar a parte da cena que ela captura modificando seu componente Transform, como move qualquer outro GameObject.
- Ao modificar o componente Transform de GameObject com **filhos aninhados**, os filhos irão se mover, girar e dimensionar junto.
- Os **sistemas de navegação IA e de localização** do Unity podem mover seus GameObjects na cena em tempo real encontrando um caminho eficiente que evita obstáculos.
- **NavMesh** contém todas as informações sobre as áreas acessíveis na cena. Você pode configurar NavMesh antes e calcular previamente, ou preparar os detalhes geométricos, o que faz os agentes funcionarem com mais eficiência.
- Um componente **NavMesh Agent** move automaticamente um GameObject na cena usando a IA para encontrar o caminho mais eficiente até um destino.
- O **método NavMeshAgent.SetDestination** aciona o agente para calcular um caminho até uma nova posição e começa a mover em direção ao novo destino.
- O Unity chama o **método Awake** do script quando carrega pela primeira vez o GameObject, bem antes de chamar o método Start do script, mas após instanciar outros GameObjects. É um ótimo lugar para inicializar referências para outros GameObjects.
- O **método Input.GetMouseButtonDown** retorna true se um botão do mouse é clicado atualmente.
- O método **Physics.Raycast** usa *raycast* disparando (ou "emitindo") um raio virtual na cena e retorna true se acerta algo. Ele usa a palavra-chave `out` para retornar informações sobre o que atinge.
- O método **ScreenPointToRay** da câmera cria um raio que passa por um ponto na cena. Combine-o com Physics.Raycast a fim de determinar para que ponto mover o jogador.

CAPTAIN AMAZING
THE DEATH
OF THE OBJECT
Use a Cabeça C#
Quatro dólares
Capítulo 11

CAPTAIN AMAZING, O OBJETO MAIS INCRÍVEL DE OBJECTVILLE, PERSEGUE SEU ARQUI-INIMIGO...
AGORA PEGUEI VOCÊ, SWINDLER.
TARDE DEMAIS! COMO DISSEMOS, MEU EXÉRCITO DE CLONES ESTÁ SE REUNINDO NA FÁBRICA ABAIXO DE NÓS...
...PRONTO PARA ACABAR COM AS RUAS DE OBJECTVILLE!
Bem-vindo a
Objectville
Lar do Polimorfismo
POW!!
VAMOS DESTRUIR AS REFERÊNCIAS DE CADA CLONE, UMA A UMA.

Captain Amazing encurrala Swindler...
...mas acaba preso.
AUTO-DESTRUIR
CLANG
AUTO-DESTRUIR
EM MINUTOS, VOCÊ E MEU EXÉRCITO SERÃO LIXO (OU MELHOR, COLETADOS).
4:00
3:59
3:58
AUTO-DESTRUIR
BOOM!!
É O FIM DO CAPTAIN AMAZING...?

Vida e morte de um objeto

Revisão rápida do que sabemos sobre a vida e a morte dos objetos:

- Ao criar um objeto, a CLR (que roda suas aplicações .NET e gerencia a memória) aloca memória suficiente para ele no heap, uma parte especial da memória do PC reservada para objetos e seus dados.
- Ele é mantido "vivo" por uma referência, que pode ser armazenada em uma variável, uma coleção, uma propriedade ou um campo de outro objeto.
- Pode haver muitas referências para o mesmo objeto, como visto no Capítulo 4, quando você apontou as variáveis de referência `lloyd` e `lucinda` para mesma instância de Elephant.
- Quando retirou a última referência para o objeto Elephant, isso fez a CLR marcá-lo para a coleta de lixo.
- Por fim, a CLR removeu o objeto Elephant e a memória foi recuperada para ser usada por novas instâncias de objetos que seu programa criaria mais tarde.

Agora veremos todos esses pontos em detalhes, escrevendo pequenos programas que ajudam a mostrar como funciona a coleta de lixo.

Mas, antes de começar a testar a coleta, precisamos recuar um passo. Você aprendeu antes que os objetos são "marcados" para a coleta de lixo, mas a remoção real do objeto pode ocorrer a qualquer momento (ou nunca!). Precisamos saber quando um objeto foi coletado e como forçar a coleta de lixo. Então, é aí que começaremos.

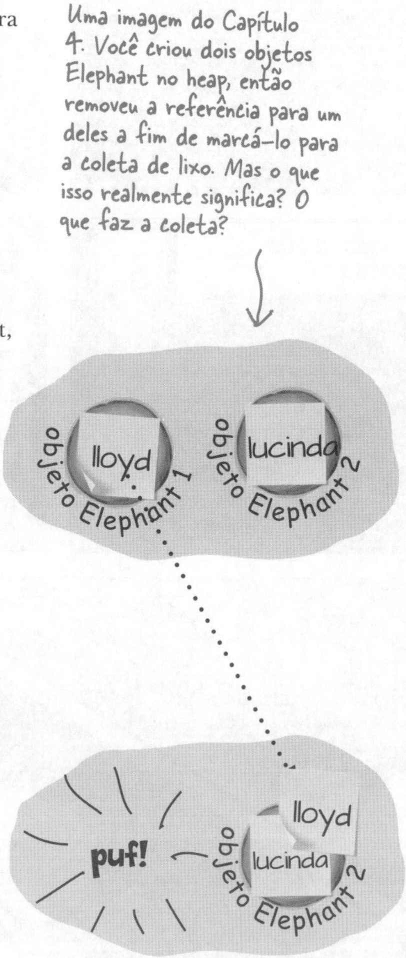

Uma imagem do Capítulo 4. Você criou dois objetos Elephant no heap, então removeu a referência para um deles a fim de marcá-lo para a coleta de lixo. Mas o que isso realmente significa? O que faz a coleta?
lloyd
objeto Elephant 1
lucinda
objeto Elephant 2
puf!
lloyd
lucinda
objeto Elephant 2

SÓ... PRECISA DE...
— SUSPIRO —
UMA... ÚLTIMA... COISA...

Use a classe GC (com cuidado) para forçar a coleta

O .NET tem uma **classe GC** que controla a coleta de lixo. Usaremos seus métodos estáticos, como GetTotalMemory, que retorna long com uma contagem *aproximada* do número de bytes atualmente *considerados* para a alocação no heap:

```
Console.WriteLine(GC.GetTotalMemory(false));
```

> class System.GC
> Controls the system garbage collector, a service that automatically reclaims unused memory.

Você pode estar pensando: "Por que *aproximada*? O que significa *considerados* para a alocação? Como a coleta de lixo pode não saber exatamente quanta memória está alocada?" Isso reflete uma das regras básicas da coleta: você pode contar 100% com ela, mas ***há muitas incógnitas e aproximações***.

Neste capítulo usaremos algumas funções GC:

★ GC.GetTotalMemory retorna o número aproximado de bytes atualmente considerados para alocação no heap.

★ GC.GetTotalAllocatedBytes retorna o número aproximado de bytes alocados desde que o programa iniciou.

★ GC.Collect força a coleta de lixo a recuperar todos os objetos não referenciados imediatamente.

Só uma coisa sobre esses métodos: não iremos usá-los para aprendizagem e exploração; a menos que você ***realmente*** saiba o que está fazendo, **não chame GC.Collect no código para um projeto real**. A coleta de lixo do .NET é uma peça de engenharia muito ajustada e calibrada com cuidado. Em geral, ao determinar quando coletar objetos, ela é mais inteligente que nós e devemos confiar nela para fazer seu trabalho.

não existem Perguntas Idiotas

P: Tenho... dúvidas. O que... como posso dizer... o que *é* exatamente Captain Amazing?

R: Captain Amazing é o objeto mais incrível do mundo, o super-herói protetor dos cidadãos inocentes de Objectville, e amigo de todos os animaizinhos.

Mais especificamente, Captain Amazing é um objeto antropomorfizado, inspirado em um dos eventos de HQs mais importantes do início do século XXI que aborda a morte de um super-herói, especificamente uma HQ que surgiu em 2007, quando trabalhávamos no primeiro esboço do *Use a Cabeça C#*, procurando um modo de falar sobre a vida e a morte de um objeto. Notamos uma grande semelhança entre a forma dos objetos nos diagramas do heap de memória e o escudo de certo capitão famoso nas HQs... assim nasceu o Captain Amazing (se você não é fã de HQs, não se preocupe; não precisa saber nada sobre a HQ referenciada para entender o material neste capítulo).

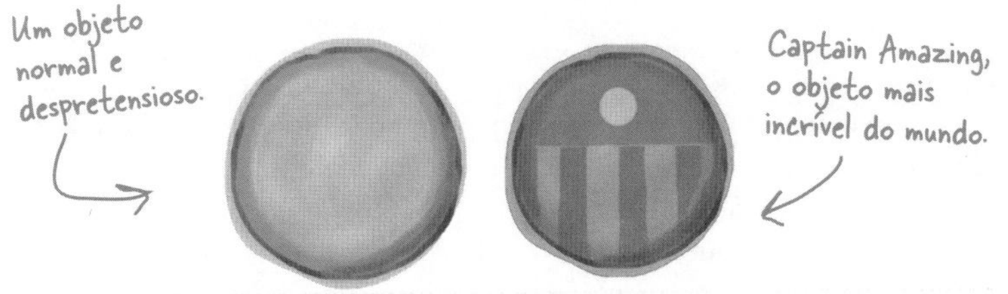
Um objeto normal e despretensioso.
Captain Amazing, o objeto mais incrível do mundo.

P: Por que os "clones" parecem robôs? Não deveriam ser pessoas?

R: Sim, em nossa HQ criamos clones dessa forma

porque não queríamos mostrar imagens gráficas de pessoas sendo destruídas.

E, *relaxa*. A intenção dos desenhos neste capítulo é ajudar a fixar na mente importantes conceitos do C# e do .NET. A história é só uma ferramenta para fazer analogias úteis.

Sua última chance de FAZER algo... o finalizador do objeto

Às vezes é preciso se assegurar de que algo aconteça *antes* que o objeto seja coletado, como **liberar os recursos não gerenciados**.

Em geral, você nunca escreverá um finalizador para um objeto que só possui recursos gerenciados. Tudo visto até o momento neste livro foi gerenciado pela CLR. Mas às vezes os programadores precisam acessar um recurso do Windows que não está em um namespace do .NET. Por exemplo, se você encontra um código na internet que tem **[DllImport]** acima de uma declaração, pode usar um recurso não gerenciado. E alguns desses recursos do .NET podem deixar seu sistema instável se não são "limpos". Os finalizadores servem para isso.

Um método especial em seu objeto chamado **finalizador** permite escrever um código que sempre será executado quando seu objeto é destruído. Ele é executado por último, não importa o que aconteça.

Vamos testar os finalizadores. **Crie um novo aplicativo de console** e adicione esta classe ao finalizador:

```
class EvilClone
{
    public static int CloneCount = 0;
    public int CloneID { get; } = ++CloneCount;

    public EvilClone() => Console.WriteLine("Clone #{0}
is wreaking havoc", CloneID);

    ~EvilClone()
    {
        Console.WriteLine("Clone #{0} destroyed", CloneID);
    }
}
```

Quando você colocou o operador ++ na frente de uma variável, ela foi aumentada antes de a declaração ser executada. Por que acha que fizemos isso?

Este é o finalizador (por vezes chamado de "destruidor"). É declarado como um método que inicia com til ~ e não tem nenhum valor de retorno nem parâmetro. O finalizador de um objeto é executado um pouco antes de o objeto ser coletado como lixo.

O método Main instancia os objetos EvilClone, ***cancela a referência*** (ou remove) deles e os coleta:

```
class Program
{
    static void Main(string[] args)
    {
        var stopwatch = System.Diagnostics.Stopwatch.StartNew();
        var clones = new List<EvilClone>();
        while (true)
        {
            switch (Console.ReadKey(true).KeyChar)
            {
                case 'a':
                    clones.Add(new EvilClone());
                    break;
                case 'c':
                    Console.WriteLine("Clearing list at
                    time {0}", stopwatch.ElapsedMilliseconds);
                    clones.Clear();
                    break;
                case 'g':
                    Console.WriteLine("Collecting at time {0}", stopwatch.
                    ElapsedMilliseconds);
                    GC.Collect();
                    break;

            };
        }
    }
}
```

Usaremos Stopwatch para termos uma ideia da rapidez da coleta de lixo. A classe Stopwatch permite medir com precisão o tempo transcorrido, iniciando um novo cronômetro e obtendo o número de milissegundos passados desde que o iniciou.

Ao pressionar a tecla "a", seu app cria uma nova instância de EvilClone e adiciona-a à lista de clones.

Pressionar "c" pede ao app para limpar List, removendo, ou cancelando, todas as referências de todos os clones instanciados e adicionados.

Pressionar "g" pede à CLR para coletar todos os objetos marcados para a coleta de lixo.

Rode seu app e pressione **a** algumas vezes para criar alguns objetos EvilClone, e adicione-os a List. Pressione **c** para limpar List e remover todas as referências para esses objetos EvilClone. Pressione **c** algumas vezes; há uma *pequena* chance de que a CLR coletará alguns objetos que perderam a referência, mas é *provável* que você não os verá coletados até pressionar **g** para chamar GC.Collect.

Quando EXATAMENTE um finalizador é executado?

O finalizador do seu objeto é executado **após** todas as referências acabarem, mas **antes** de o objeto ser coletado. A coleta de lixo só acontece depois de ***todas*** as referências para seu objeto acabarem, mas nem sempre acontece *logo depois* da última referência desaparecer.

Suponha que você tenha um objeto com uma referência. A CLR envia a coleta de lixo para trabalhar e verificar seu objeto. Mas, como existem referências para o objeto, ela o ignora e continua. Seu objeto continua existindo na memória.

Então, acontece algo. Esse último objeto que mantém uma referência para *seu* objeto remove essa referência. Agora seu objeto fica na memória, sem referência. Ele não pode ser acessado. Basicamente, é um **objeto morto**.

Mas há um detalhe: a ***coleta de lixo é algo que a CLR controla***, não seus objetos. Portanto, se a coleta não for enviada de novo por, digamos, alguns segundos ou talvez minutos, seu objeto ainda residirá na memória. É inútil, mas não foi coletado como lixo. **E o finalizador do objeto não pode (ainda) ser executado.**

Por fim, a CLR envia a coleta de novo. Ela verifica seu objeto, descobre que não há referências e executa o finalizador... possivelmente vários minutos após a última referência do objeto ter sido removida ou alterada. Agora ele foi finalizado, o objeto morreu e a coleta se livra dele.

SUGIRA ao .NET que é hora de coletar o lixo

O .NET permite que você ***sugira*** que a coleta seria uma boa ideia. **Na maioria das vezes, você nunca usará esse método, pois a coleta de lixo é ajustada para responder a muitas condições na CLR e chamá-la *não é mesmo uma boa ideia*.** Mas, só para ver como funciona um finalizador, você poderia chamar a coleta usando GC.Collect.

Mas cuidado. Esse método não ***forçará*** a CLR a coletar as coisas de imediato. Apenas diz: "Faça a coleta de lixo assim que possível."

Vida e morte de um objeto... linha do tempo

1. Seu objeto reside alegremente no heap. Outro objeto tem uma referência para ele, mantendo-o vivo.

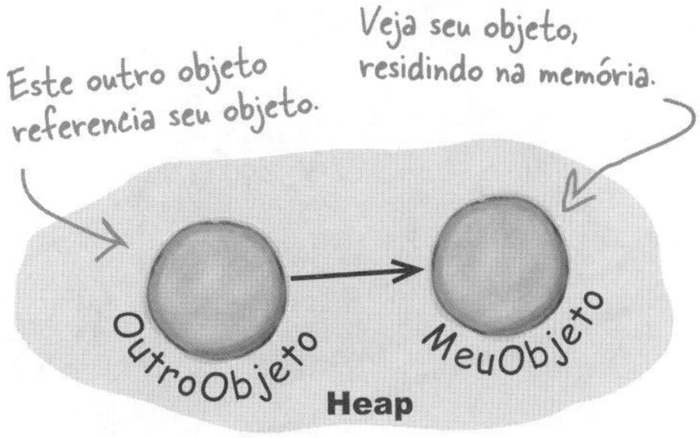
Este outro objeto referencia seu objeto.
Veja seu objeto, residindo na memória.
OutroObjeto
MeuObjeto
Heap

2. O outro objeto muda sua referência, e agora não há outros objetos referenciando seu objeto.

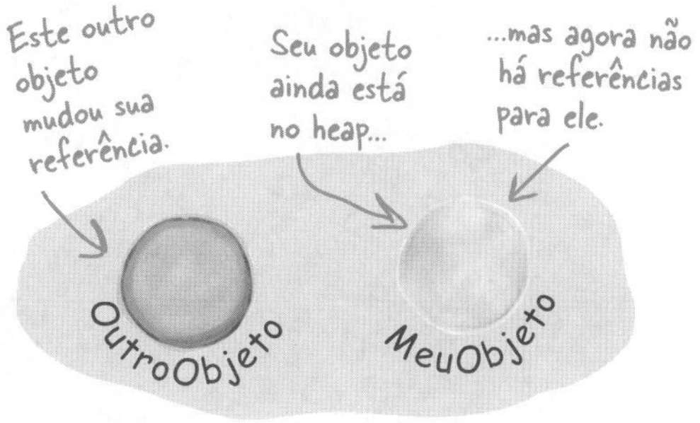
Este outro objeto mudou sua referência.
Seu objeto ainda está no heap...
...mas agora não há referências para ele.
OutroObjeto
MeuObjeto

3. A CLR marca seu objeto para a coleta de lixo.

OutroObjeto
puf!

4. Por fim, a coleta executa o finalizador do objeto e remove-o do heap.

Usamos GC.Collect como uma ferramenta de aprendizagem para ajudá-lo a entender como a coleta funciona. É certo que você não deve usá-la fora de programas simulados (a menos que realmente entenda como a coleta funciona no .NET em um nível mais profundo do que veremos neste livro).

MAIS TARDE, NO VELÓRIO
O CAIXÃO DO CAPTAIN ESTÁ VAZIO... O QUE É ISTO?
6e 61 6d 65 73 70 61 63 65 20
51 7b 0d 0a 5b 53 65 72 69 61
6c 69 7a 61 62 6c 65 5d 70 75
62 6c 69 63 20 63 6c 61 73 73
20 4d 73 67 7b 0d 0a 70 75 62
6c 69 63 20 73 74 72 69 6e 67
20 61 3b 70 75 62 6c 69 63 20
73 74 72 69 6e 67 20 62 3b 70
75 62 6c 69 63 20 73 74 72 69
6e 67 20 63 3b 70 75 62 6c
63 20 69 6e 74 20 69 3b 0d
70 75 62 6c 69 63 20 76 6f
64 20 53 68 6f 77 28 29 7b 4d
73 73 61 67 65 42 6f 78 2e 53 68
6f 77 28 63 2e 53 75 62 73 74 72
69 6e 67 28 31 2c 32 29
O CAPTAIN ENCONTROU UM MODO DE SERIALIZAR SUA ESSÊNCIA ANTES DE MORRER?

Finalizadores não podem depender de outros objetos

Ao escrever um finalizador, você não pode depender da execução dele a todo instante. Mesmo que chame GC.Collect, está apenas ***sugerindo*** que a coleta de lixo seja executada. Não há garantias de que acontecerá de imediato. E, quando acontece, não tem como saber a ordem na qual os objetos serão coletados.

O que isso significa em termos práticos? Bem, pense no que acontece se você tem dois objetos com referências entre si. Se o objeto 1 é coletado primeiro, a referência do objeto 2 aponta para um objeto que não existe mais. Mas, se o objeto 2 é coletado primeiro, a referência do objeto 1 é inválida. Isso significa que ***você não pode depender das referências no finalizador do seu objeto.*** Isso quer dizer que é uma ideia bem ruim tentar fazer algo dentro de um finalizador que depende das referências sendo válidas.

Inicie com dois objetos com referências entre si.

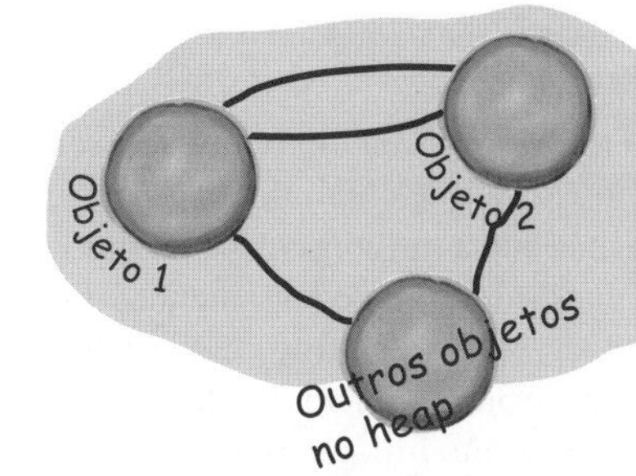
Objeto 1
Objeto 2
Outros objetos no heap

Se todos os outros objetos no heap removerem suas referências para os objetos 1 e 2, ambos serão marcados para a coleta.

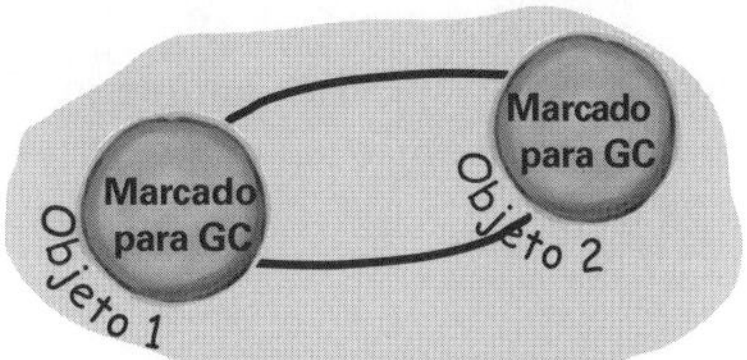
Marcado para GC
Objeto 1
Marcado para GC
Objeto 2

Se o objeto 1 for coletado primeiro, seus dados não ficarão disponíveis quando a CLR executar o finalizador do objeto 2.

puf!
Objeto 2

Por outro lado, o objeto 2 pode desaparecer antes do objeto 1. Você não tem como saber a ordem.

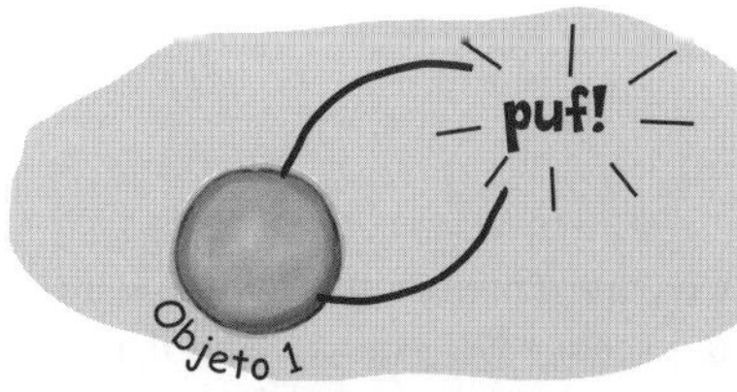
puf!
Objeto 1

É por isso que o finalizador de um objeto não pode contar com nenhum outro objeto ainda no heap.

Não use finalizadores para serialização

A serialização é um exemplo muito bom de algo que você **não deve fazer dentro de um finalizador**. Se seu objeto obtém muitas referências para outros objetos, a serialização depende de ***todos*** esses objetos estarem na memória... todos os objetos que eles referenciam e aqueles que esses objetos referenciam etc. Se você tentar serializar quando ocorre a coleta de lixo (GC), poderá acabar **perdendo** partes vitais de seu programa porque alguns objetos podem ter sido coletados ***antes*** de o finalizar ser executado.

Por sorte, o C# tem uma solução muito boa: IDisposable. Qualquer coisa que poderia modificar seus dados essenciais ou que depende de outros objetos estarem na memória precisa acontecer como parte de um método Dispose, não de um finalizador.

Algumas pessoas gostam de considerar o finalizador um tipo de rede de segurança do método Dispose. E isso faz sentido; você viu com o objeto Clone que só porque IDisposable é implementado, isso não significa que o método Dispose do objeto será chamado. Mas é preciso ter cuidado; se o método Dispose depende de outros objetos no heap, então chamar o Dispose do seu finalizador pode causar problemas. A melhor solução é **sempre usar uma declaração `using`** ao criar um objeto IDisposable.

Conversa Informal

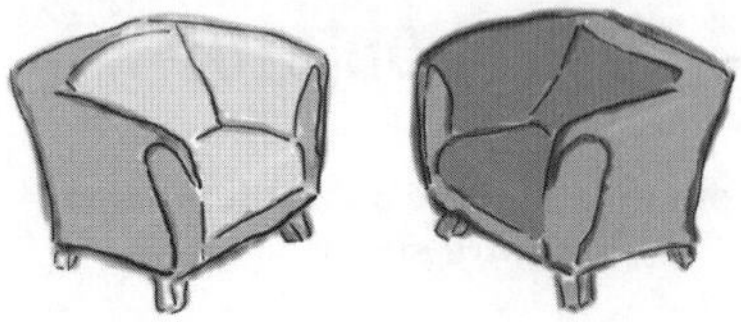

Debate de hoje: **o método Dispose e um finalizador discordam sobre quem é mais valioso** para você, desenvolvedor C#.

Dispose:

Para ser honesto, estou um pouco surpreso com o convite. Achei que o mundo da programação tivesse chegado a um consenso. Sou simplesmente muito mais valioso como ferramenta C# que você. Na verdade, você é bem fraco. Não pode nem depender de outros objetos ainda existindo quando é chamado. Muito instável, não?

Finalizador:

Oi? Essa é boa. Sou "fraco"? Certo. Eu não queria entrar nisso, mas como já estamos nivelando por baixo... pelo menos não preciso de uma interface para existir. Sem a interface IDisposable, sejamos francos... você não passa de outro método inútil.

Dispose:

Há uma interface específica **porque** sou importante. Na verdade, sou o único método nela!

Finalizador:

Certo, certo... continue se enganando. E o que acontece quando alguém se esquece de usar uma declaração `using` quando instancia seu objeto? Não tem onde encontrar você.

Dispose:

Certo, tem razão, os programadores precisam saber que precisarão de mim e me chamam diretamente ou usam uma declaração `using` para me chamar. Mas sempre sabem quando serei executado e podem me usar para fazer qualquer coisa que precisam para limpar após seus objetos. Sou poderoso, confiável e fácil de usar. Sou uma ameaça tripla. E você? Ninguém sabe exatamente quando será executado ou qual será o estado do app quando você finalmente decide aparecer.

Finalizador:

Handles são o que seus programas usam quando lidam com o .NET e a CLR, e interagem direto com o Windows. Como o .NET não os conhece, não pode limpá-los.

Mas se você precisa fazer algo no último momento antes da coleta de lixo do objeto, não tem como fazer isso sem mim. Posso liberar recursos da rede e handles do Windows, e qualquer coisa que possa causar um problema no resto do app se você não limpa. Asseguro que seus objetos lidam com a coleta com mais elegância, e não se pode desprezar isso.

Dispose:

Você acha que é importante porque sempre é executado com a GC [coleta de lixo], mas pelo menos posso depender de outros objetos.

Finalizador:

Certo, cara. Mas sempre sou executado. Você precisa de terceiros para ser executado. Eu não preciso de ninguém nem de nada!

DE ALGUM MODO O CAPTAIN AMAZING CAPTUROU TODA A SUA ESSÊNCIA NESTE BILHETE...
...MAS COMO A RECUPERAMOS?

não existem Perguntas Idiotas

P: Um finalizador pode usar todos os campos e métodos de um objeto?

R: Sim. Embora você não possa passar parâmetros para um método finalizador, pode usar qualquer campo em um objeto, diretamente ou usando `this`, mas tenha cuidado, pois se esses campos referenciam outros objetos, então os outros objetos podem já ter sido coletados como lixo. Seu finalizador pode chamar outros métodos e propriedades no objeto... contanto que tais métodos e propriedades *não dependam de outros objetos*.

P: O que acontece com as exceções geradas em um finalizador?

R: Boa pergunta. As exceções nos finalizadores funcionam exatamente como em qualquer outra parte no código. Tente substituir o finalizador EvilClone por este que gera uma exceção:

```
~EvilClone() => throw new Exception();
```

Rode o app de novo, crie algumas instâncias EvilClone, limpe a lista e execute a coleta de lixo. Seu app irá parar no finalizador, como faria se atingisse qualquer outra exceção. (Alerta de spoiler: no próximo capítulo você aprenderá sobre como *obter* exceções, detectar quando acontecem e executar o código que lida com elas.)

P: Com que frequência a coleta de lixo é executada automaticamente?

R: A resposta rápida é: não temos certeza. A coleta não é executada em um ciclo de fácil previsão e você não tem um bom controle sobre ela. Pode ter certeza de que será executada quando sair do programa normalmente. Mesmo quando você chama GC. Collect (que em geral deve evitar), está apenas sugerindo que a CLR deve iniciar a coleta.

P: Quanto tempo depois de chamar GC.Collect a coleta iniciará?

R: Ao executar GC.Collect, você pede ao .NET para coletar o lixo assim que possível. *Em geral,* assim que o .NET termina o que está fazendo, ou seja, acontecerá em breve, mas você não tem um controle preciso sobre quando inicia.

P: Se algo deve ser executado, coloco em um finalizador?

R: Não. É possível que seu finalizador não seja executado. E é possível omitir os finalizadores quando a coleta ocorre. Ou o processo pode terminar por completo. Se você não está liberando recursos não gerenciados, é sempre melhor usar IDisposable e declarações `using`.

ENQUANTO ISSO, NAS RUAS DE OBJECVILLE...
CAPTAIN AMAZING...
MAS TEM ALGO ERRADO. ELE NÃO PARECE O MESMO... E SEUS PODERES ESTÃO ESTRANHOS.
O CAPTAIN AMAZING LEVOU TANTO TEMPO PARA CHEGAR ATÉ AQUI QUE O SR. FLUFFY SAIU SOZINHO DA ÁRVORE...
MIAU!
DEPOIS...

MAIS TARDE...
Esconderijo de Co
do Capting Ama
TOP SECR
PUF... SUSPIRO... UGH! ESTOU EXAUSTO.
QUAL É O PROBLEMA? POR QUE OS PODERES DO CAPTAIN ESTÃO DIFERENTES? É O FIM?

Struct lembra um objeto...

Estamos falando sobre heap, porque é onde residem os objetos. Mas não é a única parte da memória em que eles ficam. Um dos tipos no .NET sobre o qual não falamos muito é o *struct*, que usaremos para explorar um aspecto diferente da vida e da morte no C#. Struct é uma abreviação de **estrutura** e lembra muito os objetos. Eles têm campos e propriedades, como os objetos. E você pode até passá-los para um método que requer um parâmetro do tipo objeto:

Structs podem implementar interfaces, mas não podem ser uma subclasse de outras classes. E os structs são lacrados; portanto, não podem ser estendidos.

```
public struct AlmostSuperhero : IDisposable {
    private bool superStrength;
    public int SuperSpeed { get; private set; }

    public void RemoveVillain(Villain villain)
    {
        Console.WriteLine("OK, {0}, surrender now!",
                          villain.Name);
        if (villain.Surrendered)
            villain.GoToJail();
        else
            villain.StartEpicBattle();
    }

    public void Dispose() => Console.WriteLine("Nooooooo!");
}
```

Um struct pode ter propriedades e campos...

...e definir métodos.

Structs podem até implementar interfaces, como IDisposable.

...mas não é um objeto

Mas os structs ***não são*** objetos. Eles *podem* ter métodos e campos, mas *não* finalizadores. Eles também não podem herdar de classes e de outros structs, assim como classes ou structs herdam deles; você tem permissão para usar o operador de dois-pontos : na declaração de um struct, mas apenas se é seguido de uma ou mais interfaces.

O poder dos objetos está em sua capacidade de imitar o comportamento real, com a herança e o polimorfismo.

Todos os structs estendem System.ValueType, que, por sua vez, estende System.Object. Por isso, todo struct tem um método ToString, obtido de Object. Mas é a única herança permitida para eles.

Super-herói
struct

Você pode imitar um objeto independente com struct, mas os structs não lidam muito bem com hierarquias complexas de herança.

Structs não podem herdar de outros objetos.

Structs são mais bem usados para armazenar dados, mas a falta de herança e de referências pode ser uma séria limitação.

Valores são copiados; referências são atribuídas

Vimos como as referências são importantes para a coleta de lixo, ou seja, reatribua a última referência para um objeto e ele é marcado para a coleta. Mas também sabemos que essas regras não fazem muito sentido para os valores. Se queremos entender mais como objetos e valores vivem e morrem na memória da CLR, precisaremos ver com atenção os valores e as referências: como são parecidos e o mais importante, como se diferenciam.

Você já tem uma ideia sobre como os tipos se diferem. De um lado você obtém **tipos de valor** como int, bool e decimal. Por outro, obtém **objetos** como List, Stream e Exception. E eles não funcionam exatamente do mesmo modo, funcionam?

Ao usar o sinal de igual para definir uma variável do tipo de valor para outra, **é feita uma cópia do valor** e, depois, as suas variáveis não se conectam. Em compensação, ao usar o sinal de igual com referências, o que você faz é **apontar ambas as referências para o mesmo objeto**.

- A declaração da variável e a atribuição funcionam igual com tipos de valor e objetos:

```
int howMany = 25;
bool Scary = true;
List<double> temps = new List<double>();
throw new NotImplementedException();
```

int e bool são tipos de valor; List e Exception são tipos de objeto.

- Mas, assim que você começa a atribuir valores, pode ver como são diferentes. Os tipos de valor são lidados com a cópia. Um exemplo que deve ser familiar:

Esta linha copia o valor armazenado na variável fifteenMore para a variável howMany e adiciona 15.

Mudar a variável fifteenMore não tem efeito em howMany, e vice-versa.

```
int fifteenMore = howMany;
fifteenMore += 15;
Console.WriteLine("howMany has {0}, fifteenMore has {1}",
                  howMany, fifteenMore);
```

A saída aqui mostra que `fifteenMore` e `howMany` ***não*** estão conectadas:

```
howMany has 25, fifteenMore has 40
```

- Mas, como sabemos, com relação aos objetos você atribui referências, não valores:

Esta linha define a referência copy para apontar para o mesmo objeto da referência temps.

```
temps.Add(56.5D);
temps.Add(27.4D);
List<double> copy = temps;
copy.Add(62.9D);
```

As duas referências apontam para o mesmo objeto.

temps
copy
List<double>

Alterar List significa que as duas referências veem a atualização, pois ambas apontam para um objeto List. Veja isso escrevendo uma linha da saída:

```
Console.WriteLine("temps has {0}, copy has {1}", temps.Count(), copy.Count());
```

A saída aqui mostra que `copy` e `temps` apontam para o ***mesmo*** objeto:

```
temps has 3, copy has 3
```

Quando você chamou copy.Add, ele adicionou uma nova temperatura ao objeto para o qual copy e temps apontam.

Structs são tipos de valor; objetos são de referência

Veja melhor como funcionam os structs para começar a entender quando pode querer usar um struct versus um objeto. Ao criar um struct, você cria um **tipo de valor**. Isso significa que, quando usa igual para definir uma variável struct para ser igual a outra, está criando um *cópia* nova do struct na nova variável. Mesmo que struct *se pareça* com um objeto, não age como um.

Faça isto!

1 Crie um struct chamado Dog.

Veja um struct simples para controlar um cão. Ele parece um objeto, mas não é. Adicione a um **novo aplicativo de console**:

```
public struct Dog {

  public string Name { get; set; }
  public string Breed { get; set; }

  public Dog(string name, string breed) {
    this.Name = name;
    this.Breed = breed;
  }

  public void Speak() {
      Console.WriteLine("My name is {0} and I'm a {1}.", Name, Breed);
  }
}
```

2 Crie uma classe chamada Canine.

Faça uma cópia exata do struct Dog, mas **substitua `struct` por `class` e substitua Dog por Canine**. Não se esqueça de renomear o construtor de Dog. Agora você terá uma *classe* Canine com a qual pode lidar, que é quase equivalente ao *struct* Dog.

3 Adicione um método Main que faz cópias dos dados Dog e Canine.

O código do método Main:

```
Canine spot = new Canine("Spot", "pug");
Canine bob = spot;
bob.Name = "Spike";
bob.Breed = "beagle";
spot.Speak();
Dog jake = new Dog("Jake", "poodle");
Dog betty = jake;
betty.Name = "Betty";
betty.Breed = "pit bull";
jake.Speak();
```

MINI Aponte o seu lápis

4 Antes de rodar o programa...

Anote o que você acha que será escrito no console quando executar o código:

....

....

MINI Aponte o seu lápis Solução

O que você achou que seria escrito no console?

My name is Spike and I'm a beagle.

My name is Jake and I'm a poodle.

Veja o que aconteceu...

As referências bob e spot apontam para o mesmo objeto; portanto, mudaram os mesmos campos e acessaram o mesmo método Speak. Mas os structs não funcionam assim. Quando criou betty, você fez uma nova cópia dos dados em jake. Os dois structs são completamente independentes.

```
Canine spot = new Canine("Spot", "pug");   (1)
Canine bob = spot;   (2)
bob.Name = "Spike";   (3)
bob.Breed = "beagle";
spot.Speak();
```

Um novo objeto Canine foi criado e a referência spot aponta para ele.
1
spot
Spot pug
objeto Canine
2
spot
Spot pug
bob
objeto Canine
A nova variável de referência bob foi criada, mas nenhum objeto novo foi adicionado ao heap; a variável bob aponta para o mesmo objeto de spot.
3
spot
Spike beagle
bob
objeto Canine
Como spot e bob apontam para o mesmo objeto, spot.Speak e bob.Speak chamam o mesmo método e os dois produzem a mesma saída com "Spike" e "beagle".

```
Dog jake = new Dog("Jake", "poodle");   (4)
Dog betty = jake;   (5)
betty.Name = "Betty";   (6)
betty.Breed = "pit bull";
jake.Speak();
```

Ao definir um struct para ser igual a outro, você cria uma nova <u>CÓPIA</u> dos dados dentro do struct. É porque struct é um <u>TIPO DE VALOR</u> (não um tipo de objeto ou referência).

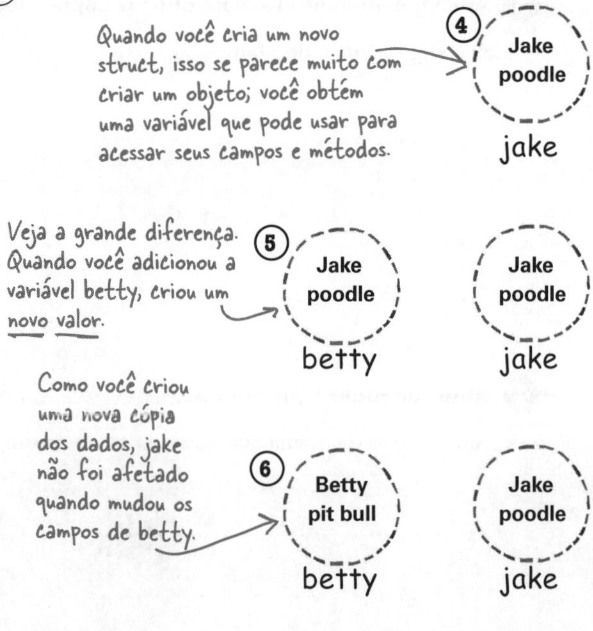
Quando você cria um novo struct, isso se parece muito com criar um objeto; você obtém uma variável que pode usar para acessar seus campos e métodos.
4
Jake poodle
jake
Veja a grande diferença. Quando você adicionou a variável betty, criou um novo valor.
5
Jake poodle
betty
Jake poodle
jake
Como você criou uma nova cópia dos dados, jake não foi afetado quando mudou os campos de betty.
6
Betty pit bull
betty
Jake poodle
jake

Pilha versus heap: mais sobre memória

Nos bastidores

Lembre-se de que, quando o programa está rodando, a CLR gerencia ativamente a memória, lidando com o heap e a coleta de lixo.

Vamos recapitular rapidamente como struct difere de objeto. Você viu que pode fazer uma nova cópia de struct usando um sinal de igual, o que não pode fazer com um objeto. Mas o que realmente acontece nos bastidores?

A CLR divide seus dados entre dois lugares na memória: heap e pilha. Você já sabe que os objetos residem no **heap**. A CLR também reserva outra parte da memória chamada **pilha**, em que armazena as variáveis locais declaradas nos métodos e nos parâmetros passados para esses métodos. Você pode considerar a pilha como muitos espaços nos quais coloca valores. Quando um método é chamado, a CLR adiciona mais espaços ao topo da pilha. Quando retorna, seus espaços são removidos.

Código

Um código que você pode ver no programa.

Pilha

É aqui que os structs e as variáveis locais ficam.

```
Canine spot = new Canine("Spot", "pug");
Dog jake = new Dog("Jake", "poodle");
```

Veja como fica a pilha após a execução dessas duas linhas de código.

Dog jake
Dog spot

```
Canine spot = new Canine("Spot", "pug");
Dog jake = new Dog("Jake", "poodle");
Dog betty = jake;
```

Ao criar um novo struct, ou qualquer outra variável do tipo de valor, um novo "espaço" é adicionado à pilha. Esse espaço é uma cópia do valor em seu tipo.

Dog betty
Dog jake
Dog spot

```
Canine spot = new Canine("Spot",
"pug");
Dog jake = new Dog("Jake",
"poodle");
Dog betty = jake;
SpeakThreeTimes(jake);


public SpeakThreeTimes(Dog dog) {
    int i;
    for (i = 0; i < 5; i++)
        dog.Speak();
}
```

Ao chamar um método, a CLR coloca suas variáveis locais no topo da pilha. Neste caso, o código chama o método SpeakThreeTimes. Ele tem um parâmetro (**dog**) e uma variável (**i**), e a CLR armazena-os na pilha.

Quando o método retorna, a CLR retira **i** e **dog** da pilha, e é assim que os valores vivem e morrem na CLR.

int i
Dog dog
Dog betty
Dog jake
Dog spot

TUDO ISSO PARECE TEORIA, MAS APOSTO QUE HÁ UM BOM MOTIVO PRÁTICO PARA APRENDER SOBRE PILHA, HEAP, VALORES E REFERÊNCIAS.

É importante entender como um struct que você copia por valor difere de um objeto copiado por referência.

Há vezes em que você precisa escrever um método que pode ter um tipo de valor ***ou*** um tipo de referência, talvez um método que possa trabalhar com um struct Dog ou um objeto Canine. Se essa é sua situação, pode usar a palavra-chave `object`:

```
public void WalkDogOrCanine(object getsWalked) { ... }
```

Se você envia esse método para o struct, o struct sofre a **conversão boxing** e é empacotado em um objeto especial "wrapper" que permite que ele resida no heap. Enquanto o componente está no heap, não é possível fazer muita coisa com o struct. É preciso "desempacotar" o struct para trabalhar com ele. Por sorte, tudo isso acontece *automaticamente* quando você define um objeto para ser igual a um tipo de valor ou passa um tipo de valor para um método que espera um objeto.

Você também pode usar a palavra-chave "is" para ver se um objeto é struct ou qualquer outro tipo de valor, que é empacotado e colocado no heap.

1. Veja como ficam a pilha e o heap após criar uma variável de objeto e defini-la para ser igual a um struct Dog.

```
Dog sid = new Dog("Sid", "husky");
WalkDogOrCanine(sid);
```

Object getsWalked
Dog sid
gets Walked
Sid
husky
Dog sid (convertido)
Após um struct sofrer a conversão boxing, há duas cópias dos dados: na pilha e no heap.

O método WalkDogOrCanine requer uma referência de objeto; portanto, o struct Dog sofreu a conversão boxing antes de ser passado. Fazer a coerção de volta em Dog faz a conversão unboxing.

2. Se você deseja fazer a **conversão unboxing do objeto**, só precisa fazer a coerção no tipo certo e ele será convertido automaticamente. A palavra-chave `is` trabalha bem com os structs, mas, tenha cuidado, pois a palavra-chave `as` não funciona com os tipos de valor.

```
if (getsWalked is Dog doggo) doggo.Speak();
```

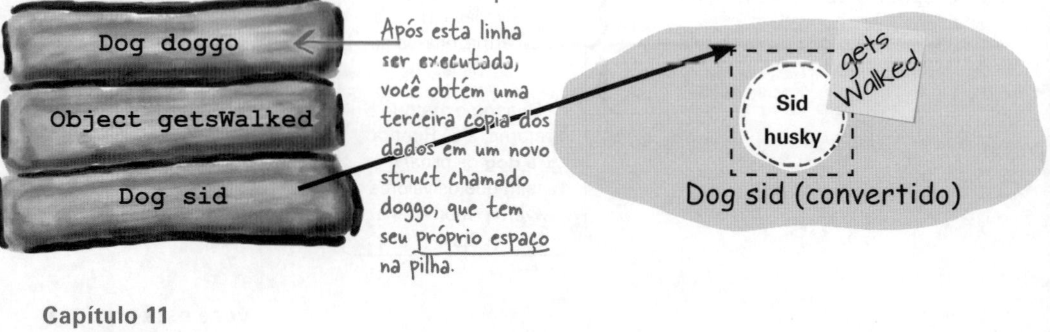
Dog doggo
Object getsWalked
Dog sid
Após esta linha ser executada, você obtém uma terceira cópia dos dados em um novo struct chamado doggo, que tem seu próprio espaço na pilha.
gets Walked
Sid
husky
Dog sid (convertido)

Nos bastidores

Quando um método é chamado, ele procura seus argumentos na pilha.

A pilha é uma parte importante de como a CLR gerencia os dados do app. Algo que temos certeza é o fato de que podemos escrever um método que chama outro, que por sua vez chama outro. Na verdade, um método pode chamar a si mesmo (conhecido como *recursão*). A pilha é o que dá aos nossos programas a capacidade de fazer isso.

Veja os três métodos de um programa de simulador de cães. O método FeedDog chama o método Eat, que chama o método CheckBowl.

```
public double FeedDog(Canine dogToFeed, Bowl dogBowl) {
    double eaten = Eat(dogToFeed.MealSize, dogBowl);
    return eaten + .05D; // Sempre derrama um pouco
}

public void Eat(double mealSize, Bowl dogBowl) {
    dogBowl.Capacity -= mealSize;
    CheckBowl(dogBowl.Capacity);
}

public void CheckBowl(double capacity) {
    if (capacity < 12.5D) {
        string message = "My bowl's almost empty!";
        Console.WriteLine(message);
    }
}
```

Lembre-se da terminologia aqui: um parâmetro especifica os valores que um método precisa; um argumento é o valor ou a referência real que você passa para um método quando o chama.

Veja como fica a pilha quando FeedDog chama Eat, que chama CheckBowl, que chama Console.WriteLine().

parâmetros adicionados à pilha
Canine dogToFeed
Bowl dogBowl
Bowl dogBowl
capacity value
Canine dogToFeed
Bowl dogBowl
mealSize value
Bowl dogBowl
capacity value
Canine dogToFeed
Bowl dogBowl
string message
mealSize value
Bowl dogBowl
capacity value
Canine dogToFeed
Bowl dogBowl

O método FeedDog tem dois parâmetros: as referências Canine e Bowl. Quando é chamado, os dois argumentos passados ficam na pilha.

FeedDog precisa passar dois argumentos para o método Eat, então eles são colocados na pilha também.

Conforme as chamadas do método se empilham e o programa se aprofunda nos métodos que chamam métodos que chamam outros métodos, a pilha fica cada vez maior.

Quando WriteLine sair, seus argumentos serão retirados da pilha. Assim, Eat pode continuar seguindo como se nada tivesse acontecido.

```
var v = Vector3.zero;
```

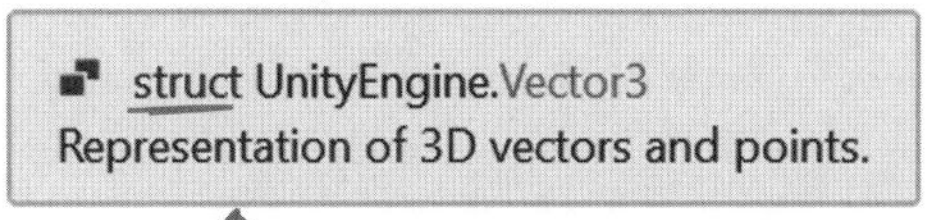
struct UnityEngine.Vector3
Representation of 3D vectors and points.

Como Vector3 do Unity é um struct, criar muitos vetores não causará GCs extras.

Vá para um projeto Unity e passe o mouse sobre `Vector3`; é um struct. A coleta de lixo (ou GC) pode deixar o desempenho do app muito lento e muitas instâncias de objeto no jogo podem inicializar GCs extras e diminuir a velocidade da taxa de quadros. Os jogos costumam usar MUITOS vetores. Torná-los structs significa que seus dados são mantidos na pilha; portanto, mesmo milhões de vetores não causarão GCs extras que deixarão seu jogo lento.

Use parâmetros out para fazer um método retornar mais de um valor

Faça isto!

Por falar em parâmetros e argumentos, há outras maneiras diferentes de colocar e de obter valores nos programas. Elas envolvem adicionar **modificadores** às declarações do método. Um dos modos mais comuns de fazer isso é usando o **modificador `out`** para especificar um parâmetro de saída. Você viu o modificador `out` muitas vezes; ele é usado sempre que chama int.TryParse. Também pode usar o modificador `out` em seus próprios métodos. Crie um novo aplicativo de console e adicione esta declaração do método vazia ao formulário. Note os modificadores `out` nos dois parâmetros:

Um método pode retornar mais de um valor usando parâmetros out.

```
public static int ReturnThreeValues(int value, out double half, out int twice)
{
    return value + 1;
}
```

The out parameter 'half' must be assigned to before control leaves the current method

The out parameter 'twice' must be assigned to before control leaves the current method

Show potential fixes (Alt+Enter or Ctrl+.)

Veja com atenção estes dois erros:

- ★ *O parâmetro out 'half' deve ser atribuído antes de o controle sair do método atual.*
- ★ *O parâmetro out 'twice' deve ser atribuído antes de o controle sair do método atual.*

Toda vez que você usa um parâmetro `out`, ***sempre*** precisa defini-los antes de o método retornar; como sempre precisa usar uma declaração `return` se seu método é declarado com um valor de retorno.

Veja todo o código do app:

```
public static int ReturnThreeValues(int value, out double half, out int twice)
{
    half = value / 2f;
    twice = value * 2;
    return value + 1;
}

static void Main(string[] args)
{
    Console.Write("Enter a number: ");
    if (int.TryParse(Console.ReadLine(), out int input))
    {
        var output1 = ReturnThreeValues(input, out double output2, out int
output3);

        Console.WriteLine("Outputs: plus one = {0}, half = {1:F}, twice = {2}",
            output1, output2, output3);
    }
}
```

Todos os parâmetros out devem ser atribuídos antes de o método sair.

O código familiar usado no livro que utiliza o modificador out com TryParse para converter uma string em um int.

Você também usará o modificador out quando chamar o novo método.

Como fica quando você roda o app:

```
Enter a number: 17
Outputs: plus one = 18, half = 8.50, twice = 34
```

Passe por referência usando o modificador ref

Algo que você viu repetidas vezes é que sempre que passa int, double, struct ou qualquer outro tipo de valor para um método, está passando uma cópia desse valor para o método. Há um nome para isso: **passar por valor**, ou seja, o valor inteiro do argumento é copiado.

Mas há outro modo de passar argumentos para os métodos, que se chama **passar por referência**. Você pode usar a palavra-chave **`ref`** para permitir que um método trabalhe diretamente com o argumento passado. Como o modificador `out`, você precisa usar **`ref`** quando declara o método e também quando o chama. Não importa se é um tipo de valor ou referência, qualquer variável passada para o parâmetro `ref` de um método será alterada diretamente por esse método.

Internamente, um argumento "out" é como "ref", exceto que ele não precisa ser atribuído antes de ir para o método e deve ser atribuído antes de o método retornar.

Para ver como funciona, crie um novo aplicativo de console com a classe Guy e estes métodos:

```
class Guy
{
    public string Name { get; set; }
    public int Age { get; set; }
    public override string ToString() => $"a {Age}-year-old named 
{Name}";
}

class Program
{
    static void ModifyAnIntAndGuy(ref int valueRef, ref Guy guyRef)
    {
        valueRef += 10;
        guyRef.Name = "Bob";
        guyRef.Age = 37;
    }

    static void Main(string[] args)
    {
        var i = 1;
        var guy = new Guy() { Name = "Joe", Age = 26 };
        Console.WriteLine("i is {0} and guy is {1}", i, guy);
        ModifyAnIntAndGuy(ref i, ref guy);
        Console.WriteLine("Now i is {0} and guy is {1}", i, guy);
    }
}
```

Quando este método define valueRef e guyRef, na realidade, o que ele faz é mudar os valores das variáveis no método chamado.

Quando o método Main chama ModifyAnIntAndGuy, ele passa suas variáveis i e guy por referência. O método as utiliza como qualquer outra variável. Como foram passadas por referência, o método atualizava as variáveis originais sempre e não apenas as cópias delas na pilha. Quando o método sai, as variáveis i e guy no método Main são atualizadas diretamente.

Rode o app; ele escreve esta saída no console:

```
i is 1 and guy is My name is Joe
Now i is 11 and guy is My name is Bob
```

A segunda linha é diferente da primeira porque ModifyAnIntAndGuy modificou as referências para as variáveis no método Main.

Tipos de valor têm um método TryParse que usa parâmetros out

Você vem usando int.TryParse para converter strings em valores int ("parse" significa analisar texto e extrair valores). Outros tipos de valor com funções parecidas: double.TryParse tentará converter strings em valores double; bool.TryParse fará o mesmo com valores booleanos e decimais. TryParse, float.TryParse, long.TryParse, byte.TryParse e outros. E, lembra-se do Capítulo 10, quando usamos uma declaração `switch` para converter a string "Spades" em um valor enum Suits.Spades? Bem, o método Enum.TryParse estático faz a mesma coisa, exceto pelos enums.

Use parâmetros opcionais para definir valores-padrão

Muitas vezes, seus métodos serão chamados com os mesmos argumentos repetidamente, mas o método ainda precisa do parâmetro porque, às vezes, ele muda. Seria útil se você pudesse definir um *valor--padrão* para apenas especificar o argumento quando chamar o método, caso seja diferente.

É exatamente o que fazem os **parâmetros opcionais**. Você pode especificar um parâmetro opcional em uma declaração do método usando um sinal de igual seguido do valor-padrão desse parâmetro. É possível ter quantos parâmetros opcionais quiser, mas todos devem vir após os parâmetros requeridos.

Veja um exemplo de método que usa parâmetros opcionais para verificar se alguém tem febre:

```
static void CheckTemperature(double temp, double tooHigh = 37.5, double tooLow = 35.8)
{
    if (temp < tooHigh && temp > tooLow)
        Console.WriteLine("{0} degrees C - feeling good!", temp);
    else
        Console.WriteLine("Uh-oh {0} degrees C -- better see a
doctor!", temp);
}
```

Parâmetros opcionais têm valores-padrão especificados na declaração.

Esse método tem dois parâmetros opcionais: `tooHigh` tem um valor-padrão 37.5 e `tooLow` tem um valor-padrão 35.8 [em Celsius]. Chamar CheckTemperature com um argumento usa os valores-padrão para `tooHigh` e `tooLow`. Se você o chamar com dois argumentos, usará o segundo argumento para o valor `tooHigh`, mas ainda usará o valor-padrão para `tooLow`. Você pode especificar todos os três argumentos para passar valores para todos os três parâmetros.

Se quiser usar alguns valores-padrão (mas não todos), poderá usar **argumentos nomeados** para passar valores apenas para os parâmetros desejados. Tudo o que precisa fazer é fornecer o nome de cada parâmetro seguido de dois-pontos e de seu valor. Se usar mais de um argumento nomeado, separe-os com vírgulas, como qualquer outro argumento.

Adicione o método CheckTemperature a um aplicativo de console, então adicione este método Main:

```
static void Main(string[] args)
{
    // Estes valores são bons para uma pessoa normal.
    CheckTemperature(38.5);

    // A temperatura de um cão deve estar entre 38.0 e 39.2 Celsius.
    CheckTemperature(38.5, 39.2, 38.0);

    // A temperatura de Bob é sempre um pouco baixa, então defina
tooLow para 35.3.
    CheckTemperature(35.7, tooLow: 35.3);
}
```

Use parâmetros opcionais e argumentos nomeados quando quiser que os métodos tenham valores--padrão.

Esta saída é mostrada, trabalhando de modo diferente com base em valores diversos para os parâmetros opcionais:

```
Uh-oh 38.5 degrees C -- better see a doctor!
38.5 degrees C - feeling good!
35.7 degrees C - feeling good!
```

Referência nula não se refere a nenhum objeto

Faça isto!

Ao criar uma nova referência e não defini-la para nada, ela tem um valor. Ela inicia definida para **`null`**, ou seja, não aponta para nada. Vamos experimentar.

1. **Crie um novo aplicativo de console** e adicione a classe Guy usada para experimentar a palavra-chave `ref`.

2. Então, **adicione este código** que cria um novo objeto Guy, mas *<u>não define</u> sua propriedade Name*:

```
static void Main(string[] args)
{
    Guy guy;
    guy = new Guy() { Age = 25 };
    Console.WriteLine("guy.Name is {0} letters long", guy.Name.Length);
}
```

String é um tipo de referência. Como você não definiu seu valor no objeto Guy, ainda tem seu valor-padrão: null.

3. **Coloque um ponto de interrupção** na última linha do método Main, então depure seu app. Quando chegar no ponto de interrupção, **passe o mouse sobre guy** para examinar os valores da propriedade:

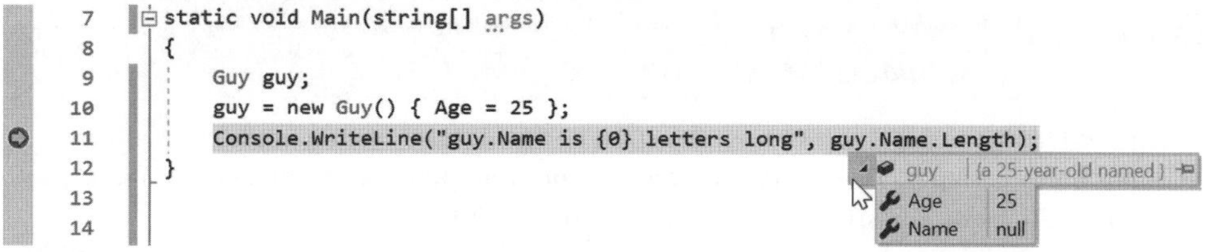
static void Main(string[] args)
{
Guy guy;
guy = new Guy() { Age = 25 };
Console.WriteLine("guy.Name is {0} letters long", guy.Name.Length);
}
guy {a 25-year-old named }
Age 25
Name null

4. **Continue executando o código.** Console.WriteLine tenta acessar a propriedade Length do objeto String referenciado pela propriedade guy.Name e gera uma exceção:

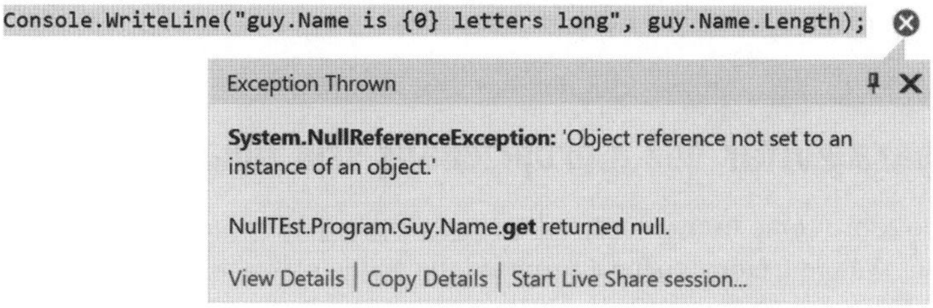
Console.WriteLine("guy.Name is {0} letters long", guy.Name.Length);
Exception Thrown
System.NullReferenceException: 'Object reference not set to an instance of an object.'
NullTEst.Program.Guy.Name.get returned null.
View Details | Copy Details | Start Live Share session...

Quando a CLR gera uma NullReferenceException (que os desenvolvedores costumam se referir como NRE), está informando que tentou acessar um membro de um objeto, mas a referência usada para acessar esse membro era nula. Os desenvolvedores tentam evitar as exceções da referência nula.

PODER DO CÉREBRO

Consegue imaginar modos de evitar as exceções da referência nula?

Tipos de referência não nula ajudam a evitar NREs

O modo mais fácil de evitar as exceções da referência nula (ou NREs) é **elaborar seu código de modo que as referências não possam ser nulas.** Por sorte, o compilador C# tem uma ferramenta muito útil para ajudar a lidar com nulls. Adicione o seguinte código ao início da classe Guy; ele pode ficar dentro ou fora da declaração do namespace:

```
#nullable enable
```

Uma linha que inicia com # é uma **diretiva** ou um modo de pedir ao compilador para definir opções específicas. Nesse caso, pede ao compilador para tratar qualquer referência como um **tipo de referência não nula.** Assim que você adiciona a diretiva, o Visual Studio coloca uma linha ondulada de aviso sob a propriedade Name. Passe o mouse sobre a propriedade para ver o aviso:

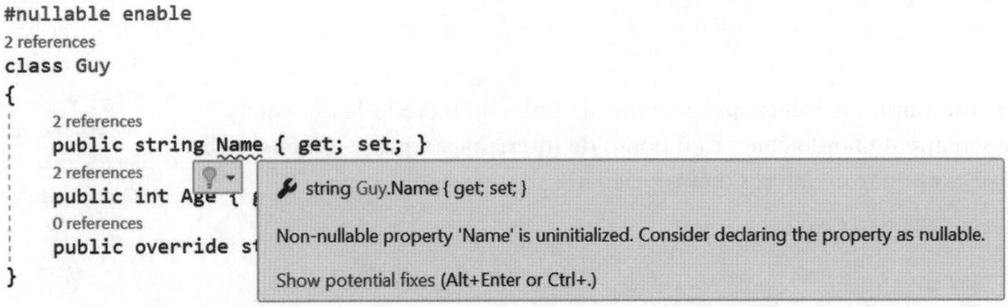
#nullable enable
2 references
class Guy
{
2 references
public string Name { get; set; }
2 references
public int Age
0 references
public override s
}
string Guy.Name { get; set; }
Non-nullable property 'Name' is uninitialized. Consider declaring the property as nullable.
Show potential fixes (Alt+Enter or Ctrl+.)

O compilador C# fez algo muito interessante: ele usou a *análise de fluxo* (ou um modo de analisar vários caminhos no código) para determinar se ***é possível que a propriedade Name seja atribuída a um valor nulo.*** Isso significa que é possível que seu código gere uma NRE.

Você pode se livrar do aviso forçando a propriedade Name ser um **tipo de referência nula.** É possível fazer isso adicionando um caractere ? após o tipo:

```
public string? Name { get; set; }
```

Você pode se livrar do aviso tornando a propriedade Name nula, mas isso não resolve o problema.

Embora isso acabe com a mensagem de erro, não evita nenhuma exceção.

Use o encapsulamento para evitar que a propriedade seja nula

No Capítulo 5 você aprendeu tudo sobre como usar o encapsulamento para impedir que os membros da classe tivessem valores inválidos. Vá em frente e torne a propriedade Name privada, então adicione um construtor para definir seu valor:

```
class Guy
{
    public string Name { get; private set; }
    public int Age { get; private set; }
    public override string ToString() => $"a {Age}-year-old named {Name}";

    public Guy(int age, string name)
    {
        Age = age;
        Name = name;
    }
}
```

Tornar o setter da propriedade Name privado e adicionar um construtor faz com que ela sempre seja atribuída, ou seja, nunca será nula, sumindo com o aviso do compilador da "propriedade não nula".

Assim que encapsula a propriedade Name, você impede que ela seja definida para `null` e o aviso some.

Operador de coalescência nula ?? ajuda com nulls

Às vezes não é possível evitar trabalhar com nulls. Por exemplo, você aprendeu sobre ler dados a partir de strings usando StringReader no Capítulo 10. Crie um novo aplicativo de console e adicione este código:

```
#nullable enable

class Program
{
    static void Main(string[] args)
    {
        using (var stringReader = new StringReader(""))
        {
            var nextLine = stringReader.ReadLine();
            Console.WriteLine("Line length is: {0}", nextLine.Length);
        }
    }
}
```

Ativamos os tipos não nulos e agora o compilador C# informa que nextLine é uma string nullable e pode ser null quando sua propriedade Length é acessada.

(local variable) string? nextLine
'nextLine' may be null here.
Dereference of a possibly null reference.
Show potential fixes (Alt+Enter or Ctrl+.)

Execute o código; você obterá uma NRE. Como resolver?

?? verifica null e retorna uma alternativa

Um modo de evitar que uma referência nula seja acessada (ou **cancelada**) é usar o **operador de coalescência nula ??** para avaliar a possibilidade de uma expressão nula; nesse caso, chamando stringReader.ReadLine e retornando um valor alternativo se é nula. Modifique a primeira linha do bloco `using` para adicionar `?? String.Empty` ao final da linha:

```
var nextLine = stringReader.ReadLine() ?? String.Empty;
```

String.Empty é um campo estático na classe String que retorna a string vazia "".

Assim que você adiciona isso, o aviso some. É porque o operador de coalescência nula pede ao compilador C# para executar stringReader.ReadLine; e usa o valor retornado se é não nulo, mas substitui o valor fornecido (nesse caso, uma string vazia) se é.

??= atribui um valor a uma variável apenas se é null

Quando você trabalha com valores nulos, é muito comum escrever um código que verifica se um valor é null e o atribui a um valor não nulo para evitar uma NRE. Por exemplo, se você quisesse modificar seu programa para escrever a primeira linha de código, poderia fazer isto:

```
if (nextLine == null)
    nextLine = "(the first line is null)";

// Código que trabalha com nextLine e precisa disso para ser não nulo.
```

É possível reescrever a declaração condicional usando o operador **de atribuição nula ??=**:

```
nextLine ??= "(the first line was empty)";
```

O operador ??= verifica a variável, a propriedade ou o campo à esquerda da expressão (no caso nextLine) para ver se é null. Se é, o operador atribui o valor à direita da expressão. Do contrário, deixa o valor como está.

Tipos de valor nullable podem ser nulos... e lidados com segurança

Ao declarar o tipo de valor int, bool ou outro, se você não especifica um valor, a CLR atribui a ele um valor-padrão, como 0 ou true. Mas digamos que você escreva um código para armazenar dados de uma pesquisa em que há uma pergunta sim/não opcional. E se precisar representar um valor booleano que poderia ser true ou false, ou não tem um valor?

É aqui que os **tipos de valor nullable** podem ser muito úteis. Esse tipo pode ter um valor ou ser definido para null. Ele aproveita uma estrutura genérica Nullable<T> que pode ser usada para ***integrar*** um valor (ou conter o valor e fornecer membros para acessar e trabalhar com ele). Se você define um tipo de valor nullable para null, ele não tem um valor, e Nullable<T> fornece membros úteis que permitem trabalhar com segurança, *mesmo nesse caso.*

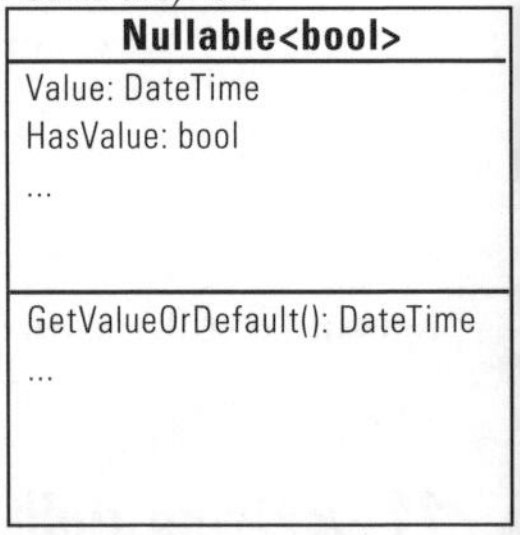
Nullable<bool>
Value: DateTime
HasValue: bool
...
GetValueOrDefault(): DateTime
...

Nullable<T> é um struct que permite armazenar um tipo de valor OU um valor null. Veja alguns métodos e propriedades de Nullable<bool>.

Você pode declarar um valor booleano nullable assim:

```
Nullable<bool> optionalYesNoAnswer = null;
```

O C# tem um atalho. Para um tipo de valor T, declare Nullable<T> como **T?**.

```
bool? anotherYesNoAnswer = false;
```

A estrutura Nullable<T> tem uma propriedade chamada Value que obtém ou define o valor. Um bool? terá um valor do tipo bool, um int? será int etc. Eles também terão uma propriedade chamada HasValue que retorna true se não é null.

Sempre é possível converter um tipo de valor em um tipo nullable:

```
int? myNullableInt = 9321;
```

E você pode obter de volta o valor usando a útil propriedade Value:

```
int = myNullableInt.Value;
```

Mas a chamada Value apenas faz a coerção do valor com `(int)myNullableInt` e gera uma InvalidOperationException se o valor é null. Por isso Nullable<T> também tem uma propriedade HasValue, que retorna true se o valor não é null e false se é. Você também pode usar o método GetValueOrDefault conveniente, que retorna com segurança um valor-padrão se Nullable não tem valor. Uma opção é passar um valor-padrão a usar ou utilizar o valor-padrão normal do tipo.

T? é um alias para Nullable<T>

Ao adicionar um ponto de interrogação a qualquer tipo de valor (como int? ou decimal?), o compilador traduz isso em Nullable<T> (Nullable<int> ou Nullable<decimal>). Veja por si mesmo: adicione uma variável Nullable<bool> a um programa, coloque um ponto de interrupção e adicione uma inspeção no depurador. Você visualizará bool? na janela Assistir no IDE. É um exemplo de alias e não é o primeiro encontrado. Passe o mouse sobre qualquer int. Verá que ele se transforma em um struct chamado System.Int32:

int.Parse() e int.TryParse() são membros deste struct.

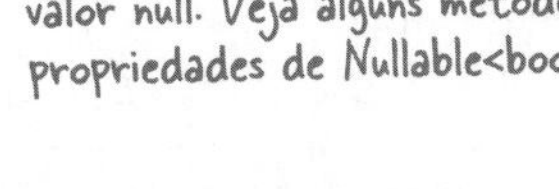
int value = 3;
readonly struct System.Int32
Represents a 32-bit signed integer.

Pare um pouco e faça isso em cada tipo no começo do Capítulo 4. Veja como todos são aliases para structs, exceto string, que é uma classe chamada System.String, não um tipo de valor.

"Captain" Amazing… nem tanto

Agora você deve ter uma boa ideia sobre o que acontece com o Captain Amazing menos poderoso e mais cansado. Na verdade, ele não era o Captain Amazing, mas um struct que sofreu a conversão boxing:

struct
VS.
Objeto

- **Structs não podem herdar de classes.**

  Não é de admirar que os superpoderes do Captain pareçam um pouco fracos! Ele não herdou nenhum comportamento.

- **Structs são copiados por valor.**

  É uma das coisas mais úteis sobre eles. É especialmente útil para o encapsulamento.

  Um ponto importante: você pode usar a palavra-chave "is" para saber se um struct implementa uma interface, que é um aspecto do polimorfismo que os structs suportam.

- **Use a palavra-chave as com um objeto.**

  Os objetos permitem o polimorfismo deixando que um objeto funcione como qualquer objeto do qual herda.

- **Não é possível criar uma nova cópia de um objeto.**

  Ao definir uma variável de objeto igual a outra, você copia uma ***referência*** para a ***mesma*** variável.

  É uma vantagem dos structs (e de outros tipos de valor); você pode fazer cópias deles com facilidade.

DE VOLTA NO LABORATÓRIO
ACHO QUE DESCOBRI UM MODO DE PASSAR OS PODERES DELE A UM CIDADÃO COMUM!
ESSÊNCIA DO AMAZING

não existem Perguntas Idiotas

P: Certo, recapitulando. Por que me preocupar com a pilha?

R: Entender a diferença entre pilha e heap ajuda a manter seus tipos de referência e valor certos. É fácil esquecer que structs e objetos funcionam de modo muito diferente; ao usar o sinal de igual com ambos, eles se parecem muito. Ter uma ideia sobre como o .NET e a CLR lidam com as coisas internamente ajuda a entender *por que* os tipos de referência e valor são diferentes.

P: E a conversão boxing? Por que é importante para mim?

R: Você precisa saber quando as coisas acabam na pilha e deve saber quando os dados são copiados para lá e para cá. Converter requer memória extra e mais tempo. Ao fazer isso apenas algumas vezes (ou centenas) no programa, você não notará a diferença. Mas digamos que esteja escrevendo um programa que faz a mesma coisa repetidamente, milhões de vezes por segundo. Não é muito improvável: os jogos Unity podem fazer exatamente isso. Se você acha que seu programa está ocupando cada vez mais memória ou ficando cada vez mais lento, é possível que possa torná-lo mais eficiente evitando a conversão boxing na parte do programa que se repete.

P: Entendi como obter uma nova cópia de struct ao definir uma variável de struct para ser igual à outra. Mas é útil para mim?

R: A real utilidade é no encapsulamento. Veja este código:

```
private Point location;
public Point Location {
  get { return location; }
}
```

Se Point fosse uma classe, isso seria um encapsulamento horrível. Não importaria se o local é privado, pois você criou uma propriedade pública de somente leitura que retorna uma referência para ela; portanto, qualquer outro objeto conseguiria acessá-la.

Para nossa sorte, Point é um struct. E isso significa que a propriedade Location pública retorna uma nova cópia de point. O objeto que a utiliza pode fazer o que deseja com essa cópia; nenhuma dessas alterações será aplicada no campo location privado.

P: Como sei se é para usar struct ou classe?

R: Na maioria das vezes, os programadores usam classes. Os structs têm muitos limites que podem realmente dificultar lidar com eles para grandes trabalhos. Eles não suportam a herança nem a abstração, apenas um polimorfismo limitado, e você já sabe como essas coisas são importantes para escrever código.

Os structs são realmente úteis se você tem um tipo de dado pequeno e limitado com o qual precisa trabalhar repetidamente. Os vetores do Unity são bons exemplos; alguns jogos os utilizarão muitas vezes, possivelmente milhões de vezes. Reutilizar um valor atribuindo-o à mesma variável reutiliza essa mesma memória na pilha. Se Vector3 fosse uma classe, então a CLR teria que alocar nova memória no heap para cada novo Vector3 e ele seria coletado como lixo constantemente. Tornando Vector3 um struct, não uma classe, a equipe que desenvolve o Unity lhe deu taxas de quadros mais altas, sem você precisar fazer nada.

Um struct pode ser valioso para o encapsulamento, pois uma propriedade de somente leitura que retorna um struct sempre faz uma nova cópia dele.

MINI Aponte o seu lápis

Este método deve encerrar um objeto `EvilClone` marcando-o para a GC, mas não funciona. Por que?

```
void SetCloneToNull(EvilClone clone) => clone = null;
```

....

....

Enigma da Piscina

Seu **trabalho** é pegar os snippets na piscina e colocá-los nas linhas em branco no código. Você **pode** usar o mesmo snippet mais de uma vez e não precisará usar todos eles. Seu **objetivo** é fazer o código escrever a saída indicada abaixo no console quando o app for executado.

```
class Program {
    static void Main(string[] args) =>
            new Faucet();
}

public class Faucet {
    public Faucet() {
        Table wine = new Table();
        Hinge book = new Hinge();
        wine.Set(book);
        book.Set(wine);
        wine.Lamp(10);
        book.garden.Lamp("back in");
        book.bulb *= 2;
        wine.Lamp("minutes");
        wine.Lamp(book);
    }
}
```

```
public _________ Table {
    public string stairs;
    public Hinge floor;

    public void Set(Hinge b) => floor = b;

    public void Lamp(object oil) {
        if (oil _________ int oilInt)
           _________.bulb = oilInt;
        else if (oil _________ string
oilString)
           stairs = oilString;
        else if (oil _________ Hinge
_________)
           Console.WriteLine(
             $"{vine.Table()} {_________
.bulb} {stairs}");
    }
}

public _________ Hinge {
    public int bulb;
    public Table garden;

    public void Set(Table a) => garden =
a;

    public string Table() {
        return _________.stairs;
    }
}
```

Veja a saída do app. →

Saída

```
back in 20 minutes
```

Enigma bônus: circule as linhas em que acontece a conversão boxing.

Nota: cada snippet na piscina pode ser usado mais de uma vez.

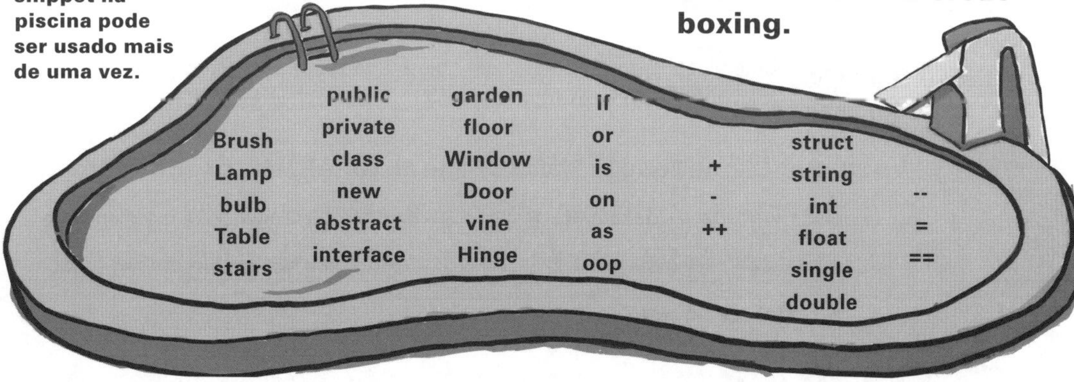
Brush
Lamp
bulb
Table
stairs
public
private
class
new
abstract
interface
garden
floor
Window
Door
vine
Hinge
if
or
is
on
as
oop
+
-
++
struct
string
int
float
single
double
--
=
==

Enigma da Piscina – Solução

O método Lamp define várias strings e ints. Se você o chama com int, ele define o campo Bulb em qualquer objeto para o qual Hinge aponta.

Se você passa uma string para Lamp, ele define o campo Stairs para o que existe nessa string.

```
public struct Table {
    public string stairs;
    public Hinge floor;

    public void Set(Hinge b) => floor = b;

    public void Lamp(object oil) {
        if (oil is int oilInt)
            floor.bulb = oilInt;
        else if (oil is string
oilString)
            stairs = oilString;
        else if (oil is Hinge vine
)
            Console.WriteLine(
              $"{vine.Table()} {floor
.bulb} {stairs}");
    }
}
```

Saída

```
back in 20 minutes
```

```
class Program {
    static void Main(string[] args) =>
        new Faucet();
}

public class Faucet {
    public Faucet() {
        Table wine = new Table();
        Hinge book = new Hinge();
        wine.Set(book);
        book.Set(wine);
        wine.Lamp(10);
        book.garden.Lamp("back in");
        book.bulb *= 2;
        wine.Lamp("minutes");
        wine.Lamp(book);
    }
}
```

```
public class Hinge {
    public int bulb;
    public Table garden;

    public void Set(Table a) => garden =
a;

    public string Table() {
        return garden.stairs;
    }
}
```

Veja por que Table tem que ser um struct. Se fosse uma classe, wine apontaria para o mesmo objeto de book.Garden, fazendo isso sobrescrever a string "back in".

Hinge e Table têm métodos com expressão no corpo chamados Set. Hinge.Set define seu campo Table chamado Garden, já Table.Set define seu campo Hinge chamado Floor.

Enigma bônus: circule as linhas em que acontece a conversão boxing.

Como o método Lamp tem um parâmetro object, a conversão boxing ocorre automaticamente quando ele recebe int ou string. Mas book não sofre a conversão, pois já é um objeto, uma instância da classe Hinge.

MINI Aponte o seu lápis Solução

Este método deve encerrar um objeto `EvilClone` marcando-o para a GC, mas não funciona. Por quê?

```
void SetCloneToNull(EvilClone clone) => clone = null;
```

Este método só define seu próprio parâmetro para null, mas o parâmetro é só uma referência para EvilClone. É como colar um rótulo em um objeto e retirá-lo de novo.

O parâmetro clone está apenas na pilha; portanto, defini-lo para null não faz nada no heap.

Métodos de extensão adicionam novo comportamento às classes EXISTENTES

Lembra-se do modificador sealed no Capítulo 7? É como você configura uma classe que não pode ser estendida.

Às vezes é preciso estender uma classe da qual você não pode herdar, como uma classe lacrada (muitas classes do .NET são lacradas; portanto, não se pode herdar delas). E o C# tem uma ferramenta flexível para isso: **métodos de extensão**. Ao adicionar uma classe com métodos de extensão ao projeto, ela **adiciona novos métodos que aparecem nas classes** que já existem. Tudo o que você precisa fazer é criar uma classe estática e adicionar um método estático que aceita uma instância da classe como seu primeiro parâmetro usando a palavra-chave this.

Digamos que você tenha uma classe OrdinaryHuman lacrada:

```
sealed class OrdinaryHuman {
    private int age;
    int weight;

    public OrdinaryHuman(int weight){
        this.weight = weight;
    }

    public void GoToWork() { /* código para ir trabalhar */ }
    public void PayBills() { /* código para pagar contas */ }
}
```

A classe OrdinaryHuman é lacrada (sealed); portanto, não pode ter uma subclasse. Mas e se quisermos adicionar um método a ela?

Você usa um método de extensão especificando o primeiro parâmetro com a palavra-chave "this".

Como queremos estender a classe OrdinaryHuman, criamos o primeiro parâmetro "this OrdinaryHuman".

O método AmazeballsSerum adiciona um método de extensão a OrdinaryHuman:

```
static class AmazeballsSerum {
    public static string BreakWalls(this OrdinaryHuman h, double wallDensity) {
        return ($"I broke through a wall of {wallDensity} density.");
    }
}
```

Os métodos de extensão são sempre estáticos e eles devem residir em classes estáticas.

Assim que a classe AmazeballsSerum é adicionada ao projeto, OrdinaryHuman obtém um método BreakWalls. Agora seu método Main pode usá-la:

```
static void Main(string[] args){
    OrdinaryHuman steve = new OrdinaryHuman(185);
    Console.WriteLine(steve.BreakWalls(89.2));
}
```

É isso! Você só precisa adicionar a classe AmazeballsSerum ao seu projeto e, de repente, toda a classe OrdinaryHuman tem um método BreakWalls novinho.

Quando o programa cria uma instância da classe OrdinaryHuman, ele pode acessar o método BreakWalls diretamente, contanto que a classe AmazeballsSerum esteja no projeto. Continue e experimente! Crie um novo aplicativo de console e adicione as duas classes e o método Main. Depure no método BreakWalls e veja o que está acontecendo.

Hmm... antes no livro adicionamos "como mágica" métodos às classes só acrescentando uma diretiva* `using` *ao início do código. Lembra em que página foi?

não existem Perguntas Idiotas

P: Explique de novo por que eu não adicionaria os novos métodos necessários direto ao código da classe, em vez de usar extensões?

R: É possível fazer isso e provavelmente você deve estar falando apenas sobre adicionar um método a uma classe. Os métodos de extensão devem ser usados com muita moderação e só em casos em que você não pode mesmo mudar a classe com a qual trabalha por algum motivo (por exemplo, faz parte do .NET Framework ou de terceiros). Esses métodos são muito úteis quando você precisa estender o comportamento de algo ao qual ***normalmente não teria acesso***, como um tipo ou um objeto que vem de graça com o .NET Framework ou outra biblioteca

P: Por que usar métodos de extensão afinal? Por que não apenas estender a classe com a herança?

R: Se você pode estender a classe, então acaba fazendo isso; os métodos de extensão não devem ser um substituto para a herança. Eles são muito úteis quando você tem classes que não pode estender. Com tais métodos, é possível modificar o comportamento de grupos inteiros de objetos, além de adicionar uma funcionalidade a algumas classes mais básicas no .NET Framework.

Estender uma classe fornece um novo comportamento, mas requer usar a nova subclasse se você deseja usar esse novo comportamento.

P: Meu método de extensão afeta todas as instâncias de uma classe ou só certa instância da classe?

R: Afetará todas as instâncias de uma classe estendida. Na verdade, assim que você cria um método de extensão, o novo método aparece no IDE junto com os métodos normais da classe estendida.

Mais um ponto a lembrar sobre os métodos de extensão: você não tem acesso a nenhuma parte interna da classe criando um método de extensão; portanto, ainda age como um intruso.

QUANDO ADICIONEI "USING SYSTEM. LINQ;" NO INÍCIO DO CÓDIGO, TODAS AS MINHAS COLEÇÕES E SEQUÊNCIAS TIVERAM MÉTODOS LINQ ADICIONADOS. EU ESTAVA USANDO MÉTODOS DE EXTENSÃO?

SIM! O LINQ se baseia em métodos de extensão.

Além das classes de extensão, você também pode estender as **interfaces**. Tudo o que precisa fazer é usar um nome da interface no lugar da classe, após a palavra--chave `this` no primeiro parâmetro do método de extensão. Esse método será adicionado a **toda classe que implementa a interface**. E é exatamente o que a equipe .NET fez quando criou o LINQ; todos os métodos LINQ são métodos de extensão estáticos da interface IEnumerable<T>.

Veja como funciona. Ao adicionar `using System.Linq;` ao início do código, isso faz o código "ver" uma classe estática chamada System.Linq.Enumerable. Você usou alguns de seus métodos, como Enumerable.Range, mas também tem métodos de extensão. Vá para o IDE, digite `Enumerable.First` e veja a declaração. Ela começa com `(extension)` para mostrar que é um método de extensão e seu primeiro parâmetro usa a palavra-chave `this` como o método de extensão que você escreveu. O mesmo padrão será visto para todo método LINQ.

Enumerable.First é um método de extensão que usa a palavra-chave "this" em sua declaração.

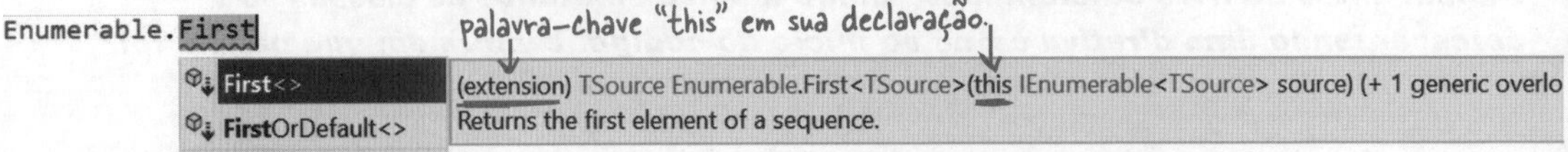
Enumerable.First
First<>
FirstOrDefault<>
(extension) TSource Enumerable.First<TSource>(this IEnumerable<TSource> source) (+ 1 generic overlo
Returns the first element of a sequence.

Este botão na janela IntelliSense faz ela mostrar apenas os métodos de extensão.

Estendendo um tipo fundamental: string

Vamos explorar como os métodos de extensão funcionam estendendo a classe String. **Crie um novo projeto Aplicativo de Console** e adicione um arquivo chamado *HumanExtensions.cs*.

Faça isto!

1 Coloque todos os métodos de extensão em um namespace separado.

É uma boa ideia manter todas as extensões em um namespace diferente do resto do código. Assim, você não terá problemas para encontrá-las e usá-las em outros programas. Configure uma classe estática para seu método residir também:

Veja se sua classe é public para ser visível quando adicionar a declaração using.

```
namespace AmazingExtensions {
  public static class ExtendAHuman {
```

Usar um namespace separado é uma boa ferramenta de organização. E a classe na qual o método de extensão está definido deve ser static.

2 Crie o método de extensão static, defina seu primeiro parâmetro como <u>this</u> e o tipo que está estendendo.

As duas coisas principais que você precisa saber ao declarar um método de extensão são que o método precisa ser static e requer a classe sendo estendida como seu primeiro parâmetro:

O método de extensão deve ser static também.

```
public static bool IsDistressCall(this string s) {
```

"this string s" informa que estendemos a classe String e usa o parâmetro s para acessar a string usada para chamar o método.

3 Termine o método de extensão.

Esse método verifica a string para saber se contém a palavra "Help!" — se tem, a string é um pedido de socorro, ao qual todo super-herói jurou responder:

```
    if (s.Contains("Help!"))
      return true;
    else
      return false;
    }
  }
}
```

Isto usa o método String.Contains para saber se a string contém a palavra "Help!", e com certeza não é algo que uma string comum normalmente faz.

4 Use o novo método de extensão IsDistressCall.

Adicione `using AmazingExtensions;` ao início do arquivo com sua classe Program. Adicione um código à classe que cria uma string e chama seu método IsDistressCall. Você verá sua extensão na janela IntelliSense:

```
0 references
static void Main(string[] args)
{
    string message = "Evil clones are wreaking havoc. Help!";
    message.IsDistressCall
}
    IsDistressCall    (extension) bool string.IsDistressCall()
```

Assim que você adiciona a diretiva using para acrescentar o namespace com sua classe estática, a janela IntelliSense contém seu novo método de extensão. É assim que o LINQ trabalha.

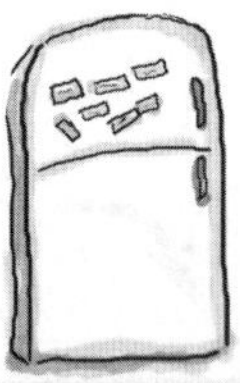

Ímãs de Extensão

Organize os ímãs para produzir esta saída:

`a buck begets more bucks`

```
namespace Upside {

    public static class Margin {

        public static void SendIt

        }

        public static string ToPrice

        }

}
}
}
```

```
namespace Sideways
{
    using Upside;

    class Program {

}
}
}
```

```
static void Main(string[] args) {
```

```
int i = 1;
```

```
(this int n) {
```

```
b = false;
```

```
if (b == true)
    return "be";
```

```
s.SendIt();
```

```
string s = i.ToPrice();
```

```
b.Green().SendIt();
```

```
b.Green().SendIt();
```

```
else
    return " more bucks";
```

```
i = 3;
```

```
else
    return "gets";
```

```
public static string Green
```

```
if (n == 1)
    return "a buck ";
```

```
Console.Write(s);
```

```
i.ToPrice()
```

```
bool b = true;
```

```
(this bool b) {
```

```
.SendIt();
```

```
(this string s) {
```

RECRIAMOS A CLASSE SUPERHERO, MAS COMO TRAZEMOS O CAPTAIN DE VOLTA?

EURECA! ANALISEI O CÓDIGO; O CAPTAIN AMAZING USOU SUA PRÓPRIA MORTE PARA SE SERIALIZAR!

The UNIVERSE

CAPTAIN AMAZING RENASCE

A MORTE NÃO ERA O FIM

Lucky Burns

EQUIPE DE REDAÇÃO DO UNIVERSE

OBJECTVILLE

Captain Amazing se desserializa, um retorno impressionante.

Em uma grande reviravolta, Captain Amazing voltou para Objectville. Mês passado, o caixão de Captain Amazing foi encontrado vazio com apenas um bilhete estranho no local em que seu corpo deveria estar. Uma análise revelou o objeto DNA do Captain Amazing: todos os seus últimos campos e valores, capturados fielmente no formato binário.

Hoje, esses dados ganharam vida. O Captain voltou, desserializado a partir de seu próprio bilhete genial. Quando perguntado como ele elaborou tal plano, o Captain apenas deu de ombros e murmurou: "Capítulo 10". Fontes próximas ao Captain se recusaram a comentar o significado dessa resposta enigmática, mas admitiram que, antes de sua tentativa de ataque a Swindler, o Captain passou muito tempo lendo livros, estudando os métodos `Dispose` e a persistência. Esperamos que o Captain Amazing...

Captain Amazing voltou!

...veja AMAZING em A-5

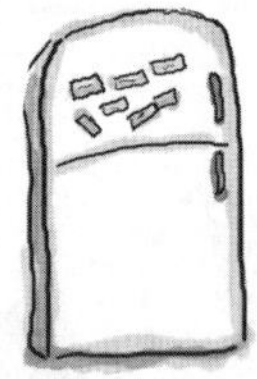

Ímãs de Extensão – Solução

Seu trabalho era organizar os ímãs para produzir esta saída:

`a buck begets more bucks`

O namespace Upside tem extensões. O namespace Sideways tem o ponto de entrada.

A classe Margin estende uma string adicionando um método chamado SendIt, que só escreve a stirng no console e estende int adicionando um método chamado ToPrice que retorna "a buck" se n é igual a 1 ou "more bucks" do contrário.

```
namespace Upside {

  public static class Margin {

    public static void SendIt (this string s) {
      Console.Write(s);
    }

    public static string ToPrice (this int n) {
      if (n == 1)
          return "a buck ";
      else
          return " more bucks";
    }

    public static string Green (this bool b) {
      if (b == true)
          return "be";
      else
          return "gets";
    }
  }
}
```

O método Green estende bool; ele retorna a string "be" se bool é true e "gets" se é false.

O método Main usa as extensões adicionadas na classe Margin.

```
namespace Sideways
{
    using Upside;

  class Program {

    static void Main(string[] args) {
        int i = 1;
        string s = i.ToPrice();
        s.SendIt();
        bool b = true;
        b.Green().SendIt();
        b = false;
        b.Green().SendIt();
        i = 3;
        i.ToPrice() .SendIt();
    }
  }
}
```

12 tratamento de exceção

Apagar incêndio já era

SEI QUE O *PALHAÇO ASSUSTADOR* ESTÁ POR AÍ. FOI BOM EU TER ESCRITO UM CÓDIGO PARA LIDAR COM A MINHA *EXCEÇÃOTOTALMENTEAPAVORADA*.

Programadores não são bombeiros.

Você se esforçou muito examinando manuais técnicos e alguns livros *Use a Cabeça* interessantes e chegou no auge da sua profissão. Mas ainda recebe ligações de emergência do trabalho no meio da noite porque **seu programa trava** ou **não se comporta como deveria**. Nada o tira mais da rotina de programação do que ter que corrigir um bug estranho... mas com o **tratamento de exceção**, é possível escrever um código para **lidar com os problemas** que surgem. Melhor ainda, você pode até se planejar para esses problemas e **manter as coisas funcionando** quando eles acontecem.

Seu hex dumper lê um nome de arquivo na linha de comando

No fim do Capítulo 10 você criou um hex dumper que usa argumentos da linha de comando para despejar qualquer arquivo. Você usou as propriedades do projeto no IDE para definir os argumentos do depurador e viu como chamá-lo em um prompt de comando do Windows ou na janela Terminal do macOS.

C:\WINDOWS\system32\cmd.exe
C:\Users\Public\source\repos\HexDump\HexDump\bin\Debug\netcoreapp3.1>HexDump binarydata.dat
0000: 86 29 e8 02 06 48 65 6c -- 6c 6f 21 2f 81 00 74 f6 .)...Hello!/..t.
0010: d8 f5 43 45 -- ..CE
C:\Users\Public\source\repos\H
publish — -zsh — 79×5
MacBook-Pro publish % ./HexDump binarydata.dat
0000: 86 29 e8 02 06 48 65 6c -- 6c 6f 21 2f 81 00 74 f6 .)...Hello!/..t.
0010: d8 f5 43 45 -- ..CE
MacBook-Pro publish %

Mas e se você der um nome de arquivo inválido a HexDump?

Quando modificou seu app HexDump para usar argumentos da linha de comando, pedimos que tivesse cuidado ao especificar um nome de arquivo válido. O que acontece quando dá um nome inválido? Tente executar seu app de novo a partir da linha de comando, mas desta vez forneça o argumento `invalid-filename`. Agora ele ***gera uma exceção.***

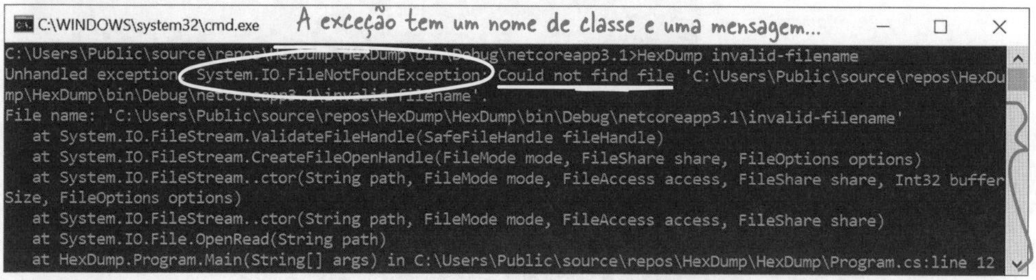
C:\WINDOWS\system32\cmd.exe
A exceção tem um nome de classe e uma mensagem...
C:\Users\Public\source\repos\HexDump\HexDump\bin\Debug\netcoreapp3.1>HexDump invalid-filename
Unhandled exception. System.IO.FileNotFoundException: Could not find file 'C:\Users\Public\source\repos\HexDump\HexDump\bin\Debug\netcoreapp3.1\invalid-filename'.
File name: 'C:\Users\Public\source\repos\HexDump\HexDump\bin\Debug\netcoreapp3.1\invalid-filename'
at System.IO.FileStream.ValidateFileHandle(SafeFileHandle fileHandle)
at System.IO.FileStream.CreateFileOpenHandle(FileMode mode, FileShare share, FileOptions options)
at System.IO.FileStream..ctor(String path, FileMode mode, FileAccess access, FileShare share, Int32 bufferSize, FileOptions options)
at System.IO.FileStream..ctor(String path, FileMode mode, FileAccess access, FileShare share)
at System.IO.File.OpenRead(String path)
at HexDump.Program.Main(String[] args) in C:\Users\Public\source\repos\HexDump\HexDump\Program.cs:line 12
...e um rastreamento de pilha.

Use as configurações do projeto para definir o argumento do programa para um nome de arquivo inválido e rode o app no depurador do IDE. Agora você o visualizará gerar uma exceção com o mesmo nome de classe (System.IO.FileNotFoundException) e uma mensagem "Could not find file" parecida.

Uma exceção não tratada significa que nosso app encontrou um problema que não consideramos.

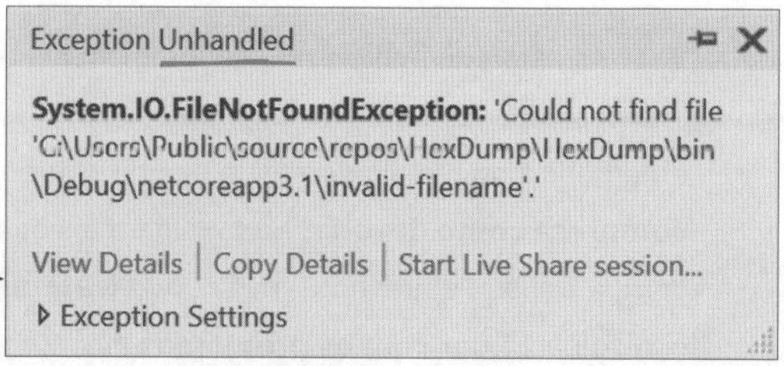
Exception Unhandled
System.IO.FileNotFoundException: 'Could not find file 'C:\Users\Public\source\repos\HexDump\HexDump\bin\Debug\netcoreapp3.1\invalid-filename'.'
View Details | Copy Details | Start Live Share session...
▸ Exception Settings

O IDE para o depurador na linha que gerou a exceção e mostra informações na janela Exception Unhandled. Você pode até ver a pilha de chamadas na janela Pilha de Chamadas.

Aponte o seu lápis

Este código está corrompido. O código gera cinco exceções diferentes e as mensagens de erro você visualizará no IDE ou no console que estão à direita. É seu trabalho **combinar a linha de código** com problema e a **exceção que a linha gera**. Leia as mensagens de exceção para ter dicas. Lembre-se de que ***este código não funciona***. Se você adicionar esta classe a um app e executar seu método Main, ele cessará após a primeira exceção ser gerada. Leia o código e combine cada exceção com a linha que a *geraria* se executada.

```
class HoneyBee
{
    public double Capacity { get; set; }
    public string Name { get; set; }

    public HoneyBee(double capacity, string name)
    {
        Capacity = capacity;
        Name = name;
    }

    public static void Main(string[] args)
    {
        object myBee = new HoneyBee(36.5, "Zippo");
        float howMuchHoney = (float)myBee;

        HoneyBee anotherBee = new HoneyBee(12.5, "Buzzy");
        double beeName = double.Parse(anotherBee.Name);

        double totalHoney = 36.5 + 12.5;
        string beesWeCanFeed = "";
        for (int i = 1; i < (int)totalHoney; i++)
        {
            beesWeCanFeed += i.ToString();
        }
        int numberOfBees = int.Parse(beesWeCanFeed);

        int drones = 4;
        int queens = 0;
        int dronesPerQueen = drones / queens;

        anotherBee = null;
        if (dronesPerQueen < 10)
        {
            anotherBee.Capacity = 12.6;
        }
    }
}
```

O método double.Parse converte uma string em double; portanto, se você passa uma string (como "32.7") será retornado o valor double equivalente (32.7). O que você acha que acontecerá se passar uma string que não pode ser convertida em double?

System.OverflowException: 'Value was either too large or too small for an Int32.' **1**

System.NullReferenceException: 'Object reference not set to an instance of an object.' **2**

System.InvalidCastException: 'Unable to cast object of type 'ExceptionTests.HoneyBee' to type 'System.Single'.' **3**

System.DivideByZeroException: 'Attempted to divide by zero.' **4**

System.FormatException: 'Input string was not in a correct format.' **5**

Aponte o seu lápis Solução

Seu trabalho era combinar cada linha de código com problema e a exceção que a linha gera.

O código para converter myBee em float compila, mas não há um meio de converter um objeto HoneyBee em um valor float. Quando seu código é executado, a CLR não tem ideia sobre como fazer a coerção, então gera uma InvalidCastException.

```
object myBee = new HoneyBee(36.5, "Zippo");
float howMuchHoney = (float)myBee;
```

System.InvalidCastException: 'Unable to cast object of type 'ExceptionTests.HoneyBee' to type 'System.Single'.' 3

Dica do IDE: Definir Próxima Declaração

Você pode reproduzir essas exceções no IDE colando o código e executando-o. Coloque um ponto de interrupção na primeira linha de código, clique com o botão direito na linha que deseja executar e escolha ***Definir Próxima Declaração*** — ao continuar a execução, seu app irá direto para essa declaração.

```
HoneyBee anotherBee = new HoneyBee(12.5, "Buzzy");
double beeName = double.Parse(anotherBee.Name);
```

O método Parse quer que você forneça uma string em certo formato. "Buzzy" não é uma string que ele sabe converter em um número, por isso gera uma FormatException.

System.FormatException: 'Input string was not in a correct format.' 5

O loop for criará uma string chamada beesWeCanFeed que contém um número com mais de 60 dígitos. Não há um modo de um int manter um número tão grande, e tentar colocá-lo em um int criará uma OverflowException.

```
double totalHoney = 36.5 + 12.5;
string beesWeCanFeed = "";
for (int i = 1; i < (int)totalHoney; i++)
{
    beesWeCanFeed += i.ToString();
}
int numberOfBees = int.Parse(beesWeCanFeed);
```

System.OverflowException: 'Value was either too large or too small for an Int32.' 1

Na verdade, você jamais veria essas exceções em sequência; o programa geraria a primeira exceção e pararia. Você só veria a segunda se corrigisse a primeira.

Aponte o seu lápis Solução

```
int drones = 4;
int queens = 0;
int dronesPerQueen = drones / queens;
```

É muito fácil gerar uma DivideByZeroException. Basta dividir qualquer número por zero.

System.DivideByZeroException: 'Attempted to divide by zero.' **4**

Dividir qualquer inteiro por zero sempre gera esse tipo de exceção. Mesmo que você não saiba o valor de queens, pode evitar isso verificando o valor para se assegurar de que não seja zero **antes** de dividi-lo em drones.

SÓ DE OLHAR PERCEBO QUE O CÓDIGO ESTÁ TENTANDO DIVIDIR POR ZERO. APOSTO QUE A EXCEÇÃO NÃO TINHA QUE ACONTECER.

O erro DivideByZero não tinha que acontecer.

Só de olhar o código você sabe que há algo errado. Se refletir, o mesmo acontece com as outras exceções; este exercício "Aponte o seu lápis" foi sobre identificar essas exceções sem executar o código. Cada uma dessas exceções podia ***ser evitada***. Quanto mais se sabe sobre exceções, melhor para evitar que os apps travem.

```
anotherBee = null;
if (dronesPerQueen < 10)
{
    anotherBee.Capacity = 12.6;
}
```

Definir a variável de referência anotherBee para ser igual a null informa ao C# que ela não aponta para nada. Em vez de apontar para um objeto, ela aponta para nada. Gerar uma NullReferenceException é como o C# informa que não há nenhum objeto cujo método DoMyJob pode ser chamado.

System.NullReferenceException: 'Object reference not set to an instance of an object.' **2**

Quando o programa gera uma exceção, a CLR gera um objeto Exception

> Ex-ce-ção, subst. Uma pessoa ou uma coisa que é excluída de um consenso geral ou não segue uma regra. *Embora Tiago normalmente odeie manteiga de amendoim, uma* ***exceção*** *era o doce de amendoim da Parker.*

Você viu como a CLR informa que algo deu errado no programa: uma **exceção**. Quando ocorre uma exceção no código, um objeto é criado para representar o problema. Isso se chama, sem surpresa, Exception.

Por exemplo, suponha que você tenha um array com quatro itens e tenta acessar o 16º (índice 15, pois se baseia em zero):

```
int[] anArray = {3, 4, 1, 11};
int aValue = anArray[15];
```

É óbvio que este código causará problemas.

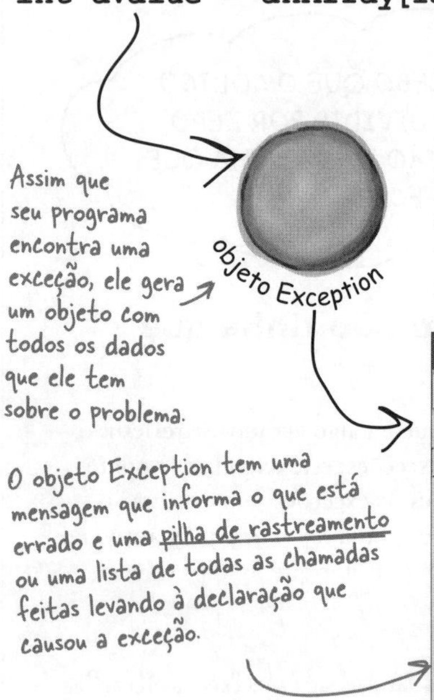
Assim que seu programa encontra uma exceção, ele gera um objeto com todos os dados que ele tem sobre o problema.
objeto Exception
O objeto Exception tem uma mensagem que informa o que está errado e uma pilha de rastreamento ou uma lista de todas as chamadas feitas levando à declaração que causou a exceção.

Quando o IDE para porque o código gerou uma exceção, você pode ver os detalhes da exceção **expandindo** `$exception` **na janela Locais**. Essa janela mostra todas as variáveis atualmente ***no escopo*** (ou seja, a declaração atual não tem acesso a elas).

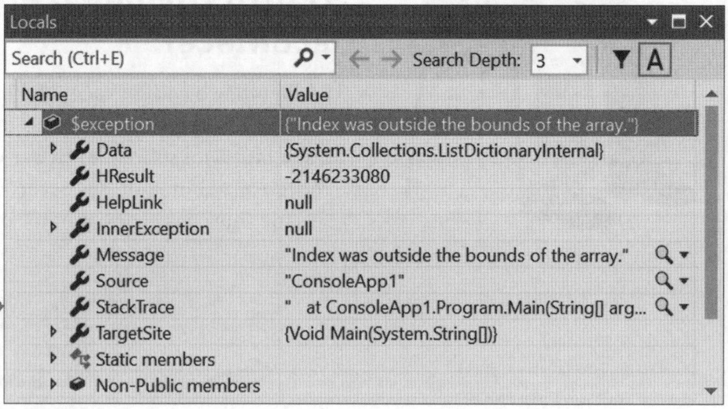
Locals
Search (Ctrl+E)
Search Depth: 3
Name
Value
$exception
{"Index was outside the bounds of the array."}
Data
{System.Collections.ListDictionaryInternal}
HResult
-2146233080
HelpLink
null
InnerException
null
Message
"Index was outside the bounds of the array."
Source
"ConsoleApp1"
StackTrace
" at ConsoleApp1.Program.Main(String[] arg...
TargetSite
{Void Main(System.String[])}
Static members
Non-Public members

A CLR se dá ao trabalho de criar um objeto porque deseja fornecer todas as informações que tem sobre o que causou a exceção. Você pode ter que corrigir um código ou só precisa fazer algumas alterações em como lidar com certa situação no programa.

Esta exceção em particular é **IndexOutOfRangeException**, que lhe dá uma ideia do problema: você está tentando acessar um índice no array fora da faixa. Também obteve informações sobre em que ponto exatamente no código ocorreu o problema, facilitando rastreá-lo e resolvê-lo (mesmo que tenha obtido milhares de linhas de código).

Todos os objetos Exception herdam de System.Exception

O .NET tem muitas exceções diferentes que precisa informar. Como muitas têm recursos bem parecidos, a herança entra em cena. O .NET defina uma classe básica, chamada Exception, da qual todos os tipos específicos de exceção herdam.

A classe Exception tem alguns membros úteis. A propriedade Message armazena uma mensagem fácil de ler sobre o que deu errado. StackTrace informa qual código estava sendo executado quando ocorreu a exceção e o que levou à exceção (há outros também, mas usaremos estes primeiro).

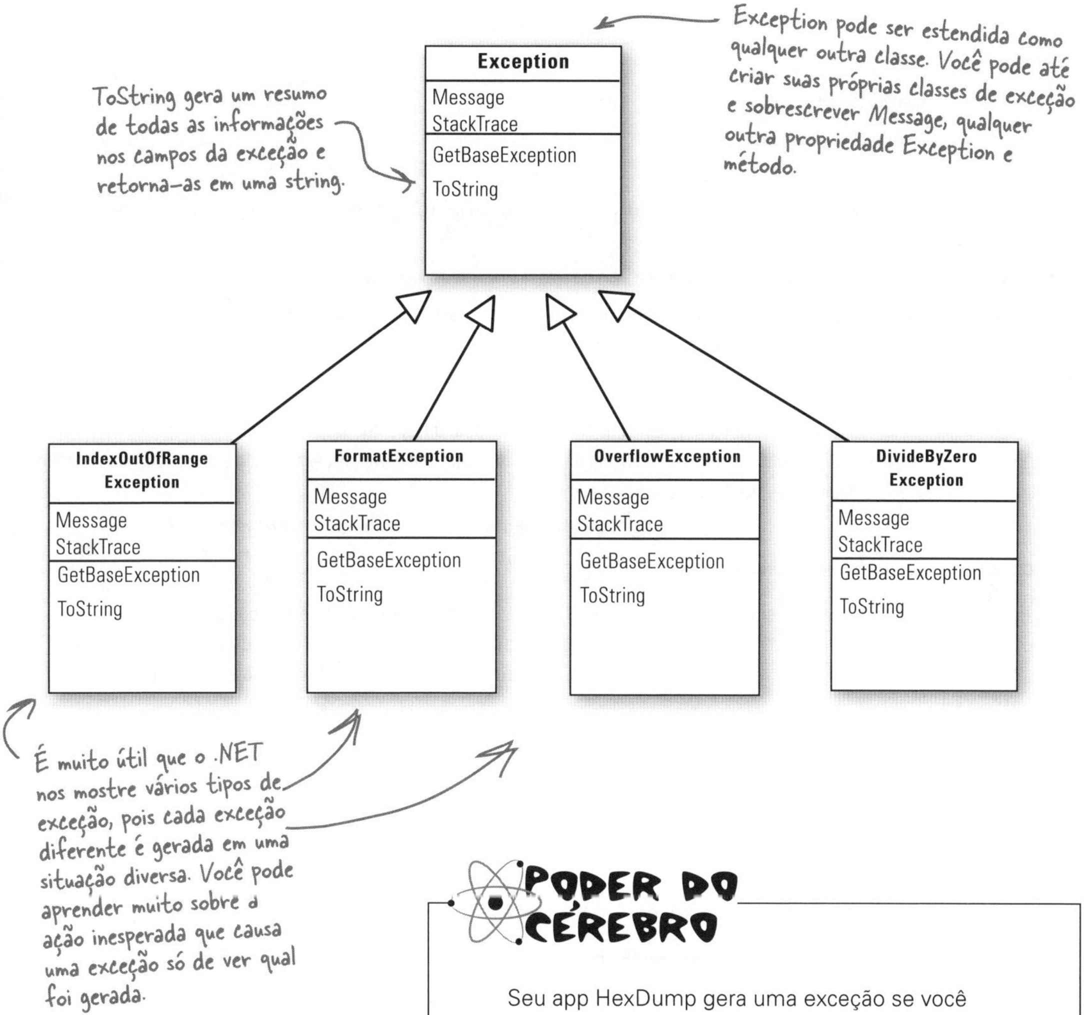
Exception pode ser estendida como qualquer outra classe. Você pode até criar suas próprias classes de exceção e sobrescrever Message, qualquer outra propriedade Exception e método.
ToString gera um resumo de todas as informações nos campos da exceção e retorna-as em uma string.
Exception
Message
StackTrace
GetBaseException
ToString
IndexOutOfRange Exception
Message
StackTrace
GetBaseException
ToString
FormatException
Message
StackTrace
GetBaseException
ToString
OverflowException
Message
StackTrace
GetBaseException
ToString
DivideByZero Exception
Message
StackTrace
GetBaseException
ToString
É muito útil que o .NET nos mostre vários tipos de exceção, pois cada exceção diferente é gerada em uma situação diversa. Você pode aprender muito sobre a ação inesperada que causa uma exceção só de ver qual foi gerada.

PODER DO CÉREBRO

Seu app HexDump gera uma exceção se você lhe passa um nome de arquivo inválido na linha de comando. Como você lida com o problema?

Investigue

A primeira etapa para resolver qualquer exceção é ver com muita atenção todas as informações mostradas. Ao rodar um aplicativo de console, elas são escritas no console. Vejamos melhor as informações de diagnóstico que nosso app escreveu (movemos o app para a pasta C:\HexDump a fim de encurtar os caminhos no rastreamento de pilha):

```
C:\HexDump\bin\Debug\netcoreapp3.1> HexDump invalid-filename
Unhandled exception. System.IO.FileNotFoundException: Could not find file 'C:\HexDump\bin\
Debug\netcoreapp3.1\invalid-filename'.
File name: 'C:\HexDump\bin\Debug\netcoreapp3.1\invalid-filename'
   at System.IO.FileStream.ValidateFileHandle(SafeFileHandle fileHandle)
   at System.IO.FileStream.CreateFileOpenHandle(FileMode mode, FileShare share, FileOptions
options)
   at System.IO.FileStream..ctor(String path, FileMode mode, ... , FileOptions options)
   at System.IO.FileStream..ctor(String path, FileMode mode, FileAccess access, FileShare share)
   at System.IO.File.OpenRead(String path)
   at HexDump.Program.Main(String[] args) in C:\HexDump\Program.cs:line 12
```

Veja o que observamos:

- A classe da exceção: `System.IO.FileNotFoundException`.
- A mensagem da exceção: `Could not find file 'C:\HexDump\bin\Debug\netcoreapp3.1\invalid-filename'`.
- Informações adicionais de diagnóstico: `File name: 'C:\HexDump\bin\Debug\netcoreapp3.1\invalid-filename'`.
- As cinco primeiras linhas no rastreamento de pilha vêm de classes no namespace System.IO.
- A última linha do rastreamento está em nosso namespace, HexDump, e inclui um número da linha. Veja a linha: `using (Stream input = File.OpenRead(args[0]))`.

Reproduza a exceção no depurador

No fim do Capítulo 10 mostramos como definir argumentos da aplicação ao rodar um app no depurador. Defina os argumentos para `invalid-filename`, então coloque um ponto de interrupção na linha no app que gera a exceção. Rode o app e, quando chegar no ponto de interrupção, pule a declaração. Você deve ver a exceção no IDE.

Adicione código para __evitar__ a exceção

Se você executa a partir da linha de comando no Mac, não se esqueça de republicar executando "dotnet publish -r osx-x64" na pasta da solução.

O app gera uma exceção porque tenta ler um arquivo que não existe. Vamos ***evitar*** essa exceção verificando primeiro se o arquivo existe. Se não existir, em vez de usar File.OpenRead para abrir uma stream com o conteúdo do arquivo, usaremos Console.OpenStandardInput, que retorna uma stream da **entrada padrão** (ou **stdin**) do seu app. Comece **adicionando este método GetInputStream** ao app:

```
static Stream GetInputStream(string[] args) {
    if ((args.Length != 1) || !File.Exists(args[0]))
        return Console.OpenStandardInput();
    else
        return File.OpenRead(args[0]);
}
```

Console.OpenStandardInput retorna um objeto Stream conectado à entrada padrão do app. Se você redireciona a entrada para o app ou executa-o no IDE e digita `console` ou `terminal`, qualquer coisa digitada ou redirecionada acaba na stream.

Então, modifique a linha do app que gera a exceção para chamar o novo método:

```
        using (Stream input = GetInputStream(args))
```

Agora rode o app no IDE. Não é gerada uma exceção. Pelo contrário, lê a entrada-padrão. Experimente:

- Digite alguns dados e pressione Enter; mostrará um hex dump de tudo o que foi digitado, terminando com um retorno (`0d 0a` no Windows, `0a` no Mac). A stream stdin adiciona só os dados após um retorno; portanto, o app fará um novo despejo para cada linha.
- Rode o app na linha de comando: `HexDump << input.txt` (ou `./HexDump << input.txt` no Mac). O app irá redirecionar os dados de *input.txt* para o fluxo stdin e despejar todos os bytes no arquivo.

não existem Perguntas Idiotas

P: O que *é* exceção, de fato?

R: É um objeto que a CLR cria quando há um problema. Você pode gerar especificamente exceções no código também; na verdade, já fez isso usando a palavra-chave `throw`.

P: Exceção é um *objeto*?

R: Sim, exceção é um objeto. A CLR o gera para lhe dar o máximo de informação possível sobre exatamente o que aconteceu ao executar a declaração que gerou a exceção. Suas propriedades, vistas quando você expandiu `$exception` na janela Locais, informam sobre a exceção. Por exemplo, sua propriedade Message terá uma string útil como *Attempted to divide by zero, Value was either too large or too small for an Int.32.*

P: Por que há muitos tipos de objetos Exception?

R: Existem muitos modos de o código agir de maneiras inesperadas. Há muitas situações que farão seu código simplesmente travar. Seria muito difícil resolver os problemas se você não soubesse por que ocorreu a interrupção. Gerando diferentes exceções em muitas circunstâncias diversas, a CLR mostra muitas informações valiosas para ajudar a rastrear e corrigir o problema.

P: Isso significa que quando meu código gera uma exceção não é necessariamente porque fiz algo errado?

R: Exato. Às vezes seus dados são diferentes do esperado, como no exemplo em que tínhamos uma declaração trabalhando com um array muito menor do que o previsto. E mais, não se esqueça de que, na vida real, pessoas de carne e osso usam seu programa, e elas costumam agir de modos imprevisíveis. As exceções são como o C# ajuda a lidar com essas situações inesperadas para que seu código ainda seja executado sem problemas, e simplesmente não trava nem mostra uma mensagem de erro inútil e enigmática.

P: Então as exceções existem para ajudar, não só para me causar problemas e me forçar a rastrear bugs frustrantes às três da manhã?

R: Sim! As exceções existem para ajudar a se preparar para o inesperado. Muitas pessoas ficam frustradas quando veem um código gerar uma exceção. Mas veja-as como o modo que o C# tem para ajudar a rastrear problemas e depurar seus programas.

As exceções existem para ajudar a encontrar e corrigir situações em que seu código se comporta de modos inesperados.

PARECE QUE AS EXCEÇÕES NEM SEMPRE SÃO RUINS. ÀS VEZES ELAS IDENTIFICAM BUGS, MAS EM MUITOS CASOS ELAS SÓ INFORMAM QUE ACONTECEU ALGO QUE ERA DIFERENTE DO QUE EU ESPERAVA.

É isso. As exceções são uma ferramenta muito útil usada para encontrar os locais em que o seu código age de modos inesperados.

Muitos programadores ficam frustrados na primeira vez em que veem uma exceção. Mas elas são muito úteis e podem ser usadas a seu favor. Quando você vê uma exceção, ela dá muitas dicas para ajudar a descobrir por que seu código reage de um modo não previsto. Isso é bom: permite que você conheça o cenário com o qual seu programa precisa lidar e lhe dá uma oportunidade de **fazer algo**.

Existem alguns arquivos que você não pode despejar

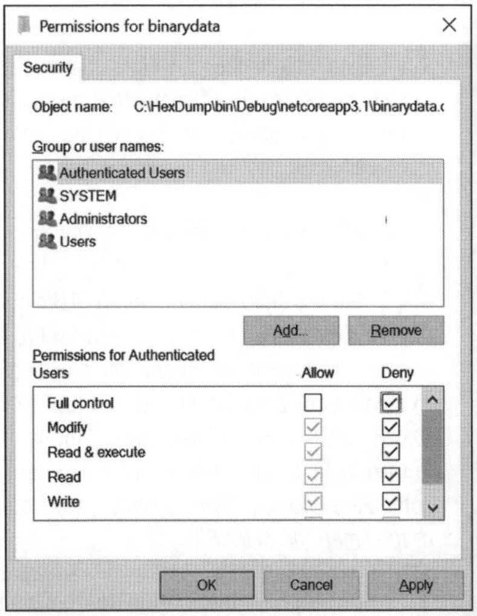
Permissions for binarydata
Security
Object name: C:\HexDump\bin\Debug\netcoreapp3.1\binarydata.c
Group or user names:
Authenticated Users
SYSTEM
Administrators
Users
Add...
Remove
Permissions for Authenticated Users
Allow
Deny
Full control
Modify
Read & execute
Read
Write
OK
Cancel
Apply

No Capítulo 9 explicamos sobre como tornar seu código **robusto** para que ele possa lidar com dados ruins, uma entrada inválida, erros do usuário ou outras situações inesperadas. Despejar stdin se nenhum arquivo é passado na linha de comando ou se o arquivo não existe é um ótimo começo para tornar o hex dumper robusto.

Mas ainda há casos que precisamos lidar? Por exemplo, e se o arquivo existe, mas não é legível? Vejamos o que acontece se removemos o acesso de leitura de um arquivo e tentamos lê-lo:

- ★ ***No Windows:*** clique com o botão direito no arquivo no Windows Explorer, vá para a guia Segurança e clique em Editar para mudar as permissões. Marque todas as caixas Negar.
- ★ ***No Mac:*** na janela Terminal, mude para a pasta com o arquivo que deseja despejar e execute este comando, substituindo `binarydata.dat` pelo nome do arquivo: `chmod 000 binarydata.dat`.

Agora que você removeu as permissões de leitura do arquivo, tente rodar seu app de novo, no IDE ou na linha de comando.

Você verá uma exceção; o rastreamento de pilha mostra que a **declaração using chamou o método GetInputStream**, que acabou fazendo FileStream gerar uma System.UnauthorizedAccessException:

```
C:\HexDump\bin\Debug\netcoreapp3.1>hexdump binarydata.dat
Unhandled exception. System.UnauthorizedAccessException: Access to the path 'C:\
HexDump\bin\Debug\netcoreapp3.1\binarydata.dat' is denied.
   at System.IO.FileStream.ValidateFileHandle(SafeFileHandle fileHandle)
   at System.IO.FileStream.CreateFileOpenHandle(FileMode mode, ..., FileOptions options)
   at System.IO.FileStream..ctor(String path, ..., Int32 bufferSize, FileOptions options)
   at System.IO.FileStream..ctor(String path, FileMode mode, FileAccess access,
FileShare share)
   at System.IO.File.OpenRead(String path)
   at HexDump.Program.GetInputStream(String[] args) in C:\HexDump\Program.cs:line 14
   at HexDump.Program.Main(String[] args) in C:\HexDump\Program.cs:line 20
```

ESPERE AÍ. CLARO QUE O PROGRAMA VAI TRAVAR.
FORNECI UM ARQUIVO ILEGÍVEL. OS USUÁRIOS BAGUNÇAM
TUDO SEMPRE. VOCÊ NÃO ESPERA QUE EU FAÇA ALGO EM
RELAÇÃO A ISSO... *CERTO?*

Na verdade, <u>*há*</u> algo que você pode fazer.

Sim, os usuários bagunçam tudo, sempre. Eles fornecem dados ruins, entradas estranhas e clicam em coisas que você nem sabia que existiam. Faz parte, mas isso não significa que você não pode fazer nada. O C# tem **ferramentas de tratamento de exceção** muito úteis para lhe ajudar a tornar seus programas mais robustos. Embora você *não possa* controlar o que os usuários fazem com o app, *pode* assegurar que seu app não trave quando isso acontece.

E quando um método que você quer chamar é arriscado?

Os usuários são imprevisíveis. Eles fornecem dados estranhos ao programa e clicam em coisas de modos jamais imaginados. Tudo bem, pois você pode lidar com as exceções que seu código gera adicionando o **tratamento de exceção**, o que permite escrever um código especial que é executado sempre que uma exceção é gerada.

1 Digamos que um método chamado no programa solicite a entrada do usuário.

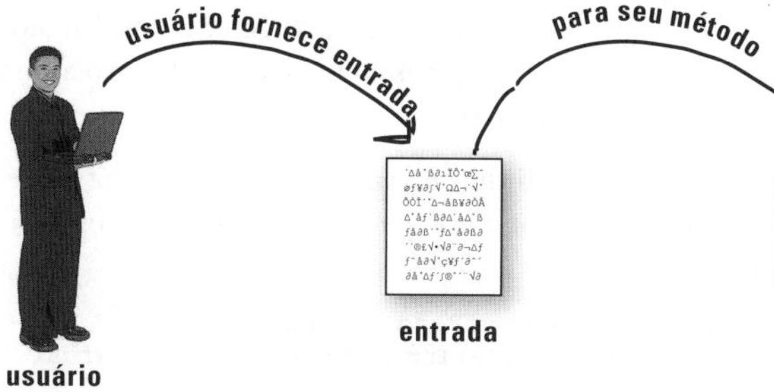
usuário fornece entrada
para seu método
usuário
entrada
classe escrita

2 O método pode fazer algo arriscado que pode não funcionar na execução.

classe escrita

```
public void
   Process(Input i) {
   if (i.IsBad()) {
      Explode();
   }
}
```

"Execução" significa apenas "enquanto seu programa roda". Algumas pessoas se referem às exceções como "erros de execução".

3 Você precisa *saber* que o método chamado é arriscado.

O QUE ACONTECE SE EU CLICO AQUI...
O MÉTODO PROCESS ACABARÁ SE EU TIVER DADOS DE ENTRADA RUINS!
usuário
classe escrita

Se puder propor um modo de fazer algo menos arriscado que evita gerar a exceção, é o melhor resultado possível! Mas alguns riscos não podem ser evitados e é quando você deseja fazer isto.

4 É possível escrever um código que pode *lidar com* a exceção se ela *acontece*. Você precisa estar preparado, só para garantir.

UAU, O PROGRAMA É MUITO ESTÁVEL!
agora o programa é mais robusto!
usuário
a classe, agora com o
tratamento de exceção

Lide com exceções usando try e catch

Ao adicionar o tratamento de exceção ao código, você usa as palavras-chave `try` e `catch` para criar um bloco de código executado se uma exceção é gerada.

Seu código *try/catch* basicamente informa ao compilador C#: "**Tente** [try] este código e, se ocorrer uma exceção, **pegue-a** [catch] com esta *outra* parte do código." A parte do código que você tenta é o **bloco `try`** e a parte na qual lida com as exceções é chamada de **bloco `catch`**. No bloco `catch`, você pode fazer coisas como escrever uma mensagem de erro amistosa, em vez de permitir que o programa pare.

Vejamos as últimas três linhas do rastreamento de pilha no cenário HexDump para nos ajudar a descobrir em que lugar colocar o código do tratamento de exceção:

```
   at System.IO.File.OpenRead(String path)
   at HexDump.Program.GetInputStream(String[] args) in Program.
cs:line 14
   at HexDump.Program.Main(String[] args) in Program.cs:line 20
```

Coloque o código que pode gerar uma exceção dentro do bloco try. Se não ocorrer nenhuma exceção, ele será executado como sempre e as declarações no bloco catch serão ignoradas. Se uma declaração no bloco try gerar uma exceção, o resto do bloco try não será executado.

UnauthorizedAccessException é causada pela linha em GetInputStream que chama File.OpenRead. Como não conseguimos evitar a exceção, modificaremos GetInputStream para usar um bloco *try/catch*:

```
static Stream GetInputStream(string[] args)
{
    if ((args.Length != 1) || !File.Exists(args[0]))
        return Console.OpenStandardInput();
    else
    {
        try
        {
            return File.OpenRead(args[0]);
        }
        catch (UnauthorizedAccessException ex)
        {
            Console.Error.WriteLine("Unable to read {0}, dumping from stdin: {1}",
                                    args[0], ex.Message);
            return Console.OpenStandardInput();
        }
    }
}
```

Este é o **bloco try**. Você inicia o tratamento de exceção com "try". Neste caso, colocaremos o código existente nele.

A palavra-chave catch sinaliza que o bloco logo após contém um **tratamento de exceção**.

Quando uma exceção é gerada dentro do bloco try, o programa pula rápido para a declaração **catch** e começa a executar o **bloco catch**.

Mantivemos as coisas simples em nosso tratamento de exceção. Primeiro usamos Console.Error para escrever uma linha na saída de erro (stderr) permitindo que o usuário saiba que ocorreu um erro, então lemos os dados na entrada-padrão, pois o programa ainda fez algo. Note que **o bloco catch tem uma declaração `return`**. O método retorna Stream; portanto, se ele lida com uma exceção, ainda precisa retornar uma Stream; do contrário, você visualizará um erro do compilador "not all code paths return a value".

PODER DO CÉREBRO

Se gerar uma exceção faz o código pular automaticamente para o bloco `catch`, o que acontece com os objetos e os dados com os quais você trabalhava antes de acontecer a exceção?

Use o depurador para seguir a stream try/catch

Uma parte importante do tratamento de exceção é que, quando uma declaração no bloco `try` gera uma exceção, o resto do código no bloco entra em **curto-circuito**. A execução do programa pula imediatamente para a primeira linha no bloco `catch`. Usaremos o depurador do IDE para explorar como funciona.

Depure isto

1. Substitua o método GetInputStream em seu app HexDump pelo que acabamos de mostrar para lidar com uma UnauthorizedAccessException.

2. Modifique as opções do projeto para definir o argumento, de modo que ele tenha o caminho para um arquivo ilegível.

3. Coloque um ponto de interrupção na primeira declaração em GetInputStream, então comece a depurar seu projeto.

4. Quando chegar no ponto de interrupção, pule as próximas declarações até chegar a File.OpenRead. Pule e o app vai para a primeira linha no bloco `catch`.

O ponto de interrupção colocado na primeira linha de GetInputStream.

Percorra o método. Quando chegar a File.OpenRead, gerará uma exceção, fazendo a execução pular para o bloco catch.

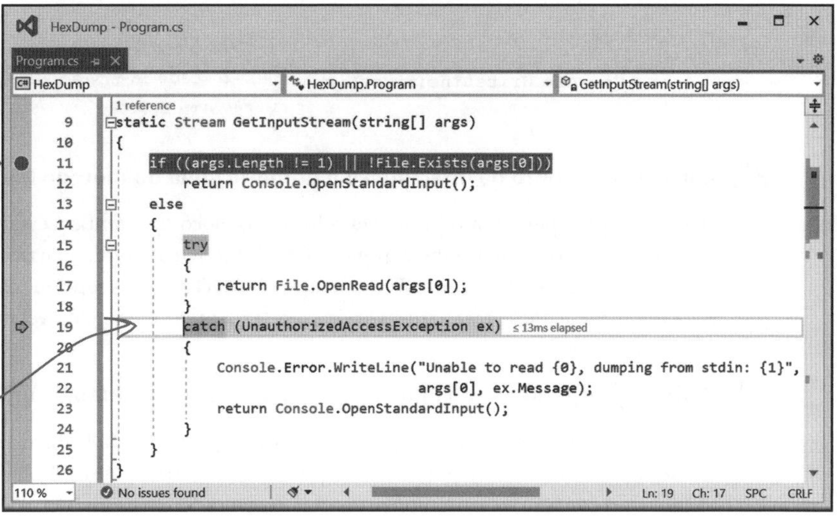
HexDump - Program.cs
Program.cs
HexDump
HexDump.Program
GetInputStream(string[] args)
1 reference
static Stream GetInputStream(string[] args)
{
if ((args.Length != 1) || !File.Exists(args[0]))
return Console.OpenStandardInput();
else
{
try
{
return File.OpenRead(args[0]);
}
catch (UnauthorizedAccessException ex)
≤ 13ms elapsed
{
Console.Error.WriteLine("Unable to read {0}, dumping from stdin: {1}",
args[0], ex.Message);
return Console.OpenStandardInput();
}
}
}
110 %
No issues found
Ln: 19
Ch: 17
SPC
CRLF

5. Continue percorrendo o resto do bloco `catch`. Ele escreverá a linha no console, retornará Console.OpenStandardInput e retomará o método Main.

Se você tem um código que SEMPRE precisa ser executado, use um bloco finally

Quando seu programa gera uma exceção, algumas coisas podem acontecer. Se a exceção ***não for*** tratada, o programa irá parar o processamento e travar. Se a exceção ***for*** tratada, o código pulará para o bloco `catch`. E o resto do código no bloco `try`? E se você estivesse fechando uma stream ou limpando recursos importantes? Esse código precisa ser executado, mesmo que ocorra uma exceção ou você faça uma bagunça no estado do programa. E aqui entra o **bloco `finally`**. É um bloco de código que vem após `try` e `catch`. O **bloco `finally` sempre é executado**, se foi gerada, ou não, uma exceção. Usaremos o depurador para explorar como funciona o bloco `finally`.

Depure isto!

1. **Crie um novo projeto Aplicativo de Console.**

Adicione `using System.IO;` ao início do arquivo e acrescente este método Main:

```
static void Main(string[] args)
{
    var firstLine = "No first line was read";
    try
    {
        var lines = File.ReadAllLines(args[0]);
        firstLine = (lines.Length > 0) ? lines[0] : "The file was empty";
    }
    catch (Exception ex)
    {
        Console.Error.WriteLine("Could not read lines from the file: {0}", ex);
    }
    finally
    {
        Console.WriteLine(firstLine);
    }
}
```

WriteLine chama o método ToString do objeto Exception, que retorna o nome da exceção, a mensagem e o rastreamento de pilha.

Este bloco finally será executado se try pega ou não uma exceção.

Você visualizará a exceção na janela Locais, como antes.

2. **Adicione um ponto de interrupção à primeira linha do método Main.**

Depure o app e percorra-o. A primeira linha no bloco `try` tenta acessar `args[0]`, mas, como você não especificou nenhum argumento da linha de comando, o array `args` está vazio e gera uma exceção, especificamente **System.IndexOutOfRangeException**, com a mensagem *"Index was outside the bounds of the array"*. Após escrever a mensagem, ele **executa o bloco `finally`** e o programa para.

3. **Defina um argumento da linha de comando com o caminho de um arquivo <u>válido</u>.**

Use as propriedades do projeto para passar um argumento da linha de comando para o app. Forneça o caminho completo de um arquivo válido. Verifique se não há espaços no nome de arquivo, do contrário o app interpretará isso como dois argumentos. Depure o app de novo; após terminar o bloco `try`, ele **executa o bloco `finally`**.

4. **Defina um argumento da linha de comando com um <u>caminho de arquivo inválido</u>.**

Volte às propriedades do projeto e mude o argumento da linha de comando para passar ao app o nome de um arquivo que <u>não existe</u>. Rode o app. Desta vez, ele pega uma exceção diferente: **System.IO.FileNotFoundException**. Então, **executa o bloco `finally`**.

Exceções catch genéricas lidam com System.Exception

Você acabou de fazer seu aplicativo de console gerar duas exceções diferentes (IndexOutOfRangeException e FileNotFoundException), e ambas foram tratadas. Veja com atenção o bloco `catch`:

```
catch (Exception ex)
```

É uma **exceção genérica**: o tipo após o bloco `catch` indica a exceção a lidar e, como todas as exceções estendem a classe System.Exception, especificar `Exception` como o tipo pede ao bloco `try/catch` para pegar qualquer exceção.

Evite a exceção genérica com vários blocos catch

É sempre melhor tentar antecipar as exceções específicas que seu código irá gerar e lidar com elas. Por exemplo, sabemos que este código pode gerar uma exceção IndexOutOfRange se nenhum nome de arquivo for especificado ou uma exceção FileNotFound se um arquivo inválido for encontrado. Também vimos antes no capítulo que tentar ler um arquivo ilegível faz a CLR gerar uma UnauthorizedAccessException. Você pode lidar com diferentes exceções adicionando **vários blocos `catch`** ao código:

```
static void Main(string[] args)
{
    var firstLine = "No first line was read";
    try
    {
        var lines = File.ReadAllLines(args[0]);
        firstLine = (lines.Length > 0) ? lines[0] : "The file was empty";
    }
    catch (IndexOutOfRangeException)
    {
       Console.Error.WriteLine("Please specify a filename.");
    }
    catch (FileNotFoundException)
    {
        Console.Error.WriteLine("Unable to find file: {0}", args[0]);
    }
    catch (UnauthorizedAccessException ex)
    {
        Console.Error.WriteLine("File {0} could not be accessed: {1}",
                                args[0], ex.Message);
    }
    finally
    {
        Console.WriteLine(firstLine);
    }
}
```

Este tratamento de exceção tem três blocos catch para lidar com três tipos diferentes de Exception.

Apenas este bloco catch precisou especificar um nome de variável para o objeto Exception.

Agora seu app escreverá mensagens de erro diferentes dependendo da exceção tratada. Note que os dois primeiros blocos `catch` **não especificaram um nome de variável** (como `ex`). Você só precisará especificar um nome de variável se for usar o objeto Exception.

PODER DO CÉREBRO

Alguma destas exceções pode ser ***evitada*** em vez de tratada?

não existem Perguntas Idiotas

P: Espere um pouco. Sempre que meu programa encontra uma exceção ele para o que está fazendo, a menos que eu escreva um código específico para pegá-la? Como isso pode ser bom?

R: Uma das melhores coisas sobre as exceções é que elas deixam óbvio quando você tem problemas. Em uma aplicação complexa imagine como seria fácil perder o controle de todos os objetos com os quais seu programa trabalha. As exceções chamam a atenção para os problemas e ajudam a eliminar suas causas para que você sempre saiba que o programa está fazendo o que deveria.

Sempre que ocorre uma exceção no programa, algo inesperado aconteceu. Talvez uma referência do objeto não apontava para o local que deveria, um usuário forneceu um valor não imaginado ou um arquivo com o qual você achou estar trabalhando de repente não está disponível. Se algo assim acontecesse e você não soubesse, é provável que a saída do seu programa estivesse errada e o comportamento desse ponto em diante seria bem diferente do que você esperava quando escreveu o programa.

Agora imagine que você não tivesse ideia da ocorrência do erro e seus usuários começassem a ligar dizendo que o programa era instável. Por isso é bom que as exceções violem tudo que o programa está fazendo. Elas o forçam a lidar com o problema enquanto ainda é fácil encontrá-lo e corrigi-lo.

P: Lembre-me de novo: para que serve o objeto Exception?

R: Ele dá dicas sobre o que deu errado. Você pode usar seu tipo para determinar qual problema ocorreu e escrever um tratamento de exceção para lidar com isso, ainda mantendo seu app em execução.

P: Qual a diferença entre exceção *tratada* e *não tratada*?

R: Sempre que você gerar uma exceção, o ambiente de execução pesquisará seu código procurando um bloco `catch` que lida com ela. Se você escreveu um, o bloco `catch` será executado e fará o que foi especificado para essa exceção em particular. Como você escreveu um bloco `catch` para lidar com esse erro antes, essa exceção é considerada tratada.

Se a execução não consegue encontrar um bloco `catch` que corresponde à exceção, ela para tudo o que seu programa está fazendo e gera um erro. Essa é uma exceção *não tratada*.

P: O que acontece quando você tem um `catch` que não especifica uma exceção em particular?

R: Isso se chama **exceção catch genérica**. Um bloco `catch` como esse pegará qualquer exceção que o bloco `try` gerar. Se você não precisa declarar uma variável para usar o objeto Exception, um modo fácil de escrever uma exceção genérica é:

```
catch
{
    // Lide com a exceção.
}
```

P: Não é mais fácil usar uma exceção catch genérica? Não é mais seguro escrever um código que sempre pega toda exceção?

R: Você **sempre deve fazer o melhor para evitar pegar Exception** e preferir pegar exceções específicas. Conhece o velho ditado: é melhor prevenir do que remediar? Isso se aplica especialmente ao tratamento de exceção. Dependendo da exceção catch genérica, em geral é só um modo de contribuir com uma programação ruim. Por exemplo, muitas vezes é melhor usar File.Exists para verificar um arquivo antes de tentar abri-lo do que pegar uma FileNotFoundException. Embora algumas exceções não possam ser evitadas, você descobrirá que uma quantidade surpreendente delas nunca precisa ser gerada.

P: Se um bloco `catch` sem uma exceção específica pega tudo, por que eu especificaria um tipo de exceção?

R: Certas exceções podem requerer ações diferentes para manter o programa funcionando. Talvez uma exceção causada pela divisão por zero possa ter um bloco `catch` que retorna e define propriedades para salvar alguns dados com os quais você trabalha, já uma exceção de referência nula no mesmo bloco de código talvez possa precisar criar novas instâncias de um objeto.

Uma exceção não tratada pode fazer o programa rodar de modo imprevisível. Por isso o programa para sempre que encontra uma.

Enigma da Piscina

Seu ***trabalho*** é pegar os snippets de código na piscina e colocá-los nas linhas em branco no programa. Você pode usar o mesmo snippet mais de uma vez e não precisará usar todos eles. Seu ***objetivo*** é fazer o programa produzir a saída abaixo.

Saída: ⟶ **G'day Mate!**

```
using System.IO;

class Program {
  public static void Main() {
    Kangaroo joey = new Kangaroo();
    int koala = joey.Wombat(
           joey.Wombat(joey.Wombat(1)));
    try {
        Console.WriteLine((15 / koala)
                 + " eggs per pound");
    }
    catch (_______ ________ ______) {
        Console.WriteLine("G'Day Mate!");
    }
  }
}
```

```
class Kangaroo {
    ___________________ fs;
    int croc;
    int dingo = 0;

    public int Wombat(int wallaby) {
        __________ ___________;
        try {
            if (________________ > 0) {
                fs = File.
OpenWrite("wobbiegong");
                croc = 0;
            } else if (___________ < 0) {
                croc = 3;
            } else {
                ___________ = ____________
.OpenRead("wobbiegong");
                croc = 1;
            }
        }
        catch (IOException) {
            croc = -3;
        }
        catch {
            croc = 4;
        }
        finally {
            if (_________ > 2) {
                croc ___________ dingo;
            }
        }
        ___________ _____________;
    }
}
```

Nota: cada snippet na piscina pode ser usado mais de uma vez!

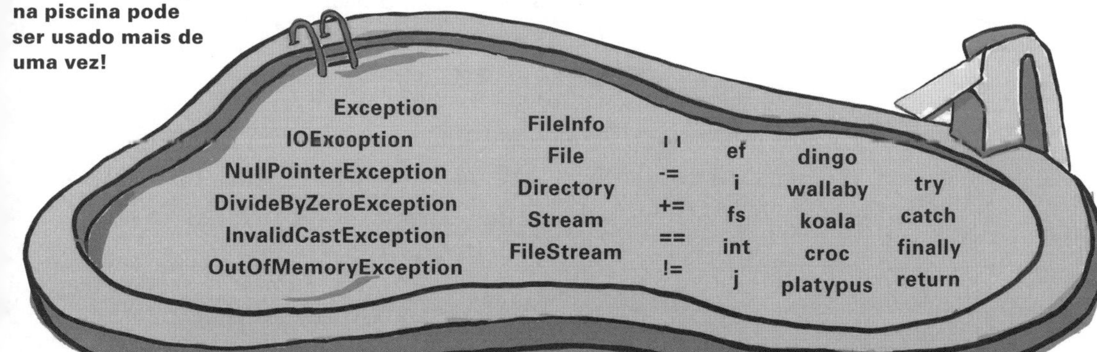
Exception
IOExooption
NullPointerException
DivideByZeroException
InvalidCastException
OutOfMemoryException
FileInfo
File
Directory
Stream
FileStream
||
-=
+=
==
!=
ef
i
fs
int
j
dingo
wallaby
koala
croc
platypus
try
catch
finally
return

Enigma da Piscina – Solução

joey.Wombat é chamado três vezes e, na terceira vez, retorna zero. Isso faz WriteLine gerar uma DivideByZeroException.

```
using System.IO;

class Program {
  public static void Main() {
    Kangaroo joey = new Kangaroo();
    int koala = joey.Wombat(
            joey.Wombat(joey.Wombat(1)));
    try {
        Console.WriteLine((15 / koala)
                  + " eggs per pound");
    }
    catch ( DivideByZeroException ) {
        Console.WriteLine("G'Day Mate!");
    }
  }
}

class Kangaroo {
    FileStream fs;
    int croc;
    int dingo = 0;

    public int Wombat(int wallaby) {
        dingo ++ ;
        try {
            if ( wallaby > 0) {
                fs = File.OpenWrite("wobbiegong");
                croc = 0;
            } else if ( wallaby < 0) {
                croc = 3;
            } else {
                fs = File .OpenRead("wobbiegong");
                croc = 1;
            }
        }
        catch (IOException) {
            croc = -3;
        }
        catch {
            croc = 4;
        }
        finally {
            if ( dingo > 2) {
                croc -= dingo;
            }
        }
        return croc ;
    }
}
```

Este bloco catch pega apenas as exceções em que o código divide por zero.

A dica é que FileStream tem um método OpenRead e gera uma IOException.

Este código abre um arquivo chamado "wobbiegong" e o mantém aberto na primeira vez em que é chamado. Depois, ele abre o arquivo de novo. Mas nunca fechou o arquivo, fazendo-o gerar uma IOException.

Você já sabe que sempre deve fechar os arquivos quando termina com eles. Se não fechar, o arquivo será bloqueado aberto e, se tentar abri-lo de novo, ele gerará uma IOException.

Lembre-se, você deve evitar as exceções catch genéricas no código. Também deve evitar outras coisas que fazemos para tornar os enigmas mais interessantes, como usar nomes de variável confusos.

VOCÊ CONTINUA FALANDO SOBRE ***CÓDIGO ARRISCADO***, MAS NÃO É ARRISCADO DEIXAR UMA EXCEÇÃO SEM TRATAMENTO? POR QUE EU ESCREVERIA UM TRATAMENTO DE EXCEÇÃO QUE NÃO LIDA COM *TODO TIPO DE EXCEÇÃO*?

As exceções não tratadas *estouram*.

Acredite se quiser, pode ser muito útil deixar as exceções sem tratamento. Programas reais têm uma lógica complexa e muitas vezes difícil de se recuperar corretamente quando algo dá errado, sobretudo quando ocorre um problema muito profundo no programa. Tratando apenas com exceções específicas e evitando os tratamento de exceção catch genérica, você permite que exceções inesperadas **estourem**: em vez de tratadas no método atual, elas são pegas pela próxima declaração na pilha de chamadas. Antecipar e lidar com as exceções esperadas e deixar que as não tratadas estourem é uma ótima maneira de criar apps mais robustos.

Por vezes é útil **gerar de novo** uma exceção, ou seja, lidar com uma exceção em um método, mas *ainda fazê-la brotar* na declaração que o chamou. Para gerar de novo uma exceção basta chamar `throw;` dentro de um bloco `catch` e a exceção pega vai estourar imediatamente:

```
try {
    // Um código que pode gerar uma exceção.
} catch (DivideByZeroException d) {
    Console.Error.WriteLine($"Got an error: {d.Message}");
    throw;
}
```

O comando throw faz DivideByZeroException estourar em qualquer código que chamou este bloco try/catch.

Uma dica de carreira: muitas entrevistas de trabalho para programação em C# incluem uma pergunta sobre como lidar com exceções em um construtor.

BANG!
Veja bem!

Deixe o código arriscado fora do construtor!

Você já percebeu que um construtor não tem um valor de retorno, nem mesmo `void`. *É porque ele não retornada nada. Sua única finalidade é inicializar um objeto, que é um problema para um tratamento de exceção dentro do construtor. Quando uma exceção é gerada dentro do construtor, a declaração que tentou instanciar a classe* ***não acabará com uma instância do objeto***.

Use a exceção certa para a situação

Ao usar o IDE para gerar um método, ele adiciona um código como este:

```
private void MyGeneratedMethod()
{
    throw new NotImplementedException();
}
```

NotImplementedException é usada sempre que você tem uma operação ou método que não foi implementado. É uma ótima maneira de adicionar um espaço reservado; assim que você vê um sabe que há um código que precisa escrever. É uma das muitas exceções que o .NET fornece.

Escolher a exceção certa pode facilitar a leitura do código, tornando o tratamento de exceção mais limpo e robusto. Por exemplo, o código em um método que valida seus parâmetros pode gerar uma ArgumentException, que tem um construtor sobrecarregado com um parâmetro para especificar qual argumento causou o problema. Considere a classe Guy no Capítulo 3; ela tinha um método ReceiveCash que verificava o parâmetro `amount` para assegurar que estava recebendo uma quantia positiva. É uma boa oportunidade para gerar uma ArgumentException:

```
public void ReceiveCash(int amount)
{
    if (amount <= 0)
        throw new ArgumentException($"Must receive a positive value", "amount");
    Cash += amount;
}
```

Passe o nome do argumento inválido para o construtor ArgumentException.

Pare um pouco e examine a lista de exceções que fazem parte da API do .NET — você pode gerar qualquer uma em seu código: https://learn.microsoft.com/pt-br/dotnet/api/system.systemexception?view=net-7.0.

Pegue exceções personalizadas que estendam System.Exception

Às vezes você quer que seu programa gere uma exceção devido a uma condição especial que poderia acontecer quando ele roda. Voltemos à classe Guy no Capítulo 3. Suponha que você a utilize em um app que dependia de Guy sempre tendo uma quantia em dinheiro positiva. Seria possível adicionar uma exceção personalizada que **estende System.Exception**:

```
class OutOfCashException : System.Exception {
    public OutOfCashException(string message) : base(message) { }
}
```

A OutOfCashException personalizada estende o construtor básico System.Exception com um parâmetro message.

Agora você pode gerar essa nova exceção e pegá-la exatamente como qualquer outra:

```
class Guy
{
    public string Name;
    public int Cash;

    public int GiveCash(int amount)
    {
        if (Cash <= 0) throw new OutOfCashException($"{Name} ran out of cash");
        ...
```

Agora que Guy gera uma exceção personalizada, qualquer método que chama GiveCash pode lidar com essa exceção em seu próprio bloco try/catch.

```
class Program {
   public static void Main(string[] args) {
       Console.Write("when it ");
       ExTestDrive.Zero("yes");
       Console.Write(" it ");
       ExTestDrive.Zero("no");
       Console.WriteLine(".");
   }
}

class MyException : Exception { }
```

Ímãs de Exceção

Organize os ímãs para que a aplicação escreva a seguinte saída no console:

when it thaws it throws.

```
}
```

```
}
```

```
}
```

```
throw new MyException();
```

```
        Console.Write("r");
    }
}
```

```
DoRisky(test);
```

```
} finally {
```

```
Console.Write("o");
```

```
Console.Write("w");
```

```
Console.Write("s");
```

```
class ExTestDrive {
   public static void Zero(string test) {
```

```
static void DoRisky(String t) {
   Console.Write("h");
```

```
try {
```

```
if (t == "yes") {
```

```
Console.Write("a");
```

```
Console.Write("t");
```

```
} catch (MyException) {
```

```
class Program {
   public static void Main(string[] args) {
       Console.Write("when it ");
       ExTestDrive.Zero("yes");
       Console.Write(" it ");
       ExTestDrive.Zero("no");
       Console.WriteLine(".");
   }
}

class MyException : Exception { }
```

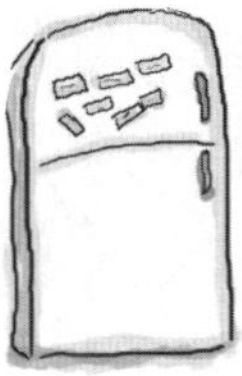

Ímãs de Exceção – Solução

Organize os ímãs para que a aplicação escreva a seguinte saída no console:

`when it thaws it throws.`

Esta linha define uma exceção personalizada chamada MyException, que é pega em um bloco catch no código.

```
class ExTestDrive {
   public static void Zero(string test) {

      try {

         Console.Write("t");

         DoRisky(test);

         Console.Write("o");

      } catch (MyException) {

         Console.Write("a");

      } finally {

         Console.Write("w");

      }

      Console.Write("s");

   }

   static void DoRisky(String t) {
      Console.Write("h");

      if (t == "yes") {

         throw new MyException();

      }

         Console.Write("r");
   }
}
```

O método Zero escreve "thaws" ou "throws", dependendo de receber "yes" ou outra coisa como seu parâmetro test.

O bloco finally assegura que o método sempre escreva "w", e o "s" é escrito fora do tratamento de exceção; portanto, sempre é escrito também.

O método DoRisky só gera uma exceção se recebe a string "yes".

Esta linha só é executada se DoRisky não gera uma exceção.

IDisposable usa try/finally para assegurar que o método Dispose seja chamado

Nos bastidores

Lembra quando investigamos este código no Capítulo 10?

```
using System.IO;
using System.Text;

class Program
{
    static void Main(string[] args)
    {
        using (var ms = new MemoryStream())
        {
            using (var sw = new StreamWriter(ms))
            {
                sw.WriteLine("The value is {0:0.00}", 123.45678);
            }
            Console.WriteLine(Encoding.UTF8.GetString(ms.ToArray()));
        }
    }
}
```

Movemos a declaração using para dentro de uma declaração externa a fim de assegurar que o método StreamWriter.Close seja chamado antes de MemoryStream.Close.

Estamos examinando como funcionam as declarações `using` e nesse caso precisamos aninhar uma declaração `using` dentro de outra para assegurar que StreamWriter seja descartada antes de MemoryStream. Fizemos isso porque as classes StreamWriter e MemoryStream implementam a interface IDisposable e colocam uma chamada para seu método Close dentro de seu método Dispose. Cada declaração `using` assegura que o método Dispose seja chamado no fim do bloco e garante que as streams sempre sejam fechadas.

Agora que você trabalha com o tratamento de exceção, pode ver como funciona a declaração `using`. A declaração `using` é um exemplo de **açúcar sintático**: um modo de o C# "adoçar" a linguagem fornecendo um atalho conveniente que torna seu código mais fácil de ler. Fazer isso é mesmo um tipo de atalho:

```
using (var sw = new StreamWriter(ms))
{
    sw.WriteLine("The value is {0:0.00}", 123.45678);
}
```

IDisposable é uma ótima ferramenta para evitar exceções.

O compilador C# gera um código compilado parecido (mais ou menos) com isto:

```
try {
    var sw = new StreamWriter(ms))
    sw.WriteLine("The value is {0:0.00}", 123.45678);
} finally {
    sw.Dispose();
}
```

Colocar a declaração Dispose em um bloco `finally` assegura que ela seja sempre executada, mesmo que ocorra uma exceção.

EVITE EXCEÇÕES DESNECESSÁRIAS... SEMPRE USE UM BLOCO USING QUANDO USAR UMA STREAM!

Ou qualquer coisa que implementa IDisposable.

Filtros de exceção ajudam a criar tratamentos precisos

Digamos que você esteja criando um jogo no clássico submundo da máfia dos anos 1930 e tem uma classe LoanShark que precisa recolher dinheiro das instâncias de Guy usando o método Guy. GiveCash, e isso lida com qualquer OutOfCashException, com a boa e velha lição do submundo.

ESPERO QUE TENHA UM BOM MOTIVO, PARCEIRO.
objeto LoanShark

É o seguinte, todo agiota [loan shark] conhece a regra de ouro: não tente cobrar dinheiro do chefão da máfia. E aqui os **filtros de exceção** podem ser muito úteis. Eles usam a palavra-chave `when` a fim de informar ao tratamento de exceção para pegar uma exceção apenas sob condições específicas.

Um exemplo de como funciona o filtro de exceção:

```
try
{
    loanShark += guy.GiveCash(amount);
    emergencyReserves -= amount;
} catch (OutOfCashException) when (guy.Name == "Al Capone")
{
    Console.WriteLine("Don't mess with the mafia boss");
    loanShark += amount;
} catch (OutOfCashException ex)
{
    Console.Error.WriteLine($"Time to teach {guy.Name} a lesson: {ex.Message}");
}
```

O filtro de exceção pega apenas OutOfCashException quando guy.Name está definido para "Al Capone"; do contrário, vai para o próximo bloco catch.

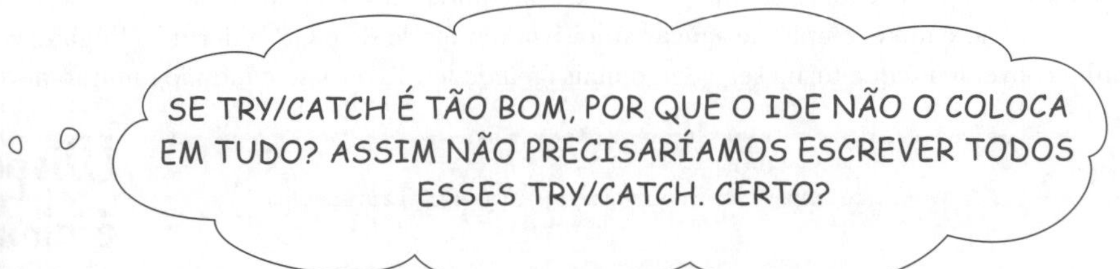
SE TRY/CATCH É TÃO BOM, POR QUE O IDE NÃO O COLOCA EM TUDO? ASSIM NÃO PRECISARÍAMOS ESCREVER TODOS ESSES TRY/CATCH. CERTO?

Sempre é melhor criar os tratamentos de exceção mais precisos que conseguirmos.

Há mais sobre tratamento de exceção do que apenas escrever uma mensagem de erro genérica. Às vezes você deseja lidar com exceções diferentes de modo variado; por exemplo, como o hex dumper lidou com uma FileNotFoundException de modo diferente de uma UnauthorizedAccessException. Planejar as exceções sempre envolve ***situações inesperadas***. Por vezes essas situações podem ser evitadas, outras desejamos lidar com elas e queremos que as exceções estourem. Uma grande lição aqui é que não existe uma abordagem "única" para lidar com o inesperado, sendo por isso que o IDE não coloca tudo em um bloco `try/catch`.

Por isso existem tantas classes que herdam de Exception e você pode querer até escrever suas próprias classes para herdar de Exception.

não existem Perguntas Idiotas

P: Ainda não ficou claro quando devo pegar exceções, quando evitá--las e quando deixar que estourem.

R: É porque não há uma resposta correta ou uma regra que você pode seguir em cada situação; sempre depende do que deseja que o código faça.

Na verdade, não é bem assim. Há uma regra: sempre é melhor evitar as exceções possíveis. Nem sempre você consegue antecipar o inesperado, sobretudo quando lida com a entrada de usuários ou as decisões que eles tomam.

Decidir se é para permitir as exceções estourarem ou lidar com elas na classe costuma se resumir a separar as preocupações. Faz sentido que uma classe saiba sobre certa exceção? Depende do que ela faz. Por sorte, as ferramentas de refatoração do IDE existem para ajudar a mudar seu código, caso você decida que certas exceções devem estourar, em vez de ser pegas.

P: Pode explicar o que significa "açúcar sintático?"

R: Quando os desenvolvedores usam o termo *açúcar sintático*, em geral, eles estão falando sobre uma linguagem de programação fornecendo um atalho conveniente e fácil de entender para o código que seria mais complexo. A palavra "sintaxe" se refere às palavras-chave do C# e as regras que as governam. A declaração using é uma parte oficial da sintaxe C#, com regras dizendo que ela deve ser seguida por uma declaração de variável que instancia um tipo que implementa IDisposable, seguido de um bloco de código. A parte "açúcar" se refere ao fato de que é *superdoce* que o compilador C# a transforme em algo que seria muito mais deselegante se tivesse que escrevê-la à mão.

P: É possível usar um objeto com uma declaração `using` se ele não implementa IDisposable?

R: Não. Você só pode criar objetos que implementam IDisposable com declarações `using`, pois eles são feitos sob medida. Adicionar uma declaração `using` é como criar uma nova instância de uma classe, exceto que sempre chama seu método Dispose no fim do bloco. Por isso a classe **deve implementar** a interface IDisposable.

P: É possível colocar qualquer declaração dentro de um bloco `using`?

R: Sem dúvidas. A ideia de `using` é ajudar a assegurar que todo objeto criado com ela seja descartado. Mas o que é feito com esses objetos é com você. Na verdade, você pode criar um objeto com uma declaração `using` e nem mesmo usá-lo dentro do bloco. Mas seria muito inútil; portanto, não recomendamos que faça isso.

P: É possível chamar o método Dispose fora de uma declaração `using`?

R: Sim, e você nem ***precisa*** usar uma declaração `using`. Você mesmo pode chamar Dispose quando termina com o objeto ou fazer qualquer limpeza necessária manualmente, como chamar o método Close de uma stream, como feito no Capítulo 10. Se usar uma declaração `using`, ela facilitará entender seu código e evitará problemas que acontecem se você não descarta seus objetos.

P: Como uma declaração `using` basicamente gera um bloco `try/catch` que chama o método Dispose, tudo bem fazer o tratamento de exceção dentro do bloco `using`?

R: Sim. Funciona exatamente como os blocos `try/catch` aninhados usados antes no capítulo em seu método GetInputStream.

P: Você mencionou um bloco `try/finally`. Isso significa que não tem problemas ter `try` e `finally` sem `catch`?

R: Sim! Você pode ter um bloco `try` sem `catch` e apenas `finally`. Fica assim:

```
try {
      DoSomethingRisky();
      SomethingElseRisky();
}
finally {
      AlwaysExecuteThis();
}
```

Se DoSomethingRisky gera uma exceção, então o bloco `finally` é executado imediatamente.

P: Dispose funciona apenas com arquivos e streams?

R: Não mesmo. Existem muitas classes que implementam IDisposable e, quando você usa uma, sempre deve usar uma declaração `using`. Se você escreve uma classe que deve ser descartada de certo modo, então pode implementar IDisposable também.

Não existe uma abordagem única para planejar o inesperado.

O pior bloco catch de TODOS: genérico com comentários

Um bloco `catch` permitirá que seu programa continue sendo executado se você deseja. Uma exceção é gerada, você pega a exceção, mas, em vez de finalizar e mostrar uma mensagem de erro, você continua. No entanto, às vezes isso não é bom.

Veja esta classe `Calculator`, que parece agir de modo estranho sempre. O que está acontecendo?

```
class Calculator
{
    public void Divide(int dividend, int divisor)
    {
        try
        {
            this.quotient = dividend / divisor;
        } catch {

            // TODO: precisamos descobrir um meio de impedir que nossos
            // usuários insiram zero no problema de divisão.

        }
    }
}
```

Aqui está o problema. Se o divisor for zero, isso criará uma DivideByZeroException.

O programador achou que poderia **esconder** as exceções usando um bloco catch vazio, mas só causou dor de cabeça para quem precisou rastrear os problemas mais tarde.

Você deve lidar com as exceções, não escondê-las

Só porque pode manter seu programa em execução não significa que *lidou* com suas exceções. No código acima, a calculadora não travará... pelo menos não no método Divide. E se algum outro código chamar esse método e tentar mostrar os resultados? Se o divisor era zero, então é provável que o método tenha retornado um valor incorreto (e inesperado).

Em vez de apenas adicionar um comentário e esconder a exceção, você precisa **lidar com ela**. Se não consegue lidar com o problema, ***não deixe blocos `catch` vazios ou comentados!*** Isso só dificulta que outra pessoa rastreie o que está acontecendo. É melhor deixar o programa gerar exceções, pois fica mais fácil descobrir o que deu errado.

Lembre-se, quando seu código não lida com uma exceção, ela aumenta a pilha de chamadas. Permitir que uma exceção apareça é um modo perfeitamente válido de lidar com uma exceção e, em alguns casos, faz mais sentido fazer isso do que usar um bloco catch vazio para ocultá-la.

Soluções temporárias são boas (temporariamente)

...mas, na vida real, as soluções "temporárias" têm o mau hábito de se tornarem permanentes.

Às vezes você encontra um problema e sabe que é um problema, mas não tem certeza sobre o que fazer. Nesses casos, pode querer registrá-lo e observar o que está acontecendo. Isso não é tão bom quanto lidar com a exceção, mas é melhor que nada,

Veja uma solução temporária para o problema da calculadora:

Pare um pouco e reflita sobre este bloco `catch`. O que acontece se `StreamWriter` não consegue gravar na pasta C:\Logs\? Você pode aninhar outro bloco `try/catch` para que seja menos arriscado. Consegue pensar em um modo melhor de fazer isso?

```
class Calculator
{
    public void Divide(int dividend, int divisor)
    {
        try
        {
            this.quotient = dividend / divisor;
        } catch (Exception ex) {

            using (StreamWriter sw = new StreamWriter(@"C:\Logs\errors.txt");
            {
                sw.WriteLine(ex.getMessage());
            }

        }
    }
}
```

Isto ainda precisa ser corrigido, mas a curto prazo deixa claro em que lugar ocorreu o problema. E mais, não seria melhor descobrir de uma vez por que seu método Divide está sendo chamado com um divisor zero?

ENTENDI. É COMO USAR O TRATAMENTO DE EXCEÇÃO PARA COLOCAR UM MARCADOR NA ÁREA DO PROBLEMA.

Lidar com as exceções nem sempre significa o mesmo que CORRIGI-LAS.

Nunca é bom fazer seu programa fracassar. É bem pior não ter ideia sobre o motivo de ele travar ou sobre o que está fazendo com os dados do usuário. Por isso você precisa sempre lidar com os erros que pode prever e registrar os que não pode. Embora os registros possam ser úteis para rastrear problemas, impedir esses problemas em primeiro lugar é uma solução melhor e mais permanente.

PONTOS DE BALA

- Qualquer declaração pode gerar uma **exceção** se algo falha na **execução** (ou com o código rodando).
- Use um bloco **`try/catch`** para lidar com exceções. As exceções não tratadas farão o programa parar a execução e abrirão uma janela de erro.
- Qualquer exceção no bloco de código após a declaração `try` fará a execução do programa ir imediatamente para a primeira declaração no **tratamento de exceção** ou o bloco de código após `catch`.
- O **objeto Exception** fornece informações sobre a exceção que foi pega. Se você especificar uma variável Exception na declaração `catch`, essa variável conterá informações sobre qualquer exceção gerada no bloco `try`:

```
try {
  // Declarações que podem
  // gerar exceções.
} catch (IOException ex) {
  // Se uma exceção é gerada,
  // ex tem informações sobre ela.
}
```

- Há muitos **tipos diferentes de exceções** que você pode pegar. Cada uma tem seu próprio objeto que estende System.Exception.
- Tente evitar os **tratamento de exceção genéricos** apenas pegando Exception. Lide com exceções específicas.
- Um **bloco `finally`** após os tratamentos de exceção sempre será executado se uma exceção é gerada ou não.
- Todo `try` pode ter mais de um `catch`:

```
try { ... }
catch (NullReferenceException ex) {
  // Declarações são executadas se
  // NullReferenceException é gerada.
}
catch (OverflowException ex) { ... }
catch (FileNotFoundException) { ... }
catch (ArgumentException) { ... }
```

- Seu código pode **gerar uma exceção** com `throw`:

```
throw new Exception("Exception
message");
```

- Seu código também pode **gerar de novo** uma exceção com `throw;` mas isso só funciona dentro de um bloco `catch`. Gerar de novo uma exceção preserva a pilha de chamadas.
- Você pode criar uma **exceção personalizada** adicionando uma classe que estende a classe básica System.Exception base:

```
class CustomException : Exception { }
```

- Na maioria das vezes, você só precisa gerar exceções que estão predefinidas no .NET, como `ArgumentException`. Um motivo para usar exceções diferentes é **dar mais informações** às pessoas sobre como resolver problemas.
- Um **filtro de exceção** usa a palavra-chave `when` para pedir ao tratamento de exceção para pegar uma exceção apenas sob condições específicas.
- A declaração `using` é um **açúcar sintático** que faz o compilador C# gerar o equivalente de um bloco `finally` que chama o método Dispose.

Unity Lab 6

Navegação da Cena

No último Unity Lab, você criou uma cena com um piso (plano) e um jogador (uma esfera aninhada em um cilindro), usou NavMesh, um NavMesh Agent, e usou o raycast para fazer o jogador seguir os cliques do mouse na cena.

Agora pegaremos do ponto em que o último Unity Lab parou. O objetivo destes laboratórios é familiarizá-lo com os **sistemas de localização e de navegação** do Unity — que são sistemas de IA sofisticados que permitem criar personagens que conseguem encontrar seu caminho nos mundos criados. Neste lab, você usará o sistema de navegação do Unity para fazer seus GameObjects se moverem na cena.

No processo, aprenderá sobre ferramentas úteis: criará uma cena mais complexa e irá preparar um NavMesh que permite um agente navegá-lo, criará obstáculos estáticos e móveis e, o mais importante, **praticará mais a escrita do código C#**.

Do ponto em que paramos no último Unity Lab

No último Unity Lab, você criou um jogador com uma cabeça esférica aninhada em um corpo cilíndrico. Então, adicionou um componente NavMesh Agent para mover o jogador na cena, usando raycast para localizar o ponto no piso em que o jogador clicou. Neste lab, você continuará do ponto em que parou. Você adicionará GameObjects à cena, inclusive escadas e obstáculos para poder ver como a IA de navegação do Unity lida com eles. Depois, adicionará um obstáculo móvel para levar o NavMesh Agent ao limite.

Continue e **abra o projeto Unity** salvo no fim do último Unity Lab. Se você vem salvando os Unity Labs de modo consecutivo, então é provável que esteja pronto para usá-lo! Se não, reserve uns minutos e volte ao último Unity Lab de novo; também examine o que escreveu.

Se você usa nosso livro porque quer ser um desenvolvedor profissional, conseguir voltar, ler e refatorar o código nos antigos projetos é uma habilidade muito importante, não só para o desenvolvimento do jogo!

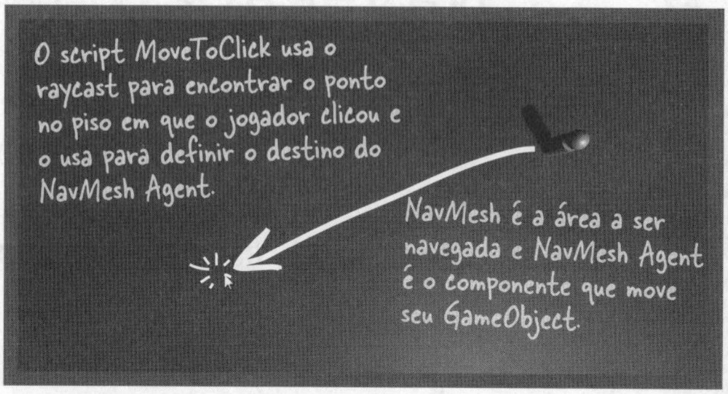
O script MoveToClick usa o raycast para encontrar o ponto no piso em que o jogador clicou e o usa para definir o destino do NavMesh Agent.
NavMesh é a área a ser navegada e NavMesh Agent é o componente que move seu GameObject.

não existem Perguntas Idiotas

P: Havia muitas partes móveis no último Unity Lab. Pode mostrá-las de novo só para eu ter certeza de tudo?

R: Com certeza. A cena Unity criada no último lab tem quatro partes separadas. É fácil se perder em como elas funcionam juntas; portanto, vamos examiná-las uma por uma:

1. Primeiro existe um **NavMesh**, que define todos os locais "acessíveis" em que o seu jogador pode se mover na cena. Você criou isso definindo o piso como uma superfície de acesso e "preparando" a malha.
2. Depois temos um **NavMesh Agent**, um componente que pode "controlar" seu GameObject e movê-lo em NavMesh apenas chamando seu método SetDestination. Você adicionou isso ao GameObject *Player*.
3. O **método ScreenPointToRay** da câmera cria um raio que atravessa um ponto na cena. Você adicionou um código ao método Update que verifica se o jogador pressiona atualmente o botão do mouse. Em caso afirmativo, ele usa a posição atual do mouse para calcular o raio.
4. **Raycast** é uma ferramenta que permite emitir (basicamente "disparar") um raio. O Unity tem um método Physics.Raycast útil que pega um raio, dispara-o a certa distância e, se ele acerta algo, informa o que foi atingido.

P: Como essas partes funcionam juntas?

R: Sempre que você tenta descobrir como as diferentes partes de um sistema funcionam juntas, ***entender o objetivo geral*** é um ótimo ponto de partida. Nesse caso, o objetivo é permitir que o jogador clique em qualquer lugar no piso e faça um GameObject ir para lá automaticamente. Vamos dividir em etapas. O código precisa:

- **Detectar se o jogador clicou o mouse.**
  Seu código usa Input.GetMouseButtonDown para detectar um clique no mouse.
- **Descobrir a qual ponto na cena o clique corresponde.**
  Ele usa Camera.ScreenPointToRay e Physics.Raycast para aplicar o raycast e descobrir em qual ponto na cena o jogador clicou.
- **Pedir ao NavMesh Agent para definir esse ponto como um destino.**
  O método NavMeshAgent.SetDestination aciona o agente para calcular um novo caminho e começar a se mover em direção ao novo destino.

O método MoveToClick foi ***adaptado*** *a partir do código na página Manual do Unity para o método NavMeshAgent.SetDestination. Pare um pouco e leia agora; escolha Help >> Scripting Reference no menu principal, então pesquise NavMeshAgent.SetDestination [conteúdo em inglês].*

Adicione uma plataforma à cena

Experimente um pouco o sistema de navegação do Unity. Para ajudar, adicionaremos mais GameObjects a fim de criar uma plataforma com degraus, rampa e obstáculo. Fica assim:

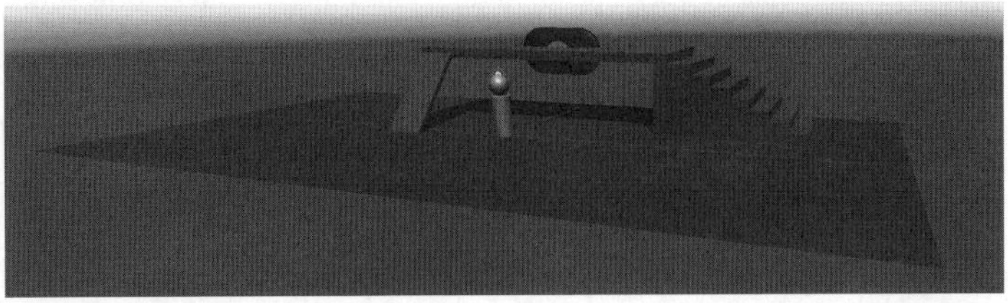

Às vezes é mais fácil ver o que acontece na cena se você troca para uma visão isométrica. Redefina o layout se perder a noção da visão.

Facilita um pouco ver o que está acontecendo se trocamos para uma visão **isométrica** ou uma exibição sem perspectiva. Em uma visão em **perspectiva**, os objetos mais distantes ficam menores, já os objetos mais próximos ficam grandes. Em uma visão isométrica, os objetos têm sempre o mesmo tamanho, não importa a distância deles da câmera.

Ao iniciar o Unity, o rótulo (Persp) em Scene Gizmo mostra o nome da exibição. As três linhas () indicam que o Gizmo está no modo perspectiva. Clique nos cones e mude a exibição para "Back" (Back). Se você clicar nas linhas, elas mudarão para três linhas paralelas (), o que alterna a visão para o modo isométrico.

Adicione dez GameObjects à cena. **Crie um novo material chamado *Platform*** na pasta Materials com a cor do albedo CC472F e adicione-o a todos os GameObjects, exceto Obstacle, que usa um **novo material chamado *8 Ball*** com o mapa 8 Ball Texture do primeiro Unity Lab. Esta tabela mostra seus nomes, tipos e posições:

Nome	Tipo	Posição	Rotação	Escala
Stair	Cube	(15, 0.25, 5)	(0, 0, 0)	(1, 0.5, 5)
Stair	Cube	(14, 0.5, 5)	(0, 0, 0)	(1, 1, 5)
Stair	Cube	(13, 0.75, 5)	(0, 0, 0)	(1, 1.5, 5)
Stair	Cube	(12, 1, 5)	(0, 0, 0)	(1, 2, 5)
Stair	Cube	(11, 1.25, 5)	(0, 0, 0)	(1, 2.5, 5)
Stair	Cube	(10, 1.5, 5)	(0, 0, 0)	(1, 3, 5)
Wide stair	Cube	(8.5, 1.75, 5)	(0, 0, 0)	(2, 3.5, 5)
Platform	Cube	(0.75, 3.75, 5)	(0, 0, 0)	(15, 0.5, 5)
Obstacle	Capsule	(1, 3.75, 5)	(0, 0, 90)	(2.5, 2.5, 0.75)
Ramp	Cube	(–5.75, 1.75, 0.75)	(–46, 0, 0)	(2, 0.25, 6)

Tente criar o primeiro degrau, duplicando-o cinco vezes e modificando seus valores.

Capsule é como um cilindro com esferas nas pontas.

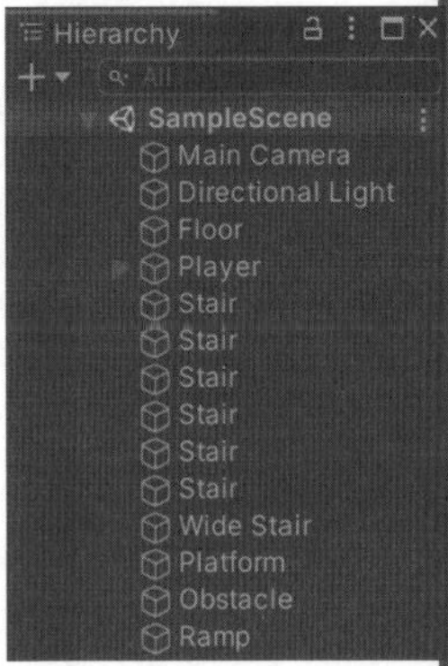
Hierarchy
All
SampleScene
Main Camera
Directional Light
Floor
Player
Stair
Stair
Stair
Stair
Stair
Stair
Wide Stair
Platform
Obstacle
Ramp

Prepare a plataforma para ser acessível

Use Shift para selecionar todos os novos GameObjects adicionados à cena, então use Control (ou Command-clique no Mac) para cancelar a seleção de Obstacle. Vá para a janela Navigation e clique no botão Object, então **torne todos eles acessíveis** marcando Navigation Static e definindo Navigation Area para Walkable. **Torne o GameObject Obstacle inacessível** selecionando-o, clicando em Navigation Static e definindo Navigation Area para Not Walkable.

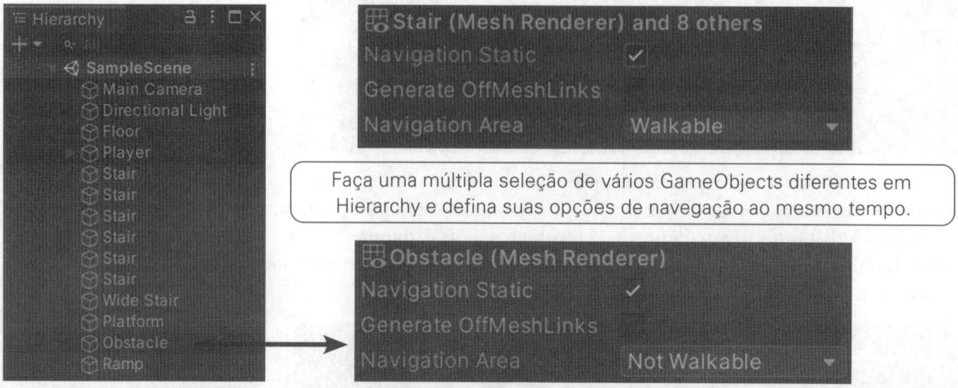
Hierarchy
SampleScene
Main Camera
Directional Light
Floor
Player
Stair
Stair
Stair
Stair
Stair
Stair
Wide Stair
Platform
Obstacle
Ramp
Stair (Mesh Renderer) and 8 others
Navigation Static
Generate OffMeshLinks
Navigation Area
Walkable
Faça uma múltipla seleção de vários GameObjects diferentes em Hierarchy e defina suas opções de navegação ao mesmo tempo.
Obstacle (Mesh Renderer)
Navigation Static
Generate OffMeshLinks
Navigation Area
Not Walkable

Agora siga as mesmas etapas usadas antes para **preparar NavMesh**: clique no botão Bake no topo da janela Navigation e troque para a exibição Bake, então clique no botão Bake na parte inferior.

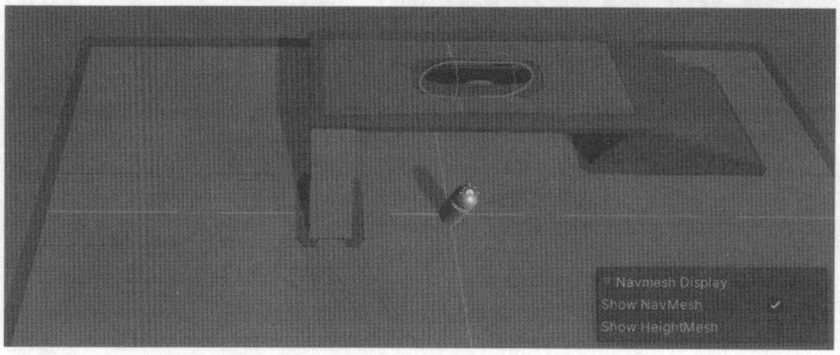
Navmesh Display
Show NavMesh
Show HeightMesh

Parece que funcionou! Agora NavMesh aparece no topo da plataforma e há um espaço em torno do obstáculo. Tente rodar o jogo. Clique no topo da plataforma e veja o que acontece.

Hmm, calma aí. As coisas não funcionam como esperávamos. Quando você clica no topo da plataforma, o jogador vai para ***baixo*** dela. Se você observar com atenção o NavMesh exibido quando examinou a janela Navigation, verá que ele também tem um espaço em torno dos degraus e da rampa, mas <u>nenhum deles foi incluído em NavMesh</u>. O jogador não tem como chegar no ponto clicado; portanto, a IA chega o mais perto que consegue.

Clicar no topo da plataforma faz o jogador ir para baixo dela.

Inclua os degraus e a rampa em NavMesh

Uma IA que não consegue fazer o jogador subir ou descer uma rampa ou degraus não seria muito inteligente. Por sorte o sistema de localização do Unity pode lidar com ambos os casos. Só precisamos fazer pequenos ajustes nas opções quando preparamos NavMesh. Começaremos com os degraus. Volte para a janela Bake e note que o valor-padrão de Step Height é 0.4. Veja com atenção as medidas dos degraus; eles têm 0.5 unidades de altura. Para pedir ao sistema de navegação para incluir degraus com 0.5 unidades, **mude Step Height para 0.5**. Você visualizará a imagem dos degraus no diagrama ficar mais alta e o número acima muda do valor-padrão 0.4 para 0.5.

Ainda precisamos incluir a rampa em NavMesh. Quando você criou GameObjects para a plataforma, deu à rampa uma rotação X de –46, ou seja, ela tem uma inclinação de 46 graus. A definição Max Slope tem como padrão 45, que significa que incluirá rampas, ladeiras ou outras inclinações com, no máximo, 45 graus de inclinação. **Mude Max Slope para 46**, então **prepare NavMesh de novo**. Agora ele incluirá a rampa e os degraus.

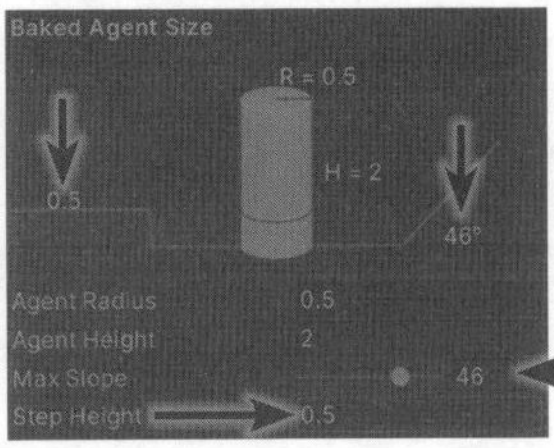
Baked Agent Size
R = 0.5
H = 2
0.5
46°
Agent Radius 0.5
Agent Height 2
Max Slope 46
Step Height 0.5

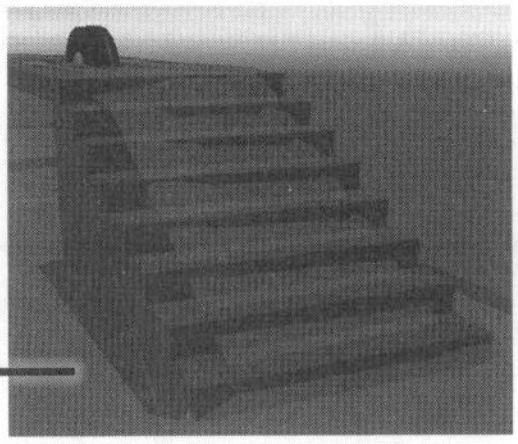

Inicie o jogo e experimente as novas alterações de NavMesh.

Exercício

Outro desafio de codificação do Unity! Antes, apontamos a câmera direto para baixo, definindo sua rotação X para 90. Vejamos se conseguimos ter uma visão melhor do jogador fazendo as teclas com seta e o botão giratório do mouse controlarem a câmera. Você já sabe quase tudo o que precisa para que isso funcione; só precisamos adicionar um pequeno código. **Pode parecer complicado, mas você *consegue*!**

- **Crie um novo script chamado MoveCamera e arraste-o para a câmera.** Ele deve ter um campo Transform chamado Player. Arraste o GameObject Player para fora de Hierarchy e **para dentro do campo Player em Inspector**. Como o tipo do campo é Transform, ele copia uma referência para o componente Transform do GameObject Player.
- **Faça as teclas com seta girarem a câmera em volta do jogador.** Input.GetKey(KeyCode.LeftArrow) retornará true se o jogador está pressionando a tecla com seta para a esquerda e você pode usar RightArrow, UpArrow e DownArrow para verificar as outras teclas com seta. Use esse método como usou Input.GetMouseButtonDown no script MoveToClick para verificar os cliques do mouse. Quando o jogador pressionar uma tecla, chame transform.RotateAround para girar em torno da posição do jogador. Essa posição é o primeiro argumento; use Vector3.left, Vector3.right, Vector3.up ou Vector3.down como o segundo e um campo chamado Angle (definido para 3F) como o terceiro argumento.
- **Faça o botão giratório dar um zoom na câmera.** Input.GetAxis("Mouse ScrollWheel") retorna um número (em geral entre –0.4 e 0.4) que representa quanto o botão giratório moveu (ou 0 se não moveu). Adicione um campo float chamado ZoomSpeed definido para 0.25F. Verifique se o botão giratório moveu. Em caso afirmativo, faça um pequeno cálculo do vetor para dar um zoom na câmera multiplicando transform.position por (1F + scrollWheelValue * ZoomSpeed).
- **Aponte a câmera para o jogador.** O método transform.LookAt faz GameObject olhar para uma posição. Então, redefina Transform de Main Camera para a posição (0, 1, –10) e a rotação (0, 0, 0).

Não é colar olhar a solução!

Tudo bem se seu código está um pouco diferente do nosso, contanto que funcione. Há MUITOS modos de resolver um problema de codificação. Só reserve um tempo e entenda como este código funciona.

Exercício Solução

Outro desafio de codificação do Unity! Antes, apontamos a câmera direto para baixo, definindo sua rotação X para 90. Vejamos se conseguimos ter uma visão melhor do jogador fazendo as teclas com seta e o botão giratório do mouse controlarem a câmera. Você já sabe quase tudo o que precisa para que isso funcione; só precisamos adicionar um pequeno código. **Pode parecer complicado, mas você *consegue*!**

```
public class MoveCamera : MonoBehaviour
{
  public Transform Player;
  public float Angle = 3F;
  public float ZoomSpeed = 0.25F;

  void Update()
  {
    var scrollWheelValue = Input.GetAxis("Mouse ScrollWheel");
    if (scrollWheelValue != 0)
    {
        transform.position *= (1F + scrollWheelValue *
ZoomSpeed);
    }

    if (Input.GetKey(KeyCode.RightArrow))
    {
        transform.RotateAround(Player.position, Vector3.up, Angle);
    }

    if (Input.GetKey(KeyCode.LeftArrow))
    {
        transform.RotateAround(Player.position,
Vector3.down, Angle);
    }

    if (Input.GetKey(KeyCode.UpArrow))
    {
        transform.RotateAround(Player.position, Vector3.right, Angle);
    }

    if (Input.GetKey(KeyCode.DownArrow))
    {
        transform.RotateAround(Player.position,
Vector3.left, Angle);
    }

    transform.LookAt(Player.position);
  }
}
```

Lembrou de redefinir a posição e a rotação de Main Camera? Se não, ela pode parecer um pouco inquieta quando o jogador começa a se mover (devido a como o ângulo é calculado no método Camera.LookAt).

E um exemplo de como um cálculo simples de vetores pode simplificar uma tarefa. A posição de um GameObject é um vetor; portanto, multiplicar por 1.02 afasta-o um pouco mais do ponto zero e por .98 o aproxima mais.

É como você usou transform.RotateAround nos dois últimos Unity Labs, exceto que, em vez de girar em Vector3.zero (0,0,0), está girando em torno do jogador.

Pedimos a você para criar o campo Player com o tipo Transform. Isso fornece uma referência para o componente Transform do GameObject Player; portanto ,Player.position é a posição do jogador.

Use as teclas com seta para mover a câmera, para que ela possa olhar para o jogador. Você pode ver através do plano do piso!

Não se esqueça de arrastar Player para o campo no componente de script em Main Camera.

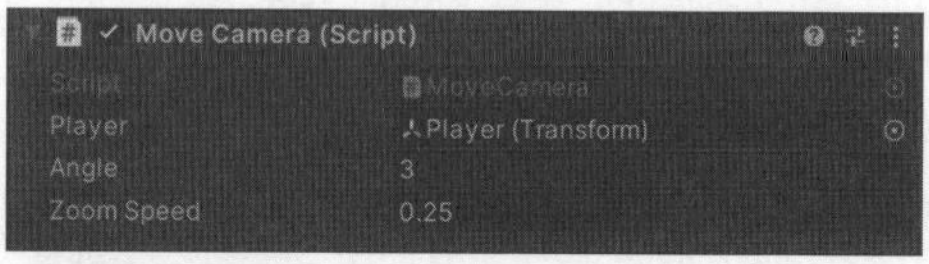
Move Camera (Script)
Script
MoveCamera
Player
Player (Transform)
Angle
3
Zoom Speed
0.25

Experimente diferentes ângulos e velocidades de zoom para ver o que fica melhor.

Corrija problemas de altura em NavMesh

Agora que temos controle da câmera, podemos ver bem o que acontece sob a plataforma, e algo não parece muito certo. Inicie seu jogo, gire a câmera e amplie para ter uma visão clara do obstáculo fixado sob a plataforma. Clique no piso em um lado do obstáculo, depois no outro. Parece que o jogador passa direto pelo obstáculo! E ele atravessa a extremidade da rampa também.

Quando o jogador se move, sua cabeça atravessa o obstáculo.

Mas, se você volta com o jogador para o topo da plataforma, ele evita bem o obstáculo. Qual o problema?

Veja com atenção as partes de NavMesh acima e abaixo do obstáculo. Notou as diferenças entre elas?

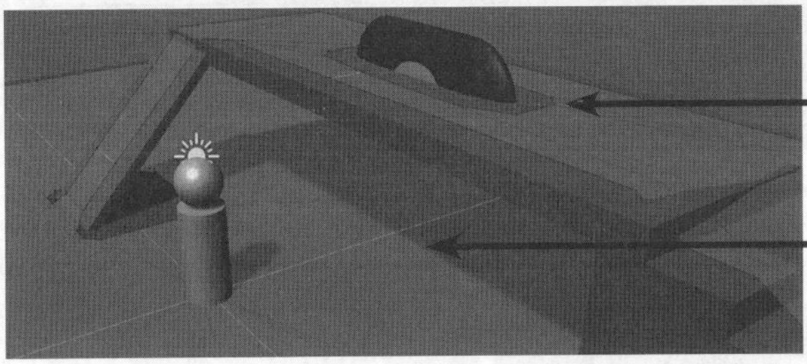
Existe uma folga em NavMesh em volta do obstáculo no topo da plataforma, mas nenhuma folga abaixo; portanto, o jogador passará reto pelo obstáculo.

Volte à parte do último lab em que você configurou o componente NavMesh Agent, especificamente na que definiu Height para 3. Agora você só precisa fazer o mesmo em NavMesh. Volte para as opções Bake na janela Navigation, **defina Agent Height para 3 e prepare a malha de novo**.

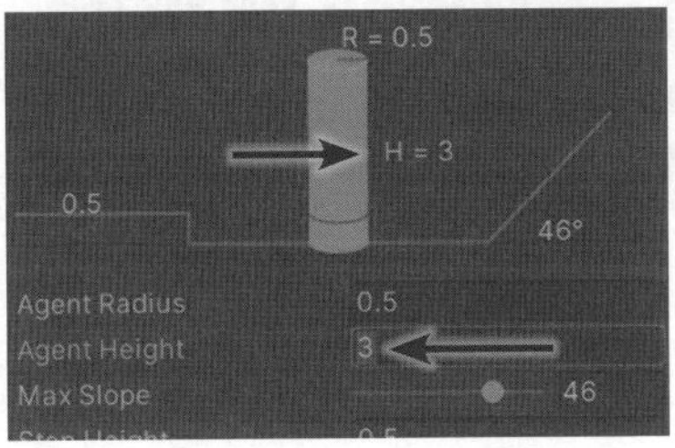
R = 0.5
H = 3
0.5
46°
Agent Radius 0.5
Agent Height 3
Max Slope 46

Isso criou um espaço em NavMesh abaixo do obstáculo e expandiu o espaço sob a rampa. Agora o jogador não bate no obstáculo nem na rampa ao se mover sob a plataforma.

Adicione um Obstáculo NavMesh

Você já adicionou um obstáculo estático no meio da plataforma: criou uma cápsula esticada e a marcou como inacessível; quando você preparou NavMesh, ele tinha um buraco em torno do obstáculo para o jogador ter que contorná-lo. E se quiser que um obstáculo se mova? Tente mover o obstáculo; NavMesh não muda! Ainda tem um buraco *onde estava o obstáculo*, não onde está atualmente. Se você preparar de novo, ele criará um buraco em torno do novo local do obstáculo. Para adicionar um obstáculo que se move, adicione um **componente NavMesh Obstacle** ao GameObject.

Faremos isso agora. **Adicione Cube à cena** com a posição (–5.75, 1, –1) e a escala (2, 2, 0.25). Crie um novo material com a cor cinza-escuro (333333) e nomeie o novo GameObject como *Moving Obstacle*. Isso agirá como um tipo de portão na parte inferior da rampa que pode subir para sair do caminho do jogador ou descer para bloqueá-lo.

Este NavMesh Obstacle corta um buraco móvel em NavMesh que impede o jogador de subir a rampa. Você adicionará um script que permite ao usuário arrastá-lo para cima ou para baixo, bloqueando e liberando a rampa.

Só precisamos de mais uma coisa. Clique no botão Add Component na parte inferior da janela Inspector e escolha Navigation >> Nav Mesh Obstacle para **adicionar um componente NavMesh Obstacle** ao seu GameObject Cube.

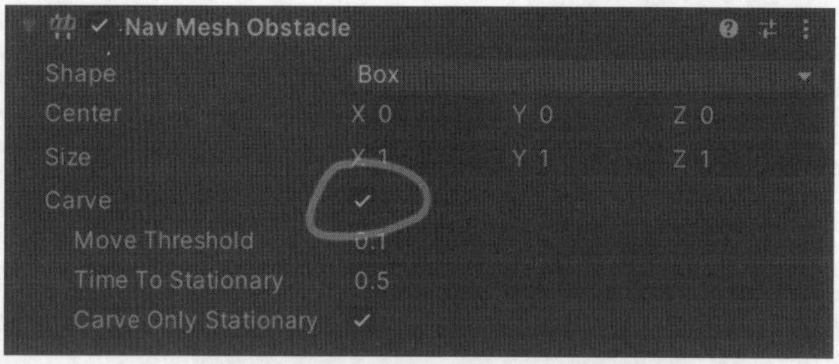
Nav Mesh Obstacle
Shape
Box
Center
X 0
Y 0
Z 0
Size
X 1
Y 1
Z 1
Carve
Move Threshold
0.1
Time To Stationary
0.5
Carve Only Stationary

As propriedades Shape, Center e Size permitem criar um obstáculo que bloqueia só parcialmente os NavMesh Agents. Se você tem um GameObject com forma estranha, pode adicionar vários componentes NavMesh Obstacle para criar alguns buracos diferentes em NavMesh.

Se você deixar todas as opções nas definições no padrão, terá um obstáculo que NavMesh Agent não pode atravessar. Nesse caso, Agent bate nele e para. **Marque a caixa Carve**; isso faz com que o obstáculo ***crie um buraco móvel em NavMesh*** que segue o GameObject. Agora seu GameObject Moving Obstacle pode impedir que o jogador suba e desça a rampa. Como a altura de NavMesh está definida para 3, se o obstáculo tiver menos de 3 unidades acima do piso, ele criará um buraco em NavMesh abaixo. Se ele fica acima dessa atura, o buraco desaparece.

O Manual do Unity tem explicações completas (e legíveis!) para os vários componentes. Clique no botão Open Reference (?) no topo do painel Nav Mesh Obstacle em Inspector para abrir a página do manual. Reserve um minuto para ler; ele é muito bom ao explicar as opções.

Adicione um script para subir e descer o obstáculo

Você usou Input. GetAxis antes para usar o botão giratório. Agora está usando o movimento para cima e para baixo do mouse, no eixo Y, para mover o obstáculo modificando sua posição Y.

Este script usa o método **OnMouseDrag**. Ele funciona como o método OnMouseDown usado no último lab, exceto que é chamado quando o GameObject é arrastado.

```
public class MoveObstacle : MonoBehaviour
{
   void OnMouseDrag()
   {
      transform.position += new Vector3(0, Input.GetAxis("Mouse Y"), 0);
      if (transform.position.y < 1) {
         transform.position = new Vector3(transform.position.x, 1, transform.
position.z);
      }
      if (transform.position.y > 5) {
         transform.position = new Vector3(transform.position.x, 5, transform.
position.z);
      }
   }
}
```

A primeira declaração `if` impede o bloco de se mover abaixo do piso e a segunda o impede de ir alto demais. Como descobrir como funcionam?

Arraste o script para o GameObject Moving Obstacle e rode o jogo; oh-oh, tem algo errado. Você pode clicar e arrastar o obstáculo para cima e para baixo, mas ele também move o jogador. Corrija isso **adicionando uma tag** ao GameObject.

Moving Obstacle
Static
Tag Obstacle

Defina a tag do obstáculo como fez no último lab, mas desta vez escolha "Add tag..." no menu suspenso e use o botão + para adicionar uma nova tag chamada Obstacle. Agora pode usar o menu suspenso para atribuir a tag ao GameObject.

Modifique seu script MoveToClick para verificar a tag:

```
if (Physics.Raycast(ray, out hit, 100))
{
   if (hit.collider.gameObject.tag !=
       "Obstacle")
   {
      agent.SetDestination(hit.point);
   }
}
```

hit.collider tem uma referência para o objeto que o raio atingiu.

Rode o jogo de novo. Se clicar no obstáculo, poderá arrastá-lo para cima e para baixo; ele para quando atinge o piso ou vai alto demais. Clique em outro lugar e o jogador se move como antes. Agora você pode **experimentar as opções de NavMesh Obstacle** (é mais fácil se você reduz Speed no NavMesh Agent de Player):

- ★ Inicie o jogo. Clique em *Moving Obstacle* na janela Hierarchy e **desmarque a opção Carve**. Mova o jogador para o topo da rampa e clique na parte inferior dela; ele baterá no obstáculo e irá parar. Arraste o obstáculo para cima e o jogador continuará se movendo.
- ★ Agora **marque Carve** e repita. Ao mover o obstáculo para cima e para baixo, o jogador irá recalcular a rota, pegando o caminho longo para evitar o obstáculo se ele está abaixado, mudando o curso em tempo real conforme você move o obstáculo.

não existem Perguntas Idiotas

P: Como funciona o script MoveObstacle? Ele usa += para atualizar transform.position — isso significa que está usando o cálculo do vetor?

R: Sim, e é uma ótima oportunidade para entender melhor esse cálculo. Input.GetAxis retorna um número que é positivo se o mouse sobe e negativo se ele desce (tente adicionar uma declaração Debug.Log para poder ver seu valor). O obstáculo inicia na posição (–5.75, 1, –1). Se o jogador move o mouse para cima e GetAxis retorna 0.372, a operação += adiciona (0, 0.372, 0) à posição. Isso significa que **adiciona os dois valores X** para obter um novo valor X, então faz o mesmo com os valores Y e Z. Portanto, a nova posição Y é 1 + 0.372 = 1.372, e, como adicionamos 0 aos valores X e Z, apenas o valor Y muda e sobe.

Seja criativo!

Consegue encontrar modos de melhorar seu jogo e de praticar a escrita do código? Veja algumas ideias para ajudar na criatividade:

- ★ Crie a cena; adicione rampas, degraus, plataformas e obstáculos. Encontre modos criativos de usar os materiais. Pesquise na web novos mapas de textura. Torne-a interessante!
- ★ Faça com que NavMesh Agent se mova mais rápido quando o jogador pressiona a tecla Shift. Pesquise "KeyCode" em Scripting Reference para encontrar os códigos das teclas Shift esquerda/direita.
- ★ Você usou OnMouseDown, Rotate, RotateAround e Destroy no último lab. Veja se consegue usá-los para criar obstáculos que giram ou desaparecem quando os clica.
- ★ Não temos um jogo ainda, só o jogador circulando pela cena. Consegue encontrar um modo de **transformar seu programa em uma pista de obstáculos cronometrada**?

Esta é a sua chance de experimentar. Usar a criatividade é um modo muito eficiente de aumentar rapidamente as suas habilidades de codificação.

Você já sabe o bastante sobre o Unity para começar a criar jogos interessantes, e é uma ótima maneira de praticar; portanto, continue melhorando como desenvolvedor.

PONTOS DE BALA

- Ao preparar NavMesh, especifique uma **inclinação máxima e uma altura do degrau** para que os NavMesh Agents andem nas rampas e nos degraus em cena.
- Também é possível **especificar a altura do agente** para criar buracos na malha em torno dos obstáculos que são baixos demais para o agente circular.
- Quando NavMesh Agent mover um GameObject na cena, ele **evitará os obstáculos** (e, como opção, outros NavMesh Agents).
- O rótulo em Scene Gizmo mostra um ícone para indicar se está no modo **perspectiva** (objetos distantes ficam menores que os próximos) ou no modo **isométrico** (todos os objetos aparecem do mesmo tamanho, não importa a distância deles). Você pode usar esse ícone para alternar entre as duas exibições.
- O **método transform.LookAt** faz um GameObject olhar para uma posição. Use-o para fazer a câmera apontar para um GameObject na cena.
- Chamar **Input.GetAxis("Mouse ScrollWheel")** retorna um número (em geral, entre –0.4 e 0.4) que representa quanto o botão giratório moveu (ou 0 se não se moveu).
- Chamar **Input.GetAxis("Mouse Y")** permite capturar os movimentos do mouse para cima e para baixo. Combine isso com OnMouseDrag para mover um GameObject com o mouse.
- Adicione um componente **NavMesh Obstacle** para criar obstáculos que podem fazer buracos móveis em NavMesh.
- A classe Input tem métodos para capturar a entrada durante o método Update, como **Input. GetAxis** para o movimento do mouse e **Input. GetKey** para a entrada do teclado.

Exercício para download: Batalha final de combinação de animais

Se você jogou muito videogames (e temos certeza de que sim!), então precisou jogar muitas batalhas finais, aquelas lutas no fim de um nível ou seção em que você enfrenta um oponente maior e mais forte do que os vistos até o momento. Temos um último desafio para você antes de terminar o livro; considere-o a batalha final do *Use a Cabeça C#*.

No Capítulo 1 você criou um jogo para combinar animais. Foi um bom começo, mas está faltando... algo. Consegue descobrir como transformar esse jogo de animais em um jogo de memória? Acesse o site da Alta Books, procure pelo livro e baixe o PDF deste projeto, ou, se quiser jogar essa batalha final no modo Hard, vá direto e veja se consegue sozinho.

Find all of the matching animals
6.7s

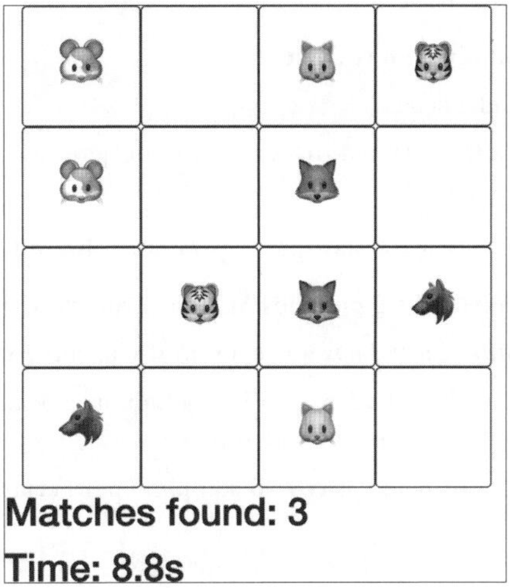
Matches found: 3
Time: 8.8s

Há muito mais material para download! O livro pode ter acabado, mas a aprendizagem continua. Montamos ainda mais material para download sobre tópicos importantes do C#. Também continuamos o caminho de aprendizagem do Unity com Unity Labs adicionais e até uma batalha final do Unity.

Esperamos que você tenha aprendido muito, e, ainda mais importante, esperamos que sua jornada de aprendizagem do C# esteja só começando. Os grandes desenvolvedores nunca param de aprender.

Acesse o site da Alta Books para saber mais ou: https://github.com/head-first-csharp/fourth-edition [conteúdo em inglês].

Obrigado por ler o nosso livro!

Dê um tapinha nas suas costas; esta é uma grande conquista! Esperamos que esta jornada tenha sido gratificante para você como foi para nós, e que você tenha gostado dos projetos e do código que escreveu no processo.

Mas, espere, tem mais! Sua jornada só começou...

Em alguns capítulos fornecemos projetos adicionais que você pôde baixar no site da Alta Books ou acessando: https://github.com/head-first-csharp/fourth-edition [conteúdo em inglês].

A página online tem **muito material extra**. Ainda há muito a aprender e mais projetos para fazer!

Continue sua jornada de aprendizagem do C# baixando os PDFs que continuam a história do *Use a Cabeça C#* e cobrem os **tópicos essenciais do C#**, inclusive:

- ★ Manipuladores de evento.
- ★ Delegações.
- ★ Padrão MVVM (incluindo um projeto de jogo arcade retrô).
- ★ ***...e mais!***

Enquanto isso, há **mais para aprender sobre o Unity**. Baixe:

- ★ Versões PDF de todos os Unity Labs deste livro.
- ★ ***Mais Unity Labs*** que cobrem física, colisões e outros!
- ★ Uma **batalha final do Unity Lab** para testar suas habilidades de desenvolvimento do Unity.
- ★ Um **projeto Unity Lab** completo para criar um jogo do zero.

Veja estes ótimos recursos do C# e do .Net!

Entre na .NET Developer Community: https://dotnet.microsoft.com/pt-br/platform/community.

Assista live streams e chats com a equipe que desenvolve o .NET e o C#: https://dotnet.microsoft.com/pt-br/live/community-standup.

Saiba mais nos docs: https://learn.microsoft.com/pt-br/dotnet/.

E veja estes livros essenciais (e incríveis!) de alguns amigos e colegas — ainda sem publicação no Brasil.

O'REILLY
Unity Game Development Cookbook
Essentials for Every Game
Paris Buttfield-Addison, Jon Manning & Tim Nugent

"Unity Game Development Cookbook" ajudará você a melhorar suas habilidades no Unity. Está repleto de ferramentas e de técnicas valiosas e incríveis, tudo em uma "receita" que você pode usar de imediato em seus próprios projetos.

"C# 8.0 in a Nutshell" é imprescindível para qualquer desenvolvedor C#. Se você precisa se aprofundar em qualquer parte do C#, nada melhor do que este livro.

O'REILLY
C# 8.0 in a Nutshell
The Definitive Reference
Joseph Albahari & Eric Johannsen

i apêndice i: projetos Blazor do ASP.NET Core

Guia do Aluno Visual Studio para Mac

LEVAMOS MUITO A SÉRIO NOSSAS MAÇÃS.

Seu Mac é cidadão de primeira classe no C# e no .NET.

Escrevemos o *Use a Cabeça C#* pensando em nossos leitores Mac e é por isso que criamos este **guia do aluno** especial. A maioria dos projetos neste livro são aplicativos de console .NET Core, que funcionam **no Windows e no Mac**. Alguns capítulos têm um projeto criado com uma tecnologia usada para apps de desktop do Windows. Este guia tem **substituições** para todos esses projetos, inclusive um *substituto completo para o Capítulo 1*, que usa o **C# para criar apps Blazor WebAssembly** executados em seu navegador e equivalentes aos apps do Windows. Você fará tudo com o **Visual Studio para Mac**, uma ótima ferramenta para escrever código e uma **ferramenta de aprendizagem valiosa** para explorar o C#. Vamos direto ao ponto e começar a codificar!

Por que você deve aprender o C#

C# é uma linguagem simples e moderna que permite fazer coisas incríveis. Ao aprender o C#, você está aprendendo mais que só uma linguagem. O C# desvenda um mundo novo do .NET, uma plataforma de código aberto poderosa e incrível para criar todo tipo de aplicação.

Instale o Visual Studio para Mac, não o Visual Studio Code. O Visual Studio Code é um editor de texto incrível de código aberto, multiplataforma, mas não é adequado para o desenvolvimento .NET como é o Visual Studio. Por isso conseguimos usar o Visual Studio neste livro como uma ferramenta para aprendizagem e exploração.

O Visual Studio é seu passaporte para o C#

Se ainda não instalou o Visual Studio 2019, a hora é agora. Vá para https://visualstudio.microsoft.com e **baixe o Visual Studio para Mac** (se já instalou, execute o Instalador do Visual Studio para Mac e atualize as opções instaladas).

Instale o .NET Core

Assim que baixar o instalador do Visual Studio para Mac, execute-o para instalar o Visual Studio. Veja se o destino **.NET Core** está marcado.

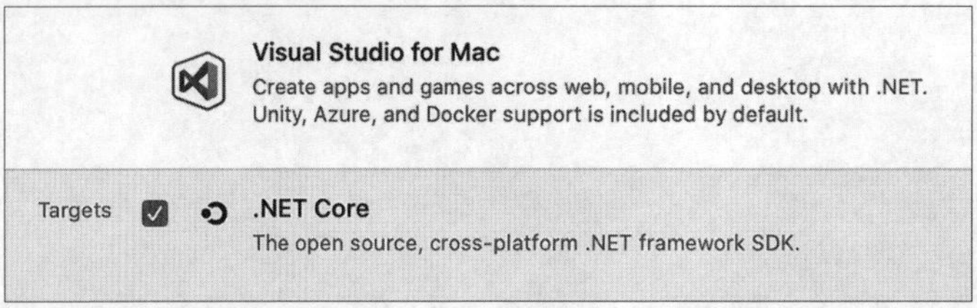
Visual Studio for Mac
Create apps and games across web, mobile, and desktop with .NET.
Unity, Azure, and Docker support is included by default.
Targets
.NET Core
The open source, cross-platform .NET framework SDK.

Você também pode usar o Visual Studio para Windows e criar aplicativos Web Blazor

A maioria dos projetos no *Use a Cabeça C#* são aplicativos de console .NET Core, que você pode criar usando macOS ou Windows. Alguns capítulos também incluem uma aplicação de desktop do Windows que é criada usando o Windows Presentation Foundation (WPF). Como o WPF é uma tecnologia que só funciona com o Windows, escrevemos este *Guia do Aluno Visual Studio para Mac* a fim de que você possa criar projetos equivalentes no Mac usando tecnologias da Web, especificamente projetos Blazor WebAssembly do ASP.NET Core.

E se você é um leitor que usa o Windows e deseja criar aplicações Web avançadas usando o Blazor? Está com sorte! ***É possível criar projetos neste guia usando o Visual Studio para Windows.*** Vá para o instalador do Visual Studio e veja se a **opção "ASP.NET e desenvolvimento Web" está marcada**. As capturas de tela do IDE não corresponderão exatamente às mostradas no guia, mas todo o código será igual.

Relaxe

Você usará HTML e CSS nos projetos de aplicação Web neste guia, mas não precisa conhecer HTML ou CSS.

Este livro é para aprender o C#. Nos projetos deste guia, você criará aplicações Web Blazor que incluem páginas projetadas usando HTML e CSS. Não se preocupe se não os utilizou antes; não é preciso ter nenhum conhecimento prévio de design da Web para usar este livro. Forneceremos tudo o que precisa para criar todas as páginas dos projetos. Mas fique avisado: você pode aprender um pouco sobre HTML no processo.

O Visual Studio é uma ferramenta para escrever código e explorar a linguagem C#

Você pode usar o TextEdit ou outro editor de texto para escrever seu código C#, mas existe um modo melhor. Um **IDE** (***ambiente de desenvolvimento integrado***) é um editor de texto, designer visual, gerenciador de arquivos, depurador... é como um canivete suíço para tudo o que você precisa para escrever código.

Veja algumas coisas que o Visual Studio lhe ajuda a fazer:

1. **Crie uma aplicação, RÁPIDO.** A linguagem C# é flexível e fácil de aprender, e o IDE Visual Studio facilita fazer muito trabalho manual automaticamente. Algumas coisas que o Visual Studio faz:

   ★ Gerencia todos os arquivos de projeto.

   ★ Facilita editar o código do projeto.

   ★ Controla gráficos, áudio, ícones e outros recursos do projeto.

   ★ Ajuda a depurar o código percorrendo linha por linha.

2. **Escreva e rode o código C#.** O IDE Visual Studio é uma das ferramentas mais fáceis de usar que existem para escrever código. A equipe na Microsoft que o desenvolveu se esforçou muito para tornar seu trabalho de escrita o mais fácil possível.

3. **Crie aplicações Web com um visual impressionante.** Neste Guia do aluno Visual Studio para Mac, você criará aplicações Web que rodam em seu navegador. Você usará o **Blazor**, uma tecnologia que permite criar apps Web interativos usando o C#. Ao **combinar o C# com HTML e CSS**, terá um kit de ferramentas incrível para o desenvolvimento Web.

4. **Aprenda e explore o C# e o .NET.** O Visual Studio é uma ferramenta de desenvolvimento de primeira, mas, para nossa sorte, também é uma ferramenta de aprendizagem fantástica. ***Usaremos o IDE para explorar o C#***, que nos dá um controle rápido para assimilar rápido importantes conceitos de programação.

Muitas vezes nos referimos ao Visual Studio apenas como "IDE" neste livro.

O Visual Studio é um ambiente de desenvolvimento incrível, mas também o usaremos como uma ferramenta de aprendizagem para explorar o C#.

Crie seu primeiro projeto no Visual Studio para Mac

A melhor maneira de aprender o C# é começar a escrever o código; portanto, usaremos o Visual Studio para **criar um novo projeto...** e começaremos a escrever o código imediatamente!

1 Crie um novo Projeto de Console.

Inicie o Visual Studio 2019 para Mac. Ao iniciar, ele mostra uma janela que permite criar um novo projeto ou abrir um existente. **Clique em Novo** para criar um novo projeto. Não se preocupe se fechar a janela; você sempre a ativa de novo escolhendo *Arquivo >> Nova solução... (⇧⌘N)* no menu.

Faça isto!

Quando vir **Faça isto!** (**Agora faça isto!** ou **Depure isto!** etc.), vá para o Visual Studio e siga em frente. Informaremos exatamente o que fazer e indicaremos o que procurar para tirar o máximo do exemplo mostrado.

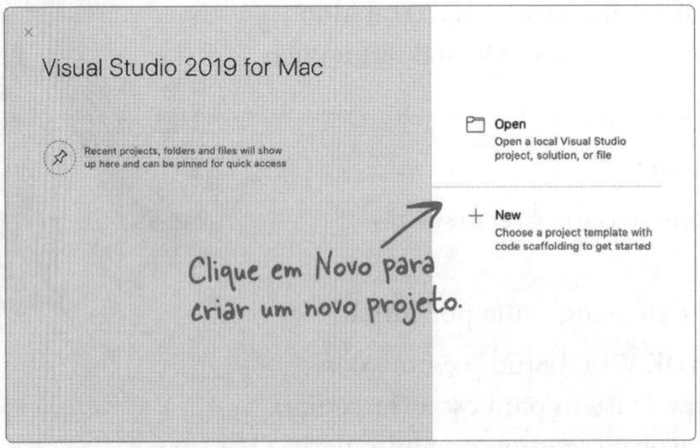
Visual Studio 2019 for Mac
Recent projects, folders and files will show up here and can be pinned for quick access
Open
Open a local Visual Studio project, solution, or file
New
Choose a project template with code scaffolding to get started
Clique em Novo para criar um novo projeto.

Selecione .NET no painel à esquerda e escolha **Projeto de Console**:

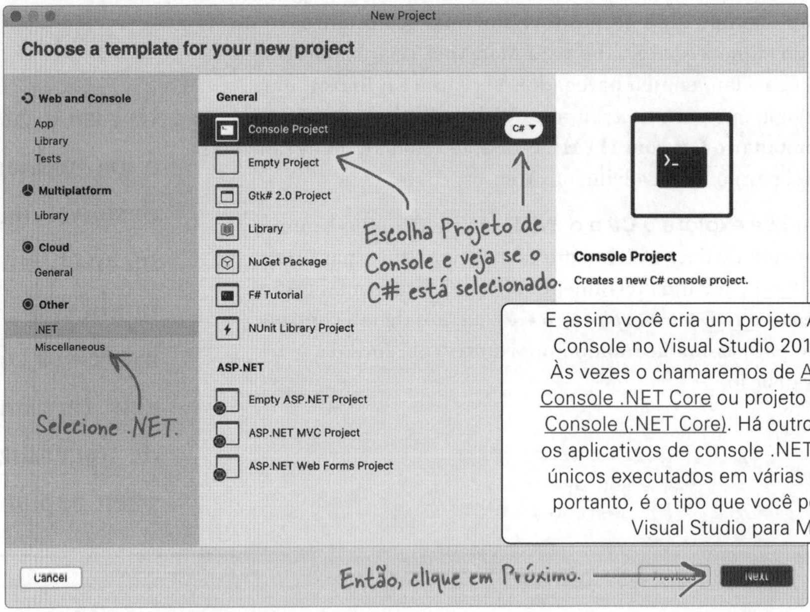
New Project
Choose a template for your new project
Web and Console
App
Library
Tests
Multiplatform
Library
Cloud
General
Other
.NET
Miscellaneous
General
Console Project
C#
Empty Project
Gtk# 2.0 Project
Library
NuGet Package
F# Tutorial
NUnit Library Project
ASP.NET
Empty ASP.NET Project
ASP.NET MVC Project
ASP.NET Web Forms Project
Console Project
Creates a new C# console project.
Escolha Projeto de Console e veja se o C# está selecionado.
Selecione .NET.
Cancel
Então, clique em Próximo.
Previous
Next

E assim você cria um projeto Aplicativo de Console no Visual Studio 2019 para Mac. Às vezes o chamaremos de Aplicativo de Console .NET Core ou projeto Aplicativo de Console (.NET Core). Há outros tipos, mas os aplicativos de console .NET Core são os únicos executados em várias plataformas; portanto, é o tipo que você pode criar no Visual Studio para Mac.

2 Nomeie o projeto como MyFirstConsoleApp.

Insira **MyFirstConsoleApp** na caixa Nome do projeto e clique no **botão Criar** para criá-lo.

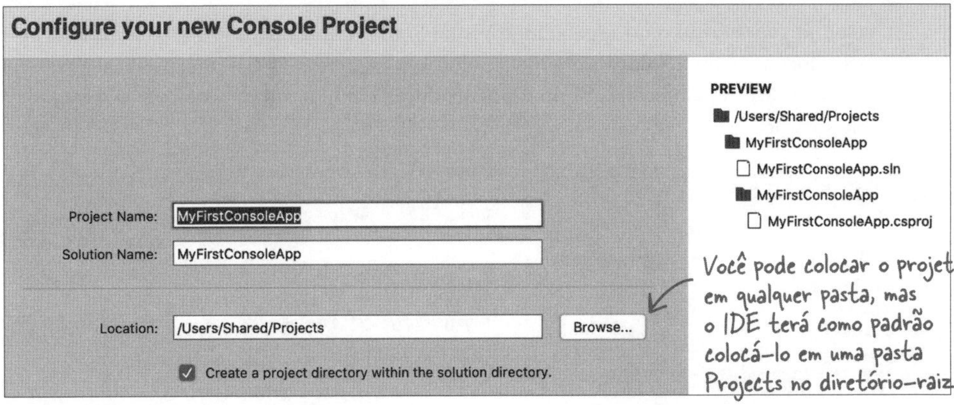

Configure your new Console Project
PREVIEW
/Users/Shared/Projects
MyFirstConsoleApp
MyFirstConsoleApp.sln
MyFirstConsoleApp
MyFirstConsoleApp.csproj
Project Name: MyFirstConsoleApp
Solution Name: MyFirstConsoleApp
Location: /Users/Shared/Projects
Browse...
Create a project directory within the solution directory.

Você pode colocar o projeto em qualquer pasta, mas o IDE terá como padrão colocá-lo em uma pasta Projects no diretório-raiz.

3 Veja o código do seu novo app.

Quando o Visual Studio cria um novo projeto, ele lhe dá um ponto de partida para se basear. Assim que ele terminar de criar os novos arquivos do app, deverá abrir um arquivo chamado *Program.cs* com este código:

Program.cs

No selection

```
using System;

namespace MyFirstConsoleApp
{
    class MainClass
    {
        public static void Main(string[] args)
        {
            Console.WriteLine("Hello World!");
        }
    }
}
```

Quando o Visual Studio cria um novo projeto Aplicativo de Console, ele adiciona automaticamente uma classe chamada MainClass.

A classe começa com um método chamado Main, que contém uma declaração que escreve uma linha de texto no console. Veremos melhor as classes e os métodos no Capítulo 2.

Veja bem!

O nome da classe principal é diferente no Windows.

Ao criar um aplicativo de console no Visual Studio para Windows, ele gera praticamente o mesmo código do Visual Studio para Mac. A única diferença é que em um Mac a classe principal se chama MainClass, já no Windows ela se chama Program. Isso não fará diferença na maioria dos projetos neste livro. Indicaremos qualquer lugar em que haja diferença.

Use o IDE Visual Studio para explorar seu app

① Explore o IDE Visual Studio e os arquivos criados para você.

Quando você criou o novo projeto, o Visual Studio criou vários arquivos automaticamente e os colocou em uma **solução**. A janela Solução à esquerda do IDE mostra os arquivos, com a solução (MyFirstConsoleApp) no topo. A solução contém um **projeto** com o mesmo nome da solução.

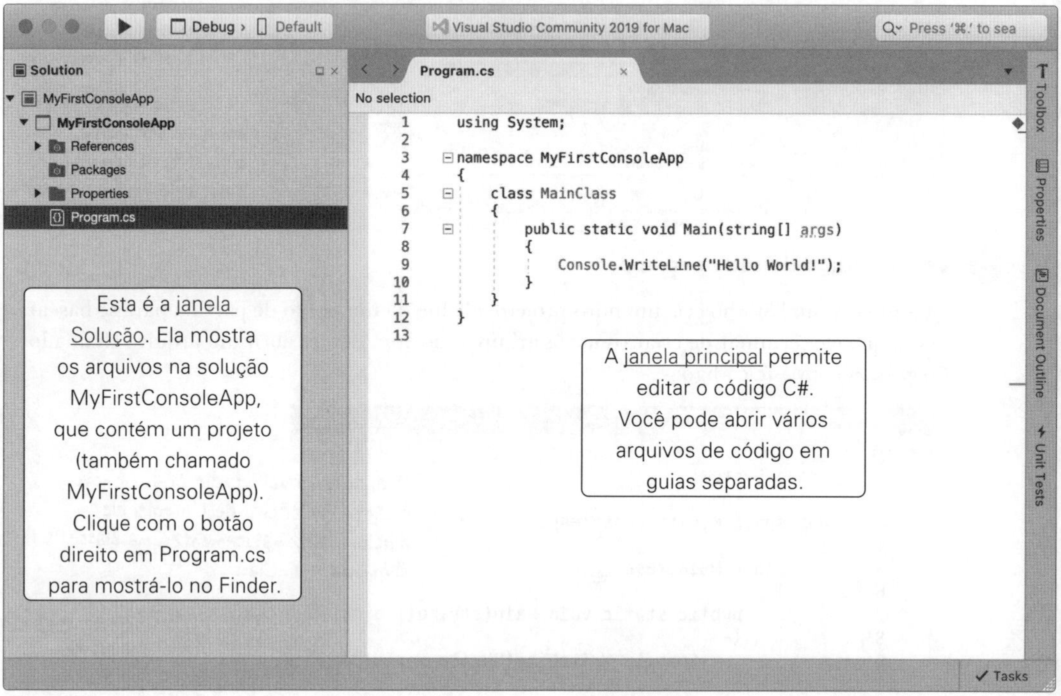
Debug › Default
Visual Studio Community 2019 for Mac
Press '⌘.' to sea
Solution
MyFirstConsoleApp
MyFirstConsoleApp
References
Packages
Properties
Program.cs
No selection
using System;
namespace MyFirstConsoleApp
{
class MainClass
{
public static void Main(string[] args)
{
Console.WriteLine("Hello World!");
}
}
}
Toolbox
Properties
Document Outline
Unit Tests
Tasks
Esta é a janela Solução. Ela mostra os arquivos na solução MyFirstConsoleApp, que contém um projeto (também chamado MyFirstConsoleApp). Clique com o botão direito em Program.cs para mostrá-lo no Finder.
A janela principal permite editar o código C#. Você pode abrir vários arquivos de código em guias separadas.

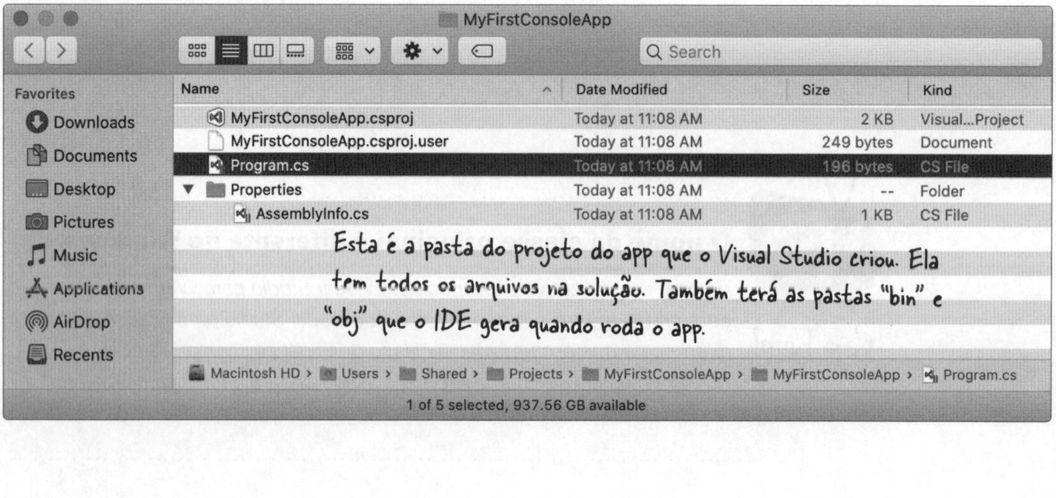
MyFirstConsoleApp
Search
Favorites
Downloads
Documents
Desktop
Pictures
Music
Applications
AirDrop
Recents
Name
Date Modified
Size
Kind
MyFirstConsoleApp.csproj
Today at 11:08 AM
2 KB
Visual...Project
MyFirstConsoleApp.csproj.user
Today at 11:08 AM
249 bytes
Document
Program.cs
Today at 11:08 AM
196 bytes
CS File
Properties
Today at 11:08 AM
--
Folder
AssemblyInfo.cs
Today at 11:08 AM
1 KB
CS File
Esta é a pasta do projeto do app que o Visual Studio criou. Ela tem todos os arquivos na solução. Também terá as pastas "bin" e "obj" que o IDE gera quando roda o app.
Macintosh HD › Users › Shared › Projects › MyFirstConsoleApp › MyFirstConsoleApp › Program.cs
1 of 5 selected, 937.56 GB available

(2) Execute seu novo app.

O app que o Visual Studio para Mac criou está pronto para ser executado. No topo do IDE Visual Studio, encontre o botão Executar (com um triângulo "reproduzir"). **Clique nele** para rodar o app:

Debug › Default

(3) Veja a saída do programa.

Quando executar o programa, a **janela Terminal** aparecerá na parte inferior do IDE, mostrando a saída do programa:

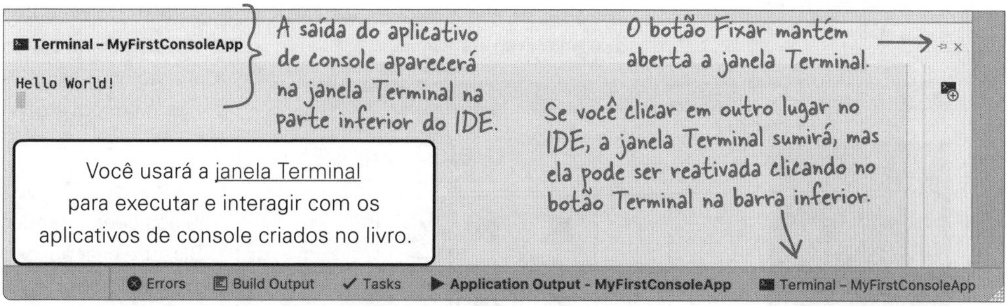
Terminal – MyFirstConsoleApp
Hello World!
A saída do aplicativo de console aparecerá na janela Terminal na parte inferior do IDE.
O botão Fixar mantém aberta a janela Terminal.
Se você clicar em outro lugar no IDE, a janela Terminal sumirá, mas ela pode ser reativada clicando no botão Terminal na barra inferior.
Você usará a janela Terminal para executar e interagir com os aplicativos de console criados no livro.
Errors
Build Output
Tasks
Application Output - MyFirstConsoleApp
Terminal – MyFirstConsoleApp

O melhor modo de aprender uma linguagem é escrever muito código nela; portanto, você criará muitos programas neste livro. Muitos deles serão projetos Aplicativo de Console, então vejamos com mais atenção o que você fez.

No topo da janela Terminal está a **saída do programa**:

```
Hello World!
```

Clique em qualquer lugar no código para ocultar a janela Terminal. Então, pressione o botão  na parte inferior do IDE para abri-la de novo; você verá a mesma saída do programa. O IDE oculta automaticamente a janela Terminal após o app sair.

Terminal – MyFirstConsoleApp

Pressione o botão Executar para rodar o programa de novo. Escolha Iniciar Depuração no menu Executar ou use o atalho (⌘↩). É como você executará todos os projetos Aplicativo de Console deste livro.

Dica do IDE: Abra um terminal dentro do IDE

A janela Terminal mostra a saída de seus aplicativos de console; porém, faz mais que isso. Clique no botão à direita da janela Terminal ou escolha *Exibir >> Terminal* no menu quando o app não está em execução. Você verá um shell Terminal do macOS à direita dentro do IDE, que pode usar para executar os comandos shell do macOS.

Terminal (1)
andrewstellman@Andrews-MacBook-Pro MyFirstConsoleApp %

Clique no botão mais algumas vezes; o IDE abrirá vários Terminais de uma só vez. Troque entre eles usando o item de menu *Exibir >> Outras Janelas* ou os botões na barra inferior do IDE:

Terminal (1)
Terminal (2)
Terminal (3)
Terminal (4)
Terminal (5)
Terminal (6)

Crie um jogo!

Você criou seu primeiro app em C# e foi ótimo! Agora vamos criar algo um pouco mais complexo. Criaremos um **jogo de combinação de animais**, em que um jogador vê uma grade com dezesseis animais e precisa clicar nos pares para eles desaparecerem.

Criar diferentes tipos de projetos é uma ferramenta importante em seu arsenal para aprender o C#. Escolhemos o Blazor para os projetos Mac neste livro porque ele oferece ferramentas para criar aplicações Web avançadas que rodam em qualquer navegador moderno.

Mas o C# não é só para o desenvolvimento Web e aplicativos de console! Todo projeto no Guia do Aluno Mac tem um projeto Windows equivalente.

Você usa o Windows, mas ainda quer aprender sobre o Blazor e criar aplicativos Web com o C#? Sorte sua! Todos os projetos no Guia também podem ser feitos com o Visual Studio para Windows.

Veja o jogo de combinação de animais que você criará.

O jogo mostra oito pares diferentes de animais misturados aleatoriamente na grade. O jogador clica em dois animais e, se eles formarem um par, desaparecerão da página.

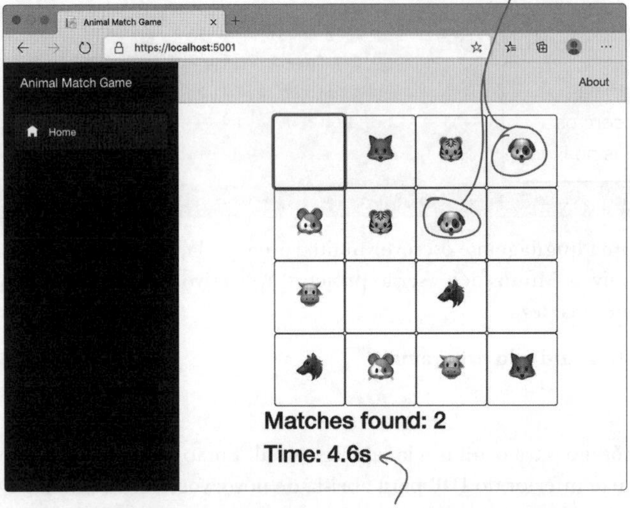

Animal Match Game
https://localhost:5001
Animal Match Game
About
Home
Matches found: 2
Time: 4.6s

Este cronômetro controla o tempo que leva para o jogador terminar o jogo. O objetivo é encontrar todas as combinações no menor tempo possível.

Quando você terminar este projeto, estará muito à vontade com as ferramentas que contará neste livro para aprender e explorar o C#.

O jogo de combinação de animais é um app Blazor WebAssembly

Os aplicativos de console são ótimos se você só precisa inserir e produzir texto. Se quiser um app visual exibido na janela do navegador, precisará usar uma tecnologia diferente. Por isso o jogo de combinação de animais será um **app Blazor WebAssembly**. O Blazor permite criar aplicações Web avançadas que podem ser executadas em qualquer navegador moderno. A maioria dos capítulos neste livro apresentará um app Blazor. O objetivo deste projeto é apresentá-lo ao Blazor e fornecer ferramentas para criar aplicações Web avançadas, assim como aplicativos de console.

Como criar seu jogo

O resto deste capítulo explicará como criar seu jogo de combinação de animais e você fará isso em várias partes separadas:

1. Primeiro criará um novo projeto App Blazor WebAssembly no Visual Studio.
2. Então, fará o layout da página e escreverá um código C# para embaralhar os animais.
3. O jogo precisa permitir que o usuário clique nos pares de emojis para combiná-los.
4. Escreverá o código C# para detectar quando o jogador ganhou.
5. Por fim, você deixará o jogo mais empolgante adicionando um cronômetro.

Este projeto pode levar de 15 minutos a 1 hora, dependendo da sua rapidez de digitação. Aprendemos melhor quando não nos sentimos pressionados, então reserve muito tempo.

ELABORAR PROJETO
EMBARALHAR ANIMAIS
LIDAR COM OS CLIQUES DO MOUSE
DETECTAR QUANDO O JOGADOR VENCE
ADICIONAR CRONÔMETRO

Atenção nestes elementos de "Design do jogo... e muito mais" espalhados no livro. Usaremos os princípios desse design como um modo de aprender e explorar importantes conceitos e ideias de programação que se aplicam a qualquer tipo de projeto, não somente a videogames.

Design do jogo... e muito mais

O que é jogo?

O significado de jogo pode parecer óbvio. Mas pense um pouco; não é tão simples quanto parece.

- Todos os jogos têm um **vencedor**? Eles sempre terminam? Nem sempre. E um simulador de voo? Um jogo em que você planeja um parque de diversões? E um jogo como The Sims?
- Os jogos são sempre **divertidos**? Não para todos. Alguns jogadores gostam de "ralar", fazendo a mesma coisa repetidamente; outros acham isso terrível.
- Sempre há uma **tomada de decisão, conflito ou solução de problema**? Não em todos os jogos. Simuladores de caminhada são jogos em que o jogador só explora um ambiente e não costuma haver quebra-cabeças nem conflitos.
- É muito difícil determinar com exatidão o que é um jogo. Se você lê livros sobre design de jogos, encontrará todos os tipos de definições conflitantes. Para nossas finalidades, estabelecemos o **significado de "jogo"** como:

um programa que permite jogar de um modo que seja (esperamos), pelo menos tão divertido de jogar quanto é de criar.

Crie um App Blazor WebAssembly no Visual Studio

A primeira etapa para criar seu jogo é criar um novo projeto no Visual Studio.

1. Escolha **Arquivo >> Nova solução... (⇧⌘N)** no menu para ativar a janela Novo Projeto. Do mesmo modo que você iniciou seu projeto Aplicativo de Console.

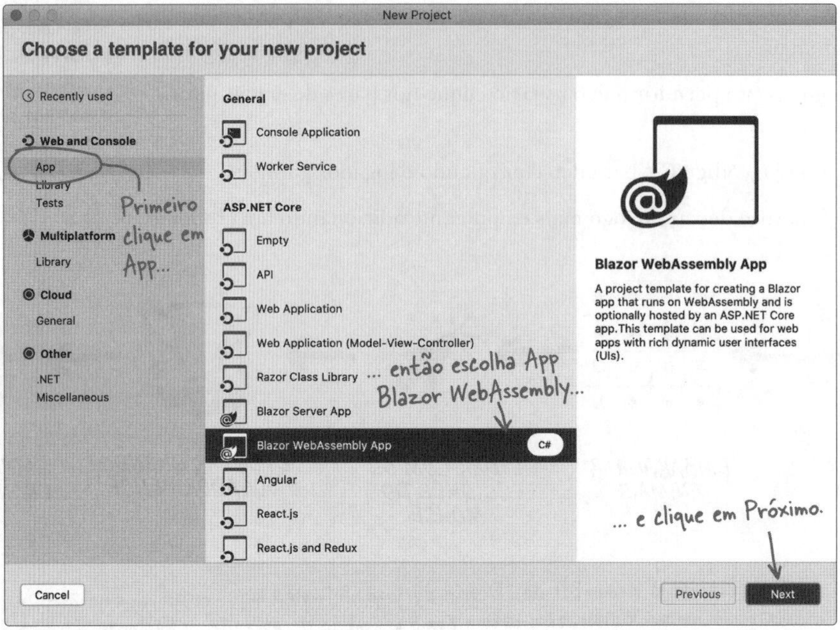
New Project
Choose a template for your new project
Recently used
Web and Console
App
Library
Tests
Multiplatform
Library
Cloud
General
Other
.NET
Miscellaneous
General
Console Application
Worker Service
ASP.NET Core
Empty
API
Web Application
Web Application (Model-View-Controller)
Razor Class Library
Blazor Server App
Blazor WebAssembly App
C#
Angular
React.js
React.js and Redux
Blazor WebAssembly App
A project template for creating a Blazor app that runs on WebAssembly and is optionally hosted by an ASP.NET Core app.This template can be used for web apps with rich dynamic user interfaces (UIs).
Primeiro clique em App...
... então escolha App Blazor WebAssembly...
... e clique em Próximo.
Cancel
Previous
Next

Clique em **App** em "Web e Console" à esquerda, então escolha **App Blazor WebAssembly** e clique em **Próximo**.

2. O IDE mostrará uma página com opções.

Authentication:
No Authentication
Select this option for applications that do not require any authentication.
Advanced:
ASP.NET Core Hosted
Progressive Web Application

Deixe todas as opções definidas com os valores-padrão e clique em **Próximo**.

Cancel
Previous
Next

Se tiver problemas com o projeto, vá para a página GitHub e procure um link para um vídeo passo a passo [conteúdo em inglês]:

https://github.com/head-first-csharp/fourth-edition

3 Digite **BlazorMatchGame** como o nome do projeto, como fez no projeto Aplicativo de Console.

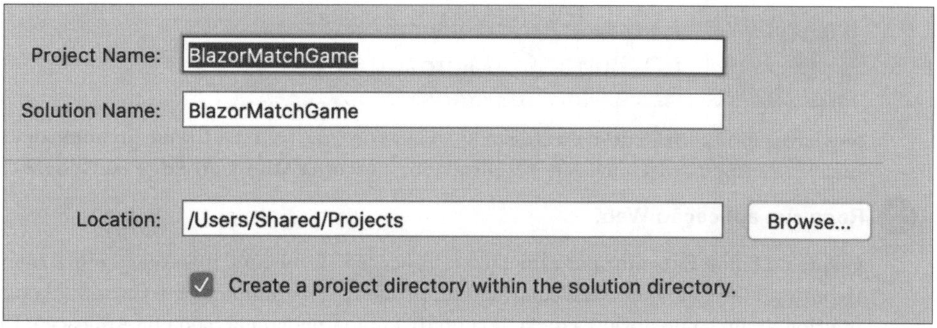
Project Name: BlazorMatchGame
Solution Name: BlazorMatchGame
Location: /Users/Shared/Projects
Browse...
Create a project directory within the solution directory.

Então, **clique em Criar** para criar a solução do projeto.

Previous
Create

4 O IDE criará um novo projeto BlazorMatchGame e mostrará seu conteúdo, como feito em seu primeiro aplicativo de console. **Expanda a pasta Pages** na janela Solução para mostrar seu conteúdo; **clique duas vezes em *Index.razor*** para abri-lo no editor.

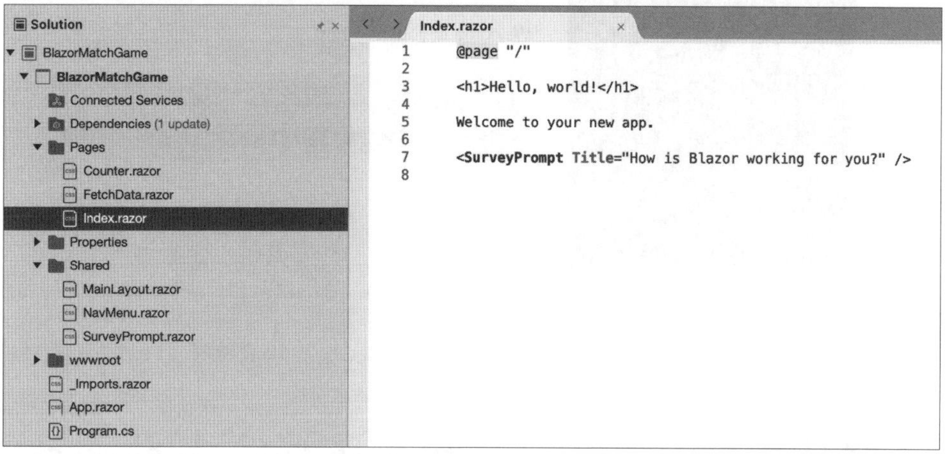
Solution
BlazorMatchGame
BlazorMatchGame
Connected Services
Dependencies (1 update)
Pages
Counter.razor
FetchData.razor
Index.razor
Properties
Shared
MainLayout.razor
NavMenu.razor
SurveyPrompt.razor
wwwroot
_Imports.razor
App.razor
Program.cs
Index.razor
@page "/"
<h1>Hello, world!</h1>
Welcome to your new app.
<SurveyPrompt Title="How is Blazor working for you?" />

Rode seu app Web Blazor em um navegador

Ao rodar um app Web Blazor, há duas partes: um **servidor** e uma **aplicação Web**. O Visual Studio os inicializa com um botão.

Faça isto!

1. **Escolha o navegador para rodar sua aplicação Web.**

   Encontre o botão Executar triangular no topo do IDE Visual Studio:

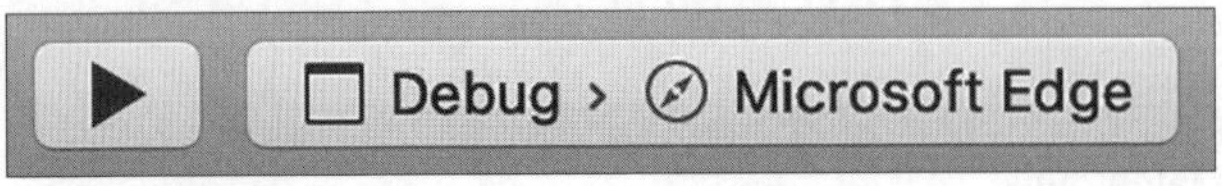
Debug > Microsoft Edge

   Seu navegador padrão deve estar listado ao lado de `Depurar >`. Clique no nome dele para ver uma lista suspensa dos navegadores instalados e **escolha Microsoft Edge ou Google Chrome**.

2. **Rode sua aplicação Web.**

   Clique no **botão Executar** para iniciar sua aplicação. Também é possível escolher Iniciar Depuração (⌘↩) no menu Executar. O IDE primeiro abrirá uma janela Criar Saída (na parte inferior, assim como abriu a janela Terminal), então uma janela Saída da Aplicação. Depois, abrirá um navegador executando seu app.

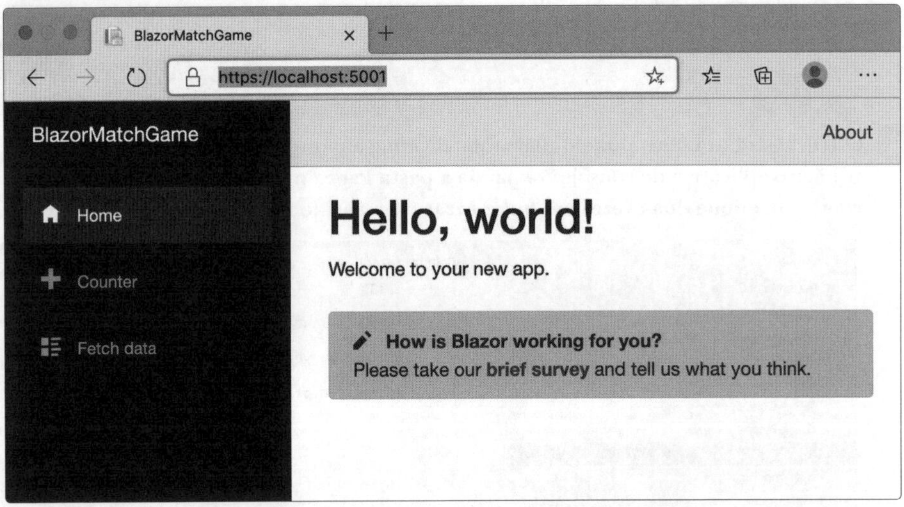
BlazorMatchGame
https://localhost:5001
BlazorMatchGame
About
Home
Counter
Fetch data
Hello, world!
Welcome to your new app.
How is Blazor working for you?
Please take our brief survey and tell us what you think.

BANG!

Veja bem!

Rode os apps Web no Microsoft Edge ou no Google Chrome.

O Safari rodará bem seus apps Web, mas você não conseguirá usá-lo para a depuração. A depuração dos apps Web é suportada apenas no Microsoft Edge ou no Google Chrome. Vá para https://microsoft.com/edge e baixe o Edge ou para https://google.com/chrome e baixe o Chrome; ambos são gratuitos.

3 Compare o código em *Index.razor* com o que é visto no navegador.

O app Web em seu navegador tem duas partes: um **menu de navegação** à esquerda com links para diferentes páginas (Home, Counter e Fetch data) e uma página exibida à direita. Compare a marcação HTML no arquivo *Index.razor* com o app exibido no navegador.

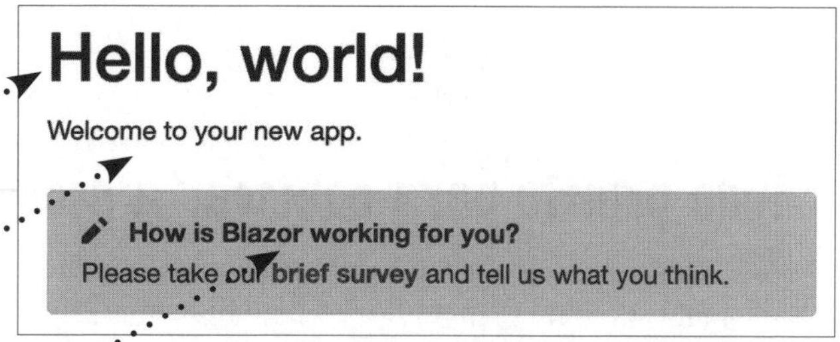
Hello, world!
Welcome to your new app.
How is Blazor working for you?
Please take our brief survey and tell us what you think.

```
1   @page "/"
2
3   <h1>Hello, world!</h1>
4
5   Welcome to your new app.
6
7   <SurveyPrompt Title="How is Blazor working for you?" />
```

4 Mude "Hello, world!" para outra coisa.

Mude a terceira linha do arquivo *Index.razor* para ela mostrar outra coisa:

```
<h1>Elementary, my dear Watson.</h1>
```

Agora volte para o navegador e recarregue a página. Espere um pouco, nada mudou; ela ainda mostra "Hello, world!". É porque você mudou seu código, ***mas jamais atualizou o servidor***.

Clique no botão Parar ■ ou escolha Parar (⇧⌘↩) no menu Executar. Agora volte e recarregue o navegador; como você parou seu app, ele mostra a página "Site can't be reached".

Inicie o app de novo e recarregue a página no navegador. Agora verá o texto atualizado.

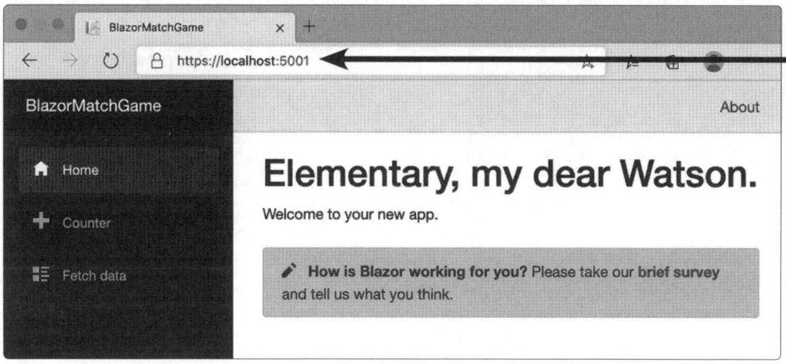
BlazorMatchGame
https://localhost:5001
BlazorMatchGame
About
Home
Counter
Fetch data
Elementary, my dear Watson.
Welcome to your new app.
How is Blazor working for you? Please take our brief survey and tell us what you think.

Tente copiar a URL do seu navegador, abrindo uma nova janela Safari e colando nela. Sua aplicação será executada nela também. Agora você tem dois navegadores diferentes conectando o mesmo servidor.

Você tem instâncias extras do seu navegador abertas? O Visual Studio abre um novo navegador sempre que você roda seu app Web Blazor. Adquira o hábito de fechar o navegador (⌘Q) antes de parar seu app (⇧⌘↩).

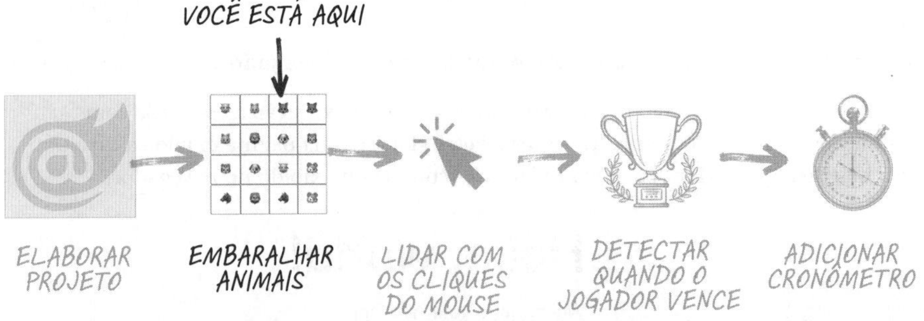
VOCÊ ESTÁ AQUI
ELABORAR PROJETO
EMBARALHAR ANIMAIS
LIDAR COM OS CLIQUES DO MOUSE
DETECTAR QUANDO O JOGADOR VENCE
ADICIONAR CRONÔMETRO

Tudo pronto para começar a escrever o código do jogo

Você criou um novo app e o Visual Studio gerou muitos arquivos. Agora é hora de adicionar o código C# para fazer o jogo funcionar (e a marcação HTML ficar certa).

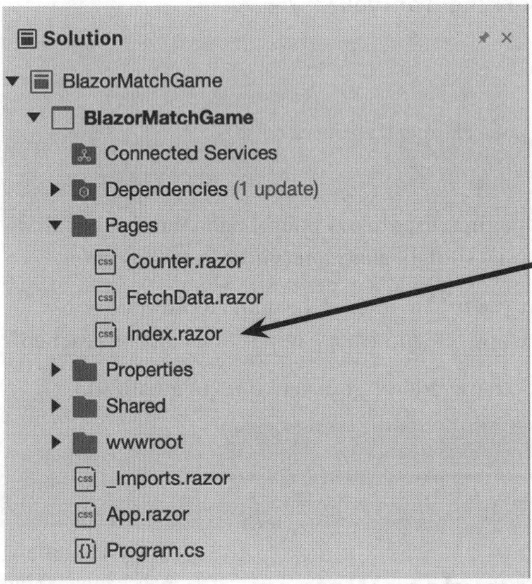
Solution
BlazorMatchGame
BlazorMatchGame
Connected Services
Dependencies (1 update)
Pages
Counter.razor
FetchData.razor
Index.razor
Properties
Shared
wwwroot
_Imports.razor
App.razor
Program.cs

Agora você começará a trabalhar no código C#, que estará no arquivo Index.razor. Um arquivo que termina com .razor é uma página de marcação Razor. O Razor combina o HTML para o layout da página com o código C#, tudo no mesmo arquivo. Você adicionará o código C# a esse arquivo que define o comportamento do jogo, inclusive o código para acrescentar emojis à página, lidar com os cliques do mouse e fazer a contagem regressiva funcionar.

Quando você criou seu aplicativo de console antes no capítulo, seu código C# estava em um arquivo chamado Program.cs — ao ver a extensão de arquivo .cs, ela indica que o arquivo tem código C#.

Veja bem!

Quando digitar o código C#, ele precisa ser exato.

*Algumas pessoas dizem que você se torna realmente desenvolvedor depois de passar horas rastreando um ponto mal colocado. As letras maiúsculas e minúsculas são importantes: `SetUpGame` é diferente de `setUpGame`. Vírgulas, pontos e vírgulas, parênteses extras etc. podem acabar com seu código ou, pior, mudam o código de modo que ele ainda é criado, mas faz algo diferente do que você queria. O **IntelliSense assistido por IA** do IDE pode ajudar a evitar tais problemas… mas não pode fazer tudo por você.*

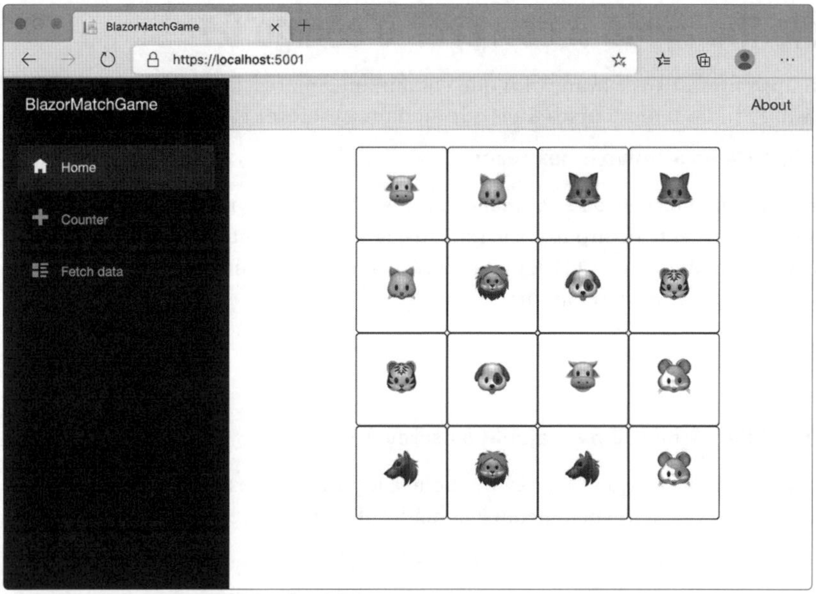
BlazorMatchGame
https://localhost:5001
BlazorMatchGame
About
Home
Counter
Fetch data

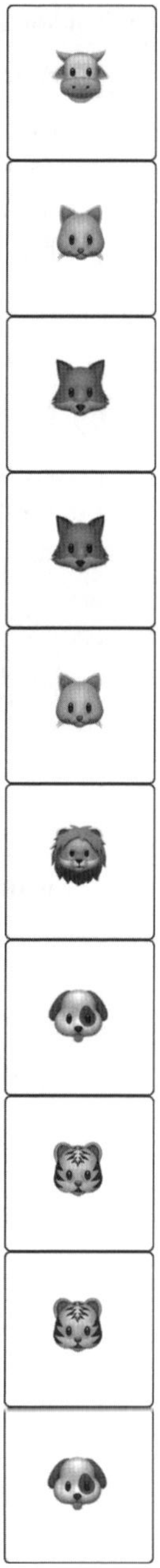

Como funcionará o layout da página no jogo de animais

Seu jogo de combinação de animais é colocado em uma grade ou, pelo menos, é o que parece. Ele é composto de dezesseis botões quadrados. Se você tornar seu navegador muito estreito, eles serão reorganizados para que fiquem em uma longa coluna.

Você fará o layout da página criando um contêiner com 400 pixels de largura (um "pixel" CSS tem 1/96 pol. quando o navegador está na escala-padrão), contendo botões com 100 pixels de largura. Forneceremos todo o código C# e HTML para inserir no IDE. **Fique de olho no código** que você adicionará ao seu projeto ***em breve*** — aí a "mágica" acontece, combinando o código C# com HTML:

```
<div class="container">
   <div class="row">
      @foreach (var animal in animalEmoji)
      {
         <div class="col-3">
            <button type="button" class="btn
btn-outline-dark">
               <h1>@animal</h1>
            </button>
         </div>
      }
   </div>
</div>
```

Use @ para pedir a uma página Razor para incluir o código C#. É um loop foreach que executa o mesmo código repetidamente para gerar um botão para cada emoji em uma lista de animais.

O loop foreach faz com que tudo entre { e } seja repetido uma vez para cada emoji em uma lista de emojis de animal, substituindo **@animal** pelo emoji na lista, um por um. Como a lista tem dezesseis emojis, o resultado é uma série de dezesseis botões.

O Visual Studio lhe ajuda a escrever o código C#

O Blazor permite criar apps interativos e avançados que combinam a marcação HTML e o código C#. Por sorte, o IDE Visual Studio tem recursos úteis que ajudam a escrever esse código C#.

1 Adicione o código C# ao arquivo Index.razor.

Comece **adicionando um bloco `@code`** ao final do arquivo *Index.razor* (mantenha por enquanto o conteúdo existente do arquivo; ele será apagado mais adiante). Vá para a última linha do arquivo e digite `@code {`. O IDE preencherá a chave de fechamento `}`. Pressione Enter para adicionar uma linha entre as duas chaves:

```
@code {
    |
}
```

2 Use a janela IntelliSense do IDE para ajudar a escrever o C#.

Posicione o cursor na linha entre as { chaves } e digite a letra **L**. O IDE abrirá uma **janela IntelliSense** com sugestões de preenchimento automático. Escolha `List<>` no menu suspenso:

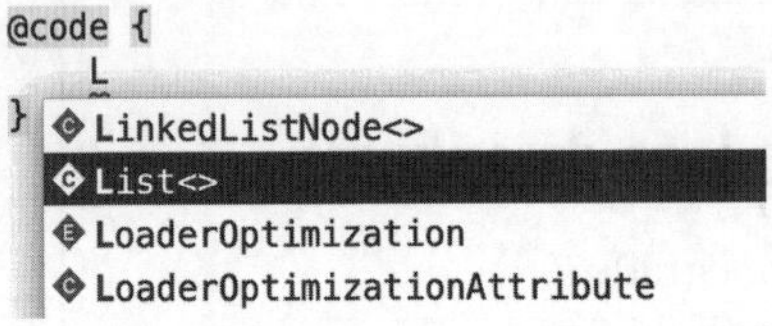
@code {
L
}
LinkedListNode<>
List<>
LoaderOptimization
LoaderOptimizationAttribute

A janela IntelliSense no IDE abre e o ajuda a escrever seu código C# sugerindo opções de preenchimento automático úteis. Use as teclas com seta para escolher uma opção e pressione Enter para selecionar (ou o mouse).

O IDE preencherá `List`. Adicione um **sinal maior que de abertura** < — o IDE preencherá automaticamente o sinal menor que de fechamento > e deixará o cursor posicionado entre eles.

3 Comece a criar List para armazenar seu emoji de animal.

Digite s para ativar outra janela IntelliSense:

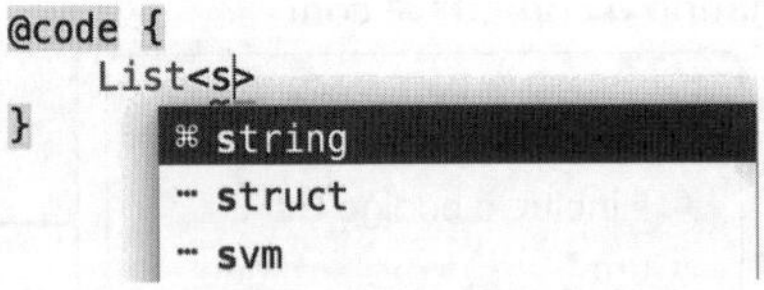
@code {
List<s>
}
string
struct
svm

Escolha `string` — será adicionado entre os sinais pelo IDE. Pressione a **seta para a direita e a barra de espaço**, então **digite `animalEmoji = new`**. Pressione a barra de espaço de novo para abrir outra janela IntelliSense. **Pressione Enter** para escolher o valor-padrão, List<string>, entre as opções.

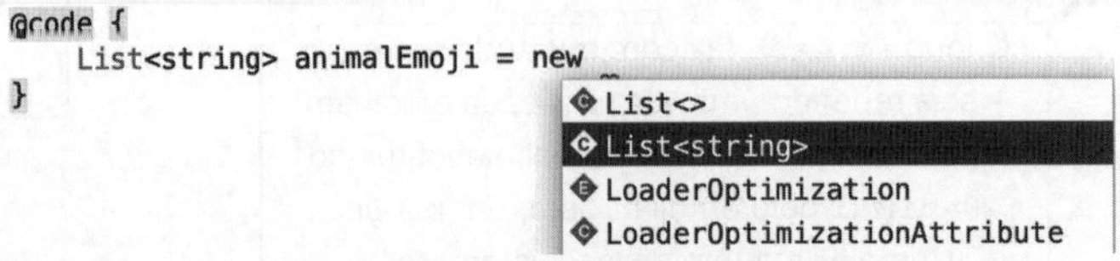
@code {
List<string> animalEmoji = new
}
List<>
List<string>
LoaderOptimization
LoaderOptimizationAttribute

Agora seu código deve ficar assim: `List<string> animalEmoji = new List<string>`

4 Termine de criar a lista [List] de emojis de animais.

Comece **adicionando um bloco `@code`** ao final do arquivo *Index.razor*. Vá para a última linha e **digite `@code {`**.

O IDE preencherá a chave de fechamento }. Pressione Enter para adicionar uma linha entre as chaves, então:

- ★ Digite um **parêntese de abertura (** — o IDE preencherá o de fechamento.
- ★ **Pressione a seta para a direita** para passar do parêntese.
- ★ Digite uma **chave de abertura** { — de novo, o IDE preencherá a de fechamento.
- ★ Pressione Enter para adicionar uma linha entre as chaves e **adicione um ponto e vírgula ;** após a chave de fechamento.

As últimas seis linhas na parte inferior do arquivo *Index.razor* devem ficar assim:

```
@code {
    List<string> animalEmoji = new List<string>()
    {

    };
}
```

Para saber mais sobre declarações, consulte o Capítulo 2.

Parabéns! Você acabou de criar sua primeira **declaração** C#. Mas não terminou ainda! Você criou uma lista para manter os emojis a combinar. **Digite uma aspa "** na linha em branco; o IDE adiciona uma aspa de fechamento.

5 Use o Visualizador de caracteres para inserir o emoji.

Em seguida, **escolha Editar >> Emoji e Símbolos** (^⌘Espaço) no menu para ativar o Visualizador de caracteres do macOS. Posicione o cursor entre as aspas, vá para o Visualizador de caracteres e **pesquise "cachorro"**:

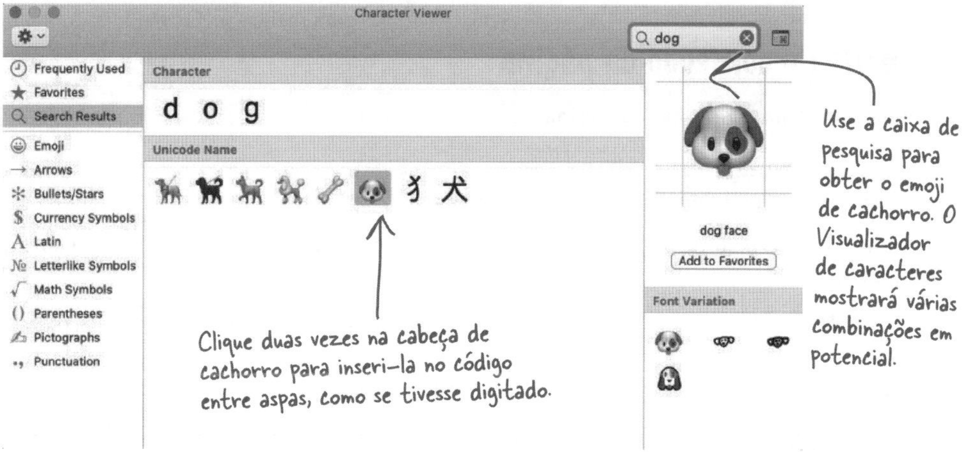
Character Viewer
dog
Frequently Used
Favorites
Search Results
Emoji
Arrows
Bullets/Stars
Currency Symbols
Latin
Letterlike Symbols
Math Symbols
Parentheses
Pictographs
Punctuation
Character
d o g
Unicode Name
dog face
Add to Favorites
Font Variation
Use a caixa de pesquisa para obter o emoji de cachorro. O Visualizador de caracteres mostrará várias combinações em potencial.
Clique duas vezes na cabeça de cachorro para inseri-la no código entre aspas, como se tivesse digitado.

As últimas seis linhas inferiores do arquivo *Index.razor* devem ficar assim:

```
@code {
    List<string> animalEmoji = new List<string>()
    {
        "🐶"
    };
}
```

Veja o Capítulo 8 para saber mais sobre como funciona List.

Termine de criar a lista de emojis e exiba-a no app

Você acabou de adicionar um emoji de cachorro à lista `animalEmoji`. Agora adicione um **segundo cachorro** colocando uma vírgula após a segunda aspa, um espaço, outra aspa, mais um emoji de cachorro, outra aspa e vírgula:

```
@code {
    List<string> animalEmoji = new List<string>()
    {
        "🐶", "🐶",
    };
}
```

Agora **adicione uma segunda linha logo após**, exatamente igual, exceto por um par de emojis de lobos, não de cachorros. Adicione mais seis linhas com pares de vacas, raposas, gatos, leões, tigres e hamsters. Você deve ficar com oito pares de emojis na lista `animalEmoji`:

```
@code {
    List<string> animalEmoji = new List<string>()
{
        "🐶", "🐶",
        "🐺", "🐺",
        "🐮", "🐮",
        "🦊", "🦊",
        "🐱", "🐱",
        "🦁", "🦁",
        "🐯", "🐯",
        "🐹", "🐹",
    };
}
```

Dica do IDE: Linhas recuadas

O IDE recua automaticamente o código C# conforme você o digita. Mas, quando você insere emojis ou tags HTML, pode achar que ele não os recua como deseja. É possível corrigir isso com facilidade selecionando o texto que você deseja recuar e pressionando →| (Tab) para recuar ou ⇧→| (Shift+Tab) para cancelar.

Substitua o conteúdo da página

Exclua estas linhas do topo da página:

~~<h1>Elementary, my dear Watson.</h1>~~
~~Welcome to your new app.~~
~~<SurveyPrompt Title="How is Blazor working for you?" />~~

Coloque o cursor na terceira linha da página e digite **type `<st`** — o IDE abrirá uma janela IntelliSense:

```
@page "/"

<st
   › datalist
   › strong
     style
```

O IDE ajudará a escrever o HTML para a sua página; nesse caso, você está criando uma tag HTML. Tudo bem se não conhece o HTML; forneceremos todo o código necessário para seu apps no livro.

Escolha **`style`** na lista e **digite >**. O IDE adicionará uma *tag HTML de fechamento*: **`<style></style>`**

Coloque o cursor entre <style> e </style>, pressione Enter, então **insira com cuidado todo o código a seguir**. Verifique se o código em seu app corresponde exatamente.

```
<style>
    .container {
        width: 400px;
    }

    button {
        width: 100px;
        height: 100px;
        font-size: 50px;
    }
</style>
```

O jogo de combinação é composto de uma série de botões. É uma folha de estilho CSS muito simples para definir a largura total do contêiner, a altura e a largura de cada botão. Como o contêiner tem 400 pixels de largura e cada botão tem 100 pixels, a página só permitirá quatro colunas em uma linha antes de adicionar uma quebra, fazendo-os aparecer em uma grade.

Vá para a próxima linha e use o IntelliSense para **inserir as tags de abertura e fechamento <div>**, como fez com <style> antes. Depois **insira com atenção o código abaixo**, assegurando-se de que corresponda com exatidão:

```
<div class="container">
    <div class="row">
        @foreach (var animal in animalEmoji)
        {
            <div class="col-3">
                <button type="button" class="btn btn-
outline-dark">
                    <h1>@animal</h1>
                </button>
            </div>
        }
    </div>
</div>
```

Se você trabalhou com HTML antes, notará que **@foreach** e **@animal** não parecem um HTML normal. É o Blazor, o código C# incorporado diretamente no HTML.

Cada botão na página tem um animal diferente. Os jogadores pressionarão os botões para encontrar as combinações.

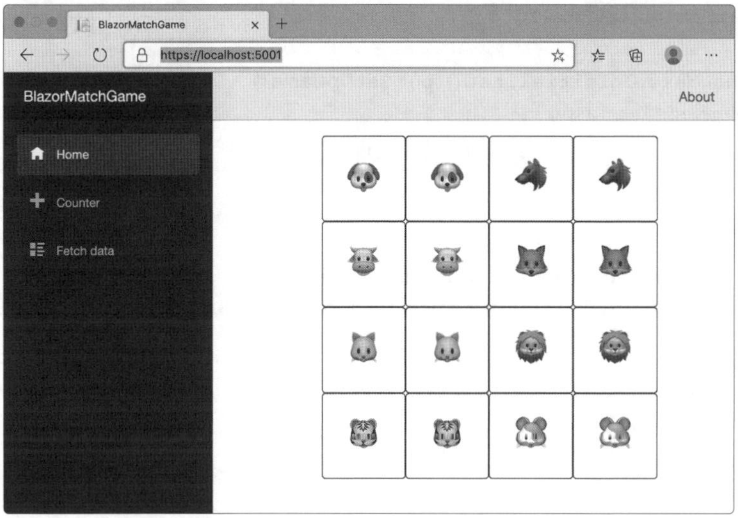
BlazorMatchGame
https://localhost:5001
BlazorMatchGame
About
Home
Counter
Fetch data

Veja se seu app se parece com esta captura de tela quando o rodar. Em caso afirmativo, você saberá que inseriu o código sem erros de digitação.

Embaralhe os animais para ficarem em ordem aleatória

Nosso jogo de combinação seria fácil demais se os pares de animais ficassem próximos uns dos outros. Vamos adicionar um código C# a fim de embaralhar os animais para que eles apareçam em uma ordem diferente sempre que o jogador recarregar a página.

1. Coloque o cursor logo após o ponto e vírgula `;` acima da chave de fechamento `}`, perto da parte inferior de *Index.razor* e **pressione Enter duas vezes**. Então, use o IntelliSense suspenso como fez antes para inserir a seguinte linha de código:

```
List<string> shuffledAnimals = new List<string>();
```

2. Em seguida **digite `protected override`** (o IntelliSense pode preencher automaticamente as palavras-chave). Assim que você inserir isso e pressionar um espaço, verá um IntelliSense suspenso; **selecione `OnInitialized()`** na lista:

```
protected override
    OnAfterRender(bool firstRender)
    OnAfterRenderAsync(bool firstRender)
    OnInitialized()
    OnInitializedAsync()
    OnParametersSet()
    OnParametersSetAsync()
    ShouldRender()
```

O IDE preencherá o código para um **método** chamado OnInitialized (falaremos mais sobre métodos no Capítulo 2):

```
protected override void OnInitialized()
{
    base.OnInitialized();
}
```

3. **Substitua `base.OnInitialized()` por `SetUpGame()`** para o método ficar assim:

```
protected override void OnInitialized()
{
    SetUpGame();
}
```

Então, **adicione este método SetUpGame** logo abaixo do método OnInitialized; de novo, a janela IntelliSense ajudará:

```
private void SetUpGame()
{
    Random random = new Random();
    shuffledAnimals = animalEmoji
        .OrderBy(item => random.Next())
        .ToList();
}
```

← Você aprenderá mais sobre métodos no Capítulo 2

Relaxe

Você saberá muito mais sobre métodos em breve.

Você acabou de adicionar métodos ao app, mas tudo bem se ainda não está 100% claro o que é um método. Você saberá muito mais sobre métodos e como o código C# é estruturado no próximo capítulo.

Conforme você digitar o método SetUpGame, notará que o IDE abre muitas janelas IntelliSense para ajudá-lo a inserir o código mais rápido. Quanto mais você usar o Visual Studio para escrever o código C#, mais úteis serão essas janelas; por fim, você achará que elas agilizam muito as coisas. Por enquanto, use-as para evitar erros de digitação; seu código precisa ***corresponder <u>exatamente</u> ao nosso código*** ou o seu app não rodará.

4 Volte para o HTML e encontre este código: `@foreach (var animal in animalEmoji)`

Clique duas vezes em `animalEmoji` para selecioná-lo e **digite `s`**. O IDE abrirá uma janela IntelliSense. Escolha `shuffledAnimals` na lista:

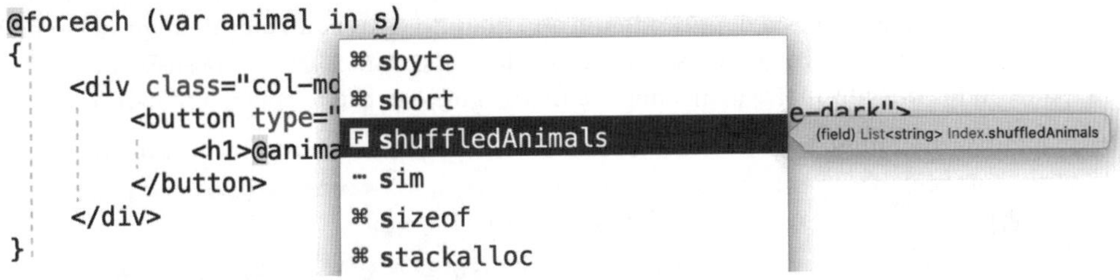
@foreach (var animal in s)
{
<div class="col-md
<button type="
<h1>@anima
</button>
</div>
}
sbyte
short
shuffledAnimals
sim
sizeof
stackalloc
e-dark">
(field) List<string> Index.shuffledAnimals

Agora **rode o app de novo**. Os animais devem ser embaralhados para que fiquem em ordem aleatória. **Recarregue a página** no navegador; eles serão embaralhados em uma ordem diferente. Sempre que você recarregar, os animais serão embaralhados de novo.

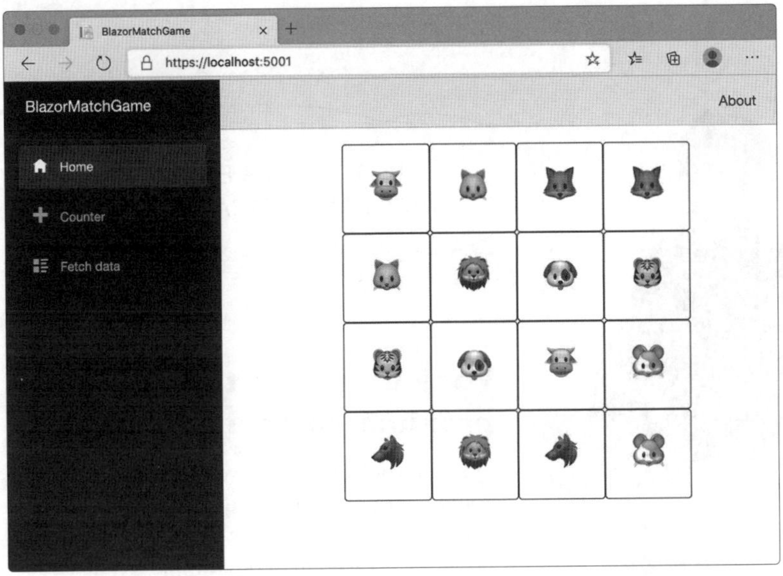
BlazorMatchGame
https://localhost:5001
BlazorMatchGame
About
Home
Counter
Fetch data

Mais uma vez, veja se o app se parece com esta captura de tela quando o rodar. Em caso afirmativo, saberá que inseriu o código sem erro de digitação. Não prossiga até o jogo embaralhar de novo os animais sempre que você recarregar a página do navegador.

Você está rodando o jogo no depurador

Ao clicar o botão Executar ▶ ou escolher Iniciar Depuração (⌘↩) no menu Executar para iniciar a execução do programa, você está colocando o Visual Studio no **modo depuração**.

É possível saber que você está depurando um app quando vê os **controles de depuração** na barra de ferramentas. O botão Iniciar foi substituído pelo botão Parar ■, a lista suspensa para escolher qual navegador inicializar fica acinzentada e um conjunto extra de controles aparece.

Passe o cursor do mouse sobre o botão Pausar Execução para ver a dica da ferramenta:

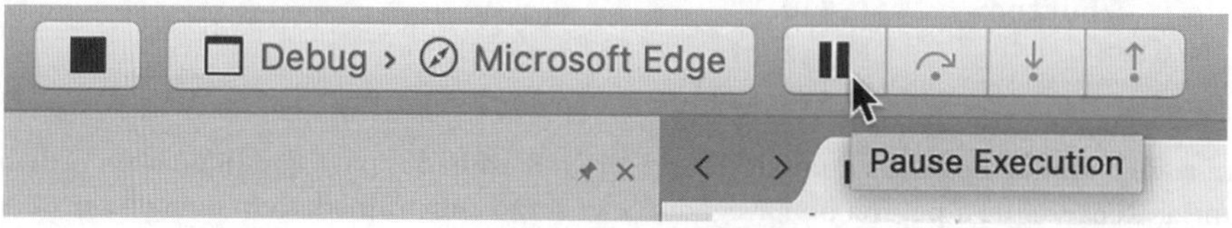
Debug › Microsoft Edge
Pause Execution

Você pode parar o app clicando no botão Parar ou escolhendo Parar (⇧⌘↩) no menu Executar.

UAU, O JOGO JÁ ESTÁ COMEÇANDO A FICAR BOM!

Você preparou tudo para a próxima parte a adicionar.

Quando você cria um novo jogo, não escreve apenas código. Também executa um projeto. Um modo muito eficiente de executar um projeto é criá-lo em pequenas partes, fazendo um balanço ao longo do caminho para ver se as coisas seguem em uma boa direção. Assim, há muitas oportunidades para mudar o curso.

Outro exercício usando lápis e papel. Vale muito a pena fazer todos eles porque lhe ajudarão a entender mais rápido os conceitos importantes da linguagem C#.

QUEM FAZ O QUÊ?

Parabéns, você criou um app que funciona! É óbvio que programar significa mais do que só copiar códigos de um livro. Mas, mesmo que nunca tenha escrito código antes, pode ficar surpreso com quanta coisa já entende. Faça uma linha ligando cada declaração C# à esquerda e a descrição do que ela faz à direita. Fizemos a primeira para você.

Declaração C#

```
List<string> animalEmoji = new List<string>()
{
    "🐶", "🐶",
    "🐺", "🐺",
    "🐮", "🐮",
    "🦊", "🦊",
    "🐱", "🐱",
    "🦁", "🦁",
    "🐯", "🐯",
    "🐹", "🐹",
};
```

```
List<string> shuffledAnimals = new List<string>();
```

```
protected override void OnInitialized()
{
    SetUpGame();
}
```

```
private void SetUpGame()
{
```

```
    Random random = new Random();
```

```
    shuffledAnimals = animalEmoji
        .OrderBy(item => random.Next())
        .ToList();
```

```
}
```

O que faz

Cria uma segunda lista para armazenar os emojis embaralhados.

Cria cópias de animais, os embaralha e armazena-os na lista shuffledAnimals.

O começo de um método que configura o jogo.

Cria uma lista de oito pares de emojis.

Configura o jogo sempre que a página é recarregada.

Cria um novo gerador de números aleatórios.

O final de um método que configura o jogo.

QUEM FAZ O QUÊ? SOLUÇÃO

Declaração C# | **O que faz**

```
List<string> animalEmoji = new List<string>()
{
    "🐶", "🐶",
    "🐺", "🐺",
    "🐮", "🐮",
    "🦊", "🦊",
    "🐱", "🐱",
    "🦁", "🦁",
    "🐯", "🐯",
    "🐭", "🐭",
};
```

Cria uma segunda lista para armazenar os emojis embaralhados.

Cria cópias de animais, os embaralha e armazena-os na lista shuffledAnimals.

```
List<string> shuffledAnimals = new List<string>();
```

O começo de um método que configura o jogo.

Cria uma lista de oito pares de emojis.

```
protected override void OnInitialized()
{
    SetUpGame();
}
```

Configura o jogo sempre que a página é recarregada.

```
private void SetUpGame()
{

    Random random = new Random();

    shuffledAnimals = animalEmoji
        .OrderBy(item => random.Next())
        .ToList();

}
```

Cria um novo gerador de números aleatórios.

O final de um método que configura o jogo.

MINI Aponte o seu lápis

Veja um exercício que lhe ajudará a entender bem o código C#.

1. Pegue uma folha de papel e coloque-a na horizontal. Desenhe uma linha vertical no meio.
2. Escreva o método SetUpGame inteiro no lado esquerdo, deixando espaço entre cada declaração (você não precisa ser exato em relação ao emoji).
3. À direita, escreva cada resposta "o que faz" acima, perto da declaração à qual está ligada. Leia os dois lados; começará a fazer sentido.

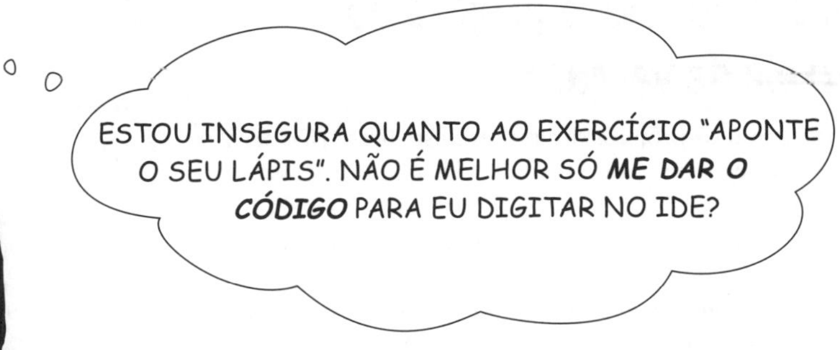
ESTOU INSEGURA QUANTO AO EXERCÍCIO "APONTE O SEU LÁPIS". NÃO É MELHOR SÓ **ME DAR O CÓDIGO** PARA EU DIGITAR NO IDE?

Trabalhar suas habilidades de compreensão do código o tornará um desenvolvedor melhor.

Os exercícios para escrever **não são opcionais**. Eles dão ao seu cérebro um modo diferente de absorver a informação. Mas eles fazem algo ainda mais importante: dão a você oportunidades de ***cometer erros***. Cometer erros faz parte da aprendizagem e você cometerá muitos (pode até encontrar um ou dois erros de digitação neste livro!). Ninguém escreve um código perfeito na primeira vez; os programadores realmente bons sempre pressupõem que o código escrito hoje provavelmente precisará de mudanças amanhã. Na verdade, posteriormente neste livro você aprenderá sobre *refatoração,* ou técnicas de programação que são para melhorar seu código após escrevê-lo.

Adicionaremos pontos de bala como este para lhe dar um resumo rápido das ideias e das ferramentas vistas até o momento.

PONTOS DE BALA

- Visual Studio é o **IDE (ambiente de desenvolvimento integrado) da Microsoft** que simplifica e ajuda a editar e a gerenciar os arquivos de código C#.
- **Aplicativos de console do .NET Core** são apps multiplataforma que usam texto para entrada e saida.
- **Apps Blazor WebAssembly** permitem criar aplicações Web interativas e avançadas usando código C# e marcação HTML.
- O **IntelliSense assistido por IA** do IDE ajuda a inserir o código com mais rapidez e precisão.
- O Visual Studio pode **rodar seu app Blazor** no modo depuração, abrindo um navegador para exibir o app.
- As IUs dos apps Blazor são planejadas em **HTML**, a linguagem de marcação usada para criar páginas Web.
- **Razor** permite adicionar código C# diretamente na marcação HTML. Os arquivos da página Razor terminam com a extensão *.razor*.
- Use **@** para incorporar o código C# na página Razor.
- O **loop `foreach`** na página Razor permite repetir um bloco de código HTML para cada elemento na lista.

Adicione seu novo projeto ao controle de versão

Relaxe

Adicionar seu projeto ao controle de versão é opcional.

Talvez esteja trabalhando em um computador em rede no trabalho que não permite acessar o GitHub, o provedor Git recomendado. Talvez não sinta vontade de fazer isso. Seja qual for o motivo, você pode pular essa etapa ou uma alternativa é publicá-lo em um repositório privado, caso queira manter um backup, mas não quer que outras pessoas o encontrem.

Você criará muitos projetos diferentes neste livro. Não seria ótimo se houvesse um modo fácil de retorná-los e acessá-los de algum lugar? Se você cometer um erro, não seria superconveniente poder voltar para uma versão anterior do código? Bem, é seu dia de sorte! É exatamente isso que o **controle de versão** faz: ele fornece um meio fácil de retornar o código e controla cada alteração feita. O Visual Studio facilita adicionar seus projetos ao controle de versão.

Git é um sistema de controle de versão popular e o Visual Studio publicará sua versão em qualquer **repositório** Git (ou **repo**). Consideramos o **GitHub** um dos provedores Git mais fáceis de usar. Você precisará de uma conta GitHub para enviar o código para ele, então, se ainda não tiver uma, acesse https://github.com [conteúdo em inglês] e crie-a agora.

Assim que configurar sua conta GitHub, poderá usar os recursos predefinidos de controle de versão do IDE. **Escolha *Controle de versão >> Publicar no Controle de versão...* no menu** para ativar a janela Clonar Repositório:

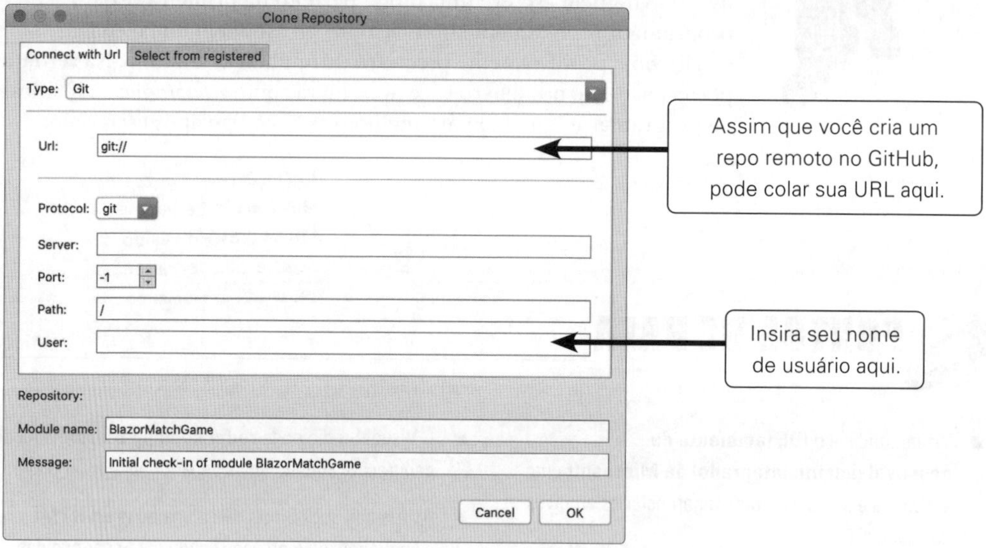
Clone Repository
Connect with Url
Select from registered
Type: Git
Url: git://
Protocol: git
Server:
Port: -1
Path: /
User:
Repository:
Module name: BlazorMatchGame
Message: Initial check-in of module BlazorMatchGame
Cancel
OK
Assim que você cria um repo remoto no GitHub, pode colar sua URL aqui.
Insira seu nome de usuário aqui.

A documentação do Visual Studio para Mac tem um guia completo para criar projetos no GitHub e publicá-los a partir do Visual Studio. Ela inclui instruções passo a passo para criar um repo remoto no GitHub e publicar seus projetos no Git diretamente a partir do Visual Studio. Achamos ser uma ótima ideia publicar todos os seus projetos *Use a Cabeça C#* no GitHub, assim poderá voltar a eles mais tarde. https://learn.microsoft.com/pt-br/visualstudio/mac/set-up-git-repository.

VOCÊ ESTÁ AQUI
ELABORAR PROJETO
EMBARALHAR ANIMAIS
LIDAR COM OS CLIQUES DO MOUSE
DETECTAR QUANDO O JOGADOR VENCE
ADICIONAR CRONÔMETRO

Código C# para lidar com os cliques do mouse

Você obteve botões com emojis de animais aleatórios. Agora precisa que eles façam algo quando clicados. Veja como funcionará:

O jogador clica no primeiro botão.

O jogador clica nos botões em pares. Quando clicam no primeiro, o jogo rastreia o animal desse botão em particular.

O jogador clica no segundo botão.

O jogo vê o animal no segundo botão e compara-o com aquele rastreado no primeiro clique.

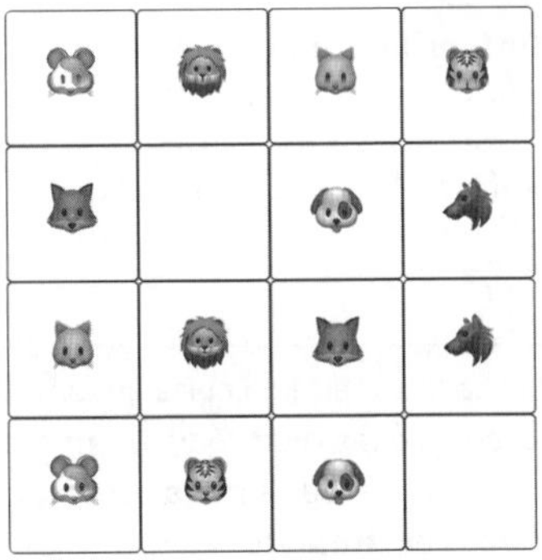

O jogo verifica uma combinação.

Se os animais *combinam*, o jogo percorre todos os emojis na lista de animais embaralhados. Ele encontra qualquer emoji na lista que combina com o par de animais que o jogador encontrou e os substitui por espaços em branco.

Se os animais *não combinam*, o jogo não faz nada.

Em *qualquer caso*, ele redefine o último animal encontrado para que possa começar de novo no próximo clique.

Adicione manipuladores de evento aos botões

Ao clicar um botão, ele precisa fazer algo. Nas páginas Web, um clique é um **evento**. Essas páginas têm outros eventos também, como quando uma página termina de carregar ou uma entrada muda. Um **manipulador de evento** é um código C# que é executado sempre que ocorre um evento específico. Adicionaremos um manipulador de evento que implementa a funcionalidade do botão.

Não se preocupe se você ainda não entende 100% o que o código C# faz. Por enquanto, concentre-se em assegurar que seu código corresponda ao nosso com exatidão.

Veja o código do manipulador de evento

Adicione este código à parte inferior da página Razor, logo acima da } de fechamento abaixo:

```
string lastAnimalFound = string.Empty;

private void ButtonClick(string animal)
{
    if (lastAnimalFound == string.Empty)
    {
        // Primeira seleção do par. Lembre-se disso.
        lastAnimalFound = animal;
    }
    else if (lastAnimalFound == animal)
    {
        // Combinação encontrada! Redefina para o próximo
par.
        lastAnimalFound = string.Empty;

        // Substitua animais encontrados por uma string
vazia e oculte-os.
        shuffledAnimals = shuffledAnimals
            .Select(a => a.Replace(animal, string.Empty))
            .ToList();
    }
    else
    {
        // Usuário selecionou um par que não combina.
        // Redefina seleção.
        lastAnimalFound = string.Empty;
    }
}
```

As linhas que começam com // são comentários. Elas não fazem nada, apenas existem para facilitar o entendimento do código. Foram incluídas para ajudá-lo a ler o código.

É uma consulta LINQ. Há mais sobre LINQ no Capítulo 9.

Conecte o manipulador de evento aos botões

Agora você só precisa modificar os botões para chamar o método ButtonClick quando clicado:

```
@foreach (var animal in animalEmoji)
{
    <div class="col-3">
        <button @onclick="@(() => ButtonClick(animal))"
                type="button" class="btn btn-outline-dark">
            <h1>@shuffledAnimals</h1>
        </button>
    </div>
}
```

Adicione este atributo @onclick ao HTML dentro de foreach. Tenha muito cuidado com os parênteses.

Quando pedimos para você atualizar uma coisa em um bloco de código, colocamos o resto do código com uma `tonalidade mais clara` e deixamos a parte do código alterada em **negrito**.

Manipulador de Evento de Perto

Vejamos melhor como funciona o manipulador de evento. Combinamos o código do manipulador de evento com a explicação anterior sobre como o jogo detecta os cliques do mouse. Examine o código abaixo e compare-o com o que acabou de digitar no IDE. Veja se consegue acompanhar; tudo bem se não obtiver 100% dele, basta tentar seguir a ideia geral de como o código adicionado se encaixa. É um exercício útil para aumentar suas habilidades de compreensão do C#.

O jogador clica no primeiro botão.

Este código verifica para saber se o primeiro botão foi clicado. Se foi, usa `lastAnimalFound` para rastrear o animal do botão.

```
if (lastAnimalFound == string.Empty)
{
    lastAnimalFound = animal;
}
```

O jogador clica no segundo botão.

As declarações entre as chaves de abertura **{** e de fechamento **}** são executadas apenas se o jogador clicou em um botão cujo animal combina com o último clicado.

```
else if (lastAnimalFound == animal)
{

}
```

O jogo verifica uma combinação.

Este código C# é executado apenas se o segundo animal combina com o primeiro. Ele percorre a lista embaralhada de emojis e substitui os pares que o jogador encontrou por espaços em branco.

```
shuffledAnimals = shuffledAnimals
  .Select(a => a.Replace(animal, string.
Empty))
  .ToList();
```

Você encontrará esta declaração no código duas vezes: na seção executada, se o segundo animal clicado combina com o primeiro, e na seção executada se o segundo animal não combina. Ele apaga o último animal encontrado para redefinir o jogo a fim de que o próximo clique seja o primeiro no par.

```
lastAnimalFound = string.Empty;
```

Oh-oh, há um bug neste código! Consegue apontá-lo? Iremos rastreá-lo e corrigi-lo na próxima seção.

Teste o manipulador de evento

Rode o app de novo. Quando ele aparecer, teste o manipulador de evento clicando em um botão, então clicando no botão com o emoji correspondente. Ambos devem desaparecer.

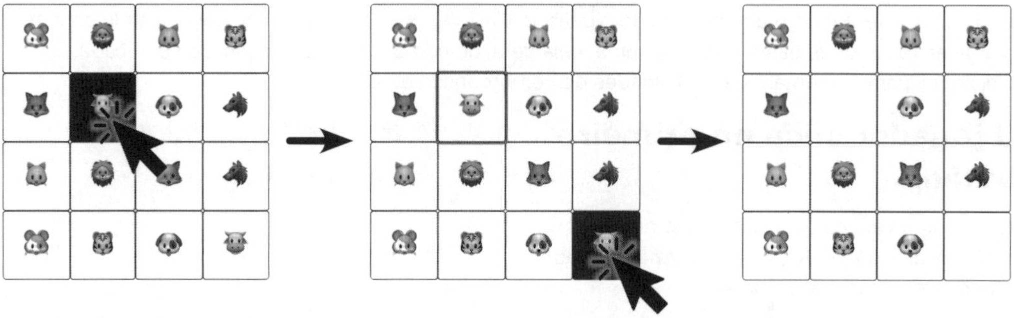

Clique em outro, depois outro e outro. Você deve continuar clicando nos pares até todos os botões ficarem em branco. Parabéns, você encontrou todos os pares!

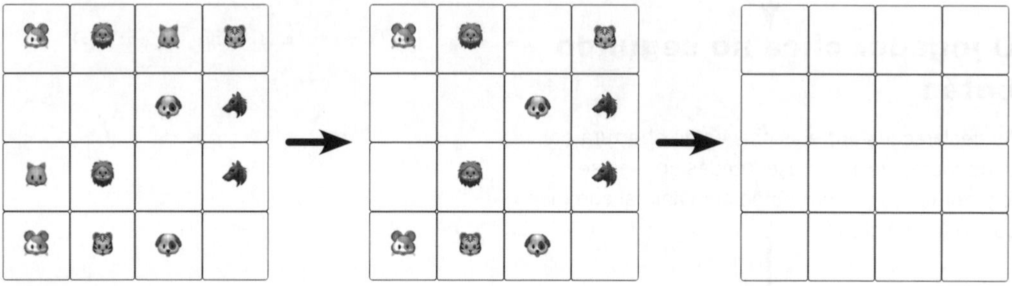

Mas o que acontece se você clicar no mesmo botão duas vezes?

Recarregue a página no navegador para redefinir o jogo. Mas, agora, em vez de encontrar um par, **clique duas vezes no mesmo botão**. Espere, ***existe um bug no jogo!*** Deveria ter ignorado o clique, mas agiu como se você tivesse uma combinação.

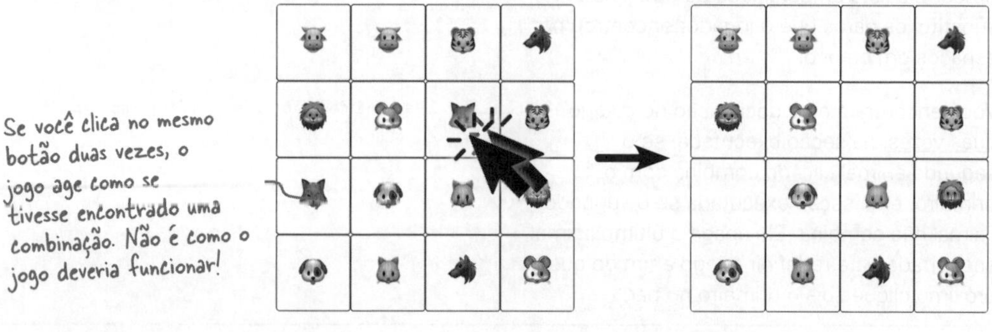
Se você clica no mesmo botão duas vezes, o jogo age como se tivesse encontrado uma combinação. Não é como o jogo deveria funcionar!

Use o depurador para resolver o problema

Você pode ter ouvido a palavra "bug" antes. Pode até ter dito algo assim para seus amigos em algum momento no passado: "Este jogo está mesmo bugado, ele tem muitas falhas." Todo bug tem uma explicação, tudo no programa acontece por um motivo, mas nem todo bug é fácil de rastrear.

Entender um bug é o primeiro passo para a sua correção. Por sorte, o depurador do Visual Studio é uma ótima ferramenta. (Por isso é chamado de depurador: é uma ferramenta que ajuda você a se livrar dos erros!)

1 Pense no que está dando errado.

A primeira coisa a notar é que seu bug pode **ser reproduzido**: sempre que clica no mesmo botão duas vezes, ele age como se clicasse em um par combinado.

A segunda coisa é que você tem uma **boa ideia** sobre onde está o bug. O problema só aconteceu *após* ter adicionado o código para lidar com o evento Click; portanto, é um ótimo lugar para começar.

2 Adicione um ponto de interrupção ao código do manipulador de evento Click que acabou de escrever.

Clique na primeira linha do método ButtonClick e **escolha Executar >> Alternar Ponto de Interrupção (⌘\\)** no menu. A linha mudará de cor e você verá um ponto na margem esquerda:

```
private void ButtonClick(string animal)
{
    if (lastAnimalFound == string.Empty)
    {
        //First selection of the pair. Remember it.
        lastAnimalFound = animal;
    }
```

Quando um ponto de interrupção é colocado em uma linha, o IDE muda sua cor de fundo e mostra um ponto na margem esquerda.

Anatomia do depurador

Quando seu app pausa no depurador, ou seja, "interrompe" o app, os controles Depurar aparecem na barra de ferramentas. Você irá praticar muito com eles neste livro, então não precisa memorizar o que eles fazem. No momento, basta ler as descrições, passar o mouse sobre eles para ver as dicas da ferramenta e verificar o menu Executar para ver suas teclas de atalho correspondentes (como **⇧⌘O** para Pular método).

O botão Continuar Execução inicia a execução do app de novo.

O botão Sair do método termina de executar o método atual e pausa na linha após aquela que o chamou.

Você pode usar o botão Pausar Execução para pausar quando seu app está em execução.

O botão Pular Método executa a próxima declaração. Se for um método, ele executa tudo.

O botão Intervir também executa a próxima declaração, mas, se essa declaração é um método, ele só executa a primeira declaração dentro do método.

Continue depurando o manipulador de evento

Agora que colocou um ponto de interrupção, use-o para entender o que acontece no código.

3 **Clique em um animal para inicializar um ponto de interrupção.**

Se seu app já está em execução, pare-o e feche todas as janelas do navegador. Então, **rode o app** de novo e **clique em qualquer botão de animal**. O Visual Studio deve aparecer em primeiro plano. A linha em que você ativou o ponto de interrupção deve ficar destacada:

```
private void ButtonClick(string animal)
{
    if (lastAnimalFound == string.Empty)
    {
```

Mova o mouse para a primeira linha do método, que inicia com `private void` e **passe o cursor sobre o `animal`**. Uma pequena janela aparecerá mostrando o animal clicado:

Passe o mouse sobre "animal" para ver o emoji clicado.

```
private void ButtonClick(string animal)   animal  '🐴'
{
```

Pressione o botão **Pular Método** ou escolha Executar >> Pular Método (**⇧⌘O**) no menu. O destaque descerá para a linha **{**. Pule de novo para mover o destaque para a próxima declaração:

```
    if (lastAnimalFound == string.Empty)
    {
        //First selection of the pair. Remember it.
        lastAnimalFound = animal;
    }
```

Pule mais uma vez para executar essa declaração, então passe o mouse sobre `lastAnimalFound`:

```
        //First selection of the pair. Remember it.
        lastAnimalFound   lastAnimalFound  '🐴'
    }
```

A declaração pulada define o valor de `lastAnimalFound` para corresponder a `animal`.

É como o código rastreia o primeiro animal que o jogador clicou.

4 **Continue a execução.**

Pressione o botão **Continuar Execução** ou escolha Executar >> Continuar Depurando (⌘↩) no menu. Volte para o navegador; seu jogo continuará até chegar no ponto de interrupção de novo.

5 Clique no animal que faz par.

Encontre o botão com o emoji correspondente e **clique nele**. O IDE acionará o ponto de interrupção e pausará o app mais uma vez. Pressione **Pular Método** — ele pulará o primeiro bloco e irá para o segundo:

```
else if (lastAnimalFound == animal)
{
    //Match found! Reset for next pair.
    lastAnimalFound = string.Empty;
```

Passe o mouse sobre `lastAnimalFound` e `animal`; ambos devem ter o mesmo emoji. É como o manipulador de evento sabe que encontrou uma combinação. **Pule mais três vezes**:

```
    //Replace found animals with empty string to hide them
    shuffledAnimals = shuffledAnimals
        .Select(a => a.Replace(animal, string.Empty))
        .ToList();
```

Agora **passe o mouse sobre `shuffledAnimals`**. Você verá vários itens na janela aberta. Clique no triângulo ao lado de `shuffledAnimals` para expandir, depois **expanda** `_ items` para ver todos os animais:

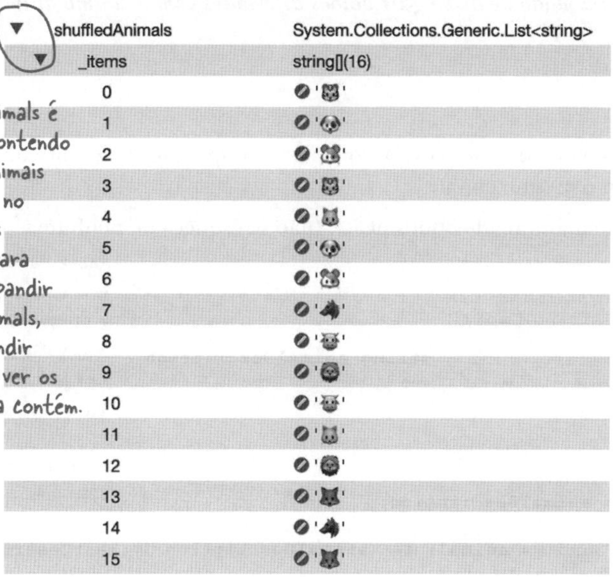
shuffledAnimals
System.Collections.Generic.List<string>
_items
string[](16)
0
1
2
3
4
5
6
7
8
9
10
11
12
13
14
15

shuffledAnimals é uma lista contendo todos os animais atualmente no jogo. Use os triângulos para primeiro expandir shuffledAnimals, depois expandir _items para ver os itens que ela contém.

Assim que você expandiu shuffledAnimals e _items, pôde usar o depurador para examinar o conteúdo de List. Você aprenderá mais sobre List e como ele funciona no Capítulo 8.

Pressione **Pular Método** mais uma vez para executar a declaração que remove as combinações da lista. Então, **passe o mouse sobre `shuffledAnimals` de novo** e veja seus itens. Agora há dois valores (*null*) no lugar em que os emoji combinados estavam:

6
7
(null)
8

Vasculhamos muitas provas e reunimos dicas importantes. O que você acha que causa o problema?

Rastreie o bug que causa o problema...

É hora de colocar o boné de Sherlock Holmes e investigar o problema. Reunimos muitas provas. Veja o que sabemos até o momento:

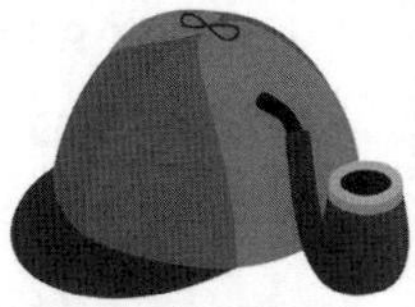

Investigue

1. Sempre que você clica no botão, o manipulador de evento do clique é executado.
2. O manipulador usa `animal` para descobrir qual animal foi clicado primeiro.
3. O manipulador usa `lastAnimalFound` para descobrir qual animal foi clicado depois.
4. Se `animal` é igual a `lastAnimalFound`, ele decide que tem uma combinação e remove os animais combinados da lista.

O que acontece se você clica no mesmo botão de animal duas vezes? Vamos descobrir! **Repita as mesmas etapas de antes**, exceto que desta vez **clique no mesmo animal duas vezes**. Veja o que acontece quando chega na etapa **5**.

Passe o mouse sobre `animal` e `lastAnimalFound`, como antes. São iguais! É porque o manipulador de evento ***não tem um modo de distinguir botões diferentes com o mesmo animal.***

...e corrija o bug!

Agora que sabemos o que causa o bug, podemos corrigi-lo: dê ao manipulador de evento um modo de diferenciar os dois botões com o mesmo emoji.

Primeiro, **faça estas alterações** no manipulador ButtonCick (não se esqueça de nenhuma alteração):

```
string lastAnimalFound = string.Empty;
string lastDescription = string.Empty;

private void ButtonClick(string animal, string animalDescription)
{
    if (lastAnimalFound == string.Empty)
    {
        // Primeira seleção do par. Lembre-se disso.
        lastAnimalFound = animal;
        lastDescription = animalDescription;
    }
    else if ((lastAnimalFound == animal) && (animalDescription != lastDescription))
```

Agora cada botão tem uma descrição e um animal, e o manipulador de evento usa lastDescription para rastrear.

Agora veja se os animais combinam, assim como as descrições.

Então, **substitua o loop foreach** por um loop diferente, um loop `for` — ele conta os animais:

```
<div class="row">
   @for (var animalNumber = 0; animalNumber < shuffledAnimals.Count; animalNumber++)
   {
      var animal = shuffledAnimals[animalNumber];
      var uniqueDescription = $"Button #{animalNumber}";

      <div class="col-3">
         <button @onclick="@(() => ButtonClick(animal, uniqueDescription))"
               type="button" class="btn btn-outline-dark">@animal</button>
```

Substitua o loop foreach por um loop for. Explicamos os loops no Capítulo 2.

Agora depure o app de novo, como antes. Desta vez, quando clicar no mesmo animal duas vezes, ele irá para o final do manipulador de evento. ***O bug está corrigido!***

não existem Perguntas Idiotas

Fique de olhos nas seções P&R. Elas costumam responder às suas perguntas mais urgentes e apontam as questões que outros leitores têm. Na verdade, muitas são perguntas reais de leitores das edições anteriores deste livro!

P: Você mencionou que estou executando um servidor e uma aplicação da Web. O que isso significa?

R: Ao executar seu app, o IDE inicia o navegador selecionado. A barra de endereço no navegador tem uma URL, como https://localhost:5001/ — se você **copiar essa URL** e colá-la na barra URL de **outro navegador**, tal navegador executará seu jogo também. É porque o navegador está executando uma **aplicação da Web**, ou uma página Web executada inteiramente dentro do seu navegador. Como qualquer página da Web, ela precisa ser hospedada em um servidor Web.

P: Qual servidor Web meu navegador conecta?

R: Ele conecta um servidor executado *dentro do Visual Studio*. Clique no botão Saída da Aplicação na parte inferior do IDE para abrir uma janela que mostra a saída de qualquer aplicação em execução; nesse caso, é uma aplicação que inclui o servidor hospedando sua aplicação Web. Pagine ou pesquise essa janela para encontrar a linha que mostra ele atendendo às conexões de entrada do navegador:

```
Now listening on: https://localhost:5001
```

P: Quando pressiono ⌘→I (Command-Tab) para trocar entre os apps macOS, há muitas instâncias do Edge ou do Chrome ainda abertas. Por quê?

R: Sempre que você para e reinicia seu app no Visual Studio, ele inicializa uma nova instância do navegador porque precisa estabelecer uma conexão separada para depurar. Você pode conectar outras instâncias de um navegador, mas só pode depurar com o navegador que o IDE inicializou. Você pode testar: inicie, pare e reinicie seu app no IDE, então coloque um ponto de interrupção. Apenas um dos navegadores pausará quando o ponto for atingido.

P: Os apps Web Blazor parecem muito mais complicados que os aplicativos de console. Eles funcionam mesmo de modo igual?

R: Sim. Basicamente, todo o código C# funciona do mesmo modo: uma declaração é executada, depois a próxima e a próxima. Um motivo para os apps Web parecerem mais complexos é porque alguns métodos são chamados apenas quando certas coisas acontecem, como quando a página é carregada ou o usuário clica em um botão. Assim que um método é chamado, funciona como em um aplicativo de console, e você pode provar isso colocando um ponto de interrupção dentro dele.

Dica do IDE: Janela Erros

A menos que você seja um super-humano para inserir o código perfeitamente sem nenhum erro de digitação, já examinou a janela Erros na parte inferior do IDE. Ela aparece quando você tenta rodar seu projeto, mas tem erro. Veja como ficou quando tentamos corrigir o bug, mas sem querer incluímos este erro: `string lsatDescription = string.Empty;`

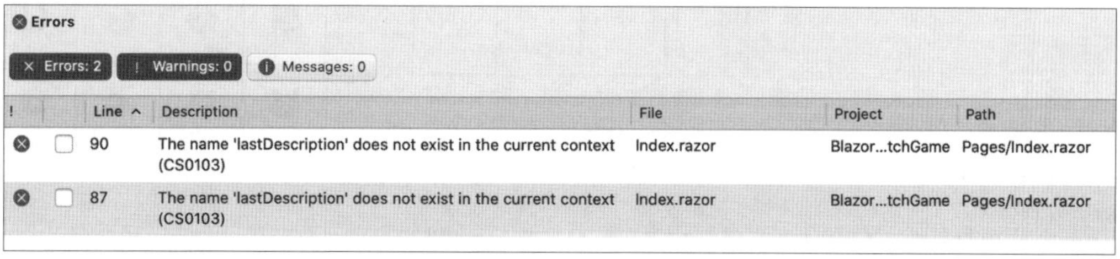

Errors
× Errors: 2
! Warnings: 0
Messages: 0
! | Line | Description | File | Project | Path
90 | The name 'lastDescription' does not exist in the current context (CS0103) | Index.razor | Blazor...tchGame | Pages/Index.razor
87 | The name 'lastDescription' does not exist in the current context (CS0103) | Index.razor | Blazor...tchGame | Pages/Index.razor

Sempre é possível verificar os erros **compilando** seu código, executando-o ou escolhendo Compilar tudo (⌘B) no menu Compilar. Se a janela Erros não aparecer, isso significa que seu código **compila**, e é o que o IDE faz para transformar seu código em um arquivo **binário** ou executável que o macOS consegue executar.

Adicionaremos um erro ao código. Vá para a primeira linha no método SetUpGame e adicione isto em uma linha própria: `Xyz`

Compile seu código. O IDE abrirá a janela Erros com [× Errors: 1] no topo e um erro. Se você clicar em outro lugar, a janela Erros desaparecerá, mas, não se preocupe, sempre é possível reabri-la clicando em [Errors] na parte inferior do IDE.

VOCÊ ESTÁ AQUI
ELABORAR PROJETO
EMBARALHAR ANIMAIS
LIDAR COM OS CLIQUES DO MOUSE
DETECTAR QUANDO O JOGADOR VENCE
ADICIONAR CRONÔMETRO

Adicione código para reiniciar o jogo quando o jogador vence

O jogo está melhorando; seu jogador inicia com uma grade cheia de animais para combinar e eles podem ser clicados em pares que desaparecem quando combinados. Mas o que acontece quando todos os pares são encontrados? Precisamos de um meio de reiniciar o jogo para que o jogador tenha outra chance.

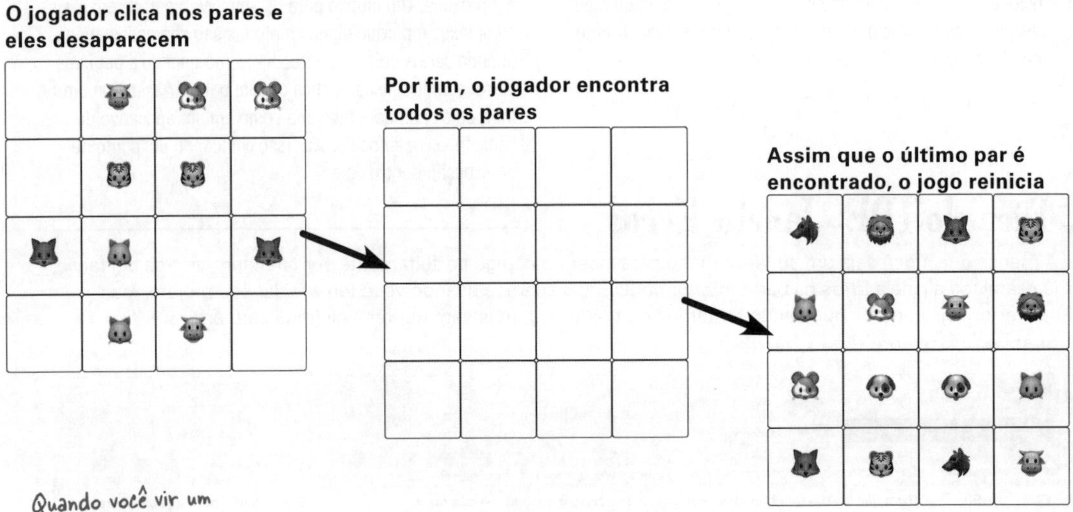
O jogador clica nos pares e eles desaparecem
Por fim, o jogador encontra todos os pares
Assim que o último par é encontrado, o jogo reinicia

Quando você vir um elemento Poder do Cérebro, pare um pouco e realmente pense sobre a pergunta feita.

PODER DO CÉREBRO

Pare um pouco e examine o código C# e a marcação HTML. Quais partes você acha que precisará mudar para reiniciar o jogo assim que o jogador clicar em todos os pares combinados?

Exercício

Veja quatro blocos de código para adicionar ao app. Quando cada bloco estiver no lugar certo, o jogo será reiniciado assim que o jogador tiver todas as combinações.

```
int matchesFound = 0;
```

```
matchesFound = 0;
```

```
matchesFound++;
if (matchesFound == 8)
{
    SetUpGame();
}
```

```
<div class="row">
  <h2>Matches found: @matchesFound</h2>
</div>
```

Seu trabalho é descobrir em que lugar fica cada um dos quatro blocos. Copiamos partes do código do jogo abaixo e adicionamos quatro caixas, uma para cada bloco acima. Consegue descobrir qual bloco de código fica em cada caixa?

```
<div class="container">
    <div class="row">
        @for (var animalNumber = 0; animalNumber < shuffledAnimals.Count;
animalNumber++)
        {
            var animal = shuffledAnimals[animalNumber];
            var uniqueDescription = $"Button #{animalNumber}";

            <div class="col-3">
                <button @onclick="@(() => ButtonClick(animal, uniqueDescription))"
                        type="button" class="btn btn-outline-dark">
                    <h1>@animal</h1>
                </button>
            </div>
        }
    </div>

</div>
```

Qual dos quatro blocos de código acima fica nesta caixa?

```
List<string> shuffledAnimals = new List<string>();

```

```
private void SetUpGame()
{


    Random random = new Random();
    shuffledAnimals = animalEmoji
        .OrderBy(item => random.Next())
        .ToList();

}
```

Não é um exercício para fazer no papel; você deve fazê-lo modificando seu código no IDE. Quando vir um Exercício com o ícone de tênis no canto, é a sua dica para voltar ao IDE e começar a escrever o código C#.

```
    else if ((lastAnimalFound == animal) && (animalDescription != lastDescription))
    {
        // Combinação encontrada! Redefina o próximo par.
        lastAnimalFound = string.Empty;

        // Substitua os animais encontrados pela string vazia
        // para ocultá-los.
        shuffledAnimals = shuffledAnimals
            .Select(a => a.Replace(animal, string.Empty))
            .ToList();

    }
```

Quando fizer um exercício de código, não é colar ver a solução! Não aprendemos de fato se ficamos frustrados; é fácil ficar preso em um detalhe e a solução pode ajudar a superar isso.

Exercício Solução

Veja como fica o código com cada bloco de código no lugar certo. Se você ainda não o fez, **adicione todos os quatro blocos ao jogo** para ele reiniciar quando o jogador encontrar todas as combinações.

```
<div class="container">
    <div class="row">
        @for (var animalNumber = 0; animalNumber < shuffledAnimals.Count;
animalNumber++)
        {
            var animal = shuffledAnimals[animalNumber];
            var uniqueDescription = $"Button #{animalNumber}";

            <div class="col-3">
                <button @onclick="@(() => ButtonClick(animal, uniqueDescription))"
                        type="button" class="btn btn-outline-dark">
                    <h1>@animal</h1>
                </button>
            </div>
        }
    </div>
    <div class="row">
        <h2>Matches found: @matchesFound</h2>
    </div>
</div>
```

Esta marcação Razor usa @matchesFound para fazer a página exibir o número de combinações encontradas embaixo da grade de botões.

```
List<string> shuffledAnimals = new List<string>();
int matchesFound = 0;
```

Aqui o jogo controla o número de combinações que o jogador encontrou até o momento.

```
private void SetUpGame()
{


    Random random = new Random();
    shuffledAnimals = animalEmoji
        .OrderBy(item => random.Next())
        .ToList();
    matchesFound = 0;
}
```

Quando o jogo é configurado ou reiniciado, ele redefine o número de combinações encontradas de volta para zero.

```
    else if ((lastAnimalFound == animal) && (animalDescription != lastDescription))
    {
        // Combinação encontrada! Redefina o próximo par.
        lastAnimalFound = string.Empty;

        // Substitua os animais encontrados pela string vazia
        // para ocultá-los
        shuffledAnimals = shuffledAnimals
            .Select(a => a.Replace(a
            .ToList();
        matchesFound++;
        if (matchesFound == 8)
        {
            SetUpGame();
        }
    }
```

Sempre que o jogador encontra uma combinação, este bloco adiciona 1 a matchesFound. Se todas as oito combinações são encontradas, reinicia o jogo.

PODER DO CÉREBRO

Você atingiu um ponto de verificação no projeto!
Seu jogo pode não ter terminado ainda, mas funciona e pode ser jogado, então é um ótimo momento para recuar e pensar sobre como poderia melhorá-lo. O que você poderia mudar para que ele fique mais interessante?

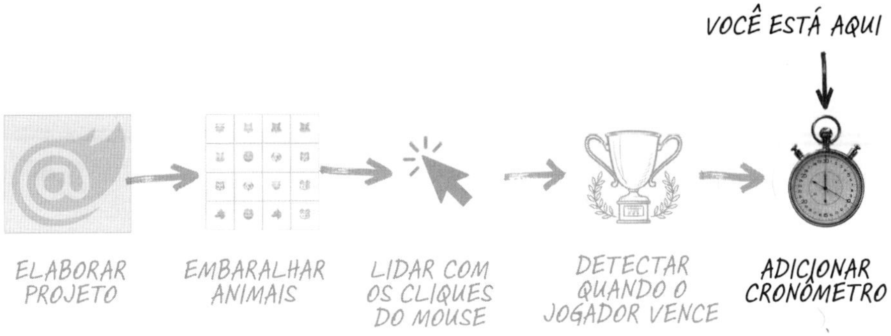
VOCÊ ESTÁ AQUI
ELABORAR PROJETO
EMBARALHAR ANIMAIS
LIDAR COM OS CLIQUES DO MOUSE
DETECTAR QUANDO O JOGADOR VENCE
ADICIONAR CRONÔMETRO

Termine o jogo adicionando um cronômetro

Nosso jogo para combinar animais ficará mais interessante se os jogadores puderem tentar superar o melhor tempo. Adicionaremos um **cronômetro** que "marca" após um intervalo fixo chamando repetidamente um método.

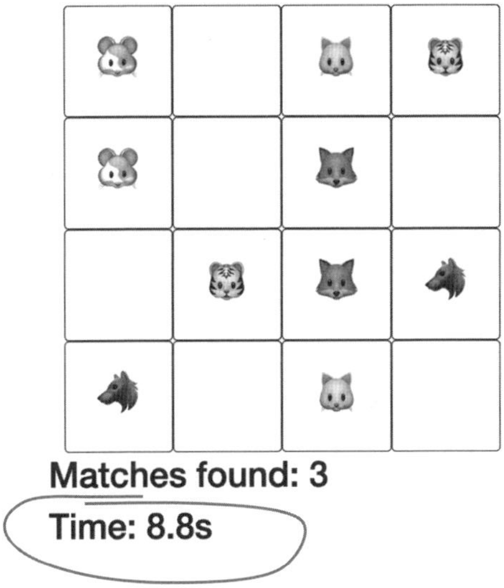
Matches found: 3
Time: 8.8s

Vamos aumentar o interesse pelo jogo! O tempo transcorrido desde o início do jogo aparecerá na parte inferior da janela, aumentando constantemente e só parando após o último animal ser combinado.

Tic
Tic
Tic

Os cronômetros "marcam" a cada intervalo de tempo chamando métodos repetidamente. Você usará um cronômetro que começa quando o jogador inicia o jogo e termina quando o último animal é combinado.

Adicione um cronômetro ao código do jogo

Adicione isto!

1. Comece encontrando esta linha bem no início do arquivo *Index.razor*:

```
@page "/"
```

Adicione esta linha logo abaixo; é preciso para usar Timer no código C#:

```
@using System.Timers
```

2. Você precisará atualizar a marcação HTML para exibir o tempo. Adicione logo abaixo do primeiro bloco acrescentado no exercício:

```
    </div>
     <div class="row">
         <h2>Matches found: @matchesFound</h2>
     </div>
     <div class="row">
         <h2>Time: @timeDisplay</h2>
     </div>
</div>
```

3. Sua página precisará de um cronômetro. Também precisará controlar o tempo transcorrido:

```
List<string> shuffledAnimals = new List<string>();
int matchesFound = 0;
Timer timer;
int tenthsOfSecondsElapsed = 0;
string timeDisplay;
```

4. Você precisa informar ao cronômetro com que frequência "marcar" e qual método chamar. Fará isso no método OnInitialized, que é chamado logo depois de a página ser carregada:

```
protected override void OnInitialized()
{
    timer = new Timer(100);
    timer.Elapsed += Timer _ Tick;

    SetUpGame();
}
```

5. Redefina o cronômetro quando configurar o jogo:

```
private void SetUpGame()
{
    Random random = new Random();
    shuffledAnimals = animalEmoji
        .OrderBy(item => random.Next())
        .ToList();

    matchesFound = 0;
    tenthsOfSecondsElapsed = 0;
}
```

(6) É preciso parar e iniciar o cronômetro. Adicione esta linha de código perto do topo do método ButtonClick para iniciar o cronômetro quando o jogador clicar no primeiro botão:

```
if (lastAnimalFound == string.Empty)
{
    // Primeira seleção do par. Lembre-se disso.
    lastAnimalFound = animal;
    lastDescription = animalDescription;

    timer.Start();
}
```

Por fim, adicione estas duas linhas mais abaixo no método ButtonClick para parar o cronômetro e exibir a mensagem "Play Again?" após o jogador encontrar a última combinação:

```
matchesFound++;
if (matchesFound == 8)
{
    timer.Stop();
    timeDisplay += " - Play Again?";

    SetUpGame();
}
```

(7) Finalmente, o cronômetro precisa saber o que fazer sempre que marca o tempo. Como os botões com manipuladores de evento Click, os cronômetros têm manipuladores Tick: métodos que são executados sempre que o cronômetro marca.

Adicione este código bem no final da página, logo acima da chave de fechamento }:

```
private void Timer_Tick(Object source, ElapsedEventArgs e)
{
    InvokeAsync(() =>
    {
        tenthsOfSecondsElapsed++;
        timeDisplay = (tenthsOfSecondsElapsed / 10F)
            .ToString("0.0s");
        StateHasChanged();
    });
}
```

O cronômetro inicia quando o jogador clica no primeiro animal e para quando a última combinação é encontrada. Isso não muda fundamentalmente como o jogo funciona, mas o torna mais interessante.

Limpe o menu de navegação

Seu jogo funciona! Mas notou que há outras páginas em seu app? Tente clicar em "Counter" ou "Fetch data" no menu de navegação à esquerda. Quando você criou o projeto App Blazor WebAssembly, o Visual Studio adicionou estas páginas de exemplo extras. É possível removê-las com segurança.

Comece expandindo a **pasta wwwroot** e editando *index.html*. Encontre a linha que inicia com `<title>` e **modifique-a** para ficar como: `<title>`**`Animal Matching Game`**`</title>`

Depois, expanda a **pasta Shared** na solução e **clique duas vezes em *NavMenu.razor***. Encontre esta linha:

```
<a class="navbar-brand" href="">BlazorMatchGame</a>
```

e **substitua-a por**:

```
<a class="navbar-brand" href="">Animal Matching Game</a>
```

Então, **exclua estas linhas**:

```
<li class="nav-item px-3">
    <NavLink class="nav-link" href="counter">
        <span class="oi oi-plus" aria-hidden="true"></span> Counter
    </NavLink>
</li>
<li class="nav-item px-3">
    <NavLink class="nav-link" href="fetchdata">
        <span class="oi oi-list-rich" aria-hidden="true"></span> Fetch data
    </NavLink>
</li>
```

Por fim, pressione ⌘ (Command) e **clique para fazer uma seleção múltipla destes arquivos** na janela Solução: ***Counter.razor*** e ***FetchData.razor*** na pasta Pages, ***SurveyPrompt.razor*** na pasta Shared e a pasta **sample-data inteira** dentro da pasta wwwroot. Com tudo selecionado, clique com o botão direito em um deles e **escolha Excluir (⌘⌫)** no menu para apagar tudo.

Agora o jogo acabou!

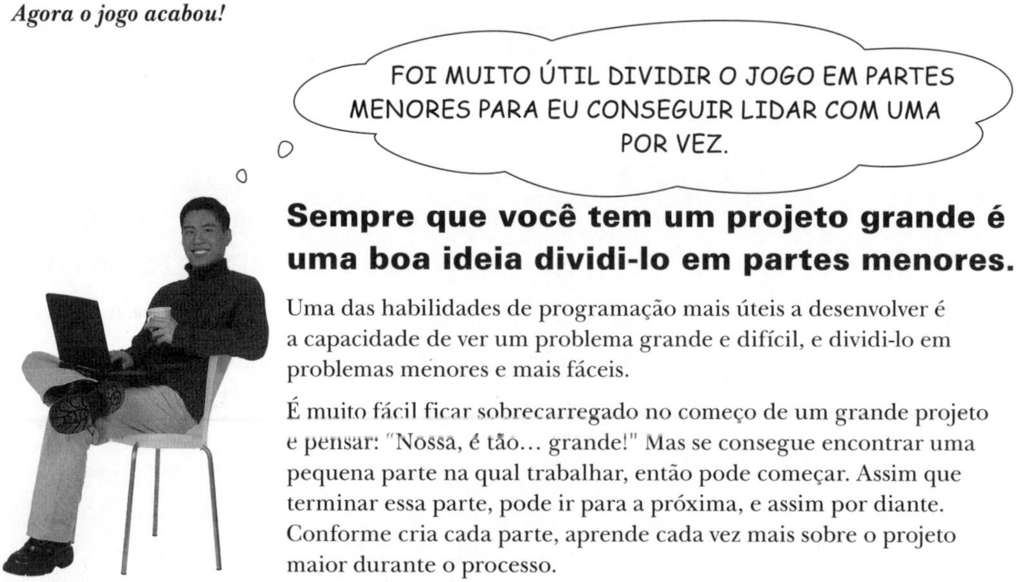
FOI MUITO ÚTIL DIVIDIR O JOGO EM PARTES MENORES PARA EU CONSEGUIR LIDAR COM UMA POR VEZ.

Sempre que você tem um projeto grande é uma boa ideia dividi-lo em partes menores.

Uma das habilidades de programação mais úteis a desenvolver é a capacidade de ver um problema grande e difícil, e dividi-lo em problemas menores e mais fáceis.

É muito fácil ficar sobrecarregado no começo de um grande projeto e pensar: "Nossa, é tão... grande!" Mas se consegue encontrar uma pequena parte na qual trabalhar, então pode começar. Assim que terminar essa parte, pode ir para a próxima, e assim por diante. Conforme cria cada parte, aprende cada vez mais sobre o projeto maior durante o processo.

Ainda melhor se...

Seu jogo está muito bom! Mas todo jogo, na verdade todo programa, pode ser melhorado. Veja algumas coisas que achamos que poderiam melhorar:

- ★ Adicione animais diferentes para que não apareçam sempre os mesmos.
- ★ Controle o melhor tempo do jogador para que ele possa superá-lo.
- ★ Crie um cronômetro com contagem regressiva para o jogador ter um tempo limitado.

MINI Aponte o seu lápis

Você consegue pensar em aperfeiçoamentos "ainda melhores" para o jogo? É um ótimo exercício; reserve uns minutos e escreva pelo menos três para o jogo de combinação de animais.

Não é brincadeira. Reserve uns minutos e faça isso. Recuar e pensar sobre o projeto que acabou de terminar é uma ótima maneira de fixar as lições aprendidas em sua cabeça.

PONTOS DE BALA

- **Manipulador de eventos** é um método que sua aplicação chama quando ocorre um evento específico, como um clique do mouse, uma página recarregada ou um cronômetro marcando tempo.
- A **janela Erros** do IDE mostra qualquer erro que impede a criação do seu código.
- Os **cronômetros** executam os métodos do manipulador de evento Tick repetidamente em um intervalo específico.
- `foreach` é um tipo de loop que itera uma coleção de itens.
- `for` é um tipo de loop que pode ser usado para contar.
- Quando seu programa tem um **bug**, reúna provas e tente descobrir a causa.
- Os bugs são mais fáceis de corrigir quando **reproduzidos**.
- O **depurador** do IDE permite pausar seu app em uma declaração específica para ajudar a rastrear problemas.
- Colocar um **ponto de interrupção** faz o depurador pausar na declaração no ponto em que está o ponto de interrupção.
- O Visual Studio facilita usar o **controle de versão** para fazer backup do código e controlar todas as alterações feitas.
- Você pode confirmar seu código em um **repositório Git remoto**. Usamos GitHub para o repositório com o código-fonte de todos os projetos neste livro.

Um lembrete rápido: iremos nos referir ao Visual Studio como "IDE" muitas vezes neste livro.

Muito bem!
1º

É um ótimo momento para colocar seu código no Git! Então, sempre conseguirá voltar ao projeto se quiser reutilizar parte do código nele.

do Capítulo 2 aprofunde-se no C#

Esta é a versão Blazor do projeto desktop do Windows no Capítulo 2.

A última parte do Capítulo 2 é um projeto Windows para experimentar diferentes controles. Usaremos o Blazor para criar um projeto parecido para testar com os controles da Web.

Os controles orientam a mecânica das IUs

No último capítulo, criamos um jogo usando os **controles** Button. Mas existem muitas maneiras diferentes de usar os controles, e as escolhas feitas sobre quais usar pode realmente mudar seu app. Parece estranho? Na verdade é muito parecido com como fazemos escolhas no design do jogo. Se você está criando um jogo de mesa que precisa de um gerador de números aleatórios, pode escolher usar dados, piões ou cartas. Se está elaborando um jogo de plataforma, pode fazer o jogador dar saltos simples e duplos, saltar na parede ou voar (ou fazer coisas diferentes em momentos variados). O mesmo acontece nos apps: se está criando um app em que o usuário precisa inserir um número, pode escolher diferentes controles para tanto, ***e essa escolha afeta como o usuário vivencia o app***.

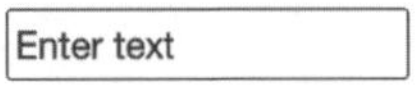
Enter text

★ Uma **caixa de texto** permite inserir qualquer texto desejado. Mas precisamos de um modo de assegurar que o usuário insira apenas números, não qualquer texto.

1
2
3
4
5
6

★ Os **botões de opção** permitem restringir a escolha do usuário. Eles costumam ser círculos com pontos, mas você pode estilizá-los como botões normais também.

★ As **barras deslizantes** são exclusivas para escolher um número. Números de telefone são apenas números também. Portanto, *tecnicamente*, você poderia usar uma barra deslizante para escolher um telefone. Você acha uma boa escolha?

Controles são componentes de interface do usuário (IU) comuns, os blocos de construção da IU. As escolhas feitas sobre quais controles usar mudam a mecânica do app.

Podemos pegar a ideia da mecânica dos videogames para entender nossas opções, então fazer boas escolhas para qualquer app nosso, não apenas jogos.

09/23/2019
September 2019
S M T W T F S
1 2 3 4 5 6 7
8 9 10 11 12 13 14
15 16 17 18 19 20 21
22 23 24 25 26 27 28
29 30 1 2 3 4 5
6 7 8 9 10 11 12
Today

★ **Seletores** são controles especialmente criados para escolher um tipo específico de valor em uma lista. Por exemplo, os **seletores de data** permitem especificar uma data escolhendo ano, mês e dia, e os **seletores de cor** permitem escolher uma cor usando um cursor de espectro ou seu valor numérico.

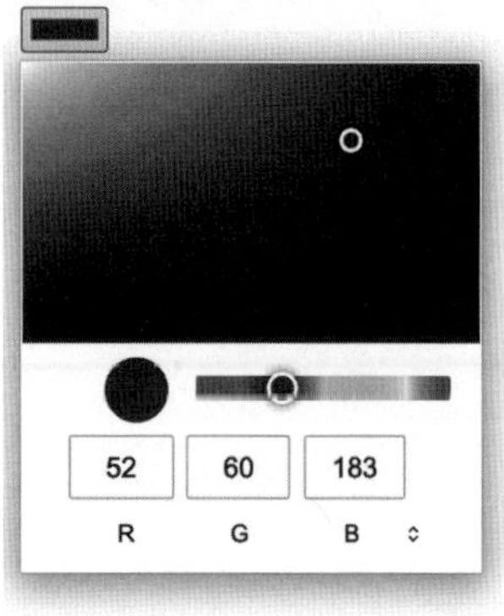
52
60
183
R
G
B

Crie um novo projeto App Blazor WebAssembly

Antes neste ***Guia do Aluno Visual Studio para Mac***, você criou um projeto App Blazor WebAssembly para o jogo de combinação de animais. Você fará o mesmo neste projeto também.

Veja um conjunto conciso de etapas a seguir para criar um projeto App Blazor WebAssembly, mudar o texto do título da página principal e remover os arquivos extras que o Visual Studio cria. Não repetiremos isso em todo projeto adicionado neste guia; você deve seguir as mesmas instruções para todos os futuros projetos App Blazor WebAssembly.

1 Crie um novo projeto App Blazor WebAssembly.

Inicie o Visual Studio 2019 para Mac ou escolha *Arquivo >> Nova Solução...* *(⇧⌘N)* no menu para **ativar a janela Novo Projeto. Clique em Novo** para criar um novo projeto. Nomeie-o como **ExperimentWithControlsBlazor**.

2 Mude o título e o menu de navegação.

No fim do projeto do jogo de combinação de animais, você modificou o título e o texto da barra de navegação. Faça o mesmo neste projeto. Expanda a **pasta wwwroot** e edite *Index.html*. Encontre a linha que inicia com `<title>` e **modifique-a** para ficar assim: `<title>`**`Experiment with Controls`**`</title>`

Expanda a **pasta Shared** na solução e **clique duas vezes em *NavMenu.razor*.** Encontre a linha:

```
<a class="navbar-brand" href="">ExperimentWithControlsBlazor</a>
```

e **substitua-a por**:

```
<a class="navbar-brand" href="">Experiment With Controls</a>
```

3 Remova as opções extras do menu de navegação e seus arquivos correspondentes.

É como fez no final do projeto do jogo de combinação de animais. **Clique duas vezes em *NavMenu.razor*** e **exclua estas linhas**:

```
<li class="nav-item px-3">
    <NavLink class="nav-link" href="counter">
        <span class="oi oi-plus" aria-hidden="true"></span> Counter
    </NavLink>
</li>
<li class="nav-item px-3">
    <NavLink class="nav-link" href="fetchdata">
        <span class="oi oi-list-rich" aria-hidden="true"></span> Fetch
data
    </NavLink>
</li>
```

Pressione ⌘ (Command) e **clique para fazer uma seleção múltipla destes arquivos** na janela Solução: ***Counter.razor*** e ***FetchData.razor*** na pasta Pages, ***SurveyPrompt.razor*** na pasta Shared e a pasta **sample-data inteira** dentro da pasta wwwroot. Com tudo selecionado, clique com o botão direito em um deles e **escolha Excluir (⌘⌫)** no menu para apagar tudo.

Crie uma página com um controle deslizante

Muitos de seus programas precisarão que o usuário insira números e um dos controles mais básicos para inserir um número é a **barra deslizante**, também conhecida como **entrada de intervalo**. Criaremos uma nova página Razor que usa uma barra deslizante para atualizar um valor.

1 Substitua a página Index.razor.

Edite a página Razor como fez no jogo de combinação de animais no Capítulo 1.

Abra *Index.razor* e **substitua** todo o seu conteúdo por **esta marcação HTML:**

```
@page "/"

<div class="container">
    <div class="row">
        <h1>Experiment with controls</h1>
    </div>
    <div class="row mt-2">
        <div class="col-sm-6">
            Pick a number:
        </div>
        <div class="col-sm-6">
            <input type="range"/>
        </div>
    </div>
    <div class="row mt-5">
        <h2>
            Here's the value:
        </h2>
    </div>
</div>
```

O atributo **class="row"** nesta tag pede à página para apresentar tudo entre a tag **<div class="row">** de abertura e a tag **</div>** de fechamento em uma linha na página.

Adicionar mt-2 à classe faz a página adicionar uma margem superior com dois espaços acima da linha.

É uma tag de entrada. Ela tem um atributo type que determina o tipo de controle de entrada que aparece na página. Quando você define type para **range**, é exibida uma barra deslizante:

```
<input type="range"/>
```

Às vezes os controles HTML ficam diferentes dependendo do navegador usado. A barra deslizante no Edge é assim:

2 Rode o app.

Rode o app como fez no app do Capítulo 1. Compare a marcação HTML com a página exibida no navegador; combine os blocos <div> individuais com o que é exibido na página.

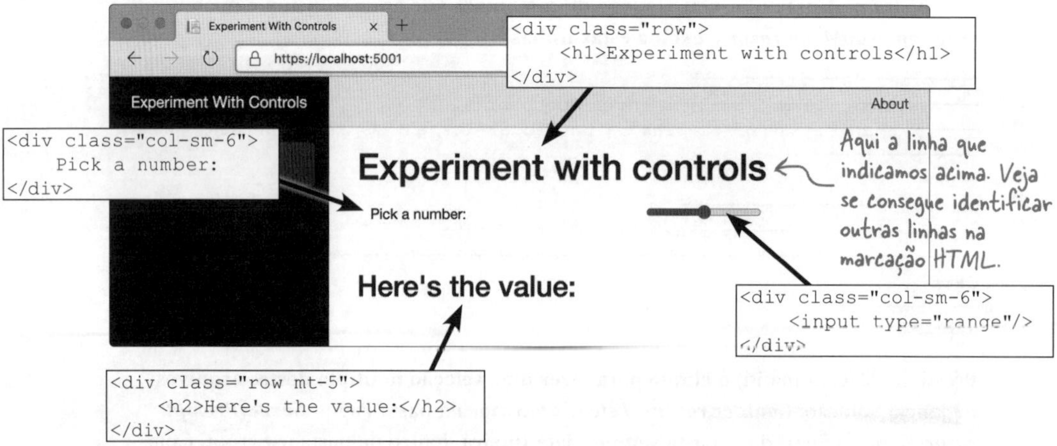
Experiment With Controls
https://localhost:5001
Experiment With Controls
About

<h1>Experiment with controls</h1>

Pick a number:

Experiment with controls
Pick a number:
Here's the value:
Aqui a linha que indicamos acima. Veja se consegue identificar outras linhas na marcação HTML.

<input type="range"/>

<h2>Here's the value:</h2>

3 Adicione o código C# à página.

Volte para *Index.razor* e **adicione este código C#** à parte inferior do arquivo:

```
@code
{
    private string DisplayValue = "";

    private void UpdateValue(ChangeEventArgs e)
    {
        DisplayValue = e.Value.ToString();
    }
}
```

O método UpdateValue é um manipulador de evento Change. Ele requer um parâmetro, que seu método pode usar para fazer algo com os dados alterados.

O manipulador de evento Change atualiza DisplayValue sempre que é chamado com um valor.

4 Conecte o controle de intervalo ao manipulador de evento Change que acabou de adicionar.

Adicione um atributo @onchange ao controle de intervalo:

```
@page "/"

<div class="container">
    <div class="row">
        <h1>Experiment with controls</h1>
    </div>
    <div class="row mt-2">
        <div class="col-sm-6">
            Pick a number:
        </div>
        <div class="col-sm-6">
            <input type="range" @onchange="UpdateValue" />
        </div>
    </div>
    <div class="row mt-5">
        <h2>
            Here's the value: <strong>@DisplayValue</strong>
        </h2>
    </div>
</div>
```

Quando você usa @onchange para conectar um controle a um manipulador de evento Change, sua página chama o manipulador sempre que o valor do controle muda.

Sempre que DisplayValue mudar, o valor exibido na página mudará também.

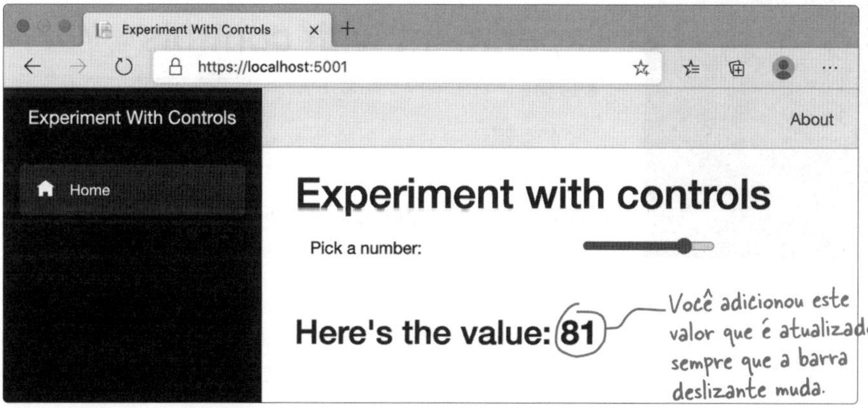
Experiment With Controls
https://localhost:5001
Experiment With Controls
About
Home
Experiment with controls
Pick a number:
Here's the value: 81

Você adicionou este valor que é atualizado sempre que a barra deslizante muda.

Adicione uma entrada de texto ao app

O objetivo deste projeto é experimentar diferentes controles; portanto, adicionaremos um **controle de entrada de texto** para que os usuários possam digitar no app e ver a exibição na parte inferior da página.

1 Adicione um controle de entrada de texto à marcação HTML da página.

Adicione uma tag `<input ... />` que é quase idêntica à adicionada para a barra deslizante. A única diferença é que você definirá o atributo `type` para `"text"`, em vez de `"range"`. A marcação HTML:

```
<div class="container">
    <div class="row">
        <h1>Experiment with controls</h1>
    </div>
    <div class="row mt-2">
        <div class="col-sm-6">
            Enter text:
        </div>
        <div class="col-sm-6">
            <input type="text" placeholder="Enter text"
                   @onchange="UpdateValue" />
        </div>
    </div>
    <div class="row mt-2">
        <div class="col-sm-6">
            Pick a number:
        </div>
```

Você está adicionando outra linha à página com uma margem no topo com dois espaços.

Veja a marcação para o controle de entrada de texto. Seu tipo é **`"text"`** e ele usa a mesma tag **`@onchange`** da barra deslizante. Há uma tag adicional para definir o texto do espaço reservado; portanto, o controle fica assim até o usuário inserir texto:

Enter text

Rode o app de novo; agora ele tem um controle de entrada de texto. Qualquer texto digitado aparecerá na parte inferior da página. Tente mudar o texto, mover a barra deslizante e mudar o texto mais uma vez. O valor na parte inferior mudará sempre que modificar um controle.

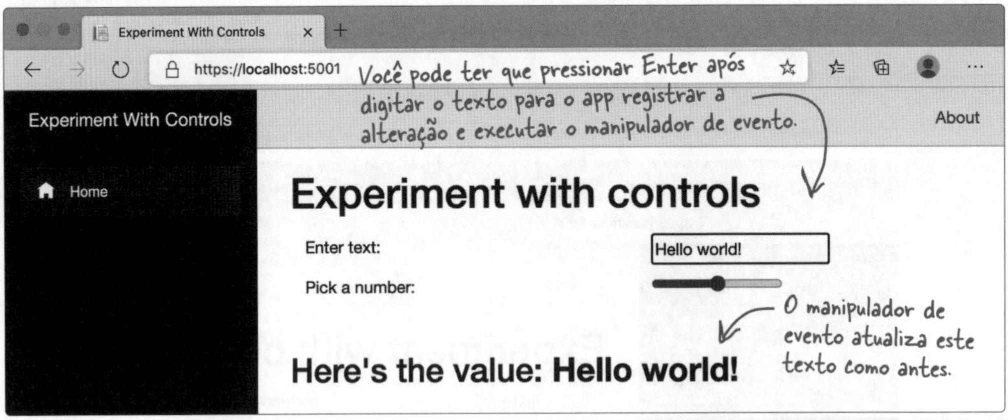
Experiment With Controls
https://localhost:5001
Você pode ter que pressionar Enter após digitar o texto para o app registrar a alteração e executar o manipulador de evento.
Experiment With Controls
Home
About
Experiment with controls
Enter text:
Hello world!
Pick a number:
O manipulador de evento atualiza este texto como antes.
Here's the value: Hello world!

2 **Adicione um método do manipulador de evento que só aceita valores numéricos.**

E se você só deseja aceitar uma entrada numérica dos usuários? **Adicione este método** ao código entre chaves na parte inferior da página Razor:

```
private void UpdateNumericValue(ChangeEventArgs e)
{
    if (int.TryParse(e.Value.ToString(), out int result))
    {
        DisplayValue = e.Value.ToString();
    }
}
```

Você saberá mais sobre int.TryParse mais adiante no livro. Agora, basta digitar o código exatamente como aparece aqui.

Tente colocar um ponto de interrupção neste método e usar o depurador para explorar como funciona.

3 **Mude a entrada de texto para usar o novo método do manipulador.**

Modifique o atributo `@onchange` do controle de texto para chamar o novo manipulador de evento:

```
<input type="text" placeholder="Enter text"
       @onchange="UpdateNumericValue" />
```

Agora tente inserir texto na entrada de texto; ela não atualizará o valor na parte inferior da página, a menos que o texto digitado seja um valor inteiro.

Exercício

Você usou os **controles Button** no jogo de combinação de animais no Capítulo 1. Veja uma marcação HTML para adicionar uma faixa de botões à página; lembra muito o código usado antes. Seu trabalho é **terminar o código** para ele adicionar seis botões e **um manipulador de evento ao código C#.**

```
<div class="row mt-2">
    <div class="col-sm-6">Pick a number:</div>
    <div class="col-sm-6"><input type="range" @onchange="UpdateValue" /></div>
</div>
<div class="row mt-2">
    <div class="col-sm-6">Click a button:</div>
    <div class="col-sm-6 btn-group" role="group">
       [                                              ]
        {
            string valueToDisplay = $"Button #{buttonNumber}";
            <button type="button" class="btn btn-secondary"
                    @onclick="() => ButtonClick(valueToDisplay)">
                @buttonNumber
            </button>
        }
    </div>
</div>
<div class="row mt-5">
    <h2>
        Here's the value: <strong>@DisplayValue</strong>
    </h2>
</div>
```

Substitua esta caixa por uma linha de código C# que fará a página exibir seis botões.

Quando os botões são clicados, eles chamam um método do manipulador de evento chamado ButtonClick. Adicione esse método ao código na parte inferior da página; ele tem apenas uma declaração.

Exercício Solução

Veja a linha de código que faz a marcação Razor adicionar seis botões à página. É um loop `for` e funciona como os outros loops `for` aprendidos no Capítulo 2:

```
<div class="row mt-2">
    <div class="col-sm-6">Pick a number:</div>
    <div class="col-sm-6"><input type="range" @onchange="UpdateValue" /></div>
</div>
<div class="row mt-2">
    <div class="col-sm-6">Click a button:</div>
    <div class="col-sm-6 btn-group" role="group">
        @for (var buttonNumber = 1; buttonNumber <= 6; buttonNumber++)
        {
            string valueToDisplay = $"Button #{buttonNumber}";
            <button type="button" class="btn btn-secondary"
                    @onclick="() => ButtonClick(valueToDisplay)">
                @buttonNumber
            </button>
        }
    </div>
</div>
<div class="row mt-5">
    <h2>
        Here's the value: <strong>@DisplayValue</strong>
    </h2>
</div>
```

O loop `for`, que cria os botões, funciona exatamente como aquele no jogo de combinação de animais; o código é quase idêntico. Os botões são estilizados como um grupo (é o que **`btn-group`** faz) e têm uma cor diferente (é o que **`btn-secondary`** faz).

Veja o método do manipulador de evento para adicionar ao código na página inferior da página. Ele define DisplayValue para o valor passado pelo botão quando clicado:

```
private void ButtonClick(string displayValue)
{
    DisplayValue = displayValue;
}
```

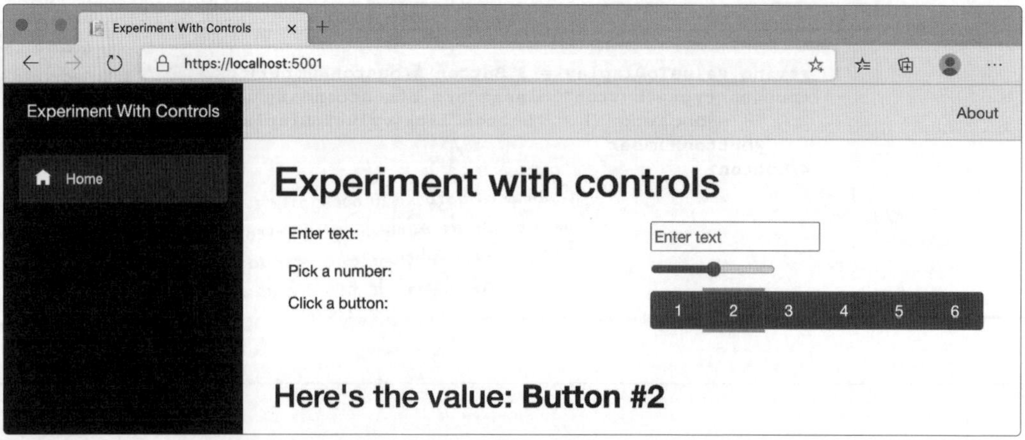
Experiment With Controls
https://localhost:5001
Experiment With Controls
About
Home
Experiment with controls
Enter text:
Enter text
Pick a number:
Click a button:
1
2
3
4
5
6
Here's the value: Button #2

Adicione seletores de cor e de data ao app

Seletores são apenas tipos diferentes de entradas. Um **seletor de data** tem o tipo de entrada "date" e um **seletor de cor** tem o tipo de entrada "color"; fora isso, a marcação HTML desses tipos de entrada é idêntica.

Modifique seu app para **adicionar seletores de data e de cor**. Veja a marcação HTML; adicione logo acima da tag <div> que contém o valor exibido:

```
    <div class="row mt-2">
        <div class="col-sm-6">Pick a date:</div>
        <div class="col-sm-6">
            <input type="date" @onchange="UpdateValue" />
        </div>
    </div>
    <div class="row mt-2">
        <div class="col-sm-6">Pick a color:</div>
        <div class="col-sm-6">
            <input type="color" @onchange="UpdateValue" />
        </div>
    </div>
    <div class="row mt-5">
        <h2>Here's the value: @DisplayValue</h2>
    </div>
</div>
```

Os seletores de data e de cor usam o mesmo método do manipulador de evento Change; portanto, não é preciso modificar o código para exibir a cor ou a data que o usuário escolhe.

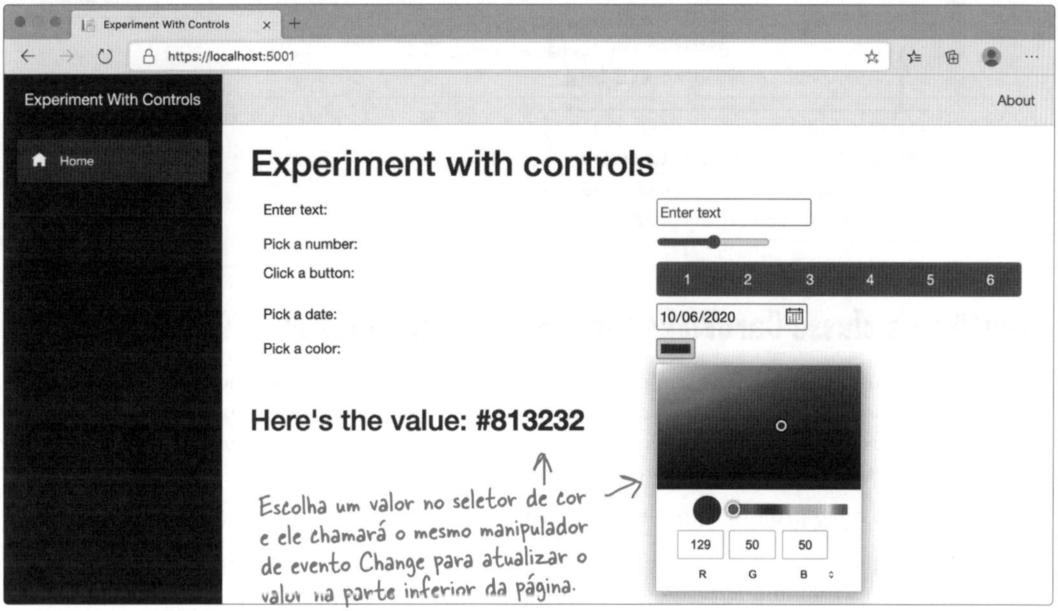

Experiment With Controls
https://localhost:5001
Experiment With Controls
Home
About
Experiment with controls
Enter text:
Enter text
Pick a number:
Click a button:
1
2
3
4
5
6
Pick a date:
10/06/2020
Pick a color:
Here's the value: #813232
129
50
50
R
G
B
Escolha um valor no seletor de cor e ele chamará o mesmo manipulador de evento Change para atualizar o valor na parte inferior da página.

Este é o fim do projeto, bom trabalho! Pegue o Capítulo 2 bem no final, no local em que há uma pessoa na cadeira pensando:

EXISTEM TANTOS MODOS DIFERENTES PARA OS USUÁRIOS ESCOLHEREM NÚMEROS!

do Capítulo 3 objetos... oriente-se!

Esta é a versão Blazor do projeto desktop do Windows no Capítulo 3.

Antes do final do Capítulo 3, há um projeto em que você cria uma versão Windows do app de seletor de cartas. Usaremos o Blazor para criar uma versão para Web do mesmo app.

A seguir: versão Blazor do app para selecionar cartas

No próximo projeto, você criará um app Blazor chamado PickACardBlazor. Ele usará uma barra deslizante para você escolher o número de cartas aleatórias para selecionar e exibirá as cartas em uma lista. Veja como:

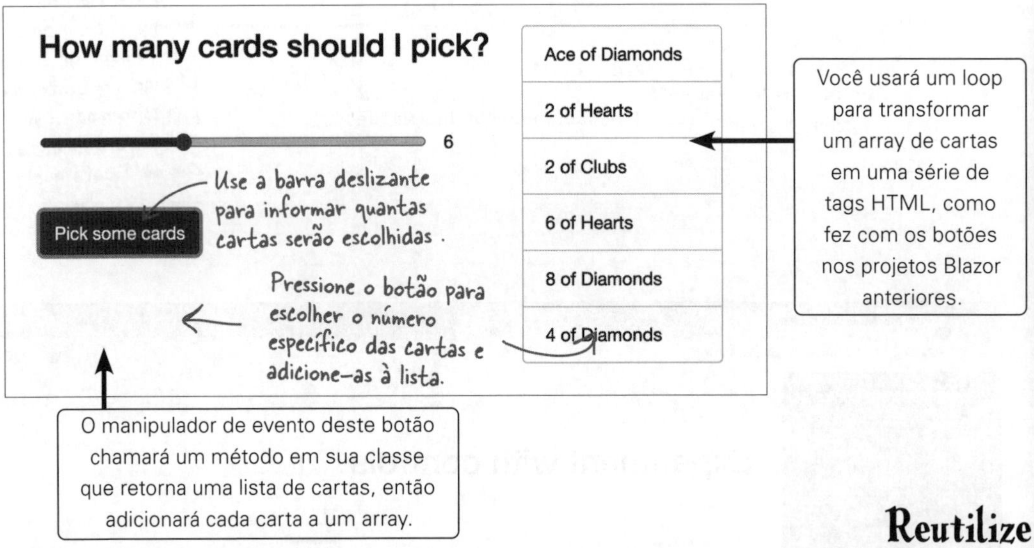
How many cards should I pick?
6
Pick some cards
Ace of Diamonds
2 of Hearts
2 of Clubs
6 of Hearts
8 of Diamonds
4 of Diamonds
Use a barra deslizante para informar quantas cartas serão escolhidas.
Pressione o botão para escolher o número específico das cartas e adicione-as à lista.
Você usará um loop para transformar um array de cartas em uma série de tags HTML, como fez com os botões nos projetos Blazor anteriores.
O manipulador de evento deste botão chamará um método em sua classe que retorna uma lista de cartas, então adicionará cada carta a um array.

Reutilize isto!

Reutilize a classe CardPicker em um novo app Blazor

Se você escreveu uma classe para um programa, às vezes desejará usar o mesmo comportamento em outra. Por isso, uma das grandes vantagens de usar classes é que elas facilitam **reutilizar** seu código. Daremos ao seu app para selecionar cartas uma interface do usuário nova e linda, mas mantenha o mesmo comportamento reutilizando sua classe CardPicker.

1. **Crie um novo projeto App Blazor WebAssembly chamado PickACardBlazor.**

   Você seguirá exatamente as mesmas etapas usadas para criar seu jogo de combinação de animais no Capítulo 1:

   - Abra o Visual Studio e crie um novo projeto.
   - Selecione o **App Blazor WebAssembly**, como fez nos apps Blazor anteriores.
   - Nomeie seu novo app como **PickACardBlazor**. O Visual Studio criará o projeto.

2 **Adicione a classe CardPicker criada para seu projeto Aplicativo de Console.**

Clique com o botão direito no nome do projeto e escolha **Adicionar >> Arquivos Existentes...** no menu:

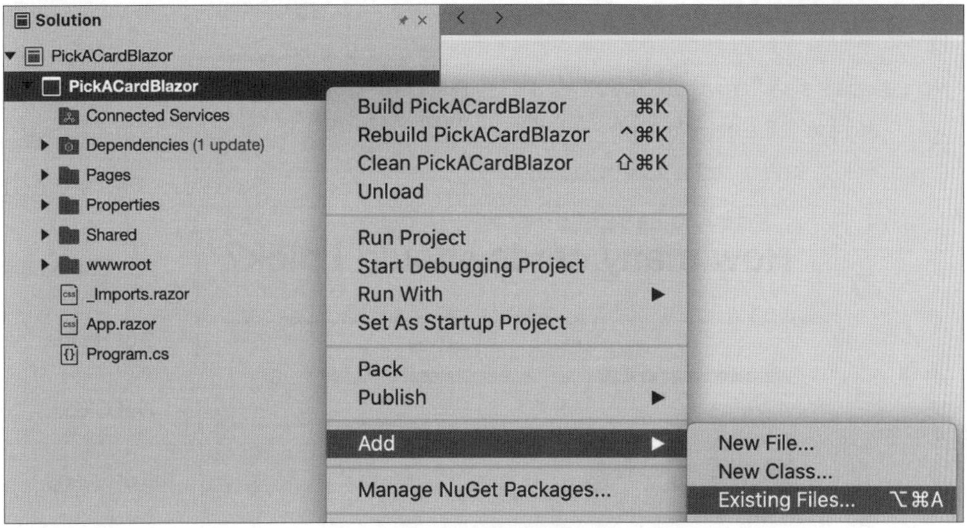
Solution
PickACardBlazor
PickACardBlazor
Connected Services
Dependencies (1 update)
Pages
Properties
Shared
wwwroot
_Imports.razor
App.razor
Program.cs
Build PickACardBlazor ⌘K
Rebuild PickACardBlazor ^⌘K
Clean PickACardBlazor ⇧⌘K
Unload
Run Project
Start Debugging Project
Run With
Set As Startup Project
Pack
Publish
Add
Manage NuGet Packages...
New File...
New Class...
Existing Files... ⌥⌘A

Vá para a pasta com seu aplicativo de console e **clique em *CardPicker.cs*** para adicioná-lo ao seu projeto. O Visual Studio perguntará se você deseja copiar, mover ou vincular o arquivo. Peça ao Visual Studio para **copiar o arquivo**. Agora seu projeto deve ter uma cópia do arquivo *CardPicker.cs* de seu aplicativo de console.

3 **Mude o namespace da classe CardPicker.**

Clique duas vezes em *CardPicker.cs* na janela Solução. Ela ainda tem o namespace do aplicativo de console. **Mude o namespace** para corresponder ao nome do projeto:

```
▶ PickSomeCards(int numberOfCards)
using System;
namespace PickACardBlazor
{
```

Você muda o namespace no arquivo CardPicker.cs para corresponder ao namespace que o Visual Studio usou quando criou os arquivos em seu novo projeto para que possa usar sua classe CardPicker no código do novo projeto. Por exemplo, se você abrir Program.cs verá que está no mesmo namespace.

Agora a classe CardPicker deve estar no namespace PickACardBlazor:

```
namespace PickACardBlazor
{
    class CardPicker
    {
```

Parabéns, você reutilizou sua classe CardPicker! Você deve visualizar a classe na janela Solução e conseguirá usá-la no código do seu app Blazor.

Layout da página com linhas e colunas

Os apps Blazor nos Capítulos 1 e 2 usaram a marcação HTML para criar linhas e colunas, e esse novo app faz o mesmo. Veja uma imagem que mostra como será o layout do app:

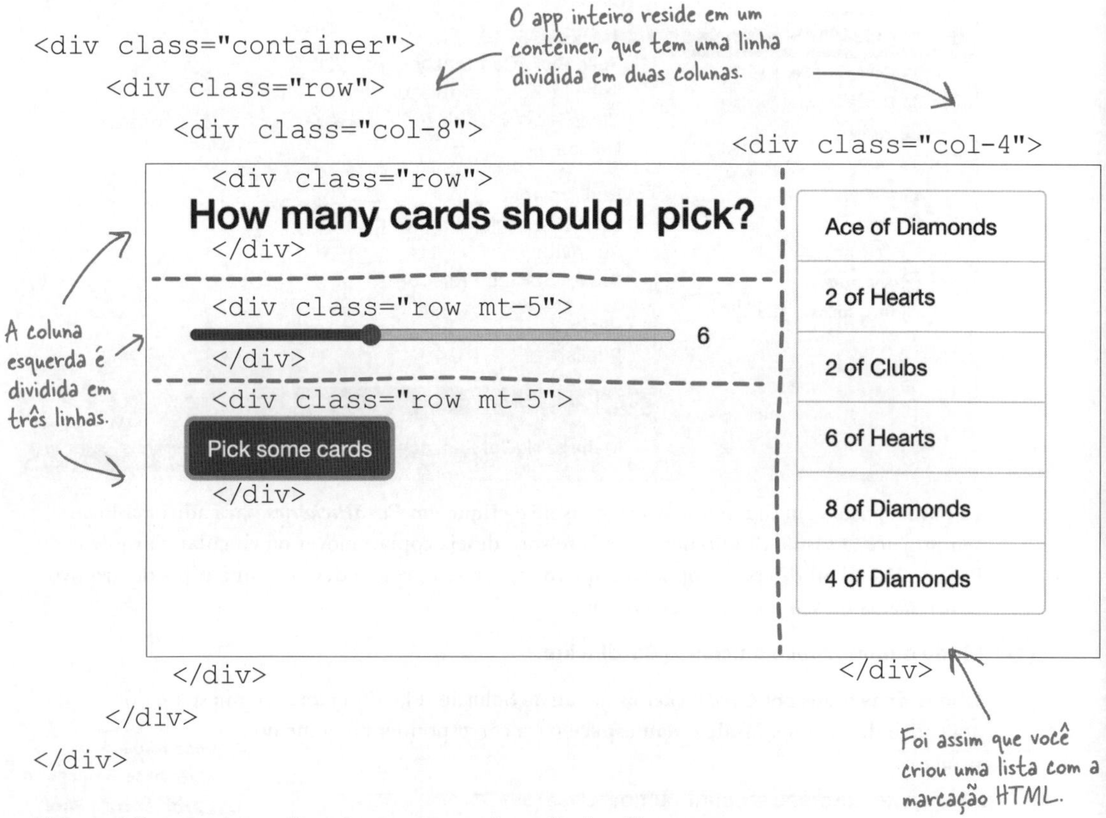
<div class="container">
O app inteiro reside em um contêiner, que tem uma linha dividida em duas colunas.
<div class="row">
<div class="col-8">
<div class="col-4">
<div class="row">
How many cards should I pick?
</div>
<div class="row mt-5">
6
</div>
<div class="row mt-5">
Pick some cards
</div>
A coluna esquerda é dividida em três linhas.
Ace of Diamonds
2 of Hearts
2 of Clubs
6 of Hearts
8 of Diamonds
4 of Diamonds
</div>
</div>
</div>
</div>
Foi assim que você criou uma lista com a marcação HTML.

Veja o código que gera a lista de cartas na coluna direita. Ele usa um loop `foreach` (como o usado no jogo de combinação de animais) para criar uma lista a partir de um array chamado `pickedCards`:

```
<div class="col-4">
    <ul class="list-group">
        @foreach (var card in pickedCards)
        {
            <li class="list-group-item">@card</li>
        }
    </ul>
</div>
```

```
<div class="col-4">
  <ul>
    <li>Ace of Diamonds</li>
    <li>2 of Hearts</li>
    <li>2 of Clubs</li>
    <li>6 of Hearts</li>
    <li>8 of Diamonds</li>
    <li>4 of Diamonds</li>
  </ul>
</div>
```

A lista inicia com `<ul class="list-group">` e termina com `</ul>` (que significa "lista não numerada"). Cada item da lista começa com `<li class="list-group-item">` e termina com `</li>`.

A barra deslizante usa a associação de dados para atualizar uma variável

O código na parte inferior da página iniciará com uma variável chamada `numberOfCards`:

```
@code {
    int numberOfCards = 5;
```

Você *poderia* usar um manipulador de evento para atualizar `numberOfCards`, mas o Blazor tem um modo melhor: a **associação de dados (ou data binding)**, que permite configurar os controles de entrada para atualizar automaticamente o código C# e pode inserir automaticamente os valores do código C# de volta na página.

A marcação HTML do cabeçalho, a entrada do intervalo e o texto ao lado que mostra seu valor:

```
<div class="row">
    <h3>How many cards should I pick?</h3>
</div>
<div class="row mt-5">
    <input type="range" class="col-10 form-control-range"
           min="1" max="15" @bind="numberOfCards" />
    <div class="col-2">@numberOfCards</div>
</div>
```

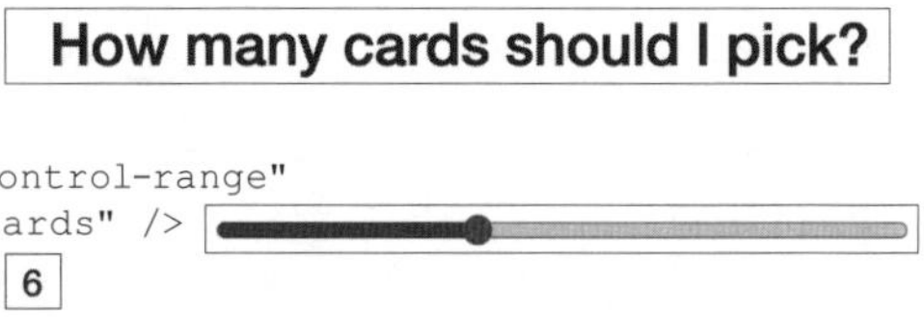
How many cards should I pick?
6

Veja melhor os atributos da tag `input`. Os atributos `min` e `max` restringem a entrada a valores de 1 a 15. O atributo **`@bind`** configura a associação de dados; portanto, sempre que a barra deslizante muda, o Blazor atualiza automaticamente `numberOfCards`.

A tag `input` é seguida por `<div class="col-2">`**@numberOfCards**`</div>` — a marcação adiciona texto (com `ml-2` adicionando espaço à margem esquerda). Também usa a associação de dados, mas segue em outra direção: sempre que o campo `numberOfCards` é atualizado, o Blazor atualiza automaticamente o texto dentro da tag `div`.

Exercício

Fornecemos quase todas as partes necessárias para adicionar a marcação HTML e o código para seu arquivo *Index.razor*. Consegue descobrir como reunir tudo para fazer o app Web funcionar?

Etapa 1: Termine a marcação HTML

As quatro primeiras linhas de *Index.razor* são idênticas às quatro primeiras linhas no app ExperimentWithControlsBlazor do Capítulo 2. Você encontra as duas linhas seguintes de HTML no topo da captura de tela, nela explicamos como as linhas e as colunas funcionam. A única marcação que não fornecemos ainda é para o botão; veja aqui:

```
<button type="button" class="btn btn-primary"
        @onclick="UpdateCards">Pick some cards</button>
```

Ao digitar isto no IDE, ele pode adicionar uma quebra de linha após a tag de abertura e antes da tag de fechamento.

Etapa 2. Termine o código

Demos o começo da seção `@code` na parte inferior da página, com um campo int chamado `numberOfCards`.

- Adicione um campo do array de strings chamado `pickedCards`: `string[] pickedCards = new string[0];`.
- Adicione o método do manipulador de evento UpdateCards chamado pelo botão. Ele chama CardPicker.PickSomeCards e atribui o resultado ao campo `pickedCards`.

Exercício Solução

O código inteiro do arquivo *Index.razor*. Você também pode seguir as mesmas etapas exatas do projeto ExperimentWithControlsBlazor para remover os arquivos extras e atualizar o menu de navegação.

```
@page "/"

<div class="container">
    <div class="row">
        <div class="col-8">
            <div class="row">
                <h3>How many cards should I pick?</h3>
            </div>
            <div class="row mt-5">
                <input type="range" class="col-10 form-control-range"
                       min="1" max="15" @bind="numberOfCards" />
                <div class="col-2">@numberOfCards</div>
            </div>
            <div class="row mt-5">
                <button type="button" class="btn btn-primary"
                        @onclick="UpdateCards">
                    Pick some cards
                </button>
            </div>
        </div>
        <div class="col-4">
            <ul class="list-group">
                @foreach (var card in pickedCards)
                {
                    <li class="list-group-item">@card</li>
                }
            </ul>
        </div>
    </div>
</div>

@code {
    int numberOfCards = 5;

    string[] pickedCards = new string[0];

    void UpdateCards()
    {
        pickedCards = CardPicker.PickSomeCards(numberOfCards);
    }
}
```

A entrada do intervalo e o texto após são colunas em uma pequena linha própria.

Ao clicar no botão, seu método do manipulador de evento Click, UpdateCards, define o array pickedCards para um novo conjunto de cartas aleatórias. Assim que muda, a associação de dados do Blazor inicia e executa automaticamente o loop foreach de novo.

`numberOfCards` e `pickedCards` são tipos especiais de variáveis chamadas <u>campos</u>. Você aprenderá sobre elas mais tarde no Capítulo 3.

O método do manipulador de evento Click do botão chama o método PickSomeCards na classe CardPicker, escrita anteriormente no capítulo.

Apps Web Blazor usam Bootstrap para o layout da página.

Nos bastidores

Seu app parece muito bom! Parte do motivo é devido a ele usar **Bootstrap**, um framework gratuito e de código aberto para criar páginas Web responsivas; elas se ajustam automaticamente quando o tamanho da tela muda, e funcionam bem em dispositivos móveis.

O layout de linha e de coluna que orienta o layout do seu app vem direto do Bootstrap. Seu app usa o atributo `class` (sem nenhuma relação com as classes C#) para aproveitar os recursos de layout do Bootstrap.

<div class="container">
<div class="row">
<div class="col-8">
<div class="row">
<div class="row">
<div class="row">
<div class="col-4">
Os contêineres do Bootstrap têm uma largura 12; portanto, a coluna "col-4" tem metade da largura da coluna "col-8" e juntas ocupam a largura total.

Experimente, tente mudar `col-8` e `col-4` para que tenham `col-6` e tamanhos iguais. O que acontece quando você escolhe números que não somam 12?

Bootstrap também ajuda a estilizar os controles. Tente remover o atributo `class` das tags `button`, `input`, `ul` ou `li` e rodar o app de novo. Ainda funciona igual, mas parece diferente; os controles perderam parte do estilo. Tente remover todos os atributos `class` — as linhas e as colunas desaparecem, mas o app ainda funciona.

Você pode aprender mais sobre Bootstrap em https://getbootstrap.com [conteúdo em inglês].

PONTOS DE BALA

- As classes têm métodos que contêm declarações que realizam ações. Classes bem planejadas têm nomes de método adequados.
- Alguns métodos têm um **tipo de retorno**. Você define o tipo de retorno de um método em sua declaração. Um método com uma declaração iniciando com a palavra-chave `int` retorna um valor inteiro. Um exemplo de declaração que retorna um valor int: `return 37;`.
- Quando um método tem um tipo de retorno, ele **deve** ter uma declaração `return` que retorna um valor que corresponde ao tipo. Uma declaração do método com o tipo de retorno string tem uma declaração `return` que retorna uma string.
- Assim que uma declaração `return` em um método é executada, o programa volta para a declaração que chamou o método.
- Nem todos os métodos têm um tipo de retorno. Um método com uma declaração iniciando com `public void` não retorna nada. Você ainda pode usar uma declaração `return` para sair de um método void, como: `if (finishedEarly) { return; }`
- Em geral, os desenvolvedores querem **reutilizar** o mesmo código em vários programas. As classes podem ajudar a tornar o código mais reutilizável.

É o final do projeto, bom trabalho! Volte ao Capítulo 3 e retome a seção com este título: Os protótipos de Ana parecem ótimos...

do Capítulo 4 tipos e referências

Esta é a versão Blazor do projeto desktop do Windows no Capítulo 4.

No fim do Capítulo 4 há um projeto Windows. Criaremos uma versão Blazor dele.

Bem-vindo à lanchonete Sandubas Preço Bom É Aqui de Sloppy Joe!

Faça isto!

Sloppy Joe tem um montão de carne, pão integral e mais condimentos do que você consegue imaginar. O que ele não tem é um menu! Você consegue criar um programa que monta um novo menu *aleatório* para ele todo dia? Com certeza é possível... com um **novo projeto App Blazor WebAssembly**, alguns arrays e algumas técnicas novas e úteis.

MenuItem
Randomizer Proteins Condiments Breads Description Price
Generate

1 Adicione uma nova classe MenuItem ao projeto e adicione campos.

Veja o diagrama da classe. Ela tem seis campos: uma instância de Random, três arrays para manter as várias partes do sanduíche e campos de string para manter a descrição e o preço. Os campos do array usam **inicializadores da coleção**, que permitem definir os itens em um array colocando-os entre chaves.

```
class MenuItem
{
    public Random Randomizer = new Random();
    public string[] Proteins = { "Roast beef", "Salami", "Turkey",
            "Ham", "Pastrami", "Tofu" };
    public string[] Condiments = { "yellow mustard", "brown mustard",
           "honey mustard", "mayo", "relish", "french dressing" };
    public string[] Breads = { "rye", "white", "wheat", "pumpernickel", "a roll"
};

    public string Description = "";
    public string Price;
}
```

2 Adicione o método Generate à classe MenuItem.

Esse método usa o mesmo método Random.Next visto muitas vezes para escolher itens aleatórios nos arrays nos campos Proteins, Condiments e Breads, e os concatena em uma string.

```
    public void Generate()
    {
        string randomProtein = Proteins[Randomizer.
Next(Proteins.Length)];
        string randomCondiment =
Condiments[Randomizer.Next(Condiments.Length)];
        string randomBread = Breads[Randomizer.
Next(Breads.Length)];
        Description = randomProtein + " with " +
randomCondiment + " on " + randomBread;

        decimal bucks = Randomizer.Next(2, 5);
        decimal cents = Randomizer.Next(1, 98);
        decimal price = bucks + (cents * .01M);
        Price = price.ToString("c");
    }
```

O método Generate gera um preço aleatório entre 2,01 e 5,97 convertendo dois ints aleatórios em decimais. Veja de perto a última linha; ela retorna `price.ToString("c")`. O parâmetro para o método ToString é um formato. Nesse caso, o formato "c" informa a ToString para formatar o valor com a moeda local: se você está nos EUA, verá US$; no Brasil, verá R$; no Reino Unido, verá £; na Europa, verá € etc.

3 Adicione o layout da página ao arquivo Index.razor.

A página do menu é composta por uma série de linhas Bootstrap, uma para cada item do menu. Cada linha tem duas colunas, `col-9` com a descrição do item do menu e `col-3` com o preço. Há uma última linha na parte inferior com `col-6` centralizada para guacamole.

```
@page "/"

<div class="container">
   @foreach (MenuItem menuItem in menuItems)
   {
   <div class="row">
        <div class="col-9">
            @menuItem.Description
        </div>
        <div class="col-3">
            @menuItem.Price
        </div>
   </div>
   }
   <div class="row justify-content-center">
        <div class="col-6">
            <strong>Add guacamole for @guacamolePrice</strong>
        </div>
   </div>
</div>

@code {
    MenuItem[] menuItems = new MenuItem[5];
    string guacamolePrice;
}
```

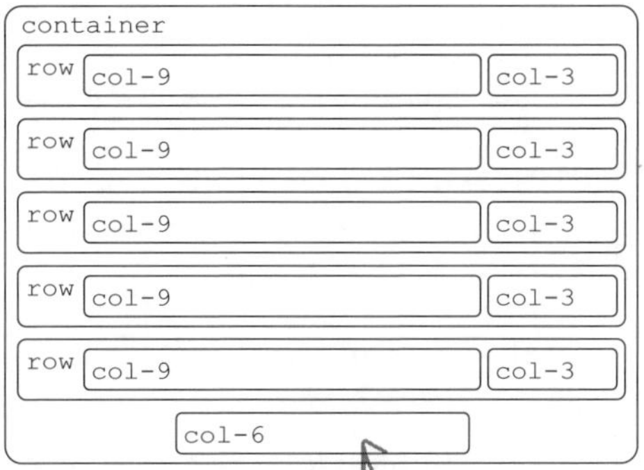

container
row
col-9
col-3
row
col-9
col-3
row
col-9
col-3
row
col-9
col-3
row
col-9
col-3
col-6

A linha inferior tem uma coluna com a metade da largura do contêiner. Esta linha tem a classe justify-content-center, que centraliza a linha inferior na página.

Exercício

Adicione a seção `@code` à parte inferior do arquivo *Index.razor*. Cinco objetos MenuItem são adicionados ao campo `menuItems` e o campo `guacamolePrice` é definido.

Etapa 1: Adicione um método OnInitialized

Você usou um método OnInitialized para embaralhar os animais no jogo de combinação de animais. Adicione esta linha de código:

```
protected override void OnInitialized()
```

Etapa 2: Substitua o corpo OnInitialized pelo código para criar objetos MenuItem

O IDE preencherá automaticamente o corpo (`base.OnInitialized();`) como fez quando você criou seu jogo de animais. Exclua a declaração. Substitua-a pelo código que define os campos `menuItems` e `guacamolePrice`.

- Adicione um loop `for` que acrescenta cinco objetos MenuItem ao campo do array `menuItems` e chama seus métodos Generate.
- Os dois últimos itens no menu devem ser sanduíches bagel; portanto, defina o campo Breads para um novo array de strings:
```
new string[] { "plain bagel", "onion bagel",
               "pumpernickel bagel", "everything bagel" }
```
- Crie uma nova instância MenuItem, chame seu método Generate e use o campo Price para definir `guacamolePrice`.

Exercício Solução

Aqui está o código inteiro do arquivo *Index.razor*. Tudo até `string guacamolePrice;` corresponde ao código que fornecemos; seu trabalho era preencher o resto do bloco `@code`.

```
@page "/"

<div class="container">
    @foreach (MenuItem menuItem in menuItems)
    {
        <div class="row">
            <div class="col-9">
                @menuItem.Description
            </div>
            <div class="col-3">
                @menuItem.Price
            </div>
        </div>
    }
    <div class="row justify-content-center">
        <div class="col-6">
            <strong>Add guacamole for @guacamolePrice</strong>
        </div>
    </div>
</div>
```

Salami with brown mustard on pumpernickel	$4.89
Tofu with relish on pumpernickel	$3.22
Turkey with french dressing on a roll	$4.13
Tofu with yellow mustard on onion bagel	$2.08
Pastrami with mayo on onion bagel	$4.30
Add guacamole for $2.42	

```
@code {
    MenuItem[] menuItems = new MenuItem[5];
    string guacamolePrice;

    protected override void OnInitialized()
    {
        for (int i = 0; i < 5; i++)
        {
            menuItems[i] = new MenuItem();
            if (i >= 3)
            {
                menuItems[i].Breads = new string[] {
                    "plain bagel",
                    "onion bagel",
                    "pumpernickel bagel",
                    "everything bagel"
                };
            }
            menuItems[i].Generate();
        }

        MenuItem guacamoleMenuItem = new MenuItem();
        guacamoleMenuItem.Generate();
        guacamolePrice = guacamoleMenuItem.Price;
    }
}
```

A página usa estes dois campos para a associação de dados. O campo menuItems é usado para gerar as cinco linhas, já guacamolePrice tem o preço da linha guacamole na parte inferior da página.

Atribuímos diretamente o elemento do array. Poderíamos usar uma variável separada para criar o novo MenuItem e atribuí-lo ao elemento do array no fim do loop for.

Chame o método Generate; do contrário, os campos de MenuItem ficarão vazios e a sua página ficará em branco, em grande parte.

Como funciona...

FAÇO
TODAS AS MINHAS
REFEIÇÕES NO SLOPPY
JOE'S!

O método Randomizer.Next(7) obtém um int aleatório menor que 7. Breads.Length retorna o número de elementos no array Breads. Portanto, Randomizer.Next(Breads.Length) fornece um número aleatório maior ou igual a zero, mas menor que o número de elementos no array Breads.

```
Breads[Randomizer.Next(Breads.Length)]
```

Breads é um array de strings. Ele tem cinco elementos, numerados de 0 a 4. Assim, Breads[0] é igual a "rye" e Breads[3] é igual a "a roll".

Se seu computador for rápido o bastante, seu programa poderá não ter esse problema. Se a execução for em um computador muito mais lento, terá.

4 Rode o programa e observe o novo menu gerado aleatoriamente.

Salami with brown mustard on pumpernickel	$4.89
Salami with brown mustard on pumpernickel	$4.89
Salami with brown mustard on pumpernickel	$4.89
Salami with brown mustard on everything bagel	$4.89
Salami with brown mustard on everything bagel	$4.89
Add guacamole for $2.42	

Por que os itens de menu e os preços não ficam aleatórios?

Hum... tem algo errado. Os preços no menu são todos iguais e os itens são estranhos; os três primeiros são iguais, os dois seguintes também e todos parecem ter a mesma carne. O que está acontecendo?

Acontece que a classe Random de .NET é, na verdade, um gerador de **número pseudoaleatório**, ou seja, usa uma fórmula matemática para gerar um sequência de números que podem passar em certos testes estatísticos quanto à aleatoriedade. Isso os torna bons o bastante para usar em qualquer app que criaremos (mas não os utilize como parte de um sistema de segurança que depende de números verdadeiramente aleatórios!). Por isso, o método é chamado de Next; você obtém o próximo número na sequência. A fórmula começa com um "valor inicial"; ela usa esse valor para encontrar o próximo na sequência. Ao criar uma nova instância de Random, ela usa o relógio do sistema para "iniciar" a fórmula, mas você pode fornecer seu próprio número inicial. Tente chamar `new Random(12345).Next();` algumas vezes. Você está pedindo para criar uma nova instância de Random com o mesmo valor inicial (12345), então o método Next fornecerá o mesmo número "aleatório" sempre.

Salami with brown mustard on pumpernickel	$2.54
Roast beef with mayo on a roll	$2.59
Salami with honey mustard on a roll	$3.81
Salami with french dressing on plain bagel	$4.52
Turkey with yellow mustard on everything bagel	$2.67
Add guacamole for $2.76	

Quando vir muitas instâncias diferentes de Randon gerando o mesmo valor, é porque foram todas iniciadas muito próximas e o relógio do sistema não mudou a hora, então todas têm o mesmo valor inicial. Como corrigir isso? Use uma instância de Random tornando o campo Randomizer estático para que todos os MenuItems compartilhem uma instância Random:

```
public static Random Randomizer = new Random();
```

Rode o programa de novo; agora o menu será aleatório.

Este é o fim do projeto! Retome os Pontos de Bala bem no final do Capítulo 4.

PDF

Acesse o material online dos Capítulos 5 e 6

É provável que você tenha notado que os projetos nos Capítulos 5 e 6 são maiores e mais complexos que nos capítulos anteriores. Queremos que tenha a melhor experiência de aprendizagem possível, mas fazer isso requer mais páginas do que podemos ter neste apêndice! Por isso disponibilizamos os Capítulos 5 e 6 do Guia do Aluno Visual Studio para Mac como **PDF para baixar no site da Alta Books ou acessando**: https://github.com/head-first-csharp/fourth-edition [conteúdo em inglês].

EXCELENTE! MAS SERÁ QUE...
VOCÊ ACHA QUE CONSEGUE CRIAR
UM *APP MAIS VISUAL* PARA CALCULAR
OS DANOS?

Sim! Podemos criar um app Blazor que usa a mesma classe.

No Capítulo 5, você criou um aplicativo de console para Owen, ajudando-o a calcular os danos do RPG. Agora reutilizará a classe desse projeto em um app Web Blazor.

Crie um Sistema de Gerenciamento de Colmeias

O projeto do Capítulo 6 é uma aplicação comercial séria. ***A abelha rainha precisa da sua ajuda!*** A colmeia está sem controle e ela precisa de um programa para ajudar na produção de mel. Ela tem uma colmeia cheia de operárias e muito trabalho que precisa ser feito, mas, de algum modo, ela perdeu o controle sobre o que faz uma abelha e se tem ou não poder para realizar os trabalhos que precisam ser feitos. Cabe a você criar um **Sistema de Gerenciamento de Colmeias** para ajudar a controlar as operárias.

O resto dos projetos desktop do Windows e do Blazor depois do Capítulo 6 está em um PDF para download. Acesse o site da Alta Books e procure pelo livro para baixar os arquivos!

ii apêndice ii. Código Kata

Guia do Código Kata para Avançados e/ou Impacientes

Código kata

Você já experimentou outra linguagem de programação? Se já, pode considerar uma abordagem **código kata** para aprender como sendo uma alternativa eficiente, eficaz e satisfatória para ler este livro do início ao fim.

"Kata" é uma palavra japonesa que significa "forma" ou "modo" e é usada em muitas artes marciais para descrever um método de treinamento que envolve praticar uma série de movimentos ou técnicas repetidamente. Muitos desenvolvedores aplicam essa ideia para praticar suas habilidades de programação escrevendo programas específicos, em geral mais de uma vez. Neste livro, os desenvolvedores mais experientes que escolhem o C# podem ***usar uma abordagem de código kata para seguir um caminho alternativo nos capítulos***. Veja como funcionará:

- Ao iniciar um novo capítulo, **pagine ou percorra-o** até encontrar o primeiro elemento do código kata (veja as páginas seguintes para ter instruções). Leia até o próximo elemento Pontos de Bala para ver o que foi abordado.
- O elemento do código kata terá **instruções para um exercício específico** a fazer, em geral um projeto de codificação. Tente fazer o projeto, voltando às seções anteriores (em especial as seções Pontos de Bala), para ter mais orientação.
- Se você **ficar preso** fazendo o exercício, então entrou em uma área em que o C# é muito diferente das linguagens que já conhece. Volte ao elemento anterior do código kata (ou ao começo do capítulo se é o primeiro) e comece a ler o livro de modo linear até passar do código kata em que ficou preso.
- Nos **Unity Labs,** você praticará a escrita do código C# desenvolvendo jogos em 3D com o Unity. Esses labs *não são requeridos* para o caminho do código kata, mas são muito recomendados. Eles também são muito satisfatórios e um modo realmente divertido de aprimorar as habilidades recém-adquiridas em C#.

O kata, em artes marciais, ou no código, deve ser repetido. Se você realmente quer fixar o C# em sua mente, quando terminar um capítulo volte tudo, encontre as seções com código kata e refaça-as.

Não há código kata para o Capítulo 1. Faz sentido, mesmo para um desenvolvedor avançado, ler este capítulo inteiro e fazer todos os projetos e execícios, inclusive os feitos no papel. Há ideias básicas nesse capítulo nas quais o resto do livro se baseia. E mais, se você tem experiência com outra linguagem de programação e pretende seguir o caminho do código kata neste livro, **assista ao vídeo de Patricia Aas** sobre aprender o C# como uma segunda linguagem (ou 15ª) — conteúdo em inglês: https://bit.ly/cs_second_language. Isso é necessário para o caminho do código kata.

Você tem muita experiência com outra linguagem de programação e quer aprender o C# para se divertir ou trabalhar? Procure as seções do código kata, começando no Capítulo 2, que traçam um caminho de aprendizagem alternativo no livro que é perfeito para os desenvolvedores mais avançados (ou impacientes!). Leia para ver se o caminho funcionará no seu caso.

Capítulo 2: aprofunde-se no C#

O Capítulo 2 é sobre familiarizar os leitores com alguns conceitos básicos do C#: como o código é estruturado em namespaces, classes, métodos e declarações, e alguma sintaxe básica. Ele termina com um projeto para criar uma IU simples que requer entrada: para os leitores Windows, é um app de desktop do WPF; para os leitores macOS, é um app Web Blazor (veja o apêndice *Guia do Aluno Visual Studio para Mac*). A ideia por trás de incluir projetos como esses na maioria dos capítulos é ajudar os leitores a verem diferentes abordagens para resolver problemas parecidos, o que pode ajudar muito ao aprender uma nova linguagem.

Comece folheando o capítulo inteiro e lendo todas as seções Pontos de Bala. Leia os exemplos de código. Tudo parece muito familiar? Se sim, você está pronto para iniciar o kata.

Kata 1: Encontre o elemento **Faça isto!** na seção com o título **Gere um novo método para trabalhar com variáveis**. É seu ponto de partida. Adicione o código nessa seção e na seção seguinte **Adicione ao método um código que usa operadores** ao programa Aplicativo de Console criado no Capítulo 1. Use o depurador Visual Studio para percorrer o código; a próxima seção mostra como fazer isso.

Kata 2: As próximas seções têm exemplos de declarações `if` e loops para adicionar ao seu app e depurar.

Tudo faz sentido? Se sim, você está pronto para lidar com o projeto WPF no fim do capítulo ou o projeto Blazor no apêndice *Guia do Aluno Visual Studio para Mac*. Caso se sinta à vontade com o Visual Studio e consiga lidar com o IDE para criar, executar e depurar um aplicativo de console .NET Core, então está pronto para o...

Capítulo 3: Objetos

Este capítulo é sobre a introdução dos fundamentos de classes, objetos e instâncias. Na primeira metade, trabalhamos com métodos ou campos estáticos (ou seja, eles pertencem ao tipo em si, não a uma instância específica); na segunda metade, criaremos instâncias de objetos. Se você fizer, e entender, esses kata, poderá seguir para o próximo capítulo.

Kata 1: O primeiro projeto neste capítulo é um programa simples que gera cartas aleatórias. Encontre o primeiro elemento **Faça isto!** (perto do título **Crie o aplicativo de console PickRandomCards**). É seu ponto de partida. Você criará uma classe e irá usá-la em um programa simples.

Kata 2: Trabalhe nas seguintes seções para terminar a classe CardPicker. Você reutilizará a mesma classe em um aplicativo de desktop do WPF ou no app Web Blazor.

Kata 3: Pagine até o exercício "Aponte o seu lápis" que cria objetos Clown. Digite o código, adicione comentários para as respostas e percorra-o.

Kata 4: Quase no fim do capítulo, encontre o título **Crie uma classe para trabalhar com Guy**. Logo após está uma classe chamada Guy seguida de um exercício. Faça o exercício para criar um app simples.

Kata 5: Faça o exercício logo após, no qual você reutiliza a classe Guy em um jogo de aposta simples. Encontre pelo menos um modo de melhorar o jogo: deixe o jogador escolher chances e apostas diferentes, tenha vários jogadores etc.

Ao trabalhar nos programas, fique atento aos lugares no código em que pode fazer estas perguntas; elas são respondidas nos capítulos posteriores, mas prestar atenção nelas agora ajudará a entender o C# mais rápido:

- O C# não tem um tipo de declaração `switch`?
- Não é considerado uma prática ruim ter várias declarações `return` em um método ou uma função?
- Por que usamos `return` para sair de um loop? O C# não tem um modo melhor de sair de um loop sem retornar do método?

Capítulo 4: Tipos e referências

Este capítulo é sobre tipos e referências no C#. Leia as primeiras seções do capítulo e conheça os diferentes tipos; há algumas particularidades relativas aos números de ponto flutuante que você deve conhecer. Então, veja os vários diagramas para entender o que acontece com as referências, porque você verá outras parecidas no livro. Entendeu tudo? Certo, veja os três kata. Se não tem dúvidas, pode seguir para o próximo capítulo.

Kata 1: O primeiro projeto neste capítulo é uma ferramenta para ajudar o mestre RPG a calcular as pontuações da habilidade. Começa com o título **Vamos ajudar Owen a experimentar as pontuações da habilidade**. Você deve encontrar e corrigir o erro de sintaxe e o bug no programa sem ver a resposta.

Kata 2: O projeto no exercício inicia com: Crie um programa com uma classe Elephant. Assim que resolver o exercício, veja todo o material até ter feito tudo no título **Objetos usam referências para se comunicar**.

Kata 3: Faça o projeto no título **Bem-vindo à lanchonete Sandubas Preço Bom É Aqui de Sloppy Joe**.

Algumas perguntas que você pode ter (elas são abordadas mais adiante no livro):

- O C# diferencia os tipos de valor, como double ou int, e os tipos de referência, como Elephant, MenuItem, ou Random?
- Temos algum controle sobre quando a CLR coleta os objetos que não são mais referenciados?
- O IDE tem ferramentas para controlar e diferenciar instâncias específicas?

Refletir sobre essas questões agora ajudará a entender o C# mais rápido.

Capítulo 5: Encapsulamento

Este capítulo é sobre encapsulamento, que no C# significa restringir o acesso a certos membros da classe para impedir que outros objetos os utilizem de modos não pretendidos. O primeiro projeto no capítulo apresenta o tipo de bug que o encapsulamento ajuda a evitar. Se você puder fazer o último kata (ele envolve corrigir o bug criado no primeiro kata) sem contar com a solução, poderá ir para o próximo capítulo.

Kata 1: O primeiro projeto neste capítulo é uma ferramenta para ajudar o mestre RPG a listar os danos. Começa no início do capítulo, seguindo até o box **Investigue**. Entenda exatamente por que o programa ficou corrompido. Veja rapidamente o exercício no fim do capítulo. Se puder fazê-lo sem ver a resposta, você ***já*** está pronto para o próximo capítulo.

Kata 2: Faça o projeto no exercício que começa com: Vamos praticar um pouco usando a palavra-chave **`private` criando um joguinho Hi-Lo**. Entenda como ele usa as palavras-chave `const`, `public` e `private`. Responda à pergunta bônus.

Kata 3: Faça o pequeno projeto no elemento "Veja bem!" que inicia com: **Encapsulamento não significa segurança. Os campos privados <u>não</u> são seguros.**

Leia as seguintes seções: **As propriedades facilitam o encapsulamento**, **Propriedades autoimplementadas simplificam o código** e **Use um setter privado para criar uma propriedade de somente leitura.**

Kata 4: Faça o último exercício no capítulo, no qual você usa o encapsulamento para corrigir a classe SwordDamage.

Capítulo 6: Herança

Este capítulo é sobre herança, que no C# significa criar classes que reutilizem, estendem e modifiquem o comportamento em outras classes. Se você vem seguindo o caminho do código kata, é provável que já conheça uma linguagem orientada a objetos com herança. Esses kata fornecerão a sintaxe C# para a herança.

Kata 1: O primeiro projeto neste capítulo expande o app de cálculo de danos do Capítulo 4. Ele não usa a herança; a finalidade é ajudar os novatos a começarem a entender por que a herança tem seu valor. Também apresenta a sintaxe da declaração `switch` do C#. Deve ser um exercício rápido para você.

Antes de fazer o resto do kata, folheie as seções: **Onde você pode usar uma classe básica, pode usar uma de suas subclasses** e **Alguns membros só são implementados em uma subclasse**. Então, veja a seção **Uma subclasse pode ocultar métodos na classe básica** e todas as suas subseções.

Kata 2: Volte e faça o exercício que começa com: Vamos praticar estendendo uma classe básica. Isso deve cobrir a sintaxe básica da herança no C#.

Kata 3: Faça o projeto na seção **Quando uma classe básica tem um construtor, a subclasse precisa chamá-lo**.

Kata 4: Faça o exercício após a seção **É hora de terminar o trabalho de Owen**. Ele tem duas partes: a primeira é um exercício para fazer no papel e preencher o diagrama de classe; na segunda, você tem que escrever o código para implementá-lo.

Se terminou os quatro primeiros kata sem grandes problemas, está pronto para continuar. Mas **recomendamos criar o app Sistema de Gerenciamento de Colmeias** no fim do capítulo. É um projeto muito divertido: dá algumas lições úteis sobre a dinâmica do jogo e é uma grande satisfação quando você escreve algumas linhas de código para mudá-lo de um jogo baseado em turnos para um jogo em tempo real bem no fim do capítulo.

Se você ficar preso em um dos kata, é mais eficiente voltar a trabalhar o capítulo de modo linear, começando após o último kata terminado.

Parabéns por seguir o caminho rápido no *Use a Cabeça C#*. Se você fez todo o Capítulo 6 seguindo o guia Código Kata, deve estar pronto para continuar no livro a partir do Capítulo 7.

Índice

A

B

C

D

E

F

G

M

N

O

P

V

W

X